W.-A. MOZART

Da Capo Press Music Reprint Series

Music Editor

BEA FRIEDLAND
Ph.D., City University of New York

T. DE WYZEWA et G. DE SAINT-FOIX

W.-A. MOZART

SA VIE MUSICALE ET SON ŒUVRE

I

L'enfant prodige
1756-1773

II

Le jeune maître
1773-1777

NEW PREFACE BY
JAN LaRUE AND FLOYD GRAVE

BOOK ONE

DA CAPO PRESS · NEW YORK · 1980

Library of Congress Cataloging in Publication Data

Wyzewa, Teodor de, 1862-1917.
  W.-A. Mozart: sa vie musicale et son œuvre.

  (Da Capo Press music reprint series)
  Reprint of the ed. published by Desclée de Brouwer,
Paris.
  Includes index.
  1. Mozart, Johann Chrysostom Wolfgang Amadeus,
1756-1791. 2. Composer—Austria—Biography.
I. Saint-Foix, Georges Poullain, comte de, 1874-
joint author.
ML410.M9W99 1980 780'.92'4 [B] 80-11625
ISBN 0-306-79561-2

This Da Capo Press edition of
W.-A. Mozart: Sa Vie Musicale et Son Oeuvre
is an unabridged republication of
the edition published as a two-volume set
in Paris by Desclée de Brouwer in 1977,
supplemented here with a new preface
by Jan LaRue and Floyd Grave.

Published by Da Capo Press, Inc.
A Subsidiary of Plenum Publishing Corporation
227 West 17th Street, New York, N.Y. 10011

PREFACE

Of the momentous changes that have colored our musical experience in the 20th century, few are of greater significance than the dramatic reassessment and enhanced appreciation of Mozart's music. This composer, whose spirit seemed remote to preceding generations of listeners, has at last become a familiar figure, his artistry universally acclaimed. As the breadth and expressive scope of Mozart's music became better known, attention inevitably focused on the origins of his musical idiom and the ties that linked his art to the styles and fashions of his day. Whereas in former times he had been viewed rather abstractly as an embodiment of musical genius, he would now be comprehended as a preeminent master of a late 18th-century classicism. Critics, learning to view his contribution in a historical perspective, came to perceive his music as a stylistic synthesis. The authority with which Mozart wielded the materials at his command was finally understood as a realization of potentials inherent in the musical language of his time.

To a large extent, this new mode of understanding owes its origin to the monumental *Mozart: sa vie musicale* of Wyzewa and Saint-Foix. Perhaps more than any other single force, this five-volume work has determined the course of Mozart's revival in the 20th century. Reissued here after the two-volume Desclée de Brouwer edition of 1977, this study represents more than four decades of research, from the inception of the project at the start of the century to the appearance of the final volume in 1946. An achievement whose complexity and diversity mirrors that of its subject, this unprecedented venture in musical criticism stands alongside the contributions of Jahn, Köchel, and Einstein as a landmark in the history of Mozart scholarship.

The notion of undertaking such a gargantuan effort apparently began with an encounter of the collaborators in the year 1901. The elder of the two, Théodore de Wyzewa (1862-1917), was a co-founder of the *Revue wagnérienne* (1884-1888) and the author of an important monograph, *Beethoven et Wagner* (1898). Erudite, cultured, possessed of an insatiable curiosity, he was a seasoned critic and scholar whose inquiries into the realms of genius and artistic creation later found expression in his famous study, *Une crise romantique dans la vie et l'oeuvre de Joseph Haydn* (1909). His greatest passion, however, was for the music of Mozart, and in the young Georges de Saint-Foix (1874-1954) he discovered an enthusiast no less avid than himself. Saint-Foix, an accomplished violinist, a product of the Schola Cantorum and a pupil of d'Indy, was as yet unpracticed in matters of criticism and research. But with Wyzewa assuming the role of mentor and guide, their cooperative endeavor proved to be the starting point of a lifelong immersion in Mozart and in the music of his contemporaries and predecessors.

As these two Mozartians prepared to join forces, the time must have seemed ripe for a major effort. Otto Jahn's biography of 1856 had offered an authoritative account of the composer and his legacy, and Ludwig von Köchel's *Verzeichnis* of 1862 provided a chronology from which a comprehensive view of Mozart's achievement could be attained. Following upon the heels of the *Verzeichnis*, the complete edition of Mozart's works was undertaken by Breitkopf & Härtel in 1877 and finished less than three decades later, in 1905. Foundations for a resurgence of interest in Mozart had thus been established, but it was clear that these ground-breaking accomplishments had left much to be done. Jahn's biographical study had paid little attention to the music itself; Köchel's datings (especially for the early works) rested on shaky foundations; and the editors of the complete edition offered little in the way of new insight into matters of chronology and authenticity.

A new approach seemed called for, and as Wyzewa and Saint-Foix outlined their own proposed inquiry, they were guided by a conviction that would inform all aspects of their endeavor and insure its uniqueness. The creativity of a genius, they believed, was something that grew and developed on its own, independent from the vicissitudes of everyday life. Aloof from the fabric of earthly tribulations, this inner life obeyed its own laws, dictated by internal necessity rather than external circumstance. Since the mundaneness of ordinary existence leaves the flights of genius untouched, the biographer must concern himself less with external events than with the creative process itself, accessible through an understanding of the works in which his subject's genius is embodied.

For such an approach the minutely detailed chronicles of biographies such as Thayer's *Beethoven* (1866-1879) offered few useful models to Wyzewa and Saint-Foix. In their search for Mozartian truth, they applied an almost psychoanalytic method, scrutinizing the individual work more closely than the man himself, to identify its antecedents by imagined chains of motivation and evolution. These studies required them to function more as critics than as biographers, since in their view the music gives the only true reflection of growth and change in the artist's creative personality. Yet from the start, they recognized that the composer's own music could not be examined meaningfully in isolation. Indeed, they sensed that Mozart's works, especially those of his earlier years, betrayed an extraordinary dependence on the stimulation afforded by his musical environment. This trait of Mozart's they came to understand as a veritable compulsion. In pursuit of his unattainable goal, like a musical Don Juan (Wyzewa's own simile) temporarily enthralled by one new seduction after another, he would allow each to impose itself on his consciousness. Then each in its turn would be conquered and assimilated, reemerging after transformation as something unmistakably Mozart's own. Yet the resultant creation would invariably contain echoes of the music that had originally excited the composer's imagination. To trace these precedents, of necessity their study of Mozart gradually incorporated the whole background: potentially all the music of his contemporaries and predecessors to which he might have been exposed in the course of his wide-ranging interior development.

The outlines of an ambitious plan were thus delineated. Relying on datable works and documentary evidence wherever available, they pursued their notion that each of the master's works embodied a direct and immediate reaction to one musical stimulus or another. The essence of their task would be to demonstrate the relationship between each of Mozart's compositions and the changing musical environments by which they might have been inspired. Undaunted by the seemingly mountainous research involved in such a project, they cultivated an eye for the telling detail, the revealing clue that would enable them to establish connections between a work and its models, and to deduce coherent patterns of change in their protagonist's personal evolution.

By applying such a method to this most creatively impressionable of geniuses, Wyzewa and Saint-Foix concluded that a precise chronology of Mozart's works might be assembled purely on grounds of style. For if a work could be perceived as the immediate result of one influence or another, and if that influence could be assigned a specific date in accordance with the chronicle of Mozart's travels and encounters with music and musicians of his time, then it became possible to identify the piece in question as a reflection of the composer's artistic experiences and limitations at a particular moment in his development.

The initial results of their inquiry, published in 1912 as the first two volumes of the *Vie musicale*, were nothing short of astonishing. Having examined Mozart's works up to the fall of 1777, they were able to isolate 24 distinct stylistic periods. Within the course of each, they managed to identify a coherent succession of influences and to draw tangible connections between works and the stimuli by which the composer appeared to have been prompted. The result was a new chronology, the *nouveau classement* that would not only overturn Köchel's system but would place Mozart scholarship on an altogether new footing. For in constructing their revised chronology, they had demonstrated a novel and significant way of looking at Mozart's genius and his works. Their manner of establishing compelling arguments on stylistic grounds is clearly illustrated in their approach to the six keyboard sonatas K. 279-84 (= K.⁶ 189d-h, 205b = WSF Nos. 209, 211-13, 215, 221). From an examination of context and musical stimuli, they show that the pieces cannot plausibly be understood as a unified group, composed on the eve of Mozart's Paris sojourn. After the meticulous sorting out of stylistic connections, they show that the first of the set may have been written early in 1774, and that origins of the E-flat sonata (No. 215), reflecting a different constellation of influences, must reach back to 1773. The sonatas Nos. 211, 212, and 213 fall logically into place in the fall of 1774, and the last of the set, so obviously different in style from the others, they locate with precision in Munich, early in the year 1775.

In the early volumes dominated by Wyzewa we find not merely musical analysis but also perceptive speculations about directions for further investigations too specialized or too extensive for their current purposes. For example, in discussing the early E-flat piano concerto (K. 271) the authors emphasize the entirely new dimensions and character of the work; but equally important, they suggest that, following the clues offered by Mozart's dedication to a French pianist, Mlle. Jeunehomme, future research might logically be concentrated not on Mannheim, but on the background of the French concerto. Neither they nor the succeeding generations of musicologists, however, have yet managed to illuminate this elusive repertory.

Some risks obviously accompany a critical method focused mainly on stylistic observations, and the authors' procedures were by no means immune to criticism. Hermann Abert, for instance, complained that they trained their sights too narrowly on manifest resemblances between works of the master and his apparent models. Their critiques thus fell short of exploring the matter of motivation and choice, and they failed to come to terms with the nature of the process by which borrowed elements were transformed to become truly Mozartian. The charge was serious, and it pointed toward more than one prominent flaw in the method. For example, it became apparent that the authors' procedures relied somewhat arbitrarily on selective observation of details, so that in the process of uncovering the source of an inspiration, some details might unjustifiably be suppressed in favor of others. A spurious work might then be accepted as authentic, since conflicting evidence could easily be overlooked. The method, in other words, provided no cautionary apparatus for challenging a hypothesis to which the authors might be instinctively, yet erroneously, inclined. Indeed, their procedures led more than once to the endorsement of works that later research would show to be almost certainly spurious. The authors' handling of six questionable sonatas for keyboard and violin, K. 55-60 (= K.^{6} Anh.C 23.01-06 = WSF Nos. 160-62, 164-65, 172), nicely illustrates this problem. Following Jahn's lead, Köchel had classified all six as authentic works dating from 1768. Though Wyzewa and Saint-Foix, with characteristic acuity of insight, observed that the pieces could not possibly have been written at such an early time, they too erred in assigning the works unequivocally to their protagonist. Ignoring traits that later scholarship would identify as foreign to Mozart's idiom, they relied on their instincts: fastening selectively on carefully chosen stylistic details, they wrongly concluded that the sonatas must have been penned by Mozart in Milan, between the fall of 1772 and the spring of 1773.

Thus the method was not infallible, and the initial volumes of the *Vie musicale* offer instructive examples of its limitations as well as its virtues. Yet in spite of any imperfections, these volumes represented a contribution of highest importance. Hailing the work as an epoch-making achievement, Abert endorsed many of the authors' conclusions and incorporated them in his revision of Jahn's biography. Alfred Einstein followed suit, largely accepting the *nouveau classement* and adopting its substance for the third edition of the Köchel *Verzeichnis*. So deeply impressed was Einstein by the collaborators' results that he was moved to deprecate both Jahn and Köchel for what he now saw as the deficient musicality of their scholarship.

After overwhelming their contemporaries with the initial results of their study, the two authors extended a promise of further revelations. A tentative chronology appended to the second volume outlined the rest of the *nouveau classement* and articulated ten remaining style periods. Given the nature of the work still to be accomplished, the reader might have expected changes in approach. To begin with, the problem of chronology was less severe than for the early works. More complete documentary information—most notably Mozart's own catalogue for works composed after 1783—rendered the methods of the first two volumes largely unnecessary as a means of establishing accurate datings. The discussion of style could therefore be more exclusively devoted to the appraisal of individual works and their significance as reflections of the composer's creativity. Moreover, the issue of Mozart's stylistic development had taken on a different cast. As the authors indicated, influences they could detect among the later works came less from outside sources, more from purely internal processes involving the composer's resources and creative faculties.

In the end, the contents of the three remaining volumes (appearing in 1936, 1939, and 1946, respectively) proved to be even more sharply contrasted than might have been anticipated. Wyzewa's untimely death in 1917 left Saint-Foix the task of completing the project on his own; and bereft of his mentor's guidance, the younger scholar proceeded on a remarkably independent course. To some extent, exterior circumstances de-

manded this alteration of direction. A new era of Mozart research was under way, brought about in no small measure by
the collaborators' already famous achievement. As scholarly
activity progressed on all sides, the *Vie musicale* could no
longer assume the role of a pathbreaking endeavor. Most notably, Abert's revision of Jahn's *Mozart* appeared concurrently
with Saint-Foix's research for his own Volume 3; and just as
Abert had drawn generously on the work of Wyzewa and Saint-
Foix, now Saint-Foix found himself invoking Abert's authority.

Yet quite apart from the altered perspective of expanding
horizons in Mozart research, other factors involved the author's
temperament and his attitude toward the works that were now
the subject of his explorations. On the whole, we find him adopting a personal, reflective stance that contrasts sharply with the
objective inquiry of the earlier volumes. The masterpieces of
Mozart's maturity receive the lion's share of his attention, ap-
proached with an attitude of reverence as he strives to com-
municate an impression of their greatness to the reader. As his
eloquent interpretations of individual works come to the fore,
matters of influence, chronology, and stylistic development
tend to fall into the background. In place of a method that
sought to uncover secrets of the creative process, these later
volumes follow a path that relies on established facts of chronology and authenticity as guideposts.

To be sure, the spirit of critical inquiry that informed the
first two volumes has not been abandoned altogether. In in-
stances where problems of chronology and authenticity arise,
Saint-Foix applies the weight of his vast musical experience
in offering solutions and defending his opinions. Not infre-
quently, his opinions depart from the chronology set forth at
the end of the second volume. Yet even in such presumably
factual matters, the subjective attitude of the author is readily
apparent, and the burden of the argument falls more on his
intuition than on evidence adduced by examination of stylistic
details in the music.

The rationalist view of the original collaboration has thus given way to a more intuitive manner; and in the light of this change in attitude, the five-volume work cannot be understood as a fully unified achievement. Certainly any appraisal of the study and its merits must take into account the dichotomy of aim and method that it embraces. The two-volume commentary of 1912 proclaimed a novel and incisive approach to stylistic criticism, and it demonstrated the efficacy of that method in illuminating the mysteries of Mozart's genius. Saint-Foix's continuations, by contrast, reveal a sophisticated personal appreciation, portraying Mozart's masterworks as models of perfection in the Classic Age.

JAN LaRUE,
New York University

FLOYD GRAVE,
University of Virginia

December, 1979

W.-A. MOZART

LÉOPOLD. MARIANNE ET WOLFGANG MOZART. A PARIS EN 1764
Gravure de Delafosse, d'après l'aquarelle de Carmontelle
(Appartient au Musée de Chantilly)

T. DE WYZEWA et G. DE SAINT-FOIX

W.-A. MOZART

SA VIE MUSICALE ET SON ŒUVRE

*Essai de biographie critique
suivi d'un nouveau catalogue chronologique
de l'œuvre complète du Maître*

I

L'enfant prodige
1756-1773

II

Le jeune maître
1773-1777

DESCLÉE DE BROUWER

I
L'enfant prodige
1756-1773

INTRODUCTION

La biographie des grands hommes a toujours exercé sur moi
un attrait merveilleux, et qui, certes, n'était pas pour me
rendre suspecte l'éminente utilité instructive de ce genre littéraire. Mais au reste cette utilité, dans le plus grand nombre
des cas, est désormais trop évidente pour que personne puisse
s'aviser sérieusement de la contester. C'est chose trop manifeste que l'étude approfondie des circonstances extérieures
de la vie d'un écrivain ou d'un artiste, en particulier, nous
aide beaucoup à comprendre l'origine, la portée, la véritable
signification de son œuvre. Et cependant une longue habitude
de réfléchir aux questions de cet ordre, — je dirais volontiers : une longue expérience professionnelle de la biographie, — m'a forcé de plus en plus à reconnaître qu'il y avait,
dans l'histoire des arts, un petit nombre de cas d'exception où
l'examen trop minutieux des événements extérieurs de la vie
d'un artiste non seulement ne contribuait en aucune manière
à nous faciliter l'intelligence de son œuvre, mais au contraire risquait de l'entraver, ou parfois de la fausser tout à fait.
Infiniment précieuse pour nous admettre dans l'intimité de la
pensée et des émotions d'une foule de grands hommes, la
biographie, telle que nous avons l'habitude de la concevoir,
m'apparaît aujourd'hui parfaitement inutile, et peut-être même
plutôt dangereuse, lorsqu'il s'agit de l'un de ces personnages,
très rares, à qui peut et doit proprement s'appliquer l'appellation d' « hommes de génie ».

J'ignore, naturellement, si ce qu'on nomme le génie constitue
ou non une « maladie » : mais à coup sûr le mot, sous peine de
n'avoir aucun sens positif, doit désigner une certaine qualité
spéciale de l'esprit, spéciale et exceptionnelle, rejetant hors de

l'humanité ordinaire les quelques êtres qui possèdent le privilège d'en être revêtus. Et cette qualité, autant du moins qu'il m'a été possible de la déterminer, me semble résider précisément dans le pouvoir qu'ont les hommes de génie de vivre une existence pour ainsi dire étrangère, — ou supérieure, — aux incidents fortuits de leur vie privée : une existence où leurs rêves, les libres créations de leur cœur ou de leur cerveau dépassent infiniment en importance les menus hasards des événements que nous les voyons obligés de subir. Dans la destinée de ces hommes, l'influence même de la race et de l'hérédité joue un rôle relativement assez faible, ou en tout cas bien plus difficile à apprécier que dans la vie et dans l'œuvre de chacun de nous : et tout ce que nous nous ingénions à découvrir touchant la provenance « ethnique » et « atavique » d'un Rembrandt ou d'un Beethoven nous expose simplement à de fâcheuses erreurs sur les motifs et l'objet de leur production artistique. Mais plus superflue encore et plus décevante est pour nous, à ce point de vue, l'exploration des documents où nous recherchons la trace des diverses aventures, plus ou moins romanesques, qui ont pu arriver à ces grands évocateurs de vie et de beauté. Combien la connaissance du métier pratiqué par un Shakespeare ou un Molière, la révélation de leurs ennuis d'argent ou de leurs infortunes conjugales, combien tout cela est peu fait pour nous initier à la source secrète de leur inspiration! Combien à leurs propres yeux la réalité de cette partie matérielle de leur existence est toujours apparue insignifiante et vague, en comparaison de la réalité plus parfaite des visions ou des sentiments qui jaillissaient du fond de leurs âmes, comme aussi en comparaison de la longue série des efforts passionnés qu'ils s'épuisaient à tenter pour les exprimer!

Non pas, après cela, que la carrière de ces hommes, leur véritable carrière d'hommes de génie, n'ait elle-même à nous offrir maintes aventures, et souvent plus émouvantes que toutes celles que leurs biographes nous rapportent ingénument à leur sujet! Mais ce sont des aventures d'une espèce différente. Poussés, par un besoin irrésistible de leur être, à vouloir animer d'une beauté et d'une vie surnaturelles les rêves prodigieux qu'ils portent en soi, pas un jour ne se passe sans que ces créateurs s'acharnent, avec une exaltation fiévreuse et tragique, à la poursuite du seul objet qui leur tienne au cœur : dépensant à cette poursuite une ardeur pour le moins aussi profonde, et aussi diverse, et aussi émouvante que le font les héros de romans pour se conquérir l'amour d'une femme ou pour vaincre les obstacles de leur destinée.

Que l'on voie, par exemple, l'admirable drame intérieur de la vie artistique d'un Rembrandt ! Qu'on imagine ce petit bourgeois hollandais amené tout d'un coup, peut-être par la rencontre accidentelle d'une gravure ou d'un médiocre tableau italiens, à désirer fougueusement d'introduire dans son œuvre la lumière rayonnante et la souveraine élégance « classique » qu'il suppose habituelles aux régions du Midi ! Et le voilà s'échauffant sous ce désir qui l'étreint, le voilà se précipitant, parmi une série sans fin de tâtonnements et de déceptions, à la recherche d'un idéal aussi opposé que possible aux aspirations comme aux goûts du milieu qui l'entoure ! D'année en année il s'acharne, le malheureux, dans cette recherche qui lui vaut le mépris de sa clientèle, et trop souvent aussi son propre dégoût de soi-même, son désespoir devant la différence fatale entre la chimère rêvée et les résultats obtenus. Combien de péripéties, dans une telle existence, combien de luttes héroïques et de catastrophes sanglantes, depuis le jour où le jeune meunier de Leyde a résolu de transporter sous le ciel hollandais un art profondément imprégné de soleil antique jusqu'à ces dernières années où la main tremblante, l'œil à demi éteint du lamentable vaincu, — tel que nous le fait voir le grand portrait du Louvre — s'obstinent à recommencer, une fois de plus, le perpétuel combat sur un terrain nouveau et avec des armes nouvelles, — l'immense combat toujours suivi d'une défaite, et cependant si riche en trophées immortels !

Ou bien encore voici ce Beethoven que j'ai également nommé tout à l'heure ! Ses biographes nous ont abondamment entretenus de ses relations mondaines, de ses projets de fiançailles, des soucis que lui a valus l'ignominie de ses frères et de son neveu. Mais qu'est-ce, en vérité, que tout cela dans la vie d'un tel homme ? Qu'est-ce que tout cela en comparaison de l'unique tragédie et roman de cette vie, obligeant le maître glorieux de la musique « galante » de son temps, l'auteur de la *Bataille de Vittoria* et des plus brillants *concertos* qu'on ait écrits jamais, à s'arrêter tout d'un coup au milieu de sa carrière, comme saisi d'une honte ou d'un remords sacrés, et puis à s'enfoncer désormais dans la solitude douloureuse d'un art que nul cœur, autour de lui, n'était en état de comprendre ? Soudain le Beethoven « galant » et illustre tourne le dos à un monde musical qui ne songe qu'à l'acclamer. Quelque chose, sans doute, s'est brisé en lui, ou peut-être ses oreilles de sourd ont-elles entendu l'écho d'un chant de l'au-delà? Mais toujours est-il qu'on le voit s'arrêter, rejeter à jamais loin de soi cet appareil magnifique dont il excellait à tirer un magnifique parti, et puis, peu à peu, par une série de tentatives qui ne sont pas sans rappeler les tâtonnements frémissants de Rembrandt, le voilà qui, — évidemment pour soi seul, en attendant les siècles futurs, — se met à faire jaillir du sol une musique à la fois savante et « parlante », traduisant jusqu'aux nuances les plus fugitives des émotions de son être intime par des moyens empruntés au répertoire dédaigné des vénérables « perruques » du siècle précédent! Essayons de nous représenter ce qui s'est passé là, pendant dix ou quinze ans, dans cette âme de musicien autour de laquelle la surdité avait dressé depuis lors comme un mur de ténèbres! Et n'est-ce pas cela seul qui nous importerait à connaître, du vrai Beethoven, au lieu des médiocres chagrins causés à l'affection d'un « oncle-Gâteau » par l'inconduite de son vaurien de neveu?

A cette même famille d'êtres exceptionnels appartenait Mozart, — celui de tous les hommes, peut-être, en qui s'est le plus pleinement incarné le pur génie de la création artistique. Chez celui-là, en effet, ce n'est pas au cours de la vie, sous l'influence d'une crise extérieure ou intime, que le génie s'est insinué jusque dans les racines les plus profondes du cœur et de l'esprit : dès l'enfance, ce pouvoir surnaturel était déjà en lui, le rendant aveugle et sourd à tout ce qui n'était pas le monde harmonieux de l'émotion musicale, ou plutôt ne lui permettant de prendre contact, parmi les éléments divers de la réalité du dehors, qu'avec ceux qui avaient de quoi alimenter, varier, ou renouveler cette seule réalité véritable de son âme de poète et de musicien. Car il y a encore une autre différence, des plus caractéristiques, entre le génie de Mozart et celui d'un Rembrandt ou d'un Beethoven, et qui consiste en ce que, toujours, les innombrables et touchantes péripéties du drame intérieur de Mozart se sont produites sous des impulsions musicales extérieures [1]. Toujours, avec sa nature essentiellement « féminine »,

---

[1] Un des hommes de notre temps qui connaissent le mieux la personne et l'œuvre de Rembrandt m'assure cependant qu'il en a toujours été des « manières » successives de ce maître comme de celles de Mozart; la plus « spontanée » et « originale » d'entre elles en apparence a encore eu pour cause ou pour point de départ le désir soudain d'imiter un modèle nouveau.

ce génie poétique a eu besoin de recevoir d'ailleurs l'élan nécessaire pour engager son art dans des voies nouvelles, — sauf
pour lui à transfigurer tout de suite, en les animant d'une
signification et d'une beauté à la fois bien plus hautes et tout
originales, les idées ou les procédés que lui révélait l'œuvre de
tel ou tel musicien rencontré au passage. Que l'on se représente une sorte de Don Juan condamné par un instinct mystérieux à devoir s'éprendre sans arrêt de nouvelles maîtresses,
— mais simplement parce qu'en chacune d'elles, tour à tour, il
espère trouver un merveilleux idéal de grâce passionnée, — et
puis prêtant aussitôt à chacune d'elles un magique reflet de
sa propre beauté : c'est un peu l'histoire de la vie de Mozart, à
la condition de se rappeler que ces maîtresses qui tour à tour
l'ont fasciné un moment et conquis tout entier n'ont pas été
les créatures banales commémorées par ses biographes, les
Mme Duschek ni les Aloysia Weber, mais bien, pour ainsi dire,
les nobles muses que dévoilaient à ses yeux les œuvres d'un
Chrétien Bach, d'un Schobert, ou d'un Michel Haydn. Éternellement travaillé, lui aussi, du désir de réaliser un rêve de
perfection irréalisable, et, par là, éternellement mécontent de
l'ouvrage déjà fait, il lui suffisait d'entrevoir par hasard un
morceau de quelque maître inconnu jusqu'alors pour se per-
suader que ce maître-là, seul, était homme à lui découvrir enfin
le sentier qui le conduirait vers cette perfection vainement
cherchée. Tel nous le montrent ses années de jeunesse, renouvelant son inspiration et son style presque de mois en mois ; et
tel ce puissant créateur restera jusqu'au bout, sans se douter
peut-être de la prodigieuse unité foncière qu'apportait son génie
à ces incessantes « manières » où il s'essayait.

Ai-je besoin d'ajouter que personne, jamais, ne s'est occupé
d'étudier à ce point de vue la vie de Mozart ? Le seul des
nombreux biographes de ce maître qui ait pris la peine d'examiner l'ensemble de son œuvre en même temps que les conditions extérieures de sa carrière s'est trouvé être un savant et
consciencieux philologue allemand, Otto Jahn, profondément
empêché, à la fois par sa nature et par son éducation professionnelle, de considérer une œuvre artistique comme la chose
toujours vivante et mobile qu'elle est. Pas un moment Otto
Jahn ne s'est aperçu de l'évolution indéfinie, du constant va-et-
vient, de l'allure essentiellement capricieuse et changeante du

génie de Mozart. Après avoir réparti les diverses compositions
de celui-ci suivant les genres divers où elles se rattachaient, il
a exploré en bloc chacun des groupes ainsi obtenus, et puis ne
s'est plus occupé que d'y introduire un classement « scolaire »,
à la façon d'un professeur qui, ayant reçu de ses élèves une
vingtaine de « devoirs » sur un même sujet, se croirait tenu
d'établir entre eux un ordre de mérite. Tout au plus a-t-il, pour
la commodité de son travail, comparé et jugé séparément les
œuvres de la jeunesse de Mozart et celles de sa pleine maturité, en employant du reste à l'analyse de ces deux catégories les mêmes principes et le même critère, la même méthode
de scrupuleux pédagogue chargé d'assigner des « places » à des
écoliers. Qu'il analyse, — dans le premier volume de l'édition
nouvelle de son livre, — les symphonies produites par Mozart
durant sa formation, entre 1771 et 1777, ou bien, dans le
volume suivant, les symphonies de la grande période allant de
1782 à 1791, toujours il les juge seulement du point de vue
d'une certaine beauté absolue dont il s'est d'avance défini les
règles, et avec l'unique souci de nous signaler, dans des œuvres
issues d'inspirations infiniment différentes, les passages qui lui
paraissent répondre le plus complètement à ce modèle immuable.
Et ainsi l'art et le génie de Mozart, entre ses mains, se dépouil-
lent inévitablement de toute personnalité et de toute vie : pareils
à d'admirables cadavres sur lesquels un « prosecteur » d'une
science exemplaire se livrerait à une démonstration anatomique
plus ou moins instructive.

Si bien que mon collaborateur et moi avons eu, littéralement,
tout à faire lorsque, il y a environ dix ans, nous avons formé
le projet de reconstituer le développement intérieur du génie
de Mozart, avec l'espérance d'atteindre ainsi l'âme et la vie
véritables du maître, par delà le détail, tout anecdotique, des
menus incidents de son existence individuelle. Nous nous
sommes trouvés là sur un terrain entièrement neuf, et où,
seule, pouvait nous guider une étude très minutieuse de l'œuvre
du maître, rangée selon l'ordre des dates de sa composition. Mais
aussitôt un autre problème s'est dressé devant nous, dont je
puis bien dire que la solution nous a demandé maintes années
de longues et patientes recherches. Car force nous a été de constater, dès le début de notre enquête, qu'une ignorance des plus
fâcheuses régnait encore sur ce classement chronologique d'une
bonne partie de l'œuvre de Mozart, — tout au moins jusqu'à

l'année 1784, où l'on sait que le maître a commencé lui-même un catalogue complet de tous les morceaux qu'il composait.

Nous avions bien sous les yeux un gros ouvrage qui, avec tous les défauts que je vais devoir y signaler, n'en restera pas moins toujours, — tout de même que la biographie d'Otto Jahn, — un monument admirable de conscience et de zèle : le *Catalogue thématique et chronologique de l'œuvre complète de Mozart*, publié en 1862 par le naturaliste autrichien Ludwig Kœchel. Morceau par morceau, toutes les productions de Mozart étaient énumérées là, avec l'indication du papier et du format de leurs autographes, ainsi que celle de leurs diverses éditions ultérieures. Mais il nous a malheureusement suffi de jeter les yeux sur quelques-uns des morceaux non datés de l'œuvre du maître pour nous apercevoir de la façon toute arbitraire, et presque toujours erronée, dont ils étaient classés dans ce livre de Kœchel. Évidemment celui-ci, déjà trop occupé d'avoir à interroger les « dehors » de ces morceaux, n'a jamais eu le loisir d'en étudier le « dedans », c'est-à-dire à la fois l'inspiration intime et les procédés musicaux. Se fiant aveuglément, sur ce point, à l'autorité d'Otto Jahn, qui lui-même a sûrement négligé d'examiner avec le soin nécessaire une foule de ces compositions de l'enfance et de la jeunesse de Mozart, à chaque instant il est arrivé à Kœchel de se tromper sur des faits relativement assez graves, — soit qu'il attribuât certaines œuvres à des périodes de la vie du maître où elles ne pouvaient pas appartenir, ou bien encore qu'il ne sût pas reconnaître, dans ces mêmes œuvres, les liens très étroits qui les apparentaient à d'autres compositions authentiquement datées. Il n'y a pas jusqu'aux conclusions pouvant être tirées de l'écriture matérielle des morceaux, du format de leur papier, de la qualité de leur encre, etc., auxquelles ce géologue trop méfiant de soi-même n'ait omis d'attacher l'importance qu'elles auraient dû avoir à ses yeux : ne se faisant pas faute, par exemple, de ranger dans une même période des morceaux écrits par Mozart sur des papiers de formats différents, et notoirement employés par lui à des époques différentes de sa vie.

Aussi n'avions-nous absolument, pour nous diriger dans notre étude « biographique » de l'œuvre de Mozart, — surtout pendant la longue et importante période de la jeunesse du maître, — rien que cette œuvre elle-même, telle que nous la révélait

l'admirable édition critique publiée naguère par la maison Breitkopf. Elle seule pouvait nous permettre de classer, d'après
l'ordre authentique de leurs dates, toutes les compositions de
Mozart, grandes et petites : sauf pour nous à tirer également
un parti des plus précieux des renseignements que nous four-
nissait, à ce point de vue, l'examen du papier et de l'écriture
des divers autographes. J'ajouterai d'ailleurs que, malgré tout
le temps qu'il nous a demandé, ce classement chronologique
nous a été beaucoup plus facile que nous l'avions supposé
d'abord, plus facile et aboutissant à des résultats d'une certitude plus entière : car nous n'avons pas tardé à découvrir, —
ainsi que je le disais tout à l'heure, — que l'âme prodigieusement souple et mobile du maître s'est toujours librement
abandonnée à l'impulsion, plus ou moins fortuite, de son goût
du moment, si bien que toujours, tout au long de sa vie, Mozart
s'est complu à adopter, à employer exclusivement, et puis
à écarter de son horizon non seulement telle ou telle coupe
particulière, tel ou tel procédé d'expression musicale, mais
encore jusqu'à telle ou telle manière de concevoir l'objet même
et la beauté de son art. Aussitôt qu'un changement se produisait dans les idées du jeune homme, — et nul artiste, peut-être,
n'a connu un plus grand nombre de ces révolutions intérieures,
— aussitôt toutes ses œuvres, pendant une durée plus ou moins
considérable, portaient la trace de ce changement, au point de
nous présenter, parfois, une allure et un style tout contraires
de ceux que nous offraient ses œuvres précédentes. Moins que
nul autre génie créateur, celui-là n'était apte à mener de front
deux idéals différents, deux manières différentes de réaliser
le même idéal. A chacun de ses goûts nouveaux il se livrait
sans réserve, s'obstinant à reproduire, jusque dans les genres
les plus variés, un certain tour de pensée ou un certain mode
d' « écriture » définis, jusqu'au jour où, sous l'influence de sa
propre lassitude ou de la rencontre d'un modèle nouveau, tout
vestige de ces signes caractéristiques disparaissait à jamais
de sa production. D'où, pour son biographe, une facilité
extrême à reconstituer dans son œuvre, — à l'aide des quelques compositions d'une date indiscutable, — ces nombreuses
étapes successives de sa perpétuelle formation et transformation artistique.

Mais on entend bien que ce classement de son œuvre et la
fixation des principales périodes de sa vie de créateur ne cons-

tituaient encore qu'une partie de notre tâche, et à beaucoup près la moins malaisée. Comme je l'ai dit, c'est presque toujours du dehors qu'est venue à Mozart l'impulsion de ces changements qui se manifestent à nous dans son art ; et aussi nous a-t-il fallu rechercher soigneusement, au dehors, ce qu'avaient été bien au juste les hommes et les œuvres qui avaient ainsi exercé leur action sur le génie du maître. De proche en proche, nous avons dû interroger toute la musique de la seconde moitié du XVIII° siècle, ou du moins tout ce que Mozart avait pu connaître d'elle, en nous attachant toujours à déterminer à quel degré et de quelle manière tel ou tel maître contemporain, rencontré par Mozart à tel endroit de sa route, avait contribué à modifier momentanément son inspiration ou sa langue. Pourquoi me ferais-je un scrupule de le proclamer ? Nous avons essayé vraiment de suivre le jeune Mozart pas à pas, dans tous ses voyages, ne négligeant aucun effort pour étudier toutes les œuvres qu'il a eu, lui-même, l'occasion d'entendre ou de lire. A Paris, nous avons interrogé Eckard et Honnauer, Charpentier et Raupach, mais surtout ce jeune homme d'un génie délicieux et fort, l'admirable Schobert, qui, en même temps qu'il nous révélait sa propre beauté, nous a tout de suite laissé voir l'énorme prise qu'il a eue par deux fois, en 1764 et en 1778, sur l'esprit et le cœur du musicien salzbourgeois. A Londres, nous avons observé de quelle façon le petit Mozart, peu à peu, s'est entièrement soumis aux leçons comme à l'exemple de ce Chrétien Bach dont l'âme de poète se trouvait étrangement prédestinée pour agir à jamais sur celle de l'enfant ; et déjà le même séjour à Londres nous a montré Mozart admis à prendre un premier contact avec ce génie musical italien dont il allait bientôt s'imprégner plus à fond. A Vienne, en 1768, nous avons eu la surprise de voir soudain le petit élève des Paradisi et de Chrétien Bach se changer, pour quelques mois en un parfait symphoniste allemand, sous l'influence des Wagenseil et des Hoffmann, ou plutôt sous la seule influence déjà de ce Joseph Haydn qui allait, désormais, se dresser devant nous presqu'à chacun des « tournants » décisifs de la vie de Mozart. Mais ensuite voici l'Italie : et dans sa musique d'alors nous nous sommes plongés tout de même que l'avait fait le petit *maëstro*, n'écoutant plus que les Sammartini, les Boccherini, les Sacchini et les Piccinni, sauf pour nous à aller, un instant, nous délasser de l'aimable banalité de cette musique trop « galante » en suivant respectueusement, à Bologne, les savantes leçons du P. Martini.

Oui, c'est ainsi que nous avons procédé d'un bout à l'autre de notre enquête, assidus à ne laisser échapper aucune chance de nous initier plus profondément aux diverses impressions musicales du jeune Mozart. Qu'il s'agît d'un Stéphann, d'un Vanhall, d'un Anfossi ou d'un Ligniville, jamais nous ne nous sommes fiés au jugement d'autrui, pour connaître et pour apprécier l'œuvre des musiciens qui, de près ou de loin, se reliaient à l'unique objet véritable de notre exploration. Et comment ne profiterions-nous pas de la circonstance pour exprimer ici, publiquement, notre dette infinie de gratitude envers les conservateurs des nombreuses bibliothèques musicales, publiques ou privées, de France et aussi de l'Europe entière qui, le plus complaisamment du monde, nous ont autorisés à consulter sur place ou à faire copier les précieux trésors confiés à leur garde? Seul, naturellement, le Mozarteum de Salzbourg, nous est resté fermé, ainsi qu'il l'est obstinément, depuis un quart de siècle, à toute curiosité « mozartienne », allemande ou étrangère : et bien que la plupart des documents inconnus qu'il renferme se rapportent surtout à ce que j'ai appelé la biographie « extérieure » du maître, — lettres inédites ou jusqu'ici défigurées de Mozart lui-même et de ses parents, carnets de voyage, etc., — je ne saurais dire combien nous avons eu à souffrir de la pensée que, peut-être, des œuvres musicales se trouvaient aussi là, des brouillons, des esquisses, toute sorte de documents qui nous auraient permis de mieux définir l'origine ou l'histoire de quelques-uns des morceaux que nous analysions. Au reste, un trait suffira pour faire comprendre au lecteur tout ce qu'a de déplorable et de scandaleux cette impossibilité d'approcher des documents légués jadis, — pour la plus grande gloire du maître, — au Mozarteum. Nous avons découvert que le texte original des lettres de Léopold Mozart, dont les manuscrits sont tous cachés là-bas, avaient été non seulement mutilé par la veuve de Wolfgang Mozart et son second mari, mais encore complètement altéré et faussé, de telle façon que nous allons en être réduits à citer, comme étant du père de Mozart, des passages qui, peut-être, ont un sens tout différent dans les lettres authentiques !

Voilà donc, très brièvement résumée, ce qu'a été notre inten-

tion en abordant ici l'étude approfondie de l'œuvre et de toute
la vie musicale de Mozart ! Et l'on ne s'étonnera pas, cela étant,
que nous ayons dû nous borner, pour notre premier effort, à
l'examen des vingt et une premières années de cette vie, dont
on sait d'ailleurs combien elle a été courte, et combien fructueuse. Plus tard, avec l'aide de Dieu, nous tenterons peut-être
de pousser plus loin notre investigation, et de déterminer sous
quelles influences se sont accomplis les changements divers que
nous laisse voir l'œuvre incomparable de la pleine maturité
de Mozart. Mais quelque fortune que réserve le sort à cette
suite de notre étude, c'est ici, dans notre récit de la formation
initiale du maître, que nous avons conscience d'avoir atteint
et pénétré les véritables éléments intimes de son génie. Le
jeune musicien qui, à la fin de notre second volume, s'en ira de
Salzbourg vers Mannheim et Paris aura sans doute encore bien
des leçons à apprendre ; il en aura jusqu'au bout, et son *ouverture* de la *Flûte enchantée*, écrite par lui à la veille de sa mort,
nous le montrera découvrant des horizons artistiques qui lui
étaient inconnus pendant qu'il écrivait son opéra, trois mois
auparavant : mais la manière dont il profitera de ces leçons, et
surtout la part de soi-même qu'il y ajoutera, tout cela ne subira
plus désormais que des modifications assez superficielles, telles
que les provoque toujours, dans un jeune cœur, la double expérience du métier et de l'âge. Le véritable génie de Mozart se
trouve déjà constitué tout entier, au moment où nous prenons
congé du maître salzbourgeois ; et déjà telle des œuvres qu'il
laisse derrière soi, — ses deux *sextuors* n°ˢ 255 et 276, son
concerto pour Mˡˡᵉ Jeunehomme n° 275, son *Sancta Maria* de
l'automne de 1777 (n° 286), égalent tout à fait en vivante beauté
les choses les plus délicieuses qu'il produira dans la suite. Les
évolutions du style, chez lui, dureront aussi longtemps que sa
carrière ; mais, par-dessous elles, la constitution de son âme
de poète et de musicien est décidément achevée, à l'heure où
s'arrête cette partie de notre étude. Le prologue du drame merveilleux de sa vie a maintenant fini de se dérouler.

Un mot encore sur notre collaboration. Elle a commencé il y a
plus de dix ans, dès le jour où, ayant moi-même le cœur tout
rempli de l'œuvre et du génie du maître de Salzbourg, j'ai rencontré un « mozartien » à qui ce génie et cette œuvre étaient aussi

familiers, plus familiers, qu'à moi. Sur-le-champ, nous avons
projeté de mettre en commun notre double connaissance de la
vie artistique de Mozart, et puis de travailler ensemble à la
compléter et à l'approfondir, sans autre ambition que de servir
humblement la chère mémoire du maître. Ensemble nous avons
fait les voyages, les recherches nécessaires pour reconstituer
exactement l'image de chacune des périodes de la carrière de
Mozart ; ensemble nous avons patiemment interrogé chacune
des compositions de Mozart lui-même, leur demandant le secret
de leur origine et de la place qu'elles avaient tenue dans la
formation du génie de leur auteur, tandis que, d'autre part,
nous explorions toute la production musicale des contemporains
de celui-ci, en essayant de nous représenter l'impression qu'elle
avait pu faire sur une jeune âme toujours passionnément curieuse
d'un nouvel idéal et de chemins nouveaux. Pas une seule page,
dans nos deux volumes, qui n'ait été précédée de longues cau-
series, ni dont chaque phrase, avant de prendre forme sur le
papier, n'ait été soigneusement pesée, contrôlée, discutée, —
en un mot où l'un et l'autre de nous n'ait pieusement tâché à
laisser un écho de sa respectueuse et reconnaissante tendresse
pour le poète immortel de *Don Juan* et de la *Flûte enchantée*.

T. W.

PREMIÈRE PÉRIODE

LES PREMIÈRES LEÇONS

Jean-Chrysostome-Wolfgang-Théophile Mozart est né, le 27 janvier 1756, à Salzbourg, où son père, Jean-Georges — dit Léopold — Mozart était alors « maître de concert, violoniste, et compositeur de la Cour ». Élevé dans une atmosphère toute musicale, et encouragé encore à l'étude de la musique par les leçons de clavecin que recevait, près de lui, sa sœur aînée, l'enfant avait à peine quatre ans lorsqu'il apprit ses notes ; et presque tout de suite il fut en état de déchiffrer, au clavecin, les petits morceaux composés ou copiés par son père pour l'instruction de la jeune Marianne. A six ans, en janvier 1762, il composait déjà son premier menuet, bientôt suivi de trois autres et d'un petit morceau de sonate en *si bémol*. Après quoi, depuis le 16 juillet 1762 jusqu'au 14 octobre 1763, sauf peut-être un *menuet avec trio* dont la date précise nous est inconnue, nous ne voyons pas qu'il ait rien produit, étant tout occupé à se préparer pour les exhibitions que son père avait décidé de faire de lui dans les diverses cours de l'Europe.

Voici, d'ailleurs, les documents biographiques les plus autorisés que nous possédions sur les origines et les premières années du petit Mozart : ils sont contenus dans un long mémoire que la sœur de Mozart a envoyé à la maison Breitkopf assez longtemps après la mort du maître, en décembre 1799 :

Le père de Wolfgang Mozart, Léopold Mozart, fils d'un relieur d'Augsbourg, est né dans cette ville le 14 novembre 1719. Étant venu faire ses études à l'université de Salzbourg, il a ensuite rempli, dans cette dernière ville, les fonctions de secrétaire du comte de Thun, chanoine de la cathédrale, et puis, en l'an 1743, est entré au service du prince-archevêque en qualité de musicien de la Cour. En 1747, le 21 novembre, il s'est marié avec Marie-Anne Pertl, fille du défunt commissaire archiépiscopal à Hüttenstein.

Léopold Mozart, dans les loisirs que lui laissait son service à la Cour et à la cathédrale, s'était toujours occupé de leçons de violon, et s'était également adonné à la composition. En 1756, il avait publié un livre : *Essai d'une méthode approfondie du violon*, qui a obtenu une seconde édition en 1770. J'ajouterai que, au début de 1762, notre père est devenu vice-maître de chapelle à la Cour du prince-archevêque de Salzbourg.

Or, comme, sur les sept enfants qu'il avait eus, une fille, Marie-Anne, et son fils Wolfgang Gottlieb étaient restés vivants, leur père renonça pour toujours aussi bien à l'enseignement du violon qu'à la composition [1], afin de pouvoir consacrer à l'éducation de ses deux enfants tout le temps que lui laissait son service de la Cour.

Wolfgang était âgé de trois ans lorsque son père commença à apprendre le clavecin à sa fille, âgée de sept ans. Et tout de suite l'enfant révéla le talent extraordinaire qu'il avait reçu de Dieu. Souvent il se divertissait pendant des heures à rechercher des tierces au clavecin, avec un plaisir ingénu à entendre l'agréable harmonie qu'il produisait chaque fois. Dans sa quatrième année, son père commença à lui enseigner sur le clavecin, pour ainsi dire par jeu, quelques menuets et autres pièces : étude qui coûtait si peu de peine aussi bien au père qu'à l'enfant que ce dernier apprenait une pièce entière en une heure, et un menuet en une demi-heure, de façon à pouvoir les jouer sans aucune faute, avec la mesure et la netteté les plus parfaites. Il faisait de tels progrès que, à cinq ans, lui-même composait déjà de petites pièces qu'il jouait au clavecin devant son père, et que celui-ci transcrivait sur le papier.

Deux influences principales ont agi sur le petit Mozart, à cette première période de sa formation : l'influence du milieu musical de Salzbourg et celle de l'exemple et de l'enseignement de son père.

Salzbourg avait toujours été une des villes du monde où la musique s'était trouvée le plus en honneur, aussi bien auprès des princes-évêques que des habitants de toute condition. En 1756, la chapelle archiépiscopale avait, parmi ses membres, des hommes d'une réelle valeur, et dont l'un, le Souabe Eberlin, était même l'un des contrapuntistes les plus savants et les plus originaux de toute l'Allemagne. Evidemment le petit Mozart, à la cathédrale, à l'abbaye de Saint-Pierre, aux concerts de la Cour, s'est nourri des œuvres à la fois solides et charmantes de ces maîtres ; et maintes fois nous retrouverons chez lui la trace des souvenirs qu'il a gardés d'Eberlin

---

1. La sœur de Mozart commet ici une erreur. La vérité est, ainsi que nous aurons à la montrer tout à l'heure, que Léopold Mozart a peut-être abandonné ses leçons de violon, mais non pas la composition.

et d'Adlgasser, pour ne rien dire encore du grand et admirable Michel Haydn qui, en 1762, allait prendre à Salzbourg la succession d'Eberlin, et devenir, pour de longues années, le véritable maître du jeune Mozart. Mais l'action de ces musiciens salzbourgeois sur l'enfant n'a jamais été aussi intime et profonde qu'elle aurait pu l'être si Léopold Mozart, par un sentiment assez compréhensible de rivalité professionnelle, n'avait pas détourné son fils de prêter toute attention à l'œuvre de confrères dont aucun ne lui paraissait supérieur, ni même égal à lui. Ce qui a contribué activement et directement à former le génie du petit Mozart, c'est le goût musical de Salzbourg, la conception particulière que l'on s'y faisait de la beauté et de l'expression en musique.

Le trait le plus caractéristique de cette conception était un certain mélange de tendresse et de gaieté, une sorte de sensibilité douce et légère qui se retrouve aussi bien dans le beau recueil des préludes et fugues d'Eberlin que dans les chansons populaires salzbourgeoises, dans les petites *Cassations* d'Adlgasser, dans les morceaux écrits par les musiciens locaux pour le *Glockenspiel* de la Nouvelle Résidence et l'orgue mécanique de la forteresse. Le goût salzbourgeois n'était ni très profond, ni très raffiné : mais il était infiniment épris de lumière, d'expression simple et gracieuse, de cette beauté musicale toute « chantante » qui va être comme le fond continu de l'œuvre entière de Mozart, sous la diversité des styles et des procédés. Entre les menuets de 1762 et toute la partie comique de la *Flûte enchantée*, il y a un air de parenté manifeste, et d'ailleurs très difficile à définir, mais que chacun reconnaîtra et sentira aussitôt, et qui vient expressément de l'atmosphère musicale de Salzbourg.

Encore ne faut-il pas oublier que, tout en étant toujours revêtue d'un caractère local plus ou moins marqué, la musique de Salzbourg était sous la dépendance immédiate de celle de Vienne. La grande ville, comme il était naturel, communiquait à la petite les variations de ses modes ; et ainsi, pour nous rendre compte de l'état successif des divers genres musicaux à la Cour, dans les églises et dans les théâtres de Salzbourg, nous aurons constamment à considérer le mouvement du goût musical viennois aux mêmes périodes : mais à la condition de ne pas oublier que les modes viennoises, en pénétrant à Salzbourg, avaient coutume de s'altérer, soit pour devenir plus simples et plus populaires ou bien pour se pénétrer d'une grâce plus tendre et plus mélodique.

Quant à l'influence exercée sur Mozart par son père, elle s'est exercée sur lui de deux façons très différentes, et qui doivent être considérées séparément. Il y a eu, d'abord, l'œuvre personnelle de Léopold Mozart, que son fils n'a pu manquer de connaître et de vouloir imiter ; et il y a eu aussi l'éducation musicale qu'il a reçue de son père, et dont l'effet sur lui a été infiniment plus durable.

Léopold Mozart, depuis qu'il s'est voué à la musique, vers 1740, jusqu'au moment où, vers 1762, il s'est consacré surtout à l'éducation de ses enfants, a produit une masse énorme d'œuvres musicales en tout genre ; et bien que sa production se soit relâchée lorsqu'il a eu à s'occuper de son fils, on se tromperait à croire, comme l'affirment ses biographes sur la foi de sa fille, qu'il ait jamais renoncé tout à fait à la composition : car le fait est que maintes des œuvres qui nous restent de lui doivent avoir été écrites après 1762, et que quelques-unes, même, attestent qu'il a fini par subir, à son tour, l'influence de son fils. Aussi nous a-t-il été, malheureusement, impossible de prendre connaissance de toutes celles de ses compositions qui se sont conservées : mais nous en avons étudié un certain nombre, dans des genres divers ; et les traits de ressemblance que nous avons constatés entre elles nous permettent de supposer que le reste de l'œuvre de Léopold Mozart n'aurait rien à nous apprendre d'important, ni sur son talent, ni sur ses goûts et ses procédés habituels. Parmi ces compositions que nous avons examinées figurent, notamment : 1° une *messe solennelle* en *ut* (à la Bibliothèque de Munich) ; 2° trois *Litanies de Lorette*, en *fa*, en *sol*, et en *mi bémol* (à la cathédrale de Salzbourg), et une *Litanie du Saint-Sacrement* en *ut* dans les archives de l'église Sainte-Croix d'Augsbourg ; 3° une *symphonie en sol*, publiée jadis, par erreur, sous le nom de Wolfgang et dont on trouvera une réduction pour piano dans les recueils classiques des symphonies du maître ; 4° une *symphonie en si bémol,* dont la partition originale est perdue, mais dont une réduction pour piano appartient à la Bibliothèque du Conservatoire de Bruxelles ; 5° six *Divertissements* pour deux violons et basse (à la Bibliothèque de Munich) ; 6° trois *sonates de clavecin* en *si bémol*, en *fa*, et en *ut*, publiées entre 1756 et 1765, dans les *Œuvres Mélées*, recueil que faisait paraître l'éditeur Haffner, de Nuremberg ; 7° la *Course de Traineaux musicale*, petite suite d'orchestre composée en décembre 1755, et réduite pour le clavecin probablement par Léopold Mozart lui-même ; enfin 8° toute sorte de petites pièces écrites, pour les premières leçons de clavecin de Marianne et de Wolfgang, sur un cahier qui appartient aujourd'hui au Mozarteum de Salzbourg, et reproduites dans la *Vie de Mozart* par Nissen [1].

1. Depuis que ce chapitre a été écrit, nous avons eu la bonne fortune de pouvoir connaître encore d'autres œuvres de Léopold Mozart, publiées en 1908 par M. Max Seiffert, avec une longue introduction biographique et critique, dans un volume nouveau des *Denkmæler der Tonkunst in Bayern*. Nous avons trouvé là, en plus de quelques-unes des œuvres mentionnées tout à l'heure, les compositions suivantes : 1° une série de six *variations pour le clavecin* sur un ancien choral salzbourgeois (1759) ; 2° un *trio* en *la* pour clavecin, violon, et violoncelle, composé probablement aux environs de 1770 ; 3° un *concerto* en *ré* pour trompette (1762) ; 4° une *Sinfonia di Camera* en *ré* pour violon, alto, et basse, avec un cor *solo* et un violon *solo* ; 5° une *Sinfonia burlesca* en *sol* pour deux vio-

Malheureusement le plus grand nombre de ces œuvres que nous avons pu étudier ne sont pas datées : mais il suffit de les lire pour constater qu'elles ont dû être écrites à des époques très diverses, et que Léopold Mozart, de même qu'allait faire ensuite son fils, a toujours essayé de se conformer aux changements du goût musical de son temps, aussi bien pour le style et les procédés que pour la coupe des morceaux.

C'est ainsi que, pour nous en tenir à la musique instrumentale, la *symphonie* de Bruxelles, en *si bémol*, date évidemment d'avant 1760 ; elle n'a que trois morceaux à la manière ancienne, et dans chacun desquels la distinction des deux sujets n'est pas encore nettement marquée : en outre, le système du *développement*, après les deux barres, suivi d'une *rentrée* dans le ton principal, n'est employé que concurremment avec l'ancien système de la reprise immédiate du premier sujet, dans un autre ton, après lesdites barres : c'est ce dernier système que nous trouvons dans l'*andante*, tandis que le système nouveau apparaît dans les deux *allegros*. Au contraire, la *symphonie* en *sol*, publiée sous le nom de Wolfgang Mozart, est déjà, dans l'ensemble comme dans les détails, entièrement pareille aux symphonies qu'écrivait le fils de Léopold Mozart après son retour d'Italie en 1771 : quatre morceaux, avec, dans les trois principaux, deux sujets bien distincts, et un emploi régulier du *développement* ramenant la *rentrée* du premier sujet : sans compter que le style, déjà tout moderne, de cette symphonie suffirait pour prouver qu'elle a dû être écrite lorsque Léopold Mozart n'avait plus rien à enseigner à son fils, et commençait même à subir l'influence de celui-ci [1].

loncelles, deux altos, et une partie de *basso per il violone e fagotto ;* 6° un *Divertimento militare* en *ré* pour quatuor à cordes, deux fifres, deux cors, deux trompettes et tambour ; 7° une *Sinfonia di Caccia* en *sol* pour quatuor à cordes et quatre cors ; 8° une *Noce villageoise* en *ré* pour violons, alto, cornemuse, basson et violoncelle, deux hautbois et deux cors ; 9° une *sonata trio* pour deux violons et basse en *mi bémol* (avant 1740) ; 10° un air en *mi bémol* pour soprano, du 11 avril 1755, destiné sans doute à un oratorio, *Du wahrer Mensch und Gott ;* 11° un air en *ré* pour ténor. chanté par un « capitaine » et destiné à un oratorio de la Passion ; 12° un *offertoire du Très Saint-Sacrement* en *la* pour chœur et *soli, Parasti in conspectu meo.* L'examen des ouvrages nous a pleinement confirmés dans notre opinion précédente du talent et du style de Léopold Mozart. Toutes les compositions instrumentales, à l'exception du *trio* pour clavecin dont nous aurons l'occasion de parler dans la suite, et qui n'est pas dénué d'un certain agrément mélodique. révèlent une pauvreté d'invention tout à fait désolante : les morceaux de musique religieuse. avec une valeur artistique également très faible, attestent du moins une expérience technique très supérieure ; et les deux airs d'oratorio ont même une certaine franchise et simplicité d'expression qui les rendent, incontestablement, le chef-d'œuvre de toute la longue carrière de l'honnête professeur.

1. Il est même infiniment probable que le menuet de cette symphonie, très supérieur aux autres morceaux, jaura été composé par le jeune Wolfgang, qui, d'autre part, pourrait bien s'être amusé à intercaler dans des œuvres comme sa *Grabmusik* de 1767 des airs composés par son père, et peut-être précisément l'un des deux airs exhumés, en 1908, par M. Seiffert.

Pareillement, les six *Divertimenti* en trio de Munich sont à coup sûr un recueil factice comprenant des œuvres de périodes très diverses ; ainsi l'un de ces *Divertimenti*, le n° 4, en *ré*, doit être une des premières œuvres de Léopold Mozart, n'ayant ni une seule *rentrée* dans le ton principal, ni un seul véritable second sujet : et le *Divertimento* en *ut* (n° 2), par exemple, peut fort bien être déjà d'après 1760, car il offre, de tous points, le type de la nouvelle musique « galante » dont l'usage s'est répandu en Europe aux environs de cette année. Il n'y a pas jusqu'aux trois *sonates de clavecin* qui, pour avoir paru simultanément dans les *Œuvres Mélées*, ne portent la trace de l'évolution qui s'est faite dans les habitudes musicales de Léopold Mozart : dans l'une, en *si bémol*, le système du *développement* avec *rentrée* dans le ton principal, déjà employé pour les deux premiers morceaux, ne l'est pas encore pour le *final ;* et les deux sujets sont entremêlés, comme dans les sonates de Philippe-Emmanuel Bach ; dans une seconde sonate, en *fa*, le final nous montre Léopold Mozart s'adaptant à la mode nouvelle des deux *sujets* distincts ; et nous y voyons ce parfait professeur donnant à chacun de ses deux sujets un mouvement différent, afin de mieux accentuer leur séparation. Enfin la troisième sonate, en *ut*, est déjà absolument conforme au style nouveau de la musique « galante », avec *développements* et *rentrées*, avec deux sujets très distincts, et puis encore avec toute sorte de figures et menus artifices de virtuosité ; et Léopold Mozart va même, dans son appropriation de sa musique au goût italien triomphant, jusqu'à remplacer les fir*a*les régulièrement élaborés de toutes ses œuvres précédentes par deux menuets, ce qui tendrait à faire croire qu'il a écrit cette sonate fort peu de temps avant son départ pour Paris, en 1763. Quant aux œuvres de musique religieuse, la différence des styles y est naturellement moins sensible, le goût musical de Salzbourg n'ayant vraiment changé, sous ce rapport, que vers 1772, après l'avènement du nouvel archevêque ; mais, là encore, des œuvres comme la *Messe solennelle* de Munich et l'une des *Litanies de Lorette* nous révèlent par bien des points qu'elles sont postérieures aux messes et aux litanies écrites par Léopold Mozart dans sa jeunesse : le langage musical y est plus abondant et plus vide, et le contrepoint, qui naguère faisait la base constante de tous les morceaux de ce genre, tend à prendre de plus en plus un rôle épisodique, à se concentrer dans certains passages tels que les fins du *Gloria* et du *Credo*, ou le *Pignus* des *Litanies du Saint-Sacrement*, toujours traités en fugue tandis que le reste des chœurs devient sans cesse plus homophone.

Et cependant, sous toutes ces différences de la forme, d'autant plus considérables ici qu'est plus restreinte la valeur propre du fond, il n'y a pas une des œuvres que nous avons dites qui ne nous révèle, sur le talent personnel de Léopold Mozart, exactement ce que nous révèle chacune des autres. La langue a beau varier complètement d'après les années : c'est toujours la même chose qui nous y est dite, avec une persistance immuable ; et jamais nos recherches ne nous ont permis de découvrir un seul ouvrage du musicien salzbourgeois qu'il nous fût possible de mettre à part, au-dessus ni au-dessous de l'ensemble des œuvres que nous connaissions de lui.

Ce qui caractérise essentiellement toutes ces œuvres, c'est, d'abord, une très remarquable conscience professionnelle, accompagnée de toute la somme de savoir théorique et pratique que requiert la création d'œuvres répondant aussi bien que possible à leur destination ; et c'est, en second lieu, un manque absolu d'invention, une impuissance extraordinaire à rien tirer de soi-même, comme aussi à animer d'un semblant de vie des ouvrages patiemment et consciencieusement élaborés d'après toutes les recettes de leurs genres. Non seulement les œuvres de Léopold Mozart sont toujours des modèles de soin et de probité artistiques : la qualité de leur « métier » est presque toujours excellente, et telle qu'elle aurait de quoi mettre le père de Mozart au niveau des meilleurs musiciens de son temps. Le contrepoint, en vérité, n'y est jamais bien savant : mais, pour simple et scolastique qu'il soit, il a beaucoup de sûreté, et souvent une aisance remarquable. Les règles les plus diverses sont appliquées avec une correction parfaite, et même avec une intelligence très fine de leur utilité. Et ce n'est pas tout. Léopold Mozart, il faut bien le dire, était trop allemand, et aussi trop spécialement violoniste pour avoir le sens du chant vocal ; il écrivait pour les voix, dans ses Oratorios et ses Messes, comme pour des instruments, violons ou autres éléments de l'orchestre, sans se soucier de leurs ressources propres ; et nous aurons continuellement l'occasion de voir les mauvais effets de l'éducation toute instrumentale qu'il a donnée à son fils. Mais chaque fois qu'il a eu à écrire pour des instruments, il l'a fait avec une notion très juste et très délicate de la diversité de leurs rôles ; et ses sonates de clavecin, sous ce rapport, sont aussi exactement accommodées aux habitudes et aux moyens du clavecin que sont adaptées aux ressources des instruments à cordes les parties du violon, de l'alto, et de la basse dans ses symphonies et ses divertissements. Tout ce que peut donner à un musicien la réunion d'une intelligence un peu restreinte, sans doute, mais d'autant plus solide dans son petit domaine, d'une science également restreinte, mais appropriée à l'usage où elle sert, et puis de la plus louable honnêteté professionnelle, Léopold Mozart a eu tout cela, et nous l'a fait voir dans toutes ses œuvres. Le malheur est que celles-ci, faute du moindre élément d'originalité, ou même simplement d'émotion et d'imagination personnelles, ne parviennent pas à vivre, et nous apparaissent comme d'agréables constructions bâties dans le vide, sans aucun fondement stable ni aucune raison d'être.

Cette nullité foncière de la musique de Léopold Mozart est si complète qu'elle en est indéfinissable : mais il suffit, pour la sentir pleinement, de jeter les yeux sur n'importe lequel des ouvrages du père de Mozart, depuis ses messes et ses symphonies, jusqu'aux petits menuets composés pour l'éducation des deux enfants-prodiges. Jamais on n'y trouvera ni une idée originale, ni un sentiment un peu profond, ni rien qui justifie le savant et consciencieux travail que l'on a devant soi. Et tel est, chez Léopold Mozart, le défaut d'invention qu'il ne sait pas même unir entre elles les phrases qu'il élabore à force d'érudition musicale et d'honnête patience : ces phrases se succèdent sans se mêler l'une à l'autre, sans que nous sentions une seule fois qu'elles font partie d'un ensemble vivant.

Aussi comprendra-t-on qu'il ne puisse pas être question, pour nous, d'une influence héréditaire exercée par cet homme, absolument incapable de créer, sur le génie le plus créateur de vie et de beauté musicales que nous connaissions. De naissance, Mozart n'a rien dû à son père ; et ce n'est que sous l'effet de l'éducation paternelle qu'il a pris à Léopold Mozart quelques-unes de ses qualités, comme aussi certains de ses défauts [1]. Au point de vue particulier qui nous occupe en ce moment, l'action de l'œuvre musicale de Léopold Mozart sur l'œuvre de son fils n'a même jamais été très considérable, et a cessé très vite, aussitôt que l'enfant a entrevu d'autres œuvres plus vivantes et plus conformes à sa propre nature. Dès son arrivée à Paris, en 1763, nous le verrons s'affranchir définitivement de l'imitation du style de son père. Tout au plus y a-t-il, dans les œuvres de Léopold Mozart, deux ou trois particularités que la cohabitation du père et du fils a communiquées plus durablement à ce dernier, sauf pour lui à s'efforcer, ensuite, d'en secouer l'habitude. Ainsi nous avons vu déjà que c'est à l'exemple et aux leçons de son père que Mozart devra, durant presque toute sa jeunesse, de traiter la voix humaine comme un instrument, au lieu de se préoccuper de son caractère distinct et purement « vocal ». De même, il est bien à craindre que ce soit l'exemple du père qui ait accoutumé le fils à donner trop peu d'étendue à ses *développements*, dans toute sa musique instrumentale. Pour Léopold Mozart, en effet, depuis le jour où il a adopté le système nouveau des *développements*, ceux-ci n'ont été que des transitions, très courtes, et uniquement destinées à ramener la *rentrée* du premier sujet ; et bien que Mozart, tout de suite, ait conçu le *développement* d'une façon tout autre, bien qu'il y

---

1. Beaucoup plus considérable doit avoir été, chez le petit Mozart, l'héritage intellectuel et moral de la mère, femme d'une imagination volontiers romanesque, et sans doute aussi supérieure à son mari en délicatesse de sentiments qu'elle lui était inférieure en éducation artistique et littéraire. Mais nous sommes trop peu renseignés sur le caractère et l'esprit de Mᵐᵉ Mozart pour pouvoir déterminer bien au juste l'influence qu'elle a eue sur le génie ᵈe son fils.

ait toujours mis le plus profond de son cœur, et que personne ne l'ait égalé pour la richesse musicale et expressive de ses *développements*, le fait est que, jusqu'au bout de sa vie, cette partie du morceau, chez lui, est restée assez courte, sensiblement plus courte que chez Emmanuel Bach ou chez Joseph Haydn : c'est encore là un défaut dont il a été redevable à l'empreinte laissée sur lui par l'œuvre de son père. Et pour ce qui est des qualités qu'il a eues en commun avec son père, celles-ci lui sont beaucoup moins venues du contact des œuvres de Léopold Mozart que de l'influence de son enseignement, de la longue et profonde éducation qu'il en a reçue, aussi bien pendant toute sa jeunesse que pendant les brèves années d'enfance où l'œuvre musicale de son père lui apparaissait encore comme l'unique modèle qu'il avait à suivre.

Ce qu'a été cette éducation, nous pouvons nous en faire une idée très suffisante en lisant l'excellent ouvrage théorique de Léopold Mozart, l'*Ecole du Violon*, publié à Augsbourg en 1756, et qui résume la doctrine du musicien salzbourgeois non seulement sur les procédés particuliers du violon, mais sur l'art musical tout entier.

En premier lieu, Léopold Mozart exige du musicien la patience, la réflexion, la méfiance de soi-même. Il est ennemi de toute virtuosité obtenue au détriment de l'expression ; il ne cesse point de mettre en garde son élève contre le vain et funeste désir de briller, et condamne expressément ce désir même chez les artistes les plus habiles. Dans son horreur de l'artifice, il va jusqu'à préférer le violoniste d'orchestre au joueur de *soli*.

Il entend qu'un bon musicien soit, avant tout, un bon chrétien et un honnête homme, et qu'il soit aussi un bon humaniste, « sachant ce que savent le grammairien et le rhétoricien ». En vertu de quoi nous le voyons enseignant au petit Wolfgang, à côté des leçons proprement musicales, les mathématiques, la grammaire et la littérature allemandes, ainsi que des notions élémentaires de latin et d'italien.

Quant au détail des règles musicales que Léopold Mozart a apprises à son fils, nous aurons l'occasion d'en signaler quelques-unes au fur et à mesure que nous analyserons les premières œuvres de Mozart : mais Léopold Mozart lui-même n'a jamais attaché à ces règles autant d'importance qu'aux préceptes généraux que nous venons de dire ; et non seulement, comme nous l'avons vu, il a toujours suivi les variations du goût dans ses propres ouvrages, mais tout porte à croire qu'il a laissé son fils parfaitement libre de subir l'influence d'autres maîtres plus forts ou plus en vogue que lui, — à la condition cependant que ce ne fussent point ses collègues de la chapelle épiscopale de Salzbourg. Sur ce dernier point la susceptibilité du brave homme était si grande qu'il semble résulter des documents que, même plus tard, ce n'est que malgré son père que Mozart a

découvert le génie et subi l'influence de Michel Haydn : pas une
seule fois nous ne voyons que son père l'ait autorisé à recevoir directement des leçons de ce grand homme, qu'il a cependant étudié et
imité plus que tous les autres maîtres de son temps, sauf peut-être
Jean-Chrétien Bach. Mais ce que Léopold Mozart a profondément
implanté dans le cœur de son fils, par delà ces règles accessoires
et provisoires, c'est la conception qu'il s'était faite lui-même du rôle,
de l'objet, et des devoirs de la musique.

Celle-ci, pour lui comme pour tous les musiciens de son temps,
était une véritable langue, destinée à traduire toutes les modes et
toutes les nuances des émotions humaines. L'*expression* y était,
pour lui, le but principal ; et tout le reste ne venait qu'ensuite, y
compris même le plaisir de l'oreille. « Ayez bien soin, disait-il à ses
élèves dans son *École du Violon*, de chercher d'abord le sentiment
qui a inspiré l'auteur du morceau, ne serait-ce que pour en déduire
le rythme de votre jeu ! Ce rythme, c'est le caractère intime du morceau qui, seul, pourra vous le faire deviner. Je sais bien qu'on trouve,
en tête des morceaux, des indications de mouvements, comme *Allegro, Adagio*, etc. ; mais tous ces mouvements ont leurs degrés, qu'aucune formule ne pourrait vous indiquer... A vous de découvrir les
sentiments que l'auteur a voulu traduire, et puis de vous pénétrer
vous-mêmes de ces sentiments. Mais encore est-ce à la condition que
le compositeur, de son côté, soit un homme de sens, et qui réussisse
à choisir, pour chaque passion, des mélodies qui y correspondent. »

Ainsi le petit Mozart s'est trouvé instruit, dès le berceau, à considérer toute « passion » comme pouvant être traduite par une « mélodie correspondante » : et l'on entend bien que le mot « mélodie »
désigne ici l'ensemble de tous les éléments de la composition musicale, depuis les rythmes et les tonalités jusqu'aux timbres, jusqu'aux
diverses espèces de cadences et de trilles. Tout cela, pour les musiciens d'alors et pour Mozart après eux, avait une signification et un
rôle particuliers : tel ton, telle modulation, tel instrument de l'orchestre, étaient réservés à l'expression de tel ou tel sentiment. Et non
seulement Mozart, toute sa vie, conformément aux instructions de
son père, a tenu la musique pour un langage, mais il est toujours resté
fidèle à ces traditions, alors universellement admises et aujourd'hui
en grande partie oubliées, sur la valeur expressive propre des divers
tons, des divers instruments, etc. L'étude de son œuvre va nous faire
voir, par exemple, comment, depuis ses premières sonates jusqu'à
ses dernières compositions de 1791, chaque ton a eu pour lui un sens
expressif distinct, et, en conséquence, s'est accompagné chez lui
de certains procédés distincts dans le rythme et les modulations.

Léopold Mozart et ses contemporains étaient même si pénétrés du
caractère expressif de la musique, que, naïvement, ils la croyaient
capable d'exprimer toutes choses, et qu'ainsi ils avaient coutume de

l'employer non seulement à traduire des émotions, — ce qui était son rôle naturel, — mais à raconter des histoires ou à peindre des images. De plus en plus se répandait la mode de la musique narrative, comme celle qui avait servi à Kühnau pour mettre en sonates l'Ancien Testament, mais surtout de la musique descriptive, qui se manifestait par des « chasses », des « tempêtes », des « pastorales », etc. Et Léopold Mozart, avec sa foncière médiocrité d'âme et son défaut absolu d'invention purement musicale, était plus porté que personne à suivre cette mode. Nous avons de lui des *Courses de Traîneaux*, des *Glissades de montagne*, des *Noces villageoises*, qui sont la manifestation à la fois la plus formelle et la plus ridicule de cette croyance dans le pouvoir descriptif et narratif de la musique. Pareillement, et toujours d'accord avec ses contemporains, il estimait que la musique pouvait traduire tous les mots du langage parlé ; de sorte que, dans son effort d'expression, il négligeait presque toujours le sentiment général pour s'attacher à traduire successivement chacune des paroles d'un texte ; et c'était assez, par exemple, dans une messe, que le texte contînt le mot *mortuos* pour qu'il se crût obligé de moduler en mineur, à cet endroit, même lorsqu'il s'agissait de célébrer la joie de la résurrection. Et qu'il ait enseigné tout cela à son fils, c'est de quoi nous ne saurions douter ; et que son fils, malgré la répugnance naturelle de son génie pour cette profanation de la beauté musicale, ait eu d'abord beaucoup de peine à secouer la contrainte de l'enseignement paternel, c'est ce que personne ne saurait trouver surprenant. Cependant, telle était la force instinctive de ce génie que, dès son enfance, le petit Mozart s'est refusé à l'emploi de la musique pour décrire des *Glissades* ou des *Noces villageoises*. Même dans ses compositions vocales, il a toujours mis une réserve très caractéristique à peindre des tempêtes, des rugissements de lion, des battements de cœur, etc. Jamais il n'a consenti à traiter ces peintures musicales pour elles-mêmes, à un point de vue simplement descriptif : forcé comme il l'était de recourir à elles, il a du moins tout de suite essayé de les traiter en musicien, c'est-à-dire d'en faire des éléments d'un ensemble, ayant leur beauté et leur expression propres indépendamment de leur portée descriptive. Mais un point sur lequel sa naïveté et son ignorance d'enfant lui ont rendu beaucoup plus difficile la résistance aux leçons paternelles, c'est le point que nous venons de dire, concernant l'habitude de s'attacher trop littéralement au sens des paroles, dans les œuvres de musique vocale. Lorsque, à cet enfant de dix ou douze ans, on confiera la composition d'un opéra, où seront en jeu des passions dont il ne peut avoir encore aucune idée, nous le verrons tâcher de son mieux à suivre du moins le sens des paroles ; et l'expression musicale et pathétique de ses premiers opéras se ressentira de ce fâcheux procédé. Mais de plus en plus, là encore, nous verrons l'instinct du jeune homme se faire jour à travers l'empreinte de son éducation ; et d'abord le petit Mozart s'affranchira de la traduction littérale des mots dans les rôles très simples des personnages comiques, des soubrettes, des confidents : et puis, peu à peu, à mesure que son cœur se formera et commencera de vivre, nous le verrons renoncer à suivre les mots jusque dans les moments où la tradition lui commandera le plus de les suivre, jusque dans les *mortuos* de ses messes et les « soupirs » des personnages de ses opéras, et les innombrables allusions des poèmes de ceux-ci aux « zéphirs », à la « pluie », à la « mer », etc.

Voilà, en résumé, ce que Salzbourg et les œuvres et les leçons de Léopold Mozart ont appris à l'enfant, en partie pour ses premières années et ses premières œuvres, en partie pour toujours. Quant aux quelques morceaux composés par lui durant la période que nous étudions, ils sont encore d'un genre et d'un caractère si enfantins que leur métier ne nous révèle vraiment rien sur les connaissances musicales de l'auteur à cette époque de sa vie. Aussi bien verra-t-on que la plupart de ces morceaux ne sont que des exercices de l'enfant sur une basse, vraisemblablement proposée par son père. Mais ce qu'ils nous révèlent très clairement, — et surtout si nous les comparons avec les morceaux analogues de Léopold Mozart, qu'ils suivent immédiatement sur le cahier de Salzbourg, — c'est l'extraordinaire différence de nature entre le père et le fils, et combien celui-ci, de naissance, s'est trouvé doué pour imprégner de vie et de poésie jusqu'aux moindres idées musicales qui naissaient dans son cœur.

1. — *Salzbourg, janvier* 1762.

Menuet en fa, pour le clavecin [1].

K. 2.

Ms. perdu.

En 1759, Léopold Mozart, voulant apprendre le clavecin à sa fille, alors âgée de 8 ans, a acheté pour elle un cahier relié, de format oblong, réglé d'avance pour recevoir des notes de musique avec six portées sur chaque page. Ce cahier, dont les restes se trouvent aujourd'hui au Mozarteum de Salzbourg, portait, à la première page, l'inscription française que voici : *Pour le clavecin. Ce livre appartient à Mademoiselle Marianne Mozart,* 1759. Et d'abord Léopold Mozart, à l'intention des leçons de sa fille, a rempli les premières pages du cahier de toute sorte de petits morceaux faciles, dont les uns étaient de sa composition, tandis qu'il y en avait d'autres qu'il avait transcrits de clavecinistes allemands alors en vogue, tels qu'Agrell, Fischer, ou Wagenseil. La plupart de ces morceaux étaient des menuets : mais il y avait aussi des *marches,*

---

1. On trouvera, page 14, le texte complet de ce morceau.

des *scherzos*, des *thèmes variés*, etc. Plus tard, lorsque le petit Wolfgang
a commencé à jouer du clavecin, Léopold Mozart lui a fait jouer ces
divers morceaux, et a inscrit, au-dessus de chacun d'eux, la date où
l'enfant l'avait joué. Ces dates vont depuis « la quatrième année de
la vie de Wolfgang » jusqu'au « 6 février 1761 » ; après quoi, sans
doute, l'enfant aura été en état de jouer des choses plus difficiles que
celles que contenait le cahier. Mais lorsque, au début de l'année suivante, Wolfgang, non content de jouer les morceaux des autres, s'est
mis à en composer lui-même, c'est encore sur le beau cahier de 1759
que le père a transcrit les premiers essais de son fils : seulement,
suivant toute vraisemblance, il les a transcrits sur les dernières pages
du cahier, en laissant un grand espace vide entre eux et les morceaux
notés pour Marianne ; car le menuet n° 3, le premier dont on possède
l'autographe, a été copié sur la page 64 avec la date du « 11 mai 1762 ».
Puis, au fur et à mesure que l'enfant composait d'autres morceaux, le
père continuait à les transcrire sur le cahier ; et bientôt les dernières
pages se sont trouvées pleines, de sorte qu'il a fallu revenir en arrière,
et remplir maintenant les pages blanches du milieu du cahier. C'est ainsi
que la première sonate de Mozart, composée en octobre 1763, commençait
à la page 20 et se continuait à la page 22. Sans compter qu'à ce moment
Mozart s'était déjà mis lui-même à écrire directement ses morceaux sur
le cahier, au hasard des pages blanches qu'il y rencontrait çà et là.

Et c'est à cela, sans doute, qu'il convient d'attribuer le misérable
état de dépècement où est aujourd'hui ce précieux cahier. Jusqu'au
jour où il a été légué au Mozarteum, tous ses propriétaires successifs
en ont découpé des pages pour les donner ou les vendre à des collec-
tionneurs d'autographes. A présent, il ne contient pour ainsi dire plus
que ce qui est de la main de Léopold Mozart ; et nombre de ses pages
ont disparu dont les unes auraient peut-être eu à nous révéler des
compositions inédites du petit Mozart, tandis que d'autres nous auraient
fait connaître exactement la date de plusieurs des morceaux dont on a
conservé des copies.

C'est sur ce cahier que Léopold Mozart avait transcrit le menuet n° 1,
avec la mention que son fils l'avait « composé en janvier 1762 ». Sans
aucun doute possible, ce menuet est la première œuvre de Mozart que
nous connaissions. Il est très simple, avec un seul petit sujet, successivement présenté dans divers tons ; et son rythme est tout pareil à celui
des menuets de Léopold Mozart, notés au commencement du même
cahier. Mais il suffit de le comparer avec ces menuets du père, pour
sentir la profonde différence des deux natures, et combien l'enfant, par
instinct, a toujours eu le don de faire « chanter » sa musique et de la
rendre vivante. Il y a une suite évidente entre les diverses reprises du
petit sujet du morceau ; et celui-ci, grâce à elle, d'un bout à l'autre
nous apparaît comme un tout organisé, au contraire des juxtapositions
inertes que sont toujours les œuvres de Léopold Mozart [1].

1. Nous reproduisons ici, comme témoignage de cette différence instinctive des
deux natures, un menuet de Léopold Mozart, dont celui-ci nous apprend que
Wolfgang l'a « *joué* dans sa quatrième année », et le n° 1 tout entier, « *composé*
par l'enfant en janvier 1762 ».

Menuet de Léopold Mozart.

Premier menuet de Wolfgang.

Le style, d'ailleurs, est encore d'une simplicité tout enfantine ; la basse reste sèche et pauvre, se bornant à marquer le rythme. Le seul trait intéressant est la manière dont, dans la reprise de la première partie, l'exposition du sujet s'arrête brusquement sur un point d'orgue et ce même sujet est ensuite répété, en manière de *coda*. Enfin, nous devons noter que, dans ce morceau ni dans aucun de cette période, Mozart n'emploie encore le procédé de la *basse* d'*Alberti*, qui commençait alors à se répandre dans toute l'Europe, et qui consistait à briser les accords de l'accompagnement, de façon à occuper sans arrêt la main gauche pendant que la main droite dessinait le chant. Ce n'est probablement que pendant son voyage de 1763 que l'enfant aura connu ce procédé : car nous le verrons en faire un usage continu dans sa première sonate, du 14 octobre 1763.

2. — *Salzbourg, le 4 mars* 1762.

Allegro en si bémol, pour le clavecin.

K. 3.

Ms. perdu.

Ce petit morceau faisait partie des compositions de Mozart transcrites par son père sur l'album dont nous venons de parler ; et Léopold Mozart avait mis, au-dessus : « *Del Sgre Wolfgango Mozart, 1762, d. 4 martii.* »

Ce second morceau de Mozart est encore presque aussi simple que le premier, notamment pour ce qui concerne la main gauche. Mais il a pour nous l'intérêt d'être, déjà, un *morceau de sonate*, et de nous renseigner sur l'idée que se faisait l'enfant des règles de ce genre particulier. Or nous découvrons, à ce point de vue, que l'enfant, dans l'*allegro* de sonate, emploie déjà le procédé, alors nouvellement inauguré par Philippe-Emmanuel Bach, de la division en trois parties, au lieu de l'ancienne division classique en deux parties : après les deux barres, le morceau nous présente un *développement*, ou fantaisie libre sur les sujets précédents ; et ce *développement* finit par ramener la *rentrée* du premier sujet dans le ton principal. Cette coupe, sur laquelle nous aurons bientôt à revenir plus longuement, et qui d'ailleurs n'allait point tarder à s'imposer dans l'Europe entière, n'était encore employée d'une façon constante, à cette époque, que par les compositeurs de l'Allemagne du Nord : mais Léopold Mozart l'avait adoptée déjà, vers 1760, pour ses sonates de clavecin parues dans les *Œuvres mêlées* ; et il est naturel que son fils l'ait adoptée aussi. Le *développement*, dans son petit *allegro*, est, du reste, court et insignifiant ,comme il l'était dans les mor-

ceaux de Léopold Mozart : après quoi la reprise est un peu variée, toujours à la manière de Léopold Mozart. Mais la particularité la plus
curieuse pour nous, dans ce morceau, c'est que la première partie y est
faite de deux phrases distinctes, bien qu'elles ne constituent encore
qu'un seul sujet, et que la seconde de ces phrases, tout en différant de
la première, lui est intimement apparentée, avec le génie qu'aura toujours Mozart pour unir ensemble tous les éléments de son discours musical. Si simple et enfantin que soit cet *allegro*, toute l'âme de Mozart
y apparaît déjà.

3. — *Salzbourg, le 11 mai 1762.*

Menuet en fa, pour le clavecin.

K. 4.

Ms. perdu.

Comme les morceaux précédents, ce meruet a été transcrit par Léopold Mozart sur l'album de Marianne. Il y porte la mention : *di Wolfgango Mozart, d. 11 may 1762.*

Ici, le progrès de l'enfant est déjà très sensible, au point de vue des
idées comme à celui du métier. Le menuet nous offre déjà deux sujets
très distincts, dont le second, par une opposition assez ingénieusement
accentuée, constitue comme une réponse mélodique au premier ; et
déjà, après les deux barres, l'enfant se livre à un véritable petit travail
de *développement* modulé, sur le rythme du premier sujet. Tout cela
accompagné d'une certaine couleur archaïque, qui semblerait dénoter
l'influence passagère, sur le petit Mozart, de quelque menuet ancien
d'un maître allemand ou italien. Mais le plus curieux est que, dans ce
menuet comme dans les deux suivants, Mozart inscrit sa mélodie sur
une basse qui reste à peu près la même pour ces trois menuets : d'où
nous pouvons conclure que cette basse lui aura été fournie par son
père, comme point de départ de plusieurs exercices successifs de composition ; et par là nous comprenons mieux encore le caractère tout
« grammatical », pour ainsi dire, de ces premiers morceaux de l'enfant,
écrits sous les yeux du père à la façon de simples « devoirs » d'écolier.

Et pourtant, ce menuet du 11 mai se trouve être déjà d'une forme
assez établie pour que nous puissions, à son propos, indiquer la manière
dont Mozart se représentait alors les règles du genre. Dans le menuet
comme dans le morceau de sonate, la coupe favorite des vieux maîtres
italiens était la coupe *binaire*, ou en deux parties : après les deux
barres, le musicien reprenait tout de suite son premier sujet dans un
autre ton, en le variant à sa fantaisie, ou bien encore lui substituait un
sujet nouveau ; et il ne reprenait ensuite que la seconde moitié de la

première partie, remise désormais dans le ton principal, de façon que l'étendue totale de la seconde partie fût à peu près équivalente à celle de la première. Mais déjà Sébastien Bach, Krebs, Telemann, et d'autres compositeurs de l'Allemagne du Nord avaient appliqué au menuet l'innovation que Philippe-Emmanuel Bach devait introduire, peu de temps après, dans le morceau de sonate. Ils avaient divisé la seconde partie de leurs menuets en deux sections, dont l'une était un *développement* libre sur les sujets de la première partie, amenant une reprise du premier sujet de celle-ci dans le ton principal. Comme l'on voit, il s'agissait là tout à fait du même procédé que de celui du *développement* avec *rentrée* employé pour la sonate. Or, il est curieux de voir que, aux environs de 1760, tandis que Léopold Mozart, dans ses morceaux de sonate, avait déjà adopté ce procédé nouveau, il restait encore fidèle à l'ancien dans ses menuets, ainsi que nous le prouvent presque tous les menuets écrits par lui sur l'album de sa fille ; et son fils, dans ses premiers menuets, a naturellement suivi son exemple. Lui qui, dans son petit *allegro* du 4 mars 1762, faisait déjà un *développement* régulier avec *rentrée* dans le ton principal, dans tous ses premiers menuets (sauf les nᵒˢ 1 et 3) il va se conformer encore à l'ancien usage. Après les deux barres, il reprendra, avec de libres variations et extensions, le premier sujet du menuet ; et il ne reprendra ensuite exactement que la seconde phrase de la première partie, transportée maintenant dans le ton principal. Ce n'est que beaucoup plus tard, à Paris, quand il se sera entièrement affranchi de l'influence de son père, qu'il appliquera à ses menuets la coupe du *développement* avec *rentrée* régulière du premier sujet.

Dans le nᵒ 3, comme dans le nᵒ 1, l'enfant fait au contraire une véritable *rentrée,* dans le ton principal, mais avec cette particularité que, au lieu de reprendre tout son premier sujet, il n'en reprend que le début, le répète deux fois, et puis procède à la reprise régulière du second sujet.

4. — *Salzbourg, le 5 juillet* 1762.

Menuet en fa, pour le clavecin.

K. 5.

Ms. perdu.

Comme tous les morceaux précédents, ce menuet a été transcrit par Léopold Mozart, avec sa date, sur l'album de Marianne : mais la feuille qui le portait a depuis longtemps disparu.

Par sa coupe, comme nous l'avons dit, ce menuet diffère déjà des deux précédents, et inaugure un type nouveau, qui se retrouvera dans tous les menuets de Mozart jusqu'à l'arrivée de l'enfant à Paris. Au

lieu de reprendre son premier sujet à peu près textuel, dans la seconde
partie du menuet, après quelques mesures de *développement*, Mozart,
maintenant, ne reprendra plus que la seconde phrase de sa première
partie, sauf à rappeler librement la première, en façon de *développement*, aussitôt après les deux barres.

Quant à ce qui est de son style, ce menuet est déjà d'une allure beaucoup plus coulante et plus libre que les précédents, avec une opposition très bien accentuée entre les deux phrases. Mais la seconde de ces
phrases, avec son rythme régulier de doubles croches, présente à tel
point une apparence de simple accompagnement que nous ne pouvons
pas nous empêcher de nous demander s'il n'y avait pas, dans la conception première de Mozart, une petite partie de violon adjointe à cette
rédaction du menuet pour le clavecin. Et un autre problème plus
curieux encore nous est offert par la ressemblance de la basse de ce
menuet avec celle du menuet n° 3, composé deux mois auparavant, et
son identité à peu près complète avec la basse d'un autre menuet en
fa (n° 5) que Mozart composera quelques jours plus tard, le 16 juillet
1762. En effet, il suffit de jeter un coup d'œil sur les trois morceaux
pour constater que la basse du menuet n° 5, ne différant guère de celle
du n° 3 que par la suppression des premières notes dans la *rentrée*,
concorde absolument avec celle du n° 5. D'où nous pouvons conclure,
comme nous l'avons dit déjà, qu'il s'agit là d'une basse imposée à l'enfant par son père, en manière d'exercice de composition.

5. — *Salzbourg, le 16 juillet* 1762.

Menuet en fa, pour le clavecin.

K. 6.
Ms. perdu.

De même que tous les morceaux précédents, ce menuet a été transcrit par Léopold Mozart, avec sa date, sur le cahier conservé à Salzbourg.

Comme nous l'avons dit, ce menuet est composé sur la même basse
que le précédent, et doit donc avoir constitué, lui aussi, un petit exercice de composition exécuté par l'enfant sous les yeux du père. Cependant, cette identité de la basse dans les deux menuets n'a pas empêché
Mozart de s'essayer ici, une fois encore, à une coupe nouvelle, ou plutôt à une application nouvelle de la coupe adoptée désormais pour ses
menuets. Dans ce n° 5 comme dans le n° 4, la seconde phrase seule est
reprise, au moment de la *rentrée* : mais tandis que, dans le n° 4, Mozart, après les deux barres, ramenait son premier sujet, modulé et

traité en manière de *développement*, cette fois le voici qui remplace ce rappel par un dessin tout nouveau, d'ailleurs composé sur la même basse, et avec les mêmes modulations, achevant ainsi de se conformer à la méthode italienne de ce que nous appellerons le *développement nouveau* : après quoi, tout à fait régulièrement, il fait sa *rentrée* en reprenant, dans le ton principal, la seconde phrase de la première partie.

Ajoutons que jamais encore, peut-être, les petits morceaux précédents ne nous ont fait voir un progrès aussi considérable, ni aussi décisif. La partie de la main gauche, maintenant, est déjà un peu dépouillée de sa sécheresse et nudité première ; par instants, les deux mains tâchent visiblement à se partager le chant ; et il y a dans tout le menuet, entre le rythme et la mélodie, un lien profond qui donne à ce menuet une unité d'expression tout à fait remarquable. L'exercice de composition commencé dans le menuet n° 3 se trouve, à présent, parfaitement réussi ; et, aussi bien, Mozart lui-même a-t-il dû se rendre compte de la supériorité de ce menuet sur les précédents, puisque nous verrons qu'il l'introduira, en 1764, dans la première des sonates qu'il fera graver.

DEUXIÈME PÉRIODE

L'ENFANT-PRODIGE

(OCTOBRE 1762 — JUIN 1763)

Dès qu'il eut découvert les dons merveilleux de son petit garçon, Léopold Mozart résolut de l'exhiber dans toutes les Cours de l'Europe, comme un véritable « prodige » qu'il était ; et certes les premiers voyages de l'enfant, promené de ville en ville dans ces conditions, n'ont pas pu devenir aussi fructueux pour son éducation musicale qu'ils l'auraient été si, au lieu d'avoir toujours à se montrer lui-même, il avait pu s'occuper de voir et d'entendre les bons musiciens qui se trouvaient alors dans chacune des villes où il s'est arrêté. Toutefois, avec l'extraordinaire souplesse et mobilité de ses impressions, tout porte à croire que dès le début, malgré ces conditions défavorables, il a recueilli sur son passage bien des échos qui, sur-le-champ, lui sont entrés dans le cœur, et y ont fait germer de nouvelles idées musicales.

Sa sœur, dans la notice biographique qu'elle a écrite sur lui long-temps après sa mort, affirme que le voyage de Vienne dont nous allons parler a déjà été précédé, sans doute durant l'été de 1762, d'une première « exhibition » de l'enfant à la Cour de Munich : mais aucun souvenir ne s'est conservé de ce voyage, probablement très court et n'ayant pu exercer d'action sur le développement artistique du petit « phénomène ». Voici d'ailleurs, avant tout, le passage du récit de la sœur touchant la période que nous étudions :

> Dans la sixième année de Wolfgang, son père a fait avec lui un premier voyage : il l'a conduit à Munich, où les deux enfants se sont fait entendre du prince-électeur. Puis, après un séjour de trois semaines dans cette ville, les Mozart sont rentrés à Salzbourg.
>
> Mais comme les enfants se *perfectionnaient* de plus en plus sur le clavecin, la famille des Mozart entreprit, le 18 septembre 1762, en passant par Passau et Lintz, un voyage à Vienne, où les enfants se produisirent à la Cour impériale peu de jours après leur arrivée. Ils firent également un petit voyage à Presbourg, et rentrèrent à Salzbourg en janvier 1763.

La séance qu'ils donnèrent devant les Majestés impériales avait duré plus de trois heures ; et les grands-ducs et duchesses y avaient également assisté. L'empereur François dit, entre autres choses, à Wolfgang, que ce n'était pas difficile de jouer avec tous ses doigts, mais que ce qui serait plus malaisé, ce serait de jouer ainsi sur un clavecin qu'on aurait recouvert. Là-dessus, l'enfant se mit aussitôt à jouer d'un seul doigt avec la plus grande agilité ; après quoi il fit recouvrir les touches, et joua par-dessus un drap, tout à fait comme s'il s'était déjà exercé souvent à ce tour de force.

Mais nous possédons, sur ce voyage de Vienne, d'autres renseignements à la fois plus détaillés et plus sûrs : car les souvenirs de la sœur de Mozart, recueillis près d'un demi-siècle après les faits qu'ils rapportent, sont malheureusement parfois entremêlés d'erreurs. Pour ce premier grand voyage comme pour celui qui allait suivre, Léopold Mozart avait emprunté de l'argent à un ami salzbourgeois, l'épicier Hagenauer, qui demeurait au rez-de-chaussée de la maison natale du petit Wolfgang ; et constamment, durant ces voyages, le père du petit « prodige » écrira aux Hagenauer de longues lettres, afin de les tenir au courant du succès de son entreprise. C'est de ces précieuses lettres que, ici et dans les chapitres à venir, nous allons détacher tous les passages capables de nous éclairer sur l'éducation musicale de Mozart.

La première lettre est datée de Lintz, le 3 octobre 1762. Léopold y raconte que l'enfant s'est fait entendre, à Passau, devant l'évêque du lieu ; et il ajoute que maints protecteurs « sont résolus à nous faire, à Vienne, une réclame énorme ». Dans la seconde lettre, écrite à Vienne le 16 octobre, nous lisons :

Après notre départ de Lintz, nous sommes allés à Ips, où trois moines, qui avaient été nos compagnons dans le coche d'eau, sont allés dire leurs messes dans la chapelle du couvent : alors, pendant ces messes, voilà que notre Woferl s'est arrangé pour grimper jusqu'à l'orgue, et en a si bien joué que les moines franscicains du couvent, qui étaient en train de dîner avec des invités, se sont précipitamment levés de table, sont accourus à la chapelle, et ont failli mourir d'ébahissement... A la douane viennoise, notre garçon nous a dispensés de la visite : car il s'est aussitôt lié avec le douanier, lui a montré notre clavecin, et lui a joué un menuet sur son petit violon. Depuis notre arrivée, nous avons été à une *académie* du comte Collalto... Dès maintenant on nous réclame partout. Le 10 octobre, pendant que j'étais à l'Opéra[1], j'ai entendu l'archiduc Léopold raconter qu'il y avait à Vienne un petit garçon qui jouait si merveilleusement du clavecin, etc...
Sur notre séance à la Cour, je n'ai que le temps de vous apprendre ceci : c'est que nous avons été accueillis de Leurs Majestés avec tant de

1. Où l'on jouait l'*Orfeo* de Gluck, mais où sans doute le petit Wolfgang n'aura pas accompagné son père.

faveur que, si je vous le racontais en détail, on ne manquerait pas de prendre mon récit pour une fable... Nous sommes restés chez l'Impératrice de trois à six heures ; et l'Empereur m'a emmené dans un salon voisin, pour me faire entendre la façon dont l'infante jouait du violon. Aujourd'hui, après midi, nous allons chez les deux plus jeunes archiducs, puis chez le comte Palffy. Hier, nous avons été chez le comte Kaunitz ; avant-hier chez le comte Kinsky et le comte Udefeld.

De la lettre du 19 octobre, nous nous bornerons à citer le passage suivant : « Aujourd'hui nous sommes allés chez l'ambassadeur de France ; demain nous devons aller chez un certain comte Harrach... Nous avons promis de nous rendre ce soir à une grande *académie*, où se produiront les plus grands virtuoses qui se trouvent en ce moment à Vienne. On nous retient jusqu'à une semaine d'avance, par crainte d'arriver trop tard. Un jour, nous avons été dans une maison de deux heures et demie à quatre heures ; puis un carrosse est venu nous chercher et nous a conduits chez une dame où nous sommes restés jusqu'à cinq heures et demie ; après quoi il a fallu aller chez le comte Kaunitz, d'où nous ne sommes sortis que vers neuf heures. »

Par un véritable miracle, et qui justifiait bien les messes commandées par les Mozart dans diverses églises de Salzbourg, le petit Wolfgang a survécu à une « production » aussi épuisante. Peut-être a-t-il été sauvé de la mort par « une espèce d'attaque de fièvre scarlatine » qui, pendant plusieurs semaines, l'a empêché de continuer la série de ses « séances ». Après quoi il semble bien que l'engouement du public viennois pour le petit « prodige » se soit lassé : car les dernières lettres de Léopold Mozart nous apprennent que, malgré son obstination à ne point quitter Vienne, « les ducats ne veulent plus affluer comme naguère » ; si bien que nos voyageurs, après être encore allés jusqu'à Presbourg en Hongrie, se décident enfin à regagner Salzbourg, où ils arrivent vers le 3 ou 4 janvier 1763.

Aux renseignements fournis par ces lettres s'ajoutent également certains détails significatifs recueillis et publiés par les premiers biographes de Mozart. Nous y voyons par exemple que, dès ce voyage de Vienne et durant toute son enfance, le petit Wolfgang « ne jouait que des danses ou autres bagatelles, quand il avait à se faire entendre de personnes qui ne savaient point la musique ». Pendant sa séance à la Cour viennoise, l'enfant, qui n'était entouré que de courtisans plus ou moins attentifs, demanda hardiment à l'empereur François : « Est-ce que M. Wagenseil n'est pas ici ? Je veux qu'il vienne m'entendre : celui-là comprend ce que je joue ! » Puis, l'Empereur ayant fait venir Wagenseil, le petit Wolfgang dit au vieux maître : « Je suis en train de jouer un de vos concertos ! Il faut que vous me tourniez les pages ! »

Enfin nous ne pouvons nous dispenser de reproduire le récit bien connu d'un musicien de la chapelle de Salzbourg, le trompette

Schachtner, qui rappelle à la sœur de Mozart de quelle façon l'enfant
a obtenu de son père l'autorisation d'apprendre le violon :

Tout à fait dans les premiers jours après votre retour à Vienne,
où l'on avait fait cadeau à Wolfgang d'un petit violon, notre excellent violoniste M. Wentzl, aujourd'hui défunt, soumit à l'examen de
Monsieur votre papa une série de six *trios* qu'il avait composés pendant
votre absence ; c'était son premier essai dans la composition. Nous
décidâmes donc de jouer ces trios. Votre papa devait faire la basse sur
son alto. Wentzl, le premier violon, et moi, le second. Or, voici que
Wolfgangerl demande qu'on lui permette de faire le second violon !
Votre papa repoussa naturellement une demande aussi insensée, car le
petit n'avait pas eu la moindre leçon de violon, et son père le croyait
tout à fait hors d'état de jouer quoi que ce fût sur cet instrument. Alors
Wolfgang : « Mais, papa, pour faire la partie de second violon, on n'a
pas besoin d'avoir appris ! » Et comme votre papa, là-dessus, lui
ordonnait de s'en aller au plus vite et de nous laisser tranquilles, voilà
Wolfgang qui se met à pleurer amèrement, tout en s'apprêtant à sortir
avec son violon ! Et moi, par pitié, je prie qu'on le laisse jouer avec
moi, si bien que votre papa finit par lui dire : « Eh ! bien, soit ! Joue
avec M. Schachtner, mais si doucement qu'on ne t'entende pas ; sans
quoi je te fais sortir sur-le-champ ! » Ainsi fut fait, Wolfgang se mit à
jouer avec moi. Mais bientôt je découvre, à ma grande stupeur, que je
suis absolument superflu. Je pose mon violon sur mes genoux, et je
regarde Monsieur votre papa à qui cette scène lui avait fait monter des
larmes dans les yeux. C'est de cette façon que l'on joua les six trios !
Et, quand ce fut fini, nos éloges donnèrent à Wolfgang tant d'audace
qu'il nous déclara qu'il pourrait jouer aussi le premier violon. Nous
en fîmes l'essai par plaisanterie, et nous faillîmes mourir de rire, à le
voir jouer sa partie avec une foule de mauvaises positions et de maladresses, mais, tout de même, sans rester une seule fois à court jusqu'au bout du morceau.

Ce récit, de même que ceux de la sœur de Mozart, n'est malheureusement pas d'une exactitude parfaite : et sûrement, en tout cas,
Schachtner se trompe lorsqu'il nous parle d'un « petit violon que
Wolfgang a reçu en cadeau pendant son séjour à Vienne », puisque
nous avons lu, dans une lettre de Léopold, que, dès son arrivée à la
douane viennoise, « Woferl a joué un menuet sur son petit violon ».
Pareillement, c'est à titre de simple curiosité que nous reproduisons
encore un autre passage de la relation de Schachtner, nous montrant
Wolfgang occupé, dès l'âge de cinq ans, à composer un concerto
de clavecin :

Un jour, après l'office du jeudi, comme je montais chez vous en compagnie de Monsieur votre père, voilà que nous voyons le petit Wolfgang
(il avait alors quatre ans) tout occupé à écrire quelque chose.
PAPA : Que fais-tu là ? — WOLFG : Un concerto pour le clavecin ; je vais

avoir bientôt achevé la première partie ! — PAPA : Fais voir ! — WOLFG :
Mais je n'ai pas encore tout à fait achevé ! — PAPA : Fais voir tout de
même ! Cela doit être quelque chose de joli !

Et son papa lui prit le papier, et me montra un brouillis de notes de
musique, dont la plupart étaient écrites sur des taches d'encre toutes
frottées et étendues (car le petit Wolfgang, par inexpérience, plongeait
toujours sa plume jusqu'au fond de l'encrier, d'où résultait à chaque
fois un gros pâté : mais lui, résolument, il étendait le pâté avec le plat
de la main, pour le sécher, et écrivait par-dessus). Nous commençâmes
donc par rire de cet apparent *galimatias* ; mais votre papa porta ensuite
son attention sur la chose essentielle, sur les notes, sur la manière de
composer. Et longtemps il se tint tout raide, en contemplation devant
la feuille de papier ; après quoi je vis des larmes, larmes d'émerveillement et de joie, tomber de ses yeux. « Voyez donc, Monsieur Schachtner,
me dit-il, comme tout est justement et régulièrement bien posé ! Par
malheur, il n'y a rien à en faire, car le morceau est si difficile que
personne ne serait en état de le jouer. » Ce qu'ayant entendu, le petit
Wolfgang : « Mais, papa, aussi est-ce un concerto : il faut qu'on étudie
beaucoup pour arriver à le jouer ! Tiens, voici comment ça doit aller ! »
Et il se mit à jouer, mais ce fut tout juste si nous pûmes deviner ce
qu'il avait eu en tête.

Tout cela, il faut bien l'avouer, ne nous instruit que très vaguement des progrès accomplis par le petit Wolfgang durant cette
période, où il semble même que l'enfant ait tout à fait interrompu ses
essais de composition, à moins que l'on veuille classer pendant ou
après le voyage de Vienne un menuet avec trio, n° 6, au sujet duquel
la sœur de Mozart se trompe sûrement en nous le présentant comme
écrit « dans sa cinquième année ». Depuis que Léopold Mozart avait
conçu le projet d'assurer la fortune de ses enfants, et la sienne propre,
en exhibant les deux petits virtuoses dans toutes les Cours de l'Europe, l'éducation de Wolfgang avait cessé d'être un jeu, pour se
transformer en un entraînement régulier et continu ; et les résultats
de cet entraînement nous apparaîtront lorsque bientôt, à Munich, à
Francfort, à Mannheim, à Bruxelles, et à Paris, nous verrons la variété
merveilleuse qu'aura déjà revêtue le talent d'exécution du petit
garçon. Non seulement celui-ci, au cours de cette année de préparatifs, acquerra une habileté remarquable sur le clavecin ; non seulement il aura profité de la permission d'apprendre le violon jusqu'à
se trouver en état, le 13 juillet 1763, d'exécuter un concerto de
violon en présence de l'Électeur de Bavière ; et non seulement, quelques semaines plus tard, le clergé et les musiciens d'Heidelberg
décideront de commémorer, par une inscription gravée au mur d'une
église, l'art incomparable avec lequel l'enfant-prodige salzbourgeois
aura déchiffré et improvisé sur l'orgue de ladite église : il n'y a pas
jusqu'aux principes de l'harmonie et de la composition que Mozart,
à Vienne et après son retour, n'ait étudiés déjà très sérieusement. De

cela nous trouverons la preuve dans les premiers morceaux qu'il composera en octobre et novembre 1763, au sortir de cet intervalle tout consacré à son apprentissage professionnel ; et nous possédons en outre, depuis peu, un document des plus intéressants qui nous initie de plus près à ces études de composition du petit Mozart. C'est un gros cahier manuscrit où Léopold Mozart, à partir du 31 octobre 1762, a transcrit pour son fils une foule de morceaux des genres les plus divers, expressément pour habituer l'enfant aux règles de ces genres : un cahier qui correspond tout à fait, dans le domaine de la composition musicale, à ce qu'était naguère l'album où le musicien salzbourgeois avait recueilli d'autres petits morceaux destinés à exercer son fils dans le jeu du clavecin.

Ce cahier, dont l'existence nous a été révélée par M. R. Genée dans les *Mittheilungen für die Mozart-Gemeinde in Berlin* de mars 1908, porte, sur le revers de sa première page, l'inscription suivante : « A mon cher fils Wolfgang-Amédée, pour sa sixième fête, son père LÉOPOLD MOZART. A Salzbourg, le 31 octobre 1762. » Le 31 octobre est, en effet, la fête de saint Wolfgang, et ainsi la date de cette dédicace se trouve confirmée. Mais il n'en va pas de même quant à l'indication du lieu, puisque les Mozart, le 31 octobre 1762, ne se trouvaient certainement pas à Salzbourg, mais bien à Vienne. Il y aurait là de quoi jeter un doute sur l'authenticité du cahier si, dans le *fac simile* de l'inscription reproduit par M. Genée, nous ne découvrions très évidemment que le mot « Salzbourg » a été écrit plus tard, à côté de la date susdite, et que l'écriture de ce mot est absolument différente de celle de la date, ainsi que du reste de l'inscription, — une écriture hésitante et tremblée de vieillard, tandis que tous les autres mots révèlent une main d'une sûreté parfaite. Aussi ne nous paraît-il pas contestable que le bon Léopold Mozart, dans sa vieillesse, aura voulu compléter une inscription datant des premières années de son cher fils, et se sera imaginé avoir commencé le cahier en question à Salzbourg, oubliant qu'il l'avait sans doute acheté, — et sûrement commencé, — à Vienne.

Pareillement, aucune discussion n'est possible sur l'objet de ce cahier, dont on a prétendu qu'il était destiné, lui aussi, à servir pour les études de clavecin de l'enfant. Le cahier contient, au début de chacune des séries dont nous allons parler, une *aria* avec les paroles du chant; il contient un « morceau de trompette », un « morceau de cor de chasse », et maintes autres pièces qui, certainement, ne sont point faites pour apprendre le clavecin. En réalité, comme nous l'avons dit, c'est pour familiariser l'enfant avec les règles des divers genres musicaux, depuis l'*aria* et la *sonate* jusqu'aux susdits « morceaux de trompette ou de cor de chasse », que Léopold Mozart s'est amusé à transcrire une foule de petites pièces, — 126 en tout, — choisies à dessein dans les genres et avec les aspects les plus divers, de façon que Wolfgang se trouvât désormais en état de composer à son tour n'importe quel petit morceau d'un genre donné.

Sur une vingtaine de ces 126 pièces, Léopold Mozart a inscrit le nom des auteurs. C'est ainsi que nous trouvons, dans le recueil, dix pièces du vieux Telemann, — le plus souvent cité sous son pseudonyme italien de « Melante » —; deux menuets et une marche sont du « Signor Bach », — c'est-à-dire du grand claveciniste contemporain Philippe-Emmanuel Bach —; un *menuet avec trio* et un *menuet alternatif* sont « du Signor Balthasar Schmidt », organiste et claveciniste de Nuremberg qui avait publié, aux environs de 1730, plusieurs recueils d'*Exercices de clavecin*; le célèbre Hasse, lui, ne figure dans le recueil qu'une seule fois, avec une charmante *Polonaise*. En outre, nous rencontrons des morceaux intitulés *Marche de Bredau* ou *Menuet de Bataille*, qui sont évidemment extraits d'œuvres du temps, comme aussi un « *mourqui* par M. Boise ». L'œuvre la plus importante du recueil, une *sonatine* en quatre morceaux, est de la composition de Gottfried Kirchhoff (1685-1746), honnête musicien saxon qui avait également publié de nombreux recueils de clavecin destinés aux débutants. Enfin chacune des vingt-cinq séries, à l'exception de deux, commence par une *aria* de chant extraite soit d'un *Recueil de chants religieux* ou d'un *Nouveau recueil de chants*. Sans compter qu'il suffit de jeter les yeux sur les morceaux non revêtus d'un nom d'auteur, avec l'extrême variété de leurs styles, et souvent leur naïve et piquante originalité, pour découvrir que ce sont là des œuvres que Léopold Mozart s'est borné, tout au plus, à simplifier ou à réduire, afin de les rendre plus accessibles à son petit garçon.

Dans sa touchante ingénuité, l'excellent musicien salzbourgeois a, de plus, imaginé de donner à cette longue série de petits morceaux une apparence plus variée au moyen d'un procédé qui, d'ailleurs, allait être employé, un siècle plus tard, par Hans de Bülow pour l'exhumation d'une série de *sonates* en un morceau de Domenico Scarlatti. Au lieu de juxtaposer simplement ces airs, marches, polonaises, et menuets, provenant des sources les plus diverses, il en a constitué des sortes de *suites*, au nombre de vingt-cinq, presque toutes commençant par l'*aria* susdite, pour offrir ensuite une disparité infinie aussi bien dans le nombre que dans la nature des morceaux. Ainsi la première suite, en *ut* majeur, est formée de l'*aria*, de la sonatine du Signor Kirchhoff, et d'un *contentamento* (ou *toccata*). La seconde, dans le même ton, contient une « courante de forge », — sans doute avec une imitation de bruits de marteau, — un menuet de Telemann, et une *polonaise*. La quatrième, en *ut* mineur, nous offre, au contraire, jusqu'à onze morceaux : l'*aria*, une marche, un menuet, un scherzo, une polonaise, un *lied avec paroles*, une *chan-*

son de chasse (sans paroles), un troisième menuet, et un « morceau de trompette ». Quant aux tons, Léopold s'est efforcé de suivre la progression ordinaire, employée notamment par Sébastien Bach dans plusieurs de ses séries instructives : commençant par l'*ut* majeur et l'*ut* mineur pour aboutir au *si* bémol majeur et au *si* mineur. Ajoutons que le genre du *rondeau* n'est représenté que par un « rigaudon en rondeau », que l'une des *suites* se termine, assez étrangement, par une *entrée*, et que plusieurs des morceaux portent l'appellation de *mourqui*, désignant des pièces où la main gauche procède constamment par octaves brisés, — ce qui était déjà comme une préparation au prochain envahissement de la musique de clavecin par la trop fameuse « basse d'Alberti ».

Ainsi Léopold Mozart initiait son fils aux règles et traditions des principaux genres musicaux : mais le choix qu'il faisait de ces genres nous fait voir, avec une évidence parfaite, à quel point le brave homme était peu au courant de la mode musicale de son époque. Dans un temps où la sonate était en train de se substituer triomphalement à toutes les formes anciennes, ce n'était qu'à titre exceptionnel, une seule fois, que le père de Mozart l'admettait parmi ses cent vingt-six pièces, et sous les espèces bien médiocres de la « sonatine du Signor Kirchhoff ». Tout le reste n'était qu'allemandes, polonaises, gigues, et passepieds, sans compter les menuets et les marches, c'est-à-dire des genres désormais surannés et ne pouvant guère permettre à l'enfant de rivaliser avec les compositeurs de toute race qu'il rencontrerait durant ses voyages. Aussi ne serons-nous pas surpris de voir l'empressement passionné avec lequel, en octobre 1763, à Bruxelles, l'enfant se mettra à imiter les sonates parisiennes d'Eckard, aussitôt qu'un heureux hasard les lui fera tomber sous la main. Et il semble bien résulter de tout cela que, pendant son séjour à Vienne, Mozart n'aura guère profité de la rencontre des maîtres locaux, tels que ce charmant et savant Wagenseil à qui il a demandé de tourner les pages d'un de ses concertos. Des menuets et de simples petites polonaises, voilà ce qui représentait alors, pour lui, toute la composition musicale !

Et, tout compte fait, nous devons nous féliciter de ce qu'il en ait été ainsi : car, si même Léopold Mozart ne s'est borné à choisir ces petites pièces archaïques que par ignorance du mouvement nouveau, son choix n'en a pas moins eu pour effet de restreindre utilement la curiosité artistique de son fils, à un âge où le contact familier d'œuvres plus hautes aurait risqué de troubler son cerveau et son cœur enfantins. Et puis il est sûr que ces petits morceaux, sous l'allure démodée de la plupart d'entre eux, se trouvaient être d'excellente musique, à la fois savante et modeste, toute imprégnée encore des fortes traditions du vieux contrepoint, et présentant au petit garçon un aliment artistique infiniment plus sain que celui qu'allaient lui offrir les sonates même d'un Eckard ou d'un Chrétien Bach. De telle façon que l'influence de ce cahier sur son apprentissage de musicien a dû être, au fond, des plus salutaires, ne serait-ce que par le contrepoids qu'elle installait en lui à l'influence, plus « moderne », mais beaucoup plus séduisante et plus dangereuse des modèles, que devait lui révéler chacune des étapes de son grand voyage des années suivantes.

6. — Vienne ou Salzbourg, entre octobre 1762 et juin 1763.

Menuet en sol, avec trio en ut, pour le clavecin.

K. 1.

Ms. aut. au Musée municipal de Salzbourg.

Ce double menuet passe généralement pour la première œuvre que nous ayons de Mozart : hypothèse qui s'appuie sur l'autorité de la sœur du maître. En effet, celle-ci, sur l'autographe du morceau, — qui appartient aujourd'hui au Musée Municipal de Salzbourg, — a écrit : « La soussignée atteste que cette pièce a été composée par son frère, et écrite ici de sa propre main, dans sa cinquième année. — M. A. baronne de Berthold-Sonnenburg, née Mozart. » Et cependant il suffirait de jeter un coup d'œil sur ce morceau, en comparaison du menuet que nous savons être de janvier 1762 (n° 1), pour reconnaître que, écrivant ces lignes très longtemps après, la sœur de Mozart s'est trompée d'un an, et que le double menuet en question est sûrement postérieur au premier menuet connu de 1762. On sait, du reste, que, de très bonne heure, Léopold Mozart avait pris l'habitude de rajeunir son fils d'un an, et que, pour lui, par exemple, l'année 1764 était la « septième » de l'enfant. Et puis, si vraiment ce double menuet avait été « la première composition de Mozart », Marianne, n'aurait pas manqué de se le rappeler, et de le dire dans son attestation.

Le fait seul du *double menuet* suffit à prouver une maturité plus grande chez un enfant qui, d'ordinaire, ne faisait encore que des menuets simples, à la façon de ceux de son père, qu'il avait appris à jouer dans l'album susdit.

L'emploi du mot *trio*, pour désigner le second menuet, pourrait même faire supposer que le n° 6 a été écrit beaucoup plus tard : car nous verrons que, à Paris et à Londres, l'enfant restera fidèle à l'ancien usage, pratiqué également par son père, et consistant à appeler le *trio* : *Menuetto II*. Mais le cahier susdit, où Léopold Mozart, pendant son séjour à Vienne en 1762, a commencé à recueillir pour son fils des modèles

des genres divers de composition, nous apprend que, à ce moment, les
Mozart ont déjà connu l'appellation de *trio* pour le second menuet : car
bien que tous les menuets du recueil, excepté deux, figurent seuls,
comme ceux que le petit Mozart a composés jusque-là, dans les deux
menuets suivis d'un second menuet ce dernier est appelé *trio*. Ainsi
la *suite* XVII, en *sol* majeur, nous offre un « menuet et trio » de Balthazar
Schmidt, et, dans la suite X en *mi* majeur, le troisième morceau est un
menuet, tandis que le quatrième et dernier, — d'ailleurs sans indication
de reprise du précédent, — s'appelle *trio*. Aussi tout porte-t-il à penser
que c'est à Vienne que les Mozart auront découvert la mode nouvelle,
avant de l'oublier de nouveau au contact des musiciens de Paris et de
Londres.

Mais en tout cas, pour en revenir au n° 6, la langue musicale de ce
double menuet indique une habileté et une sûreté que nous ne trouvons
encore dans aucune des œuvres précédentes. La partie de la main
gauche, notamment, comporte déjà des accords, des traits, et même un
petit travail de contrepoint. Le style, d'autre part, est plus chantant,
et déjà tout moderne. La coupe est encore celle des menuets précédents,
sans *rentrée* du premier sujet dans le ton principal : mais elle est traitée,
elle aussi, avec plus de liberté et de variété. Enfin le profond besoin
d'unité artistique de Mozart l'a poussé, ici, à composer toutes les quatre
parties de ses deux menuets sur une même phrase, dont les variations
ont un charme à la fois ingénu et très vif.

A tout cela s'ajoute que ce morceau ne provient pas du cahier de
Salzbourg, mais est écrit sur un papier à huit portées, que Mozart, dans
sa jeunesse, n'a employé que très rarement. Et de tout cela nous serions
assez tentés de conclure que c'est seulement pendant son séjour à
Vienne, à la fin de 1762, ou même peut-être après son retour à Salzbourg, que Mozart aura composé son double menuet, — ayant appris à
Vienne la mode nouvelle d'accoupler ensemble deux menuets, ainsi qu'il
le fera presque toujours depuis lors.

TROISIÈME PÉRIODE

LES PREMIÈRES ÉTAPES DU GRAND VOYAGE

MUNICH, AUGSBOURG, STUTTGART, MANNHEIM, BRUXELLES ET PARIS

(JUIN-NOVEMBRE 1763)

I

C'est le 9 juin 1763 que Léopold Mozart et sa femme, accompagnés de leurs deux enfants, ont commencé le grand voyage dont l'objet principal était d'exhiber les petits « prodiges » devant les Cours de Versailles et de Londres. Nous allons d'abord, pour ce voyage, comme nous avons fait pour celui de Vienne, citer, dans la série des lettres de Léopold Mozart aux Hagenauer, tous les passages capables de nous éclairer sur les impressions ou l'éducation musicales de l'enfant.

De Wasserbourg, petite ville bavaroise où un accident de voiture avait arrêté les Mozart dès le lendemain de leur départ, Léopold écrivait le 11 juin : « Pour nous distraire, nous sommes montés à l'orgue de l'église, et j'ai expliqué à Wolfgang le mécanisme des pédales. Aussitôt il s'est mis à l'épreuve ; écartant le tabouret, il a préludé, debout, et le voilà qui attaque les pédales, et aussi habilement que s'il s'y était exercé depuis plusieurs mois ! » A Munich, le 13 juin, ou plutôt au château de Nymphenbourg, en présence de l'électeur de Bavière, l'enfant exécute (ou peut-être déchiffre) un concerto de violon, avec des cadences improvisées. « Le lendemain et le jour suivant, nous avons donné des séances chez l'archiduc Clément. » En somme, le séjour à Munich paraît avoir été des plus fructueux, au point de vue financier : mais son seul événement musical que nous connaissions est la rencontre, par les Mozart, du violoniste Tomasini, pour qui Joseph Haydn devait bientôt composer d'admirables concertos de violon. A Augsbourg, patrie de Léopold Mozart, où les voyageurs se sont attardés pendant deux semaines, les lettres de Léopold Mozart nous parlent seulement du peu d'affluence aux concerts des enfants-prodiges. Plus importantes sont ses lettres de l'étape suivante, à Ludwigsbourg, qui était le Versailles des ducs de Würtemberg.

En arrivant à Plochingen, — écrit Léopold Mozart, de Ludwigsbourg, le 11 juillet, — nous avons appris que le duc s'apprêtait à partir pour la chasse. Nous nous sommes donc rendus ici, pour le trouver encore, au lieu d'aller à Stuttgart. Le 10, je me suis entretenu avec le maître de chapelle Jommelli et l'intendant général Pœllnitz : mais j'ai dû constater qu'il n'y avait rien à faire. Tout cela m'apparaît clairement comme une machination de Jommelli, qui se donne toutes les peines du monde pour fermer aux Allemands l'accès de cette Cour.

J'ai entendu ici un certain Nardini, que personne ne dépasse pour la beauté, la pureté, l'égalité du son, et dans le goût chantant ; mais il n'a rien joué de très difficile.

Vient ensuite Schwetzingen, qui était la résidence de l'Électeur palatin, et où les Mozart ont pris contact avec le fameux orchestre de Mannheim. Malheureusement la lettre de Léopold Mozart relative à ce séjour ne nous fournit que les maigres renseignements que voici :

Hier (le 18 juillet) une *académie* a été donnée ici à cause de nous : elle a duré de cinq heures à neuf heures. J'ai eu le plaisir d'entendre, à côté de remarquables chanteurs et cantatrices, un flûtiste merveilleux nommé Wendling. L'orchestre de Mannheim est, sans conteste, le meilleur de toute l'Allemagne : rien que des jeunes gens, mais tous de bonnes mœurs, ni joueurs ni buveurs, si bien que leur conduite n'est pas moins estimable que leurs productions. Mes enfants ont affolé toute la population d'ici... La comédie française qu'on y entend est excellente, surtout pour ce qui regarde les ballets, ainsi que la musique.

De Mayence, le 3 août, Léopold Mozart écrit : « Nous avons fait une excursion à Heidelberg, où notre Wolfgang a joué de l'orgue s merveilleusement, dans l'église du Saint-Esprit, que les autorités de l'endroit ont décidé de faire placer une inscription en souvenir d'un tel prodige. A Worms, nous avons donné une séance chez le baron Dalberg. » De Francfort, le 13 août : « Nous n'avons pas pu être admis auprès de l'électeur de Mayence, qui était malade. Mais nous avons donné, dans cette ville, un concert à l'hôtel du Roi de Rome, après quoi nous sommes venus ici. »
Seconde lettre de Francfort, le 20 août : « C'est le 18 qu'a eu lieu notre premier concert ici. Tout le monde a été émerveillé. Que Dieu nous donne la santé, et chacune des villes où nous nous arrêterons éprouvera le même émerveillement. » De Coblence, le 21 septembre : « Avant notre départ définitif de Mayence, j'ai dû encore organiser un concert pour la noblesse... Ici, nous fréquentons beaucoup la maison du baron Kerpen. Il a sept fils et deux filles, qui, presque tous, jouent du clavecin, et dont les uns jouent aussi du violon ou

du violoncelle, tandis que d'autres chantent. » Enfin la dernière lettre avant l'arrivée à Paris est datée de Bruxelles, le 17 octobre :

A Bonn, le prince Électeur était absent. A Aix-la-Chapelle, nous avons rencontré la princesse Amélie, sœur du roi de Prusse : mais elle n'a pas d'argent. Elle nous a conseillé de nous rendre à Berlin, plutôt qu'à Paris : mais c'est à quoi je n'ai pas pu me décider. Ici, le prince Charles m'a fait dire lui-même qu'il désirait entendre mes enfants : de telle sorte que je ne puis ni quitter Bruxelles, ni y donner un concert public, aussi longtemps que ce prince n'aura pas fixé un jour pour notre séance... Du moins j'ai l'espoir de gagner beaucoup d'argent lundi prochain, où aura lieu un grand concert (probablement privé)... Et que si Salzbourg, jusqu'à notre départ, a déjà entendu avec admiration le jeu de mes enfants, ceux-ci le mettront tout à fait dans la stupéfaction, lorsque Dieu nous permettra de revenir auprès de vous.

Une lettre de Paris, le 8 décembre, nous apprend que les voyageurs ont pu enfin, à Bruxelles, « donner un grand concert où a assisté le prince Charles », après quoi ils sont partis de cette ville «parmi les tristes adieux d'un grand nombre d'excellents amis ». Le 18 novembre, ils sont arrivés à Paris, où le chapitre suivant nous révélera la suite des impressions de voyage de Léopold Mozart.

Pour les diverses étapes dont nous venons de parler, il convient que nous tirions encore quelques menus renseignements complémentaires de la relation de Marianne Mozart. Celle-ci nous apprend, par exemple, que les enfants ont donné deux concerts à Augsbourg, deux à Mayence, quatre à Francfort, et un à Aix-la-Chapelle, comme aussi un seul à Bruxelles. « Dans la plupart des autres endroits, ajoute-t-elle, les Mozart ne se sont arrêtés que le temps nécessaire pour voir les curiosités que ces endroits pouvaient contenir. »

D'autre part, nous possédons quelques témoignages contemporains du succès de ces exhibitions dans les diverses cités allemandes, sous la forme d'articles des journaux locaux : mais la plupart de ces articles se bornent à des compliments banals, peut-être directement inspirés par Léopold Mozart. Le seul document précieux à retenir est un long prospectus composé par le maître de chapelle salzbourgeois à Francfort, pour annoncer au public l'*académie* du 30 août. De la façon la plus instructive, ce naïf « boniment » nous renseigne à la fois sur les tours de force habituels de Wolfgang et sur l'état général de ses connaissances musicales à ce moment du voyage. Aussi le prospectus mérite-t-il d'être cité tout entier :

L'admiration universelle qu'éveille dans les âmes de tous les auditeurs l'habileté, — jamais encore vue ni entendue à un pareil degré, — des deux enfants du maître de chapelle du prince-archevêque de Salzbourg, M. Léopold Mozart a eu pour conséquence déjà une triple répétition du concert qui ne devait d'abord être donné qu'une seule fois.

Oui, et c'est cette admiration universelle, jointe au désir exprès de plusieurs grands connaisseurs et amateurs de notre ville, qui est cause que, aujourd'hui mardi 30 août, à six heures du soir, dans la salle Scharf, Montagne Notre-Dame, aura lieu un dernier concert, mais cette fois irrévocablement le dernier. Dans ce concert paraîtront la petite fille, qui est dans sa douzième année, et le petit garçon qui est dans sa septième. Non seulement tous deux joueront des concertos sur le clavecin ou le piano, — et la petite fille même, jouera les morceaux les plus difficiles des plus grands maîtres : mais en outre le petit garçon exécutera un concerto sur le violon ; il accompagnera au piano les symphonies ; on couvrira d'un drap le *manual* (ou la *tastature*) du piano, et par-dessus ce drap l'enfant jouera aussi parfaitement que s'il avait les touches devant les yeux, il reconnaîtra aussi, sans la moindre erreur, à distance, tous les sons que l'on produira, seuls ou en accords, sur un piano, ou sur tout autre instrument imaginable, y compris des cloches, des verres, des boîtes à musique, etc. Enfin il improvisera librement, (aussi longtemps qu'on voudra l'entendre, et dans tous les tons qu'on lui proposera, même les plus difficiles), non seulement sur le piano, mais encore sur un orgue, afin de montrer qu'il comprend aussi la manière de jouer de l'orgue, qui est tout à fait différente de la manière de jouer du piano. Le prix d'entrée sera d'un petit thaler par personne. On peut se procurer des billets à l'*Auberge du Lion d'Or*.

II

Tels sont les principaux documents écrits que nous possédons sur cette première partie du grand voyage. Il faut maintenant que nous en dégagions rapidement les conclusions historiques et biographiques qu'ils peuvent nous offrir, touchant les impressions recueillies par le petit Mozart au cours de ces diverses étapes, ainsi que le profit instructif qu'elles ont pu lui laisser.

A Augsbourg, d'abord, — puisque nous avons parlé déjà du peu d'importance musicale de l'arrêt à Munich, — Léopold Mozart n'a pu manquer de conduire son fils chez l'éditeur de son *École du Violon*, Lotter, qui avait publié un grand nombre d'œuvres pour clavecin et pour chant de divers compositeurs italiens, et notamment un recueil très intéressant de trente *Arias pour orgue ou clavecin* du maître padouan Joseph-Antoine Paganelli. Le style de ce maître était déjà celui de la nouvelle école italienne, avec un caractère mondain très marqué ; et Paganelli, entre autres procédés de date récente, faisait un usage à peu près incessant de celui de « la basse d'Alberti », consistant à occuper la main gauche par des accords brisés en croches ou en doubles croches. Certainement le petit Mozart, pendant son séjour à Augsbourg, a dû connaître ce recueil, ainsi que d'autres œuvres italiennes fraîchement publiées chez Lotter. Sa première sonate, qu'il va commencer à Bruxelles au mois d'octobre, nous fera voir plus d'un point de ressemblance avec les morceaux de Paganelli.

A Stuttgart, et à Ludwigsbourg, où arrivèrent ensuite nos voyageurs, la musique italienne était particulièrement florissante. Il y avait là, à la tête de la chapelle grand-ducale, un des maîtres les plus originaux et les plus savants de cette musique, le napolitain Jommelli. Mais Léopold Mozart, avec sa fâcheuse habitude de se méfier de tout le monde, s'est mis en tête, comme on l'a vu, que Jommelli était jaloux du talent de son fils ; et ainsi il a empêché celui-ci de prendre contact avec un des hommes qui auraient eu le plus de choses à lui enseigner. Du moins savons-nous que l'enfant a rencontré et entendu le violoniste Nardini, élève et successeur de Tartini. On a lu l'éloge que Léopold Mozart lui-même n'a pu s'empêcher d'accorder à ce « Welche ». Le petit Wolfgang, à cette date, était précisément passionné pour l'étude du violon : on conçoit sans peine quelle source de ravissement et d'inspiration a dû être pour lui la découverte de ce « goût chantant » que la musique de son père était, certes, la moins faite du monde pour lui révéler.

Enfin la séance donnée par les Mozart, ou plutôt avec leur collaboration, au château de Schwetzingen, la résidence d'été de l'Électeur palatin, n'a pu manquer d'être, pour l'enfant, la plus précieuse et la plus féconde de toutes ces leçons de son voyage. Il a entendu là ce fameux orchestre de Mannheim qui, privé désormais de son chef Stamitz l'aîné, mort en 1757, n'en restait pas moins fidèle à la discipline que ce maître lui avait imposée. C'était incontestablement le meilleur orchestre de l'Europe, à la fois pour la fusion d'ensemble de toutes les parties et pour la manière de mettre en valeur les ressources propres des divers instruments. Afin de répondre au goût de l'électeur Charles-Théodore, qui adorait la musique instrumentale, les musiciens de Mannheim avaient pris l'habitude d'attacher à l'exécution orchestrale le même souci de perfection que l'on avait coutume d'attacher aux ensembles vocaux. La lettre de Léopold Mozart, où il exprime ingénument sa surprise et son admiration pour cet orchestre de Mannheim, nous apparaît comme un reflet certain de l'énorme impression qu'à dû éprouver le petit Wolfgang en entendant, pour la première fois, un orchestre où tous les instruments, sans rien perdre de leur beauté naturelle, s'unissaient pour ne faire qu'un instrument unique. Et quand bientôt, dès son arrivée à Londres, l'enfant se mettra lui-même à écrire des symphonies, la passion enflammée qu'il y apportera sera le contre-coup du bonheur qu'il a dû ressentir durant cette séance de Schwetzingen.

Malheureusement, nous n'avons aucun témoignage formel de l'action immédiate qu'ont pu exercer sur l'enfant ces révélations successives : car, entre son départ de Salzbourg, au mois de juin, et son séjour prolongé à Bruxelles au mois d'octobre, nous ne voyons pas qu'il ait rien composé ; et sa première sonate, écrite à Bruxelles le 14 octobre, nous le montre déjà sous l'influence directe de cette école musicale française où son père compte bien qu'il va prendre sa place, quelques jours après. A Bruxelles même, cependant, les bons musiciens ne manquaient pas. Nous nous trouvons admis, par miracle, à connaître un fragment du registre où Léopold Mozart avait soin de noter, de jour en jour, les noms de toutes les personnes rencontrées par lui durant chacune des étapes du voyage, — un fragment qui se rapporte précisément à ce premier séjour dans les Pays-Bas. Voici ce que nous y lisons : « A Bruxelles, M. Schwindel, *virtuoso di violino*, musicien ; Adam Lambman, excellent horloger et mécanicien, qui a fabriqué deux figures jouant de la flûte et deux oiseaux pouvant chanter ; MM. Van Maldere, *trois frères*, et M. Vicedom, musiciens. — A Anvers, M. van den Bosch, *organiste de la grande église.* »

De ces divers personnages, dont il est infiniment probable que le plus intéressant, pour le petit Mozart, aura été l'horloger Lambman avec ses oiseaux mécaniques, pas un seul, en vérité, n'avait de quoi exercer sur lui une action musicale bien profonde. Le violoniste, flûtiste, et claveciniste Friedrich Schwindel (mort en 1786) avait bien composé des symphonies, quatuors et sonates dont l'esthéticien Schubart devait parler bientôt avec grand éloge : mais ce que nous avons pu voir de ses œuvres est d'une médiocrité fort peu différente de celle que l'enfant avait eu déjà l'occasion de connaître tout au long de son voyage d'Allemagne. « M. Vicedom », ou plutôt Jacques Vicedomini, était un honnête violoncelliste de l'orchestre bruxellois, qui ne semble pas avoir rien composé. L'organiste anversois Pierre-Joseph van den Bosch (1736-1803) nous a laissé plusieurs morceaux d'orgue et de clavecin, mais bien pauvres d'invention, et sentant plutôt le professeur que l'artiste. Quant aux trois frères van Maldere, Pierre, Guillaume, et Jean-Baptiste, un seul d'entre eux mérite d'être signalé comme ayant pu arrêter un moment l'attention de Mozart : à savoir le violoniste et compositeur Pierre van Maldere, auteur d'un opéra-comique exécuté à Paris en 1762, la *Bagarre*, ainsi que d'un grand nombre de trios et quatuors symphoniques qui nous font voir déjà un essai curieux d'adaptation du style de naguère au sentiment et au goût musical nouveaux. Mais celui-là même, à beaucoup près le plus important de tous ces « musiciens » rencontrés par les Mozart en Belgique, était encore trop dépourvu d'originalité, ou même d'agrément, pour que son œuvre eût chance d'ajouter un élément un peu notable à l'éducation artistique du petit Mozart, tandis qu'il y a, au contraire, une œuvre que l'enfant a certainement étudiée avec profit dès le temps de son séjour à Bruxelles, et dont nous allons avoir à nous occuper longuement à propos des deux premières sonates de Mozart ; car toutes deux, aussi bien la première sonate écrite à Bruxelles en octobre 1763 que la seconde, composée presque au lendemain de l'arrivée à Paris, attestent la préoccupation d'imiter un recueil de *Six Sonates pour le clavecin* que venait de faire paraître au mois de mai précédent, un claveciniste augsbourgeois fixé en France, Jean-Godefroid Eckard.

Tels sont les aspects divers sous lesquels la musique s'est manifestée au petit Mozart durant cette première partie de son voyage : mais, comme nous l'avons dit, ce n'est que plus tard, à Londres, en Hollande, ou même après le retour en Allemagne que nous verrons se traduire, dans l'œuvre de l'enfant, le contre-coup de la plupart d'entre eux. A Paris, il sera entièrement séduit et captivé par la nouveauté de la musique française, et notamment de l'un de ses maîtres les plus originaux, Schobert, dont l'imitation se retrouvera dans toutes les œuvres de la période qui suivra celle-ci.

7. — *Bruxelles, le 14 octobre 1763.*

Sonate en ut, pour le clavecin.

K. 6 et 9ᵃ.
Ms. du finale au Mozarteum.

Allegro. — Andante en fa. — Menuetto. — Allegro.

Cette sonate, sous sa forme primitive, — c'est-à-dire sans accompagnement de violon, et avec un finale différent de celui que Mozart a écrit ensuite pour l'édition parisienne, — est encore l'une des œuvres de l'enfant que son père a transcrites sur le cahier dont nous avons parlé. En tête du premier *allegro*, Léopold Mozart a mis : *di Wolfgango Mozart,, d. 14 octobre* 1763. Comme nous l'avons dit, les divers morceaux de la sonate sont écrits à divers endroits du cahier : le premier *allegro* à la page 60, l'*andante* et le *menuet* à la page 22. Quant à l'*allegro* final, c'est déjà Mozart lui-même qui l'a écrit, d'une main toute maladroite, à la page 14, — le cahier, sans doute, se trouvant alors à peu près rempli. Il est d'ailleurs absolument certain que, dès l'origine, cet *andante* et ce menuet étaient destinés à suivre le premier *allegro* : cela nous est prouvé par le ton de *fa* de l'*andante* et le retour au ton principal d'*ut* dans le *menuet*. Quant au morceau que nous indiquons comme ayant servi de finale à la sonate dans cette rédaction primitive, nous émettons là une simple hypothèse, puisque, ainsi que nous venons de le dire, Mozart, en janvier 1764, quand il se décidera à publier sa sonate, lui donnera pour finale un autre morceau. Tout ce que l'on sait de l'*allegro* en question, c'est qu'il était écrit dans le cahier de Marianne, probablement à la suite du menuet de la sonate, tandis que l'*allegro* final publié par Mozart en 1764 ne paraît pas avoir figuré jamais sur ce cahier. Il y avait donc, dans ce cahier, un grand *allegro* en *ut* majeur dont nous ignorons la destination, et qui ne pouvait servir qu'à commencer ou à terminer une sonate. Or, il ne pouvait pas servir à en commencer une, puisqu'il venait après un autre morceau, également en *ut*, que nous savons avoir été fait pour ouvrir la première sonate; et l'idée que Mozart ait voulu commencer une seconde sonate dans le même ton est absolument inadmissible, pour peu que l'on connaisse les habitudes musicales du temps. Que si l'on considère ensuite que le final nouveau, écrit par Mozart en 1764, a tout à fait la même coupe et le même esprit que cet *allegro* du cahier, et n'en diffère que par un style plus léger et plus « parisien », on arrivera à la conclusion que Mozart, à Bruxelles, aura composé l'*allegro* susdit pour servir de finale à sa sonate, et que plus tard, à Paris, au moment où il revoyait ses premières sonates pour les mettre au point et les accompagner d'une partie de violon, il aura jugé ce final primitif trop lourd pour le public parisien, et lui aura substitué un autre morceau du même caractère, mais déjà plus conforme à son goût nouveau. Et cette hypothèse est encore confirmée par le fait que, sur le cahier de Salzbourg, l'*allegro* dont nous parlons a déjà été écrit par Mozart lui-même et non pas copié par son père, comme les morceaux précédents : ce qui semble bien indiquer qu'il a été composé après eux, et en ce cas, qu'il n'a pu être destiné qu'à servir de finale, puisque le cahier contenait un autre morceau du même ton pour servir d'entrée à une sonate.

Avant d'étudier ce début de Mozart dans un genre où, désormais, il ne va plus cesser d'exercer son génie, il importe d'indiquer rapidement quelles étaient, aux environs de 1763, les règles et les traditions de la sonate de clavecin. Ce genre, sous sa forme nouvelle, était né vers le commencement du xvIIIe siècle : ce n'est qu'alors que la *sonate* de *clavecin* s'était proprement distinguée de la *suite*. Elle avait eu son point de départ, à la fois, dans une tendance de la musique d'alors à devenir moins savante, et dans une tendance parallèle qu'avait cette musique à devenir plus chantante et plus expressive. Vers 1763, après un demi-siècle de tâtonnements et d'efforts, la sonate, dans l'Europe entière, avait pris une importance prépondérante, et était en voie de s'organiser définitivement. La diversité première de ses formes s'était, peu à peu, réduite et canalisée; et l'on peut dire sans trop d'exagération que déjà, au moment où Mozart écrivait sa première sonate, il ne subsistait plus que deux types distincts du genre, et non seulement distincts, mais opposés, rivaux, représentant deux manières différentes de concevoir le rôle et le traitement de la nouvelle musique instrumentale. Ces deux types avaient déjà leurs partisans dans tous les pays : mais en considération de leurs origines, et pour la commodité de notre exposition, nous pouvons parfaitement donner à l'un d'eux le nom de type *allemand*, en réservant à l'autre, plus ancien et plus international, le nom de type *classique*, ou, mieux encore, *italien*.

La sonate *italienne* avait, dans son ensemble, un caractère plus libre, mais aussi plus léger, et avec une signification expressive presque toujours plus superficielle. Elle visait plutôt à divertir et à séduire l'auditeur qu'à l'émouvoir profondément; et, dans sa coupe extérieure, elle se rattachait encore plus étroitement à l'ancienne *suite* que la sonate *allemande*. Elle pouvait être faite, librement, d'un, de deux, de trois ou même de quatre morceaux; et non seulement aucune loi ne réglait l'ordre des divers morceaux, mais l'usage était de varier autant que possible la physionomie des sonates d'un même recueil. Le mouvement lent tantôt précédait l'*allegro* ou tantôt le suivait, ou bien encore manquait entièrement. Cependant une tradition avait fini par s'établir au sujet du finale, surtout dans les sonates de plus de deux morceaux : on aimait alors que le finale fût simplement une manière de *strette* ou de *coda*, rapide et gaie, un amusement sans grande portée après les émotions plus sérieuses des morceaux précédents; et volontiers on lui donnait la forme d'une danse, gigue, menuet, parfois déjà un petit *rondo*.

Dans la sonate *allemande*, le caractère général était plus sérieux, et l'ordre des morceaux plus régulièrement fixé. Ces morceaux étaient au nombre de trois, un *allegro*, un *andante*, et un second *allegro*, les deux *allegros* écrits dans le même ton, et l'*andante* dans un ton voisin. Et ces trois morceaux avaient tous, pour ainsi dire, la même valeur musicale, au double point de vue de leur signification intime et de leur traitement. Au lieu de n'être qu'un groupement de hasard, comme les morceaux de la sonate *italienne*, ils tendaient à constituer un tout ; et il n'y avait pas jusqu'au finale qui, même quand il était d'un rythme plus vif que le premier *allegro*, ne restât cependant une partie essentielle de la sonate, employée au même objet expressif et traitée suivant les mêmes procédés techniques que les deux autres morceaux.

A cette différence dans la coupe extérieure des deux sonates correspondait une différence non moins marquée dans leur ordonnance intérieure. La sonate *italienne* avait gardé, pour tous ses morceaux, la division classique en deux parties, qui lui venait de la *suite* : après la barre de reprise, une seconde partie du morceau commençait, qui était de longueur et d'importance à peu près équivalentes à celles de la première [1]. Le plus souvent, le musicien reprenait, aussitôt après les barres, dans un ton voisin, le début du sujet principal de la première partie, qu'il variait ensuite plus ou moins librement, de façon à ramener la conclusion du morceau dans le ton principal. Le morceau de sonate était construit de la manière que voici : une première idée dans un ton donné, suivie soit d'une réponse ou d'une élaboration de ce sujet, mais toujours se comportant de façon à moduler vers un ton voisin ; puis, les deux barres du *da capo* ; et puis une reprise variée de la première partie avec des modulations en sens inverse revenant de la dominante à la tonique. Parfois, la seconde partie ne répétait pas le début de la première et s'ouvrait par un autre sujet, mais toujours conduit de façon à ramener, dans le ton principal, des éléments qui s'étaient trouvés à la dominante, ou dans un ton voisin, au cours de la première partie. Parfois aussi déjà, comme nous allons le dire tout à l'heure, le morceau comportait deux sujets nettement distincts : en ce cas, la première partie exposait le premier sujet à la tonique et le second à la dominante ; puis, immédiatement après les barres, le premier sujet reparaissait, plus ou moins varié, à la dominante, et ramenait le second dans le ton principal. Ainsi avaient été ordonnés les morceaux des *suites* italiennes des Pasquini et des Zipoli, comme ceux des suites étrangères de Couperin et de Rameau, de Kühnau et de Hændel ; et ainsi étaient ordonnés les morceaux des sonates de Scarlatti, de Marcello, de Pescetti, de tous ceux des compositeurs d'alors qui ne s'étaient pas ralliés au système nouveau que venait d'inaugurer Philippe-Emmanuel Bach.

C'est en effet à ce dernier maître, ou plutôt déjà à son père, le grand Sébastien Bach, qu'était due la coupe nouvelle des morceaux de ce que nous appelons la sonate *allemande*. Dans son *Concerto suivant le goût italien* de 1735, Sébastien Bach a produit, pour la première fois, un modèle, et presque parfait, de cette sonate. Non seulement il a transporté dans la sonate (car ce soi-disant *concerto* n'est qu'un solo de clavecin) la division, qui tendait à se généraliser dans le *concerto* italien : deux mouvements vifs séparés par un *andante* ; non seulement il a donné aux deux *allegros* une étendue et une importance à peu près égales : mais, pour la première fois, il a partagé le premier morceau en *trois* sections, comme allait le faire après lui son fils Emmanuel, au lieu de la coupe *binaire* ancienne, telle que nous venons de la décrire. Mais ce n'était encore qu'un essai isolé, tandis que Philippe-Emmanuel Bach a érigé en règle constante le procédé que son père n'avait fait qu'indiquer : dès ses deux premiers recueils de sonates, l'un dédié au roi de Prusse (1742), l'autre au Grand-Duc de Wurtemberg (1743), il avait résolument adopté une manière d'agir qui,

---

1. Ajoutons à ce propos que la barre, — ou plutôt les deux barres, — de reprise imposaient à l'exécutant l'obligation de répéter la première partie du morceau, mais toujours en la variant par des traits ou des ornements nouveaux. Et c'est ainsi qu'Emmanuel Bach, en 1759, a publié un recueil de *Sonates avec reprises variées*, « afin, — nous apprend-il dans sa préface, — de remédier à l'ignorance croissante des exécutants », désormais incapables d'apporter à cette variation des reprises l'habileté et l'attrait de leurs devanciers.

accueillie d'abord assez timidement, devait finir par s'imposer au monde musical vers 1770, et par incarner pour nous la coupe consacrée du *morceau de sonate*. Après les barres de reprise, tout comme les musiciens italiens, il commençait une libre fantaisie, dans un autre ton, sur la phrase initiale de son morceau ; mais ensuite, au lieu de ne reprendre dans le ton principal, que la seconde partie de cette phrase, ou plutôt l'exposition musicale qui l'avait suivie avant les deux barres, il ramenait dans ce ton principal cette phrase elle-même, sauf ensuite à en abréger, très souvent, et toujours à en varier la reprise nouvelle. Au lieu d'être composé de deux parties, comme le morceau de la sonate *italienne*, le morceau de sonate d'Emmanuel Bach se composait de trois parties, dont la seconde n'allait point tarder à recevoir, pour le garder jusqu'à nous, le nom, assez mal choisi, de *développement*. Une élaboration musicale d'un ou de plusieurs thèmes, poursuivie jusqu'aux deux barres, puis un *développement* libre sur un de ces thèmes ; et enfin une *rentrée*, dans le ton principal, de tout ce qui a précédé les deux barres : telle est la division qui, inaugurée dans les premières sonates d'Emmanuel Bach, constituait, vers 1763, la coupe distinctive de la sonate allemande.

Nous devons ajouter que, chez les musiciens qui l'avaient admise, cette coupe n'avait pas été sans subir toute sorte de modifications de détail. Ainsi bon nombre de musiciens, — et parmi eux Léopold Mozart, — n'employaient le *développement* que comme une transition de quelques mesures, pour rendre plus saisissante la *rentrée* de la première partie dans le ton principal. D'autres, comme les clavecinistes italiens établis à Londres, Paradisi, Galuppi, s'amusaient à employer le système nouveau, dans leurs sonates, pour un morceau sur deux, et traitaient l'autre morceau suivant la coupe ancienne. D'autres enfin, pour nous en tenir à ces trois exemples, recouraient au procédé du *développement* dans le premier *allegro* et l'*andante*, mais faisaient de leurs finales de petites *bagatelles* à l'italienne, gigues, menuets, etc. Seuls quelques maîtres d'une valeur exceptionnelle se rendaient compte, à la suite d'Emmanuel Bach, de l'enrichissement esthétique qu'avait apporté, dans la musique du clavecin, la coupe nouvelle du maître berlinois, et profitaient déjà de celle-ci pour faire du *développement* le centre vivant de leurs morceaux, pour y approfondir l'expression, pour y multiplier les trouvailles de la mélodie, du rythme, et de l'harmonie, ainsi qu'allaient faire ensuite Joseph Haydn, Mozart, et Beethoven.

Un autre enrichissement était venu à la sonate, — mais celui-là d'une efficacité artistique moins certaine, — par l'introduction, dans les morceaux, d'un second *sujet* ; d'abord entremêlé au premier, comme nous l'avons vu dans notre analyse des œuvres de Léopold Mozart, puis tout à fait distinct et séparé du premier, comme nous allons le trouver bientôt chez Wolfgang Mozart. Mais, bien que Philippe-Emmanuel Bach se soit toujours refusé à cette innovation qu'il jugeait de mauvais aloi, l'introduction du second *sujet* a été pratiquée simultanément par des partisans des deux types de sonates que nous venons de décrire. Les partisans du type italien, après les deux barres, repre-naient le premier sujet à la dominante, et ramenaient le second à la tonique, tandis qu'ils l'avaient exposé d'abord à la dominante. Les par-

tisans du type allemand, après avoir exposé le premier sujet à la
tonique et le second à la dominante, les ramenaient ensuite, après
le passage intermédiaire du *développement*, tous les deux dans le ton principal ; et l'on sait quel merveilleux effet Mozart, dans les œuvres de sa
maturité, a su tirer, notamment, de cette nécessité de reprendre, dans
un même ton mineur, deux sujets dont le second, d'abord, avait été
exposé en majeur.

D'une façon générale, la musique traversait à ce moment une crise
de transformation dont les divers types de sonates concurrents ne constituaient encore que l'un des symptômes. Substitution du piano au
clavecin, substitution de l'homophonie au contrepoint, substitution de
la *sonate* à la *suite*, rivalité entre des types divers de sonates, c'était
bien là une sorte de remaniement complet de la musique, pour répondre
à un goût nouveau, plus ou moins nettement et rapidement accentué
dans les divers pays, — un goût qui ne saurait être mieux défini que
par l'opposition de ce qu'on est convenu d'appeler le style Louis XVI,
avec les styles Louis XIV et Louis XV, unis l'un à l'autre dans les arts
décoratifs par la même parenté qui, en contraste avec la musique
des contemporains de Mozart, nous paraît unir les *suites* de Kühnau
et celles de Sébastien Bach, ou encore les opéras d'Alexandre Scarlatti et ceux de Hændel.

Si le petit Mozart avait écrit sa première sonate six mois plus tôt,
avant son départ de Salzbourg, tout porte à croire qu'il l'aurait faite
simplement sur le modèle des compositions instrumentales de son père,
et, en particulier, des deux premières des trois sonates de clavecin
publiées par Léopold Mozart dans le recueil nurembergeois des *Œuvres
Mêlées* : car nous avons vu déjà que ces deux sonates doivent avoir paru
à peu près vers ce même temps, tandis que la troisième et dernière a
peut-être été écrite déjà au cours du voyage. Et le fait est que l'influence
de ces deux sonates apparaît encore en bien des endroits de la première
sonate du petit Wolfgang : ainsi, c'est à l'exemple de Léopold Mozart
que, dans le premier morceau, les deux sujets sont entremêlés, ou
plutôt que le second ne joue encore qu'un rôle d'épisode ; pareillement,
à l'exemple de son père, l'enfant réduit le *développement*, dans ce premier morceau, à n'être qu'une transition hâtive pour ramener la *rentrée*
variée du premier sujet ; et c'est encore à l'exemple de Léopold Mozart
que l'enfant fait un *andante* tout court, hors de proportion avec l'étendue des deux *allegros*. Mais, au moment où il écrit cette sonate, à
Bruxelles, en octobre 1763, Mozart a subi les diverses impressions nouvelles que nous venons de signaler ; il a pris contact avec la musique
italienne, et déjà, à Bruxelles, il a fait connaissance avec l'œuvre d'un
compositeur parisien que son père, sans doute, lui aura mis entre les
mains comme un échantillon de cette musique française qu'il va bientôt
avoir à connaître plus intimement et à pratiquer pour son propre compte.

Nous savons, en effet, d'une façon certaine, que dès le mois d'octobre 1763 le petit Mozart a dû étudier le recueil des *Six Sonates pour le
clavecin* que venait de publier à Paris, au mois de mai de la même
année, Jean-Godefroid Eckard. claveciniste et compositeur, né à Augsbourg en 1734, mais fixé en France depuis 1758. Nous le savons, d'abord,
parce que, dans le premier morceau de sa première sonate, le petit

Mozart a presque littéralement repris une cadence caractéristique de
deux mesures qui se trouve dans le finale de la première des six sonates
d'Eckard : c'est là une preuve évidente et formelle. Et nous savons
encore que le petit Mozart, en composant sa première sonate, a dû connaître les sonates d'Eckard, parce que, par son ordonnance et son
style, cette première sonate est déjà manifestement inspirée des sonates
du maître parisien, notamment de la première, en *si bémol*, de la quatrième, en *la*, et de la cinquième, en *sol*. En présence de ce recueil, que
son père nous apprend d'ailleurs qu'il jouait parfaitement, le petit garçon paraît ne plus se souvenir de rien autre de ce qu'il vient d'apprendre durant son voyage; et ce n'est qu'à des signes très rares et
assez peu distincts que nous reconnaissons, sous l'imitation d'Eckard
et sous les leçons de Léopold Mozart, une trace des œuvres italiennes
découvertes au long du chemin. Il faut donc que nous nous arrêtions un
peu sur ces sonates d'Eckard qui ont été, pour l'enfant, la première
manifestation vraiment effective du nouveau goût français.

A la suite de Fétis, tous les musicographes qui ont fait mention
d'Eckard ont répété que, s'étant formé sans maître, il avait particulièrement étudié l'œuvre de Sébastien Bach : mais Fétis s'est évidemment
trompé dans l'interprétation d'une phrase lue par lui chez quelque
écrivain allemand : car ce n'est point de Sébastien, mais de Philippe-
Emmanuel Bach que la musique d'Eckard est toute imprégnée. Des six
sonates du recueil, les trois premières sont seules de véritables sonates.
La quatrième et la cinquième n'ont, chacune, qu'un seul morceau, court
et facile ; la sixième et dernière, faite de deux morceaux, un *prélude
con discretione* et un menuet varié, n'est évidemment, d'un bout à l'autre,
qu'un long et difficile exercice de virtuosité. Ces trois dernières sonates
ont dû être composées après les trois premières, et à Paris, où les clavecinistes écrivaient encore volontiers des sonates en un seul morceau.
Elles n'ont aucun rapport avec les trois précédentes, ni pour la coupe
ni pour le style ; et la différence même des trois premières et des trois
dernières suffirait déjà à prouver le peu de solidité du génie musical de
leur auteur. Mais tandis que ces trois dernières sonates s'efforcent à
être toutes françaises, les trois premières sont encore tout allemandes ;
et il y en a deux, en particulier, la seconde en *fa* mineur et la troisième
en *sol* mineur qui très probablement ont été composées avant l'arrivée
d'Eckard à Paris. En tout cas, ces trois grandes sonates sont une imitation directe des premières sonates de Philippe-Emmanuel Bach. Tous
les procédés de ce maître s'y retrouvent : trois morceaux dans chaque
sonate, un seul sujet principal dans chaque morceau ; et, presque toujours, après les deux barres, un *développement* très long, suivi d'une
rentrée très abrégée et très variée dans le ton principal. Mais il n'en
résulte point qu'Eckard n'apporte rien de lui-même dans cette imitation
du maître de Berlin : il y apporte, malheureusement, une science assez
maigre et inégale, la science d'un « autodidacte » qui n'a jamais eu l'occasion d'approfondir les lois de son art ; il y apporte en outre un manque,
tout allemand, de retenue et de concentration, qui donne à ses morceaux
une apparence de longueur assez fastidieuse ; et il y apporte d'autre
part un sentiment passionné qui ne manque pas d'une certaine originalité, et qui se tdruit notamment par un goût très marqué pour les

tons mineurs, et un emploi très fréquent de modulations chromatiques. Au total, les deux grandes sonates d'Eckard, la seconde et la troisième, sont des œuvres qui, en Allemagne, auraient eu de quoi valoir à l'auteur une place honorable parmi les clavecinistes des *Œuvres Mêlées* : mais ce sont les œuvres les moins faites du monde pour s'adapter au goût français, comme aussi pour être proposées en modèle à l'inspiration d'un enfant. Et le fait est que Wolfgang Mozart a eu beau jouer ces deux grandes sonates : ni à ce moment ni jamais elle n'ont exercé sur lui la moindre influence, sauf peut-être pour stimuler en lui le goût naturel des modulations chromatiques. Ce que l'enfant a compris, dans le recueil d'Eckard, ce sont les deux petites sonates en un morceau, nᵒˢ 4 et 5, qui d'ailleurs étaient d'une simplicité et d'une banalité telles qu'il serait très difficile de dire si c'est d'elles ou d'ailleurs que Mozart a tiré certains morceaux qui leur ressemblent dans ses prochaines sonates de Londres et de La Haye. Mais surtout l'enfant a compris et imité la première sonate, en *si bémol*, qui gardait encore la coupe allemande des sonates d'Emmanuel Bach, tout en étant écrite déjà dans le style plus coulant des nouvelles sonates italiennes et françaises. C'est de cette sonate et des deux petites sonates en un morceau que dérive, immédiatement, la première sonate de Mozart.

Comme les morceaux d'Eckard, le premier *allegro* et l'*andante* de cette sonate se caractérisent par un emploi à peu près incessant de la « basse d'Alberti ». Comme les morceaux d'Eckard, ces deux morceaux n'ont, proprement, qu'un seul *sujet*, entremêlé de menues idées épisodiques ; et enfin, comme dans la première sonate d'Eckard, l'*allegro* initial a un *développement* suivi d'une *rentrée* variée dans le ton principal, tandis que l'*andante* est encore fait suivant la vieille coupe, en deux parties égales, avec une *rentrée* du sujet à la dominante après les deux barres, et sans que ce sujet revienne une fois de plus, ensuite, dans le ton principal. Quant aux détails, nous avons dit déjà que l'enfant a emprunté au final de la sonate d'Eckard la cadence qui termine les deux parties de son premier *allegro* :

et l'on découvrirait encore, dans la sonate de Mozart, maintes petites particularités qui viennent soit de la première sonate d'Eckard ou de ses deux sonates en un seul morceau.

Voilà donc, manifestement, la source où a puisé l'enfant pour cette première œuvre importante qu'il a écrite : il a emprunté à Eckard ce qu'on pourrait appeler tous les dehors de son œuvre, tout l'appareil des procédés extérieurs qu'il y a employés. Pour le dedans, c'est-à-dire pour l'élaboration de ces procédés, nous avons dit déjà qu'il s'est surtout souvenu des exemples et des leçons de son père, notamment pour

le caractère tout « transitionnel » du *développement* dans le premier
morceau, et, dans les deux premiers morceaux, pour la façon de varier
les reprises en faisant succéder à la *rentrée* du sujet principal une série
de modulations mineures sur ce même sujet. Et, sous tout cela, l'expression générale de ces deux premiers morceaux ne dérive ni d'Eckard
ni de Léopold Mozart : elle est toute enfantine, d'une naïveté sans prétention, avec une allure aisée et chantante qui, naturelle à Mozart, doit
encore avoir été stimulée chez lui par son contact avec les maîtres italiens. L'harmonie est correcte, la ligne mélodique bien indiquée : et
peut-être, à la rigueur, y aurait-il lieu de deviner déjà le génie d'un
grand musicien dans la manière dont sont amenées et renforcées les
modulations mineures qui suivent la *rentrée* du premier sujet dans
l'*allegro* initial.

Quant au second *allegro*, que nous avons supposé, — sous toutes
réserves, — devoir être la final de cette première sonate, ce morceau
est déjà d'une conception et d'un style absolument différents, et l'influence d'Eckard n'y apparaît en aucune façon. Ici, il y a déjà deux sujets
très nettement distincts, séparés l'un de l'autre par une conclusion complète à la fin du premier ; et si le premier sujet débute encore par un
accompagnement en *basse d'Alberti*, le second tend à être traité en contrepoint, avec une imitation transposant le chant et son accompagnement d'une main à l'autre. D'ailleurs un *développement* régulier, suivi
d'une reprise un peu variée du sujet principal. Avec son apparence un
peu scolastique, ce morceau ne relève absolument que de Léopold Mozart,
dont il rappelle beaucoup, par exemple, le premier morceau et le finale
de la sonate en *si bemol*. Aura-t-il été composé avant l'*allegro* et l'*andante* de Bruxelles? Son style tendrait à le faire croire, tandis que la
sûreté plus marquée de son exécution ferait pencher plutôt vers l'hypothèse contraire, comme aussi le fait que ce morceau a déjà été écrit
par Mozart, de sa propre main, sur le cahier de Salzbourg, au lieu d'y
être copié par le père ainsi que l'autre *allegro* et l'*andante*. En vérité,
ce morceau nous présente un problème que nous nous déclarons hors
d'état de résoudre.

Et de ce problème dépend celui de savoir si Mozart, dès le début, a
conçu sa première sonate en *quatre* morceaux, telle qu'il l'a publiée
quelques mois après ; ou bien si le *menuet* qui suit l'*andante* était d'abord
destiné à servir de final, suivant un procédé que Mozart va pratiquer
presque constamment dans les sonates qu'il écrira à Paris, à Londres,
et à La Haye. Au fond, nous sommes portés à croire que Mozart, pendant son séjour à Bruxelles, gardait encore le respect des traditions allemandes qui exigeaient un véritable *final* à la fin des sonates ; et que
c'est donc dès ce moment qu'il aura imaginé de faire sa sonate en quatre
morceaux, en intercalant un *menuet* entre l'*andante* et le final[1]. Quoi-

---

1. La question est d'autant plus embarrassante que, à la fois avant et pendant
son séjour à Paris, l'enfant s'est trouvé avoir sous les yeux des modèles de
sonates en quatre morceaux : car il y avait déjà quatre petits morceaux dans la
« Sonatine de M. Kirchhoff » que Léopold Mozart avait transcrite sur l'album
instructif de 1762 ; et, d'autre part, la première sonate publiée par Schobert à
Paris après l'arrivée des Mozart, en mars 1764 (nᵒ 1 de l'op. VIII), comportait
également quatre morceaux.

Ur. 5. Aus Mozart's erstem Notenbuch.

Während der dritten Kunstreise des Vaters mit den beiden Kindern außer Deutschland nach

SONATE EXTRAITE DU PREMIER CAHIER DES COMPOSITIONS DE MOZART

(Cliché Vizzavona)

qu'il en soit, son *menuet* de Bruxelles se rattache encore de tout près à ceux qu'il a composés à Salzbourg, l'année précédente. Au point de vue de la coupe, tout comme eux, il n'a point de *rentrée* du premier sujet dans le ton principal : ses deux parties se font entièrement contrepoids, traitant le même sujet d'abord de la tonique à la dominante, puis de la dominante à la tonique. Tout au plus peut-on signaler comme une nouveauté, dans la cinquième mesure des deux parties, un petit dessin caractéristique qui reviendra très souvent dans les premières compositions de l'enfant.

8. — *Pendant le voyage d'Allemagne ou à Bruxelles, entre juin et octobre* 1763.

Andante inachevé en si bémol, pour clavecin.

K. 9ᵇ.

M. aut. au Mozarteum.

La date de composition de ce morceau constitue encore un problème, et qui se rattache immédiatement à celui de l'*allegro* que nous avons supposé pouvoir être le finale primitif de la sonate précédente. En effet cet *andante*, dans le cahier de Salzbourg, venait tout de suite après l'*allegro* en question, et, comme lui, il était écrit de la main même de l'enfant, au lieu d'être soigneusement transcrit par le père ; et enfin l'écriture de l'enfant, dans ce morceau, est tout à fait pareille à celle que nous fait voir l'*allegro* précédent, de telle sorte que les deux morceaux doivent avoir été écrits immédiatement l'un après l'autre. On en a même conclu qu'ils étaient destinés à former le commencement d'une seconde sonate : mais c'est une hypothèse doublement impossible, car Mozart, ayant déjà fait une sonate en *ut majeur*, ne pouvait pas songer à y faire succéder une autre sonate dans le même ton, et jamais, en tout cas, il ne se serait permis d'écrire un *andante* en *si bémol* pour une sonate en *ut majeur*. Ce qui est beaucoup plus vraisemblable, c'est que, ayant destiné son *allegro en ut* à constituer le final de sa première sonate, il se sera mis aussitôt à commencer une seconde sonate, en *si bémol*, et que notre fragment d'*andante* aura été le premier morceau de cette seconde sonate, restée inachevée : supposition dont la valeur se trouve encore renforcée si l'on songe qu'en effet, quelques jours plus tard, presqu'au lendemain de son arrivée à Paris, c'est dans le ton de *si bémol* que l'enfant écrira sa seconde sonate. Les émotions du voyage et de l'arrivée à Paris, sans doute, l'auront distrait du projet conçu à Bruxelles, et ainsi l'*andante* commencé là sera resté à jamais inutilisé. Quant au fait de commencer une sonate par un *andante*, il prouverait simplement que Mozart, dès son séjour à Bruxelles, avait pris définitivement contact avec la nouvelle école des clavecinistes italiens et français qui avaient précisément l'usage de varier leurs recueils en commençant leurs diverses sonates par des mouvements différents.

Mais c'est surtout le style de l'*andante* lui-même qui nous révèle manifestement ce contact de l'enfant avec le goût italien, comme aussi la façon dont, sous ce contact, le génie du petit garçon s'est tout de suite éveillé et développé. Pour la première fois Mozart a mis ici ce que l'on chercherait vainement dans sa sonate précédente, et ce qu'il n'a guère mis, non plus, dans la suivante : une expression personnelle, un essai de traduire des sentiments qu'il éprouvait dans son propre cœur. Tout le morceau est comme une plainte, délicate et douce, une vraie plainte d'enfant, entrecoupée de soupirs ; et puis elle s'étend et se confirme, elle monte par degrés à des gémissements d'une angoisse pathétique ; après quoi le petit cœur, un moment secoué, se console et de nouveau nous fait voir son gentil sourire, dans une cadence où transparaît déjà presque un reflet de l'allégresse lumineuse de la *Flûte enchantée*. Le poète que va devenir Mozart, c'est ici que, pour la première fois, il s'annonce à nous ; et non moins visible est déjà le musicien, avec son intelligence native de toutes les ressources de son art. Il n'y a plus, dans l'*andante* inachevé, aucune trace de cet emploi tout mécanique de la *basse d'Alberti*, qui, de plus en plus, rabaissait alors et enlaidissait la musique de piano de l'école nouvelle. Au contraire, une harmonie qui change de note en note, d'après les nuances diverses de l'émotion à traduire ; procédant, dès le début, par modulations chromatiques, pour aboutir à une suite d'accords mineurs déjà très hardis et d'une signification remarquable. Enfin il n'y a pas jusqu'au contrepoint qui, durant tout un passage, ne vienne accroître l'effet de la progression harmonique : un contrepoint très simple, mais déjà « expressif », comme il sera souvent chez Mozart, prêtant pour ainsi dire à la plainte une seconde voix avant que toute la douleur se concentre dans les accords pathétiques de la ligne finale. Quant à la coupe qu'aurait présenté ce morceau, s'il avait été achevé, il nous est impossible de la prévoir, l'esquisse s'arrêtant à la barre de reprise : ce qui complique encore la difficulté d'assigner une date exacte à ce curieux *andante*. Tel qu'il est, nous voyons bien que certains *andantes* d'Eckard peuvent avoir contribué à l'inspirer : mais avec son caractère « chantant » et la beauté poétique de sa ligne musicale, il appartient déjà tout à fait en propre à Mozart, et révèle évidemment l'influence exercée, sur l'enfant, par les œuvres italiennes qu'il a pu connaître durant son voyage.

9. — *Paris, le 21 novembre* 1763.

Sonate en si bémol, pour le clavecin.

K. 8.

Ms. de Léop. Mozart chez M. Malherbe, à Paris.

Allegro. — Andante graziosa (en fa).

Ces deux morceaux, dont la date nous est donnée par le manuscrit, sont les derniers (du moins suivant toute probabilité) qui aient été écrits sur le cahier de Salzbourg : et ils y ont encore été écrits par le père, tandis que, désormais, tous les manuscrits que nous rencontrerons seront déjà de la main de Mozart lui-même.

Nous avons dit que, pour nous, l'*andante* inachevé n° 8 a dû être, dans l'esprit du petit Mozart, le début d'une seconde sonate, et comment nous supposions que, faute d'avoir eu le temps d'achever cette sonate à Bruxelles, il aura changé d'idée en arrivant à Paris. Le fait est que ni l'*allegro* ni l'*andante* du n° 9 n'ont aucun rapport avec cet *andante* inachevé ; ils reprennent directement la suite de la première sonate, et, comme elle, dérivent directement des trois petites sonates d'Eckard que nous avons décrites. L'*allegro* a la coupe régulière de la sonate allemande, avec un *développement*, et même assez long, suivi d'une *rentrée* un peu variée du premier sujet dans le ton principal. Nous devons ajouter que, ici, au contraire du premier *allegro* de la sonate précédente et comme dans le second *allegro* que nous avons supposé devoir servir de finale à cette même sonate, il y a deux *sujets* très distincts, dont le premier est séparé du second par une cadence propre suivie d'un soupir. En outre, d'après un procédé que nous allons constamment retrouver dans toutes les œuvres d'enfance de Mozart, les deux parties du premier morceau se terminent par une figure assez étendue, et tout à fait distincte du reste, qui leur sert de cadence ou de ritournelle. Quant au style, il est plus habile et plus sûr que dans la première sonate, mais reste encore sensiblement le même, avec un emploi continu de la *basse d'Alberti*, une reprise du sujet principal en mineur après la *rentrée*, etc. On sent que le morceau a été écrit tout d'un trait, sans effort : mais c'est le seul éloge qu'il y ait à en faire. L'*andante*, très court, diffère de celui de la sonate en *ut* en ce qu'il a un *développement* régulier suivi d'une reprise à peu près sans changement. Cet *andante*, assez insignifiant, n'a naturellement qu'un seul *sujet*. Le qualificatif de *grazioso*, ajouté au mot *andante*, indique l'influence des clavecinistes français et italiens. L'accompagnement de violon dont cette sonate a été revêtue lors de sa publication, ainsi que les deux menuets qui la terminent, ne figurent point sur le cahier de Salzbourg, et sont certainement d'une date postérieure.

QUATRIÈME PÉRIODE

PARIS

(FIN DE NOVEMBRE 1763-10-AVRIL 1764)

I

Les lettres de Léopold Mozart, du moins dans les parties qu'on en a publiées, ne nous apprennent malheureusement que peu de chose sur les événements musicaux de ce premier séjour de Mozart à Paris. On y trouve cependant un certain nombre de menus renseignements qui, interprétés à la lumière des journaux et des publications musicales de ce temps, nous permettent de nous faire une idée du contact pris dès lors, par l'enfant, avec la musique française et l'esprit français. Aussi convient-il d'abord de citer, dans leur suite, tous les passages des lettres du père qui touchent, de près ou de loin, à la musique. Les voici :

Lettre du 8 décembre 1763 : « Demain nous aurons à aller chez la marquise de Villeroy et chez la comtesse de Lillebonne. Le deuil à cause de l'Infante (femme de Joseph II et petite-fille de Louis XV, morte en octobre 1763) nous empêche encore de pouvoir jouer à la Cour. »

Un fragment d'une lettre des premiers jours de janvier 1764 nous apprend que les Mozart sont à Versailles, où « presque tout le monde raffole d'eux ».

Lettre du 1er février 1764 : « Nous sommes arrivés à Versailles le soir de Noël, et avons assisté, dans la chapelle royale, aux trois saintes messes de la nuit... J'ai entendu à Versailles de bonne et de mauvaise musique. Tout ce qui était pour des voix seules, et qui devait ressembler à un air, était vide, glacé, et misérable, c'est-à-dire bien français : mais les chœurs sont bons, et même excellents. Aussi suis-je allé tous les jours, avec mon petit homme, à la messe du roi dans la chapelle royale, pour entendre les chœurs dans les motets qui y sont chantés à tous les offices. La messe du roi est à une heure, sauf quand il va à la chasse : ces jours-là, sa messe est à dix heures et la messe de la reine à midi et demi. »

Autre passage de la même lettre :

« Il y a ici une guerre continue entre la musique française et la musique italienne. Toute la musique française ne vaut pas le diable : mais l'on commence maintenant à changer énormément ; les Français commencent à chanceler très fort, et j'ai la certitude que, dans dix ou quinze ans, aucune trace ne subsistera plus du goût français. Ce sont les Allemands qui sont les maîtres, pour la musique publiée ; parmi eux, MM. Schobert, Eckard, et Honnauer sont particulièrement appréciés pour le clavecin, MM. Hochbrucker et Mayr pour la harpe. Un claveciniste français, M. Le Grand, a tout à fait abandonné son goût national, et ses sonates sont dans notre goût allemand. MM. Schobert, Eckard, Le Grand, et Hochbrucker nous ont tous apporté leurs sonates gravées et en ont fait hommage à mes enfants. En ce moment, quatre sonates de M. Wolfgang Mozart sont chez le graveur. Imaginez-vous le bruit que ces sonates vont faire dans le monde, lorsqu'on lira, sur le titre, qu'elles sont l'œuvre d'un enfant de sept ans, et que les incrédules seront invités à venir faire eux-mêmes l'épreuve de cela ! D'ailleurs, cette épreuve a déjà été faite plusieurs fois : notre Wolfgang demande à quelqu'un de mettre par écrit un menuet ou n'importe quoi d'autre ; et lui, tout de suite, sans toucher au clavecin, le voici qui écrit la basse, sous cette musique, et même encore, si l'on veut, une seconde partie de chant pour le violon. Vous entendrez avant peu combien ces sonates sont bonnes ; il s'y trouve, notamment, un *andante* d'un *goût* tout à fait particulier. Et en vérité je puis vous dire que Dieu accomplit tous les jours de nouveaux prodiges dans cet enfant. Avant que nous rentrions chez nous (si Dieu le permet), il sera déjà en état de prendre du service à la Cour. Il accompagne, en réalisant la basse, dans des concerts publics : et il sait même transposer à première vue les airs, en les accompagnant. Partout on met devant lui des pièces tantôt italiennes, tantôt françaises, qu'il déchiffre à vue… Quant à ma fille, elle joue les pièces les plus difficiles que nous ayons à présent de Schobert, d'Eckard, etc., parmi lesquelles les pièces d'Eckard sont les plus difficiles. Elle joue tout cela avec une netteté incroyable et de telle sorte que le misérable Schobert ne peut pas cacher la jalousie et l'envie qu'il en éprouve, et se rend ainsi ridicule auprès de M. Eckard, qui est un homme fort honorable, et auprès de bien des gens.

Lettre du 22 février 1764 : « Dans quinze jours, nous retournerons à Versailles, où le duc d'Ayen nous a arrangé une audience pour que mon fils présente à Mᵐᵉ Victoire, seconde fille du roi, l'œuvre première des sonates gravées, qui sera dédiée à cette princesse. L'œuvre seconde sera, je crois, dédiée à la comtesse de Tessé. »

Lettre du 4 mars 1764 : « Je vais être très occupé jusqu'au 10 de ce mois, afin de pouvoir encaisser, ce soir-là, soixante-quinze louis d'or, entre six heures et neuf heures. »

Lettre du 1ᵉʳ avril 1764 : « Le 10 mars, j'ai encaissé cent douze louis d'or ; et je compte bien en recevoir encore de cinquante à soixante le 9 du mois présent. Nos concerts sont donnés au théâtre de M. Félix, rue et porte Saint-Honoré. Ce théâtre est une salle, dans la maison d'un homme de qualité : on y a installé une petite scène, sur laquelle la noblesse, entre soi, représente toute sorte de pièces. J'ai obtenu cette salle par l'entremise de Mme de Clermont, qui habite la maison. Mais il faut que vous sachiez que la permission d'organiser ces deux concerts est quelque chose de tout à fait exceptionnel, et en opposition directe avec les privilèges de l'Opéra, du Concert Spirituel, ainsi que des théâtres français et italien. Mme de Clermont ne l'a obtenu que par des démarches directes du duc de Chartres, du duc de Duras, de la comtesse de Tessé, d'un grand nombre des premières dames de la noblesse, et de M. de Sartines, lieutenant général de la police... Les sonates que M. Wolfgangerl a dédiées à Mme de Tessé seraient déjà prêtes si cette dame avait pu se laisser amener à accepter la dédicace qu'avait écrite, pour elle, notre meilleur ami M. Grimm. Son refus nous a forcé à des changements... Ce M. Grimm, mon grand ami, à qui je dois tout ce que j'ai eu ici, est secrétaire du duc d'Orléans ; c'est un homme très savant et un grand philanthrope. Lui seul a arrangé notre affaire à la Cour. C'est lui qui a préparé notre premier concert, et qui est parvenu à placer 320 billets : il va également s'occuper du second concert, pour lequel 100 billets sont déjà placés. »

Lettre de Londres, 3 décembre 1764 : « Je regrette que certaines fautes soient restées dans l'édition gravée des sonates de Paris, et dans l'amélioration qui en a été faite après correction. Mme Vendôme, qui les a gravées, et moi, nous étions trop loin l'un de l'autre ; et comme tout s'est fait très vite, je n'ai pas eu le temps de faire faire une seconde épreuve. Il en est résulté que, notamment dans le dernier *trio* de l'œuvre II, la partie de violon a conservé trois quintes que mon fils avait écrites et que j'avais ensuite corrigées. Du moins sera-ce toujours une preuve que notre Wolfgangerl a composé lui-mêmes ces sonates, ce que, naturellement, bien des gens se refusent à croire. »

Aux renseignements fournis par ces lettres sont venus, depuis peu, s'en ajouter d'autres, non moins précieux, fournis par la divulgation imprévue d'un fragment du carnet de voyage où Léopold Mozart, de jour en jour, inscrivait les noms des diverses personnes qu'il avait rencontrées. Le fragment ainsi publié se rapporte précisément aux deux séjours en France de 1763-1764 et de 1766. Nous y voyons que, tout de suite après leur arrivée à Paris, les Mozart ont fait connaissance avec deux des principaux musiciens qui vont nous occuper tout à l'heure : « M. Eckard, virtuose du clavecin » et « M. Schoberth, claveciniste, chez le prince de Conti[1] ». La rencontre avec Grimm ne

1. Toute cette partie du carnet de Léopold Mozart étant écrite en français,

vient qu'un peu plus tard, et sa mention se trouve immédiatement
suivie, dans le carnet, de deux autres noms de musiciens : « M. Gaviniès, virtuose au violon », et « M. Hochbrucker, harpiste chez le
prince de Rohan ». Puis viennent, entremêlés à des noms de gens du
monde chez lesquels ont dû être exhibés les enfants-prodiges, les
quelques autres noms suivants de musiciens : « M. Schmid, claveciniste chez M. Helvétius, — M. du Borde (Duport), violoncelliste du
prince de Conti, — M. Prover, hautboïste, — M. Rosetti, musisien de
l'Opéra, et sa femme, — M. Schiesser, un compositeur, et sa femme,
— M. Spinelli, une haute-contre, et Mᵐᵉ Picinelli, une chanteuse, —
M. Mahaut, compositeur, — Mˡˡᵉ Fel, chanteuse, — M. Kohaut,
joueur de luth, chez le prince de Conti ».

A Versailles, ensuite, la liste nous offre les noms que voici :
« M. Tournère (Le Tourneur), claveciniste de la Cour, M. l'abbé Gau-
zargue, maître de chapelle, — MM. de Sel, Bouleron, et Vernon, musiciens », ainsi que plusieurs noms de membres de la chapelle royale,
et notamment : « M. Bussy, intendant du théâtre, — M. Molitor, cor
de chasse solo, — MM. Harand (?) et Besson, violonistes ». Mais c'est
surtout après le retour de Versailles à Paris que les noms de musiciens se multiplient, sur le précieux cahier de Léopold Mozart. Nous
y trouvons cités, en particulier : « Mᵐᵉ Saint-Aubin, qui chante et
joue du clavecin, comme aussi de la harpe d'Apollon, — M. Legrand,
claveciniste, — M. Jelyotte, chanteur renommé en France, c'est-à-
dire pour leur goût (par où Léopold Mozart entend que l'art de
Jelyotte ne méritait d'être renommé que pour sa conformité au mauvais goût français), — M. Mayer, harpiste, — M. Fischer, musicien
chez le prince de Rohan, — M. Heina, cor de chasse chez le prince
de Conti, — M. Duni, *maestro di musica,* — M. Canefas (Canavas),
violoncelliste, et sa fille, qui joue du clavecin fort bien et qui chante
bien, — M. Leduc, joueur de violon : il joue bien ».

Une première conclusion se dégage, pour nous, de ces fragments
des lettres de Léopold Mozart, comme aussi des noms cités dans la
liste qu'on vient de lire : c'est que le maître de chapelle salzbourgeois,
pendant son séjour à Paris, a connu d'assez près la musique française
du temps. Certes, une bonne partie des opinions qu'il exprime sur
cette musique a dû lui être suggérée par son protecteur et ami
Grimm, en compagnie duquel on peut bien dire que les Mozart ont
constamment vécu aussi bien pendant ce séjour à Paris que pendant le suivant, en 1766. Mais il y a, dans les passages que nous
venons de citer, maintes réflexions où Grimm ne saurait avoir eu
aucune part, et qui sont venues s'offrir spontanément à l'esprit de
Léopold Mozart en présence des hommes et des œuvres qu'il ren-

---

nous allons nous borner à en reproduire le texte original, sauf pour certains
mots d'une incorrection trop choquante.

contrait : ainsi ce qu'il dit de l'excellence des chœurs, et qui lui est inspiré par la comparaison des ensembles français avec sa chapelle de Salzbourg, ou encore ce qu'il dit de la conversion au « goût allemand » des nouveaux auteurs de sonates français. A la fois par obligation et par curiosité personnelle, Léopold Mozart, et son fils avec lui, se sont trouvés amenés à fréquenter ou du moins à approcher les principaux musiciens, vieux et jeunes, qui demeuraient alors à Paris, à entendre celles de leurs œuvres que l'on exécutait à ce moment et à en lire beaucoup d'autres dans les partitions. Entre novembre 1763 et avril 1764, le petit Wolfgang, qu'il l'ait voulu ou non, s'est profondément imprégné de musique française ; et il était à un âge où, plus que jamais peut-être, son génie naissant était disposé à recevoir et à garder l'impression d'une musique essentiellement simple et claire, la mieux faite du monde pour s'imposer à un cœur d'enfant.

Aussi cette musique française, par-dessus l'action passagère qu'ont exercée sur lui ses formules d'alors, a-t-elle exercé une autre action, d'un caractère plus général, et d'un effet infiniment plus durable. Ou plutôt c'est le goût français tout entier qui a exercé cette action sur le génie de Mozart, en lui faisant concevoir, pour toujours, un idéal de précision expressive que nous verrons subsister chez lui sous les influences les plus diverses et les plus opposées. Lorsque tour à tour, par la suite, il s'initiera aux styles des grands compositeurs italiens et allemands, toujours son œuvre différera des œuvres italiennes et allemandes qui l'auront inspirée par quelque chose de plus net dans les contours, mais surtout de plus sobre et de plus rapide qui, suivant toute vraisemblance, sera chez lui un résultat de la façon dont il s'est nourri de notre esprit français, à l'instant de sa vie où il était le plus disposé à subir une direction du genre de celle-là. L'Italie et l'Allemagne lui ont fait des dons assurément plus riches et d'une plus haute valeur artistique , ou , tout au moins, musicale : mais il nous paraît hors de doute que la France lui a donné, et à deux reprises, en 1764 et en 1778, aux deux périodes les plus décisives de sa formation, une discipline d'esprit sans laquelle son œuvre n'aurait été probablement ni moins originale ni moins belle, mais n'aurait pas eu l'exquise perfection qui la distingue de toute autre musique.

Quant à l'action immédiate qu'a exercée sur lui le style de la musique française du temps, elle n'a été et ne pouvait être que de courte durée ; et peu s'en faut que nulle trace ne s'en soit conservée, lorsque bientôt l'enfant s'est trouvé transporté dans un autre milieu musical. Mais, pour être brève, cette action n'en a pas moins été considérable, et c'est chose incontestable que tous les morceaux que le petit Mozart a écrits pendant son premier séjour en France, à l'exception de la sonate qu'il a composée dès le lendemain de son arrivée, se rattachent pleinement et expressément au style de la musique française de cette époque. De telle sorte qu'il convient de noter sommairement ici ce qu'était l'état de cette musique aux environs de 1764, et sous quel aspect elle a pu s'offrir à l'intelligence et au cœur de l'enfant salzbourgeois.

II

Léopold Mozart se trompait, naturellement, en prédisant la prochaine disparition du « goût français » : c'est comme s'il avait prédit la disparition du climat français, ou de la langue française. Mais le fait est que le goût français, — et peut-être Léopold Mozart ne voulait-il point dire autre chose, — subissait alors une profonde et importante transformation, ou plutôt était en train de se transporter, pour la musique comme pour tout le reste, dans des procédés et des genres nouveaux. A Paris plus manifestement encore que dans les pays voisins, ce que nous appelons le « style Louis XVI » se substituait au « style Louis XV ». Le vieil opéra français, créé naguère par Lulli, et glorieusement développé ensuite par Rameau, achevait d'agoniser, malgré l'apparence de respect qu'on se croyait encore tenu à lui témoigner. Lorsque l'opéra parisien rouvrit ses portes, le 23 janvier 1764, c'est par *Castor et Pollux* qu'il inaugura ses représentations : mais tous les articles des journaux, tous les mémoires contemporains, reflètent le sentiment d'ennui que provoqua cette reprise du chef-d'œuvre de Rameau ; et ce même sentiment est reflété dans les comptes rendus d'exécutions d'œuvres de Rameau et des autres vieux maîtres à la Cour de Versailles ou au Concert Spirituel[1]. On continuait à jouer ces vieux opéras parce que l'on n'avait rien pour les remplacer, en attendant que le génie de Gluck vînt en extraire, pour l'offrir au goût nouveau, la forme d'opéra que ce goût réclamait. Mais cette musique, naguère fêtée, maintenant n'intéressait plus que très superficiellement, au seul point de vue de la voix des chanteurs ; et sans cesse la véritable curiosité musicale allait plus absolument à la « comédie-italienne », où déjà des maîtres originaux avaient commencé à tirer de l'*opéra buffa* italien un genre très différent, moins fourni de musique mais plus rapproché de la vie, moins savant mais plus naturel, plus clair, et parfaitement français. C'est à la Comédie-Italienne que se révélait le goût musical français du moment, pendant les quelques mois du séjour des Mozart à Paris ;

1. Après la reprise de *Castor* et *Pollux*, dont Bachaumont nous apprend que, dès le second soir, Mlle Arnould l'a chanté devant une salle vide, nous voyons figurer, au programme de l'Opéra, *Titon et l'Aurore* (qui ennuie également, malgré l'intérêt des débuts de Le Gros), puis, pour la séance annuelle de la « capitation », des actes de Rameau (*Pygmalion*), de Mondonville (*Psyché*), et de Bury.

et c'est par là, sans aucun doute, que s'est fait sentir, sur le petit Mozart, l'influence de la musique dramatique française.

L'enfant n'a pas été, cependant, sans connaître l'œuvre de Rameau et des vieux compositeurs d'opéras. Non seulement il est très probable que son père l'aura mené à l'une des représentations de *Castor et Pollux*; nous savons encore, d'une façon presque certaine, qu'il a dû entendre à Versailles la *Guirlande* de Rameau, qui y a été jouée le lendemain de la séance donnée par les Mozart à la Cour; mais le petit Wolfgang était encore trop enfant pour pouvoir apprécier toute la valeur, à la fois théâtrale et esthétique, d'ouvrages comme ceux-là, parmi l'indifférence du public et à travers le mépris qu'il entendait exprimer, pour Rameau et l'opéra français, par son protecteur Grimm et par son père lui-même ; de telle sorte que, dans ce qu'il a pu connaître de l'œuvre de Rameau, il semble bien n'avoir été frappé que de la partie qui était plus directement à sa portée, — de ces belles danses, pleines à la fois d'expression noble et de grâce chantante, dont nous entendrons un écho, plusieurs années après, dans des menuets de ses symphonies. Pour ce qui est du chant et de l'action dramatiques, le goût français, sous ce rapport, ne lui a pas été révélé par Rameau, à l'Opéra, mais bien, aux Italiens, par Duni, par Philidor, et par Monsigny[1].

Les principales œuvres reprises à la Comédie-Italienne pendant l'hiver de 1763-1764 étaient : *Annette et Lubin*, comédie avec des ariettes populaires et quelques ariettes originales de Favart et Blaise : *Les deux Chasseurs et la Laitière* et *le Milicien* de Duni, *le Bûcheron*, *Blaise le Savetier* et *le Maréchal* de Philidor, liste à laquelle nous pouvons joindre encore un pot-pourri de Favart, *Bastien et Bastienne*, qui a été joué à la Cour de Versailles pendant le séjour des Mozart, sur un livret que Mozart lui-même devait reprendre, en 1768, pour son premier opéra-comique allemand. Et bien que nul document ne nous affirme que les Mozart aient entendu ces diverses pièces, nous savons assez avec quel soin le père, depuis lors, tenait son fils au courant de toutes les nouveautés musicales : sans compter que, si même l'enfant n'avait pas vu jouer tous ces ouvrages, il en aurait connu la musique dans les rues, au boulevard et à la foire Saint-Germain, ainsi que dans les salons où le conduisait

1. Le nom de Monsigny, en vérité, ne se trouve pas sur la liste des personnes rencontrées par les Mozart à Paris, et celui de Philidor ne nous apparaîtra sur cette liste que pendant le second séjour à Paris de 1766 : mais l'on vient de voir que Léopold Mozart, dès son premier séjour, a eu l'occasion de faire connaissance avec Duni, et sans doute même une connaissance assez intime, car le nom de Duni figurera sur la petite liste des personnes que le père de Mozart, en 1777, recommandera à son fils d'aller voir dès son arrivée à Paris. Il est à noter, d'ailleurs, que les Mozart n'ont pas eu non plus l'occasion de rencontrer en personne le vieux Rameau, déjà très souffrant, et destiné à mourir dès l année suivante (1764).

Grimm et où, chaque soir, les dames le chargeaient de les accompagner, pour chanter les principaux airs des comédies en vogue. Au
reste, pour nous assurer que des échos des opéras-comiques français sont parvenus jusqu'au petit Mozart, il suffit de jeter un coup
d'œil sur sa partition susdite de *Bastien et Bastienne*, composée
après son retour en Allemagne ; et constamment nous allons rencontrer, dans ses œuvres instrumentales des années qui vont suivre,
toute sorte de mélodies ou de rythmes qui nous rappelleront aussitôt
les romances et ariettes de nos maîtres français[1]. Mais surtout on
ne saurait douter que Léopold Mozart ait fait entendre à son fils les
deux pièces nouvelles qui ont été jouées aux Italiens pendant leur
séjour à Paris, et avec un succès extraordinaire : *Le Sorcier* de Philidor (2 janvier 1764) et *Rose et Colas* de Monsigny (20 mars 1764). Dans
le Sorcier, Philidor s'efforçait d'enrichir sa mélodie, toujours un peu
maigre, par toute sorte de tournures empruntées à l'*Orphée* de Gluck ;
et il serait piquant que le premier rapport de Mozart avec Gluck lui
fût venu par cet intermédiaire singulier : mais Philidor, renforcé de
ses emprunts, n'en a été que plus à l'aise pour mettre à son *Sorcier*
sa fine justesse d'expression habituelle, et, dans les petits ensembles,
dans les accompagnements, cette habileté aimable et discrète qui,
sous le point de vue purement musical, le place au premier rang des
compositeurs français d'opéra-comique. L'air d'Agathe : *Reviens,
ma voix t'appelle*, la romance : *Nous étions dans cet âge encore*,
la chanson de Justine : *Sur les gazons, loin des garçons*, tout cela
offrait au petit Mozart des modèles de simple et exacte traduction
dramatique, et s'appliquant à des sentiments qu'un enfant n'avait
aucune peine à comprendre et à partager ; et, en même temps, la
contexture musicale de la pièce de Philidor avait à lui offrir des
scènes d'un travail si léger et si fin qu'elles ne pouvaient manquer de
répondre à la conception qu'il se faisait alors lui-même d'une bonne
musique : la peinture de la tempête où Julien a failli périr, le *duo*
final du premier acte, l'ensemble de la reconnaissance, à la fin du
second acte. Que si on se souvient, en outre, de l'estime particulière
professée pour Philidor par Grimm et tout son cercle, on aura l'idée
de l'action très réelle qu'ont dû exercer sur Mozart les œuvres de ce
maître, action qui serait bien intéressante à étudier, par exemple,
dans les deux *opera-buffa* écrits par Mozart en 1768 et en 1774.
Quant à Monsigny, le pédant Grimm, jaloux de tout succès véritable,
affectait de le mépriser profondément ; et le fait est que *Rose et
Colas* n'avait rien à apprendre à Wolfgang, pour ce qui est de la

---

1. Citons ici, entre cent autres, un exemple imprévu de ces réminiscences : le
premier *allegro* de la grande sérénade pour instruments à vent, écrite par
Mozart vers 1780, au plus beau temps de sa maturité, a pour sujet initial un
thème qui, tout pareil et dans le même ton, commence un des airs du premier
acte du *Maréchal* de Philidor.

musique. Mais sa partition, avec l'aide de son livret, était si animée, si pleine d'un mouvement et d'un entrain nouveaux dans le théâtre chanté, qu'elle rachetait par là l'indigence de sa forme. C'était l'essence même de l'ariette française qui se révélait à l'enfant dans les airs de Rose, les chansons de Mathurin, le *rondeau* de Colas, le gentil *duo : M'aimes-tu? Oh! comme je t'aime!* Comment le petit Mozart n'aurait-il pas été frappé d'une telle adaptation scénique de rythmes populaires dont il avait, dès ce moment, le cerveau rempli? Comment aurait-il résisté, malgré Grimm et son père, à tout ce que Monsigny lui présentait d'un naturel doux et tendre, ou bien d'une drôlerie tout juste à son niveau? Sans compter l'inventeur qu'était d'instinct Monsigny, sous son ignorance technique; et, en effet, il n'y a pas jusqu'au *trio fugué* du premier acte de *Rose et Colas*, dont la hardie progression de verve amusante ne se retrouve, pour nous, transfigurée, revêtue à la fois d'art et de beauté, dans des scènes de l'*Enlèvement au Sérail* et du *Directeur de Théâtre*.

« Tout ce qui est pour des voix seules, et qui doit ressembler à un air, est vide, glacé, et misérable, c'est-à-dire bien français : mais les chœurs sont bons, et même excellents. » Ce passage d'une lettre de Léopold Mozart se rapporte à la musique religieuse que les voyageurs ont entendue dans la chapelle du château de Versailles; et l'on aimerait à savoir ce que peuvent avoir été ces chœurs que le musicien salzbourgeois, malgré son parti pris contre la musique française, était forcé de déclarer « excellents ». Malheureusement c'est un point sur lequel il nous est encore très difficile d'être renseignés bien au juste. Ce qui est certain, c'est que les Mozart n'ont pu entendre, à Versailles comme dans les églises parisiennes, que des motets : car l'usage avait complètement disparu, en France, de vraies messes chantées, comme celles que les Mozart étaient accoutumés à entendre dans les églises allemandes. Des motets, et composés sans doute, en majeure partie, par les maîtres de chapelle qui en dirigeaient l'exécution. A Versailles, les deux sous-maîtres de chapelle étaient alors : pour le semestre de juillet, le vieux Blanchard (né en 1696); pour le semestre de janvier, le jeune abbé Gauzargues, savant théoricien qui devait publier, plus tard, un bon traité de composition[1]. Mais nous ne connaissons aucun motet de Gauzargues, et, quant à Blanchard, quatre gros recueils manuscrits de ses motets (à la Bibliothèque du Conservatoire de Paris) ne contiennent pas un seul ouvrage datant de 1763 ni du début de l'année suivante. Les motets de Blanchard sont, d'ailleurs, écrits sur le modèle de ceux de La Lande, et avec une extrême pauvreté d'invention et de style. Sur le

---

1. On a vu tout à l'heure que les Mozart, à Versailles, avaient même eu l'occasion d'entrer personnellement en rapports avec l'abbé Gauzargues.

même modèle étaient écrits aussi tous les « motets à grand chœur »
que produisaient alors les divers maîtres de chapelle des églises
parisiennes; et ce sont encore des imitations des motets de La Lande
que les Mozart auront sûrement entendues, une ou deux fois, au
Concert Spirituel, pendant leur séjour à Paris. Les programmes de
ces concerts nous sont donnés par les journaux du temps : et il n'est
pas sans intérêt de les reproduire ici :

Le 8 décembre 1763, fête de la Conception. — *Salve Regina*,
motet à grand chœur de Kohaut, avec un récitatif accompagné par
le violoncelliste Duport. — Motet à voix seule, chanté par M. Noël,
haute-contre. — Concerto de violon composé et exécuté par M. Capron. — Sonate de violoncelle « jouée » par M. Duport. — Deux airs
italiens chantés par Mlle Hardy. — *Benedic anima mea Domino*,
grand motet de M. Dauvergne, « maître de musique de la chambre
du Roi, et l'un des directeurs du concert »[1].

Concert du 2 février 1764, fête de la Purification. — *Magnificat*,
motet à grand chœur, de Bellissen. — Concerto de violon, composé
et joué par M. Gaviniès. — Motet à voix seule, de M. Le Petit,
chanté par Mlle Fel. — Concerto d'orgue composé et joué par M. Bal-
bâtre. — Airs chantés par Mlle Saint-Marcel. — *Te Deum*, motet à
grand chœur par M. Dauvergne.

Concert du lundi 26 mars, fête de l'Annonciation. — *Lauda Jeru-
salem*, motet à grand chœur de La Lande. — Concerto de violon,
composé et joué par M. Gaviniès. — *Afferte Domino*, motet à voix
seule par M. Lefebvre, chanté par M. Le Gros. — Sonate de harpe,
composée et jouée par M. Mayer. — Air italien chanté par Mlle Hardy.
— *Confitemini*, motet à grand chœur de M. l'abbé Gaulet.

Tels sont les chœurs que les Mozart ont pu entendre à Paris ; et
le fait est que plusieurs des motets que nous venons de nommer, et
d'autres encore que les voyageurs auront peut-être entendus aux
offices de Notre-Dame, de Saint-Paul, ou de l'abbaye de Saint-Ger-
Germain-des-Prés, étaient des œuvres fort estimables. L'esprit nouveau, qui était en train de transformer tous les genres musicaux, ne
se faisait guère sentir, dans ces motets, que par un caractère plus
chantant et plus « profane » des thèmes et par une substitution
croissante de l'harmonie homophone à l'ancien contrepoint. Pour le
reste, les motets de Dauvergne et des autres compositeurs religieux
du temps gardaient le type, les procédés, et toute l'apparence générale de ces motets de La Lande qui, d'ailleurs, comme on l'a vu,
continuaient eux-mêmes de figurer au programme des Concerts Spirituels. C'était là d'honnête musique ; mais la qualification d' « excellents » donnée par Léopold Mozart aux chœurs français qu'il enten-

---

1. Nous omettons ensuite les concerts du 24 et du 25 décembre, où les Mozart
n'ont pu assister, étant alors à Versailles.

dait, par opposition à son mépris infini des « airs », n'en aurait pas
moins de quoi nous surprendre si, d'abord, nous ne nous rappelions
la décadence où était tombée la musique religieuse dans les petites
cours catholiques de l'Allemagne, et si, surtout, l'inexpérience littéraire du maître de chapelle salzbourgeois ne nous permettait point
de supposer que c'est à l'exécution des chœurs, et non pas à leur
qualité musicale, que s'adressaient ses éloges, dans une lettre écrite
à l'épicier Hagenauer. Aussi bien pour les airs que pour les chœurs,
Léopold Mozart ne voulait parler que de la manière dont on les
chantait; et l'on comprend que, à ce point de vue, il ait été ravi de
la précision et de l'élégante justesse qui, de tout temps, ont caractérisé les ensembles vocaux dans notre pays. En tout cas, nous
n'avons pas à insister ici sur tout ce côté de la musique française
d'alors : car son influence n'a été et ne pouvait être que fort restreinte sur les œuvres, purement instrumentales, écrites par le petit
Mozart pendant son séjour à Paris; et l'enfant allait bientôt se trouver en contact, à Londres, avec des œuvres chorales qui ne pouvaient manquer de lui faire oublier celles qu'il avait entendues à
Versailles et à Paris. Sans compter que nous aurons l'occasion
d'étudier plus longuement la musique religieuse française lorsque,
durant le second séjour des Mozart à Paris, en 1766, l'enfant, sous
l'action et à l'imitation de cette musique, composera lui-même un
Kyrie qui sera son début dans le genre religieux.

Pour ce qui est de la musique instrumentale, la révolution que
nous avons signalée se faisait sentir à Paris aussi vivement, et peut-
être plus encore, que dans les autres milieux musicaux. De même
que l'ancien opéra français de Lulli et de Rameau, l'ancienne musique
instrumentale française était en train d'agoniser : et le coup mortel
ne lui était point venu d'Italie, comme à l'opéra français par l'arrivée
des *bouffons* italiens, mais d'Allemagne, par une introduction prolongée de compositeurs et d'instrumentistes allemands. Autant qu'il
nous est possible de reconstituer l'histoire de cette transformation
de la musique instrumentale française, celle-ci a eu pour premier
théâtre les salons d'un fermier général, La Poupelinière, qui, après
avoir été le protecteur enthousiaste de Rameau, avait institué chez
lui, vers 1750, des concerts symphoniques où le plus grand nombre
des exécutants étaient des Allemands. « Ce fut lui, nous dit Gossec,
qui, le premier, amena l'usage des cors à ses concerts, d'après les
conseils du célèbre Jean Stamitz. Jouissant d'une immense fortune,
il entretenait un nombreux corps de musique, composé d'artistes
distingués, parmi lesquels se trouvaient deux cors, deux clarinettes,
et trois trombones, qu'il avait appelés d'Allemagne. » C'est chez La
Poupelinière que, vers 1754, le plus grand symphoniste du temps,
Jean Stamitz, était venu faire entendre les modèles d'un genre nouveau, et bientôt, à la tête de l'orchestre allemand de La Poupelinière,

le jeune Gossec lui-même avait repris et développé le genre inauguré par le maître de Mannheim. En 1763, lors de l'arrivée des Mozart, La Poupelinière était mort depuis plus d'un an : mais la musique instrumentale française continuait à suivre l'impulsion qu'elle avait reçue dans ses concerts. De toutes parts, d'autres concerts s'organisaient, à l'exemple des siens, où l'on jouait des œuvres d'auteurs nouveaux, et dans le goût nouveau ; et, là encore, comme chez La Poupelinière, aussi bien pour la composition que pour l'exécution, les étrangers abondaient, flamands, tchèques, mais surtout allemands. Dès 1759, un *Tableau de Paris* indique, à Paris, huit « concerts réglés », dans diverses maisons privées, et, parmi eux, un « concert abonné ». Au *Concert Spirituel*, en vérité, la plupart des auteurs des symphonies ou des concertos étaient encore des maîtres français : mais, là même, déjà des maîtres étrangers commençaient à apparaître sur les programmes (nous avons vu, au concert du 8 décembre 1763, un motet à grand chœur du Bohémien Kohaut), et, dans les concerts privés, dans les salons des grands seigneurs ou des financiers, de plus en plus la vogue allait aux nouveaux maîtres étrangers. De cela nous avons une preuve certaine dans l'énorme disproportion entre les noms français et les noms étrangers que nous offrent, à cette date, les annonces des deux grands éditeurs de musique parisiens : La Chevardière et Venier. En janvier 1764, l'éditeur La Chevardière annonce : trois *Concertos* de Stamitz, une *Symphonie* de Toeschi (un Allemand de Mannheim, malgré son origine italienne) et une autre de Van Maldere, six *sonates en duo* de Paganelli, six duos de violon par Schetky et six autres par Antonio Lorenziti. En février, le même éditeur annonce six symphonies de Joseph Bode. En mars, c'est Vénier qui fait savoir qu'il met en vente, sous le titre collectif de : *Les Noms Inconnus*, des symphonies de MM. van Maldere, Heyden (Joseph Haydn), Bach (Jean-Chrétien Bach), Pfeiffer, Schetky, et Frantzl.

La publication de ces « symphonies » allemandes, dont plusieurs n'étaient au reste, comme celles de Joseph Haydn, que des quatuors à cordes, peut être tenue pour l'événement le plus caractéristique de cette période de transition et d'innovation, dans le domaine de la musique d'ensemble française. Poursuivie sous forme périodique, l'édition d'œuvres instrumentales étrangères rencontrait, auprès du public français, un accueil si empressé que nous pouvons imaginer, d'après cela, la place tenue par ces symphonies et ces quatuors dans les salons où, entre décembre 1763 et avril 1764, Grimm a promené le petit Mozart. Une lettre de Mozart à son père, en 1778, nous apprend que, dès leur premier séjour à Paris, les voyageurs salzbourgeois ont eu l'occasion de connaître Gossec [1] ;

1. Ou peut-être Gossec aura-t-il eu simplement l'occasion d'assister à l'un des

et c'est à Paris, incontestablement, que Mozart a dû faire connaissance, pour la première fois, avec l'œuvre de « M. Heyden », — dès
lors un des auteurs favoris des divers recueils des « symphonies
périodiques », — de ce Joseph Haydn que nous allons rencontrer,
désormais, presque à chacune des étapes de sa vie musicale. Mais
sur tout cela encore nous aurons à revenir lorsque, tout de suite
après son arrivée à Londres, nous verrons l'enfant occupé à composer une symphonie dont l'idée, suivant toute vraisemblance, lui
sera venue pendant son séjour à Paris, et qui, en tout cas, au
contraire des symphonies suivantes de Londres, sera le produit
direct de l'étude faite par Mozart, à Paris, des « symphonies périodiques » allemandes de Vénier et de La Chevardière. Il convient
cependant de noter ici que, tandis que tout le reste de la musique
instrumentale française s'imprégnait très profondément d'influences
allemandes, l'école française de violon, à peu près seule, subsistait
victorieusement. Issus des belles traditions des Senaillé et des
Leclair, les Gaviniès et les Leduc avaient de quoi révéler, au petit
Mozart, un jeu moins poétique, sans doute, que celui de Nardini,
mais parfaitement solide et sûr, avec une virtuosité plus savante.
Révélation qui, elle aussi, arrivait à son heure, en un temps où
Wolfgang, avec la tête pleine de projets de symphonies, s'essayait
à écrire des parties de violon pour accompagner ses sonates de piano.
    Mais, comme nous l'avons dit, il était encore, avant tout, clave-
ciniste ; et rien ne doit l'avoir autant intéressé que la musique de
clavecin, parmi les impressions nouvelles qu'il recueillait chez nous.
Or, c'est précisément dans la musique de clavecin que la transformation du goût français d'alors était la plus complète et la plus évidente. La vogue était à jamais passée de ces « pièces » descriptives
ou galantes, ornées de titres plus ou moins poétiques, qui, pendant
plus d'un demi-siècle, avaient été le triomphe des clavecinistes français. Les Couperin et les Du Phly, les Fouquet et les Mondonville,
et Rameau lui-même, le Rameau des *Cyclopes* et des *Tendres
Plaintes*, se voyaient de plus en plus abandonnés au profit d'hommes
et de genres nouveaux. Et, par une évolution significative, deux
genres opposés, surtout, se substituaient aux vieux recueils de
pièces : le genre inférieur, tout populaire, du *pot-pourri*, et le genre
supérieur, plus « distingué », de la *sonate*. Tandis que le *Journal
du Clavecin* et les autres feuilles semblables n'étaient plus remplies
que de pots-pourris sur les airs en vogue de la Comédie italienne,
tous les clavecinistes qui se piquaient de science et de raffinement,
à l'exemple de ce Le Grand dont parle Léopold Mozart, renonçaient
à l'ancien « goût » des « pièces » pour écrire des sonates, et expres-

concerts parisiens des Mozart : car son nom ne figure pas sur la liste susdite
de Léopold Mozart, non plus que sur celle de 1766.

sément imitées des derniers modèles allemands ou italiens. Le fait
est que l'organiste et claveciniste Le Grand, qui naguère encore,
dans un recueil de l'éditeur Vénier, avait publié, sous le nom de
« sonate », une « pièce » en un seul morceau, à la vieille manière,
venait à présent de publier, en avril 1763, un *Premier livre de
sonates de clavecin*, témoignage de sa conversion à la mode nouvelle. Puis étaient venues, en mai 1763, ces *Six Sonates* d'Eckard,
qui ont été le premier point de contact du petit Mozart avec la
musique française. En janvier 1764, c'était un des plus savants organistes et contrapuntistes du temps, le lyonnais Charpentier (dont le
vrai nom était Beauvarlet), qui, à son tour, délaissait le genre de la
pièce pour produire « Six Sonates de clavecin » dans le style allemand. Mais, d'ailleurs, nous n'en finirions point à vouloir citer les
annonces de recueils de sonates dans les journaux parisiens : six
Sonates de Leontzi Honnauer, claveciniste du prince Louis de Rohan ;
deux *Sonates* de J.-B. Klimrath, claveciniste du roi de Pologne, etc.,
sans compter les sonates de Schobert, dominant tout cela. Léopold
Mozart disait vrai : dans le domaine de la musique de clavecin, à
Paris, c'étaient bien les Allemands qui étaient à présent les maîtres, sauf pour les compositeurs français à n'imiter les modèles
allemands que dans une mesure conforme à leur goût national, et
sauf pour les clavecinistes allemands eux-mêmes, sitôt installés en
France, à s'efforcer d'approprier leurs procédés et leur langage à ce
goût français.

Les passages cités plus haut d'une lettre de Léopold Mozart nous
apprennent les noms des clavecinistes parisiens dont l'enfant a particulièrement pratiqué les sonates : Schobert, Eckard, Honnauer et Le
Grand. Aussi ne nous arrêterons-nous pas à analyser les autres
recueils de sonates du temps, qui d'ailleurs, en tout cas, n'auraient
eu rien à révéler à l'enfant de bien original. Seules, peut-être, les
six sonates de Charpentier, s'il les a connues, ont pu l'intéresser
par un mélange de raideur scolastique et de hautes ambitions expressives. Ce Charpentier était un très habile organiste, et nous
devons ajouter, à ce propos, qu'il y avait en France, une vieille école
d'organistes non moins remarquable que l'école des violonistes dont
nous avons parlé, et que la grande différence entre les auteurs français et les auteurs allemands de sonates parisiennes venait précisément de ce que presque tous les auteurs français étaient, avant tout,
des organistes comme avaient été les Rameau et les Couperin,
tandis que les Allemands, les Schobert et les Eckard, étaient déjà de
véritables pianistes, avec une virtuosité d'un caractère tout autre,
expressément appropriée à l'instrument nouveau dont ils s'occupaient. Plusieurs morceaux des sonates de Charpentier, malgré leurs
prétentions pathétiques ou sentimentales, sont écrits d'un bon vieux

style solide et précis, encore tout voisin de celui des « pièces » des Dumont et des Chambonnières. Mais il est peu probable, somme toute, que les Mozart aient eu entre les mains ce recueil d'un maître provincial, tandis que nous savons que « MM. Schobert, Eckard, et Le Grand sont venus leur apporter leurs sonates gravées », et qu'ils ont connu aussi celles de Leontzi Honnauer[1]. On peut voir, à la Bibliothèque du Conservatoire, un bel exemplaire des six sonates de ce dernier, « dédiées à Son Altesse Mgr le prince Louis de Rohan, coadjuteur de l'évêché de Strasbourg », avec une dédicace où Honnauer se flatte de « l'honneur qu'il a d'appartenir » à ce personnage. Chacune des six sonates est en trois morceaux, à la manière allemande, *allegro*, *andante*, et second *allegro* plus rapide, sauf cependant la troisième, en *fa*, où l'*andante* est remplacé par un *minuetto con variazioni*, et où le finale est un *air en rondeau*. Au point de vue de la coupe, Honnauer, comme presque tous les clavecinistes français du temps, aime à employer alternativement la coupe allemande, avec *développement* et *rentrée* dans le ton, et l'ancienne coupe italienne avec *rentrée* variée à la dominante après les deux barres. Dans chacune des sonates, c'est tantôt le premier *allegro*, tantôt l'*andante*, qui a un *développement* suivi d'une rentrée dans le ton, en opposition avec les autres morceaux, où la reprise a lieu dès après les deux barres. Cet éclectisme dans la coupe des morceaux, que nous avons signalé déjà chez Eckard, se retrouve également chez Le Grand, chez Schobert, et chez Charpentier : il correspondait évidemment au goût français d'alors. Mais un trait caractéristique d'Honnauer est que, chez lui, tout à fait comme chez Léopold Mozart, le *développement* est, d'ordinaire, très court, insignifiant, et sans autre rôle que celui d'amener la rentrée du premier sujet dans le ton principal. Cette rentrée, par contre, est assez variée, et suivant le même procédé que chez Léopold Mozart : après une exposition du premier sujet dans le ton principal, l'auteur reprend ce sujet en mineur et commence une série de modulations plus ou moins expressives qui préparent la rentrée du second sujet dans le ton principal; et déjà Honnauer, presque toujours, distingue nettement ses deux sujets, à la manière nouvelle, avec une petite cadence et une pause pour les séparer. En somme, nulle part aussi bien que dans ces sonates d'Honnauer nous ne trouvons des types réguliers et complets de la sonate française, telle qu'on la pratiquait en 1764 : et cette régularité et cette netteté de la coupe et du style, dans les sonates d'Honnauer, nous apparaissent d'autant

---

1. Nous verrons en effet que, en 1767, Mozart arrangera en concertos plusieurs morceaux des sonates d'Honnauer, en même temps que divers morceaux de Schobert, Eckard, etc. Ces premiers concertos de Mozart suffiraient, d'ailleurs, à nous prouver la profonde influence, — profonde et durable, — qu'avaient exercée sur l'enfant les maîtres français.

mieux que le contenu de ces sonates est plus absolument nul. En vérité, aussi bien pour les idées que pour les sentiments, ce sont là des œuvres d'un néant parfait. Aucune trace de contrepoint, un emploi continu de la « basse d'Alberti » ; et, pour ce qui est de l'invention, une absence singulière de mélodie, qui donne à ces sonates, purement rythmiques, l'apparence de consciencieux et médiocres exercices de doigté. Cependant, les *variations* de la troisième sonate, sous leur nullité musicale, nous offrent une particularité sur laquelle nous aurons à revenir : pour la première fois dans les variations de l'école nouvelle, Honnauer entremêle à ses variations majeures deux variations mineures, et nous verrons que Mozart lui-même n'imitera cet exemple que plus de dix ans après.

Des sonates d'Eckard et de leur influence sur les premières sonates de l'enfant, nous avons dit déjà ce qu'il y avait à en dire. Aussi bien peut-on affirmer que cette influence a cessé presque dès l'arrivée de Mozart à Paris, pour céder la place à une autre, infiniment plus profonde, et d'ailleurs plus légitime. Léopold Mozart et Grimm avaient beau vanter à l'enfant la « difficulté » et l'éminente beauté des sonates « du bon M. Eckard » : l'enfant n'avait plus d'oreilles, désormais, que pour la musique du « misérable Schobert ». Le pauvre Eckard, malgré ses relations parisiennes, était resté trop allemand ; et l'enfant, dans l'atmosphère nouvelle qu'il respirait, avait besoin d'une grâce plus légère, plus fine, plus vraiment française à la fois et plus « mozartienne ».

Nous ne croyons pas qu'il ait, non plus, tiré grand profit du « premier livre de six sonates » que Le Grand, professeur de clavecin et organiste de l'abbaye de Saint-Germain-des-Prés, avait fait paraître au mois d'avril 1763, et dont nous savons qu'il avait « fait hommage » aux deux enfants-prodiges. Il nous a été malheureusement impossible de découvrir ce recueil : car ce sont des sonates d'un autre Le Grand, que contient un recueil conservé à la Bibliothèque Nationale, et attribué par tous les bibliographes au Le Grand qui nous occupe. Mais nous connaissons d'autres pièces de ce maître, composées avant et après ce recueil de 1763, et notamment le long morceau intitulé « sonate » dont nous avons dit déjà qu'il a paru, vers 1760, dans un recueil collectif de l'éditeur Vénier. Ce morceau (en *si bémol*), est d'un style très soigné, avec des modulations prolongées et variées qui dénotent le savant organiste, tout en s'accompagnant d'un déplorable abus de la *basse d'Alberti*. Mais le chant, et l'émotion, manquent à cet honnête morceau, comme ils manquent aussi aux pièces d'orgue de Le Grand que nous avons eu l'occasion d'étudier. Ce n'est point de lui que l'enfant a appris le secret de la musique française.

Il l'a appris d'un très grand maître, dont il faut maintenant que nous parlions avec quelque détail : de l'un des plus grands musiciens

de notre pays, et des moins connus, et des plus « français » malgré
son origine et son éducation étrangères : de ce « misérable Schobert » que Léopold Mozart nous montre écumant de fureur et de
jalousie, parce qu'il a entendu la merveilleuse façon dont la jeune
Marianne Mozart jouait du clavecin !

Le fait est que Grimm, son compatriote, après avoir d'abord vainement essayé de se constituer son protecteur, s'était mis à le haïr,
et avait communiqué ce sentiment à l'innocent maître de chapelle
salzbourgeois : mais le petit Wolfgang, si même il a cru, lui aussi,
détester et mépriser l'homme qu'était Schobert, a tout de suite été
profondément saisi de ce que la musique de cet homme avait de prédestiné à lui plaire ; et, quinze ans après, quand il reviendra à Paris,
il avouera à son père que ce sont les sonates de Schobert qu'il va
acheter chez les marchands, pour les faire jouer à ses élèves. Schobert a été son premier vrai maître ; et une partie de l'empreinte qu'il
a laissée dans son cœur ne s'en est plus jamais effacée.

III

La personne et la vie de ce maître sont entourées d'une brume si
épaisse et si mystérieuse qu'il nous a été impossible de la pénétrer.
Nos recherches, poursuivies depuis plusieurs années et dans les
directions les plus différentes, nous ont surtout permis de découvrir
la fausseté de toutes les affirmations émises, au sujet de Schobert,
par les musicographes du XIXe siècle, et notamment de celle qui faisait
de lui le frère du corniste Schubart, membre de la chapelle royale
de Versailles. Ce Georges-Pierre Schubarth, né à Memmelsdorf le
6 janvier 1734, a eu, en effet, plusieurs frères, mais dont aucun n'est
venu en France. Pareillement, il est faux que Schobert ait été Alsa-
cien : les diverses archives alsaciennes ne font pas même mention
de lui, ce qui exclut jusqu'à l'hypothèse d'un séjour prolongé à
Strasbourg ou en Alsace. Dans les journaux français du temps, où
le moindre croque-note s'empresse d'annoncer les moindres pièces
qu'il produit, la seule mention que nous ayons trouvée de Schobert
est, précisément pendant le séjour des Mozart à Paris, le 5 mars 1764,
cette note de l'*Avant-Coureur* : « M. Schobert, claveciniste de S. A. S.
« Mgr le prince de Conti, donne avis aux amateurs de musique qu'il
« va donner au public, par souscription, douze sonates de clavecin
« de sa composition. On en délivrera une tous les mois ; la sous-
« cription sera de 15 livres. On peut souscrire chez le sieur Moria,
« marchand de musique, près la Comédie-Française. » Lorsque Schobert mourra, le 28 août 1767, aucune nouvelle ne sera donnée de
cette mort dans aucun journal. En vérité, nous ne possédons sur la
personne de Schobert que deux documents imprimés, en plus des

passages, cités plus haut, des lettres de Léopold Mozart : ce sont deux passages de la *Correspondance* de Grimm, publiés pour la première fois dans l'édition de M. Tourneux. Dans la première lettre, de décembre 1765, Grimm écrit que « l'on a donné, ces jours-ci, à la Comédie-Italienne, un opéra-comique nouveau, intitulé : *Le Garde-Chasse et le Braconnier*, qui a été sifflé. « Après avoir dit que l'auteur du livret n'était point nommé, Grimm continue ainsi : « La musique était de M. Schobert, jeune claveciniste de la musique du prince de Conti. M. Schobert est Silésien. Il est en France depuis cinq ou six ans ; et il a, ainsi que quelques autres allemands, ruiné de fond en comble la réputation des Couperin, des du Phly, des Balbastre, qu'on avait la sottise de regarder comme des joueurs de clavecin, avant d'avoir entendu Bach, Müthel, Eckard, Schobert, Honnauer, et quelques autres. Eckard est, à mon gré, le plus fort de tous. Il a du génie, les plus belles idées, avec un jeu plein de sensibilité et d'une légèreté surprenante. Tout le monde n'est pas digne de sentir le prix de ses compositions. Schobert a le jeu le plus brillant et le plus agréable : c'est aussi le caractère de sa composition. Aussi plaît-il généralement plus que son rival, mais il s'en faut bien qu'il puisse lutter avec lui pour le précieux et le choix des idées. L'opéra du *Garde-Chasse* est son coup d'essai dans la musique vocale. Ce musicien connaît les effets, son harmonie est pure et ne manque point de magie ; mais ses idées, quoique agréables, sont communes... M. Schobert gagne beaucoup d'argent par la gravure de ses pièces de clavecin ; je crois qu'il fera bien de s'y tenir et d'abandonner le projet d'écrire pour la voix. »

Le second passage est plus intéressant encore pour la biographie de Schobert : mais, avant de le citer, il convient de dire que, dans les archives de la Comédie-Italienne, ni à la date de la lettre précédente de Grimm ni à aucune date, ne figure ni une pièce intitulée *le Garde-chasse et le Braconnier* ni aucune autre pièce de Schobert. Là comme partout, le mystère s'attache à la figure du plus grand claveciniste français de ce temps [1]. Voici maintenant ce que nous lisons dans une autre lettre de Grimm, en septembre 1767 :

Le jour de la Saint-Louis a été marqué, cette année, par un événement bien sinistre. M. Schobert, connu des amateurs de musique comme un des meilleurs clavecinistes de Paris, avait arrangé une partie de plaisir avec sa femme, un de ses enfants, de 4 à 5 ans, et quelques amis, parmi lesquels il y avait un médecin. Ils étaient au nombre de sept, et allèrent se promener dans la forêt de Saint-Germain-en-Laye. Schobert aimait les champignons à la fureur. Il en cueillit dans la forêt pendant une partie de la journée. Vers le soir, la compagnie se rend à

---

1. Bachaumont, dans ses *Mémoires*, mentionne l'échec de l'opéra-comique intitulé *le Garde-chasse et le Braconnier*, mais sans nommer l'auteur de la musique.

Marly, entre dans un cabaret, et demande qu'on lui apprête les champignons qu'elle apporte. Le cuisinier du cabaret, ayant examiné ces champignons, assure qu'ils sont de la mauvaise espèce, et refuse de les cuire. Piqués de ce refus, ils sortent du cabaret et en gagnent un autre, dans le Bois de Boulogne, où le maître d'hôtel leur dit la même chose et refuse également de leur apprêter les champignons... Ils se rendent tous à Paris, chez Schobert, qui leur donne à souper avec ces champignons ; et tous, au nombre de sept, y compris la servante de Schobert qui les avait apprêtés, et le médecin qui prétendait si bien s'y connaître, tous meurent empoisonnés... L'enfant est mort le premier. Schobert a vécu du mardi au vendredi [1]. Sa femme n'est morte que le lundi après... Ils laissent un enfant en nourrice, qui reste sans ressources.

Ce musicien avait un grand talent, une exécution brillante et enchanteresse, un jeu d'une facilité et d'un agrément sans égal. Il n'avait pas autant de génie que notre Eckard, qui reste toujours le premier maître de Paris ; mais Schobert avait plus d'admirateurs qu'Eckard parce qu'il était toujours agréable et qu'il n'est pas donné à tout le monde de sentir l'allure du génie. Les compositions de Schobert étaient charmantes. Il n'avait pas les idées précieuses de son émule, mais il connaissait supérieurement les effets et la magie de l'harmonie, et il écrivait avec une grande facilité, tandis que M. Eckard ne fait que difficilement les choses de génie. C'est que ce dernier ne se pardonne rien, et que M. Schobert était, en tout, d'un caractère plus facile. Il a péri à la fleur de l'âge. Schobert était Silésien. Il était de la musique de M. le prince de Conti, qui fait une perte qui ne sera pas aisée à réparer.

A ces maigres renseignements publiés nous avons pu en joindre quelques autres, trouvés dans des documents inédits, mais qui ne portent malheureusement que sur des points d'intérêt secondaire. Le plus intéressant est, à beaucoup près, un extrait de l'acte de baptême d'un fils de Schobert, aux Archives de la Seine. Le voici : « Le samedi 9 mars 1765 a été baptisé Antoine, né d'hier, fils de Jean Schobert, musicien, et d'Elisabeth-Pauline, son épouse, demeurant rue du Temple. Le parrain, Antoine Gronemann, musicien, demeurant rue de Bucy, paroisse Saint-Sulpice ; la marraine, Malisceron, veuve de Jacques Grossaires, demeurant rue des Fontaines, de cette paroisse (Saint-Nicolas-des-Champs), qui a déclaré ne savoir signer. Collationné et délivré par nous, prêtre vicaire de ladite paroisse, soussigné. A Paris, ce vendredi 23 mars de l'année 1792. Signé DELABELLE, vicaire. » Cet extrait a été délivré à Antoine Schobert à l'occasion de son mariage avec Marie Delahaye, mariage dont naquit une fille, Elisabeth Joséphine Schobert, qui, elle-même, devait plus tard épouser en secondes noces un fils ou un petit-fils du peintre belge Demarne.

De ces divers documents et de maints autres qu'il serait trop long d'énumérer ici, résultent, incontestablement, les conclusions sui-

---

1. D'où il résulte que Schobert est mort le 28 août 1767.

vantes. C'est d'abord que Schobert était d'origine silésienne : aucun doute n'est possible là-dessus, en face de la double affirmation de Grimm, lui-même Allemand, et écrivant à des princes d'Allemagne. En second lieu, nous savons que Schobert, « mort à la fleur de l'âge » en 1767, était tout jeune lorsqu'il est venu à Paris, « cinq ou six ans avant 1765 ». A Paris il s'était marié, avec une Française, avait fondé une famille toute française, et, vers 1761, était entré dans la musique du prince de Conti, en qualité de claveciniste. Les lettres de Grimm, sous leur malveillance évidente, laissent deviner que Schobert, à la fois comme auteur et comme exécutant, a eu auprès du public parisien un très grand succès : nous apprenons même qu'il a « gagné beaucoup d'argent » par la vente de ses compositions. En fait, depuis 1763 jusqu'au bouleversement général de la Révolution, il a été le plus joué et le plus aimé des auteurs de sonates français : des copies manuscrites de ses œuvres abondent dans les recueils gardés au Conservatoire et à la Bibliothèque Nationale. A l'étranger, d'ailleurs, ses œuvres étaient également très appréciées : nous en trouvons le témoignage dans toute sorte d'écrits allemands, anglais, italiens, sur l'histoire ou l'esthétique du piano. Un éditeur de Londres a publié, et avec un succès très marqué, une édition anglaise de ses œuvres complètes.

Voici à présent ce que nous apprennent les éditions françaises originales de ces œuvres, jusqu'à la date où nous savons qu'il est venu « en faire hommage » au petit Mozart. La seule date précise que nous ayons, là-dessus, nous est fournie par l'annonce reproduite plus haut. En mars 1764, Schobert a commencé une publication mensuelle de sonates : et, en effet, le recueil de ses œuvres nous montre cinq compositions qui portent en tête les mots : *mars, avril, mai, juin,* et *juillet.* Ce sont des sonates accompagnées d'un ou de plusieurs instruments et appartenant aux œuvres 7 et 8 : de telle sorte que c'est jusqu'à l'œuvre 8 que Mozart, en 1764, a connu les compositions de Schobert. Nous allons reproduire les titres de ces divers ouvrages :

L'op. I est intitulé : « *Deux Sonates* pour le clavecin, qui peuvent se jouer avec l'accompagnement du violon, par M. Schobert, claveciniste de S. A. Ser. Mᵍʳ le prince de Conti ». Les op. II, III, IV et V sont également des recueils de *deux* sonates avec accompagnement de violon ad *libitum.* L'op. VI est intitulée : « *Sonates en trio,* pour le clavecin, avec accompagnement de violon et basse ad *libitum* » : cette fois, le recueil contient *trois* sonates. L'op. VII est formée de « *trois* sonates en quatuor, avec accompagnement de deux violons et basse ad *libitum* ». De ces trois quatuors, le premier a paru en avril 1764, le second en mai, le troisième en juin. Enfin l'op. VIII comprend *deux* sonates pour clavecin avec accompagnement de violon ; et la première de ces deux sonates a paru dès le mois de mars 1764, avant les trois quatuors de l'œuvre précédente. Toutes ces œuvres, jusqu'à l'op. VI, ont été gravées par Mlle Vendôme ; la plupart ont au titre cette mention : « En vente à Paris, chez l'auteur, vis-à-vis le Temple, chez M. Moria, sculpteur, et aux adresses ordinaires de musique[1] ».

Avant d'étudier, comme nous serons forcés de le faire, le contenu musical de ces œuvres de Schobert et l'influence qu'elles ont eue sur la formation du génie de Mozart, nous devons signaler tout de suite certaines particularités extérieures qui les caractérisent, et qui ne sont pas non plus sans intérêt à notre point de vue.

C'est, d'abord, la manière dont Schobert publie ses sonates par petits recueils, ne contenant que *deux* sonates au lieu des *six* qui formaient jusqu'alors la série traditionnelle. Que nous regardions en Allemagne, en Italie, en France ou en Angleterre, qu'il s'agisse de *suites* ou de *sonates* véritables, toujours nous verrons, jusqu'à Schobert, le maintien de cette série de *six* ; et Eckard lui-même, et Le Grand et Honnauer mettent encore *six* sonates dans leurs premiers recueils.

Schobert, dès le début, c'est-à-dire dès les environs de 1761, n'en met que deux dans chacun des siens, sauf à en joindre une troisième pour les recueils de *trios* et de *quatuors.* Ici déjà, c'est lui qui innove ; et aussitôt son exemple entraîne ses confrères à l'imiter. Le second recueil des sonates d'Eckard (publiées à la fin de 1764, et d'ailleurs si médiocres que nous ne nous arrêterons pas à en parler) ne contient plus que *deux* sonates. Et les deux premiers recueils de sonates du petit Mozart, à l'exemple de ceux de Schobert, ne contiennent, eux aussi, que deux sonates. Plus tard, les recueils de *deux* sonates alterneront avec les recueils de *six* chez les Edelmann, les Hüllmandel, et les autres successeurs parisiens de Schobert.

Seconde innovation : les accompagnements de violon *ad libitum.* Il y avait bien eu, en France, précédemment, un ou deux recueils de clavecin (notamment un recueil de Damoreau le Jeune) où l'auteur avait ajouté une petite partie de violon : mais ce n'avaient été que des cas isolés ; et l'ordinaire des sonates de clavecin, à Paris comme en Allemagne et en Italie, continuaient à être écrites pour le clavecin seul. Schobert, dès sa première œuvre, prit l'habitude d'enrichir les sonates d'une partie de violon *ad libitum :* en quoi il n'est pas impossible qu'il ait donné naissance à la sonate moderne pour piano et violon. Le fait est que son exemple fut aussitôt suivi, non seulement à Paris, mais dans toute l'Europe, et que

---

1. On pourra trouver l'indication des thèmes de ces diverses sonates dans un récent volume de la collection des *Denkmæler deutscher Tonkunst,* où M. Hugo Riemann a réédité un certain nombre d'œuvres de Schobert.

nous verrons bientôt Jean-Chrétien Bach, à Londres, tout comme le
petit Mozart dès ses sonates de Paris, ne plus publier que des sonates
de clavecin « pouvant se jouer avec l'accompagnement du violon ».
A Paris, l'usage va devenir à peu près général. Déjà Honnauer, en
1763, ajoute une partie libre de violon à la *sixième* sonate de son
recueil ; après lui, on peut dire que les trois quarts des recueils de
sonates français comporteront, semblablement, un petit recueil supplémentaire contenant des parties de violon, jusqu'au jour où d'éminents violonistes tels que Guénin, renversant les proportions établies
par Schobert, écriront des sonates où ce sera déjà le chant du violon qui remplira le rôle principal.

De même encore la disposition des morceaux, dans les sonates
de Schobert, nous montre le jeune maître tendant de plus en plus à
passer de la coupe allemande (un *andante* entre deux *allegros*) à la
coupe plus libre des maîtres italiens. Peu à peu, le *menuet* s'installe
à la fin des sonates, et sous la forme propre du menuet régulier avec
un *trio*, au lieu du *tempo di menuetto* qui, d'abord, s'était substitué
à l'ancien finale *allegro* ou *presto*. Parfois même Schobert remplace
par un *menuet avec trio* l'*andante* de ses sonates : mais cela tient à
sa conception particulière du menuet, dont nous reparlerons tout à
l'heure ; et Mozart, au cours de sa vie, ne l'a imité sur ce point que
très rarement. Mais au contraire, tout de suite et constamment,
dès sa rencontre avec Schobert, il emprunte à celui-ci l'emploi du
menuet pour le finale de ses sonates. Sur les quatre sonates qu'il va
publiée à Paris, les *trois* dernières se termineront par des *menuets
avec trio*.

Enfin la coupe intérieure des morceaux, dans les sonates de Schobert, nous fait voir un progrès continu, tout à fait caractéristique
de l'esprit chercheur et mobile du maître, et n'étant point, non plus,
sans avoir agi sur la production parisienne du petit Mozart. Jusqu'aux
environs de son op. V, Schobert, probablement à l'exemple de certains maîtres italiens dont il doit avoir été l'élève, pratique le système que nous avons défini déjà à propos des sonates d'Eckard et
d'Honnauer : alternativement, dans les divers morceaux de ses
sonates, il emploie l'ancienne coupe italienne, avec rentrée à la
dominante dès les deux barres, et la coupe nouvelle de la sonate
d'Emmanuel Bach, avec un *développement* suivi d'une rentrée, un
peu variée, du premier sujet dans le ton principal. Ainsi, pour nous
en tenir aux deux sonates de l'op. I, le premier *allegro* de la première
sonate n'a point de rentrée du premier sujet dans le ton principal,
et la *sicilienne* suivante est encore traitée de la même manière ;
mais le premier *allegro* de la seconde sonate a déjà, après les deux
barres, un long *développement* libre sur le premier sujet, qui ramène
une rentrée régulière de ce sujet dans le ton principal, sauf pour
Schobert à reprendre de nouveau l'ancienne coupe italienne dans

l'*allegro* final de cette sonate. Le jeune maître, pour donner plus de
variété à ses compositions, se plaît à y entremêler les deux systèmes
rivaux. Plus tard, dans les op. V et VI, le système allemand tend à
prédominer; mais souvent Schobert imagine, et avec des effets
très heureux, de faire la rentrée en *mineur*, après le *développement*.
Et puis, dans les op. VII et VIII, au moment du séjour des Mozart à
Paris, nous voyons la coupe allemande devenir, chez lui, à peu près
invariable : ainsi, dans les *quatuors*, presque tous les morceaux ont
un long *développement*, suivi d'une rentrée régulière du premier
sujet dans le ton principal. Et lorsque nous considérons, en regard,
les sonates parisiennes de Mozart, nous découvrons que, tandis que
la première sonate de Bruxelles faisait alterner les deux coupes, à
la manière des sonates d'Eckard, les trois sonates suivantes se conforment strictement à la coupe *ternaire* de la nouvelle sonate allemande, telle que nous avons dit que Schobert la pratiquait à ce
moment ; et la chose est d'autant plus significative que, dès son
arrivée à Londres, l'enfant, sous l'influence de Chrétien Bach et
des vieux maîtres italiens et anglais, va adopter constamment, et
jusqu'à son séjour de Vienne en 1768, l'ancienne coupe italienne
dont l'exemple de Schobert, à Paris, l'aura dissuadé pendant quelque
temps.

Pour ce qui est des *sujets*, Schobert, depuis ses premières sonates,
emploie le procédé de deux sujets nettement distincts, et juxtaposés
sans mélange entre eux : nous allons retrouver ce procédé dans
toutes les sonates du petit Mozart. Mais surtout Schobert, depuis ses
premières sonates, attache un soin tout particulier à trouver, pour
conclure l'exposition de ses deux sujets, avant les deux barres
comme avant la fin des morceaux, de longues ritournelles entièrement distinctes des motifs précédents, et ayant une allure très
rythmée, très populaire, comme un vrai refrain d'ariette : et non
seulement Mozart, dans toutes ses premières sonates, va s'ingénier
à trouver des ritournelles ayant cette allure, mais il empruntera
au claveciniste parisien jusqu'aux rythmes des siennes, de telle
sorte que nous aurons sans cesse l'impression, en entendant les
ritournelles de ses sonates ou de ses symphonies, de les avoir rencontrées déjà dans l'œuvre de Schobert.

D'une façon générale, on peut dire que les sonates parisiennes du
petit Mozart sont directement sorties de celles de ce dernier, pour ce
qui est de leur coupe et de toute leur apparence extérieure : en fait,
ce sont les sonates de Schobert que Léopold Mozart a données pour
modèle au graveur et à l'imprimeur, quand il a voulu publier les
sonates de son fils. Mais tout ce que nous avons dit jusqu'ici ne concerne que les dehors ; et, sous ces dehors, il nous reste à dire ce
qu'était l'âme même des œuvres de Schobert, et comment et pourquoi le petit Mozart, dès qu'il l'a connue, s'est trouvé fatalement con-

damné à en subir l'attrait. Force nous sera même, dans cette rapide
analyse, de revenir d'abord sur le peu que nous pouvons savoir de la
vie musicale du maître silésien.

Silésien, nous avons vu que Schobert l'était sûrement, né vers
l'année 1740 dans cette province à demi-polonaise où l'atmosphère
musicale devait être, comme celle de la Bohême, intimement mélan-
gée d'influence germanique et d'éléments slaves. Aussi bien le
nom de Schobert, déformation du vieux nom allemand de Schubart,
est-il, aujourd'hui encore, très répandu parmi la population des vil-
lages polonais. Nous pouvons supposer, en outre, que le jeune Silésien aura fait ses premières études à Breslau : car la Bibliothèque
de cette ville conserve le précieux manuscrit, peut-être autographe,
d'un *divertimento* pour le clavecin qui se trouve être la première des
sonates publiées ensuite par Schobert à Paris. Cependant, ce n'est
pas à Breslau que le jeune homme a pu achever d'apprendre son
art ; et cette question du lieu de son éducation musicale définitive
constitue pour nous, en vérité, un problème historique aussi intéressant qu'il semble devoir être difficile à résoudre. Le seul document
qui, en plus du *divertimento* susdit de Breslau, contienne une allusion à l'existence de Schobert avant son arrivée à Paris est une lettre
de Mozart à son père, écrite d'Augsbourg le 17 octobre 1777, et relative à la rencontre de Mozart avec le célèbre facteur d'instruments
augsbourgeois Stein : « Il (Stein) m'a raconté que, jadis, sur le désir
de Chobert, il avait également conduit celui-ci à son orgue (un orgue
nouveau, construit pour une des églises de la ville) ; et il m'a dit
que déjà il était tout inquiet, car Chobert avait annoncé la chose à
tout le monde, et l'église était presque pleine. « Et moi, disait-il, je
« croyais fermement que mon homme allait se montrer plein d'âme,
« de feu, et d'agilité, ce qui ne va point sur l'orgue : mais, dès qu'il a
« commencé, tout de suite j'ai été d'un autre avis. »
De ce passage résulte évidemment que Schobert est venu à Augsbourg, — sans doute en passant, comme plus tard Mozart lui-même, —
et que déjà, à cette date, sa réputation et son talent étaient assez considérables pour que Stein le crût disposé à transporter sur l'orgue
ces qualités « d'âme, de feu, et d'agilité », qui allaient, en effet, se
retrouver dans son œuvre ultérieure. Or, il se peut que l'arrêt de
Schobert à Augsbourg se soit produit, simplement, pendant un
voyage du jeune Silésien entre Vienne et Paris, ce qui ferait supposer que Schobert, au sortir de Breslau, est allé dans la capitale la
plus proche, à Vienne, pour y recevoir les leçons de maîtres tels que
le vieux Wagenseil. Mais il y a dans sa musique, dès les premières
sonates publiées, quelque chose de libre et de chantant qui ne
semble pas pouvoir dériver de Wagenseil et des autres clavecinistes
anciens de l'école viennoise. Sûrement, entre Vienne et Paris, le

jeune homme a dû s'arrêter ailleurs encore qu'à Augsbourg, où cependant, comme Mozart après lui, il avait pu apprendre à connaître, chez l'éditeur Lotter, les *divertimenti* ou sonates du maître italien Paganelli dont un recueil, conservé aujourd'hui à la Bibliothèque d'Upsal, est peut-être, parmi toute la musique du temps, l'ouvrage le plus proche des premières sonates de notre mystérieux personnage. Car cette ressemblance fortuite ne saurait pourtant pas constituer, entre Paganelli et Schobert, une filiation directe ; et Augsbourg ne paraît pas avoir eu à fournir le jeune homme d'autres leçons bien fructueuses. D'après M. Riemann, dans la préface de son recueil nouveau d'œuvres choisies de Schobert, cet arrêt prolongé du maître silésien se serait fait à Mannheim, et M. Riemann va jusqu'à affirmer que Schobert a simplement transporté, dans la musique de clavecin, l'esprit et les procédés instrumentaux de Jean Stamitz et de son école. L'hypothèse trouverait même, en sa faveur, un argument assez fort dans la dédicace de l'op. III de Schobert à « M. Saum, conseiller du commerce et agent de S. A. S. Mgr le Prince Palatin ». Car nous lisons au début de la lettre qui accompagne cette dédicace : « Monsieur, Il y a longtemps que je vous dois une marque de la reconnaissance que l'amitié dont vous m'avez toujours honoré peut exiger de ma part ». Si cet « agent » de l'Electeur palatin exerçait ses fonctions à Mannheim, — ce que nous ignorons, — force nous serait d'en conclure que c'est dans cette ville que Schobert « a été longtemps honoré de son amitié ». Mais il se peut aussi que M. Saum ait demeuré à Paris, où Schobert, dès son arrivée, se serait lié avec lui en sa qualité de compatriote. D'autre part, Augsbourg n'est certes pas sur la route de Mannheim à Paris, et nous avons vu que la manière dont Stein avait accueilli Schobert attestait, chez ce dernier, une éducation musicale déjà très avancée. Et enfin, par-dessus toutes ces considérations documentaires, malheureusement très incertaines, il y a le style des premières œuvres de Schobert qui, quoi qu'en puisse penser M. Riemann, rattache ces sonates à l'école milanaise ou vénitienne pour le moins autant qu'à celle de Mannheim : si bien qu'on serait tenté de concilier les deux hypothèses, et d'imaginer, par exemple, un séjour du jeune homme en Italie qu'aurait suivi un arrêt, plus ou moins prolongé, dans la capitale du Palatinat.

Le fait est que l'une des particularités les plus frappantes de toute l'œuvre de Schobert, dès ses premières sonates, est assurément le caractère volontiers « orchestral » de sa musique de clavecin, avec surtout un relèvement tout à fait original du rôle de la main gauche, équivalent au rôle des basses dans les symphonies de la vieille école allemande. Par là, et par toute la merveilleuse individualité « instrumentale » de son œuvre, qui nous révèle aussitôt une préoccupation très poussée des ressources propres du clavecin, Schobert se relie certainement à l'école de Mannheim, avec cette seule différence qu'il

applique au clavecin une conception réservée par Stamitz et ses
élèves aux instruments de l'orchestre. M. Riemann voudrait aussi
reconnaître, chez Schobert, l'influence de Mannheim dans l'importance et l'agrément singulier des parties de violon adjointes par lui à
ses parties de clavecin : mais il oublie que les parties de violon des
sonates de Schobert n'ont commencé réellement à devenir intéressantes que dans ses œuvres postérieures à 1763, et que c'est peu à
peu, à Paris, probablement sous la seule impulsion de son génie naturel, que Schobert a eu la révélation de la beauté spéciale des instruments à cordes. A coup sûr, il y a tels de ses *concertos*, ou même de ses
sonates en trio ou *en quatuor*, où le rôle du violon atteste un génie
pour le moins aussi subtil et audacieux que celui qui se montre à nous,
dès les op. I et II, dans la manière de comprendre la langue du clavecin : mais ici l'école de Mannheim doit certainement être restée
sans effet, puisque nous voyons Schobert débuter à Paris sans presque
se faire aucune idée de ce langage du violon qu'il va découvrir dans
les années suivantes. Et enfin, quant aux exemples particuliers que
nous cite M. Riemann, pour nous montrer que Schobert a introduit
çà et là, dans son œuvre, des thèmes ou des procédés qui se retrouvent dans des œuvres de Stamitz ou de Filtz, c'est là un argument
qu'il nous est bien difficile d'admettre, en présence d'une musique
aussi éminemment inventive et personnelle que l'est celle du claveciniste parisien, de l'aveu même de M. Riemann. Quand ce dernier veut
nous prouver que Schobert a dû connaître Stamitz parce qu'on rencontre chez lui des traces de rêverie ou de passion romantique, nous
aurions trop beau jeu à rappeler que des élans non moins pathétiques, des traces plus manifestes encore de fantaisie rêveuse ou
désolée, abondent dans l'œuvre d'un Sammartini ou d'un Jommelli,
sans que nous songions pour cela à proclamer dans ces maîtres les
modèles directs du jeune Schobert.

Aussi bien M. Riemann reconnaît-il que certains des procédés les
plus « spécifiquement schobertiens », tels que des figures d'accompagnement continu et modulé en doubles croches, ont été « empruntées par le maître français à la musique de violon italienne ». Et, en
vérité, la conclusion qui ressort nettement de l'étude des premières
œuvres de Schobert peut être formulée ainsi : c'est que ces œuvres
sont manifestement sorties de l'art italien du temps, sauf pour Schobert à avoir peut-être trouvé dans l'école de Mannheim, qui elle-
même les avait empruntés à l'Italie, une partie des éléments italiens
qui se révèlent chez lui dès le début, et puis vont de plus en plus s'at-
ténuant dans la suite, ou plutôt se transformant par une combinaison avec l'influence musicale française. Aucun doute n'est permis
sur ce point : lorsque nous ouvrons les deux premières séries des
sonates de Schobert, nous découvrons là un esprit et une langue
qui ne ressemblent à rien autant qu'à des sonates contemporaines de

Paganelli, de Paradisi, et de Galuppi. La différence, en plus de la part de génie qui n'est venue à Schobert que de sa propre nature, consiste surtout en ce que, comme nous l'avons dit, ces sonates de Schobert ont un caractère plus « instrumental », plus expressément adapté aux ressources du clavecin, ou même, en vérité, aux ressources déjà de notre « piano » moderne, — au perfectionnement technique duquel nous savons que Schobert allait contribuer en personne. Chez le jeune maître parisien comme chez ces clavecinistes italiens, nous rencontrons la même abondance de sujets juxtaposés, le même emploi fréquent de la *basse d'Alberti*, le même effort pour faire « chanter » l'instrument, la même habitude de finir ses sonates par des *tempo di menuetto* qui se changeront ensuite en de simples *menuets avec trios*. Au point de vue de la coupe, comme nous l'avons dit, une alternance du type allemand, avec *développements* et *rentrées*, et du vieux type italien de morceaux divisés en deux parties à peu près équivalentes : tout à fait de la même façon que dans les œuvres susdites d'un Paradisi ou d'un Galuppi.

Mais déjà le recueil op. III nous fait voir comme la subite intervention d'un esprit nouveau, qui va maintenant s'affirmer et se développer de plus en plus, jusqu'à la fin de la très courte vie du jeune maître. Cet esprit, c'est déjà vraiment notre génie musical français, avec son besoin d'expression simple et forte, son élégante clarté parfois un peu sèche, et, par-dessus tout cela, la « sensibilité » volontiers larmoyante que la vogue de Rousseau a achevé de propager, et qui, dix années plus tard, s'étalera impitoyablement dans les sonates d'Edelmann. Schobert, lui, est à la fois trop allemand et trop musicien pour sacrifier à cette tendance les intérêts de la pure musique : mais c'est sous son impulsion qu'il va, du moins, multiplier les morceaux en tonalités mineures, et souvent accentuer très vivement l'émotion pathétique de ses sonates. Jusqu'au bout son œuvre continuera de devenir plus « française », acquérant sans cesse plus de limpidité expressive et de relief dramatique, en même temps que cette modification de l'idéal du musicien lui inspirera, dans son style, toute sorte d'innovations ingénieuses ou hardies, qui feront de son œuvre l'une des plus profondément personnelles dans tout le répertoire du piano, comme aussi l'une des plus profondément « pianistiques ». Son inspiration, seule, risquera de perdre un peu de sa puissance primitive, sous ce désir prolongé de satisfaire le goût mondain de sa nouvelle patrie : car il est sûr que la portée esthétique d'un grand nombre de ses œuvres a quelque chose de restreint et comme d'arrêté à mi-route, en comparaison de l'admirable amplitude poétique dont un petit nombre de ces œuvres nous le prouvent capable. Trop souvent, dans ses sonates, le souffle est court, la signification incomplète, l'élaboration négligée. Sans compter que Grimm, peut-être, n'a pas menti tout à fait en accusant ce grand musicien d'une fâcheuse indolence, qui l'aurait maintes fois amené à se contenter à trop peu de frais.

Mais il n'en reste pas moins que, au moment où le petit Mozart est arrivé à Paris, l'œuvre publiée de Schobert a eu de quoi déjà lui offrir des modèles infiniment plus aptes à le séduire que tous les autres produits musicaux français qu'il a pu connaître. Dès le recueil op. III, par exemple, l'enfant a découvert une sonate en *ré* dont le premier morceau, véritable chef-d'œuvre d'émotion et de forme, avec des envolées poétiques qui évoquent directement le souvenir du *Voyageur* et du *Roi des Aulnes* de Schubert, a été certainement l'une des créations qui ont exercé l'influence la plus forte sur le petit cœur du compositeur de sept ans. Comme nous le verrons, des traces immédiates de l'imitation de ce morceau, et d'autres plus simples, mais non moins originaux de Schobert, se retrouveront dans les sonates parisiennes et anglaises de Mozart. Tout de suite, celui-ci a été frappé de la propriété instrumentale des sonates du maître silésien, de la manière dont la clarté et la gaîté françaises s'y mêlaient avec l'expression allemande ; et il n'y a pas, précisément, jusqu'à l'inspiration parfois un peu brève et facile de cet art de Schobert qui ne le rendît plus accessible à une âme d'enfant.

Aussi l'action exercée par Schobert sur le petit Mozart a-t-elle été si vive que c'est presque uniquement d'elle que découlent les deux dernières des trois sonates composées par l'enfant durant son séjour à Paris. Mais il va sans dire que cette action directe du maître français n'a pu être que passagère sur une âme qui devait bientôt se trouver contrainte de subir des influences musicales d'ordre tout différent. Et nous n'aurions pas insisté autant que nous l'avons fait sur cette rencontre de l'enfant avec Schobert si, par delà ce qu'on pourrait appeler l'enseignement exprès du maître parisien, ce dernier n'avait point laissé, au fond du cœur de son jeune élève, des traces plus indirectes, mais plus fécondes et durables, qui devaient fructifier insensiblement au long des années, et contribuer de la manière la plus efficace à la formation décisive du génie de l'auteur de *Don Juan* et de la *Flûte enchantée*.

La première de ces leçons impérissables que Mozart a prises dans l'œuvre de Schobert a été de découvrir que l'art musical était en état de remplir une fonction poétique, et que lui-même, en particulier, était né pour ce rôle autant et plus que pour tous les autres. Car l'originalité propre et distinctive de Schobert consistait en ce que ce léger et facile claveciniste était, par nature, un poète. Il appartenait à une espèce que l'enfant n'avait eu jusque-là jamais encore l'occasion de connaître : à une espèce dont la particularité était de pouvoir revêtir les émotions traduites d'un charme indéfinissable de vivante beauté. Au lieu d'exprimer pleinement et consciencieusement la réalité de ce qu'il éprouvait dans son cœur de musicien, ainsi que le faisaient un Eckard ou un Honnauer, — pour ne point parler de Léopold Mozart, — Schobert, instinctivement et sans le savoir, transfigurait ses sentiments réels, les rendait plus « beaux », leur prêtait une grâce et une douceur « poétiques ». Or, c'était un besoin du même genre qui, de tout temps, avait existé au cœur du petit Mozart ; et l'on comprend aisément avec quelle passion il a dû s'attacher à un maître qui, en quelque sorte, l'entretenait dans sa propre langue native, et lui découvrait, pour la première fois, la possibilité légitime de ce langage inconsciemment rêvé. Il y a eu là, chez l'enfant, un de ces chocs moraux qui ne peuvent plus s'oublier ; et, en effet, quand on s'efforce de définir le caractère spécial de l'intime parenté artistique qui existe à un très haut point entre l'œuvre de Mozart et celle de Schobert, on s'aperçoit que cette parenté résulte, avant tout, de la ressemblance de leur « poésie ». Des œuvres telles que la susdite sonate I de l'op. III de Schobert, que ses sonates en *ré mineur* et en *ut mineur* de l'op. XIV, sont peut-être, dans toute la musique moderne, celles dont l' « esprit » et le sentiment, sinon la forme, se rapprochent le plus du génie poétique de Mozart. Lorsque, ouvrant pour la première fois, la partition de ce que l'on considérait jusqu'ici comme les quatre premiers *concertos* de piano de Mozart, nous sommes tombés sur l'*andante* en *fa* du second de ces concertos, grande a été notre surprise de trouver là, dans ce morceau composé par l'enfant en 1767, un caractère d'expression et jusqu'à des procédés aussi profondément « mozartiens », c'est-à-dire pareils à ceux des plus belles œuvres de la maturité du maître. Or nous avons découvert, depuis, que ce morceau infiniment « mozartien » était une composition de Schobert, extraite par l'enfant d'une sonate du maître parisien, et simplement arrangée par lui en concerto.

Et non seulement Mozart a dû à Schobert la conscience salutaire de son génie de poète : c'est encore, plus spécialement, à ce maître qu'il a toujours été redevable d'un certain élément de passion « romantique », qui, tout au long de sa vie, nous apparaîtra par instants dans son œuvre, à côté de la vigueur ou de la grâce toutes « classiques », plus ou moins directement inspirées des deux autres grands précurseurs et initiateurs de l'enfant, Chrétien Bach et Michel Haydn. Sans cesse nous allons voir se produire, chez Mozart, des élans fiévreux qui, d'ailleurs, ne dureront souvent que quelques mesures, mais qui parfois s'étendront sur des morceaux entiers, — de préférence dans les compositions de tonalités mineures. Ces élans romantiques, c'est Schobert qui en a donné le modèle à son jeune successeur salzbourgeois, ou, tout au moins, qui l'a encouragé à s'y abandonner. Lui aussi, de temps à autre, le voici qui s'emporte et prend feu, au milieu d'un morceau, agrandissant et renforçant tout à coup une idée d'abord toute simple, avec des modulations imprévues et rapides qui transforment cette gracieuse idée en un chant de tendresse ou de douleur pathétique. Sans compter que, dans l'expression même de la pure gaîté, dans ces brillants finales instrumentaux ou vocaux dans lesquels Mozart déploiera toute sa verve enflammée, maintes fois nous rencontrerons des échos de l'art, plus modeste et plus inégal, de l'homme qui a été son véritable premier maître. Pendant et après le nouveau séjour de Mozart à Paris en 1778, surtout, nous constaterons chez lui une reprise très forte de l'influence de Schobert, dont nous savons, du reste, par une de ses lettres, qu'il fera étudier les œuvres à ses élèves parisiens [1].

Ainsi nous voyons que cette rencontre de Schobert à Paris peut vraiment être considérée comme l'un des événements les plus mémorables de toute la carrière musicale de Mozart, un événement dont il serait trop long, et d'ailleurs bien impossible, de vouloir signaler toutes les conséquences. C'est encore, par exemple, uniquement à l'école de Schobert que Mozart, dès son enfance et pour toujours, a appris ce traitement tout mélodique du menuet où nous serions tentés de reconnaître sa propriété exclusive, si nous ne retrouvions le même traitement dans toute l'œuvre du maître parisien. Au lieu d'insister surtout sur le rythme, comme faisaient les autres musiciens du temps, Schobert et Mozart sont les seuls à concevoir le menuet presque à la manière d'un chant, allant même parfois jusqu'à lui assigner un rôle tout à fait équivalent à celui d'un *andante* expressif, un rôle d'épisode reposé et chantant entre deux mouvements plus rapides [2]. Mais il va sans dire, après cela, que le Mozart qui va nous apparaître dans le présent chapitre, l'enfant à peine âgé de huit ans, ne pourra pas apprécier d'un seul coup, ni transporter dans son œuvre propre, tout ce que l'art de Schobert aura, par la suite, à lui enseigner. Comme nous l'avons dit, ce sera surtout après le voyage de 1778, et dans les compositions de sa maturité, que le maître salzbourgeois utilisera, à sa manière, les leçons du grand claveciniste à peine entrevu durant les quelques mois de son étape française de 1764. Et cependant, si les sonates que nous allons avoir à étudier sont bien loin de contenir en soi tout ce que Mozart aura à tirer du génie de Schobert, il suffit de jeter un coup d'œil sur elles pour sen-

1. Pour nous en tenir à un seul exemple, — parmi maints autres que nous pourrions citer, — c'est à un souvenir de la cadence finale du premier morceau d'une admirable sonate en *ut mineur* de Schobert (op. XIV) que nous devons la célèbre et pathétique conclusion de la grande *Fantaisie* en *ut mineur* de Mozart, composée à Vienne en 1785.

2. Cette conception mélodique du menuet chez Mozart nous est attestée, parmi cent autres preuves, par le trait suivant : Mozart, en 1770, prendra pour thème de l'*andante* d'une symphonie n° 78 exactement la même phrase qui lui aura servi à Paris, en 1764, pour le menuet de sa quatrième sonate (en *sol* n° 12), précisément celle de toutes où se révèle le plus à fond l'influence de Schobert.

tir que le peu qui s'y trouve vient déjà, surtout, de Schobert, aussi
bien quant à tous les détails de la forme extérieure qu'au point de
vue des sentiments et du langage musical. Chacune des deux dernières sonates composées à Paris nous offrira, dans un genre différent, un reflet immédiat des compositions de Schobert; et c'est
sous l'influence expresse de celui-ci, notamment, que l'enfant produira, dans sa sonate en *ré*, ce « certain *adagio* », dont son père
vantera le « goût » dans une de ses lettres.

Ainsi, pendant le séjour de l'enfant à Paris, une influence individuelle très marquée est venue s'ajouter, en lui, à l'influence générale de l'esprit et du goût français. C'est surtout à travers l'œuvre de
Schobert que ces derniers vont se révéler à nous dans les compositions parisiennes de l'enfant ; et si vive et si opportune a été, pour
le petit Mozart, cette rencontre d'un maître à demi allemand et à
demi français que, tout de suite, elle a produit, dans l'éducation
musicale de l'enfant, un progrès absolument extraordinaire. En fait,
si l'on excepte un ou deux morceaux des sonates de Londres, écrits
encore sous l'action manifeste du style de Schobert, les deux sonates
que nous allons examiner sont, incontestablement, ce que le jeune
garçon a créé de plus parfait, sinon de plus haut et de plus personnel, pendant tout le cours de son voyage d'Europe. D'emblée, sa petite
âme s'est adaptée à des impressions nouvelles qui semblaient choisies à dessein pour l'émouvoir et lui plaire. Certes, comme nous
l'avons dit, ces naïves sonates sont bien loin d'épuiser tout l'enseignement que l'œuvre de Schobert pouvait et devait offrir à Mozart :
mais ce qui s'y trouve déjà d'emprunté à Schobert est conçu et traité
avec une adresse surprenante, tandis que nous verrons parfois l'enfant, à Londres, tâtonner ou même échouer entièrement dans son
effort à s'inspirer d'un art plus ample et moins approprié à son usage
d'alors. De telle sorte que, grâce à Schobert, l'enfant a sans doute
appris plus vite, et de plus près, bon nombre de ces secrets artistiques que son brave homme de père, dans ses lettres, s'émerveillait de découvrir déjà en sa possession. Du timide débutant que nous
montraient ses compositions précédentes, nous serions tentés de
dire que ces quelques mois de Paris ont commencé déjà à faire un
véritable musicien professionnel, si, malheureusement, ses deux
sonates en *ré* et en *sol* ne nous paraissaient point devoir surtout
leurs qualités à la seule imitation directe de l'un des hommes rencontrés sur sa route. Et cependant lorsque, fort peu de temps après
l'arrivée à Londres, le petit Mozart voudra s'essayer dans des genres
nouveaux, il nous semble hors de doute qu'une partie au moins de
la curiosité et du talent qu'il y emploiera lui sera venue de ses impressions parisiennes, en dehors même de cette influence immédiate
de Schobert. Aussi bien est-ce probablement déjà à Paris qu'il aura
formé le projet de sa première symphonie ; et nous constaterons en

effet que celle-ci, à la différence des suivantes, contiendra maintes
traces du style symphonique français, ou du moins du style étudié
par Mozart durant son séjour en France. De la maîtrise qu'il ne tardera point à acquérir en toute manière, l'année suivante, tout le
mérite n'appartiendra pas à l'atmosphère musicale de Londres ; et
sans doute, même, cette maîtrise aurait-elle été à la fois beaucoup
plus tardive et plus incomplète si, avant d'être initié à l'art glorieux
de Hændel et des maîtres italiens, avant de recevoir les précieuses
leçons de Chrétien Bach, le petit Mozart ne s'était point déjà, à
Paris, familiarisé pour ainsi dire avec un idéal plus restreint de beauté
musicale, en même temps que l'imitation des sonates de Schobert
éveillait confusément dans son cœur des germes féconds de passion
et de fantaisie « romantiques ».

10. — *Paris, le 30 novembre* 1763.

Menuet en ré, pour clavecin.

K. 7.

Ms. perdu.

La date de ce menuet nous est donnée par l'autographe, qui est le
dernier morceau que (du moins à notre connaissance) Mozart ait écrit
sur le cahier de Salzbourg.
   Bien qu'il ait été composé juste au lendemain des deux premiers
morceaux de la sonate en *si bémol* (n° 9), nous avons cru devoir placer
déjà ce menuet dans la série des œuvres proprement « parisiennes »
de l'enfant : car, au contraire des deux morceaux de la sonate, on
commence déjà à y sentir cette influence française qui va se manifester
de plus en plus dans les œuvres suivantes. En vérité ce menuet, évidemment improvisé, et peut-être dans un des salons où l'on exhibait
l'enfant, constitue pour nous une transition caractéristique entre la
première et la seconde manière de Mozart. Au point de vue de la coupe,
il appartient encore pleinement à la première manière : les deux parties y sont de longueur et d'importance égales, comme dans presque
tous les menuets que nous avons étudiés jusqu'ici, contrairement à
ce que vont nous montrer tous les menuets qui vont suivre ; et non
seulement l'enfant, dans la seconde partie, ne reprend pas le premier
sujet de la première dans le ton principal, il pousse même la liberté
jusqu'à ne rien reprendre de cette première partie, s'amusant à faire,
de la seconde, une sorte de *développement* varié des premières mesures

du premier sujet. Et cependant, d'autre part, il est impossible de jeter les yeux sur ce menuet, en comparaison avec les précédents, sans être aussitôt frappé d'une différence profonde dans leur caractère général, dans la conception qu'ils attestent du rôle esthétique d'un menuet. Ici, à la manière française, le menuet n'est plus un simple rythme de danse, mais bien un chant, une façon d'ariette sur un rythme dansant. La phrase est plus étendue, plus expressément mélodique, déjà presque pareille aux chants délicieux que sont la plupart des menuets de Schobert. Evidemment l'enfant, lorsqu'il a écrit ce menuet, commençait à sentir le charme du nouveau milieu musical où il venait brusquement d'être transporté.

Quant à l'écriture proprement dite du menuet, elle trahit une improvisation un peu hâtive par certaines gaucheries, surtout dans l'accompagnement : mais elle révèle, d'autre part, un goût croissant pour la modulation continue, tel que nous l'avons vu se développer chez l'enfant au contact, peut-être, des sonates d'Eckard.

11. — *Paris ou Versailles, entre le* 30 *novembre* 1763 *et le* 1ᵉʳ *février* 1764.

Sonate en ré, pour clavecin, pouvant se jouer avec l'accompagnement d'un violon.

K. 7.

Ms. perdu.

Allegro molto — Adagio (en sol) — Menuetto I (qui est le nᵒ 10, avec un accompagnement de violon). — *Menuetto II (en ré mineur).*

On n'a point le manuscrit, et on ignore la date exacte, de cette sonate, que l'enfant a fait graver, durant son séjour à Paris, dans le même recueil que sa première sonate, en *ut*, composée à Bruxelles en novembre 1763. Ce fait d'avoir été placé en seconde ligne, parmi les sonates publiées de Mozart, semblerait indiquer que cette sonate en *ré* est la seconde, et non la troisième, de ses sonates de cette période ; en effet, elle est généralement considérée comme telle. Mais, en plus des arguments que nous tirerons tout à l'heure de sa forme musicale, nous avons encore des preuves matérielles pour établir que cette sonate est postérieure à la sonate en *si bémol* nᵒ 9. Non seulement elle ne figure plus, comme celle-ci, dans le cahier de Salzbourg ; non seulement il est invraisemblable qu'elle ait pu être composée entre le 14 octobre et le 21 novembre 1763, cette dernière date étant celle de la sonate en *si bémol* : nous savons en outre que le *menuetto I* de la présente sonate a

été écrit, sans accompagnement de violon, le 30 novembre, donc après
la sonate en *si bémol*. Et ce menuet lui-même, qui figure seul sur le
cahier de Salzbourg, a dû être composé avant la sonate en *ré*, où l'enfant l'aura ensuite intercalé en y joignant une partie de violon. —
D'autre part, Léopold Mozart écrivait de Paris, à son retour de Versailles, le 1er février 1764 : « En ce moment, quatre sonates de M. Wolfgang Mozart sont chez le graveur », ce qui prouve que, à cette date, la
composition de notre sonate était terminée. Cette sonate aura probablement été écrite à Versailles, entre le 25 décembre 1763 et le 8 janvier 1764, pendant les longs loisirs que nous savons qu'a eus le petit
Mozart, tandis que nous savons aussi qu'avant son départ pour Versailles il a été continuellement forcé de s'exhiber dans les salons parisiens. Et puis, au reste, le style de la sonate suffit à montrer qu'un
certain intervalle de temps sépare sa composition de celle de la sonate
précédente.

Car c'est ici que nous apparaît, de la façon la plus manifeste, l'influence exercée sur l'enfant par les œuvres et le génie de Schobert, se
substituant tout à fait à l'influence du père et à celle d'Eckard. Au
point de vue de la disposition générale comme à celui des procédés
employés, la sonate en *ré* dérive des sonates publiées, vers le même
temps, par Schobert ; et le premier morceau, notamment, avec sa
grande allure et les modulations expressives de son *développement*,
rappelle fort le premier morceau de la sonate, également en *ré*, qui
constitue le premier numéro de l'op. III de Schobert. Avec une richesse
d'invention inspirée de ce maître, le premier morceau de la sonate
comporte trois sujets très distincts, le troisième aboutissant à une
ritournelle en manière de *coda*. Les deux barres sont suivies d'un *développement* assez étendu, fait en partie sur le premier sujet, et en partie
sur un nouveau thème rythmique très modulé et d'une évidente portée
pathétique ; après quoi, toujours comme dans les œuvres de Schobert
publiées en 1764, le premier sujet revient dans le ton principal, mais
pour être bientôt varié avec des modulations mineures ; et les deux
autres sujets, qui reviennent ensuite dans le ton principal, sont également variés, mais sensiblement abrégés[1]. Quant à l'*adagio*, fait tout
entier d'une seule phrase mélodique avec un accompagnement continu
en triolets, il a, lui aussi, un *développement* expressif suivi d'une *rentrée* abrégée et variée dans le ton principal. Cet *adagio* est un morceau
d'une beauté poétique et déjà d'une maturité remarquables. A l'influence
de Schobert s'y joint très nettement celle du génie propre de Mozart ;
et, sauf l'*andante* inachevé n° 8, aucune des œuvres de clavecin de l'enfant, durant tout le voyage, n'égale ce morceau en beauté d'inspiration poétique. C'est très probablement de cet *adagio* que voulait parler Léopold Mozart, lorsqu'il écrivait encore, le 1er février 1764, qu'on
« trouverait, notamment, dans les sonates de Wolfgang, un *andante*
d'un *goût* tout à fait particulier »[2].

1. Tout ce que nous venons de dire au sujet de la coupe de ce premier morceau pourrait s'appliquer mot pour mot, par exemple, à l'*allegro moderato* d'une
sonate de Schobert en *fa* (op. 8), qui a été publiée en mars 1764.

2. C'est également, sans doute, sous l'influence immédiate de Schobert que

Quant au *menuetto* II, — car nous avons parlé déjà du *menuetto* I au
n° 10, — c'est le premier morceau en mineur qu'ait écrit l'enfant. Il
est d'un caractère tout français, avec un rythme et des modulations
directement imités de Schobert. Comme dans toute l'œuvre de celui-
ci, le rôle de la main gauche y est prépondérant, et nous devons
dire, à ce propos, que cette partie de la main gauche a une importance et une signification exceptionnelles dans toute la sonate : ce
qui vient encore, en droite ligne, de Schobert. Même quand il y emploie la *basse d'Alberti*, l'enfant, comme son maître parisien, la relève
par le nombre et la richesse des modulations[1]. Reste à considérer la
partie du violon. Ici encore, comme nous l'avons dit, c'est Schobert
qui sert incontestablement de modèle. Mais on peut se demander si
cette partie de violon a été écrite déjà en même temps que le reste
de la sonate, ou si, pour cette sonate comme pour les deux précédentes,
l'enfant l'a composée après coup, au-dessus d'un manuscrit fait d'abord
en vue du clavecin seul. Les lettres du père, sur ce point, ne nous
apprennent rien ; et l'étude de la partie de violon elle-même n'a guère
de quoi trancher la question, car cette partie se borne, presque toujours, à doubler ou à accompagner en tierces l'une des deux autres.
Cependant des figures originales, dans le *développement* du premier
morceau et dans le *menuetto* II, tendraient plutôt à faire supposer, par
leur caractère tout facultatif, que la sonate a encore été conçue,
d'abord, sans la partie de violon ; et l'absence de figures analogues
dans la partie de violon de la sonate suivante achève de nous faire supposer que c'est dans celle-ci, seulement, que Mozart, pour la première
fois, s'est essayé à écrire simultanément les parties du clavecin et une
partie de violon.

12. — *Versailles ou Paris, janvier 1764.*

Sonate en sol, pour le clavecin, pouvant être jouée avec l'accompagnement d'un violon.

K. 9.
Ms. perdu.

Allegro Spiritoso. — Andante (en ut).—Menuetto I et Menuetto II (en sol mineur).

Mozart, dans cet *adagio* de sa sonate, fait un emploi fréquent du procédé connu
sous le nom de *tempo rubato*, et consistant à faire jouer l'une des mains en
croches ou doubles croches, tandis que l'autre l'accompagne en triolets. La susdite sonate en *ré* de Schobert était toute remplie de passages de ce genre.

1. Notons à ce propos que Mozart, dans ses sonates de Paris comme ensuite

Cette sonate est la dernière des quatre que Mozart a publiées pendant son premier séjour en France. L'enfant et son père ont suivi, pour cette publication, l'exemple de Schobert qui avait imaginé de publier ses sonates par petits recueils de deux, au lieu du traditionnel recueil de six ; et la sonate présente formait le second morceau du second recueil, dédié à Mme de Tessé.

La différence d'allure est si marquée entre cette sonate et la précédente, en *ré*, qu'un certain espace de temps doit s'être écoulé entre la composition de l'une et de l'autre. Nous sommes portés à croire que le n° 12 a été écrit tout de suite avant le 1er février, où nous savons que « les quatre sonates étaient déjà chez le graveur ». Mais si grand que l'on suppose cet intervalle dans la composition des deux sonates, la sonate en *sol* ne nous en fournit pas moins une preuve saisissante de la rapidité prodigieuse avec laquelle le cerveau et le cœur de l'enfant s'adaptaient à des influences sans cesse renouvelées. Car si cette sonate, dans sa forme extérieure, ressemble entièrement à la précédente, elle en diffère autant que possible par l'esprit et le caractère profond. Dans la sonate en *ré*, sous l'imitation constante de l'art de Schobert, l'inspiration mélodique restait encore tout allemande, se traduisant en longues périodes unies entre elles par un lien intime ; ici, l'inspiration est toute française et se traduit par de petites phrases courtes et nettes, contrastées ou simplement juxtaposées. Si la sonate ne portait plus le nom de Mozart, rien absolument n'empêcherait de la croire écrite par Schobert, ou quelque autre claveciniste français de la même école. Aussi bien, à ce point de vue, est-elle un cas unique dans toute l'œuvre de Mozart.

Le premier morceau est fait, comme dans la sonate en *ré*, de trois sujets distincts suivis d'une ritournelle : mais les trois sujets sont plus brefs, d'un rythme plus accentué, et tous trois apparaissent directement imités du style de Schobert, comme aussi le très long *développement* qui précède la rentrée du premier sujet dans le ton principal. Ce *développement*, d'une étendue inaccoutumée chez Mozart, est fait lui-même de deux parties, suivant un type familier à Schobert : une série de reprises modulées du premier sujet et une figure toute nouvelle, déjà mieux appropriée au piano qu'à l'ancien clavecin[1]. La reprise, ensuite,

dans celles de Londres, recommence à intituler ses menuets *menuetto primo* (ou *menuetto* I) et *menuetto secondo* (ou *menuetto* II), tandis que nous l'avons vu naguère, dans son n° 6, sans doute sous l'influence de l'école viennoise, adopter déjà pour son second menuet la qualification de *trio*. Détail curieux, c'est encore sous le nom de *trio* que Léopold Mozart, dans sa lettre du 5 décembre 1764, continue à désigner le second menuet de l'une des sonates de son fils.

1. Ce *développement* entr'ouvre pour nous, de la façon la plus intéressante, un coin de l'âme du petit Mozart. Il faut savoir que Schobert, entre autres innovations qu'il ne cessait point d'introduire dans ses sonates, avait imaginé récemment de commencer ses *rentrées* en mineur. C'est ainsi que, dans sa sonate en *fa* de mars 1764, le premier sujet, après le *développement*, reparaissait en *fa* mineur ; procédé que Clementi, à peu près seul entre les musiciens à venir, devait emprunter au maître parisien. Or le petit Mozart, évidemment, aurait bien aimé à pouvoir, lui aussi, reprendre en *sol mineur* le premier sujet de son *allegro*,

reproduit presque entièrement la première partie, sauf de legeres variations après l'exposé du premier sujet.

Et ce caractère tout *schobertien* est plus marqué encore dans l'*andante*,
qui, très court, n'en comporte pas moins, lui aussi, trois sujets, ou
même cinq, si l'on compte les deux phrases nouvelles du *développement*. En outre, la fréquence des unissons et des modulations expressives, l'opposition constante du rythme et de la mélodie, le redoublement de certaines figures pianistiques, tout cela vient directement de Schobert ; et l'on retrouverait même textuellement, dans les
sonates de celui-ci, certaines phrases de cet *andante*, en particulier
la première phrase du *développement*. Ajoutons que, après ce *développement*, la *rentrée* reproduit la première partie presque note pour
note.

Un trait bien caractéristique dans les deux premiers morceaux de
cette sonate est l'importance singulière de la partie de la main gauche :
et c'est encore un signe de la manière dont l'enfant s'imprégnait,
chaque jour plus à fond, de l'œuvre de Schobert. Enfin le menuet, qui
est un chef-d'œuvre, et certainement le plus beau des menuets de l'enfance de Mozart, achève de mettre en relief la double influence de
Schobert et du goût français. Ce menuet, très étendu, est la partie la
plus mélodique de toute la sonate : avec ses triolets, avec la continuité
de sa phrase musicale et de son accompagnement, c'est une véritable
ariette, plus française, peut-être, que les plus charmants menuets de
Schobert lui-même. Le second menuet, en *sol* mineur, est plus court et
moins important : il n'est fait que d'une série de modulations, et for-
merait un accompagnement délicieux pour un chant de violon : mais le
fait est que la partie de violon ne comporte aucune trace d'un tel
chant, de même que celle des autres morceaux de la sonate. Et cette
partie de violon, dans toute la sonate, est si insignifiante, se borne si
constamment à suivre l'une des deux autres parties, que nous sommes
convaincus que c'est ici la première œuvre où Mozart, à l'exemple de
Schobert, ait ajouté à sa musique de clavecin un accompagnement de
violon.

C'est d'ailleurs dans le second menuet de cette sonate que, comme
nous l'apprend une lettre de Léopold Mozart en décembre 1764, l'enfant
avait montré son inexpérience en « faisant se succéder trois quintes
dans la partie de violon » : ce qui achève de prouver que cette partie
de violon a été l'une des premières qu'ait écrites le petit Mozart.
La succession des quintes figurait au début même du menuet : elle a
été remplacée, dans les éditions ultérieures, par une succession de
sixtes.

mais sans doute il redoutait la désapprobation de son père, dont nous savons à
la fois le profond respect pour les règles et l'animosité un peu sotte à l'égard
de Schobert. Si bien que l'enfant, partagé entre son désir et sa crainte, s'est
avisé d'un expédient curieux : au lieu d'opérer sa véritable *rentrée* en mineur, il
a fait précéder celle-ci d'une *fausse rentrée*, où nous voyons reparaître exactement son premier sujet, mais transposé en *sol mineur*; et puis, après un nouveau trait de clavecin, il a procédé à la véritable *rentrée* susdite, cette fois en
majeur.

13. — *Paris, janvier 1764.*

Final en ut, pour la sonate n° 7, avec accompagnement libre d'un violon.

K. 6.

Ms. perdu.

Le fait que ce final ne se trouve point, dans le cahier de Salzbourg, avec les autres morceaux de la sonate de Bruxelles, avec qui il a été gravé en février 1764, suffirait à indiquer qu'il doit avoir été composé séparément. Mais cela nous est attesté bien plus clairement encore par le style de ce morceau, déjà aussi différent que possible du style du premier *allegro* et de l'*andante* de la sonate en question. Évidemment, l'enfant aura éprouvé le besoin de « corser » sa première sonate pour l'offrir à Mme Victoire et au public ; à moins que, déjà à Bruxelles, il ait conçu sa sonate en quatre morceaux, et que ce nouveau final n'ait fait que remplacer le morceau inédit en *ut majeur* dont nous avons parlé au n° 7. En tout cas, ici encore, Mozart s'est trouvé encouragé par l'exemple de Schobert, qui, dans son admirable première sonate de l'op. III (dont nous avons dit plus haut l'influence particulière qu'elle a eue sur la sonate en *ré* de Mozart) comme aussi dans plusieurs autres de ses sonates et notamment dans celle de mars 1764, avait pareillement composé sa sonate de quatre morceaux, mais, lui, le plus souvent, en plaçant son second *allegro* avant le menuet.

Et quant au morceau lui-même de Mozart, il n'est pas seulement inspiré de Schobert : il en est si directement imité qu'on en retrouverait tous les éléments dans les sonates du maître parisien. Par exemple, le premier sujet est identique à celui du final de la seconde sonate (également en *ut*) de l'op. I de Schobert ; et le troisième sujet, d'un charmant caractère français, est, lui aussi, un thème familier de Schobert. Comme chez ce maître, le morceau est fait d'une suite de plusieurs idées agréablement enchaînées, avec un *développement* régulier suivi d'une *rentrée* dans le ton principal, légèrement variée à son début par une modulation mineure. Et il n'y a pas jusqu'aux octaves *forte*, servant de *coda* avant les deux barres et avant la fin du morceau, qui ne soient un des procédés accoutumés de Schobert[1].

Le morceau est d'ailleurs charmant, plein de vie et d'entrain, avec

---

1. Cette *coda*, en outre, ressemble de si près à celle du premier morceau de la sonate de Mozart en *sol* n° 12 que le présent finale doit avoir été composé tout de suite avant ou après cette dernière sonate parisienne.

une grâce mélodique servie déjà par un art très habile. Il doit avoir été écrit rapidement, au moment où il s'est agi de faire graver le recueil. La partie de violon, rudimentaire, confirme cette hypothèse : car elle doit avoir été écrite en même temps que les parties du clavecin.

14. — *Paris, décembre* 1763 *ou janvier* 1764.

Menuetto I en si bémol et Menuetto II en si bémol mineur, pour servir de finale à la sonate en *si bémol* n° 9.

K. 8.

Comme nous l'avons vu, le cahier de Salzbourg ne contenait que les deux premiers morceaux de la sonate en *si bémol*, composés à Paris le 21 novembre 1763. Les deux menuets servant de finale ont donc, sans doute, été écrits plus tard ; et c'est aussi ce que ferait supposer leur style, attestant déjà une influence marquée du goût français. Tous deux, ces menuets dénotent chez l'enfant le désir de se montrer hardi et original ; et le second, en *si bémol mineur*, ne laisse point d'avoir des passages d'une harmonie assez cherchée. Mais l'exécution, dans les deux menuets, est encore si maladroite, si peu proportionnée à l'audace des intentions, que nous serions portés à croire que c'est ici l'un des premiers essais de l'enfant dans son style français, avant qu'il ait encore pleinement subi l'influence de Schobert. Peut-être Wolfgang aura-t-il écrit ses deux menuets à Versailles, pour pouvoir jouer sa sonate en *si bémol* en présence de la famille royale ?

La partie de violon a dû être écrite après coup, car elle est plus habile que dans les deux numéros précédents, et comporte déjà de petites imitations originales. A noter encore, dans le *menuetto II*, un rythme saccadé et un emploi fréquent d'unissons qui se retrouvent, tout pareils, dans la sonate en *sol* n° 12.

15. — *Paris, janvier* 1764.

Parties de violon, pour divers morceaux des sonates précédentes.

Ms. perdu.

Comme nous l'avons dit déjà, les deux sonates en *ut* n° 7 et en *si bémol* n° 9 avaient été écrites d'abord sans accompagnement de violon ; et il est même possible que la sonate en *sol* n° 12 soit la seule, parmi toute la série des quatre sonates parisiennes, qui ait été compo-

sée avec la partie supplémentaire de violon que toute la série a reçue,
ensuite, dans l'édition gravée. Nous avons dit de quelle façon Mozart et
son père ont été amenés à cette addition d'une partie de violon par
l'exemple, à peu près constant, des sonates de Schobert. Et c'est encore
à l'imitation de ce maître que l'enfant a conçu sa façon de traiter ses
accompagnements de violon : ou plutôt nous devons avouer qu'il s'est
borné ici à ne suivre son modèle favori que dans la mesure où ce dernier réduisait vraiment ses parties de violon au rôle tout facultatif,
pour ne pas dire superflu, qu'il leur assignait sur le titre de ses sonates.
Car Schobert était beaucoup trop artiste pour pouvoir s'astreindre
invariablement à une telle dégradation de l'emploi du violon ; et le fait
est que de plus en plus, au contraire, dans son œuvre, ses accompagnements tendaient à revêtir un caractère indépendant, soit qu'il les
fît servir à reprendre en imitation les chants de piano, ou même que,
très souvent, il confiât au violon le chant tout entier, pendant que les
deux mains du piano dessinaient, par-dessous, une figure continue et
modulée d'accompagnement. Il va de soi que rien de tout cela ne se
retrouve dans les accompagnements de Mozart : tout au plus ceux que
l'enfant a écrits en dernier lieu, après avoir composé ses morceaux
pour le clavecin seul, par exemple ceux de la sonate en *ré* n° 11 ou du
final en *ut* n° 13, s'interrompent-ils parfois de doubler le chant du clavecin pour esquisser de timides essais de réponses en imitation, ou
même de figures indépendantes. Au total, ces accompagnements nous
apparaissent assez insignifiants, et il n'est pas impossible, quoiqu'en
dise le père dans ses lettres, que celui-ci ait contribué pour une bonne
part à un travail évidemment très hâtif, précipité encore par l'obligation d'avoir les quatre sonates gravées avant le départ de Paris.

CINQUIÈME PÉRIODE

LONDRES ET CHELSEA

PREMIÈRE PARTIE (AVRIL-NOVEMBRE 1764)

Le séjour des Mozart en Angleterre a duré plus d'un an, du 20 avril 1764 au 1ᵉʳ août 1765 : mais surtout ce séjour a été, pour la formation musicale de Wolfgang, d'une importance si décisive, et a fini par transformer si profondément sa manière que nous jugeons préférable d'en partager l'histoire en deux chapitres, dont l'un correspondra à l'évolution qui s'est produite dans le génie de l'enfant, tandis que l'autre nous le montrera parvenu déjà en pleine possession d'un style et d'une conception esthétique qui désormais subsisteront chez lui jusqu'à son voyage à Vienne en 1768.

Mais d'abord, comme nous avons fait pour le séjour à Paris, nous allons citer tous les passages des lettres de Léopold Mozart qui peuvent jeter quelque lumière sur l'éducation ou la production musicales de l'enfant pendant tout son séjour à Londres.

Lettre du 28 mai 1764 :

Le 28 avril, de six heures à neuf heures du soir, nous avons été admis auprès du roi et de la reine... Le 19 mai, nous avons eu une seconde séance à la Cour, de six heures à dix heures... Le roi non seulement a fait jouer à Wolfgang des pièces de Wagenseil [1], mais lui a encore soumis des morceaux de Bach, d'Abel, et de Hændel ; et le petit a joué tout cela parfaitement, *à première vue*. Il a joué aussi sur l'orgue du roi, et si bien que tous mettent son jeu d'orgue beaucoup plus haut que son jeu de clavecin.

Ensuite, il a accompagné, pour la reine, un air qu'elle a chanté, et aussi un *solo* pour un joueur de flûte traversière. Enfin il a pris les parties du quatuor à cordes des airs de Hændel qui, par hasard, se trouvaient là ; et sur la simple basse de ces airs il a joué les plus belles mélodies, de façon à étonner tout le monde. En un mot, ce qu'il savait lorsque nous avons quitté Salzbourg n'est qu'une ombre en comparaison de ce

---

1. Qui étaient, depuis le séjour à Vienne en 1762, les morceaux favoris du répertoire de l'enfant.

qu'il sait maintenant : il dépasse toute imagination. Il se recommande à vous, de son clavecin, où il est assis en ce moment, s'occupant à apprendre un *trio* de Bach... Il a maintenant toujours un opéra en tête, qu'il veut faire jouer par de jeunes Salzbourgeois ; et souvent il faut que je lui énumère tous les jeunes gens qu'il pourra recruter pour son orchestre.

Lettre du 8 juin 1764 :

Le concert s'est heureusemeat passé, le 5 juin : mais nous l'avons donné plutôt pour nous faire connaître... Nous avons dû payer une demi-guinée pour chacun des deux clavecins qu'il a fallu avoir, à cause des concertos joués sur deux clavecins. Nous avons donné encore entre 5 et 6 guinées au chanteur et à la chanteuse, 3 guinées au premier violon, 3, 4, et 5 guinées aux joueurs de *soli* ou de concertos, et une demi-guinée aux joueurs ordinaires... Et sachez que l'extraordinaire Wolfgang, à huit ans, connaît ce que l'on peut exiger d'un homme de quarante ans !

Lettre de Londres, le 28 juin 1764. « On va donner un bénéfice, au Ranelagh, pour un nouvel hôpital : j'ai décidé que Wolfgang y jouerait un concerto sur l'orgue, pour se montrer ainsi un bon patriote anglais. »

Lettres du 6 août et du 9 août : Léopold Mozart annonce qu'il a été très malade, et que, depuis le 6, sa famille est installée dans une maison à Chelsea.

Lettre de Chelsea, le 13 septembre : Léopold écrit qu'il s'est lié, à Londres, avec un juif hollandais nommé Siprutini, « grand virtuose sur le violoncelle ».

Lettre de Londres, le 27 novembre : « J'ai devant moi une grosse dépense : car je dois faire graver et imprimer six sonates de Wolfgang, qui seront dédiées à la reine, sur le désir de celle-ci. »

Lettre du 8 février 1765 : « Cet hiver, personne ici ne gagne beaucoup d'argent, sauf Manzuoli et quelques autres de l'Opéra. L'impresario de l'année dernière, Giardini, a fait faillite... Cinq ou six pièces seront représentées à l'Opéra : la première a été *Ezio,* la seconde *Bérénice,* toutes deux des *pastiches* de différents maîtres ; la troisième a été *Adriano in Siria,* nouvellement composé par Bach ; et il doit venir encore *Demofonte,* nouvellement composé par Vento. — Dans le concert que nous donnons le 15 prochain, toutes les symphonies seront de la composition de Wolfgang. »

Lettre du 19 mars : « Mon concert n'a eu lieu que le 21 février, et il n'y est venu que peu de monde... La reine a donné 50 guinées à Wolfgang pour la dédicace des sonates ; et cependant je serai bien loin d'avoir gagné ici autant d'argent que j'aurais pu l'espérer d'abord. »

Lettre du 9 juillet : « A Londres, Wolfgang a écrit sa première pièce pour quatre mains. Jusqu'ici, personne n'avait encore fait de sonates à quatre mains. »

En outre, la sœur de Mozart (dans Nissen) raconte que, pendant la maladie du père, à Chelsea, Wolfgang, « ne pouvant pas toucher au piano, a composé sa première symphonie, avec tous les instruments, et en particulier avec les trompettes et les timbales ». Et Nissen ajoute : « La sœur, assise près de lui, avait à recopier toutes les parties. Et comme, un jour, il était en train de composer et d'écrire, il demanda à sa sœur de lui rappeler qu'*il donnât quelque chose de beau à faire à la partie de cor.* » Plus loin, Nissen nous apprend que « Jean-Chrétien Bach, professeur de la reine, a pris le petit Mozart sur ses genoux et a joué quelques mesures, puis l'enfant a continué, et qu'ainsi, jouant à tour de rôle, ils ont exécuté une sonate entière avec une précision merveilleuse ».

Enfin la *Salzburger Zeitung* du 6 août 1765 publiait une *Correspondance de Londres*, datée du 5 juillet, où nous lisons que le petit Mozart a essayé un piano à deux claviers, fabriqué pour le roi de Prusse par le facteur Burkard Tschudy. Le correspondant célèbre ensuite le talent de l'enfant, et ajoute : « Le British Museum d'ici non seulement s'est procuré les sonates publiées par cet enfant à Paris, ainsi que le portrait de la famille Mozart (fait par Carmontelle à Paris), mais il a encore demandé et obtenu divers manuscrits originaux de ce petit prodige, et notamment un petit chœur à quatre voix, sur des paroles anglaises. »

D'autre part, les *Philosophical Transactions* de 1770 contiennent une longue lettre, et très intéressante, du savant anglais Daines Barrington, qui, dans le courant de juin 1765, a longuement et minutieusement examiné le petit Mozart. Mais les renseignements que nous offre cette lettre se rapportent plutôt à la seconde période du séjour de Mozart à Londres ; et nous les réserverons pour notre chapitre suivant.

L'importance extraordinaire du séjour à Londres, dans la carrière musicale de Mozart, tient en grande partie à la durée de ce séjour, et à l'âge de l'enfant pendant sa durée. Quinze mois sont un espace énorme, quand ils arrivent à un moment où le cerveau se développe avec une activité merveilleuse, comme il fait, chez l'ordinaire des enfants, vers l'âge de onze ou douze ans, et comme il faisait quelques années plus tôt chez le petit Mozart. En fait, Léopold Mozart avait bien raison d'écrire à ses amis de Salzbourg que tout ce qu'ils avaient pu voir des exploits musicaux de l'enfant n'était rien en comparaison de ce que celui-ci savait et faisait aux derniers mois du séjour en Angleterre. A Paris même, les plus charmantes compositions de Wolfgang, — et quelques-unes ont une beauté d'invention

dont l'équivalent ne se retrouvera point, ou presque point, dans toutes
les œuvres de la période anglaise, — sont encore les compositions
d'un enfant de génie : au départ de Londres, les ouvrages les plus
médiocres qu'il produira seront déjà les ouvrages d'un musicien
accompli, égalant et parfois dépassant, en sûreté et en maîtrise professionnelles, les travaux coutumiers d'un Léopold Mozart ou même
d'un Abel ou d'un Chrétien Bach. Au point de vue musical, Mozart,
dès son départ de Londres, a cessé d'être un enfant pour devenir un
musicien de métier, pareil à cent autres vieux ou jeunes. Il sait maintenant tous les artifices du style qu'il pratique, et que l'on pratique
autour de lui. Il sait la manière d'opposer deux sujets, de les développer discrètement, de les appuyer sur une basse solide, au besoin
de les varier suivant le goût du jour. Toutes les règles de l'harmonie
nécessaires à ce style peu exigeant lui sont désormais connues ; et il
connaît aussi la petite somme de contrepoint que doit connaître tout
compositeur « galant » ou mondain de l'époque, — d'ailleurs plutôt
par tradition et un peu par ostentation, sans avoir à en faire grand
usage dans son œuvre journalière. En outre, comme nous le verrons,
c'est à Londres que Mozart va écrire ses premières symphonies. La
première, de 1764, tout en répondant à des ambitions artistiques
plus hautes que les deux autres, sera encore l'essai d'un enfant ;
les deux dernières, de l'année suivante, auront toute l'aisance que
nous font voir les *ouvertures* de Chrétien Bach dont elles seront
imitées. Progrès, en vérité, incommensurable, et qui ne s'explique
que par une étude incessante, dont le témoignage va nous être fourni
par l'album de Berlin et la mise en partition d'une symphonie contemporaine d'Abel, comme aussi par le rapport de Daines Barrington :
mais, plus encore que l'étude et le travail, c'est l'âge qui contribue
à la transformation. Mozart, qui, dans la pratique de la vie, gardera
jusqu'à sa mort les sentiments et l'imagination d'un enfant, au point
de vue proprement musical, est sorti de l'enfance dès sa neuvième
année. Et tel est le résultat principal qui se dégage, pour nous, de
l'étude de cette importante période de son existence !

Que si, maintenant, nous entrons dans le détail de l'éducation du
jeune musicien durant cette période, nous découvrons que l'influence du milieu musical anglais est loin d'avoir été, pour Mozart,
aussi bienfaisante qu'aurait pu l'être, si elle s'était prolongée, celle
du séjour de l'enfant à Paris. Ou plutôt, cette influence du milieu
anglais a été, elle aussi, bienfaisante, mais parce qu'elle s'adressait
à un très jeune esprit, et qui resterait capable, ensuite, d'en subir
d'autres plus relevées et de portée plus profonde. Pour accoutumer
un enfant à vivre de musique, peut-être n'était-il point mauvais de
le plonger d'abord dans une atmosphère simplement élégante et
un peu superficielle, telle que l'était l'atmosphère italianisée que
Mozart a respirée pendant son séjour à Londres.

Mais il n'en est pas moins certain que la musique dont il s'est nourri, durant ce séjour, n'aurait pas pu lui suffire indéfiniment sans rabaisser son génie, sans nous faire perdre une très grande partie du monde de beauté qu'il lui a été donné de créer pour nous : et cette musique l'a dominé au point que, comme nous l'avons dit, malgré les leçons de son père et malgré son retour dans son pays, il allait continuer à ne point vouloir connaître d'autre musique pendant les trois années suivantes, jusqu'à son mémorable voyage de Vienne en 1768.

Nous devons ajouter que, d'autre part, Londres réservait à l'enfant une révélation si prodigieusement salutaire, et si riche de beauté, que ce serait assez d'elle pour nous faire apparaître ce séjour comme bienfaisant pour son jeune génie. Londres, en effet, restait encore tout vibrant de la musique de Hændel. Cet homme vraiment sublime et surnaturel, ce magnifique fleuve de beauté, n'était mort que depuis cinq ans en 1764 : mais sa situation était un peu celle de Rameau à Paris, et il y avait plus de dix ans déjà que le goût public, tout en continuant à le vénérer, allait à un art très différent du sien. On continuait à exécuter ses oratorios, et nous savons que les Mozart en ont entendu plusieurs : mais la passion même du roi pour Hændel n'empêchait point que cette savante et forte musique passât désormais pour trop savante et trop forte. On l'écoutait pieusement : mais déjà celle que l'on aimait n'avait plus rien de commun avec elle. Et ainsi le petit Mozart a dû être instruit à faire peu de cas du vieux géant anglais, sans compter que son père, notamment, le méprisait, et a dû encourager son fils à ce même mépris : mais Léopold Mozart méprisait aussi Schobert, à Paris, ce qui n'a pas empêché l'enfant de sentir parfaitement la valeur du maître français, et d'en subir l'influence à un très haut degré. Et pareillement il en a été, sans doute, pour Hændel. Dès son arrivée à Londres, il a trouvé en face de lui ce maître des maîtres : car non seulement la première lettre du père nous informe que l'enfant a eu à déchiffrer ou à accompagner des pièces ou des airs de Hændel, dans sa séance à la Cour du 27 avril, mais les journaux du temps nous font savoir aussi que, dans le concert de charité du 29 juin 1764, où le petit Mozart a joué sur l'orgue, on a chanté plusieurs airs de Hændel. Dès le début de mai, au reste, les Mozart n'ont pas pu manquer d'assister au concert annuel de la corporation des *Fils du clergé*, dont le programme portait l'ouverture d'*Esther* de Hændel, son *Te Deum* et *Jubilate*, et son *Antienne du Couronnement*. L'année suivante, du 22 février au 29 mars, une série d'oratorios de Hændel (ou de pots-pourris uniquement composés de sa musique) furent solennellement exécutés au théâtre du Covent-Garden : et notamment *Judas Macchabée*, la *Fête d'Alexandre, Samson, Israël en Egypte*, sans compter le traditionnel *Messie*. Ailleurs, c'étaient *Acis et Galathée*, l'*Ode a sainte Cécile;* et tous les éditeurs annonçaient des rééditions des *Leçons pour clavecin* du vieux maître, de ses concertos d'orgue, d'airs séparés de ses opéras. Enfin Mozart retrouvait encore un écho de l'âme et du style de Hændel dans les œuvres d'un homme qui occupait alors une situation en vue parmi le monde musical de Londres, et que Léopold Mozart n'a pu manquer de connaître, mais dont nous savons, en tout cas, que Wolfgang lui-même a connu les *suites de clavecin* : car, outre que ses propres sonates anglaises rappellent fort ces *suites*, c'est sur le thème de l'un des morceaux de ces suites que Mozart, à la fin de sa vie, a composé, avec un contre-point presque tout semblable, l'un des plus curieux passages de sa *Flûte enchantée*. Nous voulons parler du Bavarois Jean-Christophe Smith (arrangement anglicisé de Schmidt), l'élève, compagnon et héritier de Hændel, musicien attitré de la princesse douairière de Galles, et auteur, en plus des *Six* admirables *Suites* susdites pour le clavecin (dont nous aurons l'occasion de reparler à propos des sonates du petit Mozart), de plusieurs opéras et oratorios fort en vogue à ce moment. C'était, cette musique de Smith, — aussi bien vocale qu'instrumentale, — une accommodation du style serré de Hændel au nouveau goût « galant »; et l'on comprend sans peine que cette forme ait été celle sous laquelle l'enfant a pu le mieux se nourrir de l'esprit « hændelien ». Mais en tout cas cet esprit a eu sur lui, dès ce moment, comme naguère celui de Schobert, une double action, à la fois passagère et permanente. Passagèrement, nous allons voir Mozart s'efforcer, non sans gaucherie, à introduire par instants dans ses sonates le grand style du maître. Mais, en plus, qui donc oserait contester qu'une part du génie de Hændel s'est transmise à Mozart pour toute la vie de celui-ci, et que c'est à l'école de cet homme merveilleux, seulement, qu'il a été en état d'apprendre le secret de cette simple et transparente beauté, de cette mélodie constante et vraiment « infinie », de ce don de transfigurer toutes choses en chant, qui sont les traits les plus essentiels de l'œuvre de Mozart ? Jusqu'au bout, désormais, l'enfant éprouvera un besoin irrésistible de « vivre en beauté » et vainement, plus tard, sous l'influence de la mode ambiante, il s'imaginera dédaigner l'art suranné de Hændel ; lorsque, plus tard encore, à Vienne (vers 1782), il aura l'occasion de se retrouver en face de cet art, celui-ci ne fera qu'exercer d'une manière plus consciente, chez lui, un pouvoir qu'il n'aura jamais cessé d'exercer secrètement, depuis le premier contact de l'enfant avec Hændel en 1764 et 1765.

Mais, pendant que l'auteur du *Messie* l'instruisait et le formait ainsi à son insu, l'enfant, dans les premiers mois de son séjour à Londres, cherchait surtout à s'inspirer de la musique nouvelle que l'on goûtait autour de lui. Et cette musique, malgré la production de maîtres estimables tels que les deux frères Arne, ou que Bernard

Gates, n'était pas anglaise, comme avait été française la musique
entendue précédemment à Paris, mais purement et absolument italienne. Les opéras que l'on chantait à Londres étaient invariablement
commandés à des maîtres italiens, et, avec leur textes italiens
chantés en grande partie par des castrats ou autres chanteurs italiens,
ils avaient exactement la même forme que les opéras des théâtres de
Milan et de Naples. Au printemps de 1764, les Mozart ont pu
entendre au Théâtre royal de Haymarket, la *Leucippe* de Vento, le
Senocrita de Piccinni, *Enea e Lavinia* de Giardini ; mais surtout la
saison suivante, inaugurée le 24 novembre, a été un triomphe pour
l'opéra italien, grâce à l'intervention du fameux castrat Manzuoli.
Le jour de la réouverture, le pastiche (ou pot-pourri) *Ezio*, avec des
airs nouveaux de Pescetti, obtenait un succès incroyable. Le 26 janvier 1765, Jean-Chrétien Bach, nouvellement appelé de Milan, donnait son *Adriano in Siria ;* le 7 mars, pour son bénéfice, Manzuoli
choisissait un *Re Pastore* du médiocre Giardini. Pareillement dans
la musique instrumentale, les maîtres favoris étaient des Italiens.
Pour le clavecin, par exemple, sans parler du Milanais Bach,
encore trop récent à Londres pour y être populaire, les auteurs de
sonates en vogue étaient des Italiens fixés à Londres, comme les
susdits Giardini et Pescetti, ou comme le Napolitain Pietro Domenico Paradisi. Et il est bien naturel que ce soit cette musique italienne qui, tout de suite, se soit imposée à l'étude et à l'imitation
du petit Mozart.

Ce qu'était la sonate italienne de ces compositeurs, nous l'avons
dit déjà suffisamment, à propos de la première sonate de Mozart n° 7
Dans sa forme comme dans son contenu, elle avait pour unique
objet l'amusement : non qu'y manquassent tout à fait les passages
expressifs ni les plus ingénieuses recherches et trouvailles techniques ; mais rien de tout cela n'était développé et approfondi,
comme dans la sonate allemande issue d'Emmanuel Bach. Bornons-
nous à rappeler ici, pour l'intelligence des œuvres anglaises de
Mozart, que cette sonate italienne, quant au nombre et à la disposition des morceaux, restait encore relativement libre, et cherchait
même à varier toujours la série ordinaire du recueil de six sonates
en commençant les sonates tantôt par un *allegro* et tantôt par un
andante, et en y introduisant tantôt deux morceaux et tantôt trois,
parfois quatre. Le final, au lieu d'avoir une importance proportionnée
à celle du premier morceau, n'était qu'un rapide et léger badinage
double menuet, gigue, petit *rondo*, ou bien une façon de marche très
vite achevée. Quant à la coupe interne des morceaux, le principe
était toujours de diviser ceux-ci en deux parties, en ne reprenant le
premier sujet qu'à la dominante, tout de suite après les deux barres,
sauf à étendre ou à varier cette reprise : mais déjà les clavecinistes

de Londres, toujours par goût de la diversité, employaient volontiers, dans un des morceaux de leur sonate, la coupe *ternaire* allemande, avec un *développement* libre et une *rentrée* dans le ton principal. C'est ce modèle que nous allons retrouver dans les sonates anglaises de l'enfant : mais celui-ci nous y apparaîtra tout nourri encore des traditions allemandes de son père, et surtout de la musique française de Schobert qu'il vient de pratiquer pendant son séjour à Paris. L'expression de ses sonates sera plus poussée, souvent, que dans les sonates italiennes d'un Paradisi ou d'un Chrétien Bach ; nous entendrons encore maints échos de romances ou de rondeaux français; et l'enfant ne parviendra que par degrés à abandonner la coupe de Schobert pour celle de Chrétien Bach en ce qui concernera, notamment, le nombre et l'exposition des *sujets* d'un morceau : car il continuera à mettre dans un morceau trois ou quatre sujets, et intimement liés ensemble, tandis qu'autour de lui, à Londres, les musiciens adopteront de plus en plus le système nouveau dont Jean-Chrétien Bach a été, sinon le créateur, du moins le principal représentant, — le système qui consiste à n'admettre, dans un morceau, que deux sujets, et nettement séparés l'un de l'autre.

Nous aurons d'ailleurs, durant la période suivante, à étudier de plus près la grande dette contractée par Mozart envers Chrétien Bach ; car tout concourt à nous prouver que c'est surtout en 1765 que l'enfant est entré en rapports familiers et continus avec cet aimable maître, pour subir désormais son influence presque absolument. Et c'est aussi dans la période suivante que nous verrons l'enfant, au contact de Chrétien Bach et de Manzuoli, s'initier aux secrets de la musique vocale. Durant la période qui nous occupe, son effort principal semble bien n'avoir porté que sur la musique d'instruments, et, en particulier, sur la *symphonie*, où nous le verrons s'essayer dès l'été de 1764.

La symphonie que Mozart a entendue et étudiée à Londres était, comme la sonate, purement italienne, et peut-être plus dépourvue encore que la sonate de tout autre objet que le simple amusement. Aussi bien ne s'appelait-elle pas même symphonie, mais *ouverture*, ce qui indiquait son caractère léger et superficiel. Au point de vue de la forme comme à celui du fond, la *symphonie* qui s'imposait à l'esprit de l'enfant différait du tout au tout de la grave et savante symphonie qu'il avait entendue durant ses voyages, à Vienne, à Mannheim, et peut-être aussi à Paris, où, en tout cas, nous savons qu'il a connu Gossec, et où il n'a pu manquer d'acheter les recueils de symphonies allemandes publiés alors chez Vénier. Mais, sur ce terrain nouveau, nous allons voir que l'enfant, d'abord, va obéir pleinement aux instructions paternelles, et donner pour modèle à ses premières symphonies des œuvres allemandes comme précédemment : tandis que, au contraire, dès 1765, aucune trace ne lui restera plus de ce style allemand, et ses deux dernières symphonies de Londres, comme toutes celles qu'il composera ensuite jusqu'en 1768, seront directement inspirées des ouvertures composées et exécutées, cette année-là, par son maître et ami Chrétien Bach.

Aussi bien avons-nous la chance de posséder un document qui nous prouve à la fois combien le petit Mozart était alors préoccupé du style symphonique, et sous quelle influence s'est opérée, chez lui, la rapide et saisissante transition entre le style allemand des symphonies de son père, encore maintenu par lui dans sa première symphonie de l'été de 1764, et le style nouveau, infiniment plus libre, plus élégant, et plus « moderne », que vont nous faire voir ses deux symphonies anglaises de l'année suivante.

On croyait communément jusqu'ici que Mozart, pendant son séjour à Londres, en plus de sa symphonie en *si bémol* n° 16 et des deux symphonies en *mi bémol* et en *ré* (n°s 24 et 25), en avait composé une quatrième, également en *mi bémol* (K. 18), dont le manuscrit appartient aujourd'hui à la Bibliothèque de Berlin. Cette symphonie, destinée à un orchestre de deux violons, un alto, deux clarinettes, deux cors, un basson et une basse, se trouve écrite exactement sur le même papier, et de la même façon, que la symphonie en *si bémol* n° 16, dont nous verrons tout à l'heure qu'elle date sûrement de l'été de 1764. Mais nous avons découvert, avec une certitude désormais indubitable, qu'il ne s'agit point là d'une œuvre originale de Mozart, et que celui-ci s'est simplement borné à mettre en partition, — sans changer une seule note, — une des six *ouvertures* que le virtuose et compositeur Charles-Frédéric Abel devait publier, quelques années plus tard, comme étant son op. VII. La symphonie en *mi bémol* copiée par Mozart est la sixième et dernière de ce recueil d'Abel ; et le texte de la copie de Mozart ne diffère absolument du texte gravé qu'en ce que les deux parties de clarinettes du manuscrit sont remplacées, dans le recueil, par deux parties équivalentes de hautbois. Encore est-il probable, ou plutôt tout à fait sûr, que c'est Abel lui-même qui a d'abord composé sa symphonie pour les deux clarinettistes mandés à Londres par la direction de l'Opéra, dans l'hiver de 1763, afin de figurer dans l'accompagnement orchestral de l'*Orione* de Chrétien Bach. La clarinette était alors un instrument très rare ; et l'on comprend sans peine qu'Abel, lorsqu'il a publié sa symphonie, ait cru devoir rendre celle-ci plus accessible à tous les orchestres en transmettant aux hautbois les *soli* composés, d'abord, pour les clarinettes. Et à part cette différence, comme nous l'avons dit, l'identité est parfaite entre la symphonie gravée d'Abel et le manuscrit de Mozart. Ajoutons qu'Abel se trouvait installé à Londres depuis 1761, et venait précisément, dans l'année 1763, en collaboration avec Chrétien Bach, d'organiser une série de concerts hebdomadaires par souscription. Evidemment

c'est pour l'un de ces concerts qu'il aura composé sa symphonie ;
et le petit Mozart, l'ayant entendue, aura ensuite obtenu, du collègue
de son père, le privilège d'en copier la partition.

C'est donc uniquement pour s'initier aux secrets du style nouveau
de la symphonie que l'enfant a pris la peine de transcrire, avec un
soin extrême, cette symphonie d'Abel ; et tout porte à croire qu'il
l'aura fait seulement après avoir composé, lui-même, cette première
symphonie en *si bémol* dont nous verrons d'ailleurs qu'il en a laissé
la partition inachevée, sans doute précisément parce qu'il s'était
rendu compte du caractère à la fois trop allemand et trop suranné
de la langue paternelle qu'il y employait. Il est assez curieux,
aussi, de constater que l'enfant, pour cette étude du style nouveau,
se soit adressé d'abord à Abel, tandis qu'il avait dès lors l'occasion
de pouvoir étudier les charmantes *ouvertures* de Chrétien Bach.
Mais la chose n'aura pour nous rien d'étrange si nous songeons que,
de ces deux maîtres, Abel se trouvait beaucoup moins éloigné que
Chrétien Bach des traditions et du goût allemands de Léopold
Mozart Le fait est que sa symphonie, par-dessus la parfaite nullité
poétique de ses trois morceaux, nous présente un langage et des
procédés encore assez rapprochés de la symphonie allemande, telle
que nous la montrent les œuvres de Léopold Mozart. Il est vrai que
cette symphonie est proprement une façon de *symphonie concertante*
où s'intercalent, entre le premier et le second sujet réguliers de
l'orchestre, de petits sujets supplémentaires exposés, en *soli* à
découvert, par le basson et les clarinettes : mais ces *soli* forment
toujours des épisodes tout isolés, que l'on pourrait retrancher sans
aucun dommage pour la suite musicale du reste des morceaux ; et
ce reste, lui, nous offre encore maintes des particularités du style
allemand. On y trouve notamment encore un emploi invariable du
procédé du *développement* suivi de rentrée du premier sujet dans
le ton principal, procédé que Mozart lui-même emploiera dans sa
première symphonie de l'été de 1764, mais qu'il abandonnera ensuite
tout à fait, sous l'influence dominante de son nouveau maître Chrétien Bach. Et bien que, comme nous l'avons dit, cette symphonie
d'Abel fût parfaitement nulle au point de vue artistique, le virtuose
n'y a pas moins attesté sa science instrumentale, qui était plus considérable encore, ou en tout cas plus régulière et instructive, que
celle de Chrétien Bach. En fait, sa symphonie nous offre un modèle
absolument typique de ce qu'était alors une composition de ce genre,
avec une simplicité et une carrure dans le choix des idées, une utilisation des ressources propres des divers instruments, qui n'ont pu
manquer de constituer, pour le petit Mozart, une leçon à la fois très
claire et très efficace. Cette fois encore, nous devons nous féliciter
du hasard qui a permis à l'enfant de subir l'influence d'Abel avant
de se livrer tout entier à celle d'un maître infiniment plus original

et plus proche de lui, mais dont l'originalité même aurait peut-être risqué de le déconcerter.

Cette mise en partition d'une symphonie d'Abel n'est point, d'ailleurs, le seul témoignage que nous ayons de la hantise exercée sur l'enfant, à ce moment de sa vie, par le genre symphonique. Dans un cahier manuscrit dont nous allons avoir à nous occuper tout à l'heure et qui nous apporte, pour ainsi dire, les confidences les plus intimes de son âme de musicien durant cette période, nous le verrons sans cesse délaissant le style du clavecin pour noter des rythmes, des harmonies, ou des imitations évidemment conçus en vue de l'orchestre. Et ceci nous amène à ajouter que jamais peut-être, dans toute sa carrière, l'évolution continue et rapide qui s'accomplira chez lui ne se révélera à nous aussi éloquemment que dans cette suite de vingt-cinq petits morceaux, composés presque coup sur coup durant l'été et l'automne de 1764. C'est là que, littéralement, nous allons assister à la transformation magique d'un enfant en un maître musicien doublé d'un poète, et possédant déjà au moins en germe, avec une sûreté singulière, tous les secrets ordinaires de son métier. En résumé, pour ce qui est des modèles imités, voici une période de transition, à mi-chemin des premières leçons allemandes et du nouveau goût italien ; et pour ce qui est du métier, voici une période d'incessante et fructueuse transformation, marquée à chaque pas par des progrès merveilleux, jusqu'au jour où l'enfant va céder la place au musicien expérimenté !

16. — *Chelsea, entre juillet et septembre* 1764.

Symphonie en si bémol (inachevée quant à l'instrumentation), pour deux violons, alto, basse, deux hautbois et deux cors.

K. 17.

Ms. perdu.

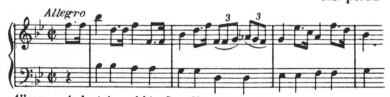

Allegro. — *Andante* (*en mi bémol*). — *Menuetto I et Menuetto II* (*en mi bémol*). — **Presto.**

L'autographe de cette symphonie, que Kœchel a vu en 1860 dans la collection d'André, ne portait point de date : mais aucun doute n'est possible sur l'antériorité de cette œuvre, d'ailleurs laissée inachevée, par rapport aux autres symphonies de l'enfance de Mozart. Car non seulement elle est beaucoup plus maladroite, et pauvre en musique, mais elle se rattache encore à un type de symphonie que Mozart va abandonner complètement, pendant la suite de son séjour à Londres, sous l'influence des Italiens et de Chrétien Bach, pour adopter un type nouveau qui se maintiendra chez lui invariablement jusqu'à son voyage de Vienne en 1768.

Nous n'avons pas ici l'intention de raconter l'histoire de la symphonie, comme nous avons dû le faire, précédemment, pour la sonate de clavecin. Quel que soit le rôle historique joué par Sammartini, ou par le vieux Stamitz, le fait est que le petit Mozart, dans son enfance, à Salzbourg et à Vienne, s'est trouvé en face d'un type de symphonie déjà très nettement constitué, et dont nous possédons des modèles parfaits dans les symphonies anciennes de Léopold Mozart, comme aussi dans les premières symphonies de Joseph Haydn. L'enfant a bien dû prendre contact, à Mannheim, avec l'art de Stamitz (mort depuis 1757) ; et nous savons que, à Paris, il a eu l'occasion de rencontrer Gossec, qui était alors l'un des principaux symphonistes de l'Europe. Mais ces rencontres fortuites et passagères ne pouvaient suffire à contrebalancer, chez lui, l'influence de son père et des maîtres autrichiens dont ses premières années l'avaient imprégné.

Voici donc ce qu'était la symphonie, entre 1760 et 1764, pour Léopold Mozart et pour Joseph Haydn[1] :

La composition de l'orchestre est à peu près invariablement celle-ci : le quatuor à cordes (1ers violons, 2es violons, altos, violoncelles et basses), 2 hautbois, et 2 cors. Par exception, il arrivait que le hautbois, dans les *andantes*, fût remplacé par une flûte, doublant ou variant la partie du premier violon. Mais, en règle générale, au contraire, l'habitude était de réserver les *andantes* pour le quatuor à cordes. Au point de vue du nombre des morceaux, les compositeurs autrichiens hésitaient encore entre la vieille coupe de l'*ouverture*, en trois morceaux, et celle de la symphonie moderne, avec un *menuet* avant ou après l'*andante*. Mais déjà cette dernière coupe s'affirmait nettement chez Joseph Haydn : sur les douze premières symphonies de ce maître, composées entre 1759 et 1763, la moitié exactement avait quatre morceaux ; et nous savons aussi que plusieurs des symphonies de Léopold Mozart répondaient au même type.

Entrons maintenant dans le détail de l'exécution :

Pour chacun des trois grands morceaux, le trait caractéristique était, comme dans les sonates allemandes depuis Philippe-Emmanuel Bach, l'emploi de la *coupe ternaire*, avec un *développement* indépendant après les deux barres, et une rentrée variée du premier sujet et de toute la première partie, dans le ton principal. Chez Haydn, les *développements* avaient déjà une importance considérable et les *rentrées* étaient très variées. Chez Léopold Mozart, les *développements* n'étaient que de courtes transitions pour amener les *rentrées;* et celles-ci ne com-

1. Il y a notamment, au Conservatoire de Bruxelles, un arrangement pour cla vecin d'une symphonie de Léopold Mozart en *si bémol*, parue dans un recueil mis en vente par Breitkopf en 1761-62. Quant à la symphonie en *sol* du même auteur, longtemps attribuée à Wolfgang Mozart, elle est évidemment d'une date postérieure.

portaient que des variations insignifiantes. Mais la forme extérieure, chez les deux maîtres était bien la même. Tous deux, en outre, n'avaient pas encore appris à séparer nettement les deux sujets de la première partie d'un morceau. Depuis le début du morceau jusqu'aux deux barres, ou bien la même idée se poursuivait, ou bien diverses idées étaient entremêlées, au lieu d'être absolument distinctes comme chez Chrétien Bach, et comme elles allaient le devenir bientôt chez Mozart. Ajoutons que le finale, chez ces maîtres autrichiens, tout en étant plus rapide que le premier morceau, avait une étendue et une portée musicale équivalente : chez Haydn, même, plusieurs finales (et aussi chez Gossec à Paris) étaient traités en contrepoint, et constituaient le morceau le plus considérable de la symphonie. Enfin le rôle des hautbois et des cors, chez ces maîtres, se bornait à doubler les cordes, sauf par instants à faire de petites attaques indépendantes, ne dépassant pas une ou deux mesures. Pareillement, l'alto marchait volontiers avec les basses, tandis que, au contraire, les deux violons s'équivalaient.

Or, tous les traits que nous venons de signaler dans les symphonies de Haydn et de Léopold Mozart se retrouvent exactement dans cette symphonie de Wolfgang Mozart en *si bémol*. Sans doute l'enfant n'aura point manqué d'entendre des symphonies à Mannheim, à Paris, puis à Londres (encore que la saison des concerts fût presque terminée, dans cette dernière ville, quand il y est arrivé), et sans doute aussi il aura lu les partitions des *symphonies périodiques* de Toeschi, Van Maldere, Beck etc., publiées à Paris, pendant son séjour, par les Vénier et les La Chevardière : mais le fait est que tout cela ne paraît avoir eu d'abord sur lui aucune influence, dominé comme il l'était par les leçons de son père et ses souvenirs allemands, car sa symphonie en *si bémol* répond point par point, par exemple, à la symphonie en *si bémol* de Léopold Mozart, avec la seule différence qu'elle a quatre morceaux, comme d'autres symphonies de son père et de Haydn. Un seul sujet dans les trois grands morceaux ; le quatuor seul dans l'*andante ;* le rôle des hautbois et des cors tout d'accompagnement ; les deux violons s'équivalant, et l'alto marchant avec la basse ; un final aussi important que le premier morceau : et enfin, surtout, ce qui fixe bien la date de la symphonie, de petits *développements en transition*, après les deux barres, suivis d'une rentrée du premier sujet dans le ton principal.

Il nous reste à dire quelques mots des particularités de cette première symphonie. Et, d'abord, il faut noter que le petit Mozart n'en a pas achevé l'instrumentation. Dans le premier morceau, il a négligé d'écrire les parties des instruments à vent et de l'alto presque dès la *rentrée ;* dans l'*andante,* ce sont les parties du second violon et de l'alto, qui, pendant des sucessions de cinq ou six mesures, sont laissées en blanc. Dans le finale, l'enfant s'est borné à écrire les quatre premières mesures des parties de hautbois et de cor, laissant tout le reste en blanc. Le second menuet est le seul morceau qu'il ait instrumenté entièrement : encore y a-t-il tout à fait omis les parties des instruments à vent ; et quant au premier menuet, il s'est borné à écrire la ligne du premier violon et celle de la basse, ou plutôt, comme nous allons le dire tout à l'heure, il a copié là un vieux menuet pour clavecin, se réservant de l'instrumenter plus tard Et puis, de retour à Londres apres son séjour à Chelsea, il s'est aperçu que cette première symphonie ne correspondait pas au goût nouveau, ni sans doute à son propre développement musical : et ainsi il l'a laissée à jamais inachevée, — ce qui prouve bien encore que c'est là une œuvre de début, et l'essai d'un style aussitôt dépassé.

En effet, le caractère le plus apparent de cette symphonie, au moins dans les trois premiers morceaux, est son allure archaïque, simplement empruntée d'ailleurs par le petit Mozart aux symphonies de son père. Nulle trace d'un chant un peu étendu, ni, non plus, d'un sérieux travail de contrepoint. Un simple rythme se poursuit à travers le premier morceau, avec un court *développement* qui ne consiste qu'en de médiocres transports du même rythme dans des tons divers. Dans l'*andante*, le *développement* est plus sommaire encore, à peine six mesures ; et le petit essai d'imitations du début se résout tout de suite en une homophonie toute rudimentaire. A remarquer, seulement, à la fin de cet *andante* comme dans tout le cours du finale, un emploi du procédé de l'*écho*, alors très en vogue, et dont l'enfant a dû être vivement frappé. Des deux menuets, le second, en *mi bémol* (également avec un petit *écho* en canon à la basse), appartient à la catégorie de ces menuets mélodiques que nous avons vus s'imposer au goût de l'enfant pendant son séjour à Paris : mais au contraire le premier menuet, tout rythmique, ressemble de si près aux menuets du père et aux premiers essais de composition de l'enfant que nous soupçonnons celui-ci d'avoir transcrit là un vieux morceau écrit jadis pour le clavecin, peut être même avant le départ de Salzbourg. Le finale est le seul morceau où apparaisse quelque chose du génie de Mozart : il est d'un mouvement très vif et bien rythmé, avec deux idées principales adroitement liées ; et le procédé de l'*écho*, dont nous venons de parler, conduit ici l'enfant à des effets déjà bien typiques d'oppositions entre les violons et les basses. Au total, une œuvre d'enfant et de commençant ; et l'on est stupéfait de découvrir, ensuite, avec quelle rapidité Mozart va s'initier à tous les secrets d'un style et d'un genre qui se montrent à lui ici pour la première fois.

17. — *Paris ou Londres, entre février et septembre* 1764.

Sonate en fa, pour le clavecin, pouvant se jouer avec l'accompagnement d'un violon ou d'une flûte traversière.

K. 13.

Ms. perdu.

Allegro. — *Andante* (en *fa mineur*). — *Menuetto I et Menuetto II* (en *ré mineur*).

Cette sonate était la quatrième des six que Mozart a publiées à Londres, avec une dédicace à la reine Charlotte, datée du 18 janvier 1765 : mais nous savons, par une lettre du père, que les six sonates étaient déjà chez le graveur dès le 27 novembre de l'année précédente. Et nous croyons, en outre, que cette sonate-ci a été composée assez longtemps avant les autres du même recueil, et peut-être encore à Paris : car elle ressemble tout à fait aux deux dernières sonates parisiennes de l'enfant, et l'influence de Schobert y apparaît dominante, sans aucun mélange de celles des Italiens ou de Chrétien Bach. Au reste, il est bien clair que l'enfant n'a pas dû demeurer inactif, entre la publication de ses sonates parisiennes, en janvier 1764, et la symphonie qu'il a écrite à Chelsea durant l'été de cette même année : tout porte à croire qu'il aura composé une ou deux sonates, et les aura introduites, plus tard, dans le recueil de ses sonates anglaises.

Tout, dans cette sonate, se rattache à ce que nous avons dit des sonates de Paris et diffère de ce que nous allons avoir à dire des sonates de Londres : tout, sauf l'aisance, l'expérience, la sûreté et l'habileté du compositeur, qui ont dû se développer presque de jour en jour. D'abord, la sonate est divisée, comme celles de Schobert et toutes les sonates précédentes de Mozart, en un grand *allegro* suivi d'un *andante*, aboutissant à un double *menuet*. En outre, toujours comme chez Schobert, ou bien les morceaux n'ont qu'un seul sujet (ainsi l'*andante*), ou bien, quand ils en ont plusieurs, ils nous les font voir liés ensemble, jusqu'à une cadence précédant la ritournelle finale. Et enfin, dans le premier morceau comme dans l'*andante*, nous trouvons, après les deux barres, un assez long *développement*, suivi d'une rentrée du premier sujet dans le ton principal. Tout cela va disparaître ou se modifier de plus en plus, dans les autres sonates du même recueil.

Le premier morceau est d'un caractère vif et brillant, avec des traits nombreux, et un emploi presque continu de la *basse d'Alberti*. La rentrée du premier sujet, comme chez Schobert, est d'abord très variée, et avec des modulations pathétiques. Quant à l'*andante*, assez long, et tout construit sur une phrase unique, il faut observer que c'est ici le premier *andante* mineur que nous ayons de Mozart. Son thème est manifestement imité des complaintes françaises ; et le premier morceau entier pourrait parfaitement figurer dans les anciens recueils de Schobert. Enfin les deux menuets attestent les progrès constants faits par le petit Mozart sous l'influence du maître parisien, dans ce genre où l'on peut bien dire que Schobert a été pour toujours son éducateur et son modèle de choix. Le premier menuet est un très curieux essai de chromatisme, accentué encore par les réponses ascendantes du violon aux gammes descendantes du clavecin ; et le second menuet, en *ré* mineur, n'est ni moins original ni moins expressif. Signalons ici une nouvelle preuve de l'influence parisienne qui s'atteste dans cette sonate : dans les deux menuets, le premier sujet est repris textuellement, vers le milieu de la seconde partie, comme dans les menuets parisiens, tandis que dans les anciens menuets salzbourgeois de l'enfant et dans ceux qu'il va composer ensuite à Londres et à la Haye, cette reprise du premier sujet n'aura plus lieu qu'exceptionnellement.

Le même progrès technique que nous avons observé dans la partie du clavecin se retrouve dans la partie du violon. Il est vrai que l'accompagnement du premier morceau se borne presque toujours à suivre la main droite du claveciniste : mais dans l'*andante* et dans les menuets, au contraire, le violon imite en contrepoint le chant de la main droite, et parfois avec des effets harmoniques déjà tout *mozartiens*. Sous la diversité des styles, le développement professionnel de l'enfant, à cette période de sa vie, se poursuit et s'accentue sans interruption.

18. — *Chelsea ou Londres, entre août et septembre* 1764.

Sonate en si bémol, pour le clavecin, avec accompagnement libre de violon ou flûte traversière et de violoncelle.

K. 10.

Ms. perdu.

Allegro. — Andante (en *mi bémol*). — *Menuetto I et Menuetto II* (en *mi bémol*).

Cette sonate est la première de la série de six sonates publiées par Mozart à Londres, en janvier 1765. Comme nous l'avons dit, la dédicace de ces sonates (à la reine Charlotte) est datée du 18 janvier 1765 : mais une lettre du père nous apprend que le recueil était chez le graveur dès le mois de novembre de l'année précédente. Quant à la date de la composition des sonates, la sœur de Mozart, dans une esquisse biographique envoyée à Breitkopf après la mort de son frère, affirme que celui-ci a écrit ses sonates anglaises « à Londres, après le retour des vacances passées à Chelsea ». Mais il n'est pas impossible que la mémoire de Marianne Mozart, à distance, se soit trompée, et qu'une partie au moins des cinq sonates (car nous avons vu que le n° 4 du recueil devait remonter à une date antérieure) aient été composées dans les derniers temps du séjour à Chelsea. En tout cas, l'ensemble du recueil appelle quelques réflexions générales, avant que nous passions en revue le détail des sonates.

Dans sa lettre du 28 mai 1764, Léopold écrit que son fils « est assis au piano, en train de jouer un *trio* de Bach ». Nous savons ainsi que l'enfant, dès son arrivée à Londres, a connu le recueil de *six trios pour le clavecin et violon ou flûte*, « dédiés à S. A. R. Auguste, princesse héréditaire de Brunswick-Lunebourg », qui forme l'op. II de Jean-Chrétien Bach, c'est-à-dire le second recueil publié par ce maître après son arrivée en Angleterre. Ces prétendus *trios* ne sont que de simples sonates pour piano et violon, mais avec une partie de violon obligée, et beaucoup plus importante que les parties facultatives ajoutées par Mozart, suivant l'exemple de Schobert. à ses sonates de clavecin. En fait, voici des sonates que nous savons que l'enfant a étudiées et dont il ne peut manquer d'avoir subi l'influence ! Aussi convient-il d'en décrire brièvement la coupe extérieure. Toutes les six n'ont que deux morceaux, un *allegro* assez étendu et un final plus court et plus vif, dans le même ton. Dans le quatrième *trio*, cependant, le premier morceau est un *andante*. Quant aux finales, ils consistent trois fois en un double menuet, une fois en un *rondeau*, et deux fois en des *allegros* très rapides, sur un rythme à trois temps ; en somme, le premier morceau est toujours le seul qui ait une véritable importance musicale. Pour ce qui est de la coupe intérieure de ces premiers morceaux, Chrétien Bach nous y apparaît hésitant entre la coupe *ternaire* inaugurée par son frère Philippe-Emmanuel et l'ancienne coupe *binaire* de Scarlatti, sans rentrée du premier sujet dans le ton principal. Cette dernière coupe est employée dans quatre des *trios* ; dans les deux autres nous voyons, après les deux barres, un développement suivi d'une reprise variée de toute la première partie. Et voici maintenant, par manière de comparaison, l'apparence extérieure des cinq sonates anglaises du petit Mozart :

Deux de ces cinq sonates ont trois morceaux, les n⁰ˢ 1, et 5 ; et, dans tous les deux, le finale est un menuet. Les trois autres ne sont qu'en deux morceaux, et répartis comme suit : 2ᵉ sonate, *andante* et *rondeau*, ce dernier formé d'un *allegro* en majeur où est enclavé un menuet en mineur ; 3ᵉ sonate : *andante* et *rondo* varié ; 6ᵉ sonate : *andante maestoso* et *allegro grazioso*. En outre, dans la cinquième sonate, le second morceau, au lieu d'être un *andante*, est un *rondeau* dans un mouvement vif. Enfin, pour ce qui est de la coupe des premiers morceaux, deux seulement ont une rentrée dans le ton principal, précédée d'un *développement* ; les trois autres reprennent le premier sujet à la dominante, après les deux barres, et ne reprennent dans le ton principal que le second sujet.

Cette comparaison tout extérieure pourra déjà faire voir que la disposition des morceaux, dans les sonates de Mozart, est plus variée et plus libre que dans les *trios* de Bach. Et le fait est que, même à ce point de vue, les sonates de Londres se rapprochent beaucoup moins des *trios* de Bach que des sonates italiennes, publiées à Londres, des Pescetti, Galuppi, et Paradisi. Mais c'est surtout quand on examine le contenu des sonates de Mozart que leur différence apparaît très vive, en regard des *trios* de Bach. Celui-ci, qui va bientôt exercer une influence énorme sur Mozart, se montre à nous, dès ses *trios* de l'op. II, comme aussi dès le recueil des six *concertos* de clavecin op. I, un maître d'une inspiration tout élégante et presque féminine, ennemi des effets violents, et tel que maintes personnes sont tentées aujourd'hui de se représenter son élève Mozart, faute de connaître ce que ce dernier ajoutait à sa douceur, quand il le voulait, de puissance et d'intensité expressives. Un Mozart plus mou, plus uniformément gracieux et léger, voilà le Chrétien Bach des *trios* op. II, et celui des sonates de clavecin op. V qui vont paraître en 1765 ! Et quand Mozart, cette année-là, se sera pleinement imprégné du style de Chrétien Bach, les six sonates qu'il composera à la Haye nous feront voir la même douceur un peu molle, véritables produits des *trios* et des sonates du maître anglais. Mais ici, au contraire, durant la première partie de son séjour à Londres, l'enfant a beau connaître déjà l'œuvre de Chrétien Bach, toute son âme est frappée de la musique plus virile, ou plus originale et plus hardiment belle, de Hændel et de son élève Smith, ou encore des clavecinistes italiens. Et, en effet, le caractère dominant des cinq sonates de Londres, ainsi que nous allons le voir plus en détail tout à l'heure, est une certaine énergie tout à fait nouvelle qui s'y fait sentir, et qui souvent d'ailleurs apparaît plutôt dans l'intention de l'enfant que dans sa réalisation. Ces cinq sonates sont l'œuvre d'un musicien qui rêve de « faire grand » et qui souvent y échoue, faute des moyens suffisants. Aussi peut-on affirmer que c'est à Hændel, à Paradisi et à Pescetti, bien plus qu'à Chrétien Bach, que se rattache l'inspiration de ces cinq sonates, sans compter que nous y retrouvons encore, à chaque pas, des traces de l'empreinte de Schobert et du génie français.

Ajoutons enfin que, tout comme Chrétien Bach, le petit Mozart hésite maintenant entre les deux coupes allemande et italienne du morceau de sonate; mais bientôt, par une coïncidence curieuse, Chrétien Bach et lui se décideront pour la coupe ancienne des Italiens, avec reprise immédiate du premier sujet à la dominante, après les deux barres, et reprise seulement du second sujet dans le ton principal ; mais, tandis que Chrétien Bach restera désormais toujours fidèle à cette coupe, Mozart, dès 1768, reviendra à la coupe allemande qui, d'ailleurs, d'année en année, dans l'Europe entière, se substituera à la coupe rivale.

Arrivons maintenant à la première sonate du recueil; et d'abord, notons que, ne possédant point les manuscrits des sonates de Londres, il nous est impossible de savoir au juste dans quel ordre elles ont été composées. Cependant tout porte à croire que le n° 19 est bien le premier en date, comme il l'est dans l'ordre des morceaux publiés. On y retrouve encore la division classique en trois morceaux, avec un *andante* au milieu, telle que nous l'avons rencontrée jusqu'ici dans toutes les sonates de l'enfant; et l'*andante*, notamment, aurait parfaitement pu être composé à Paris. Cet *andante*, comme ceux des sonates précédentes, n'a qu'un seul sujet, se poursuivant sur un accompagnement continu qui ne laisse point de trahir mainte gaucherie dans la variété expressive des modulations. Après les deux barres, l'unique sujet est repris à la dominante, mais bientôt cède la place à un curieux essai de *développement* nouveau, d'un caractère pathétique accentué par de nombreux chromatismes; après quoi le sujet de l'*andante* est repris dans le ton principal et suivi d'une reprise un peu abrégée de toute la première partie. Dans les deux menuets, Mozart hésite entre les deux coupes de menuets qu'il a employées successivement jusqu'alors. Dans le second, comme dans ses menuets de Paris, il reprend son premier sujet dans le ton principal, après un petit épisode nouveau ; dans le premier, comme dans ses vieux menuets de Salzbourg, et dans ceux qu'il va écrire ensuite à La Haye, il ne fait point de rentrée du premier sujet dans le ton principal.

Mais c'est surtout le premier morceau de la sonate qui nous montre déjà les influences nouvelles subies par l'enfant en Angleterre. A la différence des sonates précédentes, à la différence de Schobert, et suivant l'exemple de Chrétien Bach, il y a là deux *sujets* très nettement

séparés, et suivis encore d'une ritournelle. En outre, l'enfant s'essaie,
non sans maladresse, à des effets de croisements de main tels que les
pratiquent volontiers les maîtres italiens. Après les deux barres, déjà,
le *développement* des sonates précédentes est remplacé par une reprise
très allongée, et toute rehaussée de modulations expressives ; puis le
second sujet et la ritournelle reparaissent, dans le ton principal sans
aucun changement. C'est là une coupe qui va désormais se montrer à
nous constamment, dans toute l'œuvre instrumentale de Mozart jusqu'en 1768. — Un dernier trait à signaler : dans son ardeur à adopter
le système nouveau des sujets séparés, l'enfant non seulement termine
son premier sujet par une cadence, mais imagine encore de terminer,
par une seconde cadence aboutissant à un accord de septième, son
second sujet, avant d'aborder la ritournelle finale.

Quant à la partie de violon, elle est encore très simple, mais déjà
avec de petites imitations en contrepoint. La partie de violoncelle,
écrite expressément à l'intention du roi Georges III, ne se trouve que
dans la partition conservée au palais de Buckingham.

19. — *Chelsea ou Londres, entre août et novembre* 1764.

Sonate en sol, pour le clavecin, avec accompagnement libre d'un
violon ou d'une flûte et d'un violoncelle.

K. 11.
Ms. perdu.

Andante. — *Allegro, (avec un menuetto en sol mineur, suivi d'un da capo).*

Cette sonate est la seconde de la série des six sonates publiées à
Londres. Ici, déjà, la distribution des morceaux nous montre l'enfant
s'affranchissant de ses habitudes précédentes pour adopter celles de
Chrétien Bach et des Italiens : deux morceaux seulement, d'abord un
andante, puis un *allegro* final. Et la nouveauté des influences subies par
Mozart apparaît mieux encore quand on examine les détails de la composition.

L'*andante* initial, assez court, ne comporte qu'un seul sujet, dont le
rythme fait songer à celui des grands menuets mélodiques de Schobert :
après les deux barres, un petit *développement* libre amène une rentrée
du sujet, un peu variée, mais surtout abrégée. Le style de cet *andante*
a quelque chose d'archaïque qui se ressent vivement des vieilles
sonates italiennes : on n'y trouve plus aucune trace de la *basse d'Alberti*,
et l'on rencontre çà et là, au contraire, de petites imitations ou
d'autres effets faciles de contrepoint comme les aimaient les Galuppi et
les Paradisi.

Quant à l'*allegro* suivant, c'est un morceau d'une coupe très originale, et où apparaît déjà pleinement la verve juvénile de Mozart. Les seuls modèles à qui l'on puisse comparer ce morceau sont les *rondeaux* tels que les pratiquait Chrétien Bach, et qui consistaient dans l'accouplement de deux petites pièces différentes, l'une majeure et l'autre mineure, d'importance et d'étendue à peu près égales, avec une reprise complète de la première après la seconde. Cependant le final de Mozart présente cette particularité que non seulement toute la première pièce (à l'exception d'un très court épisode mineur) n'est qu'une série de variations d'une même idée, mais que la seconde pièce, elle-même, tout en étant un *menuet* chantant à la manière de Schobert, a pour thème une transposition mineure de l'unique sujet de la première pièce. Nous voyons ici un témoignage nouveau de ce besoin profond et extraordinaire d'unité artistique qui a toujours été peut-être, entre toutes les qualités de Mozart, à la fois la plus constante et la plus personnelle. D'instinct, devant toutes les formes qui se présentaient à lui, enfant, adolescent, ou homme mûr, il éprouvait le désir d'y mettre plus d'ordre, et ainsi de lumière, de les ramener à un plan d'ensemble plus harmonieux.

Pour l'exécution, aussi, ce finale est infiniment supérieur à l'*andante* précédent. On y trouve de curieux effets de basse, à la façon de Schobert, et, dans le menuet mineur, des recherches harmoniques déjà très heureuses. Enfin la partie de violon, souvent encore insignifiante, comporte de jolies imitations en canon dans tout le menuet mineur.

20. — *Chelsea ou Londres, entre août et novembre 1764.*

Sonate en la, pour le clavecin, avec accompagnement libre d'un violon ou d'une flûte et d'un violoncelle.

K. 12.
Ms. perdu.

Andante. — *Allegro.*

Ici encore, sans parler de la division en deux morceaux, nous sentons très fortement l'influence des clavecinistes italiens. Le premier morceau, sans rentrée dans le ton principal, est la longue et déjà très habile poursuite d'une phrase unique, très chantante et très italienne, avec une figure d'accompagnement qui se poursuit à travers tout le morceau. Nous avons ici le premier exemple d'un genre de composition que nous retrouverons à toutes les étapes de la vie de Mozart, et qui s'épanouira merveilleusement dans le premier morceau du trio de clarinette de 1786. Et sans doute cet emploi d'un accompagnement con-

CHARLES FRÉDÉRIC ABEL
(1725-1787)
(D'après Gainsborough)

tinu répondait à une tendance native du génie de Mozart : mais l'occasion de le pratiquer ne lui en est pas moins venue, à coup sûr, des
clavecinistes italiens. Le fait est qu'on rencontre de ces figures d'accompagnement, répétées et modulées de mesure en mesure, dans toute
l'école italienne, depuis Scarlatti jusqu'à Sacchini, dont une sonate en
la (mais sûrement postérieure à celle de Mozart) a un sujet très voisin
de celui du présent *andante*. Et il n'y a pas jusqu'à l'accompagnement
de violon, dans cet *andante* de Mozart, qui ne répète à son tour, en imitation, la même figure d'accompagnement, achevant de donner ainsi
au morceau un caractère de gracieuse rêverie mélodique.

Quant à l'*allegro* qui sert de finale, il est fait sur le même modèle que
la première partie du finale de la sonate précédente : un thème très vif
et très gai, à trois temps, reparaît sans cesse, plus ou moins varié ; et
cette série de variations n'est interrompue qu'une fois, par un court
intermède mineur, d'ailleurs très original, avec des chromatismes et un
curieux effet d'unisson. Le morceau se termine par une *strette* qui peut
encore être considérée comme une dernière variation ; et nous devons
ajouter que, parmi la suite des variations, il s'en trouve une en mineur,
ce qui, comme nous le verrons, était fort rare à cette époque. L'écriture de ce finale est d'une aisance et d'une sûreté remarquables ; et
l'intime parenté de ce finale avec l'*andante* précédent fait de la sonate
n° 20 la plus réussie de toutes celles du recueil anglais.

21. — *Chelsea ou Londres, août à novembre* 1764.

Sonate en ut, pour le clavecin, avec l'accompagnement libre d'un
violon ou d'une flûte et d'un violoncelle.

K. 14.
Ms. perdu.

Allegro. — Allegro.— Menuetto I et Menuetto II (en fa), en carillon.

Le morceau le plus intéressant de cette sonate, étrangement composée de trois morceaux dans le même ton, est le second *allegro* dont nous
allons parler tout à l'heure. Ce second *allegro* en *ut*, à la fois par son
ton et par son caractère, nous apparaît comme ayant été destiné
d'abord à servir de finale, et ce n'est sans doute que plus tard que
l'enfant, pour étoffer son recueil, aura ajouté à sa sonate en deux morceaux (sur le modèle de celles de Bach et d'Abel) un double menuet.

Le premier morceau est encore tout à fait dans le style des sonates
parisiennes : on y trouve plusieurs idées, mais entremêlées, et bien
différentes des deux sujets distincts des sonates de Bach et d'Abel.
Après les deux barres vient un *développement* régulier sur la première

idée, et puis le premier sujet et toute la première partie du morceau sont repris dans le ton principal presque sans changement. Le morceau, s'il ne date pas de Paris, doit avoir été l'un des premiers que l'enfant ait composés à Londres.

Pareillement les deux menuets ont un caractère français très marqué. Le premier, avec son rythme chantant (qui fait penser à l'un des menuets du ballet d'*Orphée*) et avec sa reprise totale du premier sujet, pourrait parfaitement porter la signature de Schobert; et quant au second, *en carillon*, ce n'est que chez les vieux clavecinistes français que Mozart a pu trouver le modèle de ce petit morceau, d'ailleurs bien enfantin, et dont toute la particularité consiste à n'employer, à la main droite, que les notes les plus hautes du clavecin.

Reste le second *allegro*, qui, très simple, est d'un entrain, d'une gaîté, et d'une lumière déjà très caractéristiques de Mozart. Ce morceau doit nous arrêter un moment, car nous y trouvons le premier emploi, fait par Mozart, de l'un des genres favoris de la musique « galante » du temps, le *rondo*.

Le *rondo*, ou plutôt les *rondeaux* : car, ici comme dans tous les autres genres, l'enfant avait alors à choisir entre deux types différents et opposés dont l'un, qui allait prévaloir bientôt après chez Mozart et les musiciens allemands, pourrait être appelé le *rondo* allemand, tandis que l'autre, plus spécialement français, s'appelait d'abord, au pluriel, *rondeaux*. La différence de ces deux types était, au reste, si nette, que nous n'aurons pas de peine à la définir. Dans le *rondo allemand*, tel que nous allons le retrouver plus tard chez Mozart, le sujet principal, répété plusieurs fois dans le même ton (et, en principe, invariable), précède et suit toute sorte d'autres petits sujets musicaux, qui s'intercalent entre ses reprises comme des épisodes. Au contraire, dans le type français, le morceau consiste en deux parties d'étendue et d'importance égales, un majeur et un mineur, qui se juxtaposent comme deux *rondos* du type précédent, avec un *da capo* du premier après l'exécution du second. Le finale de la sonate n° 20 nous a montré un essai du *rondo* allemand, avec cette particularité que tous les épisodes, sauf un, étaient des variations du sujet principal ; le présent *allegro* du n° 21 nous fait voir l'enfant s'essayant dans l'autre type, qu'il a rencontré déjà souvent à Paris, mais qu'il a surtout trouvé constamment employé, à Londres, par Chrétien Bach. L'*allegro* consiste en deux morceaux distincts (qui cependant ne sont pas séparés par des barres de reprise, comme chez Bach) : un morceau majeur, et un morceau mineur assez étendu, n'ayant aucun rapport avec le précédent, après quoi le morceau majeur est repris *da capo* [1].

Or, ces deux types de *rondos* étaient employés concurremment par Chrétien Bach ; ainsi dans son recueil de sonates op. V, le finale de la 5° sonate, en *mi majeur*, est un véritable *rondo* allemand, avec un petit sujet se reproduisant quatre fois, et intercalant, entre ses reprises, d'autres petits sujets différents : mais, chez Chrétien Bach comme dans

---

1. Au reste, le finale de la sonate n° 19 était déjà fait, ainsi, de deux *rondeaux*, distincts, mais dont le second, en mineur, avait le même thème que le premier. Ici, les deux morceaux sont entièrement différents.

les premières œuvres de Mozart, les morceaux de ce genre ne portent point de titre, et ce sont seulement les morceaux de l'autre type, avec une juxtaposition de deux pièces égales, qui portent expressément la mention de *rondeaux*, ou *rondeau*, ou simplement *rondo*. Mozart, lui, n'emploie pas même le titre de *rondeau* pour ce second type, et ce n'est que l'année suivante, dans une de ses sonates de La Haye, que nous le verrons intitulant son morceau : *rondo*.

Dans la musique française que l'enfant a connue à Paris, le premier des deux types ci-dessus ne portait pas, non plus, le nom de *rondo*, mais il était éminemment populaire sous le nom de *pot-pourri*; et nous aurons l'occasion de parler des règles de ce genre lorsque, à La Haye, l'enfant composera son *Galimatias Musicum*.

22. — *Londres, octobre ou novembre* 1764.

Sonate en si bémol, pour le clavecin, avec l'accompagnement libre d'un violon ou d'une flûte et d'un violoncelle.

K. 15.

Ms. perdu.

Andante maestoso. — Allegro grazioso.

Cette sonate, la dernière du recueil de Londres, doit avoir été com posée assez longtemps après les précédentes. C'est ce que nous prou-verait déjà le fait qu'elle est en *si bémol*, tandis qu'une autre des sonates du recueil est dans le même ton ; mais le style de la sonate le prouve mieux encore, étant très sensiblement différent de celui que nous avons trouvé dans tout le reste du recueil. Ici, déjà, l'influence de Chrétien Bach se fait sentir très profondément, avec, tout au plus, un mélange de l'influence de Hændel et de son élève Smith. Non seulement, dans le premier morceau, le premier sujet ne fait point de rentrée dans le ton principal, mais ce premier morceau a déjà, comme ceux de Bach et d'Abel, deux sujets très distincts, séparés l'un de l'autre par une cadence et un point d'orgue. Et sans doute l'enfant, frappé de ce sys-tème nouveau, aura voulu l'accentuer en choisissant deux sujets aussi opposés que possible : car on ne saurait imaginer contraste plus com-plet. Le premier sujet, qui correspond bien à la désignation *andante maestoso*, est une série d'accords majestueux, sur un rythme de marche, modulant dans divers tons avec un grand souci d'originalité harmo-nique ; le second est un petit thème guilleret en *fa majeur*, survenant de la façon la plus imprévue après cet imposant exorde. Et ce contraste est plus marqué encore dans la seconde partie du morceau, où le premier sujet est varié, étendu, renforcé au double point de vue de l'expression et des harmonies, tandis que le second reparaît presque sans changement, tout menu et simplet. Mais cette insuffisance du second sujet ne doit pas nous rendre injustes pour la hardiesse, le pathétique et la grande sûreté musicale que révèle déjà l'ensemble du morceau : nous avons ici un nouveau témoignage du grand effort fait par l'enfant durant tout l'espace de son séjour en Angleterre.

Le second morceau est le seul finale de toute la série qui soit traité en « morceau de sonate ». Ici encore, il y a deux sujets distincts, et dont le second seul est repris dans le ton principal. Désormais, des années se passeront avant que nous trouvions, dans l'œuvre de Mozart, un *développement* suivi d'une rentrée dans le ton principal.

Ajoutons que l'accompagnement de violon, dans toute cette sonate, est beaucoup plus libre et déjà plus habile que dans les précédentes, avec un emploi presque continu de la réponse en imitation qui nous montre, lui aussi, le petit Mozart passant décidément de l'influence de Schobert à celle de Chrétien Bach.

23. — *Londres et Chelsea, entre avril et décembre* 1764.

Vingt-cinq petites pièces de musique, écrites au crayon, dans un album.

K. Anhang 109[b].
Ms. autogr. à Berlin.

L'album qui contient ces petites pièces, ainsi que, à leur suite, dix-huit autres pièces écrites à l'encre, n° 28, a été légué récemment à la Bibliothèque de Berlin par un collectionneur berlinois. C'est un petit cahier oblong, relié en cuir, et dont chaque page se trouvait réglée d'avance, avec six portées par page. A l'intérieur de la couverture, Léopold Mozart a écrit lui-même, de sa plus belle main : *di Wolfgango Mozart, a Londra, 1764.* Les vingt-cinq premières pièces, occupant soixante pages, sont écrites au crayon, et doivent provenir d'une même période ; au contraire les dix-huit dernières, écrites à l'encre, semblent bien attester chez l'enfant une aisance et maturité manuelle déjà plus grande, et il se pourrait qu'un assez long intervalle eût séparé la composition de cette seconde série de celle de la première. Aussi ne nous occuperons-nous de ces dernières pièces qu'en étudiant la période suivante de la vie de Mozart. Dans un catalogue énumérant toutes les œuvres produites par son fils avant décembre 1768, Léopold Mozart fera mention de « deux livres manuscrits, avec diverses pièces de clavecin,

que Wolfgang a composées successivement à Londres, en Hollande, etc. ».
Le présent cahier doit donc, après son achèvement, avoir été suivi d'un
second, commencé sans doute à La Haye, et qui mériterait bien d'être
recherché, — peut-être simplement dans une armoire du Mozarteum.
Le cahier de Londres aura évidemment été donné à l'enfant pour
faire suite à celui qui, offert à Marianne en 1759, avait d'abord servi à
Léopold pour y noter les menuets et autres petits morceaux que
devaient apprendre les deux enfants, et sur lequel, plus tard, Wolfgang
a écrit toutes ses premières compositions jusqu'à son menuet en *ré*
majeur de novembre 1763, n° 10. Mais, tandis que ce premier cahier
avait reçu même des compositions destinées à être gravées, telles que
les deux premières sonates de l'enfant, celui-ci n'a plus noté désormais,
sur cet album de Londres, que de petites pièces isolées, écrites par lui
pour s'instruire ou pour s'amuser : car on chercherait vainement, dans
tout le cahier, un seul morceau qui se retrouvât dans aucune des œuvres
gravées de Mozart.
On a supposé que l'objet de l'enfant, en écrivant ces petites pièces,
était de recueillir, comme allait faire ensuite Beethoven, des idées
pouvant être mises en œuvre dans des compositions plus importantes :
mais, si même une telle hypothèse ne se trouvait pas assez réfutée par
le fait qu'aucune de ces idées n'a jamais été reprise dans une autre
œuvre de Mozart, un coup d'œil jeté sur la série des petits morceaux
suffirait à prouver qu'il s'agit là d'exercices, écrits expressément pour
habituer l'enfant à tous les genres divers de la composition musicale.
Voici, d'ailleurs, une énumération très rapide des principaux morceaux,
avec l'indication de leur caractère :
Les n°⁸ 1 et 2 sont de petits finales d'un rythme vif et léger, l'un en
trois temps, l'autre en deux, et tous deux traités encore dans le style
un peu archaïque des compositions de Léopold Mozart. Le n° 3 est un
menuet, rappelant les menuets populaires français. Le n° 4, en *ré*, a la
forme d'un *rondeau de chasse*, à la française, avec un *minore* de longueur
égale à celle du majeur, et un *da capo*. Le n° 5 est une petite contredanse. Jusqu'ici, l'exercice ne porte encore que sur des genres très
simples, et traités par Mozart non moins simplement.
Le n° 6, déjà, avec son rythme de menuet, nous offre la particularité
d'une basse indépendante, et qui paraît avoir été ici la préoccupation
dominante du petit Mozart. Le n° 7 est une façon de prélude pour
orgue, ou peut-être seulement une étude d'accords, avec une première
partie en accords plaqués, et une seconde en contrepoint libre à trois
voix. Pareillement, dans le n° 8, un rythme de contredanse n'est manifestement qu'un prétexte pour de petits effets de réponses en imitation.
Les n°⁸ 9 et 10, en *la majeur* et *mineur*, forment un double menuet,
mais tout rempli de recherches harmoniques et de chromatismes d'une
liberté parfois encore assez maladroite. Le n° 11, de nouveau, est une
contredanse, avec un grand *trio* mineur. Ajoutons que, depuis le n° 7,
les morceaux, tout en étant écrits sur deux portées, ne doivent plus
être conçus en vue du clavecin, mais constituent de véritables exercices
de « musique pure ».
La préoccupation du clavecin reparaît clairement dans les n°⁸ 12, 13,
et 14, déjà infiniment supérieurs aux pièces précédentes, et, par ins-

tants, animés à un haut degré du génie « mozartien ». Le n° 12 est un
délicieux menuet, mais un menuet de sonate et non plus de danse,
avec une cadence finale qui se retrouvera maintes fois dans l'œuvre du
maître et que celui-ci a d'ailleurs empruntée à Schobert, ainsi qu'une
foule d'autres formules qui vont désormais lui devenir familières. Cette
cadence, en particulier, se retrouve, toute pareille, dans le premier
morceau de la 3° sonate de l'op. XX de Schobert :

Le n° 13 nous présente un essai de *tempo rubato*, avec transport du
chant à la main gauche ; et c'est encore à cette main que revient le rôle
mélodique dans le n° 14, mais, ici, sous un long trait continu de la main
droite en triples croches.

Enfin, le n° 15 nous apparaît comme un véritable morceau de sonate
en *sol* mineur, très étendu, avec deux sujets distincts et une longue
coda dans chacune des deux parties ; et une forme, des dimensions, et
une allure générale tout à fait pareilles se montrent à nous aussi dans
le n° 19. Modulations imprévues et expressives, effets mélodiques de la
main gauche, alternances de rythmes vigoureux et doux, toutes les
qualités des plus belles sonates anglaises de Mozart se rencontrent ici,
et peut-être avec plus d'originalité encore, l'enfant s'étant senti plus
libre dans ces sortes d'improvisations familières.

Le n° 16, lui, est une véritable improvisation de clavecin, un prélude
ou une *toccata* sans forme définie, tandis que, de nouveau, le n° 17 doit
avoir été incontestablement une étude de contrepoint et de modulation.
Par contre, le n° 18 ne doit avoir eu pour Mozart aucune portée instructive. C'est un innocent petit *rondeau*, avec une seconde partie mineure.

A partir du n° 20, nous avons l'impression que Mozart recommence à
délaisser l'étude du clavecin, comme aussi à vouloir s'essayer dans des
genres nouveaux pour lui, tels que les lui aura peut-être suggérés la
pratique des *suites* de Hændel ou de Smith. Ainsi le n° 20 (en *ré* mineur)
a le rythme d'une *sicilienne*, le n° 22 d'une *allemande*, et le n° 25 (en *ut*
mineur), d'une *gigue*, tout cela traité avec des imitations rappelant de
très près le style des deux maîtres susdits. Les n°ˢ 21 et 23 sont des
ébauches de finales de symphonie, avec également de nombreuses imitations ; et il convient de noter, dans le n° 23, une figure mélodique d'un
caractère passionné qui sera reprise par Mozart, bien longtemps après,
dans son opéra de *Don Juan*. Quant au n° 24, c'est un délicieux petit
menuet dans le style ancien, que l'on pourrait croire tiré d'une *suite* de
Smith, si la hardiesse des modulations et la grâce chantante de la
cadence finale n'attestaient irréfutablement la main de Mozart.

Tel est, en quelque sorte, le contenu « pédagogique » de cette première partie du cahier de Londres ; et il est probable aussi que, à par-

tir du n° 12, — qui marque, tout à coup, un sursaut extraordinaire, et désormais aboutissant à un niveau d'inspiration étrangement supérieur à celui des pièces précédentes, — le petit Mozart, en même temps qu'il s'occupait d'étudier les divers genres de la musique, aura voulu étudier la portée et les ressources propres des différents tons, à la manière des anciens préludes de Sébastien Bach, ou des *suites* naguère constituées artificiellement par Léopold Mozart dans un cahier d'extraits dont nous avons parlé. Car voici désormais que chaque morceau, ou à peu près, se trouve composé dans un ton distinct, et la série des treize derniers morceaux nous offre ainsi, par exemple, des pièces en *ut majeur* et en *ut mineur*, en *ré majeur* et en *ré mineur*, en *sol majeur* et en *sol mineur*, etc. A propos de quoi il convient d'observer que, pour les tons mineurs, en particulier, Mozart ne semble pas posséder encore, à ce moment, la conception très spéciale que nous le verrons acquérir bientôt de la valeur expressive des tons d'*ut mineur, ré mineur,* et *sol mineur.* Il paraît s'en tenir encore, dans son emploi expressif de ces tonalités, à la conception ancienne que lui enseignaient, par exemple, les *suites* de Hændel ; et rien n'est curieux comme de constater, dans son admirable morceau en *sol mineur* n° 15, une passion simple, vigoureuse, et un peu sauvage, telle qu'il la traduira volontiers plus tard en *fa mineur,* mais infiniment éloignée de l'accent de mélancolie sensuelle que lui suggérera toujours, dans la suite, le ton de *sol mineur.*

Ainsi tous ces morceaux ne sont rien que des exercices de composition ; et la vue de leur manuscrit nous apprend, en outre, que ce sont des exercices rapidement improvisés, sans le moindre souci d'une utilisation ultérieure, ni même de la mise au point que l'enfant se serait cru tenu de donner à ces essais, s'il avait désiré les soumettre, par exemple, à l'examen de Chrétien Bach ou d'aucun juge étranger. Aucune indication de mouvements ni de nuances ; sans cesse des omissions hâtives de changements d'armature, en un mot, une notation évidemment faite par Mozart pour son propre plaisir, au fur et à mesure que les idées surgissaient en lui. Et de ce caractère d'improvisation libre résulte souvent, comme nous l'avons dit déjà, une sorte de précipitation désordonnée, dans la pensée même, qui empêche les divers morceaux de nous offrir jamais l'impression d'œuvres achevées et vivantes ; mais, par ailleurs, le même caractère improvisé aura permis à l'enfant d'épancher là toute l'ardeur de son génie musical avec une liberté, une audace une variété savoureuse dans l'invention comme dans les modulations, qui, à chaque instant, nous valent des passages d'une beauté singulière. Nulle part, peut-être, dans l'œuvre tout entière de la jeunesse du maître, l'âme de celui-ci ne se traduit à nous aussi directement et pleinement que dans ces petits « devoirs » d'élève, avec tout ce que ceux-ci ont trop souvent d'informe et d'à peine ébauché.

Enfin ce cahier de Londres nous présente une dernière particularité d'un intérêt extrême, à la fois au point de vue historique de notre étude de l'œuvre de Mozart et au point de vue plus spécial de la connaissance du tempérament artistique de l'enfant. Nous avons dit déjà que, dans ses sonates et symphonies de Londres, celui-ci, à partir d'un certain moment, a abandonné son ancienne habitude des *développements* avec *rentrée* du premier sujet dans le ton principal, telle que la lui avaient encore enseignée, à Paris, les œuvres de Schobert, pour employer désormais l'ancien procédé italien de la reprise modulée du premier sujet après les deux barres, aboutissant à une reprise du second sujet dans le ton principal. Nous avons dit que, du jour où il a adopté cette nouvelle maniere de composer ses morceaux, Mozart, dans ses grandes œuvres publiques, symphonies, sonates, etc., n'est plus revenu jamais au système ancien, jusqu'au jour où, à Vienne en 1768, il allait se défaire tout d'un coup du procédé obstinément employé depuis la fin de 1764, et revenir dorénavant, pour toujours, à la coutume allemande des *développements* et *rentrées*. Mais, l'on pouvait supposer qu'il s'agissait là, par exemple, d'un sacrifice de l'enfant à la mode anglaise ou, plus tard, hollandaise, et que lui même, au fond du cœur, avait gardé sa sympathie pour une coupe qui était celle des œuvres de son père et de la plupart des musiciens salzbourgeois. Or, le cahier de Londres nous révèle que c'est avec son âme tout entière que le petit Mozart, depuis le jour où il a résolu d'adopter la coupe favorite de Chrétien Bach, s'est attaché à cette coupe, et n'a plus voulu, désormais, recourir à la coupe allemande même une fois par hasard, et bien moins encore l'employer concurremment avec la coupe opposée, ainsi que le faisait Chrétien Bach lui-même. Jusqu'au n° 5, en effet, tous les petits morceaux du cahier nous font voir, après les deux barres, un *développement* plus ou moins étendu et une *rentrée* du premier sujet dans le ton principal ; et puis, à partir du n° 5, sauf pour les morceaux à *da capo*, tels que les rondeaux ou les contredanses, la coupe ternaire des pièces précédentes disparaît complètement, même dans les menuets, pour être remplacée par le type nouveau du morceau divisé en deux parties égales, avec reprise du premier sujet à la dominante après les deux barres, et rentrée de la seconde moitié seulement de la première partie dans le ton principal. Tel nous apparaît Mozart en cette circonstance, tel nous le trouverons toujours, jusqu'à la fin de sa vie : constamment une impression nouvelle l'entraînera sur des chemins nouveaux, et son cœur et son esprit s'y engageront tout entiers, sans le moindre effort pour dévier ou pour revenir en arrière, jusqu'au jour où une impression différente produira sur lui le même effet tout-puissant, et souvent le ramènera précisément à l'endroit qu'il aura semblé avoir à jamais oublié.

SIXIÈME PÉRIODE

LES LEÇONS DE CHRÉTIEN BACH

(LONDRES : NOVEMBRE 1764 A JUILLET 1765)

La première partie du séjour de Mozart en Angleterre avait été beaucoup plus, pour lui, une période de développement intérieur et de recherches personnelles que de contact familier et suivi avec le monde musical environnant. La saison de l'opéra italien, lors de l'arrivée des Mozart, touchait à sa fin : encore que l'enfant ait pu entendre, au mois de mai 1764, deux opéras de Chrétien Bach, *Orione* et *Zanaïda*, tous deux offrant la nouveauté de contenir « de grands chœurs ». La série des oratorios de Hændel chantés à Covent-Garden s'était achevée le 13 avril, avec le *Messie*. Et bien que les voyageurs aient eu l'occasion d'assister à deux ou trois concerts intéressants, sans parler de ceux du 5 et du 29 juin, où Wolfgang lui-même avait pris part, le fait est qu'ils avaient à peine eu le temps de s'installer et de s'acclimater, lorsque déjà juillet avait interrompu complètement, jusqu'à l'hiver, toute vie musicale. En outre, la maladie du père, et les deux mois de séjour à Chelsea, qui en avaient été la conséquence, avaient rendu impossible aux Mozart la fréquentation directe des musiciens de Londres. Aussi, comme nous l'avons vu, les influences subies par l'enfant, durant cette première période, avaient-elles été surtout le résultat de lectures ; il avait étudié des partitions de symphonies d'Abel, des suites de Hændel et de Smith, des trios de Chrétien Bach, des sonates de Paradisi, Pescetti, Abel (op. II), etc. Déjà, en vérité, il avait fortement aspiré tout ce qu'il y avait d'italien dans l'atmosphère musicale de son nouveau milieu : mais cette atmosphère ne l'avait pas encore imprégné tout entier, ainsi que l'avait fait précédemment, sous l'action de Schobert, celle de Paris. A partir de l'hiver de 1764, au contraire, toutes ses œuvres et tout ce que nous savons de lui par ailleurs nous le montrent en rapports immédiats avec les principaux compositeurs, chanteurs et autres virtuoses réunis pour la « saison » ; désormais, à ses lectures s'est ajoutée une source d'enseignement plus vivante, le commerce quotidien de ses pairs ; et il faut donc, d'abord, que nous indiquions brièvement ce qu'a été la vie musicale de Londres pendant cette saison de 1765.

Le gros événement de cette saison, de même que de la précédente, a été la série des représentations de l'opéra italien au théâtre royal de Haymarket. En plus du compositeur Jean-Chrétien Bach, que les directeurs Giardini et Mme Mingotti avaient fait venir à Londres dès l'année précédente, ces directeurs avaient tenu, cette année, à réunir un ensemble excellent de chanteurs et d'instrumentistes. Les chanteurs étaient les soprani Manzuoli et Tenducci, les ténors Ciprandi et Micheli, et trois femmes d'un talent remarquable, Mmes Scotti, Cremonini, et Polly Young. Quant au répertoire, il comprenait, outre des reprises comme celle de l'*Orione* de Bach, un opéra nouveau de ce maître, *Adriano in Siria* (créé le 26 janvier 1765) le *Demofoonte* de Vento (2 mars), l'*Olimpiade* d'Arne, et divers *pasticcios*, c'est-à-dire adaptations à un livret nouveau d'airs empruntés à d'autres opéras précédents. Ainsi, la saison s'était ouverte, le 24 novembre, avec *Ezio ;* et puis était venue, le premier janvier, une *Bérénice*, dont les airs étaient pris à des opéras de Hasse, Galuppi, Ferradini, Bach, Vento, et Rezel, avec une marche composée expressément par Abel. Enfin, le 7 mars, pour son bénéfice, Manzuoli avait repris un *Re Pastore* de Giardini, vieux déjà de dix ans, mais pour lequel ce médiocre compositeur avait écrit plusieurs airs nouveaux ; et il est curieux de noter que Mozart a eu ainsi l'occasion de connaître, parmi les premières œuvres dramatiques qu'il ait entendues, une traduction musicale, probablement détestable, d'un poème qu'il allait mettre en musique lui-même, juste dix ans après.

Nous ignorons, en vérité, si Léopold Mozart avait déjà conduit son fils à des représentations d'opéras avant la départ pour la France, et notamment pendant le séjour à Vienne en 1762 : en tout cas, le petit Wolfgang ne pouvait guère encore profiter des leçons, que l'opéra de Vienne avait eu à lui offrir. A Paris, comme nous l'avons vu, la musique dramatique l'a certainement beaucoup intéressé déjà : mais c'était encore sous la forme de la petite opérette comique des Monsigny et des Philidor. A Londres, avec la précocité merveilleuse de son intelligence musicale, il était parfaitement en âge de comprendre une forme d'opéra plus relevée ; et voici que, par une coïncidence précieuse, l'année même de son séjour, la saison italienne de l'Opéra royal se trouvait avoir un éclat et une excellence incomparables, au point de dépasser tout autre ensemble lyrique dans le reste de l'Europe ! Et comme nous savons, de façon certaine, que l'enfant a reçu des leçons de Manzuoli, qui lui a même appris à chanter, nous pouvons en conclure qu'il a vécu en relations constantes avec tout le personnel des chanteurs et des instrumentistes

Je la saison. Maintes fois, son ami Manzuoli et son ami Chrétien Bach l'auront emmené au théâtre de Haymarket, où l'un était le compositeur en vogue, et l'autre le chanteur favori. Les opéras et les *pastiches* que nous avons nommés, l'enfant a dû les entendre ; et l'on conçoit sans peine de quelle importance a été pour lui cette éducation nouvelle, dans des conditions aussi propices. En effet, il lui a suffi de quelques mois de ce séjour à Londres pour posséder les secrets de l'air italien aussi complètement qu'il possédait ceux de la sonate et de la symphonie. C'est de quoi, malheureusement, il ne nous reste qu'une seule preuve directe, l'air *Va dal furor portata !* que nous allons étudier tout à l'heure, puisque toute trace a disparu des autres airs que Léopold, dans son catalogue, mentionne comme ayant été composés à Londres. Mais un témoignage presque plus important que toute preuve directe est celui que nous apporte le savant anglais Daines Barrington, qui, au mois de juin 1765, a fait subir à l'enfant un minutieux examen sur toute l'étendue de ses connaissances musicales. Quand l'examen en est venu au domaine du chant, Barrington, « sachant que Wolfgang avait été très apprécié par Manzuoli », lui dit qu'il aimerait à l'entendre improviser un air d'amour comme ceux que chantait son ami le soprano. « Là-dessus, l'enfant se mit immédiatement à chanter, sur des *tra, la, la,* en guise de paroles, cinq ou six lignes d'un récitatif, propre à précéder un air d'amour ; et puis, sur le clavecin, il joua une symphonie pouvant correspondre à un air qu'il composait et chantait, au fur et à mesure, sur le seul mot : *affetto.* Cet air avait une première et une seconde partie, qui, avec les symphonies, étaient de la longueur ordinaire des airs d'opéra ; et si cette composition improvisée n'avait rien d'un chef-d'œuvre renversant, à coup sûr, elle était fort au-dessus du médiocre, et montrait la promptitude d'invention la plus extraordinaire. »

Barrington lui demanda ensuite de composer « un air de fureur », également adapté à l'opéra italien ; et de nouveau, l'enfant, après un récitatif d'une expression de colère très bien marquée, créa, sur le mot : *perfido,* un grand « air de fureur » en deux parties. Barrington ajoute même que, « au milieu de cet air, le petit chanteur s'était excité à tel point qu'il frappait ses touches comme un possédé, et parfois se soulevait sur sa chaise, ne pouvant plus se tenir en place ».

Rien de plus instructif, pour nous, que ce petit récit; car non seulement il nous montre que l'enfant, grâce à sa fréquentation de l'opéra italien, savait déjà tous les procédés traditionnels du récitatif et de l'air, mais nous y voyons en outre que déjà, par delà ces procédés, il s'était imprégné des principes de l'expression dramatique, et sans doute s'était constitué, en somme, ce vocabulaire expressif qui désormais allait se retrouver chez lui jusqu'à la fin de sa carrière, de telle sorte que, depuis sa *Finta Semplice* jusqu'à sa *Flûte enchantée*, les grandes émotions du cœur, chez lui, allaient être traduites par un choix invariable de tonalités, de rythmes, etc.

Nous devons ajouter que, si les soirées de l'opéra italien et les leçons de Manzuoli ont contribué à cette éducation lyrique de l'enfant, celui-ci ne peut manquer d'avoir tiré, aussi, un grand parti des oratorios de Hændel qu'il a eu l'occasion d'entendre, à Covent-Garden, pendant le carême de 1765. La série des oratorios exécutés alors comportait notamment : *Judas Macchabée*, les *Fêtes d'Alexandre, Samson, Israël en Egypte* et le *Messie*. Les lois éternelles de l'expression musicale, de la transformation des sentiments du cœur en beauté vivante, nulle part elles n'auraient pu se révéler à Mozart plus clairement et plus simplement, avec un relief plus profond, que dans ces chefs-d'œuvre de Hændel.

Cette initiation à la musique vocale paraît bien avoir été l'événement le plus important du séjour de Mozart en Angleterre ; et nous ne sommes pas étonnés d'apprendre, par une lettre du père, que le rêve perpétuel de l'enfant, à cette époque, ait été de composer un opéra. A quoi il a dû être stimulé encore par les relations fréquentes et affectueuses que Barrington, entre autres, nous apprend qu'il a entretenues avec le grand chanteur Manzuoli. Celui-ci était un des derniers représentants de cette ancienne école de sopranistes qui se croyaient tenus de joindre à l'exercice et au développement de leur voix une éducation musicale la plus complète possible. S'étant pris d'affection pour le petit Mozart, il n'aura pas manqué de vouloir lui transmettre les secrets de son art ; et peut-être l'influence qu'il a exercée sur lui a-t-elle été plus profonde encore, et en tout cas plus précieuse, que celle, même, de Jean-Chrétien Bach. C'est évidemment grâce à lui que, dès le début de Mozart dans la musique dramatique italienne, en 1768, nous allons trouver le jeune garçon déjà pour le moins aussi habile que tous les autres compositeurs allemands de son temps, — sans parler de Hasse, naturellement, — à écrire pour la voix, avec le juste sentiment des ressources comme aussi des limites de chacun des divers timbres vocaux.

Mais avec tout cela Mozart, à Londres, était encore surtout un claveciniste et un auteur de musique instrumentale. Son père, naturellement, s'était mis tout de suite en relations avec le groupe de ses compatriotes : et ceux-ci, sauf le seul Chrétien Bach, étaient avant tout des instrumentistes. Au point de vue des résultats immédiats, ce n'est guère que dans la musique instrumentale que nous pouvons nous rendre compte des progrès de l'enfant ; et, quelque influence qu'aient eue sur lui les exécutions d'opéras ou d'oratorios, il est certain que, dans le domaine de cette musique instrumentale, le séjour de Londres a été pour lui très riche en leçons et en découvertes.

La vie des concerts, durant la saison de 1765, à Londres, s'est trouvée non moins brillante que celle de l'opéra. La passion du jeune couple royal pour la musique avait amené dans la capitale anglaise une foule de virtuoses en tous genres et de tous les pays ; et il n'est point douteux que les Mozart ont eu l'occasion d'entendre et d'approcher familièrement la plupart d'entre eux. Nous savons par exemple, d'après les lettres du père, qu'ils se sont liés avec le violoncelliste juif Siprutini. Ils ont dû entendre les clarinettistes mandés à Londres par Chrétien Bach, qui leur a réservé un rôle dans l'orchestration de son *Orione* ; et c'est là que Mozart a fait connaissance avec un instrument qu'il allait toujours, depuis lors, aimer d'un goût tout particulier. Pareillement, c'est à Londres qu'il s'est instruit tout à fait des propriétés de l'instrument nouveau qui était en train de se substituer, dans l'Europe entière, au vieux clavecin. Une correspondance anglaise du *Journal de Salzbourg* du 6 août 1765, nous apprend que « le célèbre facteur de pianos Burckard Tschudi », ayant fabriqué, pour le roi de Prusse, un piano d'un genre nouveau, avait tenu à le faire essayer, d'abord, en public, par le petit Mozart. De ces pianos d'un genre nouveau, tous les facteurs du monde en exposaient alors dans cette capitale de la musique européenne qu'était devenue, momentanément, la cité anglaise ; et Mozart a dû en essayer bien d'autres que celui de Tschudi. Aussi bien, son père nous le montre-t-il occupé à créer (ou du moins il le croyait) un genre nouveau de compositions, les morceaux à quatre mains sur un même clavier, dont l'idée, selon toute vraisemblance, lui aura été suggérée par l'extension du clavier dans les instruments nouveaux. Au reste, tout l'ensemble des œuvres qu'il a composées à Londres, avec sa variété, nous le montre saisi d'une véritable fièvre de nouveauté instrumentale comme celle qu'il éprouvera, douze ans plus tard, à Mannheim. Symphonies, sonates à quatre mains, probablement trios à cordes, dans toutes ces voies diverses l'enfant va s'engager avec une hardiesse et déjà une vigueur et une originalité étonnantes. Aussi n'est-il pas sans intérêt de connaître quelques-uns des programmes de concerts qu'il a pu — et même dû — entendre, et qui ont eu, pour résultat, de lui inspirer cette ardeur créatrice. Le 28 février 1765, à la salle Hickford, grand concert vocal et instrumental, avec des *soli* ou concertos de violon (par l'excellent violoniste bordelais Barthélemon), de violoncelle (par Cirri), de flûte (par Tacet), et de hautbois. Le 28 mars, concert vocal et instrumental au petit théâtre de Haymarket : *soli* de violon, violoncelle, et harpe ; puis « une pièce nouvelle composée par M. Bach ». Le 17 mai, à la salle Hickford « concert de musique composé et dirigé par M. Bach », avec concerto de violoncelle par Cirri, solo de violon par Barthélemon, et *solo* de viole de gambe par Abel.

Dans cinq ou six salles, des concerts avaient lieu régulièrement à de certains jours de la semaine : sans parler des concerts populaires du Ranelagh de Chelsea, et surtout de ceux du Vauxhall, qui avaient lieu tous les jours et jouissaient, dès lors, d'une vogue extraordinaire. Mais, par-dessus tout cela, le *clou* de la saison musicale de 1765 a été la série des quinze concerts d'orchestre organisés par Bach et Abel, en association avec la chanteuse Mme Cornelys. Celle-ci avait inauguré une série de concerts par souscription dès 1762, à Carlisle-House, dirigés par l'Italien Cocchi ; en 1763, les concerts avaient été dirigés, à tour de rôle, par Bach et Abel ; et maintenant, entre le 23 janvier et le milieu d'avril, Abel et Bach avaient pris ensemble la direction de ces séances et leur avaient aussitôt donné un éclat incomparable. Malheureusement, les programmes détaillés de ces concerts ne nous sont point parvenus : mais Chrétien Bach a fait paraître, dès avril 1765, les parties de *six Ouvertures à huit instruments*, op. III, « telles qu'elles ont été jouées aux concerts par souscription du mercredi » ; et, d'autre part, des *six symphonies* op. VII d'Abel, publiées l'année suivante, plusieurs doivent également avoir fait partie du programme de cette saison.

Nous avons eu déjà l'occasion de parler d'Abel, dont l'influence, d'ailleurs, semble bien s'être fait sentir surtout au début du séjour de Mozart à Londres : mais, au contraire, l'influence de Chrétien Bach, d'abord mêlée à d'autres, va de plus en plus nous apparaître dominante jusqu'en 1768 et peut-être même au delà ; de telle sorte qu'on peut bien dire que, en 1765, Chrétien Bach, remplaçant Léopold Mozart et Schobert, est devenu l'unique et véritable maître de Mozart. Il nous reste donc encore à indiquer brièvement ce qu'il avait à apprendre à son jeune élève.

Ce charmant musicien, qui était aussi le plus aimable et le plus complaisant des hommes, avait alors tout juste trente ans. Dernier fils de Jean-Sébastien Bach, il avait reçu quelques leçons de son père, mais surtout s'était formé, à Berlin (1750-1754), sous la direction de son admirable frère Emmanuel, dont il avait reçu des notions sérieuses et profondes qui devaient se retrouver jusqu'au bout, dans son œuvre, sauf à y être de plus en plus cachées sous l'élégance un peu superficielle du nouveau style italien. De Berlin, il s'était rendu à Milan, et y avait continué, pendant six ans, l'étude de son métier, aussi bien avec l'aide des maîtres locaux qu'avec les précieux avis du moine bolonais Martini, le plus savant des compositeurs religieux du temps. Mais déjà, pendant ce séjour à Milan, ses relations avec le monde des théâtres, et ses légèreté et indolence naturelles, l'avaient converti à l'art « galant » qui était en train d'envahir la musique. Si bien que, lorsqu'il avait été mandé à Londres en 1762, résolument il avait renoncé au style savant et travaillé de ses maîtres, pour se donner tout entier à des compositions gracieuses, faciles, et brillantes, où seule la sûreté infaillible du métier révélait l'ancien contrapuntiste élève d'Emmanuel Bach et de Martini.

Il avait été appelé à Londres pour écrire des opéras ; et les trois opéras qu'il venait de faire exécuter au Théâtre-Royal : *Orione* et *Zanaïda* en 1763, puis *Adriano in Siria* en 1765 avaient montré, tout ensemble, la solidité de ses connaissances techniques et son adresse à faire décidément entrer la musique dramatique dans les voies élégantes et mondaines où, depuis lors, elle n'allait plus cesser de marcher pendant une longue période. Remarquablement écrits pour le chant, et d'une orchestration plus fournie que chez les compositeurs italiens, ces opéras ont consacré la formation décisive d'un genre entièrement dépouillé de la raideur comme aussi du sérieux et de l'élaboration approfondie de l'ancien opéra. Les airs y étaient d'une allure plus simple et plus naturelle, et parfois même déjà d'une coupe plus brève que chez les Galuppi et les Lampugnani. L'expression, toujours très justement indiquée, y était moins poussée, ou, en tout cas, affirmée avec moins d'insistance ; la ligne mélodique, plus courte, avait des contours plus clairs et à la fois plus gracieux, tandis que, d'autre part, l'introduction de chœurs et de petits ensembles, l'addition à l'orchestre d'instruments nouveaux, l'ingéniosité sans cesse variée de l'accompagnement, tout cela contribuait à faire de ces opéras des œuvres plus séduisantes pour un public profane, plus rapprochées du genre, toujours plus en vogue, de l'*opera buffa*, et, par suite, mieux faites pour être comprises et goûtées du petit Mozart. Aussi leur influence sur lui fut-elle véritablement énorme : on peut dire que, durant toute sa jeunesse, Mozart est resté imprégné du style et de l'esprit même de Jean-Chrétien Bach dans le domaine de l'opéra. Et pour ce qui est du style, nous aurons souvent l'occasion, en analysant l'œuvre de Mozart, de signaler ses points de ressemblance avec celle de Bach : mais c'est ici qu'il faut que nous disions, d'une façon générale, combien, par delà ces procédés, la langue musicale des premiers opéras de Mozart et de tous ses airs italiens dérive de celle de l'auteur d'*Orione* et d'*Adriano*. Ce mélange d'élégance discrète, de pureté mélodique, de douceur parfois un peu molle mais toujours charmante, cette préférence de la beauté à l'intensité de l'expression dramatique, ou plutôt cette préoccupation constante de maintenir l'expression dans les limites de la beauté, tout cela est venu directement à Mozart des opéras de Chrétien Bach : il n'y a presque rien ajouté d'autre que son propre génie, c'est-à-dire le secret d'une beauté plus parfaite, et de l'emploi de la même langue à traduire des sentiments d'un degré plus haut. Pour tout le reste, et malgré les influences qui viendront se superposer à celle de Bach, celle-ci continuera à prédominer jusqu'au bout. Jusque dans *Titus*, son dernier opéra italien, composé à la veille de sa mort, l'air de Mozart nous apparaîtra comme le produit immédiat des airs d'*Orione*, d'*Adriano*, et de ces autres opéras de Bach que nous verrons que Mozart a encore eu l'occasion, par la suite, de connaître et d'aimer.

Dans le domaine de la musique instrumentale, l'influence de Bach sur Mozart a été moins durable, ayant eu bientôt à céder la place à l'action des deux frères Haydn : ou plutôt elle s'est prolongée chez Mozart d'une façon moins complète et moins exclusive, mais, là encore, une partie de la leçon qu'il a reçue de Chrétien Bach s'est implantée pour toujours dans l'esprit de Mozart. De même que, jusqu'à la fin de sa vie, il a retenu certains rythmes de Schobert pour l'élément vif, rapide, et joyeux de sa musique instrumentale, comme aussi pour la grâce chantante de ses menuets, de même il a toujours conservé, notamment dans ses *andantes*, une certaine douceur à la fois tendre et spirituelle, plus vive, pour ainsi dire, que la douceur allemande des Haydn, et qui, si elle ne lui est point venue de Chrétien Bach, du moins s'est développée chez lui sous l'action directe de ce maître. Le trait caractéristique de toute l'œuvre instrumentale de celui-ci, en effet, depuis son installation à Londres, a toujours été, comme nous l'avons dit déjà, une douceur toute féminine, allant jusqu'à une beauté véritable dans quelques *andantes* et tels thèmes de rondeaux, mais se retrouvant jusque sous les rythmes les plus vifs, où elle était souvent accompagnée d'une virtuosité à la fois discrète et brillante. Des idées musicales élégantes et ingénieuses, mais sans aucune profondeur d'expression, l'emploi incessant de certains effets, tels que la répétition des mêmes phrases tour à tour *forte* et *piano*, ou, d'une façon plus générale, une série constante de contrastes entre les *forte* et les *piano*, de fréquentes transmissions des mêmes phrases d'un instrument à l'autre, ou simplement d'une main à l'autre, un mélange de science réelle et d'improvisation : c'est ce que nous montrent aussi bien les symphonies de Chrétien Bach que ses concertos, trios, et sonates. Une musique dont la charmante douceur se communiquera pour toujours à Mozart : mais, avec cela, si superficielle et d'une élégance si peu variée que l'enfant, même pendant qu'il en imitera les procédés, ne pourra pas s'empêcher, inconsciemment, de s'élever au-dessus d'elle dans l'inspiration de ses œuvres prochaines. En fait, c'est seulement pendant son séjour à La Haye que toute sa musique, par son esprit et sa portée, se rattachera tout à fait à celle de son maître de Londres.

Quant aux procédés de Chrétien Bach, ceux-là garderont plus longtemps leur empreinte sur le petit Mozart. Mais nous n'avons pas à les définir ici, car chacune des compositions de l'enfant nous fournira une occasion de les signaler. Qu'il nous suffise de dire que, au point de vue de la coupe de la sonate, Chrétien Bach, durant toute sa carrière désormais, est revenu au type italien, encore simplifié et réduit : la plupart de ses sonates n'ont que deux morceaux, dont le

second est un double *rondeau* ou un *tempo di minuetto*. Et pour ce
qui est de la coupe intérieure des morceaux, Chrétien Bach, pareillement après avoir employé de front les deux systèmes opposés,
s'est montré de plus en plus enclin à reprendre exclusivement le vieux
système italien du morceau en deux parties, sans *développement* ni
rentrée du premier sujet dans le ton principal. Cette conception de
la sonate et cette coupe du morceau, nous allons les retrouver chez
Mozart jusqu'en 1768.

Il ne nous reste plus, pour achever le tableau général de cette très
importante et décisive période de la vie de Mozart, qu'à citer un
document contemporain dont nous avons déjà reproduit quelques
lignes : c'est, à savoir, le rapport où le savant naturaliste Daines
Barrington nous rend compte de la façon d'examen qu'il a fait subir
à l'enfant, au mois de juin 1765.

Barrington commence par rappeler que Mozart est en Angleterre
depuis plus d'un an. Il a eu l'occasion de l'entendre plusieurs fois
dans des concerts publics : mais la séance qu'il raconte a eu lieu en
tête à tête, dans la chambre des Mozart.

Il a d'abord présenté à Wolfgang un *duo* manuscrit composé par
un ambassadeur anglais sur des paroles du *Demofonte* de Métastase.
Le duo était écrit sur cinq lignes : 1er et 2e violon, les deux voix, et
la basse, — les deux violons notés en clé de contralto. Tout de suite
l'enfant a joué l'introduction instrumentale sur son clavecin, avec
une perfection absolue aussi bien pour la mesure que pour le style.
Puis, lorsqu'est arrivé le chant, il a pris la voix du haut, laissant
l'autre à son père : et Barrington ajoute que ce dernier s'est quelquefois trompé, mais non pas l'enfant.

Celui-ci a dit ensuite à son questionneur qu'il était souvent
« visité d'idées musicales », et que, même au milieu de la nuit, parfois il était forcé de se relever pour les exprimer au piano. Ce sont
évidemment des « idées » de ce genre qui ou bien se trouvent notées
dans les petites pièces du cahier de Londres (n°s 23 et 28), ou bien
ont servi de point de départ à celles de ces pièces que l'enfant a
revêtues d'une élaboration musicale. Barrington lui a demandé d'improviser : mais le père, en hochant la tête, a répondu qu'il ne savait
point si l'enfant le pourrait ; car il y avait des moments où il se sentait inspiré, tandis qu'à d'autres moments l'inspiration lui manquait.

Ce jour-là, cependant, était sans doute un bon jour, puisque Wolfgang a improvisé deux grands airs d'opéra, dans les conditions rapportées plus haut. Après cela, il a joué, sur son clavecin, « une
leçon difficile qu'il venait de finir les jours précédents » [1]. Ses doigts

---

1. Nous rechercherons tout à l'heure ce que pouvait être cette *leçon*, — terme
anglais qui désignait les sonates pour un ou plusieurs instruments.

atteignaient à peine une quinte : mais il paraissait connaître à fond tous les secrets de la composition. Par exemple, ayant produit un *tremolo,* il a aussitôt improvisé une très bonne basse au-dessous. Il était également très adroit aux modulations : ses passages d'un ton à l'autre étaient toujours « extrêmement naturels et judicieux ». Quant au contrepoint, on a raconté à Barrington que Chrétien Bach, ayant commencé une fugue, s'était arrêté brusquement : sur quoi l'enfant avait aussitôt continué, et « élaboré la fugue jusqu'au bout de la façon la plus magistrale ».

Enfin l'auteur du rapport ajoutait que, pour remarquables que fussent les compositions écrites de l'enfant, c'était surtout dans les improvisations que Wolfgang montrait « une invention et un génie extraordinaires ». Sur ce dernier point, où les preuves positives nous font malheureusement défaut, nous devons dire, une fois pour toutes, que tous les témoignages confirmeront celui du savant anglais, jusqu'à la fin de la vie de Mozart.

Et pour les autres renseignements que nous donne Barrington, l'analyse des compositions de Mozart à Londres va nous permettre d'en établir l'absolue exactitude historique.

24. — *Londres, décembre 1764 ou janvier 1765.*

Symphonie en mi bémol, pour deux violons, alto, basse, deux hautbois et deux cors.

K. 16.

Ms. aut. à Berlin.

Molto allegro. — *Andante (en ut mineur).* — *Presto.*

L'autographe de cette symphonie (à la Bibliothèque de Berlin) porte simplement : *Sinfonia di Sig. Wolfgang Mozart à London.* Mais on peut affirmer à coup sûr que la symphonie a dû être écrite avant la fin de janvier 1765, puisque le père, dans une lettre de cette date, annonce que, à la séance que vont donner ses enfants, « toutes les ouvertures seront de la composition de Wolfgang ». Et, d'autre part, le caractère de la symphonie, déjà toute inspirée de Chrétien Bach, et sa différence avec la symphonie inachevée en *si bémol* n° 16, prouvent formellement que cette symphonie a déjà été faite durant la seconde période du séjour à Londres.

En effet, sans parler même de l'énorme progrès technique accompli depuis la symphonie en *si bémol* et sur lequel nous aurons à revenir tout à l'heure, il suffit d'ouvrir la partition du n° 24 pour apercevoir sa ressemblance parfaite avec les *six ouvertures* de Chrétien Bach (op. III), exécutées dans les concerts Bach-Abel au printemps de 1765, comme aussi, — bien que, déjà à un degré moindre,— avec les *six symphonies* d'Abel (op. VII), dont plusieurs ont dû être composées pour ces mêmes concerts, et dont nous avons vu que l'enfant en a copié une dans le même temps où il écrivait sa première symphonie. Nous avons là, au lieu d'une *symphonie* à l'allemande, une véritable *ouverture* italienne, ne contenant que trois morceaux, et avec un finale rapide et court, ou du moins très peu développé musicalement. Que si nous examinons la coupe et les procédés de composition, nous reconnaîtrons aussitôt que l'enfant s'est déjà rendu pleinement maître du nouveau style « galant » qui va prédominer chez lui jusqu'en 1768. Et déjà, comme nous l'avons dit, l'influence de Chrétien Bach apparaît si forte sur le petit Mozart que celle d'Abel passe au second plan. L'enfant va même plus loin que son maître dans la voie où celui-ci l'a engagé : non seulement il renonce tout à fait à la coupe allemande des morceaux, avec *développement* et *rentrée*, tandis que Bach hésite encore entre les deux coupes, les employant tour à tour dans les divers morceaux de ses symphonies : mais on peut dire d'une façon générale, que l'allure brillante et cursive de la symphonie de Mozart est plus voisine de la manière habituelle de Chrétien Bach dans ses œuvres suivantes que les symphonies de l'op. III de celui-ci, où se montrent encore des traces de l'ancien contrapuntiste, élève d'Emmanuel Bach et de Martini. Au point de vue des procédés, toute la symphonie de Mozart dérive de Bach. Absolument comme chez ce maître, nous y découvrons des oppositions fréquentes de *piano* et de *forte ;* comme Bach (et aussi comme Abel), le petit Mozart se plaît à répéter chacune de ses phrases. Comme Bach, il distingue déjà très nettement, en les séparant par une cadence, deux *sujets* dont l'un est volontiers plutôt rythmique, et l'autre mélodique. Comme Bach, il donne à son finale l'allure facile et brillante d'un petit *rondeau.* Comme Bach, il n'emploie guère les hautbois et les cors qu'à doubler les cordes, sauf à leur confier parfois de petites *rentrées* indépendantes. Et il y aurait à signaler bien d'autres points de ressemblance encore, toujours avec cette particularité piquante que, chez Mozart, le style anglais ordinaire de Bach se montre à nous plus librement que dans les premières symphonies de ce maître lui même.

Regardons maintenant, dans son détail, la symphonie de Mozart. Le premier morceau, avec des phrases toujours redites deux fois, est formé de deux sujets que sépare une cadence. Après les barres, l'enfant reprend tout de suite son premier sujet, à la dominante, mais avec des modulations diverses, plus expressives, qui donnent presque à cette reprise la portée d'un *développement :* après quoi le second sujet est repris, dans le ton principal presque textuellement. Invention des idées, modulations, procédés instrumentaux, tout révèle une avance énorme par rapport à l'essai (n° 16), de la période précédente. L'opposition des unissons et du travail harmonique, dans le premier sujet, a déjà une aisance et une sûreté remarquables ; tandis que le second sujet nous fait voir, dans la manière de Chrétien Bach, de belles marches de l'alto et de la basse, sous les *trémolos* des violons. Le contrepoint même apparaît, çà et là, en petites figures déjà très habiles. L'alto se détache résolument de la basse et joue même par moment un rôle assez important. Enfin, si la tâche des cors se borne trop souvent à doubler l'alto ou la basse, celle des hautbois, en maints passages, apparaît plus libre et plus originale.

Et cette tâche des hautbois devient même essentielle dans l'*andante* en *ut mineur*, où l'on pourrait dire que, avec les basses, ils sont seuls à faire le chant, pendant que les deux violons et l'alto poursuivent un accompagnement continu en triolets, avec des modulations constamment renouvelées. Cet *andante* n'a, en vérité, qu'un seul sujet, étant conçu d'un seul trait, tout entier : mais une variation majeure du sujet vers le milieu de la première partie, et reprise ensuite, en mineur, dans la seconde partie, tient lieu du second sujet des *andantes* de Bach. Comme dans le premier morceau, le sujet est repris aussitôt après les deux barres, en majeur, mais avec une extension qui lui donne un peu le caractère d'un *développement* : après quoi la seconde moitié de la première partie, seule, fait sa rentrée dans le ton principal. Mais toute cette analyse des procédés, — parmi lesquels il faudrait encore noter un curieux travail d'imitations entre les deux violons, — ne saurait donner aucune idée de l'intérêt véritable de cet *andante* mineur, où se révèle déjà très clairement à nous l'un des éléments les plus précieux du génie de Mozart. Suivant toute probabilité, c'est de Schobert (notamment dans la sonate en *ré* de l'op. III, déjà imitée par Mozart dans une de ses sonates parisiennes), que l'enfant se sera inspiré pour écrire ce pathétique morceau, où la phrase saccadée des basses fait l'effet d'un sanglot sous le gémissement continu des violons ; mais ce système de l'accompagnement continu produisant, à lui seul, l'expression pathétique d'un chant, et toute la série des modulations avec leur chromatisme sensuel, et la petite cadence mélodique qui rythme les strophes de la plainte, tout cela représente déjà un côté de l'art du maître qui subsistera jusqu'au bout de son œuvre, et traduira la plus intime poésie de son âme.

Quant au final, directement sorti de Chrétien Bach et d'Abel, avec ses fréquents unissons et son allure toute rythmique, c'est une façon de *rondeau* abrégé où les mêmes phrases reviennent trois fois, toutes pareilles, mais sans que leurs reprises soient séparées par d'autres épisodes. Il est manifestement imité, surtout, du finale de la seconde symphonie de Bach, en *ut*, où se retrouvent non seulement un sujet tout semblable, une disposition analogue, des reprises pareilles, et les mêmes successions continuelles de *forte* et de *piano*, mais jusqu'au procédé curieux d'une barre de reprise survenant à la 15e mesure du morceau, qui, depuis lors, n'en comporte plus d'autres. Le finale de Mozart est d'ailleurs fort au-dessous des deux morceaux précédents, aussi bien par sa valeur musicale que par sa portée expressive : ni dans l'harmonie, ni dans l'instrumentation, il n'a rien à nous offrir d'un peu intéressant ; et la seule conclusion qui s'en dégage pour nous est la profonde empreinte subie déjà, à ce moment, par le petit Mozart du style et de tout l'idéal musical italiens de son temps, tels qu'ils se manifestaient à lui dans l'œuvre de Chrétien Bach.

25. — *Londres, entre janvier et avril* 1765.

Symphonie en ré, pour deux violons, alto, basse, deux hautbois et deux cors.

K. 19.

Ms. de Léop. Mozart à Munich.

Allegro. — *Andante* (en *sol*). — *Presto.*

L'autographe de cette symphonie a disparu : mais la Bibliothèque de Munich en possède les parties séparées, copiées par Léopold Mozart, et portant une inscription suivant laquelle la symphonie a été composée par Wolfgang « en 1765, à Londres »; et quant à la détermination exacte du mois de sa composition, elle nous est rendue impossible par ce fait que, à chacun des deux concerts de Mozart, en février et en mai 1765, les avis annoncent que « toutes les *ouvertures* seront de la composition de l'enfant ». Ce pluriel semble bien indiquer que, dès le concert de février, il devait exister déjà au moins *deux* symphonies : mais, d'autre part, il se peut que Mozart ait fait jouer à ce concert, après l'avoir terminée, sa symphonie en *si bémol* de 1764 n° 16, et que la symphonie en *ré* ait été écrite plus tard, pour être jouée, avec la symphonie en *mi bémol*, au concert de mai.

En tout cas, cette symphonie doit avoir été destinée à terminer un concert, de même que la précédente l'était à en commencer un, et par là s'explique le caractère plus léger, plus rapide, et moins travaillé, de cette symphonie, qui, en regard de la précédente, était quelque chose comme un finale en regard d'un premier morceau. Mais au fait, sous cette infériorité apparente, la symphonie en *ré* dénote déjà un métier plus sûr, avec un emploi plus libre des instruments et maints autres progrès de détail, — tous progrès qui continuent à s'accomplir sous l'influence immédiate de Chrétien Bach; et, pour le prouver, il serait fort intéressant de comparer cette symphonie, trait pour trait, avec la première symphonie de l'op. III de Chrétien Bach, également en *ré*. Voici comment, à la Bibliothèque du Conservatoire, nous avons résumé cette symphonie de Bach : l'analyse qu'on va lire s'appliquera de tout point à la symphonie de Mozart.

1° *Allegro C.* Pas de barres de reprise dans ce premier morceau. Après un premier sujet tout rythmique, aboutissant à une cadence, un second sujet en *la*, attaqué *piano*. Puis, en manière de *développement*, un travail sur le premier sujet, avec des modulations en *si* mineur. Après

quoi le premier sujet n'est plus repris, mais seulement le second, cette
fois en *ré*, et presque sans changements jusqu'à la fin du morceau. A
signaler le rôle très important de la basse, avec ses gammes montantes
et descendantes. Les instruments à vent ne font guère que doubler :
mais les hautbois, en particulier, ont une partie très chargée, et font
même quelques notes à découvert.

2° *Andante* 2/4, en *sol*. Pas d'instruments à vent. Ici, il y a une barre
de reprise, et le morceau, très court, ne comporte qu'un seul sujet.
Petites imitations entre les quatre instruments, comme dans le premier
morceau ; reprise du sujet à la dominante après les deux barres, et pas
de rentrée dans le ton principal.

3° *Presto* 6/8. C'est un finale court et vif, mais construit en morceau de
sonate, avec une barre de reprise après laquelle le thème est repris à
la dominante, puis reparaît à la tonique (dès la 4ᵉ mesure), mais, en
réalité, pour faire une *fausse rentrée*, car il est aussitôt varié de fond
en comble ; et ce n'est que la seconde moitié de la première partie qui
est reprise, ensuite, presque intégralement. Comme dans le premier
morceau, rôle important de la basse, tout semé d'imitations ou de figures
indépendantes.

Ainsi, nous l'avons dit, cette analyse pourrait exactement s'appliquer à la symphonie de Mozart. Il n'y a pas jusqu'à des particularités
aussi précises que les modulations mineures du premier morceau, ou
la *fausse rentrée* du finale, qui ne se retrouvent chez Mozart. Les seules
différences sont que : 1° dans l'*andante*, Mozart conserve les cors, tout
en supprimant les hautbois ; 2° dans ce même *andante*, il fait une rentrée dans le ton principal, tandis que Bach, en somme, n'en fait plus
aucune dans toute sa symphonie ; 3° enfin, dans le dernier morceau, le
développement qui précède la *fausse rentrée*, a une étendue de huit
mesures, au lieu de quatre mesures qu'il occupe chez Bach.

Ajoutons que, à l'exemple de Bach, et de même que dans sa symphonie précédente, Mozart répète deux fois ses phrases, et multiplie les
oppositions de *forte* et de *piano*. On doit même noter, dans ces œuvres
de Londres, un luxe de nuances qui, plus tard, ne reparaîtra chez
Mozart que d'une façon tout intermittente. Aux *F* et aux *P*, qui sont
les seules nuances qu'il indiquera presque toujours, se joignent ici des
fp, des *sempre p*, et même quelques *m. f.* (*mezzo forte*).

Mais, sous cette imitation de Bach, l'enfant n'en garde pas moins sa
nature propre : encore que cette symphonie, plus brillante et plus en
dehors, ne soit pas aussi profondément « mozartienne » que les deux
premiers morceaux de la précédente. Et surtout on éprouve un véritable
plaisir à voir avec quelle hâte merveilleuse il se rend maître de tous les
secrets de son art, par exemple pour ce qui concerne le rôle et les ressources des instruments à vent, ou encore l'emploi expressif des basses.
Souvent même, il distingue déjà les violoncelles des basses. De plus en
plus, la partie de l'alto se développe et se détache des autres parties.
Enfin l'harmonie acquiert sans cesse plus d'audace et de liberté, — observons, en particulier dans le *développement* du premier morceau, une
modulation subite de *la majeur* en *si mineur*, ayant un imprévu, une force
et une beauté expressives, qui sont bien caractéristiques de la fièvre
créatrice de l'enfant durant cette période de vraie révélation artistique ;

et le contrepoint, encore très discret dans les deux premiers morceaux, s'accentue dans le finale, avec des imitations très ingénieuses entre les violons et les basses.

26. — Londres, entre janvier et juillet 1765.

Air en ut, pour ténor, « *Va dal furor portata* », avec accompagnement de deux violons, alto, deux hautbois, deux bassons, deux cors, violoncelle et contrebasse (Texte de l'*Ezio* de Métastase).

K. 21.

Ms. de Léop. Mozart à Munich.

Va dal furor por . ta . ta

Une copie de cet air par Léopold Mozart qui est le seul autographe que nous connaissions porte l'inscription : *Aria di Wolfgango Mozart a Londra, 1765.* L'air faisait évidemment partie de la série dont parle Léopold Mozart, dans son catalogue de 1768, « comme ayant été composés les uns à Londres et les autres à La Haye ». Mais il est impossible de savoir si l'enfant l'a composé pour ses propres concerts avec orchestre des 21 février et 13 mai ou pour l'un des six concerts donnés par Bach et Abel. En tout cas, la richesse de l'orchestration semble prouver qu'il a été destiné pour un grand concert ; et, d'autre part, la hardiesse et la liberté plus marquées de l'instrumentation (notamment dans les parties des hautbois et des bassons) semblent bien indiquer une date postérieure à celle des deux symphonies précédentes. Quant au choix du texte, il aura été inspiré à Mozart par l'exécution, à l'Opéra de Londres, d'un *Ezio* arrangé en *pastiche*, c'est-à-dire avec des airs empruntés à d'autres opéras. Léopold Mozart lui-même, dans une de ses lettres, mentionne cet *Ezio*, que son fils et lui doivent sûrement avoir entendu. Enfin les relations de Mozart avec Manzuoli tendraient à faire supposer que l'enfant a dû écrire des airs pour ce fameux castrat : mais l'air nº 26, étant écrit en clé de ténor, ne saurait avoir été fait pour lui. Il ne semble pas, non plus, que cet air puisse avoir été fait pour le concert donné par les Mozart le 13 mai 1765, car, d'après l'avis publié, tous les airs y étaient chantés par une femme la « Signora Cremonini ».

Le genre de l'*air*, que nous rencontrons ici pour la première fois, va jouer un rôle capital dans la carrière artistique de Mozart. En fait, on peut dire que, jusqu'à *Idoménée*, tous ses opéras, oratorios, etc., ne seront, d'un bout à l'autre, que des suites d'airs. Aussi convient-il de décrire, dès à présent, la coupe de l'air telle que la pratiquaient, en 1765, tous les auteurs d'opéras italiens, et telle que Mozart lui-même, l'ayant

apprise de Chrétien Bach, l'a pratiquée pareillement, sauf à y introduire parfois certaines modifications que nous aurons à noter.
   L'air italien, en 1765, ne saurait être mieux comparé qu'à une sonate
où le finale serait remplacé par une reprise *complète* du premier
morceau. Donc, toujours deux morceaux, dont le premier plus long et
d'un caractère plus mélodique, le second plus court, dans un autre
ton, et volontiers dans un ton mineur, — l'équivalent de l'*andante* de la
sonate : après quoi, reprise entière, et sans changement, du premier
morceau.
   Celui-ci était traité de la façon suivante : après un prélude de l'orchestre, formé soit seulement d'une ritournelle qui devait servir de
transition entre les diverses parties de l'air, ou bien d'une sorte d'exposé
sommaire du premier sujet, suivi de la susdite ritournelle, la voix
exposait ce premier sujet, déjà plus étendu, plus varié, plus coloré que
dans le prélude orchestral, et aboutissant à une cadence dans le ton de
la dominante ; alors l'orchestre reprenait sa ritournelle dans ce ton, et
la voix, ensuite, toujours sur les mêmes paroles, chantait une sorte de
variation du premier sujet, encore plus ornée et plus colorée, de façon
à finir, cette fois, sur une longue cadence dans le ton principal. Si nous
omettons le prélude d'orchestre, cette coupe du premier morceau de
l'air est absolument identique à celle du premier morceau de la sonate
italienne, tel que nous l'avons vu traité par Mozart dans ses sonates et
symphonies de Londres, à l'exemple de son maître Chrétien Bach : la
première cadence, dans l'air, correspondant à la barre de reprise dans
le morceau de sonate.
   Puis vient le second morceau, dont nous avons dit déjà qu'il est toujours beaucoup plus court, dans un autre ton, et volontiers mineur. Ce
petit morceau, écrit sur des paroles nouvelles, n'a généralement aucun
rapport musical avec le premier, et est d'une coupe infiniment plus
libre. C'est la partie de l'air où le compositeur, tout en se rapprochant
davantage du récitatif, s'efforce d'exprimer plus en détail les nuances
du sentiment donné. La cadence finale de ce second morceau est suivie
d'une reprise abrégée de la ritournelle, qui, elle-même, précède la
reprise intégrale du premier morceau.
   Telle est la coupe que nous offre déjà l'air n° 26. Ce qui frappe aussitôt, à la lecture de cet air, c'est l'importance de l'accompagnement
orchestral, traité à la façon des symphonies anglaises de Mozart (avec,
même, l'addition d'une partie de basson, et particulièrement travaillée) ;
le travail des violons reste toujours très fourni, les violoncelles et
basses ont souvent un chant indépendant ; et les hautbois, employés
sans cesse, exécutent une figure à découvert. Cette importance de
l'orchestration, — directement inspirée de Chrétien Bach, mais tout de
suite déjà plus grande que chez ce maître, — nous allons la retrouver,
presque toujours, dans la musique vocale de Mozart : elle en est comme
la signature propre ; et parfois même nous verrons le jeune homme
emporté par son génie d'instrumentiste, jusqu'à sacrifier, dans ses airs
et ses chœurs, le chant à l'accompagnement.
   Ici, cependant, l'orchestre, malgré sa richesse, se borne à doubler
ou à accompagner le chant. Le premier morceau de l'air est d'une ligne
très simple, traduisant avec une précision déjà remarquable ces paroles

MANUSCRIT AUTOGRAPHE DU CHŒUR : " GOD IS OUR REFUGE " (N° 27).

Offert par le petit Mozart au British Museum en 1765.

(Londres, British Museum.)

du texte : *Va, emportée par ta fureur ! Révèle la trahison ! Mais rappelle-toi,
ingrate, quel est le traître !* Mais l'originalité de Mozart apparaît surtout dans la seconde partie où un rythme continu des violons, tout
en modulations expressives, accentue l'énergie d'un chant parfaitement
approprié au sens de ces paroles du texte. « Découvre la fraude
ourdie, mais pense, en même temps, que c'est moi qui t'ai donné la
vie, cette vie que tu m'enlèves ! »

Il y a dans l'*Adriano in Siria* de Chrétien Bach, que Mozart venait
d'entendre quand il a composé son premier air, un grand nombre d'airs
qu'il serait intéressant de rapprocher de celui-là. La distribution des
parties, le rôle de l'accompagnement, l'opposition du premier et du
second morceau, et même le degré de l'expression et l'idée mélodique,
tout y ressemble singulièrement à ce que nous fait voir l'air de Mozart.
Citons notamment deux airs pour Manzuoli : *Dopo un tuo sguardo* et *Son
sventurato*. Mais, d'autant plus, il est curieux de constater combien, sous
cette imitation directe, le génie de l'enfant affirme son originalité, par
exemple, dans la signification expressive plus prononcée de l'orchestre
et jusque dans les dimensions de la seconde partie de l'air, toujours
extrêmement courte chez Chrétien Bach.

27. — *Londres, juillet* 1765.

Chœur à quatre voix en sol mineur, pour soprano, alto, ténor et
basse.

K. 20.

Ms. aut. au British Museum.

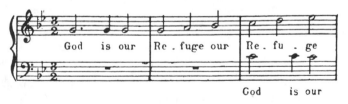

Durant une visite que firent les Mozart au British Museum, en juillet 1765, l'enfant donna à cette bibliothèque toutes ses sonates publiées
jusqu'alors, le portrait de Carmontelle gravé par Delafosse, et aussi
« plusieurs manuscrits originaux », parmi lesquels se trouvait un petit
chœur expressément écrit par lui à cette intention, sur des paroles
anglaises. Ce genre de composition était alors très en honneur à
Londres, sous le nom de *madrigaux*. L'usage était de chanter ces petits
chœurs à table, dans des sociétés dont l'une s'appelait même expressément la *Madrigal Society*. De préférence, les *madrigaux* étaient de
simples canons : mais le petit Mozart, pour faire montre de sa science, a
tenu à écrire une véritable fugue, où les entrées régulières sont suivies
d'un petit travail déjà assez sûr et habile. Au reste, quelques passages des deux symphonies de Londres et divers morceaux de l'album
dont nous avons parlé, et sur lequel nous aurons à revenir, prouvent que

le contrepoint tenait une grande place dans les études de l'enfant à Londres ; et bientôt son *Galimatias* de La Haye nous le fera voir maniant le *fugato* et la fugue avec une connaissance très suffisante de leurs règles essentielles. Ici, ayant à traiter un sujet religieux, l'enfant a évidemment voulu s'inspirer de l'ancienne musique d'église, aussi bien dans le choix de son sujet que de ses modulations. C'est certainement de ce chœur que veut parler Léopold Mozart lorsque, dans son catalogue de 1768, il mentionne « une fugue pour quatre voix ».

28. — *Londres, entre janvier et juillet* 1765.

Dix-huit petites pièces, (nos 26 à 43), écrites à l'encre sur l'album qui contenait déjà les vingt-cinq petites pièces du n° 23.

Ms. aut. à Berlin.

Comme nous l'avons dit en étudiant le n° 23, les vingt-cinq premières pièces de l'album donné par Léopold Mozart à son fils, en 1764, et qui étaient écrites au crayon, se trouvent suivies, jusqu'à la fin du cahier, de dix-huit autres petits morceaux analogues, mais qui, eux, sont écrits à l'encre, et attestent une main déjà un peu moins enfantine. Nous serions même tentés de croire que Mozart, après avoir composé avec une véritable fièvre les vingt-cinq premiers morceaux pendant son séjour à Chelsea, s'est fatigué de ces exercices et ne s'y est plus remis qu'après son départ de Londres : mais cette hypothèse est contredite par plusieurs arguments, dont l'un est que, comme nous l'avons dit également, Léopold parlera bientôt d'un second cahier analogue, écrit à La Haye, — et aujourd'hui perdu. Sans compter que le style de plusieurs des morceaux, et l'essai timide d'une fugue, à la fin du cahier, indiquent bien une origine antérieure à la période de La Haye ; et puis nous avons vu, dans le rapport de Daines Barrington, que l'enfant, durant les derniers mois de son séjour à Londres, continuait de noter « les idées qui lui venaient en tête », et qu'il a même joué en présence du savant anglais « une leçon de clavecin très difficile qu'il venait de composer ». Cette « leçon » ne pouvait pas être une des sonates de Londres, dont la série complète se trouvait déjà gravée au moment où Daines Barrington a examiné le petit Mozart; et comme celui-ci, — le catalogue de son père nous l'apprend, — n'a composé en Angleterre que ces six sonates, il s'agit là, évidemment, de l'un des morceaux à l'encre du présent cahier, par exemple l'un des deux nos 29 et 35. Aussi ne pouvons-nous point douter que ces 18 derniers morceaux du cahier aient été écrits entre janvier et août 1765.

Quelques-uns d'entre eux, et notamment les deux numéros que nous venons de signaler, répondent bien encore à la même destination ins-

tructive que les vingt-cinq morceaux précédents. Mozart continue à
s'essayer dans des genres et des tons divers, ou bien à se familiariser
avec les secrets d'un contrepoint d'ailleurs assez élémentaire. Mais
déjà plusieurs autres morceaux ne sont plus que de légères improvisations sans aucun objet scolastique, et, d'une façon générale, nous sentons que l'enfant se relâche de son ardeur première, jusqu'au moment
où, dans les pages finales du cahier (précédant l'essai inachevé d'une
fugue), le petit Mozart ou bien ne prend plus la peine de terminer les
morceaux dont il a noté le début, ou bien se borne à écrire sur son
cahier de simples menuets à danser, comme ceux qu'il ne cessera plus
désormais de composer durant ses heures de loisir. Sauf les rares
exceptions que nous allons noter, cette seconde partie du cahier, tout
en attestant une sûreté et une aisance beaucoup plus grandes, trahit
aussi un effort à la fois moins profond et moins assidu. Voici, du reste,
très brièvement, le caractère des dix-huit morceaux de cette série :

Le n° 26 est un petit final de sonate en *si bémol*, sans autre mérite que
la gentille vivacité de son allure. Le n° 27, en *ré*, est une petite *chasse*,
également pour le clavecin, et offrant cette particularité que Mozart, à
l'exemple de Chrétien Bach, fait exécuter tour à tour les mêmes phrases
aux deux mains. Aussi bien Chrétien Bach est-il, à peu près constamment, désormais, le modèle dont s'inspirent toutes les inventions de
l'enfant.

Le n° 28 est une sorte de *tempo di menuetto* pouvant servir de final à
une symphonie, et contenant des effets de basse modulée comme les
aimaient les symphonistes italiens. Le n° 29, un des plus intéressants
du cahier, a tout le caractère d'un *andante* de symphonie. Il est en *la
bémol* majeur, d'une inspiration poétique très originale, et étrangement semé de longues pauses, avec ou sans points d'orgue. Les modulations sont hardies, et assez expressives : mais, ici encore, nous devinons une improvisation hâtive et trop peu méditée.

Les n°° 30, 31, et 32 n'ont plus la moindre prétention savante : Mozart
n'y fait absolument que s'amuser, et en véritable enfant. Les n°° 30 et
31 sont deux petits menuets, en *mi bémol* et en *la bémol*, pouvant former un ensemble. Le n° 30 est fort insignifiant, tandis que son *trio*, en
la bémol, nous apparaît déjà tout imprégné de grâce « mozartienne ».
Le n° 32 est une *contredanse* pour orchestre, avec trois intermèdes dont
les deux derniers, en mineur, reproduisent exactement les mêmes notes,
mais d'abord piquées, ensuite liées. Un vrai jeu d'enfant, ce qui n'empêche pas le rythme initial de la contredanse d'avoir déjà un élan fou-
gueux et tendre, tout à fait caractéristique du génie de Mozart.

Nous retrouvons un peu plus d'application dans le n° 33, qui est un
rondeau à la façon de Chrétien Bach, en *fa majeur*, avec un long intermède en *fa mineur* et un *da capo*. Ici, le thème et toute la partie majeure
du rondeau sont traités en contrepoint à deux voix, et avec une dexté-
rité limpide et charmante qui fait songer à des finales de suites italiennes. Ajoutons que ce rondeau recommence à être écrit pour le clavecin, mais bien moins nécessairement encore que les deux morceaux
suivants.

Le n° 34, en *si bémol*, pourrait servir de morceau initial pour une
sonate de clavecin. Il est d'allure très « pianistique », avec des modu-

lations souvent ingénieuses. Quant au n° 35, qui a bien des chances d'être la « leçon difficile » jouée par Mozart à Daines Barrington, c'est là un morceau très soigné, d'un rythme et d'une expression bizarres, dont l'enfant aura trouvé l'exemple dans quelque sonate d'un claveciniste contemporain. Tout le morceau est écrit pour trois voix, dont les deux extrèmes exposent le chant et l'accompagnement, tandis que, entre elles, l'une des deux mains ou l'autre exécute, sans arrèt, une figure modulée en triolets. Encore la « difficulté » résultant de ces trois parties simultanées se trouve-t-elle aggravée par de fréquents emplois du *tempo rubato*, c'est-à-dire d'un rythme de croches se dessinant au-dessus de la susdite figure en triolets. Tout le morceau ne forme ainsi qu'une même phrase, un peu à la manière de certains *andantes* des sonates ou symphonies du petit Mozart : mais nous devons avouer, cette fois, que le grand effort de l'enfant n'a pas abouti à un résultat très heureux ; le morceau nous laisse une impression d'exercice un peu inutile, sans que nous parvenions à en dégager la signification poétique.

Et puis l'on peut dire que, sauf pour la fugue finale, c'est ici la fin des travaux musicaux du petit Mozart. Le n° 36, *presto* en *si bémol*, — le seul morceau revêtu d'une indication de mouvement, dans tout le cahier, — est un finale de sonate absolument dénué d'intérêt. Le n° 37, lui, nous offre le début d'un délicieux petit *lied*, comme ceux que Mozart composera ensuite dans son opérette de *Bastien et Bastienne* : mais le lied s'interrompt au bout de quelques mesures ; et pareillement le n° 38 ne nous montre que les trois premières mesures de ce qui semble bien avoir été, dans l'esprit de Mozart, un premier *allegro* de sonate, très brillant et animé, avec un curieux effet de croisement de mains. Enfin les n°ˢ 39, 40, 41, et 42 (ce dernier inachevé), ne sont que d'aimables petits menuets à danser, d'un rythme viennois qui atteste le maintien, au cœur de l'enfant, de souvenirs des danses jadis admirées dans les bals de Salzbourg. Inutile d'ajouter que ces menuets ne sont plus écrits pour le clavecin, mais pourraient parfaitement ètre exécutés par un trio de cordes.

Quant à la *fuga*, en *ut majeur*, qui termine le cahier, Mozart n'en a composé qu'une vingtaine de mesures, arrètant son travail aussitôt que la voix du soprano a fini d'exposer le sujet, qui déjà s'est trouvé exposé, tour à tour, par la basse, le ténor, et l'alto. Tout cela très correct, et même très nettement établi, par un musicien que l'on sent nourri des sublimes entrées de Hændel : mais la fugue s'interrompt trop tôt pour que nous puissions juger de ce qu'aurait donné son achèvement ; et ce sera seulement un an plus tard, à La Haye, que le *Galimatias Musicum* nous permettra de voir à quel point, en somme, l'enfant se trouvera encore éloigné, durant toute cette période, d'une intelligence un peu sincère et profonde de la vénérable langue polyphonique.

Quant à la coupe des dix-huit morceaux écrits à l'encre, Mozart nous y fait voir, une fois de plus, son entêtement à persévérer dans une habitude musicale dont il s'est engoué. Tout de même que dans la série des morceaux précédents, il avait brusquement renoncé, sans retour, à la coupe allemande des *développements* et *rentrées*, de même encore,

ici, tous les morceaux, à l'exception des rondeaux, sont composés en
deux parties, comme ceux de Chrétien Bach, avec reprise du premier
sujet dans le ton principal. Cette suppression des *rentrées* s'étend
jusqu'aux menuets, toujours formés de deux parties égales, avec, tout
au plus, un rappel de la fin de la première pour terminer la seconde.
Une ou deux fois, en vérité, nous voyons reparaître le début du premier sujet dans le ton principal : mais nous découvrons aussitôt qu'il
s'agit d'une « fausse rentrée » comme celles que nous avons signalées
dans d'autres œuvres de la même période anglaise. Nous l'avons dit
déjà bien souvent : c'est seulement à Vienne, en 1768, que l'enfant con-
sentira à abandonner un procédé dont l'exigence logique naturelle de
son esprit ne lui permettait point de comprendre qu'on pût l'employer
concurremment avec le procédé contraire, ainsi que le faisaient les
Paradisi et les Chrétien Bach.

SEPTIÈME PÉRIODE

LA HOLLANDE

(1ᵉʳ AOUT 1765-MAI 1766)

Les lettres de Léopold Mozart, fort peu nombreuses durant cette période, ne nous fournissent, malheureusement, sur elle que des renseignements bien maigres et incomplets. Voici, du moins, ce qu'elles nous apprennent qui soit pour nous intéresser :

Lettre de La Haye, 19 septembre 1765 :

> L'ambassadeur hollandais à Londres nous avait souvent engagés à nous rendre à La Haye, auprès du prince d'Orange : mais longtemps il avait prêché à des sourds. Après notre départ de Londres, comme nous séjournions dans la maison de campagne d'un noble anglais, le susdit ambassadeur nous y a rejoints, et nous a instamment priés d'aller à La Haye : car la princesse de Weilburg, sœur du prince d'Orange, avait un désir extraordinaire de voir notre Wolfgang. C'est ainsi que j'ai dû me décider à ce voyage... Le 1ᵉʳ août, nous avons quitté l'Angleterre. A Lille, Wolfgang et moi-même avons été retenus quatre semaines par la maladie ; et, en arrivant à Gand, nous n'étions pas encore bien rétablis. Dans cette ville, Wolfgang a joué sur le grand orgue nouveau des Pères Bernardins ; puis, à Anvers, sur le grand orgue de la cathédrale. Je dois ajouter que dans toutes les Flandres on trouve un grand nombre d'orgues excellents. Nous sommes à La Haye depuis huit jours seulement : mais nous avons déjà été deux fois chez la princesse et une fois chez le prince d'Orange. Maintenant, voici que ma fille est malade à son tour !.....

Lettre de La Haye, 5 novembre 1765. Léopold écrit que sa fille a été en danger de mort, et qu'il y a eu des scènes touchantes auprès de son lit, « pendant que Wolfgang, dans une autre chambre, s'occupait de sa musique ». Parfois la malade, dans son délire, entremêlait plusieurs langues différentes, « ce qui distrayait un peu le pauvre Wolfgang de sa tristesse ». Léopold ajoute que, dès que l'état de sa fille le lui permettra, il se rendra, pour quelques jours, à Amsterdam avec son fils.

Lettre de La Haye, 12 décembre 1765. Après Marianne, Wolfgang a été pris « d'une fièvre ardente », qui, pendant plusieurs
semaines, a rendu les Mozart « bien misérables ». Maintenant encore,
« je ne puis rien faire qu'attendre le moment où ses forces lui permettront de voyager ».

D'une lettre dont Nissen ne donne point la date, mais qui doit
avoir été écrite à La Haye, dans les premiers jours de mars 1766,
nous n'extrairons que le passage suivant : « Bien que, pendant
notre séjour à Amsterdam, le carême eût amené l'interdiction
rigoureuse de tous les divertissements publics, on nous a cependant
permis de donner deux concerts, et cela, — comme le disait pieusement et sagement l'autorisation, — parce que la mise au jour des
dons miraculeux de mes enfants pouvait servir à la louange de
Dieu. Là encore, toute la partie instrumentale du programme n'était
faite que d'œuvres de Wolfgang. »

Enfin nous lisons dans une lettre de Paris, écrite le 16 mai 1766 :
« D'Amsterdam, nous sommes rentrés, pour les fêtes de l'installation
du prince d'Orange (qui a eu lieu le 11 mars), à La Haye, où l'on a
demandé à notre petit compositeur d'achever six sonates pour le
clavecin, avec accompagnement d'un violon, pour la princesse de
Nassau-Weilburg, — lesquelles sonates ont été également gravées.
En outre, le petit a été obligé de faire quelque chose pour le concert
du prince, comme aussi de composer des airs pour la princesse ; je
vous envoie tout cela, et, entre autres choses, deux séries de variations dont l'une, Wolfgang a dû la faire sur un air composé pour
l'installation du prince, et dont il a écrit l'autre, très précipitamment,
sur une autre mélodie que tout le monde, en Hollande, a coutume
de chanter, de jouer, et de siffloter. Ce sont deux très petites choses.
En outre, vous allez recevoir ma *Méthode de Violon* en langue hollandaise... L'éditeur, qui est imprimeur à Harlem, est venu m'offrir
le livre très respectueusement, en compagnie de l'organiste, qui a
invité notre Wolfgang à jouer sur le fameux grand orgue de Harlem :
ce qui a eu lieu, en effet, le lendemain matin. Cet orgue est un instrument excellent et magnifique, avec 68 registres ; il est tout en
métal, parce que le bois ne dure pas dans ce pays humide. »

A ces renseignements s'ajoutent, pour la connaissance du séjour
de Mozart en Hollande, quelques pages du cahier où Léopold Mozart
a inscrit les noms de toutes les personnes que ses enfants et lui ont
eu l'occasion de rencontrer, durant ce séjour. Nous y lisons notamment, pour La Haye, les noms suivants : « M. Graf, compositeur et
directeur de la musique du prince ; M. Hummel, marchand de
musique ; M. Fischer, hautboïste de Dresde, et M. Ulrich, hautboïste.
M. Zingoni, maître de musique des princesses, Rossignol, le comique,
M. Schetky, violoncelliste, M. Gundlach, contrebasse ; MM. Boutmy
et Gauthier, premier et deuxième clavecinistes ; M. Spandau, cor-

niste ; M. Weber, musicien de Brême et fabricant de *pantaléons*
(nouveaux instruments de musique), M. Eckard, qui joue du violoncelle ». A Amsterdam, nous relèverons seulement les noms de
Mme Magalli, bonne cantatrice italienne, et « Mme de Hey, violoniste ».
A Utrecht, la liste mentionne : « MM. Kirchner violoniste, et
MM. Winter et Gorge, *musici* ». Et comme un éminent érudit hollandais, M. Scheurleer, a pris la peine de recueillir tout ce qu'il a pu
trouver de renseignements sur ces diverses personnes, et nous a
offert, en outre, un tableau très complet et très intéressant de la vie
musicale en Hollande pendant le séjour de Mozart, il se trouve que
cette période de l'histoire de Mozart est une de celles qu'il nous est
le plus facile de reconstituer, en ajoutant à ces documents écrits le
témoignage des compositions de l'enfant, qui sont en vérité peu
nombreuses, mais de genres très divers, et toutes infiniment caractéristiques.

D'une façon générale, ce séjour en Hollande a été, pour Mozart,
un temps de recueillement et de mise au point, après le temps de
révélation musicale qu'avait été pour lui la seconde moitié de son
séjour à Londres. L'énorme quantité de choses nouvelles qu'il avait
apprises à Londres, il les a maintenant méditées, classées, décidément appropriées à son génie naturel. Un grand travail d'élaboration
intérieure s'est fait en lui, aidé encore par les loisirs forcés que lui
ont créés ses propres maladies et celle de sa sœur.

Quant aux influences extérieures qui ont agi sur lui, durant cette
période, elles ne sauraient être comparées, ni pour leur valeur
absolue, ni pour le rôle qu'elles ont joué, à celles que nous avons
vu se manifester en Angleterre, sous les espèces de Hændel, des
clavecinistes italiens, de l'*opera seria*, des innombrables concerts
instrumentaux et vocaux, enfin de l'intimité de l'enfant avec Manzuoli, Abel, Chrétien Bach, le violoncelliste Siprutini, etc. Ici, les
seuls musiciens dont le contact ait pu être de quelque profit à Mozart
sont un très habile corniste, l'allemand Spandau, et le célèbre hautboïste Fischer, dont Mozart lui-même, en 1787, tout en le jugeant
« pitoyable », avouera que, jadis, « à l'époque où les Mozart l'ont
connu en Hollande, il lui plaisait extraordinairement ». Et le fait est
que les parties des hautbois et des cors, dans la symphonie hollandaise de l'enfant, attestent une étude approfondie de ces instruments.
L'italien Zingoni, lui aussi, était un musicien habile et savant : il a
précisément publié, en 1766, un recueil de symphonies dont J. A.
Hiller affirme qu'elles sont comparables à celles de Chrétien Bach.
Un certain « Ricci di Como », que cite également Léopold Mozart,
était Pasquale Ricci, maître de chapelle de la cathédrale de Côme,
et auteur d'importants ouvrages théoriques sur l'harmonie et le jeu
du clavecin. « M. Schetky, violoncelliste » peut avoir eu, lui aussi

quelques leçons à apprendre à l'enfant. Agé à peine de vingt-cinq ans,
il s'était acquis déjà une réputation considérable, à la fois comme
virtuose et comme compositeur ; et tout porte à croire que son talent
sur le violoncelle dépassait de beaucoup celui de ce Siprutini que les
Mozart avaient fréquenté à Londres. Enfin le grand homme musical
de La Haye, le « compositeur et directeur de la musique princière »,
Christian Ernest Graf (né en 1723 à Rudolstadt), que les Mozart ont
dû connaître tout particulièrement, nous apparaît aujourd'hui, à travers ses œuvres, comme l'un de ces bons musiciens allemands
d'alors qui, sans beaucoup d'originalité, apportaient une égale conscience et un savoir égal aux genres les plus différents : mais, encore
que Mozart ait écrit des variations sur l'un de ses airs, nous avons
peine à croire qu'un tel homme ait pu exercer sur lui une autorité
sérieuse, après des maîtres comme Smith, Abel, Manzuoli, et surtout
Chrétien Bach[1].

Au total, l'influence que la Hollande a eue sur l'enfant n'a pas été,
comme à Londres, une influence personnelle : ce que Mozart a
appris de nouveau, durant cette année de sa vie, ne lui est point
venu de tel ou tel homme qu'il a connu individuellement, mais de
l'atmosphère musicale qu'il a respirée à La Haye et à Amsterdam. Et
la signification, pour lui, de cette atmosphère a principalement consisté en ce que, au sortir du milieu tout italien de Londres, il s'est
retrouvé dans un milieu beaucoup plus cosmopolite, et où dominait,
par-dessus tout, l'élément français. Car si les noms français sont
rares, sur la liste du père, Versailles et Paris n'en étaient pas moins les
modèles favoris de l'élégante résidence hollandaise. Malgré quelques
tentatives d'opéra italien, c'était l'opéra-comique français qui, seul,
plaisait au public, et était représenté dans de bonnes conditions.
Pendant l'hiver et le printemps de 1766, l'enfant, sans doute, a pu se
croire transporté à Paris, en retrouvant autour de lui les charmantes
ariettes de Duni, de Monsigny, et de Philidor. Et ce milieu plus tempéré, à la fois plus léger et plus sentimental, après les leçons de
pure beauté italienne qu'il rapportait de Londres, l'a aidé à se
recueillir, à prendre mieux conscience de soi-même, à redevenir un
enfant, sous toute la maturité de sa science. Non seulement nous
allons le voir revenir à des genres tout français, comme l'*air varié*
et le *pot pourri*, mais nous aurons encore à constater que son inspiration musicale, pour ainsi dire, se restreint et abandonne les hautes
visées de la période de Londres, mais pour devenir, à la fois, plus
parfaite et plus « mozartienne ».

Cependant, avant de définir les caractères généraux de l'œuvre de

---

1. Ajoutons cependant que, si les sonates de Graf ne s'élèvent guère au-dessus
de celles des Eckard et des Honnauer, ses quatuors à cordes, et notamment ceux
du recueil op. 15, dénotent un mélange tout à fait curieux de routine classique
et d'invention déjà toute « moderne » dans leur hardiesse expressive.

Mozart durant cette période, il faut que nous disions quelques mots d'une influence nouvelle qui se manifeste à nous dans cette œuvre : l'influence de Joseph Haydn, dont nous allons retrouver tel rythme, telle cadence typique, dans quelques-unes des sonates hollandaises du petit Mozart. Les premières sonates de clavecin de Haydn, ou plutôt ses premiers *Divertissements* pour le clavecin, — car c'est là leur titre original, — venaient à peine d'être annoncés par la maison Breitkopf en 1766 : mais leur écho est si net, dans les sonates de l'enfant, que, certainement, celui-ci aura eu l'occasion de les connaître, pendant son séjour à La Haye. La renommée de Joseph Haydn était d'ailleurs, dès lors, considérable dans le monde musical ; et nous avons vu que, dès 1764, deux éditeurs parisiens avaient publié, sous le titre de *Symphonies*, des quatuors du « Signor Heyden ». Sans doute l'un des nombreux musiciens allemands de La Haye aura montré à l'enfant une copie des premières œuvres de clavecin du maître de chapelle d'Eisenstadt ; et, l'enfant, tout de suite, se sera nourri avidement de cette musique de Haydn, comme il allait le faire ensuite, à plusieurs reprises, presque jusqu'à la fin de sa vie. Cette fois-ci, cependant, le contact des deux musiciens semble n'avoir été que tout passager ; et c'est seulement à Vienne, en 1768, que Joseph Haydn commencera à agir sur le jeune Mozart autrement que pour lui prêter une cadence ou un rythme.

Quant au caractère général des compositions de Mozart que nous allons étudier, ce que nous venons de dire pourra déjà en donner une idée. Le maître et le modèle favori, en somme, reste toujours Chrétien Bach ; et, sous l'influence de celui-ci, l'enfant continue obstinément à pratiquer la coupe *italienne* du morceau de sonate en deux parties, sans rentrée du premier sujet dans le ton principal. En outre, toujours les morceaux ont une allure facile et « galante », gardant l'empreinte de Chrétien Bach aussi bien dans leur inspiration que dans les particularités de leur style. Mais déjà la fièvre créatrice de Londres s'est changée en une production plus calme et plus égale ; et sur bien des points, déjà, des modèles nouveaux ou d'anciens souvenirs viennent se mêler à l'imitation directe du musicien de Londres. Et puis il y a, dans toutes ces compositions hollandaises, le fruit direct des études de l'enfant, et de son expérience sans cesse affermie. Maintenant, Mozart est si absolument devenu un musicien de profession qu'il est même en état d'improviser, de « bâcler » des œuvres de circonstance, airs variés ou sonates. Nous sentons qu'il possède son métier avec une aisance et une sûreté parfaites, et que, désormais, la pratique de ce métier ne lui coûte plus l'effort qu'elle lui a coûté jusqu'ici. Assez peu importante en soi, la période du séjour en Hollande n'en a pas moins joué un rôle précieux dans la vie de Mozart, en lui fournissant le loisir de s'interroger soi-même, et de se constituer définitivement sa manière propre, dégagée de tous les styles divers que ses voyages précédents lui avaient révélés.

29. — *La Haye, fin de décembre 1765.*

Symphonie en si bémol, pour deux violons, alto, violoncelle et basse, deux hautbois et deux cors.

K. 22.

Ms. de Léop. Mozart à Berlin.

Allegro. — *Andante (en sol mineur).* — *Allegro molto.*

L'autographe de cette symphonie, ou plutôt sa partition transcrite par Léopold Mozart, porte l'inscription suivante : *di Wolfg. Mozart, à La Haye nel mese Decembre 1765.* Mais, comme une lettre du père et le témoignage de la sœur nous apprennent que le petit Wolfgang a été pris, « le 15 novembre, d'une maladie très dangereuse, qui l'a retenu au lit pendant quatre semaines », ce n'est que vers la fin de décembre qu'il a pu se trouver en état de composer cette symphonie. Il l'a composée, évidemment, pour les concerts de la Cour : mais on se trompe à affirmer, comme on le fait communément, qu'il l'a écrite pour « les fêtes d'installation de Guillaume V d'Orange », qui n'ont eu lieu que trois mois plus tard.

Ainsi que l'on pouvait s'y attendre, cette symphonie nous apparaît une continuation directe des deux symphonies en *mi bémol* et en *ré*, écrites à Londres pendant la période précédente. On y retrouve le même caractère d'*ouverture*, la même coupe en trois morceaux, la même distribution intérieure des morceaux ; et l'influence de Chrétien Bach continue à s'y faire sentir, aussi bien dans l'inspiration que dans les procédés. Comme chez Bach, les morceaux ont deux sujets très distincts ; presque toutes les phrases sont répétées deux fois ; les basses se trouvent souvent chargées du chant, sous un accompagnement des violons en trémolo, etc. Et, toujours à l'exemple de Bach, l'enfant, au moins dans le premier morceau, ne reprend son premier sujet qu'à la dominante, et ne ramène que le second sujet dans le ton principal : mais ici, déjà, nous découvrons une première trace d'émancipation à l'égard du modèle de Londres. En effet, après avoir achevé, presque sans changement, la reprise du second sujet, l'enfant imagine de faire revenir la phrase initiale du premier sujet, dans le ton principal, en manière de *coda.* C'est là un procédé dont plusieurs exemples se trouvent chez les symphonistes allemands d'alors, en particulier Tœschi et Vanhall : mais, chez Mozart, il n'intervient ici que d'une façon tout à fait exceptionnelle, et ce n'est que plus tard, vers 1772, que le jeune maître se rappellera de nouveau cette méthode, et prendra l'habitude de terminer ses morceaux par un dernier retour en *coda* du sujet initial.

Sur d'autres points encore, l'émancipation se révèle, et stimulée, sans doute, par le nouveau contact de l'enfant avec la musique française. Ainsi le finale, au lieu d'être un double *rondeau*, comme chez Bach, est un de ces morceaux qui désormais, chez Mozart, porteront le nom de *rondos*, mais qui seront construits sur le modèle des *pots-pourris* français, et si le style et la coupe de l'*andante* proviennent encore de Chrétien Bach, le premier sujet de cet *andante* en *sol mineur*, avec son allure très marquée de complainte française, diffère entièrement des *andantes* plus chantants, mais moins pathétiques, de l'italianisant Chrétien Bach.

Enfin, nous devons noter que Mozart, tout en continuant d'aller dans la voie où il s'est engagé pendant son séjour à Londres, ne cesse point d'y marcher d'un pas plus sûr, avec plus de force et de liberté. Il y a, dans les trois morceaux de la symphonie, des passages en contrepoint d'un art déjà très habile ; les progrès de l'instrumentation sont évidents ; et les parties des hautbois et des cors, sensiblement plus chargées que dans les symphonies de Londres, sont traitées aussi avec un sens beaucoup plus approfondi de leurs ressources orchestrales. Comme nous l'avons dit, les relations des Mozart avec le hautboïste Fischer et le corniste Spandau doivent avoir beaucoup contribué à éclairer le petit Wolfgang sur le rôle des deux instruments de ces maîtres ; et c'est sans doute en pensant à eux que Mozart, même dans l'*andante* de sa symphonie, a maintenu les parties des hautbois et des cors, contrairement à l'usage, et leur a même confié, à toutes deux, d'importants petits *soli*.

Les morceaux n'ont point de barres de reprise, toujours comme chez Chrétien Bach : et par là est encore accentué le caractère d'*ouverture*, commun à toutes les symphonies de cette première période de Mozart.

L'*allegro* initial est fait de deux sujets séparés par une cadence, et dont le premier est notablement plus court que le second : encore une réminiscence de Chrétien Bach, destinée à s'effacer bientôt dans l'œuvre de Mozart, où le second sujet aura même souvent l'apparence d'avoir été sacrifié, en regard du premier. Ici, le premier sujet, tout rythmique, est assez insignifiant ; et c'est pour le second que Mozart réserve tout son effort d'invention mélodique, de contrepoint (charmantes imitations entre les deux violons), et d'instrumentation. Puis vient, à la dominante, une reprise variée du premier sujet, très variée et très étendue, avec une transposition du sujet aux basses, un contrepoint entre le hautbois et le quatuor, et une savante série de modulations ramenant le second sujet dans le ton principal, pour aboutir à la *coda* que nous avons décrite tout à l'heure, faite sur le début du premier sujet.

L'*andante*, nous l'avons dit, a pour sujet principal une charmante et touchante mélodie, d'inspiration toute française, mais déjà très caractéristique de son ton de *sol* mineur, et de la signification que cette tonalité aura toujours chez Mozart. Au reste, ce petit morceau tout entier est déjà rempli du plus pur génie de Mozart. Avec la douceur sensuelle de son chant, les ingénieuses imitations entre les deux violons, la manière dont les hautbois et les cors viennent apporter leur charme propre à l'ensemble instrumental, ce morceau ne conserve pour ainsi dire plus rien de l'âme d'enfant que nous avons vue s'essayer à la symphonie, quelques mois auparavant.

Quant au finale, c'est un *pot-pourri* français avec deux petits intermèdes, dont un en mineur, et une vive *coda* de quelques mesures. Ici encore, les imitations sont nombreuses, malgré la hâte du rythme ; et les deux instruments ajoutés au quatuor ne s'interrompent presque point de renforcer l'harmonie, parfois même avec des figures à découvert.

30. — *La Haye, janvier* 1766.

Air en la, pour soprano, *Conservati fedele*, avec accompagnement de deux violons, alto, violoncelle et contrebasse.

K. 23.

Ms. de Léop. Mozart à Munich.

La date de cet air nous est donnée par une copie autographe, à la Bibliothèque de Munich, en tête de laquelle Léopold Mozart a écrit : « A La Haye, 1766, *nel janaro.* » L'autographe original, qui a malheureusement disparu depuis 1887, mais dont nous possédons une transcription exacte, ne portait que le nom de Wolfgang Mozart[1].

L'air est composé sur des paroles de l'*Artaserse* de Métastase. La princesse Mandane y dit à son fils : « Garde toi fidèle ! Pense que je reste et souffre ; et, quelquefois au moins, souviens-toi de moi ! » Puis, dans la seconde partie : « Et moi, à force d'amour, parlant avec mon cœur, je m'entretiendrai avec toi ! » Ces paroles avaient été mises en musique par une foule de compositeurs : mais la version la plus remarquable qui en ait été faite avant celle de Mozart est certainement celle du vieux Hasse dans son *Artaserse* de 1730 ; et, encore que Mozart ne doive pas avoir connu cet air de Hasse, celui-ci n'en est pas moins très curieux à étudier, si l'on veut se rendre compte de l'énorme changement que trente ans avaient amené dans la conception et l'exécution d'un air d'opéra.

Par sa coupe générale, l'air nouveau de Mozart ressemble absolument

1. C'est d'ailleurs bien à tort que l'on s'est imaginé voir, dans cet autographe perdu, une version primitive de l'air sensiblement différente de la rédaction ultérieure que nous présente le manuscrit de Munich. En fait, ce dernier est une simple transcription au net, par Mozart, de l'air dont l'autographe perdu contenait le premier brouillon ; et l'unique différence réelle entre le brouillon et la mise au net consiste en ce que, dans cette dernière, l'enfant a allongé et développé les deux cadences finales, sans doute pour satisfaire au désir du chanteur.

au n° 26 : prélude instrumental exposant le sujet et donnant la ritournelle, énoncé du sujet par la voix aboutissant à une cadence en *mi* ;
reprise très variée du même sujet en *mi* aboutissant à une grande
cadence en *la* ; ritournelle ; seconde partie de l'air, en *la mineur*, très
courte et un peu récitative ; puis reprise, complète et sans changement,
de la première partie. Cette coupe est si constante, dans toute la série
des premiers airs de Mozart, que nous ne nous arrêterons plus à la
décrire, et nous bornerons simplement à signaler les quelques airs où
elle se trouvera plus ou moins modifiée. Mais, sous l'identité de la forme
extérieure, l'air de La Haye diffère très sensiblement de celui de Londres.
D'abord, l'accompagnement y est beaucoup plus simple, à la fois moins
nombreux et d'un travail musical moins ambitieux : en fait, sauf dans
la seconde partie, l'orchestre se borne à un accompagnement très discret du chant : évidemment, Mozart, en quittant ses amis les instrumentistes de Londres, est retombé sous l'influence directe de l'opéra
italien. D'autre part, le chant, dans cet air, est déjà d'une expression
bien plus pénétrante, et d'un caractère plus proprement vocal, avec
des traits et des cadences appropriés le mieux du monde à la couleur
générale du morceau. Avec sa douceur tendre et discrète, cet air est
déjà tout plein du génie poétique de Mozart. Quant à la seconde partie,
en *la mineur*, ses quelques mesures produisent un effet pathétique
d'autant plus fort que l'accompagnement, ici, est traité en contrepoint,
avec des imitations très simples, mais créant comme une atmosphère
passionnée sur laquelle se dessine la plainte du chant.

31. — *La Haye, janvier* 1766.

Huit variations en sol, pour clavecin, sur un air hollandais composé par C. E. Graf pour l'installation du prince Guillaume V
d'Orange.

K. 24.

Ms. perdu.

Pour la date de ces variations, qui ont été gravées en mars 1766, et
dont l'autographe est perdu, Léopold Mozart nous dit seulement, dans
son catalogue de 1768, qu'elles ont été composées « à La Haye en 1766 » :
mais comme, dans ce même catalogue, le numéro suivant appartient
aux variations sur l'*air de Guillaume de Nassau*, et que ces variations,
toujours d'après Léopold Mozart, ont été composées « à Amsterdam »,
il en résulte que les variations n° 31 sont antérieures au départ des
Mozart pour Amsterdam, qui a eu lieu dans les derniers jours de janvier de 1766.

C'est de ces variations et de celles d'Amsterdam que Léopold écrit aux Hagenauer : « Entre autres choses que Wolfgang a été obligé de composer pour le concert du prince, et pour la princesse de Weilburg, je vous envoie deux séries de variations, dont l'une sur un air fait pour l'installation du prince.... Ce sont là de petites choses. » En effet, ces variations évidemment improvisées, de même que les sonates que nous allons étudier bientôt, sont de « très petites choses », et qui ne méritent de nous intéresser que parce qu'elles sont le début de Mozart dans un genre nouveau. Ce genre, d'ailleurs, n'était pas entièrement nouveau pour l'enfant puisque nous avons vu celui-ci s'amuser à varier un thème de *rondo*, dans les finales de deux de ses sonates de Londres (n°ˢ 19 et 20), et que, de plus, un vieux catalogue de Breitkopf mentionnait une série de *variations en la* « composées par Mozart à Londres ». Mais, faute pour nous de connaître cette série perdue, c'est bien ici la première fois que Mozart nous offre des variations formant une suite indépendante, et dont chacune peut même être considérée comme un petit morceau indépendant.

Historiquement, le genre de la *variation* remontait aux premiers temps de la musique instrumentale moderne : mais il s'était, lui aussi, sensiblement modifié depuis la seconde moitié du xviii° siècle ; et, là comme dans la plupart des autres genres, la modification avait consisté, tout ensemble, à dépouiller le genre de ses richesse et diversité anciennes quant au fond, et à lui donner une forme plus brillante, cachant cet appauvrissement de la matière musicale. Au lieu des innombrables variations que nous présentent encore les œuvres de Hændel et de Sébastien Bach, la musique « galante » se bornait à répéter cinq ou six fois une ariette, sans y introduire d'autres modifications que de l'orner de nouvelles figures d'accompagnement, de nouveaux traits, de quelques petites altérations dans le détail de ses phrases. La variation était devenue le triomphe de la « basse d'Alberti », des croisements de main, du *tempo rubato*, et de tous ces artifices de la virtuosité moderne qui étaient alors en train de se substituer à la forte contexture musicale des maîtres anciens. Et c'était surtout à Paris que ce genre aimable et superficiel avait d'abord trouvé son épanouissement. Ainsi le petit Mozart, durant son séjour en France, avait pu connaître une foule de variations. Schobert, en vérité, semble avoir toujours dédaigné ce genre à la mode ; mais, au contraire, les Eckard, les Honnauer, et les Le Grand, le pratiquaient de préférence à tout autre. Non content d'introduire des variations dans ses sonates, Eckard avait publié séparément, en 1764, une série de *Variations*, d'ailleurs bien pauvres, sur le fameux *menuet d'Exaudet*; et Honnauer, de son côté, dans une série de *Variations* qui termine la troisième sonate de son op. I, tâchait déjà à rompre un peu la monotonie de la variation nouvelle en y introduisant, comme avaient fait les anciens, des variations mineures. A Londres, ensuite, Mozart avait eu beaucoup moins l'occasion de se familiariser avec un genre que ses maîtres locaux, Jean-Chrétien Bach, Abel, et les clavecinistes italiens, n'employaient que très rarement. Il faut voir, dans le recueil op. V des sonates de Chrétien Bach, les quelques variations qui constituent le finale de la troisième sonate, pour se rendre compte du peu d'importance que ce musicien attachait à ce qui était alors le genre favori du public parisien. Et, en effet, parmi tant de domaines différents où s'est essayé, à Londres, le petit Mozart, le genre de la variation proprement dite ne se trouve représenté que par les susdites variations en *la* du vieux catalogue Breitkopf — dont Léopold Mozart, d'ailleurs, ne fait aucune mention dans sa liste de 1768. A La Haye, au contraire, dès qu'il a repris contact avec la musique française, l'enfant s'emploie à écrire des variations : il produit coup sur coup les n°ˢ 31 et 32, et puis, dans les sonates qu'il composera tout de suite après, c'est encore une série de variations qui va terminer le n° 38.

Rien d'étonnant, dans ces conditions, qu'il ait pris pour modèle des recueils français, et que ses premières séries de variations, notamment, rappellent de très près le recueil, cité plus haut, des variations d'Eckard sur le *menuet d'Exaudet*, gravés à Paris en janvier 1764 : aussi bien le musicographe Schubart nous apprend-il d'Eckard qu'il était considéré comme « le maitre des variations ».

Le recueil d'Eckard comporte six variations, toutes dans le même ton et dans le même mouvement. La première est en croisements de mains, la seconde en triolets, la troisième en accompagnement continu de *basse d'Alberti* à la main droite tandis que le chant est fait par la main gauche, la cinquième en trilles, la sixième et dernière en accords plaqués. Toutes, au reste, répètent le menuet sans y apporter d'autres modifications que de légers changements de rythme ; et c'est comme si Eckard reproduisait sept fois le célèbre menuet en montrant les diverses manières possibles de l'orner ou de l'accompagner.

Mozart, dans ses variations sur l'air de Graf, procède à peu près de la même façon. Sa série de variations n'a pas un caractère aussi nettement pédantesque que celle d'Eckard, mais, chez lui encore, le thème de l'air est répété sans modifications essentielles, avec toute sorte de petits artifices de virtuosité. Cependant, dès cette œuvre de début, nous sentons que ce traitement tout superficiel d'un genre musical ne satisfait pas l'âme, sérieuse et passionnée, de l'enfant : et c'est ainsi que nous le voyons déjà, dans l'avant-dernière variation, tâcher à varier non plus les détails extérieurs, mais l'expression même de l'air, en introduisant une variation *adagio*, d'un caractère pathétique bien accentué[1] ; après quoi, dans la variation finale, malgré l'emploi traditionnel d'une *basse d'Alberti* continue, le thème nous apparait avec une allure et une signification nouvelles, un vrai thème de Mozart succédant à celui de Graf.

D'une façon générale, cependant, ces variations sur l'air de Graf sont encore bien l'œuvre d'un commençant. Le contrepoint n'y a pas de place, ni, non plus, les procédés difficiles du croisement de mains ou du *tempo rubato*. Dès les variations suivantes, nous allons voir l'énorme

1. Aucun des recueils très nombreux de variations contemporaines que nous avons étudiés, et même jusqu'à une date sensiblement postérieure, ne comporte une variation lente avant la variation finale : de telle sorte qu'il nous parait vraisemblable que c'est là une invention du petit Mozart, suggérée à l'enfant par l'etude de Hændel. Mais il est curieux que, du même coup, l'idée ne lui soiᵵ pas venue, comme elle lui viendra plus tard, d'emprunter à Hændel l'habitude d'une variation mineure.

progrès qui, maintes fois déjà, nous est apparu entre le premier et le second essai de Mozart dans un genre quelconque.

Ajoutons que l'air de Graf, sur des paroles hollandaises dont voici le début : *Laat ons jaicchen, Bataviern,* paraît bien avoir été publié, dès la première fois, avec les variations de Mozart : car le vieux catalogue de Breitkopf mentionne une copie des variations où les paroles hollandaises sont inscrites sous le thème.

32. — *Amsterdam, février* 1766.

Sept variations en ré. pour le clavecin, sur l'air communément appelé Guillaume de Nassau.

K. 25.

Ms. perdu

Nous avons dit, à propos du numéro précédent, que c'est Léopold Mozart lui-même qui, dans son catalogue de 1768, inscrit ces variations comme ayant été composées « à Amsterdam ».

Par leur coupe extérieure, elles ressemblent encore tout à fait aux variations n° 31 : mêmes artifices de virtuosité facile, même introduction d'une variation *adagio,* même *basse d'Alberti* continue dans la variation finale. Toujours pas encore de croisements de mains, ni de chant à la main gauche ; et toujours pas encore de variation mineure. Mais, sous cette ressemblance apparente, l'esprit des variations nouvelles est déjà tout autre. L'enfant, en vérité, n'ose pas toucher sérieusement à la mélodie de son thème, qu'il reproduit à peu près pareille d'une variation à l'autre : mais déjà il se préoccupe constamment d'en « varier » l'expression, et de faire signifier, à chacune de ses reprises de la mélodie, un sentiment différent. Cela se révèle à nous tout de suite, dès la première variation ; et de reprise en reprise le changement devient plus sensible, jusqu'à la plainte solennelle de l'*adagio* et au gracieux babillage de la variation suivante. Seule, la dernière variation n'a pas l'intérêt qu'elle avait dans l'autre recueil. En outre, l'écriture musicale se resserre et se renforce considérablement. Les petits effets de contrepoint, les réponses de la main gauche, les modulations expressives se multiplient. Déjà nous sommes très loin des variations d'Eckard sur le *menuet d'Exaudet.* Et, tout à l'heure, les sonates vont nous montrer ce progrès se poursuivant, et le petit Mozart atteignant, dans le genre de la variation, à la même aisance et sûreté technique où nous l'avons vu parvenir dans les genres de la sonate et de la symphonie.

33. — *La Haye, février* 1766.

Sonate en mi bémol, pour clavecin, avec l'accompagnement d'un violon.

K. 26.
Ms. perdu.

Molto allegro. — *Adagio poco andante* (en *ut mineur*). — *Rondo : allegro.*

Cette sonate est la première d'une série de six qui ont été gravées en mars 1766, et dont la date de composition nous est fournie par le père dans sa lettre du 16 mai suivant : « D'Amsterdam, nous sommes revenus à La Haye pour la fête du prince d'Orange, qui a eu lieu le 1 mars ; et là on a demandé à notre petit compositeur d'achever (ou, plus exactement, d' « expédier, » *verfertigen*) *six sonates* pour le clavecin avec accompagnement d'un violon, pour la princesse de Nassau-Weilburg, — lesquelles sonates ont été immédiatement gravées. » Il ne nous est malheureusement plus possible, ici, comme pour les sonates de Londres, de déterminer dans quel ordre les six sonates du recueil ont pu être écrites : mais certes elles ont été écrites, toutes les six, d'une même venue, et rien ne nous empêchera de suivre l'ordre de leur publication.

Le mot « *verfertigen* », employé par Léopold Mozart pour définir la rédaction de ces sonates, explique parfaitement l'impression que produisent ces agréables pièces. Sans aucun doute, ce sont là des œuvres « expédiées », improvisées : non pas pour ce qui est de leur forme, qui, facile et simple, nous révèle pleinement la maîtrise technique de l'enfant, mais pour le contenu, qui n'a rien de l'audace et de l'originalité des recueils de sonates précédents, ni surtout des autres œuvres composées par l'enfant à Londres et à La Haye.

Cependant, ces six sonates n'en sont pas moins, pour nous, très significatives, nous révélant au juste l'état de développement musical où se trouvait, à leur date, le petit Mozart.

Ayant à improviser rapidement six sonates, l'enfant, plus expressément encore que d'habitude, a fait choix d'un modèle à imiter, sauf pour lui à tempérer son imitation par d'autres emprunts ou par des inventions personnelles. Cette fois, le modèle choisi a été le recueil des *Six Sonates de clavecin* op. V de Chrétien Bach, qui venait de paraître à Londres au moment même du départ des Mozart ou très peu de temps après. En fait, on peut dire que chacune des sonates nouvelles de l'enfant a sa contre-partie dans une des cinq sonates analogues du recueil de Chrétien Bach, — car la sixième sonate de ce recueil, faite d'un

prélude et d'une fugue à la manière de Hændel, avec, pour finale, une
charmante gavotte, appartenait à un genre spécial, décidément démodé,
et que le petit Mozart ne pouvait songer à pratiquer. Mais, pour le reste,
ce sont, dans les deux œuvres, les mêmes particularités extérieures et
intimes. Chez Mozart comme chez Bach, toutes les sonates, sauf une,
ne sont qu'en deux morceaux. Chez l'élève comme chez le maître, les
finales sont des menuets, ou des *tempo di menuetto*, ou des *rondos*, ou
des airs variés ; chez tous deux, toutes les phrases sont volontiers
répétées une seconde fois, la *basse d'Alberti* alterne aux deux mains,
et chacune des parties d'un morceau aboutit inévitablement à une
ritournelle. En outre, toujours comme Bach, Mozart distingue volontiers très nettement les deux sujets de ses morceaux : mais parfois
déjà il y manque, et nous apparaît ainsi cédant à d'autres influences
que nous allons dire. Pour le caractère expressif des morceaux, nous
trouvons de part et d'autre la même douceur un peu superficielle, la
même élégance toujours délicate, mais souvent obtenue au détriment
d'un sérieux travail musical. Enfin le petit Mozart, poussant plus loin
que son maître lui-même une habitude qu'il tient de lui, ne se borne
pas, comme fait encore Chrétien Bach, à employer de préférence la
vieille coupe italienne des morceaux en deux parties, sans rentrée
du premier sujet dans le ton principal : il emploie ce système d'une
façon constante, à tel point qu'il n'y a pas un des morceaux des six
sonates qui nous offre, après les deux barres, un *développement* suivi
d'une rentrée régulière du premier sujet !

Ainsi l'enseignement de Chrétien Bach a porté ses fruits dans l'œuvre
de l'enfant ; pour ce qui est de la coupe des morceaux, en particulier,
l'empreinte que le petit Mozart a reçue à Londres demeure si forte
qu'il s'obstine dans l'emploi d'un système que personne ne pratique,
désormais, autour de lui. Car ni les compositeurs français avec qui il
est maintenant rentré en rapports, ni le grand homme musical de La
Haye, Graf, dans ses sonates et ses symphonies, ne négligent jamais de
faire des *développements* et des *rentrées* dans le ton principal. Seul le
petit Mozart, à l'exemple de Bach et de ses autres maîtres de Londres,
persévère dans la vieille méthode apprise par lui en 1764, et qu'il ne se
décidera à abandonner que sous l'action puissante du milieu viennois,
en 1768. Mais il ne résulte point de là que l'enfant n'ait rien appris des
hommes nouveaux qu'il a eu l'occasion de connaître en Hollande. Il y a
dans une de ses sonates une série de variations qui, bien plus qu'à
Chrétien Bach, fait songer à Graf dans son recueil de sonates op. IV ; et
c'est de Graf encore que viennent toutes sortes d'artifices de virtuosité
que nous allons avoir à signaler dans les sonates de Mozart, et au premier rang desquels figurent les croisements de mains. D'autre part,
l'influence française, qui nous est apparue déjà dans les deux séries de
variations précédentes, se manifestera ici dans bien des coupes de
phrases, comme aussi dans le traitement du *rondo* à la manière des
pots-pourris français. Et enfin, ce qui frappe par-dessus tout, à la lecture de ces aimables sonates, ce sont les échos, que l'on y perçoit en
cinq ou six passages, de la langue musicale des œuvres de jeunesse de
Joseph Haydn. C'est sur quoi nous aurons à insister, au fur et à mesure
des passages en question : mais la chose mérite d'être indiquée dès à

présent, et rien n'est plus curieux, en vérité, que la façon dont ces échos des *divertissements* et *sonates* pour clavecin de Haydn se juxtaposent, dans l'œuvre de l'enfant, aux souvenirs de Chrétien Bach, sans réussir encore à se mêler avec eux. Nous venons d'entendre un *allegro* que nous croirions sorti du recueil du maître de Londres, avec des rythmes coulants, et une allure doucement régulière ; et voici que le menuet suivant nous parle une langue tout autre, avec des rythmes infiniment plus robustes, et une marche mélodique plus accentuée, nous voici transportés, d'une Italie plus ou moins conventionnelle, au cœur même de la nouvelle Allemagne !

Telle est la part des autres, dans ces sonates hollandaises de Mozart : il nous reste à ajouter que sa part propre, bien moins considérable que dans les œuvres étudiées précédemment, ne se retrouve pas moins, dans l'ensemble, sous la forme d'une habileté technique tout à fait remarquable, et, dans le détail, sous la forme de mille petites modulations, inventions d'épisodes, adaptations de procédés nouveaux à des fins expressives, etc., qui nous permettent de reconnaître, même ici, la main et le cœur d'un poète de race. Les accompagnements de violon, aussi, toujours très simples et manifestement improvisés, ont une aisance, une liberté relative, souvent une grâce mélodique qu'ils n'avaient pas encore dans les recueils précédents : jusque dans les morceaux les plus rapidement « expédiés » nous découvrons un musicien qui connaît désormais le rôle du violon, et non plus seulement un claveciniste pareil à vingt autres qui, sous l'influence de Schobert, croyaient devoir agrémenter leurs sonates d'une banale partie de violon *ad libitum*.

Arrivons maintenant à la première sonate elle-même. Seule du recueil, elle est en trois morceaux, correspondant ainsi à la seconde sonate, en *ré*, du recueil de Bach. Et l'influence de Bach nous apparaît ici presque sans réserve. Dans le premier morceau, les deux sujets sont nettement distincts, et suivis encore d'une ritournelle : après quoi vient une reprise un peu variée du premier sujet à la dominante, ramenant, presque sans changement, le second sujet et la ritournelle. Dans l'*adagio poco andante*, très court, et n'ayant qu'un sujet, il faut noter, avant et après les deux barres, des modulations expressives d'un effet très heureux : mais l'ensemble du morceau, comme celui du premier, est assez insignifiant (toujours sans rentrée dans le ton principal) ; et ce n'est que le *rondo* final qui, dans la sonate, nous permet de retrouver le génie de Mozart.

Ce *rondo* est le premier morceau que Mozart appelle de ce nom, toujours suivant l'exemple de son modèle Chrétien Bach. Mais, tandis que ce maître réservait le titre de *rondeau* (ou encore *rondeaux*) à l'accouplement d'un majeur et d'un mineur à peu près de même étendue, ici le petit Mozart revient déjà à l'autre conception du *rondo*, qui fait un peu de celui-ci l'équivalent du *pot-pourri* français : une nombreuse série de petits épisodes, séparés les uns des autres par des reprises intégrales du thème du *rondo*. Dans le finale du présent n° 33, il y a trois de ces épisodes, dont l'un est une sorte de variation du thème du *rondo* ; et quand ensuite ce thème revient, le voici qui revient, d'abord, en mineur,

formant presque un épisode de plus, avant de reparaître en majeur
pour finir le morceau. Tout cela extrêmement alerte, joyeux, et solide
aussi, avec de charmantes petites figures de contrepoint, et un caractère général plus vigoureux que celui des finales de Chrétien Bach, un
caractère proprement « mozartien[1] ».

34. — *La Haye, février* **1766.**

Sonate en sol, pour le clavecin, avec l'accompagnement d'un violon.

K. 27.

Ms. perdu.

Andante poco adagio. — *Allegro.*

Cette seconde sonate de la série ne se rattache plus aussi étroitement
que la précédente au style de Chrétien Bach. Le morceau lent qui
l'ouvre, notamment, avec ses sujets non séparés, et son emploi continu
de la *basse d'Alberti*, et tout l'ensemble de son caractère sentimental,
ferait songer plutôt à des œuvres françaises, tandis que, au contraire,
c'est de Joseph Haydn que s'inspire évidemment le petit Mozart pour
l'*allegro* final qui, cependant, par sa forme, est exactement un double
rondeau à la manière de Bach, avec une première partie majeure, une
autre partie, très étendue, en mineur, et un *da capo* complet de la première partie. Mais, sous cette forme empruntée à Bach, le rythme des
phrases, les modulations, les cadences, tout cela vient en droite ligne
des premières œuvres de Haydn et rappelle, notamment, les *divertissements* pour le clavecin que ce maître a écrits en 1763, et ses premières
sonates, composées avant 1766.

Notons, sans nous en fatiguer, que, dans le premier morceau, le premier sujet n'est point repris dans le ton principal. Nous le noterons
chaque fois, pour que l'on puisse constater à quel point ce procédé
tenait l'enfant au cœur, durant ces années ; et ainsi nous n'aurons
point de peine à prouver bientôt, que l'emploi de ce procédé ou du procédé contraire peut servir de *critérium* pour fixer la date de telle composition que nous aurons à examiner. Et signalons encore ce fait
curieux que le maître qui, sans doute, durant toute sa vie, a le plus
constamment employé le système du *développement* avec *rentrée* dans

1. Il est possible, cependant, que cette manière de traiter le *rondo* nous offre
déjà une première trace de l'influence de Joseph Haydn, qui, de tout temps,
dans ses finales en *rondo*, a beaucoup aimé le genre de l'intermède produit par
variation du thème.

le ton, Joseph Haydn, n'a guère manqué à l'emploi de ce système que, précisément, dans quelques-uns de ces premiers morceaux de clavecin qui doivent avoir été connus de l'enfant pendant son séjour en Hollande.

35. — *La Haye, février* 1766.

Sonate en ut, pour le clavecin, avec l'accompagnement d'un violon.

K. 28.

Ms. perdu.

Allegro maestoso. — Allegro grazioso.

Cette sonate, d'ailleurs plus insignifiante encore et sans doute plus improvisée que les autres du recueil, pourrait bien avoir été composée après elles, et lorsque déjà l'enfant commençait à oublier les leçons de Chrétien Bach, sous l'influence de Graf et de la musique française. Non seulement, en effet, les divers sujets du premier morceau s'enchaînent, comme chez Schobert, au lieu d'être séparés, comme chez Bach ; non seulement l'emploi continu de la *basse d'Alberti* et, dans le premier morceau, la manière très variée dont est reprise toute la première partie, (naturellement sans rentrée du premier sujet dans le ton principal), comme aussi tous les caractères de la virtuosité font songer beaucoup plus à un Eckard ou à un Graf qu'à Chrétien Bach, mais nous voyons l'enfant, contrairement aux habitudes de ses maîtres de Londres, écrire ici un finale en « morceau de sonate », c'est-à-dire avec deux sujets suivis d'une reprise variée du premier sujet à la dominante et d'une reprise du second dans le ton principal. C'est là une habitude tout allemande, venue d'Emmanuel Bach, sans cesse employée par Schobert, et qui, en attendant que Haydn et Mozart, bientôt, la fassent rentrer dans la musique instrumentale, n'avait guère d'adeptes aux environs de 1766, où prévalait l'usage italien des petits finales en menuets, rondeaux, etc. Mais telle est l'empreinte laissée sur Mozart, à Londres, par le système italien des reprises du premier sujet à la dominante, sans *développement*, que nous retrouvons ce système jusque dans ce finale, dont l'allure, tout allemande, semblait réclamer la coupe allemande avec *développement* et *rentrée* dans le ton.

36. — *La Haye, février* 1766.

Sonate en ré, pour le clavecin, avec l'accompagnement libre d'un **violon.**

K. 29.

Allegro molto. — *Menuetto et Trio* (en *ré mineur*).

Ici, au contraire, l'influence de Chrétien Bach domine. Dans le premier morceau, assez soigné, et avec un bel accompagnement de violon, la répétition constante des phrases, la séparation des deux sujets par une cadence, et l'allure même de ces sujets dérivent directement du maître de Londres. Il est vrai que le thème du menuet qui suit est un des morceaux de cette série de sonates où se retrouve le plus nettement l'imitation de Joseph Haydn et qu'il n'y a pas jusqu'au mot *trio*, — employé de nouveau ici au lieu des expressions *menuetto II* ou *minore*, — qui ne marque déjà une émancipation à l'égard de Bach et un rapprochement du côté de l'Allemagne. Mais l'idée de terminer une sonate par un double menuet doit avoir été suggérée, elle encore, par Chrétien Bach : car c'est précisément la sonate en *ré* de son op. V que celui-ci termine, semblablement, par un double menuet, au lieu du *tempo di minuetto* qu'il préférait d'ordinaire. Ce menuet, comme le premier morceau de la sonate, est d'ailleurs plus travaillé que toutes les sonates précédentes ; le menuet proprement dit a déjà tout le piquant et toute l'aisance d'un menuet de Haydn ; et le *trio* nous montre, tout ensemble, un emploi très caractéristique du ton de *ré mineur*, et la science et l'art avec lequel l'enfant savait, quand il voulait, à l'imitation de Schobert, rehausser un chant de clavecin par un accompagnement continu du violon.

37. — *La Haye, février* 1766.

Sonate en fa, pour le clavecin, avec l'accompagnement libre d'un **violon.**

K. 30.
Ms. perdu.

Adagio. — *Rondo : tempo di menuetto.*

Avec la précédente, et à un plus haut degré encore, cette sonate est une de celles où l'enfant a apporté le plus de soin. Elle a, tout entière, un caractère italien très particulier, et doit avoir été inspirée à Mozart par un modèle qu'il serait bien intéressant de pouvoir retrouver. Notons d'abord que le premier morceau est un *adagio*, et a véritablement les allures et la signification d'un mouvement lent, — au contraire, par exemple, de l'*andante poco adagio* qui ouvrait le nº 34, et qui était proprement une sorte d'*allegretto*. Ici, Mozart commence sa sonate par un grand chant pathétique, dont la phrase se poursuit continûment à travers le morceau, et que l'on ne saurait mieux comparer qu'à la première partie d'un air d'opéra italien. Et à ce chant continu répond un accompagnement continu de triolets qui, presque à chaque mesure, se renforce de notes expressives de la basse, jouées par la main droite. Pour la première fois, ici, Mozart emploie largement le procédé nouveau des croisements de mains, procédé très rare chez Chrétien Bach, mais fréquent chez les clavecinistes français, comme aussi chez Graf ; et il est vraiment merveilleux de voir comment, tout de suite, l'enfant éprouve le besoin de revêtir d'un sens particulier tout procédé nouveau qui lui tombe sous les yeux : ces notes basses de la main droite, rythmant les périodes du chant, ont une couleur et un charme des plus remarquables. D'autre part, la fréquente répétition des membres de phrase rappelle encore l'élève de Bach ; et nous n'avons pas besoin d'ajouter que la coupe du morceau est toujours l'ancienne coupe en deux parties, sans rentrée du premier sujet dans le ton principal. Quant au *rondo* qui suit, c'est encore un *rondo* à l'allemande, avec de petits épisodes entrecoupés d'une reprise du thème : mais il faut y signaler, comme déjà dans le *rondo* final du nº 33, une variation mineure du thème, qui, ici, est en même temps une variation lente (*poco adagio*), et qui peut déjà servir de prototype des variations mineures que Mozart, ensuite, aura toujours soin d'introduire dans ses airs variés.

38. — *La Haye, février* 1766.

Sonate en si bémol, pour le clavecin, avec l'accompagnement libre d'un violon.

K. 31.
Ms. perdu.

Allegro. — Tempo di Menuetto : moderato (avec six variations).

Le premier morceau de cette sonate, la dernière du recueil de La Haye, se rattache entièrement au style de Chrétien Bach, avec deux sujets séparés, mais parents l'un de l'autre. Beaucoup plus curieux est

le finale, où, pour la première fois, Mozart introduit une série de variations séparées et numérotées, comme l'avait fait Bach dans une de ses
sonates op. V, mais surtout comme le faisaient les Eckard, les Honnauer,
et ce Graf qui n'est pas, décidément, sans avoir exercé une influence
sérieuse sur le petit Mozart : car la façon de traiter les variations, dans
la sonate présente, ressemble beaucoup à celle que nous trouvons dans
les finales de sonates de ce maître. Ce sont des variations de pure virtuosité, avec un emploi fréquent des croisements de mains ; et la dernière variation, — suivant ce qui paraît être désormais l'habitude de
Mozart, — a un accompagnement continu *en basse d'Alberti*. Avec cela,
pas de variation lente, ni de variation mineure ; et si l'ensemble du
morceau fait voir déjà une maîtrise plus aisée et plus sûre que les
deux airs variés nos 31 et 32, on y sent, d'autre part, une hâte d'improvisation qui rend le.morceau très inférieur, notamment, à l'essai déjà
très personnel du n° 32.

39. — *La Haye, mars* 1766.

Galimatias Musicum en fa, pour clavecin, deux violons, alto, basse,
deux hautbois, deux cors et basson.

K. 32.

Ms. aut. à La Haye, chez M. Scheurleer.

I. *Andante*.
II. *Solo de clavecin*, en *si bémol*.
III. *Menuet* en *fa*.
IV. *Adagio* en *ré mineur* et *allegro* en *ut*, avec reprise renversée de l'*adagio*.
V. *Molto allegro* en *ré*.
VI. *Allegro* en *la*.
VII. *Solo de hautbois* en *sol*.
VIII. *Allegro* en *ré*, avec *soli de cors et bassons*.
IX. *Allegretto* en *la ; allegro* en *ré*, et *duo de hautbois et violons* en *sol*.
X. *Fugue* en *fa*.

Dans son précieux catalogue de 1768, parmi la liste des œuvres composées jusqu'alors par Wolfgang, Léopold Mozart inscrit sous le n° 8 :
« Un *quodlibet* intitulé *Galimatias musicum* pour 2 violons, 2 hautbois,
2 cors, clavecin obligé, 2 bassons, alto et basse. Tous les instruments
ont à exécuter un solo, et, à la fin, se trouve une fugue pour tous les
instruments, composée sur un chant hollandais qu'on appelle le *Prince
Guillaume*. Ce morceau a été composé pour le prince d'Orange. » Ces
quelques lignes nous décrivent exactement le n° 39, — dont Léopold,
chose curieuse, ne fait point mention dans ses lettres aux Hagenauer
— et, en même temps, elles nous donnent la date de sa composition.

car les fêtes de l'installation du prince d'Orange ont eu lieu le 11 mars 1766. Mais la rédaction du *Galimatias* n'en soulève pas moins un important problème, et très difficile à résoudre.

En effet, un savant musicographe hollandais, M. Scheurleer, possède la partition autographe du *Galimatias*, avec plusieurs corrections et additions de Léopold Mozart ; et cette partition ne contient que les dix morceaux susdits, dans l'ordre où nous les avons cités. Mais un collectionneur parisien, M. Malherbe, de son côté, possède d'anciennes parties d'instruments, qui d'ailleurs ne sont point de la main de Mozart ni de son père, et qui non seulement reproduisent lesdits morceaux en question dans un ordre différent, mais en reproduisent encore quatre autres dont aucune trace n'existe dans la partition autographe. Ces quatre morceaux supplémentaires sont : un *molto allegro* (en *ré*) de treize mesures ; un *andante* (en *ré* mineur) de dix-huit mesures, un autre *allegro* (en *ré*) de seize mesures, et un *presto* (en *ré*) de la même étendue. Que signifient ces morceaux supplémentaires, et que devons-nous penser de l'ordre nouveau des morceaux, dans ces parties d'orchestre ? En tout cas, les quatre morceaux supplémentairss sont certainement de Mozart ; et leurs petites dimensions s'accordent tout à fait avec celles des autres morceaux du *Galimatias*. Mais, par ailleurs, il est presque impossible de supposer que ces morceaux aient pris place en tête du *Galimatias*, puisque celui-ci, se terminant par une fugue en *fa*, devait sûrement débuter dans ce même ton de *fa*. Nous devons ajouter que la solution du problème se trouverait grandement facilitée si nous pouvions croire la dernière édition du catalogue Kœchel, qui nous apprend que le même M. Malherbe possède aujourd'hui, en plus des parties dont nous venons de parler, la partition autographe d'une symphonie qui n'est faite que de trois des petits morceaux supplémentaires en question et d'un petit menuet (en *sol*) avec trio (en *ré*) : car cette partition porterait la mention : *Symphonie, composée en 1770 à Milan*. De cette façon, tout s'expliquerait. L'enfant, pendant son séjour à Milan, aurait eu l'idée de reprendre son *Galimatias* de La Haye en y ajoutant ou intercalant la miniature comique d'une symphonie. Aussi bien, l'autographe original du *Galimatias* nous montre-t-il que Mozart avait eu, d'abord, l'intention d'introduire dans son pot-pourri jusqu'à des chœurs chantés: de même, quatre ans plus tard, il aura voulu renforcer de la parodie d'une symphonie l'effet grotesque de sa composition de naguère. Mais, de toute façon, nous pouvons affirmer que les trois premiers au moins des quatre morceaux supplémentaires ont dû être écrits plus tard : car, sous l'intention semblable, le style de Mozart y est déjà tout autre; si bien que nous aurons à les considérer séparément, aux environs de 1770, tandis que nous allons maintenant accepter pour originale, et seule datant de 1766, la partition de M. Scheurleer.

Comme nous venons de le dire en passant, ce *Galimatias* est essentiellement un *pot-pourri*, genre alors très en vogue dans tous les pays où régnait la mode française ; ou plutôt encore, — car le pot-pourri était une sorte de *rondo*, avec des retours périodiques d'un thème principal, — ce *Galimatias* est ce que le définit Léopold Mozart dans son catalogue, un « *quodlibet* », à la manière de celui que nous montrent les célèbres variations de Sébastien Bach, c'est-à-dire un mélange **désordonné de**

fragments d'airs ou de danses empruntés à droite et à gauche, et disposés de manière à produire un effet comique par les rapides contrastes
de leur succession. C'est ainsi que, dans le *Galimatias* de Mozart, l'*andante* initial est un grand travail de contrepoint sur le thème d'un prélude des *suites* de clavecin de Hændel; tour à tour les deux violons, le
basson, la basse, les hautbois et l'alto exposent le thème, d'ailleurs
très habilement, et avec une solennité qui semble devoir annoncer une
fugue imposante. Mais non; à peine l'élaboration du sujet a-t-elle commencé que, sur un point d'orgue de *la bémol*, le clavecin, seul, attaque
en *mi bémol* une petite contredanse française d'un cachet populaire très
marqué; après quoi, sur un autre point d'orgue de *mi* naturel, nous
revenons en *fa* avec un menuet à danser. Et ainsi les fragments se suivent, dont la plupart, malheureusement, ont été pris nous ne savons
où, mais dont pas un seul ne doit être de l'invention de Mozart. Tout au
plus pouvons-nous signaler encore le thème de l'*allegro* en *ut* (n° 4), qui
est un air populaire allemand devant servir, plus tard, à Joseph Haydn
pour son célèbre *Caprice* de piano. Et cependant si actif est le génie
créateur de l'enfant que bientôt il l'entraîne à passer outre aux règles
du genre, pour affirmer son originalité personnelle : et ainsi, nous le
voyons, dans l'*adagio* du n° 4, renverser son premier thème en *ré mineur*
avec un contrepoint déjà très sûr ; et sans cesse nous rencontrons
d'autres effets très curieux d'harmonie et de contrepoint, réponses des
basses aux violons, imitation du quatuor et des instruments à vent, etc.
Au reste, d'une façon générale, l'instrumentation du *Galimatias*, ayant
été l'occupation principale de l'enfant, nous fait voir un progrès considérable sur toutes les symphonies précédentes ; et nous ne pouvons
nous empêcher de penser que la nécessité de composer ce pot-pourri a
eu sur l'éducation musicale de Mozart une action infiniment précieuse
et toute providentielle, en lui permettant de se livrer, sans contrainte,
à sa fantaisie d'instrumentiste. Seule la *fugue* finale, sur |ce même *air
de Guillaume de Nassau* qui a servi de thème aux variations n° 32,
apparaît encore assez faible, et nous révèle l'enfant sous le maître
musicien. De la fugue telle qu'elle est dans la partition, les 45 premières
mesures seules sont de Wolfgang ; tout le reste a été fait par le père, —
et bien misérablement ! — pour remplacer une esquisse de Wolfgang
que l'on pourra voir reproduite dans le *Revisionsbericht* (série XXIV, pp. 7
et suiv.). Et, effectivement, ce que l'enfant avait imaginé d'écrire était
assez vide, — après un commencement, au contraire, de la plus belle
allure. Au fond, personne évidemment n'avait pris la peine d'enseigner
à Mozart l'art démodé de la fugue : on lui avait montré à faire des
entrées de voix, et, tout de suite, il avait saisi merveilleusement toutes
les ressources de ce procédé, comme nous le montrent, par exemple,
son *madrigal* de Londres et les n° 1 et 10 de son *Galimatias :* mais développer la fugue, opposer les sujets et les contre-sujets, appliquer les
règles diverses mises en honneur par les vieux maîtres, c'est ce que,
manifestement, personne jusqu'alors n'avait cru devoir apprendre à
l'enfant; et ce n'était qu'à Salzbourg et à Vienne, au contact de la
musique religieuse allemande, qu'il allait commencer à se pénétrer des
éléments d'une langue musicale faite, entre toutes, pour lui plaire et
pour lui servir.

40. — *Londres ou La Haye, entre avril* 1765 *et avril* 1766.

Trois sonates pour clavecin de Jean-Chrétien Bach, en ré, en sol,
et en mi bémol, arrangées en concertos de clavecin, avec accompagnement de deux violons et basse (chiffrée).

K. 107.

Ms. aut. à Berlin.

Les trois sonates que le petit Mozart a ainsi arrangées en concertos
de clavecin, en y ajoutant, pour chaque morceau, un petit prélude d'instruments à cordes, et en faisant ensuite doubler à ses instruments tels
passages du chant ou de l'accompagnement, sont précisément empruntées à ce recueil op. V de sonates de Bach qui a dû paraître au moment
où le petit Mozart venait de quitter Londres, et dont nous avons vu que
l'enfant l'avait eu sûrement sous les yeux pendant toute la durée de
son séjour en Hollande. Les trois sonates forment les nᵒˢ 2, 3 et 4 du
recueil ; et une seule d'entre elles, la première, comporte trois morceaux ; mais autant un concerto en deux morceaux allait devenir, dans
la suite, contraire aux habitudes de Mozart, autant l'idée devait lui en
paraître naturelle à Londres ou à La Haye, car Chrétien Bach lui-même,
dès ce moment, ne mettait guère que deux morceaux aussi bien dans
ses concertos que dans ses sonates.

On a pensé que l'enfant avait fait ces arrangements par manière
d'exercice, pour étudier le style du concerto ; mais il n'y avait pas de
style qui lui fût plus familier, la destinée l'ayant condamné à jouer des
concertos presque dès le berceau ; et il suffit de jeter un coup d'œil,
à la Bibliothèque de Berlin, sur la partition inédite de ces arrangements
pour comprendre que Mozart ne les a point faits avec la pensée de
s'exercer à la composition. Le fait est qu'on ne saurait imaginer un
travail plus rudimentaire. Avant chacun des grands morceaux, les deux
violons et la basse exposent une première fois, dans le ton principal,
le premier et le second sujet de la sonate ; après quoi c'est celle-ci qui
commence, et se déroule tout entière devant nous, telle qu'elle est chez
Bach, sauf pour les violons à intervenir de temps à autre par de petites
figures absolument insignifiantes. Ce n'est pas ainsi que Mozart aurait
procédé, s'il avait voulu se livrer à un travail d'études musicales. Mais
la vérité est que ses arrangements des sonates de Bach n'ont pas eu,
pour lui, d'autre objet que de lui permettre de jouer ces sonates dans
des concerts publics, où il sentait qu'il devait se conformer dorénavant
à l'usage des clavecinistes, et jouer des concertos, au lieu des sonates
que, en sa qualité de prodige, il avait jouées jusqu'alors. C'est donc à

la veille d'une tournée de concerts que Mozart aura imaginé ce moyen
de joindre à son petit répertoire de concertos allemands des œuvres
nouvelles ; et le caractère des ouvrages choisis par lui, aussi bien que
la pauvreté de l'élaboration, nous empêchent d'admettre que ces
arrangements puissent avoir été faits en vue du voyage de Vienne de
1768, — pour lequel nous savons, au contraire, que Mozart a arrangé
en concertos une nombreuse série de morceaux de sonates de Schobert,
d'Honnauer, et d'autres compositeurs parisiens (nos 48 et 51-53), — ou, à
plus forte raison, du voyage italien de 1770. C'est tout de suite après
avoir connu les sonates de Bach, à Londres ou à La Haye, que l'enfant,
dans son enthousiasme pour elles, se sera mis à les adapter en concertos ; et probablement il aura joué ces adaptations à Paris, durant
son second séjour, à Dijon, à Lyon, dans tous les endroits où nous
savons qu'il a donné des concerts « avec tous les instruments » [1].

1. Chose curieuse, Mozart doit avoir continué longtemps à jouer, dans ses
concerts, ces pauvres adaptations des Sonates de son cher maître et ami Chrétien Bach : car, M. Malherbe possède l'autographe d'une cadence composée
pour la première d'entre elles, et l'écriture de ce précieux autographe semble
indiquer une date bien postérieure à celle où ont dû être faites les adaptations
elles-mêmes, — infiniment rudimentaires en comparaison des numéros 48, 51-53,
qui sont datées du milieu de 1767.

HUITIÈME PÉRIODE

LE SECOND SÉJOUR A PARIS

(AVRIL-JUILLET 1766)

ET LE VOYAGE DE RETOUR

(JUILLET A NOVEMBRE)

Partis de La Haye vers le 15 avril, les Mozart donnèrent encore des concerts à Amsterdam (16 avril) et à Utrecht (18 avril). Ils s'arrêtèrent ensuite quelques jours à Malines, passèrent par Valenciennes, où le père note qu'ils rencontrèrent un « M. Graeb, maître de la Chapelle royale », et arrivèrent à Paris dans les premiers jours de mai. Ils y restèrent jusqu'au 9 juillet, puis ils se mirent en route pour rentrer à Salzbourg, mais avec un long détour par la Suisse, où on leur avait fait espérer de brillantes recettes. Ils s'arrêtèrent notamment pendant près d'une semaine à Dijon, où le père dit que tous les musiciens étaient « détestables », puis à Lyon pendant quatre semaines, à Genève pendant trois semaines, à Lausanne pendant cinq jours, à Berne pendant huit jours, à Zurich pendant quinze, à Schaffhouse, et arrivèrent ainsi, par de lentes étapes, à Donaueschingen, où les avait invités le prince Joseph-Venceslas de Fürstenberg. Ils passèrent douze jours dans cette résidence, fort bien traités par le prince et par son maître de chapelle Martelli ; et le père nous apprend, dans une lettre du 10 novembre, que, chaque soir entre cinq heures et neuf heures, les enfants se sont fait entendre à la Cour. Nouvel arrêt, ensuite, à Biberach où il importe de noter que Wolfgang a eu à subir une sorte d'épreuve sur l'orgue, en concurrence avec le célèbre organiste Sixtus Bachmann, âgé seulement de deux ans de plus que lui. L'auditeur qui nous a conservé le souvenir de ce concours ajoute que, d'ailleurs, les deux jeunes exécutants se sont montrés également remarquables. Puis, après des haltes à Ulm, Gunzbourg, Dillingen, et Augsbourg, ils arrivèrent à Munich, où, dès le lendemain, leur vieil ami l'électeur de Bavière a commandé à Wolfgang d'improviser « une pièce » sur une « idée de deux ou trois mesures » qu'il lui a fredonnée. Dans une lettre de Munich, le 15 novembre, Léopold écrit qu'ils sont invités à Ratisbonne, mais qu'une nouvelle maladie de Wolfgang les empêche de s'y rendre ; et c'est encore de Munich qu'il écrit, une dernière fois, le 22 novembre 1766, une lettre qui paraît fort importante, à en juger par le petit fragment qu'on en a publié. Dans ce fragment il manifeste la crainte que l'archevêque de Salzbourg ne sache pas apprécier suffisamment le génie de Wolfgang et ne fournisse pas à celui-ci le moyen d'achever ses études : « Car, dit-il, vous savez vous-même combien mon Wolfgang à encore à apprendre. » En tout cas, il va ramener ses enfants ; mais peut-être aura-t-il bientôt, de nouveau, à se remettre en route avec eux ? Enfin, vers le 30 novembre, les voyageurs se trouvèrent réinstallés à Salzbourg.

Les diverses étapes de ce voyage de retour, depuis le second départ de Paris, n'ont évidemment pas pu avoir sur le développement musical de l'enfant une influence comparable à celle du grand voyage en Allemagne de 1763 et des séjours à Paris, Londres, et La Haye. Encore aimerions-nous à avoir quelques renseignements sur elles, en dehors des faits mentionnés plus haut : mais en vérité nous n'en avons point, ni sous la forme d'œuvres composées par Mozart, ni sous la forme de comptes rendus de ses concerts ou de notions sur les musiciens intéressants qu'il a pu connaître. Nous savons cependant, par le catalogue de Léopold Mozart en 1768, que, « à Lausanne, pour le duc Louis de Würtemberg, Wolfgang a composé des *soli* de flûte traversière » ; que « pour le prince de Fürstenberg, — donc à Donaueschingen, — il a composé divers *soli* de violon et violoncelle » et que, ailleurs encore, il a écrit « des *soli* de viole de gambe », mais peut-être était-ce à Londres, pour le fameux Abel. En outre, ce même catalogue mentionne « un petit *Stabat Mater*, à quatre voix, sans instruments » qui, à en juger par ce dernier détail, doit avoir été fait pendant le voyage plutôt qu'à Salzbourg. Et enfin nous trouvons dans le même catalogue « plusieurs pièces pour deux trompettes, deux cors, et deux cors de chasse » qui pourraient bien aussi, à cause de ce dernier instrument, avoir été composées en dehors de Salzbourg. Quant aux musiciens rencontrés, nous pouvons dire seulement que Martelli, le maître de chapelle de Donaueschingen, était un maître savant et adroit, et que le rival du petit Mozart sur l'orgue à Biberach, le futur P. Sixte Bachmann, allait être l'un des plus grands organistes allemands de la seconde moitié du xviiie siècle. Mais, quelque importance qu'aient pu avoir ces compositions perdues et ces rencontres ignorées, très certainement la seule partie de toute cette période qui ait exercé une action profonde et considérable sur le génie de Mozart a été le trimestre de son second séjour à Paris.

Sur ce séjour, malheureusement, les lettres du père ne nous apprennent rien, si ce n'est que les enfants sont encore allés deux fois se faire entendre à Versailles. Nous savons en outre, par un tableau d'Ollivier au Louvre, que Wolfgang a joué au Temple, chez

le prince de Conti, où il aura eu l'occasion de retrouver son ancien
maître Schobert. D'autre part, son protecteur Grimm n'aura pas
manqué de le conduire, de nouveau, au Palais-Royal, ainsi que nous
le prouve, d'ailleurs, un petit *rondeau*, très ingénu, que la fille du
duc d'Orléans « a pris la liberté de présenter à M. Wolfgang Mozart ».

D'autre part, un fragment publié du précieux registre de Léopold
Mozart nous apprend que nos voyageurs, pendant ce second séjour
à Paris, ont rencontré dans cette ville un certain nombre de musiciens nouveaux, ou peut-être seulement entrevus pendant le séjour
de 1764. Chose curieuse : à l'exception de « M. Philidor », le maître
charmant du *Maréchal*, — dont la musique devait être depuis longtemps familière au petit Mozart, — et de « M. Honnauer » le claveciniste dont nous savons aussi que l'enfant connaissait déjà les
brillantes sonates, tous ces personnages étaient des Allemands.
Bornons-nous à citer, parmi eux : « M. Raupach », honnête claveciniste de Stralsund, dont nous verrons que l'enfant utilisera bientôt
les sonates, ainsi que celles de Honnauer, pour des adaptations en
concertos de sonates françaises, et puis encore « M. Becke », et
« M. Cannabich », personnages plus considérables en vérité, mais
dont la trace ne se révèlera à nous que beaucoup plus tard dans la
vie musicale de Mozart.

Enfin une seconde lettre de Grimm, écrite pendant ce séjour, ne
nous parle guère que des progrès faits par l'enfant depuis les deux
années précédentes. Voici les quelques passages de cette lettre qui
méritent d'être retenus : « Ayant entendu Manzuoli à Londres pendant tout un hiver, l'enfant en a si bien profité que, quoiqu'il ait la
voix excessivement faible, il chante avec autant de goût que d'âme.
Il possède au suprême degré la profonde science de l'harmonie et de
ses passages les plus cachés... Nous lui avons vu soutenir des
assauts, pendant une heure et demie de suite, avec des musiciens
qui suaient à grosses gouttes et avaient toute la peine du monde à se
tirer d'affaire avec un enfant qui quittait le combat sans être fatigué.
Je l'ai vu, sur l'orgue, dérouter et faire taire des organistes qui se
croyaient fort habiles. A Londres, Bach le prenait entre ses genoux
et ils jouaient ainsi, de tête alternativement, sur le même clavecin.
Ici, il a subi la même épreuve avec M. Raupach, habile musicien, qui
a été longtemps à Pétersbourg et qui improvise avec une grande
supériorité. Cet enfant est d'ailleurs une des plus aimables créatures
qu'on puisse voir, mettant, à tout ce qu'il dit et ce qu'il fait, de l'esprit
et de l'âme, avec la grâce et la gentillesse de son âge. Il rassure
même, par sa gaîté, contre la crainte qu'on a qu'un fruit si précoce
ne tombe avant sa maturité... »

En fait de compositions datant de ce séjour, nous ne possédons
qu'un petit motet, et qui nous montre seulement que l'enfant était
entièrement retombé sous l'influence de la musique française. Mais

Impresario
Nozze di Figaro
L'Enlèvement du Serail
Don Giovanni

L. C. DE CARMONTELLE
LÉOPOLD et WOLFGANG MOZART
— 1766 —

« Il est possible que cette seconde version du fameux dessin de Carmontelle date, non pas du premier séjour des Mozart à Paris en 1764, mais de l'époque de leur retour dans cette ville, au printemps de 1766 : deux ans ont passé et la petite poupée de la première version (qui figure à la tête du présent ouvrage) est devenue un garçonnet sérieux et posé. Aucun recueil de portraits ne mentionne cette nouvelle version, qui a été récemment découverte par M. de Curzon. »

c'est dans les journaux et autres documents écrits du temps que nous devons chercher sous quelle forme s'est produit au juste ce nouveau contact de Mozart avec cette musique.

A l'Opéra, pendant le séjour des Mozart, la seule nouveauté véritable a été la représentation d'*Aline, reine de Golconde*, de Monsigny très remarquable effort dans la voie du drame lyrique, avec de grands *récitatifs obligés* très accompagnés et des « airs de mouvement » faisant déjà pressentir ceux de Gluck : mais tout cela desservi par une fâcheuse ignorance du métier musical qui doit avoir empêché les Mozart d'en tirer grand profit. Cette fois encore, au reste, toute la faveur du public allait aux Italiens, et c'est là que les Mozart doivent avoir entendu le plus de musique. En dehors des pièces nouvelles que nous allons citer, le répertoire des Italiens, pendant ce trimestre, leur a offert notamment : *La Servante maitresse* de Pergolèse, *le Maréchal* et *Tom Jones* de Philidor, sans compter l'inévitable *Annette et Lubin*. Mais, en outre, les œuvres nouvelles ont été particulièrement nombreuses pendant les premiers mois de l'année 1766. C'est d'abord *la Bergère des Alpes*, comédie de Marmontel, avec des ariettes, assez pauvres, de Kohaut; puis, le 27 février, une comédie en un acte avec des ariettes de Schobert, *le Braconnier et le Garde Chasse*, qui n'a eu aucun succès et que certainement les Mozart n'ont plus entendue, mais dont peut-être l'enfant aura pu connaitre la partition. Le 23 avril, première représentation, — et reprise le 7 juin suivant, — d'une comédie intitulée *les Pécheurs*, avec des ariettes, très applaudies, de Gossec. Enfin, le 23 juillet, quelques jours après le départ des Mozart, représentation de la charmante *Clochette* de Duni. Longtemps, pendant les années qui vont suivre, nous allons trouver le petit Mozart tout imprégné des ariettes françaises qu'il lui a été donné de retrouver là.

Il y a eu à Paris, pendant le trimestre en question, trois Concerts Spirituels. Celui du 8 mai avait à son programme un *motet à grand chœur* de Prudent, un autre de l'abbé d'Haudimont, un *motet à voix seule* de Lefèvre, des *soli* de harpe par Hochbrucker, et un concerto de violon de Capron « mêlé d'airs connus » Le jour de la Pentecôte, 18 mai, le principal motet a été le *Confitebor* de Lalande : en outre, Balbastre a joué « un nouveau concerto d'orgue, et l'on a entendu la chapelle particulière du prince de Condé exécuter des morceaux de Bury, maître de chapelle de la Cour. Enfin le concert de la Fête-Dieu (29 mai) avait pour programme : 1° *Exsultate Deo*, motet à grand chœur de l'abbé Dugué ; 2° morceaux choisis de Rameau, par la chapelle du prince de Condé ; 3° *Diligite*, motet à voix seule de Dauvergne ; 4° pièces de harpe par Hochbrucker ; 5° *Coronate flores*. motet à voix seule de Lefèvre ; 6° *Memento Domine*, motet à grand chœur de l'abbé d'Haudimont.

Quant aux annonces des éditeurs de musique, nous nous borne-

rons à citer : six *Trios* de Gossec op. IX pour deux violons et basse ;
six *Scherzi* pour deux violons et violoncelle op. IV par Holzbauer ; six
Trios à grand orchestre de Cannabich ; six *Trios* pour flûte, violon et
basse par Wendling ; six *Sonates* pour violoncelle avec accompagnement de violon par Duport ; six *Sonates* de clavecin et violon de
Sammartini ; et, (annoncées dans l'*Avant-Coureur* du 31 mars), les
six *Sonates* de clavecin, avec accompagnement de violon *ad libitum*
op. XIV, de Schobert.

A l'exception de Schobert, qui va mourir misérablement, par accident, quelques mois plus tard, tous les noms des compositeurs énu-
mérés dans les annonces ci-dessus se retrouveront, pour nous, à
des moments divers de la vie de Mozart : mais sans que nous puissions dire au juste si c'est à Paris déjà que celui-ci aura fait connaissance avec leurs œuvres. Et, au contraire, nous pouvons être assurés qu'il a fait connaissance dès lors avec le recueil des sonates de
Schobert op. XIV, qui contient les plus parfaits chefs-d'œuvre de ce
maître, et dont l'empreinte sur Mozart, jusqu'au bout de la vie de
celui-ci, a été d'une profondeur et d'une intensité extraordinaires. Mais
ce n'est guère que deux ou trois ans plus tard que nous apercevrons,
pour la première fois, dans l'œuvre de Mozart, un contre-coup direct
de l'influence de ces sonates de Schobert, publiées pendant son
second séjour à Paris : de telle sorte que, étant donnée l'hostilité de
Grimm et de Léopold Mozart pour le maître silésien, il est possible
que l'enfant, d'abord, n'ait pas compris la haute valeur de ces
sonates, trop différentes de la musique toute légère et « galante »
à laquelle il était accoutumé pour le moment. N'importe : la publication de ces sonates de Schobert n'en est pas moins le grand événement du séjour des Mozart à Paris, puisqu'elles vont, désormais,
alimenter Mozart, toute sa vie, d'expression et de beauté musicales.
Non seulement, comme nous l'avons vu déjà, il y prendra textuellement des phrases entières ; non seulement il transportera dans un
air de l'*Enlèvement au Sérail* des effets tirés du finale de la sonate
de Schobert en *si bémol*, — pour ne pas énumérer ici bien d'autres
emprunts que nous aurons à citer au fur et à mesure : mais ce sont
encore ces sonates de Schobert qui lui révéleront un emploi de la
musique plus noble et plus haut que celui que ses maîtres et ses concurrents lui apprendront à pratiquer. Qu'on lise, par exemple, dans
l'édition Méreaux ou dans le recueil de M. Riemann, les deux sonates
de Schobert en *ré mineur* et en *ut mineur*, ou encore la sonate en *la*,
avec ses curieux chromatismes ; jamais assurément, depuis certaines
fantaisies de Sébastien Bach et les six premières suites de Hændel,
jamais le clavecin n'a été employé à traduire des sentiments aussi
profonds, ni à les revêtir d'une poésie aussi pure et belle. Et parmi
les leçons diverses que va en retirer Mozart, il y en a une, tout au
moins, qu'il importe de signaler dès maintenant : c'est de Schobert,

comme nous l'avons dit déjà, qu'il va apprendre, — dès qu'il se remettra à faire des *développements*, — à leur donner cette importance pathétique singulière qu'il leur donnera lui-même durant toute sa vie, et dont il léguera ensuite le secret à Beethoven. Où donc, sinon dans les sonates susdites de Schobert, aurait-il pu trouver des exemples de cette montée soudaine de l'émotion, après les deux barres, de cette transfiguration subite du passage précédent, qui, de plus en plus, vont devenir chez lui des habitudes, et le distinguer de tous les autres compositeurs de son temps ? Mais, encore une fois, plus d'un an va s'écouler avant que Mozart revienne à l'usage des *développements*[1]. En 1766, il est encore tout à fait l'élève de Chrétien Bach ; et le seul effet immédiat qu'ait produit sur lui son second séjour à Paris paraît bien être plutôt d'ordre général que se rattacher à tel ou tel homme, à telle ou telle œuvre, en particulier. Il se nourrit, de nouveau, d'airs français, dont nous entendrons l'écho dans ses compositions des années suivantes ; et surtout, par-dessous son nouvel idéal italien d'élégance pure et noble, il recommence à éprouver ce besoin d'expression nette et simple, étroitement liée à un sens précis, qui est, sans aucun doute, le don le plus considérable qu'il ait reçu, pour sa vie entière, de notre génie national français.

41. — *Paris, le 12 juin* 1766.

Kyrie en fa, pour quatre voix, deux violons, alto et basse (parfois chiffrée).

K. 33.
Ms. aut. à Berlin.

L'autographe de ce petit *Kyrie* porte, de la main de Wolfgang lui-même, la curieuse inscription suivante : *Mese, à Paris, le 12 juni, di Wolfgang Mozart, 1766.* Or, malgré le galimatias polyglotte de cette inscription, il nous paraît incontestable que le mot « Mese » était pour signifier : « Messe ». De telle sorte que nous avons là une indication certaine de l'origine du *Kyrie,* qui a bel et bien été destiné par

---

1. Ajoutons que, d'ailleurs, dès sa rentrée à Salzbourg, Mozart attestera l'influence exercée sur lui par Schobert en adaptant pour l'exécution avec orchestre un ou plusieurs morceaux des sonates du maître parisien.

l'enfant à commencer, déjà, une messe complète, restée à l'état de projet. Et la chose est d'autant plus singulière que l'habitude des messes, à Paris, avait alors presque entièrement disparu ; mais sans doute l'enfant se préoccupait de son prochain retour à Salzbourg.

Cependant, pour n'être pas un motet, ce morceau a un caractère français très marqué, à la fois beaucoup plus simple et plus précis que celui de la musique d'église italienne ou allemande d'alors. Et, en outre, tout le *Kyrie* a pour thème unique un air, ou plutôt un refrain, d'une allure absolument française. Ce refrain, exposé tour à tour par les voix et les instruments, puis un peu modulé dans le *Christe eleison*, reparaît ensuite, repris sans changement, pour aboutir à quelques mesures de *coda*, qui sont d'ailleurs le passage le plus original du morceau entier. Ajoutons qu'à cette simplicité, très rudimentaire, du plan correspond une réalisation non moins rudimentaire. Le ténor, presque toujours, suit le soprano ; l'alto et la basse marchent volontiers ensemble ; les instruments, quand ils ne répètent pas le chant en écho, ou ne le doublent pas, se bornent à un accompagnement assez insignifiant ; et les pauvres petites velléités de contrepoint achèvent de nous montrer combien l'éducation de l'enfant restait encore négligée, dans ce domaine particulier de son art. Evidemment aussi, le petit Mozart avait tout à apprendre en fait de musique religieuse : un *Kyrie*, pour lui, était quelque chose comme un *andante* de symphonie avec des voix substituées ou jointes aux instruments. Ce qui n'empêche pas, au reste, le présent n° 16 d'avoir déjà un certain charme très doux et tendre, appartenant en propre à Mozart, et qui se retrouve surtout dans la *coda* signalée tout à l'heure, ainsi que dans une délicate série de modulations destinées à unir le premier *Kyrie* avec le *Christe*.

NEUVIÈME PÉRIODE

SALZBOURG ET L'ARRIVÉE A VIENNE

(1ᵉ DÉCEMBRE 1766-1ᵉʳ JANVIER 1768)

Sitôt rentré à Salzbourg, le petit Mozart se vit accablé de commandes, aussi bien par le prince archevêque et l'Université que par
les riches bourgeois de la ville. Nous savons notamment qu'il eut
à composer, durant cette période, un grand acte d'*oratorio,* une
petite *cantate* (ou plutôt un petit opéra) sur des paroles latines,
une *cantate de carême,* un *offertoire* pour un couvent du voisinage,
une *licenza,* ou récitatif et air pour la fête anniversaire de l'installation de l'archevêque, une *symphonie,* une *sérénade* et une *cassation,*
sans compter une seconde *symphonie* qu'il a commencée à Olmütz,
où les Mozart s'étaient réfugiés après un séjour très bref à Vienne, et
où une grave maladie de l'enfant les a contraints de rester jusque
vers la fin de l'année. En outre, le catalogue rédigé par son père
en 1768 nous apprend qu'il a écrit, durant cette année de Salzbourg,
les compositions suivantes, aujourd'hui perdues : « 1° six *divertissements* en quatuor pour divers instruments, tels que violon, trompette, cor, flûte traversière, basson, trombone, alto, violoncelle, etc.;
2° six *trios* pour deux violons et violoncelle; 3° un grand nombre de
menuets pour tous les instruments; 4° des *sonneries* de trompettes
et timbales ; 5° diverses marches pour deux violons, deux cors, deux
hautbois, basse etc., ainsi que des marches militaires pour deux
hautbois, deux cors et bassons, et d'autres pour deux violons et
basses ». La plupart de ces morceaux perdus, — disons-le pour n'avoir
pas à y revenir, — et notamment les « divertissements en quatuor »,
les « trios », les « sonneries », et les « marches » doivent avoir été de
très petites choses, composées pour les cérémonies de la Cour de
Salzbourg et surtout pour les grands repas de l'archevêque, qui
avaient coutume d'être accompagnés de ce qu'on appelait une
« musique de table », toujours aussi variée que possible.
Mais l'activité musicale de l'enfant, durant cette féconde et importante année, ne s'est point bornée à la composition des nombreuses

commandes énumérées ci-dessus. On se rappelle que le père, dans sa dernière lettre de Munich, le 22 novembre 1766, écrivait aux Hagenauer : « Vous savez vous-mêmes combien mon Wolfgang a encore à apprendre ! » L'excellent homme avait compris que, pour grand que fût le talent d'exécution de son fils, son véritable génie ne consistait pas à interpréter des œuvres musicales, mais bien à en créer lui-même ; et il avait résolu maintenant de ne rien négliger pour que son fils, après avoir connu tous les secrets du métier de pianiste ou d'organiste, s'instruisît encore de tous ceux du métier de compositeur. Les moindres instants de loisir que pouvait trouver Wolfgang, durant cette année 1767, étaient occupés à l'étude de l'harmonie et du contrepoint. C'est de quoi témoigne notamment, au *Mozarteum* de Salzbourg, un précieux cahier tout rempli des exercices de l'enfant, et dont Jahn, qui a eu le privilège de pouvoir l'examiner, nous fait la description suivante : « Après les intervalles et les gammes vient une longue série de petits *devoirs*, consistant à faire, sur une mélodie donnée, un travail de contrepoint, le plus souvent à trois voix, d'après les différentes espèces de contrepoint simple : 1° note contre note ; 2° deux notes contre une ; 3° quatre notes contre une ; 4° avec des ligatures ; 5° dans le style fleuri. Toutes les mélodies choisies comme *cantus firmus*, dans ce cahier, sont empruntées au *Gradus ad Parnassum*, de Fux, qui doit sûrement avoir servi de manuel pour toutes les leçons du petit. Les thèmes donnés, les corrections, et de courtes observations sont, pour la plupart, de la main du père. Mais tout ce travail de réalisation et la mise au net des devoirs corrigés proviennent, naturellement, de Wolfgang ; et celui-ci s'est même, une fois, amusé à désigner les trois voix des noms de : *il signor d'Alto, il marchese Tenore, e il duca Basso.* » Et il y a également, au British Museum de Londres, une feuille autographe contenant quatre basses chiffrées différentes pour accompagner une même mélodie.

D'autres renseignements, sur les études de l'enfant, nous sont donnés par Nissen, qui les tenait évidemment de la sœur de Mozart. Lui aussi nous apprend que « le jeune artiste a employé cette année à l'étude supérieure de la composition », mais il ajoute que « Emmanuel Bach, Hasse, Hændel, et Eberlin, ont été ses maîtres, et leurs œuvres l'objet constant de son étude ». Puis il continue ainsi : « C'est par là que Mozart s'est acquis une habileté et rapidité extraordinaire dans le jeu de la main gauche. Assidûment, il a exploré les œuvres des vieux compositeurs de style rigoureux,... sans négliger les anciens maîtres italiens du chant mélodique. » Tout cela est bien confus, et l'on ne voit guère comment la méditation des œuvres de Hasse peut avoir donné à l'enfant cette « habileté et rapidité extraordinaire dans le jeu de la main gauche » que nous savons qu'il tenait surtout de son maître parisien Schobert.

Nissen aura brouillé, dans les souvenirs de la sœur, ce qui se rapportait au claveciniste et ce qui concernait proprement le musicien. Mais les quatre noms qu'il cite, et qu'il n'a certainement pas inventés, n'en méritent pas moins d'être retenus, pour se joindre à celui du vieux pédagogue Fux, dans la liste des hommes étudiés alors par le petit Mozart. Emmanuel Bach, en vérité, semble bien se rapporter à une date antérieure : car son prestige, à ce moment, commençait déjà à se trouver bien réduit. C'est avant le départ pour la France que l'enfant doit avoir joué les premiers recueils de sonates d'Emmanuel Bach, et surtout étudié cette *École du Clavecin* qui a servi de modèle pour la *Méthode de Violon* de Léopold Mozart. En 1767, les clavecinistes étudiés par Mozart doivent avoir été ses maîtres et amis des années précédentes : Chrétien Bach (dont Nissen aura confondu le nom avec celui de son frère aîné), Abel, Schobert, Paradisi, peut-être déjà Joseph Haydn. Aussi bien possédons-nous un renseignement des plus significatifs sur les maîtres qui, durant cette période, se sont imposés surtout à l'attention du petit Mozart, et qui étaient, simplement, les maîtres français rencontrés naguère à Paris. Nous allons voir, en effet, que l'enfant, ayant à se préparer des concertos de clavecin en vue de son prochain voyage de Vienne, se bornera à rehausser d'un accompagnement d'orchestre une série de morceaux empruntés aux sonates de Schobert, Honauer, Ranpach, Eckard, et peut-être Legrand. Mais il n'aura point manqué de lire et de méditer les opéras de Hasse, dont l'influence va se montrer à nous dans les airs de l'*oratorio* et de l'*opéra latin* écrits à Salzbourg durant cette année. Aussi bien le vénérable archevêque Sigismond joignait-il à un amour passionné de la musique le culte de ce vieux style classique dont Hasse était le dernier représentant. Et pareillement il se peut que, malgré le mépris connu de Léopold Mozart pour Hændel, l'enfant ait continué à pratiquer les œuvres vocales de ce maître, ou plutôt encore les deux séries de ses *Suites* de clavecin, ainsi que ses merveilleuses *sonates* de violon et de flûte. Mais l'homme qui a eu sur lui, à cette date, l'action la plus directe, et d'ailleurs la plus manifeste, est le vieux maître salzbourgeois Eberlin, mort depuis quatre ans déjà, mais dont les œuvres et le génie ont continué à dominer la petite cour salzbourgeoise jusqu'à la mort de l'archevêque Sigismond en 1771. A chaque instant, dans l'*oratorio*, l'*opéra latin*, la *cantate*, et les *airs* composés par Mozart en 1767, nous allons retrouver cette action d'Eberlin ; mais en outre, par delà l'imitation directe de son style et de ses procédés, cet homme admirable a contribué très profondément à former le génie musical de Mozart, en l'imprégnant, presque à son insu, d'une certaine douceur à la fois enveloppante et vigoureuse, toute pleine de chromatismes et de modulations sensuelles, mais toujours associés avec la langue classique la plus sévère et la plus robuste. Qu'on lise, dans le recueil de Farrenc, la série des préludes et fugues d'Eberlin : on aura l'impression d'entendre un Mozart de 1730, un vieux maître introduisant des idées et des tournures « mozartiennes » dans le tissu serré du contrepoint de Bach et de Hændel.

Et cette influence d'Eberlin, en même temps qu'il la ressentait immédiatement, le petit Mozart, dès l'année 1767, doit l'avoir ressentie déjà d'une façon indirecte, au contact d'un maître sur qui elle s'était exercée avec une intensité singulière. C'est en 1762, l'année même de la mort d'Eberlin, que le jeune Michel Haydn est venu demeurer à Salzbourg, et, tout de suite, la douceur et la grâce sensuelles du vieux maître salzbourgeois se sont transmises au maître nouveau, qui les a traduites dans la langue toute moderne, toute « galante » et cursive, de la musique du temps. Et bien que des jalousies professionnelles aient longtemps séparé la famille des Mozart et celle de Michel Haydn, et bien que l'enfant ne se soit mis expressément que deux ou trois ans plus tard à imiter un homme en qui son père voyait un concurrent fâcheux, telle était la miraculeuse parenté des deux âmes du petit Mozart et du jeune Michel Haydn que, tout de suite, dès le milieu de l'année 1767, nous allons voir l'enfant se mettre, malgré son père et sans doute malgré soi-même, à modifier, pour le rapprocher de celui de Michel Haydn, le style qu'il vient de rapporter de Paris et de Londres.

En effet, cette transformation du style de Mozart est le seul témoignage bien précis que les œuvres musicales de l'enfant nous aient gardé sur le résultat de ses études en 1767. Le cahier de Salzbourg nous montre bien qu'il a étudié le contrepoint; et nous apercevons çà et là, dans ses compositions de l'année, quelques vestiges de ses progrès sur ce domaine : mais, somme toute, ce que nous entrevoyons de ces progrès est assez peu de chose, et tout nous porte à croire que l'enfant, en 1767, aura étudié le contrepoint comme un collégien de naguère étudiait la grammaire latine, c'est-à-dire avec beaucoup d'application et d'intelligence, mais sans y apporter cette chaleur de cœur qui, seule, rend une étude tout à fait fructueuse. Il apprenait des règles et s'ingéniait à les mettre en pratique : mais personne, autour de lui, n'avait de quoi lui faire sentir l'utilité vivante de ces règles, communément dédaignées. Et par là s'explique le ravissement qu'allait être pour lui, trois ans après, la rencontre du P. Martini, le premier homme qui allait lui révéler la vie et la beauté du contrepoint, et, du même coup, lui permettre d'employer le contrepoint à exprimer les sentiments de son cœur, tandis qu'il ne s'en était servi, jusqu'alors, que pour réaliser des devoirs d'élève.

Ainsi, au point de vue de l'harmonie et du contrepoint, les œuvres de Mozart, en 1767, vont devenir sans cesse plus habiles et plus sûres, mais par un progrès tout continu et suivi, et même sans que l'on découvre, dans ces œuvres mieux écrites, rien qui ressemble à la singulière ivresse musicale que nous avons constatée chez l'enfant pendant son séjour à Londres, sous l'action de Hændel et de la musique italienne. Beaucoup plus sensible, déjà, est le progrès dans l'instrumentation, comme aussi dans le traitement de la voix humaine. En rentrant à Salzbourg, l'enfant s'est trouvé replongé dans une atmosphère de musique foncièrement « instrumentale », et même dans une atmosphère d'instrumentation populaire, où les couleurs plus accentuées des hautbois, des cors, des bassons, tenaient plus de place que l'ensemble plus monochrome du quatuor à cordes. De là, dans toutes les œuvres que nous allons examiner, un renforcement marqué de l'élément symphonique : avec un plus grand nombre d'instruments employés, et, pour chacun d'eux, un rôle plus actif, — et souvent déjà un rôle libre et prépondérant pour les instruments à vent. Et quoique la situation fût loin d'être la même pour la musique vocale, que l'âme allemande est toujours tentée de concevoir à un point de vue tout « instrumental », au lieu de lui attribuer la couleur et la valeur distinctes que lui reconnaissent les races latines, il n'en reste pas moins que le petit Mozart, en rentrant à Salzbourg, s'est trouvé à même d'étudier et de pratiquer cette musique infiniment plus à l'aise que durant ses voyages. A la cathédrale, dans les églises, à la Cour, pas un jour ne se passait sans qu'il entendît chanter; et lui-même, maintenant, s'est trouvé avoir sans cesse à écrire pour les voix. Aussi la partie vocale de son œuvre de 1767 nous présente-t-elle un progrès incessant et rapide, que va accroître encore le séjour de Vienne en 1768. L'enfant ne sait toujours pas faire la différence entre les voix humaines et les instruments de l'orchestre : mais il s'instruit des propriétés et des limites des voix, aussi bien par l'expérience quotidienne que par l'étude des compositeurs d'opéras; et déjà plusieurs airs de sa comédie latine et de sa *Cantate de carême* nous révèlent pleinement son génie de compositeur de musique vocale, dont les premiers essais précédents ne laissaient voir encore que des traces bien faibles.

Cependant, le principal trait distinctif de son développement intérieur durant cette période est un changement profond qui commence à se produire en lui, quelque temps après son retour en Allemagne, et qui ne se rattache pas au progrès de ses études, mais uniquement à l'influence du milieu nouveau où il se trouve introduit, ou plutôt ramené. D'italo-française qu'elle était lors de son retour, et encore dans les premières œuvres qui ont suivi ce retour, sa musique tend manifestement à devenir allemande. Nous voyons, de proche en proche, les dimensions des morceaux s'étendre, les idées musicales se relâcher de la forme précise et un peu sèche qu'elles avaient dans les œuvres précédentes; peu à peu l'enfant abandonne quelques-uns des procédés que lui a enseignés Chrétien Bach, notamment la distinction radicale de divers *sujets,* et l'emploi du morceau entier à l'élaboration successive de deux *sujets* séparés. Maintenant, ces deux sujets sont volontiers entremêlés, et accompagnés d'autres thèmes plus ou moins développés. Et tout l'ensemble des morceaux prend une allure plus ample, à la fois, et plus familière, plus conforme aux habitudes du goût allemand. Modification qui, comme nous l'avons dit, s'explique assez par le changement de milieu : et cependant nous ne pouvons nous empêcher de supposer que déjà l'action particulière de Michel Haydn y a joué un rôle, et que c'est dans les œuvres de ce maître que l'enfant, surtout, a repris contact avec le génie de sa race et de sa patrie.

Mais, sous cette transformation de l'esprit qui inspire son œuvre, Mozart, avec une obstination singulière, reste fidèle à quelques-uns des procédés techniques que lui a enseignés Chrétien Bach, et notamment à la coupe des morceaux en deux parties, avec une rentrée du premier sujet à la dominante, après les deux barres, et une rentrée du second sujet dans le ton principal. C'est précisément l'emploi caractéristique de cette coupe qui va nous servir le plus pour reconnaître, entre les compositions non datées de l'enfance de Mozart, celles qui doivent avoir été écrites durant l'année 1767. Et, en effet, nous possédons trois œuvres symphoniques de cette période dont la date nous est certainement connue : les deux ouvertures de l'*oratorio* et de la *comédie latine*, et une *symphonie* commencée à Olmütz, dans l'automne de 1767, pendant un arrêt des Mozart sur la route de Vienne ; et nous possédons aussi plusieurs symphonies et ouvertures dont nous savons qu'elles ont été composées à Vienne, l'année suivante. Or, invariablement, dans les deux ouvertures et la symphonie de 1767, comme dans les symphonies de Londres et de La Haye, comme dans la plupart des sonates de Londres et dans *toutes* celles de La Haye, la coupe des morceaux est invariablement l'ancienne coupe italienne, sans rentrée du premier sujet dans le ton principal, et sans *développement* précédant cette rentrée, tandis que, non moins invariablement, toutes les œuvres symphoniques écrites à Vienne, et puis encore à Salzbourg en 1769, nous font voir déjà la coupe allemande d'Emmanuel Bach et de Joseph Haydn, avec, après les deux barres, un *développement* libre suivi d'une rentrée du premier sujet dans le ton principal. De sorte que, lorsque nous trouvons des *symphonies* ou des *divertissements* qui, par l'ensemble de leurs caractères, datent sûrement de l'une de ces trois années, entre 1767 et 1769, mais qui en outre présentent la particularité, dans tous leurs morceaux, de n'avoir pas de *développement* ni de rentrée du premier sujet dans le ton principal, il suffit de connaître un peu le tempérament de Mozart, et la manière dont il a toujours suivi passionnément telle ou telle méthode qui l'avait frappé, et puis l'a complètement abandonnée pour en suivre une autre, — il suffit de se rappeler la ténacité avec laquelle l'enfant, dans toutes ses œuvres de Londres et de

La Haye, a appliqué un système que le maître de qui il le tenait, Chrétien Bach, n'appliquait lui-même qu'avec beaucoup moins de rigueur, — pour pouvoir affirmer en toute assurance que celles de ses œuvres non datées qui nous présentent la coupe *italienne* doivent appartenir à la période de 1767, où nous savons que l'enfant a pratiqué cette même coupe dans toutes celles de ses œuvres dont la date nous est connue. Il est parfaitement absurde d'admettre, étant donnée toute l'histoire de la vie de Mozart, que, en 1768 ou en 1769, alors que toutes ses œuvres certaines nous le montrent revenu à la coupe *allemande*, avec un *développement* et une rentrée du premier sujet dans le ton principal, il ait, par exception, dans des œuvres non datées, recouru à l'ancienne coupe, abandonnée par lui depuis son arrivée à Vienne. Il y a là, avec une âme aussi ardemment impressionnable et prompte à s'abandonner que la sienne, une impossibilité absolue ; et ainsi nous n'avons aucun scrupule à placer en 1767 toutes celles de ses œuvres de jeunesse où, dans aucun des morceaux, il n'emploie le système du *développement* avec rentrée du premier sujet dans le ton principal.

Il est vrai que, plus tard, durant son séjour en Italie, Mozart va se trouver remis en présence de cette coupe italienne qu'il aura délaissée en 1768; et, en effet, nous la rencontrerons dans maintes de ses œuvres des années 1770 et 1771 ; après quoi elle disparaîtra de son œuvre pour toujours, sauf de très rares exceptions qui correspondent à des velléités de créer des formes nouvelles. Mais, invariablement encore, dans toutes ces œuvres faites en Italie, Mozart emploiera la coupe *italienne* de la façon dont l'emploieront les Italiens autour de lui, et dont l'employaient déjà, à Londres, les Italiens et les italianisants qui la lui ont enseignée jadis : invariablement, il emploiera cette coupe dans l'un des morceaux d'une œuvre, et la coupe *allemande* d'Emmanuel Bach et de Haydn dans le morceau suivant; et jamais, dans aucune œuvre datée de ces deux années, nous ne le verrons, comme dans *toutes* ses œuvres datées de 1765, 1766, et 1767, appliquer la coupe italienne sans *développement* à tous les morceaux d'une œuvre : *allegro* initial, *andante*, et *finale*. Sans compter que les œuvres de 1770 et 1771 ont d'autres caractères qui nous empêchent de les confondre avec celles des périodes précédentes.

Cette manière toute féminine dont Mozart, jusqu'au bout de sa vie, a tour à tour usé passionnément d'un système ou d'un procédé et les a ensuite abandonnés complètement pour toujours, c'est là un trait si distinctif de son tempérament que nous avons le devoir de le signaler avec quelque insistance. Toute sa vie, il a été comme les enfants qui ne pensent qu'à leur jouet nouveau, mangent et dorment avec lui, et puis, un beau jour, le jettent au fond d'une armoire et jamais plus n'y songent. Ainsi nous le verrons, à Salzbuorg, en 1773, apprendre de Michel Haydn le procédé consistant à finir certains morceaux par de longues *codas*, séparées du reste du morceau et venant après des secondes barres de reprise : aussitôt le jeune homme va employer ce procédé dans *tous* les morceaux de *toutes* ses compositions, tandis que Michel Haydn ne s'en servait que concurremment avec d'autres manières de finir ; et puis, après le séjour à Munich en 1775, l'engouement se refroidira, chez Mozart, et les *codas* disparaîtront de son œuvre, sauf à y reparaître accidentellement par la suite. Ainsi encore nous trouverons Mozart entiché d'une expression : *andante grazioso*, ou du mot *rondeau* écrit à la française ; et il usera et abusera de ces mots, jusqu'au jour où une autre mode l'aura captivé. Et le plus curieux est que nous le retrouverons tel jusqu'à la dernière année de sa vie : toujours, pour chaque période, nous pourrons indiquer, chez lui, ce qu'on serait tenté d'appeler une « manie » ou un « tic », et qui nous aidera à classer ses œuvres non datées, soit qu'il s'agisse d'une certaine figure de virtuosité ou, par exemple, d'un certain procédé de contrepoint.

Enfin il importe de noter un point qui, d'ailleurs, n'est pas sans se rattacher à ce qui précède, et qui servira également à nous guider dans notre détermination de la date de maintes œuvres : nous voulons parler du format du papier des divers manuscrits. Car, là encore, Mozart s'est toujours montré presque « maniaque », dans son attachement obstiné à tel ou tel format, pendant telle ou telle période de sa vie. C'est ainsi qu'à Londres et à La Haye il a employé, de préférence, un papier oblong, avec douze ou quatorze lignes sur chaque page ; mais déjà à la fin du séjour de La Haye, et pour son *Kyrie* de Paris, il s'est servi d'un format carré de dix lignes, et maintenant, à Salzbourg, c'est de ce format qu'il va faire usage constamment et sans exception.

42. *Salzbourg, entre le 1ᵉʳ décembre 1766 et le 1ᵉʳ mars 1767.*

Ouverture ou Sinfonia en ut de l'oratorio *Die Schuldigkeit des ersten Gebotes*, pour deux violons, deux altos, violoncelle et basse, deux hautbois, deux cors, deux bassons.

K. 35.

Ms. aut. à Windsor.

Conformément à l'usage des oratorios, cette ouverture, ou plutôt *sym-*

phonie n'a qu'un seul morceau : mais dans ses premiers opéras, au contraire, nous allons voir Mozart composer, en guise d'ouvertures, de véritables symphonies en trois morceaux séparés, tout à fait comme les symphonies qu'il écrivait pour les concerts ; et l'ouverture même de l'oratorio, ainsi que nous allons le dire, est un véritable premier morceau de symphonie. Aussi, d'une façon générale, à la fois pour la commodité de notre exposition et par convenance historique, séparerons-nous toujours, dans toute l'œuvre dramatique de la jeunesse de Mozart, les *ouvertures* des œuvres vocales qu'elles précèdent : car nous savons, par Mozart lui-même et ses contemporains, que le travail de l'ouverture et celui de l'opéra étaient entièrement distincts, chacun se rattachant, dans l'esprit du compositeur, à un ensemble distinct de règles et de procédés. Cette séparation des premiers opéras de Mozart et de leurs ouvertures nous sera, d'ailleurs, d'autant plus permise que, sauf dans certains cas très rares, l'enfant ne sera nullement préoccupé de rattacher la signification expressive de ses « symphonies » à celle des pièces qu'elles devaient précéder ; et c'est ainsi que dans le cas présent, notamment, une certaine solennité de rythme, et le choix du grave ton d'*ut*, auront seuls de quoi nous rappeler qu'il s'agit du prologue d'un oratorio.

C'est donc vraiment un premier morceau de symphonie que le petit Mozart a composé lorsque, très peu de temps après sa rentrée à Salzbourg, il a été chargé d'écrire l'une des trois parties d'un oratorio qui devait être chanté dans les premiers jours de mars 1767. Nous reviendrons sur les circonstances de la composition de cet acte d'oratorio lorsque nous aurons à parler des airs qui le constituent : pour l'ouverture présente, il nous suffira de dire que nous avons là, sans aucun doute, l'un des premiers morceaux symphoniques de l'enfant après son retour du grand voyage d'Europe.

Et, en effet, peu s'en faut que nous retrouvions exactement, dans ce morceau, la même manière que nous ont fait voir les symphonies de Londres et de La Haye. Le petit Mozart reste toujours encore sous l'influence de Chrétien Bach et de ses maîtres de Londres. Comme eux, il répète constamment ses phrases ; comme eux, il distingue et sépare nettement ses deux sujets, avec une cadence et une pause après le premier ; et, toujours comme Chrétien Bach, il aime les contrastes de *forte* et de *piano*, ainsi que les grandes marches des basses sous les trémolos des violons. Et enfin, absolument comme il faisait à Londres et à La Haye, Mozart, après les deux barres, reprend tout de suite son premier sujet, à la dominante, pour ne reprendre plus tard que le second sujet dans le ton principal.

Par sa conception et les grandes lignes de son exécution, cette ouverture se rattache directement aux symphonies précédentes : l'influence nouvelle de Salzbourg s'y fait à peine sentir encore, et toute la différence ne réside, en comparaison, par exemple, de la symphonie de La Haye, que dans des détails de mise au point attestant les rapides progrès des études de l'enfant. Ainsi le rôle des instruments à vent, sans être beaucoup plus fourni qu'à La Haye, est sensiblement plus heureux, mieux approprié aux ressources de ces instruments ; le rôle du basson, en particulier, se détache mieux et prend une couleur plus originale. En

outre, l'opposition des deux sujets est plus fine et plus délicate que dans
les symphonies précédentes ; et il convient de noter que Mozart, ici, dans
sa seconde partie, au lieu de travailler à varier son premier sujet, suivant l'usage à peu près universel du temps, fait porter son effort de
variation sur le second sujet, qu'il travaille avec un art déjà très personnel avant de le reproduire intégralement dans le ton principal. A
noter encore de petites imitations, — ou même un essai de contrepoint
plus libre, — entre les deux violons, tandis que les altos continuent à
ne se détacher que très peu de la basse [1]. Et tout l'ensemble du morceau
a une allure plus cursive, plus sûre, et plus aisée, qui achève de nous
révéler le degré de maîtrise où l'enfant est désormais arrivé dans le
domaine de la musique instrumentale.

43. — *Salzbourg, entre le 1ᵉʳ décembre 1766 et le 1ᵉʳ mars 1767.*

Symphonie en fa, pour deux violons, deux altos, basse, deux hautbois, deux bassons et deux cors.

K. 76.
Ms. perdu.

*Allegro maestoso. — Andante (en si bémol). — Menuetto et trio
(en ré mineur). — Allegro.*

La date de composition de cette symphonie ne nous est point connue
de façon documentaire ; et l'autographe de l'œuvre elle-même n'a pas
été retrouvé. Mais sa comparaison avec les symphonies précédentes et
avec l'ouverture de l'oratorio nous prouve péremptoirement qu'elle a
dû être composée à très peu de distance de cette ouverture, et tout de
suite après le retour du grand voyage. En réalité, même, nous ne crain-
drions pas d'affirmer que la symphonie a été composée avant l'ouverture, peut-être dès le mois de décembre 1766. Elle est le grand morceau
que l'enfant a écrit, avec un effort et un soin extrêmes, lorsque, rentré
à Salzbourg, il a voulu montrer à son maître et à ses compatriotes tout
ce qu'il avait appris durant son voyage.

Cette préoccupation de produire un « chef-d'œuvre », un morceau de
« maîtrise », nous apparaît dans le travail que nous révèle chaque mesure
de la symphonie, dans l'emploi que nous y trouvons de tous les artifices
du métier connus à l'enfant, dans un constant désir, que nous y sentons,

1. Bien que Mozart n'ait encore réservé qu'une seule ligne à la partie d'alto,
il est facile de voir qu'il écrit déjà pour deux altos, ainsi qu'il le fera souvent
dans la suite de cette période.

de trouver du nouveau et d'affirmer son originalité. Mais, sous tout
cela, la symphonie ressemble absolument à l'ouverture de la *Schuldigkeit*,
et, mieux encore que celle-ci, nous présente une réunion de tout ce que
nous ont fait voir les symphonies de Londres et de La Haye. Vingt
autres motifs, d'ailleurs, nous obligeraient à la placer à cette date du
retour en Allemagne, si même nous n'avions point pour nous guider
dans cette fixation de la date, ce trait distinctif que, *pas une seule fois*,
dans les trois grands morceaux, Mozart ne fait de *développement* avec
rentrée du premier sujet dans le ton principal.

Nous pourrions redire, d'abord, tout ce que nous avons dit de l'ouverture précédente. Ici encore, Mozart répète toutes ses phrases, et
sépare nettement ses deux sujets, et oppose les *forte* et les *piano*, et multiplie les effets de marches des basses sous des tenues ou des *trémolos*
des violons. A quoi il convient d'ajouter que, ici, les souvenirs du voyage
d'Europe sont plus nombreux encore que dans l'ouverture : consistant,
par exemple, dans l'emploi de cadences qui figuraient dans les sonates
de Paris ou de Londres, ou bien, comme nous le dirons tout à l'heure,
dans l'emprunt fait manifestement à Rameau d'une gavotte du *Temple de
la Gloire* pour le premier sujet du *finale* de la symphonie. Et nous pourrions
signaler maints autres points qui rattachent la symphonie à l'ouverture;
dialogues contrapontiques entre les deux violons, élaboration et variation du second sujet, au lieu du premier, (dans le finale), etc. Il n'y a
pas jusqu'à l'instrumentation qui ne soit absolument la même de part
et d'autre, avec deux hautbois, deux bassons, et deux cors s'ajoutant
au quatuor des cordes, — ou plutôt à leur quintette, car, ici encore, la
partition nous laisse voir que Mozart à écrit pour deux altos. Tout au
plus le rôle des bassons et des hautbois est-il plus « concertant » dans
certains passages de la symphonie, ce qui rappelle, également, le voyage
de Londres. Au reste, tout cela apparaîtra bien mieux dans une rapide
analyse des quatre morceaux de cette importante symphonie.

Dans le premier morceau, les instruments à vent jouent un rôle plus
considérable que jamais encore chez Mozart. Il y a des *soli* de hautbois
et bassons, des échanges constants d'idées mélodiques entre les vents
et le quatuor. Les deux sujets sont étrangement courts et ramassés, à
la manière des symphonies de Londres, mais opposés en un contraste
plus nuancé, ainsi que déjà dans l'ouverture n° 42. Après les deux barres,
le premier sujet est repris à la dominante ; mais au lieu de varier ce
sujet ou le suivant, Mozart, ici, introduit déjà un long passage tout nouveau, d'un caractère expressif très marqué, avec des rythmes et des modulations mineures qui font songer à l'opéra-comique français ; après quoi
vient une reprise un peu allongée du second sujet dans le ton principal.

L'*andante*, très court, n'en a pas moins deux sujets distincts. Tout cet
andante est surtout un *solo concertant* des deux bassons, suivant un
procédé familier aux symphonistes de Londres. Parfois le basson fait,
seul, le chant, parfois il dialogue avec les violons. L'alto, lui, ne s'est
pas encore émancipé : toujours il se rattache à l'un ou à l'autre des instruments voisins.

Se conformant à l'habitude salzbourgeoise, Mozart, dans sa symphonie nouvelle, a mis un menuet : et la présence de ce menuet est même

la principale raison qui nous empêche de supposer que la symphonie
n° 43 ait pu être composée durant le voyage. Mais l'enfant ne s'en est
point tenu à vouloir faire un double menuet : s'essayant dans ce genre,
il a rêvé de produire quelque chose de nouveau et de magnifique, un
rehaussement du menuet au niveau du genre de la symphonie; et, en
effet, non seulement le menuet et son *trio* ont une ampleur et une portée
inaccoutumées, mais l'enfant a encore imaginé de les souder ensemble
au moyen d'une phrase incidente du premier menuet, avec un rythme
très caractéristique, qui devient la phrase initiale et même l'unique
sujet de tout le *trio*. Sans cesse, ainsi, nous entendons revenir ce rythme
exposé à l'unisson par les violons, l'alto, et les hautbois ; et le menuet y
prend un caractère singulier de puissance et de grandeur, d'autant
plus frappant qu'il est obtenu par des moyens plus simples[1]. Notons
encore que, à la manière de Paris et de Londres, Mozart dans le menuet
et le *trio*, ne fait point de *rentrée* de la première partie dans le ton principal. C'est la coupe *binaire* que nous ont montrée, notamment, tous les
menuets du cahier de Londres.

Enfin, si l'intention expressive de la musique française se découvre
clairement à l'origine de ce curieux menuet, c'est aussi à ses souvenirs
français que Mozart doit le principal sujet du *finale* de sa symphonie.
Avec les différences de la tonalité et de certains détails du rythme, ce
premier sujet dérive incontestablement d'une gavotte célèbre du *Temple
de la Gloire* de Rameau (*allegro gai*) que Mozart doit avoir entendue bien
souvent à Paris. Mais il faut remarquer que déjà ce finale, suivant l'ancienne manière allemande, n'est plus traité en *rondo* ni en *tempo di menuetto* : il a la forme régulière d'un « morceau de sonate », et presque égal
en importance au premier morceau, avec deux sujets distincts, une
reprise du premier sujet à la dominante après les barres, et une reprise
du second sujet dans le ton principal. Au reste, le morceau est peut-être
encore plus travaillé que l'*allegro* initial, avec des recherches de rythmes,
un dialogue de contrepoint entre les deux violons, et un rôle très fourni
du basson. Détail curieux : après les deux barres, l'exposition du premier sujet n'est pas suivie d'une élaboration de celui-ci, mais bien,
comme dans l'ouverture de l'oratorio, d'une série de modulations expressives sur le second sujet, auquel seulement Mozart, ici, pour montrer sa
science du contrepoint, ajoute des souvenirs du premier sujet. Et ce
remarquable finale a encore à nous offrir une autre particularité intéressante : lorsque le second sujet et sa ritournelle ont été repris, — dans
la seconde partie, — Mozart les fait suivre d'une assez longue *coda* nouvelle, faite sur le premier sujet du morceau. La présence de cette *coda*,
absolument contraire à l'usage de Mozart durant cette période et la suivante, — où, presque invariablement. la seconde partie des morceaux
finit comme finissait la première, avant les deux barres, — aurait de quoi

---

1. Cette façon d'unir le menuet et son *trio* en y ramenant les mêmes figures
semble bien être, à cette date, un phénomène exceptionnel. Cependant le même
procédé d'unification se montre à nous dans le menuet d'un admirable *quintette
à cordes* en *sol* que composera Michel Haydn en décembre 1773 ; et ainsi il n'est
pas impossible que, déjà dans une œuvre antérieure à 1767, Michel Haydn ait
offert au petit Mozart un modèle, ou tout au moins une ébauche, du procédé
employé par l'enfant dans sa symphonie n° 43.

nous fournir une nouvelle preuve de la parenté de la présente symphonie avec celles du voyage d'Europe : car ce n'est que dans le premier
morceau de la symphonie de La Haye n° 29 que nous trouvons, tout
pareillement, quelques mesures avant la fin du morceau, une reprise
très abrégée de la phrase initiale du premier sujet, faisant fonction de
coda. Et nous aurons ensuite à attendre plus de deux ans pour rencontrer de nouveau, chez Mozart, cette pratique de la *coda*, qui dès lors
deviendra constante chez lui, et nous vaudra quelques-unes de ses
trouvailles les plus originales.

44. — *Salzbourg ou Seon (Bavière), entre décembre* 1766 *et mars*
1767.

Offertorium en ut in festo S. Benedicti, pour quatre voix, deux violons, basse et orgue, deux trompettes et timbales.

K. 34.

Ms. perdu.

Aria (*Andante*) : *Scande cæli limina.* — Coro (*Allegro*) : *Cara o pignora.*

Une ancienne copie de cet offertoire, qui prétend être transcrite du
manuscrit original, au crayon, affirme qu'il a été composé en 1766, durant
le voyage de retour, et au cours d'une visite que les Mozart auraient
faite au monastère de Seon : mais il ne semble pas que les Mozart se
soient arrêtés à Seon pendant leur retour, sans compter que l'on serait
tenté de supposer qu'un offertoire « pour la fête de saint Benoît » a été
composé aux environs de cette fête (21 mars). Et cependant, l'offertoire
est encore si imprégné de souvenirs français, et d'une exécution si inférieure à l'oratorio et à la cantate du carême de 1767, que nous ne serions
pas éloignés de croire qu'il a été composé vraiment, sinon durant le
voyage, du moins tout de suite après, soit que l'abbé de Seeon, ami des
Mozart, leur ait demandé, par écrit, ce témoignage de la science nouvelle de l'enfant, ou que les pieux voyageurs soient allés à Seeon, par
exemple, pour réaliser un vœu, et que le petit Wolfgang, sans souci de
la date, ait choisi les premiers vers que les moines bénédictins lui auront
soumis.

En tout cas, cet offertoire, petit « motet » à la manière française est,
comme nous l'avons dit, encore tout rempli de souvenirs français.

Des deux morceaux dont il est formé, le premier, un air de soprano,
est un véritable air d'opéra-comique, n'ayant rien de religieux, ni qui
puisse se rapporter au texte des paroles : sauf cependant, au milieu,

pour traduire la désolation des compagnons de saint Benoît, une sorte de récitatif dramatique, accompagné par des modulations d'orchestre, et aboutissant à un point d'orgue. On croirait entendre un air de Grétry ; et la ressemblance se retrouve jusque dans l'emploi de l'orchestre qui, à l'exception du passage mélodramatique, se réduit a doubler le chant. A noter cependant, dans la réponse du sujet principal, un rythme d'accompagnement du second violon qui se retrouve dans l'*andante* d'une sonate à quatre mains, en *si bémol*, de 1774 (n° 200).

Encore cet air est-il très au-dessus du chœur qui le suit, et qui donne bien l'impression d'une œuvre improvisée, avec la pauvreté de son travail musical. Après une fanfare de trompettes, la basse chante une sorte de *cantus firmus*, sur les paroles du saint : « Chers enfans, je vous protégerai ! » Puis commence le chœur, répétant indéfiniment un rythme très simple et assez vulgaire, doublé par l'orchestre ou accompagné d'un trait banal des violons. Les voix, d'abord, alternent le chant, puis essaient de s'unir : mais l'entrée en canon s'arrête aussitôt, et la première partie du chœur recommence, et se reproduit exactement jusqu'aux quelques mesures de modulation qui amènent la *coda*. Tout cela évidemment « expédié », mais sans qu'on y trouve même le charme d'invention du *Kyrie* de Paris.

45. — *Salzbourg, entre décembre 1766 et le 12 mars 1767*

Die Schuldigkeit des ersten Gebotes, première partie d'un oratorio (*geistliches Singspiel*) en trois parties, pour trois soprani et un ténor avec accompagnement de deux violons, deux altos, basse, deux flûtes, deux hautbois, deux bassons et trombe.

K. 35.
Ms. aut. à Windsor.

I. Air de l'Ame chrétienne (ténor) : *Mit Jammer*, en *ut*.
II. Air de la Compassion (soprano) : *Ein ergrimmter Löwe*, en *mi bémol*, et récitatif accompagné : *Wenn es so vieler Tausend*.
III. Air de la Justice: (soprano): *Erwache, fauler Knecht* (andante en *la*), et récitatif accompagné : *Es rufet Hölle und Tod*.
IV. Récitatif accompagné de l'Ame chrétienne : *Wie, wer erwecket mich?* et air de l'Esprit du Monde (soprano) : *Hat der Schöpfer* (*allegro grazioso* en *fa*).
V et VI. Récitatif et air de l'Ame chrétienne. Réc. : *Das Traüme sind.* Air : *Jener Donnerwort Kraft*) en *mi bémol*.
VII. Air de l'Esprit du Monde : *Schildre einen Philosophen*, en *sol*.
VIII. Air de l'Ame chrétienne : *Manches Uebel*, en *si bémol*.
IX. Terzetto entre la Compassion, la Justice, et l'Ame chrétienne : *Lasst mir euren Gnadenschein :* en *ré*.

L'oratorio dont Mozart eut à écrire la première partie, tandis que les deux autres étaient confiées à Michel Haydn et à Adlgasser, fut exécuté à la Cour de Salzbourg le 12 mars 1767. Le livret était du poète de Cour salzbourgeois Wimmer. Le manuscrit de l'acte de Mozart (à Windsor) porte, de la main du père, « mars 1766 » ; mais c'est là une erreur évidente, — et non point la seule qu'ait commise Léopold Mozart en datant, après coup, les compositions de son fils. Et il va sans dire également que ce n'est point cet acte d'oratorio que l'enfant a composé, en huit jours, dans une chambre où l'a enfermé l'archevêque : cette anecdote ne saurait se rapporter qu'à la petite cantate de la *Grabmusik*.

L'usage d'exécuter un oratorio, à la Cour de Salzbourg, avait toujours été fréquent, sans jamais devenir régulier ; et le vieil Eberlin, notamment, avait produit dans ce genre des œuvres remarquables, que nous allons voir que l'enfant n'a pas négligé d'étudier. L'oratorio, tel qu'on l'entendait à Salzbourg, comme aussi en Italie, à ce moment, n'avait rien, au reste, du genre important et magnifique immortalisé par Hændel : ce n'était, d'un bout à l'autre, qu'une suite d'airs d'opéra ; et, en effet, tout l'acte mis en musique par Mozart ne nous présente rien que des airs, à l'exception du *terzetto* final, qui lui-même (mais sans doute par une gaucherie inexpérimentée de l'enfant), est encore traité comme un air, suivant la coupe traditionnelle que nous avons décrite à propos du numéro 26.

Cette coupe se retrouve dans presque tous les airs de l'acte : prélude instrumental, exposant le premier sujet et la ritournelle, exposé plus développé du premier sujet par la voix, avec une première cadence à la dominante, reprise très variée du même sujet par la voix, sur les mêmes mots, aboutissant à une longue cadence à la tonique ; ritournelle suivie d'un petit second morceau, très court, souvent mineur, et de coupe un peu récitative ; puis *da capo* complet reprenant intégralement tout l'air jusqu'à ce petit second morceau. Ainsi sont faits les airs nᵒˢ I, III, IV, VI, VIII, et le *trio* final. Dans les autres airs (nᵒˢ II et VII), Mozart varie cette coupe en intercalant la seconde partie entre les deux strophes de la première, et en la reprenant, un peu variée et étendue, à la fin de l'air, où le *da capo* est remplacé par une simple reprise de la ritournelle.

Enfin il faut noter que, dans l'air nᵉ VIII, la seconde partie est faite d'une troisième variation, en *sol mineur*, du sujet principal.

Ainsi Mozart, revenu à Salzbourg, n'ose encore apporter aucun changement réel à la coupe classique de l'air. Jamais encore, même, il ne s'essaie, comme il le fera bientôt, à introduire dans la première partie de ses airs deux sujets bien distincts, dont l'un est repris à la dominante, l'autre, — exposé d'abord à la dominante, à la tonique. Il fait cela, déjà, à la manière de Chrétien Bach, dans ses symphonies et ses sonates : il ne se risque pas encore à le faire dans ses airs. Mais, sous l'influence évidente de la musique de Salzbourg, il commence à accentuer sensiblement le rôle de l'orchestre, au point que l'accompagnement de plusieurs de ses airs, joué sans le chant, se suffirait fort bien et aurait tout à fait le caractère de l'une des symphonies de Mozart à cette période. Et un autre effet probable de l'influence de Salzbourg, où les Eberlin et les Adlgasser produisaient constamment des oratorios du même genre, consiste en ce que, de plus en plus, au cours de l'acte, les airs prennent une allure plus carrée, plus rude, plus voisine des vieux airs de l'oratorio allemand. Ainsi le bel air nᵒ VIII, avec la simplicité de sa ligne, fait songer plutôt à un oratorio d'Eberlin qu'à un opéra italien. D'autres fois, comme dans l'air nᵒ III, Mozart, sous l'inspiration de Chrétien Bach et suivant son goût naturel, substitue à la pompe italienne de l'expression une douceur tendre très caractéristique.

Rien n'est plus curieux, en vérité, que le contraste de ces airs doux et tendres, — qui, éveillés sans doute dans l'âme de l'enfant par Chrétien Bach, répondent cependant au fond de sa nature propre, — et les grands airs pompeux où il se croit tenu d'imiter ses devanciers salzbougeois. Et, parmi les airs de cette dernière catégorie, aucun ne nous montre mieux le respect, un peu effrayé, de l'enfant pour les vieux modèles que l'air de ténor n° VI, avec son *solo* de trombone. Ce *solo*, en effet, vient à Mozart tout droit d'un oratorio d'Eberlin : *Die glaübige Seele*, où l'un des airs, en *sol mineur*, est pareillement accompagné par un trombone *solo*. De part et d'autre, le rôle de l'instrument soliste est exactement traité de même manière : le trombone commence son chant dès le prélude de l'air ; quand la voix s'élève il s'arrête, et n'intervient plus que pour doubler le chant, ou pour remplir les ritournelles : avec des alternatives de notes tenues et de croches ou doubles croches qui se retrouvent toutes semblables chez Mozart et chez Eberlin.

Il serait tout à fait déraisonnable de chercher, sous cette suite d'airs, le moindre effort à « caractériser » les personnages ; et l'expression même du sentiment indiqué par les paroles n'est encore, le plus souvent, que très sommaire et tout à fait banale. Mais, suivant l'habitude de ses contemporains et particulièrement de son père, l'enfant, faute de pouvoir traduire les sentiments profonds, s'attache, dès qu'il le peut, à traduire les mots : dès que le texte parle d'un lion, son orchestre essaie de rugir ; le sommeil de l'âme paresseuse est traduit par des soupirs imitant le bâillement ; toute allusion à des flots, au tonnerre, à l'écho, aux battements du cœur, donne lieu aussitôt à des figures imitatives.

La même préoccupation se retrouve dans les récitatifs accompagnés ; mais, ici, Mozart y joint déjà une préoccupation manifeste de l'expression pathétique. Quelques-uns de ces récitatifs, comme celui de l'Ame chrétienne : *Wie, wer erwecket mich ?* sont de véritables scènes, où les rythmes et les modulations de l'orchestre, alternant avec de courts passages mélodiques, produisent une impression encore assez simple, mais d'une justesse et d'une beauté remarquables. Au reste, tout cet acte paraît avoir été composé avec un soin extrême : on sent que Mozart a voulu y déployer toutes ses ressources ; et son instrumentation, notamment, abonde en petits effets qui dénotent une expérience déjà mûrie (*soli* de trombones, de cors, de hautbois, imitations entre les cordes, etc.).

Resterait à étudier les récitatifs non accompagnés, qui forment proprement l'action. Ils sont, eux aussi, beaucoup plus travaillés que d'ordinaire dans ce genre : nous y retrouvons la même préoccupation de justesse expressive que dans les récitatifs accompagnés ; et ce sont là, incontestablement, dans ces deux formes du récitatif, des qualités qui viennent à Mozart des influences françaises subies par lui durant son voyage. N'est-ce point un ressouvenir de Rameau qui nous apparaît lorsque, par exemple, dans le grand récitatif : *Wie, wer erwecket mich ?* le *recitativo secco* s'interrompt un moment pour que la voix et l'orchestre ramènent la plainte mélodique de l'air précédent ?

46. — *Salzbourg, mars* 1767.

Grabmusik (Passions Cantate), pour soprano et basse, avec accompagnement de deux violons, deux altos, cors et basse.

K. 42.

Ms. aut. à Berlin.

I. Récitatif et air de l'Ame (Basse). — Récitatif) : *Wo bin ich?* — Air : *Felsen, spaltet euren Rachen (allegro en ré).*
II. Récitatif et air de l'Ange (Soprano). — Récitatif : *Geliebte Seele.* — Air : *Betracht dies Herz (Andante en sol mineur).*
III. Duo de l'Ange et de l'Ame : *Jesu, was hab ich gethan? (Andante en mi bémol).*

Cette petite cantate allemande, composée pour la semaine sainte de 1767[1], se rattache directement à l'oratorio précédent : et d'autant plus il est curieux de voir l'énorme progrès accompli par l'enfant après le long effort de cet oratorio. Tout, ici, est plus simple, plus net, que dans l'oratorio, et les mêmes moyens y sont employés avec un art déjà très original. Les deux petits récitatifs qui précèdent les airs sont d'une justesse d'expression remarquable : avec cela bien plus musicaux que ne le seront bientôt les récitatifs italiens de Mozart. Quant aux airs, le premier est un grand air à *da capo*, de coupe régulière, avec des effets d'harmonie imitative pareils à ceux que nous avons signalés dans l'oratorio. Mais, de plus en plus, Mozart se retrempe dans l'esprit du vieil oratorio allemand, et son chant de basse n° 1, avec son ornementation tranchée, fait songer à un air de Hændel. Le second air, par contre, est d'une coupe absolument libre, le premier de ce genre que nous rencontrions chez Mozart : c'est un chant mineur où le sens des paroles est suivi de proche en proche, sans aucune reprise, jusqu'à ce que, par la transition d'un *adagio* pathétique, l'air aboutisse à une sorte de récitatif accompagné, plein de modulations expressives. L'air lui-même ne saurait être mieux comparé qu'à un *lied* plaintif, fort peu orné, et accompagné d'une série de modulations très caractéristiques du ton de *sol* mineur, tel que Mozart va le traiter jusqu'à la fin de sa vie. Le *duo* final lui-même est d'une coupe libre, et charmant dans sa simplicité, avec une reprise très variée du premier sujet à la fin. Les deux voix chantent séparément ou s'accompagnent à la tierce, et le contrepoint, d'une façon générale, n'a pas plus de rôle dans la cantate que dans l'oratorio qui précède. Ajoutons que l'admirable chœur qui termine actuellement la partition de cette cantate a été écrit plus tard, sans doute aux environs de 1773, et sera étudié séparément[2].

1. L'autographe porte seulement l'année 1767, mais cette cantate funèbre n'a pu être composée qu'au moment du carême.
2. Comme nous l'avons dit à propos de la *Schuldigkeit*, c'est seulement à cette petite *Grabmusik* que peut s'appliquer, — si elle est vraie, — l'anecdote (rapportée par Daines Barrington) du petit Mozart ayant à composer « un oratorio complet » en une semaine, dans une chambre où l'a enfermé l'archevêque.

47. — *Salzbourg, entre janvier et mars* 1767.

Récitatif et air (licenza) pour ténor, avec accompagnement de deux violons, alto, deux hautbois, deux bassons, deux cors, trombones et basse.

K. 36.

Ms. aut. à Berlin.

Récitatif : Or che il dover m'astringe. — Air (en *ré*) *: Tali e cotanti son di Sigismondo i meriti (allegro).*

Les *licenze* étaient des airs facultatifs que l'on avait coutume d'introduire dans les opéras ou les cantates, le plus souvent pour rendre hommage à tel ou tel prince qui assistait à la représentation. Ici, le personnage glorifié est l'archevêque de Salzbourg Sigismond, mort en 1771 ; et comme l'on possède une autre *licenza* de Mozart en son honneur, et qu'il n'est guère probable que l'enfant ait pu écrire des morceaux de ce genre pendant les deux années 1768 et 1770, qu'il a toutes passées hors de Salzbourg, tout porte à croire que la *licenza* n° 47, évidemment antérieure à l'autre, aura été écrite en 1767. Et, en outre, nous pouvons affirmer sans crainte qu'elle est des premiers mois de cette année, contemporaine plutôt de la *Schuldigkeit* que d'*Apollo et Hyacinthus :* car non seulement, comme nous allons le dire, son récitatif et son air ressemblent très vivement à ceux de l'oratorio, mais la partie d'alto n'y est encore écrite que sur une seule ligne, tandis que nous allons voir Mozart, dès son *Apollo,* prendre régulièrement l'habitude de doubler la ligne consacrée aux altos. Très probablement, cette *licenza* aura été intercalée dans la *Schuldigkeit.*

Ici comme dans l'oratorio, Mozart a voulu déployer toute sa science. Le récitatif accompagné du début est très long, et traité avec beaucoup de soin ; l'air, également très long, a la coupe traditionnelle, avec deux morceaux, dont l'un expose deux fois un grand sujet mélodique, tandis que l'autre, beaucoup plus court et d'un autre mouvement, n'est qu'une sorte de petit intermède pour ramener la reprise complète de la première partie. Comme dans la *Schuldigkeit,* cette première partie, malgré son extension, n'a encore qu'un seul sujet. Quant à l'orchestration, elle joue ici un rôle très important, soit qu'elle double le chant ou qu'elle l'écrase sous la richesse de ses figures d'accompagnement. A noter le travail constant des hautbois et des bassons, comme aussi, de même que dans la *Schuldigkeit,* l'emploi fréquent des trombones.

48. — *Salzbourg, avril* 1767.

Adaptation en concerto de trois morceaux de sonates françaises (le premier allegro d'après celui de la 5° sonate de Raupach ; le finale d'après le premier morceau d'une sonate de Leontzi Honnauer, op. I, n° 3). Clavecin solo, avec accompagnement de deux violons, alto, deux hautbois, deux cors et basse.

K. 37.

Ms. aut. à Berlin.

Allegro (en *fa*). — *Andante* (en *ut*). — *Finale : allegro* (en *fa*).

Il y a, à la Bibliothèque de Berlin, quatre partitions manuscrites de concertos de clavecin, écrites alternativement par le petit Mozart et son père, et chacune portant, de la main de Wolfgang, la date des mois d'avril, juin, ou juillet 1767. C'est ainsi que, sur l'autographe du n° 48, Mozart, — mais d'une écriture déjà beaucoup moins enfantine et sans doute très ultérieure, — a inscrit les mots : *nel aprile 1767*. Aussi tous les biographes et critiques du maître ont-ils pensé avoir là devant eux des œuvres originales, une première série de quatre concertos, et composés par l'enfant en vue de son prochain voyage de Vienne.

Cette conjecture, pour infiniment probable qu'elle parût au premier abord, nous avait cependant toujours vivement embarrassés ; et sans avoir l'idée que les concertos en question pussent n'être que des adaptations d'œuvres étrangères, nous étions tentés d'imaginer que Mozart les avait composés seulement après son retour de Vienne, en 1769, et puis s'était trompé ensuite sur le souvenir de leur date, comme la chose est d'ailleurs arrivée souvent à son père et à lui. Le fait est que plusieurs objections très graves nous empêchaient d'admettre que Mozart eût vraiment composé ces quatre concertos entre avril et juillet 1767. En premier lieu, nous constatons que ces concertos ne figuraient point sur le catalogue détaillé où Léopold Mozart, en décembre 1768, a enregistré jusqu'aux moindres morceaux composés par Wolfgang avant cette date, jusqu'à ses premiers menuets enfantins et jusqu'à des « entrées pour trompettes et timbales ». L'oubli, sur une liste comme celle-là, d'œuvres aussi importantes que quatre concertos de clavecin nous semblait absolument inadmissible : autant valait supposer Mozart lui-même, plus tard, oubliant, parmi la liste de ses œuvres, sa symphonie de *Jupiter* ou son *Don Juan*. En outre, plusieurs des morceaux des concertos nous offraient, après les *développements*, des *rentrées* régulières du premier sujet dans le ton principal ; et nous savions

assez que c'était là une coupe à laquelle Mozart, en 1767, refusait obstinément de revenir, au point de ne pas même l'admettre dans le *concerto* ajouté à sa sérénade n° 55. Et enfin, pour nous en tenir à ces quelques arguments essentiels, la musique de plusieurs des morceaux, dans
les concertos, nous faisait voir, sous la médiocrité de l'inspiration, une
habileté et maîtrise de forme qui excluait presque fatalement la possibilité de reconnaître là une main d'enfant, comme celle que nous montraient même les plus originales des compositions authentiques du petit
Mozart en 1767.

Nous en étions là de nos doutes lorsque, un jour, en jetant les yeux
sur l'une des séries de sonates de Schobert, — le recueil posthume
op. XVII, — nous avons eu la surprise de découvrir, placé par Schobert en tête de la seconde sonate de ce recueil, un *andante poco allegro*
en *fa* qui, transporté par Mozart au milieu de son second concerto de
1767, nous avait toujours frappés, à la fois, comme le morceau le plus
remarquable de la série entière, — nous dirions volontiers : le plus
« mozartien », — et celui où se ressentait au plus haut degré l'influence
de Schobert. Voici donc que Mozart, dans l'un de ses concertos, avait
pris la liberté de s'approprier, simplement en le variant çà et là et en y
joignant de petits *tutti* d'orchestre, un morceau composé par un autre
musicien ! L'emprunt était-il isolé, et l'enfant avait-il espéré pouvoir
tromper son auditoire viennois en lui offrant, comme sien, cet admirable *andante* « plagié » de Schobert ? Une telle conjecture était si contraire à notre connaissance de la profonde loyauté artistique de Mozart
que, tout de suite, en signalant notre découverte dans un article de
revue, nous avons exprimé notre tendance à regarder toute la musique
des quatre concertos comme seulement « adaptée » par Mozart, transcrite en style de concerto d'après des morceaux de sonates étrangères[1].

Or, ce qui n'était à ce moment pour nous qu'une conviction toute
« morale » s'est changé, depuis lors, en une certitude matérielle. Les
vingt et un cahiers de l'œuvre gravée de Schobert, il est vrai, ne nous
ont révélé aucun autre emprunt de Mozart que l'*andante* susdit ; mais,
sur les onze morceaux que nous offraient encore à examiner les quatre
concertos, nous avons découvert que quatre d'entre eux avaient été
empruntés par Mozart aux recueils op. I et II des sonates de Leontzi
Honnauer, quatre autres aux *Sonates* pour clavecin et violon de Raupach, tandis qu'un neuvième morceau se rencontrait, tout pareil, dans
le recueil op. 1 des sonates d'Eckard[2]. Parmi un ensemble total de
douze morceaux, voilà donc que dix de ces morceaux se trouvaient

---

1. *Bulletin de la Société internationale de Musique*, novembre 1908.

2. La prédominance de morceaux empruntés à Honnauer et à Raupach dans
ces adaptations en concerto de 1767 s'expliquerait, au reste, par une considération biographique des plus significatives pour l'étude du caractère de Mozart.
Comme nous l'avons vu, c'est seulement en 1766, pendant le second séjour des
Mozart à Paris, que Léopold Mozart note sur sa liste le nom de : « MM. Honnauer
et Raupach ». L'enfant n'aura donc, sans doute, acquis pour son propre compte
les recueils des Sonates de ces deux musiciens qu'à la veille de son retour en
Allemagne ; et le grand nombre des emprunts qu'il y a faits en 1767 aura tenu,
simplement, à ce hasard d'un commerce plus récent avec la musique d'Honnauer
et Raupach qu'avec celle des autres clavecinistes parisiens.

n'être pas de Mozart lui-même, mais pris par lui dans ces recueils de sonates françaises dont Léopold Mozart nous avait appris naguère que leurs auteurs étaient venus les offrir en hommage aux deux enfants-prodiges salzbourgeois ! Dans ces conditions, et étant données par ailleurs les considérations que nous avons résumées plus haut, comment aurait-il été possible de continuer à penser que les deux morceaux restants des concertos eussent eu pour auteur le petit Mozart lui-même ? Sans l'ombre d'un doute, le père de celui-ci, en 1768, n'a omis sur sa liste les quatre concertos de l'année précédente que parce que ces concertos n'étaient que des adaptations, pareilles à celles que l'enfant avait fait subir, naguère, à trois sonates de Chrétien Bach (n° 40) : avec cette seule différence que, maintenant, il n'avait plus arrangé en concertos des sonates entières, mais avait constitué chacun de ses quatre concertos en prenant, çà et là, des morceaux séparés dans les divers recueils de sonates françaises rapportés de son grand voyage précédent. Sans compter que notre ignorance présente de la véritable source de deux des douze morceaux ne saurait avoir rien de surprenant, si l'on songe que les sonates de Legrand, par exemple, ont échappé jusqu'ici à toutes nos recherches, que l'œuvre gravée de Schobert est loin de contenir toutes les sonates de ce maître, et que, semblablement, Honnauer, Raupach, et Eckard ont dû composer bien d'autres sonates que le petit nombre de celles qu'ils ont fait graver.

Donc, une fois de plus, comme pour la prétendue symphonie de Londres (K. 18), qui n'était que la transcription d'une symphonie d'Abel, comme pour les trois sonates de Chrétien Bach adaptées naguère en style concertant, voici encore quatre compositions où le rôle de Mozart s'est borné à un simple travail de remaniement d'une pensée étrangère ! Mais nous devons nous hâter d'ajouter que, cette fois, la part personnelle de l'enfant a été sensiblement plus grande que dans l'adaptation des sonates de Chrétien Bach. Celle-ci, comme nous l'avons vu, n'était encore qu'un essai rudimentaire, où les *tutti* se bornaient invariablement à faire répéter par l'orchestre les sujets exposés ensuite par le piano, et où l'accompagnement orchestral des *soli*, c'est-à-dire du texte même de Chrétien Bach, se bornait à quelques accords ou figures sans l'ombre d'intérêt. Ici, en plus de l'opération consistant à choisir et à rassembler les trois morceaux de chaque concerto, nous verrons que les parties de l'orchestre attestent déjà un progrès considérable aussi bien dans l'intelligence des règles du concerto que dans le maniement de la masse instrumentale ; et nous verrons aussi ce progrès s'accentuer rapidement d'un concerto à l'autre, pour aboutir déjà, dans le quatrième et dernier, à des passages d'une couleur et d'une élégance toutes « mozartiennes ».

Mais, d'abord, la question se pose de savoir à qui le petit Mozart a emprunté les trois morceaux de son premier concerto, arrangé par lui en avril 1767. De ces trois morceaux, deux nous ont jusqu'ici révélé leur provenance : le premier *allegro*, pour lequel Mozart a employé le morceau initial de la sonate V de Raupach, et le finale, faussement intitulé *rondo*, qui servait de premier morceau à la troisième sonate de l'op. I de Leontzi Honnauer.

Pour ce qui est de l'*andante* en *ut,* assurément le plus intéressant des trois morceaux du concerto, nous sommes très portés à supposer qu'il s'agit ici d'un *andante* de Schobert, à qui Mozart empruntera pareillement l'*andante* de son second concerto. Non seulement, en effet, ce bel *andante* ne contient au fond qu'un seul sujet, étendu et amplifié dans le passage qui correspond au *développement*, avec une *rentrée* où ne reparaît plus que la seconde moitié de la première partie, coupe qui se retrouve à chaque instant dans les *andantes* authentiques de Schobert (que l'on voie, par exemple, dans le recueil de M. Riemann, les *andantes* des n°s 2, 3, et 4); il n'y a pas jusqu'au rythme constamment poursuivi à travers le morceau, un rythme heurté et comme sanglotant, qui, avant d'être bientôt utilisé par Mozart dans ses œuvres originales, n'appartienne en propre aux *andantes* du maître silésien [1]. L'expression fiévreuse et mélancolique du morceau, ses passages chantants de la main gauche, son insistance manifeste sur les modulations mineures, autant de points de ressemblance frappants avec l'inspiration de Schobert : sauf le cas où Legrand, par exemple, dans ses sonates que nous ignorons, aurait fidèlement imité l'esprit et la manière de Schobert, c'est dans une sonate inédite de celui-ci que le petit Mozart a trouvé le morceau adapté par lui pour servir d'*andante* à son premier concerto.

Dira-t-on que, en ce cas, le morceau devrait se rencontrer dans l'un ou l'autre des vingt-et-un cahiers publiés sous le nom de Schobert ? Encore une fois, ces vingt-et-un cahiers, dont un grand nombre ne contenaient d'ailleurs que deux sonates ou même un seul concerto, sont bien loin d'épuiser toute la production d'un maître dont ses contemporains s'accordaient à célébrer la fécondité, et dont un critique allait jusqu'à affirmer que ses plus belles sonates étaient celles qu'il gardait pour soi, les jugeant peut-être trop originales ou hardies pour oser les offrir à son public parisien. Et nous avons, au reste, une preuve matérielle de la possession, entre les mains du petit Mozart, d'œuvres de Schobert en manuscrit : car l'*andante* en *fa* du second concerto a été extrait par l'enfant d'une sonate de Schobert qui a paru seulement dans l'op. XVII de ce maître, c'est-à-dire dans un recueil posthume publié au lendemain de la mort de Schobert en octobre ou novembre 1767, tandis que Mozart connaissait déjà le susdit *andante* dès le mois de juin de la même année. Quoi d'étonnant, dans ces conditions, à imaginer que Schobert, en 1764 ou en 1766, aura donné encore à l'enfant les partitions manuscrites d'autres sonates, maintenant perdues à jamais, et dont l'une contenait, notamment, cet *andante* en *ut* adapté par Mozart ?

Un *andante* de Schobert entre des *allegros* de Raupach et Honnauer, telle nous apparaît la manière dont l'enfant a constitué son premier concerto. Et que si, maintenant, nous voulons savoir de quelle façon il a procédé à son arrangement, c'est ce que nous révèle aussitôt, par exemple, la comparaison du finale de son premier concerto avec le morceau de Honnauer dont il est tiré. Ici comme dans l'arrangement des sonates de Bach, Mozart laisse, pour ainsi dire, intacte la partie du

---

1. Voyez, par exemple, dans le recueil susdit, l'*andante* de l'admirable sonate en *ré mineur* n° 4 ; et d'autres exemples analogues se rencontreraient en foule dans les sonates des recueils anciens de Schobert.

clavecin, sans jamais dépouiller celui-ci, au profit de l'orchestre, d'aucun des passages que l'auteur parisien lui avait confiés. Il se contente seulement de donner pour prélude au morceau primitif un assez long *tutti* d'orchestre où sont exposés les deux sujets principaux et la ritournelle du morceau qui va suivre. Puis le soliste attaque le début de ce morceau, discrètement accompagné par l'orchestre, et en poursuit l'exécution jusqu'aux barres de reprise. Ces barres, naturellement, ne sauraient exister dans un concerto, et le fait est que Mozart manque rarement à les supprimer : mais ici, dans son premier finale, l'enfant oublie cette obligation du genre nouveau, et se laisse aller à transcrire, également, les deux barres de la sonate française. Après quoi, dans ce morceau comme dans tous les autres, la cadence finale de la première partie du morceau est suivie d'un second *tutti* où l'orchestre, plus brièvement, reprend son premier sujet à la dominante, et puis y joint quelques mesures de ritournelle : en suite de quoi le soliste, à son tour, commence son *développement* par la reprise à la dominante du premier sujet, et enchaîne ce *développement* avec la *rentrée*, sans que l'orchestre, désormais, intervienne activement jusqu'à la fin du morceau original ; mais alors, après la cadence facultative du soliste, nous entendons un troisième et dernier *tutti*, constitué de l'un des sujets précédents et d'une ritournelle.

Voilà comment le petit Mozart, dans le final de son premier concerto, a tiré parti du morceau de Honnauer ; et c'est à peu près de la même façon qu'il a procédé pour son premier morceau, tiré des sonates de Raupach ; et de la même façon nous le verrons procéder dans ceux des morceaux des concertos suivants dont nous pourrons examiner les modèles primitifs, — réduisant son rôle de soliste à exécuter simplement les morceaux de sonate, sauf à s'arrêter, vers le milieu de ceux-ci, pour laisser jouer par l'orchestre le petit *tutti* intermédiaire.

Enfin nous aurions à dire quelques mots des *tutti*, et de l'orchestration en général. Certainement, comme nous l'avons indiqué déjà, le travail de l'enfant et son habileté instrumentale s'y montrent à nous très supérieurs à ce que nous a fait voir l'adaptation des trois sonates de Chrétien Bach. L'accompagnement, il est vrai, garde encore dans ce premier concerto une discrétion excessive : mais les *tutti*, beaucoup plus longs et d'allure plus symphonique, manifestent une entente déjà parfaite des ressources d'un petit orchestre. Les deux violons et la basse y collaborent avec une sûreté et une activité remarquables, parfois même se risquant à de simples, mais charmantes imitations. Et ce n'est pas tout : dans le premier morceau, Mozart commence déjà à modifier librement, au point de vue symphonique, les sujets qui seront exposés ensuite par le clavecin ; le sujet initial, notamment, est à la fois simplifié et condensé, de manière à nous paraître étrangement plus significatif dans le *tutti* du début que sous la forme ornementée qui lui a été donnée par le claveciniste français. Dans le prélude de l'*andante*, d'autre part, l'enfant a mis une réserve des plus heureuses à n'extraire, du morceau suivant, que, pour ainsi dire, son essence et l'exposé sommaire de ses grandes lignes, si bien que nous n'éprouvons point la moindre sensation de redite lorsque, après ce court prélude, le soliste aborde la plaintive rêverie de Schobert. Tout cela dénote déjà, sous son évidente facilité, une pénétration étonnante des règles et de l'idéal du concerto.

On sait que l'un des principes les plus constants de ce genre est de faire exécuter au soliste, avant la fin des morceaux, une cadence plus ou moins étendue, librement abandonnée à sa fantaisie, et pendant laquelle l'orchestre se tait. Ce premier concerto nous fait voir l'enfant s'initiant, peu à peu, à cette habitude, désormais invariable chez lui. Dans le premier morceau, le point d'orgue marquant l'entrée de la cadence n'existe pas encore ; et Mozart se contente de faire jouer en cadence, c'est-à-dire sans accompagnement, une longue ritournelle qui doit s'être trouvée, à peu près pareille, dans le morceau de sonate. Dans l'*andante*, il introduit déjà une cadence distincte du morceau original, mais encore toute simple, et qu'il prend la peine de noter lui-même, au-dessus du point d'orgue, dans sa partition. Enfin, dans le dernier *allegro*, l'enfant est déjà complètement familiarisé avec les procédés usuels du genre. A la fin du morceau primitif de Honnauer, le soliste attaque une figure nouvelle, encore accompagnée par l'orchestre, mais évidemment destinée à préparer la cadence facultative ; et puis un simple point d'orgue, escorté du mot *cadenza*, indique l'endroit où se produit cette libre improvisation de l'exécutant. Après quoi l'orchestre, dans un *tutti* final, reprend la ritournelle qui terminait son prélude. Ici, la seule différence avec les concertos de la maturité de Mozart consiste en ce que cette amorce de la cadence *ad libitum* est encore confiée au soliste, tandis que plus tard, généralement, elle appartiendra à l'orchestre, dont le *tutti* final se trouvera ainsi interrompu, tout à coup, par la rentrée en scène d'un dernier *solo*.

49. — *Salzbourg, avril et mai* 1767.

Apollo et Hyacinthus, seu Hyacinthi Metamorphosis. Comédie latine, pour deux soprani, deux altos, un ténor, et chœurs, avec accompagnement de deux violons, deux altos, deux hautbois, deux cors et basse.

K. 38.

Ms. aut, à Berlin.

Intrada (en ré) : allegro (voir le n° 50).

I. Chœur en *ré* : *Andante alla breve : Numen o Latonium.*

II. Air d'Hyacinthe (soprano) en *si bémol* : *Allegro moderato.* — *Sæpe terrent Numina.*

III. Air d'Apollon (ténor) en *mi. — Jam pastor Apollo.*

IV. Air de Melia (soprano) en *ré. — Lætari, jocari.*

V. Air de Zéphyre (alto) en *la. — En ! duos conspicis : (un poco allegro).*

VI. Duetto de Melia et Apollon en *fa. — Discede crudelis (allegro).*

VII. Récitatif accompagné : *Non est,* et air d'Œbal en *mi bémol : Ut navis in æquore. (Allegro agitato).*

VIII. Duo de Melia et d'Œbal en *ut. — Natus cadit (Andante),* et Récitatif : *Hyacinthe surge.*

IX. Terzetto de Melia, Apollon et Œbal en *sol : Tandem post turbida (allegro).*

Cette comédie a été représentée à l'Université de Salzbourg le 13 mai 1767.

Ecrite deux mois environ après l'oratorio de la *Schuldigkeit*, la comédie latine ne pouvait manquer de lui ressembler ; et d'autant plus que, pour le goût salzbourgeois du temps, le genre de l'oratorio et celui de la cantate dramatique s'accommodaient d'être traités de la même façon. En effet, dans *Apollo* comme dans la *Schuldigkeit*, nous ne rencontrons guère qu'une suite d'airs, et dont la plupart ont la coupe traditionnelle du grand air à *da capo* complet. Il y a même, ici, un duo (n° VI), qui constitue l'unique scène vraiment dramatique de la pièce, et que Mozart, comme il avait fait pour un trio dans la *Schuldigkeit*, a cependant écrit comme un air, avec un *solo* d'Apollon en guise de second morceau. Parmi les airs, deux seulement sont d'une coupe différente ; le premier air d'Apollon (n° III), où le *da capo* est remplacé par une simple reprise de la ritournelle, et l'air de Zéphyre (n° V), qui a la forme d'une cantilène en deux couplets. Le second duo (n° VIII) est traité, lui aussi, comme l'air d'Apollon, en deux parties, mais sans autre reprise que celle de la ritournelle du début. Le *trio* final est d'une forme encore plus libre ; il débute comme un air, mais se transforme bientôt en un petit chœur à trois voix. Quant au chœur initial, il est coupé, au centre, par un solo du prêtre OEbal, dont le caractère simple et récitatif rappelle maints épisodes analogues dans l'opéra français de Rameau.

La ressemblance de l'oratorio et de la « comédie » se retrouve aussi dans le traitement musical de cette dernière. Pas une fois, Mozart ne s'y préoccupe de caractériser les personnages, ni de suivre les nuances des sentiments : mais, par contre, toujours il s'attache à ce qu'il croit être la traduction des paroles, c'est-à-dire à toute sorte de figures imitatives lorsque le texte fait allusion au tonnerre, aux flots de la mer, etc. L'orchestration, comme dans l'oratorio, est très fournie, éminemment symphonique, et souvent prête à empiéter sur l'intérêt du chant. Les deux récitatifs accompagnés, pareillement, rappellent tout à fait ceux de la *Schuldigkeit*. Mais, si l'ensemble du travail musical dénote un progrès incontestable, il ne paraît pas que Mozart ait mis à sa comédie latine autant d'âme qu'à son premier oratorio, ni un aussi grand désir de se signaler. Les airs d'*Apollo* sont, en général, assez insignifiants ; et les seules parties vraiment intéressantes de tout l'ouvrage sont le dernier duo, dont Mozart va faire, en 1768, l'*andante* d'une symphonie, et le trio final, où l'on sent un certain souci des ressources propres des voix. A noter, dans les deux duos et le trio final, un emploi très différencié de deux altos, qui se retrouve dans l'ouverture de la comédie, et qui, comme nous l'avons dit déjà, va devenir une habitude presque constante de Mozart pendant la fin de l'année 1767 et toute l'année suivante.

50. — *Salzbourg, avril ou mai* 1767.

Ouverture (Intrada) en ré de la comédie Apollo et Hyacinthus, pour deux violons, deux altos, violoncelle et basse, deux hautbois et deux cors.

K. 38.
Ms. aut. à Berlin.

Rien ne nous prouve que cette ouverture n'ait pas été composée plutôt avant la comédie qu'elle doit précéder : mais nous l'étudions ici après cette comédie pour pouvoir la rattacher aux œuvres instrumentales qui vont suivre.

Par sa coupe générale, cette ouverture, tout comme celle de la *Schuldigkeit*, est simplement un premier morceau de symphonie : mais déjà nous voyons apparaître ici des particularités nouvelles que nous allons retrouver dans toutes les œuvres de la fin de l'année 1767, et qui nous montrent le petit Mozart s'émancipant déjà, en partie, de l'influence de Chrétien Bach et de celle des maîtres italiens et français. Bien des points révèlent encore, cependant, l'action de ces influences sur l'enfant : ainsi les répétitions de phrases, les marches de basse sous des tenues ou des trémolos des violons, et surtout l'habitude obstinée de ne point faire rentrer le premier sujet dans le ton principal. Mais, avec tout cela, l'inspiration musicale de l'enfant est en train de changer, sous l'effet de l'atmosphère allemande de son pays, et des œuvres, toutes proches, de Michel Haydn. Le changement principal, qui d'ailleurs ne se découvre encore ici que très faiblement, consiste, à la fois, dans une extension des idées, qui deviennent plus coulantes et familières, et dans la multiplication des petits sujets, désormais moins nettement séparés que dans les œuvres imitées en droite ligne de Chrétien Bach. En outre, nous voyons aussi l'enfant, dans ce morceau comme dans les suivants, renoncer à son ancienne habitude de varier et d'étendre la seconde partie d'un morceau. Jusqu'alors, à défaut d'un véritable *développement*, suivi d'une rentrée du premier sujet dans le ton principal, il se croyait tenu de *développer*, de rendre nouvelle et plus expressive, la reprise du premier sujet à la dominante, après les deux barres : maintenant, voici que sa seconde partie a, tout juste, le même nombre de mesures que la première : en quoi l'enfant, ingénument, imite les maîtres de son pays, qui, ayant l'habitude des *développements*, ne s'occupent plus ensuite d'étendre leur *rentrée*. Et le petit Mozart fait comme eux, sans comprendre que ce procédé ne s'excuse que par la présence, avant la rentrée, de ce *développement* dont il s'obstine à ne pas vouloir.

Ajoutons enfin que, dans l'ouverture de sa comédie latine comme dans cette comédie même, Mozart n'apporte plus le soin évident dont témoignaient l'ouverture et le corps de son oratorio. La même apparence d'improvisation que nous avons notée dans les airs d'*Apollo* se rencontre dans cette *Intrada*, mais accompagnée de la même impression d'aisance plus grande, sous une inspiration nouvelle.

51. — *Salzbourg, juin* 1767.

Adaptation en concerto de trois morceaux de sonates françaises (l'*allegro spiritoso initial* étant arrangé d'après l'*allegro moderato* de la sonate n° I de Raupach; l'*andante* d'après le premier morceau, *andante poco allegro*, de la deuxième sonate de l'op. XVII de Schobert, et le final *molto allegro* d'après le final de la susdite sonate de Raupach). Clavecin solo avec accompagnement de deux violons, alto, deux hautbois, deux cors et basse.

K. 39.
Ms. aut. à Berlin.

L'autographe de cette partition ne porte pas d'autres indications que les mots *in Junio*, et écrits, cette fois, de la main de Léopold Mozart, à quoi il convient d'ajouter que presque toute la partition du concerto provient également de la main de Léopold Mozart, tandis que, pour le concerto précédent, le père et le fils n'avaient point cessé de se relayer dans la transcription des morceaux français adaptés en concerto par le petit Wolfgang ; et cette manière même de procéder alternativement, presque de page en page, à l'écriture d'un morceau prouve bien encore qu'il s'agit là d'un travail purement matériel, la simple besogne de recopier, entre les *tutti* nouveaux, le texte original des morceaux français.

Tout ce que nous avons dit au sujet du n° 48 peut d'ailleurs s'appliquer exactement à ce deuxième concerto de la série, à cela près que, ici, nous connaissons l'origine exacte de chacun des trois morceaux. Aussi bien, si l'*andante* de ce concerto en *si bémol* aurait pu être de Mozart, — et nous savons déjà que cet *andante* n'est précisément pas de lui, — les deux autres morceaux diffèrent si profondément de son style, et le finale, notamment, avec sa pauvreté pitoyable, diffère à tel point de son esprit, que pas un doute n'a jamais été possible pour nous, — depuis notre découverte relative à cet *andante*, — sur la provenance étrangère de l'ouvrage entier.

L'*andante*, comme nous l'avons dit, a été emprunté par Mozart à une sonate en *fa* de Schobert qui a paru en 1767, après la mort du jeune maître parisien : d'où résulte pour nous la certitude que Mozart, en quittant Paris l'année précédente, a dû emporter avec soi des sonates de

Schobert encore inédites à ce moment. Nous dirons brièvement tout à l'heure de quelle façon l'enfant a un peu varié le texte de Schobert.

Les *tutti* du final sont assez insignifiants, malgré quelques petits essais d'imitation entre les deux violons. Mais au contraire, dans le premier *allegro* et l'*andante*, l'étendue des *tutti* aussi bien que leur contenu attestent déjà un progrès sensible sur ce que nous a fait voir le concerto précédent. Dans l'*allegro*, le prélude n'expose pas moins de quatre idées distinctes, d'ailleurs toutes empruntées au texte du *solo* qui suit, mais séparées par Mozart bien plus nettement que par l'auteur français ; un autre *tutti*, comme dans le concerto précédent, intervient au début du *développement :* mais le plus curieux est que, à la fin de ce long *développement*, et avant la rentrée du fragment repris, Mozart interrompt de nouveau le jeu du clavecin, et même à deux reprises, intercalant dans la trame du texte original de petits passages d'orchestre nouveaux, dont l'un répond par des modulations chromatiques très imprévues à une belle phrase du clavecin, destinée à préparer la *rentrée* du morceau. L'effet de cette interruption, et surtout de la brusque apparition, après elle, de la *rentrée,* atteste encore la gaucherie de l'enfant ; mais ce n'en est pas moins ici, déjà, un premier effort à relever le rôle de l'orchestre, en établissant un petit dialogue entre lui et le soliste.

Dans l'*andante*, qui est à coup sûr l'une des pages les plus poétiques de Schobert, l'intensité de l'émotion traduite et l'originalité vigoureuse du style ont dû, évidemment, toucher le cœur de Mozart de bien autre façon que le reste des morceaux arrangés par lui. Le fait est que, cette fois, à la différence de ce qu'il avait fait ou allait faire pour les morceaux de Raupach, d'Honnauer, ou d'Eckard, l'enfant a vraiment essayé de mettre un peu de son âme propre dans son travail d'adaptation. Non seulement il a placé en tête du morceau de Schobert un assez long prélude d'orchestre, où il a, pour ainsi dire, concentré et renforcé toute l'essence pathétique du morceau français : maintes fois, en outre, au cours de sa transcription, il a introduit dans le texte de Schobert telle petite variante où se reconnaît déjà son génie de poète. Et ce n'est pas tout : frappé de l'extrême énergie pathétique du *développement* de Schobert, il a imaginé de transporter encore, au début de son *solo,* la phrase qui, chez Schobert, n'atteignait sa pleine signification expressive qu'au début de ce *développement*, de manière que l'on pourrait dire qu'il a donné à son morceau un nouveau premier sujet, après avoir déjà affirmé ce sujet au commencement de son prélude d'orchestre. Il est vrai que, d'autre part, il semble avoir oublié ensuite qu'il écrivait un concerto : car, non content de transporter dans sa partition les barres de reprise qui terminaient la première partie du morceau de Schobert, il a encore négligé d'introduire, à la fin de son .morceau, le point d'orgue de la cadence, ainsi qu'un *tutti* final. Sans doute, dans l'élan de son enthousiasme, il n'aura pensé qu'à adapter suivant son goût le morceau de sonate, et n'aura plus songé à la destination que devait recevoir son arrangement. Ajoutons que, dans le premier *allegro*, le point d'orgue de la cadence survient encore, comme dans la finale du concerto précédent, aussitôt après la fin du *solo*, mais que déjà, dans le finale de ce n° 51, la cadence se produit régulièrement au milieu d'une répétition complète. par l'orchestre. du *tutti* initial.

52. — *Salzbourg, juillet* 1767.

Adaptation en concerto de trois morceaux de sonates françaises
(l'*allegro maestoso* étant arrangé d'après le premier morceau de la
première sonate de l'op. II de Leontzi Honnauer, et l'*andante* d'après
un morceau qui formait, à lui seul, la quatrième sonate de l'op. I
d'Eckard). Clavecin solo avec accompagnement de deux violons.
alto, deux hautbois, deux cors, deux trompettes et basse.

K. 40.

Ms. aut. à Berlin.

Allegro maestoso (en ré). — Andante (en la). — Presto (en ré).

L'autographe de cette partition est, comme celui du concerto précédent, presque entièrement écrit de la main du père, au moins pour
ce qui concerne les *soli* du clavecin ; et, cette fois encore, c'est Léopold lui-même qui a inscrit en tête de cet autographe la mention *in
Julio 1767*. Nous avons suffisamment expliqué déjà, à propos des n° 48 *bis*
et 51, les motifs qui interdisent tout à fait de considérer ces quatre
partitions de Berlin comme des concertos originaux de Mozart ; et nous
avons dit aussi de quelle manière l'enfant, probablement en vue de son
voyage à Vienne, avait imaginé d'arranger en une série de concertos
divers morceaux de clavecin empruntés par lui à des sonates françaises. Pour ce qui est notamment du concerto en *ré*, l'*allégro maestoso*
est une simple adaptation en concerto du premier morceau de la sonate
initiale de l'op. II de ce Leontzi Honnauer à qui Mozart avait emprunté
déjà le finale de son concerto en *fa*, en attendant que, dans le dernier
concerto de la série, il allât jusqu'à lui prendre au moins deux des trois
morceaux.

Quant à l'*andante*, cet innocent morceau formait, à lui seul, sous le
nom d'*andantino*, tout le contenu de la quatrième sonate de ce « I⁰ʳ œuvre » de Jean-Godefroid Eckard dont nous avons vu que l'enfant le
connaissait dès son séjour à Bruxelles, au mois d'octobre 1763. C'est là,
croyons-nous, le seul emprunt fait à Eckard, pour la « sélection » qu'ont
été, en réalité, ces quatre concertos de 1767 ; et la chose se comprend
sans peine, malgré l'admiration respectueuse communiquée jadis par
Grimm à Léopold Mozart envers le claveciniste augsbourgeois, si nous
songeons à l'incompatibilité profonde et invincible du génie mélodique
de Wolfgang avec le talent tout rocailleux d'Eckard, chez qui la pauvreté de l'invention mélodique était poussée à un degré extraordinaire.

Reste donc seulement le finale, très rapide et animé, avec la coupe
binaire de l'ancienne sonate italienne. C'est peut-être, des quatre finales

qui terminent les arrangements de 1767, le seul qui possède vraiment
un certain intérèt musical ; un rythme unique y est sans cesse varié et
modulé sous des figures diverses, avec de remarquables effets de basse,
des échanges du chant entre les deux mains, et, après les deux barres
(ingénument recopiées par Mozart dans sa transcription), une montée
expressive du plus bel effet. Avec cela, impossible de mettre un nom
défini de claveciniste parisien sur ce morceau, où se retrouve, encore
plus fortement que dans tous les autres, l'écho du vieux style classique
des maîtres italiens. S'agirait-il ici d'une composition de ce Legrand
dont nous avons toujours vainement tâché à découvrir les divers
recueils ? En tout cas, le morceau n'est ni de Schobert, ni de Honnauer,
ni de Raupach, et moins encore du petit Mozart.

Telle est donc la composition de ce troisième concerto, où il semble
d'ailleurs que le travail d'arrangement du petit Mozart trahisse un peu
moins d'entrain, et comme une ombre de lassitude. Aussi ne dirons-
nous rien des *tutti*, qui se bornent à exposer textuellement des sujets
ou des ritournelles qui vont reparaître dans les *soli* ; et, pour ce qui est
de ces derniers, nous ne voyons pas que Mozart ait, désormais, introduit
dans le texte d'Honnauer ou d'Eckard aucun de ces menus changements
que nous a révélés, dans le concerto précédent, la comparaison de
l'*andante* adapté en concerto avec le morceau original de la sonate de
Schobert.

Notons seulement encore que Mozart, pour renforcer ses *tutti*, a
ajouté deux trompettes à son orchestre habituel. Aussi bien, ce que
nous avons dû avouer du relâchement de l'attention de l'enfant n'em-
pêche-t-il pas l'instrumentation des *tutti*, dans ce troisième concerto,
de nous révéler un nouveau progrès au point de vue de la sûreté et de
l'habileté professionnelle du petit Mozart.

53. — *Salzbourg, juillet* 1767.

Adaptation en concerto de trois morceaux de sonates françaises,
(le premier *allegro* étant arrangé d'après le premier morceau de la
première sonate de l'op. I de Leontzi Honnauer ; l'*andante* d'après
l'*andantino* de la sonate I de Raupach ; et le finale d'après le dernier morceau de la même sonate). Clavecin solo avec accompagnement de deux violons, alto, deux flûtes, deux cors et basse.

K. 41.

Ms. aut. à Berlin.

Allegro (en sol). — *Andante (en sol mineur)*. — *Molto allegro (en sol)*.

L'autographe de cette partition porte, de la main de Léopold Mozart, la mention : *in Julio* 1767, tout à fait comme celui du concerto précédent ; et, pareillement encore, c'est Léopold Mozart qui a transcrit presque toute la partie du clavecin, ou, en d'autres termes, le texte des morceaux français adaptés par son fils.

De ces trois morceaux, le premier *allegro* et le final sont empruntés à la première sonate de l'op. I de Honnauer ; le petit *andante* en *sol mineur*, lui, provient du même recueil de Raupach d'où Mozart a tiré déjà trois autres morceaux. Ce morceau, évidemment d'inspiration française, présente un peu le caractère d'une *ariette* ou complainte d'opéra-comique; et nous devons ajouter que le ton de *sol mineur* y est employé avec la même expression et parmi les mêmes modulations que ce ton favori nous fera voir, plus tard, dans les œuvres originales de Mozart.

Cependant, ni les *soli* de cet *andante* ni ceux des deux autres morceaux n'ont de quoi nous intéresser particulièrement. Pour les deux *allegros*, notamment, Mozart s'est borné à recopier, mesure par mesure, le texte d'Honnauer, sans y apporter d'autre changement que, dans le finale, la répétition d'une ritournelle de quatre mesures. Mais, autant le contenu musical de ce dernier concerto est pour nous insignifiant, autant nous sommes surpris de constater l'énorme progrès qui, désormais, se manifeste aussi bien dans l'accompagnement orchestral des *soli* que dans la composition des *tutti*. Évidemment le travail de l'enfant depuis deux mois, pour fastidieux qu'il ait dû être, a commencé dès lors à porter ses fruits ; et déjà nous avons ici devant nous un véritable *concerto*, où le rôle de l'orchestre tend à s'affirmer concurremment avec celui du clavecin.

Pour la première fois, en effet, Mozart ne craint pas d'adjoindre sans cesse aux *soli* un accompagnement actif et vraiment utile, au lieu du caractère tout facultatif qu'avaient les timides figures ou tenues de l'orchestre pendant les *soli* des concertos précédents. Les vents eux-mêmes, flûtes et cors, interviennent déjà dans cet accompagnement, et celui-ci va jusqu'à comporter de petites imitations, de l'espèce de celles que nous rencontrons dans les concertos de Chrétien Bach, car ce maître continue toujours à rester le modèle favori de l'enfant.

Et plus encore se révèle à nous le progrès instrumental de Mozart dans les *tutti* de ce concerto, qui sont plus étendus, plus travaillés, et déjà beaucoup plus personnels que tout ce que nous avons étudié jusqu'à présent. L'*andante* lui-même débute par un prélude assez long, où l'orchestre, après avoir exposé l'unique sujet du morceau, s'amuse à le varier en lui donnant la forme d'une grande ritournelle toute semée d'imitations entre les violons et les flûtes, comme aussi de modulations expressives. Dans le finale, les *tutti*, pour être plus nombreux et plus considérables que dans les finales précédents, se bornent encore à nous faire entendre seulement des idées empruntées au morceau de sonate où ils s'entremêlent : mais, au contraire, les *tutti* du premier *allegro*, dont le premier est déjà d'une ampleur tout à fait remarquable, ne renferment plus guère, — sauf l'exposé du premier sujet au début du prélude, — que des rythmes nouveaux, de l'invention de Mozart, et grâce auxquels toutes les interventions actives de l'orchestre acquièrent une individualité et une importance significatives. C'est comme si, à travers tout le morceau, le petit Mozart dialoguait avec Honnauer ; et souvent nous avons l'impression que, dans ce dialogue, l'avantage appartient déjà à l'enfant sur l'habile claveciniste auteur des *soli*.

Quant aux cadences, nous devons noter que l'*andante*, cette fois encore, n'en comporte point, et que, dans le finale, Mozart place encore son point d'orgue immédiatement après la conclusion du morceau de Honnauer. C'est seulement dans le premier *allegro* que, régulièrement, la cadence intervient au milieu du *tutti* final.

Tels sont donc ces prétendus premiers concertos de Mozart, simples adaptations de sonates françaises succédant aux adaptations faites naguère, par l'enfant, de trois sonates anglaises de Chrétien Bach. On aimerait à savoir si le petit Mozart a tiré de ce travail le profit matériel qu'il en attendait : mais, comme nous le verrons, aucun document ne nous apprend que, ni pendant son séjour à Vienne ni plus tard en Italie, il ait exécuté les ouvrages ainsi préparés. Du moins a-t-il retiré de leur préparation un incontestable profit au point de vue de son éducation musicale : et tout porte à croire que cette besogne de l'été de 1767 n'a pas été sans contribuer au remarquable mûrissement qui nous apparaîtra, dès l'année suivante, dans le style orchestral du petit garçon.

54. — *Salzbourg, entre décembre* 1766 *et octobre* 1767.

Cassation en si bémol, pour deux violons, alto, basse, deux hautbois et deux cors.

K. 99.
Ms. aut. en partie à Berlin.

Marche — *Allegro molto.* — *Andante* (en *si bémol*). — *Menuetto et trio* (en *fa*). — *Andante* (en *sol mineur*). — *Menuetto et trio* (en *mi bémol*). — *Finale : allegro et andante.*

Le seul fragment que l'on possède du manuscrit de cette *cassation* (à la Bibliothèque de Berlin) ne porte aucune date. L'enfant y a simplement inscrit, — détail à noter, — le mot français : *marche*. Mais non seulement l'absence invariable de *développements* et de *rentrées* régulières du premier sujet dans les quatre grands morceaux de la *cassation* suffirait à nous prouver que celle-ci doit dater du retour du voyage de Paris et de Londres : par vingt autres points caractéristiques la *cassation* se rattache encore aux œuvres de ce qu'on pourrait appeler la première manière symphonique de Mozart. Et nous croyons même, comme nous l'expliquerons tout à l'heure, que cette cassation, avec la symphonie n° 43, doit avoir été l'une des premières œuvres écrites par l'enfant après son retour à Salzbourg.

Le mot de *cassation* est un barbarisme, mais qui désigne assez clairement son objet. Au contraire des symphonies, dont tous les morceaux
se jouaient alors sans aucune interruption (ainsi que suffiront a nous
le prouver les *ouvertures* des premiers opéras de Mozart, faites de trois
morceaux non reliés ensemble, et qui cependant ne pouvaient manquer
d'être joués d'un trait), les *cassations* étaient de petites symphonies « cas-
sées » c'est-à-dire dont l'exécution s'interrompait entre les divers morceaux [1]. Leurs usages pouvaient être très variés : elles servaient par
exemple, à Salzbourg, pour remplir les intervalles, les étapes successives d'une séance solennelle de l'université : mais surtout, à Salzbourg
comme dans toutes les résidences allemandes, les *cassations* servaient à
accompagner les repas de la Cour, ou même des repas de noces chez
de riches bourgeois. Plus tard, le vieux mot de *cassation* tendra de plus
en plus à être remplacé par celui de *divertimento* (*divertissement*), qui est
son synonyme italien : mais le genre restera sensiblement le même, avec
les mêmes caractères dont les principaux seront toujours la faculté de
multiplier à volonté le nombre des morceaux et l'absence, entre ceux-ci,
de l'unité intime qui, bien avant l'emploi des *leitmotiv* et de nos artifices
modernes, devait, pour les musiciens d'autrefois, exister entre l'inspiration et même la forme des différents morceaux d'une symphonie, d'un
quatuor, ou d'une sonate. Dans la *cassation* ou le *divertimento*, le compositeur, après avoir inauguré sa *série* par une marche, qui était reprise
encore à la suite du *finale*, pouvait, à volonté, et d'après les convenances
de la situation, faire trois, ou quatre, ou cinq, ou même sept ou huit
morceaux, à la condition de commencer et de finir la série par des *allegros*. Mais il va sans dire que, là comme partout, cette liberté se trouvait
tempérée par des traditions : et c'est ainsi que nous verrons toujours
Mozart diviser volontiers ses *divertissements* en six morceaux, un grand
allegro initial, un *andante*, un menuet, un second *andante* ou un *allegretto*,
un second menuet, et un finale. Quant au deuxième caractère du genre,
l'absence d'unité entre les morceaux, sur ce point aussi le génie ordonné
et harmonieux de Mozart sera toujours tenté de passer outre à la liberté
que lui accorde la règle ; et ses *divertissements*, comme toutes ses autres
œuvres, nous feront voir, entre toutes leurs parties, ce lien mystérieux
et profond qui est l'une des forces de la musique du maître : mais,
avec cela, la liberté extérieure apparaîtra plus grande que dans les
symphonies, et les divers morceaux auront une allure plus familière
et abandonnée, et le rôle des instruments à vent y sera, en général,
plus considérable, de façon à renforcer encore cette allure quasi populaire de la *cassation*.
Toutes ces particularités des futurs *divertissements* de Mozart, nous

---

1. On a proposé parfois une autre étymologie, d'après laquelle le mot *cassation* proviendrait d'une expression familière aux étudiants allemands *gassatim ire*
« traîner par les rues » : mais une telle hypothèse est par trop opposée à toute
notion raisonnable sur la dérivation philologique des termes. Une autre conjecture, infiniment plus admissible, consisterait à supposer que le mot : *cassation*
désignait à l'origine une suite de morceaux qui devaient être exécutés à la fin
d'un concert ou d'une séance quelconque. Cette hypothèse nous expliquerait le
terme allemand de *Finalmusik*, que les Salzbourgeois employaient volontiers au
lieu du mot : *cassation*.

les retrouvons déjà dans celui-ci : mais elles ne nous y apparaissent
encore qu'à l'état rudimentaire, et accompagnées exactement des mêmes
principes et des mêmes procédés que l'enfant, les ayant rapportés de
Londres et de Paris, nous a fait voir dans sa symphonie n° 43 et l'ouverture de son oratorio. Toujours encore, les phrases sont répétées une
seconde fois sans changement ; toujours encore les morceaux n'ont que
deux sujets, nettement séparés et suivis d'une ritournelle ; toujours
encore l'enfant aime à faire de petites imitations entre les deux violons,
et à écrire de grandes marches de basse sous des tenues ou des *trémolos*
des violons. Et comme, d'autre part, il ne dédouble pas encore la partie
d'alto, ainsi qu'il va le faire constamment pendant un an, depuis la
date de sa comédie latine, et comme il se croit encore tenu de varier
beaucoup ses reprises après les deux barres, tandis que, dès la date de
cette comédie, il va donner aux secondes parties de ses morceaux le
même nombre de mesures qu'aux premières, tout cela, joint à l'emploi
du mot français *marche* et à une impression générale de gaucherie enfantine, nous porte à supposer que la *cassation* est antérieure à *Apollo et
Hyacinthus*, comme à la sérénade et à la symphonie de cette période qui
nous restent à étudier.

La *marche*, courte et toute remplie d'une même idée, est cependant,
peut-être, le morceau le plus travaillé et le plus réussi de la *cassation*.
Les hautbois y jouent un rôle très important et les imitations des violons nous montrent l'enfant au plus fort de ses études de contrepoint.
Pas de rentrée du premier motif dans le ton principal : mais, en vérité,
Mozart va garder l'habitude de n'en point faire dans ses *marches*.
Le premier *allegro* est un véritable morceau de symphonie, d'ailleurs
assez insignifiant, et encore tout conforme aux procédés de Londres,
avec une longue ritournelle et des répétitions incessantes des phrases.
Inutile d'ajouter que le premier sujet n'est repris qu'à la dominante,
après les deux barres. L'*andante*, en *mi bémol*, écrit pour le quatuor seul,
est un chant du premier violon, avec un accompagnement continu du
second violon et de l'alto, encore que Mozart, même dans ce très court
morceau, sépare nettement le chant en deux sujets distincts. Aucune
rentrée, naturellement : et cependant une reprise du premier sujet semblerait bien indiquée dans une petite *ariette* comme celle-là. Mais l'enfant apporte, sur cette question des *rentrées*, une obstination vraiment
incroyable : depuis le jour où, à Londres, les Italiens et Chrétien Bach
lui ont enseigné la possibilité de cette coupe *binaire*, il s'est voué à elle
tout entier, et refuse de faire une seule exception à la règle qu'il s'est
spontanément imposée.
Le premier menuet, comme la marche du début, est traité, ainsi que
son *trio* lui-même, en contrepoint, ou plutôt en une petite série d'entrées
en imitations, encore bien simples, mais déjà d'un effet très accentué. A
noter également que, ici, Mozart cède déjà à l'influence du style salzbourgeois en reprenant, dans la seconde partie des menuets, le premier
sujet sous sa forme originale, ce qu'il avait cessé de faire, une fois de
plus, depuis environ la dixième page de son cahier de Londres n° 23.
Le second *andante* est en *sol mineur*, beaucoup plus travaillé que le
premier, et nous révèle déjà la manière spéciale dont Mozart, jusqu'au

bout de sa vie, comprendra la portée expressive de ce ton. Ici, les hautbois interviennent, mais sans grande efficacité ; et toujours deux sujets distincts, et toujours aucune trace de rentrée du premier sujet dans le ton principal. Les efforts de contrepoint reparaissent dans le *trio* du second menuet : là, le dialogue est surtout entre les deux violons ; et la fin du *trio* nous présente même un travail canonique poussé un peu plus à fond. Quant à la coupe, Mozart reprend son premier sujet, ici encore, aussi bien dans le menuet que dans le *trio*.

Enfin, pour le finale, traité en morceau de sonate (toujours sans *développement* ni rentrée régulière), Mozart s'est souvenu d'un procédé naïvement imaginé autrefois par son père dans l'une des trois sonates de clavecin des *Œuvres Mélées*, pour marquer la distinction, alors toute nouvelle, des deux sujets d'un morceau. Comme son père, il a donné à ses deux sujets des mouvements différents : *allegro*, pour le premier, *andante* avec un rythme de sicilienne, pour le second : après quoi il a ramené son premier sujet à la dominante et a repris la *sicilienne* dans le ton principal. Rien à dire d'ailleurs de ce petit morceau, si ce n'est que sous son évidente improvisation, nous retrouvons sans cesse le reflet des études de contrepoint de l'enfant.

55. — *Salzbourg, été de* 1767.

Sérénade en ré, pour deux violons, deux altos, basse, deux hautbois (ou deux flûtes), deux cors et deux trompettes.

K. 100.

Ms. aut. à Berlin.

Allegro. — Menuet et trio (en sol). — Andante (en la). — Menuet et trio (en ré mineur). — Finale : allegro.

La *sérénade* était un genre musical déjà plus voisin de la symphonie que la *cassation*, ayant des règles fixes, et devant toujours comporter un même nombre de morceaux disposés dans le même ordre : mais l'usage était d'intercaler, entre le premier et le second morceau de cette sorte de symphonie, deux ou trois morceaux absolument différents, et pouvant être dans des tons tout autres, morceaux qui formaient, réunis, un *concerto* pour un ou plusieurs instruments. De telle façon que toujours, dans notre analyse des sérénades de Mozart, nous aurons à séparer, de la *sérénade* elle-même, ce *concerto* qui, tout en s'y intercalant, lui est absolument étranger.

L'usage primitif de la sérénade, comme ce nom l'indique, était d'être jouée le soir, en plein air ; et l'on continuait encore à pratiquer cet

usage, dans les villes allemandes, ce qui explique que la plupart des
sérénades de Mozart aient été composées pendant l'été. Mais on avait fini
par distinguer deux catégories de sérenades : les unes vraiment destinées à être jouées dans la rue, ou devant les cafés, et qui, écrites surtout pour des instruments à vent, ne consistaient guère qu'en des suites
de danses ; et puis il y avait les grandes sérénades symphoniques, qui
n'étaient jouées que dans des circonstances exceptionnelles, durant les
fêtes d'une noce riche, ou encore, à Salzbourg, durant les fêtes du
commencement d'août qui correspondaient à des distributions de prix
de l'Université. C'est ainsi que, dans le *Protocole* de l'Université de
Salzbourg, nous pouvons lire, à la date du 6 août 1769 : *Ad Noctem,*
musica ab adolescentulo lectissimo Wolfg. Mozart composita ; et un ami de
Mozart, le fils de Hagenauer, écrivait à cette même date dans son journal : *Hodie fuit musica finalis Doctorum Logicorum, composita a Wolfgango*
Mozart, juvene, ce qui a même fait penser que c'était précisément de la
sérénade n° 55 qu'il s'agissait là : mais il suffit de jeter un coup d'œil
sur la partition de cette sérénade pour comprendre qu'elle n'a pas pu
être composée à une autre date qu'en 1767. Non seulement les morceaux n'y ont point de *rentrées* dans le ton principal, mais on y retrouve
une foule de particularités qui se montrent à nous dans les œuvres
datées de la seconde moitié de 1767. Et quant à la « musique » exécutée
le 6 août 1769, ou bien cette musique était une *cassation* en *sol*, n° 72,
que nous possédons, et qui doit dater en effet de ce temps, ou bien elle
était un arrangement de la sérénade présente, dont nous allons voir
que Mozart a, en effet, revu et remanié, après coup, la partition ; ou
bien encore cette « musique » se sera perdue, comme d'autres œuvres
de ce genre, dont Mozart lui-même nous parle, dans ses lettres.

Revenons aux règles et traditions du genre de la grande sérénade
symphonique. Pour ce qui est du nombre des morceaux, ce genre ne se
distinguait de la symphonie que par l'addition d'un second menuet ; et
pour ce qui est de ses caractères généraux, il ne s'en distinguait, du
moins chez Mozart, que par un rôle plus actif prêté aux instruments à
vent, ainsi qu'il convenait pour des morceaux destinés à être joués en
plein air. L'usage était également de faire précéder et suivre les sérénades d'une marche, comme les *cassations ;* et nous avons dit déjà qu'on
avait coutume d'y intercaler un concerto. Mais, au total, les grandes
sérénades de Mozart vont être, presque toujours, de véritables symphonies ; et lui-même, d'ailleurs, a fait paraître chez Breitkopf des parties manuscrites de la sérénade n° 55 (naturellement dépouillée de son
concerto) sous le titre de *Sinfonia.*

L'autographe de cette sérénade, à la Bibliothèque de Berlin, ne porte
aucune inscription. Il nous révèle seulement que Mozart, après coup,
a ajouté un nouvel épisode (le deuxième, en variation du sujet principal) à son *rondo* final ; et qu'il s'est servi, pour y écrire cette addition,
d'une feuille de papier sur laquelle, d'abord, il avait eu l'idée d'écrire
la *marche* initiale de la sérénade. Et le mot français « marche » écrit là
par Mozart, comme en tête de la marche de la *cassation* n° 54, vient
encore nous prouver que la sérénade a dû être composée lorsque l'enfant restait tout imprégné de ses souvenirs français.

D'ailleurs, ainsi que nous l'avons dit, tout l'ensemble de la sérénade

la rattache à l'année 1767, et notamment à la seconde période de cette
année, inaugurée par l'ouverture d'*Apollo et Hyacinthus*. Absence de
rentrées du premier sujet dans le ton principal (sauf pour le petit
andante, où cette rentrée est une sorte de *da capo*), répétition constante
des phrases, marches de basse, et jusqu'à certaines cadences rapportées de Paris et rencontrées souvent dans les premières sonates, tout
cela sont autant de souvenirs qui demeurent encore du grand voyage
des années précédentes. Mais à ces procédés de naguère s'en ajoutent
d'autres que nous avons notés déjà dans l'ouverture de la comédie
latine, et qui proviennent des influences allemandes subies depuis le
retour. Ainsi, de même que dans l'ouverture de la comédie, la reprise
de la première partie, après les deux barres, n'a pas une mesure de
plus que cette partie elle-même ; ainsi les sujets sont déjà moins nettement séparés, ou, en tout cas, plus nombreux ; ainsi l'enfant dédouble
expressément les parties des altos, comme il va le faire, désormais,
pendant plus d'un an. Pareillement encore l'enfant, tout en continuant
à ne pas faire « rentrer » son premier sujet dans les autres morceaux,
le reprend déjà dans quelques-uns des menuets, suivant l'habitude
autrichienne, et même, — comme nous le verrons tout à l'heure, — en
se permettant déjà de le varier et de l'allonger. Enfin, il y a dans
toute la sérénade une allure à la fois chantante et familière qui fait
songer irrésistiblement à l'œuvre de Michel Haydn ; et jamais encore
l'influence de ce maître n'a été aussi sensible sur le petit Mozart. Avec
cela, une musique évidemment soignée, mais où nous ne rencontrons
plus, au même degré que dans la *cassation* n° 54, le reflet des études
de contrepoint de l'enfant. Les morceaux sont plus brillants que
savants, avec un caractère assez homophone ; et les instruments à
vent (sauf dans le solo de flûte qu'est l'*andante*), tout en travaillant
beaucoup, ne font guère que doubler le quatuor des cordes.

Dans le premier morceau, le trait le plus curieux à noter est l'intervention d'un point d'orgue, avant la longue ritournelle. C'est la première fois que nous apparaît, chez Mozart, ce procédé familier aux
deux Haydn, mais surtout à Joseph, ce qui pourrait faire supposer que
l'enfant, dès Salzbourg, a fait connaissance avec l'œuvre symphonique
d'un maître que nous allons voir agissant fortement sur lui pendant
son prochain séjour à Vienne. Le premier menuet, lui aussi, semblerait
bien attester l'influence de Joseph Haydn : car, chose curieuse, la première partie du menuet, quand elle est reprise après les deux barres,
se trouve sensiblement allongée, et des exemples analogues se rencontrent dans les œuvres de jeunesse de Joseph Haydn. Le *trio* de ce
menuet n'est écrit que pour le quatuor, mais avec un dédoublement
très important de la partie des altos.
L'*andante*, comme nous l'avons dit, contient un solo de flûte, accompagné par le quatuor : ce solo constitue le second sujet de ce petit
andante, dont le premier sujet est une sorte de romance, encore toute
française, pour le premier violon. C'est dans cet *andante* que se rencontre l'unique exemple d'une rentrée du premier sujet dans le ton
principal que nous fasse voir toute l'œuvre instrumentale de Mozart
entre 1765 et 1768 ; et encore cette rentrée, comme nous l'avons dit,

était-elle vraiment exigée par le caractère du morceau, celui-ci étant
une façon d'ariette avec un *da capo*.

Rien à dire du second menuet, si ce n'est que son *trio* en *ré mineur*,
pour les cordes seules, est peut-être le morceau le plus « mozartien »
de toute la sérénade, avec une étrangeté d'expression grave et un peu
sombre qui volontiers, désormais, sera inspirée à Mozart par le ton de
ré mineur.

Enfin le dernier *allegro* nous révèle Mozart s'abandonnant de plus en
plus aux influences allemandes. Non seulement il est plus étendu, et
d'une allure plus familière, que tout le reste de sa musique de ces
années de son enfance, mais Mozart y reprend la vieille forme allemande du *rondo* à nombreux épisodes, qu'il avait presque toujours
sacrifiée, précédemment, à la forme du double *rondeau* telle que la lui
avait enseignée Chrétien Bach. Au lieu de diviser son morceau en un
majeur et un mineur de dimensions à peu près égales, Mozart, comme
il avait fait dans le finale d'une de ses plus belles sonates de Londres,
intercale, entre chacune des reprises du sujet principal, des épisodes
nouveaux, dont deux sur quatre, ici, sont mineurs, et dont l'un, comme
nous l'avons dit, le plus soigné de tous, a été composé après coup par
l'enfant. Avec la sonate de Londres dont nous venons de parler, ce
finale de la sérénade nous offre un spécimen d'un type de *rondo* que
nous allons voir se développer et s'épanouir, dans l'œuvre instrumentale de Mozart, jusqu'au jour où, en 1775, son séjour à Munich le ramènera, une fois de plus, à son ancien système du double *rondeau*.

56. — *Salzbourg, été de* 1767.

Concerto en ré, pour violon, hautbois solo, et cors, avec accompagnement de deux violons, deux altos et basse, intercalé dans
la sérénade précédente.

K. 100.

Ms. à Berlin.

Andante. — *Menuet et trio en sol.* — *Allegro.*

Nous avons expliqué, à propos de la sérénade nº 55, comment l'usage
était d'intercaler, entre le premier et le second morceau d'une sérénade, un concerto pour un ou plusieurs instruments. Plus tard, Mozart
réservera d'habitude ce concerto pour un seul instrument et l'écrira
dans des tons sans aucun rapport avec celui de la sérénade. Ici, l'enfant emploie encore le même ton pour le concerto et la sérénade ; et il
s'en tient encore absolument, pour l'exécution de son concerto, au
vieux type du concerto d'orchestre, avec opposition de *tutti* et de *soli*

instrumentaux. Notons que, ni dans l'*andante*, ni dans le finale, — contrairement même aux usages du concerto, — le tenace Mozart ne ramène son premier sujet dans le ton principal.

Dans le premier *andante*, comme dans le finale, suivant le système de la fin de 1767, la reprise de la première partie, à la dominante, après les deux barres, a le même nombre de mesures que cette partie elle-même. Dans l'*andante*, les sujets continuent à être distincts, mais déjà il y en a quatre au lieu de deux, les uns dialogués entre les vents et le violon, d'autres traités en *soli* du hautbois ou du cor : tout cela aboutissant à la cadence traditionnelle, avant la ritournelle finale.

Dans le menuet, les violons concertent seuls, accompagnés par les altos et la basse ; dans le *trio* le dialogue reprend entre eux et le hautbois.

Quant au finale, traité en morceau de sonate, il est plus conforme encore que l'*andante* au type du vieux *concerto grosso* : le sujet est exposé d'abord par les cordes, puis repris en imitations par le hautbois et le cor, tandis que les cordes ne font plus qu'accompagner. Tout ce finale est, du reste, évidemment très travaillé, avec un emploi du contrepoint qui, en vérité, semble se rattacher moins aux études propres de Mozart qu'à l'imitation de quelque modèle ancien d'Eberlin ou d'Adlgasser, encore habitués au genre du *concerto grosso*.

57. — *Vienne et Olmütz, entre octobre et le 15 décembre* **1767.**

Symphonie en fa, pour deux violons, deux altos, violoncelle et basse, deux hautbois (ou deux flûtes) et deux cors.

K. 43.

Ms. à Berlin.

Allegro. — Andante (en ut). — Menuet et trio (en si bémol). — Allegro.

L'autographe de cette symphonie portait d'abord l'inscription : « A Olmütz » de la main de Léopold Mozart ; mais celui-ci a ensuite effacé cette inscription pour y substituer celle-ci : *Di Wolfgango Mozart, à Vienne ;* et au-dessous de ces deux inscriptions, dont l'une est à présent barrée, se lit le chiffre « 1767 », sans que l'on puisse savoir s'il faisait partie de la première inscription, ou s'il n'a été écrit qu'au moment de la seconde. Et ainsi deux hypothèses sont possibles, sur la date exacte de la symphonie. Ou bien Mozart l'a commencée à Vienne, où il est arrivé vers le 20 septembre et a demeuré jusqu'au 20 octobre 1767, et l'a terminée à Olmütz, où une grave maladie l'a contraint de rester jusque vers le 20 décembre ; ou bien inversement, si la date donnée provenait de la première inscription, Mozart aurait commencé sa sym-

phonie à Olmütz, et l'aurait terminée à Vienne, où il est revenu vers le
10 janvier, après une quinzaine de jours passée encore à Brünn.

Quoi qu'il en soit, cette symphonie a pour nous l'extrême intérêt de
marquer la transition entre la première manière symphonique de Mozart,
telle que nous l'avons vue se poursuivre depuis le séjour à Londres en
1765, et sa seconde manière, toute viennoise, telle que nous allons la
voir durant les années 1768 et 1769. Pour la dernière fois, ici, l'enfant
reste encore fidèle à la coupe italienne, sans *développement* ni rentrée
du premier sujet dans le ton principal ; et sa symphonie nous fait voir
encore les mêmes marches de basse, la même division des sujets, la
même façon de garder un nombre égal de mesures dans la première et
la seconde partie des morceaux, qui sont les traits distinctifs de ses
œuvres de la seconde moitié de 1767. Mais déjà beaucoup plus vivement
que dans la sérénade n° 55, nous sentons que l'enfant est imprégné
d'une atmosphère musicale toute allemande : sans cesse ses idées
s'étendent et se multiplient, avec une allure à la fois vive et abandonnée
pareille à celle que nous retrouvons dans les symphonies de Joseph
Haydn. A noter encore la persistance du dédoublement des altos, et
l'habitude de spécifier, au début de la dernière ligne de la partition, les
mots : *violoncello e basso*.

Le premier *allegro* est fait de trois sujets bien distincts, dont le premier a encore le caractère rythmique des symphonies de Chrétien Bach,
tandis que les deux autres, plus courts, font songer à Haydn, avec leurs
imitations des deux violons ; après quoi vient une longue ritournelle,
ayant tout à fait l'allure d'une cadence d'air. La seconde partie du
morceau, après les deux barres, répète presque textuellement la première, avec un nombre égal de mesures.

Pour l'*andante*, Mozart s'est borné à transporter au premier violon le
duo de son *Apollo et Hyacinthus* (n° VIII), avec un accompagnement continu des deux altos. Il y a remplacé aussi les hautbois par deux flûtes,
dont le rôle est d'ailleurs assez insignifiant, comme l'est celui des
instruments à vent dans tous les morceaux de la symphonie.

Quant au menuet, sa partie la plus intéressante est le *trio*, où Mozart
s'amuse à employer le procédé viennois de la *fausse rentrée*, et qui
d'ailleurs, tout entier, avec son rythme très net, ne ressemble plus le
moins du monde aux menuets chantants des œuvres du grand voyage.

Le final, traité en morceau de sonate, présente, lui aussi, une abondance remarquable de sujets ; et toujours l'enfant s'obstine à ne pas
reprendre son premier sujet dans le ton principal. C'est la dernière
fois, au moins pour deux ans, que nous rencontrons chez lui ce système,
dont l'influence viennoise va le détacher complètement dès le début
de 1768.

58. — *Vienne ou Olmütz, entre octobre* 1767 *et janvier* 1768.

Duo en fa, pour deux soprani sans accompagnement.

K. Anh. 24^a.

Ms. chez M. Malherbe à Paris.

Ach, was mussen wir er-fah-ren? Wie!Jo-se-pha lebt nicht mehr

Sur l'autographe de ce petit duo, la sœur de Mozart, en 1825, a écrit :
« Autographe de W.-A. Mozart à l'âge de sept ans. » Mais, d'abord, nous
pouvons être sûrs que Mozart n'a pu écrire ce duo allemand en 1763,
avant ses premières sonates, ni non plus pendant les années suivantes,
vécues par lui à Paris, à Londres, et à La Haye. Aussi bien savons-nous
que la sœur, dès le lendemain de la mort de Mozart, — et bien plus probablement encore un quart de siècle après, — s'est presque constamment
trompée dans ses affirmations sur la date des œuvres de son frère.
L'hypothèse la plus admissible serait que le petit garçon eût écrit ce
duo après son retour en Allemagne, et même plutôt en 1768 qu'en 1767,
étant donnée la grande ressemblance musicale du duo avec les deux
petits *lieds* allemands nos 64 et 65, que Mozart a écrits durant son séjour
à Vienne de 1768. A quoi nous sommes encore en état d'ajouter un
second argument, d'ordre tout historique. Le texte du duo nous offre
les paroles suivantes : « Ah ! que devons-nous apprendre ? Comment ?
Josepha a cessé de vivre ? La voici qui s'est donnée en victime à la
mort, pendant ses plus belles années ; et ni l'éclat de sa jeunesse joyeuse,
ni la profonde vertu à qui elle était toute dévouée, n'ont pu la protéger
du froid accueil ! » C'est donc ici une sorte de complainte sur la mort
d'une certaine jeune fille appelée Josepha ; et l'on pourrait croire, tout
d'abord, qu'il s'agit de l'une des petites amies salzbourgeoises de Mozart
et de sa sœur. Mais les lettres de Léopold Mozart et tous les documents
contemporains nous apprennent que, le 15 octobre 1767, est morte à
Vienne l'une des filles de l'impératrice Marie-Thérèse, une jeune princesse qui s'appelait précisément Josepha, et qui a succombé à la même
contagion de petite vérole dont Wolfgang, à son tour, devait bientôt
éprouver l'atteinte. De telle façon que, sans l'ombre d'un doute, nous
pouvons être assurés que les paroles de la complainte se rapportent à
cette mort de la jeune archiduchesse ; et, par là, nous connaissons à la
fois la date approximative et l'objet probable de ce début de Mozart
dans le genre du *lied*. Aussitôt que les voyageurs salzbourgeois, arrivés
à Vienne depuis quelques jours, ont appris la désastreuse nouvelle de
cette mort, qui allait signifier pour eux le renversement de toutes leurs
espérances d'auditions à la Cour impériale, l'ingénieux Léopold Mozart
aura eu l'idée de profiter, tout au moins, de la catastrophe pour faire
valoir sous un aspect nouveau le talent de son fils ; un ami quelconque.

sur sa demande, — ou peut-être simplement lui-même, — aura confec-
tionné les pauvres vers de la complainte, et l'enfant aura été chargé
de les mettre en musique, afin de pouvoir les chanter, avec sa sœur,
devant la famille impériale ; et puis la crainte de la contagion a obligé
les Mozart à s'enfuir de Vienne, et la maladie que l'on craignait pour les
enfants les a rejoints à Olmütz, et, sans doute, lorsque enfin ils ont pu
rentrer à Vienne, en janvier 1768, la mort de la princesse Josepha leur
aura paru trop lointaine pour qu'ils pussent songer à faire entendre
leur complainte funèbre.

Que si, après cela, nous examinons le contenu musical du petit
morceau, nous verrons que son élaboration est encore d'une simplicité
extrême : les deux voix ne cessent, pour ainsi dire, pas de chanter
ensemble à la tierce, sans l'ombre d'un dialogue ni de la moindre
réponse en imitation. Seule, la ligne mélodique du chant est déjà d'une
douceur et d'une pureté singulières, tout à fait pareilles à celles que
nous feront voir les deux petits *lieds* viennois de 1768.

DIXIÈME PÉRIODE

VIENNE

(JANVIER-DÉCEMBRE 1768)

Les Mozart s'étaient mis en route pour Vienne dès le 11 septembre 1767, et y étaient arrivés quelques jours après : mais ils avaient trouvé toute la ville, comme aussi la Cour, infestées d'une très violente contagion de petite vérole, ce qui rendait leur présence à peu près inutile, personne n'ayant le loisir de s'occuper d'eux. Aussi ne tardèrent-ils point à fuir la maladie en se réfugiant à Olmütz, où les avait invités le comte Podstatski, éminent prélat de l'endroit ; et à peine y étaient-ils arrivés que, tour à tour. Marianne et Wolfgang furent atteints de petite vérole. Ils ne purent quitter Olmütz que vers la Noël, s'arrêtèrent encore quelque temps à Brünn, et rentrèrent à Vienne vers le 10 janvier 1768. Ils y demeurèrent jusqu'à la fin de l'année (entre le 15 et le 30 décembre), et s'en retournèrent à Salzbourg complètement déçus dans leur double espérance, car ils avaient pensé non seulement gagner beaucoup d'argent à Vienne, mais encore y trouver une occupation fixe et lucrative pour le fils, comme aussi pour le père.

Et cependant cette année passée à Vienne, infructueuse au point de vue matériel, allait être d'une importance énorme pour la formation musicale du petit Mozart, — d'une importance qui ne peut être comparée qu'à celle du séjour à Londres en 1765.

Suivant notre habitude, nous allons extraire d'abord, des lettres de Léopold Mozart publiées par Nissen, tous les passages pouvant avoir quelque intérêt pour l'histoire de la vie artistique de Mozart :

Lettre de Vienne, 22 septembre 1767. L'enfant a joué de l'orgue au couvent de Mœlk.

Lettre de Vienne le 22 septembre. Les Mozart ont entendu un opéra de Hasse (*Partenope*). « L'opéra est beau, mais le personnel des chanteurs n'a rien de remarquable. Le ténor est Tibaldi ; le meilleur castrat est Rauzzini de Munich, et la *prima donna* est la signora Teiber, fille d'un violoniste de la Cour de Vienne. Mais les danses sont excellentes ; le principal danseur est le fameux Vestris. »

De Vienne, le 14 octobre : « Nous n'avons encore joué nulle part, faute d'avoir pu, d'abord, jouer à la Cour. »

De Vienne, le 23 janvier 1768 : « Le 19 dernier, nous sommes restés chez l'impératrice depuis trois heures jusqu'à cinq heures et demie. L'empereur (Joseph II) est venu au-devant de nous dans l'anti-chambre et nous a introduits lui-même. Il y avait là le prince Albert et toutes les archiduchesses, mais aucune personne étrangère. L'im-pératrice a été très aimable... et l'empereur a causé de musique avec moi et avec Wolfgang. »

De Vienne, le 30 janvier. Léopold écrit que l'argent lui manque, mais que du moins la santé est revenue, et que les enfants, grâce à Dieu, « loin d'avoir rien oublié, ont encore fait de très grands pro-grès ». Puis il se plaint de la frivolité des Viennois, qui n'ont aucun goût pour les choses sérieuses, et n'aiment que « la danse, les sor-celleries, les farces, etc. ». A la Cour, l'impératrice n'a plus de musique ; et elle ne va plus ni à l'Opéra ni à la Comédie. « Elle nous a, en vérité, recommandés à l'empereur : mais ce prince a horreur, à un degré extraordinaire, de tout ce qui pourrait entraîner des dépenses. » La séance à la Cour n'a donc servi de rien, l'impératrice s'étant confiée à Joseph II du soin de protéger les Mozart, et celui-ci « ayant aussitôt inscrit cela dans le livre de l'oubli, et croyant nous avoir assez payé par l'honneur qu'il nous a fait de causer avec nous ».

Quant à la noblesse viennoise, jusqu'au carême elle ne songe qu'à danser. Cependant les Mozart ont pour protecteurs les plus grands personnages de cette noblesse. D'autre part, Léopold a appris « que tous les clavecinistes et compositeurs de Vienne s'opposent, par tous les moyens, à la réussite de leur entreprise, à l'exception du seul Wagenseil, mais qui est malade et ne peut rien faire pour eux ». Invariablement « la grande maxime de ces gens a été d'éviter toute occasion de nous rencontrer, et de reconnaître le savoir de Wolfgang », et cela afin de pouvoir dire, si on les questionne, que tout l'art de l'enfant n'est « que coup monté et arlequinade », et « que ce serait ridicule de croire que Wolfgang compose lui-même les morceaux qu'il joue ». Après quoi Léopold raconte « qu'il a pris sur le fait l'un de ces individus ». « Cet homme a apporté un concerto très difficile, de sa composition, que Wolfgang a déchiffré comme s'il le savait par cœur », et ce « fameux compositeur et claveciniste » a été obligé de s'écrier qu' « un tel enfant est le plus grand homme qui existe au monde ».

Aussi, pour convaincre le public viennois de ce qui en est véritable-ment, au sujet du talent de composition de Wolfgang, j'ai pris la réso-lution de tenter une chose tout à fait extraordinaire : j'ai décidé que

Wolfgang allait écrire un opéra pour le théâtre. Et savez-vous ce qu'ont dit aussitôt tous les compositeurs ? Le voici : « Comment ? aujourd'hui c'est un Gluck qui est assis au clavecin pour diriger son opéra et demain, à sa place, ce sera un gamin de douze ans ? » Eh ! bien, oui, cela sera, en dépit de tous les envieux. Et j'ai même réussi à mettre Gluck de notre côté ; de telle façon, tout au moins, que, s'il n'est pas de tout son cœur avec nous, il ait en tout cas clairement la notion que nos protecteurs sont aussi les siens, et ainsi qu'il n'ose point montrer au dehors son hostilité. Et puis, pour m'assurer l'appui des acteurs, qui généralement causent le plus d'embarras aux compositeurs, j'ai entamé l'affaire avec eux, moi-même, et l'un d'eux m'a donné tous les encouragements. Cependant, pour dire la vérité, c'est l'empereur qui m'a d'abord suggéré l'idée de faire écrire un opéra à Wolfgang. Ce prince, deux fois, a demandé à mon fils s'il ne voudrait pas écrire un opéra, et le diriger lui-même. Le petit s'est empressé de répondre : oui ; mais l'empereur ne pouvait rien dire de plus, car les opéras appartiennent à Affligio...

Naturellement, il ne s'agit point d'un *opéra seria*, car on n'en donne plus ici, et personne ne les aime plus. Ce sera donc un *opéra buffa*, mais non pas un petit : une œuvre qui durera entre trois heures et demie et quatre heures. Pour l'opéra sérieux, il n'y a pas ici de chanteurs. Même la sombre tragédie de Gluck, *Alceste*, a été interprétée par des chanteurs d'opéra bouffe. Et Gluck lui-même, à présent, est en train d'écrire un opéra bouffe. Pour ce genre de pièces, on trouve aujourd'hui à Vienne des chanteurs excellents : les signori Caribaldi, Carattoli, Poggi, Laschi, Pollini, et les signoras Bernasconi, Eberhardi, et Baglioni. Qu'en dites-vous ? Est-ce que la gloire d'avoir écrit un opéra pour le théâtre viennois n'est pas le meilleur moyen, pour Wolfgang, d'acquérir du crédit non seulement en Allemagne, mais aussi en Italie ?

Lettre de Vienne, le 30 mars 1768. La semaine précédente, les Mozart ont eu une grande séance chez l'ambassadeur de Russie. « L'opéra, lui aussi, va très bien ; mais peut-être ne sera-t-il représenté qu'après que l'empereur sera revenu de Hongrie. »

De Vienne, le 11 mai, Léopold Mozart parle déjà du projet d'un prochain voyage en Italie, « voyage qui, quand on pèse toutes les circonstances, ne peut plus être longtemps ajourné ». Faute de quoi il craint que « Wolfgang, s'il reste à Salzbourg, n'atteigne l'âge et la taille où ses talents ne causeront plus d'émerveillement. »

De Vienne, le 27 juin : « J'aurais à vous raconter un lourd amas de toute sorte de mauvais tours et de méchantes persécutions que nous sommes sans cesse exposés à subir ».

De Vienne, le 30 juillet. Léopold explique qu'il prolonge son séjour à Vienne uniquement à cause de l'opéra de son fils, car celui-ci, en honneur, est tenu maintenant d'en venir à bout. « Et cependant, si j'avais su tout ce que je sais maintenant et si j'avais pu prévoir tout ce qui s'est passé, Wolfgang n'aurait pas écrit une note de cet opéra, et se trouverait aujourd'hui depuis longtemps à Salzbourg. Le théâtre est loué, ou plutôt abandonné à un certain Affligio à qui la Cour ni personne n'ont un mot à dire, car c'est lui qui a pris à son compte tous les risques ; et le fait est qu'il court à présent le risque d'une ruine complète. »

Puis Léopold arrive à l'opéra de Mozart.

Celui-ci devait être fait d'abord pour Pâques ; mais le poète, en pre- reiieu lma , empêché cela, en ajournant indéfiniment des modifications qui étaient indispensables un peu partout : de telle sorte que, vers Pâques, nous n'avions encore pu obtenir de lui que deux des airs qu'il avait à changer. Ainsi l'opéra a été remis à la Pentecôte, puis au retour de l'empereur. Mais ici les masques sont tombés des visages, car, dans l'intervalle, tous les compositeurs, et Gluck au premier rang parmi eux, ont tout fait pour s'opposer au succès de cet opéra. Les chanteurs et l'orchestre ont été montés contre nous. Les chanteurs qui savent à peine leurs notes, et qui donc sont forcés de n'apprendre leurs airs qu'en les entendant, ont été excités à dire qu'ils ne pouvaient point chanter les airs écrits pour eux ; et cela tandis que, la veille encore, chez nous, ils avaient tout applaudi et trouvé tout à leur convenance. Aux musiciens de l'orchestre, on a persuadé de dire qu'ils n'aimeraient pas à se voir dirigés par un gamin, etc. Cependant les uns déclaraient que la musique ne valait pas le diable ; d'autres qu'elle ne répondait pas aux paroles et détruisait la prosodie, attendu que Wolfgang ne connaissait pas assez la langue italienne. A peine ai-je appris ces bruits que je suis allé affirmer, dans les endroits les plus en vue, l'admiration du vénérable musicien Hasse et du grand Métastase pour cet opéra, dont tous deux déclarent à qui veut les entendre que, sur trente opéras exécutés à Vienne, il n'y en a pas un qui arrive à la cheville de l'opéra de notre enfant. Alors on a insinué que ce n'était point l'enfant, mais le père, qui avait fait l'opéra. Mais, ici encore, j'ai réduit les calomniateurs au silence. Devant de nombreux témoins, et notamment le maître de chapelle Bono, Métastase, Hasse, le duc de Bragance et le prince de Kaunitz, j'ai ouvert un volume des œuvres de Métastase, j'ai pris le pre- mier air qui m'est tombé sous la main et je l'ai donné à Wolfgang qui, saisissant la plume, a aussitôt improvisé la musique de cet air, avec un accompagnement instrumental très fourni.

Cent fois j'ai voulu faire mes malles et m'enfuir d'ici. Et, s'il s'était agi d'un *opera seria*, sûrement nous serions partis tout de suite pour déposer l'œuvre de Wolfgang aux pieds de notre évêque de Salzbourg : mais, comme il s'agit d'un *opera buffa*, et qui réclame des caractères particuliers de *persone buffe*, force nous est de sauver ici notre honneur quoi qu'il doive nous en coûter...

De Vienne, le 6 août : « Je serais depuis longtemps fatigué des contrariétés qui nous retiennent ici si je ne savais point par expé- rience que, souvent, mainte chose finit par prendre une toute autre tournure qu'on ne pouvait d'abord s'y attendre. »

De Vienne le 14 septembre : « Pour ce qui est de l'opéra de Wolf- gang, je puis seulement vous dire en deux mots que tout l'enfer des musiciens d'ici s'est soulevé pour empêcher que l'on puisse constater

la science et le talent d'un enfant. Impossible, pour moi, de presser
la représentation, car on a comploté de rendre cette représentation
pitoyable, si elle devait avoir lieu, et de ruiner la pièce. »

De Vienne, le 24 septembre : « Le 21 de ce mois, j'ai eu une
audience de l'empereur, et je lui ai exposé mes griefs contre l'impresario du théâtre. Déjà le comte Sporck a été chargé d'une enquête,
et Affligio va être forcé de s'expliquer. »

Sous le titre de *Species facti*, Léopold Mozart a rédigé par écrit
les « griefs » qu'il allait exposer à l'empereur. De ce long réquisi-
toire, nous devons extraire au moins les passages suivants :

... Dès notre arrivée à Vienne, l'ambassadeur de Hollande, comte
de Degenfeld. qui avait déjà connu mon fils à La Haye, proposa au
directeur Affligio de lui commander un opéra, proposition qui lui fut
répétée ensuite par le chanteur Carattoli. La commande a été décidée
chez le médecin Laugier, en présence du jeune baron van Swieten et
des deux chanteurs Carattoli et Caribaldi, qui ont fait remarquer qu'une
musique, même médiocre, d'un si jeune garçon, attirerait toute la ville
au théâtre, ne serait-ce que pour voir cet enfant diriger son œuvre au
clavecin. Après quoi j'ai laissé mon fils se mettre au travail.

Aussitôt que le premier acte a été fini, j'ai demandé à Carattoli de
venir l'entendre. Il est venu, et son émerveillement a été si grand que,
dès le lendemain, je l'ai vu reparaître chez moi amenant avec lui son
collègue Caribaldi. Celui-ci, non moins émerveillé, m'a amené, à son
tour, l'acteur Poggi, quelques jours après. Tous ont montré un enthousiasme extrême. Et comme je leur demandais s'ils étaient d'avis que
mon fils continuât son travail, ils se sont fâchés de mon peu de confiance
et plusieurs fois se sont écriés: *Questo e un portento ! Questa opera andra
alle stelle ! E una meraviglia ! Non dubiti che scrivi avanti !*

Encouragé par ce succès auprès des chanteurs, j'ai engagé mon fils à
continuer son travail... Mais certains changements que le poète avait à
faire dans le texte ont interrompu le progrès de la composition ; et Affligio a déclaré qu'il ferait exécuter l'opéra au retour de Sa Majesté.

A ce moment, l'opéra était déjà achevé depuis plusieurs semaines.
Déjà le premier acte, puis le second avaient été distribués aux chanteurs ; et mon fils, durant ce temps, avait chanté et joué au clavecin,
dans diverses maisons nobles, plusieurs des airs, et même tout le finale
du premier acte, toutes choses qui avaient été unanimement admirées.

Maintenant devaient commencer les répétitions : mais c'est alors aussi
qu'ont commencé les persécutions contre mon fils.

Il est bien rare qu'un opéra apparaisse tout parfait dès la première
répétition, sans que l'on ait à y faire des changements çà et là. Aussi
a-t-on coutume de répéter d'abord au clavecin, et de ne répéter avec
tout l'orchestre que lorsque les chanteurs ont bien étudié leurs parties,
notamment pour les finales. Mais ici, c'est le contraire qui est arrivé.
On s'est tout de suite mis à répéter avec tout l'orchestre, sans que rien
fût étudié d'avance. et cela afin de donner à l'œuvre une apparence
pauvre et embarrassée.

Après cette répétition, Affligio m'a dit que l'ensemble allait bien. mais

que quelques-uns des airs étaient trop hauts et auraient à être modifiés ;
il m'a conseillé de m'entendre avec les chanteurs, et m'a promis de
monter l'opéra dans quatre semaines, ou six tout au plus... En conséquence de quoi mon fils a changé tout ce que demandaient les chanteurs,
et, dans le premier acte, a composé deux nouveaux airs. Et le théâtre,
pendant ce temps, a monté la *Cascina*.

Enfin le temps fixé arriva, puis passa, et j'appris qu'Affligio venait de
distribuer aux acteurs un autre opéra. Et le bruit courait que l'opéra
de mon fils ne serait pas exécuté, les interprètes ayant déclaré qu'ils
ne pouvaient point le chanter... Alors, pour faire taire ce bruit ridicule,
j'ai demandé à mon fils de faire entendre l'opéra entier, au clavecin,
chez le jeune baron van Swieten, en présence du comte de Sporck, du
duc de Bragance, et d'autres connaisseurs de musique. Toutes ces personnes furent très touchées, déclarant qu'un tel opéra leur paraissait
au-dessus de bien des œuvres italiennes, et s'indignant de la cabale
qui voulait barrer sa route à un talent aussi prodigieux.

Là-dessus je me rendis chez Affligio pour apprendre ce qu'il en
était au juste. Il me répondit qu'il ne songeait nullement à ne pas monter l'opéra de mon fils, mais qu'il demandait à le faire au moment qu'il
jugerait convenable. Il me dit que, après la *Cascina*, il allait mettre en
répétition la *Buona Figliuola*, mais que l'opéra de Wolfgang serait monté
immédiatement après. Ce n'était là, m'assura-t-il, qu'un retard d'une
huitaine de jours. Et ainsi fut-il convenu. Les airs de Carattoli furent
modifiés, et mon fils fit aussi tout ce qui était nécessaire pour se mettre
d'accord avec Caribaldi, Poggi, et Laschi... Cependant quatre nouvelles
semaines passèrent. Le copiste me dit qu'il n'avait pas encore reçu
l'ordre de copier les airs nouvellement modifiés ; et, pendant la répétition générale de la *Buona Figliuola*, j'appris qu'Affligio se préparait à
monter encore un autre opéra. Je courus m'en expliquer avec lui : et
alors, en présence du poète Coltellini, il me déclara qu'il allait faire
copier les airs, et que dans quinze jours au plus tard, l'opéra serait
répété à l'orchestre.

Mais voici que, quelques jours après, j'apprends qu'Affligio a décidément résolu de ne pas monter, sur son théâtre, l'opéra de mon fils ! A
mes questions sur ce point, il finit par me répondre qu'il a convoqué
tous les chanteurs pour les consulter sur le parti à prendre, et que
tous ont reconnu que la musique de l'opéra était incomparable, mais que
cet opéra n'était point théâtral et, par suite, qu'il ne pouvait point
courir le risque de le représenter.

Ce discours était, pour moi, incompréhensible. Car comment ces chanteurs osaient-ils maintenant dédaigner une œuvre qu'ils avaient eux-
mêmes portée aux nues, qu'eux-mêmes avaient conseillé à mon fils
d'achever, et qu'eux-mêmes avaient recommandée comme excellente à
Affligio. (Et Léopold Mozart ajoute que, ayant demandé au directeur
un dédommagement matériel, celui-ci, très embarrassé, a fini par
répondre que, si les Mozart insistaient, il organiserait une parodie de
représentation, et ferait siffler et tomber l'opéra.) Telle était donc la
récompense qu'obtenait mon fils, pour la grande fatigue qu'il avait prise
d'écrire un opéra dont la partition originale comporte 558 pages ! Mais
surtout que deviennent l'honneur et la gloire de mon fils, maintenant

que je ne puis plus même me risquer à insister pour faire représenter
son œuvre ? »

Lettre de Vienne, le 12 novembre 1768 : « Le jour de la fête de
l'Immaculée Conception (le 8 décembre), on va consacrer la nouvelle
église de l'Orphelinat du P. Parhammer. Or, Wolfgang a composé
déjà, pour cette fête, une messe solennelle, un offertoire, et un concerto de trompette qui sera joué par l'un des petits pensionnaires.
Probablement, notre Wolfgang dirigera lui-même tout cela. »

Lettre de Vienne, le 14 décembre : « Nous venons seulement de
terminer nos affaires ici. La messe que Wolfgang a fait chanter, le
7 décembre, chez le P. Parhammer, en présence de la Cour impériale,
et pour laquelle il a lui-même battu la mesure, nous a regagné ce
qu'avaient voulu nous faire perdre nos ennemis en empêchant l'exécution de l'opéra, et a convaincu de la malveillance de nos contra-
dicteurs la Cour et tout le public, car l'affluence des assistants a été
extraordinaire. »

Des souvenirs de la sœur de Mozart, il convient d'extraire les
détails suivants :

Les Mozart sont allés à Vienne pour prendre part aux fêtes du
mariage de l'archiduchesse Josepha avec le roi de Naples ; mais
l'archiduchesse est morte aussitôt après leur arrivée ; et ainsi ils ont
trouvé Vienne en deuil, ce qui leur a beaucoup nui. Leur rentrée à
Vienne, après le long séjour à Olmütz, a eu lieu le 10 janvier, et leur
séance à la Cour le 19. Il y a eu aussi une *grande académie*, consacrée aux deux enfants, chez l'ambassadeur russe Galitzine.

Chez Hasse, chez Métastase, chez le duc de Bragance, et chez le
prince Kaunitz, Mozart a improvisé la musique, tout orchestrée,
d'airs italiens qui lui étaient soumis. Les Mozart sont partis de Vienne
à la fin de décembre. — Une note jointe aux souvenirs de la sœur
nous apprend que l'opéra bouffe de Wolfgang, la *Finta Semplice*, a été
représenté à la cour de Salzbourg en 1769, avec la femme de Michel
Haydn dans le rôle féminin principal.

Enfin Jahn et Deiters ont recueilli, çà et là, divers petits faits supplémentaires qui doivent être notés ici :

Les principaux connaisseurs qui se sont intéressés à Mozart, durant
ce séjour à Vienne, sont le comte de Dietrichstein, le médecin de la
Cour Laugier, le duc Jean-Charles de Bragance, à qui Gluck allait
dédier son *Paris et Hélène* en 1770, et le docteur Antoine Messmer,
membre de la faculté de médecine de Vienne depuis 1767, — celui-là
même qui devait, plus tard, remplir l'Europe de sa gloire de magnétiseur. Ce Messmer, qui avait fait un riche mariage, avait chez lui
un théâtre d'amateurs ; et c'est pour lui que Mozart, probablement
vers la fin de l'été de 1768, a composé sa partition de *Bastien et
Bastienne*. Cependant il paraît résulter des documents et traditions

du temps que le monde et le public viennois, en général, n'ont fait aucune attention, cette fois, à l'enfant-prodige qui les avait fort intrigués en 1762. Le seul document écrit qui mentionne la présence de Mozart à Vienne est un petit article du *Wiener Diarium* de décembre 1768, signalant l'exécution de la même messe de Mozart dont le père rend compte à ses amis de Salzbourg.

Les faits que nous venons de citer suffisent, d'ailleurs, pour nous donner une idée de ce qu'ont été les occupations de l'enfant durant ce séjour à Vienne. La plus grande partie de ce séjour a été employée à la composition, puis aux remaniements, de l'opéra bouffe italien ; après quoi, vers la fin du séjour, est venu le travail de la messe et de l'offertoire. Nous savons encore que, en plus de ces grands ouvrages, Mozart a composé deux symphonies, une seconde petite messe, un *lied*, deux grands offertoires (dont un perdu), et un court opéra-comique allemand : *Bastien et Bastienne*. Ce qui n'empêche pas ce séjour d'avoir été, en somme, assez misérable, au point de vue des avantages matériels : mais pour l'éducation musicale de l'enfant, au contraire, comme nous l'avons dit déjà, il a été d'une importance exceptionnelle.

Pour la première fois depuis son séjour à Londres, l'enfant s'est trouvé plongé dans une atmosphère qui était vraiment saturée de musique. Car son père a beau nous dire que le public viennois d'alors ne s'intéresse plus aux choses musicales un peu relevées, et que les deuils de la Cour nuisent encore à la vie musicale : le public viennois ne s'intéresse plus, il est vrai, aux tours de force des deux enfants-prodiges de Salzbourg, mais aucun deuil n'est assez fort pour affaiblir chez lui le goût naturel d'une musique un peu superficielle et frivole, cela est vrai, mais cependant très suffisamment sérieuse pour que l'enfant la goûte et en fasse son profit. Et si les fêtes du carnaval ne sont employées qu'à des danses et autres divertissements de ce genre, ce n'est pas seulement pendant le carême, mais pendant tout le reste de l'année, que le Viennois exige qu'on lui fasse entendre des opéras et des symphonies, des messes et des sérénades. Et le petit Mozart, de toute son âme, mange et boit cette musique dont est rempli l'air qu'il respire.

Cette année-là, en particulier, Mozart a d'abord l'occasion d'entendre, au théâtre, deux œuvres également importantes et significatives dans des genres différents, et qui toutes deux vont aussitôt exercer leur action sur lui. Dans le genre sérieux, il entend l'*Alceste* de Gluck, dont la première représentation vient d'avoir lieu le 16 décembre 1767, tandis que les Mozart étaient encore à Olmütz, mais qui a continué à être jouée dans les premiers mois de l'année suivante. La majorité du public viennois n'a fait à cette « tragédie » qu'un accueil assez réservé. « Venir ici pour y entendre un *De profun-*

dis, c'est perdre son argent ! » se répètent les badauds du parterre et des loges. Et Léopold Mozart partage leur opinion, mais non pas son fils, qui toujours, depuis lors, va préférer *Alceste* aux autres opéras de Gluck. Mieux encore que dans la *Partenope* du vieux Hasse, dont nous savons qu'il l'a également entendue, il y apprend à renforcer, par des moyens simples et faciles, l'intensité de l'expression pathétique ; et c'est là un trait que vont nous montrer, même, ses symphonies de cette période. Nous devons ajouter qu'au vieux Hasse aussi, — qu'il va d'ailleurs retrouver en Italie, — il doit beaucoup, dès ce moment, pour la qualité musicale de ses airs, tels que nous allons les rencontrer dans son opéra bouffe.

Mais son véritable modèle, sous ce rapport, est la seconde des œuvres capitales qu'il a entendues à Vienne en 1768 : c'est la *Buona Fligliuola* de Piccinni, ce prototype du genre, qui a été représentée au théâtre même d'Affligio, comme aussi la *Notte critica* de Gassmann, la *Moglie padrona* de Joseph Scarlatti, et cette *Cascina* dont parle le père comme ayant été substituée au malheureux opéra de Wolfgang, et qui était, en fait, un *pasticcio*, — un pot-pourri d'airs aimés de divers opéras bouffes italiens. Nous aurons à étudier plus en détail, à propos de la *Finta Semplice*, ce que Mozart a emprunté à ces modèles, et ce qu'il y a joint qui n'était qu'à lui. Contentons-nous d'ajouter ici que ces opéras bouffes italiens, de même que les *operas seria* de Gluck et de Hasse ne vont pas agir seulement sur la musique dramatique du petit Mozart : toute sa musique instrumentale du temps, ainsi que nous aurons l'occasion de l'indiquer, sera pénétrée de souvenirs de ces opéras, et sans cesse nous y retrouverons des rythmes, des épisodes pathétiques, des oppositions de thèmes, voire des *andantes* ou des *menuets* entiers, qui auront l'air d'avoir été transcrits d'une pièce de Gluck ou de Piccinni. En fait, parmi toute la musique nouvelle dont s'est nourri l'enfant pendant ce séjour à Vienne, c'est surtout la musique dramatique qu'il a retenue et s'est assimilée.

Cependant, nous le répétons, les révélations ne lui ont pas manqué non plus dans les autres genres musicaux : c'est ainsi que, d'abord, il a eu l'occasion d'entendre beaucoup plus de musique religieuse qu'à Salzbourg, et surtout beaucoup plus variée et beaucoup meilleure. Car, tandis qu'à Salzbourg le goût nouveau des messes accompagnées, et dans un style volontiers homophone avec seulement des épisodes en contrepoint, régnait désormais sans partage, nombreuses étaient encore, à Vienne, les églises où l'on continuait à chanter les œuvres plus anciennes, et écrites *a capella* dans le vieux style serré des Palotta, des Ziani, des Muffat, des Francesco Tuma (mort en 1774). Tous les jours, dans l'une ou l'autre dés églises ou chapelles de couvent, les pieux voyageurs avaient l'occasion d'assister à quelqu'une des scènes de la grande transformation qui était en train de s'accomplir dans le style religieux de l'Allemagne du Sud. Et de quel profit cette expérience aura été pour l'éducation du petit Mozart, c'est ce que nous montrera la comparaison de sa messe et de son offertoire de Vienne avec le pauvre style de motet rapporté par lui de France l'année précédente.

Mais il n'y a pas jusqu'à la musique purement instrumentale qui, à Vienne, n'ait eu de quoi ravir et instruire abondamment le petit Mozart. Léopold Mozart nous dit que le public viennois n'aimait que les danses ; et ce goût même n'a pas été sans action sur le développement musical de l'enfant ; mais en outre, quoi qu'en pense la mauvaise humeur de Léopold Mozart, nombreux étaient, dans cette ville éminemment musicale, les amateurs d'une musique plus sérieuse, et nombreuses étaient pour eux les occasions de se satisfaire. Pendant tout le temps du carême, les « académies » se succédaient, deux ou trois fois par semaine, organisées par deux ou trois sociétés rivales : celle des académies du *Théâtre du Burg*, celle des *Tonkünstler*, celle de *Sainte-Cécile*. On y entendait, comme jadis au Concert Spirituel de Paris, des cantates, des symphonies, des concertos : mais avec une place beaucoup plus grande accordée à l'élément instrumental. Et déjà une école nouvelle était en train de se former, de symphonistes tout « viennois », une école dont les principaux représentants étaient alors le jeune Joseph Haydn, Starzer, Kohaut, Léopold Hoffmann, Ditters, Wenceslas Pichl, Sperger, Vanhall, Gassmann, etc.

Nous aurons l'occasion de faire plus intimement connaissance avec les principaux de ces maîtres, en 1773, lorsque le jeune Mozart lui-même se trouvera appelé à étudier leur art, avec un esprit déjà beaucoup plus mûr et une science professionnelle qui déjà lui permettra de rivaliser avec eux tout en les imitant. Aussi bien est-ce précisément aux environs de 1773 que l'idéal symphonique de ces maîtres viennois atteindra à son plus haut degré de réalisation, tandis que force nous est d'avouer, que, même dans l'œuvre de Joseph Haydn, ces tendances ne se manifestent pas encore avec une netteté parfaite, à la date du second séjour à Vienne du petit Mozart. Et cependant il y a dès lors, dans la symphonie viennoise, certaines particularités très frappantes, entièrement distinctes déjà de ce que nous fait voir la symphonie antérieure des Reutter, des Monn, ou des Wagenseil, et qui vont se retrouver dans toute la production instrumentale de Mozart durant les deux années 1768 et 1769.

D'une façon générale, nous serions tentés de dire que ces maîtres viennois travaillaient inconsciemment à créer la symphonie moderne, telle que nous la connaissons dans l'œuvre glorieuse des Joseph Haydn, des Mozart et des Beethoven. Pendant que les compositeurs de l'Allemagne du Nord s'obstinaient noblement, — mais hélas ! vainement, — à lutter contre le nouvel esprit de musique « galante », en conservant à leur œuvre l'intention sérieuse et la forme savante des vieux maîtres, et, pendant que l'Italie, de son côté, bientôt suivie du reste de l'Europe, substituait à la forte musique de naguère un idéal tout brillant et facile, sans autre objet qu'un amusement tout passager de l'oreille et du cœur, les deux grandes écoles de l'Allemagne du Sud, celle de Mannheim et celle de Vienne essayaient d'établir un compromis entre l'austérité excessive des musiciens du Nord, et l'excessive légèreté de la foule ordinaire des « italianisants ». La symphonie, comme ils la concevaient, et nous pourrions ajouter aussi la sonate, sous toutes ses formes, (quatuor, duo, solo, etc.), constituaient à leurs yeux un genre destiné à l'amusement, comme la nouvelle symphonie italienne, mais où l'amusement devait être produit par des moyens à la fois d'ordre plus savant et plus relevé. C'est ainsi que les maîtres de l'école de Mannheim contribuaient activement, pour leur part, à la création de l'art symphonique moderne en développant et affinant les ressources de l'orchestre, ou plutôt en constituant déjà un véritable style orchestral nouveau, tout distinct de celui du chant et de la musique de chambre elle-même. Mais plus précieux encore, peut-être, était l'apport des maîtres viennois à cette œuvre commune dont allait sortir bientôt la symphonie allemande. Tandis que les musiciens de Mannheim s'occupaient surtout de modifier et de rehausser la *forme* de l'ouverture italienne, les Viennois prenaient essentiellement à cœur d'en transfigurer le *fond* et la portée artistique, à l'aide de nombreux changements, dont les deux principaux pourraient être définis : la dramatisation et l'élaboration du langage symphonique.

Tout d'abord, il est impossible de comparer une symphonie viennoise de ce temps, une œuvre de Joseph Haydn, de Vanhall, ou d'Hoffmann, avec le type ordinaire de l'ouverture italienne, sans être frappé de l'extrême différence des deux œuvres au point de vue de ce qu'on pourrait appeler leur ton ou leur accent pathétique. Toujours la symphonie viennoise nous présente quelque chose de plus sérieux et comme de plus réfléchi, un certain approfondissement de l'émotion traduite qui permet à l'auteur de nous en donner une traduction moins rapide et plus nuancée. Mais en plus de cette portée générale, que gardera désormais toujours la symphonie viennoise, il est sûr aussi que, pendant une période qui va environ de 1765 à 1774, les symphonistes viennois nous apparaissent subissant très vivement l'influence du drame nouveau, tel qu'il vient de se constituer, dans leur pays, grâce au génie de Gluck, — à moins encore d'admettre que Gluck, de son côté, et ces symphonistes du leur, aient simultanément obéi à une impulsion pareille, à cette poussée romantique, qui, dans le même temps, produisait en littérature le mouvement connu sous le nom de *Sturm und Drang*. Toujours est-il que, dans un très grand nombre de symphonies vien-

noises de cette période, nous rencontrons un souci singulier de
contrastes dramatiques, un effort manifeste à rendre l'expression des
sentiments aussi intense et passionnée que possible, et jusqu'à l'emploi fréquent de toute sorte de formules ou d'artifices directement
empruntés au style de l'opéra. A quoi nous devons ajouter que, par
une conséquence naturelle de cette tendance, les dimensions de la
symphonie viennoise s'élargissent considérablement : désormais
chaque symphonie comporte invariablement quatre morceaux, sans
compter que, parmi ces morceaux, le final est toujours traité en
véritable « morceau de symphonie », au lieu de n'être que le petit
rondeau ou *tempo di menuetto* des Italiens, et que le menuet lui-
même, avec son *trio*, ont toujours une étendue plus grande, étant
faits de trois parties, (première partie, partie intermédiaire, et *rentrée* complète), tout à fait comme les autres morceaux. Et chacun
des morceaux est plus long que dans la symphonie italienne, avec
un grand *développement* intermédiaire constituant une véritable
seconde partie, presque égale aux deux autres en étendue, et les
dépassant volontiers en importance musicale.

Car c'est principalement dans ce *développement* que l'école viennoise donne libre cours à la seconde des deux aspirations esthétiques énoncées tout à l'heure : après avoir, dans la première partie du morceau, tâché à rivaliser avec le nouveau drame lyrique
en vigueur et en intensité d'expression, ils se servent à présent du
développement pour montrer leur habileté propre de musiciens,
comme aussi pour accentuer encore l'effet dramatique de la partie
précédente en donnant plus de relief pathétique à tel ou tel de ses
éléments. Toujours est-il que le *développement*, chez eux, est invariablement consacré à une « élaboration thématique » d'une ou plusieurs des idées de la première partie : non seulement tous leurs
morceaux contiennent, après les deux barres, une longue partie
intermédiaire, mais celle-ci, en outre, ne manque plus jamais à s'appuyer sur les matériaux déjà fournis par le début du morceau, au
lieu d'offrir au musicien, comme dans la symphonie italienne et ses
succédanés, l'occasion d'introduire dans la trame symphonique des
éléments nouveaux. Et bien que cette « élaboration » des maîtres
viennois se concentrât plus particulièrement dans leurs « développements », on peut dire que tout l'ensemble de leurs morceaux en
porte plus ou moins la trace. Même lorsque le morceau contient
deux sujets distincts, ceux-ci ne sont jamais nettement séparés, ou
plutôt simplement juxtaposés, comme chez Chrétien Bach et les
Italiens : un lien étroit les unit l'un à l'autre, et volontiers l'auteur
fait revenir son premier sujet à la suite du second, ou bien leur donne
à tous deux la même ritournelle, et volontiers aussi il varie, transforme, « élabore » déjà chacun d'eux avant de passer au sujet suivant : après quoi les *rentrées*, ensuite, lui sont, de nouveau, une

occasion de se livrer à un petit travail de remaniement sur les idées que les maîtres italiens se bornent généralement à transcrire en *da capo*, d'après la première partie, sauf seulement à les transposer toutes dans le même ton principal.

Aussi bien ne pouvons-nous songer à insister longuement ici sur un art, dont la véritable action profonde et durable, dans l'œuvre de Mozart, ne se révélera à nous que longtemps après. C'est surtout, au retour de son second voyage d'Italie, en 1772, que le jeune garçon, par l'intermédiaire d'œuvres de Joseph Haydn, se familiarisera définitivement avec un style et un esprit dont son âge, en 1768, ne lui aura guère permis d'apprécier la signification. Mais, avec tout cela, nous allons voir que, dès ce séjour de 1768, l'enfant se pénétrera tout entier de quelques-uns des procédés favoris des maîtres viennois, et, sans être encore en état de comprendre le vrai sens de leur langage, s'efforcera du moins à imiter de très près leur façon de parler. Le fond de ses idées, dans ses symphonies et autres œuvres instrumentales de 1768 et 1769, restera encore sensiblement pareil à ce que nous ont montré ses compositions des années précédentes, et sans cesse nous continuerons à y découvrir l'inspiration restreinte, timide, inexpérimentée d'un enfant : mais sous le rapport de la forme, toutes ces œuvres deviendront aussi pleinement et exclusivement viennoises que, naguère, d'autres œuvres avaient été françaises à Paris, italo-anglaises à Londres et à La Haye. Désormais, l'enfant renoncera tout à fait à cette coupe italienne en deux parties à laquelle il s'est, jusqu'ici, opiniâtrement attaché depuis des années. Ses morceaux seront plus étendus, avec de grands *développements* consacrés à une « élaboration », parfois encore bien sommaire, des sujets précédents. Les sujets, en outre, cesseront d'être séparés, comme ils l'étaient chez lui jusqu'alors ; et souvent nous le verrons s'ingénier à les étendre le plus qu'il pourra, faute de savoir les varier et les travailler, de proche en proche, comme le ferait un Joseph Haydn. Au reste, il n'y a pas jusqu'à la susdite « dramatisation » de la symphonie viennoise qui ne se retrouve dans ces productions du petit Mozart, sous la forme de ritournelles, cadences, ou autres figures directement empruntées au style de l'opéra. Et quant à l'instrumentation, nous aurons à signaler notamment, dans ses œuvres de cette période et de la suivante, plusieurs particularités qui lui viendront pareillement, en droite ligne, des maîtres viennois : par exemple, une tendance à unir les deux violons, en opposition au groupe des basses, au lieu de les séparer, suivant la manière italienne, en assignant à leur dialogue un rôle musical prépondérant ; ou bien encore, nous constaterons, dans toute la musique instrumentale de l'enfant, un goût marqué pour ces sauts imprévus ou *écarts* des violons qui, eux aussi, sont un des traits les plus caractéristiques du style viennois.

Mais nous n'en finirions pas à vouloir indiquer toutes les innovations introduites désormais par l'enfant dans sa langue musicale,
sous l'influence immédiate de son milieu nouveau. Encore une fois,
ce séjour à Vienne se traduit pour nous, dans son œuvre, par une
véritable et complète révolution, tout au moins quant à la forme:
brusquement, le jeune élève et imitateur de Chrétien Bach va se
transformer sous nos yeux en un pur Viennois.

Révolution à laquelle, d'ailleurs, nous ne pouvons naturellement
attacher qu'une importance relative, puisque bientôt le séjour prolongé de Mozart en Italie lui fera oublier un très grand nombre de
ces leçons dont il se sera imprégné à Vienne en 1768 ; et cependant,
l'impression produite sur lui par la musique viennoise a été si profonde, qu'une certaine trace s'en est conservée en lui-même au plus
fort de sa familiarité avec l'esprit et le style italiens. L'habitude de
pratiquer, dans ses morceaux, des *développements* et des *rentrées*
ne sera pas, à beaucoup près, le seul élément viennois qui dorénavant se retrouvera toujours sous sa plume ; et il n'y aura pas jusqu'à
certaines leçons d'ordre plus haut, et proprement esthétiques, qui
ne doivent depuis lors, persister dans son cœur : insuffisantes pour
l'empêcher bientôt de devenir presque entièrement un maître italien, mais lui permettant presque entièrement de secouer très vite
l'empreinte italienne, dès qu'il aura repris contact avec son atmosphère natale. Une fois de plus, ce séjour à Vienne, intervenant à ce
moment de sa vie, nous paraît offrir un caractère providentiel,
comme jadis son passage à Paris et à Londres, et d'ailleurs comme
aussi son prochain voyage d'Italie. C'était chose infiniment bonne et
salutaire que le petit Mozart, après s'être nourri à Londres d'un art
tout juste assez savant et profond pour les limites de son âme d'enfant, et avant d'aller retrouver le même art parmi des conditions
nouvelles qui le forceront à s'en pénétrer bien plus activement
encore, ait eu l'occasion d'entrevoir, à Vienne, un idéal artistique
plus haut, ou du moins répondant mieux aux aspirations de sa
propre nature. Cette vision rapide, cela va sans dire, ne tardera
pas à perdre en lui le relief vivant qu'elle aura pris tout d'abord ;
et nombreux seront les détails qui, entre 1770 et 1773, s'effaceront
de son esprit, sous l'action toute-puissante du génie italien. Mais
non seulement d'autres détails, comme nous l'avons dit, demeure-
ront ineffaçables : il lui suffira, en 1773, de reprendre contact avec
l'art viennois pour qu'aussitôt celui-ci ravive en lui tous ses souvenirs de 1768, et, cette fois, grâce à la préparation subie cinq ans
auparavant, s'impose à lui avec une autorité et une vigueur irré-
sistibles.

Et de même que nous ne pouvons nous défendre de reconnaître
une portée providentielle au hasard de ce voyage à Vienne, se plaçant entre les deux voyages de Londres et de Milan, de même encore

nous devons nous réjouir et féliciter grandement du précieux délai
d'une année supplémentaire qui a été accordé à l'enfant au sortir de
Vienne, jusqu'au jour du départ pour l'Italie. Comme nous le verrons plus clairement au chapitre suivant, c'est grâce à ce délai d'une
année, passée dans le recueillement bienfaisant de Salzbourg, que
Mozart va pouvoir emmagasiner plus efficacement dans son cœur
les principaux de ces enseignements esthétiques ou professionnels
qu'il vient de recueillir à Vienne, et se trouver par là un peu prémuni
contre la prochaine séduction de ce génie italien qui, sans ce que
l'on pourrait appeler cette « vaccination » viennoise, aurait risqué
de l'envahir tout entier et à jamais, ainsi qu'elle l'avait fait déjà et
allait le faire encore pour bien d'autres musiciens allemands.

59. — *Vienne*, 16 *janvier* 1768.

Symphonie en ré, pour deux violons, alto, violoncelle et basse,
deux hautbois, deux cors, trompettes et timbales.

K. 45.

Ms. à Berlin.

Allegro. — Andante (en sol). — Menuetto et trio (en sol). — Finale.

La date de cette symphonie est inscrite sur l'autographe. Cet autographe porte, au début du premier *allegro*, le sous-titre : *Ouverture*,
mais sans que nous puissions savoir si cette inscription est contemporaine du morceau, ou si Mozart ne l'a pas mise là quelques mois
après, lorsqu'il a transformé sa symphonie de janvier en l'ouverture
de sa *Finta Semplice*. Dans ce cas, il aurait d'abord songé à utiliser sa
symphonie telle qu'elle était (en retranchant le menuet) ; après quoi
il aurait préféré la transcrire pour la mettre bien au point.
Rien n'est plus intéressant, d'ailleurs, que de comparer la version
primitive de cette symphonie avec celle que va nous faire voir l'ouverture de la *Finta Semplice* : toutes les idées, toutes les phrases restent les
mêmes, mais le langage instrumental s'est transformé et enrichi merveilleusement. Que si, au contraire, nous comparons la symphonie de
janvier avec celle que Mozart a terminée à Olmütz, le mois précédent,
nous constaterons que, dès ce début de l'année, une véritable révolution
s'est déjà produite dans les idées de l'enfant, au point de vue de l'invention et de l'expression, comme aussi à celui de la disposition matérielle
des morceaux. Le Mozart que nous trouvons ici ne garde, pour ainsi
dire, plus rien du style ni des procédés que nous l'avons vu employer
depuis le temps de son séjour à Londres. Tout désormais, dans son art,
est allemand, et même proprement viennois.

Ce changement se produit sous deux influences manifestes, et d'une action également vive sur le nouveau venu : sous l'influence de l'opéra et sous celle des œuvres symphoniques viennoises. De ces dernières, telles que nous les avons définies plus haut, l'enfant apprend à ne plus séparer ses sujets, et à remplacer par un langage orchestral plus fondu les petits effets détachés que lui a naguère enseignés Chrétien Bach. Il en apprend à tenir le rôle des instruments à vent pour essentiel, et non plus pour simplement accessoire et ornemental ; à émanciper tout à fait l'alto, comme il avait commencé déjà de le faire à Salzbourg ; à étendre la phrase mélodique et à l'élaborer ; et il en apprend enfin à pratiquer de nouveau le système allemand du *développement* libre, toujours consacré à l'élaboration d'une ou plusieurs des idées précédentes, et suivi d'une rentrée du premier sujet dans le ton principal, mais d'une rentrée encore très variée, comme elle était jadis dans les sonates de Léopold Mozart et dans les premiers essais de Mozart lui-même. Mais, d'autre part, l'enfant est tout nourri d'opéras et d'opéras-comiques, italiens et allemands, d'œuvres de Hasse et de Gluck, de Piccinni et de Hiller. Et cette hantise le porte, irrésistiblement, à introduire jusque dans sa symphonie des effets dramatiques, des contrastes, de subits renforcements d'expression, comme aussi à s'inspirer, dans ses *andantes* et ses menuets, du style léger et pastoral des *Singspiels* de Hiller. Ainsi cette symphonie, mieux encore peut-être que ses opéras de Vienne, nous apporte un écho vivant de la révolution qui s'est produite en lui, à ce moment décisif de sa vie.

Le premier morceau (sans barres de reprise) débute par trois accords qui ne reparaissent plus qu'à la fin : procédé italien assez fréquent chez les maîtres viennois tels que Wagenseil. Puis vient un premier sujet divisé en deux parties, dont la seconde nous présente un rythme déjà très expressif, avec ses alternances de *forte* et de *piano*. Une cadence à la tonique sépare ce premier sujet du second, un peu travaillé en contrepoint, et aboutissant à de grands effets de basse qui, en vérité, rappellent encore ceux des symphonies de la période « anglaise » ; mais la partie la plus curieuse du morceau est, après la fin du second sujet, un remplacement de la ritournelle ordinaire par quelques mesures d'un effet pathétique évidemment très voulu, et directement inspiré de certains récitatifs accompagnés de Hasse ou de Gluck. Le *développement*, qui vient ensuite, est lui-même très travaillé, avec son rythme de syncopes : il est fait sur la seconde partie du premier sujet que Mozart, tout à l'heure, supprimera dans sa rentrée. Celle-ci se produit par une reprise régulière du premier sujet dans le ton principal, mais aussitôt variée et modulée en mineur, tandis que le second sujet est répété à peu près sans changement, y compris l'effet de théâtre tenant lieu de ritournelle dont nous venons de parler.

Quant à l'*andante*, écrit pour le quatuor seul, c'est une sorte d'*arioso* d'opéra, comme on en trouve souvent chez Gluck : la mélodie est exposée par le premier violon, sur un accompagnement continu du second. Un seul sujet, et même une seule idée constitue tout le morceau, où Mozart, suivant l'habitude des airs d'opéras-comiques allemands, ne fait point de rentrée dans le ton principal, mais varie librement son idée jusqu'à la fin du morceau. Le menuet est d'un style non moins nouveau chez Mozart. Très étendu et élaboré, il rappelle beaucoup les menuets des premières symphonies de Haydn, avec sa prédominance du rythme et sa force expressive. Pareillement le *trio* cesse, pour la première fois chez Mozart, d'être simplement un second menuet : comme chez Haydn, il devient quelque chose de tout autre, une libre fantaisie rythmique ; et Mozart, ici, lui donne une allure pastorale qui n'est pas sans se ressentir aussi de l'opéra-comique allemand. Détail curieux : la première partie du *trio*, déjà, finit à la tonique. Et non moins remarquable est, dans le menuet comme dans le *trio*, la reprise complète de la première partie, après une façon de *développement*. Le petit Mozart va même, dans le menuet, jusqu'à varier déjà sa rentrée, ce qui est encore un procédé tout viennois, familier à Joseph Haydn comme aux autres maîtres de l'école.

Enfin le dernier morceau achève de nous montrer Mozart s'émancipant de tous ses souvenirs anglais et italiens, pour se mettre à l'école des symphonistes viennois : en vérité ce final pourrait presque figurer dans le recueil des premières symphonies de Joseph Haydn. Il est fait tout entier sur deux idées qui, au lieu de se juxtaposer, s'entremêlent sans cesse et s'opposent l'une à l'autre, en une série continue de *forte* et de *piano*. Deux fois, en vérité dans l'élaboration du morceau, nous retrouvons des effets de basse que l'on croirait d'abord analogues à ceux des symphonies précédentes : mais non, en fait ils sont tout autres, d'un caractère dramatique très marqué, et consistant en une transposition à l'alto et aux basses — et parfois même aux seconds violons — de l'idée principale du morceau, toujours opposée à la seconde idée plus chantante et plus douce. Le seul point de contact de ce morceau avec la manière antérieure de Mozart est que l'enfant, retenu encore par une habitude invétérée, ne ramène son premier sujet qu'à la dominante, et le reprend aussitôt après les deux barres.

Au point de vue du contrepoint, la symphonie est sensiblement plus pauvre que les œuvres orchestrales composées à Salzbourg en 1767 ; et le rôle des instruments à vent, pour dire vrai, se réduit à assez peu de chose. Seuls, les hautbois travaillent beaucoup, et eux-mêmes ne font, presque toujours, que doubler les parties du quatuor. Mais d'autant plus intéressante et instructive va nous apparaître l'adaptation que Mozart a fait subir à cette symphonie, quelques mois après, lorsqu'il l'a destinée à constituer l'ouverture de la *Finta Semplice*.

60. — *Vienne, été de* 1768.

Ouverture (sinfonia) en ré de l'opera buffa, *la Finta Semplice*, pour deux violons, alto, basse, deux flûtes, deux hautbois, deux bassons et deux cors [1].

K. 51.

Ms. à Berlin.

Molto allegro. — Andante (en sol). — Molto allegro.

1. Cette *Ouverture* n'étant qu'une remise au point de la Symphonie précédente, nous avons jugé inutile d'en reproduire ici le thème initial.

Il est naturellement impossible de savoir au juste, entre le mois de mars et le mois de septembre 1768, à quel moment Mozart a mis sur pied l'ouverture de son opéra, le père ne nous en disant rien, dans ses lettres. Et il y a bien des chances, en vérité, que ce travail, selon l'usage de Mozart par la suite, ait été postérieur à la composition de l'opéra, au lieu de la précéder. Mais, dans l'incertitude où nous sommes, il nous est plus commode d'étudier d'abord cette ouverture qui n'est, comme nous l'avons dit, qu'un arrangement de la symphonie n° 59, composée à Vienne le 16 janvier de la même année : car cette étude a surtout pour effet de nous montrer l'énorme progrès qui s'est accompli, entre la composition de la symphonie et son arrangement, dans le langage et le style symphoniques du petit Mozart.

Signalons encore, cependant, dès le début, la façon dont ce morceau nous fournit un exemple de ce qu'était, durant la jeunesse de Mozart, l'ouverture d'un opéra italien, *seria* ou *buffa*. Au lieu d'être une véritable introduction dramatique en un seul morceau, avec un ou deux mouvements, comme l'ouverture française et celle des anciens opéras italiens, l'ouverture, qu'on la jouât seule dans un concert ou avant un opera au théâtre, était simplement une symphonie pareille aux autres, avec trois morceaux séparés, et dont chacun se terminait par une cadence parfaite à la tonique [1]. C'est ainsi que Mozart, pour son ouverture de la *Finta Semplice*, n'a eu qu'à reprendre la dernière de ses symphonies précédentes, après en avoir retranché le menuet. Et comme ces ouvertures, malgré la séparation de leurs trois morceaux, devaient se jouer d'un trait, ou du moins avec des pauses très courtes entre les morceaux, nous avons là une preuve de plus que c'est aussi de cette façon que se jouaient, alors, dans les concerts et les salons, les symphonies et les sonates. A la différence des *cassations* que l'on jouait avec des intervalles, symphonies et sonates étaient jouées sans autre arrêt que des silences d'une minute : d'où, chez Mozart comme chez ses devanciers, la préoccupation constante de mettre de l'unité entre les parties successives d'une œuvre, soit en traduisant des sentiments pareils ou en employant des modulations analogues.

Arrivons maintenant à l'ouverture de la *Finta Semplice*. Mozart, comme nous l'avons dit, s'est borné à reprendre sa symphonie n° 58, et peut-être même a-t-il d'abord songé à la laisser intacte, ainsi que l'indiquerait le mot *ouverture* inscrit par lui en tête de la partition du n° 58. Mais les quelques mois de son séjour à Vienne avaient trop profondément transformé et enrichi sa conception de la musique symphonique pour qu'il pût se résigner à faire entendre une œuvre d'un style désormais dépassé. De sorte que l'enfant a recopié sa symphonie ; et, en la

---

1. Dans l'ouverture de sa *Contadina in corte*, — représentée en 1766, et que Mozart a dû connaître dès 1768, mais sans que sa *Finta Semplice* en atteste sensiblement l'influence, — Sacchini, entre deux *allegros* en *ré*, — tonalité habituelle des *ouvertures* italiennes, — a mis un *andante* en *si bémol*. Nous aurons d'ailleurs à revenir longuement sur cette ouverture de la *Contadina*, qui est le type parfait de la symphonie telle que Mozart va la trouver pratiquée en Italie, lorsqu'il arrivera à Milan en 1770. — Pareillement encore, un *andante* en *si bémol* se trouvait intercalé entre deux *allegros* en *ré* dans la délicieuse ouverture de la *Molinarella* de Piccinni (1766).

recopiant, l'a toute changée, en a fait une véritable symphonie viennoise, d'un caractère sensiblement nouveau. Il n'a presque pas touché,
cependant, à l'idée mélodique, sauf dans l'*andante*, où le changement
de quatre croches en deux croches pointées et deux doubles croches
suffit pour donner au rythme une singulière et très heureuse accentua-
tion expressive. Ailleurs, en vérité, nous trouvons aussi des rythmes
un peu changés, des figures expressives qui n'existaient point dans la
symphonie : mais ces modifications sont directement amenées par
l'énorme progrès du métier instrumental. On peut dire que la symphonie était encore écrite pour le quatuor à cordes tandis que l'ouverture,
déjà, tend à établir une équivalence entre les cordes et les instruments
à vent. Non seulement la partition de l'ouverture contient, en plus des
instruments de la symphonie, des parties de flûtes et de bassons, et
très fournies, traitées avec une richesse remarquable : il n'y a pas jusqu'aux parties des hautbois et des cors qui ne soient sensiblement
plus étoffées, avec des réponses nouvelles, de petits contre-chants
caractéristiques. En d'autres endroits, au contraire, Mozart allège la
partie des hautbois : mais c'est toujours parce que, dans la symphonie,
cette partie ne faisait que doubler les violons, et que l'enfant, à présent,
se fait une idée tout autre de sa destination. Dans l'*andante*, une
partie de flûte, ajoutée au quatuor, donne au morceau plus de couleur et
de charme. Enfin il n'y a pas jusqu'au quatuor lui-même qui, par instants,
ne soit retravaillé et enrichi : tantôt par l'addition d'une phrase des
basses, tantôt par une émancipation plus marquée de la partie des
altos.

Ainsi ces deux œuvres qui, à première vue, semblent identiques, sont
déjà très différentes l'une de l'autre ; et leur comparaison nous apporte
un curieux témoignage de l'influence considérable qu'a eue sur Mozart
son séjour à Vienne de 1768, au point de vue de son éducation de symphoniste. Un progrès s'est fait chez lui que ses premiers voyages d'Italie vont nous rendre moins sensible, mais qui désormais persistera, et
se montrera de nouveau à nous aussitôt que Mozart remettra le pied
sur la terre allemande.

61. — *Vienne, entre avril et juillet* 1768.

La Finta Semplice, opéra bouffe en trois actes, — **sur un livret du**
poète attitré du théâtre de Vienne, Marco Coltellini, — **pour trois**
soprani, deux ténors, et deux basses, avec accompagnement de
deux violons, deux altos, deux hautbois, deux flûtes, deux bassons,
deux cors et basse.

Ms. à Berlin.

Acte I. — I. Chœur, en *ré*. — II. Air de Simone (basse), en *ut : Troppo briga*. —
III. Air de Giacinta (soprano), en *fa : Marito io vorre (Allegro grazioso).* — IV. Air
de Cassandro (basse), en *ré : Non s'e al mondo (Allegro non molto).* — V. Air de
Fracasso (ténor), en *sol : Guarda la donna (Allegro moderato).* — VI. Air de Rosine
(soprano), en *la : Colla bocca (Andante).* — VII. Air de Polidoro (ténor), en *si bémol :
Cosa ha mai.* — VIII. Air de Cassandro, en *fa : Ella vuole (Moderato e maestoso).*
— IX. Air de Rosine, en *mi bémol : Senti l'eco (Andante un poco adagio).* — X. Air

de Ninetta (soprano), en *si bémol : Che mi vuol bene (Tempo di menuetto)*. — XI. Finale **en ré** : *Dove avete la creanza (Un poco adagio)*.

Acte II. — XII. Air de Ninetta, en *sol : Un marito donne care*. — XIII. Air de Simone, en *ré : Concerte persone (Allegro)*. — XIV. Air de Giacinta, en *la : Se a maritarmi arrivo (Allegro comodo)*. — XV. Air de Rosine, en *mi : Amoretti che ascosi*. — XVI. Air de Cassandro, en *ut : Ubriacco non son io*. — XVII. Air de Polidoro, en *sol : Sposa Cara (Adagio)*. — XVII bis. Récitatif accompagné. *Me ne vo prender*. — XVIII. Air de Rosine, en *fa : Ho sentito (Allegro grazioso)*. — XIX. Duo de Fracasso et Cassandro, en *ré : Cospetton, cospettonaccio*. — XX. Air de Fracasso, en *si bémol : In voi belle e leggiadria*. — XXI. Finale, en *sol : T'ho detto, buffone*.

Acte III. — XXII. Air de Simone, en *fa : Vieni, vieni (Un poco adagio)*. — XVIII Air de Ninetta, en *ut : Son in amore (Tempo di menuetto)*. — XXIV. Air de Giacinta, en *ut* mineur : *Che scompiglio (Allegro)*. — XXV. Air de Fracasso, en *ré : Nelle guerre d'amore (Andante maestoso)*. — Finale, en *sol : Se le pupille io giro (Andante)*.

Quelques mots, d'abord, sur le livret de l'opéra bouffe. Ce livret avait l'avantage d'être nouveau, et expressément écrit pour Mozart par le fournisseur attitré du théâtre viennois, Coltellini : tandis que, souvent, — comme il arrivera à Mozart lui-même pour son second *opera buffa* en 1774, — les compositeurs avaient à mettre en musique des livrets ayant déjà servi précédemment. Mais, sous cette nouveauté apparente, le livret de la *Finta Semplice* n'était qu'une adaptation et une combinaison de deux ou trois thèmes qui se retrouvaient dans une foule d'autres livrets du temps ; et bien que la grande majorité des livrets d'*operas buffas* italiens, et même des plus célèbres, fussent de véritables tours de force au point de vue de la complication inutile, et de la niaiserie, le livret de la *Finta Semplice* les dépasse encore à ce point de vue. Voici, résumée très rapidement et aussi clairement que possible, l'action de ce livret, que Mozart lui-même semble avoir eu quelque peine à comprendre :

Un officier hongrois, Fracasso, qui loge chez deux vieux garçons, Cassandro et Polidoro, s'éprend de la sœur de ceux-ci, Giacinta, cependant que son valet, Simone, naturellement, devient amoureux de Ninetta, servante de Giacinta. Cassandro et Polidoro sont deux vieillards ridicules. L'un, Cassandro, est très vaniteux, avec une haute idée de soi-même ; et sa vanité le porte à affecter de mépriser les femmes, tandis que, au fond, il n'est pas moins sensible que son frère à leurs agréments, et en particulier aux charmes de la sœur de Fracasso, la jeune et jolie Rosine. Si bien que celle-ci, conseillée par Ninetta, et voulant aider son frère à réussir dans son projet de mariage avec Giacinta, projet qui ne saurait manquer de déplaire aux deux barbons, imagine de faire la conquête de Cassandro et de Polidoro. Pour les séduire, elle prend le rôle d'une petite fille à la fois naïve et coquette, se jetant ingenument au cou de chacun des deux frères, à l'insu de de l'autre. Aussitôt les deux frères deviennent éperdument amoureux, et n'ont plus en tête que de se marier avec la « fausse ingénue ». Rendez-vous secrets, quiproquos, scènes burlesques où Cassandro et Polidoro se rencontrent chez Rosine, qui toujours invente quelque nouveau moyen de détourner leurs soupçons et d'apaiser leur mauvaise humeur. En fait, toute l'action de la pièce ne consiste que dans cette série de

scènes, reproduisant la même situation avec des détails comiques plus
ou moins variés. Enfin les deux frères apprennent que Giacinta et
Ninetta se sont enfuies, et ont emporté avec elles l'argenterie et les
bijoux de la famille, ce qui est encore un tour imaginé par Rosine,
avec la collaboration de l'ingénieuse Ninetta. Les vieillards promettent
de donner la main de leur sœur et de Ninetta à ceux qui réussiront à
les retrouver; il va sans dire que Fracasso et Simone y réussissent
immédiatement. Quant à Rosine, elle finit par révéler le secret de la
comédie qu'elle a jouée, à la grande surprise et au grand désappointe-
ment des deux vieux galantins.

Tel était le livret que le directeur Affligio s'était avisé de mettre entre
les mains d'un enfant de douze ans! Il est vrai que, pour répugnant
que puisse nous paraître aujourd'hui le spectacle, indéfiniment prolongé
et renouvelé, des expansions amoureuses de deux vieillards, et plus
encore, peut-être, celui des ruses inventées par une jeune fille pour
allumer, entretenir, et duper leur flamme, ce genre de scènes était
alors d'un emploi si constant, dans les livrets d'*opera buffa*, que ni
leur inconvenance ni leur immoralité ne choquaient personne; et le
petit Mozart, en particulier, ne doit pas même avoir jamais essayé de
se faire une idée d'ensemble du sujet de la pièce qu'il a revêtue de
sa musique. Il n'a vu là qu'une réunion d'airs à composer, ou plutôt,
comme nous l'expliquerons tout à l'heure, toute sa curiosité s'est
concentrée sur les gros effets inoffensifs et burlesques du livret; et,
indifférent aux amours séniles de Polidoro et de Cassandro, il s'est
sincèrement amusé de l'avarice, de la poltronnerie, des ridicules et
des manies de ces vieux grotesques, comme aussi des farces puériles
des deux domestiques. Évidemment, si Affligio avait pu lui confier
un livret qu'il fût en état de comprendre plus entièrement, il y aurait
eu plus de chances que son opéra eût de quoi intéresser le public
viennois : mais, d'autre part, tout porte à croire qu'un tel livret n'existait pas, et que personne, à Vienne, n'aurait été capable de l'improviser. Tout compte fait, Mozart a eu à traiter un *opera buffa* parfaitement typique des habitudes du genre; et c'est à ce point de vue qu'il
convient de se placer pour étudier la valeur musicale et dramatique
de la malheureuse partition dont nous avons, plus haut, exposé les
mésaventures.

Léopold Mozart, dans son mémoire du 24 septembre 1768, dit que son
fils a travaillé à son opéra « pendant quatre mois ». Or nous savons que
l'opéra était achevé dans le courant de juillet, ce qui permet de fixer
la date de la composition entre avril et juillet.

Parmi les principes généraux que Léopold Mozart a enseignés à son
fils, aucun n'avait à ses yeux plus d'importance, ni ne s'est plus profondément imposé au cœur de l'enfant, que la distinction des divers genres,
et la nécessité d'employer à chacun d'eux un style et des procédés spéciaux. Aussi ne devons-nous pas nous étonner que la *Finta Semplice*,
étant un *opera buffa*, soit traitée de tout autre manière que les deux
œuvres dramatiques précédentes qui relevaient du genre de l'*opera
seria* et aussi que le petit opéra allemand *Bastien et Bastienne* composé
peu de temps après et traité d'après les habitudes propres à l' « opéra
allemand ». Ce n'est désormais que dans la *Finta Giardiniera*, en 1774, que

nous retrouverons une œuvre du même genre que la *Finta Semplice* et l'emploi, par Mozart, des mêmes procédés.

Nous n'avons pas à raconter ici de quelle façon l'opéra bouffe s'est détaché peu à peu de l'*opera seria*, dont il formait, à l'origine, un intermède; et nous n'avons pas à dire non plus de quelle façon le concevaient, vers 1768, les compositeurs italiens, et notamment le plus célèbre d'entre eux, Piccinni, dont la *Buona Figliola*, en 1761, avait définitivement fixé le style et les règles du genre. Nous devons seulement noter que, d'abord, l'*opera buffa* était interprété par des acteurs, au lieu de l'être par des chanteurs, d'où résultait, pour le musicien, la nécessité d'écrire pour eux des rôles d'une exécution plus facile que pour les castrats et *prime donne* de l'*opera seria;* et, en second lieu, que, dans le cours de l'opéra bouffe, le détail des paroles chantées avait beaucoup plus d'importance que dans l'*opera seria*. Ce sont ces deux différences essentielles qui ont, en quelque sorte, causé les principales divergences entre le style exigé pour l'*opera seria* et le style employé le plus couramment dans l'opéra bouffe. Dans l'un comme dans l'autre de ces genres, l'air restait toujours la forme principale de la musique : mais les airs d'opéra bouffe devaient être d'exécution plus facile que ceux de l'*opera seria* (avec moins de *coloratuve*, et un accompagnement moins fourni, de manière, tout ensemble, à ne pas étouffer la voix et à la mieux guider); et ces airs devaient être aussi non seulement plus proches de la parole, afin que celle-ci pût être entendue, mais plus morcelés, coupés en tranches plus courtes, pour pouvoir exprimer une plus grande diversité de nuances du sentiment traduit par les paroles. En outre, l'usage avait décidément imposé à l'opéra bouffe, à la fin de tous les actes, un *finale*, c'est-à-dire une suite de petits morceaux différents, plus expressément appelés à traduire ou à accompagner une action dramatique.

A ces règles Mozart s'est aussitôt entièrement conformé; et la coupe extérieure de la musique de son opéra bouffe ne ressemble plus à celle de son oratorio et de sa comédie latine de l'année précédente. Des vingt-et un airs de son opéra bouffe, dix sont traités de la façon que voici : un premier sujet, très court, à la tonique; un second sujet, souvent plus long, d'un rythme plus vif et d'un caractère plus *parlant*, à la dominante; puis une reprise du premier sujet, plus ou moins variée, à la dominante, et une reprise du second sujet à la tonique. Parfois même comme dans l'air n° 17, trois petits sujets sont ainsi exposés tour à tour et repris dans le même ordre avec des variantes. Cette coupe à petits sujets alternés, qui était proprement celle de l'air d'opéra bouffe, se rencontre dans les airs n°ˢ 2, 3, 9, 14, 15, 17, 18, 22, 23, 24. Pour d'autres airs, Mozart emploie la forme de la *cavatine* ou du *lied* : l'air, alors, n'a plus qu'un seul sujet, repris une seconde fois, à la dominante, avec des variations; ce sont comme deux couplets, mais dont l'un module de la tonique à la dominante, et l'autre de la dominante à la tonique. Ainsi sont faits les airs n°ˢ 6, 10, 12 et 13. A la même catégorie appartient encore le grand air n° 7, emprunté par Mozart à son oratorio de la *Schuldigkeit*, mais amputé du second morceau qu'il avait dans cet oratorio, de sorte qu'il ne consiste plus qu'en deux longs couplets sur un même sujet. Pour les trois airs de Fracasso, n°ˢ 5, 20 et 25, Mozart a employé

la coupe de l'air d'*opera seria*, mais en introduisant ici un procédé nouveau, que nous lui verrons bientôt employer dans tous ses airs d'*opera
seria* : le procédé dit du « demi *da capo* », qui consiste, après le second
morceau, à ne répéter que la seconde moitié du premier, au lieu de
répéter celui-ci tout entier, comme Mozart l'a fait constamment jusqu'alors. Enfin les trois airs du vieux grotesque Cassandro, n°⁸ 4, 8 et
16, sont d'une coupe libre, plus spécialement appropriée à l'effet comique. L'air n° 4 expose, sans reprise, deux sujets différents ; l'air n° 8
expose pareillement trois sujets, dont aucun n'est repris, mais dont le
troisième est d'abord accompagné de la même façon que le premier.
L'air n° 16 est un petit monologue d'ivrogne, où, sous un accompagnement toujours le même, le chant suit librement les paroles sans aucune
reprise mélodique.

C'est une coupe du même genre que nous trouvons dans les trois
finales. Chacun d'eux est fait de trois ou quatre morceaux à qui leur
accompagnement donne une certaine unité, tandis que le chant ne s'occupe que de suivre les paroles et ne reprend jamais les mêmes figures
mélodiques. Quand au duo n° 19 qui est, en dehors des finales et du
chœur du début, le seul ensemble de la pièce, il est construit comme
un air, avec un morceau intermédiaire suivi d'une reprise très variée
de la première partie. Les deux personnages, d'ailleurs, n'y chantent
jamais ensemble, et ne font que se répondre alternativement.

Telle est la forme des divers morceaux de ce premier opéra bouffe de
Mozart. Nous devons ajouter que le contrepoint, sauf quelques imitations instrumentales, n'y a presque point de place, et que l'instrumentation, suivant les convenances du genre, est sensiblement plus simple
que dans l'oratorio et la cantate de 1767, tout en restant très soignée
et pleine de petites trouvailles ingénieuses.

Ayant à écrire, pour la première fois, une véritable œuvre dramatique, Mozart ne pouvait manquer d'apporter à cette tâche beaucoup
d'inexpérience. En fait, c'est tout à fait arbitrairement qu'on a voulu
reconnaître, dans la *Finta Semplice*, les premières traces du génie qu'il
allait mettre, vingt ans plus tard, à caractériser ses personnages,
c'est-à-dire à prêter à chacun d'eux une couleur musicale propre, à
définir leur âme, par delà les paroles de leur chant. Les personnages
de la *Finta Semplice* n'ont d'autre caractère, dans sa musique, que celui
qui résulte des habitudes et des goûts des acteurs à qui Mozart voulait
en confier l'interprétation. La ressemblance qu'il peut y avoir entre les
différents airs de chacun d'eux ne tient pas à ce que l'enfant s'est fait
de chacun d'eux une image distincte, mais simplement à ce que, par
exemple, le ténor Laschi qui devait chanter Fracasso, aimait tel genre
d'airs, tandis que Mˡˡᵉ Eberhardi, chargée du rôle de Giacinta, en préférait un autre. De cela nous avons une preuve formelle. Parmi les
airs du ténor Fracasso, Mozart en avait d'abord écrit un qui, au lieu
d'avoir, comme les autres, la coupe de l'air d'*opera seria*, avait la
coupe de l'air d'opéra bouffe, avec deux sujets alternés. Mais le ténor
Laschi, sans doute, aura préféré un air d'*opera seria* ; et Mozart,
sacrifiant le très bel air qu'il avait écrit d'abord, en a composé un
autre, de la forme voulue. Non seulement les visées de Mozart n'allaient pas aussi haut ; l'enfant ne savait même pas encore se préoccu-

per d'exprimer les sentiments indiqués par le texte de ses airs, sauf
quand il s'agissait de sentiments que son âge lui permettait de comprendre. C'est ainsi que l'un des airs principaux de son opéra, considéré par Jahn comme le plus beau et le plus expressif de tous, l'air
n° 7, a été simplement transporté par Mozart de l'oratorio de la *Schuldigkeit*, où il servait à exprimer les paroles que voici : « Il y a bien des
plaies pour lesquelles il faut employer le couteau et le feu avant qu'un
baume puisse les guérir. » Dans l'opéra bouffe, ce même air est destiné
à exprimer les émotions d'un amoureux qui dit qu'une jeune femme lui
plaît à regarder. « Dès que je la vois, j'en deviens fou ; dès que je la
touche, je rougis. Et combien j'ai chaud auprès d'elle ! » Cet exemple
suffit à prouver le peu de cas que faisait Mozart de la justesse d'expression dans les grands airs amoureux de sa *Finta Semplice*. Et si
quelques-uns de ces airs sont déjà d'une grâce et d'une poésie charmantes, ils le sont, pour ainsi dire, en dehors de leurs paroles. Mozart,
sur un texte quelconque, et souvent hors de propos, y a donné libre
cours à sa poésie naturelle, comme il faisait dans les *andantes* de ses
sonates et de ses symphonies. Par contre, il y avait dans le livret de
l'opéra certains sentiments qu'il pouvait comprendre, et ceux-là se
trouvent déjà exprimés par lui avec une justesse et une beauté musicale remarquables : ce sont les sentiments comiques, la lâcheté ou
l'ivrognerie du vieux Cassandro, les indignations drôlatiques du valet
Simone, ou encore les observations de la soubrette Ninetta, dont
Mozart relevait la banalité en les soumettant à la forme légère et vive
de petites chansons. Au point de vue dramatique, ces rôles secondaires
sont les seuls que Mozart ait vraiment bien traités ; et si les trois
finales de l'opéra se sont encore trouvés au-dessus de ses forces, le
petit duo n° 19, malgré la coupe fixe qu'il lui a donnée, nous le montre
déjà commençant à se faire une idée personnelle d'une action musicale,
c'est-à-dire d'une scène où les sentiments donnés des personnages sont
exactement traduits et où, cependant, l'ensemble musical a une vie et
une beauté propres.

Ce que Mozart continue toujours à vouloir traduire, à défaut des sentiments, ou en même temps qu'eux, ce sont les images évoquées par le
texte de ses airs. Ainsi, dans un air de Rosine (n° 9) la mention de
l'écho conduit Mozart à faire reprendre en écho, par le hautbois, la fin
des phrases du chant ; ainsi, le tremblement de Cassandro, le sang qui
bout dans ses veines, ou encore qui se glace, ses allusions à des coups
de bâton, à l'aboiement d'un chien, etc., tout cela donne lieu aussitôt,
dans le chant ou surtout dans l'orchestre, à des essais d'harmonie
imitative. Mais d'abord ces essais sont beaucoup mieux en situation
dans un opéra bouffe que dans un *opera seria* ou dans un oratorio ; et,
de plus, Mozart commence déjà à les organiser musicalement, à les
prendre pour point de départ de développements musicaux qui les
dépassent infiniment. Ainsi les échos de l'air de Rosine donnent à cet
air un charme mélodique tout particulier ; et c'est ainsi encore que,
dans un air supprimé ensuite par Mozart, et remplacé par l'air n° 23,
l'allusion au coup de griffe d'un chat donnait lieu à une figure continue
d'accompagnement pleine de modulations piquantes et gentilles.

Au reste, si l'on ne peut pas dire que Mozart ait composé là un bon

opéra bouffe, et si nous n'avons pas besoin d'admettre, avec Léopold
Mozart, l'hypothèse absurde d'une conspiration d'Affligio et de ses
chanteurs contre leurs propres intérêts pour comprendre qu'ils aient,
en fin de compte, refusé de jouer un opéra aussi peu fait pour
réussir, le travail qu'il a dû y mettre n'en a pas moins été pour lui un
exercice excellent. Précisément parce que le but à atteindre était
moins haut que dans l'*opera seria*, l'enfant a pu beaucoup plus complètement déployer ses ressources, et la *Finta Semplice*, à la considérer
maintenant au point de vue musical, atteste un progrès notable sur
toutes les œuvres précédentes de Mozart. Les idées mélodiques commencent à s'unir entre elles d'un lien plus vivant; le chant et l'accompagnement se fondent déjà en un tout musical; la ligne mélodique
devient plus souple et, en même temps, plus ferme; et la simplicité
obligée de l'instrumentation n'empêche point celle-ci d'acquérir plus de
couleur et un caractère plus homogène. L'écriture des parties vocales
ne laisse pas, elle aussi, de devenir plus variée et d'un métier plus
adroit; mais, ici, l'éducation tout instrumentale de l'enfant continue
à nous apparaître : c'est elle qui empêche de donner à ses chants vocaux l'allure vraiment « vocale » que nous trouvons dans des airs d'auteurs italiens bien inférieurs à Mozart en toute autre façon. Les parties
que chantent les personnages de la *Finta Semplice* sont toujours très
chantables, et suffisamment accommodées aux moyens comme aux
habitudes des divers interprètes : mais jamais encore elles n'ont une
couleur vocale assez marquée pour qu'on ne puisse pas les concevoir
chantées par un hautbois ou par un violon : sauf pourtant pour les airs
comiques de Cassandro et de Ninetta, pour lesquels l'instinct de
Mozart lui a déjà révélé les secrets propres d'un chant vocal très
simple et presque familer.

Cela dit de la valeur de l'opéra bouffe en tant que tel, nous devons
encore signaler certains airs qui, par leur beauté ou leur originalité
propres, se détachent du reste, et nous offrent déjà comme un avant-
goût du génie futur de Mozart. L'air de Cassandro n° 8 est, à ce point de
vue, l'un des plus curieux : avec la vie intense de son accompagnement,
il pourrait figurer, sans désavantage, dans l'*Enlèvement au sérail*.

De même encore, dans un autre genre, l'air de Rosine n° 15, avec ses
soli de basson et ses réponses des deux altos, avec la grâce insinuante
de ses chromatismes, avec l'art merveilleux dont le premier sujet est
transfiguré dans la reprise, tout ce petit air, d'ailleurs très court, a
une unité musicale et une pureté d'expression poétique qui font déjà
pressentir les rôles féminins des *Noces de Figaro* et de *Cosi fan tutte*.
Aussi bien Mozart, ici, s'est-il expressément inspiré de l'homme qui,
pour la musique dramatique, a toujours été un véritable maître, comme
les deux Haydn l'ont été pour la musique religieuse et instrumentale :
avec la tenue qui l'ouvre, avec le rythme léger de son accompagnement, et tout l'ensemble de ses particularités caractéristiques de ce
ton de *mi majeur* que nous savons que Mozart considérait comme éminemment « sensuel », cet air rappelle maints airs analogues des
opéras de Chrétien Bach, qui, lui aussi, choisissait volontiers le
ton de *mi majeur* pour l'expression des sentiments tendres et volup-
tueux.

62. — *Vienne, entre août et octobre 1768.*

Ouverture (Intrada), en sol, de l'opérette allemande Bastien und Bastienne, pour deux violons, alto, deux hautbois deux cors et basse.

K. 50.

Ms. à Berlin.

Nous dirons tout à l'heure, en étudiant la partition de l'opérette *Bastien und Bastienne*, tout ce que l'on peut savoir des circonstances de la composition de cette petite pièce. Ici, nous nous bornerons à signaler que, au contraire de ce qu'il faisait dans ses opéras italiens, Mozart, pour l'ouverture de son opérette allemande, a suivi la pratique des auteurs d'opéras-comiques français, en faisant précéder sa pièce d'un petit prélude en un seul morceau, beaucoup moins développé que les ouvertures des opéras, mais, d'autre part, expressément rattaché à la pièce qui suit, aussi bien par sa forme que par son expression. En quoi Mozart, affirmant déjà une liberté individuelle dont il va bientôt nous donner maints exemples, s'est écarté de l'habitude suivie non seulement par les compositeurs italiens, mais aussi par le maître allemand dont nous verrons qu'il s'est inspiré pour la partie vocale de son *Bastien et Bastienne,* Jean-Adam Hiller, l'un des créateurs du *Deutsches Singspiel,* car celui-ci, même pour ses pièces les plus légères, avait coutume d'écrire des ouvertures beaucoup plus longues, et moins directement en rapport avec le sujet de la pièce. Déjà le goût merveilleux et l'extra-ordinaire intelligence musicale de l'enfant lui ont révélé que, pour des œuvres aussi superficielles et simplement amusantes que celle qu'il avait à composer, le système français d'une courte introduction appro-priée était préférable à des morceaux plus développés et plus préten-tieux.

Aussi bien sa petite ouverture de *Bastien et Bastienne* est-elle d'une grâce charmante, dans sa simplicité. Elle est faite surtout d'une idée mélodique toute « pastorale », qui, d'abord exposée en *sol*, est reprise en *ré*, puis, de nouveau, en *sol*, et reparaît en *ut*, aux dernières mesures, de façon à s'enchaîner avec le premier air, qui est dans ce même ton. Les retours de cette idée, — dont on a souvent noté la res-semblance, toute fortuite et extérieure, avec les premières notes de la *Symphonie héroïque* de Beethoven, — sont, chaque fois, entrecoupés de figures nouvelles, à la manière d'un *rondo :* mais l'ensemble n'en a pas moins un caractère très homogène et parfaitement adapté à la couleur comme à l'expression de la pièce qui suit. Avec cela, nul essai de contrepoint, ni d'élaboration des thèmes ; et une instrumentation très simple, sans aucun rapport avec la belle tenue orchestrale de l'ouverture de la *Finta Semplice*. Les hautbois et les cors bornent leur rôle à quelques notes tenues ; et le seul effet instrumental à signaler, dans tout le morceau, est une imitation de la vielle par les premiers violons, effet que Mozart avait employé déjà dans son *Galimatias* à La Haye, et dont l'exemple lui avait été fourni par les auteurs d'opéras-comiques français.

Mais, sans doute, cette pauvreté relative de l'instrumentation de l'*intrada* n° 62 se justifie par le petit nombre et la médiocrité des exécutants qui ont eu à accompagner la petite opérette.

63. — *Vienne, entre août et octobre* 1768.

Bastien und Bastienne, operette allemande en un acte, (sur un livret traduit du français de Favart), avec l'accompagnement de deux violons, alto, deux hautbois, cors et basse.

K. 50.

Ms. à Berlin.

Intrada en sol. — *Allegro.*
I. Air de Bastienne en *ut* : *Andante un poco adagio.*
II. Air de Bastienne en *fa* : *Andante.*
III. Pastorale en *ré* : *Allegretto.*
IV. Air de Colas en *ré* : *Allegro.*
V. Air de Bastien *en sol* : *Tempo grazioso.*
VI. Air de Bastienne en *si bémol* : *Allegro moderato* et *allegro.*
VII. Duo de Bastienne et Colas en *fa* : *Allegro.*
VIII. Air de Bastien en *ut* : *Allegro.*
IX. Air de Bastien en *sol* : *Moderato.*
X. Air de Colas en *ut mineur* : *Andante maestoso.*
XI. Air de Bastien en *la* : *Tempo di menuetto.*
XII. Air de Bastienne en *fa* : *Un poco allegro* et *andante.*
XIII. Air de Bastien en *mi bémol* (repris ensuite par Bastienne) : *Adagio maestoso* ; *allegretto et grazioso* ; *un poco allegretto.*
XIV. Récitatif de Bastien et Bastienne en *sol mineur.*
XV. Duo de Bastien et Bastienne en *si bémol* : *Allegro moderato* et *piu mosso.*
XVI. Trio de Bastien, Bastienne, et Colas en *ré* : *Allegro moderato et allegro.*

L'autographe de cette partition porte simplement, de la main du père : « *Bastien et Bastienne*, di Wolfgango Mozart 1768, nel suo 12ᵐᵒ anno. » Mais nous savons par ailleurs que la petite pièce a été composée pour être jouée, à Vienne, dans un « jardin d'été » que possédait un riche médecin, le docteur Antoine Messmer, grand amateur de musique, et qui, nous l'avons dit déjà, allait bientôt devenir fameux, dans le monde entier, comme magnétiseur. Quant à la date précise de la composition, aucun document ne nous l'apprend : mais comme toutes les lettres publiées de Léopold Mozart, jusqu'au 6 août, ne sont remplies que des mésaventures de la *Finta Semplice*, tout porte à croire que *Bastien et Bastienne* aura été composé après cette date : car, dans le cas contraire, Léopold Mozart n'aurait pas manqué de parler à ses amis salzbourgeois d'une œuvre dramatique que son fils serait parvenu à faire exécuter. Et cependant une autre hypothèse encore est possible.

Nissen, dans les quelques lignes qu'il consacre à *Bastien et Bastienne*, nous dit que c'est Antoine Schachtner qui a traduit en allemand le livret de Favart. Peut-être Nissen a-t-il été trompé par ce fait, désormais certain, que les récitatifs qui se lisent aujourd'hui dans la partition de *Bastien* ont été effectivement écrits par Schachtner pour une nouvelle représentation de l'opérette ayant eu lieu à Salzbourg en 1769. Nissen aura ainsi attribué au musicien et poète salzbourgeois la traduction de toute la pièce tandis que Schachtner n'aura écrit que les récitatifs. Mais si, par hasard, Nissen ne s'est pas trompé, en ce cas nous avons à admettre que c'est dès avant son départ pour Vienne et encore pendant l'année 1767, que les Mozart auront chargé leur ami Schachtner de leur traduire une pièce rapportée par eux de Paris et qu'ils ont dû entendre notamment à la Cour de Versailles, en janvier 1764. Donc, dans cette hypothèse, les Mozart auraient emporté avec eux, de Salzbourg, le livret allemand, et déjà sans doute une grande partie de la musique de *Bastien et Bastienne* : ce qui expliquerait l'étrange silence des lettres du père au sujet de cette pièce. Et l'hypothèse serait encore confirmée par cet autre fait que Léopold Mozart, dans son catalogue souvent cité, place *Bastien et Bastienne* avant la *Finta Semplice*, tout en lui donnant pour date l'année 1768. Ajoutons cependant que, par contre, il est bien difficile de supposer que Mozart ait connu, dès Salzbourg, les opérettes allemandes de Hiller, que nous allons le voir imiter. Peut-être a-t-il écrit à Salzbourg ceux des airs de sa pièce qui présentent très vivement le caractère français, et à Vienne ceux qui sont directement inspirés d'Hiller ? En fait, comme nous allons l'indiquer, sa partition nous révèle les deux tendances se manifestant, chez lui, alternativement.

La bergère Bastienne, désolée de la froideur de son amoureux Bastien, va consulter le sorcier Colas qui lui conseille de feindre, elle-même, la froideur pour reconquérir son ami. Mais Bastienne ne peut supporter longtemps la vue de la peine que cette comédie cause à Bastien : elle lui avoue sa ruse, et les deux jeunes gens se réconcilient.

La pièce de Favart, traduite en allemand pour le petit Mozart, était toute parsemée d'ariettes, mais dont la plupart étaient empruntées aux airs populaires français et aux ariettes des opéras-comiques en vogue. Quant au sujet lui-même, c'était une sorte de contrefaçon burlesque du *Devin de village* de Rousseau.

A Paris, Mozart avait certainement entendu les opéras-comiques français, et notamment deux d'entre eux, le *Sorcier* de Philidor et *Rose et Colas* de Monsigny, tous deux joués pour la première fois, avec un succès énorme, aux Italiens pendant son jour. A Vienne, ensuite, il n'avait pu manquer d'entendre les opérettes allemandes de J.-A. Hiller, dont la vogue, dès 1768, égalait dans la capitale autrichienne celle des pièces de Philidor, de Duni et de Monsigny, et qui d'ailleurs étaient directement dérivées de ces modèles français. Sur des sujets imités de ceux de notre Comédie-Italienne, Hiller, savant musicien et homme de beaucoup d'esprit, avait imaginé d'écrire une musique où, de la même façon qu'à Paris les musiciens français, il avait adapté toute sorte d'airs et de rythmes populaires de son pays. Au lieu des romances et des rondeaux de l'opéra-comique, ses personnages chantaient des *lieds* viennois ; et Hiller, pour rendre plus vive l'action de ses pièces, avait pris l'habitude de supprimer, dans ses airs, le *da capo* traditionnel. Le plus souvent, ses personnages chantaient de petits *lieds* en deux parties séparées par un point d'orgue ; et, après la seconde partie, revenait la ritournelle du début. Peu d'ensembles, à peine deux ou trois petits duos ou trios dans chaque pièce : et, à la fin, comme dans les opéras-comiques français, un petit chœur ou un vaudeville à couplets. Tel était le genre dont raffolait en 1768 le public viennois, et que Mozart avait pu apprendre à connaître, en particulier, dans *Lisuart et Dariolette* (1766) et dans *Charlotte à la Cour* (traduction allemande de *Ninette à la Cour*) (1767). Et le fait est que son petit opéra allemand nous montre, le plus clairement du monde, la double influence exercée sur lui par l'opéra-comique français et par l'opérette de Hiller. La coupe est exactement celle de Hiller : une longue suite d'airs, le plus souvent en deux parties et sans *da capo*. Mais, indépendamment même de l'ouverture, dont nous avons dit déjà le caractère tout français, bon nombre des airs sont tout imprégnés de la sensiblerie gracieuse et facile des pastorales françaises. Comme chez Philidor et Monsigny, le caractère pastoral est constamment rappelé par des procédés pareils à ceux que nous avons signalés déjà dans le *Galimatias* composé à La Haye en 1766. Le récitatif accompagné n° 14, par exemple, avec ses modulations mineures, sort directement de l'opéra français ; et l'on peut dire, d'une façon générale, que l'influence française se fait sentir dans presque tous les airs du début de la pièce, qui sont plus vifs, plus piquants que les suivants, mais, par contre, d'un caractère mélodique moins accentué, ce qui, comme nous l'avons dit tout à l'heure, s'accorderait bien avec l'hypothèse d'après laquelle Mozart aurait commencé sa partition à Salzbourg en 1767, exception faite, pourtant, pour le premier air, qui est déjà un vrai *lied* allemand, et dont Mozart reprendra le thème, en 1788, dans l'*andante* varié de son dernier trio de piano. Mais ensuite, au fur et à mesure qu'il compose son opérette, les souvenirs français s'effacent sensiblement, et la romance ou le rondeau se changent en de véritables *lieds*, c'est-à-dire en chants où la grâce de la mélodie a plus d'importance que la justesse de l'expression. C'est ainsi que, notamment, l'air en *fa* n° 12, avec la grâce naïve de son chant, mériterait de prendre place parmi les *lieds* composés plus tard par Mozart. Des quatre ensembles, les trois premiers sont simplement des airs où les deux personnages, quand ils chantent simultanément, se bornent à chanter en tierce la même mélodie sur les mêmes paroles : mais, au contraire, le trio final est déjà proprement, en embryon, un finale d'opéra du genre de ceux que nous allons trouver chez Mozart dès sa *Finta Giardiniera* de 1774. Dans l'*allegro*, surtout, le chant des personnages prend un certain caractère individuel, tandis que l'accompagnement, avec l'emploi contrasté d'un thème rythmique et d'un thème mélodique, s'efforce de constituer une action musicale, qui se développe et s'accentue jusqu'à la fin de la pièce.

Quant à cette caractérisation des personnages dont nous avons dit combien elle était faible encore dans la *Finta Semplice*, elle n'est guère plus marquée dans *Bastien et Bastienne*, où les airs pourraient être, sans inconvénient, transportés d'un personnage à l'autre. Tout au plus peut-on signaler un certain effort à traduire le sentiment général de chaque air : mais, même à ce point de vue, *Bastien et Bastienne* n'a rien qui le distingue des modèles français et allemands dont il est inspiré. L'orchestre, beaucoup moins travaillé que dans la *Finta Semplice* se borne presque toujours à accompagner le chant : mais parfois déjà il manifeste une tendance à prendre le rôle prépondérant, comme dans le finale que nous avons signalé, ou encore dans un air bouffe du sorcier Colas (n° 10), où lui seul est chargé de produire l'effet voulu. Un grand nombre d'airs ne sont accompagnés que par le quatuor ; et le rôle des flûtes, des hautbois et des cors, même quand ils interviennent, n'a que fort peu d'importance.

Les récitatifs, qui remplacent le parlé de l'opéra-comique français, n'ont pas à être étudiés ici : ils ont été composés, comme nous le verrons, à Salzbourg, en 1769.

64. — *Vienne, été de* 1768 *(avant le mois d'août)*.

Lied en fa : An die Freude, pour soprano avec accompagnement de clavecin (paroles de J.-P. Uz).

K. 53.

Ms. perdu.

Ce petit *lied* a été publié dans le supplément musical du numéro d'août 1768 d'un journal viennois, la *Neue Sammlung zum Vergnügen und Unterricht* de R. Graeffer. On n'en possède pas le manuscrit, mais seulement une copie ancienne avec l'inscription : « Ce *lied*, comme celui de *Daphne, deine Rosenwangen* (n° 65), a été composé à Vienne par M. Mozart, âgé de 12 ans. »

Le genre du *lied*, qui commençait à devenir très populaire en Allemagne, se distinguait beaucoup plus encore du genre de l'*air* qu'il devait s'en distinguer quelques années plus tard. Expressément destiné à l'intimité, il réduisait autant que possible le rôle de l'accompagnement ; et ce n'est que longtemps après, dans les dernières années de sa vie, que Mozart va écrire ses *lieds* sur trois lignes, avec une partie supérieure de piano différente du chant. Dans son *lied* n° 64, comme dans les suivants, comme dans les *lieds* contemporains de Joseph Haydn, d'Emmanuel Bach, de Hiller, etc., il n'y a que deux lignes, dont l'une porte le chant, tandis que l'autre donne la basse de l'accompagnement sauf pour le claveciniste, ou le chanteur lui-même, à enrichir et à développer l'accompagnement dans la mesure de ses moyens. En outre, le *lied* avait pour privilège essentiel d'être libre dans sa forme, sans avoir à observer aucune des règles qui régissaient tous les autres genres musicaux. Non seulement l'auteur ne devait pas s'inquiéter de faire des reprises à tel moment donné, mais l'usage était de ne faire aucune reprise, dans le couplet, et de varier celui-ci jusqu'au bout, en se conformant au sens des paroles. Encore cette adaptation de la musique au sens des paroles ne pouvait-elle être que très générale et superficielle, puisque chaque *lied* comportait un certain nombre de couplets dont chacun devait être chanté sur la musique du premier d'entre eux. Ce n'est en effet que très tard, vers le même temps où il *réalisera* l'accompagnement de ses *lieds,* que Mozart commencera à en traiter séparément les divers couplets, — ce que les Allemands appellent *durchkomponieren,* — de façon à pouvoir vraiment traduire l'expression des paroles. Enfin à cette simplicité de coupe et de forme extérieure le *lied* joignait une simplicité pareille d'écriture musicale : il n'admettait aucun des ornements de l'air, et ne consentait qu'exceptionnellement à la répétition des mêmes paroles. Volontiers il prenait une allure populaire, affirmant cette allure jusque dans l'emploi de termes allemands, au lieu des termes italiens habituels, pour désigner les mouvements : ainsi Mozart, dans l'air n° 64, remplace : *moderato* par le mot allemand *mässig.*

Quant aux modèles que l'enfant a pu connaître et imiter en 1768, nous aurions peine à les déterminer exactement : mais il suffit de parcourir les journaux littéraires et mondains du temps, par exemple celui où a paru l'air n° 64, pour y trouver, dans les suppléments musicaux, une foule de *lieds* d'une forme et d'un caractère tout semblables à ceux du premier *lied* de Mozart.

Celui-ci est composé sur un long poème en sept couplets du poète Uz, où la joie est célébrée avec une emphase aujourd'hui bien démodée ; et certes l'enfant ne pouvait guère chercher à traduire d'un peu près des paroles comme celles-ci, qui commencent le premier couplet : « O joie, reine des sages, qui, avec des fleurs autour de leur tête, te louent sur leurs lyres d'or, tranquilles lorque la méchanceté sévit, écoute-moi du haut de ton trône, etc ! » Aussi la musique du *lied* n'a-t-elle aucune signification spéciale, ni surtout aucun rapport avec cette pompeuse invocation. C'est un petit chant très simple, très doux, et déjà très « mozartien », se poursuivant jusqu'à la fin du couplet sans aucune reprise des mêmes phrases, mais avec une frappante unité d'inspiration comme d'expression. Nous avons vu déjà, d'ailleurs, que le petit Mozart, dès son arrivée à Vienne en octobre 1767, avait eu l'occasion de s'exercer dans le genre du *lied,* lorsqu'il avait composé la petite complainte en duo n° 58 sur la mort de la princesse Josepha. Tout ce que nous disons ici de la coupe et du caractère du *lied* nous est apparu, en germe, dans ce naïf duo.

65. — *Salzbourg ou Vienne, avant août 1768.*

Lied en la, pour soprano avec accompagnement de clavecin :
Daphne, deine Rosenwangen.

K. 52.

Ms. perdu.

Ce *lied* a été publié dans le même journal que le précédent et a paru
dans la même livraison d'août 1768 : mais au lieu d'être un véritable
lied original comme le précédent, il n'est que la transcription pure et
simple d'un air de *Bastien et Bastienne : Meiner liebsten schöne Wangen*
(n° 11), sur des paroles un peu différentes. Et ceci nous amènerait, une
fois de plus, à discuter la question de la date où a été composée l'opérette allemande. Incontestablement, pour des motifs que nous allons
dire tout à l'heure, ce n'est point le *lied* qui a servi pour l'air, mais
bien l'air de *Bastien* qui, après avoir été d'abord composé dans la partition de l'opérette, a été transcrit par Mozart sur les paroles du *lied* :
de sorte que l'air de *Bastien* existait déjà dès le mois de juillet 1768.
L'hypothèse la plus probable est, d'après cela, que Mozart a commencé
son opérette à Salzbourg, sur un livret commandé par lui à son ami
Schachtner, et que, à Vienne, il s'est borné à compléter sa partition :
par où s'expliquerait, comme nous l'avons dit, le silence absolu de
Léopold Mozart, dans ses lettres, au sujet d'une œuvre connue déjà de
ses correspondants salzbourgeois. Il convient d'ailleurs de noter, à ce
propos, que la veuve de Mozart, parmi les *lieds* trouvés par elle dans
les papiers de son mari, et offerts à l'éditeur Breitkopf en 1798, en cite
un qui est simplement une transcription d'un air de la *Finta Semplice :*
probablement l'enfant l'aura transcrit pour le donner, lui aussi, à un
journal d'ariettes viennois.

Ce qui frappe avant tout dans l'ensemble du n° 65, c'est la différence
de ce petit chant avec le *lied* n° 64 et tous les autres lieds allemands du
temps. Ce *tempo di menuetto*, avec sa reprise du premier sujet, avec son
expression précieuse et maniérée, est évidemment un air d'opéra-comique, et directement inspiré des ariettes françaises.

66. — *Vienne, entre janvier et décembre* 1768.

Veni sancte Spiritus en ut, pour quatre voix, deux violons, alto, deux hautbois, deux cors, deux trompettes, timbales, basse et orgue.

K. 47.

Ms. perdu.

Veni sancte Spiritus : allegro. — *Alleluia : presto.*

On a cru généralement que ce *Veni sancte Spiritus* était l'offertoire chanté, le 7 décembre 1768, en même temps qu'une grand'messe de Mozart : mais le catalogue de Léopold indique expressément, tout de suite après cette messe, un offertoire : « Grand offertoire à quatre voix etc., deux violons, etc., trompettes, etc. », tandis que le *Veni sancte Spiritus* figure dans ce même catalogue, beaucoup plus haut, avant *Bastien et Bastienne,* la *Finta Semplice,* et la *Missa brevis* n° 67. Tout porte donc à croire que le n° 66 aura été écrit au printemps ou dans l'été de 1768, avant les autres morceaux de musique religieuse composés par Mozart à Vienne.

Aussi bien ce morceau, tout en se rapprochant déjà par son style des compositions religieuses suivantes de Mozart, laisse-t-il voir encore une inexpérience qui, dans ces compositions, nous apparaîtra bien atténuée. Evidemment l'enfant aura voulu, avant de se mettre à ses messes, s'essayer au genre de la musique religieuse telle qu'on la pratiquait alors à Vienne dans les fêtes solennelles. Les deux parties qui forment son motet ont toutes deux de nombreux *soli,* et un accompagnement orchestral assez important, ou plutôt assez fourni, mais, avec cela, souvent vide et embarrassé. Quant au chant, il s'efforce constamment d'être à la fois plus serré et plus religieux que dans l'offertoire de l'année précédente : mais ses entrées en contrepoint sont tout à fait enfantines, et se hâtent toujours de céder la place à de longs passages homophones. Au total, c'est là une œuvre dont tout l'intérêt consiste à être une transition entre le style religieux que Mozart avait appris à connaître dans ses voyages et celui qu'il allait pratiquer, a Vienne et à Salzbourg, dans ses deux messes suivantes.

67. — *Vienne, décembre* 1768.

Missa brevis en sol majeur, pour quatre voix, quatuor et orgue.

K. 49.

Ms à Berlin.

I. *Kyrie* : *andante.*
II. *Gloria* : *allegro.*
III. *Credo.*
IV. *Sanctus* : *andante.*
V. *Benedictus* (en *ut*).
VI. *Agnus Dei* : *adagio* (en *mi* mineur, *et allegro*).

Cette messe n'est pas, comme on l'a cru longtemps, celle que Mozart
a fait exécuter à Vienne, en présence de la Cour : car celle-ci était une
messe solennell avec quatre trompettes. Mais l'autographe affirme que
cette messe a été composée à Vienne en 1768 ; et le catalogue du père la
mentionne, après la grande messe solennelle, parmi les œuvres déjà
composées à la fin de 1768. Ce catalogue étant rédigé, au moins approximativement, suivant l'ordre chronologique, tout porte à croire que la
messe en *sol* aura même été composée après la grande messe du 7 décembre, qui d'ailleurs semble bien irrémédiablement perdue.

La petite messe n° 67 est proprement la première œuvre de musique
religieuse que nous ayons de Mozart. Dans son grand voyage, l'enfant
a assisté déjà aux progrès de la « laïcisation » de la musique d'église ; et
les trois compositions religieuses que nous avons étudiées précédemment nous le montrent s'adaptant, lui aussi, à la mode nouvelle. Cette
mode a pour caractère principal l'introduction, à l'église, de l'esprit et
des procédés de la musique profane, telle qu'elle venait alors de se
constituer sous la double forme de l'opéra et de la sonate. Non seulement
.es compositeurs religieux, désormais, humanisent la dévotion et en
assimilent les sentiments à ceux qu'exprime le théâtre ; ils tendent aussi,
de plus en plus, à employer à l'église les mêmes procédés qu'au théâtre
et au concert. Le rôle de l'orchestre, notamment, grandit et devient plus
libre ; le contrepoint, quand il subsiste, se détache nettement du reste
de la contexture musicale, au lieu d'en constituer la base constante,
comme autrefois ; les passages fugués alternent avec le chant homophone, et tendent de plus en plus à n'intervenir que de loin en loin ;
enfin les morceaux acquièrent plus de suite et d'unité, avec une tendance
marquée, ici encore, à se rapprocher de la coupe classique de la sonate.

Telle est la musique religieuse qui, à la date où nous sommes, est en train d'envahir l'Europe ; et Mozart, qui l'a déjà connue durant son voyage, va bientôt la retrouver, et s'y adonner entièrement. Mais à Salzbourg, et sans doute aussi à Vienne, en 1768, cette musique nouvelle ne s'est pas encore installée. Les compositeurs d'église continuent à pratiquer un style qui n'est plus, en vérité, celui des maîtres anciens, mais qui se rattache encore à celui-là, aussi bien par son caractère général que par ses procédés. Et la messe de 1768 nous prouve que Mozart, provisoirement, est revenu à cette conception de la musique religieuse, à la conception désormais surannée que s'en faisaient les Eberlin, les Adlgasser, et Léopold Mozart lui-même.

Des divers traits distinctifs de la musique nouvelle que nous venons d'indiquer, aucun ne nous apparaît dans cette petite messe. L'orchestre, sauf dans quelques passages du *Gloria* et du *Sanctus*, se borne à doubler les voix. Chaque partie de la messe est composée de petits morceaux séparés, sans aucune trace de la coupe régulière d'un morceau de sonate. Le contrepoint ne se détache pas des passages homophones, à la manière d'un épisode, mais se montre sans cesse, tantôt sous la forme d'une petite fugue, tantôt sous celle d'entrées en canon, et tantôt, le plus souvent, sous la forme de réponses et d'imitations d'une voix à l'autre. Enfin toute la messe, à l'exception peut-être d'un *solo* de basse, dans le *Credo* et du *Dona nobis pacem* de l'*Agnus*, s'efforce de conserver un caractère religieux très marqué, et nous laisse encore apercevoir des traces des vieilles traditions de la Renaissance.

Telle est cette première messe de Mozart, au point de vue de son intention. Si nous la considérons ensuite au point de vue de la réalisation, elle nous apparaît, manifestement, comme l'œuvre d'un enfant : le souffle y est court, et souvent même la main assez maladroite. Mais avec tout cela, le génie de Mozart se découvre à nous dans la façon dont les très simples moyens employés s'approprient à l'expression des sentiments, très simples aussi, qu'ils servent à traduire. Les passages pathétiques, surtout, l'invocation du *Kyrie*, le recueillement de l'*Et incarnatus est* et du *Crucifixus*, la prière douloureuse de l'*Agnus Dei*, c'est surtout dans cette partie, plus sentimentale, de la messe que l'enfant parvient à affirmer son originalité.

Le *Kyrie* n'a pas d'indication de mouvement : mais le point d'orgue de la cinquième mesure et le changement de rythme attestent qu'il s'agit d'un petit prélude lent suivi d'un mouvement plus rapide. Cependant, tout le *Kyrie* va d'une seule traite, sans aucun épisode ni aucune reprise. L'orchestre ne fait que doubler les voix, qui chantent toujours ensemble, soit en réponses ou en petites imitations. Dans le *Gloria*, qui débute tout de suite par l'*Et in terra pax*, l'orchestre accompagne d'abord le chant d'un trait des violons ; mais bientôt il se borne à le doubler ; et le chant, comme dans le *Kyrie*, se poursuit jusqu'au bout du morceau, sans aucune reprise d'un même motif. Ici, cependant, on trouve déjà des oppositions de *soli* et de *tutti*, et les passages en contrepoint commencent à se détacher des passages homophones. Le *Cum sancto Spiritu* final est fait d'une entrée en canon, mais aussitôt arrêtée, et encore très faible. Le *Credo*, lui, est composé de petits morceaux, avec plusieurs entrées en canon et, à la fin, un petit *fugato*, assez pauvre, mais dont le thème est évidemment inspiré des fugues de Hændel. L'*Et incarnatus* et le *Crucifixus* sont d'un mouvement *adagio* avec un accompagnement qui double le chant en croches. Le chant, ici, est plus homophone que dans le reste du morceau, mais d'une modulation continue et très expressive. Enfin l'*Et in Spiritum sanctum* est un solo de basse, mais encore d'un caractère assez archaïque.

Dans le *Sanctus*, après quelques mesures d'un chant accompagné d'une figure des violons, Mozart introduit un *Hosanna* en contrepoint qu'il répète ensuite avant le *Benedictus*, et, une troisième fois, après celui-ci. Le *Pleni sunt* est une sorte de duo entre le soprano seul et le chœur ; le *Benedictus*, un solo partagé entre deux voix, et suivi d'un petit chœur en contrepoint : tout cela toujours plutôt doublé qu'accompagné par l'orchestre.

Enfin l'*Agnus Dei* est coupé en deux parties : un très bel *adagio* en *mi mineur*, qui, par l'émotion et la pureté recueillie de sa modulation, fait vraiment penser déjà aux plus profondes invocations religieuses de la maturité de Mozart et où l'orchestre double les voix en croches comme dans le *Credo*, et un *Dona nobis*, en *sol majeur* qui, avec son accompagnement libre et son caractère chantant, est, de toute la messe, le morceau qui se rapproche le plus de la musique nouvelle que Mozart a connue dans son voyage et qu'il va bientôt pratiquer dans ses messes.

68. *Vienne*, 13 *décembre* 1768.

Symphonie en ré, pour deux violons, alto, basse, deux hautbois, deux cors, trompettes et timbales.

K. 48.
Ms. à Berlin.

Allegro

Allegro. — Andante (en sol). — Menuetto et trio (en sol). — Allegro.

Cette symphonie (dont la date nous est donnée par l'autographe), écrite par Mozart tout à la fin de son séjour à Vienne, achève de nous montrer de quelle énorme importance ce séjour a été pour l'enfant. C'est à Vienne que Mozart est redevenu allemand, pour ne plus cesser de l'être au fond, désormais, sous toutes les influences étrangères qu'il subira encore. Et ce n'est pas tout, dans les trois domaines de la musique dramatique, de la musique religieuse et de la symphonie, Mozart, à Vienne, s'est trouvé en contact avec des maîtres, anciens ou récents qui, sur le moment, lui ont servi de modèles, et dont les leçons comportent une part destinée, depuis lors, à ne plus s'effacer de son cœur et de son esprit. Au point de vue de la symphonie, notamment, l'ouverture de la *Finta Semplice* nous a montré déjà comment, sous l'influence des maîtres autrichiens, sa conception du genre s'est transformée, élargie, et de quelle façon il en est venu à se représenter l'orchestre comme un ensemble unique, où tous les instruments, depuis les violons jusqu'aux cors, collaboraient à l'effet général. Mais, en outre, la composition de deux pièces dramatiques et de deux messes ne pouvaient manquer de donner à l'enfant des habitudes musicales ayant leur reflet jusque dans ses œuvres d'orchestre ; et le fait est que sa dernière symphonie viennoise, plus encore que l'ouverture de la *Finta Semplice*, nous le montre, à la fois, préoccupé d'expression dramatique et se livrant volontiers à des jeux de contrepoint de la même sorte que ceux que nous venons de voir dans sa messe. Quant à l'élément symphonique proprement dit, il nous apparaît, dans cette symphonie, entièrement dégagé des souvenirs de Paris et de Londres : la marque de l'école viennoise se retrouve partout, aussi bien dans la coupe des morceaux que dans le détail des procédés ; et nombreuses sont les ressemblances, notamment dans le menuet et le finale, avec les symphonies contemporaines de Joseph Haydn. Plus de répétition textuelle des phrases, plus de gros effets de basse, plus de séparation complète entre les sujets. Ceux-ci, tantôt réduits à un seul, tantôt multipliés, sont toujours disposés de manière à former une même suite; et le morceau se continue encore, après les deux barres, par un long *développement*, suivi d'une rentrée variée et abrégée de la première partie. Le rôle des hautbois, sans être aussi fourni que dans l'ouverture, est peut-être encore plus indépendant et plus essentiel. Enfin un trait caractéristique de cette symphonie, qui se retrouve également chez Joseph Haydn, et qui va se maintenir chez Mozart pendant l'année suivante et même pendant les premiers mois de son séjour en Italie, est un procédé de virtuosité consistant, pour les violons, à faire des sauts fréquents et soudains d'une note très haute à une autre très basse ou inversement. Ajoutons à cela que la symphonie est d'une allure très grande et pleine de noblesse, avec une inspiration mélodique tout originale, sous l'influence manifeste de l'esprit viennois.

Le premier morceau, d'un rythme à trois temps rapide et animé, ne contient, en vérité, qu'un unique sujet, suivi d'une longue ritournelle rappelant les airs d'opéra. Après les deux barres, les deux idées du sujet sont longuement contrastées, en modulations pathétiques ; et la rentrée dans le ton principal, ensuite, un peu abrégée, renforce, elle aussi, l'expression première du sujet. Celui-ci comporte d'incessantes oppositions de *piano* et de *forte*, ainsi qu'un travail de contrepoint assez court, mais déjà très habile. Les hautbois, tout au long du morceau, sont indépendants du quatuor, et lui font de petites réponses caractéristiques.

L'*andante*, écrit pour le quatuor seul, suivant une habitude familière à Joseph Haydn, est, plus encore que celui de la symphonie précédente, un véritable *lied* allemand en deux couplets variés. Le second couplet commence, à la dominante, aussitôt après les deux barres : mais Mozart imagine d'intercaler, entre ses deux parties, une longue variation nouvelle, d'abord accentuée en modulations mineures, puis traitée en contrepoint, avec la collaboration active du quatuor tout entier. Cet épisode, à dire vrai, curieux en soi, ne laisse pas de surprendre dans un morceau d'une allure tout intime, et dont le rythme et l'expression révèlent déjà pleinement le génie propre de Mozart. Nous sentons que l'enfant est comme enivré de contrepoint et de drame, et ne peut s'empêcher d'introduire partout les effets dont il a l'esprit occupé.

Le magnifique menuet qui suit est, de toute la symphonie, le morceau où se découvre le plus l'influence des maîtres viennois, et de Joseph Haydn en particulier. A l'exemple de ces maîtres, et comme il a fait déjà dans sa symphonie précédente, Mozart reprend toute la première partie, après une façon de *développement*, aussi bien dans le menuet que dans le *trio*. C'est là, pour ainsi dire, une marque du style viennois. Dans le menuet, les violons font de grands écarts, du *sol* au-dessus de la portée au *la* d'au-dessous ; les instruments à vent, toujours très discrets, accompagnent le quatuor en mouvements contraires ; et l'ensemble a une grandeur, une beauté singulière.

Le trio, en *sol*, d'un rythme bizarre, avec d'incessantes oppositions de nuances, nous fait voir, comme déjà le trio de la symphonie précédente, une manière nouvelle de concevoir le *trio*, tenu désormais pour un morceau libre et fantaisiste, — de même que toujours chez Haydn, — au lieu d'être simplement un second menuet.

Dans le finale, traité en « morceau de sonate », nous retrouvons les mêmes oppositions constantes de rythmes et de nuances, avec, ici, une multiplicité de sujets ou plutôt d'idées, mais tout cela se suivant et ne formant qu'un même discours musical. La seconde idée donne lieu à d'amusantes imitations entre les deux violons, qui reparaissent, en sens inverse, après les deux barres. Chose curieuse, le premier sujet n'est pas repris dans le ton principal, mais seulement à la dominante, sans *développement*, après les deux barres. Les hautbois, qui ne font guère qu'accompagner le quatuor dans le reste du morceau, ont une ritournelle indépendante dans les dernières mesures des deux parties qui, — autre détail curieux, — se terminent sur un *pianissimo*.

En résumé, tout, dans cette symphonie, nous apparaît nouveau et foncièrement original, avec une largeur d'inspiration que nous ne retrouverons pas, durant la période suivante, dans le milieu plus mesquin de Salzbourg, ni même dans les œuvres instrumentales du premier séjour de Mozart en Italie.

69. — *Vienne, été ou hiver de* 1768.

Menuet en ré, pour deux violons, deux cors et basse.

K. 64.
Ms. perdu.

Ce menuet de vingt-huit mesures n'a jamais été publié et nous est inconnu. Il paraît d'ailleurs n'être qu'une esquisse, ne portant ni titre ni désignation des divers instruments. Mais non seulement Kœchel, qui a vu l'autographe, affirme qu'au point de vue de l'écriture le menuet lui a paru dater de 1768 : le rythme des premières mesures, tel que nous le montre son catalogue, avec ses grands écarts des violons, ressemble si fort à celui du menuet de la symphonie précédente que, sûrement, le morceau aura été composé très peu de temps avant ou après cette symphonie.

ONZIÈME PÉRIODE

SALZBOURG : LES APPRÊTS DU VOYAGE EN ITALIE

(1er JANVIER-12 DÉCEMBRE 1769)

Dans une lettre de Vienne, que nous n'avons citée qu'incomplètement, Léopold Mozart, à la date du 11 mai 1768, transcrit d'abord quelques passages d'une lettre que l'un de ses protecteurs vient de recevoir d'un chambellan de l'archevêque de Salzbourg, — lettre écrite en italien, — ce qui prouve combien l'usage de cette langue devait être familier à la cour salzbourgeoise. Nous y lisons ceci : « L'archevêque consent très volontiers à ce que le sieur Mozart reste absent de Salzbourg autant qu'il lui plaira : mais, à l'avenir, lorsqu'il sera absent, il ne touchera plus son salaire accoutumé, tout en conservant son emploi, comme par le passé. » A quoi Léopold Mozart ajoute : « Voyez un peu quelle faveur ! Ainsi je vais pouvoir désormais rester absent à mon gré, pourvu seulement que je ne demande pas à être payé ! Et de cela, au fond, je suis très content. Du moins, je vais pouvoir maintenant prolonger mon séjour au dehors sans avoir à craindre de nouveaux reproches. » En vérité, le frère de l'archevêque lui promet que, s'il le veut, on lui fera obtenir, à Salzbourg, un supplément de travail et de gages : mais il ne veut rien de tel. « Au contraire, je me réjouis d'une décision qui va me faciliter d'obtenir l'autorisation pour un voyage en Italie : voyage qui, lorsque l'on pèse toutes les circonstances, ne peut plus guère être retardé, sans compter que je vais avoir, de la part de l'empereur lui-même, toute sorte de recommandations pour les provinces impériales de l'Italie comme aussi pour Florence et Naples. Ou bien, peut-être, préfère-t-on que je croupisse à Salzbourg, aspirant vainement à un sort meilleur ; veut-on que Wolfgang grandisse, et que mes enfants et moi nous laissions conduire par le nez jusqu'à ce qu'arrive un moment où je ne serai plus en état de voyager, et où Wolfgang atteindra un âge et une taille qui ôteront à ses talents leur caractère merveilleux ? Ne convient-il pas que mon fils, après avoir échoué dans le premier pas qu'il a fait avec son opéra de Vienne, poursuive aussitôt, d'une allure énergique, la voie qui s'ouvre, toute large, devant lui ? »

Ainsi Léopold Mozart, dès le milieu de 1768, avait expressément résolu de conduire son fils en Italie. Il voulait l'y conduire, surtout pour l'exhiber une fois de plus, et pour profiter de ce que « ses talents avaient de merveilleux » ; mais il ne faut pas oublier non plus sa lettre de la fin de 1766, où il déclarait « que Wolfgang avait encore beaucoup à apprendre » et exprimait son intention de ne rien négliger pour rendre parfaite l'éducation professionnelle et générale de l'enfant. En réalité, nous pouvons l'affirmer, le véritable objet du voyage d'Italie n'a pas été autant le désir d'exhiber l'enfant-prodige que celui de procurer à Wolfgang ce complément d'instruction qui, suivant les idées d'alors, ne pouvait être obtenu que par un séjour plus ou moins long dans les grandes villes italiennes. Et par là nous nous expliquons ce fait bien certain que, durant l'année qui a précédé le départ pour l'Italie, l'enfant, toujours conseillé et dirigé par son père, se soit moins préoccupé de se préparer au voyage que de poursuivre sa formation de compositeur, en mettant à profit les leçons rapportées de Vienne.

Cette année passée à Salzbourg paraît, d'ailleurs, avoir été employée très activement. L'archevêque, d'abord, qui dès cette année 1769 a nommé l'enfant « Maître de concert de la Cour », n'a point manqué de vouloir connaître les œuvres produites par Mozart à Vienne : probablement ses deux messes, et sûrement ses deux opéras. La *Finta Semplice* a été solennellement représentée sur la petite scène de la Cour salzbourgeoise, avec une interprétation dont le détail nous a été conservé ; et nous savons aussi que Mozart a songé à faire jouer, sur la même scène, son opéra-comique allemand, enrichi de récitatifs nouveaux dont nous aurons à parler. En outre, dès son retour, l'enfant a eu à écrire une nouvelle messe, et les circonstances lui ont fourni l'occasion d'en écrire une autre encore, beaucoup plus importante, au mois d'octobre de la même année. D'autre part, bien que nous ne connaissions, en fait d'œuvres symphoniques datant de cette période, qu'une seule *cassation*, une lettre écrite par Mozart de Bologne, le 4 août 1770, nous apprend qu'il a composé, avant son départ, toute une série d'ouvrages du même genre, aujourd'hui perdus. Pour la Cour, pour l'Université, sans doute pour de riches particuliers, il a eu à écrire maints ouvrages nouveaux, ou peut-être simplement à faire exécuter des ouvrages déjà écrits antérieurement.

Et bien que l'année 1769 soit une de celles, dans toute la carrière de Mozart, qui nous aient laissé le moins de documents authentiques, le peu qui nous en reste suffit pour nous permettre de nous représenter assez exactement l'état d'esprit et les progrès de l'enfant durant cette période de transition entre deux des événements les plus considérables de sa vie.

D'une façon générale, nous pouvons dire que Mozart, en 1769, a surtout continué de s'avancer dans les voies qui s'étaient ouvertes à lui l'année précédente. Il avait rapporté de Vienne tant d'impressions nouvelles, et des impressions qui répondaient si bien à son génie propre, que la perspective du prochain départ pour l'Italie ne l'a pas empêché de se maintenir, en quelque sorte, sous le charme des œuvres et des styles que son séjour à Vienne lui avait révélés. C'est ainsi que dans sa *cassation* et dans l'accompagnement instrumental de ses deux messes, nous allons le voir conservant à la fois les idées et les procédés que nous ont montrés ses œuvres de l'année précédente. Non seulement il va demeurer fidèle à la coupe allemande des morceaux, avec *développements* et *rentrées* dans le ton principal, avec des sujets multiples et non séparés les uns des autres, mais nous y retrouverons les mêmes rythmes et les mêmes procédés, à peine un peu modifiés sous l'influence amollissante de l'atmosphère salzbourgeoise. Et si, dans la seconde de ses deux messes de 1769, le style est déjà plus italien et plus « moderne » tout ensemble que dans sa messe de Vienne, sous l'action du goût italien qui règne désormais sans mélange à la chapelle archiépiscopale, l'inspiration profonde n'en est pas moins celle que nous présentent les œuvres viennoises, c'est-à-dire tout allemande, et plus instrumentale que proprement vocale.

C'est dans sa *cassation* en *sol*, dans ses deux messes n° 70 et n° 75, dans sa *licenza* n° 73, voire dans les petits menuets à danser n° 71, dans des œuvres certainement composées à Salzbourg en 1769, que nous devons chercher à connaître ce qu'a été Mozart durant cette année : et toutes ces œuvres s'accordent à nous le montrer méditant et approfondissant les leçons naguère apprises à Vienne, de telle sorte que la période de 1769 pourrait, sans trop d'inconvénients, être rattachée à la précédente.

Mais cette période, si elle ne nous offre aucun élément bien nouveau, n'en a pas moins été extrêmement utile pour la formation du génie de Mozart. Il a été excellent que, au sortir de son séjour à Vienne, Mozart ait encore passé une autre année à Salzbourg, avant d'entreprendre son voyage d'Italie. Cette période de recueillement, en effet, l'a empêché d'oublier à jamais ses leçons de Vienne sous l'action, toute différente et même opposée, du milieu musical italien où il allait avoir à vivre, presque sans interruption, pendant plus de deux ans. Si Mozart, malgré tous les changements que nous verrons s'accomplir en lui pendant son séjour à Milan et à Rome, s'il n'est pas devenu un simple italianisant, si toujours sa musique a gardé la forte et profonde saveur allemande qui lui est propre, c'est grâce à l'intervalle d'une année qui a séparé son départ de Vienne de son installation en Italie. L'enfant, grâce à cet intervalle, a eu le loisir de s'assimiler l'esprit et le style de la musique allemande, telle que l'incarnaient alors excellemment les symphonistes viennois ; et désormais aucune autre influence ne devait plus parvenir à effacer de son cœur la vive empreinte que ces maîtres y avaient laissée.

70. — Salzbourg, 14 janvier 1769.

Missa brevis en ré mineur, pour quatre voix, deux violons, basse et orgue.

K. 65.

Ms. à Berlin.

I. *Kyrie : Adagio et allegro.* — II. *Gloria : Allegro moderato.* — III. *Credo : Allegro moderato, adagio alla breve (Et incarnatus) et allegro moderato.* — IV. *Sanctus : Adagio et allegro (Pleni sunt).* — V. *Benedictus en sol mineur, et Hosanna en ré mineur.* — VI. *Agnus Dei : Andante et allegro (Dona nobis).*

Cette messe (dont la date est inscrite sur l'autographe) a été écrite à très peu de distance de la précédente n° 67, et, dans l'ensemble, relève encore des mêmes principes. Mais déjà maints signes y annoncent que Mozart va bientôt se laisser séduire par la conception nouvelle de la musique religieuse. Les morceaux sont encore faits de passages séparés, suivant le texte de proche en proche, sans aucun effort à leur donner l'unité factice des morceaux de sonate : mais déjà, constamment, l'orchestre accompagne le chant au lieu de le doubler, les passages en contrepoint se détachent des passages homophones, et l'élément mondain tend à apparaître, sous la forme de *soli*, de figures mélodiques dans le chant ou dans l'accompagnement. Au point de vue du métier, le progrès est très sensible ; au point de vue de l'expression, cette petite messe n'a plus la touchante et profonde simplicité de certains morceaux de la précédente.

Nous ignorons, malheureusement, dans quelles circonstances a été composée cette seconde messe : mais le choix, tout à fait inaccoutumé, d'une tonalité mineure qui s'y trouve maintenue à travers toute la messe, ferait supposer que Mozart a expressément voulu donner à celle-ci un caractère de sombre solennité correspondant à une destination spéciale, telle qu'un anniversaire funèbre.

Le *Kyrie*, comme dans la messe précédente, est fait d'un prélude lent et d'un morceau *allegro*. Mais, dans le prélude, les voix chantent à découvert ; et dans la suite du morceau, au contraire, le rôle de l'orchestre est sensiblement plus marqué. Il y a aussi, au milieu du *Kyrie*, une opposition de *soli* et de chœurs ; et l'ensemble du morceau a un caractere à la fois plus homophone et plus chantant. Ajoutons que, déjà, ce *Kyrie* commence a être composé en morceau de sonate, avec une rentrée régulière du premier sujet, treize mesures avant la fin.

Dans le *Gloria*, les violons font un accompagnement très important, poursuivi à travers tout le morceau, parfois même en contrepoint. Le chant est formé d'une alternative de *soli* et de *tutti* comme aussi d'une alternative d'homophonie et de contrepoint. Le *Cum sancto Spiritu* est un petit *fugato* dont le thème, comme ceux des *fugatos* de la messe précédente, paraît bien avoir été emprunté à quelque maître ancien.

Dans le *Credo*, le passage pathétique de l'*Incarnatus* et du *Crucifixus* commençant en *fa* majeur est plus court que dans la messe précédente, et son principal intérêt consiste dans l'accompagnement des deux violons, qui poursuit un rythme constant, ici encore, à travers tout le morceau. Les paroles du texte qui suivent l'*Et in Spiritum* sont réparties entre les quatre voix, en un contrepoint plus libre et plus original que celui du *fugato*, assez faible, qui termine le *Credo*.

Ajoutons que, dans ce *fugato*, l'orchestre se borne encore à doubler les voix : mais, au contraire, dans tout le reste de l'*allegro moderato* du *Credo*, les deux violons, l'orgue et la basse dessinent au-dessus du chant un accompagnement libre qui, parfois, contribue très habilement à soutenir les voix, et puis, de nouveau, recommencent à y ajouter des figures indépendantes.

Le *Sanctus*, très resserré, a un bel accompagnement des deux violons. Le morceau débute par un *adagio*, malheureusement trop court, où les quatre voix étagent leur chant, en contrepoint libre, avec une grandeur et solennité remarquable. Dans l'*allegro* suivant, un trait imprévu des basses, à l'unisson de l'orgue, nous est un témoignage touchant de l'inexpérience de l'enfant. Le *Benedictus* qui suit, en *sol mineur*, après avoir été refait plusieurs fois par Mozart, est devenu certainement le morceau le plus intéressant de toute la messe. C'est d'ailleurs chose infiniment probable que, sous sa forme définitive, le *Benedictus* a été composé plusieurs années après le reste de la messe, sans doute pour une exécution ultérieure, ce qui explique la différence de son style. Il consiste en un duo de soprano et d'alto, très librement accompagné, et d'abord très contrepointé, mais cependant avec une allure concertante qui n'a déjà plus rien de commun avec le système suivi par Mozart dans sa première messe et dans presque tous les morceaux de cette messe-ci. A ce *Benedictus*, comme dans la messe précédente, succède une reprise de l'*Hosanna*. Enfin l'*Agnus Dei*, coupé comme celui de la messe précédente, diffère de celui-ci par la liberté de son accompagnement, encore que cet accompagnement des violons, avec sa figure continue, rappelant à la fois l'accompagnement du *Benedictus* et celui d'un beau *Kyrie* en contrepoint de 1771, n° 107, puisse bien, lui aussi, n'avoir été introduit là que pour une exécution ultérieure. Le *Dona nobis*, avec ses traits de chant, achève de nous faire prévoir le grand changement qui va se produire, dès la messe suivante, dans la musique religieuse de Mozart.

71. — *Salzbourg. le 26 janvier* 1769.

Sept menuets et trios, pour deux violons et basse.

K. 65ᵃ.

Ms. perdu.

I. En *sol* et trio en *ut.* — II. En *ré* et trio en *sol.* — III. En *la* et trio en *ré.* —
IV. En *fa* et trio en *si bémol.* — V. En *ut* et trio en *fa.* — VI. En *sol* et trio en *ut.*
— VII. En *ré* et trio en *sol.*

La date de composition de ces menuets nous est donnée par l'autographe : mais nous ignorons dans quelles circonstances ils ont pu être
écrits. Tout porte à croire que ce sont des menuets à danser, bien que
plusieurs d'entre eux dépassent le chiffre de **32** mesures, qui était le
nombre habituel dans les menuets expressément écrits pour la danse.
En tout cas, ce sont des morceaux très simples, et évidemment improvisés, ce qui ne les empêche pas d'être déjà bien caractéristiques du
génie de Mozart, ni, non plus, de porter la trace des leçons que l'enfant
venait d'apprendre à Vienne. Au point de vue de la coupe, en vérité,
ils diffèrent des menuets des symphonies viennoises de Mozart en ce
que la première partie n'est plus reprise, à la fin de la seconde, qu'une
fois sur deux en moyenne, au lieu de l'être régulièrement et dans le
menuet et dans son trio[1].
Mais l'allure générale et le rythme des menuets, la fréquence des
écarts dans les parties des violons, de petites imitations entre les deux
violons ou entre l'un d'eux et la basse, tout cela rattache directement
ces menuets aux œuvres de la période précédente. Il convient cependant d'ajouter que, ici, les trios ne se distinguent pas aussi absolument
des menuets, par leur caractère, que dans les menuets des symphonies
de Vienne : ce qui tient, sans doute, à ce que ces menuets salzbourgeois sont écrits pour être dansés.

1. Il faut noter ici que. dans ces menuets, ou bien Mozart reprend toute la
première partie, ou bien la seconde partie ne répète aucun fragment de la première : tandis que, plus tard, Mozart adoptera presque constamment une coupe
nouvelle, qui consistera à reprendre. vers le milieu de la seconde partie d'un
menuet, la seconde moitié de la première partie.

72. — *Salzbourg, printemps de* 1769.

Cassation en sol, pour deux violons, deux altos, basse, deux hautbois (ou deux flûtes) et deux cors.

K. 63.

Ms. à Berlin.

Marcia. — Allegro. — Andante (en ut). — Menuetto et trio (en sol mineur).
Adagio (en ré). — Menuetto et trio (en ut). — Finale : allegro assai.

L'autographe de cette *cassation* ne porte aucune date : mais son style
est si voisin de celui des symphonies viennoises de Mozart qu'elle doit
évidemment avoir été composée soit encore à Vienne ou très peu de
temps après le retour à Salzbourg, et cette seconde hypothèse est
d'autant plus vraisemblable que non seulement les influences viennoises
dans la *cassation* recommencent à se mélanger d'esprit salzbourgeois,
mais que nous savons, par une lettre de Mozart à sa sœur, de l'année 1770,
que l'enfant, durant l'année précédente, a composé « de nombreuses
cassations ». Il est vrai que le thème initial du n° 72 ne figure point
parmi les thèmes de *cassations* de 1769 que Mozart envoie à sa sœur :
mais il dit expressément, dans sa lettre, qu'il ne lui en envoie que
« quelques-uns ». D'autre part, les chroniques locales de Salzbourg nous
apprennent que l'enfant a eu à écrire, en 1769, maintes compositions
de ce genre, aussi bien pour les dîners de la Cour que pour les fêtes de
l'Université ou de maisons particulières.

Comme nous l'avons dit, le style de la *cassation* reste encore très
pareil à celui des symphonies viennoises. D'abord, les morceaux (à
l'exception d'un *solo* de violon intercalé entre les deux menuets), ont
tous des *développements* réguliers suivis de rentrées variées du premier sujet dans le ton principal : la marche même, ce qui est très rare
chez Mozart, nous offre cette coupe régulière d'un morceau de sonate. En
outre, toujours comme à Vienne, les sujets ne sont plus nettement
séparés, et Mozart abandonne, pour un moment, l'habitude italienne de
répéter chacune de ses phrases. Les violons continuent à faire de grands
écarts caractéristiques ; et non moins caractéristiques sont, notamment
dans le premier *allegro*, les longues ritournelles, immédiatement imitées
des airs d'opéra. Dans les menuets, toujours comme à Vienne, Mozart a
une tendance à reprendre toute la première partie, après la seconde.
Enfin, au point de vue de l'instrumentation, nous retrouvons ici une
trace manifeste de l'énorme progrès accompli à Vienne. Les instruments
à vent ont beau avoir un rôle un peu effacé, leur partie est toujours
distincte de celle des cordes, et parfois essentielle, soit que Mozart

confie aux hautbois le soin de ramener un motif, ou qu'il renforce l'expression d'un passage par des appels des cors. Et, dans le quatuor même, le progrès n'est pas moins visible : indépendance croissante des altos, variété plus grande du travail des basses, qui désormais restent constamment en vue, au lieu de se borner, comme autrefois, à n'intervenir activement que dans certains endroits, et d'une certaine façon toujours à peu près pareille. De telle sorte que, tout en n'ayant, par soi-même, qu'une valeur et une portée assez restreinte, cette *cassation*, visiblement improvisée, ne nous en renseigne pas moins sur les dispositions musicales du petit Mozart après son retour de Vienne, sans compter que, comme nous l'avons dit, maints rythmes nous y révèlent de nouveau l'influence de Salzbourg et qu'il n'y a pas jusqu'à l'influence toute personnelle de Michel Haydn qui ne se montre à nous, par exemple, dans la quintette à cordes en *ut* majeur qui vient après le premier *allegro*.

La *cassation* s'ouvre, suivant l'usage, par une *marche*, et l'on a vu déjà que Mozart, ici, contrairement à son habitude d'avant et de plus tard, a traité le genre de la marche en morceau de sonate, avec *développement* et rentrée régulière, un peu variée, de toute la première partie dans le ton principal. L'*allegro* qui suit est encore tout semblable aux *allegros* des symphonies viennoises, avec la liaison de ses sujets, les écarts des violons, les dessins originaux des basses, la longue ritournelle terminant les deux parties. La rentrée, un peu abrégée, est précédée d'un long *développement* où il faut noter de très habiles imitations entre les deux violons. Le sujet initial de cet *allegro* ressemble tout à fait au sujet du premier morceau d'une symphonie de Léopold Mozart, tel que nous le trouvons reproduit dans un catalogue Breitkopf de 1766 ; mais, la symphonie étant perdue, nous serions en peine de dire si cette ressemblance allait plus loin encore.

L'*andante*, nous l'avons dit, est un véritable quintette à cordes et où les instruments sont répartis et traités de la même manière que dans les quintettes que composait volontiers Michel Haydn. L'unique sujet de cet *andante* est encore, comme celui de l'*andante* de la symphonie n° 68, un petit *lied* d'opéra-comique allemand, chanté par le premier violon, avec des effets chromatiques qui, eux aussi, se ressentent de l'influence de Michel Haydn. Mais ici, déjà, Mozart fait une *rentrée* complète de la première partie dans le ton principal, après un pauvre *développement* de huit mesures qui nous révèle encore l'ancien élève de Léopold Mozart.

Le premier *menuet* est un *canon* encore assez simple, mais poursuivi constamment entre les deux violons et les altos unis aux basses, tandis que les hautbois et les cors ne font que doubler. Ce genre de menuets en *canon*, immortalisé bientôt par Joseph Haydn, semble avoir été familier de tout temps aux symphonistes de l'école viennoise : mais il n'est pas impossible que Mozart en ait déjà trouvé le modèle dans une œuvre de Joseph Haydn lui-même ; car non seulement il a dû entendre des œuvres de ce maître à Vienne ; à Salzbourg aussi, par l'entremise de Michel Haydn, tout porte à croire qu'il est resté sans cesse en contact avec l'art du frère aîné, dont nous allons d'ailleurs le voir s'inspi-

rer aussitôt après son retour d'Italie. Dans ce premier menuet, Mozart
ne reprend pas la première partie, comme il faisait toujours à Vienne :
mais il la reprend dans le trio, écrit pour le quatuor à cordes, en *sol*
mineur, et qui contraste, par son allure douce et rêveuse, avec la verve
emportée du canon précédent.

Vient ensuite un nouveau chant de violon, *adagio*, beaucoup plus
développé et plus concertant que celui de l'*andante*. En fait, ce morceau,
où tout le chant revient à un violon *solo* pendant que le quintette à
cordes se borne à accompagner, constitue un véritable petit *concerto*
intercalé dans la *cassation*. Il a deux sujets assez distincts, et, chose
curieuse, ne reprend pas le premier sujet dans le ton principal. Au
reste, il est tout entier d'une coupe inaccoutumée jusqu'ici chez Mozart ,
avec une seconde partie extrêmement variée de proche en proche, et
aboutissant à une longue figure nouvelle de *coda*. Avec la séparation
absolue du chant et de l'accompagnement, avec l'ampleur de sa mélodie
et la richesse de ses ornements, tout cet *adagio* nous offre un caractère
italien qui fait supposer que Mozart, dès ce moment, aura fait connaissance avec l'art des Boccherini et des Sammartini.

Suivent un menuet et un trio assez insignifiants, où se retrouve l'influence viennoise, et où Mozart, les deux fois, reprend toute la première
partie après la seconde.

Enfin, le dernier morceau, très vif et déjà très original, est une sorte
de *rondeau* à la manière de ceux de Chrétien Bach, avec un intermède
mineur, mais qui n'est encore qu'une variation du premier sujet, et
une reprise abrégée de la première partie dans le ton principal suivie
d'une assez longue *coda* nouvelle. Les instruments à vent ont un rôle
très discret, mais toujours effectif ; et les sauts des violons nous montrent, une fois de plus, le goût passager de l'enfant pour un procédé
dont il s'est entiché à Vienne en 1768.

73. — *Salzbourg, été de* 1769.

Récitatif et air (licenza) pour soprano, avec accompagnement de
deux violons, alto, deux hautbois, deux cors et basse.

K. 70.
Ms. à Berlin.

Recitativo : A Berenice e Vologeso. — *Air (en sol) : (Allegro moderato) : Sol nascente.*

La date de cette *licenza*, manifestement postérieure au n° 47, peut être
fixée, d'une façon presque certaine, en 1769 : car, d'abord, l'allure pathétique du récitatif, son traitement déjà tout *musical*, et la figure syncopée

de l'accompagnement de l'air, rattachent directement ce morceau aux airs que Mozart composera à Milan en 1770, et, d'autre part, l'air de notre *licenza*, pour la dernière fois dans toute l'œuvre de Mozart, a encore le *da capo* complet, à la vieille manière, tandis que le premier air composé à Milan et tous ceux qui vont suivre, n'auront déjà plus que le *demi da capo*. C'est donc avant de partir pour l'Italie que Mozart, une seconde fois, a eu 'occasion de célébrer le bon évêque Sigismond.

Le récitatif initial, sans être encore très poussé, atteste, chez l'enfant, une préoccupation croissante de l'expression musicale du sentiment dramatique. Le récitatif s'ouvre par une belle figure d'orchestre, avec des traits en imitation, et cette figure reparaît, ingénieusement modulée, deux autres fois dans le cours du récitatif. Quant à l'air, tout en étant très étendu, il n'a encore qu'un seul sujet dans sa première partie, toujours à la manière ancienne. Le chant débute par des notes tenues, comme les aimaient les castrats, et les cadences, qui y sont nombreuses, ont le même caractère de précision classique que nous avons signalé dans les airs de la *Schuldigkeit*. De même la seconde partie de l'air, celle qui n'est point reprise, est encore très courte et très peu importante : nous allons la voir, de plus en plus, se développer dans les opéras et airs de Mozart, lorsque celui-ci aura adopté le système du *demi da capo*. Ajoutons que les parties des violons nous présentent les écarts que nous avons rencontrés dans toutes les œuvres de Mozart en 1768 et 1769, et que la partie des hautbois, sans être très fournie, a cependant un rôle indépendant et tout pareil à celui que nous lui avons vu remplir, par exemple, dans la dernière symphonie de Vienne et la *cassation* n° 72.

74. — Salzbourg, été de 1769.

Récitatifs, pour l'opéra-comique allemand *Bastien et Bastienne,* (n°53).

K. 50.
Ms. à Berlin.

On sait que Mozart, en 1769, ayant eu à faire exécuter à Salzbourg son opérette allemande de l'année précédente, a voulu y remplacer le parlé par des récitatifs : mais il s'est arrêté assez tôt, dans ce travail, ce qui tendrait à faire supposer que la reprise projetée a peut-être eu lieu sans *récitatifs*. En tout cas, c'est là un travail insignifiant : car il s'est borné au récitatif *secco*, et le beau récitatif accompagné qui occupe le n° 14 dans la partition fait sûrement partie de la rédaction primitive. Il faut ajouter que, en même temps qu'il a intercalé ces récitatifs entre ses airs, dans sa partition, Mozart a transposé le rôle de Colas pour une voix d'alto.

75. — *Salzbourg, octobre* 1769.

Missa en ut, pour quatre voix, deux violons, alto, trompettes, timbales, orgue et basse.

K. 66.
Ms. à Berlin.

I. *Kyrie : Adagio et allegro.*

II. *Gloria : Allegro moderato ; Andante grazioso* en *fa (Laudamus te) ; Adagio (Gratias) ; Un poco andante* en *sol (Domine deus) ; Un poco adagio* en *sol mineur (Qui tollis) ; Andante ma un poco allegro* en *fa (Quoniam tu solus) ; Allegro (Cum sancto Spiritu).*

III. *Credo : Molto allegro ; Adagio* en *fa (Et incarnatus) ; Adagio* en *ut mineur (Crucifixus) ; Molto allegro (Et resurrexit) ; Andante* en *sol (Et in Spiritum) ; Moderato (Et unam sanctam) ; Allegro (Et vitam).*

IV. *Sanctus : Adagio et allegro (Pleni sunt). Allegro moderato* en *sol (Benedictus)* et *Allegro (Hosanna).*

V. *Agnus : Allegro moderato* et *Allegro (Dona nobis).*

Cette messe, dont l'autographe porte l'inscription : *Di Wolf. Mozart,* 1769, *in octobre,* a été composée pour la première messe d'un ami des Mozart, le P. Dominique Hagenauer. Mozart l'a remaniée dans la suite, et y a joint des parties de hautbois et de cor (probablement à Salzbourg en 1776, bien que, d'après une lettre de Léopold Mozart, la messe ait été chantée aussi à Vienne en 1773).

Cette messe, étant une « messe solennelle », devait nécessairement avoir une allure plus ample et un caractère plus brillant que les deux précédentes, qui étaient des messes brèves : mais cette différence de genre ne suffit pas à expliquer l'énorme différence de nature qui sépare la présente messe de celle de 1768, et même encore de celle de janvier 1769. Ce que cette dernière ne faisait encore qu'annoncer timidement, la rupture complète avec les vieilles traditions locales de musique religieuse, la soumission définitive de celle-ci à l'esprit de l'opéra et de la symphonie, tout cela nous apparaît désormais avec une évidence parfaite, et la messe n° 75 est déjà conforme au type des messes suivantes de Mozart. Chacune des cinq parties de la messe reste, naturellement, divisée en plusieurs morceaux : mais non seulement ceux-ci ont déjà une organisation intérieure, avec reprises modulées d'un même sujet, etc. : souvent aussi nous sentons que Mozart tâche déjà à unir entre eux les morceaux d'une même partie de la messe, soit en reprenant les mêmes chants, ou en accompagnant des chants différents par de mêmes traits ou figures d'orchestre.

Le contrepoint, décidément, se sépare des passages homophones, et déjà même avec une tendance à devenir, à la fois, plus rare et plus orné. Au recueillement simple des messes précédentes succède une préoccupation continue de l'effet dramatique : les sentiments exprimés sont déjà tout pareils à ceux de la musique d'opéra, ou plutôt d'opéra-comique, car la messe est toute parsemée de *soli* et d'airs qui font songer aux petits opéras italiens et français. Mais surtout le trait distinctif de cette messe est la prédominance de l'orchestre sur le chant. Sauf pour les passages en contrepoint, où l'orchestre se borne encore parfois à doubler le chant, son rôle devient d'une liberté et d'une importance extrêmes ; il ne se réduit plus à accompagner le chant, comme dans la messe précédente : maintes fois c'est lui qui chante vraiment, qui donne aux morceaux leur signification et leur interêt. Il y a là, manifestement, un défaut qui résulte de l'éducation tout instrumentale de Mozart en 1769 ; et le voyage d'Italie viendra fort heureusement rappeler à l'enfant les droits du chant, sauf d'ailleurs pour lui à garder longtemps encore ce qu'on pourrait appeler une conception instrumentale de la musique, et à traiter les voix un peu à la manière des parties d'orchestre.

Avec tout cela, cette messe est presque toujours trop longue, en comparaison de son contenu. Elle abonde en passages qui révèlent un élève ; et ses deux fugues, notamment, sont de véritables *devoirs*, d'ailleurs corrects et même assez adroits.

Le *Kyrie*, comme dans les messes précédentes, se divise en deux parties : un *adagio* et un *allegro*, toutes deux d'un chant homophone, avec un accompagnement figuré des violons. Mais tandis que l'*adagio* n'est qu'une façon de prélude, d'ailleurs très solennel à la fois et recueilli, l'*allegro* suivant est déjà morcelé, avec des épisodes d'un goût tout profane. Le passage précédant le *Christe*, notamment, et le dernier retour du *Christe* lui-même donnent lieu à des *soli* d'une allure bien gauche, accompagnés par l'orchestre sur un rythme de valse. Notons, d'autre part, dans l'accompagnement, une véritable coupe de morceau symphonique, avec deux sujets distincts dont le premier, ensuite, est repris à la dominante tandis que l'autre revient dans le ton principal.

Dans le *Gloria*, les premières paroles chantées par le chœur, *Gloria in excelsis*, et formant de nouveau une sorte de prélude, sont suivies d'un duo en *fa*, *andante grazioso*, entre le soprano et l'alto, qui est un véritable duo d'opéra-comique. Puis vient un *adagio* (*Gratias*), traité en imitations, avec un accompagnement très travaillé des violons. Le *Domine Deus* est un air de ténor en *sol*, d'un caractère également tout profane. Le *Qui tollis* a la forme d'un chœur *adagio* (en *sol mineur*) : mais toute son expression se concentre dans la modulation continue, à l'orchestre, d'un trait de violon en doubles croches et d'une figure caractéristique de l'alto. Après quoi vient de nouveau un air d'opéra : *Quoniam tu solus* (en *fa*) chanté par le soprano avec un long trait vocalisé, qui atteste

bien l'éducation tout instrumentale de l'enfant et le *Gloria* se termine
par une longue fugue sur un thème scolastique.

Dans les airs et le duo, l'accompagnement est tout à fait celui des airs
d'opéra. Dans les ensembles, les passages en contrepoint sont toujours
doublés par l'orchestre, et se distinguent ainsi plus vivement encore
des passages homophones où, aussitôt, Mozart recommence a produire
de véritables petits morceaux symphoniques, indépendants du chant,
et souvent supérieurs à lui en importance. Observons encore que l'alto,
dans cet accompagnement, est souvent d'une liberté qui continue de
nous montrer l'intérêt témoigné alors par Mozart à cet instrument.

Dans le *Credo* (qui commence au *Patrem omnipotentem*), le rôle de l'orchestre est plus important encore que dans les parties précédentes.
Sauf les morceaux épisodiques, traités en *soli* ou en duos, et la fugue
finale, tout ce grand *Credo* est accompagné d'une même figure de violons, se poursuivant avec des modulations parfois très expressives.
L' *Et incarnatus* (en *fa*) est une sorte de duo entre les deux voix supérieures et les deux autres, d'ailleurs composé comme un *andante* de
symphonie. L'*Et resurrexit*, écrit deux fois par Mozart, rappelle, sous
sa forme définitive, le premier chœur du *Credo*, avec un chant homophone de même espèce, sous la même figure d'accompagnement. L'*Et
in Spiritum* est un solo de soprano (en *sol*), après lequel l'orchestre
reprend une troisième fois l'entrée du *Credo*, sous un chant homophone
qui rappelle également celui de début : mais bientôt, à l'*Et expecto*, le
chant homophone est remplacé par un contrepoint que l'orchestre,
cette fois, au lieu de le doubler, accompagne librement ; et il y a même
des passages du grand *fugato* final où déjà l'orchestre ajoute aux voix
des figures nouvelles d'accompagnement, au lieu de se borner à
doubler le chœur. Ce *fugato* est d'ailleurs moins scolastique et plus
personnel que la grande fugue du *Gloria*, mais avec un travail beaucoup
moins poussé.

Le *Sanctus* débute par un prélude lent que suit un *allegro* assez contrepointé, mais moins encore que l'*Hosanna*, qui révèle un travail particulièrement approfondi. Le *Benedictus*, lui aussi, est en contrepoint,
avec un accompagnement libre de l'orchestre : il est suivi d'une reprise
de l'*Hosanna*. Tout ce *Sanctus* a déjà une originalité très marquée : on
sent que Mozart, à mesure qu'il avance dans sa messe, acquiert plus
de maîtrise et de liberté. Pareillement l'*Agnus Dei*, avec son style à la
fois savant et fleuri, révèle un progrès technique considérable ; le *Dona
nobis*, en particulier, toujours d'un caractère instrumental et profane,
module constamment une figure très chantante, et avec une grande
richesse d'invention harmonique. L'orchestration même, dans cet *Agnus
Dei*, tout en restant toujours indépendante du chant, semble mettre
plus de discrétion à l'accompagner. Les deux violons s'y opposent
volontiers au groupe des altos et des basses, toujours avec une importance extrême attribuée à la partie des altos.

Ajoutons enfin que, dans le *Sanctus* et l'*Agnus*, Mozart resserre beaucoup plus le contraste des *soli* et des *tutti*, établissant entre eux une
alternance presque régulière, au lieu des grands épisodes que formaient
les *soli* parmi les ensembles des morceaux précédents.

76. — *Salzbourg, fin de* 1769.

Te Deum en ut, pour quatre voix, deux violons, basse et orgue.

K. 141.

Ms. perdu.

*Te Deum : allegro. — Te ergo : adagio. — Æterna fac : allegro,
— In te Domine : allegro (fugato).*

Aucun document ne nous renseigne sur la date de ce *Te Deum*, dont
le manuscrit est perdu : mais son écriture musicale est si voisine de
celle de la messe en *ut* d'octobre 1769 que la date de sa composition
doit avoir été toute proche de celle-là. En tout cas, Mozart a écrit ce
Te Deum avant son premier séjour en Italie : car non seulement aucune
lettre de son père ni de lui-même n'en fait mention, mais nous verrons,
par une lettre de Mozart en août 1770, que, depuis son arrivée en Italie,
l'enfant aura composé des symphonies, des airs, « et un motet » dont
nous savons qu'il consiste en un offertoire n° 80, écrit en février 1770
pour un jeune castrat milanais. D'autre part, il n'est guère probable
que l'enfant ait composé son *Te Deum* après cette date de juillet 1770,
car son style religieux a subi, dès lors, une transformation complète ;
et Mozart, notamment, a adopté une nouvelle habitude italienne dont
nous parlera le voyageur Burney, l'habitude de commencer tous les
morceaux de chant religieux par une longue « symphonie » ou introduction d'orchestre, tandis que le *Te Deum*, de même que la messe salzbourgeoise d'octobre 1769 (et aussi le motet milanais de février 1770), fait
encore commencer le chant dès la première mesure.

Il ne nous a pas été possible, malheureusement, de découvrir la destination de ce *Te Deum*. Une tradition veut que Mozart l'ait écrit à la
demande de l'impératrice Marie-Thérèse : mais c'est là une de ces nombreuses légendes qui ne reposent sur aucun fondement historique.
D'autre part, nous savons que Michel Haydn, à Salzbourg en 1770, a
composé pareillement un *Te Deum* : peut-être y avait-il, tous les ans, un
certain anniversaire que l'usage était de célébrer par un chant de cette
espèce ? En tout cas, l'orchestration très réduite du *Te Deum* de Mozart,
écrit simplement pour deux violons, — et qui même, presque toujours,
se doublent l'un l'autre, comme dans la messe d'octobre 1769, — semble
indiquer que le morceau a été composé pour une des petites églises
conventuelles de Salzbourg.

Quoi qu'il en soit, le style du *Te Deum*, comme nous l'avons dit, se
rattache directement à celui de la messe salzbourgeoise n° 75. Tout de

même que dans cette messe, les chœurs du *Te Deum* sont accompagnés
par des traits de violon, et qui, ici, ne s'arrêtent même plus pendant le
fugato final. D'autre part, le chant, sauf dans ce *fugato*, apparaît encore
plus volontiers homophone que dans la messe, avec à peine quelques
petites imitations épisodiques : mais ce chant a tout ensemble une
allure plus mélodique et une portée plus religieuse, qui suffiraient à
nous prouver une date de composition postérieure ; sans compter que
les modulations, également, attestent un progrès considérable dans la
pratique des ensembles vocaux. Sous ce rapport, le *Te Deum* est même
déjà plus proche de l'offertoire milanais n° 80 de février 1770 que de la
grand'messe de Salzbourg.

   Enfin la coupe générale du motet reproduit exactement celle de plu-
sieurs autres *Te Deum* contemporains, et notamment d'un très beau
Te Deum composé par Joseph Haydn en 1767. Chez Mozart comme chez
Haydn, l'*allegro* initial, très simple et brillant, est suivi d'un court
adagio mineur au *Te ergo quæsumus;* après quoi l'*allegro* reprend aux
mots : *Æterna fac cum sanctis tuis*, et se poursuit désormais jusqu'à l'*In te
Domine speravi*, où commence une sorte de finale traité en contrepoint.
Mais au lieu de la grande fugue que Joseph Haydn a composée en cet
endroit, le petit Mozart, lui, se borne à écrire un simple *fugato* sur deux
sujets, assez court, et d'un caractère à la fois chantant et superficiel.

   Tout compte fait, ce *Te Deum* est encore un devoir d'élève, comme la
grand'messe n° 75, mais déjà beaucoup plus sûr et moins inégal.
Ajoutons que les paroles du texte, jusqu'au *fugato* final, sont chantées
sans aucune répétition de mots, avec un effort sensible à y adapter de
proche en proche l'expression musicale, et que les chœurs, au contraire
de la messe de 1769, ne sont jamais coupés de *soli*.

DOUZIÈME PÉRIODE

LE PREMIER SÉJOUR EN ITALIE

1. — L'ACCLIMATATION

(11 DÉCEMBRE 1769-15-MARS 1770)

Le premier séjour de Mozart en Italie a duré du 11 décembre 1769 au 28 mars 1771 : mais on comprendra sans peine qu'une période aussi longue et aussi importante du développement artistique du jeune garçon n'ait pu manquer de se diviser en plusieurs moments distincts, et dont chacun, pour nous révéler sa véritable signification, devra être considéré séparément. En fait, on peut répartir ce séjour de Mozart en quatre sections : l'une, depuis le départ de Salzbourg jusqu'au premier départ de Milan, nous fait voir l'enfant occupé à prendre contact avec un milieu et un art nouveaux ; la seconde, renfermant les séjours à Florence, à Rome, à Naples, et l'arrivée à Bologne (jusque vers le 15 juillet 1770), nous le montre déjà pleinement acclimaté à l'atmosphère italienne du temps, et produisant les œuvres les plus exactement semblables qu'il ait produites jamais à celles de la plupart des compositeurs italiens de son temps. Mais voici que son séjour à Bologne, et la connaissance qu'il y fait du savant P. Martini, viennent changer tout à coup la direction de sa pensée musicale, et le transforment pour quelques mois en un contrapuntiste à la manière ancienne ; et lorsque, ensuite, de retour à Milan, il retrouve le milieu et les occupations des périodes qui ont précédé son séjour à Bologne, l'empreinte que lui a laissée ce séjour persiste, chez lui, et donne à ses œuvres un caractère sensiblement différent de celui qu'elles ont eu avant qu'il eût reçu les leçons du grand théoricien bolonais, — sans compter que l'obligation d'écrire un grand *opera seria* pour l'hiver de 1770-71 contribue encore à modifier et à enrichir son expérience professionnelle.

Ainsi nous allons avoir à étudier quatre périodes successives ; et pour chacune d'elles nous aurons d'abord, ainsi que nous l'avons fait dans tous les chapitres antérieurs, à citer, d'après les lettres du

père, — auxquelles se joindront désormais les lettres de Mozart lui-
même, — et d'après d'autres documents contemporains, tous les faits
qui, d'une manière quelconque, se rapporteront à l'éducation ou à la
production musicales du jeune Mozart.

Le lendemain du départ, l'enfant adresse à sa sœur, de l'étape de
Wirgel, un billet d'ailleurs sans intérêt pour nous, mais qui est
tout écrit en italien, ce qui nous montre que le petit Mozart a dû, pendant les mois qui ont précédé, s'exercer à la pratique de cette langue.
Et il faut noter encore, dans ce billet et dans les suivants, l'expression du ravissement profond que le petit éprouvait à faire le voyage.
« Il est bien gai de voyager ! » lisons-nous dans le billet du 12 décembre ; et, dans un autre, quelques jours après : « Mon cœur est
tout ravi de joie, tant je m'amuse à voyager ! »

Léopold Mozart, cette fois, est parti seul avec son fils ; et c'est
désormais à la mère et à la sœur que seront adressées les lettres des
deux voyageurs, ce qui leur permettra d'être plus riches en précieux
détails biographiques que les lettres écrites, jusqu'alors, aux Hagenauer.

D'Inspruck, le 17 décembre, Léopold écrit que, « après avoir été
très bien accueillis par le comte Spaur, ils ont été invités à un concert organisé chez le comte Künigl, où Wolfgang a reçu en cadeau
un très beau concerto qu'il avait joué à première vue ».

De Vérone, le 7 janvier 1770, il rapporte que, pendant leur passage
à Roveredo, Wolfgang a pris part à un concert chez le baron Todes-
chi, et, le lendemain, devant une foule énorme, a joué sur l'orgue
de l'église principale. « A Vérone, l'aristocratie locale n'a pu organiser un concert pour nous que sept jours après notre arrivée, parce
que, chaque soir, on donne l'opéra. » Mais Wolfgang s'est exhibé
dans toutes les grandes maisons de la ville, et a joué de l'orgue dans
plusieurs églises. Pendant leur séjour à Vérone, ils ont eu constamment pour compagnon le violoniste Locatelli.

Le même jour, Wolfgang écrivait à sa sœur : « Nous entendons
toujours ici un opéra intitulé *Ruggiero*. Oronte, le père de Bradamante, est un prince ; son rôle est tenu par le signor Afferi, bon
chanteur baryton, mais bien forcé quant il siffle en fausset, et cependant pas autant que Tibaldi à Vienne. Bradamante, amoureuse de
Roger (et qui devrait épouser Léon, mais ne le veut pas), est jouée
par une pauvre baronne, qui a eu un grand malheur que je ne connais
pas, et qui chante sous un faux nom ; elle a une voix passable et sa
figure ne serait pas mal, mais elle détonne comme le diable. Roger,
un riche prince amoureux de Bradamante, est un *musico* (castrat).
Il chante un peu à la manière de Manzuoli, avec une très belle et
forte voix, bien qu'il ait déjà cinquante-cinq ans ; et il a un gosier
très agile. La femme d'Afferi a une voix très belle : mais on fait tant

de bruit, au théâtre, qu'on ne l'entend pas. Le rôle d'Irène est tenu par une sœur de Lolli, le grand violoniste, que nous avons entendu à Vienne ; elle a une voix rauque et chante toujours un quart d'heure trop tôt ou trop tard... Entre chaque acte, il y a un ballet. Il s'y trouve un habile danseur, appelé M. Rœsler, qui est allemand et danse très bien. L'avant dernière fois que nous sommes allés à l'opéra, nous l'avons fait monter dans notre loge de balcon... A propos, tout est en masques, ces jours-ci. »

De Mantoue, le 11 janvier, Léopold envoie à sa femme un article de journal sur Wolfgang « où il y a deux erreurs : car le garçon y est traité de *maître de chapelle en exercice*, et on lui donne 14 ans au lieu de 13 ». Il envoie aussi des vers italiens écrits en l'honneur de l'enfant, et affirme que « les poètes, à Vérone, ont rivalisé à chanter ses louanges ».

De Milan, le 26 janvier, il écrit : « Le 16 de ce mois, à Mantoue, dans la salle de l'*Academia Filarmonica*, nous avons été invités au concert hebdomadaire... La foule des auditeurs, les rappels, les applaudissements, l'enthousiasme général, je ne saurais te les décrire. »

Lettre de Wolfgang à sa sœur, de Milan, le même jour : « Juste avant de recevoir ta lettre, j'ai composé un air du *Demetrio* (de Métastase), qui commence ainsi :

Misero tu non sei ;
Tu spieghi il tuo dolore.

« L'opéra, à Mantoue, était très beau. On y a joué ce même *Demetrio*. La *prima donna* chante bien, mais ne fait pas assez de mouvements. La *seconda donna* a l'air d'un grenadier ; sa voix est trop forte, mais, en vérité, elle ne chante pas mal. Le *musico primo uomo* chante bien, mais d'une voix inégale. Il s'appelle Caselli. Le *secondo uomo* est déjà vieux et ne me plaît pas. Le ténor se nomme Ottini : il ne chante pas mal, mais ne soutient pas le son, de même que tous les ténors italiens ; il est notre excellent ami... Le *primo ballerino* et la *prima ballerina* sont très bons. L'orchestre n'est pas mauvais. — A Crémone, l'orchestre est bon, et le premier violon s'appelle Spagnoletta. La *prima donna* n'est pas mauvaise, mais ne chante pas aussi bien qu'elle joue. Elle est la femme d'un violoniste qui joue dans l'orchestre de l'opéra, et se nomme Masci. L'opéra que nous avons entendu s'appelait la *Clementa di Tito*. Le *musico primo uomo*, Cicognani, avait une jolie voix et un beau *cantabile*... Il y avait là une danseuse qui a très bien dansé... De Milan je ne puis encore t'écrire presque rien : car nous n'avons pas encore été à l'opéra. On nous a dit que l'opéra qu'on jouait n'avait pas réussi. Le *primo uomo* Aprile chante bien, et a une belle voix égale : nous

l'avons entendu dans une église où il y avait une grande fête. Mme Piccinelli, qui a chanté dans notre concert à Paris, chante ici à l'opéra...
L'opéra en question s'appelle *Didone abbandonata*, et va bientôt
cesser d'être représenté. Le signor Piccinni, qui est chargé d'écrire
le prochain opéra, est ici. On m'a dit que son opéra s'appelait *Cesare
in Egitto*. »

Lettre de Léopold Mozart, à Milan, le 3 février : « Nous avons
assisté, hier, à la répétition générale du nouvel opéra, *Cesare in
Egitto*, qui est bon ; nous avons vu le *maestro* Piccinni ainsi que
Mme Piccinelli et nous avons causé avec eux. Notre Wolfgang ne
peut pas vous écrire aujoud'hui parce qu'il est en train de composer
deux motets latins pour deux castrats, dont l'un à quinze ans, l'autre
seize. Ces jeunes gens l'ont prié de leur composer des motets ; et il
n'a pas pu le leur refuser, parce qu'ils sont ses camarades, et
chantent très bien. »

Lettre de Léopold, à Milan, le 10 février : « Le comte Firmian (gouverneur de la Lombardie) commence à aller mieux et nous a invités
à sa table. Après le repas, il a fait cadeau à Wolfgang des 9 volumes
des œuvres de Métastase, dans la plus belle édition, celle de Turin.
Tu peux imaginer combien Wolfgang est content d'un tel cadeau.
Le comte est extrêmement touché de l'adresse de Wolfgang ; et il
me faudrait trop de temps pour te raconter comment notre garçon,
en présence du *maestro* Sammartini et d'un grand nombre des gens
les plus habiles, a été mis à toute sorte d'épreuves, et comment il
a étonné tout le monde. Au reste, tu sais suffisamment de quelle
manière les choses se passent, dans ces cas-là. Nous avons eu l'occasion d'entendre ici beaucoup de musique d'église ; hier, par exemple,
nous avons assisté au *Requiem* pour le marquis Litta. Le *Dies iræ*
de cet office a duré environ trois quarts d'heure... Dans les églises
d'ici, tout consiste dans la musique et dans le luxe de la décoration :
pour la vraie piété, c'est l'abandon le plus affreux. »

Lettre de Léopold, à Milan, le 17 février : « Demain le duc et la
princesse de Modène doivent venir chez le comte Firmian, pour
entendre Wolfgang. Le soir, nous irons au gala de l'Opéra, où il y
aura un bal après la reprentation... Vendredi prochain, il y aura un
concert pour tout le public : nous verrons alors ce qui en résultera ;
mais on ne peut pas compter sur de grosses recettes en Italie. Le
seul plaisir est que, ici, on est plus curieux que chez nous, et que les
Italiens savent reconnaître ce que vaut Wolfgang. »

Lettre de Léopold, à Milan, le mardi gras 1770 : « Notre concert a
eu lieu vendredi : il s'est passé comme ceux des autres endroits...
Dans la seconde semaine du Carême, nous comptons quitter Milan
pour nous rendre à Parme. La semaine prochaine, le comte Firmian
veut encore donner une grande *académie*, chez lui, pour les dames...
Le malheur arrivé à M. Amann, que tu m'as rapporté, a coûté beau-

MOZART A VÉRONE, EN DÉCEMBRE 1769
D'après un portrait anonyme
(Autrefois à Vienne, collection Sonnleithner)

coup de larmes à notre Wolfgang : tu sais combien il est sensible, et toujours prêt à s'émouvoir. » A cette lettre, l'enfant ajoute qu'il « ne peut pas écrire, étant tout étourdi à force d'occupations ».

Le 3 mars, au contraire, l'enfant écrit longuement à sa sœur : « Je crois bien que nous sommes allés six ou sept fois à l'Opéra ; nous sommes allés aussi aux *feste di ballo* qui, comme à Vienne, commencent après l'opéra, mais avec cette différence que, à Vienne, les danses se font plus en ordre. Nous avons également assisté à la *facchinata* : c'est une mascarade où les gens se déguisent en *facchini*, ou en valets, avec quatre ou six chœurs de trompettes et timbales, comme aussi quelques chœurs de violons et autres instruments. »

Lettre de Léopold, à Milan, le 13 mars : « Pour le concert qui a eu lieu hier chez le comte Firmian, Wolfgang a eu à composer trois airs et un récitatif pour les violons, (c'est-à-dire avec accompagnement obligé)... et voici que, entre aujourd'hui et demain, une grosse affaire va se décider ! On veut, en effet, que Wolfgang soit chargé de composer le premier opéra pour Noël prochain. Nous aurons bien de la peine à parvenir à Rome pour la semaine sainte : tu sais que Rome est l'endroit où il est indispensable de séjourner. Puis nous irons à Naples ; et cette ville est si importante à notre point de vue que, dans le cas où un contrat ne nous rappellera pas à Milan pour écrire l'opéra, il se peut qu'une occasion nous retienne là-bas tout l'hiver prochain. Que si le contrat est signé, on nous enverra le livret de l'opéra, afin que Wolfgang puisse penser à la chose un peu d'avance ; et alors nous reviendrons à Milan ; et comme le compositeur n'est tenu de rester sur place que jusqu'au jour où l'opéra est en scène, nous pourrons ensuite rentrer à Salzbourg, en passant par Venise... Demain, nous avons un dîner d'adieux chez le comte Firmian, qui va nous pourvoir de lettres pour Parme, Florence, Rome, et Naples. »

Enfin les lettres suivantes des deux voyageurs, écrites durant leurs étapes ultérieures, contiennent divers passages se rapportant encore à notre première période. De Bologne, le 24 mars 1770, le père écrit que le contrat pour l'opéra de Wolfgang à Milan est décidément signé. « L'opéra devra être prêt pour la Noël. Il faudra que les récitatifs soient envoyés à Milan en octobre, et que nous arrivions nous mêmes à Milan dès le 1er novembre, pour que Wolfgang écrive les airs. Les *prima* et *seconda donna* seront la signora Gabrielli et sa sœur ; le ténor, le signor Ettore ; les autres rôles ne sont pas encore distribués. » Wolfgang, de son côté, écrit à sa sœur : « Je t'enverrai, à la première occasion, un menuet dansé au théâtre de Milan par M. Pick et que tout le monde, ensuite, a dansé au bal. Je te l'enverrai simplement pour que tu voies comme les gens d'ici dansent lentement. Le menuet en lui-même, d'ailleurs, est très beau. Naturellement, il vient de Vienne, et doit avoir été écrit, en consé-

quence, par Teller ou par Starzer. Il a beaucoup de notes. Pourquoi ?
Parce que c'est un menuet de théâtre, qui va lentement. Mais le fait
est que les menuets de Milan, ou plutôt tous les menuets italiens, ont
beaucoup de notes et durent longtemps. Par exemple, la première
partie a seize mesures, et la seconde en a vingt, ou même jusqu'à
vingt-quatre. »

De Rome, le 21 avril 1770, Wolfgang écrit à sa sœur : « Manzuoli
est en train de négocier avec les Milanais, pour chanter dans mon
opéra. Et c'est en vue de cela que, à Florence, il m'a chanté quatre
ou cinq airs, dont quelques-uns de moi, que j'ai été obligé de composer à Milan, parce que l'on n'y avait rien entendu de moi en fait
de théâtre, et que j'ai voulu faire voir par là que j'étais capable
d'écrire un opéra. »

Et il convient encore de citer ici ce passage d'une lettre de Wolfgang écrite de Bologne, le 4 août 1770 : « J'ai déjà composé quatre
symphonies italiennes, sans compter les airs, dont j'ai fait certainement au moins cinq ou six, et puis aussi un motet. »

A ces renseignements du père, la sœur de Mozart, qui, cette fois,
n'a point fait partie du voyage, n'ajoute absolument qu'un seul détail,
mais très important pour nous, car il doit reposer, comme le reste
de sa relation du voyage, sur une lettre de son père ou de son frère :
elle nous dit que, pendant son premier séjour à Milan « l'enfant a
composé différents airs et symphonies », tandis que les lettres datées
de Milan qui nous sont parvenues ne font mention que des airs.

Quant aux autres sources d'information, nous devons avouer
qu'elles sont extrêmement rares, sur ce début comme sur toute la
suite du grand séjour de Mozart en Italie, ce sujet n'ayant encore
jamais été étudié avec le soin qu'il mériterait. Le peu que nous savons,
en dehors de ce que nous apprennent les lettres des deux voyageurs,
nous le savons par Nissen, qui a retrouvé plusieurs documents précieux parmi les papiers de famille des Mozart. C'est ainsi que nous
connaissons trois articles de journaux, d'Inspruck, de Vérone, et de
Mantoue, rendant compte des concerts où l'enfant a pris part : et
sans doute on n'aurait pas de peine à en découvrir d'autres encore,
par exemple dans les journaux et chroniques de Milan.

Le journal d'Inspruck, à la date du 18 décembre 1769, dit seulement que le petit Mozart « a donné les plus belles preuves de son
habileté extraordinaire ». Plus instructif est l'article de Vérone, du
9 janvier 1770. Nous y lisons notamment : « En présence d'une élite
d'artistes, le jeune garçon nous a fait entendre, d'abord, une très
belle symphonie de sa composition, qui a mérité l'applaudissement
de tous. Il a ensuite remarquablement joué, à première vue, un concerto de clavecin, ainsi que d'autres sonates inconnues pour lui.
Après quoi, sur quatre vers qu'on lui a montrés, il a improvisé un
air d'un goût excellent. On lui a ensuite proposé un sujet et un finale

sur lesquels il a admirablement concerté, d'après les meilleures lois
de l'art. Il a déchiffré parfaitement, à première vue, un *trio* de Boccherini. Enfin il a été très bien composé en partition une idée qu'un de
nos musiciens lui avait donnée sur le violon. En un mot, ayant été
exposé aux épreuves les plus difficiles, il les a toutes surmontées
avec une valeur merveilleuse. »

   L'article de Mantoue, quelques jours après, n'est pas moins expli-
cite. « Le 16 janvier, au *concert philharmonique hebdomadaire*, le
jeune Mozart a joué, en plus de deux symphonies de sa composition
dont l'une commençait le concert et dont l'autre le terminait, des
concertos, des sonates, et celles-ci avec les plus belles variations,
comme, par exemple, quand il a répété une sonate dans plusieurs
tons différents. Il a chanté à première vue un air, sur des vers
inconnus pour lui, et avec l'accompagnement convenable. Le chef
d'orchestre lui a proposé deux idées sur son violon; aussitôt il a
composé, sur elles, deux sonates. On lui a également soumis ia
partie de violon d'une symphonie, et il a sur-le-champ composé les
autres parties. Mais ce qui doit être le plus admiré, c'est qu'il a
composé aussi une fugue, sur un thème très simple qu'on lui avait
soumis, l'a développée avec une grande maîtrise harmonique, et l'a
résolue si aisément que tout le monde en a été émerveillé. Tout
cela, il l'a produit sur le clavecin : et enfin il a encore joué sur le
violon un *trio* d'un maître très célèbre. »

   Les mêmes renseignements nous sont fournis par le programme
imprimé dudit concert, dont voici les divers numéros : 1º *Symphonie*
de Mozart; 2º Concerto de clavecin déchiffré par lui à première
vue; 3º Air d'un maître italien; 4º Sonate de clavecin déchiffrée par
Mozart avec des variations de son crû et répétée ensuite dans un
autre ton; 5º Concerto de violon d'un autre maître; 6º Air improvisé et
chanté par Mozart, avec l'accompagnement exécuté au clavecin, sur
des paroles qu'on venait de faire expressément pour lui; 7º Autre
sonate de clavecin composée et exécutée par Mozart sur un motif
musical que lui avait proposé, à l'improviste, le premier violon;
8º Air d'un autre maître ; 9º Concerto de hautbois d'un autre maître;
10º Fugue composée et exécutée par Mozart au clavecin sur un thème
présenté à première vue; 11º *Symphonie* composée par Mozart sur
une seule partie de violon qui lui était soumise, et réalisée par lui
au clavecin; 12º Duo chanté par des artistes locaux; 13º *Trio*, où
Mozart a déchiffré la partie de violon; 14º *Symphonie* finale de
Mozart.

   Enfin nous possédons une lettre écrite, de Vérone, le 22 avril 1770,
à la mère de Mozart, par un riche amateur véronais, Pietro Lugiati,
qui, durant le séjour de Mozart dans sa ville, a fait peindre son portrait par un artiste local. — portrait d'ailleurs charmant et où le
peintre a pris la peine de figurer, au-dessus d'un clavecin, une page

entière de musique écrite, extrêmement nette et lisible ; mais dont
le style diffère trop de celui de Mozart pour que ce morceau de clavecin puisse lui être attribué. Le morceau était, évidemment, une
composition de Lugiati, que l'enfant aura jouée pour complaire à son
protecteur : car celui-ci, dans sa lettre susdite, nous révèle qu'il cul-
tive la musique à ses moments perdus. Et cette lettre contient encore
le très curieux passage suivant : « Je profite de cette occasion pour
remplir une promesse faite à votre fils en vous renvoyant deux morceaux de musique que votre fils m'a vendus pendant qu'il demeurait chez moi, et que j'ai fait recopier, afin qu'il puisse, lui-même, en
jouir, et s'en servir pleinement. »

De tous ces faits que nous venons d'exposer se dégagent, d'abord,
deux conclusions générales, dont l'une est que Mozart, presque
dès le jour de son arrivée en Italie, a eu l'occasion d'entrer en contact familier avec la musique italienne de son temps, tandis que
l'autre est que, de plus en plus, sous l'influence de son milieu nouveau, il a été attiré par la musique de théâtre et de chant, au détriment de cette musique instrumentale qui avait été sa principale
occupation jusqu'alors.
Lui-même, dans ses lettres, ne nous parle absolument que des
opéras qu'il a entendus. Parmi ces opéras, celui qu'il a connu à
Vérone était le *Ruggiero* de Hasse ; et tout porte à croire que le
Demetrio de Mantoue et la *Clemenza di Tito* de Crémone étaient
également ceux de ce maître, dont la gloire régnait encore sans partage sur les scènes d'Italie. A Milan, le *Cesare in Egitto* dont les
Mozart ont entendu la répétition générale était une œuvre nouvelle
de Piccinni. Quant à la *Didone abandonnata* dont Wolfgang écrit
« qu'elle n'a pas eu de succès » et « va bientôt disparaître de la
scène », il s'agit sans aucun doute de l'opéra de Jommelli qui portait
ce nom ; et le peu de succès de cet opéra n'a rien pour nous étonner,
car nous savons que le vieux Jommelli, après son long séjour à Stuttgart, a fait à ses compatriotes l'effet de parler une langue « trop allemande » pour leur goût. Le roi du théâtre, à ce moment, c'était
Hasse ; et déjà sa royauté même commençait à chanceler, pour être
remplacée bientôt par celle d'un maître plus jeune, plus moderne, et
plus parfaitement italien, l'agréable Piccinni : de telle sorte que c'est
l'influence de ce maître que nous allons voir s'imposer, bientôt, au
petit Mozart.
Mais avant d'étudier le style de l'air d'opéra italien, nous devons
indiquer encore les autres occasions qu'ont eues les Mozart de faire
connaissance avec la musique italienne. Ce que pouvait être le « très
beau concerto de clavecin » que Wolfgang a déchiffré à Inspruck et
dont le comte Künigl lui a fait cadeau, nous sommes hors d'état de
le savoir ; et rien ne nous prouve que ce concerto ait été d'un Italien,

d'un Galuppi ou d'un Manfredini, plutôt que d'un maître allemand ou français. Mais les comptes rendus de Vérone et de Mantoue, ainsi que le programme du concert de Mantoue, nous offrent maintes preuves de la manière dont l'enfant s'est familiarisé avec l'art des maîtres italiens. Les « concertos » et « sonates » qu'il a déchiffrés ou transposés, dans ces concerts, étaient sûrement des œuvres italiennes, comme aussi les « airs, duos, trios, et concertos de violon et de hautbois » que nous trouvons inscrits au programme de Mantoue. Et l'article de Vérone, d'autre part, nous donne le nom de l'un de ces maîtres italiens qui remplissaient alors les programmes des concerts, comme Hasse et Piccinni remplissaient les théâtres. L'inépuisable Boccherini, dont l'article nous apprend que Mozart « a parfaitement déchiffré un trio », partageait en effet, à ce moment, surtout dans l'Italie du Nord, la suprématie de la musique instrumentale avec ce vieux Sammartini que les Mozart ont approché à Milan, et en présence duquel Léopold nous dit que son fils « a été mis à l'épreuve avec un succès merveilleux ». Boccherini et Sammartini, nous allons retrouver leurs traces, tout à l'heure, dans l'œuvre du jeune salzbourgeois italianisant. Enfin nous n'avons aucun détail précis sur la musique religieuse que l'enfant a pu entendre, à Milan comme au cours de son voyage jusqu'à cette ville : mais nous savons, par les lettres de Léopold, qu'il en a entendu beaucoup ; et de cela aussi nous aurons à indiquer la trace dans les compositions religieuses de cette première période italienne de la vie de Mozart.

Quant aux œuvres composées, durant cette période, par Mozart lui-même, les lettres qui nous sont parvenues ne font mention que d'œuvres vocales ; et bien que nous possédions quelques-unes des symphonies que sa sœur nous apprend qu'il a composées durant cette période, le caractère improvisé et facile de ces compositions s'accorde avec le témoignage des lettres pour nous affirmer la véritable révolution que l'arrivée en Italie a produite dans les préoccupations et les goûts de l'enfant. De jour en jour, celui-ci s'est désintéressé de cette musique instrumentale qui avait été jusqu'alors son élément propre, de même qu'elle était destinée à être toujours l'élément propre de tout l'art de sa race, pour se donner tout entier à la musique vocale, dont l'atmosphère italienne continuait à être imprégnée. Et, avant d'étudier le détail des leçons qu'avait à lui offrir l'Italie d'alors, nous devons constater que ses œuvres vocales de cette période nous révèlent, chez lui, un changement, — ou, si l'on veut un progrès, — considérable : dans ses airs de Milan et de Rome, ses motets, etc., nous découvrons une tendance manifeste à concevoir « vocalement » la musique vocale, au lieu d'en avoir la conception tout « instrumentale » que nous montrent ses œuvres précédentes et qui ne tardera pas à reparaître dans ses œuvres suivantes. Son âme, toujours prompte à de nouveaux enthousiasmes, est si profondément saisie de la beauté des voix des chanteurs italiens qu'il fait de son mieux, lui-même, pour se représenter les voix comme absolument distinctes des autres instruments et supérieures à eux, comme ayant un idéal de beauté qui n'appartient qu'à elles, et aussi des règles et des procédés qui ne sont point ceux de la musique instrumentale.

L'enseignement particulier qu'il a retiré des œuvres italiennes entendues pendant cette période, nous aurons l'occasion de le définir de plus près lorsque nous rechercherons sa trace dans les diverses compositions du jeune homme. Ici, nous nous contenterons d'indiquer les lignes générales de la nouvelle esthétique que l'Italie lui a, dès l'abord, révélées.

Dans le domaine de l'opéra et de l'air, en premier lieu, nous avons dit déjà que la vogue de Piccinni et d'autres compositeurs de fraîche date était en train de se substituer à celle des maîtres de la génération antérieure. Sous les différences des écoles rivales de Naples, de Rome, de Venise, et de Milan, un même mouvement se faisait sentir, qui, tout en concentrant plus que jamais dans l'air toute la vie et tout l'intérêt des opéras, aspirait à varier et à alléger le genre de l'air. C'était le temps où, presque partout en Italie, le grand air prenait la forme du *demi da capo*, au lieu de répéter complètement la première partie après la seconde ; et déjà cette abréviation commençait à permettre l'introduction, dans la première partie des airs, d'un second sujet, équivalent à celui qui venait de s'installer décidément dans le morceau de sonate. En outre, sous l'influence de la vogue croissante de l'opéra bouffe, la coupe des airs de l'*opera seria* se diversifiait, adjoignant au grand air traditionnel, de plus en plus librement et abondamment, les coupes de l'*air à reprise variée* et de la *cavatine*. Le chant, lui aussi, se modifiait d'année en année. Il perdait la solennité et la raideur anciennes, pour devenir plus coulant, avec une ornementation moins fleurie, mais aussi moins monotone et moins également répartie sur toute la suite de l'air. L'accompagnement même se ressentait du goût nouveau. Non pas, certes, qu'il gagnât beaucoup en richesse ni en vraie valeur musicale ; et Mozart, à ce point de vue, fort heureusement, ne réussira jamais à réduire son orchestration au point où la réduisaient les Piccinni et les Sacchini. Mais, là encore, il y avait une tendance à introduire plus de variété, au moyen de petits effets d'instruments à vent, ou bien par un rôle plus important donné aux altos et aux basses. En un mot, le vieil opéra italien des Scarlatti, des Pergolèse, des Jommelli, et des Hasse faisait de son mieux pour se renouveler, et, toujours sous l'action de l'opéra bouffe, tâchait à secouer son emphase d'autrefois, sans que d'ailleurs ce progrès eût pour résultat de rendre l'expression plus vivante ni plus pathétique qu'elle l'avait été chez les maîtres incomparables de la génération antérieure.

Dans la musique d'église, le changement était plus rapide encore et plus radical. Dans la plupart des centres musicaux italiens, le goût public avait définitivement signifié son congé au vieux style en contrepoint ; et le chant religieux avait pris l'allure à la fois profane et dramatique que nous avons indiquée déjà dans la grand'messe écrite à Salzbourg par Mozart en octobre 1769. Les fugues et passages en contrepoint étaient relégués à certains endroits des morceaux, pour laisser place, dans tout le reste, à un chant homophone qui prétendait à suivre et à traduire le sens des paroles. Déjà en 1767, dans la préface de son *Stabat*, le contrapuntiste florentin Ligniville raillait ce « goût moderne », qui ne voulait plus se passer de « trompettes et timbales ». Et une lettre, citée plus haut, de Léopold Mozart, nous apprend en outre qu'on aimait à faire durer longtemps l'exécution des chants religieux, désormais divisés en un grand nombre de parties séparées et contrastées [1].

Enfin, dans le domaine de la musique instrumentale, deux maîtres, comme nous l'avons dit, se partageaient la faveur du public milanais, — l'un déjà âgé et l'autre beaucoup plus jeune, mais tous deux appartenant à l'école nouvelle : Jean-Baptiste Sammartini et Louis Boccherini. Tous deux ont exercé sur le jeune Mozart une influence incontestable : mais tandis que l'influence de Boccherini paraît bien n'avoir jamais été que superficielle, et n'avoir consisté que dans la transmission à Mozart de certaines coupes de morceaux et de certains procédés d'écriture, il semble bien que le vieux Sammartini, dont Mozart a peut-être reçu directement les leçons, ait agi d'une façon plus profonde sur le cœur et l'esprit de l'enfant. Les symphonies italiennes de celui-ci et son premier quatuor, en effet, vont nous montrer l'imitation directe des œuvres toujours un peu faciles, mais pleines d'invention et souvent d'émotion, de l'un des maîtres les plus originaux de la musique instrumentale du xviii⁰ siècle. A quoi il convient d'ajouter que, dès le séjour de Mozart à Milan, Boccherini et Sammartini ont été bien loin d'être les deux seuls instrumentistes italiens dont l'enfant eût connu et utilisé les ouvrages. Il y avait par exemple, à Turin, un violoniste éminent, Pugnani, que les Mozart allaient bientôt connaître personnellement et dont les sonates, quatuors ou symphonies, devaient être exécutés couramment dans les concerts milanais ; pour ne point parler d'une foule d'autres compositeurs s'exerçant alors très honorablement dans tous les genres, sauf peut-être celui de la musique de clavecin, — car il semble bien

---

1. Le grand homme de la musique religieuse milanaise était encore, à cette date, le vieux Fioroni, maître de chapelle de la cathédrale, et dont on peut voir six gros recueils de Motets à notre Bibliothèque du Conservatoire. Mais sans doute son style aura déjà paru bien vieilli à nos deux voyageurs, malgré l'effort visible de Fioroni pour le rajeunir en y espaçant le contrepoint et en y prodiguant les ornements nouveaux. Nous aurons d'ailleurs l'occasion de retrouver sur notre chemin ce Fioroni, dont Léopold Mozart nous apprendra, l'hiver suivant, qu'il est devenu son ami.

que les principaux clavecinistes italiens du temps se soient trouvés
contraints, par le peu de goût de leurs compatriotes pour encourager
leurs progrès, à émigrer vers d'autres pays, comme l'avaient fait
naguère les Paradisi et les Galuppi, sans compter Dominico Scarlatti lui-même, et comme venait de faire à son tour le jeune Clementi. Mais en vérité tous ces dignes maîtres présentaient entre eux
tant de traits communs, que le petit Mozart ne doit guère avoir pris
la peine de s'enquérir beaucoup des nuances individuelles de chacun
d'eux : tandis que la grande renommée de Boccherini et ce qu'on
peut appeler hardiment le génie de Sammartini n'ont pu manquer de
s'imposer à lui d'une façon beaucoup plus immédiate et active[1].

Nous étudierons plus en détail, à propos des compositions de
Mozart, la forme et le contenu des symphonies italiennes du temps :
et nous verrons avec quelle souplesse Mozart, très rapidement, est
parvenu à en saisir et à s'en approprier tous les caractères. D'une
manière générale, d'ailleurs, ces œuvres instrumentales italiennes et
en particulier celles de l'école milanaise, — toute imprégnée de l'esprit
viennois, — étaient loin de différer aussi complètement des œuvres
allemandes qu'on est porté à le croire, au point de vue de leur signification et de leur valeur expressives : on pourrait même dire que,
bien loin de ne viser qu'à l'amusement de l'oreille, elles avaient une
portée, ou tout au moins une prétention expressive et poétique, pour
le moins égale à celles de maintes œuvres instrumentales des autres
écoles. Comparées aux symphonies d'un Chrétien Bach, ou d'un
Wagenseil, les symphonies de G.-B. Sammartini nous font l'effet de
traiter des sujets plus élevés, avec une préoccupation plus grande de
l'émotion intime et de la passion toute pure. Mais l'infériorité trop
évidente de ces œuvres italiennes tient à la pauvreté de leur instrumentation, comme aussi à la prépondérance excessive du chant sur
l'élaboration musicale des idées. Tandis que, dans la musique allemande, le chant même se ressent des habitudes et du génie d'une
race d'instrumentistes, on peut dire que toujours, chez les maîtres
italiens de la seconde moitié du XVIII° siècle, le souvenir de l'*opera
seria* et de l'opéra bouffe se découvre jusque dans les œuvres instrumentales, s'y révélant à la fois par le choix des idées et par les procédés de leur mise en œuvre.

Et de tout cela résulte que Mozart, lui aussi, dès son arrivée en
Italie, se prend de passion pour l'opéra, et acquiert une conception
nouvelle de l'objet comme des moyens de son œuvre. Non seulement sa préoccupation de la musique vocale se traduit dans la nature
de la plupart de ses travaux de cette période, airs d'opéra, motets, etc.;
mais ses compositions instrumentales reflètent de plus en plus cette
préoccupation, et tendent à perdre les remarquables qualités d'éla-

---

1. Sur cette influence de Sammartini, voyez encore p. 302.

boration symphonique que nous ont fait voir ses œuvres des périodes
précédentes, pour devenir, en échange, plus mélodiques et d'une
grâce plus chantante. Les sujets se multiplient, les contrastes s'accentuent, les répétitions de phrases, — pratique abandonnée depuis
deux ans, — tendent à reparaître, le rôle des instruments à vent
s'atténue, le contrepoint se réduit à de petites imitations épisodiques ; et sans cesse nous apercevons des traces directes de l'influence
de l'opéra italien, que ce soit dans l'opposition des nuances du chant
ou dans l'allongement des cadences finales. Et, pour agréables que
soient les œuvres instrumentales de cette période et des deux suivantes, incontestablement elles marquent un temps d'arrêt, ou plutôt
un recul, dans le développement du génie de Mozart : à moins de
supposer, — ce qui d'ailleurs est infiniment vraisemblable, — qu'il
n'ait pas été mauvais, pour l'enfant, de se trouver ainsi amené, pendant plus d'un an, à composer des œuvres d'un genre plus facile,
plus simple, mieux à la portée d'un enfant, — des œuvres où la perfection pouvait être atteinte plus sûrement et avec moins d'effort. Le fait
est, en tout cas, que lorsque Mozart, dès sa rentrée à Salzbourg, subira
de nouveau l'action du génie instrumental allemand, les œuvres qu'il
écrira ne seront ni moins parfaites, ni d'un caractère moins profondément « instrumental », pour avoir été précédées d'une année de travail
tout « vocal », ou dominé par le souvenir de la musique d'opéra.

Et quant aux œuvres vocales de Mozart durant cette période
d'arrivée, la plupart vont nous montrer un progrès si prompt et si
complet que nous aurons, là encore, un témoignage de la profonde
impression produite sur l'enfant par ce premier contact avec le
monde musical italien. Au contraire de ce que nous aurons à signaler
pour les œuvres instrumentales, où Mozart ne se détachera que peu à
peu de ses habitudes allemandes, ses œuvres vocales nous le feront
voir transformé aussitôt en un véritable Italien, tout prêt à sacrifier
l'accompagnement instrumental, de la même façon qu'un Piccinni
ou un Sacchini ; et c'est seulement plus tard, après ce premier
élan d'enthousiasme, que le jeune homme se sentira repris de sa
passion naturelle d'instrumentation. Mais toujours, pendant toute la
durée de son premier séjour en Italie, il nous apparaîtra profondément imprégné de l'opéra italien de son temps ; et jamais ensuite,
peut-être, son œuvre chantée n'aura plus au même degré la belle
allure vocale que nous présentent ses airs et son opéra de 1770.
Tout ce que la musique italienne d'alors avait de romantique et de
profondément expressif, sous son apparence superficielle, ce n'est
que plus tard, au moment de *Lucio Silla*, que le génie de Mozart se
trouvera assez mûr pour être en état de le saisir et de se l'approprier :
mais pour ce qui est de la forme et des procédés de l'art italien, la
période qui nous occupe et les suivantes, jusqu'au retour du premier voyage d'Italie, nous révéleront, en quelque sorte, une « italiani-

sation » absolue du génie du jeune garçon, celle-là même qui se
manifeste dans tout l'esprit de ses lettres, souvent écrites en italien.
Nous aurons du reste à examiner, à propos de la dernière période
de ce voyage, de quelle conséquence aura été, pour la formation
définitive de l'art du jeune homme, cette « dénationalisation » de
plus d'une année.

Enfin nous devons nous rappeler, en étudiant ces œuvres milanaises de Mozart, que l'atmosphère musicale de Milan, comme
nous l'avons déjà indiqué au passage, comportait, sous son italianisme essentiel, de nombreux éléments étrangers, et surtout viennois. En fait, le petit Mozart a rencontré sur sa route, entre Vérone
et Crémone, des milieux beaucoup plus purement italiens que celui
qui l'attendait à Milan ; et aussi bien lui-même, dans un fragment de
lettre cité plus haut, nous parle-t-il de la provenance viennoise d'un
menuet qu'il vient d'entendre à Milan. Par là s'explique tout ce qui
reste encore d'allemand, par exemple, dans ses deux premières
symphonies italiennes, en comparaison de celles qu'il produira à
Rome ou à Bologne. La musique milanaise d'opéra et de chant,
il est vrai, ne devait se ressentir que très peu de ces influences
allemandes : mais dans le domaine instrumental, il n'y a pas jusqu'à
l'œuvre toute personnelle, — et profondément italienne, — de Sammartini, qui, sans doute, ne serait devenue sensiblement moins
sérieuse et moins belle, si l'auteur n'avait pas eu l'occasion de se
tenir constamment au courant des progrès de l'école viennoise.

77. — *Vérone, Mantoue ou Milan*, entre janvier et mars 1770.

Symphonie en ré, pour deux violons, alto, basse, deux hautbois,
deux cors, trompettes et timbales.

K. 97.
Ms. perdu.

Allegro. — *Andante (en sol).* — *Mennetto et trio (en sol).* — *Presto.*

L'autographe de cette symphonie a disparu, et sa date ne nous est
donnée par aucun document certain. La symphonie contenant un menuet, au contraire de la plupart des symphonies « italiennes » de Mozart,
et ayant encore toutes ses rentrées dans le ton principal, — tandis que
nous allons voir Mozart, en Italie, n'employer ce procédé qu'alternativement avec l'autre, — on serait tenté, d'abord, de la placer avant le départ
de Salzbourg en 1769. Mais son extrême ressemblance avec le n° 78 qui,

lui, doit sûrement avoir été composé déjà en Italie, et aussi tout l'ensemble de ses caractères, attestent une influence italienne si directe et si manifeste qu'il est même impossible de supposer que l'enfant ait écrit cette symphonie à Salzbourg, durant l'automne de 1769, en vue de son prochain voyage. Peut-être l'a-t-il écrite pendant l'une des premières étapes de ce voyage, à Vérone ou à Mantoue, puisque nous savons que, dans ces deux villes, les concerts qu'il a donnés ont commencé et fini par des « symphonies nouvelles » de sa composition ? Ou bien, peut-être, l'enfant a-t-il fait entendre à Vérone et à Mantoue ses symphonies viennoises de 1768, et n'a-t-il composé le n° 77 qu'à Milan, pour les grands concerts où nous savons qu'il a pris part chez le comte Firmian, — étant donné que, par ailleurs, sa sœur nous apprend qu'il a écrit des symphonies pendant son premier séjour à Milan ?

En tout cas, cette symphonie a pour nous l'extrême intérêt de nous montrer Mozart encore partagé entre les souvenirs de son éducation allemande de Salzbourg et de Vienne et l'impression qu'a produite sur lui l'art des symphonistes italiens avec lesquels il a pris contact dès les premiers jours de 1770[1]. Et il convient d'ajouter que, dès maintenant, si le Mozart des symphonies viennoises se retrouve encore dans certains détails, par exemple dans l'emploi constant des rentrées, dans les sauts des violons, dans l'allure pathétique du *développement* du premier morceau, rappelant les *développements* des deux symphonies viennoises de 1768, tout le reste de l'œuvre est déjà franchement et nettement italien, et tel que l'on croirait entendre, — à la différence près du génie personnel de Mozart, — l'une des ouvertures ou des symphonies de « théâtre » ou de « chambre » d'un Sacchini ou d'un Anfossi. Et c'est ici le lieu d'indiquer brièvement les caractères principaux de ces œuvres italiennes, caractères que nous allons retrouver dans toutes les symphonies de Mozart jusqu'à son retour d'Italie au début de 1771.

D'abord, les divers morceaux, le plus souvent, n'ont point de barres de reprises, et s'enchaînent volontiers sans cadence finale à la tonique. En second lieu, les répétitions de phrases, abandonnées par Mozart depuis son arrivée à Vienne en 1768, reparaissent chez lui comme chez tous les compositeurs italiens, évidemment sous l'influence de l'opéra. Les idées, moins étendues que dans les œuvres allemandes, sont plus nombreuses, et avec une tendance plus marquée aux contrastes. Non seulement le second sujet se distingue formellement du premier, mais celui-ci est encore divisé en deux ou trois idées distinctes, dont la première est généralement plus rythmique, et la seconde plus chantante. Sans compter que, après l'exposé du second sujet, vient ordinairement encore une longue ritournelle toute semblable à celle de l'air d'opéra, et plus longue que dans l'habitude des symphonies allemandes. Au lieu de l'ensemble homogène que nous ont montré les morceaux des sym-

1. Par quoi nous entendons moins encore les « symphonistes » proprement dits, les très rares compositeurs se bornant à produire de la musique instrumentale, que ces innombrables auteurs d'opéras dont les ouvertures étaient jouées aussi bien dans les concerts qu'au théâtre, et qui doivent être considérés comme les véritables créateurs de la nouvelle « ouverture » ou « symphonie » italienne que nous allons définir tout à l'heure.

phonies viennoises de Mozart, avec des sujets reliés les uns aux autres
et élaborés autant que possible, les morceaux de la symphonie italienne
nous font voir une juxtaposition de petites phrases très arrêtées dans
leurs contours, et se mettant en valeur par leur opposition. C'est dire
que, de la même façon, le travail du contrepoint est beaucoup plus
rare dans la symphonie italienne que dans l'allemande ; et si les instruments à vent commencent à y être abondamment employés, au point
que leurs parties sont même parfois plus fournies que dans les symphonies allemandes, leur rôle, cependant, est infiniment moins actif et
moins libre. Ils sont constamment à l'œuvre, mais se bornent à doubler
le quatuor des cordes. Enfin, pour ce qui est de la coupe des morceaux,
nous avons dit déjà que l'usage, chez les Italiens d'Italie comme chez
ceux de Londres, était, afin d'introduire plus de variété, de faire alterner, dans les divers morceaux d'une même symphonie ou d'une même
sonate, le système du *développement* avec *rentrée* dans le ton principal et
celui d'une reprise du premier sujet à la dominante, en forme de *développement*, suivie d'une rentrée du second sujet dans le ton principal.
Mais, dans les deux cas, une particularité distingue presque toujours les
œuvres italiennes des œuvres allemandes : soit qu'ils reprennent dans
le ton principal le premier sujet du morceau (auquel cas ils ont coutume
de l'abréger, dans la reprise, en coupant l'une de ses idées,) ou qu'ils ne
reprennent que le second sujet, les maîtres italiens ne se donnent pas la
peine de varier cette reprise ainsi que le font leurs confrères allemands.
La reprise, chez eux, est souvent plus courte que la première partie :
jamais elle ne diffère de celle-ci que par de menus détails insignifiants.

Sur le premier point, Mozart, comme nous l'avons dit, dans cette première symphonie italienne ne s'est pas encore conformé à l'habitude
des maîtres italiens : il est resté fidèle au système des *développements*,
avec rentrées du premier sujet dans le ton principal. Mais déjà ces rentrées, dans les trois morceaux qui les comportent, sont presque
pareilles aux premières parties des morceaux, au lieu d'être variées et
accentuées comme dans les œuvres des deux périodes précédentes. En
outre, comme nous l'avons dit également, tous les autres caractères
que nous venons d'indiquer se manifestent à nous dans cette symphonie, et lui donnent une allure italienne des plus marquées.

Le premier *allegro* est fait de deux sujets distincts, mais dont le second,
par son rythme, s'apparente au premier ; les idées sont nombreuses et
courtes, avec d'incessantes répétitions et des contrastes fréquents aussi
bien dans le rythme que dans les nuances. Après la longue ritournelle
qui termine le second sujet, une attaque brusque d'*ut* naturel succédant à une cadence en *la majeur*, amène un *développement* syncopé,
d'une expression très dramatique, et qui, avec la série continue de ses
modulations, produit un effet des plus singuliers au milieu d'un morceau tout brillant et tout simple. C'est évidemment, ici, un ressouvenir
des habitudes pathétiques que l'enfant avait acquises au contact des
maîtres viennois, et dont le reste du morceau ne nous offre plus guère
de traces. Car les instruments à vent, et en particulier les trombones,
ont beau avoir des parties très occupées ; jamais plus nous ne les voyons,
comme naguère à Vienne, intervenant librement dans le tissu symphonique pour y jouer un rôle essentiel et original.

L'*andante*, très court, est écrit pour le quatuor des cordes, suivant une coutume familière aux symphonistes italiens. Il n'a qu'un seul sujet, et qui revient tout pareil après un pauvre *développement* de quelques mesures. Mieux encore que le premier morceau, il nous révèle une autre des coutumes italiennes qui vont désormais nous apparaître dans la musique instrumentale de Mozart : la coutume d'assigner une importance égale aux deux violons, qui, le plus souvent, marchent à l'unisson, ou même dont le second monte parfois plus haut que le premier. Ici, les deux violons vont presque toujours à l'unisson ou en tierces, tandis que l'alto suit constamment la basse.

Le menuet, lui aussi, nous transporte déjà dans la manière italienne de Mozart. Le menuet proprement dit, en effet, ne reprend plus la première partie après la seconde, comme dans les symphonies de la période viennoise : mais la seconde partie est beaucoup plus longue que la première ; et nous avons vu que Mozart lui-même, dans une de ses lettres, signale cette particularité comme distinctive des menuets italiens. Les instruments à vent, et surtout les cors, travaillent ici un peu plus librement que dans le reste de la symphonie. Dans le trio, au contraire, ils se taisent, et la phrase, d'ailleurs tout allemande, de ce charmant trio est exposée par le premier violon, que le second violon accompagne en un rythme continu de croches. Et il convient de noter encore que la symphonie présente et celle qui va suivre sont, parmi toutes les symphonies composées par Mozart durant son premier séjour en Italie, les seules à contenir un menuet, ce qui semble indiquer que Mozart les a destinées à des « académies », tandis que, probablement, les suivantes ont dû être écrites plutôt pour servir d'ouvertures dans les théâtres, où les Italiens entendaient volontiers des symphonies nouvelles avant la représentation d'opéras connus. Ou bien, peut-être, l'enfant aura-t-il essayé d'abord (comme il avait fait pour la coupe de ses morceaux, en revenant de son grand voyage de Paris et de Londres) de réagir contre le goût de son milieu nouveau, et de s'obstiner dans une pratique qui lui tenait au cœur, sauf pour lui à se laisser bientôt emporter par le courant de la mode ambiante ?[1]

Quant au finale, traité en morceau de sonate, avec un petit *développement* et une rentrée complète, sans aucun changement, de la première partie, il est fait de deux sujets distincts dont le premier consiste en une opposition d'une phrase toute rythmique et d'une idée mélodique. Le second sujet, plus étendu qu'à l'ordinaire, a une allure vive et dansante qui se ressent encore tout à fait de l'atmosphère musicale salzbourgeoise ; et, de même encore, les quelques mesures du *développement*, avec leurs réponses des basses aux violons, dénotent, chez l'enfant, une velléité tout allemande d'élaboration thématique. Mais l'ensemble du morceau, se poursuivant sans reprise jusqu'à la *strette* finale, répond déjà bien à l'habitude des « ouvertures italiennes », où le dernier morceau doit avoir, tout entier, le caractère rapide et facile

---

1. A moins d'admettre simplement que, dès lors, les influences viennoises qui régnaient à Milan, et en particulier chez le comte Firmian, aient prévalu sur la tradition italienne, sous ce rapport de l'introduction du menuet dans la symphonie de concert. (Voyez, d'ailleurs, plus loin les n⁰ˢ 124 et 125).

d'une *strette*, au lieu d'être, comme chez les maîtres allemands, une sorte de « pendant » de l'*allegro* initial.

78. — *Milan, entre janvier et mars* 1770.

Symphonie en ré, pour deux violons, alto, basse, deux hautbois et deux trompettes.

K. 95.
Ms. perdu.

Allegro. — Andante (en sol). — Menuetto et trio (en ré mineur). — Allegro.

Cette symphonie, au premier coup d'œil, ressemble si fort à la précédente, jusque dans le choix de ses idées, qu'on serait tenté de la croire composée tout de suite après, et, par exemple, destinée à servir de conclusion à un concert de Vérone ou de Mantoue, tandis que la précédente y aurait servi d'ouverture. Mais, en fait, deux particularités distinguent cette symphonie de la précédente qui semblent bien indiquer que Mozart, entre la composition de l'une et celle de l'autre, s'est plus entièrement soumis à la mode italienne, encore que, ici comme dans le n° 77, il soit resté fidèle à la division en quatre parties, avec un menuet. En premier lieu, l'*allegro* initial s'enchaîne avec l'*andante*, au lieu d'aboutir à une cadence parfaite en *ré*, et ce procédé de liaison des morceaux était, comme nous l'avons dit, souvent pratiqué dans l' « ouverture » italienne. Mais surtout l'*allegro* initial de cette symphonie recommence déjà à n'avoir plus de *rentrée* du premier sujet dans le ton principal ; et cette manière d'employer alternativement la coupe *binaire* et la coupe *ternaire* dans les morceaux d'une même symphonie est, nous l'avons dit également, l'un des procédés les plus caractéristiques de l'école italienne, à la date où nous sommes arrivés. Ainsi il nous paraît évident que Mozart, quand il a écrit cette seconde symphonie, s'était déjà familiarisé plus à fond avec le style de ses nouveaux maîtres ; et le fait est que toute la symphonie a déjà un caractère plus homogène et plus parfaitement conforme à l'idéal italien, sans aucune trace des « germanismes » que nous faisait voir encore la symphonie précédente. Séparation nette des sujets et multiplicité des idées, incessantes répétitions des membres de phrase, contrastes, égalité des deux violons, réduction du rôle des instruments à vent, tandis que l'activité de ces instruments, et en particulier des trompettes, devient de plus en plus disproportionnée à leur utilité musicale : tout cela nous apparaît ici à la fois plus pleinement et plus librement que dans le n° 77, comme aussi l'aisance plus complète du jeune garçon lui permet de se rendre mieux compte des véritables ressources du style qu'il emploie, et d'y mieux épancher son génie naturel.

Dans le premier morceau, la longue ritournelle qui suit le second sujet amène, en guise de *développement*, une série de reprises du premier sujet dans plusieurs tons différents. Après quoi le second sujet reparaît sans aucun changement. Et non seulement les deux sujets, d'un bout à l'autre, nous offrent une alternative continue d'oppositions très marquées : Mozart, pour achever d'accentuer la distinction des sujets, recourt, dans l'instrumentation du second d'entre eux, à un procédé bien italien, que nous avons rencontré déjà dans le *trio* du menuet de la symphonie précédente, et que nous retrouverons sans cesse dans ses œuvres de la même période, — procédé consistant à réduire l'orchestre, en somme, aux deux violons, dont le premier expose la phrase sur un accompagnement du second en croches. Enfin, lorsque la ritournelle du second sujet a défilé devant nous une seconde fois, Mozart imagine de ramener, de nouveau, une sorte de ritournelle qui séparait les parties du premier sujet, et qui, maintenant, aboutit à un accord de septième, préparant l'entrée de l'*andante* en *sol*.

Pour le premier sujet de cet *andante*, Mozart a repris, presque intégralement, la première idée du délicieux menuet de la sonate en *sol* nº 12, écrite jadis à Paris sous l'influence immédiate de Schobert. Il y a joint un second sujet, tout à fait distinct, et d'un rythme syncopé des plus expressifs : puis, un petit *développement* de huit mesures amène une répétition intégrale de toute la première partie, et l'*andante* conclut dans le ton de *sol*, au moyen d'une *coda* nouvelle, d'ailleurs insignifiante. Dans cet *andante*, au contraire de celui du nº 77, deux flûtes s'ajoutent au quatuor des cordes : mais elles ne font, d'un bout à l'autre, que doubler les violons ; et toute l'instrumentation de cet *andante*, comme de l'*allegro* précédent, nous fait voir une simplicité de moyens vraiment surprenante, en comparaison de la richesse instrumentale des œuvres de Mozart composées sur le sol allemand.

Dans le menuet et le trio, l'allongement, à l'italienne, des secondes parties est obtenu par une reprise complète des premières parties après un grand passage nouveau. Le trio en *ré mineur* nous offre une série de renversements et d'imitations entre les cordes, qui atteste plus de travail que les morceaux précédents de la symphonie ; et bien que les hautbois n'interviennent, dans ce trio, qu'à de très rares intervalles, chacun de leurs retours ajoute au morceau une couleur et une expression originales ; tant il est vrai que les tons mineurs ont invariablement pour effet, chez Mozart, d'exciter et de renforcer la fantaisie poétique !

Quant au finale, traité en « morceau de sonate » comme celui du nº 77, il est conçu exactement de la même façon, avec la même abondance d'idées, la même séparation des deux sujets, le même emploi de longues ritournelles, et la même allure cursive et brillante. Mais, ici, tout l'ensemble musical a quelque chose de plus franc et de plus aisé qui permet à ce finale de s'adapter pleinement au reste de l'œuvre. Certes, l'enfant aurait écrit une musique autrement forte et belle, s'il avait pu prolonger son séjour à Vienne, au lieu de venir en Italie : mais nous

allons le voir, de plus en plus, s'accoutumer à dégager de l'idéal italien la beauté propre que cet idéal comporte, en même temps que son
occupation nouvelle de musique vocale contribuera à enrichir et à
mûrir son génie.

79. — *Milan, du 1ᵉʳ au 5 février 1770.*

Air latin en sol, pour soprano avec accompagnement de deux violons, alto, basse et orgue.

K. 143.

Ms. dans une collection de New-York.

Récitatif : Ergo interest. — Air : Quære superna.

L'origine de cet air religieux nous est révélée par un passage d'une
lettre de Léopold Mozart. Celui-ci écrit de Milan à sa femme, le
3 février 1770 : « Wolfgang ne peut pas vous écrire aujourd'hui, parce
qu'il est en train de composer deux motets latins pour deux castrats,
dont l'un est âgé de quinze ans et l'autre de seize. Ces jeunes gens
l'en ont prié ; et comme ils sont ses camarades, et comme ils chantent
très bien, il n'a pas pu le leur refuser. » Et, d'autre part, Mozart lui-
même, de Bologne, le 4 août suivant, écrira à sa sœur qu'il a composé
en Italie « cinq ou six airs, comme aussi un motet ». Le « motet »
auquel Mozart fait allusion est évidemment l'offertoire n° 80 ; mais
le n° 79, qui, tout en n'étant qu'un air, peut également être considéré
comme un petit « motet à voix seule », doit sûrement avoir été le
second des « deux motets » mentionnés par le père.

En tout cas, c'est chose incontestable que ce numéro a été composé
en même temps que l'air intercalé dans le motet n° 80, et date,
comme lui, du premier séjour à Milan. A la manière italienne, en effet,
ce morceau d'église est, simplement, un petit air d'opéra, tout à fait
pareil à ceux que l'enfant va composer en mars 1770, « pour montrer
qu'il est capable d'écrire un opéra » ; et l'instrumentation du morceau
ressemble également à celle de l'un de ces airs, ainsi qu'à celle de la
symphonie milanaise n° 78.

Le récitatif même qui précède l'air n'atteste pas le moindre effort
d'expression religieuse, comme l'attesteront, dans la suite, d'autres
morceaux analogues. Ici l'enfant, à qui les leçons du P. Martini n'ont pas
encore révélé la possibilité d'une utilisation proprement « religieuse »
du génie italien, s'est borné à improviser un petit *recitativo secco*
d'opéra, le plus insignifiant du monde, et aboutissant, par une cadence
traditionnelle de récitatif, à l'exposé instrumental du premier sujet de
l'air.

Quant à cet air lui-même, Mozart y a employé, comme naguère dans plusieurs airs de sa *Finta Semplice*, la coupe du « petit air à reprise variée ». Après une première partie, composée déjà de deux sujets distincts, sur les mots : « Recherche les choses d'en haut et fuis celles de la terre, et ne te soucie point de celles-ci, car elles ne sont rien! » une ritournelle amène une seconde partie très courte, et plus récitative, sur d'autres paroles. Et puis, sans nulle transition qu'un point d'orgue, la première partie de l'air est reprise dans son entier, avec de légers changements, portant surtout sur les ornements du chant, et sur la cadence finale. La partie principale de l'air est une véritable cantilène d'opéra, très douce et chantante, mais sans aucun rapport avec la signification des paroles ; et il est même un peu comique de voir de quelle façon Mozart, la seconde fois qu'apparaissent les mots *non cura reliqua*, y emploie un tour de modulation imprévu et saisissant, tandis que, la première fois, les mêmes paroles n'ont donné lieu à aucun accident du même genre. Les deux cadences sont encore assez rudimentaires, et l'ensemble de l'air est loin d'avoir l'allure « vocale » des airs qui vont suivre. C'est une mélodie tout instrumentale, un *andante* de symphonie, et tout aussi agréable à entendre lorsqu'il est d'abord chanté par le violon que lorsqu'il est repris par la voix.

Enfin, pour ce qui est de l'accompagnement, Mozart recourt ici au procédé que nous avons signalé dans les deux symphonies précédentes, et qui consiste à confier le chant au premier violon sur un accompagnement continu du second violon en croches. Du moins découvrons-nous ici une tendance marquée à rendre l'orchestre indépendant du chant, au lieu de le réduire à doubler celui-ci, comme faisaient trop souvent les auteurs italiens. L'accompagnement de la seconde partie de l'air nous offre même, au-dessous du chant, une série de modulations expressives qui annoncent déjà les beaux récitatifs instrumentaux de deux airs composés le mois suivant.

80. — *Milan, février* 1770.

Offertoire ou motet en ut : Benedictus sit Deus, pour quatre voix, avec l'accompagnement de deux violons, deux altos, deux flûtes, deux cors, deux trompettes, timbales, basse et orgue.

K. 117.
Ms. à Berlin.

I. *Benedictus sit Deus, chœur : allegro.*
II. *Introïbo (en fa), air pour soprano : andante.*
III. *Jubilate, chœur : allegro.*

Nous avons dit déjà, à propos du n° 79, quelle était l'origine de ce
« motet » mentionné, à la date de sa composition, par Léopold Mozart
et plus tard aussi par Mozart lui-même. L'autographe, intitulé *Offertorium o mottetto di W. Mozart*, ne porte point de date : mais l'absence du
titre *cavaliere* suffirait à prouver que le morceau ne date point du second
séjour à Milan ; et c'est également ce que prouve, de la façon la plus
formelle, le style du morceau, qui, ainsi que nous allons le voir, se rattache encore un peu à la manière salzbourgeoise des messes de l'année
précédente.

Pour l'un des deux castrats milanais, le jeune homme s'était contenté
d'écrire un air : pour l'autre, il a intercalé un air entre deux
chœurs, mais sans que l'on ait aucun droit de supposer que l'air et les
deux chœurs ne soient pas de la même date. Cette introduction d'un
morceau de bravoure dans un chœur religieux était des plus communes
à ce moment, et plus encore en Italie qu'ailleurs.

L'air, pour commencer par lui, est d'ailleurs plus court et plus exclusivement « de bravoure » que celui du numéro précédent, destiné à être
chanté seul. Il a bien, lui aussi, la coupe d'un petit air d'opéra à reprise
variée, mais le gracieux sujet exposé d'abord par l'orchestre ne reparaît qu'au début du chant ; et celui-ci, dès la neuvième mesure, commence
à n'être plus qu'une série de traits, même dans la très rapide partie
intermédiaire. L'orchestre, plus fourni que dans le numéro 79, est
cependant traité de façon pareille, avec une concentration de toute la
pensée musicale dans les parties des deux violons.

Beaucoup plus intéressants sont les deux chœurs, où, comme nous
l'avons noté plus haut, l'influence nouvelle des maître italiens ne pré-
vaut pas encore entièrement sur les habitudes rapportées de Salzbourg.
C'est ainsi que nous ne trouvons pas encore, dans ces chœurs, les grands
préludes symphoniques qui nous apparaîtront bientôt dans les morceaux religieux de Mozart, et que le voyageur Burney nous signalera
comme l'une des particularités du récent style d'église italien. Dans les
deux chœurs, les voix commencent leur chant dès la première mesure,
le plus souvent doublées par l'orchestre ; et leur traitement, tout « instrumental », est aussi différent que possible de celui que nous montreront
les œuvres religieuses des périodes suivantes. Le premier chœur a la
coupe d'un petit morceau de sonate, avec deux sujets, l'un homophone,
l'autre plus contrepointé ; un très court « développement » nouveau,
accompagné d'une figure continue des violons, et une reprise, légèrement variée, de toute la première partie. Quant au second chœur, il est
fait de passages du plain-chant entre lesquels interviennent sans cesse
de courtes phrases du chœur, presque toujours homophones, et contrastant, par leur caractère tout moderne, sous une même figure d'accompagnement, avec la nudité archaïque des versets du psaume. Et il
est curieux d'observer que ce morceau, au reste assez insignifiant,
témoigne seul de l'impression qu'a dû produire sur Mozart le plain-chant
milanais, qui, à cette époque, luttait encore contre l'envahissement du
nouveau style « concertant ». A la cathédrale et dans la vénérable église
Saint-Ambroise, les offices en chant ambrosien gardaient de nombreux
admirateurs ; et Mozart, certainement, n'a su manquer de l'entendre.
Mais il était tout entier sous le charme d'un style infiniment différent

de celui-là ; et ainsi nous nous expliquons le peu de trace que le plain-
chant a laissé dans sa musique d'alors.

Ajoutons enfin que, pour affirmer le caractère « instrumental » de son
offertoire, Mozart y a beaucoup soigné l'orchestration, et que les trompettes, en particulier, y jouent, dans l'accompagnement des chœurs, un
rôle capital, tandis que les flûtes et les cors, dans l'air de soprano, ont
çà et là des passages d'une couleur très marquée.

81. — *Milan, mars* 1770.

Air en ut : Fra cento affanni, pour soprano, avec accompagnement de deux violons, deux altos, deux hautbois, deux cors, deux
trompettes, violoncelle et contrebasse.

K. 88.

Ms. à Munich.

L'autographe de cet air porte simplement : *Aria di Amadeo Wolfgango Mozart,* 1 70, *a Milano ;* — ce qui prouve que l'air a été composé
pendant le premier séjour à Milan, car, s'il était du second séjour, le
nom de Mozart serait précédé du mot *cavaliere.* Et nous savons en
outre que Mozart, vers la fin de ce premier séjour à Milan, a composé
« trois airs et un récitatif accompagné » pour les soirées du comte Firmian, afin de montrer « qu'il était capable d'écrire un opéra italien ».
On a voulu que le premier de ces trois airs fût celui qui termine le grand
récitatif *Misero me* (n° 84) : mais les paroles de cet air sont empruntées
au *Demofonte* de Métastase, tandis que les paroles de l'air n° 81, et celles
des deux autres airs évidemment composés pour la même occasion (n°ˢ 82
et 83) sont prises au poème d'*Artaserse.* Il est donc infiniment plus probable que Mozart, pour montrer qu'il était en état d'écrire un opéra,
aura d'abord choisi trois airs d'un même livret : sans compter que, à
Rome, le mois suivant, nous le verrons occupé à mettre en musique un
second air de *Demofonte,* ce qui indique qu'il n'a songé à ce poème qu'après
s'être servi de celui d'*Artaserse.* En réalité, la phrase de la lettre de Léopold signifie que l'enfant, pour la soirée susdite, a composé non pas
trois morceaux, mais bien *quatre :* les trois « airs » 81, 82, et 83 (bien que
l'un deux soit précédé d'un petit récitatif) et le grand et magnifique
« récitatif accompagné » *Misero me,* auquel il a joint un quatrième petit
air.

Comme les trois autres morceaux que nous allons avoir à étudier tout
à l'heure, l'air n° 81 nous montre déjà Mozart très profondément pénétré

des habitudes de l'opéra italien. L'orchestre, tout d'abord, y est visiblement subordonné au chant ou, du moins, nous y sentons que Mozart s'efforce de ne plus lui donner le rôle prépondérant qu'il avait été conduit à lui attribuer sous l'influence de son éducation instrumentale de Salzbourg. En outre, nous sentons que l'enfant s'efforce d'approprier son chant aux ressources propres de la voix : les traits et cadences qui y abondent sont déjà bien vocaux, et tels que les aimaient les castrats. Enfin nous voyons ici, pour la première fois, dans l'air d'*opera seria*, un emploi du procédé du *demi da capo*, tel que l'avaient inauguré Jommelli et Piccinni. et tel que, désormais, Mozart ne manquera plus jamais de l'employer. Cette abréviation de la reprise va bientôt permettre à Mozart d'étendre la contexture musicale de la première partie de ses airs, et d'y introduire déjà deux sujets très distincts, comme dans sa musique instrumentale : mais, ici, le second sujet n'existe encore qu'à l'état rudimentaire. Par contre, le second morceau de l'air, celui qui précède le *da capo*, est sensiblement plus long qu'à l'ordinaire ; et Mozart, comme il l'a fait déjà dans un des airs de sa *Schuldigkeit*, relie ce morceau au reste de l'air en y rappelant, pendant quelques mesures, avec de belles modulations mineures, le rythme de l'accompagnement de la première partie. Ce rythme, fait de notes entrecoupées au premier violon et à la basse pendant que le reste des cordes dessine un *trémolo* continu, est évidemment destiné à exprimer les palpitations du cœur d'Arbace, indiquées par les mots, *palpito, trémol*, et lorsqu'ensuite le chanteur dit qu'il « sent un froid dans ses veines » et que « son sang lui afflue au cœur », l'orchestre, et même le chant, ont des figures qui veulent traduire ces images.

Rien d'autre à dire de cet air, où Mozart aura surtout voulu montrer qu'il s'entendait aux grands airs de bravoure pathétique. Il convient cependant de noter encore que l'instrumentation, pour ne jouer qu'un rôle d'accompagnement, est aussi soignée que la partie vocale, et qu'il y a même un petit passage où les hautbois interviennent avec un bel effet de couleur sonore.

82. — *Milan, mars* 1770.

Air en mi bémol, Per pietà, bell' idol mio, pour soprano, avec accompagnement de deux violons, alto, deux hautbois, deux cors et basse.

K. 78.
Ms. à Berlin.

**Composé sur des paroles prises dans l'*Artaserse* de Métastase, comme l'air précédent, cet air-ci ne vise plus du tout à la bravoure : c'est une cantilène sentimentale, où le chanteur répète quatre fois : « Par pitié, ma belle idole, ne me dis point que je te déplais : le ciel m'a déjà rendu assez malheureux ! » De cette dernière partie du texte, Mozart ne semble pas s'être préoccupé : mais les premiers mots ont évoqué en lui une émotion tendre et langoureuse qu'il a fort bien exprimée dans la musique de son air. Celui-ci a la coupe d'une *cavatine*, avec trois couplets dont un modulant en mineur ; et un quatrième couplet reprend le premier, un peu varié, avec une cadence plus étendue. Le rôle de l'orchestre est encore plus simple que dans l'air précédent : le premier violon double le chant, pendant que le second violon l'accompagne en croches, tout à fait comme dans les deux symphonies 77 et 78. Cependant les hautbois ont de petits échos à découvert, et leur partie est évidemment très soignée. La voix, d'autre part, est très bien traitée, avec de légères cadences qui complètent parfaitement l'expression musicale du chant.

83. — *Milan, mars* 1770.

Récitatif et air, Per quel paterno, pour soprano avec accompagnement de deux violons, alto, deux hautbois, deux bassons, deux cors, violoncelle et contrebasse.

K. 79.

Ms. à Berlin.

Recitativo : O temerario Arbace.
Aria : Per quel paterno amplesso (en si bémol).

Tiré comme les deux airs précédents de l'*Artaserse* de Métastase, cet air, avec le dialogue en récitatif qui le précède, était destiné à montrer que Mozart savait également traiter les airs d'un caractère plus dramatique, entremêlés à l'action d'un opéra. Le récitatif est très simple, conforme au type habituel, mais déjà d'une expression très marquée, avec d'intéressantes figures d'accompagnement. Quant à l'air, qui débute sans prélude instrumental, et dont l'instrumentation se borne encore, le plus souvent, à doubler le chant, Mozart lui a donné la coupe libre d'un « petit air », sans *da capo*, mais avec une sorte d'intermède pathétique au milieu et une reprise un peu variée de la première partie : c'est là un type d'air à reprise variée que nous retrouverons, dans *Mitridate*, alternant avec le type traditionnel de l'air à *demi da capo*. Le premier sujet, les deux fois, aboutit à une longue cadence, variée de façon à mettre en valeur la voix du soprano : mais, dans tout le reste du chant, le rythme est très serré, et s'efforce de faire ressortir les paroles. Les instruments à vent, ici, ont un rôle plus considérable que dans les autres airs ; parfois même ils répondent au chant, accompagnés par les

cordes. Quant à l'expression du sentiment, Mozart ne semble plus s'en
être occupé, comme il avait commencé à le faire dans l'air précédent;
il tâche seulement à suivre et à accentuer le rythme des paroles.

84. — Milan, mars 1770.

Grand récitatif et air en mi bémol, Misero me et Misero pargo-
letto pour soprano : avec accompagnement de deux violons, deux
altos, deux hautbois, deux bassons, deux cors, violoncelle et contrebasse.

K. 77.
Ms. à Berlin.

Récitativo : Andante et allegro. — Air : Adagio.

Comme nous l'avons dit déjà, ce morceau est le quatrième de ceux
que Mozart a composés, avant sont premier départ de Milan, pour montrer son aptitude à écrire un *opera seria* : et c'est bien lui que Léopold
Mozart, dans sa lettre du 13 mars 1770, appelait « un récitatif avec violons ». A défaut d'autres preuves, la chose nous serait attestée par le
mot *Recitativo* écrit en titre du morceau, qui d'ailleurs porte, comme le
n° 81, l'inscription : *di Amadeo Wolfgango Mozart 1770 à Milano.* Après
avoir choisi trois airs dans le poème d'*Artaserse*, Mozart, continuant à se
servir de la belle édition de Métastase que venait de lui donner le comte
Firmian, a fait choix, pareillement, d'une scène du *Demofonte* où il devait
prendre quelques jours plus tard, deux autres airs, de façon à former
une seconde série de trois pièces, en pendant à la première.

Et si l'enfant a écrit les trois airs précédents pour montrer qu'il était
capable de s'adapter aux diverses exigences du genre de l'air, tout
porte à croire qu'il aura composé le n° 84 non seulement pour prouver
qu'il s'entendait à traiter le récitatif, mais encore pour montrer quel
musicien il était, et que les plus grands efforts artistiques n'avaient rien
pour l'effrayer. En vérité, ce morceau est une des œuvres les plus vastes
qu'il ait produites dans ce genre, et l'une de celles où nous apparaît le
mieux l'étonnante précocité de son génie. Le récitatif et l'air y font
étroitement corps, par le moyen de petits rappels, dans l'air, des rythmes
d'accompagnement du récitatif ; et déjà celui-ci, de proche en proche,
devient plus mélodique, prend une forme plus nette, pour aboutir au
magnifique éclat de musique qui s'offre à nous dans l'air. Cette unité
d'ensemble est le premier trait nouveau à signaler dans l'admirable
morceau que nous étudions. De plus, à considérer le récitatif en lui-
même, nous découvrons une préoccupation d'organiser celui-ci, de lui
donner la vie intérieure d'un véritable ouvrage musical. Un rythme

syncopé de l'accompagnement revient sans cesse, dans des tons et avec des mouvements divers, entremêlés de longs passages mélodiques, de figures en imitations, de modulations harmoniques très hardies et très expressives. Les instruments à vent ont un rôle important, et souvent dominent l'ensemble instrumental. Mozart, après la contrainte qu'il s'est imposée pour les trois airs précédents, de nouveau s'abandonne tout entier à sa fièvre de symphoniste. Dans l'air, en vérité, l'orchestre essaie de se subordonner au chant; mais son accompagnement est tout rempli d'imitations entre le quatuor, de modulations imprévues et piquantes, et le chant lui-même, sans aucune virtuosité, ne cherche plus qu'à dessiner une belle ligne mélodique, adaptée à la tendance plaintive qu'indiquent les paroles. La coupe de l'air est celle de l'air classique avec *demi da capo;* et Mozart n'en profite pas encore pour introduire un second sujet dans la partie principale de l'air; mais, de même que dans l'air n° 81 et plus heureusement encore, il étend et renforce la seconde partie de l'air, celle qui précède le *da capo.* Ici, avec ses rappels du récitatif, ses modulations mineures, et la liberté de son rythme, cette seconde partie est d'une expression dramatique dont rien encore, dans l'œuvre de Mozart, n'avait approché ; et le retour de la mélodie toute chantante du premier sujet, débutant par une tenue à la dominante, achève de donner à ce morceau une valeur artistique exceptionnelle.

85. — *Milan, entre janvier et décembre* 1770.

Petite symphonie burlesque en ré, probablement pour servir d'intermède à un remaniement du *Galimatias musicum.*

K. Anh. 100 .

Ms. à Paris, chez M. Malherbe.

Molto allegro. — *Andante (en ré mineur).* — *Allegro.*

L'autographe de ce morceau, dans une collection particulière, porte la mention : « à Milan 1770 » ; ce qui, se joignant au peu d'importance du morceau lui-même, nous laisse libres de placer la composition de celui-ci ou pendant le premier ou pendant le second des deux séjours de Mozart à Milan, en 1770. En tout cas, la destination de ce morceau nous est attestée par la présence d'une copie de la symphonie (en parties) intercalée dans des vieilles parties manuscrites du *Galimatias musicum;* et nous avons dit déjà que d'autres signes encore concourent à faire admettre que Mozart, pendant son séjour à Milan, a revu, retouché, et probablement fait exécuter dans une des soirées musicales de Milan, le pot-pourri comique composé naguère à La Haye. Dans cette parodie de tous les genres musicaux du temps, il aura eu alors l'idée d'intro

duire aussi la caricature d'une symphonie. Les trois morceaux sont
tout courts, et s'enchaînent l'un à l'autre, comme dans un bon nombre
d'*ouvertures* italiennes, et même dans quelques-unes des symphonies italiennes de Mozart : mais chacun d'eux n'en forme pas moins un tout
complet, avec sa double ritournelle. Dans le premier *allegro*, les barres
de reprise manquent, mais dès la quatrième mesure, Mozart reprend
son premier sujet à la manière d'une rentrée. L'*andante*, lui, a des
barres de reprise, suivies d'une rentrée variée en *fa* majeur. Conformément à l'habitude des *soli* instrumentaux du *Galimatias*, cet *andante*
n'est,.d'un bout à l'autre, qu'un *solo* des altos; et pareillement le finale
comporte des *soli* de cors. Ce finale, très court lui aussi, a également
des barres de reprises, que suit un petit *développement* aboutissant à
une rentrée du premier sujet en *coda*. Tout cela est d'ailleurs manifestement improvisé, mais d'une intention comique assez amusante, avec
un mélange de prétention et de gaucherie voulue qui se retrouvait déjà
dans le *Galimatias*.

L'autographe de cet embryon de symphonie contient, entre l'*andante*
et le finale, un menuet en *sol* avec trio en *ré* : mais ce morceau ne figure
point dans les copies de parties, et nous ne pouvons dire s'il appartient
à la rédaction de 1766 ou à celle de 1770. En fait, le menuet est accompagné d'une tenue imitant la vielle, et une imitation analogue existe
déjà, avec le même ton, dans un des numéros du *Galimatias* de La Haye,
tandis que le trio, de son côté, s'ouvre par un *solo* de cors qui existait,
lui aussi, dans la partition de 1766. Peut-être Mozart aura-t-il à Milan,
remplacé les deux morceaux, vraiment très faibles, de l'ancienne rédaction par des effets analogues sous la forme d'un petit menuet ?

II. — L'ITALIANISME

FLORENCE, ROME, ET NAPLES (15 MARS-20 JUILLET 1770)

Pour cette seconde partie du premier séjour en Italie, nous allons
d'abord, comme pour les périodes précédentes, extraire des lettres
de Mozart et de son père, des souvenirs de la sœur, ainsi que des
journaux et autres écrits du temps, tous les renseignements qui, de
près ou de loin, touchent à l'éducation musicale du jeune garçon.

Lettre de Léopold Mozart, à Bologne, le 24 mars 1770 : « Nous
sommes arrivés ici aujourd'hui, et n'y resterons pas plus de quatre
jours, puis cinq ou six jours à Florence, de façon à être à Rome pour
la semaine sainte, et à y voir les offices du jeudi saint. Le contrat
au sujet de l'opéra de Wolfgang est signé (etc., voyez p. 269). A
Parme nous avons été invités à dîner chez la signora Guari, sur-
nommée la Bastardina ou la Bastardella, qui nous a chanté trois airs.
On ne voudrait pas croire qu'elle monte jusqu'à l'*ut* suraigu : mais
mes oreilles m'en ont convaincu. Les passages que Wolfgang a notés
dans sa lettre ci-jointe étaient vraiment dans ses airs; et elle les a
seulement chantés un peu plus doucement que les notes plus basses,

IOMELLI

NICOLO JOMMELLI
(1714-1774)

mais c'était aussi beau qu'un son d'orgue. Les trilles et tout le reste, elle les a faits exactement comme Wolfgang les a notés. En outre sa voix descend fort bien jusqu'au *sol* de l'alto. »

Le même jour, Wolfgang écrit à sa sœur : « Je t'en prie, écris-moi qui chante, à Salzbourg, dans les oratorios, et comment sont intitulés ces oratorios ! Écris-moi aussi comment t'ont plu les menuets de Haydn (Michel), et s'ils sont meilleurs que les premiers ! Un de ces jours, je t'enverrai un menuet (etc., voyez p. 269). A Parme, nous avons fait la connaissance d'une chanteuse, et nous sommes allés l'entendre dans sa maison, ce qui était très beau. C'est la fameuse Bastardella, qui possède premièrement une belle voix, deuxièmement un gosier galant, troisièmement une élévation de voix incroyable. Elle a chanté en ma présence les notes et les passages que voici. » Suit une notation des tours de force vocaux accomplis par la chanteuse italienne.

De Bologne encore, le 27 mars, Léopold écrit :

Hier, il y a eu un grand concert ici, chez le comte Pallavicini. Le fameux P. Martini y était invité aussi ; et bien qu'il n'aille jamais dans un concert, il a tenu à venir. Le concert, où assistaient cent cinquante personnes, a commencé vers sept heures et demie et a duré jusqu'à onze heures et demie. Les signori Aprile et Cicognani ont chanté des airs. Ce qui me plaît extrêmement, c'est que Wolfgang est encore plus admiré à Bologne que dans toutes les autres villes d'Italie : car cette ville-ci est la résidence d'un grand nombre de maîtres, d'artistes, et de savants. C'est également ici qu'on lui a imposé les épreuves les plus difficiles : et la manière dont il les a subies va accroître sa renommée dans toute l'Italie, attendu que le P. Martini est l'idole des Italiens et que ce père parle de notre enfant avec émerveillement, après toutes les épreuves qu'il lui a imposées. Nous sommes allés deux fois chez lui : et, chaque fois, Wolfgang a composé une fugue dont le P. Martini s'était borné à lui fournir le *ducem* ou la *guida*. Nous avons également fait visite au cavalier Broschi, plus connu sous le nom de signor Farinelli. Nous avons trouvé ici la Spagnoletta, qui va être *prima donna* dans l'opéra que l'on va jouer à Bologne en mai, au lieu de la Gabrielli, qui se trouve encore à Palerme. Enfin nous avons rencontré ici le castrat Manfredini qui, en revenant de Russie, s'est arrêté à Salzbourg...

Lettre de Léopold, à Florence, le 3 avril :

Arrivés ici le 30 mars, nous avons eu une séance au palais le 2 avril. Le succès d'émerveillement a été d'autant plus grand que le marquis de Ligniville, directeur de la musique grand-ducale, qui assistait à la séance, se trouve être le plus fort contrapuntiste de toute l'Italie, et, en conséquence, a proposé à Wolfgang les sujets de fugues les plus difficiles, que l'enfant a développés comme on mange une bouchée de pain. C'était Nardini qui accompagnait. Aujourd'hui, nous allons chez Manzuoli. Le castrat Nicolini, qui était à Vienne avec Guadagni, est également à Florence.

De Léopold, à Rome, le 14 avril :

Arrivés ici le 11, nous sommes allés tout de suite à la chapelle Sixtine
pour entendre le *Miserere*. Le 12, nous avons assisté aux *Functiones*... Tu
sais que le célèbre *Miserere* d'ici est estimé si grandement qu'il est
défendu aux chantres de la chapelle pontificale, sous peine d'excommu-
nication, d'en emporter au dehors une seule partie vocale, de la copier,
ou de la communiquer à personne. Mais nous, nous possédons déjà la
partition entière du *Miserere* : car Wolfgang l'a notée par écrit, et nous
vous l'enverrions ci-jointe à Salzbourg si notre présence n'était pas
indispensable pour vous faire comprendre l'intérêt du morceau ; car
la manière de l'exécution y a plus d'importance que la composition
même... Wolfgang va fort bien, et vous envoie une contredanse. Il désire
que M. Hofmann (maître de danse à la cour de Salzbourg) compose les
pas de ce morceau, et de telle façon que deux personnes seulement
dansent lorsque les deux violons jouent, comme préludant au reste, et
puis qu'ensuite toute la compagnie danse ensemble, chaque fois que
l'orchestre entier se met à jouer. Ce qui serait le plus beau, c'est que
cinq couples de personnes pussent danser à tour de rôle, le premier
commençant au premier solo, le second au deuxième, et ainsi de suite :
car le morceau est fait de cinq *soli* et de cinq *tutti*...

Du même Léopold, à Rome, le 21 avril :

Les journaux ont déjà publié des comptes rendus de notre présence
à Bologne et à Florence. Notre Wolfgang ne s'en tient pas à ce qu'il
sait déjà, mais étend et développe sa science de jour en jour... A Florence, nous avons rencontré un jeune Anglais qui est élève du fameux
Nardini. Ce garçon, qui joue merveilleusement du violon, et qui est de
la taille et de l'âge de Wolfgang, est venu dans une maison où nous
nous trouvions ; et les deux garçons se sont fait entendre à tour de rôle,
toute la soirée. Le lendemain, le petit Anglais a fait apporter son violon
chez nous et en a joué tout l'après-midi ; Wolfgang l'accompagnait sur
son violon Le jour suivant, les deux enfants ont encore joué tout
l'après-midi, à tour de rôle, non point comme des enfants, mais comme
des hommes. Et le petit Thomas a pleuré toutes ses larmes à la nouvelle
de notre départ. Quand nous sommes partis, il nous a accompagnés
jusqu'à la porte de la ville. J'aurais voulu que tu visses cette scène !

Post-scriptum de Wolfgang : « Manzuoli est en pourparlers avec les
Milanais pour chanter dans mon opéra. En vue de quoi il m'a chanté,
à Florence (etc., voir p. 270). On ne sait pas encore si la Gabrielli viendra sans faute. Quelques-uns disent qu'elle sera remplacée par la
De Amicis, que nous allons voir à Naples. Je voudrais bien qu'elle
et Manzuoli pussent chanter dans mon opéra. Nous ne savons encore
rien du poème : j'en ai recommandé un de Métastase à Don Ferdinand et à M. Troger... Je suis en train, en ce moment, de mettre en
musique l'air : « *Se ardire e speranza.* »

De Wolfgang, à Rome, le 25 avril : « Hier, nous avons entendu les vêpres à Saint-Laurent, et ce matin la messe chantée, et ce soir encore les vêpres... J'ai joué dans deux concerts, et demain je jouerai encore dans un troisième. Aussitôt cette lettre terminée, j'achèverai une symphonie que j'ai commencée. Mon air est fini, et l'une de mes symphonies est chez le copiste, qui se trouve être mon père, parce que nous ne voulons pas la faire copier au dehors, par crainte qu'on nous la vole[1]. »

Lettre de Léopold, à Rome, le 2 mai : « Nous allons partir pour Naples, où nous resterons environ cinq semaines; puis nous repasserons par Bologne et Pise, et nous nous arrangerons pour séjourner dans l'endroit le plus frais et le plus sain, pendant les grandes chaleurs. Aujourd'hui, M. Meissner, qui arrive de Naples, et Wolfgang se sont fait entendre au Collège allemand. »

Lettre de Léopold, à Naples, le 19 mai : « Nous avons assisté, en route, dans un couvent de Capoue, à la prise de voile d'une religieuse. Dès la veille, un maître de chapelle est arrivé, avec trois ou quatre chars remplis de musiciens, qui tout de suite ont commencé la fête par des symphonies et un *Salve Regina*. »

Lettre de Wolfgang, ce même jour : « Le douzième menuet de Haydn, que tu m'as envoyé, me plaît infiniment, ainsi que la basse que tu as composée pour lui. Le 30 de ce mois commencera, ici, l'opéra composé par Jommelli. Dans cet opéra va chanter la De Amicis, chez qui nous sommes allés. Le second opéra sera composé par Caffaro, le troisième par Ciccio di Majo, et le quatrième on ne sait pas encore par qui. Ne manque pas d'aller entendre les litanies à Mirabell, et écoute bien aussi le *Regina Cæli* ou le *Salve Regina*. Dis à M. de Schiedenhofen qu'il faut qu'il apprenne, sur le clavecin, le menuet à répétitions, afin que je puisse, un jour, l'accompagner... »

Le 22 mai, toujours à Naples, Léopold écrit que l'*opera buffa* qu'ils ont entendu dans cette ville « est très bon ». Le 26 mai, il écrit que, dans quelques jours, aura lieu le concert organisé par de grandes dames de la société napolitaine, pour Wolfgang. Et la lettre du 29 mai annonce que le concert a fort bien réussi. « Demain, ajoute Léopold, il y aura de grandes fêtes, à l'Opéra et partout, pour l'anniversaire du roi. Si Wolfgang n'avait pas déjà signé le traité pour un opéra à Milan, il aurait été engagé à écrire un opéra pour Bologne, Rome, et Naples, car, dans chacune de ces villes, on le lui a proposé. »

Et Wolfgang, le même jour, écrit en post-scriptum : « Avant hier nous avons assisté à la répétition de l'opéra de M. Jommelli, qui est un opéra très bien écrit, et qui m'a vraiment beaucoup plu. M. Jommelli nous a parlé, et a été très aimable. Nous avons été aussi dans

---

1. Nous reviendrons tout à l'heure sur ce passage de la lettre de Wolfgang, qui peut aussi être interprété d'une façon différente. (Voyez p. 307, note 1.)

une église, pour entendre une musique de M. Ciccio da Majo, qui était extrêmement belle. Avec lui aussi j'ai causé longuement. La De Amicis chante à merveille. »

Lettre de Léopold Mozart, de Naples, le 5 juin : « Notre concert, ici, a fort bien marché. Le dimanche de la Pentecôte, nous avons assisté au grand bal de l'ambassade de France. » Et Wolfgang ajoute : « Nous avons mangé chez M. Doll, qui est un compositeur allemand, et un excellent homme. L'opéra d'ici est par Jommelli : il est beau, mais trop froid et trop vieux jeu pour le théâtre. La De Amicis chante d'une manière incomparable, comme aussi Aprile, qui a chanté à Milan. »

Le 27 juin, Léopold écrit, de Rome, qu'ils sont arrivés la veille dans cette ville, et qu'il se propose d'aller assister aux vêpres à Saint-Pierre. A Naples, l'impresario Amadori, qui a entendu Wolfgang chez Jommelli, lui a demandé d'écrire un opéra pour le théâtre San Carlo, « ce que nous avons dû refuser, à cause de la promesse donnée à Milan ».

Le 4 juillet, toujours de Rome, Léopold écrit que Wolfgang va être nommé chevalier d'un ordre pontifical, et que déjà tout le monde appelle l'enfant : *signor cavaliere*. Et la lettre du 7 juillet confirme cette nouvelle. « La croix donnée à Wolfgang est la même que celle qu'a obtenue Gluck. »

Ce même jour, Wolgang écrit à sa sœur pour la féliciter d'un *lied* qu'elle vient de composer : « Envoie-moi bientôt, dit-il, les six autres menuets de Haydn ! »

Enfin, dans une lettre de Bologne, le 21 juillet, Léopold rend compte du départ de Rome, et du voyage : « A Citta di Castello, nous avons entendu une messe, après laquelle Wolfgang a joué de l'orgue. Nous sommes arrivés ici hier ; et c'est le 10 juillet que nous avons quitté Rome. » Post-scriptum de Wolfgang : « Je ne connais pas encore le titre de l'opéra que je vais composer pour Milan. Notre logeuse, à Rome, m'a donné les *Mille et une Nuits* en italien : c'est tout à fait amusant à lire. »

Qnant aux souvenirs de la sœur, ils sont rédigés presque entièrement d'après les lettres ci-dessus, et ne contiennent que fort peu de renseignements nouveaux. Voici les seuls passages qui méritent d'être notés encore :

A Bologne, le P. Martini propose à Mozart un sujet de fugue avec son contre-sujet ; et l'enfant, aussitôt, réalise la fugue complète sur le clavecin. A Rome, la sœur raconte que son frère, ayant noté, de mémoire le *Miserere* de la chapelle Sixtine, est retourné à ladite chapelle, le lendemain, avec sa partition cachée dans son chapeau, pour voir s'il ne s'était pas trompé, mais que, ce jour-là, on a chanté un autre *Miserere*. Cependant, le *Miserere* en question, qui était du célèbre Allegri, fut chanté de nouveau le vendredi saint ; et Mozart, l'ayant entendu pour la seconde fois, constata que sa transcription était exacte, sauf pour deux ou trois détails. Ce tour de force fut bientôt connu à Rome ; et l'enfant eut à chanter lui-même le *Miserere* au clavecin, dans un concert privé, en présence du castrat Cristofori.

Et c'est également, sans doute, d'après une lettre perdue de l'un ou l'autre des deux voyageurs que la sœur, et Nissen à sa suite, nous racontent ceci : « Un jour que Wolfgang, à Naples, jouait du clavecin au *conservatorio Della Pieta*, ses auditeurs, émerveillés de l'agilité de sa main gauche, s'imaginèrent qu'il la devait au pouvoir magique d'une bague qu'il portait à ce doigt : sur quoi il ôta la bague, et continua de jouer avec la même aisance. Il faut ajouter que, dans toute la ville de Naples, ne se trouvait pas un seul piano, de sorte que Mozart, pendant son séjour, eut à montrer sa maîtrise sur un *solito cembalo*, — ou clavecin d'accompagnement. » Et ce dernier renseignement nous est des plus précieux ; car il nous apprend que Mozart, depuis son retour de Londres et de Paris, avait eu à sa disposition des *pianos* aussi bien à Salzbourg qu'à Milan et à Rome.

A ces documents de première main, les autres sources ne nous permettent guère de rien adjoindre d'un peu significatif, personne n'ayant encore pris la peine de rechercher, dans les bibliothèques et archives d'Italie, des traces du passage des Mozart dans des villes comme Florence, Rome, et Naples. Nous ne connaissons pas même les articles de journaux de ces villes dont parle Léopold, dans une de ses lettres. Nous n'avons aucun programme des « académies » du jeune garçon, dans le genre de ceux que Nissen a reproduits pour les concerts de Vérone et de Mantoue. Et pour ce qui est des compositions de Mozart lui-même durant cette période, l'unique renseignement que nous puissions ajouter à ceux qui contiennent les passages ci-dessus nous est fourni par une lettre de Mozart à son père, du 24 mars 1778. Mozart y écrit que, pour un amateur de Mannheim, il a fait copier « le quatuor composé jadis, un soir, dans l'auberge de Lodi ».

Cependant, les récits que nous a laissés, de son voyage en Italie, l'Anglais Burney nous permettent de compléter, sur certains points, la partie documentaire du présent chapitre.

Burney est venu en Italie dans le cours de 1770, au même moment où s'y trouvaient les Mozart, qu'il a rencontrés à Bologne en août, mais au sujet desquels il ne nous apprend rien d'intéressant. A Parme, pour suivre avec lui l'itinéraire des Mozart, il mentionne, lui aussi, la Bastardini ainsi qu'une bonne pianiste, Mme Roger, et un violoncelliste de valeur, Ferrara. A Florence, dans plusieurs églises, il entend chanter des chœurs sans accompagement, en contrepoint, mais d'un style où n'interviennent jamais des fugues véritables. Le jeune anglais Linley, élève de Nardini depuis deux ans, a composé des concertos de violon, tout à fait dans la manière de son maître.

Le signor Campione, dont les *trios* (pour violons et basse) sont renommés dans toute l'Europe, demeure également à Florence, où il s'occupe de musique ancienne. Il a écrit un *Te Deum* tout rempli de canons. Burney n'a point l'occasion de rencontrer Ligniville, alors absent de Florence, et nous apprend de lui, seulement, qu'il a mis en canons, pour trois voix, le *Salve Regina*. Mais, de ce qu'il nous dit de Campione et de la musique religieuse à Florence, nous pouvons conclure que cette ville, évidemment sous l'influence du savant marquis, était, plus encore qne Bologne, restée fidèle aux vieilles traditions classiques : au milieu d'une Italie d'où le contrepoint disparaissait à vue d'œil, et qui ne trouvait plus même la force de s'intéresser à l'*opera seria*, Florence constituait une exception, qui doit avoir vivement frappé le petit Mozart.

A Rome, au contraire, le goût moderne règne déjà pleinement, malgré l'obstination des papes à ne pas admettre l'orchestre, ni même l'orgue, dans leur Chapelle Sixtine. Dans cette chapelle même, on prend l'habitude d'orner et de moderniser l'ancienne musique ; et il n'y a pas jusqu'au *Miserere* d'Allegri, d'ailleurs simplement considéré comme une curiosité, dont les strophes ne soient librement variées par les chanteurs. Au sujet de ce *Miserere*, le P. Martini apprend à Burney que deux copies seulement en ont été livrées au dehors, avec l'autorisation du pape : l'une pour lui même, l'autre pour le feu roi de Portugal. Dans toutes les autres églises, ce ne sont plus que messes dans le goût nouveau, avec soli, duos et chœurs homophones, accompagnés d'un brillant orchestre, ou parfois de deux. On exécute aussi des oratorios, dont un, *Abigaïl*, par Casali, le maître de Grétry. Cet oratorio débute par une ouverture en trois mouvements, dont le dernier, « suivant l'habitude », est un menuet (ou plutôt un *tempo di menuetto*), mais d'un mouvement trop rapide dégénérant en gigue. Et Burney déplore aussi que les cadences, dans les airs, tendent à devenir de plus en plus longues.

Parmi les exécutants romains, les principaux sont : pour le chant, Cristofori, Mazzantini, savant musicien qui possède une collection d'œuvres de Palestrina, et la fille du peintre Battoni (qui, cette même année, a peint un magnifique portrait de Mozart) ; pour le violon, Celestini ; pour le violoncelle, Corri ; pour le piano, l'abbé Rossi et le signor Crispi, auteur également de quatuors à cordes. « Mais, à dire vrai, je n'ai jamais rencontré en Italie ni un bon joueur de piano, ni un bon compositeur pour cet instrument. Et cela s'explique par le peu d'usage qu'on en fait, sauf pour accompagner la voix. Les seuls pianos qu'on trouve, dans les maisons, sont de petites épinettes d'accompagnement. »

Enfin Burney a connu à Rome le vieux compositeur napolitain Rinaldo de Capoue, qui passait généralement pour avoir inventé le récitatif accompagné : en réalité, son innovation ne consistait qu'à introduire « de longues ritournelles, ou symphonies, dans les récitatifs de passion, pour exprimer ou imiter ce que la voix ne saurait traduire ».

A Naples, Burney a été très déçu, au point de vue musical, et cette ville lui paraît désormais fort au-dessous de sa réputation. « De plus en plus, la musique tend à y devenir populaire, et toute mélodique ; et le fait est que les musiciens des rues ont, dans leur répertoire, une foule de morceaux très originaux, avec des modulations singulières. »

De même qu'avaient fait les Mozart avant lui, Burney, à Naples, s'entretient avec le vieux Jommelli, qu'il regarde comme le plus grand compositeur vivant. Il assiste aux répétitions de son nouvel opéra, *Demofonte*, où il trouve un excès de modulations, et « plus d'effets intrumentaux que vocaux ». Toute la vogue va aux opéras bouffes, et notamment à ceux de Paesiello et de Piccinni. Dans les *Trame per amore* de Paesiello, l'ouverture, — chose alors toute nouvelle, — n'a qu'un seul mouvement. Quant à Piccinni, il met dans ses opéras bouffes de longs récitatifs accompagnés, parfois même avec des imitations en contrepoint : mais les Napolitains lui reprochent, comme à Jommelli, d'employer trop d'instruments dans ses opéras.

Dans toutes les églises de Naples, ce ne sont plus que messes accompagnées d'orchestre, avec airs et duos, ou bien motets d'un style analogue. A l'église des Franciscains, Burney entend une messe de Manni, qui, suivant un procédé qu'il signale ailleurs encore, et que nous retrouvons dans la musique religieuse de Mozart, débute par un long prélude orchestral revenant ensuite pour accompagner le chœur.

Enfin, parmi les instrumentistes, les seuls que Burney trouve à louer sont deux pianistes : Mme Hamilton et un élève et imitateur de Scarlatti, Carlo Cotumacci. Le célèbre violoniste Barbella lui paraît très inférieur à Nardini.

De tous ces documents, résulte la conclusion que cette partie du premier séjour de Mozart en Italie a, plus profondément encore que la précédente, plongé le jeune garçon dans le mouvement nouveau de la musique italienne, à l'exception d'un court épisode, formé par les arrêts à Bologne et à Florence, où le petit Mozart, au contraire, a entrevu les derniers vestiges existants d'un monde musical désormais en train de disparaître. De cet épisode nous parlerons tout à l'heure : mais il a été de trop brève durée pour pouvoir contrebalancer un peu sérieusement l'impression produite sur Mozart par ses séjours à Parme, à Rome, et à Naples.

Dans ces villes, plus pleinement encore qu'à Milan, où se faisait toujours sentir une certaine influence allemande, l'enfant a rencontré un goût musical à la fois tout italien et tout moderne, dont les quel-

ques passages de Burney cités plus haut nous font assez connaître
la portée et le caractère. C'était un goût dont l'expression la plus
parfaite se montrait dans le nouvel opéra bouffe des Piccinni et des
Paesiello. Non seulement le contrepoint et tout le style travaillé de
naguère avaient cessé d'être compris : il n'y avait pas jusqu'à l'*opera
seria* qui ne fût tenu dorénavant, pour réussir, de descendre au niveau
de l'opéra bouffe. A l'église, des messes toutes pleines d'airs et de
duos, avec un accompagnement orchestral très fourni, mais au fond
assez vide, ou bien, simplement, des motets dans le même style,
ou bien encore des oratorios qui n'étaient que de longues suites
d'airs d'opéra. Au théâtre, des airs plus courts et plus variés que
ceux de la vieille école, avec un accompagnement plus important,
qui, d'abord, constituait une « symphonie » et servait ensuite à soutenir la voix. Au concert, la musique instrumentale, de plus en plus,
cédait le pas aux airs ; et d'année en année, le nombre diminuait
des bons exécutants, notamment pour le piano et pour les instruments à vent. En résumé, l'Italie centrale et méridionale s'éloignait
de plus en plus de ses vieilles traditions, pour s'engouer d'une musique toute vocale, légère et superficielle, mais plus simple et, jusqu'à un certain point, plus vivante que celle des maîtres de la génération antérieure. Et c'est précisément une musique de ce genre qui
s'offre à nous dans toutes les œuvres de Mozart, durant cette période.
L'influence de l'opéra s'y découvre jusque dans la musique instrumentale, — à l'exception du premier *quatuor*, composé encore sous
l'action directe de Sammartini et des maîtres milanais. Aucune élaboration des motifs, aucun souci du contrepoint, ni de la couleur
orchestrale, mais une entente, sans cesse plus développée, des habitudes, des ressources, et de la beauté propre du chant. Dans tout
l'ensemble de la vie de Mozart, il n'y a peut-être pas de période plus
purement italienne, et où la nature allemande du jeune garçon se
soit plus visiblement subordonnée au goût d'une autre race.

Mais cette nature allemande n'en subsistait pas moins, au fond du
cœur de Mozart, comme aussi sa passion native pour une perfection
musicale d'ordre supérieur. C'est ainsi que, parmi des airs et une
symphonie les plus italiennes du mode, nous allons rencontrer une
contredanse où revivra, tout entière, l'âme de Salzbourg ; et c'est
ainsi qu'il suffira à Mozart de passer quelques jours à Bologne et à
Florence pour que nous le voyions tenté de renoncer au style italien
de son temps, et de se lancer ardemment dans les études de contrepoint, à la suite du P. Martini et de Ligniville. De telle sorte que
cet épisode passager, qui n'a point laissé de traces immédiates dans
les œuvres qui ont suivi, nous explique cependant la véritable révolution qui va se produire dans la vie musicale de Mozart, lorsque,
au mois d'août 1770, il aura l'occasion de recevoir les leçons du
P. Martini, et de subir l'influence de l'atmosphère savante de Bo-

logne. Depuis lors, le goût italien ne nous apparaîtra plus, chez lui, que mêlé de préoccupations classiques, et modifié sous l'effet de son génie personnel; et l'obligation même de composer un opéra italien ne suffira plus à nous rendre le jeune maëstro italianisant, le parfait élève et continuateur des Piccinni et des Sammartini que vont nous montrer presque toutes les œuvres de cette seconde période de 1770.

86. — *Lodi, 15 mars 1770.*

Quatuor en sol, pour deux violons, alto et violoncelle.

K. 80.

Ms. à Berlin.

Adagio. — Allegro. — Menuetto et trio (en ut).

L'autographe de ce premier quatuor de Mozart, à Berlin, porte l'inscription : *Quartetto di Amadeo Wolfgango Mozart, a Lodi, le 15 di marzo, alle 7 di sera;* et nous avons vu déjà que Mozart, dans une lettre du 24 mars 1778, dit qu'il vient de faire copier « le quatuor écrit par lui, un soir, dans l'auberge de Lodi ». Après quoi l'on doit bien se garder d'imaginer que l'enfant ait composé tout ce quatuor en une seule soirée. cette fois comme toujours, il ne s'est mis à écrire son œuvre que lorsque, déjà, il la tenait presque entièrement achevée, dans sa tête ; et tout au plus aura-t-il essayé d'improviser son menuet, car, au contraire des autres morceaux, il y a fait tant de ratures que son père, ensuite, a été forcé de recopier au net tout le *trio.*

Peut-être n'y a-t-il point d'œuvre de cette période qui, mieux que ce quatuor, nous montre la profonde influence exercée sur Mozart, à ce moment de sa vie, par la révélation directe de l'art italien. Car le quatuor à cordes était, dans la seconde moitié du XVIIIe siècle, un genre beaucoup plus florissant en Allemagne qu'en Italie ; et certainement Mozart, avant son séjour à Milan, avait entendu et étudié des quatuors d'une forme, sinon d'un contenu, supérieurs à ceux des Sammartini et des Boccherini. Il a dû, par exemple, connaître dès son voyage à Paris les premiers quatuors de Joseph Haydn, et puis, à Vienne en 1768, la seconde et la troisième série des quatuors de ce maître. A Salzbourg, il a dû pratiquer les quatuors de Michel Haydn, et nous pouvons être certains que ni ceux de Stamitz l'aîné, ni ceux de Starzer et de Hoffmann, ni les quatuors français de Gossec ne lui étaient inconnus. Mais, avec tout cela, son premier quatuor est tout imprégné du style des maîtres italiens, sans qu'on y trouve, pour ainsi dire, aucune trace des œuvres qu'il a entendues précédemment. Et il suffit de jeter un coup d'œil sur

1. Voir aussi n 198.o

la série des *concertinos a quattro istromenti soli* composée par Sammartini
en 1766 et 1767 pour y apercevoir les procédés et l'esprit dont s'est inspiré le petit Mozart.

Ces quatuors italiens avaient, en général, trois morceaux, dont le
dernier était un menuet ou un *tempo di menuetto*, — terme qui signifiait
simplement un menuet plus étendu, avec un trio en guise de *développement*, et une reprise plus ou moins variée. Quant aux deux premiers
morceaux, tantôt l'*allegro* précédait le mouvement lent, et tantôt, comme
dans le quatuor de Mozart, il le suivait. Parfois aussi, toujours comme
chez Mozart, les trois morceaux étaient dans le même ton.

Au point de vue de la coupe intérieure des morceaux, Sammartini
avait coutume, dans ses quatuors, de pratiquer le système du *développement*, avec rentrée variée de la première partie dans le ton principal,
et ses *développements* avaient même une étendue assez considérable ;
mais surtout, ainsi qu'on pouvait l'attendre d'un improvisateur, toujours
prêt à concevoir des idées nouvelles, Sammartini introduisait volontiers,
dans ses *développements*, des thèmes tout différents de ceux de la première partie du morceau, et qui constituaient, avant la reprise, un sujet
nouveau, s'ajoutant à ceux qu'on venait d'entendre et qui allaient reparaître. Quant à ceux-ci, il va sans dire que le maître milanais ne se
faisait point faute de les multiplier, et que, notamment dans ses *allegros*, les deux sujets ordinaires se renforçaient d'un troisième, sans
compter la longue ritournelle terminant à la fois la première partie et
la reprise finale.

Ce vieux Sammartini était bien, en effet, un improvisateur, avec la
tête et le cœur débordant d'inventions mélodiques dont la valeur était
forcément inégale, mais dont beaucoup joignaient à leur charmante
beauté une expression pathétique très profonde ou un caractère très
original de douceur poétique. Parmi les compositeurs italiens de musique instrumentale, il n'y en avait guère en Italie, à cette époque, qui
pussent lui être comparés ; et les plus brillants *quintettes* de son jeune
rival Boccherini apparaissent bien grossiers et bien pauvres, en regard
de quelques-uns de ses *quatuors*. Et, s'il manquait tout à fait de cette
science qui permet au musicien d'élaborer ses idées et de leur assurer
une véritable vie artistique, et si même il avait trop d'idées pour que
ses compositions n'offrissent pas une sensation de décousu et de désordonné, ses symphonies n'en attestaient pas moins une connaissance très
sûre des *quatuors* et ressources des divers instruments. Trop souvent,
en vérité, le rôle de l'alto, chez lui, était sacrifié : mais au contraire les
deux violons et la basse étaient traités avec un art remarquable, dont
l'étude ne pouvait que profiter au petit Mozart. L'un des traits les plus
caractéristique de son « écriture » était l'égalité constante des deux
violons, qui se partageaient le chant, tantôt se doublant et tantôt se
répondant en écho et en imitation, pendant que la basse et l'alto les
accompagnaient. Au lieu d'être subordonné au premier violon, le second
tendait très souvent à le dépasser ; et nous avons vu déjà que, dans ses
symphonies italiennes, Mozart lui a emprunté cette manière de faire.
Quelquefois, cependant, le premier violon faisait des traits, rappelant les
cadences des airs d'opéra : mais, en somme, Sammartini n'abusait jamais
des ornements, et son style restait toujours tout instrumental. C'était un

style évidemment inégal et incomplet, bien au-dessous du grand style qu'étaient en train de développer les maîtres allemands : mais, tel qu'il était, avec ses lacunes et sa confusion, il avait en soi une chaleur et une poésie que Mozart, dès ce moment, semble avoir goûtées et qui, en tout cas, deux ans plus tard, se sont révélées à lui de la façon la plus fructueuse. Lorsque, vers la fin de 1772, le cœur du jeune homme a achevé de s'ouvrir, les quatuors de Sammartini sont venus lui fournir comme des ébauches d'un art le mieux fait du monde pour répondre à son propre génie ; et le vieux compositeur milanais n'est pas sans avoir pris une grande part dans la merveilleuse envolée romantique dont le dernier séjour de Mozart en Italie, durant cet hiver de *Lucio Silla*, a été l'occasion, ou peut-être la cause.

En attendant, son premier quatuor nous le montre surtout frappé de l'aimable élégance mélodique des quatuors de Sammartini ; et, parmi les procédés de ce maître que nous avons indiqués, il n'y en a guère qui ne se retrouvent dans l'œuvre de l'élève.

Comme ceux de Sammartini, son quatuor n'est qu'en trois morceaux : car c'est seulement vers l'année 1773 que Mozart y ajoutera, pour finale, un aimable *rondo*. Comme chez Sammartini, le mouvement lent précède l'*allegro* ; et le quatuor se termine par un menuet : mais, dans le n° 86, le finale est un menuet véritable, avec un *trio* séparé et un *da capo* ; et l'enfant a écrit ses trois morceaux dans le même ton [1]. Quant aux répétitions en écho, à la séparation très nette et à la multiplicité des sujets, au rôle des ornements et des traits, à l'égalité constante des deux violons, sur tous ces points, et sur bien d'autres détails encore, l'influence de Sammartini apparaît manifeste. Tout au plus le génie instrumental de l'enfant le porte-t-il, déjà, à donner à l'alto une personnalité qu'il n'a, chez Sammartini, qu'accidentellement.

Dans le premier *adagio*, où le second violon tend sans cesse à monter au-dessus du premier, un *développement*, très court mais tout nouveau (comme chez Sammartini), amène une rentrée légèrement variée du premier sujet dans le ton principal, suivie d'une reprise à peu près textuelle des autres sujets. D'une façon générale, cet *adagio* a un caractère tout « sammartinesque », et absolument différent des *adagios* coutumiers de Mozart.

Peut-être l'influence de Salzbourg se distingue-t-elle un peu plus dans l'*allegro,* où le rythme du premier sujet a une verdeur populaire bien allemande : mais, ici encore, le style et les procédés viennent, en droite ligne, de Sammartini ; entre lesquels nous nous bornerons à citer le *développement,* sur un sujet tout nouveau, et avec un curieux dessin exposé d'abord par l'alto. Il y a aussi un petit essai d'entrée en contrepoint au début du second sujet, mais très faible, et qui nous fait voir combien l'enfant, durant cette première partie de son séjour en Italie, se souvient peu des études qui, naguère, l'avaient passionné.

1. Nous verrons plus tard, à propos des quators milanais de Mozart en 1773, que l'enfant a dû certainement connaître à Milan une nombreuse et remarquable série de quatuors de Gassmann, dont les manuscrits sont conservés aujourd'hui encore dans cette ville, et qui offrent presque invariablement la particularité d'avoir tous leurs morceaux composés dans le même ton.

Enfin le menuet et son trio offrent la particularité signalée par
Mozart dans les menuets italiens : les secondes parties sont beaucoup
plus longues que les premières, mais, dans les deux cas, Mozart
obtient simplement cet effet en reproduisant la première partie
tout entière après la seconde, comme il faisait à Vienne en 1768.

En résumé, il faut bien avouer que ce premier quatuor est une œuvre
d'écolier, et où le génie de Mozart ne se découvre guère. Mais la façon
de traiter les instruments atteste déjà un sens très original de leurs
ressources propres ; et peut-être, dans ce domaine comme dans celui
de la symphonie, n'est-il pas mauvais que Mozart ait eu d'abord pour
modèles des œuvres que la simplicité de leur forme lui permettait mieux
de pénétrer et d'imiter avec fruit.

87. — *Rome, du 11 au 14 avril* 1770.

Contredanse en si bémol, pour deux violons, basse, deux hautbois et deux cors.

K. 123.

Ms. à Berlin.

L'autographe de ce petit morceau porte simplement *contradanza* : mais
une lettre, citée plus haut, de Léopold Mozart décrit une « contredanse »
que l'enfant vient de composer; et tout ce qu'il en dit se rapporte trop
directement au n° 87 pour qu'il puisse être question d'un autre morceau.
Aussi devons-nous reproduire encore ce passage, daté de Rome, le 14 avril :
« Wolfgang vous envoie une contredanse dont il désire que M. Hoffmann
compose les pas, et de telle façon que deux personnes seulement
dansent, lorsque les deux violons jouent, comme préludant au reste, et
puis qu'ensuite toute la compagnie danse ensemble, chaque fois que
l'orchestre entier se met à jouer. Ce qui serait le plus beau, c'est que
cinq couples différents pussent danser à tour de rôle, le premier commençant au premier solo, le second au deuxième, et ainsi de suite :
car le morceau est fait de cinq *soli* et de cinq *tutti*. »

En effet, la contredanse est formée de cinq petits sujets séparés, dont
chacun est joué d'abord par les deux violons, puis repris, exactement
pareil, par l'orchestre entier. Et non seulement ce morceau nous
montre combien Mozart était toujours préoccupé de la danse, dès ce
moment de sa vie : nous y voyons encore que ses souvenirs musicaux de
Salzbourg savaient, au besoin, se réveiller, lorsque l'enfant avait à écrire
pour son pays. Car presque tous ces petits sujets sont d'une allure foncièrement salzbourgeoise, où se mêlent même, parfois, des réminiscences de Rameau et des danses françaises. Cependant, tout porte à
croire que la musique italienne aura contribué à suggérer à Mozart

l'idée de ces *soli* des deux violons, puisque nous avons vu et verrons encore Mozart, durant le séjour d'Italie, emprunter à la musique locale l'habitude de ramener toute la partie essentielle du travail musical aux deux violons, tandis que tout le reste de l'orchestre se réduisait à un rôle assez accessoire. Cette habitude aura fait naître, dans l'esprit de l'enfant, la pensée d'opposer des phrases pour deux violons à la répétition des mêmes phrases avec accompagnement de l'orchestre entier. Aussi bien trouvons nous, entre les deux violons, l'égalité que nous avons signalée, souvent déjà, dans les œuvres précédentes ; et il y a même quelques passages où les deux violons se livrent à des imitations en contrepoint.

88. — Rome, avant le 25 avril 1770.

Air : Se ardir e speranza, en fa, pour soprano, avec accompagnement de deux violons, alto, violoncelle et basse, deux flûtes et deux cors (paroles du *Demofonte* de Métastase).

K. 82.

Ms. chez M. Malherbe, à Paris.

L'autographe de cet air porte l'inscription : *di Amadeo Wolfgango Mozart, nel mese d'aprile anno 1770, a Roma ;* et nous avons vu que Mozart, dans sa lettre du 21 avril 1770, annonçait qu'il « était en train de travailler » à la composition de cet air, — probablement pour l'une des « académies » où il allait avoir à se produire.

En tout cas il est curieux de voir que Mozart, dans cet air, comme dans le suivant n° 90, a mis en musique des paroles du *Demofonte* de Métastase, auquel il avait emprunté déjà le sujet de son quatrième et dernier air de Milan, après avoir traité, dans les trois précédents, des vers de l'*Artaserse* du même poète. Sans doute il aura voulu, en pendant à sa première série milanaise, composer une seconde suite de trois airs, d'après un autre poème : mais, cette fois, destinant ses airs à des séances publiques, au lieu d'avoir à y montrer qu'il était capable de traiter les diverses formes de l'air d'opéra, il a donné à ses trois airs la même coupe, éminemment concertante, du grand air italien avec demi *da capo*.

L'air n° 88 nous le fait voir, d'ailleurs, plus familiarisé encore que naguère avec le style italien de son temps, et préoccupé surtout de la voix, tout en accompagnant celle-ci d'un orchestre nombreux et varié. Comme dans les airs de Milan, et comme dans d'autres airs italiens que nous décrit Burney, le morceau débute par une longue « symphonie », d'ailleurs charmante, qui sert ensuite à accompagner le chant. Celui-ci, dans la partie principale de l'air, a deux strophes, dont la seconde,

seule reprise au *da capo*, n'est qu'une variation de la première ; et, entre
ces deux strophes, une petite phrase de quelques mesures apparaît
déjà comme un rudiment de second sujet, de même qu'une phrase analogue dans le premier des airs milanais. Quant à la seconde partie de
l'air, en *ré mineur*, elle est assez insignifiante, contrairement à ce que
l'instinct de Mozart lui suggérait dans ses airs antérieurs : le goût italien d'alors, ici, l'emporte sur son génie naturel. Mais, d'autre part, la
ligne mélodique de la partie principale a une ampleur et une élégance
remarquables, avec des ornements nombreux, toujours bien conçus
pour la voix ; et l'on ne saurait trop admirer la manière dont Mozart, à
présent, subordonne son orchestre à la voix du chanteur, tout en lui
conservant une grâce exquise, avec ses petits dessins de flûtes, son
alternance d'effets de basses et de violoncelles, et l'incessante rivalité
de ses deux violons.

Détail curieux : dans d'autres compositions contemporaines des mêmes
paroles de Métastase, et notamment dans un air d'Anfossi, les vers qui
servent pour la partie principale sont ceux dont Mozart à fait sa petite
seconde partie, tandis que les mots *Se ardire e speranza* y deviennent
le sujet de cette seconde partie. Et puisque, aussi bien, chacun des
airs du poème de Métastase a été traité par une foule de maîtres
italiens, rien n'est plus intéressant que de comparer, au fur et à
mesure, leur traitement d'un air avec celui de cet air par Mozart : ici,
le jeune Allemand se révèle à nous déjà parfaitement nourri du style
italien ; et l'air d'Anfossi, par exemple, sur les mêmes paroles, n'est ni
mieux adapté aux habitudes des castrats, ni d'une instrumentation
plus docilement soumise au chant.

89. — *Rome*, *le* 27 *avril* 1770.

Symphonie en ré, pour deux violons, alto, basse, deux hautbois
et deux cors.

K. 81.
Ms. perdu.

Allegro. — *Andante en sol*. — *Allegro molto*.

L'autographe de cette symphonie est inconnu : mais une copie ancienne, appartenant à la société viennoise des *Amis de la Musique*, porte
l'inscription suivante : *del Sgre Cat. Wolfgango Amades Mozart, à Roma,
25 avril 1770.* Et bien que cette inscription ainsi formulée ne puisse provenir ni de Mozart lui-même ni de son père, qui auraient écrit *a Roma*
et *aprile*, il est bien évident que le copiste ne l'a pas inventée, et
qu'une date équivalente existait sur le manuscrit. Cette symphonie
est d'ailleurs, sans aucun doute, celle dont Mozart parlait à sa sœur,

dans sa lettre romaine du 25 avril 1770 : « Aussitôt cette lettre achevée, je terminerai une symphonie que j'ai commencée. Mon air est fini, et il y a une autre de mes symphonies qui est, à présent, chez le copiste, lequel n'est autre que mon père. » La symphonie que l'enfant va terminer, c'est le n° 89; l' « air » est le n° 88; et quant à « l'autre symphonie », que le père de Mozart était en train de copier au même moment, c'était, sans aucun doute l'une des deux symphonies n° 77 et 78 que nous avons classées dans la période précédente ; et, de préférence, nous serions tentés de croire qu'il s'agit ici du n° 78 où le type italien est déjà beaucoup plus accentué, et qui dans ce cas, pourrait même n'avoir été achevé par Mozart qu'après son départ de Milan. Aussi bien Léopold Mozart a-t-il eu également à copier le présent n° 89; et par là s'explique que cette symphonie, sur les catalogues de Breitkopf en 1775, ait figuré comme l'œuvre du père de Mozart [1].

1. Il se pourrait aussi que l' « autre symphonie » dont parle Mozart fut simplement l'œuvre du père, et cette seconde hypothèse nous apparaît même beaucoup plus vraisemblable. L'incertitude provient de ce que le petit Mozart s'est amusé à écrire sa lettre en italien. Sa phrase originale est : *Finita questa lettera, finiro una Sinfonia mia, che cominciai. L'aria è finita, una sinfonia è dal copista (il quale é il mio padre) perche noi non la vogliamo dar via per copiarla ; altrimente ella sarebbe rubata.* Il se peut que l'italien de l'enfant ait été plus correct que nous l'avions d'abord supposé, et que les mots *dal copista* ne signifient pas : « chez le copiste », mais « du copiste ». En ce cas, le *perche* qui suit résulterait, dans l'esprit de l'enfant, d'une sorte d' « ellipse », et ce serait comme si nous lisions : « Mon air est fini, comme aussi une symphonie de mon copiste habituel, qui est mon père, car nous ne voulons point donner mon air à copier au dehors, sans quoi on ne manquerait pas de nous le voler. » Rien absolument ne nous empêche, à coup sûr, d'admettre que l'excellent Léopold Mozart, en Italie, se soit avisé d'occuper ses loisirs en composant, lui aussi, une symphonie ; et nous avons déjà eu l'occasion de dire que, en effet, l'on possède de lui des œuvres postérieures à la date de 1762, où sa fille prétend qu'il aurait abandonné la composition (voyez ci-dessus p. 5).
Mais ce qui est absolument impossible, c'est que, comme on l'a soutenu récemment, cette symphonie composée à Rome par Léopold Mozart soit notre n° 89. Aussi bien Mozart, dans sa lettre, commence-t-il par nous apprendre que lui-même va, tout de suite, « achever une symphonie ». Et il faut n'avoir pas vu la partition du n° 89, ou en tout cas n'avoir pas daigné jeter un coup d'œil sur les autres œuvres contemporaines de l'enfant, pour se hasarder à reconnaître une autre main et une autre âme que les siennes dans un ouvrage qui, par exemple, de la manière la plus saisissante, peut servir de pendant et de contre-partie à une autre symphonie du jeune garçon, n° 91, authentiquement terminée à Bologne quelques mois plus tard. Il n'y a pas dans tout le n° 89 une seule idée, pas un seul procédé, qui n'aient leur équivalent dans la symphonie de Bologne ; et nous pouvons ajouter sans crainte que, surtout, il n'y a pas une note de cette symphonie qui puisse provenir de la lourde et banale invention de Léopold Mozart.
Alléguera-t-on que cette symphonie n° 89, dans un ancien Catalogue Breitkopf, a été annoncée comme étant de Léopold Mozart ? Nous répondrons qu'une erreur analogue, dans ce même Catalogue, a attribué à Wolfgang une symphonie en *sol* qui était sûrement de son père. Et puis il y a l'ancienne copie viennoise, qui doit incontestablement s'appuyer sur un autographe, aujourd'hui perdu. Et enfin nous répéterons une fois de plus que l'attribution de cette symphonie romaine à Léopold Mozart est aussi impossible qu'est évidemment légitime son attribution à l'auteur des autres symphonies italiennes de Mozart étudiées ici.

Nous devons ajouter que, si même le n° 78 a été mis au point après
le départ de Milan, cette symphonie n'en mérite pas moins d'être classée
plutôt dans la période précédente, lorsqu'on la compare avec le n° 89.
Car, comme nous l'avons dit, l'influence allemande y est encore sensible, attestée aussi bien par la présence d'un menuet que par la persistance de certains procédés viennois; mais surtout nous y découvrons un
visible effort de l'enfant à se rendre maître du style italien de son
temps, effort qui donne même à la symphonie une apparence particulière de contrainte et de pauvreté. Ici, au contraire, dans cette symphonie romaine, Mozart possède si pleinement l'idéal et la manière des
symphonistes italiens que déjà nous sentons qu'il est assez à l'aise, sur
le territoire restreint et borné de l'*ouverture* italienne, pour essayer
d'y satisfaire son besoin naturel de perfection. A force de ressembler
aux ouvertures italiennes des Piccinni et des Sacchini, son œuvre nouvelle, pour ainsi dire, cesse déjà de leur ressembler, en ce sens qu'elle
fait servir les mêmes moyens à la production d'une beauté supérieure,
et, traduisant les mêmes sentiments dans la même langue, les traduit
toutefois avec plus d'éloquence.

Tout ce que nous avons signalé comme étant les traits distinctifs
de la symphonie italienne, tout ce que nous ont montré les ouvertures
des compositeurs d'opéras et les symphonies « de chambre » ou de concert de Sammartini et de son école, tout cela se retrouve dans ce n° 89.
Non seulement l'œuvre n'a plus que trois morceaux, et ceux-ci sont plus
courts, avec un caractère plus brillant et plus léger, que dans les symphonies viennoises; non seulement l'abondance des idées remplace désormais leur élaboration musicale, chaque sujet étant suivi d'une longue
ritournelle, et souvent constitué de deux ou trois petits sujets juxtaposés; non seulement les répétitions de phrases se multiplient, comme
aussi les contrastes; et non seulement Mozart adopte la coupe mixte,
c'est-à-dire pratique, dans un ou deux des morceaux, le système des *développements* avec rentrée complète de la première partie, et, pour un
ou deux autres morceaux, ne fait point de rentrée dans le ton principal :
à ces caractères généraux s'en joignent d'autres, plus particuliers,
qui nous montrent à quel point l'enfant s'était alors imprégné de l'esprit et du style des compositeurs italiens. Par exemple, cette symphonie et la suivante nous le montreront ne prenant plus la peine de
varier ses reprises; elles nous le montreront employant des idées tout
à fait nouvelles pour ses *développements;* et puis aussi elles nous le
feront voir tantôt donnant un rôle égal aux deux violons, et tantôt chargeant le second d'accompagner le premier d'une figure continue. En
un mot, nous aurons vraiment, dans ces deux symphonies, un modèle
complet de ce que le goût italien appréciait, en matière de musique
instrumentale, aux environs de 1770. Et cependant nous doutons fort
que ces deux symphonies aient eu de quoi plaire à ce public autant
que les œuvres locales dont elles étaient directement inspirées : car, dans
les limites du genre nouveau qu'il est en train de traiter, le génie de
Mozart tâche déjà à s'affirmer avec toute sa force personnelle, et ainsi
ces symphonies se trouvent contenir, en quelque sorte, une quantité
de musique dépassant l'étendue ordinaire du goût de l'Italie. Pour
nous en tenir à un exemple, nous craignons que la façon dont Mozart

W.-A. MOZART

D'après Pompeo Battoni

L'authenticité de cette belle peinture de P. Battoni quant au personnage représenté, a été contestée

a conçu le rôle des instruments à vent, dans le n° 89, ait paru bien prétentieuse aux amateurs romains, ou bien, en tout cas, ne les ait guère touchés : car sans cesse l'enfant s'est ingénié à renforcer la raison d'être des hautbois et des cors, dans son instrumentation, en leur confiant de petites rentrées, de rapides *soli*, ou simplement des effets qui leur permettent de faire valoir leur couleur propre : de sorte que, sans être même aussi occupés que chez un Piccinni ou un Sammartini, les hautbois, chez Mozart, s'occupent d'une façon plus originale, et risquent par là d'enlever à l'ensemble du morceau son allure purement chantante et véritablement italienne.

Dans l'*allegro* initial, le premier sujet est très court, malgré ses répétitions et sa ritournelle : mais le second, déjà plus étendu, est suivi d'une troisième idée absolument différente, après quoi vient encore une très longue ritournelle, aboutissant à un silence général de trois quarts de mesure : puis, en guise de *développement*, voici un quatrième sujet sans aucun rapport avec les précédents, et où les deux violons dialoguent, avec une importance égale, tandis que, dans tout le reste du morceau, le second se bornait à doubler ou à accompagner le premier. Et le premier sujet est ensuite repris dans le ton principal, et tout le reste de la première partie reparaît, sans autre changement que la transposition de toutes les idées dans ce même ton. Une rhapsodie ou un pot-pourri d'idées musicales : tel est bien ce morceau, suivant l'habitude des symphonies italiennes. Rien n'est approfondi, ni même assez développé pour nous arrêter au passage : mais chacune des idées est vive et piquante, les oppositions de rythmes et de nuances nous gardent en haleine ; et à chaque instant Mozart imagine de petits artifices d'une grâce charmante, à la fois dans l'invention de ses motifs et dans son langage instrumental. Non pas que ce dernier nous offre rien d'équivalent à l'admirable vie symphonique des œuvres naguère composées en Allemagne : le travail essentiel du quatuor se réduit toujours aux deux violons, et les instruments à vent n'interviennent jamais que pour orner un discours qui s'énonce sans eux : mais, à l'intérieur de ces limites, souvent le premier violon se distingue du second avec une verve imprévue, et il suffit aux hautbois d'une seule note indépendante pour nous faire sentir l'agrément et le prix de leur présence.

Dans l'*andante*, la hardiesse instrumentale de Mozart est même allée plus loin : c'est aux hautbois qu'il a confié le chant du second sujet, par opposition au chant du premier sujet que les deux violons se partagent en échos. Tout ce morceau, avec la douce pureté de son expression et la simplicité délicate de ses moyens, porte directement l'empreinte de Sammartini. Après un *développement* insignifiant de quatre mesures, toute la première partie est reprise, dans le ton principal : mais, ici, à l'exemple de Sammartini, — plus consciencieux et scrupuleux, sur ce point, que l'ordinaire de ses compatriotes, — Mozart essaie de varier sa reprise, au lieu de reproduire exactement ce qu'il a déjà dit, comme dans le premier morceau et dans le finale. Et bien que le chant des hautbois conserve toujours une simplicité qui en rend l'exécution extrêmement facile, il faut noter avec quel art l'enfant a su accommoder cette petite partie aux ressources spéciales de l'instrument.

Quant au finale, nous y retrouvons un type de finale que nous présentent toutes les symphonies italiennes de Mozart et des autre compositeurs, à la date que nous étudions : le premier sujet est fait de l'opposition plusieurs fois répétée d'un *forte* et d'un *piano*, avec un caractère presque exclusivement rythmique; et le second sujet, très distinct, avec sa ritournelle propre, tout en comportant plus de mélodie, n'a guère, lui-même, que la portée d'un intermède fugitif. Et cependant, c'est peut-être dans ce finale, d'une portée bien restreinte, que se découvre le mieux à nous l'impossibilité où était Mozart de renoncer jamais à son génie de musicien : car si ces deux sujets sont également dénués d'expression vivante, il suffit que le second séduise l'enfant par l'allure originale de son rythme pour qu'aussitôt nous le voyions insister sur ce rythme, s'amuser à lui faire rendre des effets imprévus, et, par exemple, le transformer tout à coup en ajoutant à la partie du quatuor quelques touches colorées des cors et des hautbois. Notons enfin que c'est dans ce finale que Mozart s'abstient de reprendre le premier sujet dans le ton principal, ainsi qu'il l'a repris dans les deux autres morceaux. Au fond, cette coupe *binaire*, qu'il a passionnément aimée autrefois, de 1765 à 1768, il ne l'emploie plus maintenant qu'à contre-cœur, dans des morceaux qui, évidemment, l'intéressent peu : jusqu'au jour prochain où, en Italie comme en Allemagne, il ne pratiquera plus que la coupe *ternaire*, avec *développement* et rentrée complète de la première partie, plus ou moins variée.

90. — *Rome, avril ou mai* 1770.

Air en mi bémol : Se tutti i mali miei, pour soprano avec accompagnement de deux violons, alto, deux hautbois, deux cors et basse.

K. 83.

Ms. à Berlin.

Adagio et allegretto (en ut mineur).

L'autographe porte l'inscription : *à Roma, 1770, di Amadeo W. Mozart* : mais comme Mozart, jusqu'au 25 avril, a été occupé de l'air *Se ardire* (n° 88), dont il parle dans deux de ses lettres, ce n'est donc qu'après cette date qu'il a pu s'occuper du présent air, dont les paroles, de même que celles des deux précédents, étaient empruntées au *Demofonte* de Métastase.

L'air *Se tutti i mali* avait été autrefois mis en musique par Hasse, avec un succès de popularité qui devait encore piquer l'émulation de l'enfant. Les paroles de l'air disent : « Si je pouvais te raconter tous mes maux, je te ferais éclater le cœur ; une pierre même pleurerait à les connaître. » Mais Mozart, non plus que Hasse, ne s'est inquiété de donner à sa musique l'expression désespérée qu'exigeraient de telles paroles : il y a mis simplement la petite plainte, tendre et douce, qui était un des sentiments qu'il traduisait le plus volontiers.

Son air a la coupe, désormais constante chez lui pour les grands airs d'*académie*, du *demi da capo* ; et la première partie, comme dans les airs précédents, malgré l'étendue de ses deux strophes, n'a encore, proprement, qu'un seul sujet. L'orchestre, toujours comme dans les deux autres airs tirés de *Demofonte*, est constamment occupé, mais sans cesser de jouer un simple rôle d'accompagnement. La voix, par contre, est de plus en plus traitée avec le souci de son caractère propre ; la déclamation est excellente, et nombre de petites cadences viennent se fondre, par endroits, dans la belle suite de la ligne musicale. La seconde partie de l'air, cette partie récitative que Mozart, naguère encore, avait essayé de relever en lui prêtant une signification pathétique très intense, nous apparaît ici décidément sacrifiée : la mode italienne a eu raison, pour un moment, des velléités novatrices du génie de l'enfant. Courte et banale, cette seconde partie n'a, pour nous intéresser, que l'épisode curieux d'une enharmonie tout à fait imprévue : dans le chant, doublé par le premier violon, un *ré bémol* se transforme en un *ut dièze*, pour aboutir à un *ré* naturel.

Nous devons ajouter que l'air était primitivement plus long qu'il l'est aujourd'hui, Mozart ayant pratiqué trois grandes coupures sur son manuscrit, sans doute à la demande de la chanteuse : — car il convient encore de signale*r* que cet air, à la différence des deux précédents, a été écrit pour une voix de femme, ce dont son ornementation musicale, notamment dans les cadences, ne laisse point de se ressentir.

III. — BOLOGNE ET LE CONTREPOINT

(20 JUILLET-18 OCTOBRE 1770)

Le premier séjour de Mozart en Italie a été traversé, vers le milieu de 1770, par un événement tout fortuit, mais d'une importance historique extraordinaire. On a vu que Léopold Mozart, dans ses lettres de Rome et de Naples, disait à sa femme qu'il tâcherait à découvrir un endroit un peu frais et ombragé, pour y passer l'été, en attendant le retour à Milan qui devait avoir lieu lorsque la troupe des chanteurs de l'opéra serait formée pour le saison d'hiver. Or, le hasard a voulu que le lieu choisi pour cette villégiature fût précisément le seul qui pouvait exercer sur le génie de Mozart une influence profonde et bienfaisante : ou plutôt tout porte à croire que ce n'est point le hasard qui a décidé du choix de Bologne, au sortir de Naples, mais bien le désir formel de l'enfant, instinctivement attiré vers le merveilleux professeur de musique bolonais qu'il avait eu l'occasion de rencontrer durant l'une des haltes rapides de son voyage entre Milan et Rome. On se souvient en effet que, à Bologne, le P. Martini s'est plu à éprouver la science du petit Mozart, et lui a notamment proposé un sujet de fugue : et bien que, au cours de son voyage, des épreuves du même genre lui eussent été imposées un peu partout, nous ne pouvons nous empêcher d'imaginer que, tout de suite, le jeune garçon a senti et compris combien le bon vieux moine de Bologne avait à lui révéler de secrets musicaux que ne soupçonnaient point les autres compositeurs ou virtuoses aux questions desquels il avait dû répondre. Toujours est-il que, en quittant Rome pour la seconde fois, ce n'est point dans un village montagneux du nord que sont allés demeurer les deux voyageurs, mais bien à Bologne, et pour y prolonger leur séjour pendant trois mois entiers, jusqu'au moment où il leur est devenu indispensable de rentrer à Milan pour s'occuper du prochain opéra. Il y a eu là, dans la vie de Mozart, un de ces accidents providentiels dont on ne peut se défendre d'être émerveillé; et peut-être toute la vie de Mozart ne nous présente-t-elle pas d'accident plus favorable au développpement de son génie que ces trois mois passés au contact du professeur bolonais.

Voici, d'abord, ce que nous apprennent les voyageurs eux-mêmes sur les événements musicaux de ce trimestre :

Le 28 juillet, Léopold écrit à sa femme que le livret de l'opéra à composer pour Milan, *Mithridate, roi de Pont*, vient de leur parvenir. Mais comme nous savons, d'autre part, que l'enfant a attendu son retour à Milan pour s'occuper de la composition des airs de cet opéra, — étant forcé d'accommoder lesdits airs aux moyens et au goût des chanteurs, — ce n'est qu'à propos de la période suivante que nous aurons à citer les détails donnés ici, par Léopold, sur le livret et la distribution probable de *Mitridate*. Le 4 août, Léopold écrit qu'il vient d'être malade, et il ajoute qu'il a eu la visite du compositeur bohémien Mysliweczek, qui a reçu la commande du premier opéra de 1772, à Milan, c'est-à-dire de la saison qui suivra celle où le premier opéra aura à être donné par Wolfgang. En post-scriptum, ce dernier ajoute : « Mon violon a maintenant des cordes neuves, et j'en joue tous les jours : je te dis cela parce que maman m'a demandé si je faisais encore un peu de violon. J'ai eu au moins six fois déjà l'honneur d'aller seul dans des églises, pour assister à de magnifiques offices. J'ai déjà composé quatre symphonies italiennes, en plus des airs, dont j'ai fait certainement au moins cinq ou six, et puis aussi un motet... Dis à M. de Schiedenhofen qu'il faut qu'il t'aide activement à écrire des menuets ! Voici les commencements de plusieurs de mes cassations (suivent les premières mesures de trois morceaux, dont une marche, aujourd'hui perdus). Désormais, voilà ton désir satisfait ! Mais j'ai bien à croire que la cassation dont tu me parles soit l'une des miennes : car, qui donc aurait l'audace de faire jouer, comme étant de lui, une composition écrite par le fils du maître de chapelle, et cela quand sa mère et sa sœur sont présentes ? »

Le 11 août, Léopold écrit que le prince Pallavicini les a invités à passer plusieurs jours dans sa villa, voisine de Bologne. « A midi, tous les jours, il y a une messe, après laquelle on récite le rosaire, les litanies, le *Salve Regina* et le *De Profundis*. »

Lettre de Léopold, le 21 août : « Le 30 prochain aura lieu ici la grande fête annuelle, composée d'une grand'messe et de vêpres, qu'organisent, avec le plus de magnificence possible, les membres de la *Société philharmonique* de Bologne. »

Dans sa lettre du 25 août, les seuls passages à citer sont les suivants : « Ma collection de livres et de musique, écrit Léopold, s'agrandit énormément... Wolfgang n'a plus désormais aucune voix pour chanter : ce qui l'ennuie fort, car il se trouve ainsi empêché de chanter ses propres compositions. »

Le 1er septembre, Léopold écrit que, le 30 août, son fils et lui ont assisté à la messe et aux vêpres des membres de la *Société philharmonique*. « L'office a été composé par dix maîtres différents : le *Kyrie* et le *Gloria* par l'un, le *Credo* par un autre, et ainsi de suite, chacun dirigeant lui-même l'exécution de son œuvre. » Mais Léopold ajoute que, seuls, les membres de la société ont le droit de faire exécuter leurs compositions.

Le 3 septembre, Léopold écrit qu'il se propose bientôt de partir pour Milan.

Le 22, c'est Wolfgang qui écrit à sa sœur : « Les six menuets de Haydn (Michel) me plaisent beaucoup plus que les douze premiers. Nous avons eu à les jouer souvent pour la comtesse Pallavicini, et nous aurions bien désiré pouvoir être en état d'introduire en Italie le goût des menuets allemands : car les menuets italiens durent presque aussi longtemps que des symphonies entières. »

Le 29 septembre, Léopold annonce que, ce même jour, Wolfgang a commencé les récitatifs de son prochain opéra.

Le 6 octobre, il écrit que son fils et lui ont assisté à la fête de saint Pétrone, patron de Bologne, et que, ce jour-là, dans l'église du saint, « une musique a été exécutée, où ont pris part tous les musiciens de Bologne ». Et Léopold ajoute : « Nous voulions partir pour Milan dès mardi ; mais nous avons appris quelque chose qui va nous retenir ici encore jusqu'à jeudi, une chose qui, si elle se réalise, va faire à Wolfgang un honneur infini. Le P. Martini a reçu enfin ma *Méthode de Violon*. Nous sommes très intimement liés avec lui. La seconde partie de son grand œuvre (l'*Histoire de la Musique*) vient de paraître : j'apporterai les deux volumes chez nous. Tous les jours nous allons chez lui, et nous avons des entretiens sur l'histoire de la musique. Et ainsi vous avez eu à Salzbourg trois académies ? » En post-scriptum Wolfgang écrit : « Combien je voudrais pouvoir bientôt entendre les symphonies de chambre de la famille Pertl[1], et y faire moi-même une partie de trompette ou de flageolet ! J'ai vu et entendu ici la grande fête de saint Pétrone ; c'était beau, mais trop long, et on a été obligé de faire venir les trompettes de Luca (?), et encore ont-elles soufflé affreusement. »

Enfin le 20 octobre, de Milan, Léopold annonce que les voyageurs viennent d'arriver dans cette ville le 18, après un jour passé à Parme. Et voici comment il rend compte de l'événement auquel il avait fait allusion dans sa lettre précédente : « L'Académie philharmonique de Bologne, à l'unanimité, vient de recevoir Wolfgang parmi ses membres, et lui a délivré le diplôme d'académicien. La concession de ce diplôme a été précédée d'une épreuve solennelle. Le 9 octobre, à quatre heures de l'après-midi, Wolfgang a dû comparaître dans la grande salle de l'académie. Là, le *Princeps academiæ* et les deux censeurs, qui tous les trois sont de vieux maîtres de chapelle, en présence de tous les autres membres lui ont donné le texte d'une antienne de l'antiphonaire, sur lequel il a dû composer un motet à quatre voix dans une chambre voisine. La composition achevée, les censeurs et tous les autres membres l'ont examinée, et puis l'on a voté, et comme toutes les boules étaient blanches, Wolfgang a été appelé devant ses juges. A son entrée, tous ont applaudi, et le *Princeps*, au nom de la société, a proclamé son admission... Tous se sont étonnés qu'il eût achevé son morceau si rapidement, car maints autres ont mis trois heures sur une antienne de trois lignes. Et il faut que tu saches que l'épreuve est des plus difficiles : car ce genre de composition exclut bien des choses qu'on a dit à Wolfgang qu'il n'aurait pas le droit d'y faire, et lui, il est venu à bout de l'affaire en une bonne demi-heure ! » Suivent les premiers mots du diplôme, auxquels Léopold ajoute encore la copie d'un certificat délivré à Wolfgang par le P. Martini, et où nous lisons :

Bologne, le 12 octobre 1770.

« Je soussigné, ayant eu sous les yeux plusieurs compositions musicales de divers styles, et ayant plusieurs fois entendu le chevalier A.-W. Mozart jouer du piano et du violon, atteste que je l'ai trouvé très versé dans toutes les qualités de l'art musical, ce dont il m'a donné la preuve, surtout, au clavecin, où je lui ai proposé divers sujets qu'il a aussitôt développés de la façon la plus magistrale, avec toutes les conditions artistiques requises. En foi de quoi » etc...

Et Léopold ajoute que la nomination de Wolfgang lui fait « d'autant

---

1. On sait que Pertl était le nom familial de la mère de Mozart avant son mariage. Il s'agit là, évidemment, de petites séances de musique organisées chez les Mozart, sans doute avec des parents de la mère ; et ce sont les mêmes « académies » dont parlait tout à l'heure Léopold Mozart.

plus d'honneur que l'Académie, vieille de plus d'un siècle, compte parmi ses membres, en plus du P. Martini et des autres musiciens éminents de l'Italie, les maîtres les plus remarquables des autres nations ».

La sœur, dans ses souvenirs, ne mentionne ce séjour de Bologne que pour raconter, d'après la lettre ci-dessus, l'admission de son frère à l'*Académie philharmonique*. Mais nous possédons, par ailleurs, un témoignage authentique, et infiniment précieux, de la signification qu'a eue, pour Mozart, son séjour auprès du P. Martini : il nous est fourni par une lettre que Mozart lui-même, six ans après, écrira à son cher et vénéré professeur bolonais, pour lui soumettre un *Offertoire* de sa composition. « Très révérend Père et Maître, mon cher Maître bien aimé, — lui dira-t-il, — la vénération, l'estime, et le respect que je n'ai jamais cessé d'entretenir pour vous m'engagent à vous envoyer aujourd'hui un faible échantillon de ma musique, que je voudrais soumettre à votre jugement infaillible... Très cher et vénéré Père et Maître, je vous prie bien instamment de m'en dire votre opinion, toute franche et sans réserve... Que de fois oh ! que de fois j'éprouve le désir d'être plus près de vous, afin de pouvoir encore m'entretenir avec vous !... Ah pourquoi sommes-nous si éloignés l'un de l'autre, bien cher Maître et Père ! J'aurais tant de choses à vous dire !... Jamais je ne cesse de me désoler à la pensée de devoir vivre si loin de la persoune que j'aime, que j'estime, et que je vénère le plus au monde ! » (Lettre du 4 septembre 1776.)

Nous savons encore, par les récits oraux de Léopold Mozart, que, chaque fois que l'enfant venait chez le P. Martini, celui-ci lui proposait un sujet de fugue, et que toujours il était ravi de la façon dont l'enfant s'acquittait de sa tâche. Au reste. le grand nombre de compositions achevées et d'esquisses que Mozart nous a laissées dans un style directement inspiré du P. Martini, et qui doivent sûrement avoir été écrites durant ce séjour, nous prouve assez avec quelle assiduité l'enfant a mis à profit les leçons du vieux maître. Et quant à l'atmosphère musicale dont il s'est pénétré pendant ce trimestre passé à Bologne, ou dans le voisinage immédiat de cette ville, nous allons en trouver un reflet des plus curieux dans le livre, déjà cité, de l'anglais Burney, qui a précisément visité Bologne en même temps qu'y demeuraient nos voyageurs salzbourgeois.

Le premier soin de Burney, en arrivant à Bologne, est naturellement d'aller se présenter au P. Martini. Ce savant franciscain a publié, en 1757, le premier volume de son *Histoire de la Musique*, qui doit avoir cinq volumes en tout ; le second est sur le point de paraître, et l'on a vu, en effet que Léopold Mozart en parle à sa femme comme « étant déjà prêt ». Burney, tout de même que les Mozart, n'est pas moins émerveillé de la bonté que de la science du P. Martini. Il nous apprend que le vieux moine a chez lui une

collection magnifique d'imprimés et de manuscrits, occupant quatre
chambres entières, et que le pape lui a donné l'autorisation d'examiner tous les manuscrits musicaux des églises et couvents d'Italie.

Burney va voir aussi le vieux castrat Farinelli, que l'on se rappelle
que les Mozart ont également rencontré, dès leur premier passage à
Bologne. Ce véritable prince des castrats italiens est un homme très
accueillant et modeste, d'une érudition musicale extraordinaire, et
possédant une collection admirable de clavecins et de pianos.

Il n'y a point d'opéra, à Bologne, pendant le séjour de Burney ;
mais nulle part on n'entend plus de musique que dans ces églises où
nous avons vu que le petit Mozart, durant une maladie de son père,
se vantait d'être souvent allé pour entendre « de magnifiques offices ».
Burney, lui, mentionne seulement une messe en musique de Caroli,
maître de chapelle de la cathédrale, dans l'église des Augustins :
encore en juge-t-il la musique bien « vieux jeu », ce qui laisse à
entendre que, à Bologne comme à Florence, les compositeurs
d'église avaient gardé le culte du style ancien.

Sur le conseil de Martini, Burney prolonge de deux jours son arrêt
à Bologne pour assister à la fête musicale dont Léopold Mozart vient
de parler à sa femme, dans sa lettre du 1ᵉʳ septembre. Cette fête,
célébrée dans l'église Saint-Jean-du-Mont, est une sorte de concours
entre les membres de la *Société philharmonique*, où prennent part
une centaine de chanteurs et d'instrumentistes. Ce sont d'abord, à
la messe, un *Kyrie* et un *Gloria* de Lanzi, « graves et majestueux » :
les deux morceaux s'ouvrent par une longue introduction symphonique, qui sert ensuite d'accompagnement pour un chœur fort bien
fait ; puis viennent plusieurs jolis airs, et une fugue « excellente ».
Le *Graduale* suivant est du susdit Caroli, dont le style, décidément,
est déclaré « un peu trop suranné ». Le *Credo* est de Gibelli, élève
du P. Martini, et « remarquable harmoniste ». Enfin cette première
partie de la fête se termine par une « symphonie avec soli » de
Piantanida, qui est le principal violon de Bologne.

Aux vêpres, le *Domine* est de Fontana di Carpi, qui l'a écrit tout
entier en un seul mouvement. Puis vient un *Dixit* de l'abbé Zannotti
que Burney proclame « admirable », et dont il prend plaisir à louer
« l'accompagnement judicieux, les ritournelles expressives, les
mélodies nouvelles et pleines de goût ». Le *Confitebor* de Vignali,
assez insignifiant, est suivi d'un *Beatus vir* de Corretti, vieux prêtre
dont la science en contrepoint est presque égale à celle du P. Martini. Un jeune élève de ce dernier, Ottani, a été chargé de composer
le *Laudate pueri*. Et la fête s'achève par un *Magnificat* dont l'auteur,
Mazzoni, est attaché à l'Opéra de Bologne en qualité de « compositeur ». Burney ajoute qu'il a rencontré, à ces offices, son confrère
Léopold Mozart et le jeune fils de celui-ci, qui vient de recevoir
l'ordre de l'Éperon d'Or, et s'apprête à composer un opéra pour

P. NARDINI

Né en 1725, Mort en 1796.

Gravé par Lambert jne d'après le Dessin Original

appartenant à Mr. Cartier.

Milan. Mais il ne nous dit rien d'autre sur le jeune garçon ; et ce
n'est que deux ans après qu'il aura l'occasion d'émettre sur lui, selon
des renseignements reçus de Salzbourg, un jugement qui, du reste,
ne fera guère honneur à sa perspicacité critique.

Dans ce milieu tout pénétré de veille musique, où personne ne
songeait à l'opéra, et où, à côté du P. Martini, d'autres musiciens
vivaient qui étaient « à peine moins savants que lui en contrepoint »,
on comprend que le petit Mozart se soit senti tout disposé à subir la
paternelle influence de son nouveau maître. Et cette influence s'est
exercée sur lui à un double point de vue : non seulement elle lui a
fourni l'occasion de reprendre et de pousser plus à fond ses études de
contrepoint, négligées ou abandonnées depuis son départ de Salzbourg;
elle a eu encore et surtout pour effet d'éveiller en lui, la première fois
et maintenant à jamais, l'intelligence et le goût du contrepoint, ou
plutôt de ce qu'on pourrait appeler la « musique bien écrite ».

Car, à défaut de Bologne et du P. Martini, Mozart n'aurait point
manqué, tôt ou tard, d'avoir à reprendre et à compléter des études
que l'on considérait toujours comme utiles pour l'éducation professionnelle d'un musicien. Mais ces études, tout en étant pratiquées un
peu partout, étaient alors universellement dédaignées : on les regar-
dait comme des exercices, précieux pour l'entraînement du jeune
musicien, mais à la façon des thèmes latins que les professeurs de
collège imposaient à leurs élèves. En même temps qu'on enseignait
aux jeunes gens les règles du contrepoint, on les accoutumait à les
mépriser, à les tenir pour un bagage précieux à posséder, mais dont
on ne devait se servir que le moins possible dans l'usage courant
de la composition. Et peut-être n'y avait-il vraiment au monde, à
cette date, — exception faite de certains amateurs comme Ligniville ou d'originaux surannés comme tels compositeurs de l'Allemagne du Nord, — que le vénérable P. Martini qui pût avoir assez
d'autorité pour inspirer au jeune Mozart le respect de l'ancien langage
musical. De telle sorte que la signification principale du séjour de
Mozart à Bologne ne consiste pas autant à lui avoir appris la pratique
du contrepoint qu'à lui en avoir révélé la beauté souveraine. C'est à
Bologne qu'est arrivée, dans la vie du jeune homme, cette crise décisive qui, par exemple, dans la vie d'un futur poète, se produit lorsqu'il
découvre tout à coup l'éminente valeur artistique des chefs-d'œuvre
que ses professeurs, jusqu'alors, lui ont fait concevoir simplement
comme de fastidieuses machines pédagogiques, des sources de
récompenses ou de punitions. Depuis lors, sauf quelques brèves
périodes d'enthousiasme juvénile pour la « galanterie » à la mode,
toujours les œuvres les plus « galantes » de Mozart se ressentiront
de son goût pour le contrepoint ; et toujours nous le verrons éprouver
une joie toute particulière lorsque l'occasion lui sera offerte de

s'abandonner plus librement à ce goût, parmi l'indifférence générale
de son entourage.

Quant à la part positive de l'enseignement reçu par Mozart à
Bologne, l'analyse des œuvres écrites par lui durant ce séjour nous
montrera, tout ensemble, de quelle nature ont été les leçons du P.
Martini et combien le jeune homme en a profité. D'une façon générale,
on peut dire que le savant franciscain a instruit son élève bien moins
à approfondir les lois particulières du canon et de la fugue qu'à
nourrir de contrepoint le langage mélodique et expressif qui lui était
naturel. Avant tout, le contrepoint que Mozart a étudié à Bologne
était essentiellement vocal, approprié aux ressources comme aux
limites du chant ; et toujours, en même temps, les essais polyphoniques du jeune homme, durant cette période, attesteront un souci
marqué d'associer au contrepoint une traduction fidèle et nuancée
des divers sentiments indiqués par les paroles. Aussi bien cette
alliance du contrepoint et du chant expressif était-elle le principe
fondamental de la doctrine et de l'œuvre du P. Martini. Cet homme
admirable avait constamment à cœur d'accommoder sa science à
l'esprit nouveau de son temps, et, plus encore, de l'associer à sa
qualité de prêtre et de chrétien. Avec cela, un représentant parfait
du génie de sa race, et le dernier héritier de ce beau style italien
qui, naguère, avait créé les chefs-d'œuvre des Frescobaldi et des
Corelli, et de Hændel même. En se nourrissant de ses leçons, —
dont bien d'autres, avant lui, avaient profité, mais personne aussi
pleinement ni avec autant de passion, — Mozart s'est trouvé prendre
contact avec ce que l'Italie avait à lui donner de plus précieux et de
plus sacré. Et si, plus tard, son œuvre va se distinguer de celle de
ses plus grands rivaux par un caractère de beauté plus pure et plus
haute, peut-être le devra-t-elle, en grande partie, à la chance qui
lui aura permis de consacrer ces trois mois de sa jeunesse à recueillir
l'héritage des vieux maîtres italiens.

91. — *Milan, mars* 1770 *et Bologne, juillet* 1770.

Symphonie en ré, pour deux violons, deux altos, basse, deux hautbois et deux cors.

K. 84.
Ms. perdu.

Allegro. — Andante (en la). — Allegro.

Un ancienne copie de l'autographe perdu de cette symphonie porte, l'une au-dessous de l'autre, les deux inscriptions suivantes : *in Milano, il Carnovale 1770*, et *Del Sigr. Cavaliero W.-A. Mozart à Bologna, nel mese di Luglio 1770*. Mais, en réalité, il se pourrait que la symphonie n'eût été composée, vraiment, ni à Milan où Mozart doit avoir seulement commencé le premier morceau, ni à Bologne, où, arrivé le 20 juillet, il a dû seulement achever de mettre sa partition au net. Commencée à Milan, la symphonie aura été écrite, surtout, à Rome, tout de suite après le n° 89 : car elle ressemble à cette dernière si complètement que le jeune garçon paraît bien l'avoir composée presque du même jet[1]. En tout cas, vainement on y chercherait la moindre trace des leçons du P. Martini. Comme les précédentes « symphonies italiennes » de Mozart, le n° 91, d'un bout à l'autre, nous offre un modèle parfait de l'*ouverture* italienne d'alors, avec la multiplicité de ses sujets et leur opposition, avec ses répétitions constantes de phrases, et la simplicité de son écriture musicale, toute homophone, et la pauvreté foncière de son instrumentation, dont la partie essentielle se réduit, en somme, aux deux violons. Mozart, décidément, n'admet plus que trois morceaux, avec un finale très rapide et sommaire. Conformément à l'usage italien, il alterne la coupe nouvelle, ayant des rentrées dans le ton principal, avec l'ancienne coupe où le premier sujet n'est repris qu'à la dominante. Et il convient enfin de noter, dans les deux premiers morceaux de cette symphonie, un procédé que nous allons retrouver dans l'ouverture de *Mitridate*, et qui consiste, en somme, à supprimer le *développement*, sauf à le remplacer par une transition de quelques mesures entre la première partie et sa reprise totale, à peine variée.

Tout cela, évidemment, atteste l'improvisation, et, en nous montrant encore l'indifférence croissante de Mozart pour la musique instrumentale, nous force à placer cette symphonie, ainsi d'ailleurs que les précédentes, fort au-dessous des belles compositions symphoniques de 1767 et 1768. Et cependant, comme nous l'avons dit déjà, les symphonies italiennes de 1770, et le n° 91 en particulier, doivent à la simplicité relative de leur idéal artistique de pouvoir nous offrir une perfection, une aisance, et une maîtrise d'idées et de forme où l'enfant, sans doute, n'aurait pas atteint, s'il avait continué à pratiquer la manière, plus profonde et plus difficile, des maîtres viennois. Le fait est que, ici, il n'y a rien qui trahisse l'esprit ni la main d'un enfant ; et Mozart est si à l'aise, dans le genre nouveau, que nous le voyons même recommencer à y épancher librement son génie naturel : soit que, dans le second sujet du premier morceau, et dans le *développement* du finale, il s'amuse à inventer des rythmes spirituels et piquants, ou que, dans les trois morceaux, il tâche à émanciper les instruments à vent, parmi les limites restreintes que leur permettait alors le goût italien.

Dans le premier morceau, les trois sujets, chacun suivi de sa ritournelle, sont si pareils à ceux de la symphonie de Rome (n° 89) que l'on

---

1. Notons ici que cette symphonie complète pour nous la série des œuvres que Mozart, dans sa lettre du 4 août 1770, affirme avoir composées en Italie jusqu'à cette date : « J'ai déjà composé quatre symphonies italiennes (n⁰⁸ 77, 78, 89 et 91), en plus des airs, dont j'ai fait certainement au moins cinq ou six (n⁰⁸ 79, 81, 82, 83, 84, 88 et 90), et puis aussi un motet (n° 80). »

croirait voir deux esquisses d'une même composition : mais, ici, comme
nous l'avons dit, le *développement* se réduit à quelques mesures de
passage, après lesquelles la première partie se reproduit sans aucun
changement.

Dans l'*andante*, où la transition entre les deux parties n'est pas moins
sommaire, les deux sujets s'opposent avec un relief charmant, accentué encore par l'apparition intermittente des instruments à vent ; et les
parties de violons, avec leurs mentions écrites d'*arco* et de *pizzicato*,
sont traitées avec une entente remarquable des ressources de l'instrument.

Quant au finale, où le premier sujet n'est repris qu'à la dominante
après les deux barres, mais reparaît dans le ton principal, en manière
de *coda*, aux dernières mesures, ce petit morceau tout en triolets, avec
son rythme de chasse, nous présente vraiment un modèle achevé du
type du finale dans l'*ouverture* italienne : en attendant que Mozart
substitue à ce type celui du *rondo*, dont la vogue va bientôt devenir
énorme dans l'Europe entière. Ce retour du premier sujet en *coda*, à la
fin d'un morceau où le même premier sujet n'a pas été repris dans le ton
principal avant la reprise du second, se rencontre d'ailleurs volontiers,
lui aussi, chez les maîtres italiens du temps ; et nous le retrouvons,
par exemple, dans le premier *allegro* d'une belle symphonie en *fa* de
Chrétien Bach, composée par celui-ci à Milan vers 1758. Avec cela, dans
ce finale du n° 91, une gaieté et un entrain merveilleux, se poursuivant à travers des dissonances, des modulations mineures, de gentilles et rudimentaires imitations.

Cette symphonie est la quatrième des « quatre symphonies italiennes » dont parle Mozart dans sa lettre du 4 août 1770. Une cinquième
composition analogue, l'ouverture de *Mitridate*, nous fera voir encore
la même maîtrise, employée au service du même idéal ; mais ensuite
le jeune Mozart renoncera pour toujours à ce genre, dont il aura reconnu
désormais l'infériorité, et nous le verrons alors utiliser au profit d'un
art plus haut et plus subtil l'expérience que lui aura permis d'acquérir
cette année toute passée à imiter la manière légère et brillante de l'*ouverture* italienne.

92. — *Rome, Naples ou Bologne, entre avril et août* 1770.

Kyrie en sol, pour cinq soprani.

K. 89.

Ms. à Berlin.

CANON AD UNISONUM

Ky _ ri_e e_lei _   _ son Ky _ ri_e e_lei_.

Ky _ ri_e e_lei _   _   _

Ce *Kyrie* n'est entièrement formé que de trois canons, le *Kyrie*,
le *Christe* et le second *Kyrie*, écrits « à l'unisson » pour cinq voix de

soprani. C'est là un genre que Mozart n'a pratiqué absolument qu'une seule fois dans sa vie, et sous l'influence directe du *Salve Regina* et du *Stabat Mater* composés, entre 1765 et 1767, par le marquis de Ligniville. duc de Conca, chambellan et maître de musique à la Cour de Florence. De telle sorte que le présent *Kyrie* (dont l'autographe, à Berlin, ne porte point de date) doit sûrement avoir été composé entre avril 1770, où Mozart a rencontré le contrapuntiste florentin, et août 1770, où les leçons du P. Martini se sont substituées, pour lui, à l'imitation du style de Ligniville. Il n'est pas impossible que l'enfant, ayant reçu en cadeau les deux motets de Ligniville, se soit amusé à les imiter pendant son séjour à Rome ou à Naples; et peut-être aussi l'idée de cette imitation ne lui sera-t-elle venue que dans les premiers temps de son séjour à Bologne, lorsque se sont révélées à lui la signification et la beauté du langage polyphonique : mais, quoi qu'il en soit, ainsi que nous venons de le dire, ce jeu ou ce tour de force contrapuntique est sûrement antérieur au moment où le petit Mozart, sous l'influence de son cher vieux maître bolonais, s'est rendu compte de la possibilité de traiter le contrepoint non plus comme un artifice plus ou moins piquant, mais comme une langue plus appropriée que toute autre à l'expression des sentiments religieux ou profanes.

Les motets susdits de Ligniville étaient, comme le *Kyrie* de Mozart, entièrement faits de canons réguliers se succédant l'un à l'autre. Le *Stabat Mater* en comprenait jusqu'à trente, dont Mozart a transcrit quelques-uns de sa plus belle main (K. Anh. 238), évidemment pour se préparer à les imiter. Tout comme les canons de Mozart, ceux de Ligniville étaient pour voix seules, et pour des voix égales : mais tandis que les trente canons du *Stabat Mater* n'étaient écrits que pour trois voix, l'enfant s'est amusé à rendre sa tâche plus difficile en écrivant pour cinq voix les canons de son *Kyrie*. Pour tout le reste, et notamment pour l'étendue aussi bien que pour le caractère général des sujets des canons, la ressemblance est complète entre Ligniville et Mozart, encore que le troisième canon de ce dernier, à la différence des deux précédents, ait déjà une allure à la fois plus chantante et plus expressive que l'ordinaire des idées, bien froides et sèches, du dilettante florentin. Comme chez Ligniville, les entrées des cinq voix se succèdent régulièrement dans le même ordre. Et quant à la valeur musicale de ces canons, il faut bien avouer qu'elle est encore assez médiocre, ne dépassant pas la portée d'un travail d'écolier. De fautes proprement dites, le petit Mozart n'en a point commises : mais la simplicité de ses sujets lui a permis de les unir jusqu'au bout sans trop de peine.

93. — *Bologne, juillet ou août* 1770.

Canon en la (sans paroles), pour quatre soprani à l'unisson.

K. 89ª.
Ms. à Berlin.

Ce canon est écrit sur une feuille qui contient, en outre, le premier canon du *Kyrie* précédent et les cinq canons énigmatiques n° 94 : ce qui tendrait à faire croire que le n° 93 a déjà été composé à Bologne : car les canons énigmatiques n° 94 empruntent directement leurs sujets, comme nous le verrons, aux vignettes dont le P. Martini a illustré les tomes I et II de son *Histoire de la Musique*. Le n° 93 est d'ailleurs d'un style tout pareil à celui du *Kyrie* précédent, mais peut-être avec un caractère vocal moins marqué, ce qui indiquerait que l'enfant l'a considéré plutôt comme un simple exercice.

94. — *Bologne, juillet ou août* 1770.

Cinq canons énigmatiques : 1° *Sit trium series una*; 2° *Ter ternis canite vocibus*; 3° *Canon ad duodecimam : clama ne cesses*; 4° *Tertia pars si placet*; 5° *Ter voce ciemus.*

K. 89ª.
Ms. à Berlin.

De ces cinq canons, écrits sur la même feuille que le numéro précédent, les quatre premiers sont directement imités des vignettes placées par le P. Martini dans les tomes I et II de son *Histoire de la Musique*. Les titres latins que nous avons cités sont inscrits au-dessus des divers canons, dont ils constituent « la clé » ; et quant aux paroles chantées, les quatre premiers canons les empruntent à des textes liturgiques, tandis que le cinquième a pour paroles *Thebana bella canto, Trojana cantat alter*. Il s'agit, là encore, d'un simple exercice : mais quelques-uns des sujets des canons sont déjà assez compliqués, et d'un caractère moins banal que ceux des n°ˢ 92 et 93. Tout cela nous représente les amusements de l'enfant à Bologne, tandis que ses occupations plus sérieuses nous sont attestées par d'autres esquisses du même temps, et par les remarquables compositions dont nous allons parler tout à l'heure.

95. — *Bologne, fin de juillet ou août* 1770.

Miserere en la mineur, pour alto, ténor et basse, avec accompagnement d'orgue.

K. 85.
Ms. chez M. André, à Offenbach.

1° *Miserere mei;* 2° *Amplius lava me;* 3° *Tibi soli;* 4° *Ecce enim;* 5° *Auditui meo;* 6° *Cor mundum;* 7° *Redde mihi lætitiam;* 8° *Libera me.*

L'autographe de ce *Miserere* (inachevé) porte simplement la mention : *à Bologne 1770;* et comme l'écriture musicale est ici sensiblement plus homophone que dans les autres compositions religieuses de la même période, nous croirions volontiers que ce motet a dû être écrit fort peu de temps après l'arrivée de l'enfant auprès du P. Martini. Mais, en tout cas, l'influence de ce maître commence déjà à être très visible : elle apprend à Mozart non seulement à serrer le style musical, mais aussi à concilier le contrepoint avec l'expression, et à le traiter en vue des voix chantantes, en tenant compte des ressources propres à celles-ci. A ce double point de vue, le *Miserere* de Bologne atteste un très grand progrès sur toutes les compositions religieuses précédentes de Mozart. Il est fait de huit petits morceaux dont chacun a une physionomie propre, en rapport avec l'expression des paroles. Tantôt les voix se bornent à moduler, avec des imitations très simples, mais déjà très souples ; tantôt elles chantent en canon, deux contre deux ou chacune séparément, pendant que l'orgue les accompagne sur une basse chiffrée. Ce *Miserere* n'est pas non plus sans se ressentir de celui d'Allegri, que Mozart a entendu et transcrit de mémoire pendant son premier séjour à Rome : mais l'allure plus « moderne » des idées, et la richesse des modulations, le rattachent bien plus directement au style religieux du maître bolonais. Et tout le génie de Mozart nous apparaît déjà, par exemple, dans la manière dont chacun des morceaux, toujours d'une façon différente, module pour finir en *la mineur.* Sur le manuscrit du *Miserere,* les derniers versets du psaume, écrits d'une autre main et composés dans un tout autre style, sont collés à la suite des morceaux composés par Mozart : mais cette addition, faite pour permettre l'exécution du *Miserere,* n'a sûrement rien à voir avec l'œuvre de Mozart.

96. — *Bologne, août ou septembre* 1770.

Missa brevis en ut. inachevée, pour quatre voix et orgue.

K. 115.

Ms. perdu.

I. *Kyrie : adagio et allegro alla breve.*
II. *Gloria : allegro ; Miserere : adagio; Qui tollis* · *vivace ; Sus-*

cipe : *adagio* ; *Qui sedes* : *vivace* ; *Miserere nobis* : *adagio* ; *Quoniam tu solus* : *vivace*.

III. *Credo Patrem omnipotentem* : *allegro* ; *Et incarnatus* : *adagio* ; *Et resurrexit* : *vivace* ; *Et mortuos* : *adagio* ; *Cujus regni* : *vivace* ; *Mortuorum* : *adagio* ; *Et vitam* : *alla breve*.

IV. *Sanctus* : neuf mesures sans *tempo*.

Le manuscrit autographe de cette messe inachevée ne porte aucune inscription : mais les paroles et les notes sont écrites tout à fait de la même main, et sur le même papier, que les morceaux et esquisses composées à Bologne durant cette période et, d'ailleurs, tous les caractères musicaux de la messe se ressentent immédiatement de l'influence du P. Martini. Le petit Mozart, même, se soumet maintenant à cette influence d'une façon si entière que sa messe n'a plus aucun rapport avec ses précédentes compositions religieuses. Elle est, au reste, d'un art à la fois si savant et si religieux, avec son mélange d'expression passionnée toute « moderne » et de solide contrepoint, qu'elle doit dater des dernières semaines du séjour à Bologne, et c'est ce qui explique, sans doute, son état d'inachèvement. Les diverses parties de la messe y sont séparées en petits morceaux, mais tous d'un contrepoint continu, et admirablement varié d'un morceau à l'autre, et déjà traité d'une manière toute vocale, comme dans les messes du P. Martini. Le *Gloria* et le *Credo* se terminent par de grands *fugatos*, où l'élève de naguère est remplacé par un musicien très libre et très maitre de son métier. D'ailleurs tout le *Credo*, avec la multiplicité et la variété de ses rythmes comme de ses mouvements, nous montre un effort constant à suivre de très près le sens des paroles ; et aucune œuvre de Mozart ne nous révèle mieux que cette messe tout ce que le jeune homme a perdu à ne pouvoir pas prolonger son séjour à Bologne. Ajoutons que, toujours suivant l'exemple de Martini et des vieux Italiens, le rôle de l'orgue, avec basse chiffrée, se réduit à soutenir très discrètement le chant, sans jamais introduire rien d'essentiel dans le tissu musical.

Le beau *Kyrie*, très court, est composé sur le même plan que ceux des trois messes précédentes : un petit prélude *adagio* suivi d'un *allegro* plus étendu. Mais ici ces deux parties sont également en contrepoint, avec un rythme solennel et réservé dans le prélude, tandis que, dans l'*allegro*, où *Kyrie* et *Christe* se trouvent confondus, les réponses des voix coulent avec une douceur et une légèreté charmantes.

Le *Gloria* est divisé en plusieurs alternances d'un *allegro* que Mozart appelle ensuite *vivace* et d'un *adagio* plein de majesté pieuse. Le contrepoint se renouvelle sans cesse, d'après les paroles, jusqu'au début du dernier *vivace*, où Mozart, avant d'entamer le grand *fugato* final, s'avise de reprendre, sur les mots : *Tu solus Dominus*, la figure qui lui a servi pour les mots : *Bone voluntatis*, dans la première ligne du *Gloria*. Quant au *fugato* lui-même, sur les mots : *Cum sancto Spiritu in gloria Dei patris, Amen*, c'est une de ces fugues d'église italiennes où le musicien s'occupe moins de varier ses figures que de donner à l'ensemble

(Cliché Vizzavona)

LE P. JEAN-BAPTISTE MARTINI
D'après une gravure contemporaine

une grâce chantante. Mozart y joue librement sur deux sujets apparentés, tous deux assez étendus, et d'une allure très mélodique.

Le *Credo*, comme nous l'avons dit, se compose également de nombreux petits sujets successifs, et dont chacun donne lieu à de courtes
imitations entre les voix. L'*Et incarnatus* et le *Crucifixus* forment un
épisode distinct, en *ut* mineur, avec des modulations parfois très
expressives. Le mouvement vif du *Credo* est d'ailleurs plusieurs fois
interrompu de petits passages *adagio* et, suivant une habitude à peu
près invariable chez Mozart, chacune des apparitions du mot *mortui*
(*judicare vivos et mortuos, resurrectionem mortuorum*) amène aussitôt des
modulations mineures avec un ralentissement du rythme. Notons aussi
que, dans ce *Credo* comme dans le *Gloria*, l'enfant, pour se conformer
au goût moderne, introduit une sorte de petite reprise, en faisant reparaître, aux mots *Et expecto resurrectionem*, la figure qui vient de lui servir pour les mots *Et ascendit in cælum*. Quant au *fugato* final, *Et vitam venturi sæculi, Amen*, c'est encore un morceau de coupe libre, cette fois
avec un seul sujet traité un peu en canon, et que les voix reprennent
coup sur coup en imitation à des intervalles divers. Enfin le *Sanctus*,
dont Mozart n'a écrit que les neuf premières mesures, promettait
d'être un beau chant rappelant le début du *Kyrie* par sa noblesse et
son recueillement.

97. — *Bologne, août ou septembre* 1770.

Menuet en ré, pour le clavecin.

K. 94.

Ms. à Berlin.

L'autographe de ce menuet (sans trio), qui d'ailleurs ne porte aucune
inscription, est suivi, sur la même feuille, d'une série d'esquisses en
contrepoint, qui certainement doivent dater du séjour à Bologne : de
sorte que le menuet, lui aussi, aura été composé durant ce séjour,
peut-être pour cette comtesse Pallavicini chez qui nous savons que
les Mozart ont demeuré et à qui l'enfant avait rêvé d'inspirer le goût
des menuets allemands. Au reste, ce menuet lui-même n'est encore
qu'une esquisse, où Mozart, s'il l'avait achevée, n'aurait point manqué
d'ajouter quelques ornements. Mais, tel qu'il est, ce gracieux menuet
nous offre l'intérêt historique de nous montrer à quel point Mozart,
durant son séjour à Bologne, était travaillé de sa nouvelle passion pour
le contrepoint : car, avec son extrême simplicité, il est écrit pour deux
voix bien réelles, et tout semé d'imitations. Par sa coupe, aussi, il se
distingue des autres menuets de Mozart : vers le milieu de la seconde
partie, l'enfant reprend la première, mais en y apportant, çà et là,
toute espèce de petits changements.

98. — *Bologne, septembre* 1770,

Menuet (sans trio) en mi bémol, pour deux violons, deux haut-bois, deux cors et basse.

K. 122.

Le manuscrit de ce menuet, à la Bibliothèque de Vienne, ne porte point de date : mais, sur la même petite feuille de papier réglé, se trouve le billet suivant, écrit par Léopold Mozart à sa femme : « Le P. Martini m'a demandé un exemplaire de ma *Méthode de violon*. Il faudra donc que tu demandes à M. le commissionnaire Haffner qu'il ait la bonté d'en emporter un avec lui à Botzen, et puis de l'expédier à l'adresse de M. Brinsecchi, avec son prochain envoi de marchandises. Mais tu devras avoir soin de le faire d'abord relier... » De ce billet résulte la conclusion certaine que le n° 98 a été envoyé par Mozart à Salzbourg pendant son séjour à Bologne, et vers le mois de septembre, puisque, le 6 octobre, Léopold Mozart écrit à sa femme que le livre demandé vient de lui arriver.

Plus encore que le n 97, ce menuet du petit Mozart, dans sa brièveté et sa simplicité, atteste une inspiration très sûre et déjà tout originale, qui en fait l'une des œuvres les plus caractéristiques de toute cette première période italienne. Expressément destiné à la danse, il ne comporte point de reprise, complète ni partielle, de la première partie dans la seconde, et l'influence italienne s'y manifeste encore par l'allure brillante des idées : mais les deux violons ne font guère que se doubler à la tierce, et tout l'accompagnement est fait par les basses. Le rôle des instruments à vent se réduit à quelques accords, marquant le rythme. Enfin nous devons signaler, çà et là, de petits effets de contrepoint fort imprévus dans un menuet de ce genre, mais charmants, et qui achèvent de rattacher ce morceau aux œuvres composées sous l'action immédiate du P. Martini.

99. — *Bologne, fin de septembre ou premiers jours d'octobre* 1770.

Antienne : Cibavit eos, pour soprano, alto, ténor et basse avec accompagnement d'orgue.

K. 44.
Ms. à Berlin.

L'autographe de cette antienne ne porte aucune date : mais sa ressemblance complète avec l'antienne *Quærite,* qui a servi de morceau de
concours à Mozart, le 9 octobre 1770, devant l'*Académie philharmonique*
de Bologne, ne peut laisser aucun doute sur son origine et sa date.
Ayant appris de quelle nature allait être l'épreuve qu'il aurait à subir,
le jeune garçon, probablement sous la direction du P. Martini, a voulu
s'essayer dans une tàche toute pareille à celle qu'il aurait à traiter ; et
c'est donc quelques jours avant la date du concours qu'il aura composé le n° 99.

Le travail imposé aux postulants consistait à mettre en musique,
pour quatre voix réelles, un texte liturgique pris au hasard, dans l'antiphonaire grégorien, en y conservant, autant que possible, le rythme
et la suite harmonique des notes accompagnant le même texte dans le
plain-chant. A ce programme général se joignaient, comme nous l'apprend une lettre de Léopold Mozart, toute sorte de prescriptions et de
défenses particulières qui, obligeant l'auteur à observer les lois harmoniques du plain-chant, rendaient la composition du morceau extrèmement difficile, en même temps qu'elles achevaient de lui donner une
allure à la fois religieuse et scolastique. Et à tout cela Mozart s'est
entièrement conformé dans son exercice préparatoire, comme il allait
le faire ensuite dans son morceau de concours. Le n° 99 est même plus
étendu, et d'une exécution plus poussée que l'antienne *Quærite,* ce qui
s'explique par le loisir et l'aisance supérieurs dont l'enfant a pu dispo-
ser. Le contrepoint des quatre voix (la basse de l'orgue se réduisant
toujours à doubler celle du chant) est conduit d'une main habile, sans
d'ailleurs revètir jamais la forme régulière du canon ou de la fugue ;
encore que l'*alleluia* final nous présente une série d'imitations d'un
rythme plus accentué que le reste du morceau.

A la même période se rapportent diverses esquisses de contrepoint
dont plusieurs figurent sur la même feuille, et dont on pourra trouver
quelques-unes dans l'appendice du *Mozart* de Jahn. Parfois l'enfant y
fait débuter les voix en canon : mais, le plus souvent, il s'en tient à un
contrepoint libre, tout voisin encore du vieux style religieux des
maitres italiens.

100. — *Bologne, 9 octobre* 1770.

Antienne : **Quærite primum regnum Dei,** pour soprano, alto, ténor
et basse.

K. 86.

Ms. au Liceo Communale de Bologne.

Reg . num   De . . . .

Nous avons dit, à propos du numéro précédent, quelles conditions ont été imposées au jeune Mozart pour la composition de ce morceau, qu'il a eu à écrire en quelques heures, le jour de son épreuve d'admission dans la savante Académie bolonaise. Plus court que le n° 99, qui lui avait servi d'exercice préalable, ce morceau improvisé est aussi d'un travail plus simple, avec une apparence de raideur qui doit s'expliquer par l'émotion du petit postulant. Dans un endroit, proche de la fin, celui-ci a même écrit ensemble deux notes, un *si bémol* et un *la*, sur la ligne du ténor, n'ayant évidemment pas eu le temps de se corriger. Et l'on pourra voir également, dans l'appendice du *Mozart* de Jahn, une autre rédaction de la même antienne que le P. Martini, sans doute, aura faite après le concours, pour donner à son cher petit élève une dernière leçon. Le fait est que la différence est très sensible entre les deux travaux, et toute à l'avantage de celui du vieux maître : mais aussi bien, comme nous l'avons dit, le morceau de concours de Mozart ne donne-t-il qu'une idée très insuffisante des progrès accomplis par celui-ci sous la direction de son professeur, et ses juges eux-mêmes, dans le protocole de la séance, se sont-ils bornés à déclarer que « le travail leur paraissait suffisant, vu les circonstances. »

IV. — *MITRIDATE* ET LE VOYAGE DE RETOUR

(10 octobre 1770-fin mars 1771)

Voici d'abord, comme pour les périodes précédentes, les passages les plus intéressants des lettres de Léopold et de Wolfgang Mozart, qui nous feront connaître toute la série des faits de cette période :

Le 20 octobre, Léopold Mozart écrit, de Milan, que son fils et lui sont arrivés dans cette ville le 18, après un jour entier d'arrêt à Parme. Et Wolfgang, le même jour, ajoute en post-scriptum : « Chère maman, il m'est impossible de t'en écrire beaucoup, parce que mes doigts me font très mal, à force d'écrire mes récitatifs. Je te demande de bien prier pour que mon opéra réussisse. »

Le 27 octobre, lettre de Léopold : « Nous comptons partir d'ici dans la seconde moitié de janvier, et nous rendre à Venise, en passant par Brescia, Vérone, Parme, Vicence, et Padoue. A Venise, nous assisterons à la fin du carnaval, et puis nous espérons pouvoir profiter de quelques académies pendant le carême, car c'est alors le meilleur moment pour se produire… A Bologne, Mysliweczek est venu nous voir souvent, et nous sommes allés chez lui. Il écrivait un oratorio pour Padoue, et devait ensuite rentrer en Bohême. C'est un homme d'honneur, et nous nous sommes liés de grande amitié. » Le même jour, post-scriptum de Wolfgang à sa sœur : « Je suis en train d'écrire pour mon opéra, et je regrette beaucoup de ne pouvoir pas te servir au sujet des menuets que tu me demandes. »

Lettre de Léopold, le 3 novembre. Il attend avec impatience la représentation de l'opéra de son fils, et espère que son fils et lui,

« avec l'aide de Dieu, réussiront à se tirer, sans trop de dommage, des ennuis inévitables qne tout musicien est condamné à subir de la part de la canaille des virtuoses » (ou chanteurs de l'opéra).

Le 10 novembre, Léopold écrit que Wolfgang « s'occupe, à présent, de choses très sérieuses, ce qui le rend lui-même très sérieux » ; et il ajoute que « par conséquent, il est toujours heureux lorsque son fils a l'occasion de se divertir un peu ». Et puis il poursuit, à propos du prochain opéra : « Tu seras étonnée d'apprendre quelle tempête nous avons eue à subir ici ! Mais, Dieu merci, nous avons gagné la première bataille, et vaincu un ennemi qui, ayant apporté à la *prima donna* tous les airs qu'elle devait chanter dans notre opéra, a voulu la convaincre de ne chanter aucun des airs de Wolfgang. Nous avons vu tous ces airs que cet homme a voulu substituer à ceux du petit : tous sont nouveaux, et ni la cantatrice ni nous ne savons qui les a composés : mais l'essentiel est que cette femme a congédié l'individu, et se montre absolument ravie des airs que Wolfgang a composés pour elle d'après son désir ; et le maestro Lampugnani, qui répète sa partie avec elle, n'a pas assez d'éloges pour les airs de Wolfgang. Mais je dois te dire qu'un autre orage menace de se former sur le ciel du théâtre : nous le voyons déjà de loin, mais, avec l'aide de Dieu et notre loyauté, nous saurons bien encore nous en tirer. Ce sont là des choses inévitables, qui arrivent même aux plus grands maîtres. »

Le 17 novembre, Léopold écrit que « hier et aujourd'hui ils ont résisté à un second orage », et il ajoute : « Bien que nous ayons à craindre maint ennui, j'espère que tout finira par bien aller, avec l'aide de Dieu : car qu'un opéra obtienne, en Italie, un succès général, c'est là une chance qui ne se produit que très rarement, en raison du grand nombre des factions ennemies... L'après-midi, d'ordinaire, nous allons nous promener : car je ne veux pas que Wolfgang écrive après le repas, sauf les cas de très grande nécessité. »

A toutes ces lettres, Wolfgang ne joint aucun post-scriptum, étant absorbé par le travail de son opéra. Le 24 novembre, Léopold écrit que son fils « a encore infiniment d'ouvrage, car le temps presse, et il n'a encore écrit qu'un seul air pour le *primo uomo*, attendu que celui-ci n'est pas encore arrivé, et que Wolfgang, afin de s'épargner un double travail, va attendre sa présence, pour bien lui mesurer l'habit sur le corps ».

Lettre du 1er décembre : « Tu te figures que l'opéra est déjà prêt, mais tu te trompes fort. S'il n'avait dépendu que de notre fils, celui-ci aurait pu achever déjà deux opéras. Mais, en Italie, ces choses-là se font d'une manière tout à fait insensée. Ce n'est qu'aujourd'hui qu'arrive le *primo uomo*. » Et Wolfgang, dans un billet de quatre lignes, s'excuse de ne pouvoir pas écrire « parce qu'il a trop à faire à son opéra ».

Lettre de Léopold, le 8 décembre : « Aujourd'hui a eu lieu la seconde répétition des récitatifs. La première a si bien marché que nous n'avons eu à prendre la plume en main qu'une seule fois, pour changer un *della* en un *dalla*, ce qui fait grand honneur au copiste. Je souhaite qu'il en aille aussi bien de la répétition instrumentale. Mais, autant que je puis le dire sans parti pris paternel, je trouve que notre Wolfgang a écrit son opéra fort bien, et avec beaucoup de souffle. Les chanteurs sont bons : mais maintenant tout dépend encore de l'orchestre, et puis, en dernier lieu, du caprice des auditeurs. »

Le 15 décembre, Léopold écrit : « Le 12, a eu lieu la première répétition avec les instruments, mais seulement avec seize exécutants, pour voir si tout est écrit correctement. C'est le 17 qu'aura lieu la première répétition avec l'orchestre complet, qui consiste en quatorze premiers et quatorze seconds violons, deux clavecins, six contrebasses, deux violoncelles, deux bassons, six altos, deux hautbois, et deux flûtes traversières, qui, lorsque la partition ne comporte pas de musique spéciale pour les flûtes, jouent toujours avec les hautbois ; quatre cors de chasse et deux trompettes : en tout, soixante exécutants. Avant la première répétition avec le petit orchestre, il n'a point manqué de gens satiriques qui, d'avance, ont décrié la musique comme quelque chose d'enfantin et de misérable, et ont prophétisé l'échec, en déclarant qu'il était impossible qu'un si jeune garçon, et, en outre, un Allemand, pût écrire un opéra italien, et que, bien que notre Wolfgang soit certainement un grand virtuose, cependant il ne saurait comprendre et pénétrer les nuances du clair-obscur qu'exige le théâtre. Mais, dès le soir de la première petite répétition, toutes ces mauvaises langues ont été réduites au silence. Le copiste est ravi, ce qui, en Italie, est un présage excellent : car, lorsque la musique d'un opéra se trouve plaire, le copiste gagne souvent plus d'argent, en revendant les airs, que n'en a gagné le compositeur pour tout son travail. Les chanteuses et chanteurs sont également très satisfaits ; et notamment la *prima donna* et le *primo uomo* sont ravis de leur duo. Le *primo uomo* a dit que : « si ce duo ne réussissait pas, il était prêt à se laisser opérer une seconde fois ! » Mais maintenant tout dépend du caprice du public... Le jour de la Saint-Étienne, une bonne heure après l'*Ave Maria*, vous pourrez vous représenter en pensée le maestro Don Amadeo installé devant le clavecin, à l'orchestre, et moi dans une loge, comme auditeur et spectateur. »

Lettre du 22 décembre : « Le 19 a eu lieu la première répétition au théâtre, car celle du 17 avait eu lieu dans la salle des Redoutes. Dieu merci, tout a fort bien marché. Hier, c'était la répétition des récitatifs ; aujourd'hui nous allons avoir une seconde répétition en scène, et lundi la répétition générale. Quant à ce qui est du 26, jour de la première représentation, je me console en voyant que l'orchestre aussi bien que les chanteurs sont très contents; et puis, moi-même, Dieu merci, j'ai encore des oreilles... Les plus grands et renommés musiciens de cette ville, Fioroni et Sammartino, sont nos véritables amis, comme aussi Lampugnani, Piazza, Colombo, etc. Ensuite de quoi, la jalousie, l'incrédulité, et les préventions que quelques-uns peuvent avoir au sujet de l'œuvre de notre fils, ne peuvent guère nous nuire beaucoup. Du moins j'espère que l'opéra n'aura pas la mauvaise chance du second opéra de M. Jommelli, qui, à Naples, vient de tomber si à plat que l'on parle déjà de le remplacer. Et il s'agit là d'un maître fameux, au sujet duquel les Italiens font un bruit terrible. Mais le fait est qu'il s'est montré bien sot, en consentant à écrire en une année deux opéras pour le même théâtre; et d'autant plus qu'il a dû remarquer que son premier opéra n'avait guère réussi. Tous les soirs, une heure après l'*Ave Maria*, depuis le 16, nous restons à l'Opéra jusqu'à onze heures, excepté seulement le vendredi. »

Lettre du 29 décembre : « Dieu soit loué ! La première représentation de l'opéra a eu lieu, le 26, avec un succès général ; et deux choses se sont produites, qui jamais encore n'étaient arrivées à Milan. D'abord, contre toute habitude, le premier soir, un air de la *prima donna* a été chanté deux fois, tandis que jamais on ne rappelle les chanteurs un jour de première représentation ; et puis, en second lieu, presque tous les airs, sauf deux ou trois des rôles de vieux, ont provoqué des applaudissements surprenants et des : *Evviva il maestrino !* Le lendemain 27, deux airs de la *prima donna* ont été bissés ; et, comme c'était un jeudi, et que la représentation ne pouvait pas empiéter sur le vendredi, c'est ce qui a empêché de bisser aussi le duo, car on avait déjà commencé à le réclamer de nouveau. L'opéra, avec ses trois ballets, a duré six heures, bien largement. Aujourd'hui a lieu la troisième représentation. Et l'on appelle maintenant notre fils *il Cavaliere filarmonico*, de même qu'on appelait Hasse *il Sassone*, et Galuppi *il Buranello*. »

Quelques jours après, le 2 janvier, dans une lettre au P. Martini, Léopold rendait compte, à nouveau, du succès de l'opéra de son fils : « Je suis heureux de pouvoir vous annoncer que cet opéra a fort bien réussi, malgré les grosses intrigues de nos ennemis et jaloux, qui, sans avoir vu une note, répandaient le bruit que c'était une musique barbare, sans force, sans profondeur, et, avec cela, inexécutable pour l'orchestre à force de difficulté. Il y avait même eu un individu qui avait offert à notre première chanteuse tous ses airs, ainsi que son duo, composés par l'abbé Gasparini de Turin, et lui avait conseillé d'introduire dans l'opéra cette musique étrangère, afin de n'avoir pas à chanter l'œuvre d'un jeune homme qui jamais ne serait en état d'écrire un bon air. Et bien que cette chanteuse répondit qu'elle était ravie des airs de Wolfgang, nos calomniateurs ne renoncèrent pas pour cela à répandre une mauvaise opinion sur l'opéra de mon fils : mais la première répétition avec les instruments suffit pour mettre fin à ces affreux bavardages. Tous les musiciens et l'orchestre déclarèrent que la musique était claire, très nette, et facile à jouer, en même temps que tous les chanteurs se proclamaient ravis de leurs rôles... Jusqu'à présent, les six premières représentations ont toujours eu lieu devant des salles pleines ; et, chaque fois, deux des airs ont été bissés, tandis que la plupart des autres morceaux obtenaient aussi un grand succès. »

Le 5 janvier 1771, Léopold écrivait à sa femme : « Hier, il y a eu une petite académie chez le comte Firmian, où l'on a fait déchiffrer à Wolfgang un concerto nouveau, très difficile et très beau. Lundi prochain, nous partons pour Turin, où nous resterons huit jours. L'opéra de notre fils continue à réussir le mieux du monde... Les trois premiers soirs, où Wolfgang jouait lui-même au premier clavecin, le maestro Lampugnani l'accompagnait au second. Maintenant, c'est lui qui tient le premier, et le maestro Melchior Chiesa l'accompagne. »

Lettre de Léopold, 12 janvier : « L'Académie philharmonique de Vérone vient de recevoir notre fils parmi ses membres, et son chancelier est en train de préparer le diplôme. Dieu merci, l'opéra a un tel succès que le théâtre est plein, tous les jours. » A quoi Wolfgang, pour la première fois depuis de longues semaines, ajoute un post-scriptum : « Très chère sœur, il y a bien longtemps que je ne t'ai plus écrit, mais c'est parce que j'étais absorbé par mon opéra... Celui-ci, Dieu en soit loué, paraît plaire aux gens d'ici, car le théâtre est rempli chaque soir, ce qui à Milan étonne tout le monde... Hier, le copiste nous a dit qu'il était chargé de transcrire mon opéra pour la Cour de Lisbonne. »

Le 2 février, dernière lettre de Léopold datée de Milan : « Nous sommes revenus, avant-hier, de la belle ville de Turin, où nous avons vu un opéra magnifique[1]. Aujourd'hui nous dînons de nouveau chez Firmian. Le maître de chapelle Francesco di Majo, à Naples, vient de mourir, comme aussi M. Carattoli, à Pise. »

La lettre suivante que nous possédons (succédant sans doute à une lettre perdue) est datée de Venise, le 13 février : « Nous sommes arrivés ici le lundi gras. Tous les jours nous allons à l'Opéra et dans les autres lieux de divertissement. A Brescia, nous avons entendu un opéra bouffe. »

De Venise, le 20 février, Léopold écrit : « Je dois te raconter que,

---

1. Ce « magnifique opéra », entendu par les Mozart à Turin, doit avoir été ou la *Berenice* de Platania, ou encore l'*Annibale in Torino* de Paesiello, tous deux exécutés durant les premiers mois de 1771.

à Milan, nous avons entendu quelque chose qui va vous paraître incroyable, et que je n'aurais jamais cru, surtout, pouvoir entendre en Italie. Dans la rue, deux pauvres gens, l'homme et la femme, chantaient ensemble, et ils chantaient toujours en quintes, de telle façon que pas une note ne manquait. De loin, je croyais que c'était deux personnes, chantant, chacune, un autre air : mais, en nous rapprochant, nous découvrîmes que c'était bien un beau duo en pures quintes. »

De Venise, le 1er mars : « En route, nous avons dû nous arrêter quelques jours à Vicence, où nous a retenu l'évêque de l'endroit ; et de même nous avons dû faire un séjour à Vérone... Peut-être pourrons-nous arriver, pour le vendredi saint, à Reichenhall, et y voir et entendre la représentation en opéra de la Passion, qui s'y donne tous les ans... Pour ce qui est de l'opéra, nous ne pourrons pas le rapporter avec nous, car il est encore entre les mains du copiste, et celui-ci, comme tous ses confrères italiens, ne lâche point le manuscrit original aussi longtemps qu'il peut en tirer profit. Notre copiste avait, au moment où nous quittions Milan, cinq copies complètes à faire, dont l'une pour Milan, deux pour Vienne, une pour la duchesse de Parme, et une pour la Cour de Lisbonne, sans parler des airs séparés... Mardi prochain, nous allons avoir ici une grande académie. »

De Venise, le 6 mars : « Hier, nous avons eu une belle académie, et, tous ces jours-ci, nous avons été terriblement occupés, chacun désirant nous avoir chez lui. Il est dommage que nous ne puissions pas rester ici plus longtemps, car nous nous sommes liés avec toute la noblesse, qui nous accable d'invitations. »

De Vicence, le 14 mars : « Nous ne sommes restés qu'un jour à Padoue, et, là même, Wolfgang a dû jouer dans deux maisons. Il y a reçu aussi une commande, à savoir celle d'un oratorio pour Padoue. A l'église du Santo, nous avons vu le P. Vallotti, et nous sommes allés aussi chez Ferrandini, où Wolfgang a également joué. Enfin il a joué encore sur un orgue excellent, dans l'admirable église de Sainte-Justine. Nous restons encore à Vicence demain, y ayant de l'occupation en vue. »

De Vérone, le 18 mars : « Nous demeurons ici chez Lugiati, où une élégante société se réunit pour entendre Wolfgang. On m'annonce que je vais recevoir à Salzbourg un écrit de Vienne, qui vous plongera dans l'émerveillement, et fera à notre fils un honneur immortel. »

Enfin, le 25 mars 1771, Léopold écrit, d'Inspruck, que son fils et lui viennent d'arriver dans cette ville, et espèrent rentrer à Salzbourg dès le jeudi suivant.

Disons, d'abord, tout de suite que « l'écrit important » dont parlait Léopold Mozart dans sa lettre du 18 mars 1771 était la commande officielle faite à Mozart par l'impératrice Marie-Thérèse, sur la recommandation du comte Firmian, d'avoir à écrire la *sérénade* (ou petit opéra-ballet), qui serait exécutée à Milan, au mois d'octobre suivant, avec un *opera seria* de Hasse, à l'occasion des noces du grand-duc Ferdinand. C'est aux souvenirs de la sœur que nous devons ce renseignement, qui est d'ailleurs le seul qu'elle ait à nous offrir, en dehors de ce qu'elle transcrit des lettres de son père.

Parmi les autres documents contemporains se rapportant directement à Mozart, nous n'avons à citer qu'un article d'un journal de Milan, à la date du 2 janvier 1771, où, en dix lignes, se trouve notée la représentation de *Mitridate*. Nous y lisons que l'opéra « qui a servi de réouverture au Théâtre royal et ducal a satisfait le public aussi bien par le bon goût des décorations que par l'excellence de la musique et l'habileté des acteurs ». Et puis encore : « Certains airs chantés par la signora Antonia Bernasconi expriment vivement les passions et touchent le cœur. Le jeune maître de chapelle, à peine âgé de quinze ans, a évidemment étudié la beauté sur nature, et a su la représenter ornée des plus rares grâces musicales. » Nous possédons aussi le diplôme accordé à Mozart, le 5 janvier 1771, par l'Académie philharmonique de Vérone. Le rédacteur y rappelle la séance publique où Mozart s'est fait entendre un an auparavant, sans d'ailleurs ajouter à ce que nous ont appris les lettres de Mozart et les journaux locaux du temps.

Mais c'est encore Burney qui, dans le récit de son voyage en Italie, nous fournit le meilleur complément d'information sur le milieu musical où va se trouver ramené le petit Mozart, comme aussi sur la situation musicale des autres villes que les Mozart vont visiter après leur second séjour à Milan.

Dans cette ville, nous dit Burney, il n'y a d'*opera seria* que pendant le carnaval : tout le reste de l'année on n'y entend que des opéras bouffes ou des ballets. L'Opéra est très grand et très luxueux ; mais le public y a la fâcheuse habitude de parler et de rire pendant la représentation, sauf pour un ou deux airs favoris que l'on fait bisser chaque soir. L'orchestre, plus nombreux que dans les autres villes (et dont Léopold Mozart nous a déjà donné le détail), a pour premier violon un habile exécutant nommé Lucchini.

Ajoutons que, vers le 20 juillet, Burney a entendu à Milan un opéra bouffe du « signor Floriano Gassmann, compositeur qui est au service particulier de l'empereur, et qui, ce soir-là, a tenu en personne le clavecin ». La pièce s'appelait l'*Amore Artegiano*, et « contenait de jolies choses ». Burney, à cette date, ne prévoyait pas qu'il aurait bientôt l'occasion, pendant son séjour à Vienne, de connaître plus intimement et d'apprécier infiniment plus haut l'art de ce savant et délicieux maître viennois, que nous-mêmes allons retrouver plus d'une fois sur le chemin du jeune Mozart. Mais rien ne nous autorise à supposer que Mozart, durant ses deux séjours à Milan du printemps et de l'automne de 1770, ni non plus au cours de ses deux séjours suivants dans la cité lombarde, y ait rencontré Florian Gassmann, qui, depuis 1763, avait quitté l'Italie pour venir s'installer à Vienne, et, depuis lors, ne faisait plus à Milan que de courts passages, nécessités par les dernières répétitions de ses opéras. Cependant, ces passages fréquents de Gassmann à Milan achèvent de nous expliquer la présence aujourd'hui d'un très grand nombre de ses compositions manuscrites dans les bibliothèques milanaises, et nous verrons bientôt quelle influence exerceront sur Mozart ces manuscrits italiens de symphonies, quatuors, ou sonates de Gassmann, merveilleusement prédestinés à lui servir de modèles.

Dans les concerts privés, les deux maîtres dont les symphonies sont jouées le plus souvent sont Sammartini et Jean-Chrétien Bach, qui a laissé à Milan des œuvres d'un style tout autre que le style galant et léger qu'il s'est créé à Londres. Dans une de ces académies, toute composée de *dilettanti*, Burney a entendu une quinzaine d'éxécutants, dont deux flûtes allemandes, un violoncelle, et une petite double basse. La dame de la maison a chanté « de jolis airs » de Traetta. Dans une autre académie privée, où il y avait plus de trente exécutants, on a joué, pareillement, deux symphonies milanaises de Bach, une « symphonie excellente de Sammartini », ainsi qu'un concerto pour deux violons de Raymond.

Sauf dans la vénérable église Saint-Ambroise et parfois à la cathédrale, où l'on chante les offices en plain-chant ambrosien, la musique religieuse moderne triomphe dans toutes les églises, où d'ailleurs n'assistent guère que des religieux et des gens du peuple. Sammartini est maître de chapelle de la moitié des églises de Milan, et innombrables sont les messes et motets de sa composition. Dans ces œuvres et toutes celles des autres musiciens milanais, chaque *concento*, ou division des morceaux, est précédé d'une longue « symphonie » ; et, dans le cours des œuvres, les soli instrumentaux et vocaux alternent avec des chœurs homophones. Dans une messe de Sammartini, entendue à l'église du Carmel, « les symphonies sont pleines d'âme et de feu ». Les parties instrumentales, chez ce maître, sont très bien écrites : tous les instruments y travaillent beaucoup, et surtout les deux groupes de violons. Mais Burney lui reproche « d'être trop long, et d'abuser des mouvements rapides ». Le voyageur anglais vante cependant, dans l'un des motets du vieux maître, « un *adagio* vraiment divin », pour soprano seul, et accompagné simplement par l'orgue. Burney ajoute que peu de villes au monde contiennent un aussi grand nombre de compositeurs, à la fois pour la voix et pour les instruments. Et il nous parle, à son tour, des curieux duos que des musiciens ambulants chantent dans les rues. A l'opéra, pendant que les représentations chôment, on donne des concerts où les symphonies et les danses tiennent la place principale : ou bien on

exécute des fragments d'opéras créés dans les autres villes, et c'est
ainsi que Burney a l'occasion d'entendre une grande scène de l'*Olym-
piade* de Jommelli, « justement admirée pour la hardiesse et la science
de la modulation, qui est. en vérité, *recherchée*, mais expressive et
charmante ». Pendant le carême, ce sont des oratorios à double
chœur, chantés dans la cathédrale.

De l'ensemble des observations de Burney, comme aussi des
autres témoignages du temps, résulte l'impression que Milan, capitale de la domination autrichienne en Italie, avait au point de vue
musical, un caractère plus « allemand » que toutes les autres villes
de la péninsule ; et si Mozart, en y arrivant la première fois, n'a dû en
apercevoir que le côté « italien », cette différence n'aura pas manqué
de le frapper au retour de son voyage de Rome, de Naples, et de
Bologne. En somme, ce n'était qu'à Milan que l'on goûtait un peu la
musique instrumentale : et tout porte à croire que, par exemple, le
« magnifique concerto » dont Léopold nous dit que le comte Firmian l'a fait déchiffrer au petit Mozart, que ce concerto était une
œuvre viennoise d'un Starzer ou d'un Hoffmann, et que l'enfant aura
eu d'autres occasions encore, durant cette seconde période milanaise,
de reprendre contact avec l'art de son pays.

Les lettres de son père, comme aussi les quelques mots qu'il y a
ajoutés lui-même, nous permettent d'affirmer, cependant, que ce
retour à des influences antérieures, et tout le changement qui en est
résulté dans son goût personnel, ne se sont produits qu'après l'achèvement de son *Mitridate* : car la composition de cet opéra, qui
l'empêchait même d'envoyer quelques paroles de souvenir à sa mère
et à sa sœur, a dû l'absorber entièrement, sans lui laisser le loisir
de s'intéresser à rien qui ne fût pas en rapport direct avec son travail. Peut-être, cependant, a-t-il alors revu et étudié plus à fond ces
opéras nouveaux de Jommelli, dont Burney nous signale les modulations « recherchées », et peut-être s'est-il trouvé tenté, malgré lui,
de s'abandonner librement à son génie de symphoniste, comme il
avait déjà commencé à le faire dans ses deux symphonies de Rome
et de Bologne ? Car, quelque malveillance que nous prêtions à ses
détracteurs milanais, ceux-ci devaient avoir au moins une apparence
de motifs, lorsqu'ils représentaient l'orchestration du prochain opéra
de l'enfant comme « impossible à exécuter ». Mais sans doute cette
accusation même l'aura décidé à réprimer la tentation, puisque les
parties instrumentales de *Mitridate*, sauf dans quelques scènes, n'ont
rien qui les distingue beaucoup de l'instrumentation des symphonies
et des airs « italiens » de Mozart. Au total, l'enfant, durant ce début
de son second séjour, s'est inspiré surtout des mêmes maîtres qui
l'avaient inspiré déjà dans les premiers mois de 1770, les Piccinni,
les Sacchini, les Sammartini, et ce Lampugnani, maître de chapelle
de l'Opéra, à qui ses contemporains reprochaient d'ailleurs d'intro-

duire trop d'instruments dans ses propres œuvres vocales. Le jeune garçon s'était si profondément plongé dans l'imitation de ces maîtres qu'il semble même, d'abord, avoir écarté de son souvenir les leçons rapportées par lui de son séjour à Bologne. Ou plutôt, il en avait écarté les souvenirs qui se rapportaient au contrepoint et à l'élaboration thématique : mais son *Mitridate* nous fait voir que, d'autre part, il n'avait eu garde d'oublier celles des leçons de son cher professeur bolonais qui concernaient ce qu'on pourrait appeler la « vocalité » de son chant. A ce point de vue comme d'ailleurs à maints autres, *Mitridate* devait rester à jamais (sauf peut-être encore l'adorable *Ascanio in Alba* de l'année suivante) le plus « italien » de ses opéras, celui où se trouvent le plus parfaitement respectées les exigences spéciales de la voix humaine. Au reste, l'étude que nous aurons à faire de cet opéra nous fournira l'occasion de définir la situation d'esprit du jeune Mozart pendant ces derniers mois de 1770, qu'il a uniquement employés à sa composition.

Mais ensuite, quand *Mitridate* a été décidément achevé, quand chacun des chanteurs a obtenu des airs faits à son goût et « à la mesure » de sa voix, le génie de Mozart a dû certainement se rouvrir aux influences extérieures et s'imprégner à nouveau de cette atmosphère à demi italienne, à demi autrichienne, qui faisait différer Milan du reste de l'Italie. Nous ne connaissons qu'un très petit nombre d'œuvres datées de cette période : à dire vrai, même, nous n'en connaissons aucune dont la date nous soit affirmée documentairement. Mais plusieurs œuvres que nous aurons à examiner peuvent être rangées dans cette période avec une probabilité très grande ; et puis nous possédons un assez grand nombre d'œuvres authentiquement datées des premiers mois du retour à Salzbourg, qui, surtout par leur comparaison avec celles dont nous venons de parler, nous autorisent à nous faire une idée assez nette des altérations survenues, dans l'esprit et dans le style de l'enfant, pendant les semaines qui ont suivi la terminaison de *Mitridate*.

Et ce qui nous frappe, tout de suite, dans ces œuvres, c'est la réapparition d'une foule de petits traits du goût allemand, s'ajoutant, pour le compléter ou pour le modifier, au goût italien qui s'est révélé à nous dans toutes les œuvres de l'année 1770. Le jeune garçon reste fidèle, sur la plupart des points, à l'enseignement des compositeurs italiens, et notamment de Sammartini et de Boccherini. Peut-être même est-il maintenant en état d'approfondir cet enseignement, et d'en tirer un parti plus réel qu'il l'avait fait, par exemple, en écrivant ses deux symphonies milanaises du séjour précédent. La grâce poétique des idées de Sammartini, l'élégance de sa modulation, son pouvoir d'expression sentimentale, tout cela se révèle plus profondément à l'enfant, à mesure que l'âge vient mûrir son cœur et son cerveau ; et, pareillement, nous allons le voir s'apporpriant des pro-

cédés de Boccherini, tels que sa façon de traiter le *rondo*, pour en
tirer désormais des effets tout conformes à son tempérament personnel. Mais, sur ce fond italien, sans cesse nous allons découvrir un
plus grand nombre de particularités allemandes, aussi bien dans
l'invention musicale que dans l'exécution. Et, de jour en jour aussi,
nous retrouverons chez Mozart des traces plus nombreuses de la
persistance de cet amour et de cette compréhension du contrepoint
que lui a naguère suggérés le P. Martini. Au total, ces quelques
semaines du début de 1771 auront, sur la formation de son génie,
une importance considérable : c'est à partir d'elles que Mozart commencera à parler vraiment la langue qui, désormais, sera la sienne
jusqu'au bout de sa vie.

Et peut-être le nouveau voyage qu'a fait le jeune garçon après son
départ de Milan n'a-t-il pas été, non plus, sans contribuer à ce développement essentiel de son goût musical. Ici encore, pour nous
représenter ce qu'ont pu lui apprendre ses séjours à Padoue, à
Vicence, à Venise, c'est aux notes de voyage de Burney que nous
aurons recours.

Mais d'abord nous devons dire quelques mots de Turin, où les
Mozart sont allés passer une semaine qui a paru leur causer un très
vif plaisir. Burney, lui aussi, a emporté une impression excellente
de son séjour à Turin. Chaque matin, dans la chapelle royale, une
messe basse s'accompagnait de l'exécution d'une « symphonie »
par un nombreux et bon orchestre réparti en trois groupes ; et il
arrivait aussi que ces symphonies fussent remplacées, comme à Versailles, par des motets pour chœurs ou pour des solistes. Notons en
passant, avec Burney, que cet orchestre de Turin, « au contraire de
ceux de l'Opéra et du Concert Spirituel » de Paris, n'était pas dirigé
par un chef d'orchestre : le premier violon, tout en jouant, marquait
la mesure. Le maître de chapelle, à Turin, était Don Quirico Gasparini, compositeur renommé, pour qui, deux ans avant le *Mitridate*
de Mozart, avait été écrit le poème de cet opéra ; et ce sont précisément des airs du *Mitridate* de Gasparini que les ennemis des Mozart
voulaient faire chanter à la Bernasconi, au lieu des airs « inchan-
tables et injouables » du petit Allemand. Avec Gasparini, les principaux musiciens de Turin étaient le violoniste Pugnani et deux
frères, les Besozzi, dont l'un jouait du hautbois, l'autre du basson, et
qui composaient d'agréables duos pour leurs instruments. « Leurs
compositions, nous dit Burney, consistent généralement en une série
de sujets détachés, que les deux instruments répètent volontiers en
imitations, ayant des rôles aussi égaux que possible. » Quant à la
salle même de l'Opéra, Burney la déclare « une des plus belles de
l'Europe, très grande et élégante, avec des décors admirables ».

Et maintenant, suivons rapidement Burney dans son voyage à
travers les villes qu'ont visitées les Mozart après leur départ de

Milan. A Brescia, le musicien le plus remarquable est Pietro Pelle-grino, maître de chapelle de l'église des Jésuites. A Vérone, que d'ailleurs les Mozart connaissaient déjà, Burney, pour sa part, y étant arrivé en plein été, n'a rien entendu de curieux : mais un de ses amis lui a dit que cette ville contenait, « avec plusieurs *professeurs* (ou musiciens professionnels) de talent, un grand nombre de *dilettanti*, qui jouaient et composaient supérieurement. Le touriste anglais n'a pas grand'chose à nous apprendre, non plus, sur Vicence, où nous savons que l'évêque a longtemps retenu les Mozart. Citons cependant les quelques lignes que voici : « Pendant mon dîner, j'ai entendu une espèce de musique vocale que je ne connaissais pas encore dans ce pays : elle consistait en un psaume à trois parties, chanté par de jeunes garçons qui se rendaient en procession de leur école à la cathédrale, sous la conduite d'un prêtre qui chantait la basse. Il y avait, dans cette musique, plus de mélodie qu'à l'ordinaire ; et encore que les enfants marchassent très vite, ils chantaient fort bien en mesure, avec une justesse singulière. « Pareillement, sur tout le chemin entre Vérone et Vicence, Burney a rencontré des pèlerins qui chantaient des hymnes et des psaumes. A Padoue, le plus grand violoniste italien du milieu du xviiie siècle, l'admirable Tartini, venait de mourir, en février 1770 ; mais il avait laissé, dans la ville, de nombreux élèves, parmi lesquels Burney nomme surtout son remplaçant à la célèbre église Saint-Antoine, Guglietto Tromba ; et sans doute Mozart, même pendant l'unique journée qu'il a passée à Padoue, aura pu recueillir dans cette ville quelques-unes des tradi-tions artistiques du maître défunt, dont il avait rencontré déjà, à Stuttgart et ensuite à Florence, l'élève et continuateur Nardini. Aussi bien retrouverons-nous mainte trace de l'influence de Tartini dans l'œuvre de Mozart, surtout lorsque nous verrons celui-ci, vers la fin de 1772, tâcher à s'imprégner de ce que le grand art italien avait à lui offrir de plus pur et de plus profond.

Dans l'église du Santo de Padoue, quarante musiciens se faisaient entendre, tous les jours de la semaine : huit violons, quatre altos, quatre violoncelles, quatre doubles basses, quatre hautbois et bas-sons, et seize chanteurs, entre lesquels Burney signale deux soprani d'une valeur exceptionnelle, Guadagni et Casati. Non moins excel-lents étaient le violoncelliste Antonio Vandini et le hautboïste Matteo Bissioli. A l'Opéra, ouvert même au mois de juin, Burney a entendu *Scipion à Carthage* du Napolitain Sacchini, qui était alors maître de chapelle à Venise. L'un des rôles les plus importants était chanté par « un ténor fameux, il cavaliere Guglielmo Ettori, au service de l'Elec-teur de Bavière », qui, quelques mois après, à Milan, allait créer le rôle principal de *Mitridate*.

Nous trouvons également, chez Burney, quelques renseignements sur le « maestro Padre Vallotti », à qui les Mozart « ont rendu visite».

Ce vieux maître, qui fait songer au P. Martini, — franciscain comme
lui, — était à la fois excellent théoricien et « l'un des premiers compositeurs religieux d'Italie ». Il a montré à Burney deux grandes
armoires toutes remplies de ses compositions, « quelques-unes pour
les voix seules, d'autres pour des voix accompagnées d'instruments ».
Il avait écrit un traité sur la modulation, dont le voyageur anglais
admirait fort les idées et la grande clarté pratique.

A Venise, il y avait en 1771 quatre conservatoires de musique,
dont chacun organisait des *académies* toutes les semaines. Dans les
églises, l'usage était de ne faire entendre que des messes ou motets
suivant le goût nouveau, avec un accompagnement instrumental très
fourni. Parmi les compositeurs locaux, les deux plus remarquables
étaient le vieux Galuppi, dit le Buranello, récemment revenu de
Russie, et le jeune Sacchini, dont Burney nous vante notamment un
Salve Regina « plein d'inventions ingénieuses pour les instruments ».
Galuppi, en vérité, appartenait trop entièrement à l'ancienne école
pour que son aimable et facile talent pût exercer une influence profonde sur le jeune Mozart ; mais il en allait autrement de Sacchini,
dont Mozart devait déjà connaître maintes œuvres, instrumentales
et vocales, et dont l'art était le mieux fait du monde pour le séduire.
En fait, il n'y a pas un seul compositeur d'opéras italiens dont les
airs ressemblent autant à ceux de Mozart que les airs de Sacchini,
aussi bien par l'ampleur et la pureté de leur mélodie que par la grâce
poétique de leur expression ; et non seulement les œuvres religieuses
de Mozart que nous aurons bientôt à étudier, toutes pleines, elles
aussi, « d'inventions ingénieuses pour les instruments », rappellent
d'assez près les motets du maître napolitain : on retrouverait même
dans les quatuors et les sonates de Sacchini des pages entières que
l'on croirait de la main de Mozart, et qui, sûrement, n'ont pas été
sans se graver dans la mémoire du jeune Salzbourgeois. Léopold
Mozart ni son fils, à dire vrai, ne font aucune mention de Sacchini :
mais nous pouvons être assurés qu'ils l'ont rencontré et fréquenté
pendant leur séjour à Venise ; et il est fort possible que cette rencontre de Mozart et de Sacchini ait été un événement très riche de
conséquences pour la formation définitive du génie de Mozart.

Enfin, à tous les noms de maîtres italiens que nous avons eu déjà
l'occasion de citer, il convient d'ajouter encore le nom d'un maître
allemand, — ou tout au moins de formation allemande, — dont nous
savons que les Mozart l'ont connu en Italie et se sont même « très
étroitement liés » avec lui, dans les derniers temps de leur séjour à
Bologne : le Bohémien Mysliweczek, auteur d'un grand nombre de
sonates et de concertos pour le clavecin, comme aussi de douze
symphonies portant les titres des douze mois de l'année. Certes,
l'œuvre de ce maître, alors très fameux en Italie, apparaît bien misérable en comparaison de celle de Mozart ; mais il se peut que son

commerce quotidien ait contribué à favoriser, dans l'esprit du jeune garçon, ce réveil de réminiscences allemandes que nous avons signalé déjà comme l'un des traits caractéristiques de la fin du premier séjour de Mozart en Italie. Six sonates de Mysliweczek (manuscrites à la Bibliothèque de Munich) sont, en vérité, trop simples et banales, sous leur forme tout italienne, pour avoir pu exercer sur le petit Mozart une influence de ce genre ; et ceux de ses concertos que nous connaissons n'ont guère plus de portée. Mais la série de ses symphonies, au contraire, abonde en menus détails qui trahissent involontairement l'éducation allemande de l'auteur.

Quoi qu'il en soit, nous pouvons affirmer que la période dont nous allons examiner les produits a été, en quelque sorte, une transition entre l'italianisme complet des périodes précédentes et la création du style personnel que vont déjà nous montrer les œuvres principales de Mozart dès son retour en Allemagne. Et c'est presque de jour en jour que le jeune homme, après cette rentrée dans son pays, nous révélera de quel énorme profit aura été pour lui la chance qu'il a eue de pouvoir se plonger, pendant plus d'un an, dans l'étude et la pratique d'un art, tout ensemble, plus facile que celui de ses maîtres allemands et plus directement rattaché aux vieilles traditions de la musique vocale italienne.

101. — *Bologne et Milan, depuis le 1ᵉʳ août jusque vers le 15 décembre 1770.*

Mitridate, re di Ponto, opera seria en trois actes, pour quatre soprani, un contralto, et deux ténors, avec accompagnement de deux violons, alto, deux flûtes, deux hautbois, quatre cors, deux trombones, deux bassons et basse.

K. 87.

Ms. perdu, sauf des fragments à Paris chez M. Malherbe.

Poème de V. A. Cigna Santi, de Turin, d'après une traduction de la tragédie de Racine par Parini.

Ouverture (voir 102).

Acte I. — I. Air d'Aspasie (soprano) en *ut : Al destin che la minaccia : allegro.* — II. Récitatif et air de Xipharès (soprano). Récitatif : *Qual tumulto.* Air en *si bémol : Soffre il mio cor : allegro.* — III. Air d'Arbate (soprano) en *sol : L'odio nel cor frenate : allegro comodo.* — IV. Air d'Aspasie en *sol mineur : Nel sen mi palpita.* — V. Air de Xipharès en *la : Parto ; Nel gran cimento : andante.* — VI. Air de Pharnace (contralto) en *fa : Venga pur : allegro.* — VII. Air de Mitridate (ténor) en *sol : Se di lauri il crine adorno.* — VIII. Air d'Ismène (soprano) en *si bémol : In faccia al oggetto : allegro.* — IX. Récitatif et air de Mitridate. Récitatif : *Respira al fin.* Air en *ré : Quel ribelle e quell' ingrato : allegro.*

Acte II. — X. Air de Pharnace en *sol : Va, l'error mio palesa : allegro.* — XI. Air de Mitridate en *si bémol : Tu che fedel mi sei : adagio* et *allegro.* — XII. Récitatif et air de Xipharès. Récitatif : *Non più, Regina.* Air en *ré : Lungi da te : adagio cantabile.* — XIII. Récitatif et air d'Aspasie. Récitatif : *Grazie ai numi parti.* Air en *fa : Nel grave tormento : adagio* et *allegro.* — XIV. Air d'Ismène en *la : So, quanto a te dispiace : allegro.* — XV. Air de Pharnace en *ré : Son reo : adagio maestoso* et *allegro.* — XVI. Air de Mitridate en *ut : Gia di p¹etu : allegro.* — XVII. Récitatif et duo d'Aspasie et Xipharès. Récitatif : *Io sposa di quell' mostro.* Duo en *la : Se viver non degg'io : adagio* et *allegro.* Acte III. — XVIII. — Air d'Ismène en *sol : Tu sai per chi m'accese.* — XIX. Air de Mitridate en *fa : Vado incontro al fato.* — XX. Air de Xipharès en *ut mineur : Se il rigor d'ingrata sorte : allegro agitato.* — XXI. Air de Marzio (ténor) en *sol : Se di regnar sei vago : allegro.* — XXII. Récitatif et air de Pharnace. Récitatif : *Vadasi, oh ciel.* Air en *mi bémol : Già dagli occhi : andante.* — XXIII. Quintette final en *ré : Aspasie et Ismène, Xipharès et Arbate, Pharnace : Non si ceda al Campidoglio.*

Si nous pouvions oublier ce qu'a forcément d'insensé le projet de confier à un enfant de quatorze ans la composition d'un grand opéra, et où sont mises en jeu toutes les passions du cœur, nous dirions volontiers que Mozart, lorsqu'il a eu à écrire *Mitridate*, s'est trouvé dans des conditions particulièrement favorables pour réussir dans cette entreprise. D'abord, il était en Italie depuis de longs mois, et avait eu déjà le moyen de se familiariser profondément avec les traditions et l'esprit du genre qu'il allait avoir à traiter. En second lieu, comme nous l'avons vu déjà par de nombreux exemples, ce séjour en Italie, complété par les leçons du P. Martini, lui avait révélé la voix humaine, que son éducation allemande, et peut-être aussi son tempérament personnel, l'inclinaient à ne considérer que comme un simple instrument musical. De plus en plus, il en était arrivé à comprendre que la voix avait ses habitudes et ses ressources propres ; de plus en plus il était parvenu à contenir sa fièvre naturelle de symphoniste, soit pour faire chanter les voix sans accompagnement, ou bien pour réduire l'orchestre à un véritable rôle d'accompagnement, au lieu de lui donner une signification et une importance égales, ou même supérieures, à celles des parties vocales. Enfin, le hasard avait voulu que le poème qu'on lui confiait fut l'œuvre d'un brave homme qui, sans vouloir rivaliser avec Métastase en traits ingénieux et en métaphores fleuries, s'était borné à transformer en livret d'opéra la tragédie de Racine, de façon que l'œuvre à composer se trouvait être infiniment propre à la musique, avec de grands sentiments très nets et contrastés, autour d'une action très suffisamment pathétique. D'une valeur littéraire médiocre, ce livret de *Mitridate* était assurément l'un des meilleurs livrets d'opéra qu'eût produits l'Italie, et nous ne pouvons nous empêcher de regretter que Mozart n'ait pas eu plutôt à le mettre en musique dans sa maturité, par exemple, au lieu de la *Clémence de Titus*, ou même d'*Idoménée.*

Voici d'ailleurs, en deux mots, l'action de ce livret :

Le vieux roi de Pont, Mithridate, est parti en guerre contre les Romains, après avoir confié sa pupille et fiancée Aspasie à la garde de ses deux fils, Xipharès et Pharnace. Le bruit s'étant répandu de la mort du roi, Pharnace s'empresse de déclarer son amour à Aspasie, qui demande protection à Xipharès. Les deux frères sont sur le point de se provoquer lorsque survient leur père, amenant à Pharnace une fiancée, Ismène. Mais le vieux roi ne tarde pas à apprendre les sentiments de ses fils à l'égard d'Aspasie ; dans sa fureur, il décide de les faire mourir, et Aspasie avec eux. Le jeune princesse s'apprête déjà à vider une coupe de poison, quand Xipharès la lui arrache des mains. Sous les efforts communs du père et de ses deux fils, la flotte ennemie est détruite : mais Mithridate, mortellement blessé, renonce à Aspasie en faveur de Xipharès, et Pharnace, de son côté, consent à épouser Ismène.

Malheureusement, comme nous l'avons dit, l'âge du petit Mozart le condamnait à ne pouvoir pas tirer de ce poème tout le parti qu'il aurait offert à un musicien ayant plus d'expérience de la vie passionnée. Mais il n'en reste pas moins certain que, grâce aux circonstances que nous venons d'indiquer, l'enfant a pu, dans ce premier opéra bien mieux que dans tous les autres, se conformer aux exigences de l'opéra italien, sous la forme nouvelle que lui avaient donnée, à la date où nous sommes, les Jommelli et les Piccinni.

Pas plus que nous ne l'avons fait pour l'*opera buffa*, à propos de la *Finta Semplice*, nous ne raconterons ici l'histoire de l'*opéra seria* italien : mais il faut du moins que nous signalions la forme particulière qu'il était en train de recevoir au moment où l'a connu et pratiqué Mozart. De proche en proche, depuis près d'un siècle, l'*opera seria* s'était simplifié quant à sa contexture dramatique. Successivement les chœurs, les ensembles, avaient disparu, ou bien s'étaient trouvés réduits à un rôle insignifiant. Les récitatifs même, jadis l'orgueil des grands maîtres italiens, avaient énormément perdu de leur importance : ils s'étaient dépouillés de ces intermèdes lyriques qui, sous les noms d'*ariosos* ou de *cavatines*, s'entremêlaient autrefois à la déclamation rythmée. L'opéra nouveau gardait bien encore un certain nombre de récitatifs accompagnés, où le musicien était libre de montrer à la fois son talent de dramaturge et sa fantaisie de symphoniste : mais le public s'intéressait de moins en moins à ces récitatifs, et Mozart lui-même, qui était né pour produire des chefs-d'œuvre dans ce genre, n'a plus jamais recommencé un récitatif aussi profondément travaillé que celui qu'il avait écrit naguère, à Milan, sur une scène de *Demofonte* (n° 84). Ainsi, peu à peu, toute la vie musicale de l'*opera seria* s'était concentrée dans l'air ; il n'y avait plus, proprement, que la série des airs qui intéressât le public, et qui donnât du travail au compositeur. Mais de là ne résulte point, comme on l'a souvent pensé, que l'*opéra seria*, en se réduisant à une série d'airs, ait cessé de devenir un genre dramatique pour n'être plus qu'une sorte d'*académie* où l'on venait admirer de beaux effets de voix dans de beaux décors. La vérité est que, réduit désormais à l'air, c'est à l'air que l'*opera seria* confiait désormais le soin de traduire tout ce qu'il y avait de musical dans l'action d'une tragédie. Les personnages de celle-ci, s'ils n'avaient plus guère à chanter que des airs, devaient mettre dans ces airs une expression d'autant plus précise et juste des sentiments de leurs rôles. Ce que les critiques et le public appréciaient, dans un air d'*opera seria*, c'était avant tout son contenu expressif, la manière dont il traduisait un certain état de passion ; et il est absurde de tirer une conclusion contraire du fait de l'emploi des castrats pour les héros amoureux : car c'était là une convention universellement admise, et dont on ne songeait pas plus à s'offusquer que nous ne nous offusquons aujourd'hui de l'obésité d'un ténor chargé d'un rôle de jeune premier. Il était arrivé à l'opéra italien la même chose que, cent ans auparavant, à la tragédie française, où toute l'action avait fini par se concentrer dans des conversations, mais où celles-ci, en revanche, avaient, du moins chez Racine, infiniment étendu et varié leur domaine dramatique. Donc le premier devoir d'un opéra italien, aux environs de 1770, était que ses airs exprimassent avec justesse les grands sentiments commandés par les situations des personnages ; et une autre conséquence de cette réduction de l'opéra à l'air avait été que, de plus en plus, l'air lui-même s'était développé, organisé, assoupli, et diversifié, pour répondre à la tâche de plus en plus considérable qui lui était imposée. Aussi, pendant qu'en Allemagne les opéras italiens restaient encore à peu près uniformément soumis à la forme des grands airs à *da capo*, comme ceux que nous avons étudiés chez Mozart dans son oratorio et sa cantate latine de 1767, en Italie, et notamment depuis l'énorme succès de l'opéra bouffe de Piccinni, la *Buona Figliuola*, l'air, jusque dans l'*opera seria*, avait tendu à se transformer, pour devenir à la fois plus court et plus capable de s'adapter à ses différentes fonctions dramatiques. En premier lieu, ainsi que nous l'avons vu déjà, il avait abrégé sa reprise : au *da capo* complet avait succédé le *demi da capo*. En outre, à côté du grand air à *demi da capo*, plusieurs autres types d'airs s'étaient constitués, appropriés à l'expression de passions plus tempérées, ou bien attribués à des personnages d'une importance accessoire. L'un de ces types nouveaux était ce qu'on pourrait appeler le *petit air à reprise variée*. Pour éviter la longueur du *da capo*, le musicien intercalait la seconde partie de son air entre les deux strophes de la première ; au lieu de répéter d'abord deux fois, avec plus ou moins de variantes, le ou les premiers sujets de l'air, il ne les exposait d'abord qu'une fois, les faisait suivre de la petite partie nouvelle non répétée, et reprenait ensuite, en les variant librement, le ou les sujets du début de l'air. Ou bien encore, lorsque le héros n'avait à exprimer qu'un sentiment unique, le musicien employait, en l'étendant à sa fantaisie, la vieille forme de la *cavatine*, ou ariette en deux complets. Là où autrefois le récitatif s'interrompait un moment pour donner lieu à un *arioso*, on introduisait à présent un air véritable, avec cadences et ritournelles, mais un air qui n'était fait que de deux strophes sur un même sujet, l'une allant de la tonique à la dominante et l'autre revenant de la dominante à la tonique. Par le moyen de ces trois sortes d'airs, l'*opera seria* évitait la monotonie, s'adaptait à la variété des situations, prenait un caractère plus humain et plus familier, en même temps qu'il offrait au musicien l'occasion de déployer, dans les seuls airs, la variété de ressources qu'il pouvait autrefois déployer dans les ensembles, les grands récitatifs, etc. D'autre part, l'accompagnement instrumental restait encore assez insignifiant ; l'orchestre se bornait à soutenir ou à doubler discrètement le chant, sauf pour lui à ressaisir son importance dans la symphonie d'ouverture et dans les ritournelles. Les cadences du chant, de même, ne s'étaient point sensiblement modifiées, depuis les vieux opéras de l'école de Hasse : mais, là encore, il y avait une tendance à réserver les effets de virtuosité pour certains airs où la nature de la situation comportait de grands élans de *bravoure* pathétique ; et déjà il n'y avait plus un seul personnage qui, à côté de ses airs de bravoure, n'eût à en chanter d'autres d'une allure plus simple et plus nuancée.

Tel était l'idéal d'*opera seria* qui s'était révélé à Mozart dès son arrivée en Italie : et l'enfant s'était employé de son mieux à le comprendre, sans y réussir toujours. Au point de vue de la coupe extérieure, tout au moins, son *Mitridate* nous offre une application irréprochable et parfaite de toutes les règles que nous venons d'indiquer.

Tous les airs de *Mitridate*, au nombre de vingt et un, sont traités suivant l'une ou les autres des trois coupes que nous venons de définir, et que Mozart, d'ailleurs, avait tout de suite étudiées, dès son arrivée en Italie, puisque c'est sur les trois types d'airs en question qu'il avait écrit à Milan, au printemps de 1770, les trois airs n°⁵ 81, 82, et 83 pour montrer qu'il était capable de traiter un *opera seria*. Lorsqu'il s'agit d'introduire pour la première fois en scène un personnage important, avec le grand sentiment foncier dont on verra ensuite l'évolution dramatique, ou bien encore lorsque ce personnage exprime un état de passion très simple et très défini, Mozart emploie, pour son air, la coupe du grand air en deux parties, avec *demi da capo*. C'est la coupe que nous trouvons dans les premiers airs d'Aspasie, (n° 1), de Xipharès (n° 2), de Pharnace (n° 6) et d'Ismène (n° 8), comme aussi (avec un *da capo* très abrégé) dans un air d'adieu passionné de Xipharès (n° 12), dans un autre air d'Ismène (n° 14), dans le grand air de Pharnace (n° 22) qui sert proprement à clore l'opéra, et puis encore dans un petit air de Marzio, l'envoyé de Rome (n° 21), dont la signification expressive est assez peu importante. Dans ces huit airs à *demi da capo*, la première partie (sauf dans l'air de Marzio n° 21) a toujours deux sujets, exposés dans un prélude instrumental relativement long ; la seconde partie, contrairement à la tendance montrée jusqu'ici par Mozart, est généralement rapide et insignifiante ; ou plutôt, suivant une particularité sur laquelle nous aurons à revenir, elle est insignifiante dans les premiers airs, mais, dans la suite de l'opéra, recommence à prendre un caractère plus accentué : déjà dans le premier air d'Ismène (n° 8) le mineur de la seconde partie contraste, par son accent de passion, avec la banalité de la partie principale ; dans l'air n° 14, la seconde partie est un *andante* mineur d'une mélancolie douce et tendre, toute « mozartienne ». Enfin le dernier air de Pharnace (n° 22) n'a vraiment d'intéressant que le long *allegretto* qui sépare sa première partie du *demi da capo* final. La virtuosité du chanteur, naturellement, se déploie le plus volontiers dans ces grands airs à *demi da capo*, sous forme de petites et grandes cadences, de tenues, de passages *colorés*, etc.

Second groupe d'airs : les airs avec reprise variée, ou plutôt avec intercalation de la seconde partie entre les deux strophes de la première. Ce type d'air, plus court et moins *coloré*, est employé dans les situations plus dramatiques, lorsque l'intérêt de l'action laisse moins de loisir pour l'expression brillante d'un sentiment particulier. C'est la coupe que nous offrent l'air d'Arbace (n° 3), le second air de Xipharès (n° 5), le premier air de Mithridate (n° 7), les deux premiers airs de Pharnace, (n°⁵ 10 et 15), un petit air de Mithridate (n° 16), et les derniers airs d'Ismène (n° 18) et de Xipharès (n° 20). Et non seulement ces huit airs diffèrent des huit précédents par l'absence du *demi da capo* ; leurs stro-

phes même sont plus courtes, le plus souvent n'ayant qu'un sujet, plus
ou moins développé ; les préludes instrumentaux, quand ils ont lieu,
sont également plus réduits ; les figures de chant ont une allure plus
rapide et plus simplement ornementale ; l'accompagnement de l'orchestre, presque toujours, se borne au quatuor des cordes. Au point de vue
musical, la seconde partie ou partie intermédiaire, dans les airs de cette
sorte, s'oppose moins nettement à la partie principale, souvent ne lui
apporte qu'une addition du même ordre, et parfois même, comme
dans l'air de Mithridate (n° 7), continue expressément la première partie,
avec un rythme d'orchestre tout pareil.

Enfin la troisième catégorie comprend cinq airs : le premier air d'Aspasie (n° 4), les airs de Mithridate n°ˢ 9 et 11, un autre air d'Aspasie (n° 13)
et le dernier air de Mithridate n° 19. Ce sont des airs où le personnage
n'a à exprimer, entre deux récitatifs, qu'une seule nuance d'un sentiment donné : ils ont remplacé, dans l'opéra de 1770, les anciens *ariosos*
intercalés au milieu des récitatifs. Pour ces airs, Mozart, comme il a
déjà fait dans la *Finta Semplice*, emploie la coupe de la *cavatine*, c'est-à-
dire d'une sorte de *lied* ou d'ariette, exposant deux fois le même sujet,
en deux couplets séparés par une ritournelle ; et il faut noter que Mozart,
ici encore, suivant la manière italienne, commence son second couplet
à la dominante. Sous le rapport de l'accompagnement, ces airs, comme
les précédents, sont beaucoup moins fournis que les airs à *demi da
capo* ; et quelques-uns d'entre eux laissent aussi moins de place à la virtuosité du chanteur : mais l'un d'entre eux, l'air d'Aspasie n° 13, est au
contraire traité en air de bravoure, avec un orchestre complet, et une
coloration très brillante. Souvent, d'ailleurs, dans les airs de ce genre,
Mozart emploie deux sujets pour chacun des couplets, et les distingue
par des rythmes différents, *adagio* et *allegro*, avec un mineur pour le
second sujet. Encore y a-t-il l'un de ces airs, l'air de Mithridate n° 11, qui
ne se rattache qu'incomplètement à la série : car après avoir exposé
ses deux couplets, chacun en deux sujets, il en commence un troisième
sur les mêmes paroles, mais avec une musique tout à fait nouvelle, jusqu'au moment où il reprend une troisième fois, en *strette*, le second
sujet des deux autres couplets : de manière que, sans la répétition des
paroles, on pourrait prendre cet air pour un *demi da capo* avec reprise
très abrégée.

Le *quintette* final, qui n'est proprement qu'un *trio*, a la forme d'un
petit chœur homophone, d'une insignifiance singulière : infiniment plus
intéressant est le *duo* qui termine le second acte. Il se compose de
deux parties tout à fait distinctes, presque comme une finale d'opéra
bouffe : la première partie est un *arioso* précédé d'une longue et belle
introduction d'orchestre, et chanté successivement par les deux voix ;
après quoi vient un *allegro* fait de trois courtes strophes, où les voix se
répondent ou bien chantent ensemble, en tierces, comme dans le *trio*
final d'*Apollo et Hyacinthus* [1].

Nous avons dit déjà que, par un phénomène unique dans son œuvre,

---

1. La scène finale du second acte était d'ailleurs toujours, dans l'opéra italien
d'alors, le seul ensemble important de l'œuvre tout entière, celui que le public
attendait, et qui souvent décidait du succès de la pièce.

Mozart, dans l'accompagnement de ses airs de *Mitridate*, a su restreindre son génie de symphoniste, et se conformer entièrement à la tradition de l'opéra italien. Son orchestre, le plus souvent, se borne à appuyer le chant sur un accompagnement très simple ; et souvent même l'un des instruments à cordes double plus ou moins ouvertement la partie du chant. Cependant, à mesure que le jeune homme avance dans son travail, sa fièvre d'instrumentiste le ressaisit, et lui fait oublier ses premières résolutions. C'est ainsi que déjà l'air de Xipharès n° 12, malgré la retenue évidente que Mozart impose à son orchestre, nous offre une allure toute symphonique, avec un bel accompagnement continu des violons. Dans l'air brillant d'Aspasie n° 13, les hautbois et les flûtes ont un rôle d'accompagnement assez restreint, mais déjà très caractéristique et très nuancé. De même les derniers airs de Mithridate et de Xipharès (nᵒˢ 19 et 20) s'accompagnent d'une orchestration beaucoup plus effective, sinon plus riche, que leurs airs précédents : déjà leur beauté musicale ne tient plus seulement à leur chant, mais à l'ensemble symphonique dont il fait partie.

Restent les récitatifs, que Mozart a composés à Bologne avant tous les airs de son opéra. Écrits peut-être sous les yeux de P. Martini, ils sont d'une déclamation excellente, et suivent le sens des paroles avec une justesse irréprochable. Mais on y sent toujours le travail d'un élève préoccupé d'imiter les modèles qu'il a devant lui, comme aussi d'un enfant qui, malgré tout son génie, est encore incapable de saisir l'intensité dramatique d'un conflit de passions. Les très rares et très courts récitatifs accompagnés n'ont eux-mêmes qu'une importance assez faible : l'orchestre s'y borne à de petites figures habilement amenées, mais sans grande signification. Nulle trace, comme nous l'avons dit déjà, du magnifique effort d'évocation musicale que nous avait montré le récitatif du n° 81. Le plus intéressant de ces récitatifs accompagnés de *Mitridate* est celui de Xipharès, précédant l'air n° 12, et où les petites figures de l'orchestre s'emploient vraiment à accentuer l'expression du chant.

Dans les airs comme dans les récitatifs, le chant a des qualités proprement vocales qu'il a rarement dans la musique de Mozart, et qui achèvent de faire de *Mitridate* son œuvre vraiment la plus italienne : mais il faut bien reconnaître que, avec tout cela, l'instinct du charme essentiel de la voix humaine manque au jeune symphoniste allemand, et que les plus beaux airs de *Mitridate*, en comparaison de n'importe quel air de Piccinni ou même de Hasse, font encore un peu l'effet de la transposition pour la voix d'une partie instrumentale.

Quant à la valeur artistique de l'opéra pris dans son ensemble, elle est bien telle qu'on pouvait l'attendre d'un enfant de génie. Le génie apparaît sans cesse dans la beauté de la ligne mélodique, dans les modulations du chant et de l'accompagnement, dans mille détails qui, quoi qu'on en ait dit, donnent à la partition de l'opéra une portée musicale bien supérieure à celle de l'ordinaire des opéras italiens du temps. Mais dans la conception dramatique des airs, dans leur adaptation aux sentiments qu'il s'agit de traduire, sans cesse nous découvrons que l'enfant qu'est Mozart ne parvient pas à se rendre compte de la signification de la tâche, impossible pour lui, qui lui est confiée.

Les grands élans amoureux d'Aspasie et de Xipharès, les indignations, les fureurs, les désespoirs passionnés de Mithridate, tout cela était évidemment trop au-dessus de l'intelligence d'un enfant : et les airs qu'y a consacrés Mozart échouent forcément à le revêtir d'une expression appropriée. Quelques-uns de ces airs ont même une certaine sécheresse qui donnerait à penser que l'enfant les a écrits comme une tâche, sans y rien mettre de soi. Inutile d'ajouter que pas un instant il n'a eu l'idée de vouloir *caractériser* ses personnages, et que ce que l'on a pris pour un effort artistique à cette fin résulte simplement de la soumission de Mozart aux préférences individuelles des divers chanteurs chargés de ses rôles. Mais lorsque l'un de ces personnages, au lieu de ressentir des passions tragiques que l'enfant ignorait, avait à exprimer une émotion plus généralement humaine, et pouvant être comprise de l'âme d'un enfant merveilleusement sensible et tendre, le génie d'expression de Mozart profitait aussitôt de cette bonne fortune pour se déployer librement : et ainsi il y a, parmi les airs trop ambitieux de *Mitridate*, trois ou quatre airs d'une teinte plus douce qui sont déjà de parfaits chefs-d'œuvre d'émotion lyrique. C'est, par exemple, la plainte d'Aspasie (n° 4), où la jeune fille dit que « son cœur palpite douloureusement dans son sein ». Sur ce thème, Mozart a écrit une cantilène en *sol mineur* d'une tristesse si simple et si profonde que vingt ans plus tard, dans la *Flûte enchantée*, la Reine de la Nuit ne trouvera pas d'accents plus beaux pour traduire sa douleur de la perte de sa fille. Toute la signification expressive et musicale que Mozart va attacher, sa vie durant, au ton de *sol mineur*, se retrouve déjà dans cette cavatine, avec les modulations chromatiques de l'accompagnement, autour d'un chant sorti tout droit du cœur. De même l'adieu de Xipharès, dans l'air n° 12, à défaut de la grandeur héroïque qu'il devrait avoir, nous fait entendre le chagrin touchant d'une jeune âme contrainte à se séparer de tout ce qu'elle aime. Et peut-être ces deux airs sont-ils encore moins parfaitement beaux que le petit *lied* où Ismène (n° 18) dit à Xipharès que l'amour qu'elle a pour lui ne fait que la rendre plus prête à se sacrifier pour lui : ici, sous un accompagnement d'une discrétion exquise, Mozart semble se rappeler l'atmosphère musicale de Salzbourg ; et ce n'est que dans les *lieds* allemands de la fin de sa vie que nous retrouverons des accents d'une émotion aussi naïve, aussi profondément imprégnée de grâce poétique. C'est dans ces petits airs merveilleusement enfantins que réside, pour nous, tout ce que Mozart a mis de sincérité et de beauté dans son *Mitridate*.

Ajoutons qu'on a retrouvé récemment toute une série d'airs que Mozart avait composés d'abord, pour son opéra, et qu'il a ensuite remplacés par d'autres, plus faciles à chanter, ou d'un art moins hardi, ou bien encore mieux adaptés au goût des chanteurs. Ce sont, notamment, l'air d'Aspasie : *Al destin* (n° 1) ; l'air d'Ismène : *In faccia* (n° 8) ; l'air de Xipharès : *Lungi da te* (n° 12), et l'air de Mithridate : *Vado incontro* (n° 19) ; le duo n° 17, d'autre part, était primitivement beaucoup plus long ; l'air d'Aspasie, *Nel grave tormento* (n° 13) avait été commencé sous une autre forme, et quand au premier air de Mithridate (n° 7), Mozart en avait esquissé quatre versions différentes, avant d'adopter celle qu'il a mise dans sa partition. Parmi ces airs non employés, la plupart, en

vérité, n'ont pas la perfection vocale de ceux qui les ont remplacés :
mais la première version de l'air de Mithridate (n° 19) offrait une vigoureuse simplicité d'expression ainsi qu'une richesse et une liberté dans
les modulations qui, encore qu'elles aient probablement effrayé le chanteur, font de cet air l'un des plus remarquables de tous ceux que
Mozart ait composés pour son opéra.

102. — *Bologne ou Milan, entre août et décembre* 1770.

Ouverture en ré de l'opéra de Mitridate, pour deux violons, alto,
deux hautbois (deux flûtes dans l'*andante*), deux cors et basse.

K. 87.

Ms. perdu.

Allegro. — *Andante grazioso* (en la). — *Presto.*

Les ouvertures des opéras italiens étaient, comme nous l'avons dit
déjà, de véritables symphonies en trois morceaux séparés, mais volontiers un peu plus courts que dans les symphonies *di camera*, ou de concert. Les lettres de Mozart ne nous apprennent rien sur la date où l'enfant a composé l'ouverture de son opéra, qui, d'ailleurs, ne doit pas lui
avoir coûté beaucoup de travail. Par l'ensemble de ses caractères, cette
ouverture se rattache encore de très près aux symphonies n°s 89 et
91, écrites avant le séjour de Mozart auprès du P. Martini, ce qui tendrait d'abord à faire supposer que l'ouverture a pu être composée vers
ce même temps : mais, d'autre part, certains détails nouveaux y apparaissent, qui se retrouvent dans une symphonie en *sol* n° 104, composée
probablement dans les premiers mois de 1771, d'où l'on peut conclure
que c'est bien à Milan, après l'achèvement de la partie vocale de
Mitridate, que Mozart a improvisé l'ouverture de son opéra, mais trop
rapidement pour avoir le loisir de s'émanciper tout à fait des habitudes qui l'avaient guidé dans la composition de ses symphonies précédentes.

Les éléments nouveaux de cette ouverture sont un retour à l'emploi
des marches de basse sous des *trémolos* de violons, et surtout le rôle
indépendant et considérable attribué aux instruments à vent dans
certains passages. C'est ainsi que le *développement* du premier morceau
ou plutôt la transition qui conduit à la reprise du premier sujet, est
principalement exécutée par les hautbois, comme dans la symphonie
en *sol* n° 104 que nous aurons prochainement à examiner ; et il n'y a
pas jusqu'au court et rapide finale où les hautbois et les cors ne dessinent de petites phrases indépendantes au-dessus du quatuor des cordes.

Mais à côté de ces innovations, auxquelles on peut ajouter encore le
caractère plus allemand qu'italien de l'aimable *lied* qui sert de premier

sujet à l'*andante*, l'ouverture de *Mitridate* nous fait voir, comme nous l'avons dit, la plupart des mêmes procédés qui nous sont apparus déjà dans toutes les symphonies « italiennes » et notamment dans les deux nos 91 et 89. Ce sont toujours les mêmes nombreux sujets entièrement séparés, chacun accompagné de sa ritournelle, avec une idée toute nouvelle introduite en guise de *développement*, les mêmes répétitions et les mêmes contrastes, la même absence de tout contrepoint et de toute élaboration thématique, enfin la même tendance à ne varier que très peu les reprises et à réduire l'importance du *développement*, ou bien, parfois, à supprimer tout à fait celui-ci. Dans le premier morceau, Mozart n'a mis que deux sujets, et dont le second débute, d'une manière assez imprévue, par un accord de seconde, exactement comme il va le faire dans la symphonie en *sol* n° 104. La rentrée du premier sujet (dans le ton principal) paraît d'abord annoncer un louable désir de varier la reprise : mais cette velléité disparaît presque aussitôt, et la suite du morceau revient à peu près pareille à ce qu'elle était dans la première partie.

Deux sujets aussi dans l'*andante*, le premier assez étendu et d'une aimable douceur sentimentale, le second très court et insignifiant : après quoi, sans l'ombre d'un *développement* ou d'une transition, les deux sujets sont repris, à peine un peu variés, pour aboutir à une *coda* nouvelle.

Quant au finale, sa brièveté ne l'empêche point de contenir trois sujets distincts, avec même un quatrième sujet tenant lieu de *développement;* et nous retrouvons ici, plus accentué que dans le premier morceau, un effort du petit Mozart à varier sa reprise. Ce finale, avec son rythme à trois temps, rappelle d'ailleurs beaucoup ceux de la troisième et de la quatrième symphonie italienne de Mozart, et se ressent très vivement, comme eux, de l'influence des finales habituels de Sammartini. Peut-être est-ce également aux symphonies du vieux maître milanais que Mozart, comme déjà dans le finale du n° 77, emprunte la désignation de *presto*, au lieu de l'*allegro molto* que nous font voir la plupart de ses symphonies précédentes depuis son départ de Londres.

103. — *Milan ou Pavie, janvier ou février* 1771.

Air en mi. Non curo l'affetto, pour soprano, avec accompagnement de deux violons, deux altos, deux hautbois, deux cors et basse[1].

Ms. à Prague.

1. Cet air n'a pas encore été publié : nous l'avons étudié d'après la partition manuscrite de la Bibliothèque de Prague.

Allegro.

Le manuscrit de cet air, tout récemment retrouvé à Prague, porte la mention : *Del Signore cavaliere A.-W. Mozart, Per il teatro di Pavia, 1771*. Pavie, comme l'on sait, est une ville toute proche de Milan ; et c'est donc sûrement pendant son séjour à Milan que Mozart aura été chargé de composer cet air, soit qu'il l'ait écrit durant une excursion à Pavie, ou qu'il l'ait simplement envoyé, de Milan, dans cette ville voisine. Mais on sait aussi que Mozart a fait deux séjours à Milan durant l'année 1771, le premier au début de cette année, pendant les premières représentations de son *Mitridate*, le second à partir du mois d'août, lorsqu'il est revenu pour travailler à la composition d'*Ascanio in Alba ;* et nous n'avons aucun document écrit pour nous apprendre si le présent air date de l'un ou de l'autre de ces deux séjours. Mais, à défaut de tout renseignement écrit, la coupe et le style de l'air nous révèlent, de la façon la plus évidente, que nous avons là une œuvre produite au début de l'année 1771, tout à fait dans le même temps que les airs de *Mitridate*. Car le fait est qu'une ressemblance absolue et complète nous apparaît, dès le premier coup d'œil, entre le contenu de l'air de Pavie et celui des airs à *demi da capo*, tels que nous les avons rencontrés dans le premier *opera seria* de Mozart, tandis que les airs d'*Ascanio*, indépendamment même de la différence des genres, nous montreront déjà un esprit et des procédés sensiblement nouveaux.

Comme dans ces airs de *Mitridate*, la coupe est celle du *demi da capo*, avec une courte partie intermédiaire (en *mi mineur*) plus récitative, aboutissant à une reprise de la dernière moitié (ou plutôt même du dernier quart) de la première partie. Toujours comme dans les airs de l'opéra, la première partie nous offre d'abord deux sujets distincts, qui viennent déjà de nous être exposés par l'orchestre, et puis, sur les mêmes paroles, Mozart commence une seconde strophe, avec un premier sujet tout différent du sujet initial de la précédente, et un second sujet qui se borne à reproduire, en le variant, le second sujet de la première strophe, cette fois pour aboutir à la longue cadence finale. Vient ensuite la partie intermédiaire, débutant en *mi mineur*, avec une courte phrase mélodique d'une émotion très pénétrante, mais bientôt modulant en *ré* majeur, pour aboutir à la reprise de quelques mesures de ritournelle d'orchestre qui vont amener la reprise, par la voix, de la seconde version du second sujet avec cadence finale. Rien de tout cela n'est nouveau pour nous, ni même n'a de quoi nous intéresser, si ce n'est la petite phrase mineure dont nous avons parlé. L'ensemble de l'air non seulement se rattache de tout près aux airs de *Mitridate*, mais paraît encore avoir été écrit un peu à la façon d'un travail d'élève. Le chant est d'ailleurs très suffisamment « vocal », et les deux grandes cadences, en particulier, sont faites pour déployer la virtuosité de la cantatrice sans présenter pour elle rien d'inaccoutumé ni de difficile. Notons encore, à ce point de vue du chant, que le petit Mozart, pour justifier l'opposition du rythme de ses deux sujets (dans la partie principale de l'air), tandis qu'il est obligé d'écrire ses deux sujets sur les mêmes paroles, imagine d'intervertir l'ordre des mots, au début du second sujet : si bien que, après avoir chanté *non curo l'affetto d'un timido amante*, le soprano chante ensuite, et dans les deux strophes de la première partie : *l'affetto non curo*.

Mais le grand point de ressemblance entre cet air de Pavie et ceux de *Mitridate* nous apparaît moins encore dans le chant que dans l'instrumentation. De part et d'autre, en effet, c'est le même traitement de l'orchestre, sans cesse occupé très activement, mais, en somme, sans grande utilité : car les deux violons, seuls, jouent vraiment un rôle important, tandis que les hautbois, par exemple, se bornent à les doubler ou à les accompagner de quelques modestes tenues, et que la basse, de son côté, se réduit invariablement à marquer le rythme. Sans compter que les violons eux-mêmes, après avoir exposé les deux sujets dans le prélude, ne font plus guère que les répéter en suivant le chant. A peine le génie instrumental de Mozart se laisse-t-il entrevoir dans l'accompagnement du second sujet, où, pendant que le premier violon double le chant, le second violon lui répond en imitation. Dans la partie intermédiaire, accompagnée par les cordes seules suivant l'usage italien, l'auteur de *Mitridate* se retrouve avec sa naïve préoccupation de l'effet pittoresque ; la présence des mots : *un amante che trema*, dans le texte, le conduit à nous faire entendre, dans le jeu des deux violons, un rythme entrecoupé et « tremblant » que ne justifie nullement la signification farouche et décidée des vers : « Je ne me soucie point d'un lâche amant tremblant ! »

104. — *Milan ou Vicence, ou Vérone, ou Venise, entre janvier et mars* 1771.

Symphonie en sol, pour deux violons, alto, deux hautbois, deux cors, violoncelle et basse.

K. 74.

Ms. à Berlin.

Allegro et Andante (en ut). — *Allegro.* — (Mozart, sur son manuscrit, n'a noté aucun des trois mouvements.)

L'autographe de cette symphonie, tout en ressemblant par le papier et l'écriture aux œuvres précédentes du premier séjour en Italie, ne

porte aucune inscription, et l'on vient de voir que les divers mouvements même n'y sont pas indiqués : ce qui prouve que la symphonie a
été composée très vite, et, peut-être aussi, n'a jamais été jouée ; mais
Mozart a dû en être particulièrement satisfait, car, après les dernières
mesures, il a naïvement ajouté : *Finis, laus Deo !*.

Que la symphonie a été composée durant le premier séjour en Italie,
c'est ce que nous démontrent encore bien d'autres preuves que l'aspect
général de sa partition manuscrite. Non seulement l'*andante* est relié au
premier *allegro*, suivant un procédé familier à l'*ouverture* italienne (par
exemple chez Jommelli, Piccinni, etc.) et que nous avons rencontré déjà
dans une des symphonies italiennes de Mozart (n° 78) ; non seulement
des termes italiens caractéristiques (comme *sciolto*) figurent, au-dessus
des parties de violon et d'alto, qui ne se retrouvent point dans les œuvres composées en Allemagne : mais par tout l'ensemble de ses caractères musicaux cette symphonie se rattache encore aux précédentes,
tout en commençant à nous faire voir des particularités nouvelles que
nous aurons à signaler dans un instant. Certainement cette symphonie,
avec ses séries de petites idées juxtaposées, chacune accompagnée de
sa ritournelle, date de la même grande période que l'ouverture de *Mitridate* ou les deux symphonies de Rome et de Bologne, avant que Mozart
ait repris contact, d'une façon immédiate, avec l'atmosphère de Salzbourg et de l'Allemagne. Mais tout nous porte à supposer que, produite
en Italie, elle est sensiblement postérieure aux symphonies italiennes
de 1770, et déjà créée sous l'empire d'un idéal artistique un peu
différent. Peut-être Mozart l'a-t-il écrite pour l'une de ses dernières
« académies » chez le comte Firmian ? Ou encore peut-être l'a-t-il destinée à l'une de ces « académies » de Venise où nous savons que son
père projetait de lui faire prendre part ? Ce qui est sûr, c'est que ladite
symphonie nous apporte un témoignage, et des plus précieux, de l'état
d'esprit où s'est trouvé l'enfant au terme de son premier séjour en Italie,
pendant ces premiers mois de 1771 dont nous avons indiqué déjà le
rôle important dans la prochaine formation définitive de son style
musical.

Comme nous l'avons dit, toute l'œuvre est encore faite d'une juxtaposition de brèves idées, à l'italienne ; et nous y rencontrons, comme dans
la symphonie de Bologne et l'ouverture de *Mitridate*, une tendance, non
moins italienne, à remplacer le *développement* par une sorte de cadence
ou de transition, d'ailleurs sans rapport avec les divers sujets précédents, — ce qui est l'un des traits les plus constants du *développement*
chez Sammartini et maints de ses compatriotes. Mais avec cela, parmi
les idées ainsi accolées, il y en a déjà quelques-unes qui ne sont plus
simplement brillantes et légères, comme elles l'étaient toutes dans les
symphonies italiennes de Mozart en 1770. Déjà le second sujet du premier morceau, et les deux sujets du second, et tel des épisodes mineurs
du *rondo* final ont une étendue, une originalité d'harmonie ou de rythme,
une expression à la fois profonde et mêlée, qui tantôt nous apparaissent
comme des échos du génie allemand, et tantôt dérivent encore des créations poétiques de Sammartini, mais qui, en tout cas, ne nous offrent
plus l'allure typiquement italienne qui nous a frappés dans toutes les
compositions instrumentales de l'année 1770. Et tandis que les quatre

symphonies précédentes (d'ailleurs toutes écrites dans le ton de *ré*, le ton par excellence de l'ouverture d'opéra italien) auraient pu également servir à remplacer la véritable ouverture de *Mitridate*, déjà cette symphonie en *sol* contient des éléments qui dépassent ce rôle, et nous permettent d'entrevoir la conception propre du style symphonique que se fera le jeune homme dès le milieu de la même année 1771.

Dans le premier morceau, dont nous avons dit déjà qu'il continue à être fait d'une juxtaposition de brèves idées séparées, avec d'incessantes répétitions des phrases, l'intérêt principal vient, pour nous, de l'originalité et du caractère plus allemand qu'italien du second sujet, exposé par le premier violon sur un rythme syncopé des seconds violons, pendant que les basses se taisent, et que l'alto soutient le chant en une suite de rondes. C'est là un sujet comme nous en retrouverons souvent dans les œuvres allemandes de Mozart en 1771 ; et son introduction dans cette symphonie suffirait pour distinguer celle-ci des « ouvertures » purement italiennes de 1770. Mais d'autres détails encore, dans ce premier morceau comme dans toute la symphonie, viennent accentuer cette différence ; et il est curieux de voir, par exemple, avec quelle promptitude le petit Mozart se remet à développer ce rôle actif et indépendant des instruments à vent dont le goût nous est reparu chez lui dès le temps de son *Mitridate*. Ici, les hautbois et les cors sont chargés d'exposer le premier sujet en dialogue avec les violons ; et c'est encore un *solo* de hautbois, accompagné par les seuls altos, qui forme la transition tenant lieu de *développement*. La rentrée est d'ailleurs encore toute pareille à la première partie, sauf pour les mesures dernières de l'*allegro*, qui, tout en gardant le caractère d'une *coda*, enchaînent ce morceau avec l'*andante* qui suit.

Cet *andante* nous offre les mêmes particularités que le morceau précédent : il est fait de deux sujets distincts, avec une brève transition en guise de *développement* et une reprise à peu près pareille de toute la première partie. Les répétitions constantes des phrases, l'équivalence des deux violons et la réduction à ceux-ci de tout l'élément essentiel du tissu musical, rattachent directement l'*andante* au style de Sammartini : et cependant, sous cette ressemblance extérieure, nous sentons que Mozart redevient allemand, en même temps qu'il prend plus nettement conscience de son inspiration personnelle. La nature et l'expression des idées sont déjà tout autres que dans ses symphonies de 1770, avec, surtout dans le second sujet, une douceur plus vague et plus abandonnée. Les instruments à vent, ici, travaillent peu et se bornent à doubler le quatuor, à l'exception de petits appels libres, çà et là.

Quant au finale, ce morceau charmant est peut-être, de toute la symphonie, celui dont l'importance historique mérite le plus d'être signalée. En fait, il est d'origine entièrement italienne, ayant la forme d'un *rondo* tout semé d'épisodes divers, forme dont Mozart a trouvé des modèles dans quelques-unes des dernières symphonies de Sammartini et dans un très grand nombre de compositions de Boccherini : mais cette forme va désormais devenir si familière au jeune Mozart, et caractériser si vivement sa conception du finale durant les années suivantes, qu'il est très intéressant pour nous d'en noter ici la première apparition, ou plutôt réapparition, — car nous avons déjà rencontré un ou deux essais de ce type de *rondo* dans des sonates de Londres et de La Haye, probablement inspirées alors à Mozart par le genre, tout voisin, du *pot pourri* français.

Le fait est qu'il y avait à ce moment, — comme nous l'avons dit déjà à propos même de ces finales de Londres, — deux types de *rondo*, très distincts, et destinés à soutenir une longue lutte dans l'œuvre future de Mozart et de tous les autres compositeurs des divers pays. D'une part, il y avait ce qu'on appelait de préférence le *rondeau*, ou plus volontiers encore les *rondeaux* : c'était le type favori des clavecinistes français, comme aussi de Chrétien Bach qui, naguère, l'avait enseigné au petit Mozart. Dans ce *rondeau*, l'auteur juxtaposait *deux* morceaux d'étendue à peu près égale, un *majeur* et un *mineur*, avec reprise complète du majeur après le mineur. Mais, dès le même temps, des compositeurs italiens s'accoutumaient peu à peu à traiter les finales de leurs œuvres suivant un type sensiblement différent de celui-là, et se rapprochant plutôt, en effet, du genre populaire du *pot pourri* français. Dans ces finales, qui d'ailleurs ne semblent pas avoir encore, à ce moment, porté le nom de *rondos*, l'auteur, après avoir exposé un chant, toujours très rythmé et d'allure dansante, s'amusait à couper très souvent les répétitions de ce thème dominant par d'autres petits chants, ceux-là très différents les uns des autres, et même (suivant le goût italien des contrastes) aussi opposés que possible au caractère du refrain qui les précédait et suivait. Des finales de ce genre se rencontraient déjà, comme nous venons de le dire, dans les premières compositions de Boccherini, qui, par la suite, allait contribuer activement à en répandre la vogue ; et parfois le vieux Sammartini lui-même, dans ses dernières œuvres, remplaçait son finale habituel en *tempo di menuetto* ou en petit *presto* à trois temps par des *pots pourris* de l'espèce susdite. Dans une symphonie en *sol*, par exemple, (manuscrite au Conservatoire de Paris, n° 2), un thème de menuet servait de refrain à trois intermèdes, dont deux mineurs. Et si ces finales, ni chez les maîtres italiens ni d'abord chez Mozart, ne portaient point le nom de *rondos*, ce n'en est pas moins eux qui, à partir du commencement de 1773, allaient devenir expressément les *rondos* de Mozart, sauf à alterner ensuite, chez celui-ci, avec le genre du *rondeau* de Chrétien Bach ; et c'était ces finales qui, vers 1780, chez Mozart, chez Haydn, et chez Emmanuel Bach, en attendant Beethoven, étaient destinés à constituer définitivement le type du *rondo*, sur les ruines de l'ancien *rondeau* à peine défendu encore par certains maîtres français et anglais. Or, le finale du n° 104 est, ainsi qu'on l'a vu déjà, le premier essai nouveau de Mozart dans ce genre, imité cette fois des maîtres italiens, de même qu'il l'avait été naguère des auteurs de *pots pourris* français.

Un ravissant petit refrain en *sol*, plein de lumineuse gaieté, conduit d'abord à un intermède très court, en *ré majeur* : mais ensuite nous voyons apparaître un long et pathétique intermède mineur avec des imitations des deux violons soutenues par un rythme syncopé des altos ; et quand, après cela, le thème majeur du *rondo* revient, tout de suite il est de nouveau interrompu par un autre motif, brillant et rapide, qui se poursuit jusqu'au bout du morceau avec l'allure emportée d'une cadence finale de grand air italien. Au fond, la tentative reste encore assez timide, et la longueur de l'épisode mineur rappellerait plutôt le type du *rondeau* de Chrétien Bach : mais n'importe, le principe du *rondo* nouveau est déjà acquis, et nous n'aurons plus maintenant qu'à le voir s'affermir et se développer, avec des intermèdes sans cesse plus nombreux et plus entremêlés, jusqu'aux grands *rondos* des sonates et divertissements de 1773.

TREIZIÈME PÉRIODE

LE JEUNE MAITRE ITALIEN A SALZBOURG

(28 MARS-13 AOUT 1771)

Ici, comme toutes les fois que Mozart rentre à Salzbourg, nous cessons d'avoir, pour nous rensigner sur les circonstances de sa vie, la source infiniment précieuse d'information que nous offraient naguère les lettres du père et du fils. Et cette lacune est d'autant plus fâcheuse que rien absolument ne vient la combler : ni les souvenirs de la sœur, ni ceux de la veuve, recueillis par Nissen, n'ont à nous apprendre le moindre détail sur les diverses périodes vécues par Mozart à Salzbourg, et notamment sur celle que nous allons étudier. Même silence, naturellement, chez les biographes ultérieurs ; et c'est encore la série des lettres de Mozart datant de la période suivante, qui se charge de nous révéler l'unique chose que nous sachions sur la vie du jeune garçon dans la maison paternelle, entre ses deux premiers séjours en Italie. Car nous voyons, dans ces lettres, que Mozart est passionnément amoureux d'une jeune fille de Salzbourg, mais sans doute plus âgée que lui, puisqu'elle va se marier quelques mois après. La tentation serait bien vive, là-dessus, d'attribuer à ce premier grand amour du jeune homme une influence directe et spéciale sur l'ardeur expressive de nombre de ses compositions durant la présente période ; mais lorsque nous nous rappelons, d'autre part, que jamais depuis lors Mozart n'a plus cessé d'être follement amoureux, — sauf à transporter volontiers sa flamme d'un objet sur l'autre, — nous découvrons ce qu'une telle hypothèse aurait d'arbitraire ; sans compter qu'il n'y a vraiment que deux périodes dans la jeunesse de Mozart avant la grande passion de 1778, qui nous présentent des œuvres d'un caractère exceptionnellement tendre ou pathétique, — le début de l'année 1773 et la première moitié de 1776.

Au reste, notre ignorance des faits de la vie de Mozart, durant cette période, est en partie compensée par les renseignements que nous fournit l'œuvre même de Mozart sur son occupation à ce moment. Des très nombreuses compositions qui nous restent du pre-

mier retour d'Italie, en effet, beaucoup sont datées, et la date des
autres peut être aisément établie par comparaison. Nous avons là
une image très suffisante du travail musical du jeune homme, et probablement aussi de tout l'emploi de son temps parmi le calme et la
régularité monotone des journées salzbourgeoises [1].

Une première considération s'impose à nous, avant d'aborder
l'étude de cette œuvre. Pour bien comprendre celle-ci, nous devons
tout d'abord nous souvenir que Mozart ne se trouve à Salzbourg qu'en
passant, entre deux longs séjours en Italie. On se rappelle, en effet,
que Léopold, dans une des dernières lettres qui ont précédé le retour,
annonçait à sa femme qu'une heureuse nouvelle était déjà en chemin
pour lui parvenir : cette nouvelle, reçue dès avant l'arrivée à
Salzbourg, était la commande d'une *sérénade*, ou ballet chanté, pour
des fêtes qui devaient avoir lieu à Milan en octobre 1771. Cela signifiait l'obligation de repartir, au plus tard, en août ; et ainsi l'enfant
était forcément disposé à se considérer un peu comme un compositeur milanais s'offrant quelques mois de vacances à Salzbourg. Nul
doute que, s'il était rentré chez lui avec l'idée de n'en plus sortir, le
cours de sa pensée se serait abandonné plus librement aux influences
de son milieu natal : très vite, il serait redevenu Allemand et
Salzbourgeois, sauf à garder une empreinte plus ou moins profonde
de ses leçons italiennes ; tandis que ce qui nous frappe le plus, dans
son œuvre de cette période intermédiaire, c'est assurément la façon
dont ses idées et son style continuent, en quelque sorte, le développement que nous a fait voir la période précédente. Avant tout, dans
les œuvres que nous allons étudier, Mozart va rester foncièrement
italien ; et les traces de l'influence allemande que nous y découvrirons ne porteront, le plus souvent, que sur des points accessoires,
enrichissant et variant l'inspiration italienne sans réussir jamais à la
supplanter.

Cela est vrai, surtout, pour les œuvres de musique vocale : mais,
aussi bien, les compositions de Mozart durant cette période sont-elles,
en majeure partie, écrites pour les voix. Un oratorio, un fragment
de messe, une litanie, trois motets : tel est le produit principal du

---

1. On a vu déjà que, à la veille de son premier départ pour l'Italie, le 27 novembre 1769, Mozart avait reçu de l'archevêque Sigismond le titre de « maître de
concert, avec promesse de toucher, dès son retour, le traitement affecté à cet
emploi ». Mais nous savons, d'autre part, que ce traitement n'a été délivré à
Mozart qu'en 1772, ce qui veut dire que, durant ces quelques mois de 1771, le
jeune garçon n'a pas encore rempli régulièrement ses nouvelles fonctions, à la
cour comme à la cathédrale. Cependant, nous pouvons être sûrs qu'il n'a point
manqué de prendre part, dès lors, à la vie musicale officielle de Salzbourg : et
il est fort probable que la plupart de ses œuvres religieuses ou profanes de la
présente période étaient destinées soit aux offices ou aux réceptions de l'archevêque Sigismond ; sans compter que le jeune homme aura dû, plus d'une fois,
remplacer son père dans ses fonctions de maître de chapelle et de compositeur.

séjour du jeune homme dans son pays entre *Mitridate* et *Ascanio in Alba ;* et tout ce que nous savons de ses études et exercices de ce temps nous le montre, également, occupé à poursuivre l'éducation de musique vocale commencée, naguère, après du P. Martini. On dirait même que Mozart, après s'être laissé distraire de la mise en pratique des leçons de ce maître pendant la composition de son *Mitridate,* s'y emploie, maintenant, avec plus d'ardeur que jamais, comme aussi avec une intelligence plus ouverte et plus étendue.

En vérité, les leçons du P. Martini dominent toute la production de Mozart durant cette période. Jusque dans les œuvres instrumentales, le contrepoint volontiers se glisse, contrastant avec l'allure, toute brillante et homophone, de l'ensemble des morceaux où il apparaît. Et pareillement, dans les œuvres vocales, les passages en contrepoint ne forment jamais que des épisodes ; ce n'est que dans des morceaux évidemment composés par manière d'exercice, dans des fragments de messe ou des chœurs pour voix seules, que le jeune homme s'abondonne pleinement à son goût passionné du chant polyphonique. Mais combien ce chant, désormais, est à la fois plus sûr qu'il l'était pendant les semaines passées à Bologne en 1770 ! Nous sentons que, de jour en jour, l'ancien élève du P. Martini acquiert plus de maîtrise, et comprend plus à fond l'enseignement du moine bolonais.

Aussi bien cet enseignement, comme nous l'avons vu, ne s'est-il point borné au seul contrepoint. En même temps qu'il instruisait son élève aux règles anciennes du chant polyphonique, le P. Martini avait également stimulé en lui, d'une façon plus générale, la notion du caractère « vocal » du chant, opposé à ce caractère tout instrumental que Mozart s'était accoutumé, en Allemagne, à concevoir comme pouvant convenir au traitement des voix. A Milan, ensuite, la composition de *Mitridate* avait maintenu le jeune homme dans ces mêmes dispositions ; et ce sont elles encore qui se révèlent à nous dans toutes les œuvres vocales écrites par Mozart pendant ces cinq mois de Salzbourg. Sa première litanie, ses trois motets de 1771, vont nous montrer une préoccupation et une entente des ressources propres des voix qui, plus tard, s'atténueront de nouveau, sous l'influence du milieu allemand. Jamais peut-être, durant les périodes suivantes, Mozart ne demeurera plus aussi parfaitement italien à ce point de vue, jamais sa musique de théâtre ou d'église n'atteindra à cette perfection de beauté « vocale ».

Il est vrai que, d'autre part, ses compositions de 1771 vont réserver déjà une place considérable à l'accompagnement instrumental : mais, ·là encore, Mozart ne fera qu'obéir à une impulsion rapportée par lui d'Italie. Nous avons vu en quels termes Burney a signalé et décrit les rapides progrès de l'accompagnement instrumental dans l'opéra et la musique religieuse des nouveaux Italiens. A Bologne, à

Milan, à Venise, les Mozart ont entendu des œuvres vocales que ren-
forçait un orchestre nombreux et actif, des œuvres où presque tous
les morceaux avaient la coupe régulière de morceaux de symphonie,
et où chacun d'eux était même précédé d'une véritable « symphonie »,
long prélude instrumental qui servait ensuite d'accompagnement au
chant. Cette conception italienne de la musique religieuse, en particulier, nous allons la retrouver, toute pareille, dans l'œuvre de
Mozart. Sous le rapport de la coupe générale, les ouvrages que nous
allons examiner apparaîtront directement imités de compositions
analogues de Sammartini et de Sacchini. Et que si, chez Mozart,
l'accompagnement orchestral ne nous apparaît pas seulement aussi
important que chez ces maîtres italiens, mais, en outre, beaucoup
plus riche de contenu musical, nous n'aurons à reconnaître là qu'une
preuve de la supériorité personnelle, sous ce rapport, du jeune musicien allemand, sans que celui-ci s'écarte de la voie que lui ont indiquée les compositeurs d'outre-monts. L'essentiel est que, si fourni
qu'il soit, l'orchestre se subordonne au chant. dès que celui-ci entre
en jeu : et les œuvres de la période que nous étudions se conforment
aussi pleinement à ce principe que celles des Italiens que nous venons de nommer. Comparons, notamment, les *Litanies* de 1771 à
celles de l'année suivante : tout de suite ces dernières, avec la prédominance de leur accompagnement et le caractère déjà tout « instrumental » de leur chant, nous aideront à comprendre combien a
été profondément gravée, dans l'âme de Mozart, l'influence italienne,
durant ce passage à Salzbourg qui a précédé *Ascanio in Alba.*

Une inspiration tout italienne ayant à son service un talent déjà
très mûr, et qui commence à se retremper au contact du milieu musical allemand : c'est encore ce que nous font voir les quelques
œuvres instrumentales, — quatre symphonies et trois sonates d'orgue, — composées par Mozart durant cette période. Les symphonies,
en particulier, nous apparaissent comme la continuation directe de
la symphonie en *sol* (nº 104) probablement écrite avant le retour, et
qui, elle-même, n'était qu'une adaptation du genre de la symphonie
italienne au génie propre du jeune Mozart. Chacune des quatre symphonies salzbourgeoises du milieu de 1771 nous montre encore, au
point de vue de la conception générale, les particularités qui nous
sont apparues dans les symphonies italiennes des périodes précédentes[1] : les idées, très nombreuses, y sont juxtaposées, au lieu
d'être mêlées et élaborées à la manière allemande. Mozart a décidément adopté la coupe nouvelle des morceaux, avec *développements*

---

1. Il est vrai que les symphonies vont, désormais, à la manière allemande,
contenir un menuet, en plus des trois morceaux de l'ouverture : mais cette addition du menuet commençait alors à se généraliser dans toute l'Europe, et nous
la retrouverons jusque dans les symphonies écrites par Mozart à Milan, quelques
mois après.

et *rentrées* : mais les *développements,* suivant la coutume de Sammartini et de ses compatriotes, sont encore de véritables petits
sujets supplémentaires, tout différents du reste des morceaux, et
volontiers traités comme de simples transitions pour amener les *rentrées.* Les répétitions abondent, tout en étant déjà un peu moins
constantes et un peu plus variées. Les deux violons continuent à
jouer le rôle principal, avec une importance à peu près pareille, et
souvent le second violon accompagne le chant du premier. Enfin
nous retrouvons, dans les finales de deux des quatre symphonies,
cette formule italienne du *rondo* à petits intermèdes que Mozart, dès
sa symphonie en *sol,* à empruntée aux Sammartini et aux Boccherini. Dans l'ensemble, les quatre symphonies restent bien encore
de rapides et brillantes « ouvertures » à l'italienne, sans aucune trace
de cet approfondissement thématique que l'enfant avait commencé
à pratiquer, dès 1768, sous l'influence allemande. Et cette allure tout
extérieure nous frappe d'autant plus qu'elle s'accompagne, assez
fréquemment, d'un emploi, fort imprévu ici, du contrepoint. Tout
adonné aux études inaugurées naguère à Bologne, le jeune homme,
ainsi que nous l'avons dit déjà, ne peut s'empêcher de traiter en contrepoint jusqu'à des passages de morceaux les moins faits du monde
pour ce genre de traitement, — tandis que, l'année suivante, nous
admirerons le merveilleux résultat que produira l'emploi du contrepoint dans des symphonies déjà proprement allemandes, pleinement conçues suivant le pur « génie de la musique ».

Mais cette inspiration italienne des symphonies de 1771 se trouve
servie, dès maintenant, par un métier musical dont l'habileté même
et la délicatesse suffiraient à le distinguer de celui de l'ordinaire
des symphonistes italiens. Semblables, pour l'intention, aux œuvres
d'un Sammartini ou d'un Sacchini, ces quatre symphonies de Mozart
sont d'un art infiniment plus fort, sinon plus parfait, et presque trop
fort pour le genre dont elles relèvent. C'est que, au point de vue
instrumental, l'atmosphère allemande n'a pu manquer d'agir sur le
jeune Mozart, réveillant en lui la passion de symphoniste qui sera
peut-être toujours sa passion dominante. Et il y a plus. Ce n'est
pas seulement par leur caractère plus travaillé et plus proprement
« instrumental » que ces symphonies diffèrent des précédentes :
mais nous y sentons, chez le jeune maestro italien, l'empreinte
directe d'un certain art allemand qui doit s'être révélé à lui vers ce
moment de sa vie.

Chose curieuse : cet art n'est pas celui du salzbourgeois Michel
Haydn, que Mozart ne découvrira vraiment que l'année suivante,
mais bien celui d'un homme qu'il n'a eu sans doute encore aucune
occasion de rencontrer personnellement, Joseph Haydn, le frère aîné
de Michel. Comment les symphonies contemporaines ou antérieures
de ce maître sont parvenues, en 1771, jusqu'au jeune Mozart, cela

nous est impossible à expliquer, tout en n'ayant rien que de très naturel [1]; mais le fait est que, à chaque ligne des deux dernières symphonies que nous allons examiner, nous apercevrons des signes incontestables de l'imitation de ce maître [2]. Imitation qui, encore une fois, ne portera que sur des détails accessoires, des procédés d'exposition ou d'instrumentation, sauf pourtant dans les menuets, qui seront déjà tout issus de Haydn : mais ce mélange de l'inspiration italienne et d'emprunts au style allemand de Joseph Haydn n'en donnera pas moins, à ces symphonies, un cachet distinctif très spécial, que renforcera encore un emploi commun, dans les trois finales, de rythmes évidemment pris aux chansons populaires françaises.

Quant aux sonates d'orgue, — les premières que Mozart ait écrites, — ce sont simplement de petits morceaux symphoniques, où l'orgue se borne à soutenir les cordes ; et nous verrons que, par leurs idées comme par leur style, ces trois morceaux se rattachent immédiatement aux symphonies de la même période.

Telle est, dans son ensemble, cette période de la vie de Mozart : relativement courte, mais d'une importance considérable au point de vue du développement du génie du maître. Et son importance ne lui vient pas seulement de ce que c'est pendant ces quelques mois que Mozart médite et approfondit les diverses leçons qu'il a rapportées d'Italie : par-dessous cette élaboration de ses souvenirs, le jeune homme commence à prendre pleinement possession de son originalité propre, et déjà les œuvres que nous allons étudier ne sont plus en aucune façon des exercices d'enfant ni d'élève. Déjà elles appartiennent tout à fait à l'héritage artistique que nous a laissé le génie de Mozart.

105. — *Padoue, Vicence, Vérone, Inspruck et Salzbourg (ou peut-être seulement Salzbourg), mars et avril* 1771.

La Betulia liberata, oratorio italien en deux parties, pour quatre soprani, un contralto, un ténor, une basse, et chœurs avec accompagnement de deux violons, alto, deux hautbois, deux bassons, quatre cors, deux trompettes et basse.

K. 118.

Ms. à Berlin.

1. La sœur de Mozart a raconté plus tard au musicographe Lyser que Joseph Haydn avait eu l'habitude de tutoyer Mozart « dès l'enfance de celui-ci ». — ce qui implique quasi forcément l'hypothèse de séjours du musicien d'Esterhaz à Salzbourg, auprès de son frère.

2. Un des traits les plus curieux de ce retour de l'influence de Joseph Haydn, ou en tout cas des maîtres allemands, dans les symphonies de Mozart en 1771, sera la manière dont l'enfant, peu à peu, recommencera à varier ses *rentrées*, dont nous avons vu qu'il les a laissées presque sans aucun changement durant les derniers mois de son séjour en Italie.

Overtura en ré mineur (voy. n° 106).

Première partie. — I. Air d'Ozia (ténor) en *si bémol : allegro aperto : D'ogni colpa.* — Air de Cabri (soprano) en *sol mineur : Moderato : Ma qual virtù.* — III. Air d'Amital (soprano) en *mi bémol : Non hai cor.* — IV. Scène en *ut mineur :* Ozia et le chœur : *adagio : Pieta se irato sei.* — V. Récitatif et air de Judith (alto). Récitatif : *Ascolta, Ozia.* Air en *fa : Del pari infeconda.* — VI. Air d'Achior (basse) en *ut* : *allegro : Terribile d'aspetto.* — VII. Air de Judith en *sol : allegro :* Parto, *inerme.* — VIII. Chœur en *mi bémol : allegro : Oh prodigio!*

Deuxième partie. — IX. Air d'Ozia en *la : andante : Se Dio veder tu vuoi.* — X. Air d'Amital en *si bémol : allegro : Quel nocchier, che in gran procella.* — XI. Récitatif et air de Judith. Récitatif : *Appena da Betulia.* Air en *ré : adagio : Prigonier, che fa ritorno.* — XII. Air d'Achior en *fa : andante : Te solo adoro.* — XIII. Air d'Amital en *mi : andante* et *adagio : Con troppo rea villà.* — Air de Carmi (soprano) en *fa mineur : allegro : Quei moti, che senti.* — XV. Scène en *mi mineur:* Judith et le chœur : *andante : Lodi al gran Dio.* — XVI. Chœur final en *ré : allegro : Solo di tante squadre.*

Dans les souvenirs de la sœur, rédigés par elle après la mort de Mozart, nous avons signalé déjà l'important passage suivant : « En mars 1771, à Padoue, Wolfgang a eu à composer un oratorio intitulé *Betulia liberata.* » Si l'on prenait ce passage au sens littéral, il signifierait que c'est à Padoue que Mozart a composé son oratorio : mais une telle hypothèse est bien improbable, si l'on songe que, suivant le témoignage d'une lettre du père, les Mozart n'ont passé que quelques heures dans la vénérable cité italienne. C'est donc simplement la commande d'un oratorio que Mozart a reçue à Padoue ; et il resterait encore à savoir s'il a eu à le composer pour le carême de 1771 ou pour celui de l'année suivante. Les oratorios, en effet, dans les villes italiennes, n'étaient exécutés que pendant le carême, où ils remplaçaient l'opéra. Et comme les Mozart n'ont visité Padoue qu'après le début du carême de 1771, nous serions d'abord tentés de croire que c'est plutôt pour l'année suivante que Mozart a écrit sa *Betulia.* Mais, d'autre part, l'écriture de l'autographe, la coupe des airs et tout l'ensemble de la musique de l'oratorio l'apparentent de si près à *Mitridate* que, en fin de compte, nous sommes disposés à pencher pour celle des deux alternatives qui d'abord nous a paru la moins probable. Quoi qu'il en soit de la date d'exécution de la *Betulia* (qui pourrait bien, d'ailleurs, n'avoir jamais été exécutée à Padoue), le jeune homme a dû se mettre tout de suite, dès le reçu de la commande, à la composition de l'oratorio, soit qu'il ait résolu de livrer celui-ci pour la semaine sainte de 1771, — car c'est surtout à ce moment qu'avaient lieu les auditions d'œuvres de ce genre, — ou bien qu'il ait jugé bon de s'acquitter le plus vite possible de ce travail, en prévision de commandes plus importantes pour l'hiver et le printemps de 1772. Plus tard, en 1786, Mozart a repris sa partition de 1771, avec l'espoir de la faire exécuter à Vienne. Il y a joint un chœur d'entrée, et remplacé l'un des airs par un quintette : mais ces deux morceaux sont aujourd'hui perdus [1].

1. Comme son titre l'indique, la *Betulia liberata* avait pour sujet la délivrance de Béthulie par Judith ; mais le personnage d'Holopherne ne figure pas en scène, et nous assistons seulement au retour de Judith après la mort du chef ennemi. Il faut noter que, pendant ce même printemps de 1771, le même livret d'oratorio a été mis en musique par Florien Gassmann.

Comme nous l'avons dit, l'usage était alors, en Italie, de faire servir les oratorios à remplacer l'opéra pendant le carême : et une telle destination du genre n'avait pu manquer d'influer sur sa conception générale et son traitement. En fait, l'oratorio, bien éloigné désormais du caractère presque liturgique qu'il avait eu dans les chefs-d'œuvre de Hændel et de Bach, était devenu, simplement, une sorte d'*opera seria* exécuté sans costumes ni décors ; et l'air, — un air traité tout à fait dans le style de l'*opera seria*, — y avait pris une prépondérance énorme sur le chœur. Mais on se tromperait à croire que la ressemblance de l'oratorio et de l'opéra fût, même à ce moment, devenue complète. Il n'y a pas jusqu'à la forme qui ne restât sensiblement différente, sous l'effet de la donnée religieuse des sujets et des circonstances de l'interprétation. Les chœurs avaient beau céder le rôle principal aux airs ; ils n'en restaient pas moins plus nombreux, et surtout plus développés et plus importants, que dans l'opéra ; et les airs de basse, d'autre part, fort peu goûtés dans les opéras, se trouvaient ici admis en plus grand nombre, avec une portée beaucoup plus marquée. Sans compter que, malgré tout, pour l'expression et le traitement de l'air, les compositeurs ne laissaient point de subir l'impression du caractère sacré du genre qu'ils abordaient ; et s'ils continuaient à y prodiguer les passages de virtuosité, du moins ceux-ci gardaient-ils toujours une allure plus grave, au risque de paraître quelque peu scolastiques.

Le jeune Mozart avait dû entendre et lire, en Italie, les principaux oratorios des maîtres du temps ; aussi bien, cette conception italienne du genre avait-elle depuis longtemps pénétré à Salzbourg comme à Vienne, et nous avons vu que Mozart lui-même s'y était essayé en concurrence avec Michel Haydn et Adlgasser, dès le retour de son grand voyage de Paris et de Londres. Il connaissait également les remarquables oratorios d'Eberlin : mais ceux-là relevaient d'un style désormais hors d'usage. Les véritables modèles dont il était tenu de s'inspirer, en composant son oratorio pour Padoue, étaient les auteurs italiens en vogue d'alors, les Sammartini et les Sacchini, ainsi que leurs glorieux aînés, Jommelli et Hasse. Ce dernier, surtout, avait créé, dans le genre de l'oratorio italien, des œuvres qui continuaient à jouir de la faveur publique ; et sûrement Mozart doit avoir connu les plus récentes et les plus fameuses de ces « actions sacrées » du vieux maître : les *Pèlerins au tombeau du Christ*, la *Déposition de la Croix*, *Sainte Hélène au Calvaire*, et la *Conversion de saint Augustin*. On trouverait même, dans sa *Betulia*, maints souvenirs directs des oratorios de Hasse, et notamment le bel emploi des chœurs alternant, au cours d'une scène, avec de nobles et pathétiques *soli*, comme aussi le procédé, également admirable, qui consiste à faire alterner, dans un chœur, les voix d'un groupe d'hommes et d'un groupe de femmes. Mais il va sans dire que l'imitation de Hasse, chez Mozart, ne pouvait plus s'étendre jusqu'au style des airs, où le vieux maître hambourgeois laissait trop voir sa dépendance de l'école ancienne. Au point de vue de la coupe des airs et de l'allure de leur chant, au point de vue de l'extension donnée à l'accompagnement, à la fois plus brillant et bruyant que jadis et plus homophone, c'est aux nouveaux compositeurs italiens que Mozart a demandé ses modèles, exactement comme il l'avait fait pour son *Mitridate*. Et par-dessous tout cela se découvre constamment, chez lui, un souvenir vivant de ces opéras de Gluck qu'il a entendus autrefois à Vienne, et qui, par la grandeur et la simplicité de leur mise en œuvre, ne pouvaient manquer d'agir profondément sur un cœur d'enfant. En vérité, c'est à Gluck plus encore qu'à Hasse que se rattachent les quelques airs vraiment dramatiques de la *Betulia* et les superbes ensembles choraux que nous allons avoir à y signaler.

Parmi les airs, ceux des personnages principaux ont, comme dans *Mitridate*, la coupe nouvelle des grands airs avec *demi da capo*. Toujours comme dans *Mitridate*, ces airs ont généralement deux sujets dans la première partie, exposés déjà dans le prélude instrumental ; les cadences, pour être moins fréquentes que dans *Mitridate*, s'y rencontrent encore souvent ; et la seconde partie, la partie non répétée, est presque toujours très courte et assez insignifiante. Le rôle de l'orchestre reste aussi effacé qu'il était possible à Mozart, mais déjà avec une tendance à redevenir plus important. Les personnages de second ordre, Amital, Cabri et Carmi, toujours comme dans *Mitridate*, chantent des airs plus courts, soit que la première partie n'y ait qu'un seul sujet (n° 3), ou bien qu'elle ne soit exposée qu'une fois, avant la petite partie intermédiaire, et reprise ensuite avec des variations (n° 2, 13 et 14, — coupe du petit air à reprise variée). Enfin la basse Achior chante deux airs d'un rythme un peu archaïque, suivant l'usage des airs de basse : le premier avec *demi da capo* (n° 6), le second avec reprise variée (n° 12).

Au point de vue de l'expression, tous ces airs traduisent déjà avec une grande justesse le sentiment général des paroles, au moins lorsque celles-ci ne se bornent pas, comme trop souvent, à émettre des sentences morales. Les petites figures imitatives, qui remplaçaient l'expression des sentiments dans les premiers airs de Mozart, ont déjà presque entièrement disparu : tout au plus en trouvons-nous une dernière trace dans le premier air d'Achior (n° 6) et un air d'Amital (n° 10), où il est question d'une tempête et d'un naufrage. Le petit air de Cabri (n° 2) est une sorte de cantilène en *sol mineur*, d'un dessin bien sommaire, mais déjà bien caractéristique du ton de *sol mineur* chez Mozart. Le dernier air de Judith (n° 11), sans différer en rien de la coupe ordinaire, a un beau mouvement mélodique, et paraît avoir été particulièrement travaillé.

Les deux récitatifs accompagnés sont, eux aussi, d'une expression exacte et d'une déclamation excellente : mais leur accompagnement instrumental se réduit à fort peu de chose.

Ce qui domine de beaucoup l'oratorio, ce sont, avec l'ouverture dont nous parlerons tout à l'heure, les trois scènes où figure le chœur (n° 4 8 et 15).

Le n° 4 est une prière d'Ozia, en *ut mineur*, entremêlée de petites réponses du chœur : ces réponses sont homophones, à la manière d'un morceau de musique d'église du temps, et l'accompagnement du chœur reste toujours très simple : mais cette simplicité même lui donne une noblesse et une pureté d'expression remarquables. Plus intéressante encore est, dans un genre analogue, la scène n° 15, où le chœur, en réponse à une sorte de récitatif de Judith, expose quatre fois, en le variant un peu, un thème liturgique du psaume *In exitu Israël*. L'alternance de ce chœur avec le chant grave et recueilli de Judith, sous un accompagnement tout rythmique, mais plein de modulations expressives, fait de cette scène une des plus belles de toute la musique dramatique de Mozart avant *Idoménée*. Le chœur final (n° 16), très rapide, garde cependant une certaine sérénité religieuse. Enfin le chœur final du premier acte (n° 8), également homophone, et fait d'une série d'appels toujours modulés, sous un accompagnement où deux rythmes pressés et contrastés se répondent sans cesse, est encore une œuvre d'une inspiration poétique très originale, où nous apparaissent, bien autrement que dans les airs de l'oratorio, la richesse et la profondeur d'émotion du génie de Mozart.

106. — *Padoue, Vicence, Vérone, Inspruck et Salzbourg (ou peut-être seulement Salzbourg), mars et avril* 1771.

Overtura en ré mineur de l'oratorio *Betulia liberata*, pour deux violons, alto, deux hautbois, deux bassons, quatre cors, deux trombones et basse.

K. 118.
Ms. à Berlin.

Allegro. — Andante. — Presto.

Notons d'abord que, sur la partition autographe de l'oratorio, les trois parties de l'ouverture ne portent aucune indication de mouvements, ce qui tendrait bien à faire croire que cette partition n'a jamais été exécutée. Mais il n'est pas douteux que le second mouvement (à 3/4) doit être considéré comme un *andante* très lent, qui donne lieu ensuite à un très rapide *allegro* final. Et cette division suffit à montrer que Mozart a traité l'ouverture de son oratorio comme une symphonie d'opéra, sauf à raccourcir l'étendue des trois morceaux et à les enchaîner l'un à l'autre.

Une telle conception de l'ouverture d'oratorio était, en vérité, nouvelle, l'usage étant resté longtemps en vigueur de maintenir, pour l'oratorio, la coupe de l'ouverture française, avec un court prélude grave et un unique *allegro* plus ou moins fugué. C'est notamment la coupe que nous font voir la plupart des ouvertures d'oratorio chez Hasse : mais un coup d'œil jeté, sur l'introduction de la seconde version de la *Sainte Hélène*, composée par ce maître dans la même année 1771, suffit à nous prouver que déjà, à ce moment, la mode italienne comportait une coupe exactement pareille à celle de l'ouverture de Mozart. Il y a même chez Hasse, tout comme chez Mozart, un *andante* à 3/4 succédant à un premier *allegro* à quatre temps : ce qui n'empêche pas le style des deux ouvertures d'être absolument différent. Sous ce rapport, évidemment, la rareté relative des oratorios n'avait point permis de fixer encore des règles aussi impérieuses que pour l'ouverture d'opéra ; et nous voyons bien que le jeune Mozart, ici, s'efforce à trouver un moyen terme entre la vieille ouverture de l'oratorio et la symphonie à l'italienne.

Pour sortir d'embarras il imagine, comme nous l'avons dit, de maintenir ses trois morceaux dans le même ton, de les rattacher l'un à l'autre, de les faire très courts, avec un sujet unique dans chacun, et de leur donner à tous les trois une expression commune, encore renforcée par la parenté manifeste du sujet du finale avec celui du premier *allegro*. Et de cette conception, comme aussi du désir qu'avait Mozart de donner à son ouverture un caractère religieux, est résultée une œuvre tout originale, infiniment émouvante et belle dans sa simplicité, une œuvre comparable seulement aux ouvertures de Gluck, dont nous y devinons d'ailleurs l'influence secrète.

Le premier morceau est tout fait d'un sujet rythmique, très simple, mais sombre et passionné, qui donne, en quelque sorte, la note générale de toute l'ouverture; et il faut constater ici que, dès ce moment, Mozart choisit le ton de *ré mineur* pour la traduction d'une tristesse solennelle et quasi funèbre, tandis qu'il prête au ton de *sol mineur* la signification d'une mélancolie ardente et passionnée, en associant à ces deux tonalités un choix de rythmes non moins distincts, graves et marqués pour le *ré mineur*, pressés et enveloppés pour le *sol mineur*. Pour en revenir au premier morceau du n° 106, le sujet fondamental vient à peine de finir son exposition, présenté par les deux violons sur l'accompagnement des basses, qu'aussitôt nous le voyons revenir en *la mineur*, raccourci et condensé, formant une sorte de *développement* en transition pour ramener une reprise, toute pareille, de la première partie. Puis, vers la fin de la reprise, une transition nouvelle, rappelant celle qui termine le premier morceau de la symphonie en *sol* n° 104, amène le mouvement lent, d'une expression toute semblable, sous la différence de son rythme. Ici l'élève du P. Martini se livre à un travail de contrepoint très simple, mais poursuivi durant tout le morceau; et déjà les basses, et les altos même, y prennent une part active, à côté des deux violons. Toujours un seul sujet, avec petite transition et reprise; après quoi un rythme syncopé sert à préparer le finale, qui, en somme, avec son unique sujet en *ré mineur*, n'est qu'une façon de *strette* dérivant de l'idée du premier morceau. Les instruments à vent, assez fournis (notamment les bassons), et traités déjà avec une entente remarquable de leurs effets, ne font cependant encore que doubler les cordes.

Et sans doute l'ensemble de l'ouverture ne laisse point de paraître un peu bien simple et nu, en comparaison de la profonde portée expressive que Mozart, manifestement, a voulu lui donner. Les idées ne sont encore qu'exposées, sans recevoir l'élaboration qui leur aurait permis de produire leur plein effet pathétique : mais la qualité de ces idées n'en est pas moins des plus hautes, et nous avons ici la révélation imprévue de la richesse et profondeur d'expression qui, dès ce moment, s'est déjà constituée dans le génie de Mozart.

107. — *Milan ou Salzbourg, entre 1770 et avril 1771.*

Kyrie en fa, pour quatre voix, deux violons, alto, basse et orgue.

K. 116.

Ms. à Berlin.

Andante et allegro moderato.

Ce *Kyrie* (sans date sur l'autographe) faisait partie d'une messe que Mozart avait interrompue au milieu du *Credo*, et dont André possédait autrefois le manuscrit. Aujourd'hui, le *Kyrie* seul nous est connu, encore que le *Gloria* et le fragment du *Credo* aient bien des chances d'avoir passé, avec lui, dans la Bibliothèque de Berlin. Par son écriture et par le style du chant, le *Kyrie* se rattache directement à la messe n° 96, composée en 1770 à Bologne sous la direction du P. Martini. Mais bien que l'orchestre n'y joue encore qu'un rôle assez effacé, consistant surtout à suivre le chant, sauf à remplir les intervalles de celui-ci par quelques très courtes figures de violon, l'addition de cet orchestre n'en semble pas moins indiquer une date déjà postérieure ; et non moins nettement nous apparaît le progrès réalisé par Mozart dans sa façon de traiter le chant lui-même, qui est d'un contrepoint continu, comme naguère à Bologne, mais déjà plus simple à la fois et plus sûr, joignant à son caractère bien « vocal » une allure chantante et une portée expressive beaucoup plus accentuées. C'est donc probablement déjà en rentrant à Salzbourg que Mozart, sous l'influence des leçons du P. Martini, s'est mis à la composition de cette messe, dont il a d'ailleurs été distrait bientôt par d'autres commandes plus urgentes.

En tout cas, le petit *Kyrie* n° 107 est un morceau religieux d'une grâce exquise, divisé naturellement en trois parties par l'épisode du *Christe*, mais qui, cependant, nous fait l'impression de n'être tout entier qu'une phrase unique, infiniment tendre et recueillie, se déroulant à travers des modulations d'une douceur et d'un charme poétique déjà bien distinctifs de l'âme de Mozart.

L'instrumentation, comme nous l'avons dit, se borne en général à renforcer le chant, avec un contrepoint équivalent à celui des voix : mais, par instants, surtout lorsque le chant s'arrête, Mozart prête à son orchestre des figures d'une verve et d'une élégance remarquables, avec un retour curieux de ces grands écarts des violons que lui avait enseignés naguère son séjour à Vienne.

108. — *Salzbourg, mai* 1771.

Litaniæ Lauretanæ en si bémol, pour quatre voix, deux violons, orgue et basse.

K. 109.

Ms. à Berlin.

Ky - rí - e   e - lei - son, e - lei - son,   e - lei - son

Kyrie : allegro. — Sancta Maria en fa : andante. — Salus infirmorum : adagio en ré mineur et si bémol. — Regina angelorum : vivace en mi bémol. — Agnus Dei : andante.

Dans ces *Litanies*, composées quelques mois après le retour du jeune garçon à Salzbourg, nous trouvons un témoignage saisissant de l'influence exercée sur lui, l'année précédente, par les leçons du P. Martini. Non pas en vérité que le contrepoint tienne ici la place principale, comme dans la *Messe bolonaise* n° 96 : il n'y intervient, au contraire, qu'en de courts épisodes isolés, suivant la mode nouvelle, et les chœurs eux-mêmes recommencent à y être coupés de nombreux *soli*, — d'ailleurs très courts, et n'ayant nullement le caractère de bravoure qui, bientôt, dans l'œuvre religieuse de Mozart, les fera ressembler à des airs d'opéra. Mais si la forme, dans ces litanies, atteste de nouveau l'action exercée sur l'enfant par un idéal plus « moderne », — nous apparaissant au total, comme une forme intermédiaire entre celle des œuvres religieuses composées à Bologne et celle que nous feront voir les œuvres salzbourgeoises qui suivront, — c'est en quelque sorte l'esprit et la signification profonde des leçons du vieux maître qui se révèlent à nous dans l'inspiration, à la fois religieuse et musicale, de ce curieux morceau. Et d'abord il convient de signaler son caractère éminemment « vocal », la beauté mélodique des chants, leur appropriation aux ressources des voix, la discrétion de l'accompagnement, qui, parfois déjà très libre et très original, ne vient jamais dominer le chant, et conserve toujours une allure toute rythmique, sous l'incessante diversité de ses modulations. En outre, le jeune homme conserve encore, — pour bien peu de temps, — l'habitude que lui a enseignée le P. Martini de s'attacher avant tout à traduire l'émotion des paroles, et chacune des cinq parties des litanies, tout de même que le *Miserere* et la *Messe* de Bologne, est constituée d'un certain nombre de strophes distinctes, très habilement enchaînées l'une à l'autre, mais traitées pour ainsi dire, en récitatif, sans aucune de ces reprises qui, bientôt, donneront aux chants religieux la coupe presque régulière d'un morceau de sonate. Enfin cette traduction du sentiment des paroles tâche toujours, nous le devinons, à s'imprégner d'un recueillement et d'une pureté qui, sans doute, doivent avoir été recommandées au petit Mozart par le P. Martini comme appartenant en propre à l'idéal du style religieux. Tout au plus cette recherche de l'onction du chant se trouve-t-elle compromise, çà et là, par l'imprévu ou la hardiesse des modulations : mais cela encore nous prouve bien, chez le jeune garçon, une espèce de fièvre scientifique dont l'origine lui est venue de son séjour à Bologne, et peut-être a-t-il cru voir, là encore, un moyen de serrer ou de renforcer la valeur expressive de sa musique ? Quant aux accompagnements des litanies, dont nous avons dit déjà l'exemplaire discrétion, ceux-là ne nous ramènent pas à Bologne, mais bien à Milan et Venise, avec un ensemble de qualités directement issues des vieux instrumentistes italiens : égalité absolue des deux violons, dont le second ne se fait pas faute de monter au-dessus du premier, abondance et facilité des imitations, etc. [1]

Le *Kyrie* qui ouvre les litanies est écrit, tout entier, pour le chœur. Il est formé de quatre petites strophes dont la troisième, notamment, est d'une expression très touchante avec ses modulations mineures, tandis que la quatrième, malgré la différence du chant, se trouve accompagnée de la même figure que la première.

Dans le *Sancta Maria*, au contraire, les *soli* tiennent déjà une place prépondérante, mais toujours alternés entre les voix et entrecoupés de *tutti* du chœur, sous un accompagnement plus discret encore que celui du *Kyrie* précédent. Cet échange perpétuel des *soli* et des chœurs, qui se rencontrera de nouveau dans le *Regina angelorum*, n'est pas d'ailleurs sans rappeler les grandes scènes chorales de la *Betulia liberata*.

Mais les deux parties les plus intéressantes de ces litanies sont, à beaucoup près, le *Salus infirmorum* en *ré mineur*, avec son accompagnement de trombones, et l'*Agnus Dei* final. Le *Salus infirmorum*, très court malgré sa division en *adagio* et en *allegro moderato* est tout rempli de modulations mineures très originales et du plus bel effet pathétique. Les voix ne cessent pas d'y chanter ensemble, esquissant même parfois de légères figures de contrepoint. Quant à l'*Agnus Dei*, où de nouveau les *soli* alternent avec le chœur, il nous présente cette particularité curieuse que Mozart, après avoir commencé son morceau de la façon la plus simple et la plus mélodique, se laisse entraîner peu à peu à son goût juvénile de modulation, et fait enfin aboutir ce morceau écrit en *si bémol* et terminant une œuvre toute écrite dans le même ton, à une étrange conclusion en *si bémol mineur*. Ajoutons que l'accompagnement, dans cet *Agnus*, se borne le plus souvent à doubler le chant.

---

1. A noter encore que, suivant l'ancienne habitude italienne, le chant débute dès l'entrée des morceaux, sans le moindre prélude instrumental.

109. — *Salzbourg, mai* 1771.

Regina Cæli en ut, pour quatre voix, deux violons, alto, deux hautbois, deux flûtes, deux cors, deux trompettes, timbales, basse et orgue.

K. 108.

Ms. à Berlin.

Regina cæli : allegro. — *Quia quem meruisti : tempo moderato
en fa.* — *Ora pro nobis : adagio un poco andante en la mineur.* —
Alleluia : allegro.

Rien ne peut mieux donner une idée de l'étonnante souplesse du génie
de Mozart que la comparaison de ce morceau avec les litanies composées à la même époque (les deux dates nous étant fournies par Mozart
lui-même), et probablement destinées à la même circonstance. Dans ces
litanies, le chant jouait encore le rôle principal. Ici, sauf le solo de
soprano de l'*Ora pro nobis*, il ne fait plus que s'ajouter accidentellement
à l'orchestre, au point que celui-ci pourrait presque se passer de lui.
Tout le motet, d'ailleurs, a exactement les allures et le caractère des
symphonies que Mozart composait à la même époque. Les morceaux y
sont traités à la façon des morceaux de symphonie, avec deux sujets,
un petit *développement* et une *rentrée* régulière dans le ton principal. Et
leur expression, aussi, est celle de morceaux de symphonie : vive et
joyeuse dans le premier *allegro*, gracieuse dans le *tempo moderato*, gaie
et brillante dans l'*allegro* final. Le chant est constamment homophone,
avec de petites imitations : mais il conserve encore, malgré l'exiguité
de son rôle, les qualités vocales que nous lui avons vues dans les
œuvres précédentes. Quant à l'orchestre, il est déjà très développé, et
les instruments à vent y interviennent souvent indépendamment des
violons. Dans le *Quia quem meruisti*, où les *soli* dominent, les hautbois
sont remplacés par deux flûtes, et les autres instruments à vent se
taisent, toujours comme dans les *andantes* des symphonies.

De ces trois morceaux se détache, à la façon d'un intermède, un très
beau *solo* de soprano en *la mineur*, accompagné d'un rythme continu
du second violon et de l'alto, tandis que le premier violon double ou

imite le chant. C'est là, déjà, un véritable air, se rapprochant incontestablement des airs d'opéra, et tel que nous allons en rencontrer désormais dans presque toute la musique vocale, religieuse ou profane, de Mozart.

Que si, maintenant, nous nous demandons d'où est venu, chez Mozart, le changement d'inspiration qu'atteste ce *Regina cæli*, en regard des *Litanies* et du *Kyrie* précédents, la réponse apparaîtra simple et certaine : le changement vient de ce que Mozart, dans ses litanies et son *Kyrie*, s'est occupé de mettre à profit l'esprit profond dont il était imprégné depuis son séjour à Bologne, tandis que, pour le *Regina cæli*, il a voulu se conformer exactemeut aux modèles que lui fournissaient les nouveaux motets italiens. De toutes les particularités que nous avons signalées tout à l'heure, dans la disposition générale du *Regina cæli* et jusque dans les détails de son exécution, il n'y en a pas une qui ne se retrouve dans les motets contemporains de Sacchini, par exemple, ou même du vieux Sammartini. Voici les notes que nous avons prises, à la Bibliothèque du Conservatoire, sur les partitions manuscrites de deux motets de Sacchini, probablement composés vers le même temps, un *Laudate pueri* et un *Nisi dominus* : « Absolument aucun contrepoint. Nombreux *soli* avec de longues cadences. Chaque division est précédée d'un grand prélude symphonique, exposant deux sujets distincts, et qui sert ensuite pour l'accompagnement des voix. Les hautbois et les cors sont constamment occupés, mais leur tâche se borne, le plus souvent, à doubler les cordes, et leur rôle est sensiblement moins libre que chez Sammartini. » Cette définition pourrait se transporter, mot pour mot, sur le *Regina cæli* de Mozart : l'unique différence est que, chez ce dernier, le travail de l'orchestre est, musicalement, plus habile et plus riche, tout en étant encore, à l'italienne, concentré surtout dans les deux violons.

110. — *Salzbourg, juin* 1771.

Offertorium pro festo Sancti Joannis Baptistæ en sol, pour quatre voix, deux violons, basse et orgue.

K. 72.
Ms. perdu.

Une tradition veut que cet offertoire, non daté, ait été composé par Mozart pour un moine du couvent de Seeon, qui était son ami, et qui s'appelait Jean-Baptiste. En tout cas, il a été certainement destiné à une fête de saint Jean-Baptiste, ce qui permet de situer la date de sa composition vers le mois de juin. Mais il est absolument impossible qu'un morceau comme celui-là ait été composé, ainsi qu'on l'a cru, avant le premier voyage d'Italie de Mozart : car, sous sa forme très simple, il est d'un métier déjà très habile, très sûr, et tout à fait pareil à celui que nous ont fait voir les litanies n° 108. L'introduction d'un grand prélude instrumental avant l'entrée du chœur suffirait déjà, à elle seule, pour prouver que cet offertoire n'a été composé qu'après le premier retour de Milan : car on a vu que, jusque-là, tous les chœurs de Mozart faisaient commencer le chant dès les premières mesures. Mais en outre, ici comme dans les litanies précédentes, par-dessus un accompagnement à la fois discret et fort (parfois traité en contrepoint), les quatre voix du chœur jouent le rôle principal, chacune avec sa physionomie propre, ne s'unissant un moment en modulations homophones que pour repartir aussitôt en figures de contrepoint. Tout le petit motet est fondé sur un thème principal qui est le célèbre choral de saint Jean-Baptiste, repris ensuite par Wagner dans les *Maîtres Chanteurs* : et ce thème, avec la richesse et l'aisance de ses modulations, avec la beauté expressive des intermèdes qui s'y joignent, donne à l'offertoire un caractère très particulier d'allégresse pieuse, au lieu de dégénérer en la gaieté plus profane d'un finale d'opéra ou de symphonie, ainsi que c'est trop souvent le cas dans d'autres morceaux religieux de la jeunesse de Mozart. Dans l'instrumentation, pareillement, les deux violons et la basse ont déjà, chacun, une physionomie et un rôle propres ; et il faut voir avec quelle maîtrise Mozart emploie ces instruments à étoffer sans cesse la trame musicale, sans jamais encore leur permettre d'empiéter sur la prédominance du chant.

111. — *Salzbourg, avril ou mai* 1771.

Symphonie en si bémol, pour deux violons, deux altos, deux hautbois, deux cors et basse.

K. Anh. 216.
Ms. perdu.

Allegro. — Andante (en mi bémol.) — Menuet et trio (en fa, pour les cordes seules). — Allegro molto.

Le manuscrit de cette symphonie est perdu ; et sa partition, qui vient d'être retrouvée tout récemment à la Bibliothèque de Berlin, ne porte aucune mention de sa date. Mais il suffit de jeter un coup d'œil sur cette partition pour reconnaître, de la façon la plus certaine, qu'elle occupe une place intermédiaire entre la symphonie en *sol* n° 104, écrite probablement dans les premiers mois de 1771, avant le retour de Mozart à Salzbourg, et la symphonie en *fa* n° 112, dont nous verrons qu'elle-même a dû sûrement être composée fort peu de temps avant la symphonie n° 114, authentiquement datée de juillet 1771. Au contraire de la symphonie en *sol* n° 104, cette symphonie en *si bémol* date déjà de l'arrivée à Salzbourg, ainsi que nous le prouve notamment l'addition d'un menuet aux trois autres morceaux : mais son style l'apparente encore tellement à cette symphonie italienne que nous pouvons être assurés d'avoir là devant nous la première, — ou l'une des premières, — d'une série de six symphonies que Mozart aura projeté de composer dès après son retour, et dont il ne serait pas impossible que les deux numéros encore inconnus se retrouvassent semblablement parmi les compositions inédites appartenant aujourd'hui à la même Bibliothèque de Berlin.

L'addition du menuet, comme nous l'avons dit, implique déjà, pour le n° 111, une origine salzbourgeoise : mais, d'autre part, il y a dans cette symphonie une particularité qui, lui étant commune avec les symphonies italiennes de la période précédente, et ne se retrouvant plus dans les symphonies salzbourgeoises qui vont suivre, aurait de quoi, à elle seule, nous permettre de considérer ce n° 111 comme antérieur aux n°ˢ 112, 113 et 114. Selon l'usage des compositeurs d'ouvertures italiens, Mozart, depuis sa symphonie romaine du printemps de 1770, avait complètement renoncé à varier ses *rentrées*, tandis que plus tard, de retour à Salzbourg, nous allons voir que l'exemple des maîtres allemands le conduira à vouloir de plus en plus rompre la monotonie de ses morceaux en apportant des modifications plus ou moins considérables à la reprise des sujets exposés d'abord dans la première partie du morceau. Déjà cette tendance à varier les *rentrées* nous apparaîtra dans le n° 112, pour s'accentuer encore dans les deux symphonies suivantes, et pour ne plus cesser désormais que longtemps après, en 1775, lorsque le style de Mozart sera devenu infiniment différent de celui que nous présente cette symphonie n° 111. Or, il se trouve que, dans cette symphonie, aucune des *rentrées* n'est encore variée. La seconde partie des morceaux, à l'italienne, reproduit exactement la première, sauf pour Mozart à transporter maintenant tous ses sujets dans le même ton principal. Ainsi il faisait dans sa symphonie en *sol* n° 104 ; et nous n'aurions pas besoin d'autre argument pour nous justifier d'avoir placé ce n° 111 entre la susdite symphonie en *sol* et les trois qui vont suivre.

Mais en outre, toute la coupe et tout le style de ce n° 111, exception aite pour le menuet, le relient encore directement au groupe des symphonies italiennes de la période précédente. A peine l'influence allemande nous apparaît-elle un peu plus marquée, çà et là, dans l'invention des thèmes ou dans tels menus détails de l'instrumentation. Comme dans ces symphonies italiennes, les sujets sont nettement séparés, chacun accompagné de sa ritournelle ; le *développement* (sans barres de reprise dans le premier morceau) est simplement un petit sujet nouveau, très mélodique, et tout pareil à ceux que nous ont fait voir, par exemple, les deux symphonies de Rome et de Bologne. Cependant, le *développement* de l'*andante* commence déjà à rappeler le rythme du second sujet précédent, et celui du finale nous offre déjà, — symptôme plus frappant encore d'une nouvelle influence allemande, — un échantillon rudimentaire du procédé de la *fausse rentrée*, dont on sait combien il était cher à Joseph Haydn et aux autres compositeurs de l'école viennoise. Dans l'*andante*, pareillement, le rythme du second sujet rappelle encore celui de plusieurs *andantes* italiens de 1770 : mais, d'autre part, celui du premier sujet a une douceur simple et familière qui fait songer à l'art populaire de Salzbourg. Dans le finale, l'un des quatre sujets juxtaposés nous présente des imitations entre les deux violons absolument pareilles à celles que contenait l'épisode mineur du *rondo* final de la symphonie n° 104 : et cependant, là aussi, en dehors même du *développement* susdit avec sa *fausse rentrée*, l'inspiration générale nous apparaît déjà plus allemande qu'italienne. Ajoutons enfin que, au point de vue de l'instrumentation, tous les procédés des symphonies italiennes se rencontrent ici, mais déjà avec une tendance, tout allemande, à subordonner le second violon au premier. Les vents, très actifs, n'ont guère un rôle indépendant que dans certaines ritournelles de l'*andante* : ce qui ne les empêche pas, eux non plus, d'être traités avec une intelligence croissante de leur couleur individuelle. Quant aux deux altos que spécifie la partition, nous avons dit plus d'une fois que l'habitude de doubler les altos n'a jamais disparu de l'œuvre de Mozart depuis son retour de Paris en 1767 : aussi bien ici les deux altos se bornent-ils, presque invariablement, à exécuter la même partie. En résumé, cette symphonie a pour nous l'extrême intérêt de constituer une transition immédiate entre le premier style italien de Mozart et celui que le contact de la musique allemande va développer chez lui pendant les mois suivants de l'année 1771. Musicalement, la valeur de ce n° 111 demeure assez faible, et sa comparaison avec les symphonies suivantes achèvera de nous révéler la prodigieuse souplesse du génie de Mozart : mais déjà, sous l'apparence extérieure tout italienne, nous commençons à sentir ici comme une atmosphère nouvelle, et il nous semble voir l'enfant, sitôt rentré à Salzbourg, s'empressant de respirer à pleins poumons cet air bienfaisant du pays natal.

Le premier morceau n'est fait, en somme, que de deux sujets, mais dont chacun est suivi d'une très longue ritournelle, et qui tous deux, en outre, nous font voir Mozart passionnément revenu à la pratique de ces énormes écarts des violons que lui a naguère enseignés l'école viennoise. Puis, après une cadence complète en *fa*, le premier violon, sur un accompagnement continu du second, expose une petite idée nouvelle, gracieuse et chantante, qui tient lieu de *développement*, et aboutit à une *rentrée* intégrale de la première partie, reproduite sans aucun autre changement que l'addition, vers la fin, de quelques mesures de *coda*. Les vents se réduisent à doubler les cordes, et le rôle des basses ellesmêmes est loin d'avoir l'importance et l'ampleur qu'il revêtira dès la symphonie suivante.

De l'*andante* en *mi bémol*, nous avons dit déjà le contraste de ses deux sujets, le premier tout allemand avec sa grâce familière, le second

rappelant plusieurs *andantes* italiens de 1770 ; et nous avons dit aussi
que, maintenant, le petit Mozart s'essaie déjà à employer le rythme de
ce second sujet pour un petit *développement*, qu'il traite d'ailleurs en
simples imitations entre les deux violons ; après quoi la *rentrée* reproduit
exactement la première partie. Les vents, comme on l'a vu, se détachent
un peu du groupe des cordes.

Le menuet, lui, et son trio en *fa*, ne se ressentent plus de l'influence
italienne : ils ont un caractère tout rythmique, à la manière de ceux
des deux Haydn ; et c'est encore à l'exemple de ces maîtres que Mozart,
dans le trio, a supprimé les instruments à vent. Ajoutons que, dans ce
morceau, comme il fera au cours des symphonies suivantes, Mozart
tâche à varier sa coupe en pratiquant une *rentrée* dans l'un des morceaux,
— ici le trio, — tandis que l'autre morceau ne reprend pas la première
partie après les deux barres. Ce menuet avec son trio est d'ailleurs le
fragment le plus heureux de toute la symphonie ; et les vents même,
dans le menuet, sont déjà employés avec une sûreté discrète et charmante.

Le finale a la coupe d'un morceau de sonate, au lieu d'être un *rondo*
comme le finale de la symphonie en *sol* n° 104 : mais à défaut de la forme
du *rondo*, ce rapide finale en conserve l'esprit, étant fait de quatre petits
sujets vivement accouplés. De ces sujets, nous avons dit déjà que le
second, avec ses traits en imitation aux deux violons, ressemblait à un
passage de l'épisode mineur du susdit finale de la symphonie n° 104. Ce
sujet, et le *développement* de l'*andante*, sont les seuls endroits de toute
la symphonie où Mozart s'amuse à un petit travail de contrepoint. C'est
comme si, d'abord, la composition de *Mitridate* et le retour à Milan
avaient assoupi, dans l'âme du petit garçon, cet amour naturel du contrepoint instrumental qu'y avaient naguère éveillé les leçons du P. Martini :
mais dès la symphonie suivante nous allons assister à un emploi, désormais sans cesse plus fréquent, de figures polyphoniques dans l'œuvre
instrumentale de Mozart ; et il y a là pour nous un motif de plus qui
nous force à placer le n° 111 avant les autres symphonies de la présente période salzbourgeoise. Inutile de redire que, dans ce finale comme
dans les autres morceaux, la véritable *rentrée* reproduit encore simplement la première partie, — mais déjà après que Mozart, suivant l'habitude allemande, a consacré son *développement* à un petit travail modulé
sur les sujets précédents, travail où intervient même l'ingénieux artifice
« haydnien » de la « fausse rentrée ». Rien à dire non plus de l'instrumentation, si ce n'est que nous y sentons une première trace de
l'énorme progrès que vont nous révéler les autres symphonies de la
même période.

112. — *Salzbourg, entre avril et juin* 1771.

Symphonie en fa, pour deux violons, alto, basse, deux hautbois, deux cors.

K. 75.
Ms. perdu.

Allegro. — *Menuetto et trio* (en *si bémol*). — *Andantino* (en *si bémol*). — *Allegro.*

Le manuscrit de cette symphonie s'est perdu, et aucun document ne nous donne la date de sa composition : mais sa musique présente des ressemblances si vives à la fois avec la symphonie en *sol* n° 104 et une autre symphonie en *sol* (n° 114) dont nous savons qu'elle a été écrite en juillet 1771 que, sans aucun doute possible, la présente symphonie doit être placée entre ces deux-là. En outre, il est certain qu'elle a déjà été composée à Salzbourg, car nous verrons que l'influence allemande s'y fait sentir à un haut degré.

Comme nous l'avons dit, le n° 112 nous offre, lui aussi, une transition directe entre la dernière symphonie italienne de Mozart en 1770-71 et sa symphonie salzbourgeoise de juillet 1771. Les deux influences italienne et allemande s'y trouvent mêlées, ou plutôt juxtaposées ; et rien n'est plus facile que d'en définir, tour à tour, les effets.

Tout d'abord, l'absence de barres de reprise dans le premier morceau, l'abondance des sujets et leur séparation radicale, le rôle prépondérant des deux violons, dont le second tantôt double le premier ou dialogue avec lui, tantôt accompagne son chant, la manière d'entendre le *développement*, traité comme un sujet nouveau sans aucun rapport avec les précédents : tout cela, et puis aussi la reprise à peu près invariée de la première partie des morceaux, c'est ce que nous ont fait voir les symphonies italiennes de la période précédente et ce que nous avons retrouvé, aussi, dans la première symphonie salzbourgeoise n° 111. Et à côté de ces influences générales du nouveau style italien, nous sentons ici l'influence particulière des leçons du P. Martini, dans un emploi fréquent, et souvent assez imprévu, du contrepoint, d'ailleurs encore traité à la façon italienne, en imitations entre les deux violons.

Mais si, dans tout cela, Mozart se montre encore l'élève des Italiens, qui inspirent, en quelque sorte, l'apparence extérieure et l'allure générale de sa symphonie, déjà d'autre part les signes du génie allemand se retrouvent un peu partout, et déjà l'esprit intime de la symphonie commence à être beaucoup plus allemand qu'italien. C'est ainsi que, d'abord, les répétitions de phrases redeviennent plus rares, tandis que continuent de reparaître dans les parties des violons ces grands écarts que nous avons notés dans les symphonies allemandes de 1768. Allemande, aussi, la réapparition du menuet, que Mozart a placé avant l'*andante*, contrairement à l'usage adopté par lui dans ses œuvres ultérieures [1]; et déjà son menuet, ainsi que l'*andante* qui le suit, sont d'un sentiment tout autrichien, bien différents de ce que nous a montré la période italienne. L'importance du rôle des instruments à vent s'accentue, et l'ensemble du tissu orchestral devient plus rempli et plus homogène. L'influence de Joseph Haydn, qui se manifestera à nous dans la symphonie de juillet 1771, n'est pas encore bien sensible ici : mais plutôt nous devinons, notamment dans l'*andante*, des souvenirs encore assez superficiels du charmant style salzbourgeois de Michel Haydn ; et surtout nous devinons que le jeune homme, tout en continuant à se croire un *maestro* italien, s'est déjà copieusement réimprégné du génie de sa race.

Enfin une dernière particularité, commune aux trois symphonies n⁰ˢ 112, 113 et 114, est l'emploi que fait Mozart, pour ses finales, de rythmes populaires français. Un hasard, sans doute, lui aura mis ou remis entre les mains un recueil d'ariettes et de rondes françaises ; sur quoi le jeune garçon se sera amusé à y emprunter des idées, qu'il a d'ailleurs librement entremêlées d'inventions personnelles. Et une telle présence de rythmes français dans les trois symphonies suffirait à attester que celles-ci appartiennent à des dates voisines : car nous avons vu déjà de quelle façon Mozart, dès son enfance et durant toute sa vie, a gardé la coutume, tout enfantine, d'employer continuellement un procédé qui l'a frappé, et puis d'y renoncer tout à fait dès que son caprice s'est trouvé rassasié.

Dans le premier morceau, l'exposition de trois sujets distincts est suivie d'un petit *développement* sur un sujet tout nouveau, mais traité en contrepoint, avec une partie d'alto tout indépendante.

Dans le menuet, la première partie est reprise, à la viennoise, mais un peu variée ; le trio, lui, n'a pas de reprise.

Dans le gracieux *andante*, où des échos de l'art de Michel Haydn s'unissent à des traces encore évidentes du style italien, c'est à peine déjà si les deux sujets sont séparés l'un de l'autre ; et le passage du second sujet au *développement* (toujours tout nouveau) se fait par un enchaînement très semblable à celui qui, dans la symphonie italienne n° 104, reliait le premier *allegro* à l'*andante*. Notons également, dans cet *andante*, une autre marque bien significative du retour à l'esprit allemand : la seconde partie du morceau a déjà des barres de reprise, comme la première, et avec une petite *coda* nouvelle réservée à la reprise.

Quant au finale, sur un rythme français, — ou d'apparence française, — il convient pareillement d'y signaler l'étroite parenté des deux sujets, — car ce finale est traité en morceau de sonate. En outre, si le sujet du petit *développement* est formé d'une idée nouvelle, celle-ci a déjà le même accompagnement que le second sujet, ce qui dénote un

---

1. Cette façon de placer le menuet avant l'*andante*, qui d'ailleurs se rencontre parfois aussi dans l'œuvre de Joseph Haydn, doit avoir été suggérée à Mozart par l'exemple de Michel Haydn qui, dans ses symphonies et quatuors antérieurs à 1772, procédait presque invariablement de la même manière.

effort à rendre l'ensemble plus homogène. Détail curieux, la rentrée du second sujet, dans la reprise, au lieu d'être dans le ton principal suivant la règle, débute dans le ton de *si bémol*.

113. — *Salzbourg, mai ou juin 1771.*

Symphonie en ut, pour deux violons, alto, deux hautbois, deux cors, violoncelle et basse, trompettes et timbales.

K. 73.

Ms. à Berlin.

Allegro. — *Andante* (en *fa*, avec deux flûtes jointes au quatuor). — *Menuet et trio* (en *fa*). — *Allegro molto*.

Sur l'autographe de cette symphonie (à Berlin) une main inconnue a inscrit la date « 1769 » : mais c'est encore là une de ces affirmations qui, proposées d'abord un peu au hasard par le premier venu, et données d'ailleurs comme de simples hypothèses, se sont ensuite transmises de main en main, sans l'ombre de contrôle, et ont fini par acquérir gratuitement l'autorité de choses démontrées. En fait, le classement de la présente symphonie en 1769 est absolument impossible ; et c'est, au contraire, de la façon la plus évidente que cette symphonie, comme les nos 111 et 112, vient se placer entre la dernière des symphonies italiennes de 1770-71 (no 104) et la symphonie salzbourgeoise de juillet 1771 (no 114).

Aussi pourrions-nous presque nous borner à répéter ce que nous avons dit à propos de la symphonie précédente, si déjà ce no 113 n'attestait un renforcement plus marqué encore de l'influence allemande, et si nous n'y voyions apparaître, déjà, les traces certaines d'une action exercée sur Mozart par les œuvres contemporaines de Joseph Haydn. A la considérer d'ensemble, cependant, cette symphonie nous offre le même caractère que la précédente : le caractère d'une œuvre traitée à l'italienne, mais, pour ainsi dire, « sentie » à l'allemande. Comme dans le no 112, les deux violons ont un rôle égal et prépondérant (malgré, déjà, maints passages où les basses interviennent plus utilement) ; le *développement* du premier morceau est encore tout à fait une idée nouvelle, et traité en simple transition, comme dans les symphonies italiennes ; ce premier morceau ne comporte toujours pas de barres de reprise ; et enfin le dernier morceau est un *rondo* avec plusieurs petits intermèdes, d'un style et d'une allure exactement pareilles à celles du finale de la symphonie italienne no 104. D'autre part, le thème de ce finale, comme dans

les symphonies n°s 112 et 114, est manifestement inspiré d'une ronde
française. Quant aux signes de l'influence allemande, ils sont ici, comme
nous l'avons dit, sensiblement plus nombreux et plus importants que
dans la symphonie précédente. Déjà le premier morceau n'a plus que
deux sujets ; et si ces sujets y sont encore bien distincts, déjà les deux
sujets de l'*andante* s'enchaînent et se trouvent apparentés beaucoup
plus étroitement, sans compter que le *développement* lui-même, dans
cet *andante*, cesse déjà d'être fait sur une idée nouvelle, et achève de
donner au morceau une unité mélodique tout allemande. Ajoutons que
cet *andante*, avec ses *soli* de flûtes répondant aux premiers violons, et
le menuet qui suit avec ses réponses des basses, comme aussi le premier
morceau avec son allure plus rythmée que chantante, tout cela est si
directement inspiré des symphonies de Joseph Haydn que nous pouvons
dater de ce moment le début de la profonde influence exercée par ce
maître sur l'œuvre de Mozart : tandis que l'élève du P. Martini continue
encore à introduire çà et là, dans sa partition, de petites figures de
contrepoint tout italiennes, et très différentes de celles que nous trouvons dans les compositions des deux Haydn à la même époque.

Dans le premier morceau, dont nous avons dit plus haut l'allure toute
rythmique et le caractère allemand à la Joseph Haydn, les deux particularités les plus importantes à signaler encore sont le retour à ces
marches continues des basses que Mozart aimait à pratiquer avant son
voyage d'Italie, et surtout la manière dont, après le petit *développement*
en transition, la rentrée du premier sujet se trouve être profondément
variée et accentuée, au lieu des reprises à peu près invariées que nous
ont montrées les œuvres précédentes. Sur ce point, Mozart revient ici
au système allemand que nous avons signalé chez lui dès ses débuts :
au lieu de varier toute la reprise de la première partie, il concentre
tout son effort à transformer plus ou moins, par des modulations pathétiques ou même parfois des additions de passages nouveaux, le premier
sujet de la reprise, après quoi le second sujet se déroule, dans le ton
principal, tout pareil à ce qu'il était (sauf pour la différence du ton) dans
la première partie.
Le délicieux *andante*, dont le premier sujet apparaît déjà comme un
écho de certains *andantes* ultérieurs de Mozart (notamment dans la symphonie en *ut* de 1780), est peut-être, avec l'*andante* du n° 114, le morceau le mieux fait pour nous révéler à quel point Mozart, dès ce premier
retour d'Italie, s'est involontairement senti imprégné de l'atmosphère
musicale allemande. Avec l'unité intime de toute sa trame mélodique,
et l'exquis dialogue poursuivi sans cesse entre les flûtes et les premiers
violons, c'est là déjà une de ces œuvres qui n'ont pu être conçues qu'à
la condition de considérer la musique instrumentale comme se suffisant
à soi-même, et remplaçant la musique vocale aussi bien pour la beauté
du chant que pour son expression. Les flûtes et les violons ne s'y
bornent plus à imiter la voix humaine : déjà ils ont une voix propre,
avec un domaine propre d'évocation expressive.
Dans le menuet et son *trio* (ce dernier pour quatuor seul), Mozart
emploie le même procédé que dans les menuets du n° 112 : il reprend
la première phrase dans le menuet, et ne la reprend pas dans le *trio*.

Et si le *trio*, avec ses imitations des deux violons, se rattache encore aux études commencées naguère à Bologne, le menuet, par son rythme et son exécution, dérive en droite ligne des menuets de Joseph Haydn. L'importance même du rôle des hautbois se retrouverait, toute semblable, dans les menuets des symphonies de Haydn écrites aux environs de 1770.

Quant au finale, traité en *rondo* sur un thème français, nous avons dit déjà sa complète analogie avec le finale de la symphonie italienne n° 104, au point de vue du nombre et de la distribution des intermèdes : mais nous sentons que le jeune homme a désormais acquis une maîtrise parfaite dans la possession de ce genre, qui lui a été révélé naguère par les nouveaux maîtres italiens; et déjà son génie naturel d'unité mélodique le porte à relier étroitement ses intermèdes au thème principal. Rien de plus curieux sous ce rapport que la façon dont il rappelle, tout à coup, le thème de son *rondo*, au milieu du charmant intermède mineur.

Les instruments à vent sont toujours très occupés, et traités avec une entente de plus en plus sûre de leurs moyens propres : mais leur rôle reste encore tout accessoire, sauf pour ce qui est des flûtes dans l'*andante* et des hautbois dans le menuet.

114. — *Salzbourg, juillet* 1771.

Symphonie en sol, pour deux violons, alto, deux hautbois, deux cors, violoncelle et basse.

K. 110.
Ms. à Berlin.

Allegro. — *Andante* (en ut, avec deux flûtes et deux bassons au lieu des hautbois et des cors). — *Menuet et trio* (en mi mineur). — *Allegro*.

Cette symphonie (la seule de cette période dont la date nous soit donnée par l'autographe) présente une ressemblance si manifeste avec les trois précédentes que nous ne nous attarderons plus à essayer de définir en quoi elle reste encore italienne et en quoi déjà elle est tout allemande. Notons seulement que, ici encore, le finale est traité en *rondo* à l'italienne, — sur un thème de gavotte française.

D'une façon générale, ce qui frappe aussitôt dans cette symphonie, c'est l'imitation évidente et directe des premières symphonies de Joseph Haydn. Que l'on voie, par exemple, une symphonie en *sol* composée par ce maître vers 1761 ou une autre, dans le même ton, composée en 1764[1];

1. N°° 3 et 23 de la nouvelle édition Breitkopf.

depuis l'emploi d'un rythme à trois temps pour le premier morceau
jusqu'à l'allure canonique du menuet, on y retrouvera une foule des
particularités que révèle la symphonie de Mozart n° 114. Et non seulement Mozart, sous l'influence de Joseph Haydn, recommence à introduire
des barres de reprise dans le premier morceau et à s'inspirer, pour son
développement, des sujets du morceau ; non seulement il s'enhardit à
renforcer le rôle des basses au point de les faire dialoguer (en imitations) avec les violons : c'est encore le choix même des motifs et des
sentiments exprimés qui, ici, vient immédiatement du maître d'Esterhaz.
Tout au plus le jeune homme se sépare-t-il de son aîné dans sa manière,
plus délicate et plus italienne, de traiter le contrepoint, dont il ne peut
s'empêcher de faire usage à chaque instant. Et déjà cette symphonie,
la dernière qu'il ait composée à Salzbourg avant son second voyage
d'Italie, nous offre un avant-goût bien caractéristique de celles qu'il va
produire durant l'année suivante, dans le plein épanouissement de son
génie de symphoniste.

Le premier morceau, avec l'élégance rapide de son rythme à trois
temps, ne se borne plus à n'avoir que deux grands sujets : en vérité,
on peut dire qu'il n'a, tout entier, qu'un sujet unique, tant les idées y
apparaissent voisines l'une de l'autre ; et Mozart va même jusqu'à rappeler expressément la première idée avant les deux barres, après
l'exposé de ce qui devrait être son second sujet. Le *développement*, à son
tour, traité en contrepoint, commence par nous apporter une idée
nouvelle : mais bientôt nous voyons revenir des éléments qui se trouvaient déjà dans le second sujet ; et puis, lorsque se fait la rentrée,
Mozart se met tout de suite à varier profondément la reprise complète
du premier sujet (avec des imitations entre les deux violons) et ne
s'arrête pas même entièrement de varier sa musique jusque dans la
reprise du second sujet, où les hautbois, notamment, ont des figures
nouvelles.

Même unité dans l'adorable *andante* (toujours semé d'imitations entre
les violons) ; au lieu d'être contrastés, comme en Italie, les sujets sont
apparentés si intimement que nous suivons, de l'un à l'autre, le fil
continu d'un chant d'ailleurs infiniment plus pur et plus doux que les
chants habituels de Joseph Haydn, et rappelant plutôt l'art de son frère
Michel. Cependant le *développement*, ici, est nouveau, et encore tout
court, en manière de transition. Comme les deux Haydn, Mozart, pour
ses *andantes*, remplace les hautbois par des flûtes ; et il leur adjoint
même, cette fois, deux bassons, mais sans que ces instruments à vent
jouent ici un rôle aussi important que celui de la flûte dans la symphonie précédente.

Dans le menuet, au contraire, — toujours traité en contrepoint ainsi
que son trio, — les hautbois travaillent librement, à la manière de
Haydn, et librement aussi les basses, tantôt seules, tantôt unies aux
altos. En contraste, comme dans le n° 113, le *trio* est écrit tout entier
pour les cordes seules.

Nous avons dit déjà à quel point le délicieux finale ressemblait à
celui de la symphonie précédente, qui, de son côté, se rattachait à
celui du n° 104. Cette fois, c'est un rythme de gavotte que Mozart emprunte à son recueil de danses françaises ; mais sa passion du contre-

point le poursuit toujours, et nous le voyons répartir son thème, en dialogue, entre les violons et les basses. Le *trio* mineur de la gavotte, très « mozartien », nous offre la particularité, assez rare chez Mozart, d'un changement d'armature, dont nous retrouvons plus d'une fois l'équivalent dans les finales des premières symphonies de Haydn.

115. — *Salzbourg, entre avril et juillet* 1771.

Sonate d'église en mi bémol, pour deux violons, basse et orgue.

K. 67.

Ms. perdu.

Aucun document ne nous donne la date de composition de cette sonate ni des deux suivantes, dont la partition autographe se trouve immédiatement suivie de celle des deux autres sonates n⁰ˢ 116 et 117 : mais l'écriture du manuscrit suffirait, à elle seule, pour démontrer que ces trois numéros ont été composés très antérieurement aux deux sonates qui les suivent sur le même cahier ; et l'étude de leur style achève de rendre impossible l'hypothèse d'une même période de composition pour les deux séries. Les trois sonates de la première série, d'ailleurs, doivent évidemment avoir été composées déjà après le retour du premier voyage d'Italie : car on verra tout à l'heure qu'elles présentent un ensemble de procédés tout pareils à ceux que nous montrent les symphonies salzbourgeoises de 1771, et l'empreinte italienne s'y reconnaît à chaque ligne.

Mais d'abord il convient d'indiquer brièvement la destination de ces sonates, improprement appelées *sonates d'orgue*, et dont la série, poursuivie jusqu'en 1780, aura à nous offrir quelques-unes des inspirations les plus originales de Mozart. Dans une lettre au P. Martini, le 4 septembre 1776, le jeune homme, décrivant les habitudes de la musique d'église à Salzbourg, signale, parmi les éléments obligés de la messe, une « sonate à l'épître », c'est-à-dire entre le *Gloria* et le *Credo*. L'usage était en effet, à la cathédrale et dans les églises de Salzbourg, d'exécuter à ce moment de la messe une « sonate d'église », ou petit morceau symphonique accompagné par l'orgue ; et ce n'est qu'en 1783 que ces sonates vont être remplacées par des *graduels* chantés. Il s'agissait donc, au temps de Mozart, de véritables « fantaisies » instrumentales, où le génie du jeune maître n'aurait point manqué de se déployer librement si la tradition n'avait exigé que, jusque dans ces rapides morceaux en un seul mouvement, le compositeur se conformât strictement aux règles du morceau de sonate. Et telle était alors la confusion qui régnait dans les idées musicales, ou plutôt tels étaient les progrès de l'envahissement de l'église par le goût profane, que ni les sonates d'église de Mozart, ni celles d'aucun de ses contemporains ne se ressentaient, le moins du monde, de leur destination religieuse. Aussi bien chez Mozart que chez son père et chez Michel Haydn, toutes les sonates de ce genre que nous connaissons ont à la fois la coupe, l'allure, et la portée expressive de l'ordinaire des morceaux de sonate ou de symphonie; et ce n'est même que tout à fait par exception que les sonates d'église de Mozart ont un rythme lent qui les fait ressembler à des *andantes* symphoniques, tandis que la grande majorité sont d'un mouvement vif, et traitées sur le modèle d'un *allegro* initial.

Le n° 115 est précisément l'une de ces rares sonates qui ressemblent plutôt à un *andante* qu'à un *allegro*, — encore que son manuscrit ne porte aucune indication de mouvement. C'est un petit morceau que Mozart doit avoir composé tout de suite après son retour d'Italie, car nous y trouvons diverses particularités bien italiennes qui déjà tendent à disparaître dans les symphonies salzbourgeoises de 1771 (n°ˢ 111-114) comme aussi dans les deux sonates suivantes. Non seulement, en effet, nous n'y voyons pas de barres de reprise : mais la multiplicité des sujets, la substitution au *développement* d'une simple ritournelle formant transition, la manière dont le second violon ne cesse pas d'accompagner le chant du premier, tout cela rattache encore directement le n° 115 aux symphonies de la période précédente. Déjà, cependant, un rappel de la cadence du premier sujet après la troisième idée atteste un effort à unir la suite mélodique du morceau. La reprise, d'ailleurs, reproduit presque intégralement la première partie, et le rôle des basses et de l'orgue se borne à marquer le rythme. La ligne consacrée à ces deux parties ne comporte pas même de chiffres au-dessus des notes, comme elle le fera dans les sonates de la série suivante : mais sans doute Mozart se réservait de compléter l'harmonie en accompagnant lui-même son morceau.

D'une façon générale, cette sonate et les deux suivantes nous donnent encore simplement l'impression de ces trios pour deux violons et basse qui ont été, pendant toute la première moitié du xviiiᵉ siècle, l'exercice favori des compositeurs, surtout en Italie.

116. — *Salzbourg, entre mai et juillet* 1771.

Sonate d'église en si bémol, pour deux violons, basse et orgue.

K. 68.
Ms. perdu.

Ici déjà, Mozart nous fait voir un style non seulement plus sûr et plus travaillé que dans la sonate précédente, mais encore beaucoup plus voisin de celui de ses symphonies salzbourgeoises de 1771. Des trois idées qui forment la première partie du morceau, la première rappelle le premier *allegro* de la symphonie en *fa* n° 112 ; la seconde, traitée en contrepoint, offre un véritable pendant au second sujet de l'*andante* de la symphonie en *sol* n° 114 ; et la troisième, avec son accompagnement syncopé, n'est pas non plus sans analogie avec plusieurs passages des symphonies susdites. En outre, les barres de reprise, déjà employées ici, sont suivies d'un véritable *développement* sur le premier sujet, ce qui, dans les symphonies, n'a lieu encore que très exceptionnellement, et tendrait à démontrer que la présente sonate a dû être écrite dans les derniers temps du séjour à Salzbourg. Mais, d'autre part, l'égalité des deux violons, l'emploi de cadences complètes après les sujets, et l'absence de tout changement dans la reprise, attestent encore un souvenir direct des traditions italiennes.

117. — *Salzbourg, entre mai et juillet* 1771.

Sonate d'église en ré, pour deux violons, basse et orgue.

K. 69.

Ms. perdu.

Si le manuscrit de cette sonate ne venait pas, dans le cahier autographe, à la suite de celui de la précédente, nous serions tentés de croire qu'elle a été composée avant l'autre : car le style et les idées y ont un caractère italien plus marqué. Le morceau n'a plus, cependant, que deux sujets, et dont le second, avec son rythme et ses marches de basse, rappelle de très près le second sujet de la symphonie en *sol* n° 104 : mais l'allure brillante et vide du premier sujet, l'insignifiance du petit *développement* en transition, et le manque de tout changement dans la rentrée, rapprochent cette sonate des symphonies composées naguère à Milan et à Rome. Sans doute Mozart aura dû écrire cette sonate très rapidement, ainsi que le prouvent encore certaines négligences telles que l'introduction d'octaves parallèles dans les parties du premier violon et de la basse : si bien que, faute de loisirs, il se sera contenté de recourir aux procédés sommaires de l'ouverture italienne.

Il faut noter encore que, dans cette sonate et la précédente (toujours sans indication de mouvement), le rythme est déjà tout à fait celui d'un *allegro* de symphonie ; et puis aussi que le premier sujet de la sonate est presque identique à celui d'une symphonie de Léopold Mozart (K. Anh. 219).

118. — *Salzbourg, entre avril et août* 1771.

Psaume : *De profundis clamavi* (en *ut mineur*) pour quatre voix, basse et orgue.

K. 93.

Ms. au Br. Museum.

De profundis clamavi ad te Domine., Domine exaudi vocem meam

La date exacte de la composition de ce *De profundis* ne nous est point connue, et l'écriture des notes, dans la partition autographe, nous apprend seulement qu'il s'agit là d'un morceau composé aux environs de la quatorzième ou quinzième année du petit Mozart. D'autre part, le style grave et recueilli du chant, la beauté religieuse de l'harmonie, le soin tout particulier avec lequel se trouvent traduits tour à tour les versets du psaume, enfin la réduction de l'accompagnement instrumental à une basse chiffrée, tout cela nous avait d'abord conduits à supposer que ce n° 118 avait pu être écrit par Mozart sous l'influence immédiate du P. Martini et du vieux style d'église bolonais ; sans compter qu'une lettre du père nous avait précisément parlé de l'habitude qu'on avait de réciter, tous les soirs, le *De profundis* dans cette villa de la comtesse Pallavicini, toute proche de Bologne, où les voyageurs avaient passé des semaines de l'été de 1770. Mais d'autres particularités du psaume de Mozart, que nous allons dire tout à l'heure, nous empêchent d'admettre cette hypothèse. En réalité, c'est durant l'année suivante, et après son retour à Salzbourg, que l'enfant nous a montré dans ce psaume de quel fruit avait été pour lui, naguère, son séjour à Bologne.

De ces particularités attestant l'origine salzbourgeoise du n° 118, la première est l'emploi, fait par Mozart pour sa partition manuscrite, d'un format de papier oblong à douze lignes dont nous avons vu qu'il s'était servi déjà, en 1771, pour ses trois sonates d'église n°⁰ 115, 116 et 117, et dont nous le verrons se servir encore pour plusieurs autres esquisses de musique religieuse qui, elles aussi, doivent sûrement dater du retour à Salzbourg. De plus, c'est seulement après coup que l'enfant s'est décidé à ne donner pour accompagnement aux voix qu'une basse chiffrée : car le manuscrit du British Museum nous fait voir, au-dessus des quatre lignes du chant, une ligne vide en tête de laquelle le petit Mozart lui-même avait écrit : *Violino I*ᵐᵒ *e II*ᵈᵒ. Il avait donc, d'abord, projeté d'adjoindre au chœur et à la basse une double partie de violon, ce qui ne s'accorde guère avec ses habitudes, purement

PREMIÈRE PAGE DE L'AUTOGRAPHE DU PSAUME "DE PROFUNDIS", (N° 118).

Composé par Mozart vers la fin de 1771.

(Londres, British Museum.)

vocales, de Bologne. Enfin, — pour ne rien dire du style même de
l'œuvre, — il faut observer que la partie de basse chiffrée, d'un bout à
l'autre du psaume, non seulement est parfois indépendante de la basse
chantée, mais atteste déjà, dans sa simplicité, une préoccupation évidente de l'accompagnement instrumental. Sans aucun doute, l'auteur
de cette partition n'est plus le petit élève docile du P. Martini, oubliant
momentanément son éducation salzbourgeoise pour concentrer toute
son âme dans la poursuite d'un idéal exactement conforme à celui de
son maître.

Et cependant, comme nous l'avons dit, l'influence de Bologne et du
P. Martini nous apparaît encore si profonde, dans cet admirable morceau, que nous ne pouvons pas songer un seul instant à admettre une
troisième hypothèse, suivant laquelle Mozart n'aurait écrit son *De profundis* qu'à la fin de l'année 1771, — ou au début de l'année suivante, —
malgré tout ce qu'aurait de séduisant pour nous l'idée d'associer la
composition de ce psaume funèbre aux nombreuses cérémonies qui ont
dû remplir alors les églises et chapelles de Salzbourg, pour honorer
la mémoire du pieux archevêque Sigismond, mort en ce mois de
décembre, le jour même où les Mozart revenaient de leur second voyage
d'Italie. De ce voyage, en effet, le petit Mozart reviendra avec une âme
nouvelle, déjà toute profane et « moderne », bien éloignée du
recueillement religieux qui se révèle à nous dans son *De profundis*
comme dans la plupart de ses œuvres vocales de la courte période
salzbourgeoise de 1771. C'est bien durant cette période, à peu de distance des *Litanies* n° 108 et du *Kyrie* n° 107 et de l'adorable *Offertoire*
de *saint Jean-Baptiste* n° 110, qu'a été écrit, pour une circonstance
malheureusement ignorée, ce très simple et très touchant *De profundis*,
pour le moins égal en pureté et en beauté religieuses à tout ce que
nous ont montré ces œuvres contemporaines.

Comme nous l'avons dit, Mozart, dans ce psaume, s'attache à suivre
de proche en proche la signification des paroles. Chaque verset donne
lieu, comme naguère dans le *Miserere* de Bologne, à une phrase distincte
du chant ; et si ce dernier reste constamment homophone, sous des
modulations d'une simplicité parfois déjà très savante et très expressive,
c'est évidemment que Mozart a voulu se rapprocher ici des traditions
du plain-chant, dont tout l'esprit se retrouve dans la sévère grandeur
de la ligne mélodique. Les quatre voix ne cessent pas d'avoir une importance égale, sans l'ombre d'un trait ni d'un ornement ; seul l'*Amen*,
après une curieuse harmonisation de la doxologie qui termine le psaume,
donne lieu à une légère cadence des deux voix supérieures. Tout cela,
comme nous l'avons dit, accompagné par la basse chiffrée avec une
discrétion voulue, mais qui déjà trahit par endroits la nouvelle ardeur
instrumentale du jeune garçon. Et jamais peut-être, dans aucune de
ses autres compositions religieuses, le petit Mozart ne nous a encore
aussi clairement prouvé, à la fois, l'étendue de sa dette de reconnaissance envers son vieux maître bolonais et la profonde originalité
poétique de son propre génie.

119. — *Salzbourg, entre avril et août* 1771.

Trois morceaux religieux sur une même feuille : 1° *Kyrie* en *ut majeur* pour quatre voix et basse ; 2° Morceau sans paroles écrit en *ut majeur* pour trois soprani et basse chiffrée ; 3° *Lacrimosa* pour quatre voix et basse.

> K. 221 et Anh. 21.
> Ms. à Berlin.

Écrits à la suite l'un de l'autre, sur le même papier (à 12 lignes) et de la même main que les trois sonates d'orgue nᵒˢ 115, 116 et 117 et le *De profundis* (n° 118), ces trois morceaux doivent évidemment dater de la même période. Le second et le troisième étaient manifestement destinés à faire partie d'une petite *Messe de Requiem ;* et il n'y a pas jusqu'au *Kyrie* initial en *ut majeur* qui, avec la gravité solennelle de son expression, ne puisse avoir été composé pour servir d'entrée à une messe de ce genre. Aussi bien savons-nous que l'un des grands seigneurs qui ont accueilli les Mozart au printemps de 1771, le comte Spaur, a commandé à l'enfant une messe qui, sans aucun doute, devait être destinée à un anniversaire funèbre. Nous croirions volontiers que, dès sa rentrée à Salzbourg, le petit Mozart se sera mis à la préparation de cette messe commandée, sauf pour lui à la laisser ensuite inachevée, et que les trois morceaux n° 119 appartiennent précisément à ces esquisses préparatoires du jeune garçon.

Ce sont, en tout cas, des morceaux extrêmement soignés, et qui, eux aussi, nous montrent à quel point Mozart, en 1771, conservait l'âme pleine des précieuses leçons du P. Martini. Tous les trois sont constamment traités en contrepoint, avec un souci évident de la « vocalité » du chant et de son expression. Dans le *Kyrie*, le *Christe* donne lieu à une phrase nouvelle, suivie d'une reprise variée de la belle phrase mélodique du *Kyrie*, — et sans que Mozart, pour cette fin de morceau, — ait pris la peine d'écrire les paroles du chant. Pareillement, il n'a écrit aucun mot sous les notes du second morceau, destiné à être chanté par trois voix égales de *soprani*. Dans le troisième morceau, quelques mots seulement nous apprennent qu'il s'agit d'un *Lacrimosa*. Mais le plus curieux est de voir avec quelle ardeur inconsciente le génie instru-

mental de Mozart le conduit, de proche en proche, à renforcer l'accompagnement de sa basse chiffrée, encore très sobre dans le *Kyrie*, pour
devenir déjà bien plus importante et plus libre dans les deux autres
morceaux.

120. — *Salzbourg, entre mars et juillet* 1771.

Deux hymnes en ut, pour quatre voix, avec accompagnement de
basse et orgue.

K. 326.

Ms. à Berlin.

I. *Justum deduxit Dominus.*
II. *O sancte, fac nos captare triumphum : adagio et vivace.*

Aucun document ne nous donne la date de ces deux hymnes : mais
leur autographe se trouve sur une feuille où, après la fin du second
hymne, sont esquissées deux autres compositions évidemment projetées
par Mozart à la même époque : un *trio* de violons et basse (ou une
sonate d'église) en *ré*, débutant en contrepoint, et un morceau également en *ré* pour 2 hautbois, 2 bassons, 1 violon, 2 altos et basses. Ces
esquisses dénotent, chez Mozart, au moment de la rédaction des deux
hymnes, à la fois des projets de *divertissements* avec instruments à
vent et une préoccupation d'employer le contrepoint dans la musique
instrumentale : ce sont deux indications qui, sans être bien concluantes,
n'ont rien qui contredise la date que nous supposons. Et cette date
nous paraît confirmée, d'un autre côté, par le style des deux hymnes,
qui sont proprement des exercices de contrepoint pareils à ceux où se
livrait Mozart pendant son premier séjour en Italie, mais avec un caractère d'aisance et d'extension mélodique où nous recommençons déjà à
ressentir l'influence de Salzbourg. Le premier hymne, en vérité, relève
encore tout à fait de la manière pratiquée par Mozart auprès du P. Mar-

tini ; le contrepoint, très simple, y consiste en imitations sur des sujets variés d'après la suite des paroles : mais le second hymne, *O Sancte*, est d'une allure beaucoup plus mélodique, avec un travail fugué sur l'*Alleluia* qui annonce déjà les grands *Amen* de la messe en *ut mineur* (n° 128), du début de 1772.

Au reste, un témoignage positif confirme notre hypothèse sur la date de ces deux chants : la feuille qui les contient est une feuille oblongue à douze lignes, — format que Mozart n'a guère employé, dans sa jeunesse, que pour les compositions du milieu de 1771 (n°ˢ 115-120).

QUATORZIÈME PÉRIODE

LE SECOND VOYAGE D'ITALIE

(13 AOUT — 15 DÉCEMBRE 1771)

Le 13 août 1771, Léopold Mozart et son fils se sont remis en route vers Milan, où le jeune maître avait reçu la commande de composer un ballet chanté pour les fêtes du mariage d'un archiduc, qui devaient avoir lieu dans les derniers jours d'octobre. De nouveau, quelques lettres des deux voyageurs nous renseignent sur les faits matériels de leur vie durant cette période ; et voici, dans ces lettres, tous les passages qui se rapportent, de près ou de loin, à la carrière artistique de Mozart :

Après un assez long séjour à Ala, chez le négociant Piccinni, et quelques jours passés à Vérone, les Mozart arrivent à Milan le 21 août. Le 24, Léopold écrit que le mariage princier doit avoir lieu le 15 octobre, et se plaint de ce que « le poème de la sérénade ne soit pas encore arrivé de Vienne ». Le même jour, Wolfgang, dans un billet à sa sœur, supplie celle-ci de « tenir une promesse qu'elle lui a faite », et il le lui demande en des termes si passionnés que, sans aucun doute, il doit faire allusion à l'objet du violent amour dont nous avons parlé précédemment. Le jeune homme ajoute : « Au-dessus de notre logement, ici, demeure un violoniste, un autre au-dessous, à côté de nous un maître de chant qui donne des leçons, enfin, un hautboïste dans la dernière chambre, en face de nous. Un tel voisinage est très gai pour composer : cela donne des idées ! »

Le 31 août, Léopold écrit : « Enfin le poème est arrivé ! Mais Wolfgang n'a encore rien composé que l'ouverture, consistant en un *allegro* assez long suivi d'un *andante*, lequel, déjà, aura à être dansé, mais par peu de personnes. Après quoi, au lieu du dernier *allegro*, il a fait une sorte de contredanse avec chœurs qui sera à la fois chantée et dansée. Le mois prochain sera bien occupé. Nous allons aller, tout à l'heure, faire visite à M. Hasse, qui vient d'arriver. » Un billet de Wolfgang, à la suite de cette lettre, contient une nouvelle allusion énigmatique à la demoiselle aimée, dont une note de Nissen nous apprend qu'elle était alors sur le point de se marier.

Lettre de Léopold, le 7 septembre : « Nous avons maintenant la tête pleine, car le poème nous est arrivé tard, et a dû encore rester quelques jours entre les mains du poète, pour toute sorte de petits changements. J'espère bien que la pièce réussira : mais notre Wolfgang est surchargé de travail, ayant aussi à composer le ballet qui relie les deux actes ou parties de la sérénade. »

Le 13 septembre, Léopold écrit :

Avec l'aide de Dieu, Wolfgang aura entièrement achevé dans douze jours sa sérénade, qui, d'ailleurs, est plutôt une *action théâtrale* en deux parties. Tous les récitatifs avec ou sans instruments sont déjà prêts, comme aussi tous les cœurs, au nombre de huit, et dont cinq seront à la fois chantés et dansés. Nous avons assisté aujourd'hui à la répétition de la danse, et avons fort admiré le zèle des deux maitres de ballet, Pick et Fabier. La première scène représente Vénus descendant des nuages, accompagnée de Génies et de Grâces. Déjà l'*andante* de la symphonie est dansé par onze femmes. Le dernier *allegro* de la même symphonie est un chœur de trente-deux choristes, et qui sera dansé, en même temps, par seize personnes, hommes et femmes. Il y a ensuite un autre chœur de bergers et bergères, figuré par d'autres personnes. Puis viennent des chœurs de bergers seuls, ténors et basses, et d'autres de bergères, soprani et contralti. Dans les dernières scènes, tout le monde se trouve réuni, Génies, Grâces, bergers et bergères, choristes et danseurs des deux sexes : et ces derniers dansent encore le dernier chœur. Je ne compte point là-dedans les danseurs solistes qui seront M. Pick et Mme Binetti, M. Fabier et Mlle Blache. Les petits *soli* qui se trouvent parmi les chœurs, tantôt pour deux soprani, tantôt pour alto et soprano, etc., seront également entremêlés de *soli* des danseurs et danseuses.

Les personnages de la cantate sont : *Vénus*, Mme Falchini, *seconda donna ; Ascanio*, signor Manzuoli, *primo uomo ; Silvia*, Mme Girelli, *prima donna ;* le grand prêtre *Aceste*, signor Tibaldi, ténor ; un Faune berger, signor Solzi, *secondo uomo.*

« *N. B.* — Au sujet de Venise, en 1773, j'ai déjà toutes les pièces en main. »

Et, en effet, Nissen reproduit un acte officiel rédigé à Venise, le 17 août 1771, par lequel le directeur de l'Opéra Eroica de Venise, Michel dall' Agata, demande au « signor Amadeo W. Mozart » d'écrire le second opéra du carnaval de 1773, « avec obligation de ne devoir écrire, antérieurement à cette date, pour aucun autre théâtre de la ville ». Le compositeur aura à « se trouver à Venise dès le 30 novembre 1772, pour être prêt à toutes les répétitions », en échange de quoi lui est promise une somme de 70 sequins.

Par le même courrier du 13 septembre, Wolfgang, très enrhumé, écrit à sa sœur : « Dis à Mlle W. de Mœlk que je me réjouis fort à l'idée de retourner à Salzbourg, afin de pouvoir obtenir de nouveau, pour mes menuets, un cadeau comme celui que j'ai reçu à son concert[1]. »

Lettre de Léopold, le 21 septembre :

C'est aujourd'hui que doit avoir lieu la première répétition avec orchestre de l'opéra de M. Hasse, qui, grâce à Dieu, se porte bien. La semaine prochaine, on répétera la sérénade : lundi, ce sera la première répétition des récitatifs ; les autres jours, on répétera les chœurs. Dès lundi, Wolfgang sera entièrement prêt ; Manzuoli vient souvent chez nous, Tibaldi presque tous les jours, vers onze heures, et ils restent à table jusque vers une heure, pendant que Wolfgang continue à composer. Tout le monde est très aimable, et témoigne la plus grande estime pour notre fils. En vérité, nous n'avons pas le moindre souci, car tous sont d'excellents et fameux chanteurs, et des gens intelligents. Cette sérénade est proprement un petit opéra ; l'opéra même de Hasse n'est pas plus long, car il aura à être allongé par les deux grands ballets exécutés après le premier et le deuxième acte, et dont chacun durera trois quarts d'heure.

Il y a deux jours la comédie italienne a dû cesser, afin que l'on puisse avoir le théâtre libre pour les préparatifs de la fête. Les acteurs de cette comédie étaient exceptionnellement bons, surtout dans les pièces de caractère et les tragédies.

A quoi Wolfgang, ajoute : « Je vais bien, mais je ne puis pas écrire beaucoup, parce que les doigts me font mal à force d'écrire de la musique... Il ne manque plus que deux airs à ma sérénade, et tout sera fini. »

Lettre de Léopold, le 28 septembre : « Nos vacances et divertissements ont maintenant commencé. Aujourd'hui a lieu la première répétition des chœurs seuls, et sans les instruments. J'espère que la composition de Wolfgang aura un grand succès : 1° parce que Manzuoli et les autres chanteurs sont ravis de leurs airs ; 2° parce que je connais ce que notre fils a écrit, et que je devine quel effet cela va produire, étant écrit le mieux du monde aussi bien pour les chanteurs que pour l'orchestre. »

Le 5 octobre, Léopold annonce qu'*Ascanio* a été de nouveau, la veille, répété en scène, et le sera encore le mardi suivant. Et sans doute le père doit avoir écrit à sa femme, ce jour-là, bien d'autres choses encore que les deux lignes publiées par Nissen, car son fils déclare, en post-scriptum, que « son papa lui a enlevé de la plume tout ce qu'il avait à écrire, l'ayant déjà écrit lui-même ». Il ajoute : « La signora Gabrielli est ici : nous irons la voir prochainement, afin de connaître ainsi toutes les chanteuses en renom. »

1. Les menuets dont parle ici Mozart, et dont Mlle de Mœlk l'aura sans doute récompensé par un baiser, sont probablement contenus dans une nombreuse série de menuets à danses inédits, composés tout au long de la jeunesse de Mozart, et sur lesquels nous aurons encore à revenir.

Lettre de Léopold, le 12 octobre : « Hier a eu lieu la quatrième répétition de la sérénade. Demain, ce sera la septième du *signor Sassone* (Hasse) ; et lundi, la première épreuve de la sérénade mise en scène. Nous avons à préparer deux partitions, pour l'empereur et pour l'archiduc : on les copie à la hâte, après quoi nous les ferons relier. »

Lettre de Léopold, le 19 octobre : « Avant-hier, le 17, la sérénade a obtenu un succès si merveilleux que l'on doit la rejouer aujourd'hui. L'archiduc vient encore d'en commander deux copies... En un mot, je le regrette fort, mais la sérénade de notre fils a tellement écrasé l'opéra de Hasse que je ne puis te le décrire. »

Du même, le 26 octobre : « Avant-hier, au théâtre, le public a été témoin de la façon dont l'archiduc et sa femme, à force d'applaudissements, ont fait répéter deux airs de la sérénade... Dimanche et lundi, celle-ci sera donnée de nouveau. » Et Wolfgang, dans un post-scriptum tout joyeux, ajoute que, de ces deux airs qui ont été bissés, « l'un est chanté par Manzuoli, et l'autre par la Girelli ». Le post-scriptum de l'enfant contient encore ce détail : « Le baron Dupin vient souvent chez la demoiselle qui joue du piano, ce qui fait que nous avons souvent l'occasion de nous voir. »

Le 2 novembre, dans une longue lettre dont Nissen n'a publié qu'un morceau tout en nous apprenant que les passages supprimés contiennent « une description de toutes les fêtes qui viennent d'avoir lieu », Wolfgang écrit : « Aujourd'hui, au théâtre, c'est le tour de l'opéra de Hasse : mais comme papa ne peut pas sortir, il m'est impossible d'y aller. Heureusement, j'en sais par cœur, à peu près tous les airs ; de sorte que je peux, de ma chambre, les entendre et les voir en pensée. »

Le 9 novembre, Léopold écrit : « Hier, nous avons dîné chez le comte Firmian avec M. Hasse. Celui-ci et notre Wolfgang ont été excellemment récompensés pour leurs compositions : en plus de l'argent qu'ils ont reçu, M. Hasse a obtenu une tabatière, et Wolfgang une montre garnie de diamants. »

Du même, le 16 novembre : « Je me serais déjà remis en route pour Salzbourg : mais l'archiduc désire encore causer avec nous, lorsqu'il reviendra de Varèse... Il est bien vrai que la sérénade a obtenu un succès extraordinaire : mais, avec cela, je doute fort que notre archevêque se souvienne de Wolfgang, lorsqu'une pension se trouvera vacante. »

Le 24 novembre, Léopold rapporte à sa femme que, « ce même jour, ils ont reçu la visite de Mysliweczek, arrivé de la veille, et qui doit écrire le premier opéra de la saison de carnaval ». Et il ajoute : « Hier, nous avons fortement fait de la musique chez M. de Mayer. » Dans son post-scriptum, ce jour-là, Wolfgang, raconte longuement un trait de vanité de Manzuoli, qui vient de quitter Milan par dépit de n'avoir pas obtenu le supplément d'argent réclamé par lui pour avoir chanté dans la sérénade.

La dernière lettre envoyée de Milan est du 30 novembre. Léopold y écrit : « Diverses circonstances me retiennent encore ici ; et puis, d'ailleurs, voici l'avent, où il n'y a point de musique à faire à la Cour de Salzbourg. »

Enfin deux billets, le premier daté d'Ala, le 8 décembre, l'autre de Brixen, le 11 du même mois, annoncent le prochain retour des voyageurs. De Brixen, Léopold écrit : « Nous ne pouvons arriver que lundi, car le comte Spaur, qui est ici, tient absolument à nous garder quelques jours. »

Rien à extraire, pour cette période, du récit de la sœur. Et rien à tirer, non plus, des lettres du vieux Hasse, qui, le 30 octobre, constate bien « l'insuccès complet » de son opéra, *Ruggiero* ou l'*Eroica Gratitudine*, mais ne fait plus aucune mention du jeune rival dont il est trop certain que la sérénade a vraiment « écrasé » son opéra. Tout au plus convient-il de noter ici le peu de vraisemblance de la tradition suivant laquelle le vieux maître, en entendant *Ascanio in Alba*, se serait écrié : « Ce gamin nous fera tous oublier ! » Et Mozart lui-même, de son côté, a beau nous apprendre « qu'il sait par cœur tous les airs de l'opéra de Hasse » ; nous pouvons être assurés qu'il « savait par cœur » toute œuvre musicale qu'il entendait ; mais l'art vénérable du *Sassone* était, désormais, trop archaïque pour pouvoir exercer sur lui une action bien profonde.

Après cela, les lettres des deux voyageurs, telles que nous venons de les citer, nous renseignent si abondamment sur la vie musicale de Mozart durant cette période, que nous pouvons presque nous passer de toute autre source d'information documentaire, à la condition seulement de confronter ces lettres avec l'œuvre authentique du jeune homme à la même période. S'arrachant brusquement au milieu artistique de Salzbourg, dont il recommençait à subir profondément l'empreinte, Mozart s'est trouvé transporté, à la fois, dans un monde nouveau et parmi des occupations nouvelles : retrouvant tout de suite en Italie non seulement l'atmosphère qu'il y avait respirée l'année précédente, mais encore un travail tout différent de ceux où il avait employé tous les mois passés. Et les lettres de son père nous apprennent, en outre, que ce travail d'*Ascanio* l'a complètement absorbé, dès l'instant de son arrivée à Milan jusqu'aux environs du 1er octobre 1771. Pendant six semaines, le jeune homme a été forcé de renoncer à tout ce qui n'était pas musique d'opéra italien ; entouré de chanteurs et d'instrumentistes locaux, il a forcément perdu contact avec l'art de son pays, et s'est replongé, au moins en grande partie, dans le même état d'esprit où nous l'avons vu, un an auparavant, pendant la composition de son *Mitridate*. Aussi, connaissant déjà l'étonnante mobilité de son génie, n'avons-

nous pas de peine à comprendre le changement qui va se manifester à nous dans les œuvres instrumentales composées par lui à
Milan après la terminaison de sa sérénade. L'effort que lui a
demandé ce petit opéra n'a pu manquer de produire sur lui une sorte
de réacclimatation italienne, un retour à ses dispositions de 1770.
Comparées notamment à sa dernière symphonie de Salzbourg, son
ouverture d'*Ascanio*, ses deux symphonies et son *concerto* milanais
nous frappent tout de suite par la disparition de cette tendance à
l'approfondissement musical que nous avons signalée chez lui pendant la période précédente. Et cependant, un esprit nouveau nous y
apparaît confusément, qui déjà nous prépare à l'intelligence de la
grande période symphonique de 1772. Mais, d'abord, il faut que nous
définissions en quelques mots les résultats qui vont se dégager pour
nous de l'analyse de sa sérénade.

Nous avons dit que celle-ci était surtout une façon d'opéra ; et le
fait est que ses airs s'apparentent encore de très près à ceux de
Mitridate, avec la même coupe un peu « modernisée », le même
caractère « vocal », — peut-être pourtant déjà moins sensible, — la
même allure brillante et souvent superficielle. Mais en même temps
qu'un petit opéra, *Ascanio* était aussi une manière de ballet : et ce
genre du ballet, c'est-à-dire de la traduction instrumentale d'une
action dramatique, répondait si directement au génie personnel de
Mozart, — comme le prouve déjà, dans *Ascanio*, la préférence
marquée du jeune maître pour cette partie de son œuvre, — que la
composition de la sérénade, au lieu de ramener pleinement celui-ci
dans les voies de la musique d'opéra, a surtout contribué à stimuler
en lui le goût d'une musique instrumentale moins poussée et profonde que celle de ses œuvres salzbourgeoises, mais toute légère et
piquante sous son style italien. De telle sorte que, déjà durant cette
période, comme plus tard durant la composition de *Lucio Silla*,
c'est bien encore de l'esprit italien que s'est nourri le jeune homme,
mais en recherchant désormais cet esprit plutôt dans la musique
instrumentale que dans celle de l'*opera seria*. Et nous allons voir, en
effet, que les symphonies et le concerto milanais de 1771, sans avoir
la haute valeur artistique des symphonies précédentes, attestent
cependant un vif désir de beauté instrumentale, et un désir qui n'aura
plus ensuite qu'à subir de nouveau le contact du génie allemand
pour donner naissance à une floraison merveilleuse de grâce, d'élégance, et de sensualité symphoniques.

Et ce n'est pas tout. Il faut noter encore l'heureux hasard qui,
durant cette période, a mis le jeune homme en rapports avec le seul
grand et vrai poète qu'il aura l'occasion de connaître durant sa
vie. Nous savons, par les lettres du père, que plusieurs fois des
retards se sont produits dans la composition d'*Ascanio*, par suite
de corrections apportées dans le poème de la sérénade ; et cela

signifie que, certainement, les Mozart ont dû entretenir des relations avec l'auteur de ce poème, qui se trouvait être l'un des plus grands et délicieux lyriques de toute la littérature italienne. Non seulement le commerce de l'abbé Parini ne peut manquer d'avoir exercé une action bienfaisante sur le goût et l'intelligence artistique du jeune Mozart : mais il n'est pas impossible d'admettre qu'une action plus directe et plus intime soit venue, au jeune homme, de l'œuvre et de la personne d'un poète qui, avec son mélange de pureté classique et d'aspiration romantique, était lui-même quelque chose comme le Mozart de la littérature de son temps et de son pays. Ajoutons à cette influence celle des angoisses amoureuses que nous laissent entrevoir les billets de Mozart : simultanément l'esprit et le cœur de celui-ci se sont alors ouverts à des horizons nouveaux, et le poète qui était en lui a décidément achevé de parvenir à la pleine conscience de soi[1]. Jugée en elle-même, — malgré la grâce légère des ballets chantés d'*Ascanio*, — l'œuvre de Mozart durant cette période n'a rien à nous offrir de bien remarquable : mais à peine le jeune homme aura-t-il remis le pied sur le sol de Salzbourg qu'aussitôt un Mozart imprévu et prodigieux se révélera à nous, un musicien poète qui, d'emblée, créera des chefs-d'œuvre immortels.

121. — *Milan, entre le 21 et le 31 août* 1771.

Symphonie (ouverture) en ré de la sérénade, Ascanio in Alba, pour deux violons, alto, deux flûtes, deux hautbois, deux cors, violoncelle et basse, trompettes et timbales.

K. 111.
Ms. à Berlin.

Allegro assai. — *Andante grazioso* (*en sol*). — *Allegro* (*avec un chœur*).

Un fragment de lettre de Léopold Mozart, cité plus haut, nous donne exactement la date de composition de cette ouverture. Le 31 août, quinze jours après l'arrivée à Milan, Léopold écrit : « Enfin le poème de la sérénade nous est parvenu ! Mais Wolfgang n'a encore rien com-

1. Il faudrait joindre encore, à cette influence de Parini, celle qu'ont sûrement exercée, à Milan, sur la formation intellectuelle et artistique de Mozart, ces « excellentes » représentations de comédie italienne où Léopold Mozart nous apprend que son fils et lui se sont fait une joie d'assister.

posé que l'ouverture, consistant en un *allegro* assez long suivi d'un *andante*, lequel, déjà, aura à être dansé, mais par peu de personnes. Après quoi, au lieu du dernier *allegro*, il a fait une sorte de contre-danse avec chœur qui sera, à la fois, chantée et dansée. » C'est donc dès le lendemain de sa rentrée en Italie, et avant de se mettre à composer la partition de sa sérénade, que Mozart s'est mis à en écrire l'ouverture ; et sans doute même il aura commencé celle-ci avant d'avoir connu le poème d'*Ascanio*, puisque ce poème « n'était pas encore arrivé de Vienne » à la date du 24 août, et que nous voyons que l'ouverture est terminée moins d'une semaine après. Aussi ne faut-il pas songer à chercher, au moins dans le premier *allegro* de cette ouverture, une signification se rapportant de près à celle de la pièce qui va suivre. Et cependant Mozart a dû, même avant d'écrire son premier *allegro*, connaître jusqu'à un certain point le sujet et le caractère général d'*Ascanio*, si nous en jugeons par l'allure brillante et légère de ce premier morceau, en comparaison du grand style tragique du premier *allegro* de l'ouverture de *Mitridate ;* sans compter que, pour l'*andante* et le finale avec chœurs, l'adaptation de la musique au sujet de la pièce nous apparaît déjà avec une évidence parfaite.

Mais si le caractère expressif du premier *allegro* diffère de ce que nous a fait voir l'ouverture de *Mitridate*, sa forme musicale, au contraire, s'en rapproche à tel point que l'on pourrait croire les deux morceaux composés durant la même période, sans que le second porte la moindre trace du travail de « germanisation » qui s'est accompli chez Mozart durant l'intervalle. C'est comme si le jeune homme, entre son opéra de 1770 et sa sérénade de 1771, n'avait pas subi, à Salzbourg, cette influence du génie allemand qui, de mois en mois, l'avait conduit à transformer sa conception du style symphonique. Au lieu des grandes idées élaborées et reliées l'une à l'autre que nous a manifestées, par exemple, la symphonie salzbourgeoise de juillet 1771, nous voici ramenés à une nombreuse série de petites idées juxtaposées, avec à peine quelques mesures de transition remplaçant les *développements* de la période précédente. Et non seulement ces idées, très simples et très nettes, ont de nouveau un cachet purement italien : leur instrumentation, elle aussi, se trouve pleinement revenue au style des symphonies italiennes de 1770. De nouveau, sauf quelques marches de basse, les deux violons se partagent tout le gros du travail musical, les altos recommencent à suivre les basses, et les instruments à vent, bien qu'ils restent constamment occupés, n'ont de nouveau qu'un rôle accessoire et impersonnel, trop heureux de pouvoir, çà et là, se charger d'une brève ritournelle rattachant deux idées. Ainsi le *maestro* italien de l'année précédente semble n'avoir pas changé, malgré ses cinq mois de séjour en Allemagne : tant la chaude atmosphère italienne l'a, tout de suite, reconquis et enivré ! Telle est, du moins, l'impression que nous donne l'apparence extérieure de cette ouverture d'*Ascanio :* mais quand ensuite nous pénétrons en elle, et que nous nous sentons, à notre tour, comme éblouis et grisés du charme sensuel de cette musique, merveilleusement lumineuse et limpide dans sa grâce juvénile, nous comprenons alors que ces mois de solide travail allemand n'ont pas été vains, et qu'au service de l'idéal italien

JEAN-ADOLPHE HASSE (1699-1783)

D'après une miniature de Félicité Hoffmann, appartenant à la Galerie Royale à Dresde

Mozart apporte, désormais, un esprit plus ouvert et une main plus sûre que pendant qu'il appartenait corps et âme au style des symphonistes italiens de son temps. Le premier *allegro* est fait de la juxtaposition de cinq idées, dont la dernière, seule, forme proprement un second sujet, étant suivie elle-même d'une longue ritournelle où les basses se livrent à un travail très fourni, sous des *trémolos* de violons. La troisième idée, avec son rythme syncopé, a pareillement l'allure d'une grande ritournelle, aboutissant à un effet harmonique déjà tout « mozartien », et d'ailleurs nouveau dans l'œuvre du maître. En guise de *développement*, une transition rapide et insignifiante : après quoi la rentrée s'effectue, à peine un peu variée d'une modulation mineure, et sensiblement abrégée par la suppression de la deuxième idée. Notons enfin, aux quatre dernières mesures, une *coda* répétant le rythme du premier sujet : ce rappel des premières notes d'un morceau à la fin de celui-ci sera désormais l'un des procédés les plus fréquents de la musique de Mozart, sauf à revêtir plus tard une extrême variété de formes, mais toujours résultant du même besoin profond d'unité artistique.

L'*andante*, très court, et déjà conçu comme une véritable figure de ballet, est fait de deux sujets dont l'un se répète quatre fois, tandis que l'autre nous est exposé dans l'intervalle des deux premières et des deux dernières répétitions du premier, un peu à la façon d'un trio de menuet ou d'un *développement* nouveau à l'italienne. Et ces deux idées, très simples et chantantes, énoncées par les violons que doublent délicieusement les flûtes et les hautbois, sauf même pour ces derniers à exécuter une petite ritournelle indépendante, ont une douceur si exquise, dans leur rythme balancé, que c'est comme si tout l'esprit de l'adorable pastorale mythologique de Parini s'y trouvait déjà résumé.

Quant à l'*allegro* final, celui-là n'est déjà plus que l'accompagnement d'un chœur ; et il est curieux de constater la liberté qu'y prennent, tout d'un coup, les instruments à vent, tandis que les violons sont chargés d'une nombreuse série de gammes ayant un caractère d'accompagnement théâtral. Comme l'*andante*, ce finale est fait de deux sujets, dont le second n'est exposé qu'une fois, tandis que le premier revient encore après l'autre, pour être suivi à son tour d'une longue *coda*.

122. — *Milan du 1ᵉʳ au 30 septembre 1771.*

Ascanio in Alba, Festa teatrale en deux parties, pour quatre soprani, un ténor, et chœurs, avec accompagnement de deux violons, alto, deux hautbois, deux bassons, deux flûtes, deux cors, deux serpentins, basse, deux trombones et timbales. — (Poème de J. Parini).

K. 111.
Ms. à Berlin.

Ouverture en ré : allegro assai (voir le n° 121).
Première partie. — I. Ballet : *andante grazioso (en sol).* — II. Chœur de Génies et de Grâces en *ré : allegro : Di te piu amabile.* — III. Air de Vénus (soprano) en *sol : allegro : L'ombra de rami tuoi.* — IV. Chœur de Génies et de Grâces en *ré :*

allegro : Di le piu amabile. — V. Récitatif et air d'Ascanio (soprano). Récitatif : *l'erchè tacer.* Air en *si bémol : Cara, lontano ancora : allegro.* — VI. Chœur de bergers en *sol : Venga, venga.* — VII. Reprise du chœur n° 6. — VIII. Air du Faune (soprano) en *la : Se il labbro : tempo grazioso.* — IX. Chœur de bergers et bergères en *la : Hai di Diana il core : allegro comodo.* — X et XI. Reprise du chœur n° 6. — XII. Air d'Aceste (ténor) en *si bémol : Per la gioja : allegro aperto.* XIII. Cavatine de Silvia (soprano) en *mi bémol : Si, si, si, ma d'un altro.* — XIV. Air de Silvia en *ut : Come e felice : allegro.* — XV. Reprise du chœur n° 6. — XVI. Air d'Ascanio en *ré : Ah, di si nobil alma : adagio* et *allegro.* — XVII. Air de Vénus en *la : Al chiaror : allegro.* — XVIII. Reprise du chœur n° 6. Seconde partie. — XIX. Air de Silvia en *sol : Spiega il desio : allegro.* — XX. Chœur de bergères en *ut : Gia l'ore senvolano,* et récitatif d'Ascanio et Silvia : *Numi? che fo.* — XXI. Air du Faune en *si bémol : Dal tuo gentil : allegro moderato* et *andante ma adagio* en *mi bémol.* — XXII. Air d'Ascanio en *mi : Al mio ben. Un poco adagio* et *allegro.* — XXIII. Récitatif et air de Silvia. Récitatif : *Ferma, aspetta.* Air en *mi bémol : Infelici affetti. Un poco adagio* et *allegro.* — XXIV. Chœur de bergères en *si bémol : Che strano evento.* — XXV. Air d'Ascanio en *fa : Torna mio bene : andante grazioso.* — XXVI. — Reprise du chœur n° 6. — XXVII. Air d'Aceste en *la : Sento che il cor allegro.* — XXVIII. XXIX et XXX. Chœurs de bergers, nymphes, et bergères en *ut : Scendi celeste Venere.* — XXXI. Trio de Silvia, Ascanio et Aceste en *si bémol : Ah caro sposo : andante.* — XXXII. Reprise abrégée du trio n° 31 : *Che bel piacere io sento.* — XXXIII. Chœur final en *ré : Alma Dea : allegro molto.*

On a vu déjà que cette sérénade a été composée par Mozart à Milan pour les fêtes du mariage d'un fils de Marie-Thérèse, l'archiduc Ferdinand, avec la princesse Marie-Béatrice de Modène. Elle a été représentée la première fois le 17 octobre 1771.

La sérénade, comme genre musical, avait la même origine que l'opéra bouffe, elle avait été d'abord destinée à servir d'intermède pendant les deux entr'actes de l'*opera seria.* Aussi avait-elle gardé, comme l'opéra bouffe, cette règle fondamentale : que tous les morceaux devaient y être plus courts et plus rapides que dans l'*opera seria.* Par contre, au lieu du caractère comique des morceaux de l'opéra bouffe, ceux de la sérénade devaient avoir un caractère tout concertant, sans aucun éclat de passion, et volontiers avec une couleur pastorale. La sérénade devait être quelque chose d'équivalent à nos ballets modernes, avec cette différence que le rôle actuel des instruments dans le ballet y était surtout tenu par les voix.

A ces règles du genre le petit Mozart s'est soumis avec sa docilité habituelle. Son *Ascanio,* suivant la formule, est entremêlé, à doses presque égales, de petits chœurs et d'airs, dont ni les uns ni les autres ne visent absolument à rien qu'à charmer les oreilles [1].

1. Résumons en deux mots l'action de la Sérénade :
Vénus descend du ciel avec son petit-fils Ascanio, et lui annonce qu'elle va lui donner pour femme la belle Silvia, issue de la race d'Hercule. De son côté, Silvia raconte au prêtre Aceste qu'elle a vu en rêve un beau jeune homme qui doit devenir son mari. Mais Ascanio, sur le conseil de Vénus, décide de cacher d'abord sa vraie qualité, afin d'éprouver le cœur de Silvia ; et celle-ci, en l'apercevant, hésite à reconnaître en lui le héros attendu. Enfin, après d'autres épreuves qui ne laissent pas d'affliger les deux jeunes gens, la reconnaissance a lieu, et Vénus, dans le *trio* final, enseigne au couple princier les devoirs qu'il aura à remplir envers ses nouveaux sujets.

Pour la plupart de ses airs, Mozart a adopté la coupe habituelle des airs de sérénade, qui peut être résumée ainsi : une première strophe, assez longue, et généralement formée de deux sujets juxtaposés ; une seconde strophe plus courte, avec un caractère plus déclamatif, et une reprise plus ou moins variée de la première strophe ; c'est comme si, pour abréger un air d'*opera seria*, on intercalait la seconde partie de l'air entre les deux parties de la première, de façon à n'avoir plus besoin du *da capo*. Cette coupe, — qui était d'ailleurs, comme nous l'avons vu dans *Mitridate*, celle des « petits airs », de l'*opera seria*, — se trouve employée dans onze airs d'*Ascanio*, les n°ˢ 3, 5, 12, 14, 17, 21, 23, 25, 27, 8 et 16 : dans le n° 8 la première strophe n'a qu'un seul sujet ; dans le n° 16, les deux sujets sont dans des mouvements différents. Par exception, un air de Silvia (n° 19) a la forme du grand air d'*opera seria* avec *demi da capo*. Le n° 13 est une *cavatine*, c'est-à-dire une sorte de *lied* à deux couplets, dont le second, un peu varié, commence déjà à la tonique, ainsi que cela aura toujours lieu désormais chez Mozart. Enfin l'air d'*Ascanio* n° 22, en *mi majeur*, est d'une coupe libre, dont Mozart faisait volontiers usage pour de petits airs du même ton : il est fait de quatre strophes alternées, la première *adagio*, la seconde *allegro*, la troisième *adagio*, mais en mineur, et ne rappelant la première que par son accompagnement ; la quatrième *allegro*, en majeur, étant une reprise variée de la seconde.

Dans tous ces airs, l'accompagnement garde encore une certaine réserve, mais déjà moins accentuée que dans *Mitridate* et même que dans la *Betulia liberata*. Aucune trace de caractérisation des personnages ; la déclamation des paroles toujours très juste, et les nuances de l'expression suffisamment variées, mais sans aucun effort trop marqué à adapter la ligne musicale au sentiment précis qu'indiquent les paroles. En somme, l'ensemble de ces petits airs est fort agréable, à défaut d'une réelle originalité ; et l'on y sent bien que Mozart garde encore son contact avec la musique vocale italienne.

Mais le grand charme de la sérénade lui vient de ses chœurs. Ceux-ci se répartissent en grands chœurs d'un style homophone, très brillants et parfaitement écrits pour les voix, et en une série de petits chœurs de bergers ou de bergères, souvent accompagnés par les seuls instruments à vent, et tout remplis d'imitations très simples mais très ingénieuses et gracieuses, variant à merveille leur rythme de danse à trois temps. De même encore le trio n° 31, après une première partie où les voix chantent séparément, devient un petit ensemble d'une grâce exquise, avec de légères cadences se répondant d'une voix à l'autre. Toute cette partie chorale d'*Ascanio* paraît avoir été écrite par Mozart avec beaucoup plus de plaisir et d'entrain que la partie proprement théâtrale. Quant aux récitatifs accompagnés, ils sont en général assez insignifiants. Le plus important est celui du n° 20, où, comme dans le récitatif de concert n° 84 une même figure revient plusieurs fois, dans l'accompagnement, avec des modulations expressives, et où, toujours comme dans le n° 84, les instruments à vent ont un rôle très fourni. Mais, là encore, l'intérêt musical et dramatique est loin d'égaler celui de certains récitatifs de *Mitridate*. En revanche, Mozart a intercalé entre les deux chants de l'air n° 21, que le Faune répète tout

entier une seconde fois, une sorte de petite cantilène récitative, en *mi
bémol*, *Se mai divieni amante*, dont l'expression à la fois tendre et plaintive, sous une légère figure d'accompagnement, évoque déjà certains
passages analogues de *Cosi fan tutte* et de la *Flûte enchantée.*

On a vu, dans un passage des lettres de Léopold Mozart, que le projet primitif de la représentation d'*Ascanio* comportait la composition
« d'un ballet qui devait relier l'un à l'autre les deux actes de la sérénade ». Nous ignorons malheureusement quelle suite à été donnée à ce
projet : car la partition autographe d'*Ascanio* n'offre aucune trace d'un
ballet intercalé entre les deux actes ; et Léopold Mozart, dans ses
lettres suivantes, ne fait plus aucune mention du ballet susdit. Peut-
être aura-t-on pensé, en fin de compte, que les nombreuses danses de
la sérénade suffisaient pour occuper le personnel du corps de ballet et
pour satisfaire la curiosité du public. Toujours est-il que nous ne connaissons aucune partition de Mozart qui corresponde à ce ballet intercalé : mais le Mozarteum de Salzbourg conserve une longue esquisse
d'un ballet de trente-deux figures intitulé : *Le Gelosie del Seraglio*, (K. Anh.
109), qui, à en juger par l'écriture, date sûrement de la jeunesse de
Mozart. Pour les deux premières figures, cette esquisse est écrite sur
deux lignes, dans le genre d'une partition de piano ; au delà, Mozart
ne note plus que la ligne du violon, avec, çà et là, une indication des
instruments à vent. En outre, cette esquisse porte, au début de chaque
figure, les noms des danseurs à qui Mozart la destine : « Pick, Casani,
Salomoni, la Binetti et la Morelli. » Or, cette esquisse ne peut avoir eu
d'autre objet que de servir pour le ballet intercalé dans *Ascanio* : car le
célèbre ballet de Noverre n'a qu'un seul acte, et, donc, sa représentation ne peut avoir été projetée que pour accompagner une œuvre dramatique donnant lieu à un seul entr'acte, ce qui exclut l'hypothèse
d'un ballet composé pour *Mitridate* ou pour *Lucio Silla*. Aussi ne saurait-
on trop souhaiter qu'une prochaine publication du travail considérable
de Mozart vienne compléter notre connaissance de cette légère et charmante partition d'*Ascanio.*

123. — *Milan, octobre ou novembre* 1771.

Final en ré de l'ouverture d'Ascanio in Alba, pour deux violons,
alto, deux flûtes, deux hautbois, deux cors, basse, trompettes et
timbales.

K. 120.
Ms. à Berlin.

Presto.

La date ni la destination de ce morceau ne nous sont connus avec cer- titude : mais l'identité absolue du papier et de l'écriture du morceau avec ceux de l'ouverture d'*Ascanio*, l'emploi d'une instrumentation toute pareille (avec les mêmes *trombe lunghe in D*) prouvent de la façon la plus sûre que nous avons là le premier des *finales* composés par Mozart, durant toute sa jeunesse, pour transformer en *symphonies* celles de ses *ouvertures* qui n'ont pas les trois morceaux réglementaires Ayant à faire exécuter des symphonies chez le comte Firmian et dans d'autres maisons milanaises, le jeune maître s'est avisé de produire, sous cette forme nouvelle, l'introduction de sa sérénade, où l'on se rappelle que le finale était remplacé par un chœur. Et quant à la date précise de la composition du finale, nous pouvons la mettre au plus près du 2 novembre 1771, en raison de l'extrême ressemblance de tous les rythmes de ce finale avec ceux de la symphonie n° 124, composée à cette date.

Le finale a la coupe d'un petit morceau de sonate, mais bien plus encore sa forme fait penser à la conclusion d'une scène dramatique. Non seulement, en effet, tout le morceau se suit sans aucune reprise, avec trois petits sujets séparés, à l'italienne, et quelques mesures de transition en guise de *développement* : mais, dans la rentrée, le retour un peu varié du premier sujet aboutit, sans trace des deux autres sujets, à une très longue *coda* nouvelle, pompeuse et brillante comme une cadence d'opéra. Le morceau paraît d'ailleurs avoir été écrit très vite, et offre à un très haut point l'allure d'un finale d'ouverture ita- lienne. Les instruments à vent n'y font que doubler le quatuor, les deux violons sont chargés de tout le gros du tissu musical, et souvent même travaillent à découvert ; mais on sent déjà une tendance à appa- renter les sujets ; et les idées mélodiques, en contraste avec l'insigni- fiance cursive des motifs rythmiques, ont une élégance et une grâce sensuelles des plus remarquables.

124. — *Milan, 2 novembre* 1771.

Symphonie en fa, pour deux violons, alto, deux hautbois, deux cors, violoncelle et basse.

K. 112.

Ms. dans une collection allemande.

Allegro. — *Andante* (*en si bémol, pour quatuor seul*). — *Menuetto et trio* (*en ut*). — *Molto allegro*.

L'autographe de cette symphonie nous apprend la date de sa compo-

sition. Mozart l'aura sans doute écrite pour une séance chez le comte
Firmian, où il l'aura fait exécuter en même temps que l'ouverture de
son *Ascanio* complétée du finale n° 123.

Nous avons dit déjà, dans l'introduction de la présente période, la
différence profonde qui apparaît aussitôt entre cette symphonie italienne et les œuvres salzbourgeoises de la période précédente. Il semblerait, au premier abord, que Mozart ne soit pas retourné en Allemagne
depuis l'année précédente, et n'ait jamais cessé de suivre la voie où nous
l'avons vu engagé pendant ses premiers séjours à Milan et à Rome. De
nouveau, les répétitions de phrases deviennent presque constantes, les
deux violons se détachent éminemment du reste de l'orchestre, les instruments à vent, très occupés, se bornent à doubler les cordes ; de
nouveau les sujets sont nettement séparés, chacun accompagné de sa
ritournelle ; et, par-dessous tout cela, l'allure brillante et facile des
morceaux et leur expression, plus gracieuse que profonde, nous
montrent Mozart reconquis par ce goût italien qui l'a séduit et accaparé
l'année précédente. Peut-être même l'influence italienne va-t-elle, cette
fois, jusqu'à faire disparaître du cœur de Mozart ce goût passionné
pour le contrepoint qui, né à Bologne sous l'action du P. Martini, n'en
était pas moins tout à fait contraire au ¿où nouveau du public milanais.

Mais s'il est trop vrai que cette influence italienne règne de nouveau
pleinement chez Mozart, la manière dont elle est subie désormais n'est
plus ce qu'elle était en 1770. Comme nous l'avons dit plus haut, le jeune
homme n'en est plus à concentrer toute son attention sur la musique de
l'opéra italien ; et c'est aux œuvres instrumentales des maîtres de l'Italie
de son temps que va désormais sa curiosité. Nous sentons, d'un bout à
l'autre de la symphonie, une préoccupation de l'effet proprement « symphonique » qui, déjà, fait ressembler les divers morceaux bien plutôt
aux symphonies salzbourgeoises de 1771 qu'aux symphonies écrites
naguère à Milan et à Rome. L'invention des idées et leur mise au point,
la répartition du rôle des instruments, l'emploi même des instruments
à vent, pour médiocre qu'il soit, tout cela dénote non seulement un progrès considérable dans l'expérience du jeune homme, mais encore
un souci beaucoup plus marqué du langage propre à la musique
orchestrale. Et nous devons ajouter que sans cesse, au cours des morceaux, de menus détails viennent nous rappeler que les précieuses
leçons du récent séjour à Salzbourg sont loin d'être aussi oubliées qu'on
pourrait d'abord le supposer. Par exemple, Mozart ne se contente plus,
comme naguère en Italie, d'un rapide passage nouveau pour tenir lieu
du *développement :* et nous le voyons ici, au moins dans le premier
morceau, tâcher déjà à unir son *développement* au reste de l'*allegro* en
lui donnant pour thème la ritournelle qui terminait le second sujet avant
les barres de reprise ; et nous le voyons aussi, d'autre part, s'ingénier
à varier ses reprises, non pas, comme il faisait à Salzbourg, par une
extension ou un remaniement considérables de l'un des sujets, mais par
une série continue de petites modifications expressives, souvent à
peine sensibles, et qui cependant nous montrent toujours un louable
désir de renouveler l'agrément de l'oreille. En un mot, cette symphonie a beau être d'une portée et d'une intention manifestement inférieures

à celles des symphonies allemandes qui l'ont précédée : courante et
facile, sans doute improvisée, elle a, dans son genre, une perfection
musicale qui ne permet point de la classer à côté des œuvres encore
toutes juvéniles de 1770.

Les répétitions constantes des phrases, le rôle subordonné des basses,
qui commençaient à s'émanciper hardiment dans les symphonies précédentes, l'insignifiance relative des parties d'instruments à vent, tous
ces signes du retour de Mozart au style italien nous frappent dès.le premier morceau : mais nous y sommes frappés aussi du caractère plus
ample de l'idée mélodique, et du plus de soin apporté à son traitement.
C'est ainsi que ce morceau ne comporte plus, en réalité, que deux sujets,
mais dont chacun est suivi d'une longue ritournelle ; et la ritournelle
du second n'est pas seulement d'une grâce sensuelle tout originale,
c'est d'elle encore que Mozart va tirer son *développement*, suivant un procédé italien qui sans doute l'aura amusé à rencontrer chez un des maîtres
du temps, car nous allons le voir y recourant de nouveau dans d'autres
œuvres de la même période. Ce *développement*, très court, commence
d'ailleurs encore par une entrée en imitations, dernier souvenir
des deux années passées à l'étude du contrepoint. Et nous avons dit
déjà comment, dans la reprise, Mozart s'attache à varier l'agrément
de sa musique par toute sorte de petites modifications pratiquées
çà et là.

L'aimable *andante*, écrit de nouveau pour les cordes seules, a tout à
fait l'allure d'une cavatine d'opéra, avec un unique sujet sur lequel est
fait encore le *développement*, en guise de petit couplet intermédiaire.
Dans la reprise, toujours le même procédé de menus changements
expressifs, relevé ici de l'addition de deux mesures nouvelles.

A propos du menuet suivant, nous devons d'abord signaler la réapparition du menuet jusque dans une symphonie italienne, de même que
nous aurions dû signaler, dans les deux morceaux précédents, l'emploi
de barres de reprise, abandonné dans les symphonies italiennes de 1770.
A noter encore le rythme syncopé de la première partie du menuet, et
surtout l'innovation, très importante pour plus tard, qui consiste à ne
reprendre que la seconde moitié de la première partie du menuet pour
terminer la seconde. Jusqu'ici, nous avons vu Mozart partagé entre deux
méthodes, qu'on pourrait appeler la *viennoise* et l'*italienne*. Ou bien il
répétait intégralement la première partie de son menuet après la seconde
ou bien il donnait à cette seconde partie une allure toute nouvelle, sans
y rien rappeler de la première. Mais ici, pour la première fois d'une
façon formelle, il s'avise d'un troisième parti, qui désormais lui deviendra de plus en plus familier. Pour relier l'une à l'autre les deux parties
du menuet, il ramène, vers le milieu de la seconde, la dernière moitié
de la partie précédente, faisant ainsi des deux parties comme deux
strophes différentes terminées par le même refrain.

Quant au finale, c'est un petit *rondo* où Mozart, sans doute par l'effet
d'une improvisation hâtive, revient à la vieille coupe du *rondeau* de
Chrétien Bach, avec un grand trio mineur suivi d'une reprise de la première partie. Le thème principal, comme nous l'avons dit déjà, est d'un
rythme tout pareil à celui du finale écrit pour l'ouverture d'*Ascanio* n° 123 ;
et il convient encore de relever dans ce finale, l'emploi à découvert des

hautbois pour de petites ritournelles, tout à fait comme dans une autre
symphonie en *fa* que nous allons étudier tout à l'heure.

125. — *Milan, entre août et décembre* 1771.

Symphonie en fa, pour deux violons, alto, deux hautbois, deux
cors, violoncelle et basse.

K. 98.
Ms. perdu.

Allegro. — Andante (en si bémol). — Menuetto et trio. — Presto.

Non seulement nous ignorons la date précise de la composition de
cette symphonie, dont le manuscrit est perdu ; on a même douté qu'elle
fût de Mozart. En réalité, toute sa musique atteste infailliblement la main
et l'esprit de Mozart, et c'est sans la moindre hésitation que nous l'accueil-
lons ici : mais la date de sa composition serait assez difficile à établir
exactement si nous ne trouvions, dans la plupart des morceaux, un certain nombre de particularités absolument semblables à celles que nous
venons de signaler dans l'ouverture d'*Ascanio* et surtout dans la symphonie milanaise n° 124. Répétition incessante des phrases, médiocrité
du rôle des basses, et limitation du rôle libre des hautbois à de petites
ritournelles, longues cadences après les sujets, accompagnements continus des seconds violons sous le chant des premiers, sauf le cas fréquent où les deux violons vont à l'unisson ; tout cela et d'autres détails
encore indiquent, très vraisemblablement, une origine italienne : et, en
outre, voici une série de points sur lesquels une ressemblance frappante
nous apparaît entre cette symphonie et les trois grandes œuvres instrumentales composées sûrement à Milan pendant l'automne de 1771 (c'est-à-
dire l'ouverture d'*Ascanio*, la symphonie n° 124 et le concerto n° 126) : 1° le
développement du premier morceau, absolument comme dans celui de
la symphonie 124 est fait sur la ritournelle qui précède les deux barres ;
2° les reprises, dans les trois morceaux principaux, sont variées par une
foule de petits changements à peine sensibles, mais répartis sur toute
l'étendue desdites reprises, procédé que nous avons signalé dans la symphonie n° 124, et qui va nous apparaître de nouveau dans le concerto
n° 126 ; 3° le menuet nous offre un rythme syncopé pareil à celui du
menuet de la symphonie précédente, et les instruments à vent y sont
plus occupés que dans les autres morceaux, ce qui est également le cas
pour le menuet du n° 124 ; 4° enfin des pauses et points d'orgue, dans
les divers morceaux du n° 125, rappellent des arrêts analogues dans les
trois autres œuvres susdites de la même période. Sans compter une
allure générale que nous ne saurions définir, mais qui saisit le lecteur

dès le premier abord, et achève de rendre manifeste la parenté de la symphonie présente avec les œuvres que nous venons de citer. Mais, avec cela, il faut bien reconnaître que le n° 125 nous offre une ou deux autres particularités qui ne se retrouvent pas dans les œuvres en question, et qui semblent révéler plus directement l'influence allemande de Joseph Haydn. C'est ainsi que, par exemple, le *trio* du menuet est dans le même ton que ce dit menuet ; et le *presto* final, avec son rythme continu de triolets, évoque irrésistiblement le souvenir de plusieurs finales de Joseph Haydn, dont l'un terminant une symphonie en *ut*, (n° 41), qui doit avoir été écrit précisément en 1770 ou 1771. De même encore Mozart, dans son menuet, va reprendre toute la première partie après la seconde, et puis ne fera plus de reprise dans le trio, suivant une coupe toujours employée par lui dans ses symphonies salzbourgeoises de 1771, tandis que ses menuets milanais nous le montrent ne reprenant plus que la seconde moitié de la première partie. D'où nous serions tentés de conclure que cette symphonie a encore été conçue plutôt à Salzbourg, vers juillet ou août 1771, puisque nous avons vu que, en juillet de cette année, l'œuvre de Joseph Haydn a exercé sur le jeune Mozart une influence dont la trace ne reparaîtra plus désormais que vers le milieu de l'année suivante ; et que, à Milan, Mozart s'est hâté de mettre sur pied l'œuvre ainsi ébauchée avant son départ, après quoi il a composé, avec déjà un esprit italien tout dégagé du souvenir de Joseph Haydn, la symphonie n° 124. Mais ce que l'on peut affirmer à coup sûr, c'est que le n° 125 n'a pu être écrit qu'à Milan, et durant l'automne de 1771 — sauf peut-être à avoir été laissé inachevé, et simplement noté dans ses lignes principales : car l'absence du manuscrit ne nous permet pas de savoir si tout le travail de la mise au point est de la main de Mozart.

Le premier morceau est fait de deux petits sujets dont chacun, après s'être répété deux fois, est suivi d'une longue ritournelle, comme dans le n° 124 : mais, ici, chose curieuse, c'est la même ritournelle en triolets qui sert pour les deux sujets ; après quoi, comme nous l'avons dit, le *développement* est encore fait sur ladite ritournelle, toujours de même que dans le n° 124. Ce *développement* aboutit à une mesure de transition remplie à découvert par les vents ; et puis, toujours encore comme dans les n° 124 et 126, la rentrée nous présente une nombreuse série de petits changements, portant aussi bien sur le second sujet que sur le premier. Le rôle libre des instruments à vent se borne à la susdite mesure de transition, et les basses elles-mêmes, souvent doublées par l'alto, collaborent beaucoup moins activement avec les violons que dans les symphonies de la période précédente : mais, tout comme dans ces symphonies, elles reprennent volontiers, en une sorte de dialogue, des passages exposés d'abord par les violons.

L'*andante* est une manière de barcarolle d'un rythme très gracieux, tout à fait propre à Mozart, et qui suffirait à lui seul pour justifier l'attribution à ce dernier d'une symphonie où maints détails font songer à Joseph et à Michel Haydn. Dans les deux sujets de cet *andante*, les basses, unies à l'alto, accompagnent le chant des violons (simplement doublés par les hautbois) d'une façon qui rappelle l'*andante* de l'ouverture d'*Ascanio*. Le *développement*, ici comme dans le n° 124, est fait sur le premier sujet, mais d'ailleurs ne tarde pas à amener la *rentrée*, toujours variée de proche en proche, suivant un procédé que la présente période est seule à nous faire voir, dans toute l'œuvre de jeunesse de Mozart.

Le menuet, lui, tout en ressemblant beaucoup par son rythme (et notamment les syncopes de son accompagnement) à celui du menuet du n° 124, se ressent directement de l'influence de Joseph Haydn; et c'est encore à l'exemple de celui-ci que Mozart conserve, pour le trio, le ton du menuet. Mais, toujours poursuivi de son désir d'unité musicale, dont nous avons reconnu la trace dans le menuet du n° 124, Mozart, ici, s'avise d'accentuer cette communauté de ton entre le menuet et le trio en terminant ce trio exactement par la même cadence qui terminait les deux parties du menuet.

Quant au finale, c'est une *tarentelle*, poursuivie indéfiniment par les deux violons, avec parfois de brusques silences (dont l'un de deux mesures), après lesquels le même rythme recommence infatigablement. Et ce n'est pas seulement cette allure continue qui dérive en droite ligne de la susdite symphonie de Joseph Haydn : il n'y a pas jusqu'aux modulations du *développement* qui ne se retrouvent dans le finale de cette symphonie, attestant chez Mozart l'intention expresse d'imiter le maître d'Esterhaz, à qui, d'ailleurs, le jeune garçon doit avoir emprunté aussi ce procédé de petites variations de toute la reprise que nous découvrons, une fois de plus, employé dans le finale du n° 125. Et nous devons ajouter que, dans ce finale, la disproportion est si sensible entre l'importance du rôle des violons et l'insignifiance des autres parties que nous sommes fortement tentés de croire que Mozart a laissé ce finale simplement ébauché (avec la partie des violons seule écrite, comme pour son esquisse du ballet intercalé dans *Ascanio*), après quoi il a préféré composer, dans le même ton, une autre symphonie (n° 124), plus purement italienne.

126. — *Milan, novembre* 1771.

Concerto ou divertissement en mi bémol, pour deux violons, alto, deux clarinettes, deux cors et basse.

K. 113.
Ms. à Berlin.

Allegro. — *Andante* (en si bémol). — *Menuetto et trio* (en sol mineur). — *Allegro.*

La date de ce « concerto » nous est donnée sur le manuscrit (à Berlin) qui est intitulé, de la main même de Mozart : *Concerto ossia Divertimento*. En réalité, il s'agit ici d'une de ces petites *cassations* qui étaient alors d'un usage bien plus fréquent à Salzbourg et à Vienne qu'en Italie; et le mot de « concerto », employé par Mozart pour le définir, nous révèle que ce

genre apparaissait encore, au public italien, comme la continuation du
concerto instrumental des maîtres anciens. Le fait est que Mozart, ici,
se conforme encore évidemment à cette ancienne conception du concerto
qui voulait que tous les instruments eussent leurs *soli* bien distincts,
et non seulement les clarinettes et les cors, mais aussi chacun des deux
violons, et l'alto, et la basse. Et cependant l'esprit des divers morceaux,
dans l'œuvre de Mozart, est déjà tout moderne, par la façon dont les
divers *soli* se trouvent enchâssés dans un même tissu musical, soit
que les instruments se répondent en dialogue ou que l'idée exposée
par les uns ait aussitôt sa contre-partie dans le langage des autres. De
telle sorte que les quatre morceaux nous offrent l'aspect d'un petit
sextuor ayant la coupe traditionnelle des œuvres de musique de chambre du temps, avec des barres de reprise suivies d'un *développement*
et d'une rentrée régulière de la première partie. Il faut seulement noter
que, ici, comme dans les symphonies n° 124 et 125, les rentrées présentent la particularité curieuse d'être variées au moyen de petits changements de rythme ou d'expression s'étendant aussi bien sur le second
sujet que sur le premier. Par contre, les *developpements* du premier et du
second morceau ont encore pour thèmes des idées toutes nouvelles, à la
manière italienne : et l'emploi de ce procédé, ainsi que l'abondance des
idées mélodiques juxtaposées, et jusqu'au caractère de celles-ci, tout
cela est assez différent de ce que nous ont fait voir les symphonies précédentes pour nous porter à supposer que Mozart a eu sous les yeux
une œuvre italienne du même genre, et s'en est inspiré directement, selon
sa coutume.

Ce qui nous amène à nous demander pour quel usage a pu être composé ce concerto. Peut-être Mozart l'a-t-il écrit à l'intention du brillant
public autrichien qui a dû se presser aux fêtes du comte Firmian après
le mariage de l'archiduc. Mais peut-être aussi Mozart aura-t-il écrit son
concerto pour l'une des soirées musicales de ce M. de Mayer (sans doute
un Allemand fixé à Milan) chez qui les Mozart, d'après une lettre de
Léopold, « ont fortement fait de la musique le 23 novembre[1] ». En tout
cas il importe de signaler la coïncidence de ces deux faits : la fréquentation de milieux allemands durant ce troisième séjour milanais des
Mozart et le grand nombre d'œuvres instrumentales composées par lui
durant ce séjour. Le jeune maître a « fortement fait de la musique »,
à Milan, entre l'achèvement de son *Ascanio* et sa rentrée à Salzbourg :
mais tout porte à croire que, cette fois, il en a fait surtout chez des
Allemands, et surtout sous la forme de musique instrumentale. Les nombreux airs des périodes précédentes sont remplacés, cette fois, par des
symphonies et un concerto. Au lieu de le détourner de sa passion croissante d'instrumentiste, ce voyage de 1771 ne fait encore que l'y encourager; et ainsi nous nous expliquons que, dès son retour en Allemagne,
toute trace disparaisse chez lui du compositeur d'opéras italien qu'il a été
pendant deux ans, et que nous voyions surgir, en son lieu, un admira-

---

1. Cette hypothèse nous paraît confirmée par la présence de deux parties de
clarinettes : car l'absence de ces parties dans l'orchestre d'*Ascanio* semble bien
prouver que c'est chez un amateur privé de Milan que Mozart a rencontré des
des personnes sachant jouer de ce' instrument, encore très rare.

ble symphoniste encore tout imprégné, d'abord, du style italien, mais bientôt de plus en plus livré aux grandes influences de son pays.

Quant aux parties des instruments à vent, dans le concerto, nous devons avant tout faire remarquer que c'est ici la première fois que Mozart a eu l'occasion d'écrire pour la clarinette. Mais on se souvient aussi que, à Londres, il a pris la peine de trancrire de sa main toute une symphonie d'Abel qui comportait une partie concertante pour la clarinette. En effet le rôle de cet instrument, dans le concerto, est fort bien adapté à ses ressources propres ; et Mozart a très habilement associé son timbre avec celui des cors, qui lui était familier depuis longtemps. Nous savons d'ailleurs que, plus tard, à Salzbourg, Mozart a transcrit les parties des clarinettes pour deux hautbois, en y ajoutant deux parties de basson.

Le premier morceau est fait de trois idées, qui toutes appartiennent proprement aux violons, sauf pour les clarinettes et les cors à se charger des transitions et des ritournelles : tandis que le *développement* est déjà une sorte de dialogue entre les violons et les vents. Et nous avons dit comment, après cela, la rentrée se trouve variée tout au long par de petites nuances expressives.

Dans l'*andante*, les clarinettes, simplement accompagnées par les basses exposent entièrement le premier sujet, suivant la manière des anciens concertos ; et les cordes leur répondent, renforcées par les cors, sous la forme d'un second sujet mélodique. Dans le *développement*, le dialogue reparaît entre les cordes et les vents (toujours sur un thème nouveau) ; après quoi les clarinettes ne reprennent que la seconde moitié du premier sujet, suivie d'une reprise, sensiblement variée, du second sujet par les violons.

Le menuet, également dialogué entre les vents et les cordes, nous fait voir, à nouveau, une tentative de Mozart pour remanier la coupe de ce genre de morceau : ici, ce n'est plus, comme dans le n° 124, la seconde moitié de la première partie qui est reprise après la seconde, mais bien la première moitié, d'ailleurs très changée, en façon de *coda*. Et au contraire, dans le trio (qui n'a de remarquable que son accompagnement libre d'alto, et surtout sa tonalité de *sol mineur* après le ton de *mi bémol*), c'est la seconde moitié de la première partie qui se trouve reprise. Il s'opère dans l'esprit de Mozart, durant toute cette période, un travail évident de recherches et de tâtonnements au sujet du menuet ; et rien n'est plus curieux que d'en noter les diverses manifestations successives.

Le finale, en morceau de sonate, d'une mélodie et d'un rythme tout allemands, avec d'incessantes répétitions à l'italienne, est fait de deux sujets nettement séparés, mais tous deux exposés en dialogue entre les vents et les cordes. Le *développement*, par exception, a pour thème le premier sujet, avec une modulation mineure assez intéressante : puis la *rentrée* se produit, toujours un peu variée, et aboutissant à quelques mesures nouvelles de *coda* où les violons laissent la parole aux clarinettes. Tout ce morceau est d'ailleurs très brillant et sonore, renforçant à merveille l'impression, toute mondaine, du concerto entier.

QUINZIÈME PÉRIODE

LE SYMPHONISTE

(SALZBOURG 16 DÉCEMBRE 1771-24 OCTOBRE 1772)

Voici de nouveau les Mozart rentrés à Salzbourg, et, cette fois, pour y demeurer beaucoup plus longtemps, puisque leurs engagements avec des théâtres italiens ne se rapportaient qu'au carnaval de 1773. De nouveau, pendant toute cette période, la correspondance familiale des deux voyageurs va s'interrompre; et de nouveau nous allons être à peu près entièrement dépourvus de données positives sur les faits de leur vie. Notre ignorance, cependant, n'est pas aussi complète pour cette période que pour la précédente : faute de savoir exactement ce qu'a été l'existence privée du jeune maître, jusqu'à son troisième départ pour l'Italie, nous connaissons du moins un certain nombre de faits de la vie publique de Salzbourg qui, s'ajoutant à ce que nous révèlent, par ailleurs, les œuvres datées de Mozart, nous permettent de nous représenter assez exactement ses occupations d'alors, et l'état d'esprit qu'il y a apporté.

Le jour même où les Mozart rentraient à Salzbourg, le 16 décembre 1771, le bon archevêque de cette ville, Sigismond de Schrattenbach, mourait, et le siège princier de Salzbourg devenait vacant. Léopold Mozart s'est toujours exprimé assez aigrement sur l'archevêque Sigismond, et il se peut, en effet, que celui-ci n'ait pas apprécié autant qu'il l'aurait dû le mérite d'un père qui avait mis au monde un fils aussi bien doué. Mais il ne faut pas que le génie du fils nous fasse oublier la profonde et lamentable médiocrité du père : sans compter que les absences fréquentes de celui-ci et la vanité qu'avait éveillée en lui les hommages universellement accordés à ses enfants, tout cela n'avait pas pu manquer de faire de lui un serviteur de qualité assez pauvre : ce qui nous explique, à la fois, et l'amertume du serviteur et le mécontentement du maître. Mais la vérité n'en est pas moins que, surtout lorsque nous comparons l'archevêque défunt à son successeur, la mort de Sigismond nous apparaît comme un événement des plus fâcheux pour la formation et l'encouragement du génie artistique du jeune Mozart.

Le vieil évêque avait, en effet, deux qualités également précieuses, et qui allaient faire également défaut à son successeur : il était profondément religieux, et, en même temps, avait un goût passionné pour la musique. Grâce à lui, la musique religieuse était plus en honneur à Salzbourg que, peut-être, dans aucune autre ville de la chrétienté ; et surtout cette musique y conservait encore un caractère vraiment religieux, éloigné de l'esprit profane et mondain qui était en train d'envahir l'église dans le reste de l'Europe. Et non seulement Sigismond de Schrattenbach aimait que la musique d'église fût digne de l'église : élevé dans les habitudes artistiques de naguère, il entendait que la musique profane elle-même, à sa Cour, demeurât fidèle aux traditions anciennes, c'est-à-dire sérieuse et honnêtement travaillée, au lieu du nouveau style « galant » qui commençait à se répandre de tous côtés. Les grandes messes, les oratorios, les symphonies, tout cela florissait à Salzbourg, sous son influence, et tout cela n'allait point tarder à disparaître, sous l'influence de son successeur, pour le plus grand dommage du génie de Mozart. Si l'évêque Sigismond avait vécu plus longtemps, le jeune maître aurait continué à s'entretenir dans les dispositions sérieuses, et vraiment musicales, dont le séjour même de l'Italie d'alors n'était point parvenu à le détourner. Il aurait apporté une ardeur et un idéal tout autres qu'il allait le faire bientôt à cette musique d'église dont il devait reconnaître, aux dernières années de sa vie, qu'elle convenait à son tempérament plus que toute autre musique, et qu'il ne se consolerait point de l'avoir abandonnée. Et pareillement, dans la musique instrumentale, nous n'aurions pas eu la tristesse, qui nous sera bientôt réservée, de le voir renoncer pendant les plus belles années de sa jeunesse aux genres de la symphonie et de la grande sonate pour se livrer tout entier à la composition de sérénades, divertissements, et autres variétés de la « galanterie ». Sans compter que le bon évêque n'aurait point manqué, avec le temps, de découvrir à quel point le génie du fils rachetait l'insuffisance professionnelle du père : ce qui aurait épargné au jeune Mozart les humiliations et ennuis de toute espèce dont allait bientôt l'abreuver le nouvel évêque.

Mais ce n'est pas encore, pour nous, le moment d'étudier la mauvaise influence de celui-ci, qui d'ailleurs n'a été élu que le 14 mars 1772, et dont les relations avec le jeune Mozart, durant cette première année, semblent bien n'avoir consisté que dans la commande de la cantate destinée à fêter son installation. A moins, cependant, que le grand nombre et l'importance des symphonies composées, cette année là, par le jeune homme aient été inspirés par le désir, chez Mozart, de montrer à son nouveau maître l'étendue de son talent. En tout cas, il convient que nous revenions maintenant aux quelques renseignements documentaires conservés touchant cette période de la vie de Mozart.

C'est en 1772 que le musicien et voyageur anglais Burney, dont les notes nous ont été infiniment précieuses pour notre connaissance de la musique italienne en 1770, a fait une tournée du même genre à travers l'Allemagne. Malheureusement, au sortir de Munich, il s'est dirigé vers Linz et Vienne par le chemin de Passau, et s'est adressé à un correspondant, — que du reste il ne nous nomme point, — pour l'approvisionner de détails sur le monde musical de Salzbourg. Le correspondant, comme on va le voir, s'est exprimé en termes étrangement malheureux sur l'avenir réservé au jeune Wolfgang ; mais nous n'en devons pas moins signaler ce fait curieux que, dans son rapport sur la musique de Salzbourg, il ne trouve guère à parler que du jeune maître. Voici, d'ailleurs, tout le passage de Burney se rapportant à ce sujet :

L'archevêque et souverain de Salzbourg se montre très généreux dans la protection qu'il accorde à la musique, ayant habituellement à son service près de cent exécutants, aussi bien chanteurs qu'instrumentistes. Ce prince est lui-même un dilettante, et joue bien du violon. Il a été en grande peine, ces temps derniers, pour réformer sa chapelle, que l'on a accusée d'être plus remarquable par le bruit et la rudesse que par la délicatesse et le fini de son exécution. Le signor Fischietti, auteur de plusieurs opéras-comiques, est à présent le directeur de cette chapelle.

La famille des Mozart se trouvait toute réunie à Salzbourg, l'été passé (1772). Le père a été longtemps au service de cette Cour, et le fils fait à présent partie de la chapelle épiscopale. Il a composé un opéra à Milan, pour le mariage de l'archiduc, et est chargé d'en composer un autre, au même théâtre, pour le carnaval de l'année prochaine, bien qu'il ne soit encore âgé que de seize ans. Par une lettre de Salzbourg, datée de novembre dernier (1772), j'apprends que ce jeune homme, qui a émerveillé toute l'Europe par la précocité de sa science et de son jeu, continue à rester un grand maître de son instrument. Mon correspondant est allé dans la maison de son père pour l'entendre jouer à quatre mains, avec sa sœur, sur le même clavecin. Mais la sœur a désormais atteint le sommet de son talent, qui n'a rien de merveilleux ; et quant au frère, l'auteur de la lettre m'affirme que, « autant qu'il en peut juger par la musique d'orchestre de sa composition qu'il a entendue, son cas offre un nouvel exemple de cette vérité, que le fruit précoce est chose plus rare qu'excellente ».

Mais les renseignements les plus précieux sur la vie artistique du jeune homme durant cette période nous viennent, comme nous l'avons dit, des œuvres même qu'il a composées à ce moment, et dont la plupart se trouvent datées de sa propre main. Ces œuvres consistent en un petit nombre des compositions d'église, plus petit que celui des morceaux religieux écrits pendant les quelques mois du séjour précédent à Salzbourg, et en une vingtaine de compositions instrumentales de toute espèce, symphonies, divertissements, quatuors, sonates d'orgue et de clavecin, etc. — pour ne point parler de la susdite sérénade, le *Songe de Scipion*, manifestement improvisée et presque « bâclée ». D'où nous pouvons déjà conclure que, en 1772, le jeune homme a été entièrement ressaisi de sa passion native d'instrumentiste : et, aussi bien, le correspondant de Burney ne fait-il mention que de ses œuvres de piano à quatre mains et de ses symphonies. En fait, on peut affirmer que nulle autre période de la vie de Mozart ne nous révèle celui-ci plus entièrement préoccupé du style symphonique, ni plus ardent à vouloir sans cesse modifier et perfectionner son idéal de ce style, à tel point que l'analyse de ses symphonies de la période présente aurait de quoi nous offrir, à elle seule, l'attrait d'un véritable roman, nous racontant la course éperdue d'un jeune génie à la poursuite de son rêve de savante et profonde beauté artistique.

Nous ignorons malheureusement à quel usage ont pu être destinées ces symphonies : probablement Mozart les aura fait jouer dans des maisons nobles ou bourgeoises de la ville; et peut-être aussi, comme nous l'avons indiqué, aura-t-il voulu montrer, par leur moyen, au nouvel archevêque toute la science et tout le talent qu'il y avait en lui. En tout cas, presque chacune desdites symphonies nous frappe autant par la grandeur de son intention que par l'agrément de sa mise en œuvre : ce sont des compositions d'une allure singulièrement ample et forte, égalant, ou peut-être même dépassant, en portée musicale, les grandes symphonies contemporaines de Joseph Haydn. Et tout l'effort artistique du génie de Mozart durant cette période, c'est en elles seulement que nous le trouvons concentré.

Historiquement, et au point de vue de son œuvre à venir, l'importance de ces symphonies n'est pas moins considérable. En elles nous apparaît la crise suprême d'où le génie de Mozart va sortir décidément mûr et parachevé, tel qu'il restera désormais jusqu'au bout, à travers les transformations incessantes de son style. La première des symphonies de cette période est encore l'œuvre d'un jeune étudiant, parfaitement nourri du style instrumental italien, et déjà prêt à y joindre tous les secrets du style allemand; six mois après, cet étudiant est devenu un grand maître, apportant au service des plus hautes idées un art d'une force et d'une souplesse merveilleuses, et qui aura bien encore des choses à apprendre, à la fois en fait d'expression et d'exécution, mais dont l'idéal esthétique ne pourra plus s'agrandir, et risquera même plutôt de se restreindre, durant les années suivantes, sous l'influence des progrès de la « galanterie ». Sous le rapport de ce qu'on pourrait appeler « la teneur artistique », il faudra désormais à Mozart de très longues années pour s'élever au-dessus de la hauteur où nous le montreront ses dernières symphonies de 1772.

Quant au détail des progrès qu'il a réalisés durant cette période, et à la série ininterrompue de recherches et de tâtonnements qui les a accompagnés, ce drame intime de la vie de Mozart se déroulera de soi-même sous nos yeux, au fur et à mesure que nous analyserons la suite de l'œuvre. Ici, nous nous contenterons de dire qu'il n'y a pas une des parties de la symphonie, ni un des aspects du style symphonique, qui n'ait fait l'objet, pour Mozart, d'une étude approfondie, et grâce à laquelle tous les éléments du genre se sont, chez lui, transformés : dimension des morceaux, liberté et variété de l'instrumentation, intensité de l'expression, et pure beauté de la ligne mélodique. Tout au plus les symphonies de cette période rachètent-elles ce mouvement continu d'extension artistique par l'abandon presque complet de cet admirable langage du contrepoint dont Mozart s'était épris en 1770, sous l'influence des leçons du P. Martini. Non pas qu'on ne retrouve encore, dans les œuvres que nous allons examiner, maintes « imitations », et qu'il n'y ait même encore de véritables fugues dans les œuvres vocales de la même période, et tout cela très facile et très sûr, évidemment sorti d'une main désormais profondément assouplie au travail polyphonique : mais si la science et l'habileté demeurent, la passion de naguère ne se retrouve plus. Le jeune homme est trop de son temps, trop imprégné d'un désir juvénile de vie et d'action pour écouter la voix intérieure qui, de naissance et impérissablement, l'avertit de la nécessité d'une contexture musicale solide et complexe pour réaliser un type durable de beauté absolue. La voix qui l'appelle à présent, c'est celle du succès et de la gloire obtenus par les moyens que l'on comprend et que l'on aime autour de lui. Ce n'est que l'année suivante, à Vienne, et pour un court moment, que son ancien amour du contrepoint se réveillera en lui ; après quoi, hélas ! la même influence de son jeune sang et de son milieu aura vite fait de le replonger de nouveau dans le style homophone, et délicieusement vide, de la « galanterie ».

Mais, pour en revenir à la période présente, nous assistons là à un véritable phénomène de mûrissement qui doit, sans aucun doute, s'expliquer en partie par des considérations physiologiques. Une telle révolution dans l'œuvre de Mozart ne peut manquer d'avoir tout au moins coïncidé avec une crise naturelle dans le développement physique du jeune homme. Mais, cela admis, quelles sont les influences musicales qui l'ont conduit à modifier et à élargir sa production de la manière qu'il l'a fait ? La réponse, comme nous le verrons au cours de notre examen, est tout autre que celle que l'on serait tenté de supposer. En réalité, et malgré le contact quotidien du maître de génie qu'était Michel Haydn, ce n'est point celui-ci, ni le milieu artistique allemand tout entier qui, en 1762, agissent le plus efficacement sur le jeune Mozart. Celui-ci a beau, dans leur voisinage, se proposer un idéal pareil au leur, et plus vaste encore et plus

magnifique : pour les idées et le style, il reste l'élève direct des
maîtres italiens. Autant il était disposé à s'émanciper de l'imitation
de ceux-ci à la fin de son séjour précédent à Salzbourg, vers juin ou
juillet 1771, autant, cette fois, il a de peine à cesser d'employer leur
langue, telle qu'il vient de la rapprendre pendant son troisième
séjour à Milan. Toutes les recherches en tous sens où nous allons le
voir se livrer, il les fera, pour ainsi dire, dans les limites du style
italien, sauf à revêtir celui-ci d'une grandeur et d'une intensité inaccoutumées. Vers le mois d'avril 1772, une première velléité lui viendra
de « germaniser » son style : et puis la nécessité de composer le
Songe de Scipion le rejettera, une fois de plus, sous l'action immédiate de l'art italien. Et il n'y aura pas jusqu'à l'effet très considérable exercé sur lui par des symphonies de Joseph Haydn, vers le
mois de juin, qui, après s'être fait sentir pleinement dans une symphonie, ne recommencera à s'atténuer dès la symphonie suivante,
sous le souvenir vivant des idées et de la méthode italiennes. Son
œuvre de cette période, même envisagée dans sa manifestation la
plus haute, nous apparaîtra toujours encore comme un élargissement
et une transfiguration incomparables de l'ouverture italienne, telle
qu'il la pratiquait à Rome et à Bologne en 1770. Et peut-être cette
persistance de l'esprit italien n'ira-t-elle pas sans causer à l'œuvre
de Mozart des dommages sérieux, et presque irréparables ? Peut-être
le jeune homme lui devra-t-il de conserver désormais jusqu'à la fin
de sa vie certaines habitudes qui ne laisseront pas de constituer,
chez lui, une cause d'infériorité par rapport à l'œuvre, plus purement
allemande, d'un Emmanuel Bach, d'un Joseph Haydn, ou d'un Beethoven : par exemple, l'habitude de faire des *développements* très
courts, un peu en forme de transitions, au lieu de traiter les développements comme de vraies secondes parties des morceaux, des
espèces de « fantaisies » sur tous les thèmes précédents ; et celle de
ne varier ses reprises que par épisodes passagers, au lieu de les
refondre tout entières, ainsi que ces autres maîtres ont aimé à le
faire ? Mais, d'autre part, nous verrons par quels précieux avantages
le génie tout poétique de Mozart s'efforcera de compenser ces
inconvénients, et comment, en particulier, cette coupe et cet esprit
italiens lui permettront de donner plus parfaitement à ses morceaux
l'unité vivante dont il rêve avant tout. Sans compter que sa soumission à l'influence italienne ne l'empêchera pas de pousser toujours
plus loin l'élaboration « symphonique » de ses morceaux, jusqu'à
donner, dans ceux-ci, aux divers instruments de l'orchestre un rôle
d'une liberté à la fois et d'une importance dont certes aucun symphoniste italien n'aurait à nous offrir l'équivalent.

Aussi bien cette persistance du goût italien chez Mozart, à cette
date, n'a-t-elle rien que de très naturel. Car non seulement le jeune
homme, une fois de plus, a l'impression de n'être à Salzbourg que

comme en passant, puisqu'il sait qu'il va devoir retourner à Milan dès l'automne prochain, pour y écrire le grand opéra italien de la saison d'hiver : mais tout porte à croire que, à Salzbourg même, de plus en plus, et surtout depuis l'avènement du nouvel évêque, le goût italien règne d'un pouvoir absolu. C'est en effet ce goût que nous révèlent, de la façon la plus évidente et la plus imprévue, les deux seules œuvres instrumentales de Michel Haydn dont nous sachions authentiquement qu'elles ont été composées en 1772 : la symphonie en *si bémol* n° 9 et le *nocturne* ou *sextuor* en *fa* n° 106 [1]. Dans la symphonie, surtout, Michel Haydn renonce complètement à tout ce qui restait encore chez lui de l'influence de son frère, pour adopter un style très pareil à celui des symphonies italiennes de Mozart, avec toutes les particularités maintes fois décrites par nous en étudiant celles-ci. Et quant à Joseph Haydn, dont nous avons noté tout à l'heure que Mozart, cette année-là, n'en a subi l'influence que très passagèrement, nous devons ajouter que le jeune homme ne doit pas avoir connu, dès lors, les grandes œuvres instrumentales composées par ce maître en 1772 : car la beauté de ces œuvres et la prodigieuse intensité de leur romantisme n'auraient point manqué de laisser leur reflet dans les compositions de Mozart, comme elles vont l'y laisser, effectivement, dans les œuvres que celui-ci produira pendant la période suivante. En 1772, du moins jusqu'au début de l'automne, Mozart n'a connu du maître d'Esterhaz que les œuvres brillantes et vigoureuses de 1771 ; et c'est elles qu'il a directement imitées dans l'une des symphonies que nous allons examiner, mais sans en être touché assez profondément pour que ses souvenirs italiens tardent beaucoup à les lui faire, de nouveau, oublier.

Non pas qu'on ne puisse déjà, dans ses propres œuvres de 1772, deviner la préparation de l'étonnante envolée romantique qui coïncidera, chez lui, avec son dernier séjour en Italie : et de plus en plus, même, nous le verrons s'imprégner tout ensemble d'émotion et de poésie, au point d'être tentés de placer dès la fin de cette période les admirables sonates de clavecin et violon que nous étudierons au début de la période suivante. Mais l'impression que nous offrent les grandes œuvres, instrumentales et vocales, de 1772 est plutôt une impression de vigueur juvénile et de joyeux entrain que de véritable passion romantique comme celle qui se montrera à nous dans ces sonates et la plupart des autres œuvres datant du troisième voyage d'Italie. En attendant que l'influence de Joseph Haydn, mêlée à celle

---

1. Comme nous l'avons fait précédemment pour les symphonies de Joseph Haydn, nous nous rapportons ici, pour l'indication des œuvres de Michel Haydn, au classement établi par le plus récent éditeur d'œuvres du maître, — c'est-à-dire, dans le cas présent, par M. Perger, chargé de la publication d'un volume des *Denkmœler der Tonkunst in Bayern,* où se trouvent recueillies diverses compositions du musicien salzbourgeois.

du grand art ancien et du ciel même de l'Italie, conduise le jeune
homme à vouloir, lui aussi, traduire les élans pathétiques qui sont
alors en train de s'emparer de toutes les âmes, il se livre simplement, tout entier, à la joie débordante de la création artistique : et
toujours, comme nous l'avons dit, c'est surtout sous la forme instrumentale que lui apparaît l'idéal de beauté dont il est dominé. Symphonies, concertos d'instruments, sonates avec accompagnement
d'orgue, petits *divertissements* en quatuor, sonates de piano à quatre
mains, tout cela est pour lui une occasion infiniment précieuse
d'épancher la véritable fièvre d'instrumentiste qui bouillonne en lui.
Et jusque dans sa musique vocale de cette période la même fièvre
va se manifester à nous, risquant parfois d'étouffer la partie proprement vocale sous la richesse et l'intensité de l'orchestration, mais
nous offrant sans cesse, d'autre part, des passages d'un mouvement
dramatique et d'une puissance d'émotion qui, pour ressortir plutôt
du genre de la symphonie que de celui du chant, n'en seront ni
moins originaux ni moins saisissants.

Nous aurons à voir, notamment l'admirable effort, du jeune Mozart
pour unir à la fois et pour varier la composition de ses morceaux.
Toute sorte de coupes diverses se montreront à nous tour à tour,
soit que Mozart imagine, à l'exemple de Joseph Haydn, de rappeler
son premier sujet après l'exposé du second, ou que, mêlant le système italien et le système viennois, il introduise dans ses *développements* une combinaison des sujets précédents et d'idées nouvelles,
ou bien encore que, suivant une méthode chère à Michel Haydn, il
imagine, — ainsi qu'il le fera d'une façon presque constante quelques années plus tard, — de ne reprendre son premier sujet qu'à la
fin du morceau, en manière de *coda*. En tout cas, cette question des
codas est une de celles qui, dès lors, semble bien le préoccuper le
plus vivement ; et rien n'est plus curieux que d'assister à la série de
ses tentatives pour renforcer la beauté et l'expression des dernières
mesures de ses morceaux. Mais on peut dire que, parmi les nombreux problèmes concernant la forme de la musique instrumentale,
il n'y en a pas un qui, durant cette fructueuse période, ne se soit
imposé à ses réflexions, de telle façon que ses œuvres de 1772 contiennent en germe presque toutes les innovations qui, plus tard,
mûries et développées, se retrouveront dans son œuvre. Il y a là,
pour lui, une crise intellectuelle d'une profondeur et d'une portée
singulières : nous sentons que, pour la première fois dans sa vie, il
en est venu à se poser nettement et consciemment les grands problèmes de l'esthétique de son œuvre. Et lorsque, désormais, son
jeune génie s'essaiera dans des styles nouveaux, lorsque, à Milan,
pendant la composition de *Lucio Silla*, l'idéal romantique prendra
possession de lui, ou qu'ensuite, à Vienne, un heureux hasard réveillera dans son cœur la passion des fugues et de la vieille langue

savante, désormais ses œuvres ne seront plus, comme jusqu'ici, de simples et directes imitations de tel ou tel modèle, mais des adaptations personnelles et réfléchies de ces modèles étrangers, examinés à travers un génie déjà pleinement constitué, accoutumé à la réflexion critique la plus vigoureuse et la plus profonde. C'est durant cette année 1772, peut-être à la suite d'une grave maladie que nous savons qu'il a subie au début de l'année, que Mozart non seulement a cessé d'être un enfant, mais est proprement devenu un maître individuel, devenu Mozart.

127. — *Salzbourg, 30 décembre* 1771.

Symphonie en la, pour deux violons, alto. deux flûtes (deux hautbois dans l'*andante*), deux cors, violoncelle et basse.

K. 114.
Ms. à Berlin.

Allegro moderato. — *Andante* (en ré). — *Menuetto et trio* (en la mineur). — *Allegro molto.*

La date de cette symphonie nous est donnée sur l'autographe (à Berlin) : mais d'ailleurs sa partition même aurait suffi à nous révéler qu'elle a dû être composée entre la date du concerto et des symphonies italiennes de l'automne de 1771 et les grandes symphonies salzbourgeoises de l'année suivante. Par tout l'ensemble de sa mise en œuvre, en effet, elle se rattache encore directement à ces œuvres de Milan, tandis que, très nettement déjà, ses idées et les sentiments qu'elle exprime sont d'un ordre nouveau. C'est assez de jeter un coup d'œil sur les thèmes initiaux du premier *allegro*, de l'*andante*, et du *trio* du menuet, pour constater un mélange de vigueur expressive et de tendre rêverie qui n'ont plus rien à voir avec l'inspiration habituelle des « ouvertures » ni des « concertos » italiens. Mais ces éléments originaux, directement issus de l'influence allemande, se trouvent ici utilisés d'après les mêmes procédés que les éléments tout italiens des œuvres milanaises; et nous avons notamment l'impression que le concerto instrumental composé à Milan en novembre 1771 a beaucoup contribué à mettre et à entretenir Mozart dans la disposition d'esprit d'où est sortie cette symphonie. La séparation absolue des idées et leur opposition, l'importance capitale du rôle des deux violons, la manière dont les instruments à vent interviennent en *soli* au lieu d'associer leur action à celle des cordes, et la nature des *développements*, introduisant dans les morceaux des sujets tout nouveaux, et surtout la longueur et l'éclat des ritournelles et cadences finales, tout cela dérive directement des méthodes que nous avons vues employées dans le concerto de Milan. Évidemment ce con.

certo a eu sur Mozart un effet très durable et très bienfaisant, en
l'accoutumant à répartir la matière musicale de ses morceaux entre
chacun des divers instruments, de telle sorte que c'en est fini, désormais, des compositions instrumentales où l'alto marche avec la basse,
tandis que les hautbois et les cors ne font que doubler le travail des
cordes. Et toute cette symphonie de décembre 1771 nous montre le
jeune homme poussant dès lors très à fond l'élaboration de cet idéal
nouveau de musique symphonique, ce qui prête à l'œuvre une grandeur et une variété bien au-dessus de celles que nous ont présentées les
symphonies précédentes : mais il n'y a pas un de ces progrès qui ne s'ac-
complisse encore, pour ainsi dire, dans « l'esprit » de l'art instrumental
italien, sauf à étendre déjà et à transfigurer chacune des règles traditionnelles de celui-ci.

Dans le premier morceau (où il faut remarquer l'emploi des flûtes,
au lieu des hautbois), le premier sujet, d'un rythme étrangement passionné, et qui se retrouvera dans maintes autres symphonies en *la* de
Mozart comme de Michel Haydn, est exposé d'abord par les deux violons,
à découvert, puis repris, en *forte*, par tout l'orchestre : procédé qui
désormais reparaîtra souvent dans l'œuvre de Mozart. Après ce double exposé, une longue et importante ritournelle nous offre déjà vraiment une sorte d'extension thématique du même sujet, avec une collaboration très active et très libre aussi bien des basses que des cors
et des flûtes. Nous avons ici un exemple curieux de la façon dont
Mozart imprègne d'une valeur musicale toute nouvelle les vieux procédés italiens. Puis, complètement distinct du premier, le second sujet
débute par une petite entrée en canon, et se poursuit en dialogue contrepointé entre les deux violons, auxquels viennent maintenant s'ajouter
les altos. Brusquement, sur un accord de septième, le dialogue s'interrompt ; et le point d'orgue imprévu est suivi d'une longue cadence de
concerto, aboutissant à une conclusion complète en *mi majeur*. Le
développement qui vient après, sur un sujet tout nouveau, et d'ailleurs plus
long que souvent chez Mozart, trahit plus manifestement encore l'influence du concerto milanais : avec ses *soli* juxtaposes de flûtes, de
cors, d'alto, on le croirait directement emprunté à cette œuvre précédente si Mozart ne s'y montrait pas déjà plus habile et plus sûr dans
l'art de préparer, de proche en proche, la *rentrée* de la première partie.
Après quoi celle-ci a lieu presque sans changement (sauf quelques
petites modulations expressives dans la ritournelle du premier sujet) :
ce qui achève d'établir à quel point Mozart, en rentrant à Salzbourg
restait profondément pénétré des habitudes et traditions italiennes.

Les mêmes observations pourraient d'ailleurs s'appliquer au gracieux
andante, où les hautbois, remplaçant les flûtes des autres morceaux, ne
font guère encore que doubler les cordes. Ici également, des idées
d'une douceur et d'une mélancolie bien allemandes se trouvent traitées
à l'italienne, avec deux sujets très distincts, et un autre sujet servant
pour le *développement*. Et cependant ces deux sujets, pour séparés qu'ils
soient, se ressemblent par l'allure de leur accompagnement ; et tandis
que les violons, dans le *développement*, exposent une idée nouvelle,
l'alto vient y mêler un rappel du début du premier sujet. Dans la reprise,
ensuite, l'unique changement consiste à supprimer plusieurs mesures

de la première partie. Et l'allure légère et facile de cet *andante* ne l'empêche pas, au demeurant, de contenir déjà comme une esquisse des
beaux *andantes* « mozartiens » des périodes suivantes, dont la genèse
nous est ainsi peu à peu expliquée.

Le menuet, lui, comme toujours depuis lors chez Mozart, nous offre
à la fois une forme et un sentiment tout allemands, avec une force de
rythme et une élaboration thématique qui l'apparentent en droite ligne
aux menuets des deux Haydn. Sans compter que Mozart continue ici la
série des efforts que nous lui avons vu déjà faire précédemment pour
étendre et varier la portée symphonique du menuet. Cette fois, dans la
seconde partie, après un long passage nouveau en imitations des violons,
le sujet principal reparaît, mais pour être suivi encore d'un allongement
tout nouveau. Et si, d'autre part, le trio (avec une allure et une expression
déjà bien caractéristiques du ton de *la mineur* chez Mozart) est encore
écrit simplement pour le quatuor, du moins chacun des quatre instruments joue-t-il un rôle libre et actif dans cette charmante complainte,
accompagnée d'un rythme continu en triolets des seconds violons.

Dans le finale, Mozart emploie la coupe du morceau de sonate, avec
deux sujets distincts et contrastés, une longue ritournelle, et un *développement* sur une troisième idée, presque entièrement exposé par les
deux violons. Dans la reprise, le premier sujet et la ritournelle se reproduisent sans changement, tandis que, au contraire, le second sujet
est très varié. Mozart en a décidément fini avec son système milanais
de naguère, consistant à varier, presque insensiblement, toute l'étendue
des reprises. Dorénavant, il ne fait plus porter son travail de variation
que sur l'un des sujets, — ici le second, — en attendant que, bientôt, il
le concentre immanquablement sur le premier sujet, sauf d'ailleurs à se
dispenser, trop souvent, même de cela.

Ajoutons que dans ce finale comme dans le premier morceau, les
flûtes et les cors interviennent plusieurs fois à découvert, et que l'alto,
par ailleurs, tend de plus en plus à s'affranchir de la tutelle des basses.
Profondément italienne par sa forme d'ensemble, et cependant toute
pleine de recherches et de trouvailles originales, cette symphonie nous
prépare, plus efficacement même que quelques-unes des suivantes, à
comprendre la grande crise de transformation symphonique qui va
s'accomplir chez Mozart vers le milieu de l'année 1772.

128. — *Salzbourg, entre décembre 1771 et février 1772.*

Messe en ut mineur, pour quatre voix, deux violons, deux altos, deux
hautbois, trois trompes, quatre trompettes, timbales, basse et orgue.

K. 139.

I. *Kyrie : adagio et allegro en ut majeur ; Christe eleison en fa :
allegro en ut majeur ; da capo.* — II. *Gloria en ut majeur ; Laudamus te : duo pour soprano et alto en sol ; Gratias en ut majeur :
adagio et vivace ; Domine Deus : duo pour ténor et basse en fa ; Qui
tollis : adagio en fa mineur ; Quoniam tu solus : solo de soprano
en fa ; Cum Sancto Spiritu en ut majeur.* — III. *Credo en ut majeur :
Et incarnatus : duo pour soprano et alto en fa ; Crucifixus : adagio
en ut mineur ; Et resurrexit : allegro en ut majeur ; Et in spiri-
tuum : solo de ténor en sol ; Et unam sanctam : en ut majeur : allegro.* — IV. *Santus en ut majeur : adagio et allegro ; Benedictus en
fa.* — V. *Agnus Dei : andante en ut mineur ; Dona nobis en ut majeur.*

Cette messe est la seule des messes de Mozart dont la date ne soit pas
absolument connue. Comme son orchestration comprend deux altos,
on a cru pouvoir en conclure que c'était celle que mentionnait le catalogue du père, en 1768, c'est-à-dire la grande messe écrite par Mozart
pendant son séjour à Vienne de cette année : mais un coup d'œil jeté
sur la partition de la messe en question, et notamment sur les deux
fugues finales du *Gloria* et du *Credo*, aurait dû suffire à faire écarter une
telle hypothèse. D'autres ont pensé qu'il s'agissait là d'une messe écrite
par Mozart pour ce comte Spaur, d'Inspruck, chez qui les voyageurs
s'étaient plusieurs fois arrêtés à l'aller ou au retour d'Italie : car une
lettre du père parle d'une « messe pour le comte Spaur » ; et cette
seconde hypothèse serait plus admissible si la messe, avec l'ampleur
exceptionnelle de son orchestration et de tout son développement, ne
paraissait faite plutôt pour une grande église, comme la cathédrale de
Salzbourg.

Aussi bien pouvons-nous connaître approximativement la date, sinon
la destination, de cette messe, dont la partition originale se trouve
écrite sur le même grand papier à douze lignes que nous avons vu déjà
employer pour des sonates d'orgue, un *De Profundis* et des fragments
d'un *Requiem*, toutes œuvres composées sûrement à Salzbourg entre
avril et août 1771. La présente messe, elle aussi, a-t-elle été écrite
durant cette période, ou bien Mozart après son second voyage d'Italie
se sera-t-il servi, pour une messe très orchestrée comme celle-là, de ce
qui lui restait de son papier oblong de 1771 ? Cette seconde hypothèse
nous semblerait préférable, en raison de la différence déjà très marquée,
entre le style volontiers brillant et profane de la messe et la simplicité
recueillie des autres morceaux susdits. Mais, en tout cas, l'œuvre que
nous étudions ne saurait être postérieure au début de l'année 1772, car
des *Litanies* du printemps de cette même année, n° 133, vont nous montrer des tendances et un style analogues, mais avec des traces incontestables d'une évolution ultérieure de l'art religieux de Mozart.

Ici, nous sentons encore, à chaque page, l'influence de ce premier
séjour de Mozart en Italie, qui est le seul qui ait vraiment agi sur lui au
point de vue de la musique religieuse. Conçue extérieurement tout à
fait sur le même modèle que la grande messe salzbourgeoise de 1769,
cette messe s'en rapproche aussi par son orchestration, qui accompagne
le chant, sauf à le doubler dans les passages en contrepoint. Cependant,

à ce point de vue, le progrès est déjà très grand ; et plusieurs des morceaux de la messe en *ut* mineur ont déjà une richesse d'orchestration qui annonce les messes des années suivantes : ainsi l'entrée du *Kyrie*, le *Qui tollis* du *Gloria*, le *Crucifixus* du *Credo*, donnent à l'orchestre un rôle actif et dramatique ; tandis que, dans ces morceaux et dans d'autres, la partie du hautbois et des vents surpasse presque en importance celle des cordes. Mais c'est surtout au point de vue du chant que la différence est énorme entre cette messe et celle de 1769. Mozart, en vérité, est revenu au système de la musique religieuse nouvelle, où les passages homophones sont détachés de ceux en contrepoint : mais non seulement le nombre de ceux-ci est considérable : dans les uns comme dans les autres le traitement des voix a un caractère vocal qu'il n'avait point avant le voyage d'Italie, et que même, dans les messes suivantes, il cessera d'avoir à un égal degré. Cette messe est vraiment la plus *vocale* qu'ait écrite Mozart, la plus italienne : et le contrepoint, par ailleurs, y offre déjà la sûreté et l'aisance que nous font voir toutes les œuvre du jeune homme depuis qu'il a reçu les leçons du P. Martini. Les deux fugues que nous avons dites, l'*osanna* du *Sanctus*, n'ont plus aucunement le caractère scolastique que nous avions constaté dans les messes de Mozart avant son voyage d'Italie. Et tout l'ensemble de la messe a quelque chose de fort et de grand, comme si Mozart avait voulu y concentrer à la fois toute son invention et toute sa science du moment.

Enfin il convient d'observer que cette messe débute dans le ton pathétique d'*ut mineur*, et mainte fois par la suite, atteste chez Mozart une intention de gravité presque funèbre qui, très probablement, doit avoir été inspirée au jeune homme par les circonstances spéciales de la composition de son œuvre. Aussi ne serions-nous pas éloignés de croire qu'il s'agit là d'une messe destinée à être chantée dans l'une des églises de Salzbourg pendant la période de deuil qui doit avoir suivi la mort de l'archevêque Schrattenbach, durant la fin de l'année 1771 et les premiers mois de l'année 1772. Par là s'expliquerait la ressemblance du style général de la messe, et même de tels procédés ou de tels rythmes qui s'y rencontrent, avec ce que nous montrerons bientôt d'autres œuvres certainement produites pendant le printemps ou l'été de cette même année 1772 : c'est tout de suite après son second retour d'Italie que le jeune garçon aura ainsi voulu prendre sa part au grand déploiement de musique religieuse que doit avoir causé la mort du vieil archevêque ; et tout en se laissant aller déjà à cette passion « symphonique » qui va nous apparaître le trait dominant de sa production au cours de l'année 1772, il n'aura pu manquer encore de se rappeler, — sous le coup de l'émotion artistique particulière évoquée en lui par la destination de sa messe, — ses nobles efforts de pure et profonde expression religieuse de l'année précédente. Intermédiaire, par sa date, entre des morceaux tels que le *De Profundis* de 1771 et les *Litanies* de 1772, l'intéressante messe que nous allons analyser constitue également, au point de vue de sa conception et de sa mise en œuvre, une transition naturelle entre ces deux périodes mémorables de la vie de Mozart.

L'entrée du *Kyrie*, avec ses appels modulés du chant et la simple beauté de son accompagnement dramatique, suffit tout de suite à nous révéler l'immense progrès qui s'est accompli dans l'art religieux du jeune homme depuis ses messes de 1769. Cet admirable prélude est suivi d'un long *allegro*, sur les mots *Kyrie* et *Christe*, où déjà l'orchestre et le chant ont presque la coupe régulière d'un *allegro* de symphonie, avec deux sujets distincts, *développement* sur le premier sujet, et *rentrée* variée, à laquelle s'ajoute encore une ample *coda*, dans le genre de celles qui termineront volontiers les morceaux symphoniques du jeune homme en 1772. Après un grand prélude d'orchestre, le chœur expose ses sujets, tout homophones, tantôt accompagné et tantôt doublé par les instruments. Et Mozart, non content d'avoir donné à ce *Kyrie* une étendue inaccoutumée, fait encore reprendre au chœur, *da capo*, l'*allegro* tout entier, après un petit intermède en *fa*, d'un mouvement plus lent, chanté par les quatre solistes sous l'accompagnement du quintette des cordes, qui d'ailleurs ne fait guère que doubler les voix. Revêtu de la coupe *binaire* des vieux maîtres italiens, avec deux sujets dont le premier n'est repris qu'à la dominante, cet intermède a vraiment l'allure et le caractère de l'un de ces « petits airs » que l'enfant a dû entendre, à Milan, dans les opéras du vieux Hasse ou de son école.

Et c'est aussi le style des vieux maîtres italiens qui se manifeste à nous dans les deux duos et le petit air que Mozart a intercalés entre les chœurs de son *Gloria*. Avec la carrure de leur coupe, leurs très simples imitations, et le rôle tout accessoire de leur accompagnement, ces morceaux s'opposent de la façon la plus imprévue aux grands ensembles choraux qui les entourent, et où déjà nous apparaît pleinement une conception toute « moderne » de l'art religieux. Le premier de ces ensembles, sur le mot *Gloria*, est tout homophone, accompagné d'une rapide figure des violons à l'unisson, et constituant une sorte de prélude, mais qui n'a point l'ampleur ni l'expressive beauté des quelques mesures par lesquelles s'ouvrait le *Kyrie*. Le *Gratias*, également très court, est formé lui-même d'un petit prélude lent, tout homophone, et d'un passage plus vif où les voix, doublées par l'orchestre, entrent en canon pour reprendre aussitôt leur homophonie. Après un point d'orgue, une belle transition très modulée, et concluant dans le ton de *la mineur*, est brusquement suivie, sur les mots *Domine Deus*, d'un duo de ténor et de basse en *fa majeur*. Vient ensuite un *Qui tollis* en *fa mineur* qui est certainement, avec le prélude susdit du *Kyrie*, le morceau le plus « mozartien » de la messe entière. C'est un admirable chant homophone, mais tout rempli de modulations pathétiques, et accompagné par les violons et les altos d'une batterie continue en triolets au-dessous de laquelle les basses ne se relâchent point de dessiner une même figure saccadée. Plus théâtral que religieux, en vérité, ce pathétique *Qui tollis* annonce déjà le style et l'inspiration de l'une des scènes les plus magnifiques de *Lucio Silla*. Enfin le *Cum Sancto Spiritu* est une grande fugue à sujet unique, constamment doublée par l'orchestre, et qui, même dans son chant, n'a plus la « vocalité » du contrepoint religieux de Mozart en 1771. Peut-être aussi cette fugue est-elle, par instants, un peu vide, avec des répétitions d'effets trop semblables : mais nous y sentons tout au moins une intention de grandeur musicale et expressive qui n'apparaissait pas encore dans les œuvres précédentes du jeune garçon, et qui constituera désormais l'un des caractères dominants de son contrepoint vocal. Après s'être déroulée régulièrement, jusqu'à un point d'orgue précédé d'une belle tenue des basses, la fugue donne lieu à une longue *strette* très simple et très noble, se terminant à son tour par un bel effet de « pédale » des basses.

Encore l'« intention » artistique du *Gloria* se trouve-t-elle, à la fois, plus amplement révélée et réalisée avec plus de force dans les ensembles du *Credo*. Celui-ci débute par un grand chœur où le chant, à dire vrai, ne nous présente aucune particularité bien originale, mais où déjà l'accompagnement nous fait voir tout l'éclat et toute la richesse du génie symphonique brusquement éveillé dans l'âme de Mozart. D'un bout à l'autre de ce premier chœur, nous entendons, à l'orchestre, des retours constamment modulés et variés d'une brillante figure que les deux violons exposent parmi de fréquentes imitations, pendant que les deux groupes des altos, la basse, et les vents, contribuent de la manière la plus active à renforcer ou à colorer l'ensemble harmonique. Désormais le rôle de l'orchestre est absolument distinct de celui des voix, sauf parfois dès lors pour les voix à être fâcheusement écrasées sous le vigoureux éclat des parties instrumentales. Puis, de nouveau, l'*Et incarnatus* contraste par sa simplicité enfantine avec le vaste ensemble qui l'a précédé : c'est un petit *duo* pour soprano et alto, ou plutôt un petit air chanté par deux voix que double l'orchestre : deux strophes dont chacune est formée de deux sujets et d'une ritournelle. Mais, ici encore, l'allure archaïque des airs et duos du *Gloria* est remplacée par une gentille fraîcheur mélodique beaucoup plus conforme au tempérament de Mozart. Aussi bien le *Crucifixus* ne tarde-t-il pas à nous faire oublier l'insignifiance relative de ce premier intermède. Il débute par un superbe prélude instrumental en *ut mineur* où dominent les trompettes et trombones, préparant une pathétique explosion des voix qui n'a que le défaut d'être beaucoup trop brève. Après quoi un soprano seul, de la façon la plus imprévue, chante à découvert, sur les mots : *et resurrexit*, une vive figure que reprennent et continuent les violons accompagnant un chœur bientôt semé de légères et charmantes imitations ; et ce n'est qu'au cours de ce morceau que nous entendons reparaître, dans l'accompagnement, la figure caractéristique qui a servi pour toute la première partie du *Credo*. De nouveau cette figure reparaît après le petit air de ténor de l'*Et in Spiritum* ; et sans cesse Mozart le ramène jusqu'à la fugue finale, en l'entremêlant de courts passages différents, lorsque les voix ont besoin d'être doublées par l'orchestre dans leurs imitations. Celles-ci, d'ailleurs, se multiplient de plus en plus, comme pour préparer cette fin fuguée : mais ni les passages susdits ni la grande fugue même de l'*Et vitam venturi sæculi* n'ont de quoi nous renseigner sur le génie créateur du jeune garçon autant que cette conception d'une figure d'orchestre indéfiniment reprise, sous des aspects divers, pour accompagner toute la diversité des chœurs du *Credo*. Le Mozart des grandes messes de 1776 et de 1780 nous est déjà expressément annoncé dans ce *Credo* de sa seizième année. Quant à la fugue de l'*Et vitam*, bâtie sur deux sujets, et d'une coupe plus libre que la fugue finale du *Gloria*, force nous est d'avouer que le bon élève s'y montre plus à nous que le poète ou le musicien. Sa partie la plus intéressante est sa conclusion, après laquelle Mozart, une dernière fois, ramène la figure d'accompagnement qui constitue comme le *leit-motiv* de son *Credo*, pendant que les voix, sur un dernier *Amen*, reprennent le noble chant homophone qui a précédé le début de la fugue.

Les deux autres grandes divisions de la messe sont à la fois moins développées et manifestement d'un travail moins poussé, comme si le jeune Mozart s'était hâté de finir son œuvre, ou encore se fût fatigué d'un travail qui ne répondait pas à son goût du moment. Les morceaux, toujours partagés en petites tranches distinctes, n'offrent plus entre celles-ci aucun lien intime. Le chant redevient plus homophone, à peine traversé de faciles imitations, et l'orchestre, le plus souvent, même dans les passages les plus simples, recommence à doubler timidement les voix. Dans le *Sanctus*, tout entier écrit pour le chœur, rien d'autre à signaler que les imitations toutes rudimentaires, mais gracieuses et chantantes, de l'*osanna* ; après quoi le *Benedictus* est tout formé de petits *soli* du soprano auxquels le chœur répond par un nouvel *osanna* d'un assez bel effet, ce qui n'empêche pas Mozart de lui faire encore reprendre, *da capo*, l'*osanna* du *Sanctus*.

L'*Agnus Dei*, lui, mérite surtout de nous intéresser par l'étrange idée qu'a eue Mozart de lui donner pour prélude un long trio de trombones, exposant, dans le ton d'*ut mineur*, un sujet que va ensuite reprendre le ténor *solo* doublé par les premiers violons. Dans le chœur qui suit, Mozart emploie de nouveau, pour le mot : *miserere*, ce bel effet vocal de notes tenues que nous avons signalé comme caractéristique de son style religieux en 1772. Et puis, après encore une petite entrée des quatre solistes en imitations, le mouvement et le rythme changent, suivant un usage à peu près constant chez Mozart ; et la messe s'achève par un *Dona nobis* en *ut majeur*, à trois temps, dont nous pouvons dire seulement que, malgré son rythme rapide, il n'a pas le caractère brillant et profane que nous feront voir trop souvent ces derniers morceaux des messes du jeune homme.

129. — *Salzbourg,* 24 *février* 1772.

Symphonie en sol, pour deux violons, alto, deux hautbois, deux cors, violoncelle et basse.

K. 124.
Ms. à Berlin.

Allegro. — *Andante* (en *ut*). — *Menuetto et trio* (en *ré*). — *Presto.*

Une affirmation de la sœur de Mozart nous apprend que celui-ci « après son retour d'Italie, » a été gravement malade « durant l'année 1772 ». Cette maladie, si les souvenirs de la sœur ne l'ont point

trompée, aurait de quoi nous expliquer l'intervalle de près de deux
mois qui nous apparaît entre la date de composition de cette symphonie et le jour où a été composée la symphonie précédente (n° 127), —
dernière œuvre datée que nous possédions avant ce n° 129. Mais nous
avons vu d'autre part que des arguments assez vraisemblables tendraient à faire ranger dans les premiers mois de 1772 la composition,
— ou tout au moins l'achèvement, — de la grande messe en *ut mineur*
n° 128 ; et il y a aussi bien des chances, comme nous le dirons, qu'une
petite *Sonate de clavecin à quatre mains* (n° 130) ait été écrite entre la
symphonie de décembre 1771 et celle de la fin de février 1772. Peut-être
la maladie dont parlait en 1819 la sœur de Mozart n'a-t-elle pas été aussi
grave que croyait se le rappeler Marianne Mozart, et n'aura-t-elle entravé
le travail de Wolfgang que pendant une ou deux semaines ? En tout cas,
nous supposerions volontiers que les forces du jeune homme ne lui
étaient pas encore entièrement revenues lorsque, dans la seconde moitié
de février, il s'est mis à composer la présente symphonie, qui, moins
riche en toute façon que la précédente, nous le montre entièrement
soumis au style de l'ouverture italienne. Les idées sont plus courtes, avec
des répétitions innombrables, les reprises ne sont pas, pour ainsi dire,
plus variées, les instruments à vent ont de nouveau un rôle bien moins
libre, et l'alto recommence à suivre la basse, tandis que, comme autrefois, l'essentiel de la pensée musicale se trouve réparti entre les deux
violons. Évidemment le jeune homme ne se préocupe plus autant
qu'avant sa maladie d'étendre et de renforcer la *forme* de sa symphonie : mais le repos qu'il a dû prendre ne lui a pas été inutile, et, sous
cette forme plus pauvre, la plupart des idées qu'il emploie nous font
voir désormais une puissance et une maturité supérieures. Sans compter
que déjà, dans les *développements*, Mozart s'essaie à une élaboration thématique des sujets précédents, et qu'il en a fini désormais avec les
petites ritournelles à l'italienne qui souvent, jusqu'ici, lui servaient à
amener ses rentrées.

Dans le premier morceau, deux sujets très courts et contrastés,
dont le premier, tout rythmique, débute par un bel unisson, sont
suivis d'une ritournelle qui, comme dans la symphonie précédente,
aboutit à un point d'orgue sur un accord de septième pour être suivie, à
son tour, d'une brillante cadence de concerto. Le *développement* qui vient
ensuite débute par une idée nouvelle, avec un dialogue en contrepoint
entre les violons et l'alto : mais cette idée ramène, très habilement,
un retour de l'unisson du premier sujet en mineur, après lequel les basses
se livrent à un curieux travail sur ce même sujet, sous des *trémolos*
des violons et altos ; et Mozart introduit encore une petite mélodie nouvelle aux violons, préparant la rentrée. Celle-ci, comme nous l'avons
dit, se fait presque sans aucun changement : mais il faut noter que,
après la reprise de la cadence finale, nous voyons reparaître une dernière fois l'unisson du début, servant de conclusion au morceau. Et
ce long *développement*, entremêlé d'idées nouvelles et de rappels des sujets
précédents, et cette répétition de la première phrase du morceau à la
fin de celui-ci, ce sont déjà des innovations dont nous allons constater
un emploi sans cesse étendu et varié dans les œuvres suivantes.

L'*andante*, très court, et d'un caractère très italien, est fait de deux sujets distincts et d'une longue ritournelle, que suit un petit *développement*, très rapide et sommaire, sur le premier sujet. Ici encore, la reprise ne comporte, pour ainsi dire, aucun changement; et tout le morceau est presque entièrement écrit pour les deux violons, mais avec cette particularité curieuse que le second sujet se trouve exposé, à découvert, par les hautbois et les cors, — dont le chant est, dans la reprise, la seule partie du morceau qui nous apparaisse changée. Tout cela donne l'impression d'un travail improvisé, et tout dominé de souvenirs italiens, mais avec un mûrissement très sensible de l'inspiration poétique.

Le menuet, comme toujours, est tout allemand, avec une liberté et une force de rythme de plus en plus remarquables. Le menuet proprement dit présente la singularité de ne pas contenir de reprise de la première partie, mais d'avoir ses deux parties conçues dans le même rythme, avec une extension et une élaboration très poussées de ce rythme dans la seconde partie. C'est d'ailleurs un morceau des plus curieux, avec son dialogue entre les vents et les cordes, ses charmants *échos*, et la cadence française qui en termine les deux parties, nous révélant, comme va le faire aussi le finale, que Mozart s'est remis à feuilleter le recueil français qui lui a servi déjà pour ses trois grands finales du printemps de 1771. Quant au trio, toujours encore écrit pour les cordes seules, ou plutôt même, ici, pour les seuls violons, il nous offre une reprise textuelle de la première partie après la seconde, et ne peut guère nous donner l'idée des admirables trios qui vont suivre.

Le finale, très simple et très rapide lui aussi, est un *rondo* à nombreux petits intermèdes, suivant le modèle rapporté d'Italie par Mozart l'année précédente. Il a pour thème une petite fanfare évidemment française; et chacun de ses trois intermèdes, avec ses légères imitations, ses effets curieux d'instruments à vent et ses marches de basses, manifeste à sa façon le progrès accompli dans l'inspiration de Mozart. Il faut noter encore que, ici, le premier intermède est seul en mineur, tandis que, dans le troisième, Mozart s'est amusé à prendre pour sujet le rythme pur et simple du thème principal.

130. — *Salzbourg, entre décembre* 1771 *et mars* 1772.

Sonate en ré à quatre mains, pour le clavecin.

K. 381.
Ms. perdu.

Allegro. — Andante (en sol). *— Allegro molto.*

La date de la composition de cette sonate ne nous est point connue

documentairement; et, de son autographe même, — jadis en possession
de la sœur de Mozart, — on ne connaît plus désormais qu'un fac-similé
du début de l'*andante*, reproduit dans la *Gazette musicale* de 1836. Mais
un simple regard jeté sur le texte musical de la sonate, et surtout si
l'on compare celui-ci à ceux des sonates suivantes pour quatre mains,
suffit à révéler qu'il s'agit ici d'une œuvre de l'enfance de Mozart, avec
des traces singulières d'inexpérience et de gaucherie. Aussi serions-nous
même tentés de placer cette sonate dès avant la présente période, si
nous n'y découvrions une foule de passages qui se retrouvent, presque
entièrement pareils, dans les trois œuvres que voici : le concerto milanais de 1771, la symphonie salzbourgeoise de décembre 1771, et tout
particulièrement le premier *divertissement* en quatuor n° 134 dont on
sait seulement qu'il date de 1772, mais que nous allons avoir à classer
dans les premiers mois de cette année. Aussi bien, le fac-similé de l'*andante*, avec son griffonnage très peu habituel chez Mozart, permet-il
facilement de supposer que celui-ci, en écrivant sa sonate, se ressentait encore de sa maladie du début de 1772, tandis que, d'autre part,
nous verrons que l'influence italienne domine à un très haut degré
dans les trois morceaux. On se souvient du reste que, dans l'été de
1772, le correspondant salzbourgeois de Burney écrivait à ce dernier
qu'il était allé chez les Mozart « pour entendre Wolfgang jouer à quatre
mains avec sa sœur » : ce qui semble indiquer que cette manière de
jouer passait encore, à ce moment, pour une curiosité peu commune.
Peut-être Mozart, à Milan, dans une de ces maisons où il « faisait énormément de musique », aura-t-il eu l'occasion de connaître quelque
sonate italienne à quatre mains, comme celle de Jommelli que possède
aujourd'hui la bibliothèque du Conservatoire de Bruxelles, ou peut-
être simplement aura-t-il connu à cette époque les premières sonates
à quatre mains de son vieux maître Chrétien Bach, publiées par celui-
ci vers 1770, à la fin de ses recueils op. XV et XVIII.

En tout cas, le genre des morceaux à quatre mains continuait à être
fort peu pratiqué, depuis que le petit Mozart avait cru l'inventer, à
Londres, en 1765. Ni les deux Haydn, ni Vanhall, ni même Clementi,
n'avaient encore rien écrit dans ce genre ; et bien que Chrétien Bach
eût récemment publié les quelques sonates susdites, nous croirions plus
volontiers que Mozart ne les a point connues, et s'est inspiré surtout
d'un modèle italien. Car non seulement les sonates de Bach lui auraient
appris un emploi plus ingénieux et plus riche du genre, emploi dont la
trace, chez Mozart, ne nous apparaîtra que dans une sonate du printemps de 1774; il est encore curieux de noter que, au lieu d'écrire sa
sonate sur quatre lignes superposées, suivant la manière constante de
Chrétien Bach et de Clementi, il a écrit les deux parties sur deux pages
séparées, comme on a coutume de le faire aujourd'hui et comme déjà
l'avait fait Jommelli dans sa petite sonate.

Au reste, il faut bien avouer que la première sonate de Mozart est
encore bien faible, et n'indique pas que le jeune homme, depuis son
départ de Londres, ait continué le genre qu'il y avait jadis inauguré.
Il est vrai que, ici, au lieu de faire servir trois de ses quatre portées à
accompagner simplement le chant de l'une d'elles, comme le faisaient
volontiers les auteurs de son temps, Mozart s'essaie déjà à une autre

méthode, à peine moins puérile, consistant à faire alterner des passages
entre les deux exécutants avec des silences pour l'un, tandis que l'autre
joue à la fois un chant et son accompagnement, répétés ainsi sur les
deux parties du clavier. Ce système de réponses et alternances continuelles se rencontre à chaque instant dans les sonates de Chrétien
Bach : mais parfois déjà il y cède la place à des procédés plus musicaux, soit que les deux duettistes jouent ensemble un chant en imitation, ou bien qu'ils soient compris comme deux voix distinctes, s'opposant l'une à l'autre avec des phrases différentes. Chez Mozart, rien
de pareil encore : ou bien les deux parties répètent les mêmes phrases,
ou bien l'une d'elle fait le chant, le plus souvent à l'unisson, pendant
que l'autre l'accompagne. Sauf une ou deux mesures du finale,
il n'y a pas un seul endroit, dans toute la sonate, où mélodie et accompagnement ne puissent fort bien s'arranger d'être réduits à deux
mains. Et ce n'est pas tout : Mozart, qui n'a presque plus rien composé
pour le clavecin depuis ses sonates de La Haye, s'est manifestement
désaccoutumé de l'esprit et de la technique propres de cet instrument ;
si bien que non seulement sa sonate abonde en petites maladresses,
dénotant une main inexpérimentée, mais elle est encore, d'un bout à
l'autre, conçue et traitée beaucoup plutôt comme une ouverture symphonique italienne que comme une sonate de piano, avec nombreux
petits sujets séparés et chacun flanqué de sa ritournelle, *développements*
nouveaux, cadences en style d'opéra, etc.

Dans le premier morceau, le passage le plus curieux est le *développe-*
ment, sans aucun rapport avec les sujets précédents, mais nous offrant
un long passage où, à la manière des effets de basse d'une symphonie,
la seconde partie, sous des trémolos de la première, expose en divers
tons une marche de basse caractéristique. Dans la reprise, ensuite,
Mozart allonge et varie sensiblement aussi bien son second sujet que
la ritournelle du premier, ce qui rattache bien encore la sonate aux
œuvres de la période milanaise précédente. Enfin, parmi maintes figures
se retrouvant dans le *Divertimento* en quatuor n° 134, la ritournelle du
second sujet commence par une figure en noires pareille à celle qui
ouvre la ritournelle du second sujet dans le premier *allegro* du divertissement.

De même, notons tout de suite que le premier sujet de l'*andante*, dans
la sonate, rappelle beaucoup le *développement* de l'*andante* du *Diverti-*
mento, tandis que le second sujet, dans la sonate, se retrouve presque
textuellement, et aussi sous forme de second sujet, dans le finale du n° 127.

Cet *andante* de la sonate est, d'ailleurs, construit tout à fait de la
même façon que l'*allegro* qui précède, avec deux sujets séparés, une
longue cadence d'ouverture, et, dans la reprise, un allongement assez
important du second sujet. Le *développement* est fait d'une petite phrase
nouvelle, toute courte, en transition, exposée tour à tour par chaque
partie jouant seule.

Quant au finale, débutant par un rythme de chasse tout italien, et
qui rappelle fort le début du finale dans le concerto milanais et dans
la symphonie salzbourgeoise n° 127, ce morceau, très rapide et d'un art
rudimentaire, est tout rempli de passages où l'une des parties se tait

pendant que l'autre répète exactement la phrase qui vient d'être jouée.
Détail curieux : le *développement*, ici, au lieu d'être nouveau, a pour
thème la ritournelle qui précède les deux barres, suivant un procédé
que nous avons vu employé souvent dans les œuvres milanaises de 1771;
et il convient encore que nous signalions, à cette place, en vue des
grandes sonates de la période suivante, l'emploi fréquent du mot *dolce*
(même dans le finale), qui se changera bientôt en *dolce assai*, pour disparaître complètement fort peu de temps après.

131. — *Salzbourg, entre janvier et mars 1772.*

Sonate d'église en ré, pour deux violons, basse et orgue.

K. 144.
Ms. perdu.

La date de cette sonate et de la suivante ne nous est point connue
documentairement : mais aucun doute n'est possible sur la fixation de
cette date lorsque l'on compare le style et la disposition musicale du
morceau avec l'ensemble de procédés que nous font voir la sonate à
quatre mains n° 130, les *divertimenti* en quatuor n°ˢ 134-136, et toutes
les autres œuvres instrumentales de Mozart composées durant les premiers mois de l'année 1772. Un de ces procédés, surtout, est assez
caractéristique pour nous dispenser de citer le reste, sauf pour nous,
à ajouter que, en fait, maints autres points de ressemblance exis-
tent encore entre la sonate d'orgue et les œuvres susdites : et ce procédé est celui qui consiste, dans la *rentrée*, à faire porter l'élément principal de la variation sur le second sujet, au lieu de ne varier vraiment
que le premier sujet, selon l'usage des périodes suivantes. Il y a même
ici, comme dans l'*andante* de la sonate à quatre mains, plus qu'une
simple variation du second sujet : car Mozart, dans les deux morceaux,
adjoint à sa *rentrée* de ce sujet un long passage nouveau, comme il
fera volontiers plus tard pour ses rentrées des premiers sujets.

Ainsi la langue musicale de cette courte sonate la rattache entièrement aux compositions de Mozart pendant le début de 1772 : deux sujets
distincts, suivis d'une ritournelle de théâtre ; un *développement* par
reprise modulée du premier sujet ; une *rentrée* complète, où le second
sujet est très varié et allongé d'une nouvelle reprise en mineur ; et
enfin, après la rentrée de la ritournelle qui terminait la première partie, une dernière répétition du rythme initial du premier sujet, de
manière à former une de ces ébauches de *codas* dont la préoccupation
nous apparaît encore comme l'une des particularités distinctives de
l'état d'esprit de Mozart en 1772.

Mais cette analyse de l'apparence extérieure du morceau, d'abord,
resterait incomplète si nous n'y ajoutions que Mozart, dans sa sonate,
recourt volontiers à des imitations en contrepoint, très simples il est
vrai, mais déjà d'une sûreté et d'une intensité expressive singulières.
Et nous devons signaler enfin, par-dessus cette indication des procédés
de la sonate, le caractère intérieur de celle-ci, le merveilleux sentiment
de grandeur pathétique dont elle est tout imprégnée, et, concurremment
avec lui, la tendance manifeste du jeune Mozart à unir et fondre
ensemble tous les éléments de sa sonate, avec même certains artifices
tout exprès d'unification, tels que celui qui consiste à faire commencer
le second sujet par le même rythme qui vient de constituer le premier
sujet. En un mot, toute la part de puissance dramatique qui, dès l'origine, a toujours existé dans le génie de Mozart, se manifeste à nous ici
avec un éclat merveilleux; et peu d'œuvres sont mieux faites pour nous
donner l'idée du mûrissement où le jeune homme a déjà atteint pendant
cette période salzbourgeoise de 1772, en attendant sa grande crise
romantique de l'hiver suivant.

Quant à la partie de l'orgue, toujours encore confondue avec celle
des basses, il faut noter cependant que Mozart commence désormais à
la chiffrer, ainsi qu'il fera jusqu'au jour où l'orgue et les basses se trouveront enfin séparés.

132. — *Salzbourg, entre janvier et mars* 1772.

Sonate d'église en fa, pour deux violons, basse et orgue.

K. 145.
Ms. perdu.

Cette sonate a sûrement été écrite en même temps que la précédente :
et nous devons avouer que c'est surtout l'identité manifeste de l'écriture et du papier, entre les deux sonates, qui nous permet d'assigner
une date précise à ce n° 132, œuvre aussi insignifiante et banale
que l'était peu le n° 131, au point que son contenu musical nous
aurait pleinement permis de la classer dans une période antérieure.
Cependant, il y a dans la sonate certains détails, — par exemple l'addition de quatre mesures d'*intrada* à l'unisson avant le premier sujet
proprement dit, ou encore la tendance évidente à établir un rapport
entre le rythme du second sujet et celui du premier, — qui sont bien
des traits distinctifs de la période du printemps de 1772. Le contrepoint, lui, n'intervient presque plus ; et la *rentrée*, qui était très variée
dans la sonate précédente, se fait ici sans aucun changement. Le *déve-*
loppement, d'autre part, expose un rythme tout nouveau, également à
l'inverse de ce qui avait lieu dans la sonate précédente : mais non seu-

lement ce rythme rappelle beaucoup maints passages « italianisants » des symphonies de 1772 ; nous verrons qu'il arrivera souvent à Mozart, durant cette année, d'employer des sujets nouveaux dans ses *développements*, comme aussi, lorsqu'il sera pressé, de ne pas varier ses *rentrées*.

133. — *Salzbourg, mars 1772.*

Litaniæ de **Venerabile Altaris Sacramento en si bémol**, pour quatre voix, deux violons, alto, deux hautbois (ou deux flûtes), deux cors, deux trompettes, basse et orgue.

K. 125.
Ms. à Berlin.

Kyrie : molto allegro ; Panis vivus : andante en fa (solo de soprano) ; Verbum caro : adagio en ré mineur ; Hostia sancta : molto allegro (soli et chœur) ; Tremendum : adagio en sol mineur et allegro en si bémol (solo pour ténor) ; Viaticum : Adagio en si bémol mineur ; Pignus : fugue ; Agnus Dei : un poco adagio en fa (solo de soprano) et en si bémol (chœur).

Ces litanies, dont la date nous est donnée par Mozart lui-même sur son manuscrit, sont évidemment une œuvre que le jeune homme a composée avec un soin particulier : les nombreuses corrections de l'autographe suffiraient à nous le prouver. Mais, avec cela, ces litanies attestent, chez Mozart, l'oubli des traditions de musique religieuse que le jeune homme avait rapportées d'Italie, et que nous avons encore retrouvées dans des œuvres de 1771. Ici déjà, la musique instrumentale l'emporte sur la musique vocale, et l'inspiration profane sur l'émotion religieuse. La séparation s'accentue entre les passages homophones et les passages en contrepoint ; et ceux-ci, encore assez nombreux, sont déjà d'un travail beaucoup plus sommaire, se bornant souvent à des entrées en canon très vite arrêtées. On sent, dans tout le morceau, que ni la conduite des voix ni la marche des parties n'intéresse plus Mozart autant que naguère : ce qui l'intéresse, désormais, ce sont, au point de vue de l'expression, les effets dramatiques, et, au point de vue du métier, les modulations ingénieuses, les contrastes instrumentaux, tout ce qui donne pour nous une importance capitale aux symphonies de la même année.

L'illustre maître et confrère de Mozart à Salzbourg, Michel Haydn, a pareillement composé à plusieurs reprises des *Litanies du Saint-Sacre ment,* et ses litanies en *sol mineur* notamment, jadis publiées à la librairie Breitkopf, sont à coup sûr un des chefs-d'œuvre de toute la musique religieuse du temps. Aussi a-t-on cru pouvoir les rapprocher des deux séries de litanies composées par Mozart en 1772 et en 1776 : et cependant il suffit d'examiner l'un quelconque des morceaux de ces admirables litanies de Michel Haydn pour y sentir le cœur et la main d'un maître non seulement parvenu à la pleine possession de son art, mais mûri par de longues années de méditation artistique. A notre avis, ces litanies de Michel Haydn sont d'une date bien postérieure à la période que nous étudions : probablement écrites en 1792, où nous savons que le vieux maître a eu l'occasion de composer un ouvrage de cette sorte. Le fait seul de la publication chez Breitkopf, d'ailleurs, atteste déjà que c'est là une œuvre entièrement conforme au goût des premières années du XIXe siècle, et produite par Michel Haydn durant le glorieux soir de sa vie.

Mais en tout cas nous pouvons être assurés que le jeune Mozart, en 1772, ou bien n'a point connu les litanies en *sol mineur* de Michel Haydn ou du moins n'en a aucunement subi l'influence : car l'étude d'une œuvre comme celle-là n'aurait point manqué de se réfléter pour nous jusque dans le style et jusque dans la coupe extérieure de ses propres litanies, tandis que, sous ce dernier rapport en particulier, le jeune garçon s'est borné à conserver fidèlement les divisions et toute l'ordonnance générale d'autres *Litanies du Saint-Sacrement* qui avaient été écrites, peu de temps auparavant, par son digne père, et qui certes ne lui auraient point servi de modèle à un tel degré s'il avait eu sous les yeux une œuvre aussi infiniment supérieure que les susdites litanies de Michel Haydn. C'est presque exclusivement à l'imitation des litanies de Léopold Mozart, — publiées depuis peu par M. Seiffert dans son choix de composition de ce maître, — que le jeune homme a réparti les différents versets de ses litanies, donnant aux divers morceaux ainsi artificiellement créés, à la fois, les mêmes dimensions et le même caractère, sauf pour lui à remplacer par sa généreuse et brillante exubérance mélodique de 1772 la sécheresse et la profonde nullité musicale de l'œuvre paternelle.

Chez Mozart comme chez son père, la première division des litanies va depuis le *Kyrie* initial jusqu'après les mots : *Sancta Trinitas, unus Deus, miserere nobis.* De part et d'autre, aussi, ce morceau est constitué d'alternances fréquentes de chœurs et de *soli,* après un long prélude instrumental exposant des sujets qui serviront ensuite à accompagner #chant. Mais en outre Mozart, avec son nouvel idéal de musique religieuse, a traité ce premier morceau absolument à la manière d'un *allegro* de symphonie ou de concerto, tout au moins pour ce qui est de l'orchestre. Après un court *adagio* servant d'*entrée* au chant, les deux sujets du prélude sont repris, l'un à l'orchestre seulement, l'autre a 'orchestre et aux voix ; et puis, pendant que chœurs et *soli* se poursuivent, avec de petites imitations, l'orchestre commence un véritable *développement,* suivi d'une *rentrée* régulière des deux sujets.

Vient ensuite, dans les deux litanies, un second morceau d'un ton différent, — en *fa,* chez Mozart, — qui va depuis les mots : *Panis, vivus,* usqu'aux mots : *Memoria mirabilium Dei.* De ce morceau, Léopold Mozart avait fait une suite de petits *soli*, entremêlés de quelques réponses du chœur. Wolfgang, lui, en fait un air de soprano, assez orné, et d'une exécution vocale parfois difficile, sous un accompagnement des plus brillants, mais qui parfois aussi risque d'étouffer le chant au lieu de se borner à le renforcer.

Le troisième morceau, consacré tout entier aux mots : *Verbum caro factum, miserere nobis*, constitue, dans les deux litanies, une façon de prélude lent à l'*allegro* qui suit. Mais ce prélude, très court chez Léopold Mozart, est beaucoup plus étendu dans l'œuvre de Wolfgang, et nous y apparaît même l'un des passages les plus originaux des litanies tout entières, avec la gravité recueillie de son chant mineur, toujours homophone, sous les modulations expressives d'une figure continue des deux violons en triples croches. Après quoi commence l'*allegro* susdit, aux mots : *Hostia Sancta*, et nous voyons se dérouler le morceau le plus étendu des litanies, avec un petit *adagio* pathétique sur le seul mot : *Tremendum*, et une reprise du mouvement rapide sur les mots : *ac vivificum Sacramentum*. Dans l'*Hostia Sancta* proprement dit, les quatre voix chantent seules, tour à tour, les invocations des litanies, et le chœur leur répond par un *miserere nobis* d'un rythme en notes tenues que nous avons déjà rencontré plusieurs fois dans les chœurs religieux de Mozart durant cette période ; dans le *Tremendum*, le jeune garçon se croit tenu, tout de même que son père, à traduire l'image directe du mot en prêtant à l'orchestre un *trémolo* continu, — en triolets chez Wolfgang, et renforcé d'expressives figures des vents.

Et puis, de nouveau, le chœur cède la place aux *soli* dans un morceau consacré aux mots : *Panis omnipotentia verbi caro factus*, etc., jusqu'à *Refectio animarum*. Chez Wolfgang, ce morceau n'est même, tout entier, qu'un grand air de ténor, beaucoup plus fleuri que l'air de soprano précédent, et d'un accompagnement plus discret, mais avec, dans le chant, toute sorte de modulations aussi peu « vocales » que possible.

Et c'est alors, dans les deux litanies, le morceau que les musiciens salzbourgeois du temps devaient évidemment considérer comme le *clou* de leurs litanies : un morceau s'ouvrant aux mots : *Viaticum in Domino morientium*, mais pour aboutir bientôt à une grande fugue sur les mots : *Pignus futuræ gloriæ*. Le *Viaticum*, dans les deux litanies du père et du fils, est en mineur, — en *si bémol mineur* chez Wolfgang. Mais tandis que le père se contente de prêter au chœur un chant tout banal, à peine relevé de quelques imitations assez agréables dans sa dernière partie, ce *Viaticum* au contraire, chez le fils, le seul morceau de toutes les litanies où se révèle à nous pleinement le génie poétique du jeune garçon. Accompagné par l'orchestre avec une réserve qui d'ailleurs n'exclut nullement l'expressive beauté des modulations, le chœur, dans ces quelques mesures de prélude à la fugue du *Pignus*, s'imprègne tout à coup d'une émotion pure et grave, essentiellement religieuse ; et les timbres des quatre voies s'unissent de la façon la plus heureuse pour la production d'un effet d'ensemble comme ceux dont nous avons naguère aperçu l'ébauche dans certains morceaux de la messe en *ut mineur*. Quant à la fugue qui suit, *fuga duplex*, selon l'indication inscrite par Léopold Mozart en tête de son morceau (et cela signifie simplement que la fugue comporte un *contre-sujet*), nous serions presque tentés d'avouer que le talent du père, ici, s'est élevé plus haut que n'a su le faire tout le génie du fils. Médiocre comme toute la musique que nous connaissons de lui, la fugue de Léopold Mozart n'en est pas moins un morceau fort agréable à entendre, avec une simplicité et une carrure fort bien faites pour répondre aux ressources des voix : tandis que la longue fugue de Wolfgang, trop longue et trop monotone, est semée de passages modulés qui conviendraient bien mieux à un orchestre qu'à un chœur. Toute la fugue, d'ailleurs, n'est rien que le travail d'un bon élève, sans aucune trace de la grandeur pieuse qui, naguère, rachetait les inexpériences des fugues de la messe en *ut mineur* [1]. L'orchestre, ici, se borne presque toujours à doubler le chant.

Enfin l'*Agnus Dei* qui termine les litanies est, lui aussi, divisé et traité de la même façon dans l'œuvre du père et dans celle du fils. Les deux premières invocations, *Parce nobis* et *Exaudi nos*, forment l'objet d'un *solo* de soprano, dans un mouvement lent, avec toutes sortes de traits et de vocalises ; après quoi la troisième invocation, *Miserere nobis*, donne lieu à un petit chœur d'un même mouvement mais un *poco Adagio*, et dont l'accompagnement, dans les litanies de Wolfgang, nous apparaît un de ceux où le jeune homme s'est le plus librement abandonné à sa fièvre d'instrumentation de cette présente période.

134. — *Salzbourg, entre janvier et mars* 1772.

Divertimento en ré, pour deux violons, alto et basse.

K. 136.
Ms. perdu.

Allegro. — *Andante* (en sol). — *Presto.*

D'après l'inscription des manuscrits, nous savons seulement que ce petit quatuor et les deux suivants ont été composés « en 1772, à Salzbourg » : mais leur évidente parenté avec les deux symphonies nos 127 et 129, comme aussi avec la sonate à quatre mains no 130, permet de les classer incontestablement au début de cette année. Tous les trois semblent, d'ailleurs, avoir été écrits très vite et d'un seul trait.

1. Encore cette fugue, telle que Mozart l'avait écrite en 1772, était-elle sensiblement plus longue qu'elle l'est restée sous sa forme définitive : car le manuscrit nous fait voir, à trois reprises, d'importants passages (de 24, 10 et 12 mesures) qui ont été plus tard effacés par Mozart lui-même ou peut-être par son père, — ce dernier ayant eu l'occasion de procéder à une révision très attentive des litanies de son fils.

Mozart ne s'était plus essayé au genre du quatuor depuis le quatuor à cordes composé à Lodi en mars 1770. Il se trouvait, à cette date, entièrement sous l'influence de Sammartini et des Italiens : cette fois, la prédominance chez lui du style italien ne l'empêche pas de s'inspirer aussi, et très directement, des quatuors de Michel Haydn ; et si l'esprit des trois quatuors de Mozart reste encore tout italien, leur forme va même jusqu'à présenter une ressemblance singulière avec l'unique quatuor authentiquement daté de Michel Haydn qui nous révèle la manière de celui-ci en 1772. Il est vrai que ce dernier quatuor date du mois de décembre de ladite année : mais Michel Haydn n'était pas homme à changer de style aussi facilement que Mozart, et son œuvre peut parfaitement nous servir de spécimen pour connaître sa façon d'entendre le quatuor au moment où le jeune Mozart s'est inspiré de lui.

Notons d'abord le titre de *Divertissement* donné par Mozart à ses trois quatuors : c'est un titre que nous retrouvons très souvent sur des quatuors des deux frères Haydn, vers ce même temps (*Divertimento en quatuor*) ; et Michel Haydn, en particulier, avait coutume d'intituler ainsi presque toute son œuvre de musique de chambre, encore que son quatuor du 21 décembre 1772, appelé *Divertimento* sur des parties à Vienne, s'intitule *Notturno* sur le manuscrit original, — où le quatuor se trouve rehaussé par l'adjonction de deux cors. D'une façon générale, chez Mozart comme chez Michel Haydn, ce mot de *Divertimento* n'implique nullement encore, à cette date, un genre différent du quatuor ordinaire, sauf peut-être qu'il admet une liberté plus grande dans la distribution des morceaux, ceux-ci pouvant être joués avec des pauses entre l'un et l'autre. A cela près, les trois divertissements que nous étudions sont bien de véritables quatuors à cordes, ayant le même objet et les mêmes lois que le quatuor de Lodi, ou que les deux séries composées par Mozart durant les deux périodes suivantes.

Comme nous l'avons dit, la forme de ces petits quatuors les rattache entièrement au *Notturno* de Michel Haydn, tandis que leur inspiration dérive encore tout droit des ouvertures et quatuors italiens. C'est ainsi que le quatuor tout entier de Michel Haydn, mais surtout son *andante*, sont beaucoup plus *mozartiens* que les quatuors de Mozart, avec une grâce à la fois tendre et rêveuse qui, plus tard, s'imposera très profondément au cœur du jeune homme, et contribuera à former le Mozart que le monde connaît, mais dont le jeune Mozart de 1772 n'a pas encore saisi toute l'affinité avec son génie propre, dominé comme il l'est par le souvenir des chants plus nets et plus précis de l'école italienne. Ce qu'il emprunte à Michel Haydn, à ce moment, c'est, avec la coupe des morceaux, la conception de l'écriture du quatuor. Comme chez Michel Haydn, en effet, nous voyons chez Mozart le premier violon prendre désormais un rôle prépondérant, tandis que les trois autres parties se bornent, le plus souvent, à l'accompagner, presque sans aucune trace de contrepoint. De même, c'est à Michel Haydn que nous devons, dans les quatuors de Mozart, la longueur relative des *développements*, et la manière dont, volontiers, ils contiennent des allusions modulées aux sujets précédents. Au reste, l'analyse des morceaux des trois quatuors de Mozart nous permettra de signaler encore maints autres traits de comparaison.

Le premier des trois quatuors a la coupe traditionnelle de la sonate, avec un *andante* entre deux *allegros*. Le premier morceau est fait de deux sujets distincts, dont le second, comme chez Michel Haydn, est plus étendu et plus important que le premier, avec encore une troisième idée formant conclusion. Le long *développement* débute par une double reprise du premier sujet, modulée dans les tons de *mi* et de *si* mineurs : après quoi se produit un grand passage nouveau, d'un caractère très expressif, avec un accompagnement continu en doubles croches du second violon. Et il faut signaler encore que, dans la reprise, le changement ne porte, une fois de plus, que sur le second sujet, ce qui achève de rattacher ce quatuor aux œuvres du début de 1772.

L'*andante*, très différent de celui de Michel Haydn, et profondément italien, nous expose tour à tour trois petits sujets séparés, que suit une longue ritournelle ; et six mesures d'un *développement* nouveau, sous forme d'un chant du premier violon, ramènent une rentrée encore toute pareille de la première partie.

Quant au finale, traité en morceau de sonate sur des rythmes de rondo, à la manière du finale du quatuor de Michel Haydn, il offre la particularité de commencer par une sorte d'entrée, d'un rythme rappelant celui du finale du concerto milanais n° 126. En outre, Mozart s'essaie ici, dans le *développement*, à un petit *fugato*, sur une idée toute nouvelle ; et ces quelques mesures, d'ailleurs fort habilement conduites, représentent à peu près l'unique trace de contrepoint dans tout l'ensemble du quatuor.

Nous ne répéterons pas ici, l'ayant dit déjà à propos de la sonate à quatre mains n° 130, l'énumération des nombreuses ressemblances qui relient ce quatuor à ladite sonate, au point d'attester une date de composition presque simultanée.

135. — *Salzbourg, entre janvier et mars* 1772.

Divertimento en si bémol, pour deux violons, alto et basse.

K. 137.
Ms. perdu.

Andante. — Allegro di molto (même ton). *— Allegro assai.*

Ce que nous avons dit du quatuor précédent pourrait s'appliquer exactement à ce second quatuor de la même série, si, par un phénomène assez commun chez Mozart, ce second quatuor ne nous faisait voir une sorte de retour en arrière, avec une réapparition beaucoup plus marquée de l'influence italienne. Non seulement la distribution du

quatuor, avec son *andante* initial et ses trois morceaux dans le même
ton, se rattache aux modèles italiens imités naguère dans le quatuor
de Lodi : mais tout l'esprit et toute la forme des morceaux (à l'exception
du finale) semblent infiniment plus étrangers au souvenir du style de
Michel Haydn, comme si Mozart, après un premier élan d'enthousiasme
pour l'art de ce maître, était revenu à la manière italienne qui lui était
alors familière. De nouveau les sujets sont plus courts, plus nombreux
et plus contrastés, le rôle des deux violons s'égalise et prédomine, les
développements cessent de se rapporter directement aux idées précédentes, les ritournelles s'allongent, et les répétitions se multiplient :
sans compter que le quatuor, plus encore que le précédent, donne l'impression d'être fait très vite, ce qui explique peut-être son retour plus
marqué au style italien, ce dernier étant désormais pour Mozart d'un
emploi plus facile.

Dans l'*andante* du début, le *développement* nous fait voir, en vérité, une
tendance à élaborer en contrepoint la ritournelle qui le précède : mais
ce *développement* s'arrête dès la quatrième mesure, pour être suivi
d'une *rentrée* où, déjà, c'est le premier sujet qui se trouve varié et sensiblement étendu.

Quant à l'*allegro* suivant, tout écrit pour les deux violons, celui-là
contient un *développement* nouveau un peu plus important, mais suivi
d'une rentrée toute pareille de la première partie.

Comme nous l'avons dit, le seul morceau un peu significatif de ce
quatuor est son finale, très court et traité en morceau de sonate, mais
avec des rythmes caractéristiques, et tout un travail instrumental plus
abondamment réparti entre les quatre exécutants. Le premier sujet,
non sans analogie avec le style de Michel Haydn, est une sorte d'appel
d'opéra bouffe que Mozart reprendra, un jour, dans ses *Noces de Figaro* ;
et non moins charmantes sont les deux idées suivantes, dont la seconde
rappelle un rythme de la symphonie en *fa* (n° 124) du 2 novembre 1771.
Le *développement*, lui aussi, mérite d'être signalé : il débute en imitations, sur un sujet nouveau, entre les deux violons et la basse, et nous
offre ensuite un beau thème nouveau, en *sol mineur*, qui aboutit à une
cadence pleine, précédant la *rentrée*. Dans celle-ci, le second sujet,
seul, est un peu varié.

136. — *Salzbourg, entre janvier et mars* 1772.

Divertimento en fa, pour deux violons, alto et basse.

K. 138.
Ms. perdu.

Allegro. — *Andante* (en *ut*). — *Presto.*

Si le second des trois quatuors de cette série semblait indiquer un relâchement de l'inspiration de Mozart, ce troisième quatuor, au contraire, nous montre le jeune homme s'efforçant déjà à se constituer un style propre, dans ce genre nouveau, en combinant les deux influences des maîtres italiens et de Michel Haydn. Comme dans le quatuor précédent, le rôle des deux violons domine de beaucoup ceux de l'alto et de la basse : mais de nouveau le premier violon seul est chargé du chant, tandis que le second s'occupe à l'accompagner en une foule de figures diverses, des plus ingénieuses. Et si les sujets sont encore séparés, du moins Mozart étend beaucoup le premier sujet, réduisant le second, suivant la manière des deux Haydn, à n'être qu'un court épisode mélodique qui forme conclusion. Aussi bien n'est-il pas impossible que, avant de composer ce troisième quatuor, Mozart ait eu l'occasion de connaître les six quatuors composés, en 1771, par le frère aîné de Michel Haydn.

Dans le premier *allegro*, une entrée à l'unisson, rappelant le style de l'*opera buffa*, précède un premier sujet que Mozart développe et travaille presque jusqu'à la fin de la première partie ; et c'est encore un travail thématique sur l'idée de ce premier sujet, mêlé avec un rappel de l'accompagnement du second sujet, qui forme le *développement* de ce remarquable morceau. Dans la rentrée, Mozart revient à son habitude de faire porter ses changements sur le second sujet.

Non moins curieux est l'*andante*, où Mozart, pour la première fois, débute aussitôt par un chant du premier violon, ainsi que le faisaient Michel Haydn et surtout son frère Joseph, aux environs de la même date. Mais l'italianisant qu'est Mozart n'ose pas encore suivre l'exemple des deux Haydn jusqu'à prolonger son chant pendant toute la durée du morceau : à ce premier sujet il en fait succéder un second, consistant en une façon de dialogue entre les deux parties supérieures et les deux voix d'en bas ; après quoi vient encore une ritournelle à l'italienne. Le *développement*, sur une idée nouvelle, nous offre l'intérêt de contenir une figure libre du violoncelle, sous l'accompagnement syncopé des autres parties. Et comme si Mozart se repentait de la longueur inaccoutumée de ce *développement*, le voici qui, tout d'un coup, par un retour imprévu à son habitude italienne de jadis, supprime la *rentrée* du premier sujet pour ne reprendre que le second, légèrement varié.

Le finale est un délicieux *rondo* à nombreux petits intermèdes, suivant la coupe adoptée par Mozart depuis la fin de son premier séjour d'Italie. Un thème d'allure très brillante et très gaie, exposé avec des imitations entre l'alto et le violoncelle, et se terminant par une cadence d'opéra bouffe, se répète cinq fois, ayant ses reprises entrecoupées par quatre petits thèmes nouveaux, dont le second en mineur. Tout cela écrit déjà avec une entente admirable du style du quatuor allemand, parsemé d'imitations et de passages en contrepoint, et puis si coulant, d'un bout à l'autre, si bien fondu dans une même veine de joie légère et chantante que nous ne pouvons nous empêcher de regretter que Mozart ait borné là sa série de quatuors, — ou plutôt de regretter que nous ne possédions pas d'autres quators de la même série : car tout porte à croire que Mozart en a composé six, cette fois comme les sui-

vantes, et que c'est à la même série qu'appartiennent trois autres quatuors possédés jadis par Aloys Fuchs (en *ut, la* et *mi bémol,* K. Anh. 211,
212 et 213).

137. — *Salzbourg, carnaval de* 1772.

Six menuets à danser avec trios pour deux violons, deux hautbois,
une flûte, deux trompettes (ou deux cors) et basse.

K. 164.

Ce n'est pas seulement d'après le papier et l'écriture de ces menuets
que nous sommes autorisés à en placer la date au début de l'année 1772.
Car, d'abord, évidemment composés pour les bals du Carnaval, — qui
commençait d'ailleurs volontiers depuis les fêtes de Noël, — ils ne peuvent pas dater de 1770 ni de 1771, puisque le jeune garçon a passé en
Italie les premiers mois de ces deux années. D'autre part, la qualité
musicale de ces menuets, ou plutôt le progrès technique dont ils témoignent, nous empêche de les tenir pour contemporains des charmants
menuets n° 71 composés par Mozart en 1769 ; et au contraire nous
aurons à étudier une autre série de menuets, ceux-là authentiquement
datés de décembre 1773, qui nous révéleront une supériorité infinie, en
toute façon, par rapport aux menuets de la série présente. Déjà trop
habiles pour pouvoir dater de 1769, mais beaucoup trop faibles pour
que nous puissions les classer en 1773 ou après cette date, les menuets
en question doivent donc, forcément, avoir été produits durant ce Carnaval de 1772 que Mozart a entièrement passé à Salzbourg.

Et quant à ce qui est de leur valeur artistique, les quelques mots
que nous venons de dire à ce sujet nous dispenseront d'insister sur de
petites danses, évidemment improvisées, avec çà et là des inventions
mélodiques déjà très agréables, mais sans que l'on y découvre aucune
trace du moindre effort créateur, ni non plus d'aucune originalité personnelle. Traités d'une main plus vigoureuse et plus sûre que ceux de
la série de 1769, ces menuets n'ont pas même l'exquise grâce chantante
de bon nombre de morceaux de cette série antérieure : nous y sentons
que les goûts et les ambitions de Mozart, désormais, s'adressent à des
genres plus hauts, en attendant que le génie du jeune homme finisse
par s'épanouir tout entier jusque dans sa musique de danse. Ajoutons
que les deux violons, selon l'habitude italienne de Mozart, tiennent ici
une place prépondérante, le premier chargé du chant, le second de
l'accompagnement, tandis que les hautbois ou la flûte se bornent, le

plus souvent, à doubler la ligne mélodique ainsi dessinée par le premier violon.

138. — *Salzbourg, mars et avril* 1772.

Il Sogno di Scipione, Azione teatrale en un acte, pour deux soprani, trois ténors et chœurs, avec accompagnement de deux violons, alto, deux flûtes, deux hautbois, deux trombones, timbales et basse.

K. 126.
Ms. à Berlin.

Ouverture (voir le nᵒ 139).

I. Air de Scipion (ténor) en *fa* : *Risolver non osa* : *andante.*
II. Air de Fortuna (soprano) en *ut* : *Lieve sono* : *allegro.*
III. Air de Costanza (soprano) en *la* : *Ciglio, che al sol.*
IV. Chœur de Héros en *ré* : *Germe di cento Eroi.*
V. Air de Publio (ténor) en *si bémol* : *Se vuoi che te raccolgano.*
VI. Air d'Emilio (ténor) en *sol* : *Voi colaggiu.*
VII. Air de Publio en *fa* : *Quercia annosa.*
VIII. Air de Fortuna en *la* : *A chi serena.*
IX. Air de Costanza en *mi bémol* : *Biancheggia il mar.*
X. Air de Scipione en *si bémol* : *Di che sei l'arbitra (un poco adagio* et *allegro).*
X bis. Récitatif de Fortuna et Scipione : *E ben provani avversa.*
XI. Air pour soprano en *sol (Licenza)* : *Ah perche cercar.*
XII. Chœur en *ré* : *Cento volte.*

Le *Sogno di Scipione* a été composé par Mozart pour les fêtes qui, le 29 avril 1772 et les jours suivants, devaient célébrer à Salzbourg l'intronisation du nouvel archevêque, élu depuis le 14 mars précédent. Le poème de Métastase choisi par Mozart, — ou plus probablement imposé au jeune garçon, — n'était qu'une adaptation scénique du *Somnium Scipionis* de Cicéron, entremêlée de quelques traits empruntés aux *Punica* de Silius Italicus. Endormi dans le palais de Massinissa, le jeune Scipion voit apparaître en rêve, d'abord, la déesse de la Chance et celle de la Constance, puis la troupe entière de ses ancêtres, parmi lesquels Scipion l'Africain et Scipion Émilien, notamment, lui enseignent la vanité des biens terrestres. Sur quoi le jeune Scipion, se décidant enfin à choisir entre les deux déesses, déclare préférer la Constance à la Bonne Fortune.

Destinée à n'être chantée qu'une fois, à l'occasion d'une fête, comme *Ascanio in Alba,* cette « action théâtrale » est cependant d'un tout autre genre. Au lieu d'un ballet pastoral, elle a plutôt le caractère d'une cantate, ou d'un oratorio profane : et il en résulte que les airs courts d'*Ascanio* y sont remplacés par de grands airs d'*opera seria.* De plus, *Il Sogno di Scipione* a été écrit pour Salzbourg, où, au contraire de l'Italie, on aimait fort les morceaux un peu longs, comme Mozart l'écrira lui-même, plus tard, quand il comparera le goût salzbourgeois à celui de Paris. Enfin l'action de cette petite pièce est à peu près nulle : les personnages y débitent des sentences morales, sous une foule de métaphores dont chacune, suivant l'habitude de Métastase, devait offrir au musicien l'occasion de petites images musicales. Et nous devons dire tout de suite que, sur ce dernier point, Mozart ne s'est presque plus conformé aux traditions anciennes : ce n'est que tout à fait par accident que, dans un ou deux airs, il a essayé de figurer le vent qui souffle, ou un enfant qui pleure. Mais, pour le reste, sa partition dérive directement des circonstances que nous venons d'indiquer. Ecrite à Salzbourg, elle est de dimensions plus amples que les œuvres dramatiques précédentes, avec des entrées instrumentales plus longues et des strophes plus étendues, comme aussi avec un accompagnement déjà beaucoup plus fourni. Écrite sur un livret désormais vieilli, et absolument fastidieux, nous sentons qu'elle n'a rien eu pour intéresser Mozart, et que l'ampleur même de ses airs ne les empêche pas d'avoir été composés très rapidement. Enfin, le genre héroïque du poème a conduit Mozart à traiter les neuf airs, — qui, avec deux petits chœurs et la *licenza*, forment toute la pièce, — en airs d'*opera seria*, ou plutôt même de cantate héroïque.

Tous ces airs ont la coupe du *demi da capo*. Les uns ont deux sujets dans leur première partie, les autres n'en ont qu'un seul; et le dernier de Scipion (n° 10) a ses deux sujets dans des mouvements différents. Mais nous devons signaler ici, dans les trois airs n°ˢ 2, 6 et 8, le premier essai d'une innovation que nous allons trouver constamment employée dans les airs de *Lucio Silla*. Au lieu de reprendre intégralement, après la petite partie non répétée, la seconde strophe de la première partie, Mozart reprend d'abord, en le variant librement, le premier sujet de la première strophe, et puis il le fait suivre d'une reprise intégrale du second sujet tel qu'il était dans la seconde strophe. A cette différence près, les neuf airs ont tous la même allure brillante et superficielle. Les cadences y sont nombreuses et souvent très difficiles : le chant recommence déjà à perdre un peu son caractère purement vocal, sous l'influence du milieu allemand de Salzbourg : mais, dans quelques-uns des airs, ce défaut est racheté par une grandeur et une pureté mélodiques qui apparentent ces airs aux œuvres instrumentales de la même période (notamment les airs n°ˢ 2 et 10). Les secondes parties des airs, assez insignifiantes en soi, donnent souvent lieu à d'ingénieuses trouvailles dans l'accompagnement. L'unique récitatif accompagné est insignifiant ; le chœur final ne l'est guère moins, et dans le grand chœur n° 4, un très beau passage en imitations s'arrête malheureusement beaucoup trop vite, pour être suivi d'une reprise un peu variée du chant homophone du premier sujet.

Suivant l'usage de Salzbourg, Mozart a joint à sa cantate une *licenza*, rendant expressément hommage au prince-archevêque, qui était maintenant le détestable Jérôme Colloredo. Mais cette partie de son travail l'attirait si peu qu'il n'a même point pris la peine de traiter musicalement, comme il l'avait fait dans les deux *licenza* n°ˢ 47 et 73, le récitatif précédant l'air ajouté ; et de celui-ci il a fait une petite *cavatine* sans grande signification, avec deux couplets dont le second commence à la dominante et est un peu varié. Plus tard, sans doute en 1776, Mozart, probablement honteux de la pauvreté de cet air, lui en substituera un autre (n° 251) d'une valeur musicale infiniment plus haute.

139. — *Salzbourg, mars ou avril* 1772.

Ouverture en ré de l'Action théâtrale : Il **Sogno di Scipione**, pour
deux violons, alto, deux flûtes, deux hautbois, deux cors, trompettes,
timbales et basse.

K. 126.
Ms. à Berlin.

Allegro moderato et andantino (mouvement non indiqué).

Comme nous l'avons dit déjà à propos du *Sogno* lui-même, dont le
manuscrit porte simplement la date de l'année 1772, ce n'est pas pour
« l'élection » du nouvel archevêque Colloredo, le 14 mars de cette
année, mais bien pour son « intronisation », célébrée le 29 avril et les
jours suivants, qu'a été écrite cette « action théâtrale ». Et tout porte à
croire que l'ouverture, cette fois, a été composée en dernier lieu, tout à
fait vers la fin d'avril : car, en plus d'une ressemblance générale très
frappante avec les deux symphonies nos 140 et 141, écrites au début de
mai 1772, on y trouve des rythmes qui reviennent, presque tout pareils,
dans la seconde de ces symphonies.

Sans doute Mozart, désirant flatter le goût exclusif du nouveau prélat pour la musique italienne, aura-t-il tâché à se dégager complètement de toute trace de l'influence allemande, qu'il recommençait à
subir durant les mois précédents : car son ouverture est plus foncièrement italienne en toute façon que celle même d'*Ascanio in Alba*. Et probablement aussi l'aura-t-il composée très vite, comme le corps de la
cantate : car, avec des idées charmantes, son exécution parait improvisée, ce qui d'ailleurs contribue encore à lui donner l'allure facile et
rapide d'une véritable « ouverture » italienne.

Pour la coupe d'ensemble, Mozart s'est souvenu de son ouverture
d'*Ascanio*, qui consistait en un *allegro* s'enchaînant avec une sorte de
danse, d'un mouvement plus lent : mais tandis que, dans *Ascanio*, cette
coupe se justifiait par le caractère du morceau chanté qui suivait, et
qui, malgré ses chœurs, équivalait à un finale de symphonie, cette
fois, l'*andantino* forme l'unique finale de l'ouverture, s'enchaînant avec
le grand récitatif du réveil de Scipion. Mozart a d'ailleurs, plus tard,
de même qu'il avait fait pour l'ouverture d'*Ascanio,* composé pour cette
ouverture de *Scipione* un second *allegro* (n° 155), permettant à l'ouverture d'être jouée au concert comme une symphonie.

Dès le début du premier morceau, nous apercevons clairement l'imitation des ouvertures italiennes. Un grand *tutti*, tout rythmique, est
suivi d'une figure mélodique des deux violons, s'opposant à lui en un
contraste marqué ; et il n'y a pas un détail de ce premier morceau qui
ne nous ramène de deux ans en arrière, évoquant le souvenir des sym-

phonies composées jadis à Milan et à Rome. Répétitions constantes
séparation absolue des sujets, réduction du travail musical aux deux
violons, emploi constant et peu utile des instruments à vent, nombreuses ritournelles, *développement* tout nouveau, et jusqu'à des procédés de modulation rencontrés déjà dans ces ouvertures italiennes de
1770 (par exemple l'attaque subite d'un ton nouveau, au début du
développement). On peut dire, sans trop d'exagération, que tous les
chants sont exposés à découvert par les deux violons, tandis que les
bruyants *tutti* se trouvent réservés pour les ritournelles. Dans la
reprise, le second sujet est entièrement passé (ce qui nous ramène
encore aux symphonies de 1770), et la rentrée de sa ritournelle aboutit
à une longue *strette* nouvelle, destinée à préparer l'*andantino* suivant,
mais non pas sans que, au milieu de cette *strette*, reparaisse brusquement le rythme du premier *tutti*.

Ainsi la forme de ce premier morceau atteste, chez Mozart, ce que
l'on pourrait appeler une régression, sous l'influence du désir d'imiter
pleinement le style italien : mais il n'en résulte pas que, au point de
vue du choix des idées et même de la mise en œuvre, Mozart revienne
pareillement en arrière, oubliant les progrès accomplis chez lui depuis
1770. Le chant qui sert de *développement*, par exemple, a beau n'être
exposé que par les violons, il nous fait voir une pureté de lignes et une
extension mélodique bien éloignées déjà du style de Mozart pendant
son premier voyage d'Italie : et tout le long passage nouveau qui termine ce premier morceau, après la *rentrée* du premier sujet, abonde en
modulations imprévues et hardies qui permettent de prévoir l'originalité des œuvres symphoniques immédiatement suivantes.

Quant à l'*andantino*, nous avons dit déjà que Mozart en a fait une
danse pastorale rappelant celle de l'ouverture d'*Ascanio* : deux sujets
juxtaposés y sont repris sans *développement*, mais avec de belles variations expressives où les instruments à vent jouent un rôle considérable.
Et rien n'est plus gracieux, ni d'un chant plus pénétrant, ni plus
« mozartien » que tout ce délicieux morceau, aboutissant à une série
de modulations puissantes et singulières, sur un rythme grave et entrecoupé qui doit avoir servi, dans l'intention de Mozart, à traduire les
derniers instants du sommeil de Scipion.

140. — *Salzbourg, commencement de mai* 1772.

Symphonie en ut, pour deux violons, alto, deux hautbois, deux
cors et basse.

K. 128.
Ms. à Berlin.

Alegro maestosol. — *Andante grazioso* (en *sol*). — *Allegro*.

L'autographe de cette symphonie porte simplement « mai 1772 » : mais la ressemblance de sa musique avec celle de l'ouverture du *Sogno di Scipione*, composée vers la fin d'avril, et, d'autre part, sa différence marquée avec la symphonie n° 143, également composée « en mai 1772 », nous conduit à admettre que cette symphonie-ci et la suivante datent des premiers jours de ce mois, tandis que le n° 143 a été écrit plusieurs semaines après.

Comme nous l'avons dit, les n°ˢ 140 et 141 offrent à un très haut degré tous les caractères du style de l'ouverture italienne. Aussi bien se rattachent-ils à ce genre jusque dans la disposition des morceaux, Mozart y supprimant le menuet, qu'il avait laissé même dans ses symphonies milanaises de 1771. Sans doute il aura écrit ces deux symphonies pour les fêtes qui ont suivi, à la cour salzbourgeoise, l'intronisation du nouvel archevêque, amateur passionné du style italien. Et sans doute aussi Mozart, grâce à ce goût de Colloredo pour la musique italienne, aura eu l'occasion de connaître à ce moment des œuvres de quelque nouveau maître italien d'alors : car ses deux symphonies, tout en nous présentant plusieurs des traits distinctifs du style général de *l'ouverture* italienne, nous font voir en même temps des particularités très originales, qui déjà ne permettent plus de placer ces symphonies en regard des œuvres composées naguère à Rome et à Milan[1]. Non pas qu'il ne faille tenir compte, devant la force et la beauté de ces symphonies, du génie propre de Mozart en 1772 : mais il y a ici des qualités si différentes de celles que nous ont montrées les œuvres des mois précédents, — ainsi l'intensité dramatique des rythmes, ou encore l'emploi très fréquent d'un contrepoint simple et tout imitatif, à l'italienne, — que nous reconnaissons sans aucun doute, une fois de plus, le reflet d'un modèle nouvellement apparu à l'horizon de Mozart, et qui ne saurait être ni l'un des deux Haydn, ni personne qu'un maître italien, peut-être invité à Salzbourg par l'archevêque Colloredo.

En tout cas, ces deux symphonies purement italiennes nous permettent d'apprécier le mouvement continu de progrès qui s'opère chez Mozart en 1772. Le style italien y est conservé, dans son ensemble : mais chacun de ses détails y est élaboré, revêtu d'une signification et d'une beauté nouvelles. Les idées, comme déjà dans l'ouverture du *Sogno*, ont à la fois une force expressive et une étendue mélodique des plus remarquables ; l'harmonie tend à s'enrichir de modulations et de chromatismes caractéristiques, les parties instrumentales se répondent sans cesse en de fines et ingénieuses imitations ; et bien que le gros du travail musical reste toujours confié aux deux violons, tous les autres instruments interviennent, par endroits, avec un rôle encore restreint, mais très libre et très efficace.

Dans le premier morceau du n° 140, le premier sujet est encore tout rythmique, à l'italienne, avec des répétitions incessantes des phrases et une longue ritournelle d'opéra : mais déjà le second sujet, d'une

---

1. D'après Hanslick, il y avait à Salzbourg, précisément durant cette année 1772, des *académies* où, de cinq heures à onze heures, l'on exécutait des symphonies italiennes de Sammartini et de Chrétien Bach, — ce qui nous prouve bien encore la prépondérance du goût italien dans l'entourage immédiat du jeune Mozart.

allure dansante, est varié et travaillé, sans compter que sa ritournelle même en est encore une variation. Le *développement* qui suit est nouveau, toujours suivant l'habitude italienne, mais son extension inaccoutumée, la richesse de ses modulations, l'importance de ses marches de basse (souvent en contrepoint), tout cela diffère beaucoup des petits *développements* transitoires de naguère ; et lorsque le premier sujet se trouve repris, ensuite sa *rentrée* est variée par des modulations expressives qui annoncent déjà le traitement prochain des *rentrées* chez Mozart. Il est vrai que la ritournelle du premier sujet, et le second tout entier, sont désormais repris à peu près sans changement, ce qui n'est pas non plus sans indiquer une modification essentielle dans les procédés du jeune maître.

L'*andante* (notons le qualificatif italien : *grazioso*) offre cette particularité curieuse que ses deux sujets et son *développement* sont constamment traités en contrepoint libre à trois parties, l'alto se bornant à suivre les basses. Les deux sujets commencent en canon ; le *développement* nous fait voir un beau travail de contrepoint sur les idées et les rythmes du second sujet. Après quoi la *rentrée* est à peine variée, çà et là, par de petites nuances insignifiantes. Et le caractère chantant de ces contrepoints, et la séparation des sujets, et la réduction du morceau au quatuor des cordes, tout cela évoque aussitôt l'idée d'un modèle italien, de quelque chose comme un Sammartini plus savant et plus sec.

Le même contrepoint élémentaire se retrouve dans le finale, traité suivant une coupe singulière, et dont l'équivalent ne se rencontre que chez les maîtres italiens (Sammartini, Boccherini, etc) : c'est une sorte de *rondo* où le refrain n'est repris qu'une fois, comme dans un morceau de sonate, mais avec divers intermèdes nouveaux, après comme avant cette reprise. Les deux violons continuent à tenir le premier plan, et parfois, comme chez les Italiens, c'est le second violon qui expose le chant, sous un accompagnement continu du premier. Sans cesse de légères imitations jaillissent de la trame musicale, sans cesse les instruments à vent font entendre de petits appels caractéristiques, tout cela dans un rythme rapide et brillant, toujours suivant le pur esprit des finales italiens.

141. — *Salzbourg, commencement de mai* 1772.

Symphonie en sol, pour deux violons, alto, deux hautbois, deux cors, violoncelle et basse.

K. 129.
Ms. à Berlin.

Allegro. — Andante (en ut). — Allegro.

Cette symphonie (dont l'autographe porte la date : mai 1772) doit avoir été composée immédiatement après la précédente, car tous les traits que nous avons signalés dans cette dernière se retrouvent ici, attestant la même influence d'un nouveau modèle italien ; mais déjà, ainsi que cela arrive toujours chez Mozart, nous découvrons ici un effort à approfondir et à rehausser le style que le jeune homme s'est borné d'abord à imiter. Non seulement les proportions des morceaux sont plus amples, comme aussi celles des idées mélodiques : déjà Mozart s'ingénie à mettre plus d'unité entre ces idées, en même temps qu'il accommode à son génie propre la forme étrangère qu'il vient d'adopter. La symphonie garde bien encore l'allure et le caractère d'une *ouverture* italienne : mais déjà nous sentons que cette ouverture est écrite par un Allemand, incapable de se satisfaire de ce que le style instrumental italien a toujours de bref et de morcelé.

Dans le premier morceau, les deux sujets, nettement séparés, n'en ont pas moins un rythme et une expression tout semblables ; et tous deux, malgré leur première apparence italienne, revêtent une extension lyrique où se montre déjà tout entier le génie de Mozart.[1] Les basses répondent en imitation aux violons, les instruments à vent font des passages à découvert, et la ritournelle du second sujet commence par un grand *crescendo* de cinq mesures qui nous prouve que Mozart pressentait dès lors ce genre d'effets, avant de se l'approprier à Mannheim en 1777. Le *développement* même, ici, très long et très travaillé, reprend et poursuit l'idée du second sujet, avec de curieux unissons expressifs, et, avant la *rentrée*, une suite plus curieuse encore de modulations chromatiques. Quant à la *rentrée*, on pourrait dire qu'elle se fait sans changement si quelques petites nuances nouvelles n'apparaissaient au début de la ritournelle du premier sujet.

Deux sujets encore dans l'*andante*, toujours parents l'un de l'autre, et consistant ici en deux chants des premiers violons, ce qui semble dénoter que déjà l'influence des deux Haydn se mêle un peu, dans l'esprit de Mozart, à celle de ses modèles italiens. Le *développement*, très court, est fait d'une entrée en canon sur le rythme du premier sujet, et qui, cette fois, s'étend aux quatre parties. Mais l'élément le plus curieux, dans cet *andante*, est une extension pathétique, très imprévue, de la ritournelle du premier sujet dans la reprise, tandis que le reste du morceau est repris sans changement. Notons encore pour la première fois, à la fin du morceau, trois mesures qui ne se trouvent pas avant les deux barres, et qui nous offrent ainsi l'ébauche de ces *codas* que nous rencontrerons bientôt chez Mozart, à l'exemple de Michel et de Joseph Haydn.

Quant au finale, il est peut-être plus foncièrement italien encore que celui du n° 140, avec son rythme de chasse et ses nombreuses petites idées juxtaposées, le plus souvent présentées en imitations par les deux violons. On croirait entendre un finale de Sammartini ; et l'imitation italienne est poussée à tel point que Mozart, rétrogradant de plu-

---

1. Notons ici que le second de ces sujets sera repris par Mozart, mais avec une signification et une couleur très différentes, dans sa grande symphonie en *ut* de 1780.

sieurs années, imagine de remplacer son *développement* par une rentrée
à la dominante, après les deux barres, suivie de l'introduction d'une
idée nouvelle, pour aboutir à une reprise intégrale des autres idées de
la première partie.

142. — *Salzbourg, mai* 1772.

Regina cæli en si bémol, pour quatre voix, deux violons, alto, deux
hautbois (ou deux flûtes), deux cors, basse et orgue.

K. 127.

Ms. à Berlin.

I. *Regina cæli : allegro maestoso en si bémol.*
II. *Quia quem meruisti : andante en fa.*
III. *Ora pro nobis : adagio en mi bémol.*
IV. *Alleluia : allegro en si bémol.*

Ce *Regina Cæli* est construit exactement sur le même modèle que
celui de l'année précédente. Sauf le grand *solo* de soprano de l'*Ora pro
nobis*, tous les morceaux y ont la forme des morceaux ordinaires des
symphonies de Mozart : et nous pourrions nous borner à dire simplement que, tandis que le *Regina Cæli* de 1771 ressemblait aux symphonies simples et brillantes, à l'italienne, que Mozart composait à la même
époque, le *Regina Cæli* de 1772, avec son orchestration plus fournie et
beaucoup plus modulée, rappelle les symphonies, déjà très allemandes,
de la même année. Le chant, lui aussi, au moins dans le premier morceau, est plus riche en modulations que dans l'autre *Regina Cæli* : le
contrepoint y joue un grand rôle, alternant avec un rythme en notes
tenues que nous avons signalé déjà dans la Messe n° 128 et les litanies
n° 133. Le solo de soprano du *Quia quem meruisti* est entrecoupé d'un
petit chœur qui entre en canon. Et l'*Alleluia* final, avec la légèreté de

son rythme, a, lui aussi, une allure plus relevée que celui de l'autre
Regina Cæli.

Cependant, d'une façon générale, le motet de 1771 était incontestablement mieux écrit pour les voix, avec une préoccupation de leurs ressources propres qui, ici, n'apparaît plus au même degré. Seule, la
partie du soprano est traitée avec un soin particulier, et sans cesse
agrémentée de traits et de vocalises. C'est évidemment de ce *Regina
Cæli* que Léopold Mozart parlait comme du *Regina Cæli* composé pour
la femme de Michel Haydn, cantatrice dont la voix de soprano était
très en renom à Salzbourg : car le rôle du soprano y apparaît dominant dans les quatre morceaux. Et ce détail a pour nous l'intérêt de
nous montrer Mozart en relations personnelles avec la famille d'un
maître dont toute son œuvre, depuis lors, atteste de plus en plus profondément l'influence.

143. — *Salzbourg, derniers jours de mai* 1772.

Symphonie en fa, pour deux violons, deux altos, basse, deux
flûtes, deux cors en *fa*, deux cors en *ut*.

K. 130.
Ms. à Berlin.

Allegro. — *Andantino grazioso (en si bémol).* — *Menuet et trio (en ut).* — *Allegro molto.*

Comme nous l'avons dit déjà, la musique de cette symphonie diffère
trop évidemment de celle des deux numéros 140 et 141 (qui, tout de
même que ce numéro 146, portent simplement la date de « Mai 1772 »)
pour que sa composition ait pu avoir lieu immédiatement à la suite de
celle des deux petites symphonies ci-dessus : mais on comprend fort
bien, d'autre part, que quelques semaines aient suffi pour réaliser, dans
l'art du jeune homme, l'immense progrès attesté par cette symphonie,
en regard des deux précédentes. Car le fait est que ce progrès n'implique, en somme, aucun élément nouveau, et consiste simplement dans
une élaboration beaucoup plus approfondie des principes et des procédés esthétiques que nous ont révélés les œuvres précédentes. Déjà,
cependant, l'influence de Joseph Haydn commence à agir ici plus sensiblement que dans le n° 141, où nous avons cru déjà en découvrir des
traces : c'est à elle que sont dus, par exemple, des procédés comme le
rappel du premier sujet après l'exposé du second, la longueur du *développement* et son emploi à élaborer les rythmes des sujets précédents,
la succession de *soli* et de *tutti* avec des nuances différentes, au lieu des
simples répétitions italiennes, la répartition du langage musical entre

les deux violons, d'une part, et de l'autre, les altos et les basses, le
système des *codas* distinctes, terminant les morceaux après de nouvelles barres de reprise ou un simple point d'orgue, sans compter
maints détails d'instrumentation que nous aurons à relever au cours
de notre analyse. Mais l'inspiration de Mozart n'en reste pas moins
encore tout italienne, se traduisant aussi bien dans le choix des idées
que dans leur traitement ; le jeune homme n'emprunte aux deux Haydn
(ou plutôt à Joseph, car nous avons dit que Michel, cette année-là,
subit pleinement, lui-même, l'influence italienne) des procédés nouveaux de métier que pour les utiliser à un relèvement de la portée
et de la mise au point de l'*ouverture* italienne. Toujours encore les
idées sont nettement séparées, et volontiers contrastées, chacune toute
chantante. chacune suivie d'une longue ritournelle ; et bien que nous
voyions, çà et là, le chant des altos et basses s'opposer en réponse à
celui des violons, ce ne sont toujours encore là que des épisodes, et
toujours les deux violons conservent une tendance à se charger, seuls,
du rôle principal. Ainsi cette symphonie, comme les précédentes, nous
montre Mozart dominé par ses souvenirs de l'art italien : évidemment
le jeune maître « pense » ses symphonies en Italien, et s'imagine continuer l'œuvre de ces maîtres transalpins qu'aime et protège l'archevêque Colloredo ; c'est à son insu, sous la poussée inconsciente de son
génie, que le moule italien où il prétend s'enfermer commence déjà à
s'étendre jusqu'à menacer de se rompre, et que, au lieu des aimables
ouvertures qui lui servent de modèle, nous le voyons dès maintenant,
dès cette première de ses grandes symphonies, créer cet art à la fois
mélodique et puissant, profondément original malgré des traces constantes d'imitations étrangères, que sera désormais, jusqu'au bout, la
symphonie de Mozart.

Chacun des morceaux de cette symphonie nous apporte déjà une telle
quantité d'éléments constitutifs de l'art ultérieur du jeune homme
qu'il vaudrait la peine d'être étudié presque note par note. Nulle part,
peut-être, nous ne voyons aussi clairement l'effort involontaire du
génie de Mozart à s'épancher en pleine liberté, dans un langage tout
formé d'éléments venus du dehors, et pourtant le plus personnel qui fût
jamais. Force nous sera, toutefois, de nous borner ici à quelques observations très générales, après avoir encore répété que la présente symphonie occupe une place capitale dans l'histoire du développement du
génie de Mozart.

Dès le début du premier morceau, nous avons l'impression d'être
admis dans un monde artistique nouveau. Ce premier sujet d'un rythme
vigoureux et précipité (repris ensuite par Mozart, au premier finale de
la *Flûte enchantée*, pour traduire la fureur bouffonne de Monostatos), cette
répétition du sujet très variée, et exposée par tout l'orchestre après ne
l'avoir été d'abord que par les deux violons, cette addition, au premier
sujet, d'un contre-sujet syncopé tout en modulations expressives, avec
une transition confiée aux cors, ce sont déjà autant d'acquisitions définitives pour l'art ultérieur de Mozart. Et si la longue ritournelle du
premier sujet, et le second sujet tout entier, avec son travail des deux
violons se répondant, si tout cela nous ramène encore au style de l'ouverture italienne, voici que, de nouveau, après la ritournelle du second

sujet, nous voyons reparaître, — avant les barres de reprise, — le rythme typique du premier sujet, cette fois rappelé en imitations par les deux violons. Suit un long *développement*, tout construit lui aussi sur ce même rythme, qui maintenant passe alternativement aux violons et aux basses, avec une variété et une originalité de modulation que Joseph Haydn lui-même, à ce moment de sa vie, aurait pu envier. Hélas ! l'élève des Italiens se retrouve dans la rentrée, qui apparaît à peine un peu changée, ou plutôt allégée, au lieu des belles reprises variées que nous rencontrons chez Joseph Haydn en 1771. Mais l'esprit d'innovation et l'imitation des deux Haydn se montrent, une dernière fois, à la fin du morceau, où Mozart introduit quatre mesures de *coda* n'ayant point figuré dans la première partie. A quoi nous devons ajouter que, d'une façon générale, l'instrumentation de ce morceau atteste également un progrès extraordinaire, aussi bien pour ce qui est du quatuor à cordes que pour les parties des flûtes et des quatre cors, ces derniers marchant deux par deux, et avec une partie sensiblement plus chargée pour les deux cors en *fa*. Ici, l'influence de Joseph Haydn se fait sentir déjà presque exclusivement : nous voulons dire des symphonies composées par Joseph Haydn en 1770 et 1771 (nᵒˢ 40-43), car nous verrons bientôt que Mozart, à ce moment, ne doit pas avoir connu le magnifique élan de romantisme qui caractérise toute l'œuvre instrumentale du maître d'Esterhaz en 1772.

L'*andantino grazioso* qui vient ensuite est d'apparence plus italienne, avec ses deux petits sujets nettement séparés, et son court *développement* en simple transition. Mais nous y retrouvons, de nouveau, maints procédés d'origine allemande, et employés à peu près de la même façon que dans l'*allegro* précédent : ainsi, la répétition variée du premier sujet en *tutti* et *forte*, le rappel de ce sujet après le second, et les passages libres des instruments à vent, chargés surtout de conduire d'une idée à une autre. De plus, le *développement*, pour être trop court, n'en utilise pas moins le rythme du premier sujet, avec de curieuses réponses des basses en imitation ; et la rentrée, ici, sans être extrèmement variée, comporte l'addition d'un long passage nouveau, d'un style concertant, avec de remarquables effets de cors. Mais la partie la plus intéressante de ce morceau, au point de vue historique qui nous occupe, est sa fin, faisant déjà pressentir les prochaines conclusions de ce qu'on pourrait appeler les symphonies romantiques de Mozart. Après l'exposé du second sujet, le premier sujet reparaît, une troisième fois, pour aboutir à trois mesures de ritournelle exécutées seulement par les flûtes et les altos ; et Mozart, après ces mesures, introduit de nouveau des barres de reprise, que suit une *coda* déjà expressément désignée sous ce nom, et où tout l'orchestre répète le rythme du premier sujet à l'unisson.

Comme nous l'avons dit, chacun des morceaux de cette symphonie nous ouvre des horizons nouveaux sur l'évolution du génie de Mozart. Dans le menuet, nous devons signaler d'abord l'emploi d'une coupe qui va désormais se retrouver presque constamment, et qui consiste à donner aux deux parties du menuet une longueur égale, sans reprendre désormais la première partie après la seconde. En outre, nous voyons ici pour la première fois une tendance de Mozart, — qui va se montrer à nous dans les œuvres suivantes, — à donner aux menuets, et plus encore aux trios, une allure hardie et bizarre, soit au moyen de rythmes singuliers, ou de modulations d'une saveur étrange. C'est ainsi que, dans le menuet du n° 143, l'alto maintient avec insistance un *si* naturel, pendant que les violons et les basses restent dans le ton de *fa* ; et dans le trio, de même, un rythme de valse allemande s'accompagne d'harmonies des plus imprévues. Avec cela, le menuet et son trio sont reliés par un curieux accompagnement continu de l'alto, et nous avons encore la surprise de voir reparaître, à la fin du trio, un rappel caractéristique du menuet proprement dit. Dans toutes ces recherches, ni les maîtres italiens ni les deux Haydn ne jouent plus aucun rôle : c'est le jeune Mozart qui, avec son amour passionné de la danse, spontanément et librement, s'essaie à des combinaisons nouvelles.

Du long finale nous dirons seulement que l'esprit italien y prédomine, mais toujours avec le même prodigieux effort d'extension et d'approfondissement. Ce finale est construit en morceau de sonate, mais avec au moins cinq sujets mélodiques distincts et juxtaposés, dont les uns pour les violons seuls, d'autres pour le quatuor des cordes, d'autres où les vents tiennent une place prépondérante. Nous devons ajouter que cette conception du finale, traité en morceau de sonate mais avec un grand nombre de petits sujets juxtaposés à la manière d'un *rondo*, semble bien avoir été inspirée à Mozart par certains finales de *divertissements* contemporains de Michel Haydn ; et nous ne serions pas étonnés que Mozart, à l'exemple de ce maître, eût employé pour son finale des rythmes populaires salzbourgeois, car le fait est que l'un des sujets du finale a été repris, presque intégralement, par le même Michel Haydn dans le finale de son *divertimento* pour cordes, hautbois, et basson, en *si bémol*, de 1774.

Le *développement* est fait sur quelques-uns de ces sujets, à la manière des Haydn, avec un contrepoint libre entre les deux violons, l'alto, et les basses ; et c'est encore à l'exemple de Joseph Haydn que Mozart, dans sa rentrée, varie et renforce expressivement le premier sujet, tandis qu'il répète les autres sujets à peu près intacts. Mais ce qui n'appartient qu'à lui dans ce finale, c'est, avec la merveilleuse richesse de l'invention mélodique, l'effort que nous y découvrons pour rappeler les idées et le sentiment du premier morceau de la symphonie. Tout le second sujet, par exemple, comme aussi la longue ritournelle qui précède le dernier sujet, dérivent évidemment de la même inspiration expressive que des rythmes analogues dans l'*allegro* du début. Et ainsi cette grande symphonie, d'un bout à l'autre, nous représente comme une transfiguration du génie de Mozart : à quelques semaines d'intervalle, l'aimable jeune maestro italien de l'ouverture du *Songe de Scipion* est devenu le plus personnel, peut-être, de tous les compositeurs de son temps, avec une ampleur d'idéal esthétique et une beauté de mise au point musicale qui ne peuvent plus être mises au compte ni de l'art italien ni de l'allemand, mais constituent l'héritage poétique propre laissé au monde par Mozart.

144. — *Salzbourg, juin* 1772.

Divertimento en ré, pour deux violons, deux altos, flûte, hautbois, basson, quatre cors en *ré* et basse.

K. 131.
Ms. à Berlin.

I. *Allegro.*

II. *Adagio* en *la* (quatuor seul).

III. *Menuetto* avec trois trios n° 1 en *ré* (cors *soli*), n° 2 en *sol* (flûte, hautbois et basson), n° 3 en *ré mineur* (flûte, hautbois, basson et quatre cors).

IV. *Allegretto* en *sol* (flûte, hautbois et quatuor).

V. *Menuetto* avec un trio en *sol* pour flûte, violons et basse, un second trio en *la*, pour hautbois, violons et basse, et une *coda*.

VI. *Final : adagio, allegro molto* et *allegro assai.*

Nous ignorons, pour qui et à quelle occasion a été composé ce grand *divertimento*, dont la date nous est donnée par Mozart lui-même, sur son manuscrit : mais, en tout cas, le jeune homme doit l'avoir composé très vite, ainsi que le prouverait déjà la hâte manifeste de son écriture ; et bien que, d'un bout à l'autre, ce soit une œuvre des plus intéressantes, et pouvant aujourd'hui encore produire un excellent effet, sa valeur lui vient moins de ses qualités musicales proprement dites que de l'agrément et de la richesse de son instrumentation. Avec le goût de grandeur qui s'était emparé de lui dès le début de 1772, Mozart a voulu refaire, dans des proportions plus considérables, un équivalent de son *concerto* milanais de novembre 1771, en l'adaptant aux ressources instrumentales de Salzbourg, où les clarinettes manquaient, tandis que les cors y tenaient encore la place la plus importante, après le quatuor des cordes. Au point de vue de la manière dont il a traité les instruments à vent, et les quatre cors en particulier, le *divertimento* nous montre un progrès énorme sur les essais précédents, et nous y sentons déjà un instrumentiste en pleine possession de tous les moyens de son art. Au point de vue de l'invention mélodique et du travail musical, tout au plus pouvons nous en tirer cette conclusion que le génie de Mozart a désormais acquis une aisance et une sûreté remarquables. Cependant, il convient aussi d'ajouter que le jeune homme, dans ce genre tout allemand de la *cassation* (car le *divertimento* appartient de droit à ce genre), subit plus profondément que dans la symphonie l'influence des maîtres de son pays. C'est ainsi que les deux violons, au lieu de se répondre ou de s'accompagner à l'italienne, marchent presque toujours ensemble, comme dans les symphonies des deux Haydn, tandis que les altos et les basses se chargent de l'accompagnement. Ce qui n'empêche pas Mozart de concevoir encore ses *soli* instrumentaux de la même façon que dans son *concerto* milanais, c'est-à-dire de leur confier, le plus souvent, des sujets distincts et supplémentaires, qui pourraient être supprimés sans inconvénient pour la coupe générale du morceau.

Le premier *allegro* s'ouvre par trois mesures d'entrée, sur un rythme rappelant le début de l'ouverture du *Sogno*, et qui ne reparaîtront plus dans la reprise : d'où l'on serait tenté de conclure que ce *divertimento* ne comportait pas de marche préalable. Un premier sujet très court, suivi d'une longue ritournelle italienne, et aboutissant à une cadence complète, cède la place à un sujet nouveau, exposé par la flûte, et presque entièrement réservé aux vents, tandis que l'orchestre entier s'emploie dans sa ritournelle ; et puis c'est un second sujet de symphonie, surtout pour les cordes, avec encore six mesures de ritournelle. Le *développement* est nouveau, mais avec quelques rappels du premier sujet, et quoique les vents y soient très occupés, leur rôle n'a rien d'essentiel pour l'ensemble musical. Le passage le plus curieux de ce *développement* est, vers la fin, un brusque rappel de l'*intrada* initiale, exposé seulement par la basse et le basson sous un trémolo des violons ; après quoi le premier sujet lui-même n'est pas repris, et la rentrée, qui ne débute que par sa ritournelle, comporte certains petits changements, concernant surtout les parties des vents.

L'*adagio*, écrit pour le quatuor à cordes, est un chant du premier violon, accompagné par les trois autres instruments, et qui, avec son unique sujet, son *développement* sur ce sujet modulant en mineur, et sa rentrée toute variée, comme une seconde strophe d'*arioso*, se rattache de la façon la plus expresse au style des deux Haydn (et notamment de Joseph) vers le même temps.

Et c'est encore à l'exemple des maîtres allemands (entre autres Michel Haydn) que Mozart, dans le menuet qui suit, s'amuse à multiplier les trios, en les répartissant aux divers instruments. Le menuet lui-même est pour le quatuor à cordes avec de curieux effets de vielle qui, comme d'ailleurs tout l'ensemble de ce morceau, évoquent le vieux souvenir du *Galimatias* de la Haye. Le premier trio n'est que pour les quatre cors, le second pour la flûte, les hautbois, et le basson, le troisième pour tous les instruments à vent réunis ; et la dernière reprise est encore suivie d'un cinquième menuet en *coda*, avec des *soli* de cors opposés à d'autres des bois. Tout cela infiniment ingénieux et varié, aussi bien pour l'invention que pour la coupe, mais, en somme, d'écriture très simple et toujours homophone.

Vient ensuite un petit *rondo* d'une forme assez imprévue, et qui semble bien, elle aussi, avoir été suggérée à Mozart par l'exemple de Michel Haydn. Non seulement le thème est coupé de divers intermèdes, mais ses reprises même sont parfois variées ; sans que, d'ailleurs, ni les idées ni l'instrumention aient à nous rien offrir de bien intéressant.

Un second menuet s'accompagne de deux *trios*, écrits pour les violons et la basse avec, dans l'un, les flûtes, dans l'autre le hautbois. Au reste, le menuet propre commence par un *solo* des cors ; et la *coda*, ici, ne fait que reprendre ce menuet en ajoutant aux cors tout le reste de l'orchestre.

Quant au finale, celui-là, avec ses dimensions énormes et ses trois morceaux successifs, achève de nous montrer à quel point le jeune

Mozart subit déjà l'influence allemande. Un maître italien se serait
effaré de tout ce qu'un tel morceau a de disproportionné, en comparaison de son contenu musical. Mais on sait que les Haydn, et surtout
Joseph, aimaient à faire précéder leurs *allegros* les plus vifs de pathétiques *adagios* comme celui que Mozart, en tête de son finale, confie
exclusivement aux cors, accompagnés par le groupe des bois. Il y a
même, dans cet *adagio*, un long trait partagé entre les cors dont on
retrouverait des modèles dans de vieilles symphonies de Joseph Haydn.

   L'*allegro molto* qui suit a la coupe d'un morceau de sonate, mais toujours avec un sujet supplémentaire pour les vents. Le *développement*,
assez travaillé, entremêle des rythmes nouveaux et des souvenirs des
sujets précédents, avec de remarquables *soli* des cors et des bois, et la
rentrée ne laisse pas d'être sensiblement variée. Toute la reprise, à
son tour, est répétée une seconde fois ; et au moment où le finale semble achevé voici qu'arrive encore un autre finale à trois temps, d'un
rythme de chasse, construit lui-même suivant la coupe d'un morceau
de sonate, avec des fanfares de cors tenant lieu de *développement !*

   Ainsi s'achève ce très long morceau, qui paraît d'autant plus long
qu'il a été écrit plus rapidement : un des rares morceaux où Mozart
« n'a pas eu le temps de faire court ». La maîtrise instrumentale, évidemment, n'y a encore rien que d'assez élémentaire : mais elle est
déjà parfaitement sûre et facile, prête aux progrès qu'elle va subir
durant l'année suivante. Et, en même temps, tout le *divertimento* a pour
nous l'intérêt de nous montrer, la première fois depuis le retour de
Vienne en 1769, le jeune Mozart oubliant enfin presque tout à fait ses
souvenirs italiens, sauf à en retrouver quelques échos, l'hiver suivant,
quand il écrira son *Lucio Silla*.

145. — *Salzbourg, juillet* 1772.

Remise au point d'une symphonie en mi bémol, pour deux violons, deux altos, deux hautbois, quatre cors, violoncelle et basse.

K. 132.

Ms. à Berlin.

Allegro. — *Andante* (en *si bémol*). — *Menuetto et trio* (en *ut mineur*).— *Allegro.*

   La première rédaction, composée sans doute quelques mois auparavant, comportait, au lieu du nouvel *andante*, un *andantino grazioso* dans
le même ton.
   L'autographe de cette symphonie porte expressément la date de
« juillet 1772 » : mais lorsque ensuite on étudie la symphonie elle-même,

en comparaison de la précédente et de la suivante, on éprouve irrésistiblement la sensation d'une surprise mêlée d'un certain désarroi,
car il se trouve que, entre ces deux symphonies voisines qui marquent un progrès continu dans une voie nouvelle, celle-ci nous fait
voir un brusque et singulier retour en arrière, dont nous nous ingénions vainement à deviner le motif. Dans la symphonie précédente,
Mozart commence à s'affranchir résolument de ses souvenirs italiens,
sous l'action évidente du style de Joseph Haydn ; dans la suivante, il
nous apparaît presque entièrement parvenu au terme de cette évolution, au point qu'on pourrait prendre sa symphonie pour une œuvre
contemporaine du maître d'Esterhaz : et voici que, à mi-chemin entre
ces deux étapes, le n° 145 nous révèle de nouveau, — sauf dans son
andante, — toutes les particularités du style d'ouverture italienne que
pratiquait le jeune homme au moment où il s'occupait du *Songe de Scipion* !
  Heureusement ce problème psychologique nous apporte sa solution
dans le manuscrit même de la symphonie. En effet, celui-ci nous offre,
à la suite de ce premier *andante* que nous avons dit être différent du
reste de l'œuvre, un *andantino grazioso* d'une rédaction manifestement
antérieure, et qui, lui, comme les autres morceaux, se conforme pleinement à la manière habituelle de Mozart en mars et avril 1772. Quoi de
plus naturel que de supposer que Mozart, durant l'été de cette année,
ayant l'occasion de faire entendre de grandes symphonies, ait repris et
remanié, en y joignant un *andante* composé à cette intention, une œuvre
écrite quelques mois avant ?
  Dès le premier morceau, la régression que nous avons signalée
s'accuse nettement. Répétitions littérales des phrases (au lieu des alternances variées de *soli* et de *tutti*), séparation complète des sujets, chacun suivi d'une longue ritournelle, *développement* tout nouveau (et
même, ici, sans barres de reprise, à l'italienne), rentrée toute pareille
de la première partie, cadences d'opéra et réduction du travail essentiel de l'orchestre aux deux violons, tout cela nous ramène directement
aux symphonies du printemps de la même année, sans compter que
nous trouvons ici (dans la ritournelle du second sujet, notamment) des
effets presque identiques à ceux qui nous ont frappés dans ces symphonies. Le caractère italien domine, d'un bout à l'autre : ce qui n'empêche pas l'invention mélodique d'être singulièrement puissante et
nerveuse, comme toujours dans les œuvres de 1772, ni l'élaboration
orchestrale de nous présenter une foule de passages très intéressants,
belles marches de basse, figures libres des altos et des vents, — encore
que, pour les *soli* de ces derniers, nous ne puissions pas savoir si
Mozart ne les a pas renforcés dans sa remise au point de juillet.
  L'*andantino grazioso* de la première rédaction, lui, n'a pas été remanié :
et en vérité ce petit morceau nous ferait penser aux symphonies les
plus italiennes de Mozart, avec ses deux sujets distincts, son chant du
premier violon accompagné par le second, et l'insignifiance de son
développement (fait sur le second sujet), que suit une rentrée non variée
de la première partie.
  Quant au menuet, peut-être Mozart ne l'a-t-il écrit que pour la seconde
rédaction, car l'influence des deux Haydn y est beaucoup plus sensible, aussi bien pour ce qui est des réponses des basses, — souvent en

imitation, — que de la manière dont la première partie du menuet est
reprise tout entière, mais considérablement variée et renforcée.
Pareillement le *trio*, avec son emploi imprévu de modes du plain-chant,
répond bien à ce goût d'étrangeté que nous avons signalé déjà dans
les menuets et trios de l'été de 1772 : mais sa réduction au quatuor des
cordes, d'autre part, semblerait plutôt indiquer une composition plus
ancienne.

Le plus intéressant des quatre morceaux, à tous les points de vue,
est le finale. C'est un *rondo*, très étendu et d'une remarquable unité
d'allure comme d'expression. Mais jamais encore, dans ses *rondos*,
Mozart n'avait poussé aussi loin la conception italienne, rapportée
jadis de Milan, qui consistait à multiplier les petits intermèdes. Ici, les
reprises du refrain sont coupées de quatre thèmes nouveaux, tous très
courts, dans des tons divers, et l'un d'eux faisant fonction de *strette*
finale. Le rôle des vents est, d'ailleurs, assez médiocre, et toujours le
travail principal repose sur les deux violons. Il faut ignorer complètement l'art de Joseph Haydn à ce moment de sa vie pour vouloir, comme
on l'a fait, découvrir une imitation de ce maître dans ce délicieux
morceau : car non seulement Haydn, alors et longtemps après, concevait tout autrement le *rondo*, dont il ne faisait au reste qu'un usage très
rare, mais il n'y a pas un des rythmes du finale de Mozart qui, avec
son caractère profondément chantant, et tout italien, ne soit le plus
différent possible des rythmes typiques des finales de Haydn.

Nous n'en dirons pas autant de l'*andante* nouveau, composé par Mozart
en juillet 1772. Ici, au contraire, le chant de violon accompagné par le
reste du quatuor, la parenté des deux sujets, la manière dont le *développement* accentue encore cette parenté, les changements profonds de
la rentrée tout entière, l'addition d'une petite *coda* nouvelle, et les
passages en contrepoint et les *soli* des vents en écho, tout cela nous
fait voir le jeune Mozart décidément résolu à imiter les symphonies que
Joseph Haydn a composées les années précédentes. Et nous devons signaler encore, dans ce beau morceau, dépassant de beaucoup le reste de la
symphonie en valeur musicale sinon en beauté expressive, le singulier
effet qui termine la première partie, avant les barres de reprise : un trait
des violons, à l'unisson, parmi le silence des autres instruments.

146. — *Salzbourg, juillet* 1772.

Symphonie en ré, pour deux violons, alto, deux hautbois, deux
cors, deux trompettes, violoncelle et basse.

K. 133.

Ms. à Berlin.

Allegro. — *Andante en la* (avec *flûte obligée*). — *Menuetto et trio* (en *sol*). —
Finale presto).

Ayant reconnu que la symphonie n° 145, avec son caractère tout italien, avait été écrite antérieurement à la date portée sur son manuscrit, nous sommes plus à l'aise pour continuer de suivre l'évolution incessante qui, durant l'été de 1772, s'est produite dans l'idéal symphonique du jeune Mozart. Déjà la symphonie en *fa* de la fin de mai 1772 et surtout le *divertimento* de juin nous ont montré le jeune homme s'émancipant de la tutelle des maîtres italiens pour se constituer un art instrumental plus étendu et plus élaboré, sous l'influence manifeste de l'œuvre de Joseph Haydn. Cette fois, en juillet de la même année, cette influence a réussi à s'emparer presque entièrement de Mozart, au point qu'il faudra désormais de longues années pour que nous retrouvions chez lui une œuvre aussi pénétrée, dans l'ensemble comme dans les détails, du style et de l'esprit même du maître d'Esterhaz : mais toujours à la condition d'admettre que Mozart, en 1772, avant son dernier départ pour Milan, a ignoré la prodigieuse poussée romantique qui animait l'œuvre de Joseph Haydn depuis le début de ladite année. Ce qu'il connaissait, et dont la présence à Salzbourg s'explique tout naturellement si l'on songe aux rapports constants de Joseph Haydn avec son frère Michel, ce sont toutes les symphonies de 1771 et des années précédentes (n°˙ 28-43), sans compter une foule d'autres œuvres instrumentales de Joseph Haydn, publiées ou inédites. Après avoir d'abord résisté à leur action, le jeune Mozart a fini par s'y abandonner sans réserve, ou plutôt sans aucune idée de tout ce qui restait encore en lui, malgré tout, de traces de son éducation italienne. Et si, comme nous l'avons dit en examinant l'ensemble de cette période, l'inspiration profonde de toutes ses œuvres de 1772 conserve une empreinte italienne très marquée, si la langue qu'il parle ressemble toujours plus à celle des Italiens qu'à celle des Allemands, du moins nous sentons qu'ici, dans cette symphonie de juillet, tous les tours de phrase, et le choix des mots, et leur prononciation, dérivent en droite ligne de l'aîné des Haydn.

Un premier coup d'œil sur la partition suffit à faire saisir l'étendue de cette influence. Même longueur des sujets, même liaison entre eux, même importance donnée au *développement*, conçu d'ailleurs tout comme chez Haydn, même procédé de relèvement expressif du premier sujet dans la *rentrée*, même traitement de l'*andante* (en chant de violon), du menuet, et du finale, même rôle essentiel des instruments à vent et de l'alto, mêmes écarts des violons, même façon d'unir ceux-ci pour les opposer aux basses, etc. Il n'y a pas jusqu'à une certaine allure vigoureuse, noble, et comme héroïque qui, dans cette symphonie et la suivante, ne rappelle une allure analogue des œuvres de Joseph Haydn en 1771, avant sa crise romantique de l'année d'après. C'est au point que, parfois, le génie propre de Mozart nous apparaît moins en relief, dans cette symphonie, que dans les précédentes ou les suivantes : mais pour ce qui est de la science et du métier, aucun maître n'était plus capable que Joseph Haydn de conduire à leur perfection suprême les progrès qui s'effectuaient chez Mozart depuis sa rentrée à Salzbourg. Entre les grandes et magnifiques symphonies du jeune homme composées en 1772, celle-ci est la plus grande, la plus riche en travail musical, la plus absolument mûre et déjà « moderne ».

Dans le premier morceau, le premier sujet, comme chez Haydn, l'emporte infiniment sur le second, qui n'est qu'un court épisode mélodique. Ce premier sujet est extrêmement étendu, avec une instrumentation très travaillée où, toujours comme chez Haydn, les vents entremêlent leur rôle à celui des cordes, au lieu de ne se produire qu'en petits *soli* séparés ; et il faut noter encore que, à l'exemple de Haydn, ces passages des vents sont volontiers doublés par les altos. Au petit second sujet que nous avons dit, tout de suite passé, succède encore une troisième idée, d'un rythme chromatique, avec d'importantes figures des vents ; et c'est sur elle, ou plutôt sur sa cadence finale que se fait le *développement*, plus court que chez Haydn, et, en somme, assez insignifiant malgré le rôle considérable qu'y jouent les hautbois et les cors. Mais la partie la plus curieuse de ce premier morceau, au point de vue de la forme, est la *rentrée*, où Mozart, suivant un procédé que nous lui avons vu déjà emprunter à Michel Haydn, ne reprend d'abord que la seconde moitié du premier sujet, réservant la reprise de la première moitié pour en faire une longue *coda*, à la fin du morceau. Et cette seconde moitié qu'il reprend, tout de suite il se met à l'étendre et à la varier expressivement, tandis que les idées suivantes sont répétées presque sans changement. Ainsi l'on arrive à une cadence où l'on peut croire que le morceau va finir : mais alors voici que reparaît le début du premier sujet, et étendu, lui aussi, repris en *tutti* par l'orchestre, et aboutissant enfin à la ritournelle qui terminait la première partie, avant les deux barres. Il y a là, pour la première fois chez Mozart, une tendance à clore ses morceaux par une grande et éloquente *coda*, comme celles que l'exemple des deux Haydn lui fera pratiquer depuis l'été de 1773 ; et c'est déjà une *coda* presque toute pareille que nous trouvons, notamment, dans le finale de la symphonie de Joseph Haydn appelée *Mercure*, datant de 1770 à 1771.

L'*andante*, avec sa flûte obligée se joignant au quatuor des cordes, atteste bien plus nettement encore l'influence de Joseph Haydn. Sauf quelques passages où leurs rôles divergent, la flûte et le premier violon y exposent ensemble un même chant, d'ailleurs un peu sec et plus expressif que chantant, accompagné par le reste des cordes d'un bout à l'autre du morceau. Ce chant, d'un rythme caractéristique indéfiniment répété, ne comporte aucun second sujet, et se poursuit jusque dans la ritournelle, comme aussi dans le *développement*, avec toute sorte d'échos et d'autres figures que l'on dirait textuellement empruntées aux quatuors et symphonies de la première manière de Joseph Haydn. Les violons font sans cesse d'énormes écarts, et les altos, comme déjà dans le premier morceau, tendent à se charger de ce rôle principal dans l'accompagnement qui jusqu'ici, chez l'italianisant Mozart, était confié aux seconds violons. Enfin ce morceau, comme le précédent, se termine par une *coda* nouvelle, ici très courte, et faite sur le rythme initial repris à l'unisson, mais déjà séparée par des barres du reste du morceau, dans le manuscrit.

Nous ne dirons rien du menuet, où la ressemblance avec Joseph Haydn, sans être moins vive, apparaît moins frappante en raison des traces de cette influence que nous ont fait voir déjà maints menuets de Mozart depuis 1771. Notons seulement, dans le trio, deux particularités qui relèvent plus expressément du style de Haydn : la tendance à un travail continu de contrepoint, d'ailleurs très simple, et l'enchaînement des deux parties du trio, dont la seconde poursuit, en le modulant, le rythme de la première : après quoi, toujours comme chez Haydn, la première partie du trio est reprise, mais déjà très variée.

Quant au finale, celui-là, de même que l'*andante*, — ou peut-être plus encore, — semblerait sortir directement d'une symphonie de Joseph Haydn. Tout y fait songer à ce maître, et l'unité du rythme se prolongeant à travers le morceau entier, et la parenté profonde des sujets et des épisodes et le rôle des altos et des vents, et le superbe *développement*, très étendu, où le rythme unique du finale se trouve repris en contrepoint avec des modulations expressives. Mais une observation s'impose, qui nous prouve à quel étonnant niveau de maîtrise musicale le jeune symphoniste salzbourgeois s'est élevé durant l'année 1772 : c'est que, pour imité de Joseph Haydn que soit ce finale, il faut aller jusqu'aux symphonies de la vieillesse de ce dernier, — par exemple au finale de sa *Poule* de 1786, — pour rencontrer un morceau de dimensions et de portée comparables à ce finale *haydnien* de Mozart.

147. — *Salzbourg, août 1772*.

Symphonie en la, pour deux violons, alto. deux flûtes, deux cors, violoncelle et basse.

K. 134.
Ms. à Berlin.

Allegro. — Andante (en ré). — Menuetto et trio (en ré). — Allegro.

Cette symphonie dont la date nous est donnée par le manuscrit, et qui termine la série des grandes symphonies « héroïques » de 1772, nous offre un exemple nouveau d'un phénomène que nous avons eu déjà l'occasion de constater, et qui se reproduira jusqu'au bout chez l'œuvre de Mozart. Toutes les fois que celui-ci s'est imprégné d'un certain style étranger jusqu'à vouloir l'imiter complètement, nous pouvons être sûrs que cette imitation sera suivie comme d'une reprise de soi-même, d'un effort à se dégager et à reconquérir son individualité propre. Ainsi, maintenant, après avoir directement imité Joseph Haydn dans la symphonie de juillet en *ré*, Mozart se ressaisit, se souvient d'autres influences subies précédemment, et tâche à les combiner avec celle de Haydn pour se constituer une pensée et une langue mieux appropriées à son génie personnel. D'où résulte une œuvre moins grande et savante, peut-être,

que le n° 146, mais plus originale, et d'une beauté plus expressément
« mozartienne ».

En quoi consiste le style nouveau de cette symphonie, nous ne saurions le mieux définir qu'en disant que Mozart essaie d'y accommoder
les procédés de Joseph Haydn à l'expression d'un esprit plus poétique,
et aussi plus italien, avec une grâce très claire et chantante. Les qualités
foncièrement musicales de ses symphonies précédentes, l'élaboration
thématique des idées, le rehaussement expressif des rentrées, l'indépendance et la richesse de l'alto et des vents, enfin le système des
codas nouvelles terminant les morceaux, tout cela se retrouve ici comme
dans les œuvres antérieures : mais tout cela y est, pour ainsi dire,
employé à une fin différente, plus conforme au génie de Mozart, et tout
cela y est employé déjà plus librement, avec des effets que Joseph
Haydn n'a jamais connus.

C'est ainsi que, dans le premier *allegro*, nous apercevons un traitement plus large et plus spontané des procédés susdits, avec une préoccupation plus marquée de cette unité d'expression et de forme qui restera toujours l'un des caractères distinctifs de l'œuvre de Mozart.
Comme chez Haydn, le second sujet n'est qu'un court épisode, intercalé
parmi des variations et transfigurations du premier ; et il n'y a pas jusqu'aux ritournelles qui ne dérivent de ce premier sujet, dominant tout
le morceau avec l'énergie chantante de son rythme. Mais sans cesse
des innovations heureuses se montrent à nous, dont l'une consiste, par
exemple, à exposer d'abord le sujet *forte*, en *tutti*, pour le répéter
ensuite *piano* au seul quatuor des cordes. Et lorsque, avant les deux
barres, le rythme de ce premier sujet s'est brusquement arrêté sur un
accord de septième, c'est encore le même rythme qui reparaît en manière de *développement* modulé et très travaillé, débutant dans le ton
principal pour passer aussitôt à des tons voisins. La rentrée, à son
tour, est toute variée et intervertie, s'ouvrant par la reprise du second
sujet pour dérouler ensuite toutes sortes de figures expressives qui
n'étaient qu'indiquées dans la première partie ; et le morceau s'achève
par une longue *coda* où Mozart inscrit déjà ce mot, une *coda* nouvelle,
en forme de *strette* avec de beaux effets de *crescendo* comme ceux dont on
a prétendu réserver le monopole à l'école de Mannheim. Mais comment
définir l'élan poétique qui souffle à travers ce morceau, et la liberté de
toutes les parties, et la prodigieuse variété des nuances, et, aussi, le
caractère essentiellement italien qui s'accuse dans cette partition infiniment allemande par sa richesse musicale ? Ajoutons seulement que
les vents, de même que les autres voix, ont ici un rôle plus réservé que
dans les symphonies précédentes, et cependant plus beau, mieux fait
pour utiliser leurs ressources propres.

L'*andante* nous fait voir les mêmes caractères poussés encore à un plus
haut degré. Avec ses deux sujets bien distincts, chacun traité surtout
par les deux violons, dont le second accompagne le premier ou dialogue
avec lui, avec ses longues ritournelles et son *développement* tout nouveau
que suit une rentrée à peine un peu variée des sujets précédents, on
croirait voir, au premier abord, un équivalent des gracieux *andantes*
composés naguère par Mozart sous l'influence italienne; et cette impression se trouve encore renforcée par l'allure chantante de la cantilène

pastorale qui fait fonction de premier sujet : mais comme, sous tou-
cela, le maître symphoniste allemand des œuvres précédentes se recon
naît à l'habileté aussi bien qu'à l'intensité expressive de l'exécution !
Comme les idées et leurs ritournelles sont à la fois plus étendues et plus
« musicales » qu'aux années purement italiennes ! Et comme le rôle des
vents très discret, est déjà vigoureux et sûr ! Il faut noter que, de même
que dans l'*allegro* initial, la première partie s'achève sur une septième,
de manière à s'enchaîner avec les mesures qui suivent ; et pareillement,
encore la seconde partie s'enchaîne avec une petite *coda*, d'ailleurs toute
simple et ne servant qu'à conclure, mais qui, toujours comme dans l'*allegro* et dans nombre de morceaux de cette période, a été séparée par
deux traits du reste du morceau sans que la présence de deux points,
avant ces traits, commande la reprise de la seconde partie. Évidemment
Mozart aura encore voulu laisser cette reprise au libre choix des exécutants, tandis que, dès l'année suivante, toujours ses *codas* seront précédées des deux points exigeant la reprise.

Rien à dire du menuet, toujours conçu dans le même style allemand
que tous les menuets de Mozart cette année-là, sinon que, dans le menuet
propre, les flûtes exposent une moitié du chant sous l'accompagnement
des cordes, et que Mozart, ici comme dans la symphonie en *ré* n° 146,
emploie la seconde partie de ce menuet à une libre variation des deux
violons sur le rythme de la première. Le trio, lui, n'a plus l'étrangeté
harmonique de beaucoup des trios précédents : mais il est d'un charme
exquis dans sa simplicité, et contient un long passage des plus curieux
où, accompagnés par l'alto, les vents alternent un même rythme, de
mesure en mesure, avec les deux violons en *pizzicati*.

Le finale, traité en morceau de sonate, débute par un long sujet que
présentent à découvert les deux violons ; et le *tutti* de l'orchestre, au
lieu de le répéter ensuite, lui fait comme une réponse expressive aboutissant à une ritournelle très italienne. De même, le second sujet est
réservé aux cordes, et l'orchestre n'intervient que pour sa ritournelle,
après quoi le *développement*, tout nouveau, amène une rentrée presque
invariée de la première partie. Mais qu'on voie, maintenant, avec quel
art Mozart rappelle le rythme de son premier sujet au cours même du
second, pour le reprendre également dans la ritournelle de celui-ci ; et
que l'on écoute ce merveilleux finale, tout rayonnant de forte vie juvénile : on comprendra combien le retour à l'italianisme, pendant cette
période de la vie de Mozart, cachait sous son apparente régression un
puissant effort artistique du génie du maître. Ajoutons que, ici comme
dans le premier morceau et l'*andante*, une *coda* termine le morceau, et
toujours une *coda* nouvelle, en forme de *strette*, au lieu des *codas* dans
le style de Haydn — utilisant les sujets antérieurs, — que nous avons
vues déjà et retrouverons bientôt dans l'œuvre de Mozart.

148. — *Salzbourg, été de* 1772.

Tantum ergo en ré, pour quatre voix, deux violons, alto, deux trompettes, basse et orgue.

K. 197.
Ms. perdu.

La date de ce chœur ne nous est point connue, et son authenticité même n'a rien qui l'établisse documentairement, sauf le fait qu'on en a trouvé une partition parmi les papiers du fils de Mozart. Mais le style du chœur ressemble si fort à celui du *Regina cæli* de mai 1772, et les idées mélodiques de son accompagnement présentent à un si haut degré le même caractère d'ardeur juvénile qui nous a frappés dans les symphonies de la présente période, qu'aucun doute sérieux n'est possible ni sur l'attribution du chœur à Mozart, ni sur la date approximative de sa composition.

Ecrit peut-être pour la Fête-Dieu de 1772, ce *Tantum ergo*, plus encore que le *Regina cæli* de la même année, doit tout son intérêt à sa partie instrumentale, traitée à la manière d'un premier morceau de symphonie. L'orchestre expose successivement, à découvert, deux sujets assez étendus, qu'il reprend ensuite avec quelques modulations très simples, pendant que le chœur chante sur un rythme de notes tenues alternant avec des groupes de croches entrecoupés de silences, procédé dont nous avons déjà rencontré l'équivalent dans les *litanies* et le *Regina cæli* de 1772. Le chœur est repris deux fois, le *Tantum ergo* ayant deux strophes : après quoi l'*Amen* fait une petite *strette* ou *coda* sur le premier sujet, qui rappelle tout à fait les *codas* des grandes symphonies de la même période. C'est là un morceau évidemment improvisé, et où le chant n'a guère d'importance : mais le traitement des deux violons, — qui continuent encore à prédominer dans l'orchestre, suivant l'ancienne habitude italienne de Mozart, — nous fait voir des réponses et des imitations assez intéressantes. Notons également que le premier contre-sujet du chœur, sur les mots : *Veneremur cernui.* comme aussi plus tard sur ceux de *Praestet fides,* nous offrent une première ébauche du thème fameux que Mozart, après l'avoir repris dans maintes de ses œuvres. donnera enfin pour sujet à la grande fugue finale de sa symphonie de *Jupiter.*

149. — *Salzbourg, entre janvier et septembre* 1772.

Deux lieds allemands sur des poèmes de Jean Chrétien Günther, pour voix seule avec accompagnement de clavecin.

K. 149, 150.

Le manuscrit du premier des deux *lieds* au musée de Linz ; celui du second est perdu.

Une vieille inscription, sur une copie salzbourgeoise du premier de ces *lieds,* porte la date de 1772, et l'écriture du seul d'entre eux dont nous connaissions l'autographe concorde entièrement avec l'écriture habituelle de Mozart à cette date. Quant à la musique des deux petits *lieds,* il serait difficile d'en tirer aucune conclusion pour leur classement, étant données leur brièveté sommaire et l'absence d'autres œuvres analogues qui puissent servir de comparaison, durant toutes ces années de la jeunesse de Mozart.

Les strophes mises en musique par Mozart avaient pour auteur un vieux poète silésien mort depuis un demi-siècle, Jean-Chrétien Günther, dont Mozart n'aura sûrement connu que quelques morceaux reproduits dans des recueils plus récents. Le genre du *lied* paraît d'ailleurs n'avoir pénétré à Salzbourg que longtemps après le début de sa vogue à Berlin et à Vienne ; et non seulement nous n'avons aucune preuve que Mozart s'y soit essayé entre son *lied* viennois de 1768, et ces deux petits airs de 1772, mais le caractère de ceux-ci semble même indiquer que le jeune homme au cours de ses années « italiennes », avait perdu tout contact avec le genre populaire allemand pratiqué autrefois dans son opérette de *Bastien et Bastienne.* Car il suffit de jeter un coup d'œil sur

ces deux *lieds* d'après Günther pour découvrir que leur coupe n'est pas
celle de véritables *lieds*, toujours composés de deux phrases musicales
distinctes, mais bien la coupe d'une *cavatine* ou *aria* italienne, avec une
même phrase reprise deux fois, comme en deux couplets. Mozart, cependant, chaque fois, ne met en musique qu'un seul couplet du poème : et
c'est au milieu de celui-ci, sous des paroles sans aucun rapport avec
celles du début, qu'il reprend la même mélodie, légèrement variée. Dans
le second des deux *lieds*, ces deux reprises du sujet sont même séparées
par quatre mesures que l'on pourrait considérer comme un *développement*
de sonate, amenant la *rentrée*.

Nous devons ajouter que ni pour l'invention mélodique, ni pour l'expression, ni naturellement pour la partie du clavecin, — car les deux *lieds*
sont encore écrits sur deux lignes seulement, la main droite se bornant
à doubler la voix, — ces petits morceaux improvisés ne sauraient avoir
aucune importance : et c'est vraiment se moquer de Mozart (ou de nous)
que d'affirmer, comme l'a fait Chrysander, que ces deux *lieds* marquent
l'apogée de ce dont Mozart était capable lorsqu'il les a écrits, aussi
bien en fait d'émotion que de mélodie.

150. — *Salzbourg, entre janvier et septembre* 1772.

Lied pour soprano en fa avec accompagnement de clavecin : *Die
Zufriedenheit im niedrigen Stande.*

K. 151.

Ms. au musée de Linz.

L'autographe de ce petit *lied* se trouve écrit sur la même feuille que
l'ariette d'après Gunther n° 149, d'où résulte que les deux œuvres ont
été composées simultanément. Et cependant non seulement ce présent
n° 150 met en musique un poème de Canitz, tandis que les deux n° 149
empruntaient leurs paroles à Gunther : la coupe et le style, aussi,
diffèrent entièrement, dans le *lied* d'après Canitz, de ce que nous ont
fait voir les deux airs précédents. C'est comme si le jeune Mozart se
fût souvenu, tout d'un coup, de cette coupe habituelle du *lied* allemand qui s'était déjà imposée à lui pendant son séjour à Vienne de
1768, mais dont, sans doute, ses années d'italianisme lui avaient,
ensuite, enlevé la mémoire. Le fait est que, cette fois, au lieu des deux
embryons d'airs à l'italienne que nous montraient les *lieds* d'après Gunther, nous retrouvons ici cette coupe populaire, employée autrefois par
le petit Mozart lui-même dans son *lied* viennois n° 64 et dans son opéra-
comique *Bastien et Bastienne*. Le *lied* étant destiné à être répété plusieurs
fois, sur les strophes diverses du poème, le jeune garçon comprend

désormais tout ce qu'il y a de fastidieux et de monotone à introduire, dans le chant du couplet ainsi répété, des reprises des mêmes phrases, à la façon de l'air italien. Son *lied* nouveau, suivant l'exemple de Hiller et de Schultz, est divisé en deux parties tout à fait distinctes, et sans autre lien entre elles qu'un charmant petit rappel du début et de la cadence finale de la première à la fin de la seconde. Le chant est d'ailleurs encore très simple, et d'une expression tout enfantine : mais déjà le génie mélodique de Mozart nous y apparaît plus librement que dans les deux chansons précédentes, en même temps que l'accompagnement, — toujours réduit à une partie de basse, — manifeste une tendance indéniable à revêtir un caractère plus indépendant et plus original

SEIZIÈME PÉRIODE

LE DERNIER VOYAGE D'ITALIE
ET LA GRANDE CRISE ROMANTIQUE

(MILAN, OCTOBRE 1772-MARS 1773)

On a vu plus haut que Mozart, à la suite du succès d'*Ascanio in Alba,* a reçu la commande du premier grand opéra, de la saison d'hiver de 1772, pour le théâtre de Milan. Déjà, précédemment, une commande pareille lui était venue de Venise : mais, forcé comme il l'était de choisir, c'est pour la proposition milanaise qu'il s'est décidé, et nous devons ajouter que, depuis lors, il n'y a plus aucune trace qu'une autre commande lui ait été faite pour un théâtre quelconque d'Italie.

Nous possédons le contrat rédigé à Milan, le 4 mars 1771, au sujet du nouvel opéra qu'allait écrire Mozart. Il y était dit que, « dès le mois d'octobre 1772, » le jeune maître devait avoir livré « tous les récitatifs mis en musique », et que lui-même devait « se trouver à Milan dès le début de novembre, pour composer les airs et assister aux répétitions ». Par là s'explique, peut-être, que nous ne connaissions aucune œuvre de Mozart composée entre la fin d'août de cette année et la date du 24 octobre, où il s'est mis en route pour Milan : encore que la composition des récitatifs de *Lucio Silla* ne puisse guère avoir suffi à remplir un aussi long intervalle. Toujours est-il que ce dernier voyage d'Italie a duré du 24 octobre 1772 au 13 mars 1773 ; et voici, pour cette période comme pour les précédentes, les renseignements que nous fournissent les lettres que l'on a publiées des deux voyageurs :

De Botzen, le 28 octobre, Léopold écrit que, la veille, à Hall (près d'Inspruck), Wolfgang a joué de l'orgue dans l'église ; et il ajoute : « En ce moment même, notre garçon, pour se désennuyer, est en train d'écrire un *quattro* (nom italien du quatuor à cordes). »

Le 7 novembre, dans un court billet, Léopold écrit de Milan que leur arrivée à destination a été retardée par des arrêts chez des amis, à Ala et à Vérone. « Dans cette dernière ville, comme aussi déjà à Milan, nous avons entendu des opéras bouffes. »

Lettre de Léopold, le 14 novembre : « Des chanteurs du futur opéra, personne n'est encore ici, sauf la signora Suardi, qui fait le *secondo uomo*. Mais notre Wolfgang a eu bien assez à s'occuper : car il a écrit les chœurs, qui sont au nombre de trois, et il a dû, en outre, changer et récrire en partie à nouveau le petit nombre des récitatifs qu'il avait composés à Salzbourg. En effet, l'auteur du poème a soumis son travail à Métastase, qui demeure à Vienne ; et celui-ci a grandement amélioré le livret, en y ajoutant même une scène entière au deuxième acte. Et puis, en plus de tous les récitatifs, Wolfgang a encore composé son ouverture... Il y a à Brescia un comte Lecchi, très fort violoniste, grand amateur et connaisseur de musique, à qui nous avons promis formellement de nous arrêter chez lui, sur notre chemin de retour. »

Le 21 novembre, du même : « Le *primo uomo*, Rauzzini, vient enfin d'arriver, de sorte que nous allons avoir de plus en plus à faire. »

Du même, encore le 5 décembre (car la lettre hebdomadaire du 28 novembre ne nous est point connue) : « La de Amicis n'est arrivée qu'hier. Le pauvre ténor Cardoni est trop malade pour pouvoir venir ; et, donc, on en cherche un autre, à Turin ou à Bologne. Il faut que ce soit non seulement un bon chanteur, mais surtout un bon acteur et d'une personne imposante, pour créer avec honneur le rôle de *Lucio Silla*. Pour ces deux motifs, la plus grosse et la principale partie de l'opéra reste encore à composer. »

Dans son post-scriptum à cette lettre, Wolfgang écrit : « Encore quatorze morceaux à faire, et puis j'aurai fini ! Il est vrai que l'on pourrait compter le *trio* et le *duo* pour quatre morceaux. Mais je ne sais pas moi-même ce que je vous écris, car j'ai toujours la tête remplie de la pensée de mon opéra, et vous courez le risque de me voir vous écrire un grand air, au lieu de mots... Votre maître de chapelle Fischietti va, je suppose, commencer bientôt de travailler à son *opera buffa ?* »

De Léopold, le 12 décembre : « C'est pendant les huit jours prochains que Wolfgang va avoir le plus d'ouvrage : car l'espèce des gens de théâtre laisse toujours tout à arranger au dernier moment. Le ténor, qui doit venir de Turin, ne sera ici que le 15 ; et alors seulement Wolfgang pourra composer les quatre airs qui sont pour lui. La de Amicis a déjà trois des siens, dont elle est extraordinairement satisfaite. Dans son grand air, Wolfgang lui a donné des passages très nouveaux, et d'une difficulté insensée ; elle les chante merveilleusement, et nous sommes aussi amis que possible avec elle. Aujourd'hui a eu lieu la première répétition des récitatifs : la seconde se fera lorsque le ténor sera arrivé... Dites à Mlle Waberl que Wolfgang n'oublie pas le menuet qu'il lui a promis !... »

Le 18 décembre, Léopold écrit: « Demain a lieu la première répétition avec tous les instruments, après les trois répétitions de récitatifs de ces jours derniers. Le ténor n'est arrivé qu'hier soir dans la
nuit, et Wolfgang, aujourd'hui, a composé deux airs pour lui : il en a
encore deux autres à écrire. Samedi a lieu la seconde répétition,
lundi la troisième, et mercredi la répétition générale. Enfin, le 26,
l'opéra sera joué... Demain, nous allons faire de la musique... par-
don, dîner chez M. de Mayr! »

De Léopold Mozart, le 26 décembre: « C'est dans trois heures que
l'opéra va être représenté pour la première fois. La répétition a si
bien marché que nous sommes en droit d'espérer le meilleur succès. La musique de Wolfgang, à elle seule, sans les ballets, dure
quatre heures... Pendant trois soirs, entre cinq heures et onze heures,
il y a eu chez le comte Firmian de grandes réceptions où nous avons
été invités : on y a fait de la musique, instrumentale et vocale, tout
le temps de la soirée, et notre Wolfgang a joué chaque soir. Le troisième jour, en particulier, il a dû se mettre au clavecin dès l'entrée
de son Altesse Royale, sur la demande de celle-ci... La de Amicis est
notre meilleure amie : elle chante et joue comme un ange, et est
enchantée de la façon incomparable dont Wolfgang l'a servie. »

Du même, le 3 janvier 1773 :

L'opéra a marché heureusement, malgré divers incidents fâcheux
qui se sont produits le premier soir. D'abord, il s'est trouvé que l'opéra,
au lieu de commencer une heure après l'*Angélus*, comme d'habitude,
n'a commencé que trois heures après, vers huit heures, et n'a pu finir
qu'à deux heures de la nuit. Ce retard a été causé par l'archiduc qui,
après son dîner, a eu à écrire cinq compliments de nouvel an ; et il faut
savoir qu'il écrit très lentement. Avec cela, figurez-vous que, dès cinq
heures et demie, le théâtre entier était déjà comble! Aussi chanteurs
et chanteuses ont-ils éprouvé une angoisse extrême, sans compter celle
qui leur venait encore d'avoir à comparaître pour la première fois
devant un public aussi imposant. L'orchestre et tout le public s'impa-
tientaient et souffraient fort de la chaleur. En second lieu, il faut savoir
que le ténor à qui l'on a dû recourir par nécessité est un chanteur
d'église de Lodi, inaccoutumé à jouer sur la scène, et qui n'a été engagé
que huit jours avant la première représentation. Et comme, dans le
premier air de la *prima donna*, celle-ci doit attendre du ténor un acte
de colère, cet homme a mis à son acte une exagération si furieuse qu'on
aurait dit qu'il voulait la souffleter et lui arracher le nez avec son
poing : ce qui a fait tordre le public. La pauvre signora de Amicis,
dans l'ardeur de son chant, n'a point compris d'abord pourquoi le
public riait ; elle en a été très saisie, et a mal chanté toute la soirée,
d'autant plus qu'elle était également malade de jalousie, et cela parce
que le *primo uomo* avait été applaudi par l'archiduchesse dès son entrée
en scène... Mais, le lendemain, pour la consoler, Leurs Altesses l'ont
invitée à la Cour : et depuis lors, l'opéra a commencé à bien aller.
Tandis que, d'ordinaire, le théâtre est vide pour le premier opéra de la

saison, il a été si rempli pendant les six premiers soirs que c'est à peine si l'on pouvait y pénétrer. Et toujours c'est la *prima donna* qui a le plus de succès, et dont les airs sont bissés.

Du 9 janvier : « L'opéra marche très bien, avec un public étonnamment nombreux si l'on songe que les gens d'ici ne vont guère au premier opéra de la saison, sauf dans le cas d'un succès extraordinaire. Chaque soir plusieurs airs sont répétés, et le succès grandit de jour en jour, après l'aventure du premier soir. »

Le 16 janvier, Léopold écrit que l'opéra de Wolfgang a déjà été donné seize fois, et le sera, en tout, une vingtaine de fois. Et enfin, le 30 janvier, il annonce que, ce jour-là, a lieu la première représentation du second opéra de la saison, où Wolfgang assistera « dans la loge du seigneur de Grimani ». Un post-scriptum, non reproduit par Nissen, fait allusion à des démarches tentées par Léopold pour procurer à Wolfgang un emploi régulier auprès de la Cour de Toscane.

D'autre part, deux billets de Wolfgang contiennent des détails importants à noter. Le 16 janvier le jeune homme écrit : « J'ai à composer, pour,le *primo uomo* de mon opéra, un motet qni doit être chanté demain chez les Théatins. » Le 23 janvier, il parle de plusieurs personnes qui envoient leurs amitiés aux dames Mozart, et cite parmi elles son ancien maître et ami Mysliweczek. Il regrette aussi que le corniste Leitgeb, qui faisait partie de la chapelle de Salzbourg, et venait d'être invité à jouer à Milan, fût arrivé trop tard pour pouvoir assister encore à des représentations de *Lucio Silla*. A quoi il ajoute : « Hier soir a eu lieu la première répétition avec orchestre du second opéra de la saison : mais je n'ai entendu que le premier acte... La musique me plaît : mais je ne sais pas encore si elle plaira au public. »

On remarquera que, en plus d'au moins deux lettres écrites avant le 30 janvier et qui n'ont pas été reproduites, nous ne possédons aucun extrait de la correspondance des Mozart entre le 30 janvier et le 13 mars, date de leur retour à Salzbourg. Il y a là une lacune d'autant plus regrettable, — ou plutôt scandaleuse, — que toutes ces lettres inédites doivent se trouver dans les armoires du Mozarteum [1]. Tout au plus savons-nous que, dans une lettre du 6 février, Léopold écrit que son fils est occupé à composer un quatuor ; qu'ailleurs il parle de l'arrivée à Milan du corniste salzbourgeois Leitgeb, et des « excellentes affaires » que fait celui-ci ; que, après l'échec des démarches à Florence, les Mozart ont eu l'idée d'un grand voyage comme celui de 1763 ; et enfin qu'ils ont quitté Milan dans les premiers jours de mars, étant forcés d'assister au premier anniversaire de l'élection de l'archevêque Colloredo.

---

1. Car Jahn les a vues, avec les lettres précédentes, et en cite des extraits.

Les autres documents relatifs à cette période sont très rares, et peu importants. Le seul qui mérite d'être cité est une anecdote rapportée par Folchino : Mozart aurait composé, pour la de Amicis, trois versions différentes de son grand air, toutes également difficiles, et entre lesquelles il lui aurait laissé le choix.

Mais les passages que nous avons cités, et l'étude de l'œuvre de Mozart pendant cette période nous permettent de nous représenter, presque jour par jour, l'emploi du temps du jeune homme pendant son dernier séjour en Italie. Ainsi nous voyons qu'à Botzen, déjà, Mozart s'est mis à composer un quatuor à cordes ; et tout porte à croire qu'il en a composé un second fort peu de temps après. Puis, la préparation de son *Lucio Silla* a absorbé tout son loisir : mais à peine a-t-il achevé sa partition, vers le 15 décembre, qu'une véritable fureur de création musicale s'est emparée de lui. Sans doute pour l'une des soirées du comte Firmian, ou encore pour les soirées de ce M. de Mayr chez qui son père et lui nous disent que l'on « faisait beaucoup de musique », il a composé une symphonie, et sans doute un finale à son ouverture du *Sogno di Scipione*. Vers le même temps, peut-être encore avant la fin de 1772, il s'est remis, pour la première fois depuis la Haye à écrire des sonates de clavecin avec accompagnement de violon, peut-être à l'intention et sur la commande de ce comte Lecchi qui avait fait promettre aux voyageurs de s'arrêter dans son château des environs de Brescia. Toujours est-il que cinq sonates au moins datent de cette période, pendant la fin de laquelle Mozart a écrit aussi trois quatuors s'ajoutant aux deux de l'automne précédent. Le 17 janvier, pour le castrat Rauzzini, il a composé un grand motet avec orchestre. Et enfin, c'est sans doute en février ou en mars, après l'arrivée du corniste Leitgeb, qu'il aura formé le projet d'écrire deux divertissements pour instruments à vent, dont le premier, seul, a pu être composé avant son départ. Tel est, en résumé, le tableau de l'occupation du jeune homme pendant ces quelques mois ; et ce serait assez de ce tableau seul, comme aussi de la lecture des billets de Mozart, pour se rendre compte de l'agitation fiévreuse qui a succédé, chez lui, à l'achèvement de son opéra, si même nous ne possédions un témoignage plus éloquent encore de cette crise intérieure dans le caractère et l'expression de presque tous les morceaux composés durant les dernières semaines du dernier séjour italien de Mozart.

Mais d'abord il faut que nous disions au moins quelques mots de l'opéra lui-même qui a occupé le jeune homme pendant les deux premiers mois de son arrivée. Malgré les affirmations optimistes de Léopold Mozart, le fait est que *Lucio Silla* ne paraît avoir réussi que médiocrement auprès du public milanais : et sans que nous ayons besoin d'autres preuves, pour le démontrer, que l'absence, désormais, de toute trace d'une commande pour l'Italie, dans le reste entier de la vie de Mozart. Et cet insuccès n'a pas eu seulement pour cause les mésaventures du premier soir, dont Léopold nous fait une description navrante dans une des lettres que l'on vient de lire : comme nous aurons a l'expliquer plus au long en étudiant la partition de l'opéra, celui-ci laisse trop voir que Mozart a perdu contact avec le chant italien, et que tout son intérêt se concentre, maintenant, ou bien sur la partie instrumentale de son travail musical, ou bien sur des scènes pathétiques d'une coupe libre, à la manière de celles de l'opéra viennois de Gluck, tandis que le *bel canto* que réclame toujours l'auditoire italien devient de plus en plus dénué de qualités vocales, et mêlé à l'orchestre d'une façon qui suffirait, à elle seule, pour rendre compte du peu de succès de l'ouvrage. Ainsi Mozart a, en quelque sorte, perdu le temps et la peine qu'il a dépensés à son *Lucio Silla*, pour ne point parler de la stupidité du livret de cet opéra, qui aurait suffi à compromettre même une partition d'un art plus spontané et moins inégal. Mais on verra, dans notre analyse de l'œuvre de Mozart, que celle-ci contient plusieurs airs, — notamment du rôle de Giunia, — et une grande scène entière qui, même en comparaison des opéras futurs du maître, nous émeuvent infiniment par l'ardente beauté et la profondeur tragique de leur expression. Parmi le fatras imbécile de l'action et du poème de *Lucio Silla*, ces morceaux font l'effet de hors-d'œuvre imprévus, et plus ou moins inutiles ; et cependant non seulement leur valeur musicale les met au premier rang de toute l'œuvre dramatique de Mozart : peut-être ont-ils aussi de quoi nous expliquer en partie cette singulière crise de passion romantique qui, aussitôt après l'achèvement de *Lucio Silla*, se manifeste dans tout l'art du jeune homme, s'ajoutant à la fièvre de création signalée tout à l'heure.

A force de s'exalter sur la douleur de Giunia, et sur la sombre et poignante beauté de la scène des tombeaux, telle du moins qu'il la conçue, peut-être Mozart a-t-il senti s'éveiller dans son cœur des sentiments qui y seraient restés endormis sans cette occasion ? Ou bien cette crise romantique se serait-elle produite en toutes circonstances, et Mozart la subissait-il déjà lorsque le hasard l'a conduit à composer les grandes scènes susdites de *Lucio Silla* ? Il ne faut pas oublier que l'Allemagne entière, depuis plusieurs années déjà, commençait à être travaillée d'un état d'esprit nouveau, né sans doute sous les influences étrangères de Rousseau et d'Ossian, mais qui, nulle autre part ne devait se manifester avec autant de relief ni de véritable éclat « romantique ». Aussi bien a-t-on coutume de désigner du nom de *Sturm und Drang* cette période d'agitation passionnée qui, inaugurée aux environs de 1770, allait trouver sa traduction la plus parfaite en 1774, dans la *Lénore* de Bürger et les *Souffrances du jeune Werther* de Gœthe. La crise intérieure que révé-

laient ces deux ouvrages, dans l'ordre littéraire, n'avait pu manquer
de chercher à se traduire également dans cette langue populaire de
l'Allemagne qu'était sa musique : et, en effet, rien n'est plus curieux
que de voir, dans ces mêmes environs de 1770, un équivalent absolu
du *Sturm und Drang* littéraire se produire tout à coup chez les compositeurs du temps, depuis Gluck jusqu'à Joseph Haydn et Mozart,
en passant par des maîtres de second ordre tels que les Vanhall et
les Dittersdorf.

Chez Joseph Haydn, en particulier, c'est l'année 1772 qui a marqué
l'avènement soudain, et d'ailleurs passager, de cette grande crise
romantique. Pas une de ses symphonies de 1772 qui ne se distingue
des œuvres précédentes et suivantes par quelque chose de plus original dans la coupe, les tonalités, et l'ensemble de la mise au point ;
et puis, par-dessus des œuvres simplement étranges, comme les
deux symphonies en *si* et en *sol majeurs*, voici de prodigieux poèmes
de douleur pathétique, les symphonies appelées la *Passione*, les
Adieux, et la *Symphonie funèbre (Trauer Symphonie)* ! Que l'on
joigne à ces véritables cris d'angoisse ceux qu'exhalent l'unique
sonate de piano, en *ut mineur*, composée par Joseph Haydn durant
cette période, et une admirable série de quatuors, à la fois pathétiques
et savants, dont nous aurons plus tard l'occasion de nous occuper
plus au long, mais qui doivent sûrement ne pas être postérieurs à
l'année 1773 : et l'on aura l'idée de l'extrême importance de la crise
susdite chez le plus sain et le plus équilibré de tous les musiciens
allemands [1]. Peut-être est-ce simplement une influence pareille qui,
à Milan, vers la fin de 1772, a transformé tout à coup le jeune Mozart
en un poète romantique, après lui avoir inspiré déjà les scènes et airs
passionnés de *Lucio Silla* ? Peut-être le jeune homme n'a-t-il fait
qu'emporter avec lui, de Salzbourg, les germes de la maladie qui
allait se manifester dans son œuvre de cette dernière période italienne ? En tout cas, aucune trace des approches de cette maladie ne
nous apparaît dans toute son œuvre salzbourgeoise de 1772 ; et nous
pouvons être assurés, d'autre part, que la crise romantique dont
nous parlons ne s'est point produite, chez lui, sous l'influence de
Joseph Haydn, car ce n'est qu'au retour en Allemagne, vers le mois
d'avril 1773, que nous verrons Mozart découvrant, — c'est-à-dire
tâchant à imiter, — les symphonies romantiques composées par le
maître d'Esterhaz durant l'année précédente.

La maladie d'âme dont il se plaît à souffrir, durant **sa** dernière
période milanaise, cette fièvre romantique qui, soudain, s'empare
de lui après l'achèvement de son *Lucio Silla*, nul doute qu'elle soit
l'effet de sa race allemande, et non pas de son contact avec l'aimable

---

1. On pourra lire, dans la *Revue des Deux Mondes* du 15 mai 1909, une étude
consacrée à cette crise romantique de la vie de Joseph Haydn·

et léger esprit italien de son temps : mais, le hasard ayant voulu que cette maladie lui arrivât pendant qu'il se trouvait à Milan et s'occupait à écrire un opéra italien, c'est, pour ainsi dire, en langue musicale italienne qu'il va d'abord tâcher à nous la traduire. Ses sentiments seront bien, au fond, ceux d'un compatriote de Gœthe et des deux Haydn : mais tout l'ensemble de l'expression qu'il va leur donner, et sa façon même de les ressentir, n'auront rien de commun avec ce que nous montrent, par exemple, les symphonies et sonates romantiques de Joseph Haydn. Et il y a plus, en vérité : on peut affirmer hardiment que ce n'est que pendant cette troisième et dernière période italienne que Mozart a réellement découvert l'Italie, et commencé à tirer profit de ce qu'avait à lui apprendre d'éternel le genre italien.

Car le fait est que jusque-là, en 1770 et 1771, il n'avait appris en Italie que la musique italienne d'alors, c'est-à-dire des préceptes et des formules, des coupes d'airs ou de symphonies, ou bien encore le goût d'un certain éclat extérieur à la base duquel se trouvait une bonne part d'artifice et d'improvisation. La véritable beauté italienne, telle que nous la manifestent les œuvres des grands peintres et musiciens de jadis, l'expression à la fois harmonieuse et profonde des sentiments passionnés, l'art de concilier la lumière d'ensemble avec la précision du détail et la poésie avec la réalité, toutes ces vertus dont naguère Chrétien Bach et les Italiens entrevus à Londres lui avaient donné le pressentiment, aucun témoignage ne nous indique qu'il les ait reconnues et goûtées durant ses deux premiers séjours en Italie. A Bologne, il s'est nourri d'un contrepoint dont il ne pouvait guère apprécier le charme poétique ; à Rome et à Milan, il a produit des œuvres plus brillantes et souvent plus parfaites que dans son pays, mais aussi plus vides au point de vue de leur contenu musical. Cette fois, au contraire, le jeune homme qui a succédé à l'enfant de la veille nous apparaît, littéralement, enivré de la beauté italienne. Toute son œuvre s'imprègne subitement d'un caractère à la fois romantique et « latin », qu'elle ne retrouvera plus que dans l'illumination miraculeuse des dernières années de sa courte vie. Symphonies, quatuors, sonates, tout ce qui date de cette époque nous présente un charme absolument unique de fièvre juvénile, traduite sous une forme infiniment sobre, lumineuse, toute « classique » dans la pureté de ses proportions.

C'est le temps où, suivant l'habitude des vieux poètes de la musique italienne, les rêves du jeune homme s'expriment de préférence en mineur. Les *adagios* ont une tristesse pathétique ; les menuets redeviennent chantants, comme jadis à Paris, mais avec une intensité toute nouvelle de sentiments et de rythmes. Et plus encore, peut-être, la veine romantique de Mozart se manifeste dans une série de *rondos*, que, — pour la première fois depuis Londres et La Haye, — il désigne expressément de ce nom, et où des refrains merveilleusement purs et gracieux encadrent des inventions sentimentales d'une originalité, d'une vigueur tragique, d'une variété infinies. De l'influence de Joseph Haydn, très vivement ressentie quelques mois auparavant, la seule trace qui subsiste est le soin scrupuleux du détail, l'amour d'un travail achevé et poussé à fond : mais l'inspiration fragmentaire de Haydn est remplacée, désormais, par un souci constant de l'unité d'ensemble, à tel point que, dans plusieurs des œuvres de cette période, tous les morceaux d'une même œuvre sont dans le même ton, et s'enchaînent l'un à l'autre immédiatement. Toujours suivant la coutume des maîtres italiens, voici que Mozart se met à multiplier les indications de nuances, dont il était assez avare jusqu'alors et dont il le sera plus encore par la suite! Quant à la forme, le contrepoint tend de plus en plus à reparaître, mais un contrepoint libre et facile, dans le goût italien, et puis n'intervenant plus en épisodes passagers, mais se fondant parmi l'ensemble du tissu musical. Et l'on verra combien tous les éléments de ce tissu vont se resserrer et se simplifier, conformément au pur génie classique, pour acquérir un relief plus puissant avec plus de profondeur expressive.

Telle est, très brièvement résumée, la révolution dont nous aurons a étudier, plus à loisir, les effets dans les œuvres de Mozart pendant cette période. Et il nous resterait ici à rechercher, comme nous l'avons fait pour les périodes précédentes, sous quelle influence s'est accomplie cette révolution, si nous n'avions déjà défini ses causes aussi exactement que possible en disant qu'elle a dû au génie italien tout entier la forme spéciale qu'elle a revêtue : au spectacle du ciel et du paysage de l'Italie, à la beauté des femmes italiennes, aux chefs-d'œuvre de l'art italien dans tous les genres, et puis aussi à la vie même de ce pays bienheureux, et puis à cette fréquentation assidue de l'*opera buffa* que nous révèlent les lettres des deux voyageurs. Le jeune homme est si enivré de cette atmosphère nouvelle de beauté poétique qu'il serait tout prêt à aimer, et à transfigurer en tâchant à les imiter, les œuvres même les plus médiocres et les plus banales, par exemple celles d'un Boccherini ou d'un Pugnani. Mais, en outre, il s'est trouvé que Milan avait à lui offrir un homme d'un mérite infiniment supérieur à celui de la plupart de ses confrères, et dont précisément le mérite consistait surtout dans une réunion de subtiles et délicates qualités poétiques, les mieux faites du monde pour inspirer désormais le génie du jeune Salzbourgeois : à savoir, ce vénérable J.-B. Sammartini que Mozart avait connu et imité dès sa première rencontre avec lui en 1770, mais dont nous avons dit qu'il n'était guère capable, à cette date, de sentir et d'utiliser la valeur foncière. Maintenant, ainsi que nous allons le voir, ce ne seront plus les procédés du vieux maître, mais bien son inspiration et toute l'essence de sa poésie qui se transmettront à l'œuvre instrumentale de son élève. Et nous sommes en droit d'aller plus loin encore, dans l'analyse des sources d'inspiration de Mozart à ce moment de sa vie. Par delà Sammartini et les autres musiciens du temps, nous avons la preuve certaine, fournie par maintes des œuvres de Mozart durant cette période, que le jeune homme a expressément connu, étudié, et imité des maîtres d'un génie infiniment plus haut, les plus parfaits que toute la musique italienne eût à lui offrir, les Marcello, les Corelli, et les Tartini. C'est à eux, en somme, que Mozart ressemblera le plus, dans les compositions dont l'étude va suivre. Tartini, en particulier avec ses vigueur et profondeur d'expression, souvent accompagnées d'un style un peu sec, tout porte à croire que Mozart en avait les oreilles et le cœur remplis lorsqu'il a composé ses quatuors italiens et l'admirable symphonie que nous allons avoir à examiner. Peut-être aura-t-il eu l'occasion de le connaître, et d'apprendre à l'aimer, pendant son arrêt chez ce comte Lecchi dont Léopold nous dit qu'il était « grand connaisseur à la fois et grand amateur de musique » ? En tout cas, son influence sur Mozart est certaine, et nous allons voir en quelle floraison de beauté poétique l'œuvre du jeune homme nous la révélera.

Encore ces maîtres italiens n'ont-ils pas été seuls à agir sur lui, dans la disposition nouvelle où il se trouvait. Conduit désormais à une conception romantique de l'idéal musical, Mozart se rappellera qu'il lui est arrivé déjà, dans son enfance, de rencontrer un musicien, d'ailleurs issu de ces vieux Italiens, et dont les élans romantiques n'avaient point laissé de l'émouvoir, même à cette date. Toute la partie vraiment originale et belle de l'œuvre de Schobert lui est revenue en mémoire, les *andantes* pathétiques avec leurs chants de basse sous des accompagnements expressifs, les adorables menuets tout imprégnés de lumière et de mélodie. De tout cela, jadis, il n'avait fait qu'entrevoir l'exceptionnelle valeur, au moment où il s'était plu à imiter les sonates de Schobert et à en transcrire des morceaux sous forme concertante. A présent, ce qu'il n'avait fait que deviner confusément lui est apparu de la façon la plus claire ; et, ayant à composer pour le clavecin, ce n'est plus la coupe extérieure de l'art de Schobert, mais son inspiration et les secrets de son âme qu'il a réussi à s'assimiler[1].

Mais, au reste, la révolution romantique qui s'est produite chez lui durant cette période est, dans toute l'histoire de son œuvre, un

---

1. Nous devons ajouter ici, en passant, — sauf pour nous à y revenir dans notre analyse des quatuors et sonates de Mozart durant cette période, — que le jeune homme n'a pu manquer de connaître aussi, à Milan, une très nombreuse et très intéressante série de « sonates à quatre instruments », ou plutôt de petites symphonies dont la Bibliothèque du Conservatoire de cette ville possède, aujourd'hui encore, d'anciennes copies, et qui avaient eu pour auteur le charmant musicien viennois Florian-Léopold Gassmann, ex-élève du P. Martini tout comme Mozart et, tout comme lui, merveilleusement doué pour combiner l'inspiration allemande avec la plus pure beauté italienne.

phénomène si imprévu, et si passager, et de nature si complexe,
que nous tenterions vainement d'en définir toutes les causes, ainsi
que l'extrême diversité des aspects sous lesquels on la voit se manifester. C'est en étudiant, au jour le jour, le détail des œuvres de cette
période que nous aurons chance de pouvoir expliquer ce que celle-
ci a eu de plus original et de plus précieux. Ajoutons seulement,
pour compléter un aperçu général forcément très rapide et tout,
superficiel, que si cette crise romantique a été de courte durée, en
tant que véritable disposition foncière de l'âme, dans la vie musicale de Mozart, du moins y a-t-elle laissé une empreinte désormais
ineffaçable. Dès l'année suivante, en vérité, Mozart a cessé d'être un
pur romantique, comme allaient être, plus tard, les Zumsteeg et les
Schubert, en attendant les Chopin, les Schumann, et les Berlioz :
mais il n'en a pas moins, depuis lors, enrichi son génie d'une source
nouvelle d'inspiration poétique, et, jusqu'au bout, son art s'est trouvé
merveilleusement prêt à exprimer, lorsque sa disposition intérieure
l'y porterait, ces mêmes sentiments fiévreux et pathétiques dont
nous le voyons possédé jusqu'à la maladie dans ses œuvres instrumentales de ce dernier séjour au delà des Alpes.

151. — *Botzen (et Vérone ?), fin d'octobre* 1772.

Quatuor en ré, pour deux violons, alto et violoncelle.

K. 155.
Ms. à Berlin.

Allegro. — Andante (en la). — Molto allegro.

Le manuscrit de ce quatuor porte simplement le n° 1: mais le quatuor
commence une série dont on sait que les numéros suivants ont été
composés en Italie, durant ce dernier séjour de Mozart; et nous avons
vu d'autre part que Léopold, dans une lettre de Botzen, le 28 octobre
1772, écrivait que son fils, « pour se désennuyer, était en train de composer un *quattro* ». Tout porte à croire que ce *quattro* n° 151 est bien
celui dont parle le père de Mozart : à la condition d'admettre que le
jeune homme n'ait fait que le commencer à Botzen et l'ait terminé durant
les étapes suivantes de son voyage. En tout cas, il faut remarquer la
curieuse coïncidence qui a conduit Mozart deux fois de suite, — à Lod,
en avril 1770 et maintenant à Botzen, — à « se désennuyer » d'une halte
à l'auberge en se mettant à écrire un quatuor. Sans doute, à Botzeni
cette fois, se sera-t-il rappelé son ancien passe-temps de Lodi, et ce sou-

venir lui aura-t-il suggéré l'idée de s'occuper à nouveau de la même façon : de telle sorte que nous devrions à ce hasard l'existence de l'une des plus charmantes séries de toute l'œuvre instrumentale du maître.

Mais encore les numéros suivants de cette série n'ont-ils, pour leur contenu aussi bien que pour leur forme, que des rapports très lointains avec ce premier quatuor, composé à Botzen ; et en vérité le principal intérêt de celui-ci est de nous apprendre, par sa comparaison avec les suivants, à quel point Mozart, lorsqu'il s'est mis en route pour l'Italie, se doutait peu de la grande révolution romantique qui allait bientôt se produire en lui. Le fait est que nulle trace de romantisme n'apparaît dans ce premier quatuor de la série, beaucoup plus ressemblant aux trois *Divertimenti* du printemps de 1772 (n°ˢ 134-136) qu'aux admirables rêveries italiennes des quators du printemps suivant. Ou plutôt, le Mozart que nous fait voir ce quatuor de Botzen est celui de la dernière des symphonies de 1772 n° 147, avec des souvenirs italiens fortement mêlés d'emprunts au style allemand de Joseph et de Michel Haydn. La disposition des trois morceaux reste entièrement conforme au type classique, tandis que, dans la coupe de l'*andante*, notamment, nous trouvons un renversement de la reprise tout pareil à celui du premier morceau de la symphonie en *ré* n° 146.

Comme chez Joseph Haydn, les deux violons marchent ensemble, s'opposant au groupe de l'alto et du violoncelle ; et des deux Haydn aussi vient l'emploi de *codas* nouvelles, à la fin des morceaux. L'importance du rôle de l'alto est également un symptôme de cette influence des maîtres allemands, et c'est un esprit tout salzbourgeois qui anime les trois morceaux, avec une expression à la fois familière et sentimentale, sans compter que le thème du *rondo* final dérive directement de rythmes analogues dans l'œuvre de jeunesse du maître d'Esterhaz. Au total, un véritable *divertissement* plutôt qu'un travail sérieux et approfondi ; une invention mélodique facile et superficielle, sans presque aucun effort d'élaboration thématique ; un style généralement homophone, piqué çà et là de petits épisodes de contrepoint : rien de tout cela ne saurait nous faire prévoir l'exquise et puissante floraison poétique des quatuors suivants de la même série.

Il faut noter cependant que, dans le premier morceau, à la manière italienne, le second des deux sujets, nettement séparé, est beaucoup plus important et plus développé que le premier, et que le goût italien se montre aussi dans la longue ritournelle dont ce sujet est suivi, aboutissant d'ailleurs à un trait d'alto des plus imprévus. Puis, après une cadence complète en *la*, mais sans barres de reprise, s'ouvre un petit *développement* qui débute en canon aux quatre parties, sur un sujet nouveau, mais ramène bientôt des rappels du second sujet. Quant à la reprise, elle est, à la manière allemande, d'abord très variée et modulée dans le premier sujet, et puis à peu près pareille dans le reste du morceau, sauf que, ici, Mozart supprime l'une des deux expositions du second sujet qu'il avait mises dans sa première partie. Signalons encore, en plus de la *coda* nouvelle déjà mentionnée, de fréquents écarts des violons, qui nous sont également un signe de l'inspiration autrichienne animant ce premier des quatuors italiens.

Dans l'*andante*, deux petits sujets distincts (dont le second, de quatre

mesures, est exposé alternativement par les deux violons) sont suivis
d'une longue ritournelle aboutissant, cette fois, à des barres de reprise.
Puis commencent quelques mesures d'un *développement* nouveau, mais
qui ne ramènent que la seconde partie du premier sujet, suivie d'une
reprise complète du second sujet et de sa ritournelle, et ce n'est qu'après
celle-ci, en manière de *coda*, que nous voyons reparaître le début du
premier sujet, — procédé qui, comme nous l'avons dit, se retrouve dans
le premier morceau de la symphonie salzbourgeoise en *ré* de juillet
1772 et rattache le présent quatuor à la série des tentatives faites par
Mozart en 1772 pour donner à ses morceaux une terminaison originale.

Le finale est un de ces *rondos* à nombreux petits intermèdes dont
Mozart a emprunté le type à l'Italie dès la fin de son premier voyage,
et qu'il va élever bientôt à leur plus haut degré d'ampleur et de beauté
musicales, pour revenir presque ausitôt après au type français de ses
rondeaux de naguère. Mais le refrain de ce *rondo*, avec son allure
sautillante, rappelle très vivement (nous l'avons dit déjà) des thèmes
de Joseph Haydn, et c'est encore à la manière de ce maître que, dans
les dernières mesures, le rythme de ce refrain est repris à l'unisson par
les quatre instruments.

Ajoutons que, dans tout le quatuor, les indications de nuances sont
encore très rares, comme dans toutes les œuvres des trois années précédentes. Nous allons voir très prochainement succéder à cette réserve
une véritable fièvre de notation expressive, avec des *fp*, des *dolce*, et
dolce assai, qui, empruntés à l'école du vieux Sammartini et des nouveaux maîtres italiens, suffiraient presque à caractériser les compositions de cette dernière période italienne de la vie de Mozart.

152. — *Milan, novembre ou décembre* 1772.

Quatuor en sol, pour deux violons, alto et violoncelle.

K. 156.
Ms. à Berlin

Presto. — Adagio (en mi mineur). — Tempo di menuetto.

Le manuscrit de ce quatuor porte simplement le nᵒ II, mais c'est
d'une façon à peu près certaine que nous pouvons fixer la date de sa
composition. D'une part, en effet, il est aussi différent que possible du
précédent, et déjà tout imprégné de l'esprit italien, tandis que, d'autre
part, il n'a pas encore le caractère profondément romantique des œuvres
écrites durant les premiers mois de 1773, et nous n'y trouvons pas non
plus cette profusion de nuances qui est un des traits distinctifs de ces
œuvres prochaines. En outre, le manuscrit du quatuor nous offre deux

versions de l'*adagio*, dont l'une, évidemment postérieure, se rattache de très près au style des œuvres du début de 1773 : ce qui suffirait à prouver que Mozart, à ce moment, a revu et remanié une œuvre composée à une date antérieure. Au reste, d'une façon générale, la présence d'une double version, dans une œuvre de Mozart, — étant donné ce que nous savons des procédés de travail du maître, qui n'écrivait sa musique qu'après l'avoir toute achevée dans son esprit, — indique *toujours* que l'œuvre a été reprise plus ou moins longtemps après sa première rédaction. Ici, nous imaginons facilement que Mozart, durant sa grande fièvre romantique du printemps de 1773, aura voulu adjoindre son quatuor en *sol* à la série de ceux qu'il était en train de créer, et, l'ayant revu, se sera dit que l'*adagio* ne répondait pas suffisamment aux sentiments nouveaux dont il était possédé. En tout cas, le présent quatuor nous apparaît si clairement comme une œuvre intermédiaire entre celui que Mozart a commencé à Botzen et ceux qu'il produira après l'achèvement de *Lucio Silla*, que nous avons tout droit d'en placer la date dans les premières semaines de l'arrivée à Milan, pendant les loisirs que laissaient à Mozart les retards des chanteurs et autres aventures concernant la mise au point de son opéra.

Le Mozart de ce quatuor, comme nous l'avons dit, n'a encore rien d'un romantique, sauf dans la conception de l'*adagio*, dont le style, d'ailleurs, continue à attester l'influence de Joseph Haydn. Mais c'est déjà, évidemment, un Mozart tout italien, très profondément imprégné à la fois du style de l'opéra bouffe et de l'esprit de maîtres tels que Sammartini. Les sujets redeviennent plus nombreux et moins travaillés, les deux violons recommencent (sauf toujours dans l'*adagio*) à remplir le rôle principal dans le langage du quatuor ; les *développements* sur les thèmes précédents cèdent la place à l'exposé de sujets nouveaux ; et il n'y a pas jusqu'à l'emploi de *codas*, à la fin des morceaux, qui ne disparaisse avec le reste des souvenirs allemands. Pareillement l'esprit général qui anime les morceaux n'a plus rien de la gravité, un peu lourde, de l'esprit musical allemand. Le léger *presto* du début, le finale en *tempo di menuetto*, et l'*adagio* même, malgré son expression pathétique, ne pensent plus qu'à chanter doucement, sans aucun souci de contrepoint ni de recherches harmoniques. Et comme Mozart, à Salzbourg, tout en s'élevant beaucoup plus haut, s'est employé à traiter un art beaucoup plus difficile, nous n'avons pas besoin de dire avec quelle aisance et grâce merveilleuse, il redescend à ce genre plus simple pour le parfumer aussitôt du plus pur de son génie poétique. En fait, jamais encore jusqu'ici sa musique n'a aussi impérieusement évoqué l'idée d'un exquis chant d'oiseau.

Dans le premier morceau, d'un rythme très vif à trois temps, la première partie nous présente trois sujets, distincts mais apparentés, à la façon italienne, et parmi lesquels, toujours contrairement à l'habitude allemande, c'est le second qui est le plus étendu et le plus travaillé. Le *développement*, lui, nous offre un quatrième sujet tout nouveau, avec un rythme d'accompagnement continu et obstiné du second violon tout à fait imprévu et assez étrange, rappelant les inventions bizarres qui surgissent à chaque page dans l'œuvre instrumentale de Sammartini. Et ce *développement*, plus long que d'habitude chez Mozart,

accentue encore sa signification d'intermède étranger au morceau en
aboutissant à une grande pause, après laquelle la première partie est
reprise toute pareille jusqu'à la fin.

De même, le *tempo di menuetto* final n'est rien que la juxtaposition de
deux grands menuets italiens, majeur et mineur, avec reprise *da capo* du
majeur. Comme dans les menuets italiens, la seconde partie est beaucoup plus longue que la première : et les deux menuets se rattachent
encore au goût italien par leur allure chantante, au lieu des menuets
tout rythmiques des Haydn. Dans le premier, le rôle principal échoit aux
deux violons; dans le second, les deux groupes des voix supérieures
et des inférieures exposent chacun un rythme différent, sauf pour
chacun à reprendre ensuite le rythme exposé d'abord par l'autre groupe.

Quant à l'*adagio*, nous avons dit déjà que c'était un chant du premier
violon, accompagné en un rythme continu par les trois autres instruments, comme dans les *andantes* des quatuors de Joseph Haydn. Le
chant ne comporte qu'un seul sujet, continué ensuite dans le *développement*, et puis repris avec un caractère d'expression pathétique beaucoup plus accentué encore que la première fois. Mais si, par sa forme,
cet admirable chant dérive encore du style allemand, c'est bien à l'Italie, et en particulier à son *opera seria* qu'appartient l'inspiration profondément tragique qui anime, d'un bout à l'autre, ce court *arioso* instrumental, digne pendant de ceux que va chanter Giunia dans l'opéra que
Mozart est en train d'écrire. Le ton de *mi mineur* revêt dès à présent
la signification expressive qu'il aura désormais toujours chez Mozart,
celle d'une douleur angoissée et presque parlante, avec une tendance
au style du récitatif dans sa traduction mélodique. C'est d'ailleurs
dans le même ton que Mozart, quelques mois plus tard, écrira le nouvel *adagio* de ce quatuor, en y appropriant le style à l'expression
rêvée, avec une foule d'indications de nuances et tout un ensemble de
procédés distinctifs de sa manière du début de 1773, mais avec une
portée sentimentale toute pareille à celle que nous faisait voir déjà ce
premier *adagio* de la fin de l'année précédente.

153. — *Milan, du 4 au 15 novembre 177¾*

Ouverture en ré de l'opéra : Lucio Silla, pour deux violons, alto, deux
hautbois, deux cors, violoncelle et basse, trompettes et timbales.

K. 135.
Ms. à Berlin.

Molto allegro. — Andante (en la). — Molto allegro.

La date de la composition de cette ouverture nous est révélée par
une lettre de Léopold Mozart, qui. le 14 novembre, écrit à sa femme que

Wolfgang « vient d'écrire tous les récitatifs et l'ouverture ». Ayant à produire un grand opéra, le jeune homme n'a plus songé, ici, à des préludes de coupe libre comme ceux de la *Betulia*, d'*Ascanio*, ou du *Songe de Scipion* : il est revenu à la coupe traditionnelle de la symphonie, ou ouverture italienne, telle qu'il l'avait employée pour son *Mitridate*, — deux *allegros* réguliers séparés par un mouvement lent.

Et le fait est que, au premier abord, cette ouverture de *Lucio Silla* rappelle beaucoup celle de *Mitridate*. La coupe des deux premiers morceaux est la même, et il n'y a pas jusqu'aux idées mélodiques qui ne paraissent issues d'une même source. Mais, sous cette analogie apparente, — qui tient à ce que, cette fois encore, Mozart a voulu se conformer pleinement aux règles italiennes du genre, — quelle différence infinie aussi bien dans l'inspiration que dans l'exécution ! Mozart a beau multiplier les petits sujets et leurs ritournelles, il a beau réduire l'importance des instruments à vent, et remplacer les *développements* par des sujets nouveaux, et se maintenir dans une atmosphère musicale toute brillante et légère : à chaque ligne nous découvrons le maître allemand des grandes symphonies de 1772, et parfois même d'autant plus fort qu'il s'efforce davantage à tempérer sa flamme d'instrumentiste-poète. Les moindres accords des vents, par exemple, ajoutent à l'ensemble orchestral une couleur et une signification singulières ; les deux violons tantôt jouent un rôle essentiel, et tantôt, par contraste, s'unissent pour s'opposer au groupe puissant des altos et des basses. Les sujets, encore séparés, dérivent l'un de l'autre et se trouvent rattachés par toute sorte de menus détails passant de l'une à l'autre. En outre, nous voyons ici, pour la première fois, cette pénétration du génie italien que nous avons dit déjà s'être produite chez Mozart, sous sa vieille familiarité avec le style des maîtres italiens de son temps : et c'est ainsi que tous les procédés locaux employés dans les œuvres précédentes, les répétitions en écho, les ritournelles, les longs *crescendos* à la manière de ceux que Mozart rapprendra plus tard pendant son séjour à Mannheim, tout cela reçoit maintenant chez lui une portée et une beauté nouvelles, qui font de cette ouverture quelque chose comme une fleur magnifique de l'esprit italien. Sans compter que, à côté de ces choses de naguère, nous en trouvons ici d'autres que Mozart emprunte pour la première fois à l'art italien : et notamment ces nombreuses indications de nuances, des *f* et des *p* alternant de note en note, des *pp* et des *ff*, des *fp*, etc., dont l'emploi va devenir un des signes distinctifs de l'œuvre de Mozart durant le reste de cette période [1]. Mais il y a plus encore : si le premier morceau, avec l'étonnante variété et unité de son allure, se rattache directement au genre traditionnel de l'ouverture italienne, déjà l'*andante* et le finale nous font voir des élans romantiques dont aucune trace ne nous était apparue jusqu'ici, et qui annoncent clairement les grands cris de passion des trois mois suivants. Cet élément passionné, Mozart l'avait au reste déjà introduit dans sa production musicale, au moment où il a composé l'ouverture de *Lucio Silla*, puisque la même lettre de son père nous

---

1. Nous devons ajouter cependant que cette multiplicité de nuances s'annonçait déjà dans la dernière symphonie salzbourgeoise, n° 147.

apprend que, à cette date, il avait fini de composer les trois grands
chœurs de son opéra ; et précisément la ressemblance du *développement*
de l'*andante* de l'ouverture, par exemple, avec le style de la grande
scène lyrique du premier acte est bien faite pour justifier l'hypothèse
suivant laquelle les scènes proprement « romantiques » de *Lucio Silla*
auraient contribué à ouvrir, dans l'âme du jeune maître, une source
nouvelle d'émotion musicale.

Dans le premier morceau, trois sujets, chacun accompagné de sa
ritournelle, présentent entre eux un contraste saisissant : le premier
tout rythmique, avec de longs passages syncopés, et exposé par l'orchestre entier, le second purement mélodique et réservé aux deux violons, le troisième rapide et brillant à la façon d'une *stretle* : mais la
ritournelle de ce troisième sujet aboutit, de la façon la plus imprévue,
à un rappel soudain du rythme initial de l'ouverture. Le *développement*
qui vient ensuite nous offre, comme nous l'avons dit, une idée toute
nouvelle, présentée tour à tour par les violons et par tout l'orchestre :
après quoi la première partie est reprise, avec son premier sujet
abrégé, son second légèrement varié, et le reste tout pareil, jusqu'au
moment où, rencontrant son rappel de tout à l'heure, Mozart le répète
trois fois, dans le ton principal, pour finir ainsi son morceau comme
il l'a commencé. Ajoutons que les répétitions, ici, sont déjà variées,
que la ritournelle du second sujet contient un superbe effet de *crescendo* s'étendant sur huit mesures, et que les instruments à vent, sans
avoir proprement de *soli*, sont traités de manière à enrichir sensiblement la coloration orchestrale.

L'*andante* est un petit air très expressif, avec deux sujets aboutissant
à une charmante ritournelle en *crescendo* : après quoi, avec le rythme
de cette ritournelle maintenu au second violon en accompagnement
continu, commence un long *développement* mineur d'une expression
pathétique très intense, tout fait de soupirs passionnés du premier
violon, et coloré encore par quelques touches caractéristiques des
hautbois et des basses. Dans la rentrée qui suit, le second sujet disparaît, à la manière italienne, et la ritournelle se termine par quelques
mesures de *coda*. Comme nous l'avons dit, c'est surtout dans cet
andante qu'apparaît le goût nouveau de Mozart pour l'indication des
nuances, et avec ce trait curieux que les nuances ne sont marquées
que par endroits, mais en groupes très nombreux, et presque à raison
d'une nuance par note. Nous retrouverons ce procédé singulier dans
toutes les œuvres suivantes de la même période.

Le finale est un *rondo*, mais d'une coupe intermédiaire entre les
deux formes que nous avons eu souvent l'occasion de décrire : coupe
qui, d'ailleurs, nous est apparue déjà dans le finale de la symphonie
en *ré* de l'été précédent. Presque tous les intermèdes sont des variations du thème, sauf celui du milieu, conçu à la façon d'un *développement*, et suivi d'un retour non seulement du thème, mais aussi du premier intermède, encore un peu varié ; sans compter que, ici, pour
marquer le caractère théâtral de l'ouverture, cette reprise est suivie
d'une longue *stretle* nouvelle. Tout ce finale est, au reste, d'une verve
et d'une liberté charmantes, avec une apparition fréquente de petits
chants expressifs du premier violon se détachant tout à coup au

milieu d'une phrase orchestrale, pendant que les autres instruments poursuivent un même rythme qui sert désormais d'accompagnement. Les vents, employés très discrètement, n'en jouent pas moins un rôle essentiel, avec de petites ritournelles libres entre les phrases ; et les susdits passages mélodiques du premier violon produisent un effet d'autant plus saisissant que, presque toujours dans le reste du morceau, les deux violons marchent ensemble, suivant l'habitude des maîtres allemands.

Que si, à présent, nous nous demandons quel rapport Mozart a voulu mettre entre cette ouverture et l'opéra qui suit, nous sommes contraints d'avouer que, cette fois encore, il s'est conformé tout à fait à l'habitude italienne de son temps, sans se soucier des vieilles prescriptions des théoriciens sur la nécessité d'approprier la musique d'une ouverture au caractère de l'œuvre dramatique qu'elle précède et annonce. Avec tous les élans romantiques qui commencent déjà à s'y révéler, l'ouverture de *Lucio Silla*, tout de même que celles des Piccinni et des Jommelli, est simplement une petite « symphonie théâtrale » pouvant aussi bien, — ou plutôt beaucoup mieux, — servir pour un opéra bouffe que pour le drame classique du poème de *Lucio Silla*. Et nous dirons bientôt comment il n'est pas impossible que le clair génie de Mozart, s'étant rendu compte de cette disproportion entre l'ouverture et le drame, ait voulu substituer à cette symphonie trop légère et brillante les tragiques morceaux qui constituent le premier *allegro* et l'*andante* de sa dernière symphonie italienne, en *ut* majeur, n° 157.

154. — *Milan, novembre et décembre* 1772.

Lucio Silla : **Dramma per musica en trois actes**, pour quatre soprani, deux ténors et chœurs avec accompagnement de deux violons, alto, deux hautbois, deux flûtes, deux bassons, deux cors, deux trombones, timbales et basse.

K. 135.
Ms. à Berlin.

Ouverture (voir le n° 153).

Acte I. — I. Air de Cinna (soprano) en *si bémol* : *Vieni ov' amor l'invita : allegro.* — II. Récitatif et air de Cecilio (soprano). Récitatif : *Dunque sperar.* Air en *fa* : *Il tenero momento* : *allegro aperto.* — III. Air de Celia (soprano) en *ut* : *Se lusinghiera : grazioso.* — IV. Air de Giunia (soprano) en *mi bémol* : *Dalla sponda tenebrosa : andante ma adagio et allegro.* — V. Récitatif et air de Silla (ténor). Récitatif : *Mi piace.* Air en *ré* : *Il desio di vendetta.* — VI. Récitatif de Cecilio et scène de Giunia avec le chœur. Récitatif : *Morte fatal.* Scène en *mi bémol* : *Fuor di queste urne.* — VII. Récitatif et duo de Giunia et Cecilio. Récitatif : *Se l'empio Silla.* Duo en *la* : *D'Eliso in sen m'attendi : andante et molto allegro.*

Acte II. — VIII. Air d'Aufidio (ténor) en *ut* : *Guerrier, che d'un acciaro.* — IX. Récitatif et air de Cecilio. Récitatif : *Cecilio a che t'arresti.* Air en *ré* : *Quest'in proviso tremito : allegro assai.* — X. Air de Celia en *sol* : *Se il labbro timido : tempo grazioso.* — XI. Récitatif et air de Giunia. Récitatif : *Vanne, l'affreta.* Air en *si bémol* : *Ah se il crudel : allegro.* — XII. Récitatif et air de Cinna. Récitatif : *Ah si scuotasi.* Air en *fa* : *Pel fortunato istante : molto allegro.* — XIII. Air de Silla en *ut* : *D'ogni pieta : allegro assai.* — XIV. Récitatif et air de Cecilio.

Récitatif : *Chi sa*. Air en *mi bémol* : *Ah se a morir : adagio et allegro.* — XV. Air
de Celia en *la* : *Quando sugl' arsi campi : allegro.* — XVI. Récitatif et air de
Giunia. Récitatif : *In un istante.* Air en *ut* : *Parto m'affretto : allegro assai.* —
XVII. Chœur en *fa* : *Se gloria il crin ti cinse.* — XVIII. Trio de Giunia, Cecilio
et Silla en *si bémol* : *Quell' orgoglioso sdegno : allegro.*
    Acte III. — XIX. Air de Celia en *si bémol* : *Strider sento : allegro.* — XX. Air
de Cinna en *ré* : *De piu superbi il core : allegro.* — XXI. Air de Cecilio en *la :
Pupille amate: tempo di menuetto.* — XXII. Récitatif et air de Giunia. Récitatif :
Sposo, mia vita. Air en *ut* mineur : *Fra i pensier : andante.* — XXIII. Finale
pour *soli* et chœurs en *ré* : *Il gran Silla.*

Dans les derniers mois de 1772, lorsqu'il eut à écrire *Lucio Silla*,
Mozart avait tout près de 17 ans : mais son esprit et son cœur étaient
encore beaucoup plus mûrs, à bien des points de vue, qu'ils ne le sont
d'ordinaire à cet âge. Il se trouvait donc dans des conditions personnelles infiniment plus favorables, pour réussir à la composition d'un
opéra, qu'au moment où on lui avait confié le poème de *Mitridate*. Il
était parfaitement capable, désormais, de comprendre l'intérêt dramatique des passions les plus diverses, comme aussi de choisir entre plusieurs modèles, ou même de s'élever au-dessus d'eux, ainsi qu'il l'avait
assez fait voir déjà dans sa musique instrumentale de cette année
1772. Mais, d'autre part, les circonstances extérieures, cette fois, ne
concouraient plus, comme deux ans auparavant, à aider son génie
pour lui faire produire un bon opéra italien. D'abord, il avait perdu
contact avec l'Italie ; et tout son travail de 1772 avait encore contribué
à stimuler son ardeur naturelle pour une musique instrumentale la
plus contraire du monde aussi bien à l'esprit du genre de l'opéra italien qu'au goût des auditeurs habituels de cet opéra. Nous avons vu
que, déjà dans sa musique religieuse de 1772, il avait oublié ce que
lui avait appris l'Italie, naguère, sur le rôle et les ressources propres
du chant : et un séjour de quelques semaines à Milan, tout occupé à
un travail hâtif, ne pouvait suffire à modifier ses dispositions sur ce
point. Jamais peut-être, durant toute sa carrière, il ne fut aussi loin
de l'état d'esprit idéal d'un compositeur d'opéra italien qu'il l'était à
ce moment, avec tout un monde d'émotions personnelles dans son
cœur, et, dans son cerveau, tout un monde d'idées nouvelles dont aucune
ne se rapportait au genre de musique qu'il avait maintenant à traiter.
Encore, avec sa souplesse native, peut-être se serait-il affranchi de ces
préoccupations pour se donner tout entier à son opéra, si le poème de
celui-ci lui en avait offert l'occasion, comme jadis la lui avait offerte
le bon livret tiré pour lui d'une tragédie de Racine : mais il se trouvait que, précisément, le nouveau livret qu'on lui confiait était absolument incapable de l'intéresser, ne contenant ni des situations dont il
pût s'émouvoir, ni des sentiments assez humains et assez profonds
pour qu'il pût se sentir porté à les revivre en soi. Le fait est qu'on ne
saurait imaginer plus médiocre matière que celle de *Lucio Silla* pour
stimuler le génie dramatique d'un musicien aussi sérieux et aussi
réfléchi que Mozart. *Lucio Silla* n'était qu'une pauvre imitation des
machines les plus froides de Métastase, avec des passions banales et
sans réalité, signifiées en de mauvais vers parmi des métaphores souvent incohérentes. Il n'y avait là ni un personnage ni une scène que le

jeune homme pût animer de cette profonde vie musicale dont il savait revêtir jusqu'aux moindres nuances des émotions de son propre cœur. Et il en est résulté que, ainsi que nous le prouveraient ses lettres et celles de son père à défaut de la partition, il a composé son opéra avec plus d'ennui que de plaisir, en se préoccupant surtout de satisfaire les interprètes de ses rôles, pour ce qui était du chant, ou bien encore en prenant prétexte de ses airs pour se laisser aller à sa fantaisie d'harmoniste et de symphoniste. De telle sorte que, à le tenir pour un opéra, *Lucio Silla* nous apparaît une œuvre inférieure même à l'enfantin *Mitridate*, moins dramatique et moins vivante, tandis que, par ailleurs, sa qualité purement musicale est déjà de l'ordre le plus haut, et en fait, dans maints endroits, l'une des compositions les plus riches et les plus belles de Mozart.

Le premier résultat de cette disposition toute musicale où s'est trouvé Mozart, pendant le travail de son *Lucio Silla*, nous apparaît dans la variété qu'il s'est efforcé de donner à la coupe générale des divers morceaux. Ni dans les ensembles ni dans les airs, nous ne retrouvons plus l'uniformité que nous avons constatée dans *Mitridate* : sans cesse le musicien affirme sa liberté en présence des coupes traditionnelles, et souvent aussi il nous laisse voir sa préoccupation, peut-être inconsciente, de transporter au théâtre les conceptions et les procédés de sa musique instrumentale de ce temps.

Parlons d'abord des airs, qui, déjà un peu moins nombreux que dans *Mitridate*, continuent cependant à former le corps principal de l'opéra. Le type du grand air avec *demi da capo*, tel qu'il abondait dans *Mitridate*, ne se trouve plus ici que dans trois airs, l'air de Silla n° 5, l'air d'Aufidio n° 8 et l'air de Cinna n° 20 : tous les trois brillants et sans portée, de simples airs de bravoure, avec une seconde partie très courte et tout à fait insignifiante. Pour les autres airs où il n'a pu se passer de la reprise *da capo*, Mozart a voulu tout au moins que cette reprise eût un semblant de nouveauté, une petite raison d'être musicale justifiant cette répétition de choses déjà entendues : et ainsi il a imaginé, pour le *da capo*, une coupe nouvelle, consistant, après la ritournelle qui suit la seconde partie de l'air, dans une reprise un peu variée du début de la première strophe de la première partie, après quoi le reste de l'air est textuellement répété tel qu'il était dans la seconde strophe. En d'autres termes, au lieu de reprendre textuellement la seconde moitié de la partie principale de l'air, — ce qui n'avait effectivement aucun sens, — Mozart a voulu que la reprise fût comme un résumé de cette première partie tout entière, réunissant un morceau de la première strophe et un morceau de la seconde. Cette coupe, dont nous avons vu que Mozart avait eu déjà l'idée pendant qu'il écrivait l'un des derniers airs de son *Sogno di Scipione* c'est elle que nous présentent ici les airs de Cinna n°ˢ 1 et 12, les airs de Cecilio n°ˢ 2 et 14, et les airs de Celia n°ˢ 3 et 15. Dans tous ces airs, ainsi que l'usage le voulait pour les grands airs à *da capo*, les personnages se présentent sur la scène pour la première fois, ou bien expriment de grands sentiments d'ordre tout général, et sans nuances individuelles ; ce sont, pour ainsi dire, des airs dont l'absence n'entraverait en rien l'action du drame. La seconde partie y est encore, le plus souvent, assez insignifiante : elle n'a quelque importance que dans les deux airs de Celia, dont le rôle dramatique était à peu près nul, mais dont le caractère doux et tendre avait évidemment intéressé Mozart. Au total, ni ces airs ni ceux de la catégorie précédente n'ont rien d'original à nous révéler.

Le second type d'air que nous avons signalé dans *Mitridate*, celui des airs avec reprise variée de toute la première partie, ne se rencontre plus ici que deux fois : dans un petit air de Cecilio (n° 21), traité en menuet, avec un trio non répété et une reprise variée suivie d'une seconde reprise en manière de *coda*, et dans un air de Giunia (n° 11), qui est au contraire l'un des plus grands et des plus considérables de tout l'opéra, entièrement consacré à mettre en valeur la virtuosité de l'interprète du rôle. C'est peut-être l'air le plus brillant et le plus difficile que Mozart ait jamais écrit : il est tout en sauts de voix, en traits, en cadences, dont quelques-unes ont une étendue et une variété extraordinaires. La seconde partie, assez importante, n'est elle-même qu'un exercice de virtuosité ; et si Mozart a varié sa reprise, c'est encore pour permettre à la cantatrice d'émerveiller le public par de nouveaux traits de couleur et des cadences nouvelles.

Le troisième type d'air employé dans *Mitridate* était celui de la *cavatine*, ou chant en deux strophes, sans partie intermédiaire. A ce type répondent, dans *Lucio Silla*, deux petits airs de Celia (n°s 10 et 19), qui, bien plus encore que les airs analogues de *Mitridate*, sont proprement des *lieds*, d'une expression très simple et d'un caractère tout intime. Dans l'air n° 10, la seconde strophe, après avoir débuté par des modulations mineures, répète la première presque sans changement. Dans l'air n° 19, chaque strophe a deux sujets, et le début de la seconde est, au contraire, très varié, aussi bien dans le chant que dans l'accompagnement.

Mais toutes ces coupes convenues ne satisfaisaient pas, évidemment, l'ardeur inventive du jeune Mozart, à cette période particulièrement passionnée et romantique de sa vie d'artiste : car le fait est que les airs les plus importants de *Lucio Silla*, à la fois par leur signification dramatique, par leur expression musicale, et par le travail créateur qui nous y apparaît, sont des airs où les deux parties ont une valeur égale, traduisant deux nuances distinctes d'un même sentiment ; et Mozart, ici à la fin de ses airs, ne répète plus rien de la première partie. Déjà il avait tenté un timide essai de cette coupe dans un air de *Mitridate*, (n° 11) : mais, dans *Lucio Silla*, il l'emploie avec beaucoup de hardiesse, l'adaptant en toute liberté à sa fantaisie de poète. Ainsi sont faits un grand air pathétique de Cecilio (n° 9), où la seconde partie, à peine moins développée que la première, aboutit encore, comme dans l'air de *Mitridate*, à une reprise de la ritournelle initiale de l'air, et l'air le plus caractéristique de Silla (n° 13), qui est comme un grand *arioso* en deux parties opposées, de même importance, et séparées par un récitatif; ainsi sont faits les trois airs où Mozart s'est efforcé de traduire la pure noblesse d'âme que son imagination prêtait au personnage de Giunia et qui fait d'elle, dans ces trois airs, une sorte d'esquisse de la figure de Dona Anna, l'héroïne de *Don Juan*, (n°s 4, 16 et 22). L'air n° 4 consiste d'abord en une double alternative d'un *adagio* et d'un *allegro*, tous deux extrêmement variés sous leur seconde forme ; après quoi vient un sujet tout nouveau, plein de modulations mineures et de chromatismes, et renforçant l'expression pathétique jusqu'à la *strette* finale. L'air n° 16 aurait plutôt la coupe d'une *cavatine*, mais en trois couplets, dont le troisième, sous le même accompagnement que les deux premiers, chante des paroles nouvelles, et varie la ligne musicale des deux autres couplets au point de pouvoir être tenu pour un sujet nouveau. Enfin l'air n° 22, en *ut* mineur, débute par un grand andante tragique, à peine plus régulier qu'un récitatif, et se poursuit par deux strophes *allegro*, la seconde très variée, où la même angoisse à la fois généreuse et désespérée prend une allure plus fiévreuse, et d'un rythme plus précis. C'était l'usage, dans l'opéra italien, que l'un des derniers airs du troisième acte fût en mineur, et d'un caractère plus spécialement désolé : et déjà dans *Mitridate*, Mozart s'était conformé à cet usage, comme nous le verrons s'y conformer encore dans l'un des derniers airs du *Re Pastore*. Mais ici nous sentons qu'il a mis tout son cœur à ce dernier air de Giunia, le plus beau de tout l'opéra, et se rattachant de très près aux chants mineurs de ses quatuors et sonates de la même période.

C'est aussi dans les airs de cette dernière catégorie que l'accompagnement instrumental est le plus abondant et le plus travaillé : mais nous devons ajouter qu'il n'y a presque pas un des airs de tout l'opéra où la partie instrumentale n'ait une richesse et une intensité singulières, tout à fait inaccoutumées dans l'opéra italien, et qui ne doivent pas avoir été sans contribuer à l'accueil assez froid que nous savons qu'a reçu *Lucio Silla* à Milan. Jusque dans les airs, déjà assez rares, où le chant n'est accompagné que par le quatuor, celui-ci joue un rôle infiniment plus important que dans *Mitridate :* soit qu'il imite le chant en contrepoint, ou qu'il en relève l'expression par une figure continue des violons, savamment modulée. Dans les grands airs, les instruments à vent interviennent sans cesse ; les hautbois, les flûtes, les bassons, les cors, ont de petits *soli* caractéristiques, tout à fait comme dans les symphonies salzbourgeoises de la période précédente. Maintes fois nous avons l'impression que tout l'intérêt de Mozart est allé à son orchestre, et que celui-ci, avec cette ardeur de vie et d'expression, a dû effarer le public milanais, lui faire penser que l'accompagnement étouffait le chant. En réalité, il ne l'étouffe jamais, et c'est encore un grand progrès qui se montre là chez Mozart : mais le chant et l'accompagnement sont traités, pour la première fois peut-être dans l'histoire de la musique d'opéra, à un point de vue tout symphonique, comme deux membres d'un même corps, réunis pour une même vie. Il n'est plus vrai, comme souvent dans d'autres airs précédents, que l'orchestration des airs de *Lucio Silla* puisse se suffire à soi-même : mais le chant, lui non plus, ne peut plus se suffire sans l'atmosphère musicale qui l'entoure.

Aussi bien Mozart, prévoyant peut-être un reproche possible, a-t-il tâché à donner à son chant le plus de développement et d'éclat qu'il a pu : sans être aussi constante dans tous les airs que dans l'air de Giunia (n° 11), la virtuosité y apparaît presque toujours, — sauf dans les deux airs de Silla, simplement parce que ce rôle avait dû être confié à un ténor peu habitué au théâtre, — et une virtuosité infiniment variée, savante, difficile, au point de faire de *Lucio Silla* l'œuvre dramatique la plus *colorée* que nous ayons de Mozart. Mais le jeune homme, malgré toute sa bonne volonté, n'est plus parvenu à retrouver la notion toute vocale du chant

qu'il était péniblement arrivé à se faire pendant son premier séjour en
Italie ; le chant de ses airs n'a plus jamais cette allure propre, expressément destinée à la voix humaine, que nous lui trouvons dans les airs des
moindres compositeurs d'opéras italiens. Toujours nous sentons que la
voix n'est pour Mozart qu'un instrument pareil aux autres, même dans
ses traits et ses cadences, qu'un violon, par exemple, pourrait fort bien
nous chanter avec le même agrément. De telle sorte que les airs de *Lucio
Silla* nous apparaissent toujours comme des œuvres manquées, car leur
beauté ne s'adapte pas au genre où ils appartiennent ; et toute leur
richesse musicale ne rachète pas ce que leur longue suite a pour nous
de froid et de monotone.

Le *duo* qui sert de finale au premier acte est, lui aussi, un morceau
très brillant, avec de nombreuses cadences dans le chant et un bel
accompagnement où les hautbois et les cors tiennent souvent la place
principale. Il est fait, comme le duo de *Mitridate*, de deux parties distinctes, un *andante* où les deux voix chantent d'abord alternativement,
et un *allegro* où elles s'unissent à la tierce, presque sans arrêt. Les
deux personnages, dès le troisième vers, y chantent les mêmes paroles,
et Mozart ne semble pas s'être occupé le moins du monde de la diversité des sentiments qu'ils auraient pu y apporter. Le *trio* final du second
acte est déjà d'un caractère plus dramatique : fait en un seul morceau,
de coupe libre, il constitue un dialogue entre le ténor Silla et les deux
soprani Cecilio et Giunia, soit que ceux-ci chantent ensemble ou à tour de
rôle. L'orchestre, plus discret, s'emploie à marquer les nuances de ce
dialogue, avec des imitations caractéristiques entre les violons et la
basse. Le chant lui-même est semé de très beaux passages en contrepoint ; et voici déjà proprement une scène où Mozart s'essaie non seulement à faire chanter ensemble des émotions différentes, mais à les
réunir peu à peu, pour les fondre enfin dans un même sentiment et un
même chant.

Les récitatifs de *Lucio Silla* nous font voir, et plus clairement encore
que les airs et que ces deux petits ensembles, la disposition d'esprit de
Mozart à ce moment de sa vie. Le récitatif simplement déclamé, *secco*,
est toujours d'une expression assez juste, mais banal, sans caractère, et
manifestement improvisé : mais aussitôt que Mozart trouve l'occasion
de mettre en jeu l'orchestre, celui-ci donne aux récitatifs une vie musicale très intense, et vient nous rappeler à quel maître de génie nous
avons affaire. Aussi bien, les récitatifs accompagnés abondent-ils dans
Lucio Silla, — plus nombreux certainement que dans toutes les autres
œuvres dramatiques de Mozart ; et il n'y en a pas un qui ne soit traité
musicalement, c'est-à-dire avec une préoccupation visible de l'unité
artistique de sa partie instrumentale. Le plus souvent, le quatuor y est
seul employé : mais avec une richesse singulière de contrepoint et de
modulations. Cependant l'un deux, le récitatif qui précède le n° 6, domine
infiniment tous les autres, à la fois par son importance musicale et par
sa beauté. Il est accompagné par tout l'orchestre, d'ailleurs avec une
réserve voulue qui en renforce encore l'expression pathétique. Sans
avoir le grand développement symphonique du récitatif de concert n° 84,
il atteste chez Mozart une compréhension de l'effet théâtral qui, en vérité,
nous apparaît ici chez lui pour la première fois. Et ce récitatif lui-même

ne sert qu'à nous préparer pour la scène suivante, qui est incontestablement la plus belle chose de tout l'opéra, la seule où nous sentions que
Mozart s'est livré tout entier.

L'auteur du poème, pour racheter l'indigence dramatique de l'action,
et probablement aussi sous l'influence de l'*Orphée* de Gluck, avait imaginé de placer la rencontre de Cecilio et de Giunia dans une galerie de
tombeaux, où la jeune femme venait invoquer l'ombre de son père, en
compagnie d'un chœur de suivantes. Les paroles de son invocation formaient un *solo* entre les plaintes du chœur, tout à fait de la même
manière que dans le livret d'*Orphée*. Mais Mozart, dont le génie était de
tout autre sorte que celui de Gluck, a revêtu cette scène d'une signification profondément musicale, dans sa beauté dramatique, en unissant
par de petits rappels, dans l'accompagnement, le chant de Giunia et celui
du chœur, et en renouvelant celui-ci de proche en proche, jusqu'à la fin
de la scène, de manière à en renforcer toujours l'émotion tragique.
C'est la un des ensembles les plus grands et les plus poétiques qu'il ait
jamais produits, avec un travail si fourni dans le chant et dans l'orchestre, mais surtout avec une fusion si parfaite de l'orchestre et du
chant, que nous devinerions aussitôt, même à défaut de ses lettres, que
cette scène est un des morceaux qu'il a composés en dernier lieu, lorsque déjà le travail de son opéra l'avait remis en contact, pour un moment,
avec la musique de théâtre. Les quatre voix du chœur, aussi bien dans
les passages en contrepoint que dans les passages homophones, gardent toujours leur individualité ; les instruments à vent s'opposent harmonieusement au quatuor des cordes ; et l'invocation de Giunia, très
mélodique et très ample, sans aucune virtuosité, est toute imprégnée
de ce caractère de noblesse et de pureté que nous avons dit déjà que
Mozart s'est efforcé de prêter à tout le rôle musical de ce personnage.

Il y a encore, dans *Lucio Silla*, deux autres chœurs (nos 17 et 23). Le
no 17 est assez insignifiant : c'est un chant homophone, coupé d'un petit
duo que commencent les soprani et les altos et que reprennent ensuite
les deux autres voix. Plus important est le chœur final : c'est une scène
libre, où les personnages de l'opéra alternent avec le chœur, et où celui-ci,
sur un rythme constant de l'orchestre, varie son chant avec un charme
et un éclat remarquables.

155. — *Milan, entre novembre et décembre* 1772.

Finale en ré, pour deux violons, alto, deux flûtes, deux hautbois,
deux cors, trompettes et timbales, et basse, destiné à transformer
en symphonie l'ouverture du *Sogno di Scipione*.

K. 163.
Ms. à Berlin.

L'autographe de ce morceau n'est point daté, mais le morceau lui-même a paru, chez Breitkopf, comme finale d'une symphonie dont les deux premiers morceaux sont ceux qui forment l'ouverture du *Sogno di Scipione*. Et quant à la date où Mozart a cru devoir ainsi transformer son ouverture en symphonie, aucun doute n'est possible sur sa détermination, si l'on compare ce finale avec celui de l'ouverture de *Lucio Silla*. Même rythme, même caractère, mêmes procédés d'instrumentation, et il n'y a pas jusqu'aux idées mélodiques qui ne se ressemblent infiniment, d'un morceau à l'autre. La seule différence est que ces idées, traitées en *rondo* dans le finale de l'ouverture, prennent ici la forme d'un morceau de sonate. Et quant à la destination de la symphonie ainsi produite, on a vu que, à Milan, avant même la première réprésentation de *Lucio Silla*, Mozart a non seulement « fait beaucoup de musique » chez ce « M. de Mayr » dont nous connaissons déjà le goût pour la musique instrumentale, mais encore qu'il a pris part à trois grandes soirées chez le comte Firmian, où « l'on n'a pas cessé de faire de la musique entre cinq et onze heures ». Évidemment le jeune homme aura trouvé là l'occasion de faire entendre plusieurs de ses dernières compositions, choisies parmi les plus conformes au goût italien ; et nous verrons tout à l'heure que c'est à ces mêmes séances que nous sommes peut être redevables de l'achèvement d'une symphonie en *ut* qui est l'un des chefs-d'œuvre de toute la musique instrumentale de Mozart.

Quant au finale n° 155, nous avons dit déjà qu'il a la forme d'un morceau de sonate, avec trois petits sujets et un *développement* : mais, ici, les trois sujets et le *développement* ne sont que des variations d'un même rythme, et conçues de la même manière que dans le finale de l'ouverture de *Lucio Silla*, c'est-à-dire avec de petits chants nouveaux du premier violon se détachant tout à coup sur l'ensemble du langage musical, — pareils à de vrais chants d'oiseau, — tandis que les autres instruments poursuivent le rythme que le premier violon dessinait avec eux avant cette soudaine envolée mélodique. Le *développement* n'est, à son tour, qu'un de ces chants sur le rythme des sujets précédents ; et après que, dans la *rentrée*, le premier sujet est revenu tout pareil, une fois de plus le premier violon remplace le second sujet de la première partie par un nouveau chant, très ample et très pur, avec une expression poétique très intense. Toujours comme dans l'ouverture de *Lucio Silla*, le morceau se termine par une *strette* nouvelle ; et nous retrouvons ici, dans l'instrumentation, les mêmes petits effets très caractéristiques des vents, à quoi s'ajoutent encore, maintenant, dans la troisième idée, des variations du premier sujet exposées en contrepoint par le groupe des violons et celui des basses.

156. — *Milan, janvier* **1773.**

Motet en fa, pour soprano : *Exsultate, jubilate,* avec accompagnement
de deux violons, alto, deux hautbois, deux cors, basse et orgue.

K. 165.
Ms. à Berlin.

I. *Exsultate* (en *fa*) : *allegro.*
II. *Récitatif* (en *ré*) : *Fulget amica dies, et air : Tu virginum
corona,* en *la* : *andante.*
III. *Alleluia* en *fa* : *allegro.*

Écrit pour le chanteur Rauzzini, qui venait de créer le rôle principal
de *Lucio Silla,* ce motet a été chanté le 17 janvier 1773, dans l'église des
Théatins de Milan. D'une coupe originale, nous ne saurions mieux le
comparer qu'à l'ouverture de *Lucio Silla,* au finale de celle du *Sogno* ainsi
qu'aux légères et charmantes symphonies que Mozart va écrire dès sa
rentrée à Salzbourg. Mais au reste il a jusqu'à la forme de ces symphonies, avec un premier *allegro* assez étendu, un *andante* accompagné seulement du quatuor, et précédé d'un court récitatif, et un finale rapide
et brillant, tout à fait comme ceux des symphonies que nous venons de
voir. Le premier morceau est un air en deux strophes, dont chacune
est faite de deux sujets distincts. La seconde strophe est un peu variée,
mais surtout dans ses cadences, qui sont plus nombreuses et plus étendues. La voix fait souvent de grands sauts, où excellait probablement
le castrat Rauzzini, car on en retrouve de pareils dans les airs de *Lucio
Silla.* Mais, comme pour *Lucio Silla,* l'intérêt principal du morceau est
dans l'accompagnement, qui est tout rempli d'effets expressifs, et où le
rôle des hautbois, notamment, a souvent une importance prépondérante.
Rien de religieux d'ailleurs dans cet air, dont, aussi bien, les paroles
s'accommodaient assez de ce traitement tout profane. L'*andante* qui suit
est une *cavatine* d'un caractère plus recueilli, avec deux strophes dont
la seconde est un peu variée. Ici encore, l'intérêt principal est dans
l'accompagnement, où l'alto dessine le chant sous un joli travail des
violons. Mais ce que cet air nous offre de plus curieux, c'est que, étant
lui-même dans le ton de *la* après le ton de *fa* du premier air, il est
directement relié au finale, et revient au ton de *fa* par une série de
modulations de l'orchestre qui rappellent beaucoup la façon dont
Mozart, dans ses petites symphonies de la période suivante, va réunir
entre eux les divers morceaux. Quant à l'*Alleluia* final, la voix se borne
absolument à y doubler, de temps à autre, le chant des violons, sauf
dans deux petites cadences qu'elle chante à découvert.

Ajoutons que les indications de nuances, pour être moins constantes
que dans les œuvres instrumentales de la même période, n'en sont pas
moins plus nombreuses que dans la plupart des autres compositions
religieuses de Mozart.

157. — *Milan, entre octobre* 1772 *et mars* 1773.

Symphonie en ut, pour deux violons, alto, deux hautbois, deux
cors, basse, trompettes et timbales.

K. 96.
Ms. perdu.

Allegro. — *Andante* (en *ut mineur*). — *Menuetto et trio* (en *fa*). — *Allegro molto.*

Aucun document ne nous indique, de près ni de loin, la date de la
composition de cette symphonie, qui, d'ailleurs, avec son caractère
d'ouverture romantique, apparaît comme une exception singulière dans
toute l'œuvre orchestrale du jeune Mozart. Mais, en dehors même des
arguments que nous fournit son style, et que nous allons exposer tout
à l'heure, il suffit de jeter un coup d'œil sur la partition de l'*andante* et
du menuet pour être frappé de l'extrême profusion des nuances, —
p et *f*, *fp*, *cresc.*, etc., — arrivant presque sous chaque note, tout à fait
comme dans les quatuors et les sonates de cette période italienne que
nous allons étudier. Cette manière de noter les nuances constitue, chez
Mozart, un phénomène unique et infiniment passager : dès la rentrée à
Salzbourg, nous verrons le jeune homme se relâcher de cette pratique,
évidemment imitée d'un modèle italien, ne l'employer que par à-coups,
et bientôt revenir à sa sobriété de nuances coutumière. C'est donc à
Milan, sans aucun doute possible, qu'il a écrit sa symphonie n° 157 :
mais à quel moment de cette période de près de six mois ? Voici, sur
ce point, l'hypothèse qui nous paraît la plus probable :

La première impression que l'on éprouve, en abordant cette symphonie, est que l'on se trouve ici en présence d'une ouverture dramatique.
Non seulement les deux *allegros* et l'*andante* sont très courts, et d'un
style manifestement très rapide et serré : mais l'expression des deux
premiers morceaux, à la fois solennelle, sombre, et pathétique, éveille
aussitôt l'idée d'un drame, et précisément dans le genre de *Lucio Silla*.

En outre, la ressemblance de ce style, comme tassé, avec celui du
quatuor n° 152, l'emploi du mot *allegro molto*, employé déjà pour les
deux *allegros* de l'ouverture de *Lucio Silla*, et remplacé ensuite, chez
Mozart, par les mots de *vivace* ou de *presto*, tout cela semble bien prouver que c'est dès le début de sa crise romantique, vers octobre ou

novembre 1772, que Mozart a écrit sa symphonie : tandis que, d'autre part, la présence d'un menuet nous empêche d'admettre que la destination finale de la symphonie ait été de servir d'ouverture pour un théâtre. Mais rien ne nous empêche, encore une fois, de supposer, au contraire, que Mozart en a d'abord destiné du moins les deux premiers morceaux pour servir d'ouverture à *Lucio Silla*, et puis que, ayant reconnu ou s'étant laissé dire qu'un style aussi sévère risquerait de choquer les auditeurs de son opéra, il ait composé pour celui-ci l'ouverture n° 153, et ait fait de son projet d'ouverture une symphonie pour l'un des concerts donnés chez M. de Mayr ou le comte Firmian. En tout cas, il n'y a peut-être pas d'œuvre de cette période qui nous révèle, pour ainsi dire, plus à nu la révolution produite, dès l'arrivée à Milan, dans les sentiments comme dans le langage musical du jeune maître. Tout, ici, est subordonné à l'expression pathétique, avec un goût nouveau de sentiments vigoureux et angoissés, remplaçant l'ample et joyeuse expansion héroïque de naguère. D'un bout à l'autre des deux premiers morceaux, on croirait avoir affaire à un Gluck, plus savant et plus imprégné de génie italien que l'auteur d'*Alceste*, mais non moins soucieux de borner son effort à la traduction approfondie d'émotions à la fois très intenses et très dramatiques. Le jeune Mozart aura-t-il eu l'occasion, à Milan, d'entendre ou de lire un des nouveaux opéras de Gluck ? Ou bien se sera-t-il inspiré plutôt de quelque autre de ces romantiques italiens qui, vers le même temps, essayaient avec moins de bruit et moins de succès une réforme théâtrale pareille à celle que nous fait voir l'œuvre du maître viennois ? Le fait est qu'une intention « gluckiste » se découvre nettement dans cet *allegro* tout tragique et ce court *andante* mineur traversé de plaintes et de sanglots, avec de sourds échos de marche funèbre.

Le premier morceau a un caractère d'ouverture dramatique si fortement accentué que Mozart reprendra le même rythme, presque vingt ans après, à la veille de sa mort, pour sa magnifique ouverture de la *Clémence de Titus*. Et non seulement cette ébauche de 1772 présente déjà le même aspect de gravité noble et solennelle qui dominera plus tard dans l'ouverture de *Titus*, mais déjà Mozart y fait emploi, tout au long du morceau, d'une figure caractéristique de trois triples croches montant vers des noires, qui, d'une façon analogue, animera toute l'ouverture de 1791. Ici, cependant, la trace de l'influence italienne est plus marquée : les phrases sont constamment répétées, les sujets, tous débutant par la même figure, s'opposent entre eux suivant le procédé traditionnel ; et le rôle des instruments à vent, pour être toujours appréciable, ne s'en réduit pas moins à colorer çà et là le travail des cordes. Quant à celles-ci, Mozart reste encore fidèle au système allemand, qui oppose les deux violons, marchant ensemble, au groupe formé par l'alto et la basse : ce qui ne l'empêche pas de donner souvent à la basse des *soli* d'une importance extrême, en lui confiant, par exemple, l'exposition de la grande ritournelle du second sujet. Le *développement* qui suit cette ritournelle (sans barres de reprise) reprend et travaille le second sujet, en une série de modulations rapides et frappantes où les violons dialoguent en imitations avec les basses, tout à fait comme dans le *développement* du morceau final ajouté à l'ouverture

du *Sogno di Scipione*. Puis, après une petite ritournelle, l'orchestre attaque, à l'unisson, comme il l'a fait au début, le rythme initial des triolets suivis par des noires; et cette reprise de l'entrée du morceau,
répétée trois fois dans des tons différents, amène enfin la *rentrée* régulière du premier sujet, mais qui tout de suite est modulé et varié, avec
un renforcement pathétique de l'expression, comme déjà dans le premier morceau de l'ouverture de *Lucio Silla*. Et ce n'est pas tout : après
une reprise abrégée du second sujet et de sa ritournelle, de nouveau
tout l'orchestre, en *coda*, expose à l'unisson le rythme solennel du début,
ce qui achève de donner au morceau une apparence de grandeur tragique absolument nouvelle chez Mozart. et d'autant plus remarquable
qu'elle s'allie avec une extrême simplicité des moyens employés. Pas
l'ombre d'un ornement, ni d'un épisode inutile : pas même d'expansion mélodique coupant le progrès du rythme : rien qui ne se subordonne à l'effet de l'ensemble.

De la même inspiration dérive l'*andante*, tout rythmique lui aussi,
avec ce ton d'*ut mineur* que Mozart n'a encore jamais revêtu d'une plus
profonde portée expressive. On peut bien, à l'analyse, distinguer trois
idées juxtaposées : mais ces idées sont à la fois si rapides et si parentes
l'une de l'autre que le morceau entier ne forme qu'un seul corps, une
sorte de marche funèbre rendue plus poignante encore par les répétitions des phrases, en contrepoint, aux hautbois et aux violons. Pénétré
comme il l'est du vieux génie italien, Mozart, ici, va jusqu'à oublier la
coupe habituelle de ses morceaux, en faveur de cette coupe classique
qu'il pratiquait autrefois : reprenant son premier sujet dans un ton voisin, après les deux barres, pour ne reprendre que la fin de la première
partie dans le ton principal. Et, presque sous chaque note, une indication de nuance ; et sans cesse d'étranges arrêts du rythme, pareils à
des sanglots : mais tout cela très court et concentré, avec une intensité
« parlante » que Mozart transportera dans ses autres œuvres de la même
période, sauf à en tempérer la nudité par un retour sans cesse plus
libre à son génie mélodique propre.

Aussi bien, ce génie mélodique reparaît-il déjà dans les deux menuets,
où Mozart, sous l'influence italienne, se rappelle les beaux menuets
tendres et chantants de ses débuts. Dans le premier menuet, tout semé
d'indications de nuances, avec un grand *crescendo* caractéristique
comme celui de l'ouverture de *Lucio Silla*, les deux violons, accompagnés par les altos et les basses, ne cessent point de chanter joyeuse-
ment, et c'est encore un chant des violons que nous fait voir le trio,
mais, ici, plus étrange et piquant, avec cette particularité que, dans
les deux parties du trio, ce chant débute par la même phrase, pour se
continuer chaque fois de façon différente, — procédé que nous allons
retrouver, exactement pareil, dans les beaux menuets chantants des
sonates de la même période. Ajoutons que, suivant la mode italienne,
les secondes parties des deux menuets sont beaucoup plus longues que
les premières, et disons enfin que, par exception, les instruments à
vent ne font guère que doubler le quatuor des cordes.

Le finale, il faut l'avouer, n'a ni la nouveauté ni la portée expressive
des morceaux précédents. Il est fait en morceau de sonate, mais avec
un grand nombre de petits sujets, comme dans plusieurs des sympho-

nies salzbourgeoises de 1772. Quelques-uns des rythmes, en outre, se ressentent clairement de souvenirs de Joseph Haydn, tandis que d'autres, avec leurs chants légers du premier violon, se rattachent de plus près aux habitudes nouvelles de Mozart durant sa dernière période italienne. Le *développement*, assez long, est fait sur le premier et le troisième sujet, et la reprise qui suit, d'abord très variée, ne tarde pas à répéter intégralement la première partie. Aucune trace, ici, des intentions pathétiques des premiers morceaux ; et le travail même de l'orchestre, où les vents ne font que doubler le quatuor, semble attester l'improvisation. Peut-être Mozart, en reconnaissant que les deux premiers morceaux qu'il avait écrits ne convenaient pas au public de l'opéra de Milan, se sera-t-il hâté d'y joindre un finale plus léger pour faire entendre son œuvre dans un des concerts susdits ?

Notons cependant que, ici encore, les indications de nuances sont nombreuses, et que nous y retrouvons même un grand *crescendo*, remplissant à lui seul tout le second sujet.

158. — *Milan, entre décembre* 1772 *et mars* 1773.

Quatuor en ut, pour deux violons, alto et violoncelle.

K. 157.
Ms. à Berlin.

Allegro. — *Andante* (*en ut mineur*). — *Presto.*

Le manuscrit de ce quatuor porte seulement le n° **3**, dans la série des six quatuors commencée naguère à Botzen, et dont nous savons, par une lettre susdite de Léopold Mozart, que le jeune homme en a poursuivi la composition pendant son dernier séjour à Milan. Mais nous pouvons affirmer, en outre (comme nous l'avons dit déjà plus haut), qu'un intervalle plus ou moins long doit avoir séparé la composition du second quatuor de la série (n° 152), où la nouvelle intention romantique se mêle encore de souvenirs allemands, de ce troisième quatuor où, déjà, se trouvent réunis et pleinement développés tous les traits distinctifs du style de Mozart pendant ce que l'on peut appeler sa grande crise romantique de 1773.

Le premier effet de cette crise, à en juger par la symphonie précédente et une ou deux des sonates que nous étudierons bientôt, semble avoir été de contenir et presque de gêner l'expansion naturelle de la verve mélodique du jeune Mozart. Au service de sentiments nouveaux, très intenses et très passionnés, celui-ci paraît s'être cru tenu, tout

d'abord, d'employer une forme concentrée et sévère, forcément un peu
rude dans sa puissance expressive. Mais peu à peu, à mesure qu'il s'accoutumait à ces sentiments nouveaux, le goût lui est venu de se mettre
à les « chanter », au lieu de se borner, en quelque sorte, à les « parler» : et nulle part, peut-être, cette alliance de l'inspiration romantique
et de la libre fantaisie chantante ne nous apparaît plus clairement que
dans ce merveilleux quatuor, le plus pur et le plus parfait de la série
entière.

Et nous dirions volontiers aussi : le plus « italien », celui où éclate au
plus haut point cette ivresse de lumière et de poésie latines qui est
également l'un des caractères particuliers de toute l'œuvre de Mozart
durant son dernier séjour milanais. De l'influence de Haydn, tout au
plus subsiste, par endroits, une faible trace dans l'instrumentation, et
notamment dans la manière de faire marcher ensemble les deux violons, opposés au groupe de l'alto et de la basse. L'emploi d'une *coda*
nouvelle, à la fin de l'*andante*, cependant, peut également être considéré
comme un souvenir du style pratiqué naguère à Salzbourg. Mais pour
tout le reste, pour l'invention des idées et leur traitement, il n'y a pas
une mesure de ce quatuor qui ne dérive en droite ligne du génie italien,
tel que nous le voyons se traduire dans les quatuors d'un Tartini, et tel
encore que nous le retrouvons dans les œuvres, plus légères et faciles,
d'un Sacchini ou d'un Sammartini. De nombreux petits sujets courts et
chantants, dont le second est le plus travaillé, un soin extrême apporté
au dessin mélodique des ritournelles, un contrepoint très libre et peu
poussé, consistant surtout en de rapides imitations d'une voix à l'autre ;
et tout cela merveilleusement jeune, à la fois, et si imprégné d'émotion
qu'il nous semble entendre l'écho d'un siècle entier de nobles traditions musicales. Mais, d'autre part, le choix continuel de modulations
mineures, et le rythme douloureux de l'*andante* succédant aux joyeuses
chansons du premier *allegro*, et le luxe singulier dans l'indication des
nuances, — toujours avec la même habitude d'accumuler ces nuances
sur tel ou tel passage d'un morceau, — cet autre ensemble d'éléments
nous rappelle que le jeune poète qui chante là devant nous se trouve à
un tournant de sa vie où son âme s'est ouverte aux influences romantiques environnantes. Incomparable mélange de gaieté et de larmes,
poème musical beaucoup moins vaste et profond, à coup sûr, que les
grands quatuors de la dernière période viennoise, mais peut-être plus
parfaitement révélateur de l'essence intime du génie de Mozart.

Dans le premier morceau, trois sujets se juxtaposent avec des caractères très distincts, et pourtant si apparentés dans leur expression que
nous nous apercevons à peine du passage de l'un à l'autre. Le premier,
simple et net, nous fait voir admirablement cette espèce de lumière dif-
fuse qui, désormais, pour Mozart, va souvent accompagner l'idée du ton
d'*ut majeur*. Exposé d'abord *piano*, ce sujet est repris *forte*, comme en
tutti, avec une rapide ritournelle chantante. Le second sujet, suivant
l'habitude italienne, débute et se poursuit en imitations entre le premier violon, le second et l'alto, tandis que, dans le troisième sujet,
c'est à la basse que Mozart réserve le rôle principal. Encore pourrait-on
dire que ce sujet, à son tour, est suivi d'un quatrième, très léger et
dansant, avec des oppositions de nuances presque à chaque note. Le

développement, ici, ramène d'abord ce quatrième sujet : après quoi Mozart
s'amuse à un jeu expressif sur les rythmes du sujet précédent, et ainsi,
peu à peu, se prépare la *rentrée,* où d'ailleurs le jeune homme s'est contenté de transcrire la première partie, avec ce seul détail curieux qu'il
a repris ici son second sujet en *sol minenr* après l'avoir exposé d'abord
en *sol majeur.* En quoi, du reste, il n'a fait encore qu'imiter les maîtres
italiens, qui, avec le grand nombre de leurs sujets, avaient coutume,
pour leurs *rentrées,* de reprendre le second sujet dans un ton nouveau,
à moins encore qu'ils préférassent le supprimer tout à fait, — et nous
avons vu déjà que ce procédé, lui aussi, leur a été souvent emprunté
par Mozart. Ajoutons que la manière dont est préparée la rentrée du
premier sujet, après le *développement,* comme d'ailleurs ce premier sujet
lui-même et l'allure de « mélodie infinie » du morceau entier, font un
peu songer au premier *allegro* du grand *quatuor en ut* de 1785.

Quant à l'*andante,* il faut noter d'abord son ton d'*ut mineur,* en se rappelant que le quatuor précédent avait déjà un *andante* mineur, que chacun des quatuors suivants aura pareillement l'un de ses trois morceaux en mineur, que l'*andante* de la symphonie en *ut* est, lui aussi, en
mineur, et que nous allons trouver une prédominance singulière de
tons mineurs dans les sonates de clavecin de la même période. Ce goût
soudain et imprévu de Mozart pour les tons mineurs est, peut-être, le
trait le plus frappant de son art, à ce moment très passager de sa vie.
Et non seulement le jeune homme emploie avec insistance ces tons
mineurs, aimés jadis des anciens maîtres, — en attendant de revenir en
faveur auprès des générations suivantes, — mais presque tout à fait
abandonnés par les contemporains immédiats : il faut voir encore avec
quelle évidente passion il s'efforce à tirer, desdites tonalités, tous les
effets de tristesse ou d'inquiétude pathétiques dont elles sont capables.
Toujours, dans les œuvres de cette période, c'est le morceau en mineur
qui nous apparaît comme le joyau préféré du poète, le morceau où il *a*
mis à la fois le plus de soin et le plus d'amour.

Ici, l'*andante* est dans le ton d'*ut mineur,* qui vient de servir déjà pour
l'*andante* de la symphonie ; et, au fait, ce morceau du quatuor rappelle
un peu cet *andante* de la symphonie, tout en ressemblant beaucoup
plus encore au bel air en *ut mineur* de *Giunia* dans *Lucio Silla.* C'est un
chant du premier violon, accompagné tour à tour par le second violon
et l'alto, un de ces chants rapides et mélodieux qui ressortent d'autant
plus vivement que, sans cesse, le violon s'arrête de chanter pour collaborer au travail harmonique du reste des voix. Comme dans l'*andante*
de la symphonie, on peut bien distinguer deux sujets, mais d'un rythme
et d'un sentiment si pareils qu'ils ne font qu'un pour l'auditeur ; et tout
à coup le chant s'arrête, et les trois voix supérieures ne font plus entendre que des accords isolés, comme des soupirs, sous l'accompagnement
du violoncelle. Puis c'est la ritournelle, réservée au second violon et à
l'alto, une ritournelle expressive qui semble marquer un retour d'espoir et de force ; et la même ritournelle se poursuit après les deux
barres, renforcée maintenant de l'appoint des autres voix, pour amener
un *développement* nouveau qui n'est qu'une suite du même chant de violon, aboutissant à un pathétique rappel du premier sujet soupiré par
le violoncelle. Dans la *rentrée,* ensuite, le second sujet est varié par de

petits changements qui en accentuent la signification angoissée; et le
morceau se termine par huit mesures de *coda* où le premier violon,
reprend, une dernière fois, sa plainte tragique, avec un accent désespéré.

Le finale est un *rondo*, avec de nombreuses petites idées juxtaposées
suivant l'habitude de Mozart à ce moment : mais au lieu de renouveler
sans cesse ses intermèdes, comme il a l'habitude de le faire, Mozart,
ici, revient un peu déjà au *rondeau* français, tel qu'il l'a connu naguère
à Paris et à Londres : car l'avant-dernière reprise du thème, après quelques mesures nouvelles, est suivie d'un rappel du premier intermède ;
et la dernière reprise elle-même, en guise de *coda* nouvelle, aboutit à
une exposition du rythme du thème produite en canon aux quatre instruments. A quoi il faut ajouter que, d'ailleurs, ici comme dans les
sonates que nous allons voir, ces distinctions de sujets n'empêchent pas
le morceau entier de se dérouler, d'un bout à l'autre, avec une unité
et une aisance merveilleuses. Jamais Mozart, jusqu'à sa grande période
de Vienne, ne retrouvera plus, dans le genre du *rondo*, l'admirable expansion mélodique de ses finales salzbourgeois et italiens de la période précédente et de celle-ci.

159. — *Milan, entre décembre* 1772 *et mars* 1773.

Quatuor en fa, pour deux violons, alto et violoncelle.

K. 158.
Ms. à Berlin.

Allegro. — *Andante un poco allegretto* (en la mineur). — *Tempo di menuetto.*

Ce quatuor doit avoir été écrit tout de suite après le précédent ; et il
nous suffirait de redire, à son sujet, tout ce que nous avons dit à propos
de celui-là. Même caractère profondément italien, même abondance des
idées chantantes, même recherche de l'expression pathétique, même
procédé singulier dans la notation des nuances, multipliant celles-ci en
certains endroits et les négligeant dans le reste des morceaux. Cependant, ce quatuor en *fa* se distingue du précédent par quelque chose de
plus court, et de plus marqué dans son rythme, qui nous fait mieux voir
encore à quel point Mozart, par delà les œuvres italiennes de son temps,
doit avoir subi l'influence d'œuvres plus anciennes, appartenant à la
vénérable école issue de Corelli. Le contrepoint, lui aussi, est plus fréquent dans ce quatuor, et toujours un contrepoint tout italien, léger et
chantant, tel que l'entendaient ces vieux maîtres. Au point de vue du
travail musical, certes, les quatuors ultérieurs de Mozart dépasseront

infiniment ceux de cette période : mais, redisons-le encore, jamais il
ne nous offriront plus la juvénile et ardente flamme amoureuse, l'inspiration purement latine, et cependant toute passionnée, d'œuvres comme
le quatuor précédent et ce quatuor en *fa*. Et que l'on ne s'étonne pas de
la chaleur de nos éloges pour les œuvres de cette période, dont personne
jusqu'ici ne paraît avoir pris la peine d'apprécier la beauté ! Bientôt,
hélas ! nous aurons à tempérer notre enthousiasme, dans l'étude des
œuvres du jeune Mozart, et à regretter amèrement que l'obligation de
suivre la mode « galante » du temps ait conduit le jeune maître à
oublier ses grandes sources d'inspiration des années passées.

Le premier morceau nous offre une coupe curieuse, où peut-être le
souvenir du style des Haydn n'est pas sans avoir sa part. Le morceau
débute par un sujet rythmique très court, une façon d'*intrada*, que suit
un grand second sujet dominé par un chant du premier violon : mais
ensuite, en guise de troisième sujet ou de ritournelle, voici qu'apparait
une idée nouvelle dont le fondement rythmique est le rythme même du
premier sujet ; et c'est encore un travail sur ce rythme qui remplit le
développement, après un court intermède nouveau. Ainsi le morceau
entier, en dehors de l'admirable chant de violon qui le traverse à deux
reprises, apparaît comme hanté de ce rythme caractérisque, qui lui
donne une étrange signification d'inquiétude fiévreuse, avec des moments d'espoir et d'autres de tristesse. Ajoutons que la *rentrée*, comme
dans le quatuor précédent et dans quelques-unes des sonates, se fait
sans aucun changement[1], mais que, de nouveau, elle aboutit à une
longue *coda*, qui n'est d'ailleurs qu'une simple reprise des premières
mesures.

L'*andante* qui suit est en *la mineur*, et il faut d'abord noter l'imprévu
de ce ton, succédant à celui de *fa majeur*. Ou plutôt, ce qui frappe, ici
encore, c'est l'insistance de Mozart à employer des tons mineurs : il en
a employé déjà dans les deux quatuors précédents de la série et de
même il fera encore dans le suivant. Cette fois, l'habitude lui ayant
suggéré le ton d'*ut majeur*, pour venir après celui de *fa*, tout de suite il
a préféré à ce majeur le ton mineur correspondant. C'est maintenant
chez lui une résolution arrêtée, que nous allons retrouver dans ses
sonates de la même période, et qui suffirait, à elle seule, pour distinguer
celle-ci parmi toutes les époques de la vie de Mozart.

L'*andante* débute par un premier sujet exposé en canon aux quatre
voix, mais d'ailleurs très court, et servant comme de prélude à un beau
chant de violon qui apparaît d'abord en *ut majeur*, pour ne prendre sa
pleine signification que dans la *rentrée*, en mineur ; et puis, comme
toujours dans ces quatuors italiens, il y a encore un troisième sujet,
celui-là contrepointé de même que le premier, et faisant fonction de

---

1. Ou plutôt nous devons signaler ici encore, comme dans le premier morceau du
quatuor précédent, l'emploi du procédé italien qui consiste, étant donnés les
nombreux sujets de la première partie, à reprendre ensuite l'un d'eux dans un
ton nouveau ; et rien n'est plus curieux que la manière dont Mozart, dans la rentrée de ce morceau, nous annonce brusquement par un *mi bémol*, —modifiant
tout à coup la ritournelle finale du premier sujet, — son passage au ton de *si
bémol* pour le sujet suivant.

ritournelle. Le *développement*, sur une idée nouvelle, aboutit lui aussi
à une transition en contrepoint, amenant une *entrée* légèrement variée
au début, mais ensuite transportée seulement dans le ton mineur principal. Mais que sont toutes ces analyses en présence de l'extraordinaire
beauté pathétique de ce morceau, où le génie de Mozart nous révèle,
pour la première fois, toute la puissance d'émotion passionnée dont il
est capable ? Et toujours, dans les idées comme dans la forme, dans cet
emploi incessant du noble et léger contrepoint italien, toujours une
atmosphère quelque peu archaïque, avec des échos de l'art des vieux
maîtres italiens de jadis. Observons encore que Mozart commence déjà,
ici, à être moins prodigue de nuances, ou en tout cas à les répartir plus
également à travers le morceau entier, comme nous verrons qu'il fera
dans ses sonates du même temps.

Le final est un *tempo di menuetto* à la façon des Italiens : c'est-à-dire une
juxtaposition de deux menuets, majeur et mineur, mais plus étendus que
les menuets ordinaires. Toujours à la manière italienne, les secondes
parties de ces menuets sont beaucoup plus longues que les premières,
toutes deux contenant une reprise allongée des idées de la partie précédente. Et, à tout instant, de petites figures chantantes, ou même de
grands chants de violon, qui, tout en achevant de donner à ce finale un
caractère profondément italien, font songer aux traditions du menuet
mélodique, telles qu'autrefois Schobert les a enseignées au petit Mozart.

160. — *Milan, entre novembre* 1772 *et mars* 1773.

Sonate en fa, pour clavecin, avec l'accompagnement d'un violon.

K. 55.

Ms. perdu.

Vivace. — Adagio (en ré mineur). — Tempo di menuetto.

Cette sonate ést la première d'une série de six, et, comme nous le
verrons tout à l'heure, il n'est pas impossible que, à la différence des
quatre suivantes, qui datent sûrement de la fin du dernier séjour à
Milan, celle-ci ait été composée plutôt vers le début de ce séjour, pendant les loisirs que laissait à Mozart l'achèvement de son *Lucio Silla*.
Mais il faut d'abord que nous disions quelques mots de la série entière
de ces six sonates, qui non seulement n'a jamais été étudiée au point
de vue de sa forme, et de la date probable de sa composition, mais sur
laquelle semble vraiment peser, depuis un siècle, une mauvaise chance,
qui l'empêche de prendre sa place parmi les œuvres les plus originales
de Mozart.

La série n'a été publiée qu'après la mort de Mozart, et sans aucune

indication de sa date. Lorsque Jahn, plus tard, a dressé la liste des
œuvres de Mozart, les autographes de ces six sonates avaient déjà disparu ; et nous pouvons être sûrs que Jahn ne s'est point donné la peine
de regarder lesdites sonates, — chose trop naturelle, si l'on songe à la
masse énorme d'œuvres inconnues qu'il avait à classer, — quand il a eu
l'étrange idée de les signaler comme écrites « aux environs de 1768 ».
A près lui, Köchel, suivant son habitude, a docilement enregistré et con-
tresigné la décision du grand biographe ; puis les éditeurs de la seconde
édition du livre de Köchel ont fait de même ; et ainsi cette attribution
des sonates à la première enfance de Mozart a constamment détourné
d'elles l'attention du public aussi bien que des musiciens. D'autre part,
les éditeurs de musique, toujours sur la foi de Jahn et de Köchel, ont
dédaigné d'accueillir ces sonates dans leurs éditions populaires de l'œuvre de Mozart, ou bien, lorsque l'un d'eux a consenti à les publier, ç'a été
pour les déprécier en les intitulant « sonatines », et en les entremêlant
aux petites sonates enfantines de Paris, de Londres et de La Haye. En
vain l'autographe de l'une des sonates, étant revenu au jour (pour disparaître de nouveau quelque temps après), a-t-il révélé à ceux qui l'ont
vu une écriture dont nous lisons dans Wurzbach qu'elle devait dater des
années comprises entre 1770 et 1780. Wurzbach lui-même n'a pas cru
pouvoir conclure de l'examen de cet autographe à la nécessité d'une
révision de l'arrêt porté jadis par Jahn, — qui, du reste, n'accorde pas
un seul mot d'appréciation à ces sonates, prouvant bien par là qu'il n'a
pas eu l'occasion de les étudier. Ajoutons que, depuis lors, la découverte du catalogue de Léopold Mozart, dressé à la fin de 1768, a achevé
de rendre impossible l'hypothèse de Jahn et de Köchel, puisqu'aucune
mention n'y est faite de ces sonates. Mais d'année en année, biographes
et critiques ont continué à mépriser des œuvres qu'ils prenaient pour
des essais d'enfant ; et le public n'a même pas été admis à approcher
une série de compositions les mieux faites du monde pour lui plaire
et pour l'émouvoir.

De telle sorte que nous nous trouvons, devant ces sonates, dans la même
situation que si l'on venait de les exhumer hier, sans le moindre document pour nous faire savoir leur date, à cela près que l'autographe
susdit nous apprend qu'elles ont dû être composées entre 1770 et 1780.
Les classements et jugements antérieurs des musicographes sont tout
à fait comme s'ils n'existaient pas, personne n'ayant pris la peine de lire
les sonates en question. Nous ne savons rien d'elles que ce que peut
nous enseigner leur style; et c'est donc sur lui seul que doit porter
notre enquête.

Or il y a un premier fait, d'ordre tout matériel, qui mérite d'être
signalé en premier lieu : c'est que sur les six sonates, quatre ont pour
finales des *rondos*, tandis que le mot de *rondo* n'est expressément écrit
que sur les trois derniers. Et c'est tout à fait de la même manière
que, dans la série des quatuors italiens de 1773, les premiers *rondos* ne
portent pas l'indication du mot *rondo*, tandis que le dernier, celui du
cinquième quatuor de la série, commence pour la première fois à porter ce mot. Quoi de plus naturel, pour nous qui connaissons maintenant
les habitudes de Mozart, que de voir là une première coïncidence entre
les quatuors et les sonates, et d'en déduire la possibilité de dates de com-

position voisines, pour les deux séries ? D'une part comme de l'autre,
voici que le jeune homme arrive au moment de sa vie où il va inscrire
le mot *rondo* sur quelques-uns de ses finales, tandis que l'on chercherait
vainement ce mot sur les nombreux *rondos* des années précédentes[1];
et c'est précisément à partir de la fin de cette période que ce mot va
reparaître presque toutes les fois qu'un finale aura la forme d'un *rondo*.
Comment ne pas supposer que, parmi la foule des auteurs italiens qui
terminaient leurs compositions instrumentales par des *rondos*, Mozart,
au moment où il menait de front l'achèvement d'une série de quatuors
et d'une série de sonates, ait trouvé quelque part le mot *rondo* expressément indiqué, et se soit empressé d'imiter cet exemple dans les quatuors comme dans les sonates qu'il a écrits aussitôt après ? Mais il va
sans dire que ce n'est là qu'un argument tout secondaire, comme le
sont aussi ceux que nous tirerons tout à l'heure d'autres détails analogues se trouvant à la fois dans les quatuors et dans les sonates : nombreuses indications des nuances, formules italiennes dans les titres des
mouvements, etc. C'est aux sonates elles-mêmes, à leur contenu musical,
que nous allons demander surtout de nous renseigner sur la date où
elles ont pris naissance.

Deux choses apparaissent avec une évidence absolue, dès le premier
coup d'œil jeté sur ces sonates ; deux choses qui nulle autre part, chez
Mozart, et pas même dans les quatuors italiens, ne se montrent à nous
avec un relief aussi saisissant : c'est, d'abord, le caractère profondément
italien de ces sonates, et c'est ensuite leur allure passionnément *romantique*.

Le caractère italien des sonates se montre, tout d'abord, dans leur
coupe et la disposition des morceaux. A l'exception de la première et
de la dernière, dont l'une doit avoir été écrite un peu avant les autres
et dont l'autre semble bien avoir été faite déjà après le départ de Milan,
toutes ont la forme traditionnelle de la vieille sonate italienne, telle que
la pratiquaient les Galuppi et les Martini, ou plutôt encore les Tartini
et les Hasse : elles commencent par un court *adagio* que suit tantôt
un *allegro*, et tantôt un double menuet, pour aboutir à un finale ayant,
à l'italienne, ou la forme d'un *rondo* ou celle d'un *tempo di minuetto*. C'est
là une coupe à laquelle, sous l'influence d'Emmanuel Bach, les maîtres
allemands avaient depuis longtemps renoncé ; et l'Italie même était en
train de l'abandonner, mais après l'avoir fait servir à une foule d'œuvres
intéressantes. Et ce n'est pas tout. Non seulement Mozart emprunte
aux vieux maîtres italiens cette coupe de la sonate : il est si manifestement préoccupé de modèles anciens qu'il va même, très souvent, jusqu'à maintenir tous les morceaux d'une sonate dans le même ton, chose
presque sans exemple aussi bien chez lui que chez tous ses contemporains
allemands ou italiens. Dans la seconde sonate en *fa* (car la série contient
à présent deux sonates du même ton. ce qui tend encore à prouver que
la première des sonates n'a pas été composée d'affilée avec les autres), le

1. Mozart, à l'exemple de Chrétien Bach, avait déjà mis le mot *rondo* sur des
finales de sonates publiées à Londres et à La Haye : mais, depuis lors et jusqu'au quatuor en *si bémol* de 1773, il y avait *complètement* renoncé, tout en
recourant de plus en plus au genre du *rondo*.

grand *largo* initial, le menuet, son trio, et le *rondo* final, sont tous en *fa majeur;* dans la sonate en *mi mineur*, le prélude lent, le grand *allegro* du milieu et le *rondo* final, sont en *mi mineur;* dans la sonate en *mi bémol* l'un des deux menuets, seul, en *ut mineur*, rompt l'unité tonale, etc. Et cela encore n'est pas tout : le plus souvent, dans les morceaux qui comportent une rentrée, Mozart se laisse dominer par l'influence des vieux maîtres italiens jusqu'à abandonner momentanément le procédé moderne des *développements* avec *rentrées* pour revenir à l'ancien procédé de la rentrée variée dès après les deux barres, le procédé des Scarlatti et des Chrétien Bach ; ou bien encore, à la manière de Tartini, il semble reprendre son premier sujet dans le ton principal, mais pour faire succéder à la reprise de ses premières notes un travail musical tout différent de celui qui les suivait dans la première partie. A quelque point de vue que l'on examine la forme des sonates (sauf peut-être pour les grands *rondos*, très italiens aussi, mais infiniment « modernes » dans leur merveilleuse expansion mélodique), toujours on a la même impression d'un maître musicien déjà très savant et très mûr, mais qui, par un caprice d'artiste, s'ingénie à imiter les procédés et le style des maîtres italiens de la génération précédente. Et que si, maintenant, on néglige l'étude de la forme pour se livrer seulement à l'émotion musicale qui ressort de ces sonates, sans doute on est saisi, avant tout, comme nous allons le dire, de ce que cette émotion a de « romantique » : mais on est surpris, aussi, de ce que son romantisme a de foncièrement italien, avec un mélange de passion tragique et de vive lumière toute « latine », détachant le rythme et son expression en un singulier relief pathétique. Ou bien, lorsque les chants de joie succèdent aux plaintes, c'est encore sous le ciel italien que cette joie s'épanche : avec une pureté et une précision mélodique qui, à tout moment, évoquent le souvenir des chefs-d'œuvre de cet *opera buffa* dont nous savons que Mozart recherchait passionnément jusqu'aux plus médiocres représentations.

Et quant au romantisme de ces sonates, tout ce que nous en dirions serait impuissant à en définir aussi bien l'intensité que l'ardente et poignante originalité. Sur les six sonates, deux sont toutes en mineur ; et pas une des autres qui n'ait au moins un de ses morceaux dans un ton mineur. Dans les morceaux en majeur, la tendance à moduler en mineur apparaît sans cesse, sauf lorsque Mozart se livre, avec une liberté inconnue jusqu'alors, à son goût naturel de modulations chromatiques. De toutes parts, dans la mélodie comme dans l'harmonie, une atmosphère plus grave, souvent jusqu'au tragique, une alternance de courts sanglots, de larges plaintes désolées, et d'éclats d'une gaieté toute « romantique » elle aussi, dans la hâte enflammée de son expression.

Or il n'y a, dans toute la carrière de Mozart jusqu'à sa pleine maturité, qu'une seule période où son art réunisse précisément ces deux caractères d'inspiration italienne et de romantisme : et c'est précisément la période où, de la même façon, dans ses quatuors, il a d'abord omis, et puis a commencé d'écrire le mot *rondo* : c'est la période de son dernier séjour à Milan, inaugurée par les puissantes scènes pathétiques de *Lucio Silla*, et à qui nous devons ensuite la belle et originale série des quatuors italiens. Et d'ailleurs il suffit d'examiner simultanément ces quatuors, comme aussi l'étonnante symphonie en *ut* n° 157 et la série des

sonates dont nous nous occupons, pour sentir irrésistiblement que ce
sont là des œuvres nées d'une même disposition d'âme, qui d'ailleurs s'y
trouve traduite avec des différences résultant de la diversité des genres,
mais qui cependant a pris si pleinement possession du génie de Mozart
que nous retrouverons sans cesse, d'une série à l'autre, des idées et des
procédés presque identiques.

La présence de deux sonates dans le même ton de *fa*, d'autre part,
semble indiquer que Mozart n'a pas composé toute sa série d'un même
trait; et, en effet, nous verrons que le n° 160, et peut-être aussi le n° 161,
ont bien des chances d'avoir été écrits plusieurs mois avant les quatre
autres sonates. Mais il n'en reste pas moins probable que Mozart, en
composant les unes et les autres, a eu en vue la création d'un recueil
de six sonates, suivant l'usage italien du temps; et peut-être cette série
lui aura-t-elle été commandée par ce comte Lecci chez qui Léopold nous
apprend que son fils et lui comptaient s'arrêter durant leur voyage de
retour? En tout cas les sonates, malgré le peu d'importance de la partie
du violon, étaient évidemment destinées à être exécutées par deux personnes : car le violon est parfois seul chargé du chant. Au reste le vieux
Sammartini avait publié en 1766 un recueil de six sonates où la partie
de violon était traitée exactement comme elle le sera chez Mozart ; et
il n'est pas douteux que celui-ci, notamment pour sa première sonate
n° 160, se soit directement inspiré de ce recueil de son vieux maître et ami
de Milan. Plus tard, comme nous l'avons dit déjà, l'influence des grands
poètes et l'instrumentation italienne l'ont emporté, chez le jeune homme,
sur celle de ses contemporains immédiats ; et sans cesse aussi nous devinons que Mozart, ayant à s'occuper sérieusement du piano pour la
première fois depuis son enfance, s'est rappelé ces délicieuses sonates,
de Schobert dont il n'avait pu jadis qu'entrevoir la fraîche et vigoureuse
beauté. Schobert, Tartini, Sammartini, tous ces hommes ont contribué
à créer chez lui l'art que nous révèlent ses sonates milanaises ; et par-
dessous ce qui lui est venu d'eux, déjà nous trouvons à un haut degré,
dans chacune des sonates, un élément de beauté originale dont Mozart
n'est redevable qu'à son génie propre, avec un même accent de profonde passion qui ne nous réapparaîtra que beaucoup plus tard dans son
œuvre. A quiconque voudrait se faire une idée de la première manifestation complète du génie poétique du maître, nous recommanderions
l'étude de ce recueil de sonates, sottement dédaigné depuis cinquante
ans parce qu'il a plu au biographe attitré de Mozart de les classer, tout
à fait au hasard, parmi les maladroits essais de son enfance.

Quant à la sonate n° 160, nous avons dit déjà que, seule avec la dernière, n° 172, elle commençait par un *allegro* et avait, en somme, la coupe
régulière. Pour ce motif, et aussi en raison du caractère plus simple et
moins approfondi de son style, nous sommes portés à supposer qu'elle
aura été écrite durant les premiers temps du séjour à Milan, dans un des
jours de répit que laissait à Mozart la mise au point de son opéra. Le
morceau principal de la sonate, le grand *adagio* pathétique en *ré mineur*,
atteste d'ailleurs l'influence immédiate de l'opéra italien, et relève d'une
inspiration toute pareille à celle de certains récitatifs accompagnés
de *Lucio Silla*. Mais déjà cet *adagio* nous offre un échantillon caractéristique du romantisme qui se manifestera à nous dans les œuvres

suivantes. Et la sonate tout entière est déjà absolument pénétrée de l'esprit italien. Son premier morceau et le *tempo di menuetto* qui lui sert de finale peuvent même, ainsi que nous l'avons indiqué tout à l'heure, se rattacher de très près aux sonates publiées en 1766 par Sammartini ; on trouve notamment, dans le recueil de ce maître, une sonate en *fa* dont le premier *allegro* et le *minuetto* final doivent sans doute avoir servi de modèles pour ceux de Mozart. Dans le premier morceau, Sammartini et Mozart nous font voir une juxtaposition de trois ou quatre idées non élaborées, avec un petit *développement* sur quelques-unes d'entre elles et une rentrée à peine un peu variée. Dans le finale, le *tempo di menuetto* de l'un comme le *menuetto* de l'autre ne sont rien que deux longs menuets accouplés, majeur et mineur, avec reprise complète du premier après le second. Il n'y a pas jusqu'aux rythmes du premier sujet de l'*allegro* qui ne se ressemblent, de part et d'autre ; et les deux maîtres ont aussi une façon commune de traiter la partie du violon, lui confiant çà et là de petites imitations ou bien, le plus souvent, réduisant son rôle à esquisser de légères figures ornementales. Mais il y a plus encore : non seulement Mozart, dans cette sonate et dans les suivantes, rappelle Sammartini par son soin anormal à indiquer les nuances du jeu, — ainsi que nous avons vu qu'il faisait dans toutes ses autres compositions du même temps ; parfois aussi, dans cette sonate et les suivantes, il emploie l'expression *dolce assai*, qu'il n'emploiera jamais plus désormais, et dont nous avons rencontré de fréquents exemples dans les œuvres de Sammartini.

Mais d'abord le jeune Mozart, à ce moment de sa vie, est agité d'émotions romantiques que n'a jamais connues l'aimable rêverie de son vieux maître milanais ; de telle façon que, entre l'*allegro* et le menuet qu'il imite de ce dernier, le jeune homme introduit le pathétique *lamento* en *ré mineur ;* et dans cet *allegro* et ce menuet même, sa passion transparaît souvent avec une force singulière, tantôt prenant occasion d'une idée précédente (dans le *développement* de l'*allegro*) pour se livrer à un admirable élan de pathétique, avec des modulations expressives d'une intensité saisissante, et tantôt, dans le finale, opposant à la grâce délicate du premier menuet un second menuet mineur d'un rythme douloureux, encore accentué par les constantes imitations du violon.

Sans compter que, dès ce moment, Mozart doit avoir fait connaissance avec des maîtres italiens de la génération précédente, qui ont stimulé chez lui son goût naturel d'harmonieuse unité dans la pensée comme dans la forme. C'est sous leur influence que, dans le premier morceau, au contraire de Sammartini, il emploie la coupe ancienne qui consiste à ne pas reprendre le début du premier sujet. Et tel est, dès maintenant, son besoin d'unir entre eux les morceaux d'une même œuvre que nous le voyons, ici, introduire dans ses trois morceaux des passages pour mains croisées presque pareils d'un morceau à l'autre, et finir son *allegro* et son menuet par de chantantes *codas* d'un rythme apparenté.

Nous n'analyserons pas, après cela, le détail de ces trois morceaux : bornons-nous à signaler encore, dans l'*allegro* comme dans le finale, l'usage déjà très savant et très libre de ce contrepoint italien qui dérive de l'ancien *écho*, et enroule ses imitations autour de la ligne d'un

chant. Comme nous l'avons dit, tout l'intérêt véritable de cette première
sonate se concentre dans l'*adagio*, l'un des plus émouvants chefs-d'œuvre de toute la partie romantique de l'œuvre de Mozart. Impossible de
distinguer ici des sujets, ni un *développement* régulier : tout le morceau
consiste en deux strophes d'un *arioso* pathétique, toutes deux débutant
de la même façon, mais pour revêtir, aussitôt après, des nuances très
diverses d'expression angoissée ; et, entre les deux strophes, une façon
de ritournelle non moins pathétique, toute pleine de chromatismes sous
l'intensité de son rythme obstinément répété. A la manière des récitatifs
accompagnés de *Lucio Silla*, le chant est ici plutôt déclamé que chanté :
quelque chose comme une alternance de gémissements et de soupirs
résignés, tandis que les imitations du violon semblent raviver, çà et là,
le désespoir qui s'exhale devant nous. Et tout cela avec une simplicité
allant presque, parfois, jusqu'à la rudesse, tout cela très court et très
saccadé, ne ressemblant à rien d'autre, dans l'œuvre de Mozart, si ce
n'est à l'*andante* en *ut mineur* de la symphonie n° 157. Nous sentons à la
fois l'influence directe de l'opéra italien et celle des vieux maîtres, d'un
Veracini ou d'un Tartini. Bientôt, dans les sonates et les quatuors qui
vont suivre, l'influence de l'opéra tendra à s'effacer : mais d'autant plus
nettement, au contraire, se découvrira à nous celle des vieux maîtres
susdits, et de tout l'immortel génie artistique de la race italienne.

161. — *Milan, entre novembre 1772 et mars 1773.*

Sonate en ut mineur, pour le clavecin, avec l'accompagnement
d'un violon.

K. 59.
Ms. perdu.

Andante. — *Menuetto (en mi bémol) et trio (en ut mineur).* — *Allegro.*

Le traitement du finale de cette sonate en « morceau de sonate », à la
manière allemande, et sa brièveté relative en comparaison des suivantes,
semblent bien indiquer qu'elle a été composée avant elles, et peut-être
même, comme la précédente, durant les loisirs de la mise au point de
Lucio Silla : mais nous y trouvons déjà, presque entièrement, la coupe
que Mozart va donner à ses grandes sonates milanaises. Coupe, avant
tout, profondément italienne, et sans aucun rapport avec celle de la
sonate allemande, telle que nous l'avons vue pratiquée par Mozart dans
sa sonate à quatre mains de 1772 : mais aussi coupe archaïque, abandonnée dès ce moment par les compositeurs italiens eux-mêmes, après
avoir servi aux maîtres glorieux de la génération précédente. C'est

proprement la coupe d'une *suite*, plutôt que d'une véritable sonate : avec un grand prélude d'un mouvement lent, et, derrière lui, une petite série de danses ou autres morceaux d'agrément. Chez Mozart, comme d'ailleurs chez bon nombre de ses aînés italiens, ces morceaux qui suivent l'introduction lente sont : un double menuet et puis, — sauf dans la présente sonate, — un *rondo*. Et l'imitation des maîtres anciens va même souvent, chez le jeune homme, jusqu'au maintien de tous ces morceaux dans le même ton : ici, dans cette sonate écrite avant les autres, le premier menuet est encore en *mi bémol ;* mais déjà les trois autres morceaux de la sonate sont en *ut mineur.* Enfin il faut que nous notions ce ton même d'*ut mineur*, avec l'intention romantique que les tons mineurs comportent toujours chez Mozart. Déjà, dans la première sonate, il avait employé le mineur pour l'*adagio* et le second menuet; et nous verrons que bientôt il écrira une autre sonate où, cette fois, tous les morceaux seront en *mi mineur.* Mais, au reste, il suffit de jeter un coup d'œil sur la présente sonate n° 161, pour voir à quel point une passion romantique toute « moderne » s'y traduit à nous sous cette forme empruntée aux vieux maîtres classiques : sans compter que la multitude des indications de nuances achève d'apparenter cette sonate et les suivantes aux autres œuvres de la première grande période pathétique de la vie de Mozart.

Le premier morceau est, comme nous l'avons dit, un long prélude à la façon des vieux maîtres. Dès à présent, Mozart donne à ce genre de morceaux l'aspect qu'il lui gardera jusqu'au bout : il en fait comme des *ariosos* d'*opera seria* en deux strophes, avec un petit *développement* entre ces strophes ; et, toujours comme dans les airs d'opéra, les deux strophes débutent de la même façon, mais pour être aussitôt très variées, comme deux couplets différents qui commenceraient par les mêmes mots. Impossible de distinguer proprement des sujets, dans ces strophes : mais toujours au moins deux idées mélodiques étroitement parentes, et suivies encore d'une longue ritournelle, mélodique et expressive. Ici, en outre, suivant la coutume des vieux Italiens, le rythme mineur du début est bientôt repris en majeur, pour ne plus apparaître qu'en mineur dans la seconde strophe. Ajoutons que, dans la ritournelle de la première strophe, et aussi dans celle du *développement* qui la suit, Mozart déploie curieusement sa virtuosité de pianiste, — en même temps que les traits qu'il confie au piano, avec l'extension de leur rythme et la force expressive de leurs modulations, nous rappellent l'exaltation romantique dont il est possédé. Quant au violon, il continue à être traité comme dans les sonates de Sammartini, avec de nombreuses imitations en écho, sans que d'ailleurs, ici, sa présence soit jamais indispensable.

Les deux menuets qui suivent sont également tout italiens dans leur forme, avec la longueur disproportionnée des secondes parties, et la fréquente répétition d'un même rythme initial. Mais ici nous voyons clairement que, pour le contenu musical des menuets, Mozart s'est souvenu de son ancien maître Schobert, qui jadis lui avait appris à faire « chanter » le menuet, lui donnant presque le rôle d'un *andante* mélodique, dans l'ensemble d'une sonate. Le fait est qu'on ne peut imaginer plus douce et légère chanson que le premier de ces deux menuets, où la même idée reparaît sans cesse, toujours revêtue de gracieux ornements nouveaux ; tandis que le rythme et la mélodie du second menuet, où pareillement une même idée se répète sans cesse, nous offrent une richesse et une intensité pathétiques de modulations que renforce encore le libre contrepoint du violon,

Le finale, comme nous l'avons dit, garde, par exception, la forme allemande du morceau de sonate : mais Mozart, ici comme dans la sonate précédente, est si préoccupé de l'étude des vieux maîtres qu'il leur emprunte l'ancien procédé de la *rentrée* du premier sujet après les deux barres, tandis que, seule, la seconde moitié de ce sujet est reprise ensuite dans le ton principal. Au surplus, il serait inexact de parler de « sujets » dans tout ce morceau, où, comme dans les quatuors italiens de la même période, plusieurs petites idées s'enchaînent et se suivent sans que l'on puisse les isoler l'une de l'autre. Le violon, ici, n'a de nouveau qu'un rôle tout facultatif, malgré la vive saveur de ses imitations.

Nous avons signalé, dans la sonate précédente, une tendance à établir un lien entre les divers morceaux. La même tendance apparaît ici, comme dans toutes les sonates de la série : mais Mozart est désormais si sûr de son génie expressif qu'il n'a plus besoin de recourir à des procédés extérieurs (rappels de rythmes, croisements de mains dans tous les morceaux, etc.) pour donner à l'ensemble de ses sonates une profonde unité de sentiment et de vie. Que l'on compare, ici, l'*andante* du début, le trio du menuet, et le finale : on aura l'impression d'entendre comme autant de stances d'un même poème de tristesse étrangement inquiète et frémissante, avec une intensité de signification qu'accentue encore la légère et chantante gaieté du petit intermède formé par le menuet majeur. Et quant aux nuances dont nous avons dit déjà la notation presque incessante, nous devons encore signaler, parmi elles, un curieux *crescendo* allant du *pp* au *f*, comme dans l'ouverture de *Lucio Silla* et dans la symphonie en *ut* n° 157.

162. — *Milan, entre janvier et mars* 1773.

Sonate en fa, pour le clavecin, avec l'accompagnement d'un violon.

K. 57.
Ms. perdu.

Largo. — Menuetto et trio. — Allegro.

Désormais Mozart est en pleine possession de la forme définitive de la sonate italienne, telle que nous l'avons vu occupé à se la constituer dans les deux sonates précédentes. Plongé dans l'étude des vieux maîtres italiens, il est maintenant devenu, lui-même, un maître pareil à eux ; et la comparaison de la présente sonate, comme des deux suivantes, avec celles d'un Veracini ou d'un Nardini nous révélerait une similitude extraordinaire dans la coupe, l'allure, et les procédés même, tandis que, d'autre part, l'esprit qui anime cette forme est infiniment nouveau et original, avec une surabondance merveilleuse de flamme poétique. Déjà le ton de *fa*, choisi pour la sonate, suffit à nous prouver que celle-ci doit avoir été écrite à quelque temps de distance de l'autre sonate dans le même ton (n° 160) : mais à défaut de cette preuve matérielle, le progrès du contenu musical nous permettrait, à lui seul, d'attribuer au n° 162 une date de composition plus récente qu'aux n°ˢ 160 et 161, comme aussi de fixer cette date vers janvier ou février 1773, c'est-à-dire au moment où nous savons que Mozart a composé les plus romantiques et les plus italiens de ses quatuors milanais.

Mais pendant que, dans ces quatuors, il suit l'exemple de maîtres de son temps, ses sonates s'inspirent directement d'œuvres plus anciennes; et il faut observer tout d'abord que, ici comme dans la sonate suivante en *mi mineur*, le jeune homme pousse cette préoccupation du style ancien jusqu'à l'emploi d'une manière de faire qui, en Italie comme en Allemagne, était devenue presque absolument hors d'usage chez les musiciens de son temps. A la façon des Nardini et des Veracini que nous citions tout à l'heure, pour ne pas dire des Corelli et des Haendel, il écrit dans le même ton les quatre morceaux de sa sonate. Le *largo* du début, les deux menuets, le *rondo* final, tout cela reste dans le ton de *fa majeur ;* et cette unité de ton est si évidemment adoptée pour la production d'un effet musical particulier que, au cours des morceaux, la série des modulations ne cesse point de ramener ce même ton de *fa*, qui projette sur la sonate entière le rayonnement de sa simple, précise, et robuste clarté[1].

Ajoutons que, parallèlement au progrès que nous |avons signalé déjà dans la conception musicale de cette sonate, l'exécution, de son côté, atteste une maîtrise technique bien supérieure à celle des œuvres précédentes de Mozart pour le clavecin. Celui-ci y est traité avec un art merveilleusement libre et varié, se prodiguant en passages d'une expression toujours très poussée, et d'un caractère parfaitement adapté aux ressources propres de l'instrument. Le violon, lui, acquiert de plus en plus d'indépendance originale, et parfois déjà, comme dans l'intermède

1. Il se pourrait cependant que cet emploi du même ton pour tous les morceaux d'une même œuvre eût été suggéré à Mozart par l'étude de ces quatuors d'orchestre, ou de chambre, de Gassmann dont nous avons dit déjà que des parties manuscrites se trouvent aujourd'hui encore gardées à la Bibliothèque du Conservatoire de Milan. De même que le jeune Mozart, son compatriote Gassmann, dans toutes ses exquises compositions italiennes, maintient obstinément le même ton pour tous les morceaux. Aussi bien regrettons-nous de n'avoir pas pu insister, en étudiant les quatuors milanais de Mozart, sur l'étroite parenté du langage de ces quatuors, à la fois très allemands et très italiens, avec celui de la nombreuse série des quatuors de Gassmann, tels que nous les font connaître, par exemple, plusieurs copies anciennes appartenant à notre Bibliothèque du Conservatoire. Seule, l'inspiration romantique du jeune Mozart n'a point d'équivalent dans les charmantes mélodies, doucement tendres et poétiques, du maître viennois.

mineur du *rondo*, se charge, à lui seul, du chant. Inutile de dire que d'ailleurs, ici encore, Mozart multiplie les indications de nuances ; et de nouveau, notamment, nous le voyons faire emploi du mot *dolce assai*, familier à son maître milanais Sammartini.

Le premier morceau, comme dans la sonate précédente et dans les suivantes, est un grand *arioso* en deux strophes, séparées par quelques mesures de *développement*, ou plutôt de ritournelle, où un sujet nouveau apparaît, exposé d'abord par le violon. Comme dans le numéro n° 161, les deux strophes commencent dans le même ton, et sur le même rythme : mais après ce début pareil, la suite devient tout autre jusqu'à la fin. Ce *largo* initial, dont le style très italien se rattache directement à celui de l'opéra, est rempli de modulations chromatiques qui lui donnent à la fois une expression grandiose et passionnée.

Le menuet proprement dit, très chantant, et toujours pénétré du souvenir de Schobert, consiste lui aussi en deux couplets débutant par le même rythme pour prendre ensuite une ligne mélodique différente. Le second de ces couplets à la manière italienne, est plus long, sans contenir de reprise du premier ; et après ce petit chant, le trio ou second menuet nous en offre un autre d'une signification toute pareille, mais agrémenté, au début et à la fin, d'une longue figure d'accompagnement du violon. Enfin, ainsi que nous l'avons dit déjà, menuet et trio sont tous deux dans le même ton de *fa*, tout comme les deux morceaux dont ils sont précédés et suivis.

Mais le morceau le plus étendu, et pour nous le plus curieux, de cette sonate est le finale, dont la coupe, au reste, est tout à fait la même que celle des finales des sonates suivantes, au-dessus desquels Mozart va déjà expressément écrire le mot *rondo*. Ici, ce mot est encore absent, tout à fait comme il manque dans le finale de l'un des quatuors du même temps, tandis qu'il apparaît déjà dans celui d'un autre quatuor suivant. En réalité, Mozart, lorsque la vue d'un modèle italien quelconque lui a inspiré l'idée d'écrire, désormais, le mot *rondo*, n'a emprunté à ce modèle que cette seule habitude tout extérieure : car, pour ce qui est de la forme de ses *rondos* de cette période, aussi bien dans les sonates que les quatuors, il y avait déjà deux ans que cette forme lui était familière, prise par lui dans les finales italiens de Sammartini ou de Boccherini. Depuis deux ans il avait adopté avec passion cette coupe spéciale du *rondo*, étrangement conforme à son propre génie comme au goût musical italien, et consistant dans un emploi continu d'idées mélodiques nouvelles, déroulées autour d'un petit refrain invariable. Dans certains finales de ses symphonies de 1772, en particulier, ce genre charmant lui avait fourni l'occasion de délicieux poèmes où une demi-douzaine de sujets infiniment divers se succédaient, jusqu'au bout du morceau, séparés par de courtes reprises du thème initial. Mais jamais encore, même dans ses symphonies, ce genre qu'il allait bientôt abandonner n'avait provoqué chez lui des élans d'invention mélodique comme ceux que nous montrent ces finales des sonates milanaises. Non seulement, ici, les idées nous offrent une beauté chantante, une extension et une profondeur pathétique incomparables, avec l'exubérance fiévreuse de leur joie et les accents douloureux dont elle est coupée : le jeune homme est à présent si habile à cet art du *rondo* qu'il réussit à unir entre eux tous les intermèdes successifs, en même temps qu'il les relie au refrain du *rondo* par toutes sortes de petits rappels de rythmes, ou bien par des figures semblables dans l'accompagnement, à tel point que nous n'avons plus l'impression d'entendre une série d'intermèdes défilant tour à tour devant nous, mais plutôt un grand chant unique se déroulant avec une richesse étonnante de variations et de nuances. Et lorsque, bientôt, Mozart renoncera à cette coupe italienne du *rondo* pour revenir à la coupe, plus régulière, que lui a jadis enseignée Chrétien Bach, c'est dans ses grands finales en morceaux de sonate qu'il transportera cette abondance d'idées mélodiques, comme aussi cet art mystérieux de les relier entre elles : juxtaposant parfois jusqu'à cinq ou six sujets, avant les deux barres, pour les reprendre ensuite dans un autre ordre, et plus ou moins variés.

Dans ce n° 162, la série des intermèdes nouveaux se poursuit, jusqu'au bout, avec des modulations d'une fantaisie admirable, que domine un mélange incessant de tons mineurs avec des retours du ton principal de *fa*. Le violon, d'abord, se borne à dessiner, au-dessus du chant, de légères imitations en écho, mais ensuite, comme nous l'avons dit, — dans un grand intermède en *fa mineur*, — c'est lui seul qui se charge du chant, avec une intensité pathétique et une pureté de mélodie qui font prévoir déjà les plus beaux chants de violon de la maturité de Mozart [1].

Et le morceau se termine par une longue *coda*, où le thème du *rondo* se transforme en un dernier intermède, étant élargi, modulé, varié, et nuancé de toute manière.

163. — *Milan, février* 1773.

Quatuor en si bémol, pour deux violons, alto et violoncelle.

K. 159.
Ms. à Berlin.

Andante. — Allegro (en sol mineur). — Rondo : allegro grazioso.

Ce quatuor fait partie de la même série que les n°* 158 et 159, et doit avoir été composé fort peu de temps après eux : mais l'apparition soudaine du mot *rondo* en titre du finale, et l'apparition non moins imprévue

---

1. La manière dont le chant, dans cet intermède, se transporte tout d'un coup au violon, accompagné par les deux mains du piano, a dû d'ailleurs, elle aussi, avoir été suggérée à Mozart par le souvenir de certains trios mineurs des sonates de son ancien maître Schobert.

du même mot en titre du finale de la quatrième des sonates de la série composée durant la même période, nous prouvent que Mozart devait travailler simultanément à ces deux séries. Et comme il ne nous reste plus à voir qu'un très petit nombre d'œuvres datant de cette période, nous pouvons être assurés que c'est en février, durant le mois qui a précédé son départ de Milan, que Mozart a écrit aussi bien ce quatuor que les deux sonates que nous allons étudier ensuite.

Le double caractère italien et romantique, qui distingue toutes les œuvres de cette période, apparaît ici jusque dans la forme extérieure du quatuor. La façon de commencer le quatuor par un *andante*, en effet, est tout italienne, et se retrouve, notamment, dans maintes œuvres contemporaines de Sammartini, comme aussi elle constitue le procédé à peu près invariable de Gassmann dans la belle série de ses quatuors italiens. Et quant au romantisme de Mozart, celui-là nous est attesté à la fois par le ton de *sol mineur* choisi pour l'*allegro* et par l'emploi constant de tons mineurs pour les intermèdes du *rondo*. On se souvient, d'ailleurs, que dans tous les quatuors de la série, comme dans toutes les sonates, les morceaux en mineur sont d'une fréquence exceptionnelle.

Que si maintenant nous considérons le contenu musical du quatuor, nous verrons que Mozart, en l'écrivant, se trouvait tout entier sous l'influence exclusive de l'art et du génie italiens. De nombreux sujets escortés de longues ritournelles, presque pas de contrepoint, mais un souci constant de l'expression mélodique ; et, cette fois, l'influence italienne va jusqu'à remettre en usage, chez Mozart, cette prépondérance et cette rivalité du rôle des deux violons que, depuis longtemps déjà, la familiarité du style allemand lui avait fait abandonner. Sans cesse, de nouveau, comme chez Sammartini et Boccherini, le second violon se charge du chant, ou bien prend sur lui l'accompagnement principal du chant. Enfin nous devons noter que, ici comme dans toutes les œuvres de cette période, les indications de nuances se retrouvent encore en assez grand nombre, mais déjà avec une tendance à devenir moins constantes que dans la plupart des œuvres qui ont précédé.

L'*andante* du début est un chant, exposé d'abord par le second violon, qui, avec son allure peu nette et les nombreuses petites idées qui viennent s'y mêler, rappelle singulièrement la manière de Sammartini. Les répétitions de phrases y abondent, toujours comme chez les Italiens, et l'alto ne fait guère que doubler les autres instruments, sauf au début du chant, où il accompagne le second violon. Le *développement*, assez long, et tout fait sur les idées précédentes, offre la particularité curieuse d'être toujours traité en dialogue par le gronpe des deux violons s'opposant à celui de l'alto et du violoncelle. Enfin la rentrée complète de la première partie, d'abord un peu variée, se déroule ensuite sans aucun changement.

L'intérêt principal du quatuor réside dans le long *allegro* en *sol minenr* qui suit cet *andante*, et qui, en plus de son expression romantique propre, nous offre déjà un exemple parfait de la signification spéciale que Mozart attachera toujours au ton de *sol* mineur : une signification de tristesse inquiète et fiévreuse, se traduisant par des rythmes précipités et une extrême abondance de modulations pathétiques. Mais ici Mozart, à l'exemple des Italiens, donne à son morceau une coupe pareille à celle que nous avons dit déjà qu'il donnera plus tard à ses grands finales. Au lieu de se borner à deux sujets mélodiques dont les idées sont soigneusement variées et élaborées, ainsi que faisaient Joseph Haydn et les maîtres allemands, Mozart juxtapose une foule de petites idées différentes, mais reliées entre elles par un lien mystérieux de profonde parenté intime. On peut dire que six sujets de cette espèce se succèdent ici avant les deux barres, les uns chantés par le premier violon, d'autres traités en imitation par deux ou trois des instruments, d'autres encore exposés par l'alto et le violoncelle, sous l'accompagnement des violons ; et tous ces sujets, avec la diversité de leurs rythmes, ont une expression si semblable d'inquié tude passionnée qu'il nous faut un effort pour les distinguer. Après quoi le *développement* choisit, parmi eux, le plus original et le plus expressif pour se livrer sur lui à un petit travail tout plein de chromatismes, et qui en accentue encore l'expression douloureuse, nous préparant à les entendre, dans la rentrée, repris tous en mineur, avec maints petits changements toujours dictés par le souci de leur portée expressive. C'est là un morceau où se révèle déjà tout entier le génie poétique de Mozart, sous une forme encore très simple et toute empruntée à des modèles étrangers.

Quant au *rondo* final, — où nous avons signalé déjà le premier emploi du mot *rondo*, — il est conçu exactement comme dans les finales en *rondo* des sonates de clavecin du même temps, c'est-à-dire avec un grand nombre de petits intermèdes se renouvelant jusqu'au bout du morceau : mais il faut noter que les deux principaux intermèdes, ici, sont en mineur, et empreints d'une mélancolie tragique que rehausse encore leur contraste avec la brillante gaieté du thème du *rondo*. L'instrumentation reste toujours très simple, tout au plus avec de légères imitations à l'italienne.

164. — *Milan, février* 1773.

Sonate en mi mineur, pour le clavecin, avec l'accompagnement d'un violon.

K. 60
Ms. perdu.

Adagio. — Allegro con spirito. — Rondo : tempo di menuetto.

C'est Mozart lui-même qui a inscrit le mot *rondo* sur le finale de cette sonate, comme sur ceux de la sonate suivante et du quatuor que nous venons d'étudier : ce qui suffirait à prouver que le quatuor et les

sonates datent exactement de la période du séjour de Mozart à Milan,
où, pour la première fois, l'idée lui est venue d'employer ce terme. Au
reste, la coupe extérieure de la sonate présente est absolument la même
que celle du quatuor susdit, avec cette seule différence que, ici comme
dans la sonate précédente, tous les trois morceaux sont dans le même
ton.

Et tous ces trois morceaux sont dans le ton de *mi mineur*, employé
déjà par Mozart pour les deux *andantes* de son quatuor n° 152. D'un
bout à l'autre de la sonate, sauf pour certains intermèdes du *rondo*,
nous assisterons à un même déploiement d'angoisse haletante, traduite, d'un morceau à l'autre, en des rythmes et avec des modulations
si pareils que nous avons l'impression de n'entendre qu'une seule
grande plainte, et l'une des plus pathétiques qui jamais se soient
exhalées du cœur de Mozart. C'est à cette sonate que l'on doit s'adresser,
si l'on veut se rendre compte de l'intensité de la crise romantique subie
par le jeune maître à ce moment de sa vie. Déjà, dans toutes ses œuvres
précédentes depuis son opéra de *Lucio Silla*, dans sa symphonie, ses
quatuors, ses sonates, nous l'avons vu multipliant les morceaux en
mineur, et imprégnant tous ses chants d'une signification pathétique
absolument nouvelle chez lui ; et déjà même l'une des sonates de la présente série a été traitée dans le ton d'*ut mineur*. Mais cette disposition
romantique qui, jusqu'à présent, portait encore Mozart à entremêler
des élans de folle gaieté à ses gémissements, voici qu'elle le conduit
maintenant à concevoir une œuvre d'une unité singulière dans son
expression désolée, à tel point que les passages en tons majeurs eux-
mêmes y participent de l'émotion générale des sujets mineurs qui les
précèdent et les suivent. Et bien que, par sa coupe comme par son
exécution, la sonate entière trahisse manifestement une inspiration
italienne, — étant composée, par exemple, tout à fait de la même façon
qu'une sonate en *mi mineur* de Veracini, — c'est une passion tout
allemande qui se traduit à nous dans ces trois morceaux, annonçant
déjà les plaintes les plus désespérées d'un Beethoven ou d'un Schumann.

Ajoutons, pour ce qui est de la forme, que de plus en plus le traitement du piano redevient familier au jeune Mozart, et que le violon, de
son côté, ne cesse pour ainsi dire plus de répéter le chant en imitation,
ce qui, comme nous l'avons dit, donne encore à ce chant un relief
expressif plus marqué. En outre, toute la sonate est pleine de modulations imprévues et hardies, toujours justifiées, ou plutôt exigées, par
le souci dominant de l'expression pathétique.

Le premier morceau, accompagné par la main gauche, presque d'un
bout à l'autre, en un rythme continu de triolets sans cesse modulé, est
encore, comme les premiers morceaux des autres sonates milanaises de
la série, un *arioso* où se sent directement l'influence de l'opéra italien :
mais le chant est, ici, plus étendu et plus développé, avec une reprise
du premier sujet en majeur, suivant l'habitude des vieux maîtres d'Italie.
Cette reprise, d'ailleurs, tient lieu de *développement*, et aboutit, pour la
première fois chez Mozart, à une petite cadence notée : après quoi la
rentrée de la première partie se fait régulièrement, très variée, mais
non plus sous la forme d'une seconde strophe toute différente. Le violon,
à travers tout le morceau, reproduit en imitation le chant du piano ; et

celui-ci se poursuit sous une foule de nuances, avec une unité de rythme qui maintient obstinément la signification sombre et plaintive de sa ligne mélodique.

La même signification persiste dans l'*allegro* suivant, avec lequel l'*adagio* s'enchaîne, à la façon d'un prélude. Ici, c'est un accompagnement continu en doubles croches qui sert de fond au chant, mais s'interrompt, çà et là, pour céder la place à un échange, entre les deux mains, de courtes figures saccadées, pareilles à des soupirs douloureux. De nouveau, le premier sujet est repris en majeur, après son exposition mineure, et un véritable second sujet vient ensuite, présenté d'abord en majeur, mais afin de prendre sa valeur et son expression définitives dans son retour en mineur avant la fin de la seconde partie. Le *développement*, — sans barres de reprise, dans ce morceau comme dans les autres de la sonate, — est fait d'une étrange et saisissante transformation en *mi majeur* du premier sujet, suivie d'une admirable série de modulations expressives, et ramenant la *rentrée* par une petite ritournelle qui se retrouvera, presque semblable, dans le finale de la sonate. Le violon, ici encore, répète en imitation le chant du piano, et celui-ci est traité avec une vigueur et une richesse de moyens qui nous montre avec quelle rapidité Mozart se reprend à utiliser toutes les ressources d'un instrument longtemps négligé. Enfin il est curieux de noter que Beethoven, — qui paraît avoir tout particulièrement étudié cette série de sonates de Mozart, — s'est inspiré de quelques-uns des rythmes du présent *allegro* pour le célèbre finale pathétique de sa sonate du *Clair de lune* :

Quant au finale, il faut noter d'abord l'emploi que fait Mozart, pour l'intituler, des deux mots de *rondo* et de *tempo di menuetto*. Comme nous l'avons dit, le *rondo* et le *tempo di menuetto* étaient les deux formes presque invariables du finale dans la musique de chambre italienne du temps. Et c'est comme si Mozart, enivré de sa passion pour le *rondo*, et tout rempli avec cela de cette musique italienne qui l'entourait, avait voulu fondre ensemble ces deux formes, ou du moins les réunir dans un même hommage. En réalité, cependant, son finale n'est qu'un *rondo* tout pareil à ceux des autres sonates et des quatuors, mais avec, pour thème ou refrain, un rythme de menuet. Encore ne pense-t-on guère au menuet en présence de ce chant fiévreux et angoissé, qui apparaît vraiment comme une continuation directe, pour ne pas dire une variation des sujets principaux du prélude et du grand *allegro*. Et non seulement Mozart tâche ainsi à unir ses morceaux entre eux, mais il faut voir avec quel art il continue à unir l'un à l'autre les intermèdes de son *rondo*, au moyen de ritournelles de même genre, ou de petits rappels de rythmes caractéristiques. Parmi ces intermèdes, le second est en *ut majeur*, et arrive à ce ton par une série de modulations aussi émouvantes qu'inattendues. Le troisième intermède, en *mi majeur*, est empreint d'une gravité sereine dont l'accent résigné nous touche d'autant plus qu'il succède à des rythmes plus inquiets dans leur mélancolie ; et Mozart, après ce magnifique intermède, ne ramène en *coda* le rythme pathétique du thème qu'après l'avoir fait précéder d'une reprise de la partie mineure du second intermède, produisant là comme une lente transition expressive de cette émotion résignée au retour de l'angoisse sans espoir qui a rempli de sa plainte la sonate tout entière.

Telle est cette œuvre singulière et poignante, l'un des plus beaux poèmes de douleur qui soient jamais sortis de l'âme de Mozart. Et lorsque celui-ci, cinq ans après, à Paris, voudra de nouveau traduire des sentiments angoissés dans une sonate pour piano et violon, il n'aura qu'à retrouver, avec le ton de cette sonate en *mi mineur*, l'inspiration dont il l'a pénétrée, l'allure générale de son rythme, et jusqu'à certains passages de sa mélodie.

165. — *Milan, février* 1773.

Sonate pour le clavecin en mi bémol, avec l'accompagnement d'un violon.

K. 58.
Ms. perdu.

Adagio. — *Menuetto et trio (en ut mineur).* — *Rondo : allegro assai.*

Cette sonate ressemble si absolument à celle en *fa* par sa coupe et tous ses procédés, qu'elle doit sûrement avoir été composée dans le même temps. Mais, d'abord, l'emploi exprès du mot *rondo*, pour désigner le finale, prouve qu'elle a été écrite après la sonate en *fa*, et simultanément avec le quatuor en *si bémol*. Et puis il convient d'obsert ver que, tandis que dans la sonate en *fa* et dans celle en *mi mineur* tous les morceaux étaient dans un même ton, ici, déjà, le *trio* du menuet est en *ut mineur*, comme si Mozart commençait à se fatiguer d'une méthode empruntée par lui à ses chers vieux maitres, mais décidément trop monotone pour le goût de son temps.

De même que dans les trois sonates précédentes de la série, le premier morceau est une façon de prélude, un petit chant très solennel et rythmé, avec deux strophes différentes que sépare un *développement* expressif sur le même rythme. Ici encore, cet *adagio* nous offre une allure pathétique, renforcée par les modulations dont il est tout rempli.

Les deux menuets, toujours chantants à la manière de Schobert, continuent, comme dans les sonates précédentes, à présenter également, l'un et l'autre, la forme de deux strophes débutant sur un rythme pareil, mais n'ayant ensuite rien de commun entre elles : et Mozart, dans la seconde strophe du premier menuet, transporte à la main gauche le ehant qui, tout à l'heure, était confié à la main droite. La seconde partie de ce premier menuet est en outre, toujours d'après l'habitude italienne, beaucoup plus longue et plus importante que la première, sans cependant répéter celle-ci. Notons que Mozart, en inscrivant *moderato* au-dessus de ces menuets, nous montre encore par là, tout ensemble, qu'il se souvient de Schobert et qu'il entend donner à ses menuets presque la portée d'un *andante* dans la sonate allemande. Ajoutons que les deux menuets sont, eux aussi, tout semés d'indications de nuances, *dolce, dolce assai*, etc., et que le trio, avec ses modulations pathétiques et l'inquiétude maladive de son rythme, forme un contraste saisissant avec la pure et légère beauté du premier menuet.

Le *rondo* qui suit est fait exactement de la même manière que ceux des sonates précédentes, mais peut-être les dépasse-t-il tous en merveilleuse unité d'expression et de vie. Des chants toujours nouveaux se déroulent sur des rythmes toujours semblables, avec des imitations du violon qui sont comme des refrains d'oiseaux répondant à d'autres. Puis, tout à coup, vers la fin, le ton et l'expression du *rondo* changent brusquement. Le violon et la main droite du piano élèvent tour à tour un gémissement sourd, que suit un passage chromatique d'un sentiment douloureux, pour ramener encore, et plus longuement, la figure angoissée du début de l'intermède. Précédemment, déjà, le rythme joyeux du *rondo* avait été traversé soudain de petits épisodes en tons mineurs : mais à présent c'est comme si un orage imprévu était venu arrêter ce merveilleux élan. Après quoi, non moins brusquement, celui-ci recommence, pour se déployer désormais jusqu'à la fin du morceau, avec toute sorte d'allongements et d'ornementations du rythme infiniment heureux du refrain, pour finir, *pianissimo*, par une ritournelle tirée encore de ce même refrain, et répétant quatre fois ses premières notes.

Ainsi cette sonate, la dernière sans doute de celles que Mozart a conçues et écrites en Italie, nous laisse l'impression exquise d'un poème de joie claire et chantante, après le grand *lamento* qu'a été la sonate en *mi mineur*. Et, du reste, la série tout entière de ces sonates italiennes constitue, dans l'œuvre de Mozart, une fleur unique, à la fois étrange et merveilleuse, dont il ne nous arrivera plus de retrouver le parfum qu'à de rares instants des périodes qui vont suivre.

166. — *En Italie, février ou mars* 1773.

Adagio en mi mineur, pour quatuor à cordes, destiné à remplacer l'*adagio* dans le même ton du quatuor en sol n° 152.

K. 156.

Ms. à Berlin.

Comme nous l'avons dit plus d'une fois, la présence de deux versions d'un même morceau, chez Mozart, indique toujours une remise
au point ultérieure : et, donc, il n'est pas douteux que ce second
adagio du quatuor en *sol* ait été écrit quelque temps après le premier.
Mais un coup d'œil jeté sur sa partition suffit pour montrer qu'il appartient encore à la même période milanaise, avec cette différence qu'il
date du moment où la fièvre romantique de Mozart est parvenue, tout
ensemble, à son plus haut degré d'intensité et à la plus parfaite maîtrise de tous ses moyens d'expression. Le fait est que jamais peut-être
le romantisme de Mozart n'a rien produit de plus typique que ce poignant morceau, ni qui montre mieux à quel point Mozart, durant
cette période de sa vie, avait l'âme toute imprégnée du plus pur génie
italien. C'est un chant de violon, d'une signification pathétique toute
pareille à celle du premier *andante* qu'il remplace, mais d'une conception et d'une forme très différentes, avec un grand nombre d'idées distinctes et cependant apparentées, sans que l'on puisse proprement y
reconnaître des sujets séparés. Le *développement*, toujours à la manière
italienne, est nouveau, mais maintenu dans l'esprit du chant qui le
précède, et la *rentrée* dont il est suivi comporte une foule de menus
changements expressifs qui lui donnent presque la valeur d'une
seconde strophe, comme dans les *lento* servant d'introduction aux
sonates. Les deux violons jouent un rôle prépondérant, suivant l'habitude italienne, et sans cesse le second s'élève au-dessus du premier,
ainsi qu'il fait volontiers chez Sammartini, dont tout ce sublime *andante*
paraît d'ailleurs attester vivement l'influence. Ajoutons que les indications de nuances interviennent pour ainsi dire à chaque note, avec
des *crescendo*, des *pp* succédant tout à coup à des *f*, etc., ce qui achève
de faire pour nous, du morceau, un véritable résumé de l'une des
périodes les plus singulières et les plus mémorables de toute la vie
musicale de Mozart.

167. — *Milan, entre octobre* 1772 *et mars* 1773.

Divertimento en si bémol, pour deux hautbois, deux clarinettes,
deux cors anglais, deux cors et deux bassons.

K. 186.
Ms. à Berlin.

Allegro assai. — *Menuetto et trio* (en *fa*). — *Andante et adagio.* — *Allegro.*

La date précise de ce morceau ne nous est point connue : mais son
extrême ressemblance avec un autre *divertimento* pour les mêmes instruments, daté de Salzbourg en mars 1773, nous prouve que tous deux

doivent avoir été composés presque simultanément ; et nous pouvons affirmer d'une façon à peu près certaine, d'autre part, que, tandis que le *divertimento* suivant a été écrit tout de suite après le retour de Mozart en Allemagne, le n° 167, lui, date encore du séjour à Milan. En effet, l'autre *divertimento* est écrit sur un papier de petit format que Mozart va employer désormais pour toutes ses compositions depuis son retour, et le n° 167, au contraire, est encore écrit sur le grand format sur lequel Mozart écrivait toutes ses œuvres jusqu'à ce retour, et notamment ses quatuors italiens, ainsi que son motet de janvier 1773. En outre, la destination des deux *divertimenti* doit sûrement avoir été de servir pour des séances musicales de Milan : car Salzbourg ne possédait pas de clarinettes, tandis que, déjà en novembre 1771, Mozart avait composé, à Milan, un concerto ou divertissement à l'exécution duquel concouraient deux clarinettes, tout à fait comme à celle des deux *divertimenti* en question. D'où résulte que, suivant toute vraisemblance, Mozart, pendant son séjour à Milan, aura reçu, de l'un des amateurs de cette ville, la commande de deux *divertimenti*, dont il aura composé l'un sur place, et l'autre seulement après son retour en Allemagne, mais tout de suite après ce retour, qui n'a eu lieu que le 14 du même mois de mars dont est daté le second *divertimento*.

Aussi bien la ressemblance des deux *divertimenti* n'est-elle pas si complète que l'on ne puisse, dans le premier des deux, discerner une inspiration qui ne se retrouve plus au même degré dans le second, et qui rattache notre n° 167 à l'ensemble des œuvres produites pendant le dernier séjour de Mozart en Italie. Non pas, à dire vrai, que ce *divertimento* nous offre la moindre trace des élans pathétiques ni des tonalités mineures qui constituent la marque distinctive de cette période romantique de la vie du maître : mais sans doute Mozart, dans une composition de ce genre, se sera cru tenu d'être joyeux et léger, et le fait est qu'il y a donné à l'expression d'une gaieté souriante une sorte de rayonnement poétique plus pur et plus éthéré qu'il ne le fera déjà dans le divertissement écrit par lui après son départ d'Italie. D'un bout à l'autre, ce n° 167 est comme imprégné d'une lumière éclatante, avec une sobriété de lignes et une précision mélodique qui dérivent directement du génie italien. Sans compter que ce *divertimento* nous fait voir encore une particularité absolument caractéristique de cette dernière période milanaise : c'est que tous les morceaux (sauf le petit *trio* du menuet) sont dans le même ton de *si bémol*.

Dès le premier morceau, cette unité et cette clarté poétiques nous apparaissent en un relief singulier. Les deux petits sujets du morceau sont précédés d'une sorte de prélude, à l'unisson, qui précède aussi le *développement*, mais ne revient plus, dans le ton principal, qu'aux dernières mesures du morceau, fermant celui-ci comme il l'a ouvert. C'est là un procédé que Mozart avait employé déjà dans quelques-unes de ses grandes symphonies de 1772, et dont il recommencera à faire usage volontiers en 1776, durant la période, également toute poétique, de sa vingtième année.

Dans le menuet, la seconde partie est plus longue que la première, mais simplement parce que, après un passage nouveau, Mozart reprend toute cette première partie : méthode plus allemande qu'ita-

lienne et qui pourrait bien faire supposer que le n° 167 date des
premiers temps du séjour à Milan, avant la composition des quatuors
et des grandes sonates. Dans le *trio*, Mozart n'avait d'abord fait intervenir que les hautbois et les bassons : c'est plus tard qu'il a joint à ces
deux groupes d'instruments les deux cors anglais, avec une gracieuse
figure en imitation.

Mais la partie la plus intéressante du divertissement, avec son admirable premier morceau, est l'*andante* suivi d'un *adagio* du même ton,
de dimensions égales, et d'un caractère exactement semblable. On
pourrait penser, en vérité, que, cette fois comme très souvent dans
ses *cassations*, Mozart a voulu faire de l'*adagio* une façon de prélude
pour son finale : mais l'*adagio* que nous trouvons ici n'a nullement
cette allure de prélude, étant construit suivant la forme régulière d'un
morceau de sonate, et correspondant de tout point à l'*andante* qui le
précède. Sans doute Mozart était si pénétré du désir de faire chanter à
ses instrumentistes les rêves mélodiques qui jaillissaient de son cœur,
qu'il aura substitué au prélude habituel des finales un second poème,
reprenant et variant l'inspiration du premier. En tout cas, l'*andante* et
l'*adagio* sont tous deux d'exquises romances, avec un seul sujet de part
et d'autre, mais répété deux fois, d'abord en *solo* par les hautbois, puis
en *tutti*. Les deux barres, de part et d'autre, sont suivies d'un petit
developpement qui dérive directement du sujet précédent, après quoi la
rentrée se fait de la façon la plus régulière, avec encore, dans l'*andante*,
quelques mesures de *coda*. Chose curieuse, les indications de nuances
sont très rares, dans ces deux morceaux ; et c'est là un argument de
plus pour en placer la date tout au début du dernier séjour de Mozart
à Milan, avant le plein épanouissement de son romantisme.

La même conclusion ressort aussi du fait que Mozart n'a pas inscrit
le mot *rondo* sur son finale, contrairement à l'habitude que nous lui
avons vu prendre vers le mois de janvier 1773. Mais aussi bien le *rondo*
de ce finale ne ressemble-t-il pas aux merveilleux *rondos* de ses sonates
et quatuors italiens. Ici, l'élément principal ne consiste pas dans les
intermèdes, peu nombreux et très courts, mais bien dans le thème, qui
se compose de deux sujets distincts, et qui reparaît sans cesse, toujours accompagné de sa seconde partie. Dans l'un des intermèdes,
le hautbois marche seul avec le basson, puis cède la place au cor
anglais ; dans le second, les cors et les bassons sont d'abord seuls à
l'œuvre. La clarinette, ici comme dans tout le divertissement, ne joue
qu'un rôle très effacé, ce qui doit s'expliquer par le peu d'expérience
des clarinettistes milanais que Mozart a eus en vue. La seule particularité intéressante pour nous de ce finale est que, comme dans certains
rondos des grandes sonates, les deux intermèdes aboutissent à une
même ritournelle ; à moins de noter encore la manière dont Mozart,
après l'avant-dernière reprise du thème, toujours accompagné de son
second sujet, remplace le nouvel intermède qui devrait se produire ici
par une petite variation sur le rythme de ce second sujet.

II
Le jeune maître
1773-1777

DIX-SEPTIÈME PÉRIODE

LA RENTRÉE D'ITALIE

(SALZBOURG, 13 MARS-FIN DE JUILLET 1773)

Les biographes de Mozart ne nous apprennent absolument rien sur cette période de sa vie, intermédiaire entre son retour de Milan et son départ pour Vienne : mais les œuvres du jeune maître nous en racontent l'histoire, de la façon la plus claire et la plus complète.

Comme nous l'avons dit, Mozart, durant son dernier séjour à Milan, avait vécu dans une atmosphère d'exaltation passionnée, le cœur tout rempli, à la fois, de pure beauté italienne et de cette ardeur romantique qui était alors en train de se propager à travers l'Europe. Son brusque retour parmi le milieu salzbourgeois devait forcément exercer sur lui, dans ces conditions, une influence très profonde : jamais nous ne sommes plus impressionnables à tous les changements du dehors que lorsque nous nous trouvons en état de grande agitation intérieure. Et cette influence du milieu salzbourgeois sur Mozart a été précisément telle qu'on pouvait l'attendre chez un être aussi prompt, par nature, à subir le contre-coup des moindres nouveautés environnantes : elle a littéralement produit l'effet d'un choc subit et violent, et quelques semaines ont suffi pour « dégriser » le jeune entousiaste, modifiant à la fois son idéal et ses procédés bien autrement que l'avaient fait ses deux retours précédents. Des qualités que Mozart rapportait de son dernier voyage en Italie, seule la maturité de son esprit est restée intacte ; et c'est elle précisément qui, tout d'un coup, lui a ouvert les yeux sur la réalité présente, en même temps qu'elle le rendait plus sensible à l'appel du génie de sa race. Du *maestro* milanais de naguère, tout imprégné du style des vieux maîtres italiens, et tâchant à traduire par son moyen des sentiments d'une exaltation pathétique toute « moderne », cette maturité a fait sortir tout d'un coup, au contact du placide et léger milieu musical de Salzbourg, un musicien déjà presque parfaitement « salzbourgeois », empressé de prendre son rang parmi les honnêtes et savants « maîtres de chapelle » avec qui sa naissance le prédestinait à rivaliser.

Le caractère italien de toutes ses œuvres de la période précédente, d'abord, va s'effacer comme à vue d'œil dans les œuvres nouvelles que nous aurons à étudier. Et cette disparition sera d'autant plus remarquable qu'elle coïncidera avec un emploi, probablement obligé, de coupes et de formules italiennes. Car la plupart des compositions instrumentales de Mozart durant cette période auront pour objet ou bien de compléter des séries commencées naguère en Italie, quatuors, sonates, *divertimenti* d'instruments à vent, ou bien de créer une série nouvelle de symphonies qui doit, évidemment, avoir été commandée à Mozart par un amateur italien. Ainsi le jeune homme continuera, pendant ces quelques mois, à travailler pour les mêmes auditeurs pour qui il a composé ses grandes œuvres italiennes des mois antérieurs ; et cependant c'est à peine si, dans les premières de ces compositions qu'il écrira après son retour, nous découvrirons encore un écho lointain de cette admirable inspiration italienne qui lui a dicté les *largos* de ses sonates, les *andantes* mineurs de ses quatuors, les élans lumineux de son *divertimento* en *si bémol*. Tout cela sera désormais remplacé par une inspiration absolument différente, avec des contours mélodiques plus étendus et moins précis, — renforcés comme nous le verrons d'une élaboration harmonique plus savante, — et par une expression à la fois moins profonde et plus douce, plus conforme à l'idéal instinctif de l'esprit allemand.

Et peut-être le romantisme de la période précédente s'effacera-t-il, durant cette période nouvelle, plus vite encore et plus manifestement que l'italianisme qui l'accompagnait. Nous rencontrerons bien, çà et là dans les premières œuvres de la période, un *andante* mineur : mais, là même, l'angoisse frémissante de naguère cédera le pas à des émotions plus tranquilles, et bientôt toute ombre de sentiment romantique achèvera de s'évanouir, aussi bien des *andantes* que des *allegros*, au profit d'une traduction de plus en plus vigoureuse et savante de sentiments pareils à ceux qu'exprimaient les œuvres produites autrefois par Mozart, Michel Haydn, et toute l'école des maîtres de Salzbourg.

Si nous avions à définir, d'un mot, l'état d'esprit nouveau qui a soudain remplacé cette disposition romantique, — sauf à n'avoir lui-même qu'une durée toute passagère, — nous dirions qu'il se caractérise par un mélange de goût renouvelé pour le contrepoint et de véritable engouement, non plus pour l'instrumentation en général, comme naguère en 1771 et 1772, mais pour l'emploi constant et prédominant des instruments à vent. Sous l'influence, peut-être, des deux *divertissements* pour les vents qu'il vient d'écrire, Mozart ne rêve plus, dans ses symphonies, qu'à développer le rôle des hautbois, des flûtes, des cors, et des bassons, tantôt leur confiant la ligne mélodique d'un sujet, tantôt les faisant dialoguer avec le quatuor, ou parfois même les chargeant de dialoguer entre eux, avec de savantes imitations qui nous révèlent, d'autre part, le zélé contrapontiste qu'il est redevenu. Les quatre symphonies-ouvertures que nous allons étudier, le *Concertone* de mai 1773, autant d'œuvres où l'importance des instruments à vent s'accusera avec une netteté singulière, faisant de ces ouvrages, à ce point de vue, un groupe unique dans toute la production instrumentale de Mozart, jusqu'à l'heure de sa prise de contact avec l'école de Mannheim en 1777.

Quant à ce nouvel amour du contrepoint que nous allons voir marcher de front avec la susdite extension du rôle des instruments à vent, celui-là aura sans doute été réveillé et stimulé, dans le cœur de Mozart, par l'influence, redevenue quotidienne pour lui, de l'art religieux de Salzbourg ; et nous le verrons, en effet, se manifester au plus haut point dans une grande messe que Mozart lui-même sera appelé à composer au début de l'été de 1773. Mais bien avant cette messe, dès le retour de Mozart à Salzbourg et jusque dans ses compositions les plus profanes telles que lesdites ouvertures, ou que le *concertone* pour deux violons, nous découvrirons un emploi à peu près incessant de figures de contrepoint, allant de front avec la fièvre d'instrumentation signalée tout à l'heure, et nous préparant déjà aux vigoureuses fugues instrumentales des quatuors de la période viennoise de l'été suivant. De telle sorte que, malgré l'infériorité relative de la plupart des travaux qu'elle nous a laissés, cette période a joué, elle aussi, un rôle important et précieux dans le développement artistique de Mozart : elle marque pour ainsi dire, l'acclimatation définitive de son génie au milieu musical où il aura désormais à vivre. Et il va sans dire, après cela, que si ces œuvres de transition n'offrent pas pour nous l'intérêt exceptionnel des grands poèmes pathétiques de la dernière période italienne, elles n'en conservent pas moins, avec maintes particularités de style italiennes qui vont désormais se retrouver toujours dans l'art du jeune maître, une fraîcheur d'émotion et une exquise beauté de forme qui, tout en nous apparaissant ici dans un cadre plus restreint que celui des grandes symphonies de 1772, n'en seront ni moins agréables, ni moins parfaitement « mozartiennes », — avec même, peut-être, plus d'aisance et de sûreté, résultant à la fois des progrès de l'âge et de l'expérience.

Ajoutons enfin que, dès l'instant de son retour en Allemagne, Mozart va prendre l'habitude d'abandonner, pour ses manuscrits, le

grand format qui lui a servi presque constamment pendant les deux
années précédentes. Désormais, toutes celles de ses œuvres dont la
date nous est connue de façon authentique se trouveront écrites
sur un papier oblong, de petit format ; et comme il va sans dire que
le même papier doit avoir servi aussi aux compositions de ce temps
qui ne sont pas datées, nous aurons là un moyen précieux, parmi
beaucoup d'autres, pour fixer la date de plusieurs de ces œuvres
non datées du jeune homme. Sans compter que c'est également
durant cette période que Mozart va s'éprendre obstinément du mot
andantino grazioso pour désigner ses mouvements lents, sauf à
se fatiguer bientôt de cette habitude, ainsi que de maintes autres,
et à y renoncer presque tout à fait : de telle sorte que l'indication
andantino grazioso pourra, elle aussi, dans les cas douteux, nous
aider à fixer la date d'une œuvre où nous la lirons.

168. — *Salzbourg, fin de mars* 1773.

Divertimento en mi bémol, pour deux hautbois, deux clarinettes,
deux cors anglais, deux cors et deux bassons.

K. 166.

Allegro. — *Menuetto et trio (en si bémol). — Andante grazioso (en si bémol). —*
Adagio et allegro.

L'autographe de ce *divertimento*, écrit sur le petit papier oblong que
Mozart va désormais employer constamment, porte la date de « Mars
1773, à Salzbourg » ; et comme Mozart n'est rentré à Salzbourg que le
13 de ce mois, c'est donc tout de suite après son retour qu'il a composé
ce *divertimento*. Au reste, aucun doute n'est possible sur la destination
de celui-ci : Mozart l'a écrit pour un amateur de Milan où nous savons
déjà qu'il y avait des clarinettes, tandis qu'il n'en existait pas à Salzbourg, et où précédemment le jeune homme avait composé un premier
divertimento pour les mêmes instruments, tout à fait pareil à celui-ci
par sa coupe et le nombre de ses morceaux. Sûrement ce n° 168 a été
composé pour être envoyé à Milan, de même que plusieurs des œuvres
que nous allons avoir a étudier après lui ; et il se peut que ce soit afin
de pouvoir plus commodément rouler et expédier ses envois que Mozart,
à ce moment de sa vie, a pris l'habitude d'écrire ses compositions sur
un papier de format plus petit et plus portatif.

Mais que si, après cela, nous jetons les yeux sur le contenu musical de ce
second *divertimento*, nous éprouvons un sentiment de véritable stupeur,
à découvrir combien a été rapide et profond le choc produit, sur le

JOSEPH HAYDN en 1765
D'après un portrait anonyme, conservé au château d'Esterhazy

génie poétique du jeune maître, par son nouveau contact avec l'atmosphère musicale et intellectuelle de son pays. De toute la fièvre romantique qui brûlait dans les moindres morceaux de la période précédente, de ces élans passionnés de tristesse ou de folle joie, de cette merveilleuse beauté chantante de tous les contours mélodiques et de l'adorable poésie qui les animait, rien absolument ne subsiste plus. Le métier même a changé, pour redevenir tout salzbourgeois : au lieu des beaux effets d'ensemble du n° 167, nous trouvons sans cesse, comme autrefois, des « effets » particuliers, des *soli* échangés tour à tour entre les divers instruments, de plates ritournelles répétées à plaisir. Et sans doute tout cela dénote surtout la hâte avec laquelle Mozart, sitôt rentré, s'est empressé d'« expédier » une commande peut-être payée d'avance : mais le contraste de ce n° 168 avec le *divertimento* précédent n'en révèle que plus à découvert l'intensité de la révolution qui s'est opérée, tout d'un coup, dans le cœur et l'esprit du jeune voyageur.

Le premier morceau est fait de trois sujets, dont un, le second, est réservé d'abord aux cors anglais pour passer ensuite, dans la reprise, aux clarinettes. Après quoi, suivant la vieille coupe italienne, le premier sujet est repris à la dominante, et ce n'est que le second sujet qui se trouve ramené dans le ton principal. Encore faut-il voir ce que sont ces pauvres sujets, et notamment le troisième, banal refrain répété quatre fois de suite.

Dans le menuet et le trio, Mozart, pour se conformer à l'habitude italienne, fait en sorte que la seconde partie soit plus longue que la première : mais il obtient ici ce résultat en reproduisant simplement, après la seconde partie, la totalité ou un morceau de la première.

L'*andante*, — qui ne s'appelle pas encore *andantino*, mais porte déjà le qualificatif *grazioso*, — nous fait voir pour la première fois une coupe que Mozart, désormais, emploiera volontiers dans les *andantes*, surtout lorsqu'il voudra les écrire promptement et sans trop de peine : la coupe du *rondo*, telle qu'il la pratiquait précédemment dans ses finales, mais avec cette différence que, ici, le thème principal sera assez long, tandis que les intermèdes, très courts, ne feront qu'en ramener les reprises, à la façon de petites ritournelles. Et Mozart, dans cet *andante* de son *divertimento*, se met si peu en frais d'invention qu'il répète encore son refrain, au lieu d'un intermède nouveau, en se bornant à le transporter dans un autre ton et à le faire reprendre, en *solo*, par les cors. Une *coda* assez longue termine cet *andante*, avec une ritournelle nouvelle où Mozart, se rappelant soudain son habitude milanaise, recommence à prodiguer les indications de nuances.

L'*adagio* qui précède le finale n'est plus, comme dans le n° 168, un grand chant isolé, d'une coupe régulière de morceau de sonate : plus court, il n'a d'autre objet que de servir de prélude au morceau suivant, ce qui ne l'empêche pas d'être, dans le *divertimento* tout entier, le seul passage où se retrouve un écho du génie poétique déployé naguère par Mozart dans son *divertimento* milanais.

Quant au finale, celui-là ressemble tout à fait, par sa coupe, au finale du n° 169, étant pareillement un *rondo* où le thème, en deux couplets, dépasse de beaucoup les petits intermèdes aussi bien par son étendue que par son importance : mais toujours nous sentons, dans ce

finale du second *divertimento*, que Mozart compose plus vite, à moins de
de frais, et avec moins d'entrain.

En dehors du passage que nous avons signalé dans l'*andante*, les indi-
cations de nuances sont déjà moins nombreuses, à travers le *divertimento* : mais quelques-unes, et notamment un *crescendo* vers la fin du premier *allegro*, rappellent encore les récentes habitudes italiennes du jeune
maître.

169. — *Salzbourg, mars ou avril 1773.*

Symphonie en mi bémol, pour deux violons, alto, deux flûtes, deux
hautbois, deux bassons, deux cors, deux violoncelles, basse et
trompettes.

K. 184.

Ms. dans une collection viennoise.

Molto presto — *Andante (en ut mineur).* — *Allegro.*

Cette symphonie fait partie d'une série d'œuvres orchestrales sur l'autographe desquelles se trouvaient écrites, autrefois, les dates de leur
composition : mais quelqu'un, plus tard, s'est amusé à gratter toutes
ces dates, de telle façon qu'il est aujourd'hui presque impossible de les
discerner. Cependant, pour le n° 169, le possesseur actuel du manuscrit
croit pouvoir affirmer que celui-ci porte la date de 1773 ; et, en effet,
le style de la symphonie prouve clairement qu'elle a été composée aussitôt après le dernier retour d'Italie, à moins encore que Mozart l'ait
écrite à Milan, dans les derniers temps de son séjour, car rien n'empêche d'admettre que ce soit là qu'il ait acheté d'abord ce petit papier
oblong sur lequel il va, désormais, écrire presque constamment ses
compositions instrumentales.

Toujours est-il, — pour abandonner un moment cette question de la
date, — que la symphonie n° 169 et les trois suivantes offrent la particularité d'être bien moins des *symphonies*, au sens où ce mot commençait
alors à être entendu universellement, que des *ouvertures* de théâtre
italiennes, chacune n'ayant que trois morceaux très courts sans barres
de reprise ; et les deux premières de la série ont même, suivant l'ancienne habitude des ouvertures d'opéra, leurs trois morceaux directement enchaînés l'un à l'autre, au lieu de morceaux se terminant par
une cadence pleine dans le ton principal. Encore n'est-ce pas tout : non
seulement ce nombre et cette disposition des morceaux, dans les quatre
symphonies, dérivent tout droit du style de l'ouverture italienne, mais
nous verrons que dans chacun de leurs morceaux, Mozart fait emploi
d'une coupe à la fois tout italienne et tout archaïque, consistant à

diviser les morceaux en deux parties égales, sans l'ombre d'un *développement* entre ces parties, qui cependant commencent, l'une et l'autre, dans le même ton. Ainsi faisait, par exemple, le vieux Jommelli dans la plupart de ses ouvertures ; et Mozart lui-même, durant son premier séjour en Italie, avait parfois subi l'influence de ce style au point de remplacer ses *développements* par de courtes ritournelles de quelques mesures. Mais il y avait longtemps qu'il avait renoncé à ce procédé suranné, et le voici maintenant qui y revient dans quatre symphonies, l'employant plus docilement qu'il n'a jamais fait, tandis que l'inspiration et l'exécution instrumentale des morceaux qu'il compose dans ce cadre ancien attestent une maturité et une « modernité » les plus éloignées qui soient d'un tel encadrement ! Qu'est-ce donc à dire, sinon que le jeune homme, pendant son séjour en Italie, a reçu la commande d'une série d'ouvertures, — peut-être pour l'opéra de Milan, car les instruments employés ici sont les mêmes qui figuraient dans l'ouverture de *Lucio Silla*, — et que, rentré à Salzbourg, il s'est mis à préparer la composition de cette commande, en tâchant à suivre le plus exactement possible un modèle que l'auteur de la commande susdite lui a proposé comme exemple ?

Aussi bien cette supposition d'une commande milanaise est-elle encore renforcée par l'existence, pour quelques-unes des symphonies en question, de deux copies manuscrites exactement pareilles, à cela près que, dans l'une des deux, Léopold Mozart collabore avec son fils à transcrire la partition. Sans doute Mozart voulait ainsi garder pour soi un exemplaire de ses ouvertures, tout en envoyant celles-ci à l'amateur italien qui les lui avait commandées. Et nous avons là un motif de plus pour nous sentir tentés d'admettre que c'est encore à Milan, aussitôt après le reçu de la commande, que Mozart a conçu, sinon déjà exécuté, cette première ouverture en *mi bémol* qui, seule de toutes les œuvres de la période que nous étudions, se rattache pleinement et directement à l'inspiration romantique de toutes ses œuvres de la période précédente : encore que, comme nous aurons à le dire tout à l'heure, les procédés d'instrumentation et même quelques-unes des idées mélodiques attestent déjà le retour à l'influence allemande, et rappellent même expressément la série des grandes symphonies romantiques composées par Joseph Haydn en 1772 et 1773. Toujours est-il que, avec l'admirable symphonie en *ut* n° 157, cette ouverture en *mi bémol* est la seule œuvre orchestrale de Mozart qui dérive de la même inspiration, à la fois passionnée et dramatique, que les sonates et les quatuors de la période de *Lucio Silla*. Jamais encore Mozart n'a aussi manifestement tâché, dans une ouverture, à créer pour ainsi dire un petit drame sans paroles, opposant de puissantes émotions en des contrastes pathétiques et subordonnant toute autre pensée à la seule recherche de l'effet expressif. Depuis les impérieux appels du début, sans cesse répétés avec une vigueur nouvelle après la plainte angoissée qui leur sert de second sujet, nous nous sentons entraînés dans une sorte d'action lyrique qui se poursuit parmi les soupirs douloureux de l'*andante*, pour aboutir aux rythmes décidés, mais à présent plus joyeux, du finale, entrecoupés de légères chansons fugitives, et parfois aussi traversés de soudaines modulations imprévues qui évoquent le souvenir de la lutte tragique du premier

morceau. Le musicien, ici, se met entièrement au service des simples
et vigoureuses conceptions du poète : ce qui ne l'empêche pas, au reste,
de s'affirmer par la richesse et la beauté singulières de la ligne mélodique, comme aussi par l'emploi incessant, dans l'*andante*, d'un contrepoint encore tout italien, mais poussé déjà à un très haut dégré de signification musicale. Quant à l'instrumentation, nous avons indiqué plus
haut la différence qui s'y révèle avec les procédés italiens des œuvres
symphoniques de la période précédente : sous l'influence de Joseph
Haydn, Mozart se reprend désormais à traiter l'orchestre ainsi qu'il le
faisait en 1772, c'est-à-dire à opposer volontiers le groupe des deux violons à celui de l'alto uni avec la basse, tandis que, d'autre part, les
instruments à vent recommencent à vouloir associer leur rôle à celui du
quatuor, au lieu de ne s'affirmer qu'en de petits *soli* épisodiques. D'une
façon générale, chacun des trois morceaux de cette ouverture, malgré
la brièveté de ses dimensions et sa coupe quelque peu archaïque, nous
révèle une maîtrise symphonique non pas certes plus parfaite que celle
des merveilleuses symphonies de 1772, mais, en quelque sorte, plus
mûre et plus haute, capable maintenant de s'appliquer à des tâches
musicales d'une portée supérieure. En ouvrant le cœur du jeune maître
à des émotions que jusqu'alors il ne soupçonnait point, la crise romantique des premiers mois de 1773 a achevé de faire de lui un homme, et
c'est là un résultat que le retour de Mozart dans son atmosphère natale
ne pourra que consacrer et renforcer encore.

Le premier morceau de l'ouverture est fait suivant la coupe ancienne
que nous avons décrite. Après l'exposition des deux sujets, le *développement* se trouve remplacé par une reprise à peu près pareille du premier
sujet dans un ton voisin, et les deux sujets sont ensuite repris dans le
ton principal, pour aboutir à une *coda* qui répète, une quatrième fois, le
premier sujet, sauf à y joindre bientôt une série de modulations nouvelles afin de préparer l'*andante* mineur qui va suivre. De cette manière,
on peut dire que tout le morceau ne consiste qu'en deux idées, séparées
l'une de l'autre par une courte ritournelle à l'unisson : mais il faut voir
avec quel art ces deux idées se trouvent opposées, l'une toute rythmique, nette et tranchante avec des alternatives de *tutti* et de *soli*, des
heurts saccadés dans le rythme, qui achèvent de lui donner un caractère de vigueur dramatique, tandis que l'autre, chantée par le premier
violon avec un accompagnement continu du second, a vraiment l'allure
éplorée d'une plainte, bientôt brusquement étouffée par le retour passionné du premier sujet. C'est dans ce second sujet que se retrouve un
rythme sensiblement analogue à celui d'un passage expressif du premier morceau de la symphonie en *ut mineur* (n° 52), composée par Joseph
Haydn, aux environs de 1772 :

et l'on ne peut se défendre de songer, en même temps, que, plus encore que la symphonie de Haydn, ce premier morceau de l'ouverture de Mozart a dû inspirer à Beethoven cette opposition dramatique d'un cri de fureur et d'une plainte qui constitue toute la fameuse ouverture de *Coriolan*.

Comme nous l'avons dit, le premier morceau s'enchaîne à l'*andante* par une longue série de modulations expressives ; et nous retrouvons là encore, dans la signification douloureuse et comme effrayée de ces modulations, richement colorées par les accords des instruments à vent, une trace nouvelle des dispositions toutes romantiques dont cette ouverture va être pour nous le dernier écho, dans l'œuvre de jeunesse de Mozart.

Quant à l'*andante*, on a vu déjà qu'il n'est, tout entier, qu'un long gémissement pathétique, où un rythme angoissé, et plus pareil à un soupir qu'à un chant, se répète dans des tons divers, avec un contrepoint expressif entre les deux violons ou entre le premier violon et les flûtes. Celles-ci, et en général tous les instruments à vent, recommencent ici à jouer un rôle essentiel, avec même des passages où leurs quatre groupes travaillent à découvert : tandis que, d'autre part, le groupe des violons s'oppose constamment à celui de l'alto et des basses. Ajoutons que, ici, Mozart introduit un petit *développement* entre la première partie et sa reprise, qui elle-même se trouve un peu changée, tout au moins dans le premier sujet : car la brièveté de ce morceau ne l'empêche point de comporter deux sujets distincts, tous deux répondant au même sentiment de détresse angoissée, jusqu'à l'instant où, vers la fin, les modulations se rassérènent doucement pour amener le ton de *mi bémol* du finale.

Celui-ci, au sortir de l'atmosphère désespérée de l'*andante*, produit une véritable impression de soulagement. Il débute cependant, lui aussi, par un rythme décidé et impérieux, mais déjà tout imprégné d'émotions plus joyeuses ; et c'est une légère et charmante gaieté qui rayonne, après cela, dans le second sujet, pour s'exhaler bientôt en un de ces chants limpides et poétiques des premiers violons que nous avons vus s'annoncer naguère dans l'ouverture de *Lucio Silla* et le finale de celle du *Sogno*. Suit un très long *développement*, où le rythme de la ritournelle du premier sujet, traité en imitations entre les divers instruments, donne lieu à ces modulations mineures ou chromatiques dont nous avons parlé, seul rappel momentané des violentes passions des premiers morceaux ; mais bientôt cette première partie du *développement* est remplacée par une seconde où Mozart, avec la collaboration de l'orchestre entier, ne songe plus qu'à varier et étendre l'allégresse triomphante du second sujet, de façon à rendre plus parfaite encore l'intensité joyeuse de la *rentrée* complète qui va suivre. De nouveau, cette *rentrée* finie, les modulations inquiètes et contrastées du *développement* menaceront de se reproduire : mais aussitôt une troisième répétition du premier sujet leur imposera silence, et la symphonie s'achèvera par une grande *strette* pleine d'éclat et de mouvement. Admirable finale où c'est comme si Mozart avait résumé, une dernière fois, tous les souvenirs artistiques rapportés par lui de ses séjours en Italie, tout en y joignant déjà une science du contrepoint et une entente de l'instrumentation symphonique qui ne lui venaient que de son pays : de telle sorte que nous pouvons

voir ici, avec une beauté incomparable de pensée et de forme, un reflet
de la transition, trop rapide, qui a dû s'accomplir en lui avant sa soumission définitive au goût de Salzbourg.

170. — *Salzbourg, mai* 1773.

Symphonie en ré, pour deux violons, alto, deux hautbois, deux
cors, trompettes, violoncelle et basse.

K. 181.

Ms. dans une collection viennoise.

Allegro spiritoso. — *Andantino grazioso* (en sol). — *Presto assai.*

Cette symphonie, comme la précédente et les suivantes, portait sur
son manuscrit une date qui y a été effacée : mais on a cru pouvoir déchiffrer, sous le grattage, les mots « Mai 1773 » ; et cette date répond le mieux
du monde au caractère de la symphonie. Celle-ci, en effet, est d'une
coupe si absolument pareille à celle du n° 169 qu'elle doit avoir été
écrite à très peu de distance de ce dernier, c'est-à-dire peu de temps
après le retour de Mozart en Allemagne : tandis que, par ailleurs, nous
pouvons être sûrs que c'est bien cette symphonie en *ré* qui a été composée *après* l'autre, car la trace de l'influence allemande y apparaît
déjà beaucoup plus sensible.

Evidemment composée, de même que le n° 169, pour satisfaire à la commande d'une série d'ouvertures italiennes, la présente symphonie reste
encore toute conforme au modèle archaïque que nous supposons que
Mozart aura dû ou voulu imiter dans le n° 169. Les trois morceaux, sans
barres de reprises, s'enchaînent l'un à l'autre, et ni le premier morceau
ni l'*andante* ne contiennent d'autre *développement* qu'une courte transition,
d'ailleurs reprise encore après la seconde partie. Et non seulement les
deux symphonies se ressemblent par tous les détails de leur forme : on
trouverait encore facilement, dans la seconde, maint rythme, maint procédé ayant figuré dans la première, et leur donnant à toutes deux une
apparence parfaite d'œuvres conçues en pendant. Mais, avec cela, il est
impossible d'imaginer différence plus complète que celle qui existe entre
l'inspiration de ces deux pendants. Autant la symphonie en *mi bémol* garde
encore de traces du romantisme italien de Mozart durant la période de
Lucio Silla, autant ce n° 170 en est dépouillé, pour constituer désormais,
sous son enveloppe d'ouverture italienne, un véritable « divertissement »
salzbourgeois, tout animé des sentiments les plus simples et les plus
ingénus, sans l'ombre de passion violente ni d'autre intention que d'éla-

J.-B. SAN MARTINO (SAMMARTINI) (1700-1775)
J.-CHR. BACH (1735-1782) ; PERGOLESI (1710-1736) ; le P. VALLOTTI, etc.
D'après le *Parnasse* de Scotti

borer ingénieusement des idées musicales plus ou moins empruntées encore au répertoire dramatique italien. Au lieu du poête que nous révélait la symphonie précédente, de nouveau nous avons affaire à un jeune musicien habile et savant, attiré surtout, cette fois, par les effets instrumentaux dont il a repris le goût dès son retour en Allemagne.

Le premier morceau, cependant, semble d'abord nous promettre une ouverture théâtrale à peine moins expressive et mouvementée que la précédente. Après quatre mesures d'*intrada*, il nous expose un premier sujet d'un rythme grave et sombre, renforcé encore par de fréquentes modulations mineures, et obstinément répété par les basses, sous des trémolos de violons et d'altos. Mais au lieu de songer ensuite à tirer de ce début de grand effets tragiques, Mozart s'amuse à un long traitement tout musical de son premier sujet, prodiguant les recherches harmoniques et les imitations, ou faisant dialoguer les vents avec le quatuor, ou même introduisant de curieuses réponses en contrepoint dans la partie des deux hautbois, sous une figure continue d'accompagnement des cordes. Après quoi vient un petit second sujet tout mélodique, dans la réponse duquel les hautbois remplacent les premiers violons ; et de nouveau, dans la ritournelle qui suit, le contrapontiste reparaît, sacrifiant la signification expressive à la piquante hardiesse de ses imitations. C'est à la suite de cette ritournelle que se produit le petit passage intermédiaire dont nous avons parlé, ramenant une rentrée complète de la première partie, sans le moindre changement, et lui-même se reproduisant de nouveau après cette *rentrée*, pour préparer l'enchaînement avec l'*andante*.

Celui-ci est tout formé d'un adorable chant des hautbois, le plus allemand que l'on puisse rêver dans sa tendre douceur. En manière de prélude à ce chant, avant ses deux strophes, le quatuor énonce un petit premier sujet invariable : tandis que le chant lui-même est très varié, d'une strophe à l'autre, ou plutôt formé de deux strophes entièrement différentes, sous la parité de leur allure et de leur accompagnement par le quatuor à cordes, divisé en deux groupes suivant l'habitude allemande.

Par une reprise modulée de la charmante ritournelle de sa première strophe, cet *andante*, à son tour, s'enchaîne avec le finale, qui, sous son indication de *presto assai*, est simplement un *rondo* italien, à la façon de ceux qui abondaient dans les finales des œuvres précédentes de Mozart. Un *rondo* italien, par sa forme rapide et la multiplicité de ses intermèdes, toujours renouvelés jusqu'au bout du morceau : mais ni le refrain ni ces intermèdes n'ont plus rien de commun avec la grâce chantante des *rondos* naguère créés en Italie. Le thème est une sorte de marche allemande pareille à celles que Mozart introduira volontiers dans ses opéras comiques ; et c'est encore par le rythme que valent surtout les trois intermèdes, tous trois d'un sentiment à peu près semblable, et volontiers rattachés l'un à l'autre par l'adjonction des mêmes ritournelles. Nous sommes loin des beaux chants d'angoisse ou de folle joie qui sans cesse venaient interrompre et transfigurer les *rondos* merveilleux de la période italienne.

171. — *Milan et Salzbourg, entre février et mai* 1773.

Quatuor en mi bémol, pour deux violons, alto et violoncelle.

K. 160.

Ms. à Berlin.

Allegro. — Un poco adagio (en la bémol). — Presto.

Ce quatuor, écrit encore sur papier de grand format, au contraire
des autres œuvres instrumentales de la présente période, est le sixième
et dernier de la série composée par Mozart pendant son séjour à
Milan. Mais tandis que les quatuors précédents portaient, à un très
haut degré, l'empreinte du romantisme italien qui paraît avoir animé
le jeune maître pendant toute la durée de son séjour à Milan, nous
sentons ici, très clairement, que ce romantisme commence à décroître,
et surtout que Mozart subit de nouveau l'influence de la musique allemande de son temps. Ou plutôt le premier *allegro* du quatuor, avec ses
nombreux sujets distincts, et la quantité de ses indications de nuances,
comme aussi avec sa merveilleuse limpidité chantante, répond encore
tout à fait au même idéal dont nous avons signalé l'inspiration dans les
autres quatuors de la série ; et l'*adagio* lui-même, — le seul de la série
entière qui ne soit pas en mineur, — ne laisse pas de rappeler l'esprit,
sinon la forme, des admirables chants que nous ont offerts les quatuors
précédents. Mais le finale, lui, ne diffère pas seulement de tous les
finales italiens en ce qu'il revêt la coupe d'un morceau de sonate, au
lieu de celle d'un *rondo* ou d'un *tempo di menuetto* : c'est là, en outre, un
morceau d'un sentiment tout salzbourgeois, absolument semblable à
maints finales de Michel Haydn, et rappelant aussi, par la précision
et la grosse gaieté de ses rythmes, les finales des petites ouvertures
composées par Mozart après sa rentrée à Salzbourg. Quoi de plus
simple et naturel que de supposer que le jeune homme, ayant entamé
à Milan le dernier quatuor de sa série, n'ait pu, avant son départ, en
achever que le premier morceau, et se soit mis à l'exécution des deux
autres dans les premiers temps de son retour chez lui ? Considéré à ce
point de vue historique, le quatuor en *mi bémol* nous fournit une image
curieuse et typique du brusque changement provoqué, dans les idées et
les procédés de Mozart, par sa reprise de contact avec le milieu allemand ; et si, d'autre part, son finale ne saurait être comparé aux délicieux
finales des autres quatuors italiens, ses deux premiers morceaux nous
apportent du moins un nouvel écho de l'une des plus singulières et
plus exquises périodes que contienne toute l'histoire du génie de Mozart.
    Le premier morceau, comme nous l'avons dit, est encore purement

et pleinement italien. Sans aucune barre de reprise, il expose tour à tour trois petits sujets distincts, suivis d'une courte série de modulations mineures sur le premier sujet faisant office de *développement*, et ramenant une *rentrée* toute pareille de la première partie. Nul effort à élaborer ni à unir les idées, nulle trace d'un travail sérieux de contrepoint : mais toujours d'adorables chants d'une grâce transparente, avec une indication constante et minutieuse de nuances expressives (y compris plusieurs *crescendo*). Détail curieux : Mozart, pour son premier sujet, s'est souvenu d'une idée mélodique introduite jadis par Joseph Haydn dans son premier quatuor à cordes, mais avec un mouvement *adagio* ; et c'est encore la même idée que nous retrouverons bientôt, cette fois avec un mouvement lent, dans une sonate de piano à quatre mains (n° 200), écrite par Mozart au printemps de l'année 1774 :

L'*adagio*, malgré son ton majeur, est empreint d'une profonde beauté pathétique qui le met au niveau des plus beaux chants italiens de Mozart. C'est une sorte de méditation grave et recueillie, avec une expression presque religieuse ; et sa division en deux sujets distincts, les nombreuses nuances que Mozart y a indiquées, le caractère homophone de la mélodie, tout cela apparente encore ce morceau à la série des quatuors précédents. Mais, sous ces ressemblances, nous découvrons ici maintes particularités nouvelles, qui attestent déjà une influence allemande très fortement subie. C'est ainsi que les deux violons, de nouveau, tendent à s'unir contre le groupe de l'alto et du violoncelle ; le *développement*, plus long et plus important que dans les œuvres de la période italienne, est suivi d'une élaboration très poussée du premier sujet. avec un travail thématique que l'on croirait emprunté à un quatuor de Joseph ou de Michel Haydn ; et le morceau se termine par une longue *coda* qui, utilisant à son tour le rythme du premier sujet, dénote également une préoccupation toute musicale qui n'a plus rien de commun avec les intentions poétiques des *codas* italiennes que nous avons étudiées. Notons, ici, que l'*adagio* débute sur un accord de septième, et que la manière dont se début ramené après le *développement* donne lieu à un passage que Mozart se rappellera, presque note pour note, dans l'*andante* en *la bémol* majeur de sa fantaisie de 1791 pour orgue mécanique.

Quant au finale, nous avons dit déjà combien il différait des grands et ravissants finales de la période précédente. Le romantique italien a complètement disparu, pour céder la place à un aimable et facile improvisateur de *divertissements* salzbourgeois. Sous la coupe d'un morceau de sonate, nous voyons se succéder deux sujets également insignifiants, tous deux beaucoup plus rythmiques que chantants ; et le *développement* qui suit a beau être assez long, il ne fait que continuer et répéter pauvrement la ritournelle du second sujet. Les deux violons ne cessent pour ainsi dire plus de marcher ensemble, les indications de nuances deviennent très rares, et la *rentrée* reprend toute la première partie sans y rien changer, sauf à ramener, une fois de plus, en *coda*, le rythme de marche du premier sujet.

172. — *Milan ou Salzbourg, entre février et mai* 1773.

Sonate en ut, pour le clavecin, avec l'accompagnement d'un violon.

K. 56.
Ms. perdu.

Vivace. — Adagio con moto (en ut mineur). *— Rondo : allegro.*

Cette sonate est la dernière de la série commencée, et presque entièrement achevée par Mozart durant son dernier séjour en Italie. Le jeune homme l'aura-t-il encore écrite à Milan, ou déjà après sa rentrée à Salzbourg? C'est, en vérité, ce qu'il est très difficile de savoir exactement. Par le merveilleux sentiment romantique dont la sonate entière est animée, par la nature des idées et maints procédés de la composition, par l'abondance singulière des indications de nuances, l'œuvre se rattache immédiatement aux grandes sonates italiennes ; et, d'autre part, elle en diffère par la régularité classique de sa coupe, *allegro*, *adagio*, et *rondo* final, comme aussi par l'introduction, dans le *rondo*, de rythmes évidemment hongrois, tels que les a aimés de tout temps Joseph Haydn, mais extrèmement rares, jusqu'ici, dans l'œuvre de Mozart. Ce dernier aura-t-il eu l'occasion d'entendre des rythmes hongrois à Milan, où toutes les formes de la musique autrichienne étaient alors connues et goûtées? L'hypothèse n'a rien d'impossible, non plus que celle suivant laquelle Mozart, rentré à Salzbourg, aurait tenu à compléter sa série de six sonates, et, à son insu, se serait déjà laissé envahir par des influences nouvelles. Toujours est-il que nous avons affaire, cette fois, à une sonate de type absolument classique et « moderne », pareille à celles que Mozart écrira toujours désormais, et comparable aux plus importantes d'entre elles par son ampleur et sa richesse musicale, sa très haute portée artistique. Donner à cette sonate, comme on continue à le faire, le titre un peu méprisant de *sonatine*, c'est en méconnaître étrangement l'éminente valeur. Nous pouvons bien dire que, jamais plus jusqu'au départ de Mozart pour Paris en 1777, nous ne retrouverons dans son œuvre une sonate plus sérieuse, et grande, et digne de lui que celle-là.

Le premier morceau est construit, comme nous l'avons dit, suivant la coupe classique, avec un long *développement,* un des plus longs que Mozart ait jamais écrits, et une *rentrée* variée de toute la première partie. Mais la trace du style italien, tel que Mozart le pratiquait à Milan en 1773, se retrouve dans l'étroite fusion des sujets, dans le caractère mélodique des ritournelles, et dans la nature des constantes imitations du violon[1]. Le *développement,* d'abord nouveau et d'une allure toute romantique avec ses modulations mineures et son rythme syncopé, amène ensuite un superbe renforcement expressif de l'une des idées de la première partie; et ce *développement* s'enchaîne avec la *rentrée* par un curieux passage chromatique du piano sur lequel le violon dessine un chant d'une liberté et d'une beauté remarquables. La *rentrée* elle-même, d'ailleurs, nous présente maints petits allongements caractéristiques, rehaussant l'expression du morceau, qui est toute de noble passion, et fait déjà songer à l'esprit de Beethoven. Avec cela un traitement du piano beaucoup plus riche et plus sûr que dans les sonates précédentes, attribuant notamment à la main gauche un rôle déjà tout moderne, sous l'influence évidente de Schobert.

Encore cette influence, et la grandeur romantique de la sonate, et le progrès accompli dans l'éducation « pianistique » de Mozart nous apparaissent-ils plus manifestement dans l'*adagio con moto,* admirable chant mineur qui se poursuit d'un bout à l'autre, sur un accompagnement continu de la main gauche, avec un caractère merveilleux de mélancolie grave et recueillie. L'idée principale du chant, après son exposition en *ut mineur,* reparaît un moment en *mi bémol* majeur, pour être suivie d'un long passage pathétique tenant lieu de ritournelle, et aboutissant à une sorte de *développement* où l'idée susdite revient tout enrichie de modulations expressives. Une petite cadence termine ce passage; et puis, après un point d'orgue, la *rentrée* se produit, mais amputée, à la manière italienne, de toute la phrase en majeur de la première partie, — procédé que nous avons signalé déjà dans la sonate en *mi mineur* n° 164, et qui tendrait à faire supposer que la présente sonate a été écrite fort peu de temps après celle-là. Enfin l'*adagio* s'achève par six mesures nouvelles, d'un rythme et d'une expression étrangement poétiques, premier échantillon des grandes *codas* que Mozart introduira plus tard à la fin de ses morceaux; et d'ailleurs cette *coda* nous offre déjà comme une ébauche de celle qui, en 1786, terminera le premier morceau du concerto de piano en *ut mineur.*

Le finale est un *rondo,* expressément désigné sous ce titre : l'un des plus grands, des plus parfaits, et des plus « mozartiens » de toute l'œuvre de jeunesse de Mozart. Le thème, déjà, — suivant l'habitude de Mozart en Italie, — est tout original, dépassant infiniment la vulgarité de la plupart des refrains qui servaient alors de thème aux *rondos.* Aussi bien Mozart reprendra-t-il ce thème, dans le second finale de sa *Flûte enchantée,* pour en faire l'un des passages les plus caractéristiques du rôle de

1. On la retrouverait aussi dans le choix du mot : *vivace* pour désigner le mouvement du morceau. Ce mot, qui avait servi à désigner l'*allegro* initial de l'une des premières sonates de la même série, était d'un emploi aussi fréquent chez les maîtres italiens que peu habituel aux auteurs allemands.

Papageno. Le premier intermède, survenant après une répétition variée du thème en croisements de mains, pourrait être considéré, lui aussi, comme une variation de ce thème : mais plus curieux encore est le second intermède, en *la mineur*, ayant à un très haut degré l'allure et le caractère d'une *czarda* hongroise. Le troisième intermède est également en *mineur*, — nouvel indice de l'origine italienne de la sonate. Et, après lui, Mozart s'amuse à d'autres variations sur son thème, pour terminer par une longue *strette* pleine de feu et d'éclat. Le violon, comme dans le premier morceau, ne cesse point de répondre à la main droite du pianiste en imitations ; et nous retrouvons, dans le traitement du piano, la même maîtrise technique, renforcée encore, ici, d'effets de virtuosité plus originaux.

173. — *Salzbourg, 3 mai* 1773.

Concertone en ut, pour deux violons *soli*, deux violons, deux altos, deux hautbois, deux cors, basse et trompettes.

K. 190.

Ms. dans une collection de Hambourg.

Allegro spiritoso

Allegro spiritoso. — *Andantino grazioso en fa*. — *Tempo di menuetto vivace*.

La date de composition de ce *Concertone* a été grattée, sur le manuscrit : mais on a cru y déchiffrer les mots : « à Salisburgo, 3 mai 1773 », et cette conjecture nous est pleinement confirmée par le style du morceau, comme aussi par la ressemblance d'un bon nombre de ses passages avec des figures analogues dans les symphonies et la messe du même temps. A noter encore les deux altos plus expressément séparés, qui, pareillement, se retrouvent dans la messe et dans la symphonie n° 174. On ignore, d'ailleurs, dans quelles circonstances Mozart a été amené à composer ce *Concertone* : mais nous y découvrons, à chaque instant, comme un désir de montrer les progrès accomplis par le jeune homme dans la manière de traiter les divers instruments de l'orchestre.

Car, tout d'abord, on se tromperait à croire qu'il s'agit ici d'un concerto ordinaire pour deux violons. Non seulement la coupe des morceaux, comme nous le verrons tout à l'heure, diffère de celle des concertos ordinaires : à côté des deux violons *soli*, d'autres instruments ont un rôle expressément « concertant », par exemple les deux hautbois et le violoncelle. Bien plus qu'un concerto véritable, Mozart a voulu écrire un petit *divertissement* instrumental, dans le genre de celui qu'il avait composé à Milan en 1771 sous le titre de « Concerto », au sens où les Italiens entendent ce mot. Les *soli*, en effet, n'y ont jamais l'extension, ni le caractère dominant, qu'ils sont tenus d'avoir dans un concerto : ils consistent en de courts épisodes, le plus souvent libres, et non repris en *tutti*, qui viennent s'entremêler dans la trame symphonique. Mais le plus curieux est que Mozart, tout repris de son ancienne passion pour le contrepoint, ne se fatigue pas de composer ces *soli* en imitations, soit que les deux violons dialoguent entre eux ou avec les hautbois, ou bien encore qu'ils répondent en contrepoint au reste de l'orchestre. Avec cela, des nuances encore très nombreuses, de fréquents passages mineurs, et maints autres souvenirs de la précédente période italienne.

Le premier morceau, après quatre mesures d'*intrada*, — comme dans les symphonies du même temps, mais déjà avec réponse des hautbois aux cordes, — expose un premier sujet symphonique qu'une ritournelle enchaîne avec un second sujet qui, — et ici nous retombons dans les procédés du concerto, — est également exposé dans le ton principal. Vient ensuite une très longue ritournelle, aboutissant à la série des *soli*. Ceux-ci peuvent être distingués en un premier sujet, tout à fait nouveau, — et traité en contrepoint, — une réponse des solistes au second sujet du *tutti*, et un autre sujet nouveau, n'appartenant, lui aussi, qu'aux *soli*. Une reprise de la ritournelle finale du *tutti* amène un court passage nouveau, tenant lieu de *developpement*, et où les deux violons exposent tour à tour un chant mineur, accompagné par l'orchestre en imitation. Après quoi, celui-ci répète les quatre mesures de son *intrada* et les *soli* recommencent, exactement pareils a ce qu'ils ont été dans la première partie, pour aboutir à une cadence où les deux violons et le hautbois reprennent, à découvert, en canon, un de leurs sujets précédents. Et c'est encore une dernière reprise de l'*intrada* qui termine ce morceau, relativement très simple et facile, sans aucun de ces traits de virtuosité que Mozart, bientôt, déploiera dans ses concertos.

L'*andante* (toujours intitulé : *andantino grazioso*) nous fait voir une coupe analogue. Ici, cependant, le premier sujet du *tutti* n'est plus séparé du premier sujet des *soli* : dès que ces derniers commencent, ils entremêlent un sujet tout à eux avec des reprises fragmentaires de la mélodie qui commence le *tutti* ; tandis que le second sujet, lui, comme dans le morceau précédent, sert à la fois pour l'orchestre et pour les solistes. Toujours comme dans ce morceau précédent, la ritournelle du second sujet est suivie d'un ·petit *développement* où, en mineur, l'orchestre et les solistes reprennent, de part et d'autre, leur premier sujet ; après quoi vient une *rentrée* complète de la première partie, à peine un peu variée, aboutissant à une cadence qui ne consiste qu'en une quadruple répétition canonique d'une figure très simple, exposée d'abord par le premier des violons *soli*. Mais cette cadence, à son tour, est suivie d'une longue *coda* où l'orchestre répète, une fois encore, le second sujet, avec la ritournelle entière qui finissait le *tutti* du début. Les deux violons *soli*, dans cet aimable *andante*, dialoguent en réponses alternées, plutôt qu'en véritables imitations ; et Mozart y reste encore fidèle à son habitude milanaise de noter abondamment les nuances, depuis les *mf* et les *dolce* jusqu'à un grand *cresc.* d'un très bel effet.

Quant au finale, Mozart y entend le *tempo di menuetto* absolument à la manière italienne, comme il faisait dans ses sonates et quatuors de

Milan, c'est-à-dire comme un grand menuet avec un *trio*. Ici, les *soli* n'interviennent réellement que dans le trio, tandis que le menuet proprement dit est exposé par tout l'orchestre. Dans le menuet comme dans le *trio*, d'ailleurs, nous retrouvons déjà le procédé allemand qui consiste à reprendre toute la première partie (un peu abrégée pourtant dans ce finale) après la seconde. Inutile de dire que, après le trio, Mozart se borne à reprendre *da capo*, sans aucun changement, le premier menuet.

Au total, une œuvre assez insignifiante, et bien loin encore de faire présager les grands concertos qui la suivront : mais il semble que Mozart, tout de même, y ait mis plus de soin et de goût qu'à l'achèvement des commandes italiennes qui l'ont occupé durant les premiers mois de cette période du retour ; et nulle part, peut-être, ne nous apparaît aussi clairement son état d'esprit durant cette période, avec le mélange singulier que nous y avons signalé d'un regain de passion pour le contrepoint et d'une passion nouvelle pour les effets instrumentaux.

174. — *Salzbourg, mai* 1773.

Symphonie en ut, pour deux violons, deux altos, deux hautbois, deux cors, deux trompettes, violoncelle et basse.

K. 162.

Ms. dans une collection viennoise.

Allegro assai. — *Andantino grazioso* (*en fa*). — *Presto assai.*

La date de cette symphonie a été grattée, comme celle des symphonies précédentes et suivantes, toutes écrites sur le même petit papier oblong dont Mozart s'est constamment servi après son dernier retour d'Italie. On a cru cependant pouvoir déchiffrer, sous le grattage, la date 1772. Mais c'est là, manifestement, une erreur : car, en dehors même de l'argument que nous fournit le papier de l'autographe, cette symphonie n'a rien de commun avec celles que nous savons dater de 1772. tandis que sa ressemblance est extrême avec les symphonies n° 170 et 175, sur le manuscrit desquelles on a très justement déchiffré l'année 1773. Et nous pouvons sans crainte, aller plus loin dans la fixation de la date du présent n° 174. Comme nous le dirons encore, en effet, on y trouve maints passages qui se rencontrent aussi dans le *concertone* du 3 mai 1773, et cette symphonie est également la seule où, de même que dans ce *concertone*, Mozart ait expressément séparé les deux parties d'alto. C'est donc au mois de mai 1773 que Mozart, après son *concertone*, a composé cette petite symphonie, destinée, comme les deux précédentes et la suivante, à constituer une série d'ouvertures italiennes qui ont dû lui être commandées avant son départ de Milan : et peut-être la série était-elle destinée à comprendre six ouvertures, suivant l'usage, auquel cas Mozart l'aurait commencée par les deux ouvertures analogues de *Lucio Silla* et du *Sogno di Scipione*, avec le finale rajouté ensuite à cette dernière ?

En tout cas, ainsi que nous venons de le dire, la présente ouverture se rattache directement à celle en *ré* (n° 170) : non seulement elle est faite de trois morceaux très courts, sans barres de reprise et sans *développement*; non seulement le style y reste en partie le même, avec les oppositions de motifs rythmiques et mélodiques, l'importance du rôle des instruments à vent et de celui de l'alto, les nombreuses figures d'imitation, etc. : mais il n'y a pas jusqu'au rythme initial du premier morceau, ni jusqu'à l'élaboration thématique de ce rythme, qui ne rappellent ici le premier morceau de la symphonie en *ré*. Et cependant ces ressemblances n'empêchent pas que Mozart, de plus en plus, se dégage de ses souvenirs italiens pour subir l'influence du style de Salzbourg. Le voici déjà qui renonce à enchaîner ses trois morceaux, revenant à la coutume allemande des morceaux séparés ; et si le premier *allegro* reste encore d'allure à la fois italienne et théâtrale, déjà l'*andante*, petite romance sentimentale dans le goût viennois, et déjà le finale, — traité en morceau de sonate et tout semé de refrains populaires, — nous éloignent infiniment de l'esprit et du langage musicaux qu'avait créés, chez Mozart, la bienfaisante familiarité du plus pur génie italien. Ce qui reste et s'affirme, d'un bout à l'autre de la symphonie, c'est la maîtrise et maturité instrumentale, se traduisant par un emploi, d'ailleurs toujours plus allemand, des divers groupes de l'orchestre, comme aussi par l'aisance de plus en plus sensible avec laquelle Mozart, même dans des œuvres évidemment improvisées, du genre de cette ouverture et de la suivante, sait désormais unir ou opposer ses idées, chacune parfaitement appropriée à la coloration instrumentale dont elle est revêtue.

Le premier morceau, ainsi que nous venons de le dire, garde encore le rythme et le caractère d'un début d'ouverture italienne ; et nous avons également signalé la ressemblance de son premier sujet avec celui de la symphonie en *ré* (n° 170). Comme celle-ci, il s'ouvre par une courte *intrada* qui n'est plus reprise, dans son ton principal, qu'à la fin du morceau. Le second sujet, à la manière italienne, est d'abord réservé aux deux violons : mais bientôt les vents, doublés par les altos, interviennent pour leur répondre, et le sujet s'achève par une longue ritournelle où tout l'orchestre travaille en de très simples, mais presque incessantes imitations. Reparaît ensuite, comme dans les symphonies précédentes, et suivant le vieux modèle de l'ouverture italienne, une transposition du premier sujet à la dominante, faisant office de *développement* : mais déjà Mozart y ajoute, ici, douze mesures nouvelles sur le rythme du second sujet, qui ne seront pas répétées après la seconde partie et peuvent être considérées comme un timide retour à la coupe habituelle de la sonate ou symphonie allemande. Après quoi toute la première partie est reprise sans changement, à cela près que son *intrada* se trouve placée maintenant à la fin, servant de conclusion dans le ton principal.

L'*andantino grazioso* (notons l'emploi désormais presque constant de

ces mots, rapportés d'Italie) est construit exactement de la même façon
que celui du n° 170 : un petit chant en deux strophes, sans aucune trace
de *développement* intermédiaire. Mais tandis que le chant de la sympho-
en *ré* relevait encore tout à fait de l'*opera buffa* italien, celui-ci est une
romance tout allemande, avec deux sujets apparentés, dont le second,
seul, est légèrement varié dans le second couplet, avec une longue ritournelle d'un rythme dansant se produisant pareille après chaque couplet.
Un tel morceau, plus rythmé que chantant, ne comportait plus les longs
soli de hautbois qui forment l'élément principal de l'*andante* du n° 170 :
du moins Mozart est-il loin d'avoir renoncé à y faire intervenir les vents,
et sans cesse ceux-ci dialoguent avec les violons ou les altos, sauf pour
ces derniers à se répondre même parfois l'un à l'autre, en de légères
imitations. Les nuances, naguère encore si fréquentes, ont désormais
disparu ; et en vérité il faut entendre ou lire ce morceau pour se rendre
pleinement compte de la différence absolue qui, de toute manière,
sépare la production de Mozart en mai 1773 de la musique qu'il rêvait
et chantait en Italie, quelques mois auparavant.

Non moins allemand, ou plutôt salzbourgeois, est le finale de la symphonie, avec ses deux sujets rythmiques, son long *développement* non
répété, et toute son apparence de ronde populaire, maintenue malgré
de petites figures de contrepoint qui viennent souvent s'y mêler. Le
rôle des instruments à vent, ici, est tout superficiel, malgré le travail
assidu dont ils sont chargés. Et c'est dans ce finale, comme déjà dans le
premier morceau, que se rencontrent des ritournelles ou autres passages
semblables à ceux qui se trouvent dans le *Concertone* pour deux violons.

175. — *Salzbourg, mai ou juin* 1773.

**Symphonie en si bémol. pour deux violons, alto, deux hautbois,
deux cors, violoncelle et basse.**

K. 182.

Ms. dans une collection viennoise.

Allegro spiritoso. — Andantino grazioso (en mi bémol). — Allegro.

La date de 1773 que l'on a cru pouvoir déchiffrer sur l'autographe de
cette symphonie doit évidemment être exacte, car nous verrons que des
ressemblances frappantes rattachent la symphonie aux trois numéros
169, 170 et 174, composés par Mozart après son dernier retour d'Italie.
Et non seulement on possède deux copies simultanées de cet ouvrage,
ce qui renforce notre hypothèse d'une série d'ouvertures commandées
pour l'Italie, mais l'hypothèse susdite se trouve encore confirmée par

une longue inscription, en tête de l'une de ces copies où Mozart, en italien, énumère tous ses anciens titres honorifiques de Rome, de Bologne, et Vérone. Sans aucun doute, nous avons ici la dernière des quatre (ou six) ouvertures que Mozart a été chargé de fournir à quelque riche directeur ou amateur d'outre-monts [1]. Et quant à la date plus particulière de mai ou juin 1773 que nous assignons à la symphonie, celle-là est entièrement justifiée par l'analogie singulière qui unit ce numéro 175 à la symphonie précédente en *ut majeur* : les deux œuvres ont dû être conçues ensemble et composées immédiatement l'une après l'autre. Disposition des morceaux, coupe intérieure de chacun d'eux, choix des idées, procédés de mise en œuvre, tout cela reparaît, ici, tel que nous l'avons décrit dans le n° 174 : pour ne rien dire de menus expédients d'écriture communs aux deux partitions, comme celui qui consiste, dans le finale, à éviter la transcription du premier sujet au moyen d'une barre de reprises après sa première exposition.

Mais cette quasi identité de forme entre les deux symphonies n'empêche pas que, pour l'exécution de la dernière de ses ouvertures commandées, Mozart se soit senti plus las et plus pressé encore que pour l'achèvement de la précédente : de sorte que l'improvisation observée déjà dans l'*andante* et le finale de celle-ci nous apparaît maintenant dans les trois morceaux du n° 175, enlevant à ces morceaux toute valeur un peu sérieuse, aussi bien sous le rapport des idées et de l'écriture musicale que sous celui du traitement symphonique. Rarement il est arrivé à Mozart d'écrire une œuvre orchestrale plus insignifiante, pour ne pas dire plus « bâclée » : et ce défaut se laisse voir d'autant plus que, par ailleurs, nous sentons que le jeune homme est à présent en possession parfaite du style musical de son pays, et peut-être n'improvise-t-il ainsi cette dernière ouverture que parce qu'il a le cerveau et le cœur tout remplis de projets mieux accommodés à son goût nouveau.

Dans le premier morceau, construit tout à fait comme celui de la symphonie précédente, le passage le plus curieux est une sorte de troisième sujet ou de ritournelle où, sous un trémolo du premier violon, les trois autres voix du quatuor reprennent, en canon, une figure de la ritournelle du premier sujet. Le second sujet, lui aussi, marque bien le retour de Mozart à l'influence allemande : au lieu d'être un chant, à l'italienne, il a une allure rythmée et dansante qui fait songer au style populaire viennois. Et l'évidente improvisation du morceau n'est pas poussée si loin que Mozart ne nous y fasse voir maints autres signes du changement qui s'opère en lui : ainsi la *rentrée* est précédée d'une dizaine de mesures qui, combinant les rythmes du premier et du second sujet, forment déjà un véritable embryon de *développement*, et la reprise du premier sujet, dans cette *rentrée*, est déjà sensiblement allongée et renforcée, d'après le procédé habituel des maîtres allemands qui, désormais, va redevenir pour Mozart une règle constante. Les instruments à vent ont, çà et là, quelques *soli* caractéristiques : mais, comme nous l'avons

---

1. L'étroite parenté de cette symphonie avec les précédentes et avec les œuvres datées de la même période s'affirme encore dans l'emploi des mots : *allegro spiritoso*. qui se trouvaient déjà en tête des premiers morceaux d la symphonie en ré n° 170 et du *Concertone* de mai 1773 (n° 174).

dit, leur rôle se ressent de la hâte qui a dû présider à la rédaction de la symphonie tout entière.

L'*andantino grazioso*, où les flûtes remplacent les hautbois, est traité en *rondo*, comme celui du *divertissement* n° 168, c'est-à-dire avec un long refrain, répété le plus souvent possible, et de très courts intermèdes servant de transition entre ses reprises. Le refrain, ici, est un petit *lied* salzbourgeois méritant la qualification de *grazioso ;* et le seul intérêt des intermèdes consiste dans le rôle considérable qui y est attribué aux flûtes et aux cors, soit que ces deux instruments dialoguent avec les violons, où même qu'ils interviennent à découvert, dans de longues ritournelles précédant la réapparition du refrain.

Quant au finale très court et d'une insignifiance parfaite, Mozart lui a donné une forme intermédiaire entre le *rondo* et le morceau de sonate : un premier sujet invariable, répété deux fois, est suivi d'un second sujet très varié la seconde fois, tandis qu'un troisième sujet reste pareil, lui aussi, dans les deux parties du morceau. Tout cela sans aucune trace d'élaboration quelconque, et aussi banal au point de vue des idées que pauvre en contrepoint ou en effets instrumentaux. Le morceau s'achève par une *strette* assez brillante, où l'orchestre entier attaque d'abord, à l'unisson le rythme initial du premier sujet.

Avons-nous besoin d'ajouter que les indications de nuances ont disparu, avec le reste des souvenirs italiens, sauf pourtant de fréquentes oppositions de *forte* et de *piano* accentuant le caractère tout rythmique du premier morceau et du finale ? A la date où il écrit cette symphonie, Mozart est redevenu aussi absolument salzbourgeois qu'il l'était avant son premier voyage d'Italie : en possession d'un métier déjà très habile et très mûr, il est prêt à subir toute influence nouvelle où l'exposeront les hasards de sa vie ; et nous allons voir maintenant de quelle façon, tour à tour, l'obligation de composer une messe, puis le contact avec la musique viennoise, et enfin le commerce familier de Michel Haydn à Salzbourg, contribueront à former chez lui un style original qui, après cela, ne se modifiera plus très profondément que pendant le grand voyage à Mannheim et à Paris de 1777-1778.

176. — *Salzbourg, juin* 1773.

Messe de la Sainte-Trinité en ut majeur, pour quatre voix, deux violons, deux hautbois, quatre trompettes, basse et orgue.

K. 167.
Ms. à Berlin.

I. *Kyrie : allegro.* — **II.** *Gloria : allegro.* — **III.** *Credo Patrem*

omnipotentem: allegro, adagio et allegro; Et in spiritum sanctum:
allegro en sol; Et unam sanctam : allegro, adagio, allegro. —
IV. Sanctus : andante ; Osanna : allegro ; Benedictus : allegro en
fa. — **V. Agnus Dei : adagio ; Dona nobis : allegro.**

Cette messe, l'une des plus belles de Mozart, a en outre l'avantage de
nous renseigner exactement sur les goûts et les préoccupations du jeune
homme au retour de son dernier voyage d'Italie[1]. Deux traits s'en dégagent surtout avec une netteté parfaite : 1° l'importance du contrepoint,
déjà conçu d'une façon toute nouvelle; et 2° le désir de ramener la musique religieuse aux règles et aux procédés de la symphonie.

L'importance du contrepoint, d'ailleurs, n'empêche pas celui-ci de garder le rôle épisodique qu'il aura désormais presque toujours chez Mozart.
Le fond du chant, dans cette messe comme dans les morceaux religieux
qui la précèdent et la suivent, est bien encore une marche homophone des
quatre voix, sauf pour celles-ci à devenir de plus en plus libres et hardies
dans leurs modulations : mais, à côté de ces passages homophones, les
passages en contrepoint tiennent une place plus considérable que dans
la plupart des autres messes ; et volontiers le contrepoint, au lieu de
se borner à de simples imitations ou entrées en canon, prend la forme
d'une fugue ou d'un *fugato*. De plus, ces fugues elles-mêmes, dès maintenant, tendent à revêtir une beauté mélodique et une portée expressive
qui toujours, depuis lors, caractériseront le contrepoint de Mozart.
Celui-ci ne cherche même plus à vaincre des difficultés, comme dans ses
essais de 1770 et 1771 : il ne vise plus qu'à produire un effet d'ensemble,
à faire chanter son contrepoint, comme le lui apprend l'exemple de
Michel Haydn, dont cette messe, à ce point de vue comme à plusieurs
autres, dénote clairement l'influence.

Mais plus typique encore nous apparaît, dans cette messe, la tendance
de Mozart à réduire la musique religieuse aux lois de la symphonie.
Nous avons déjà signalé cette tendance, chez lui, dès 1769 : mais les
leçons du P. Martini l'avaient, quelque temps, réprimée; et c'est seulement dans la messe de 1773 que nous la voyons reparaître avec toute
son intensité. On peut dire que le *Kyrie* et le *Gloria* de la messe sont
exactement traités comme des morceaux de symphonie, avec exposition
du thème ou des thèmes à l'orchestre, reprise ensuite pour accompagner
le chant, *développement, rentrée* variée, et *coda*. Quant au *Credo*, la tendance susdite y est si manifeste que ce *Credo* tout entier est, en quelque
sorte, une symphonie en trois parties, ainsi que nous le verrons plus en
détail tout à l'heure. Le *Sanctus* lui-même, avec la reprise de l'*Hosanna*
après le *Benedictus*, offre un peu le caractère régulier d'un morceau symphonique. Et il y a plus : avec son unité tonale, à peine interrompue
d'épisodes dans les tons les plus voisins, avec l'emploi, dans tous les
morceaux, de rythmes d'accompagnement similaires et de figures de contrepoint du même genre, toute la messe constitue un ensemble unique,
une œuvre d'une suite et d'une tenue exceptionnelles[2].

1. La date de la composition nous est donnée par Mozart lui-même, sur l'au
tographe.
2. Est-il besoin de faire remarquer, ici encore, à quel point ces deux qualités

Malheureusement ces deux qualités ont un revers : à force de vouloir faire de sa messe une symphonie, Mozart achève de lui enlever tout caractère religieux, et, en outre, n'est pas non plus sans lui ôter le caractère d'une œuvre vocale, pour réduire les voix au rôle de parties instrumentales. Cela est si vrai que plusieurs fois, notamment dans l'*Et in Spiritum* et dans le *Benedictus*, l'orchestre et les voix alternent les mêmes chants, ou parfois les mêmes figures d'accompagnement. Telle qu'elle est, cette messe relève d'une inspiration toute pareille à celle des charmantes symphonies de la même époque : tout y est clair, simple, tendrement expressif, et comme parfumé de grâce légère.

Le *Kyrie* est, comme nous l'avons dit, traité en *allegro* de symphonie, mais avec un seul sujet dans la première partie ; et ce sujet est repris avec d'importantes variations après un grand passage intermédiaire, traité en contrepoint, et qui tient lieu de *développement*. Sous une brillante figure exécutée, le plus souvent à l'unisson, par les deux violons, avec une collaboration très active des hautbois, le chœur expose un chant presque toujours homophone, où les ténors sont à peu près seuls à introduire de longues et difficiles cadences. Puis une reprise variée du prélude instrumental de la première partie, à la dominante, amène, dans le chant, la partie intermédiaire en contrepoint dont nous avons parlé tout à l'heure, et qui, au lieu d'être toute consacrée au *Christe*, continue de répéter encore les mots *Kyrie eleison*, jusqu'à une conclusion de six mesures, très modulée, où apparaît enfin le mot *Christe*. Les modulations de ce *Christe* aboutissent à un point d'orgue ; et aussitôt après, cette fois sans prélude, le chœur reprend la première partie, variée surtout par l'introduction d'une figure nouvelle dans la grande cadence des ténors. Et le *Kyrie* s'achève par une véritable petite *coda* où, sous l'accompagnement du début, les voix murmurent, à deux reprises, le mot *eleison*.

Dans le *Gloria*, cinq mesures de prélude exposent une figure d'accompagnement qui se reproduit ensuite sous le chant des voix, pendant un long passage homophone que l'on peut exactement comparer à un premier sujet de symphonie ; puis vient, au *Domine Deus*, un second sujet plus court, également homophone, et dont l'accompagnement rappelle sans cesse le rythme du début du *Gloria*. Ce second sujet, après avoir modulé dans des tons mineurs, se termine sur une cadence de *mi mineur* ; et alors, ici comme dans le *Kyrie*, nous voyons se produire (au *Qui tollis*) une sorte d'épisode intermédiaire ou de *développement* libre, tout rempli, lui aussi, de belles modulations mineures, sous un accompagnement très discret des violons. Puis vient la rentrée du premier sujet, sur les mots *Quoniam tu solus ;* mais au lieu de reprendre ensuite son second sujet, Mozart, sous l'accompagnement qui lui avait servi pour ce sujet dans la première partie, fait chanter aux voix une simple

distinctives de la *Messe* attestent un retour presque complet, — et à peine croyable, — du jeune garçon à l'influence allemande ? Cette réduction du contrepoint à des formes fixes, et cette importance capitale attribuée à l'instrumentation, Mozart en emprunte directement l'idée à ses compatriotes, et notamment aux deux Haydn, sans que ses souvenirs italiens encore tout récents semblent le moins du monde l'embarrasser dans la pratique d'un style aussi nouveau pour lui.

et belle fugue (cum Sancto Spiritu) qui se poursuit jusqu'à la fin du morceau.

Dans le *Credo*, toute la partie qui va jusqu'à l'*Et in Spiritum* est traitée en *allegro* de symphonie, avec, au milieu, en guise d'intermède ou de *développement*, un court *adagio* pathétique pour l'*Incarnatus* et le *Crucifixus*. Dans un langage le plus souvent homophone, les chœurs s'emploient à traduire les sentiments suggérés par le texte, tandis que l'orchestre les accompagne librement en alternant et modulant sans cesse trois petites figures distinctes, exposées dès le début du morceau. A cet *allegro* initial succède ensuite, sur les mots *Et in Spiritum*, un long passage tout nouveau en *sol*, que la rapidité relative de son mouvement n'empêche pas d'équivaloir aux *andantino grazioso* des symphonies de la même période. C'est un morceau d'allure toute « gracieuse », en effet, accompagné seulement par les violons et les hautbois, et même précédé d'un prélude où, les voix se taisant, nous avons tout à fait l'impression d'entendre l'un des morceaux intermédiaires des symphonies précédentes ou suivantes. Et puis, après encore une reprise du début du *credo* sur les mots : *Et unam sanctam*, — reprise très abrégée, et ayant le caractère d'une introduction, — l'*Et vitam venturi sæculi* qui termine le *Credo* constitue un véritable *finale*, sous sa forme de *fugato* à deux sujets, d'abord doublé par l'orchestre avant d'être accompagné par lui d'une figure indépendante. Et Mozart, selon son habitude nouvelle de cette période, a encore voulu que cet ample *Credo* s'achevât par une *coda*. Sur le mot *amen*, tout d'un coup, l'orchestre et le chant reprennnent l'un des sujets du début du *Credo*, et nous voyons ce rappel de ce que nous avons comparé à un premier *allegro* s'entremêler, dans cette *coda*, à des retours du premier sujet du *fugato* final. Tout cela très simple et d'un sentiment religieux très suffisamment accentué : mais l'inexpérience ou le manque d'habitude du jeune homme ne laisse pas de nuire, çà et là, à la réalisation de l'idéal artistique que vient de lui révéler son retour à Salzbourg ; et le *fugato* final, en particulier, aurait gagné à être resserré davantage ou même simplement abrégé.

Le *Sanctus*, et l'*Hosanna* qui le complète, sont très courts et assez insignifiants, à l'exception d'une charmante figure mélodique chantée par le chœur, vers la fin de l'*Hosanna*, sous un trait continu des violons. L'effort pricipal de Mozart, ici, a évidemment porté sur le long *Benedictus* en *fa ;* et encore ce morceau lui-même est-il beaucoup moins intéressant par son chant que par toute sa partie instrumentale. Il s'ouvre par un grand prélude d'orchestre d'un caractère tout symphonique, avec d'incessantes imitations entre les violons et les basses; puis, après une première partie où le prélude précédent reparaît pour accompagner un chant tout homophone, un passage nouveau, précédé et suivi d'autres *tutti* de l'orchestre, équivaut un peu à un *développement*, après lequel se produit une rentrée régulière de la première **partie**, aboutissant à un retour de l'*Hosanna*.

Enfin l'*Agnus* est peut-être la partie la plus originale de toute cette messe où chaque morceau nous révèle le jeune Mozart s'efforçant à secouer toute trace de son éducation italienne, pour se conformer désormais à l'esprit de la nouvelle musique religieuse allemande. Cet *Agnus* se compose, suivant l'usage, de deux morceaux, l'*Agnus* proprement dit,

adagio, beau chant homophone tout plein de modulations expressives,
sous un accompagnement continu des deux violons, et le *Dona nobis*, —
d'un mouvement plus vif, encore que Mozart ait négligé de l'indiquer,
— où les quatre voix ne cessent pas de se répondre en de pures et chantantes imitations, pendant que l'orchestre les accompagne d'une discrète figure ininterrompue. Et à ce second morceau de l'*Agnus* s'ajoutent encore, — 32 mesures avant la fin du *Dona nobis*, — une admirable
coda, d'abord toute nouvelle (accompagnée par les violons sur un rythme
qui n'est pas sans rappeler celui du *Kyrie* de la messe), et puis ramenant,
mais très simplifié et concentré, le thème initial du *Dona nobis*.

Cet *Agnus* est aussi, incontestablement, la partie la plus « vocale » de
toute la messe, celle où le rôle du chant s'élève le plus au-dessus du
rôle de l'orchestre. Dans d'autres morceaux, comme le *Credo* ou le *Benedictus*, nous sentons trop que tout l'intérêt du jeune maître s'adresse à
l'accompagnement instrumental, ou plutôt aux remarquables morceaux
symphoniques qui, sous prétexte d'accompagner le chant, risquent bien
souvent de l'étouffer sous l'éclat de leurs figures et l'ingénieuse diversité de leurs modulations. Détail curieux : dans un orchestre où ne
figurent pas les altos, Mozart continue cependant à faire marcher
ensemble, presque toujours, les deux violons, à la manière des maîtres
allemands : mais non seulement les parties de ces deux violons sont
des plus chargées, comme aussi celles des basses et de l'orgue (ce dernier
ayant parfois déjà un rôle indépendant) : les hautbois ne cessent pas,
eux non plus, de collaborer à enrichir l'ensemble orchestral, tandis que
les tambours et trompettes prêtent à celui-ci un caractère particulier
de grandeur solennelle. Décidément le jeune Mozart, malgré son dernier séjour en Italie et la composition de son *Lucio Silla*, continue à
demeurer le pur symphoniste que nous l'avons vu devenir en 1772 : il
ne faudra pas moins que la rencontre, plus ou moins fortuite, d'œuvres
religieuses de l'ancienne école napolitaine pour réveiller en lui momentanément, vers le milieu de 1774, ce goût et ce sentiment du chant que
lui avait naguère enseignés le P. Martini.

177. — *Salzbourg, entre mars et juillet* **1773.**

**Première rédaction d'un quintette en si bémol, pour deux violons,
deux altos et violoncelle.**

K. 174.
Ms. à Berlin.

Allegro moderato. — Adagio (en *mi bémol*). — *Menuetto ma allegretto et trio*
(en *fa*). *— Allegro.*

Le manuscrit autographe de ce quintette porte la date de « décembre 1773 » : mais cet autographe est, en réalité, un remaniement d'une composition antérieure, avec un *trio* de menuet et un finale nouveaux ; et nous verrons, en étudiant ces morceaux refaits, qu'ils portent à un très haut point la marque des méthodes familières à Mozart durant les derniers mois de 1773. C'est donc à ce moment que le jeune homme a revu et remanié son quintette ; et comme nous savons déjà que, chez Mozart, la rédaction nouvelle des morceaux d'un ouvrage atteste toujours une révision sensiblement ultérieure à la composition primitive, nous pouvons être assurés dès l'abord que, le quintette ayant été rémis au point en décembre 1773, ce n'est pas vers ce même temps que Mozart a dû l'écrire pour la première fois. Mais l'examen de la forme originale du quintette nous permet d'aller plus loin dans notre affirmation, et de déclarer avec certitude que celui-ci a dû être composé durant les mois qui ont suivi le dernier retour d'Italie. Nous y trouvons, en effet, un style tout proche de celui des ouvertures de cette période, avec encore maints procédés qui rappellent les habitudes italiennes de Mozart pendant la période précédente.

Depuis quelque temps déjà, en Allemagne, le genre du quatuor à cordes avait commencé à acquérir une haute portée musicale, qui lui conférait une dignité presque égale à celle de la symphonie. Des maîtres comme Joseph Haydn, Gassmann, ou Vanhall, avaient importé en deçà des Alpes une conception du quatuor qui, sans aucun doute, avait eu son origine dans le nord de l'Italie, formée et développée par une génération de nobles poètes tels que les Tartini et les Sammartini. A l'exemple de ces derniers, l'école viennoise avait renoncé à ne voir dans le quatuor qu'une forme rudimentaire du *divertissement* ou de la *cassation* pour assigner à ce genre une fin artistique infiniment supérieure. Et cependant nous avons vu que, l'année précédente encore, en 1772, à Salzbourg, Mozart avait intitulé ses quatuors *divertimenti*, en réduisant leur importance aux limites que ce terme impliquait. Ses premiers véritables quatuors à cordes, il ne les avait écrits qu'en Italie, sous l'influence immédiate des maîtres italiens. Mais nous verrons aussi que, bientôt, durant son séjour à Vienne, des maîtres allemands lui fourniront l'occasion de produire d'autres quatuors, d'une valeur et d'une portée non moins considérables. Dès ce moment, le quatuor à cordes deviendra pour lui, comme pour Joseph Haydn, un des genres les plus élevés de toute la musique.

Chose curieuse, le quintette à cordes, lui, n'était point destiné à la même fortune. Pratiqué par Sammartini aussi volontiers que le quatuor, et avec une signification toute pareille, pour les maîtres allemands il était resté un genre inférieur, un genre réservé aux *cassations* et musiques de table. C'est encore sous la forme d'un petit « nocturne » que Michel Haydn, le 17 février 1773, avait composé le premier véritable quintette à cordes qui mérite d'être admis dans l'histoire de la musique allemande[1]. Et lorsque Mozart, revenu à Salzbourg au mois de mars de la

1. Une réduction pour le piano à quatre mains de ce charmant quintette de Michel Haydn a été publiée naguère, — mais sous le nom de Joseph Haydn, — ar l'éditeur leipzigois Rieter-Biedermann.

même année, a connu ce délicieux *divertissement en quintette* que venait
de composer son confrère salzbourgeois, aussitôt il a dû se mettre en
devoir de produire, à son tour, une œuvre semblable, — en lui conservant
d'ailleurs un caractère tout pareil de *divertissement* brillant et léger. Et
quant à la manière dont, quelques mois plus tard, en décembre de la
même année, sous l'influence d'un second quintette de Michel Haydn, il
a éprouvé le désir de remanier et de rehausser musicalement la rédaction primitive de son quintette de naguère, c'est ce que nous aurons à
indiquer en étudiant bientôt cette importante et féconde période nouvelle de sa vie.

Dans la rédaction primitive du quintette, trois traits caractéristiques
nous apparaissent, constamment mêlés : l'imitation du quintette en *ut*
de Michel Haydn, l'influence des souvenirs récemment rapportés d'Italie,
et l'intention manifeste de produire un *divertissement*.

Par le nombre et la disposition des morceaux, par l'emploi de *codas*
séparées après chacun d'eux, par l'introduction de nombreux « échos »
dans l'*andante*, le quintette de Mozart se rattache directement à celui de
Michel Haydn ; et tous deux attestent une conception identique de l'objet comme du traitement du genre du quintette, avec un grand nombre
d'idées mélodiques juxtaposées dans chaque morceau, et une méthode
d'écriture caractéristique consistant à faire dominer, dans l'ensemble
instrumental, les deux voix du premier violon et du premier alto. Mais,
comme nous l'avons dit, le jeune Mozart est encore trop pénétré de ses
récentes habitudes italiennes pour pouvoir s'en dégager d'un seul coup,
au contact de l'idéal nouveau que lui offre Michel Haydn. Sans cesse,
dans le choix des idées comme dans leur mise en œuvre, le quintette
nous apporte des traces de l'art que nous ont révélé les quatuors milanais : même pureté du chant, même facilité superficielle du contrepoint,
même étendue et même grâce chantante dans les ritournelles ; sans
compter des indications de nuances encore très nombreuses, et tout à
fait pareilles à celles des œuvres de la période précédente. Quant au
troisième des caractères susdits, l'allure brillante et facile d'un *divertimento*, il suffit de jeter les yeux sur les divers morceaux du quintette,
en les comparant par exemple aux quatuors dont nous venons de parler, pour comprendre que Mozart, ici, a eu en vue la création d'un
ouvrage infiniment plus léger, destiné peut-être à une exécution en
plein air, ou pendant un repas [1].

Le premier morceau nous donne tout de suite cette impression de
« musique de table ». Au lieu de se composer des deux sujets classiques, dûment variés et élaborés, ce premier morceau nous fait
entendre tour à tour au moins cinq idées distinctes, se suivant sans rapport entre elles, et reprises ensuite dans le même ordre, après le *développement*. Détail curieux : c'est de la même manière, avec cinq idées
juxtaposées, que Michel Haydn avait fait le finale de son quintette, s'es-

---

1. Détail curieux : la composition de ce premier *quintette* coïncide, chez Mozart,
avec un retour à l'ancienne habitude du dédoublement de la partie des altos
dans les symphonies nᵒˢ 174 et 175 et le *Concertone* nᵒ 173. Tout amusé d'avoir
découvert le genre du *quintette*, le jeune homme transforme le quatuor des cordes
en un quintette jusque dans son orchestration de la même période !

sayant ainsi à un type de finale qui deviendra bientôt le type ordinaire des finales instrumentaux de Mozart. Mais Mozart, emporté comme toujours par sa fièvre d'enthousiasme, ne s'en est pas tenu d'abord à imiter ce finale de Michel Haydn dans le dernier morceau de son propre quintette : il l'a imité aussi dans son premier morceau, ce qui ne laisse pas de donner à celui-ci une apparence fragmentée et un peu incohérente. Le *développement*, d'après une habitude de Mozart en Italie, est fait simplement sur la ritournelle qui précède les deux barres, et dont le jeune homme s'amuse à répéter les rythmes avec toute sorte de petites imitations, parmi des modulations mineures qui ne sont pas non plus sans rappeler les récents quatuors italiens. Quant à la *rentrée*, on pourrait presque dire qu'elle reproduit exactement la première partie, sauf une petite extension modulée de l'un des nombreux sujets. Enfin le morceau se termine par une *coda*, non encore appelée de ce mot, mais déjà séparée de la seconde partie par une nouvelle barre de reprise ; et nous retrouvons ici pour la première fois, de nouveau, cet usage d'une *coda* séparée que Mozart, en 1772, avait déjà commencé a pratiquer, pour y renoncer ensuite pendant son séjour à Milan. Cet usage lui est venu directement de Michel Haydn, qui, de préférence, terminait ses morceaux par des *codas* venant après des barres de reprise. Et le plus curieux est que, ici, Mozart procède dans sa *coda* tout à fait commé Michel Haydn dans celle du premier morceau de son quintette de février 1773 : après avoir coupé, dans sa rentrée, quelques mesures qui s'étaient produites dans la première partie, c'est avec ces mesures qu'il constitue l'épilogue de son *allegro*. Ajoutons que, suivant l'exemple de Michel Haydn, le premier violon et le premier alto ne cessent pas de jouer le rôle principal, accompagnés par les trois autres voix.

Peut-être, cependant, l'imitation du maître salzbourgeois apparaît-elle plus clairement encore dans l'*adagio*. Le *cantabile* du quintette en *ut* de Michel Haydn, adorable poème dont l'inspiration ne servira de modèle à Mozart que pour ses grandes rêveries des *sérénades* et *divertissements* des années suivantes, offre la particularité de n'être, d'un bout à l'autre, qu'une série d'*échos ;* et pareillement le jeune Mozart, dans son *adagio* du présent quintette, s'amuse à traiter en écho le second sujet et la ritournelle. Seul chez lui le premier sujet, beaucoup plus séparé du second que chez Michel Haydn, continue à être un chant des violons, accompagné par les altos et le violoncelle. Ce chant lui-même est précédé de deux mesures d'*intrada* à l'unisson, exposant le rythme qui va devenir l'accompagnement du premier sujet, — procédé encore tout italien ; et ce rythme même, et le chant qui le suit dérivent directement de l'esprit des quatuors italiens de Mozart. Mais à partir du second sujet, la ressemblance avec le quintette de Michel Haydn devient très frappante : chaque phrase, aussitôt exposée, est répétée en écho par une autre voix. Le petit *développement*, chez Mozart comme chez Haydn, reprend les rythmes du premier sujet ; il est suivi d'une *rentrée* d'abord un peu abrégée et variée, puis sans aucun changement ; et c'est aussi de cette manière que se fait la rentrée dans le *cantabile* de Michel Haydn. Mais tandis que celui-ci, dans ce morceau, ne fait plus de *coda*, Mozart, avec son habitude de pousser à fond tous les principes qu'il adopte, introduit des *codas* à la fin de ses trois morceaux. Pour l'*adagio*, d'ailleurs, comme pour le premier morceau, il se borne à constituer sa *coda* avec un passage supprimé dans la rentrée précédente, — ici, l'*intrada* du début, aboutissant à une conclusion nouvelle.

Rien à dire du menuet et du trio, assez insignifiants, si ce n'est que, dans l'un et dans l'autre, Mozart répète entièrement la première partie après la seconde, et que, de nouveau, il y confie tout le chant au premier violon et au premier alto. Le trio qu'il a composé primitivement lui a du reste, plus tard, paru si médiocre qu'il l'a remplacé par un autre tout nouveau, et, — détail amusant, — tout entier traité en échos, comme l'était le *trio* du quintette de Michel Haydn.

Quant au finale, également assez faible, Mozart, en décembre 1773, ne l'a pas refait d'un bout à l'autre comme le trio du menuet : il a imaginé de le renforcer en y ajoutant un nouveau premier sujet, et en élaborant sa rédaction primitive d'après l'idéal particulier qu'il rapportait de son séjour à Vienne. Sous sa forme première, ce finale était fait d'une juxtaposition de trois petits sujets, dont l'un traité en écho entre les violons et les altos. Le *développement* répétait et modulait, toujours en écho, le premier sujet, et la *rentrée* se faisait sans aucun changement, pour aboutir à une petite *coda* très simple, ramenant une fois de plus le même sujet initial. Nous aurons à revenir sur ce morceau, pour montrer avec quel sûr et singulier génie Mozart, en décembre de la même année, est parvenu à le transfigurer au moyen d'un petit nombre d'additions et de retouches, lui donnant ainsi une valeur musicale beaucoup plus haute que celle qu'il avait précédemment.

DIX-HUITIÈME PÉRIODE

L'INFLUENCE VIENNOISE

ET LE RETOUR DÉCISIF A L'ESPRIT ALLEMAND

(VIENNE, 1ᵉʳ JUILLET-30 SEPTEMBRE 1773)

Nous avons vu que, déjà pendant le dernier séjour des Mozart à Milan, le père du jeune homme avait rêvé d'obtenir, pour son fils, un emploi auprès d'une Cour italienne, pouvant lui permettre de tirer meilleur parti de ses talents que dans l'atmosphère étroite et obscure de sa ville natale. Les démarches tentées à ce moment n'avaient point réussi; et force avait été aux deux voyageurs de reprendre le courant de leurs obligations professionnelles : mais à peine avaient-ils passé quatre mois à Salzbourg que, de nouveau, l'ambitieux Léopold Mozart résolut de se mettre en quête, pour son fils, d'une situation plus brillante et plus fructueuse. Cette fois, c'est à Vienne qu'il avait décidé de se rendre, espérant y retrouver à sa disposition les anciennes sympathies qui avaient accueilli, en 1762 et en 1768, les exhibitions de l'enfant-prodige. Nous verrons tout à l'heure à quel lamentable échec étaient destinées ces tentatives de l'excellent père : la Cour et l'aristocratie viennoises avaient désormais d'autres favoris, qui, eux-mêmes, ne se souciaient point d'être remplacés par un nouveau venu dont ils ne pouvaient méconnaître la supériorité. Et cependant ce voyage de Vienne n'en a pas moins été d'un profit considérable pour le jeune Mozart, en lui montrant la voie où il devait s'engager, maintenant que les souvenirs rapportés d'Italie avaient décidément cessé de le satisfaire. C'est ce que nous fera comprendre aisément l'étude de l'art viennois de cette période, et des œuvres, relativement assez nombreuses, produites par le jeune Mozart sous son influence directe, aussi bien à Vienne qu'après son retour à Salzbourg. Mais il faut tout d'abord que nous dégagions, des trop rares fragments de lettres qui nous ont été transmis par Nissen, les quelques passages pouvant avoir de l'intérêt pour nous.

La première des lettres citées par Nissen est du 12 août, c'est-à-dire de près d'un mois après le départ de Salzbourg. Léopold y écrit

que l'impératrice les a reçus, l'un et l'autre, « très favorablement »,
mais que « c'est là tout », et que, décidément, « toutes choses ont
leurs obstacles ». A quoi il ajoute, assez mystérieusement : « Si
nous ne partons pas de Vienne lundi prochain, nous ne pourrons
plus revenir avant septembre ; c'est aujourd'hui même ou demain
que je serai fixé là-dessus. » Suit une phrase incompréhensible pour
nous, par la faute de Nissen, qui a effacé un nom propre : « X... a
un véritable talent, de telle sorte qu'il devrait être mon fils ou, tout
au moins, venir chez moi. » Enfin voici qui est plus clair, et mérite
d'être reproduit tout au long : « Le jour de la fête de saint Gaëtan,
les Pères du couvent nous ont invités à leurs offices; et comme
l'orgue n'était pas en état de servir pour y jouer un concerto, notre
Wolfgang a emprunté à M. Trieber un violon et une partition de
concerto, qu'il a eu l'impertinence de déchiffrer aussitôt sur le
violon. Chez les Jésuites, le jour de l'octave de saint Ignace, on a
chanté une messe de Wolfgang. celle qu'il a écrite pour le P. Dominique (n° 75) : c'est moi qui ai dirigé ; et la messe a plu extraordinairement. » Deux jours après, le 14 août, Léopold annonce que l'archevêque de Salzbourg lui a permis de prolonger un peu leur séjour
à Vienne. Il ajoute que « toute la maison des Martinez et des Bono
envoie ses amitiés » à Mme Mozart.

Le 21 août, lettre de Léopold : « Je n'ai pas écrit par le dernier
courrier parce que, ce jour là, nous avons eu une grande séance de
musique chez notre ami Mesmer, dans son jardin de la Landstrasse.
Mesmer joue très bien de l'harmonica de miss Davis. Il est le seul, à
Vienne, qui ait appris à en jouer, et son instrument est beaucoup
plus beau que celui qu'avait miss Davis. Wolfgang en a déjà joué
souvent : quel bonheur ce serait si nous pouvions en posséder un !
Celui de Mesmer a coûté 50 ducats. » La suite de la lettre est toute
remplie d'allusions aux déboires rencontrés à Vienne par les voyageurs, qui ne promettent plus de rentrer qu'à la fin de septembre.
Le même jour, Wolfgang écrit à sa sœur qu'il a reçu des compliments pour elle des Mesmer, ainsi que du violoniste Greibich, qui,
plus tard, allait tenir la partie du premier violon dans le quatuor de
l'empereur Joseph II. Quelques jours après, le 25 août, Léopold écrit
que « leur bourse est très vide », ce qui nous apprend que les
séances même, cette fois, doivent avoir été rares et peu lucratives.

Le 18 septembre, Léopold mande à sa femme que « Wolfgang est
en train de composer quelque chose qui l'absorbe entièrement ».

La dernière lettre citée est un court billet de Wolfgang, écrit dès
le 15 septembre, et n'offrant pour nous rien d'intéressant. Mais nous
trouvons dans le livre de Jahn, qui a eu l'enviable privilège de pouvoir consulter la correspondance des Mozart, aujourd'hui ensevelie
au Mozarteum, certains passages omis par Nissen, et qui sont précisément pour nous les plus précieux à connaître.

C'est ainsi que, d'abord, nous apprenons que les mauvaises langues de Salzbourg ont fait coïncider le voyage des Mozart à Vienne avec une maladie du maître de chapelle Gassmann : mais Léopold annonce que Gassmann va beaucoup mieux, et nous savons par ailleurs que, après la mort de ce maître, en 1774, sa succession allait échoir au compositeur de cour Joseph Bono, ami des Mozart, mais non pas jusqu'au point de leur céder une place probablement convoitée depuis longtemps. Nous apprenons en outre que c'est le 18 juillet que les Mozart sont arrivés à Vienne, qu'ils y ont renouvelé connaissance avec des musiciens ou amateurs de musique tels que le médecin Laugier, Noverre, Stéphanie, et les deux filles du docteur Auernbrugger, qui jouaient merveilleusement du clavecin. Enfin, dès le 21 juillet, une lettre de Léopold annonce que Wolfgang a commencé une « musique finale » ou sérénade, qui lui a été commandée par le Salzbourgeois Andretter ; et une autre lettre, du 12 août, nous montre Léopold se réjouissant du succès obtenu déjà par cette sérénade.

Tout cela n'en constitue pas moins un ensemble bien pauvre de renseignements précieux sur la vie musicale du jeune Mozart pendant ce séjour à Vienne : mais une heureuse fortune nous permet de connaître assez exactement, par ailleurs, le milieu artistique où le jeune homme s'est trouvé plongé, une fois de plus. Car de même que l'Anglais Burney, en 1770, avait soigneusement exploré les diverses cités italiennes où allaient ensuite séjourner les Mozart, de même ce remarquable observateur nous a laissé un récit détaillé du long séjour qu'il a fait à Vienne dans l'automne de 1772, c'est-à-dire très peu de temps avant l'arrivée des Mozart. Et nous ne saurions mieux faire, pour donner une idée de l'atmosphère musicale de Vienne à ce moment, que de transcrire, de nouveau, les passages les plus importants du récit de ce voyageur.

Après avoir raconté en détail une représentation d'*Emilia Galotti*, le célèbre mélodrame romantique de Lessing, qui faisait alors fureur dans toute l'Allemagne, et au début comme pendant les entr'actes duquel un bon orchestre jouait des ouvertures ou pièces « composées par Haydn, Hoffmann, et Vanhall », Burney nous décrit la musique qu'il a entendue à la cathédrale Saint-Etienne. « On a chanté là une messe excellente, dans le vrai style d'église, et très bien exécutée : il y avait des violons et violoncelles, bien que ce ne fût pas un jour de fête... L'orgue était joué dans un style ancien, mais très magistralement. Tous les répons étaient chantés à quatre parties, ce qui est beaucoup plus agréable que le simple *canto fermo* employé dans la plupart des autres églises catholiques. »

Chez la comtesse Thun, très bonne pianiste, Burney apprend à connaître les œuvres de clavecin de l'auteur favori de cette dame, le comte de Becke : « ses pièces sont très originales, et d'un goût par-

fait ; elles mettent en valeur l'instrument, mais plus encore la délicatesse et l'émotion de l'auteur ». Le soir, à la Comédie-Allemande,
nouvelle surprise musicale : l'orchestre était aussi nombreux et
excellent que dans l'autre théâtre, et les pièces jouées vraiment
admirables. Elles étaient si pleines d'invention que l'on aurait dit la
musique d'un autre monde, d'autant plus que l'on pouvait à peine y
distinguer le passage d'une idée à l'autre ; et cependant tout était
naturel, sans trace de raideur ni de pédantisme. Il m'a été impossible
de savoir qui était l'auteur de cette musique : mais je la préfère infiniment aux symphonies de Mannheim, qui sont toujours *maniérées*
et où les auteurs se laissent trop aller à la manie des imitations. A la
fin de la pièce, il y a eu un charmant ballet, créé et mis en scène
par le célèbre M Noverre.

Le soir, dans la cour de l'auberge où loge Burney, deux écoliers
viennois vinrent chanter des duos : puis leur a succédé une troupe
de trois chanteurs, faisant entendre des sortes de canons à trois
parties. Les soldats même, en montant leur garde, s'amusent à
chanter en contrepoint. Pas une église qui n'ait, chaque matin, sa
messe en musique, accompagnée par au moins trois ou quatre violons, un alto, et une basse, en plus de l'orgue.

Burney a eu l'occasion de rencontrer, d'abord, le poète Métastase,
et les deux musiciens Hasse et Gluck. Métastase et Hasse sont à la
tête de l'une des deux « sectes » musicales qui se partagent le public
viennois, tandis que Calzabigi et Gluck sont à la tête de l'autre.
« Les deux premiers, considérant toutes les innovations comme du
charlatanisme, restent fidèles à la forme ancienne de l'opéra où le
poète et le musicien réclament de l'auditeur une part égale d'attention, le poète dans les récitatifs et les parties narratives, et le musicien dans les airs, duos et chœurs. Les autres, Calzabigi et Gluck,
attachent plus d'importance aux effets dramatiques, à la justesse des
caractères, à la simplicité de la diction et de l'exécution musicale
qu'à ce qu'ils traitent de descriptions fleuries, de métaphores super-
flues, et de froide et sentencieuse morale, d'une part, avec de fastidieuses symphonies, d'autre part, et de longs airs à nombreuses
divisions. Cependant le mérite du vieux Hasse est universellement
reconnu. « Tout le monde le tient pour le compositeur de musique
vocale le plus naturel, élégant et judicieux du temps : aussi éminent
à exprimer les paroles qu'à accompagner les douces et tendres
mélodies qu'il confie à ses chanteurs. Regardant toujours la voix
comme l'élément principal au théâtre, jamais il ne l'étouffe par le
jargon savant d'une multiplicité d'instruments et de sujets... Le
chevalier Gluck est en train de simplifier la musique, et ne néglige
rien pour garder sa muse chaste et sobre : ses trois opéras, *Orfeo*,
Alceste, et *Paride* en sont la preuve, n'offrant que peu de difficultés
d'exécution, encore qu'ils en offrent beaucoup dans l'expression. »

PIETRO METASTASIO (1698-1782)

D'après un pastel de Rosalba Carriera, appartenant à la Galerie Royale à Dresde

Le 1er septembre, aux vêpres de la cathédrale, Burney entend « d'admirable vieille musique » composée par Fux. L'organiste, M. Mittermeyr, est excellent, comme aussi le maître de chapelle Hoffmann, « remarquable compositeur de musique instrumentale, et surtout de symphonies ». Le soir, à l'Opéra-Comique italien, représentation du *Barone* du signor Salieri, « élève de M. Gassmann ». Burney « n'a pas été ravi de l'ouverture ni des deux premiers airs » ; d'ailleurs toute la musique lui a paru « languissante », et le chant médiocre, à l'exception du rôle de la Baglioni.

Le lendemain, visite au médecin Laugier, dont le nom revient souvent dans la correspondance des Mozart. Ce gros homme « possède un esprit très actif et très cultivé ». Il a voyagé dans toute l'Europe et « constitue, en raccourci, une histoire vivante de la musique moderne ». Il a été, en Espagne, intimement lié avec le vieux Domenico Scarlatti, qui a composé pour lui un grand nombre de sonates de clavecin inédites, dont plusieurs dans des mouvements lents. Non moins précieux sont les documents possédés par Laugier sur les musiques tchèque, espagnole, portugaise, et turque. Il promet à Burney de lui faire entendre, le lendemain « quelques-uns des quatuors de Haydn, parfaitement exécutés, comme aussi une petite fille de huit ans, regardée partout comme un prodige sur le clavecin ».

Le même jour, la comtesse Thun conduit notre voyageur chez Gluck, qui vit dans une grande et belle maison, avec sa femme et une nièce âgée de treize ans, mais déjà excellente chanteuse. Celle-ci, accompagnée par son oncle « sur un clavecin détestable », chante les deux scènes principales d'*Alceste*, « ainsi que diverses œuvres d'autres compositeurs, et en particulier de Traetta. » Puis Gluck lui-même se met à chanter de longs passages d'*Alceste*, de *Paride*, et d'une *Iphigénie* française qu'il vient de composer.

« Cette dernière, bien qu'il n'en eût pas encore écrit une seule note, était déjà si parfaitement digérée dans sa tête qu'il nous la chanta presque d'un bout à l'autre, comme s'il avait eu sa partition sous les yeux... Il a toujours l'habitude d'étudier un poème longtemps avant de le traduire en musique : examinant la relation de chaque partie du poème avec l'ensemble, comme aussi la trempe générale de chaque caractère, et aspirant plus à contenter l'esprit qu'à flatter l'oreille... La musique, entre ses mains, est un langage très abondant, nerveux, élégant, et expressif. Ce n'est que rarement qu'un air de ses opéras peut produire son effet en étant séparé de l'ensemble... Dans son *Iphigénie*, en outre, il s'est accommodé au goût national des Français, à leur style et à leur langue, de telle façon qu'il va souvent jusqu'à les imiter... Il m'a dit qu'il devait à l'Angleterre l'étude de la nature qui nous apparaît toujours dans ses compositions dramatiques : désirant plaire au public anglais, pendant son séjour à Londres, il avait observé le goût de ce public, et s'était

aperçu que le naturel et la simplicité produisaient sur lui le plus
d'effet ; sur quoi il avait tâché, depuis lors, à écrire pour la voix
plutôt dans les tons naturels des affections et passions humaines
que de manière à flatter les amateurs de science profonde ou d'exécution difficile. Aussi bien peut-on remarquer que la plupart des airs
de son *Orphée* sont simples et naturels comme nos vieilles ballades
anglaises. »

Le jeudi 3, Burney visite les églises de Saint-Michel et de Sainte-
Croix. Dans cette dernière, il entend une messe basse pendant laquelle
un orchestre joue divers morceaux. Après quoi il se fait conduire par
l'abbé Taruffi chez le vieux *signor* Hasse. Celui-ci raconte, entre
autres choses, que c'est chez lui qu'a logé autrefois une miss Davis
« qui jouait de l'harmonica », et dont nous avons rencontré le nom
dans l'une des lettres de Léopold Mozart.

Burney s'est ensuite rendu chez le médecin Laugier, où il a entendu un concert. D'abord, la jeune pianiste prodige déjà mentionnée
plus haut a joué, sur « un petit *piano forte* assez mauvais », deux
sonates difficiles de Scarlatti et trois ou quatre de M. Becke. Après
elle, un harpiste, M. Mut, a joué un morceau sur la harpe simple,
sans pédales, car on ne connaît pas encore à Vienne la double harpe
à pédales. Puis viennent des *trios* à cordes joués par Giorgi, élève
de Tartini, Conforte, élève de Pugnani, et le comte Brühl : l'auteur
est un certain Huber, pauvre homme qui tient l'alto dans un théâtre,
mais dont la musique est « excellente, très simple et très claire, avec
une bonne harmonie, et souvent des inventions pleines d'originalité ».

Le lendemain, à dîner chez l'ambassadeur d'Angleterre, Burney
rencontre un « musicien extraordinaire », l'abbé Costa, « qui, dédai-
gnant de suivre les traces des autres, s'est ouvert une voie nouvelle,
à la fois comme compositeur et comme exécutant ». Dans ses œuvres, « la mélodie tient beaucoup moins de place que l'harmonie et
les modulations singulières ; et il est toujours difficile d'y bien distinguer la mesure, à cause du grand nombre de liaisons et de syncopes, ce qui n'empêche pas sa musique de produire un effet très étrange
et agréable, lorsqu'on parvient à la bien exécuter ». Après le dîner,
cet abbé déchiffre un *duo* de sa composition pour deux violons, en
compagnie de M. Starzer, « excellent violoniste et non moins bon
musicien, remarquablement heureux dans la production de ballets et
de pantomimes » : mais le *duo* est si difficile, à la fois de mesure et
de style, que les deux exécutants n'en viennent pas à bout, malgré
plusieurs lectures. Puis, la nièce de Gluck, accompagnée par son
oncle, chante plusieurs scènes d'opéras de celui-ci ; et, dans les
intervalles de ces chants, Burney entend des quatuors « exquis » de
Joseph Haydn, joués en perfection. « Le premier violon était tenu par
M. Starzer, qui rendait les *adagios* avec un sentiment et une expres-

sion rares ; le second violon par M. Ordonnez, l'alto par le comte Brühl, et le violoncelle par un exécutant de premier ordre, M. Weigl. »

Le samedi 5, Burney fait une longue visite à Métastase, « qui se plaint de la disparition des belles traditions du chant, au théâtre, en déclarant qu'il n'existe plus un seul chanteur capable de soutenir sa voix comme avaient coutume de le faire ses devanciers. De quoi la faute revient surtout, suivant lui, à ce que la musique de théâtre est devenue trop instrumentale. D'autre part, la musique de la génération précédente lui semble avoir été trop pleine de fugues et de contrepoint, pour pouvoir être comprise ou sentie par d'autres que des artistes ».

Le lendemain dimanche, notre voyageur est arrêté dans la rue par une très longue procession chantant un hymne à la Vierge, à trois parties ; et un Italien lui affirme que ces processions sont des plus fréquentes dans toute l'Autriche, « ce qui instruit merveilleusement le peuple à chanter à plusieurs parties ». Plus tard, étant revenu chez Métastase, Burney y rencontre la pupille du vieux poète, Mlle Martinez, napolitaine d'origine, mais née à Vienne et sœur du conservateur de la Bibliothèque Impériale. Cette jeune fille lui chante deux airs qu'elle a composés « dans un excellent style moderne, avec une mélodie très simple, qui laissait beaucoup de place aussi bien à l'expression qu'à l'ornement ». Après quoi Mlle Martinez joue, sur le clavecin, une sonate « très difficile » également, composée par elle. Elle a écrit un *Miserere* à quatre parties, ainsi que des psaumes à huit parties, et est une « excellente contrapuntiste ».

L'après-midi, nouvelle visite chez le vieux Hasse, qui lui dit qu'il a mis en musique tous les livrets d'opéra de Métastase, sauf un, et presque tous au moins deux fois.

« Il a fait également une quinzaine d'oratorios, des messes, des motets, et un tel nombre de cantates, sérénades, et duos pour les voix, de trios, quatuors, et concertos pour les instruments, qu'il y a beaucoup de ces morceaux qu'il ne reconnaîtrait plus, s'il les voyait ou les entendait. » Ses filles chantent à Burney un *Salve Regina* en duo, tout récemment composé par leur père, « œuvre exquise, pleine de grâce, de goût, et de justesse expressive ». Malgré la goutte qui lui déforme les doigts, Hasse lui-même consent à improviser une *toccata* sur le clavecin. « Sa modulation, en général, est simple, ses accompagnements libres de confusion, et sa musique, laissant aux pédants tout ce qui effraie, étonne, ou intrigue, n'a d'autre objet que de plaire aux oreilles tout en satisfaisant l'esprit. »

Le lundi 7, Burney rencontre un amateur viennois qui lui fait l'éloge de la chanteuse Tesi, déjà très vieille, mais ayant exercé une grande influence sur toute l'école du chant italien à Vienne.

Le 8 septembre, grand'messe à la cathédrale pour la Nativité de la

Vierge. Le nombre des instruments de l'orchestre et celui des voix est plus grand que les jours ordinaires. La plupart des choses chantées sont du vieux Colonna, « excellentes dans leur genre, et consistant en des fugues très élaborées, à la manière de Hændel, avec une basse hardie et active ». Burney est surpris des curieux effets « produits par des *forte* et des *piano*, en frappant très fort la première note d'une mesure, et le reste *piano*, ou bien en introduisant un passage pathétique pour des voix seules au milieu d'un chœur très bruyant pour toutes les voix et tout l'orchestre ». Dans le *Credo*, une jeune fille a fort bien chanté un solo de *mezzo soprano*. Pendant l'intervalle des chants, l'orchestre joue diverses « symphonies » de M. Hoffmann, parfaitement écrites et non moins bien exécutées. « Dans la musique de ce compositeur, il y a en vérité, beaucoup d'art et un contrepoint fourni, mais la modulation est naturelle et la mélodie coule avec élégance. »

Etant allé faire visite à M. Laugier, Burney lui demande quels sont, après Hasse, Gluck, et Wagenseil, les grands musiciens que l'on trouve à Vienne. Il apprend ainsi que Joseph Haydn et Ditters sont absents, mais qu'à leur défaut il pourra voir Gassmann, Vanhall, Hoffmann, Mancini, le luthiste Kohaut, le violoniste Lamotte, et le hauboïste Venturini.

Le même soir, Burney se rend chez le vieux Wagenseil, qui lui parle avec enthousiasme de Hændel. Désormais incapable de se lever de son lit, le vieillard fait approcher un clavecin, et joue « plusieurs *caprices* et autres pièces de sa composition, dans un style très animé et magistral». Il continue à donner des leçons, et à composer.

Le mercredi 9, visite à M. Gassmann, maître de chapelle de la Cour. « Celui-ci me surprit beaucoup par le nombre de fugues et de chœurs qu'il me montra, œuvres faites par lui en manière d'exercices, et d'une construction très savante et originale. Quelques-unes des fugues étaient en deux ou trois mouvements différents, ou bien avec deux ou trois *sujets*... M. Gassmann est accusé parfois de manquer de feu dans ses opéras : mais la gravité de son style s'explique par le temps qu'il a consacré à la musique d'église. »

A l'auberge du *Bœuf d'Or*, où logeait Burney, il y avait musique tous les jours pendant le dîner, comme aussi le soir : mais l'un des orchestres, fait d'instruments à vent, était détestable. Il consistait en cors, clarinettes, hautbois, et bassons.

Le lendemain 10, Gassmann montre à Burney la bibliothèque musicale de l'empereur, dont il est en train de faire le catalogue. Elle contient tout ce que l'Italie et l'Allemagne ont produit dans tous les temps. Le même jour, chez le vénérable Wagenseil, Burney entend de très beaux *duos* joués, sur deux clavecins, par ce maître et une petite élève d'une douzaine d'années. Le soir, à l'Opéra, il entend les *Rovinati*, composés par Gassmann, qui accompagne au clavecin. La musique de cet opéra bouffe lui plaît infiniment. « Il y avait un contraste charmant dans l'opposition et la dissemblance des mouvements et passages, qui faisait que chacun d'eux contribuait à faire ressortir l'autre ; et les parties instrumentales étaient travaillées de la façon la plus intelligente et la plus judicieuse. Un air de Clementina Baglioni et un duo querelleur entre elle et la seconde chanteuse ont été bissés. »

Le vendredi 11, visite d'adieux à Gluck, qui donne à Burney les partitions de ses deux derniers opéras, *Alceste* et *Paride*, ainsi que de son « fameux ballet » de *Don Juan*.

Chez Métastase, Mlle Martinez chante et joue à Burney, d'abord, un psaume à quatre voix avec accompagnement d'orchestre, « agréable mélange de l'harmonie et du contrepoint d'autrefois avec la mélodie et le goût du temps présent ». Puis elle chante un motet latin à voix seule, « grave et solennel, sans langueur ni lourdeur »; et enfin joue « une charmante sonate de clavecin, très animée, et pleine de passages brillants ».

Visite d'adieux à Hasse, qui raconte sa longue carrière, et notamment son séjour à Varsovie, où il a composé plusieurs opéras. « Il m'a dit que la musique polonaise était vraiment nationale, et souvent très tendre et délicate. Lui-même a écrit un air dans le style polonais, qui a été l'une des plus originales et des mieux accueillies entre toutes ses compositions. » Parlant ensuite des autres musiciens, Hasse déclare que l'un des plus grands du monde est Keiser, supérieur même à Scarlatti.

Le samedi 12, Burney, sur le point de quitter Vienne, fait une nouvelle tentative pour découvrir la demeure de M. Vanhall, « jeune compositeur dont plusieurs œuvres, et notamment ses symphonies, m'avaient causé un plaisir si exceptionnel que je n'hésite pas à les ranger au nombre des productions instrumentales les plus complètes et parfaites dont l'art de la musique peut s'enorgueillir ». Le jeune maître le reçoit dans un misérable taudis, et lui joue six sonates de clavecin qu'il vient d'écrire : mais Burney ne les trouve « ni aussi nouvelles ni aussi sauvages (*wild*) que ses compositions pour les violons ». En passant, Burney nous apprend qu'il n'existe pas de magasins de musique à Vienne, et que la meilleure manière de se procurer des compositions nouvelles est de s'adresser à des copistes : « car les auteurs, considérant tout voyageur anglais comme un milord, exigent de lui un prix aussi considérable, pour chacun de leurs morceaux, que si celui-ci avait été composé expressément à son intention ». Nous lisons aussi, en cet endroit de la relation du voyageur, une liste intéressante des hommes qui étaient alors regardés comme les plus grands compositeurs pour le clavecin et l'orgue : à savoir, Haendel, Scarlatti, Bach (naturellement Philippe-Emmanuel, à moins que ce soit Jean-Chrétien), Schobert, Wagenseil, Müthel, et Alberti.

Revenant à Vanhall, Burney raconte que celui ci a été, pendant
quelque temps, atteint de troubles cérébraux. « Mais il en est si bien
remis, et possède désormais un esprit si calme et si posé, que ses
dernières pièces me paraissent plutôt insipides et banales, et que
cette extravagance de naguère, qui m'avait touché dans ses œuvres,
semble désormais changée en une excessive parcimonie de pensée. »

Le dimanche 13, à la cathédrale, Burney entend un *Te Deum* de
Reuter, « un ancien compositeur allemand, sans goût ni invention ».
Après le dîner, il reçoit la visite de Gassmann, qui lui remet une liste
de toutes ses œuvres, ainsi que des copies d'un grand nombre de
ses quatuors manuscrits. Et Burney ajoute, en note, qu'après son
retour en Angleterre il a fait déchiffrer ces quatuors, qui lui ont paru
excellents. « La mélodie y est toujours agréable, exempte de caprice
et d'affectation, l'harmonie saine, et le contrepoint et les imitations
pleins d'ingéniosité, sans la moindre confusion. En résumé, le style
est sobre et solide, mais nullement ennuyeux, et toujours magistral,
mais jamais pédant. » D'âge moyen, Gassmann a déjà composé beaucoup. En Italie et à Vienne, il a produit nombre d'opéras et d'opéras
bouffes, parmi lesquels le *Philosophe amoureux* (composé deux fois)
le *Monde dans la lune*, la *Petite Comtesse*, les *Voyageurs ridicules*,
la *Nuit critique*, la *Pêcheuse*, et les *Ruinés*.

Le récit de Burney s'arrête là : mais le voyageur y ajoute une sorte
de tableau général de la vie musicale viennoise, qui mérite encore
d'être cité.

« A la vérité, cette ville de Vienne est si riche en compositeurs et
renferme en ses murs un si grand nombre de musiciens d'un mérite
supérieur qu'il n'est que juste de reconnaître en elle, parmi toutes
les cités allemandes, la capitale de la musique, aussi bien que celle
du pouvoir impérial... Qu'il me suffise de rappeler au lecteur les
noms de Hasse, Gluck, Gassmann, Wagenseil, Salieri, Hoffmann,
Haydn, Ditters, Vanhall, et Huber, qui, tous se sont grandement
distingués comme compositeurs. Et les symphonies et quatuors des
cinq derniers de ces auteurs sont peut-être parmi les premières
pièces et compositions vraiment parfaites qui aient jamais été produites pour les violons.

« Encore convient-il d'ajouter à ces noms célèbres ceux de Mysliweczek, un Bohémien qui est rentré tout récemment d'Italie, où il
s'est fait une grande réputation aussi bien par ses opéras que par sa
musique instrumentale ; de Joseph Scarlatti, neveu du fameux claveciniste Domenico Scarlatti ; Kohaut, excellent luthiste ; Venturini, hautboïste de premier ordre. Albrechtsberger et Stefani (ou,
plus probablement, Steffan, dont nous aurons plus tard l'occasion de
parler), deux éminents clavecinistes au service de la Cour, et le
flamand Lamotte, le meilleur exécutant de *soli* et déchiffreur à vue
parmi les violonistes de Vienne... et j'omets de citer ici tous les

habiles organistes de cette ville, et les *dilettanti* des deux sexes, et les différents maîtres et exécutants, vocaux et instrumentaux, qu¹ résident constamment à Vienne, et contribuent à y entretenir le culte de la musique. Tout au plus peut-on regretter que, pour riche que soit à présent cette capitale en musiciens de génie et d'éminence, on n'y trouve d'*opera seria* ni à la Cour ni dans les théâtres publics. »

A ces renseignements fournis par Burney, et dont on peut deviner déjà l'importance historique pour le sujet particulier de notre étude, nous aimerions à pouvoir joindre encore quelques indications sur les événements musicaux contemporains du séjour des Mozart à Vienne en 1773 : mais ce séjour s'est produit en une saison de vacances qui ne pouvait guère leur offrir de nouveautés bien intéressantes. Notons toutefois que, depuis le séjour précédent des Mozart (en 1768), le théâtre du Burg avait monté un certain nombre d'opéras, ou surtout d'opéras bouffes, dont Mozart a pu entendre quelques-uns, et dont il aura certainement eu l'occasion de connaître au moins des parties. C'est ainsi que Gluck, après son *Alceste* de 1767, a donné en 1770 son *Paride ed Elena*. Gassmann, dont nous aurons à parler longuement tout à l'heure, a fait jouer tour à tour, en 1769 les *Viaggiatori ridicoli*, en 1770 l'*Amore artigiano*, en 1771 le *Filosofo innamorato*, la *Pescatrice*, et la *Contessina ;* en 1772, les *Rovinati* (entendus par Burney), et, le 3 février 1773, la *Casa di Campagna*, qui allait être sa dernière œuvre dramatique. Enfin Salieri, qui s'intitulait « élève de Gassmann » avant de devenir l'imitateur de Gluck, avait produit déjà une demi-douzaine d'opéras bouffes et d'*intermezzi*, parmi lesquels, en janvier 1772, cette *Fiera di Venezia* dont l'un des airs allait fournir à Mozart le sujet d'une série de variations de piano. Durant l'année 1773, en particulier, on avait entendu à Vienne, en plus de la *Casa di Campagna* de Gassmann, les quatre opéras bouffes suivants : le 11 mai, l'*Amore soldato* de Felici; le 8 juin la *Locandiera* de Salieri, le 20 juillet et le 31 août, c'est-à-dire pendant le séjour des Mozart, le *Puntiglio amoroso* de Galuppi et la *Metilde ritrovata* d'Anfossi. Quant aux concerts, les principaux avaient eu lieu durant le carême, et nos voyageurs n'avaient donc pas pu y assister. La nouveauté la plus intéressante y avait été un oratorio de Gassmann, la *Betulia liberata*, sur le poème célèbre de Métastase que Mozart avait mis en musique deux ans auparavant. Mais il va sans dire que le jeune homme, dans les diverses maisons où nous savons qu'il a été reçu, n'a pu manquer d'entendre de petits concerts privés, où il aura fait connaissance avec les symphonies, quatuors, et sonates des maîtres divers dont Burney vient de citer les noms.

Sa production propre pendant cette période ne paraît pas, d'ailleurs, avoir été très abondante. Nous n'aurons à étudier, comme œuvres importantes datant sûrement du séjour à Vienne, qu'une grande *séré-*

nade (au début d'août), six *quatuors à cordes* très intéressants, mais évidemment composés très vite (en août et dans les premiers jours de septembre), un petit *divertimento* et une série de *variations* pour le piano. Dans une lettre de la fin de septembre, le père écrit que Wolfgang est « tout absorbé à composer quelque chose » : mais nous ignorons s'il s'agit là de l'une des œuvres susdites ou bien déjà, par exemple, de l'une des grandes symphonies que nous allons étudier dans la période suivante, — à moins encore que Léopold fasse allusion à une série d'entr'actes et de chœurs commandés à Mozart, durant ce séjour, par un riche poète-amateur viennois, et qui ne seront achevés qu'après le retour à Salzbourg. Quoi qu'il en soit, l'intérêt de ce séjour à Vienne ne consiste pas, pour nous, dans les ouvrages créés alors par le jeune maître ; et nous pouvons être sûrs que son activité productrice a été loin d'avoir, pendant cette période, l'intensité extraordinaire qu'elle a eue, par exemple, pendant le dernier séjour à Milan, ou celle que nous lui verrons prendre immédiatement dès sa rentrée dans sa ville natale. Et comme d'autre part, les lettres du père nous révèlent que ce séjour ne leur a valu que des dettes, nous pouvons en conclure que ce ne sont pas les séances, publiques ou privées, qui ont empêché le jeune homme de s'adonner passionnément à la composition. L'enfant-prodige de 1762 avait été remplacé depuis lors, dans la capitale de l'empire, par bien d'autres « phénomènes », dont deux nous sont apparus tout à l'heure dans le récit de Burney ; et il est trop certain que, bien plus encore que le voyage de 1768, ce nouveau voyage de 1773 a été absolument inutile, au point de vue des résultats matériels. Mais l'inaction relative de Mozart s'explique suffisamment par l'importance des leçons que, une fois de plus, le monde musical viennois avait à lui offrir : elle s'explique par tout ce que vient de nous dire le voyageur anglais, et il n'y a pas un mot de la relation de celui-ci qui ne puisse se rapporter directement à notre étude de cette nouvelle étape de la formation artistique du génie de Mozart.

Nous avons vu que le contact de l'atmosphère salzbourgeoise avait eu littéralement, pour Mozart, l'effet d'un choc violent, le réveillant du rêve romantique où il vivait depuis sa dernière arrivée en Italie. A Milan, le jeune homme avait découvert tout d'un coup un idéal de beauté et des monuments d'art qui l'avaient presque entièrement « déraciné » et « italianisé », faisant de lui un continuateur romantique de la grande race des Corelli et des Tartini. La rentrée à Salzbourg lui avait rappelé, tout à coup, que ni sa race ni son temps ne convenaient plus à la poursuite d'un tel idéal esthétique, et son « italianisme » s'était brusquement effondré, sans qu'il trouvât en échange une forme d'art bien définie à s'assimiler et à cultiver. Quelque temps, il s'était épris d'un mode particulier d'instrumenta tion, et avait étudié de préférence les ressources orchestrales des instruments à vent : mais cela encore était, chez lui, un de ces engouements dont il était coutumier, caprices passionnés mais fugitifs, et laissant seulement derrière eux, dans son art, une connaissance plus approfondie de tel ou tel élément musical. Déjà sa dernière symphonie de mai 1773 nous a montré Mozart se fatiguant un peu de ses ingénieux *soli* des vents : nous allons les retrouver encore dans sa sérénade viennoise, et puis leur nombre et leur importance décroîtront, et le jeune homme, désormais, nous révélera simplement une entente accomplie de la manière d'utiliser ces instruments pour enrichir et colorer la trame totale de l'orchestre. Et quant au contrepoint, dont nous avons vu également qu'il avait recommencé à s'éprendre après son retour d'Italie, certes cette passion-là avait de quoi alimenter son génie d'une façon plus durable et plus efficace : mais encore fallait-il savoir à quel usage employer, en dehors de la musique d'église, ce contrepoint dont la haute valeur s'était, de nouveau, manifestée à lui. En un mot, il y avait eu là une crise de transformation très active sous le rapport des choses dorénavant abandonnées, mais beaucoup moins féconde en conséquences positives. Le milieu musical de Salzbourg avait suffi à détourner Mozart de son italianisme des années précédentes : mais il n'avait pas eu de quoi substituer, dans un génie devenu aussi mûr et aussi profond, un type artistique nouveau qui fût de taille à le satisfaire. Et l'on comprend, dans ces conditions, de quelle immense portée ne pouvait manquer d'être, à ce moment, pour le jeune Mozart, le séjour de ce que Burney appelle justement la « capitale du monde de la musique », de cette ville de Vienne où le jeune homme allait enfin trouver une réponse aux questions qui le préoccupaient, et la claire indication de la voie qu'il aurait à suivre. En fait, si le séjour à Milan de l'hiver précédent avait, pour ainsi dire, achevé de former le génie de Mozart, ce séjour de Vienne a eu pour résultat de le consacrer, ou, si l'on préfère, de l'engager dans une direction générale qui, depuis lors, ne devait plus cesser d'être la sienne jusqu'au terme de sa vie. Les symphonies qu'il a composées dès son retour à Salzbourg, par exemple, ont déjà pleinement réalisé l'idée qu'il allait désormais se faire, jusqu'à la fin, de l'objet et du style de la symphonie. Non seulement le jeune homme possédait l'entière maîtrise de son art : il a connu encore, depuis ce moment, quel usage il lui convenait de faire de la maîtrise professionnelle ainsi obtenue.

La conclusion qui ressort le plus nettement du récit de Burney, — après cette proclamation de la supériorité musicale de Vienne sur les autres cités allemandes, — est la prédominance, à cette date, de la musique instrumentale sur l'opéra. De quelque côté qu'il se tournât, Burney n'a entendu que symphonies, sérénades en plein air, quatuors et sonates, choses merveilleusement appropriées au goût natif de

Mozart pour la musique instrumentale. Mais ce n'est pas tout : une
autre conclusion des visites et auditions de Burney est la place considérable que tend de plus en plus à reprendre le contrepoint dans
cette musique instrumentale viennoise, peut-être sous l'influence du
savant Gassmann, tout imprégné des leçons du P. Martini. Le mot
contrivance, qui signifie exactement contrepoint dans ce cas particulier, reparaît à chaque page sous la plume du voyageur anglais, soit
qu'il nous parle des quatuors de Gassmann ou de Haydn, ou bien des
chants religieux de Colonna, ou encore des duos et sonates de l'abbé
Costa et de Mᵁᵉ Martinez. En arrivant à Vienne, le jeune Mozart, que
sa *Messe de la Trinité* a ramené passionnément à son ancien goût
du style polyphonique, s'est donc trouvé accueilli par des maîtres
qui, comme lui, rêvaient de rendre la musique plus riche et plus
« musicale » en y introduisant de nouveau le *fugato* ou l'imitation.
Aussi bien les modèles ne lui ont-ils pas manqué, tout de suite, pour
cet art plus savant, que le goût viennois et son propre goût s'accordaient à aimer : en cette même année 1773, Gassmann venait d'achever six quatuors dont chacun avec deux fugues, et Joseph Haydn
achevait la magnifique série de ses quatuors appelés plus tard les
« beaux » ou encore les « ensoleillés », avec trois grandes fugues à
plusieurs sujets. Quoi d'étonnant que Mozart, lui aussi, se soit mis
aussitôt à écrire des quatuors finissant par des fugues ? Mais surtout
quoi d'étonnant que, depuis lors et pendant près d'un an, il ait
obstinément introduit le contrepoint dans ses œuvres même les
plus « galantes », encouragé à ce qui était alors un paradoxe par
l'exemple des bons maîtres connus par lui à Vienne ?

Poursuivant l'analyse du récit de Burney, nous voyons ensuite
que d'autres changements étaient en train de se produire dans le
monde musical viennois. Les hommes qui, jusqu'en 1768, avaient
continué à y tenir le premier rang, le vieux Hasse et le vieux Wagenseil, et toute l'école des compositeurs d'opéras italiens rayonnant
autour du vieux Métastase, tous ces héros de naguère étaient à présent remplacés par des hommes nouveaux, presque tous Allemands,
et tous animés d'un esprit nouveau. Au théâtre, c'était Gluck, dont
le simple et fort génie avait désormais réussi à vaincre les préventions d'un goût « italianisé » ; et c'étaient, à côté de lui, dans le genre
plus aimé de l'opéra bouffe, l'Allemand Gassmann et ce jeune Salieri
que son origine italienne n'empêchait point d'être uniquement
nourri des leçons de Gassmann et de Gluck. Dans la musique instru:
mentale, une royauté absolue et sans conteste s'était constituée
celle de ce Joseph Haydn que Burney, bien qu'il ne l'ait pas rencontré, nous cite à chaque instant comme le maître par excellence, joué
dans tous les entr'actes des théâtres, dans tous les concerts publics
ou privés. Derrière lui, mais beaucoup plus bas, il y avait cet admirable Gassmann dont nous avons eu souvent déjà l'occasion de par-

ler. et vers qui Mozart devait se sentir spécialement entraîné, et pour avoir vivement subi déjà son influence pendant son dernier séjour à Milan, et en raison de leur commune affection pour leur maître commun, le P. Martini. Sans compter d'autres hommes qui, depuis, ont tristement démenti les promesses de leurs débuts, tels les Vanhall, les Starzer, les Ditters ou les Hoffmann, mais dont l'un au moins, Vanhall, avait légitimement émerveillé Burney par la hardiesse et l'énergie « sauvage » de symphonies produites aux environs de 1770.

Gluck et Gassmann, Haydn, Ditters, et Vanhall, nous trouverons des traces manifestes de leur influence dans les œuvres du jeune Mozart pendant cette période et surtout pendant la suivante, qui n'en sera qu'une continuation directe, ou plutôt qui, seule, nous fera voir pleinement l'effet de la véritable révolution produite, dans le génie de Mozart, par cette étude de la grande école viennoise. Et nous retrouverons également, dans cette œuvre, des influences d'ordre plus général, ne venant pas de tel ou tel maître en particulier, mais de cet esprit et de ce goût viennois dont Mozart s'était imprégné déjà, une première fois, en 1768. Aussi bien est-il curieux de voir de quelle façon, dès l'arrivée du jeune homme à Vienne, la coupe et les procédés de son style redeviennent pareils à ce qu'ils avaient été en 1768 : même effort à réunir et à fondre les deux sujets [1], même habitude de reprendre les premières parties des menuets après les secondes, mêmes écarts des violons, etc., et surtout même tendance à allonger la durée de l'exécution des œuvres instrumentales (ou parfois vocales), se traduisant par de doubles reprises renforcées de codas, par des développements étendus, par l'introduction de menuets dans les symphonies. On peut dire que, depuis l'été de 1773 jusqu'à son arrivée à Mannheim vers la fin de 1777, Mozart va rester, somme toute, un véritable compositeur de l'école viennoise. Son style, en vérité, pendant cet intervalle subira bien encore quelques crises de transformation ou d'évolution, sous l'effet de l'atmosphère ambiante ou de son développement personnel : mais le fond de son inspiration demeurera jusqu'en 1777, tel que nous allons le voir se constituer au contact des maîtres de Vienne ; et la courbe de son œuvre équivaudra presque exactement, par exemple, à la ligne suivie, durant le même temps, par la production d'un Joseph Haydn ou d'un Vanhall. Ce n'est qu'à Mannheim, puis à Paris, que son génie subira une action nouvelle assez forte pour faire de lui autre chose qu'un simple émule de ces maîtres ; et peut-être cette action elle-même, avec son caractère forcément passager, ne suffira-t-elle pas à le séparer

---

1. On se rappelle que Burney, à Vienne, s'étonnait de ne pouvoir pas distinguer les divers *sujets*, dans les morceaux symphoniques entendus par lui. L'école viennoise s'était refusée, jusqu'alors, à employer cette méthode italienne des *sujets* séparés que nous allons voir disparaître aussi, pour un moment, de l'œuvre du jeune Mozart.

absolument de l'école où nous allons le voir prendre résolument sa place.

Mais si nous essayons maintenant de considérer de plus près l'enseignement que Mozart a trouvé à Vienne en 1773, c'est-à-dire les notions et procédés particuliers qu'il y a appris, et dont il a fait usage durant cette période et la suivante, nous découvrirons que son attention principale est allée tout de suite à l'homme qui d'ailleurs, comme nous l'avons dit, régnait dès lors en maître incontesté sur l'école viennoise. A plusieurs reprises déjà, le jeune garçon nous est apparu étudiant et imitant la manière de Joseph Haydn, notamment après chacun de ses trois retours d'Italie, en 1771, 1772, et encore dans les premiers mois de 1773 : mais il faut bien se représenter que, jusqu'ici, il n'a connu cette œuvre de Joseph Haydn qu'imparfaitement, peut-être par l'entremise de Michel Haydn, et sans se faire une idée de l'importance pour ainsi dire historique des symphonies ou quatuors qui l'avaient séduit. Léopold Mozart, avec sa mauvaise humeur professionnelle contre Michel Haydn, n'avait pas dû encourager beaucoup son fils à admirer le frère de son collègue, lui-même petit maître de chapelle d'un seigneur de Hongrie ; et ainsi c'était presque malgré son père que Mozart avait choisi et aimé les œuvres du maître d'Esterhaz, parmi celles de maints autres contemporains qui jouissaient, autour de lui, d'un crédit au moins égal. Le voici, à Vienne, qui se trouve n'entendre de tous côtés que des œuvres de ce maître, et accompagnées d'une admiration et d'un respect unanimes ! Quoi d'étonnant que, cette fois. il n'hésite plus à l'imiter ouvertement, pleinement, stimulé à cette imitation aussi bien par l'enthousiasme de son nouveau milieu que par la révélation, probablement, d'une foule d'œuvres de Joseph Haydn qu'il n'avait point soupçonnées ? Après Schobert et Chrétien Bach, après les vieux maîtres italiens découverts à Milan vers la fin de 1772, un musicien s'offre à lui, plus grand encore que tous ceux-là, et infiniment plus proche de lui aussi bien par sa race que par sa situation professionnelle. Il va donc, tout de suite, se constituer son élève ; et il n'y aura pas un des procédés de Joseph Haydn que nous ne retrouvions chez lui. Définir en détail tous ces procédés, ce serait empiéter sur les analyses particulières que nous aurons à faire des différentes œuvres de Mozart durant ces deux périodes : mais quelques-uns sont si importants qu'il convient de les signaler dès maintenant.

D'une façon générale, d'abord, Mozart emprunte à Haydn sa conception de la portée et de l'étendue des œuvres de musique instrumentale. Car nous ne saurions le répéter trop souvent : avant de devenir le délicieux amuseur qu'il nous apparaît dans les œuvres de son âge mûr, et notamment dans ces symphonies pour Paris, Joseph Haydn a traversé une longue période où, à l'exemple de son maître Emmanuel Bach, il s'est fait une notion très haute de l'objet et du caractère de son art. Non seulement il a subi, comme Mozart et avant lui, aux environs de l'année 1772, une crise profonde de romantisme dont nous avons eu déjà l'occasion de parler : toutes ses symphonies des années suivantes, comme aussi ses quatuors de 1773, ont conservé une noble grandeur d'intention, et une intensité d'élaboration musicale, et une ampleur de dimensions et de forme qui les rendent aujourd'hui comparables, sous ces points de vue, aux plus grandes créations instrumentales de la maturité de Mozart. Et cette éminente dignité artistique de l'œuvre de son nouveau maître n'a pu manquer de frapper, tout de suite, l'attention du jeune Salzbourgeois. Tout de suite celui-ci a senti combien l'art qui se découvrait à lui dépassait en grandeur, sinon en beauté, l'idéal plus menu et léger que lui avaient offert les œuvres de l'école italienne de son temps ; et il y a eu là chez lui, de ce fait, une sorte de relèvement de l'ambition créatrice qui, durant de longs mois, allait lui inspirer des symphonies, des morceaux de musique de chambre, voire des compositions religieuses, d'une étendue et d'une puissance d'expression singulières.

Au service de cette ambition plus élevée, d'ailleurs, Mozart allait mettre son génie propre, tout différent de celui de Haydn : mais c'est par des moyens pris à ce maître qu'il allait s'efforcer à le traduire. Nous verrons par exemple que, dans toutes ses œuvres des deux périodes susdites, tous les morceaux. en plus d'une double reprise et de la *coda* qui s'y joint, comportent une double exposition de l'idée du premier sujet, ce qui permet à celui-ci de revêtir des proportions et une signification considérables ; nous verrons les *développements* s'étendre, s'employer à un vigoureux et savant travail sur les idées précédentes ; nous verrons les finales acquérir, de nouveau, la forme de morceaux de sonate, et souvent même dépasser les premiers *allegros*, à la fois en longueur et en importance. En un mot, nous aurons devant nous, jusque dans les sérénades et les concertos, des œuvres qui prétendront ne nous divertir qu'en conservant la valeur de compositions vraiment musicales, utilisant toutes les ressources de l'art le plus solide et le plus subtil. Toujours à l'exemple de Joseph Haydn, Mozart y essaiera de donner à ses morceaux une vie d'ensemble plus parfaite en ramenant des passages du premier sujet après le second, ou plutôt en réduisant le second sujet à n'être qu'un épisode passager dans une seule et même trame d'élaboration thématique. Et l'imitation ira plus loin encore, au moins dans les premiers ouvrages que nous aurons à examiner : à force de vouloir égaler son modèle, Mozart ira d'abord jusqu'à suivre celui-ci dans un artifice qui lui est familier : l'artifice de la *fausse rentrée*, où, au milieu du *développement*, le premier sujet reparaît dans le ton principal, mais pour être suivi de passages tout nouveaux, tandis que la véritable *rentrée* du sujet ne se produira que plus tard.

Redevenu Allemand, le jeune homme est tout au bonheur d'avoir
rencontré, dans son pays, un musicien capable de le guider sur la
voie où il se trouve engagé, comme naguère les vieux Italiens l'avaient
guidé sur la voie qu'il a décidément abandonnée ; et le voilà qui
s'ingénie à reproduire de son mieux l'œuvre de ce musicien, tout en
ne laissant point de tenir compte, par ailleurs, des autres leçons qu'il
dégage du milieu musical où il est plongé !

Aussi est-ce très légitimement que, malgré les maints contacts
précédents de Mozart avec l'œuvre de Joseph Haydn, cette période
du voyage à Vienne peut être considérée, dans sa vie, comme la
date de sa véritable initiation au génie de son glorieux aîné. Dès
maintenant, Haydn et Mozart vont, pour ainsi dire, progresser parallèlement, jusqu'aux années, encore lointaines, où une manière
d'échange incessant se produira entre leurs idées et leurs procédés.
Et par là s'explique que nous ayons surtout insisté ici sur cette
action de Joseph Haydn, bien que d'autres maîtres aient paru, au
premier abord, se partager avec le grand musicien d'Esterhaz la
souple et ardente curiosité du jeune Salzbourgeois, — des maîtres
tels que Vanhall ou le savant Gassmann. Et peut-être ce Gassmann
s'il avait vécu plus longtemps, n'aurait-il pas été sans agir durablement, lui aussi, sur son jeune imitateur, dont le rapprochaient leur
commune éducation italienne et leur goût commun pour l'opéra-
bouffe. Mais ce maître éminent n'avait plus que quelques mois à
vivre ; et, lui mort, ce n'était pas le vieux Philippe-Emmanuel Bach,
le seul véritable rival survivant de Haydn qui, malgré la profonde
richesse expressive de son génie, allait pouvoir lutter, dans l'esprit
du jeune homme, avec un maître aussi parfaitement prédestiné que
l'était Joseph Haydn à lui servir sans cesse de guide et de modèle.

178. — *Vienne, entre le 18 juillet et les premiers jours d'août* 1773.

Sérénade en ré, pour deux violons, alto, deux hautbois (deux
flûtes dans l'*andante*), deux cors, deux trombones et basse.

K. 185.

Ms. dans une collection viennoise.

Allegro assai.— *Menuetto et trio* (en sol). — *Andante grazioso* (en la). — *Menuetto
et deux trios* (dont un en ré mineur). — *Adagio et allegro assai.*

L'autographe de cette sérénade nous apprend qu'elle a été composée

« à Vienne en août 1773 » : mais les fragments de lettres ci-dessus nous renseignent plus exactement encore sur la destination de l'ouvrage, ainsi que sur la date de sa composition. En effet, dans une lettre du 21 juillet, Léopold écrit : « Il me reste encore le temps d'adresser quelques mots au jeune M. d'Andretter, et de lui expédier le commencement de la *Finalmusik*. » Un peu plus tard, le 12 août, le même Léopold écrit : « Nous sommes heureux que la *Finalmusik* ait bien marché », ce qui prouve que la sérénade avait dû être exécutée déjà quelques jours auparavant[1]. Le « jeune M . d'Andretter » qui l'avait commandée à Mozart, avant le départ de celui-ci pour Vienne, pour être exécutée aux fêtes de son prochain mariage, était le fils de l'un des personnages les plus notables de Salzbourg ; et nous voyons que Mozart, s'étant mis à l'œuvre dès son arrivée à Vienne, s'est trouvé en état d'achever sa sérénade, ainsi que la marche et le concerto qui devaient y être joints, en un espace de temps singulièrement court, ce qui n'empêche pas cette sérénade, — évidemment improvisée, — d'avoir pour nous un intérêt infini, par les révélations qu'elle nous offre sur l'état d'esprit du jeune maître dès le lendemain de son arrivée à Vienne.

Disons-le tout de suite : jamais peut-être, dans aucune autre de ses œuvres, Mozart ne s'est conformé aussi exactement au goût viennois en général et, en particulier, n'a imité plus directement le style et les procédés de Joseph Haydn. Il y a là une souplesse d'assimilation qui tient, littéralement, du prodige. Mozart n'est pas encore depuis quatre jours à Vienne que, déjà, il est comme grisé et comme possédé de la musique nouvelle qu'il y entend. Sans doute, nous retrouvons bien encore des traces des dispositions où nous l'avons vu pendant la période précédente : et notamment son goût pour les *soli* d'instruments à vent, tel que nous l'ont montré ses petites ouvertures du printemps de 1773 et son *Concertone*, va reparaître ici à un plus haut degré que dans les symphonies qu'il écrira par la suite; encore que l'importance du rôle des instruments à vent eût toujours dans une sérénade, par tradition, à être plus considérable que dans une symphonie proprement dite. L'inspiration mélodique, elle aussi, reste bien à peu près la même qu'elle était à Salzbourg : plus chantante et plus étendue que chez Joseph Haydn, avec une empreinte italienne jusqu'à présent ineffaçable. Mais sous ces analogies, quelle différence profonde dans le style, dans la coupe des morceaux, et jusque dans les moindres détails de leur mise au point ! On croirait que Mozart a vécu de tout temps à Vienne, depuis le séjour qu'il y a fait en 1768, et que c'est après une longue étude de l'œuvre de Joseph Haydn qu'il a abordé la composition de cette sérénade, écrite par lui dès son premier renouvellement de contact avec le milieu viennois.

Il serait trop long de vouloir déterminer un à un, dans la sérénade, tous les symptômes de cette double influence d'un milieu et d'un maître nouveaux. Disons seulement qu'il n'y a pas une des particularités signalées par nous dans l'œuvre de Mozart en 1768 qui ne se retrouve ici : la fusion et liaison des divers sujets[2], la reprise complète des

---

1. *Finalmusik* était un mot autrichien couramment employé pour désigner les *sérénades* ou autres *cassations* que l'on avait coutume de jouer à la fin des fêtes, séances publiques, etc.

2. Nous verrons tout à l'heure comment Mozart, après avoir encore nettement

premières parties dans les menuets, le caractère rythmé et dansant de
ceux-ci, la préoccupation manifeste de la musique populaire viennoise,
les fréquents écarts des violons, etc. Et, en plus de ces traits, déjà signalés par nous au cours du voyage précédent, voici toute une série d'autres traits qui, sans aucun doute, viennent en droite ligne de l'homme
que le monde musical viennois tenait alors pour son maître favori, Joseph
Haydn. De même que celui-ci, Mozart, dans les trois grands morceaux
de sa sérénade, emploie une coupe que jamais plus nous ne retrouverons employée chez lui aussi fidèlement. Chacun de ses trois morceaux
s'ouvre par une « double exposition » du premier sujet, c'est-à-dire que,
après une première exposition, le même rythme initial reparaît, pour
être suivi d'un travail musical tout différent et beaucoup plus long,
s'étendant jusqu'à une petite phrase nouvelle qui fait fonction de second
sujet ; et à peine ce second sujet a-t-il eu le temps de s'achever avec sa
ritournelle que, en manière de cadence avant les deux barres, nous
voyons reparaître, une fois de plus, des rythmes empruntés à l'élaboration du premier sujet. Puis, après les barres, vient un *développement*
assez étendu, commençant par un nouveau rappel du premier — ou
parfois du second — sujet ; et la longueur relative de ce *développement* se
trouve, ensuite, un peu compensée par une *rentrée* abrégée, et cela au
moyen de la suppression de la première forme du premier sujet. De telle
sorte que la *rentrée* se fait bien, régulièrement, dans le ton principal,
mais qu'en réalité ce n'est que le second couplet du premier sujet qui
est ainsi repris. Sans compter que cette *rentrée* elle-même, dans la
suite, est toujours plus ou moins variée, soit par l'addition de figures
nouvelles, ou seulement par des accentuations différentes des rythmes
précédents. Nous ne citerons point d'exemples de cette coupe dans les
symphonies de Joseph Haydn : elle y est à peu près constante, depuis
les grandes symphonies romantiques de 1772 jusqu'à la série suprême
des symphonies de Londres. Mozart, lui, comme nous l'avons dit, ne
s'en est jamais servi pleinement que dans sa sérénade d'août 1773 ; et
ce n'est guère aussi que dans cette sérénade et dans deux ou trois
œuvres de la période suivante qu'il est descendu à faire usage d'un
artifice familier à Joseph Haydn, mais le plus opposé qui fût à sa propre
nature de poète, — l'artifice, plus ou moins comique, de *la fausse rentrée*,
tel que nous aurons à le signaler dans l'*andante* et le finale du numéro
présent. Quant à l'inspiration des morceaux, on a vu déjà que, sous
cette forme empruntée à Haydn, Mozart l'a encore conservée pareille
à ce qu'elle était chez lui avant son départ pour Vienne : et cependant,
même à ce point de vue, nous aurons à signaler dans notre analyse
bien de menues traces de l'influence de Haydn, par exemple dans le
premier sujet de l'*andante*, ou dans le thème de chasse du finale.

Dans le premier morceau, composé de deux sujets avec un troisième
qui n'est qu'un retour, un peu modifié, du premier, ce sujet initial est
encore conçu à la manière de ceux des symphonies précédentes, c'est à
dire sous la forme de deux rythmes opposés, comme une demande et

séparé ses deux sujets, à l'italienne, tâchera cependant à les apparenter en ramenant le premier après le second.

une réponse, l'un énoncé par les cors et les basses, l'autre par les violons. Ce double sujet lui-même est exposé deux fois, et se trouve suivi,
la seconde fois, d'un travail d'orchestre qui, avec ses syncopes et ses
marches de basse, rappelle également les symphonies salzbourgeoises
du printemps de la même année. Toujours comme dans ces symphonies,
le second sujet est très séparé du premier : il donne lieu, lui aussi, à
une longue ritournelle très élaborée où le rôle principal revient au
second violon, tandis que les vents, sans intervenir dans le chant, le
colorent d'une façon très riche et très habile. Mais si jusqu'à présent
Mozart nous est apparu marchant dans les mêmes voies qu'avant son
arrivée à Vienne, l'influence sur lui de Joseph Haydn nous est tout à
coup révélée, en plein relief, par le susdit retour du premier sujet, ou
plutôt de la première moitié de celui-ci, exposée maintenant par les
violons avec un curieux mouvement contraire, puis reprise à l'unisson
par tout l'orchestre, et faisant ainsi fonction d'un troisième sujet.
Après quoi, par un autre emprunt à l'œuvre de Joseph Haydn, Mozart,
avant les deux barres, commence une phrase nouvelle qui va enchaîner cette première partie du morceau avec le *développement*[1].

Ce *développement* lui-même, plus long et plus fourni qu'à l'ordinaire,
débute par un rappel du second sujet, que suit une phrase mélodique
nouvelle du premier violon, mais suivie à son tour d'un long travail
modulé sur la figure de transition introduite avant les deux barres :
tout cela également inspiré de Joseph Haydn, dont maintes symphonies
nous font voir une conception analogue du *développement*. Et quant à la
rentrée, qui s'accomplit presque sans changement, sauf quatre mesures
ajoutées à la ritournelle modulée du second sujet, nous avons dit déjà
que, à l'exemple de Haydn, — et suivant un procédé des plus rares dans
le reste de son œuvre, — Mozart n'y reprend que la seconde exposition
du premier sujet. Cette rentrée aboutit à une longue coda, expressément
désignée sous ce nom, ce qui, en vérité, venait à Mozart beaucoup plus
de Michel Haydn que de son frère Joseph, qui, plus volontiers, remplaçait les *codas* par une conclusion sans titre, et séparée seulement
parfois du reste du morceau par un point d'orgue. Mozart, lui, sous
l'influence de ses maîtres de Salzbourg, va désormais presque invariablement pendant près d'un an, ajouter à ses morceaux une *coda*, ainsi
appelée par lui et n'ayant à être jouée qu'une seule fois, après la seconde

---

1. Cette manière d'enchaîner la première partie des morceaux avec le *dévelop*
pement, — manière dont on comprendra sans peine tout ce qu'elle a déjà de
profondément « moderne », — n'avait guère été employée par Joseph Haydn, jusqu'en 1772, que pour ses morceaux dans des tons mineurs (voir, par exemple, les
Adieux n° 45 ou la *Symphonie funèbre* n° 44 de 1772) : mais le maître d'Esterhaz
venait d'introduire cette innovation, avec maintes autres, à peu près dans tous
les morceaux, majeurs ou mineurs, de ses six *Grands Quatuors*, op. XX, de 1773 :
et nous verrons bientôt de quelle importance a été pour Mozart, dès la date où
nous sommes arrivés, la révélation de ces merveilleux quatuors. Lui-même, dans
cette sérénade et les œuvres suivantes, nous apparaîtra curieusement partagé
entre son désir d'imiter les liaisons de Joseph Haydn et son attachement inconscient à la forme ancienne : en réalité, les premières parties de ses morceaux
aboutiront encore volontiers à des cadences, mais le jeune homme, après elles,
commencera un petit passage nouveau pour « enchaîner » le *développement*.

répétition de la seconde partie des morceaux. La *coda* du morceau présent, — pour en revenir à elle, — débute par la même figure qui servait de transition avant le *développement* : mais bientôt le rythme initial du premier sujet reparaît, avec des modulations nouvelles, et se poursuit en *crescendo* jusqu'à la fin de cette longue et caractéristique *coda*.

Le premier menuet avec *trio*, qui vient ensuite, nous offre surtout deux particularités notables : d'abord, l'allure toute rythmique de ses sujets, bien différents de ceux des adorables menuets chantants d'Italie, et, en second lieu, la répétition complète, dans le menuet comme dans le *trio*, de la première partie après la seconde. Ce sont là des traits tout viennois, et que nous avons signalés déjà dans les symphonies de 1768 : mais l'influence spéciale de Joseph Haydn, d'autre part, se reconnaît dans les nombreuses imitations du menuet, comme aussi dans la réduction du trio à un petit ensemble de quatre instruments, qui se trouvent être, ici, les flûtes, deux altos, expressément séparés, — comme dans la symphonie n° 174 et le *Concertone*, — et les basses.

L'*andante grazioso*, — un des derniers morceaux intitulés ainsi, — nous révèle plus clairement encore l'action de Joseph Haydn. Déjà le premier sujet, avec sa double exposition, — la seconde fois par les vents seuls, — nous offre une ligne mélodique et un petit travail de contrepoint directement inspirés du maître d'Esterhaz : et c'est encore suivant le modèle de ce maître que Mozart, ici, enchaîne et unit ses sujets, en donnant, par exemple, à un troisième sujet tout chromatique et d'une expression très personnelle la même cadence qui vient de terminer le sujet précédent. Puis, comme dans le premier morceau, une figure nouvelle apparaît, avant les deux barres, pour relier cette première partie au *développement*, qui d'ailleurs, à la façon de Haydn, ne consiste tout entier qu'en un travail sur le premier sujet, avec un curieux emploi de l'artifice « haydnien » de la *fausse rentrée*. La véritable *rentrée*, lorsqu'elle se produit ensuite, se fait sans changement appréciable, mais, toujours comme dans le premier morceau, cette *rentrée* ne reprend que la seconde exposition du premier sujet. Et toujours le morceau s'achève par une *coda*, qui d'ailleurs, cette fois, se borne à continuer la ritournelle finale de la première partie. Notons encore, dans ce bel *andante*, l'usage de ce qu'on pourrait appeler le *tempo rubato*, procédé qui commençait alors à être fort goûté, surtout des pianistes et en raison de sa difficulté pour eux : pendant que le chant, au premier violon, déroule des doubles croches se suivant deux par deux, le second violon l'accompagne en une série de triolets.

Du second menuet et de ses deux *trios* nous ne dirons rien, sinon qu'ils fourniraient matière exactement aux mêmes observations que le menuet précédent. Dans les trois morceaux, la première partie est reprise après la seconde, dans les trois, les sujets sont tout rythmiques et d'une allure viennoise très marquée. Le premier *trio*, en mineur, est écrit pour un violon *solo*, deux violons accompagnant et un alto tenant lieu de basse; on y trouve, au violon solo, de ces grands écarts qui nous sont également apparus, en 1768, comme caractéristiques du style viennois. Le second trio, suivant l'usage des sérénades, comporte de nombreux *soli* d'instruments à vent.

Nous ne dirons pas que c'est encore à l'exemple de Haydn que Mozart a fait précéder son finale d'un grand prélude *adagio* : car cette manière de faire paraît bien avoir été alors habituelle dans ces œuvres qui comme les *cassations* et les *sérénades*, se jouaient avec des intervalles entre les morceaux. Mozart, en tout cas, avait depuis longtemps éprouvé le besoin de rehausser la portée musicale de ses finales en leur adjoignant des introductions du genre de celles que Joseph Haydn plaçait volontiers au début de ses symphonies. L'introduction du présent finale est, d'ailleurs, un morceau d'une originalité et d'une beauté expressive remarquables, qui nous rappellent le poète romantique de la dernière période milanaise. Elle est faite de deux sujets, dont le premier sera repris par Mozart dans sa superbe symphonie en *ut* de 1780. Il est présenté ici en un grand unisson d'une énergie très dramatique, que suit un court dialogue expressif entre les violons et les vents. Puis le premier violon expose un autre sujet, d'une douceur charmante, pendant que le second violon l'accompagne d'une étrange figure continue en triples croches que nous retrouverons dans l'un des plus beaux quatuors de la série viennoise qui va suivre. Les vents, désormais, se taisent, sauf un brusque et pathétique appel survenant vers la fin du second sujet ; et ainsi ce remarquable prélude s'enchaîne avec le finale proprement dit, qui est malheureusement bien loin de correspondre à un tel début. Ce long finale est une sorte de chasse, avec trois sujets tout rythmiques sans cesse alternés de *soli* des cordes et de bruyants *tutti*. Le *développement*, après avoir repris le premier sujet à la dominante, amène, de nouveau, une *fausse rentrée*, que suivent une série de modulations sur ce même sujet, longtemps prolongées avec parfois d'ingénieuses imitations aux deux violons. Ce long *développement* suffirait à lui seul pour prouver l'influence dominante de Joseph Haydn sur Mozart, dès l'arrivée de celui-ci à Vienne : rien n'empêcherait absolument de le croire tiré d'une symphonie du maître d'Esterhaz. La *rentrée* véritable, ensuite, ne reprend à son tour que la seconde exposition du premier sujet, mais, cette fois, sensiblement variée et un peu allongée. Après quoi le reste de la première partie se déroule presque sans changement pour aboutir, une fois de plus, à une longue *coda*, qui d'ailleurs, avec son grand *crescendo* jusqu'à la fanfare finale, est en vérité, et bien plus encore que le *développement*, la seule partie intéressante de tout ce finale, manifestement improvisé.

179. — *Vienne, premiers jours d'août* 1773.

Petit concerto de violon en fa, intercalé dans la sérénade précédente. — Violon principal, avec accompagnement de deux violons, alto, deux hautbois, deux cors et basse.

Ms. dans une collection viennoise.

Andante et allegro.

Nous avons dit déjà, à propos de la sérénade n° 56, comment l'usage était d'intercaler dans l'éxécution des sérénades, généralement entre *l'allegro* initial et le premier menuet, un petit concerto pour un ou plusieurs instruments, écrit d'ailleurs dans d'autres tons que ceux de la sérénade et n'ayant avec elle aucun rapport intime. Ces concertos se composaient parfois de deux morceaux, un *andante* et un finale, ou parfois avaient un menuet, dans le ton de la dominante, entre ces deux morceaux. Ici Mozart, évidemment pressé, s'en est tenu à deux morceaux, et qui, tous deux, paraissent avoir été composés très rapidement. L'*andante*, suivant l'usage dans ces petits concertos, a la coupe régulière d'un morceau de sonate, avec barres de reprise, *développement* et *rentrée :* mais il débute, toujours suivant l'usage, par un *tutti* d'orchestre où les deux sujets du morceau sont exposés une première fois, le second, ici, ayant sa ritournelle exposée en mouvement contraire par les violons et les hautbois. Puis le soliste reprend le premier sujet, mais, — autre procédé coutumier du concerto, — en y joignant une idée mélodique nouvelle qui n'appartient qu'à lui ; tandis que, pour le second sujet, le violon principal se borne d'abord à une longue tenue, comme les aimaient les violonistes du temps, et se charge ensuite d'exposer la ritournelle. Puis vient un petit *développement* sur le premier sujet suivi d'une rentrée du *solo* de violon ; et, celui-ci toujours encore selon l'usage des concertos, ne reprend plus maintenant que le premier sujet proprement dit, amputé du passage nouveau qu'il avait joué seul dans la première partie. Le morceau aboutit, ainsi qu'il convient, à un point d'orgue laissant au soliste la liberté d'improviser une cadence : après quoi deux mesures de *tutti* mettent fin à cet *andante* assez insignifiant, où la virtuosité du soliste se manifeste surtout dans de grands écarts à la manière viennoise. Et quant au *rondo* final, d'une insignifiance parfaite, il n'offre pour nous que la particularité très curieuse d'être un *rondo varié*, suivant l'exemple des très rares *rondos* composés par Joseph Haydn dans ses œuvres d'avant 1780. Quelques-uns des intermèdes sont des variations du thème, tandis que d'autres sont tout à fait nouveaux. C'est presque toujours ainsi que Joseph Haydn, dès ses débuts, composait ses *rondos*, d'ailleurs très rares chez lui jusqu'en 1774. (Voir, par exemple, le finale de sa sonate de clavecin en *ré* de 1767, ou encore, plus tard, celui de sa symphonie du *Maître d'École* n° 55). Malheureusement, la hâte manifeste avec aquelle a été improvisé ce finale, — où l'orchestre, notamment, ne joue qu'un rôle des plus sommaires, — a empêché Mozart de mettre le contenu de son morceau en harmonie avec cette ingénieuse nouveauté de sa forme.

180. — *Vienne, août* 1773.

Marche en ré, pour deux violons, **deux flûtes, deux cors, deux** trompettes et basse, destinée à accompagner la sérénade précédente.

K. 189.

Ms. dans une collection viennoise.

Andante

Cette marche, dont l'autographe est joint à celui de la *Sérénade pour Andretter*, doit certainement avoir été écrite pour être jouée, suivant l'usage, au début et à la fin de cette sérénade. Très simple et sans doute composée très rapidement, elle offre deux particularités qu'il convient de signaler. D'abord, au contraire des autres marches de la jeunesse de Mozart, elle porte une indication de son mouvement, anomalie qui, d'ailleurs, se justifie par la différence de ce mouvement, *andante*, avec l'*allegro* habituel des marches de sérénades. Mais surtout il faut noter que, dans cette marche, écrite absolument à la façon d'un morceau de sonate, Mozart reprend, avec de légères variations, toute la première partie du morceau, après un petit *développement* modulé sur le premier sujet : tandis que, dans toutes ses autres marches à l'exception d'une seule, datant de l'été de 1774, la *rentrée* ne reprend que le second sujet, ou encore la seconde moitié du premier sujet. Évidemment Mozart, à Vienne, subit à tel point l'influence du style allemand qu'il transporte dans tous les genres de morceaux ce procédé allemand de la *rentrée* complète du premier sujet.

181. — *Vienne, août 1773.*

Quatuor en fa, pour deux violons, alto et violoncelle.

K. 168.

Ms. dans une collection allemande.

Allegro

Allegro. — Andante con sordini (en fa mineur). — Menuetto et trio (en si bémol). — Allegro (fugue).

L'autographe de ce quatuor (ayant autrefois appartenu à André) portait, en manière de titre, l'inscription suivante : 6 *quartetti del Sgr. Caval. A. W. Mozart. — Quartetto I, à Vienne 1773, nel mese d'Agosto.* A quoi nous devons ajouter tout de suite que, parmi les cinq autres quatuors de la

série, il y en a trois encore qui, d'après l'inscription mise en tête de leur autographe, ont été également composés : *à Vienne. 1773, nel me:e d'Agosto*, tandis que le cinquième n'est point daté, et que, sur la partition du sixième et dernier, Mozart a écrit simplement: « à Vienne 1773 ». Suivant toute vraisemblance, ces deux derniers quatuors de la série doivent dater de septembre 1773, et ;avoir été écrits tout de suite après les quatre premiers.

Voici donc que le jeune Mozart, sitôt arrivé à Vienne, entreprend une nouvelle série de six quatuors, en pendant à celle qu'il a produite naguère durant son dernier séjour à Milan ; et le voici qui procède à ce travail imprévu avec une hâte fiévreuse, écrivant coup sur coup quatre quatuors, pendant ce mois d'août 1773 dont les premiers jours ont déjà dû être pour lui suffisamment remplis par l'achèvement de la grande *Sérénade pour Andretter*, avec sa marche et son concerto ! S'agit-il ici encore d'une commande brusquement imposée au jeune musicien par l'un des amateurs viennois qui s'intéressent à lui ? Ou bien Mozart, cette fois encore comme jadis à Lodi, et puis à Botzen deux années plus tard, ne se sera-t-il mis à écrire des quatuors que sous la seule impulsion de son génie créateur, afin d'occuper son loisir et de réaliser un idéal artistique dont il s'est épris ? En l'absence de tout document positif, nous serions tentés d'admettre plutôt cette deuxième hypothèse, que confirmerait aussi le silence gardé par Mozart lui-même et son père, dans leurs lettres, touchant un travail qui, sans doute, n'aurait point manqué d'être mentionné par eux à Mᵐᵉ Mozart s'il avait été le résultat d'une fructueuse commande. Mais, en tout cas, une chose nous apparaît avec une évidence absolue : c'est que Mozart, dans cette série de quatuors, commandée ou entreprise spontanément, a voulu épancher l'ardeur enthousiaste dont l'avait à présent rempli son nouveau contact avec le génie musical viennois. Ainsi que nous l'ont montré déjà les deux aventures de Lodi et de Botzen, le quatuor était depuis l'enfance devenu pour lui, en quelque sorte, une langue naturelle, bien plus apte encore que celle du clavecin pour traduire les nuances intimes et familières de ses émotions. Le style du quatuor lui était quelque chose d'équivalent à ce que représente, pour d'autres natures de poètes, la rédaction d'un journal secret, recevant la confidence de sentiments trop violents pour rester enfermés au fond du cœur. Et tout de même que naguère, à deux reprises, le petit Mozart avait confié à cette langue du quatuor l'expression de l'enivrement que lui apportaient le ciel, la nature, et le génie italiens, de même il n'a pu s'empêcher, cette fois, de proclamer d'une façon pareille l'émoi passionné qu'avait fait naître en lui l'atmosphère musicale de Vienne. Par-dessus tous les caractères que nous aurons à signaler dans ces six quatuors, celui-là est le plus manifeste et le plus constant : d'un bout à l'autre de la série, le jeune Mozart nous apparaît, en quelque sorte, anxieusement désireux de s'affirmer viennois, lui aussi, et d utiliser tour à tour ou simultanément les impressions très diverses que lui a suggérées le milieu nouveau où il s'est plongé. De là cette hâte de composition dont il faut bien avouer que plusieurs des quatuors de la série ne laisseront pas de se ressentir. Et de là aussi la profonde, l'incroyable différence qui sépare ces quatuors viennois de ceux que le jeune homme, **quatre** ou cinq mois auparavant, a créés sous l'inspiration de sa propre fièvre romantique et de l'art merveilleux des vieux maîtres italiens. Impossible, en vérité, de concevoir une différence plus complète et plus radicale : comme si non seulement les deux séries n'avaient pas été produites à fort peu de temps l'une de l'autre, mais plutôt comme si elles n'étaient point sorties du même cœur, l'une toute rayonnante de pure et exquise passion poétique, l'autre savante et sèche, ou plutôt étrangement prosaïque sous 11 maîtrise extérieure de sa forme, avec un souci de justesse et de précision dans l'expression des sentiments qui risque trop souvent d'enlever à celle-ci son cachet tout « mozartien » de beauté mélodique. Sous ce rapport de la signification intime et de l'agrément sensuel des morceaux, la série viennoise, surtout dans les premiers quatuors, demeure infiniment au-dessous de la série milanaise, et c'est seulement vers la fin de la série, dans le quatrième quatuor, mais surtout dans le sixième et dernier, que le génie poétique de Mozart réussit enfin, cette fois comme toujours, à s'accommoder pleinement du langage nouveau qu'il s'est imposé, de manière à imprégner celui-ci d'une atmosphère originale de fraîche, émouvante, et chantante beauté.

Nous ne nous attarderons pas, après cela, à déterminer ici la trace qu'ont laissée, dans ces quatuors, les différents modèles viennois entendus ou déchiffrés par le jeune Mozart. Plus d'une fois, au cours de notre analyse des morceaux des quatuors, nous aurons l'occasion de signaler tel procédé dérivant d'un Vanhall ou d'un Starzer, telle inspiration rappelant celle de l'opéra nouveau des Gluck et des Salieri. Cette influence de l'art de Gluck, en particulier, non seulement nous apparaîtra dans la conception et la forme de certains *adagios :* il se peut aussi qu'elle ait, plus que toutes autres, conduit Mozart à ce souci constant d'expression précise et simple qui, comme nous l'avons dit, ne va point sans donner à la série nouvelle un certain air de sécheresse prosaïque, le tempérament poétique de Mozart étant toujours destiné, depuis lors, à se sentir contraint et gêné dans l'imitation d'un art le plus opposé du monde à son propre génie naturel. D'autre part, tout porte à supposer que l'étude des quatuors de Gassmann a également agi sur ces quatuors viennois de Mozart, ne fût-ce que pour y renforcer l'emploi du contrepoint : sans que, d'ailleurs, nous puissions conclure jamais à une imitation directe par Mozart de la dernière série des quatuors de Gassmann, dont Burney nous apprend qu'elle a été composée aux environs de 1772, et où chacun des quatuors se trouve invariablement formé d'un *andante* initial et de deux grandes fugues, que sépare l'une de l'autre un menuet avec trio, tout cela écrit dans le même ton. Le jeune Mozart, lui aussi, introduira une fugue dans le premier et le dernier de ses quatuors : mais le style de ces fugues différera absolument de celui des fugues susdites de Gassmann, qui sont plutôt de libres et savantes fantaisies en contrepoint continu ; et puis, ainsi que nous allons le voir, l'idée aussi bien que le style de ces deux fugues finales sont venus à Mozart d'une autre source qui nous est bien connue, et dont l'influence sur le jeune garçon a été encore incomparablement plus forte que celle de Gassmann ou de n'importe quel autre musicien viennois de ce temps.

Cette source, que nous pouvons vraiment considérer comme ayant dirigé Mozart dans la composition de ses quatuors, c'est une série de six quatuors écrits par Joseph Haydn, et publiés, ou du moins annoncés par lui en 1774, et même inscrits par lui à cette date dans le catalogue qu'il a, plus tard, rédigé de ses œuvres. Mais en réalité une foule d'arguments s'accordent à établir que les quatuors dont nous parlons ont été composés dès 1773, au moment où s'achevait la grande crise romantique qui nous avait valu déjà, depuis le milieu de 1771, des œuvres d'une grandeur et d'une intensité expressive merveilleuses, telles que la sonate de clavecin en *ut mineur*, et les symphonies appelées la *Funèbre*, les *Adieux*, ou la *Passione*. Non seulement la nouvelle édition définitive des symphonies de Haydn nous montre ainsi, à chaque instant, que des œuvres classées par Haydn lui-même en 1771 ou en 1774, d'après la date où leur mise en vente a été annoncée, ont été composées une ou deux années plus tôt : mais il suffit de comparer les quatuors en question avec la sonate et les symphonies susdites pour sentir que les uns et les autres résultent absolument de la même inspiration, sont tout remplis des mêmes procédés et presque des mêmes figures, tandis que le style de Haydn en 1774, après la conversion décisive du maître au goût nouveau de la« galanterie », diffère aussi profondément que possible de celui des quatuors à la fois les plus sérieux et les plus travaillés qu'il ait produits avant la dernière période de sa longue vie. Enfin il n'y a pas jusqu'à l'évidente imitation de ces quatuors par le jeune Mozart, en août et septembre 1773, qui ne soit pour nous obliger à avancer d'une année la date de leur composition : car nous verrons tout à l'heure qu'il est presque impossible que Mozart, en écrivant ses quatuors, n'ait point connu ceux-là, et notamment qu'il ait trouvé ailleurs le modèle de ses deux grandes fugues, avec tout ce qui s'y rencontre de menus détails manifestement empruntés aux trois fugues qui terminent trois des six quatuors de la série de Haydn.

Ce dernier avait bien composé précédemment, vers 1771, une autre série de six quatuors (op. XVII) que le jeune Mozart doit également avoir étudiés, et dont le reflet se laisse même entrevoir, çà et là, dans certains morceaux de ses quatuors viennois. Cette série de l'op. XVII constituait proprement le premier effort de Joseph Haydn à relever le genre du quatuor au-dessus de cette simple portée de « divertissement » qu'avaient eue jadis ses trois séries op. I, III, et IX : mais tout en essayant déjà d'employer le genre du quatuor à traduire des émotions plus hautes et plus nuancées, Joseph Haydn, dans cet op. XVII, avait encore accordé au premier violon un rôle capital et presque concertant, sans doute afin de répondre au désir du prince Esterhazy, ou peut-être à celui de son ami le violoniste Tomasini. Toujours est-il que ces quatuors de 1771, avec le charme de leur inspiration et parfois déjà leurs éminentes qualités d'élaboration musicale, étaient encore plutôt des sonates de violon avec un accompagnement de trio à cordes que de véritables quatuors suivant l'idéal moderne ; et le fait est que Mozart, qui d'ailleurs avait déjà composé lui-même, à Milan, des quatuors d'une valeur artistique au moins équivalente, ne semble pas avoir emprunté à cette série de l'op. XVII autre chose que certains artifices ou certaines suggestions sans grande importance.

Au contraire, la nouvelle série des quatuors de Haydn, op. XX, telle qu'il a dû la découvrir dès son arrivée à Vienne, dans quelqu'une de ces maisons où Burney nous apprend que l'on ne cessait point d'exécuter

la musique de chambre du maître d'Esterhaz, cette série nouvelle ne
pouvait manquer de l'émouvoir très profondément ainsi qu'elle l'a fait
en réalité. Jamais encore, à coup sûr, le génie de Joseph Haydn n'avait
rien produit d'aussi haut, sous le double rapport de l'élaboration et de
la mise en œuvre ; et aujourd'hui même, celui qui veut connaître pleinement et authentiquement le génie du vieux maître, par-dessous les déformations que lui a imposées trop longtemps une manière un peu étroite
de concevoir l'idéal du nouveau goût « galant », celui-là aura la surprise
de rencontrer, dans quelques parties de ces quatuors, notamment dans
plusieurs *andantes* et les trois fugues finales, un artiste d'une envergure
et d'une puissance poétique imprévues, annonçant les dernières œuvres
de son élève Beethoven non seulement par la vigueur ou l'audace tranquille de la forme, comme dans ses quatuors d'après 1794, mais aussi
par l'intensité d'une émotion saisie et traduite presque directement.
Qualités qui n'ont pour nous rien de surprenant si nous songeons que
ces quatuors ont été, dans la vie artistique de Haydn, le dernier aboutissement d'une grande crise romantique qui devait bientôt s'apaiser
pour toujours, mais non pas avant de nous avoir valu quelques-unes
des œuvres les plus fortes de toute la musique moderne. En 1773, lorsqu'il achevait cette nouvelle série de quatuors, Haydn se trouvait encore
sous le coup des violentes passions, personnelles ou esthétiques, qui
l'avaient envahi tout entier depuis deux années : mais déjà, d'autre part,
sa science et son talent de musicien commençaient à protester en lui
contre sa tendance précédente à restreindre en quelque sorte l'expansion musicale de son cœur, pour se consacrer tout entier à la seule
expression de ses sentiments. De telle manière que, au lieu d'être plus
ou moins sacrifiée à ces sentiments, la richesse et beauté musicale
s'ajoute ici à eux avec une aisance merveilleuse, permettant à Joseph
Haydn de nous offrir un modèle incomparable d'inspiration romantique
exhalée dans un langage le plus savant du monde et le plus travaillé.
Nous ne pouvons songer, malheureusement, à examiner en détail le
contenu de ces six quatuors, dont on pourrait dire cependant que chaque
morceau s'est tout de suite implanté au fond de l'âme de Mozart, sauf
pour les plus beaux d'entre eux, — par exemple les *andantes* et tels menuets, — à n'agir librement sur lui que beaucoup plus tard, au moment
où lui-même allait produire les grands quatuors et quintettes de sa
maturité. Mais comment ne pas signaler tout au moins, à côté de ces
andantes où les quatre voix s'unissent désormais pour soupirer des
chants d'une tristesse ou d'une suavité sublimes, l'admirable emploi de
la fugue à plusieurs sujets, d'ailleurs traitée déjà tout librement, et
avec une préoccupation incessante d'expression poétique, pour servir
de finales à trois des quatuors ? Dans les premiers morceaux, pareillement, — toujours encore formés d'un sujet unique, ce qui achève de-
rattacher ces quatuors à l'ancienne manière de Haydn, remplacée dès
la fin de 1773 par un style tout nouveau, — les quatre instruments se
montrent à nous avec des rôles à peu près équivalents, et toujours collaborant à un même effet d'ensemble, sans l'ombre de ces *soli* concertants que renfermaient jusque-là tous les quatuors de Haydn. Et, par-
dessus tout cela, l'impression dominante qui se dégage pour nous de ces
quatuors est l'admirable et délicieuse impression d'un art où ce qu'on

appelle l'élaboration thématique, l'analyse musicale d'une idée de manière
à en utiliser jusqu'aux moindres ressources, se trouve constamment pratiquée avec une science et un talent sans pareils, et toujours pratiquée
seulement en vue d'une signification intensément passionnée. Jamais
dans ses symphonies Joseph Haydn n'a poussé plus loin cet emploi de
l'élaboration ainsi entendue ; et ses quatuors eux-mêmes, comme nous
l'avons dit, ne nous offriront plus rien désormais d'aussi intéressant à
ce point de vue.

Cette portée supérieure des nouveaux quatuors de Haydn, d'ailleurs,
ainsi que nous l'avons fait entendre déjà, ne paraît pas avoir été comprise tout de suite par le jeune Mozart. Ce que les quatuors de Haydn
contenaient de plus haut, l'unité de leur inspiration, la façon dont l'auteur y subordonnait son travail musical au sentiment poétique, tout en
s'efforçant à traduire celui-ci avec la plus grande richesse possible de
moyens musicaux, rien de tout cela ne se retrouvera, du moins à un degré
approchant, dans les six quatuors que nous allons étudier. Et la chose
ne saurait aucunement surprendre si l'on songe à la fois à l'âge de Mozart
en 1773 et puis précisément à cette singulière nouveauté d'éléments
artistiques tels que ceux-là, se produisant dans un temps où personne
n'était encore vraiment préparé à les apprécier. Si bien que, sous le
rapport de la beauté et de l'importance esthétiques, aucune comparaison n'est possible entre l'œuvre de Mozart et les quatuors de Haydn qui
lui ont servi de modèles : mais il n'en reste pas moins que, en dehors
même d'emprunts immédiats comme celui du genre de la fugue pour remplacer le *rondo* ou le *tempo di menuetto* final, en dehors de maints procédés
de détail où nous allons voir que Mozart s'est sûrement inspiré des quatuors de Haydn, ce sont encore ceux-ci qui doivent avoir suggéré au jeune
homme l'allure à la fois sérieuse et savante qu'il a voulu donner à sa nouvelle série de quatuors. Non seulement cette dernière, suivant l'exemple
de Haydn, comportera toujours un menuet ajouté aux trois morceaux
habituels des quatuors précédents de Mozart ; sans cesse nous aurons à
constater que le jeune homme, désireux de s'élever au même niveau que
Joseph Haydn, s'ingénie à introduire dans ses morceaux des effets imprévus et bizarres, à étendre les dimensions des *allegros* comme aussi à y renforcer la valeur musicale du *développement*, à revêtir les menuets d'une
portée plus relevée par le moyen d'ingénieux artifices de contrepoint, et
puis aussi, en résumé, à rehausser la dignité de son langage musical, sans
pouvoir d'ailleurs, là encore, y atteindre autrement que par un usage
souvent intempestif des procédés savants de l'imitation. Il y aura même
pour nous, dans un bon nombre de ces quatuors de Mozart, quelque
chose de pénible à découvrir le vain effort du jeune homme pour réaliser un idéal que ses forces ne lui permettent pas encore de saisir pleinement, si profonde que soit l'émotion intérieure que cet idéal a fait
naître en lui.

En somme, ainsi que nous l'avons dit déjà, la beauté artistique de ces
quatuors sera loin d'égaler leur intérêt historique ; et ce sera seulement dans les derniers numéros de la série que le jeune homme réussira
à tirer un parti à la fois très original et très fructueux de la contrainte
qu'il se sera imposée pour oublier provisoirement toutes ses impressions italiennes et pour s'abandonner docilement aux deux influences

nouvelles de l'art viennois en général et des récents quatuors de
Joseph Haydn en particulier. Mais, avec tout cela, cette série viennoise, composée trop vite, parmi des conditions peu favorables à la
libre expansion du génie de Mozart, n'en constituera pas moins pour
nous le point de départ d'une autre des plus grandes et belles périodes
de la vie artistique du maitre, inférieure peut-être en intensité de passion et en grâce poétique à la dernière période italienne du début de
1773, mais bien supérieure à celle-ci par l'ampleur esthétique des fins
poursuivies comme aussi par la richesse et magnificence des moyens
employés. Tout ce qui nous apparaîtra bientôt d'admirable dans les
symphonies, concertos, et autres œuvres produites par Mozart apres son
retour de Vienne, le superbe ressaut romantique qui se révélera à nous
dans ces œuvres, et servi désormais par des procédés d'expression tout
allemands et tout « modernes »; c'est dans ces quatuors de Vienne,
hâtivement improvisés au contact d'un idéal artistique nouveau, que
nous verrons le jeune homme s'apprêtant inconsciemment à ce brusque
effort de relèvement de son art, — le dernier que nous aurons à signaler
chez lui, hélas ! jusqu'à son bienfaisant voyage de Mannheim et Paris,
en 1777.

Le premier quatuor, en *fa*, nous fait voir aussitôt les qualités et les
défauts que nous avons indiqués comme se retrouvant plus ou moins
dans la série tout entière. Impossible d'imaginer une œuvre plus
imprévue sous le rapport historique, c'est-à-dire plus absolument et
foncièrement différente aussi bien des récents quatuors italiens de
Mozart que des œuvres mêmes composées par le jeune homme durant
le printemps et l'été de 1773. Dans chacun des morceaux, nous découvrons une intention esthétique beaucoup plus haute, ou du moins plus
sérieuse et savante, comme si Mozart, dorénavant, avait résolu de
se consacrer à un idéal d'un autre ordre. Emploi de la fugue pour le
finale, double exposition du premier sujet et nombreux essais d'élaboration thématique dans l'*allegro* initial, tendance manifeste à transporter la langue du contrepoint et l'élaboration jusque dans le menuet,
conception à la fois dramatique et sévère de l'*andante*, tout cela aurait
de quoi nous surprendre infiniment, en comparaison de toute l'œuvre
précédente du jeune homme, si nous ne sentions là un contre-coup
immédiat de l'effet qu'ont dû produire sur Mozart les grands quatuors
nouveaux de Joseph Haydn ; et il faut bien ajouter que tout cela, évidemment dérivé de ces quatuors, échoue cependant de la manière la
plus complète à leur ressembler, n'empruntant guère aux chefs-d'œuvre
du maitre d'Esterhaz que la noble dignité de l'inspiration, et peut-être
aussi cette fâcheuse absence de douceur et de charme poétiques qui,
chez Joseph Haydn, se trouvait compensée par maints autres éléments
de beauté expressive et musicale. Chez Mozart, au contraire, les aspirations les plus louables n'aboutissent qu'à nous laisser une impression
de gène et de sécheresse, sans que le langage même, et notamment
dans les fréquents passages en contrepoint, nous semble justifié par
une nécessité intérieure appréciable. A chaque instant, nous rencontrons d'ingénieuses trouvailles, des rythmes étranges, des modulations
saisissantes : mais l'ensemble demeure pénible et d'une bizarrerie inu-

tile, avec une pauvreté de réalisation qui nous permet à peine de
deviner la qualité supérieure des sentiments traduits, non plus que
le mérite du zèle apporté maintenant à leur traduction.

C'est ainsi que, dans le premier *allegro*, s'ouvrant par une double
exposition, d'ailleurs très écourtée, du premier sujet, le second sujet,
encore tout séparé du premier, nous offre un rythme continu des deux
violons, sur un chant modulé de l'alto et de la basse, dont l'étrangeté
quelque peu sauvage atteste bien le désir de rappeler certains effets
analogues chez Joseph Haydn, mais en même temps nous étonne plus
qu'elle ne nous émeut. Vient ensuite, toujours comme chez Haydn, un
nouveau petit sujet en ritournelle finale : mais Mozart, encore inexpé-
rimenté dans ce genre de coupe, imagine de juxtaposer à cette originale
figure « haydnienne » une seconde ritournelle toute brillante et banale,
suivant la façon des maîtres italiens. Le *développement*, lui, nous révèle
un résultat plus heureux de l'influence de Haydn. Il commence par une
vigoureuse élaboration, en contrepoint, d'un fragment du premier
sujet, où le violoncelle ne cesse pas de dessiner une sobre figure d'accompagnement sous des imitations de l'alto et des deux violons : après
quoi la *rentrée* nous est préparée par une curieuse transition également
traitée en contrepoint, mais cette fois aux quatre voix, et nous présentant un exemple caractéristique de l'emploi des deux lettres *fp* qui,
désormais, constitueront à peu près la seule indication de nuances dans
cette série de quatuors, — car Mozart, suivant l'exemple de Haydn,
renoncera maintenant aux innombrables nuances que ses maîtres
italiens lui avaient naguère appris à semer dans toutes ses œuvres.
Ajoutons que la *rentrée*, toujours suivant le procédé de Joseph Haydn,
allonge et renforce considérablement la double exposition du premier
sujet, pour reproduire ensuite le reste du morceau à peu près intégralement, et sans même l'achever par une de ces *codas* que nous avions
vues se produire encore dans tous les morceaux de la sérénade pour
Andretter, et que l'exemple des quatuors de Joseph Haydn, — ou du
moins de la plupart d'entre eux, — aura empêché le jeune homme de
faire entrer ici.

L'*andante* en *fa mineur* qui suit dérive-t-il également des quatuors
de Joseph Haydn ? Nous serions tentés d'admettre que, tout au moins,
Mozart a voulu, dans ce court, pathétique et étrange morceau, créer à
sa manière un équivalent de tout ce qu'il sentait ou entrevoyait de
bizarre à la fois et de poignant dans quelques-uns des nouveaux *andante*
du maître d'Esterhaz. Aussi bien trouverait-on, dans ces derniers,
jusqu'à des échos plus ou moins accentués d'un mélange de style religieux et d'expression dramatique comme celui que nous offre, en
germe, l'*andante* de Mozart. Mais quant au style de celui-ci, nous devons
bien avouer que Haydn aurait été empêché de l'introduire dans ses
quatuors, ne fût-ce qu'en raison de ce qu'un tel traitement du quatuor
avait, pour ainsi dire, d'abstrait et d'irréalisable, ou en tout cas de
peu approprié aux ressources du genre. Le fait est que l'intention est
malheureusement beaucoup trop au-dessus de la mise en œuvre, dans
cette manière de choral grave et sombre, d'une concentration excessive, et où nous avons l'impression d'un certain manque d'air et d'espace qui ne permet pas aux libres imitations des quatre voix d'agir

sur nous avec toute l'intensité tragique manifestement rêvée par le jeune auteur. Un seul sujet, comme toujours chez Haydn, remplit tout ce morceau sous la diversité des modulations, et c'est encore le même rythme qui se poursuit dans les six mesures du *développement*, après quoi toute la première partie est reprise avec un grand nombre de menus changements expressifs, pour aboutir, cette fois, à six autres mesures de conclusion qui forment une véritable *coda* nouvelle. Ainsi s'achève ce morceau extraordinaire, dont il est possible que Mozart ait trouvé expressément le modèle dans des quatuors d'autres auteurs viennois, un Gassmann ou un Vanhall, animés eux-mêmes du désir de transporter dans la musique instrumentale la sobre et puissante expression dramatique naguère tentée par leur compatriote Gluck dans le style de l'opéra. L'austère beauté de l'émotion, la hardiesse de quelques-unes des modulations, et une certaine atmosphère de pureté esthétique dont est imprégné le morceau entier nous rappellent irrésistiblement le génie de Mozart : mais nulle part ailleurs, peut-être, dans toute la série de ses quatuors, nous ne sentons aussi profondément la contrainte que s'impose le jeune homme pour se hausser jusqu'à un idéal nouveau qui vient de se révéler à lui trop soudainement.

Le menuet et son trio débutent tous deux par des rythmes pareils, manifestement inspirés de l'esprit populaire viennois : mais tandis que le menuet se déroule régulièrement, avec une reprise variée de la première partie après un passage nouveau tenant lieu de *développement*, le trio nous montre, à son tour, l'effet produit sur le jeune homme par les quatuors de Joseph Haydn. Une fois de plus, Mozart essaie de donner à son œuvre l'apparence savante et bizarre tout ensemble qui l'a frappé dans les menuets des quatuors de Haydn ; et, une fois de plus, c'est au contrepoint qu'il recourt pour donner à son morceau un relief plus marqué. Après une première partie très courte, où le premier violon est à peine un peu soutenu par quelques figures d'accompagnement aux trois autres voix, voici que commence à l'improviste un grand passage traité en imitations, se prolongeant jusqu'à ce que, trois mesures avant la fin, nous entendions reparaître le rythme qui ouvrait ce curieux trio. Tout cela infiniment intéressant au point de vue des aspirations qui s'y laissent voir, et que nous retrouverons, désormais mûries et pleinement réalisées, dans les symphonies de la période suivante : mais, ici, les aspirations se manifestent encore, pour ainsi dire, à nu, sans que le jeune Mozart ait eu le loisir de se mettre en possession d'un langage approprié.

Le finale, lui, est une grande fugue, comme celles qui terminaient trois des six quatuors de Haydn : mais une fugue à un seul sujet, et dont l'exécution, d'ailleurs déjà suffisamment habile, trahit également comme un certain embarras du jeune homme à utiliser efficacement l'ensemble des idées et procédés nouveaux que les quatuors de Haydn lui ont suggérés. Aussi bien était-ce proprement la première fois qu'il avait l'occasion d'écrire une fugue instrumentale ; et la comparaison de ce finale du n° 181 avec la fugue qui, le mois suivant, terminera le dernier quatuor de la même série, nous enseignera avec quelle rapidité s'est réalisée, dans ce domaine comme dans tous les autres, l'acclimatation artistique du jeune musicien. Mais, en attendant, c'est vraiment comme s'il ne savait pas encore à quel usage expressif pouvait servir cette introduction de la fugue régulière dans le genre du quatuor à cordes. Les quatre voix se répondent ou s'opposent l'une à l'autre de la façon la plus correcte, jusqu'au grand unisson final qui clôt la fugue tout de même qu'il fermait, par exemple, les fugues finales du second et du sixième des quatuors de Haydn : mais rien de tout cela n'est spécialement « instrumental », adapté aux ressources individuelles des quatre voix du quatuor ; et surtout rien n'offre pour nous cette délicieuse sensation de mouvement passionné et de vie musicale qui se dégage incomparablement des trois fugues contemporaines du maître d'Esterhaz. Peu s'en faut qu'un Léopold Mozart ne nous apparaisse au moins aussi en état que son fils de produire ce long et inutile devoir d'adroit écolier.

182. — Vienne, août 1773.

Quatuor en la, pour deux violons, alto et violoncelle.

K. 169.
Ms. à Berlin.

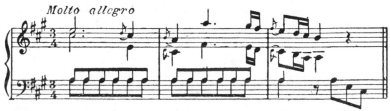

Molto allegro. — Andante (en ré). — Menuetto et trio (en mi). — Rondeau : allegro

Ce second quatuor de la série, dont l'autographe porte pareillement : « à Vienne 1773 nel mese d'agosto », n'atteste plus au même degré que le précédent l'émotion profonde causée au jeune Mozart par la découverte des nouveaux quatuors de Joseph Haydn. L'allure générale des morceaux est plus coulante et plus facile, les passages en contrepoint sont devenus beaucoup plus rares, et à chaque instant nous sentons que Mozart se laisse ressaisir inconsciemment par ses habitudes italiennes des périodes précédentes. Et cependant ici encore, sans aucun doute, ce sont les quatuors de Haydn qui demeurent, sinon le modèle immédiat du jeune homme, en tout cas la source principale de son inspiration.

Ainsi, dans le premier morceau, le grand allongement et renforcement expressif de la *rentrée* du premier sujet, et toute la conception comme aussi tout le traitement de l'*andante,* avec son chant presque continu du premier violon, et, une fois de plus, la bizarrerie du menuet, sont pour nous autant de traces évidentes de l'influence de Haydn, provisoirement combinée avec des souvenirs du style italien de naguère. L'influence plus générale de l'esprit viennois, d'autre part, se révèle dans le choix des rythmes, et peut-être également dans un mélange caractéristique d'élaboration formelle avec une expression sentimentale assez superficielle. En résumé, un quatuor déjà plus « mozartien » que le précédent, mais infiniment plus banal et moins curieux pour nous au point de vue historique : sans compter que le fond aussi bien que la forme y trahissent la rapidité de l'improvisation.

Dans le premier morceau, le sujet initial n'est plus exposé qu'une fois, et, à la manière italienne, se trouve même être plus court et moins développé que le second sujet, dans la ritournelle duquel interviennent de simples mais charmantes imitations entre le premier violon, l'alto et le violoncelle, rappelant beaucoup des figures analogues dans les grands quatuors de Haydn. Encore cette ritournelle elle-même est-elle suivie d'une troisième idée qui, selon l'exemple de Haydn, remplace l'ancienne cadence italienne pour servir de conclusion à la première partie. Et il n'y a pas jusqu'au rythme balancé de ce nouveau sujet qui, avec ses imitations (réservées ici aux deux violons) ne rappelle tout à fait l'esprit du maître d'Esterhaz. Le *développement*, lui, s'ouvre par un long passage nouveau tout en contrepoint, d'abord exposé seulement par les deux violons, puis repris par le quatuor entier avec un petit renversement dans les deux voix supérieures. C'est comme si Mozart, stimulé par les quatuors de Joseph Haydn à étendre les dimensions de son *développement*, se fût avisé d'arriver à cette fin en ajoutant ainsi un long passage nouveau à l'élaboration régulière des sujets précédents : car, le passage susdit étant achevé, — et d'ailleurs entièrement séparé du reste du morceau, comme un véritable intermède, — nous voyons commencer le *développement* propre, sous la forme d'un assez intéressant travail de modulation sur le premier sujet, sans cesse maintenu dans des tons mineurs. Après quoi la *rentrée*, toujours sous l'influence quasi « morale » de Haydn, qui obligeait le jeune Mozart à étendre et à varier expressivement cette partie des morceaux, nous surprend tout à coup par un grand allongement des premières mesures du second sujet, où le premier violon, à peine soutenu par le second violon et l'alto, s'efforce a transformer la ligne mélodique assez insignifiante de ce sujet en une sorte d'*arioso* sentimental : pour aboutir d'ailleurs à une reprise absolument invariée de la ritournelle de tout à l'heure, ainsi que du troisième sujet formant conclusion. Sans compter que, cette fois encore, une seule mesure ajoutée constitue toute la *coda* de ce médiocre morceau.

Plus intéressant est l'*andante* où, de nouveau, se manifeste à nous ce que nous pourrions appeler l'embarras causé au jeune Mozart par sa soudaine admiration des quatuors de Haydn. Dans ces derniers, mais surtout dans les six quatuors de l'op. XVII, composés en 1771, tous les *andantes* étaient de grands chants du premier violon, accompagnés d'une façon plus ou moins active par les trois autres instruments : des chants où il n'y avait proprement qu'un seul sujet, et volontiers présenté sous une double exposition, suivant le procédé ordinaire du maître. Or, il suffit de jeter un coup d'œil sur toute la première page de cet *andante* de Mozart pour y reconnaître une imitation directe des *andantes*, ou *adagios* de Haydn dans ces quatuors de l'op. XVII : même chant du premier violon, très ample à la fois et d'expression très précise, même accompagnement continu du second violon et de l'alto (que l'on voie, par exemple, le *largo* du quatuor de Haydn en *ré*, n° 6) sous lequel la basse

fait entendre parfois une figure indépendante ; même manière de répartir le chant en deux couplets ou deux strophes distinctes, qui équivau-
draient en somme à deux sujets, si, sous la diversité de ce chant, l'accompagnement ne se poursuivait pas exactement pareil. Et Mozart, pour
mieux accentuer encore la séparation de ces deux couplets, imagine d'introduire entre eux, fort inopinément, une mesure entière de silence. Ainsi
nous nous trouvons en présence d'un morceau évidemment inspiré des
quatuors de Haydn, et d'ailleurs très suffisamment original sous cette
forme empruntée, avec les belles modulations expressives de l'accompagnement continu du second violon et de l'alto en triolets : sans compter
que Mozart donne même à son chant une espèce de conclusion ou de
refrain, qui achèverait de tenir lieu pour nous de la *coda* familière désormais au jeune salzbourgeois comme à son modèle. Mais non : le jeune
homme ne se résigne pas à terminer son morceau avant d'y avoir introduit, à l'italienne, un second sujet ; et nous voyons celui-ci, tout court et
banal, se juxtaposer au grand chant précédent, et puis s'enchaîner
encore avec une autre figure en ritournelle, qui va, ensuite, servir de
sujet à un misérable petit *développement* de huit mesures. Après quoi la
rentrée varie sensiblement la reprise du second couplet, et ramène le
second sujet sans y rien changer, mais en s'efforçant de le rattacher
au sujet précédent, dont il était complètement séparé dans la première
partie. Et l'impression générale que nous offre ce morceau est vraiment
que Mozart, ici, « n'a pas eu le temps de faire court ». Les modulations
sont souvent intéressantes, l'invention mélodique ne manque ni d'agrément ni d'habileté, le rôle des quatre instruments apparaît déjà mieux
appoprié à leur caractère que dans le premier quatuor de la série : mais
rien de tout cela n'a été, nous le sentons, médité et élaboré autant qu'il
aurait convenu.

Le menuet, comme celui du numéro précédent, atteste chez Mozart
un désir d'égaler la bizarrerie des menuets de Haydn. Dans le menuet
propre, déjà, le thème initial du menuet et sa réponse sont brusquement suivis d'une étrange ritournelle en triolets, exposée d'abord à
découvert par le premier violon, sur un rythme tournoyant que Beethoven a repris plus tard pour sa danse des derviches dans les *Ruines
d'Athènes*. Ajoutons que la *rentrée* complète de la première partie après
la seconde est, de nouveau, un peu variée, à l'exemple de Haydn. Et
puis, à ce long menuet s'ajoute un très court trio de seize mesures,
exactement comme dans plusieurs des menuets des quatuors de Joseph
Haydn, op. XX ; un trio en *mi* qui débute par une singulière modulation
en *si*, et dont le rythme, saccadé et comme haletant, produit un effet des
plus imprévus après l'allure vive et dansante du menuet précédent.
Quant à la coupe, nous voyons ici que Mozart, au lieu de reprendre sa
première partie après la seconde comme il faisait toujours sous l'influence viennoise, se borne à reprendre les premières mesures de cette
partie, en *coda* ; et c'est encore, de sa part, un emprunt immédiat aux
quatuors de Haydn, où celui-ci, par exception, a presque toujours donné
cette coupe à ses trios de menuets (notamment dans le trio du quatuor
en *ré* n° 5).

Seul, le finale du présent quatuor ne doit absolument rien à Joseph
Haydn. Mozart, pour se relâcher de l'effort que lui a valu la fugue finale

du quatuor précédent, nous donne cette fois un *rondeau* dont il écrit ainsi le nom à la française, mais dont la disposition intérieure reste encore tout à fait celle des sonates et quatuors italiens du printemps de 1773. Un thème très court et d'un rythme de refrain est constamment entremêlé d'intermèdes nouveaux, également très courts, le premier en *mi*, le second en *la mineur*, le troisième en *ré* : après quoi Mozart, pour achever le morceau, s'amuse à écrire une façon de *strette* où il reprend et varie le rythme du thème. Rien à dire de l'instrumentation, toujours correcte et banale, avec, ici, une tendance marquée du premier violon à tenir le rôle principal : mais peut-être cette tendance elle-même n'est-elle qu'un effet involontaire de la hâte avec laquelle tout le quatuor doit avoir été composé ?

183. — *Vienne, août* 1773.

Quatuor en ut, pour deux violons, alto et violoncelle.

K. 170.
Ms. dans une collection américaine.

Andante avec quatre variations. — *Menuetto et trio* (en *ut mineur*). — *Un poco adagio* (en *sol*). — *Rondo : allegro.*

Les deux quatuors précédents nous ont montré le jeune Mozart à la la fois fasciné et comme accablé par la révélation de l'admirable série nouvelle des quatuors de Joseph Haydn, op. XX. Mais il va sans dire que le jeune homme, en même temps qu'il a connu ces quatuors nouveaux du maître d'Esterhaz, a eu également sous les yeux ceux de la série antérieure, op. XVII, écrits aux environs de 1771. Et, en attendant que, dès son quatuor suivant en *mi bémol*, nous le retrouvions s'ingéniant à tirer profit des grands quatuors de l'op. XX, le voici qui, dans ce troisième quatuor en *ut*, se résigne à ne prendre pour modèle que les quatuors de l'op. XVII, infiniment plus simples et faciles, avec une prédominance continuelle du premier violon qui, comme nous l'avons dit, doit s'expliquer par la présence à Esterhaz du célèbre violoniste Tomasini. Il n'y a pas, en effet, jusqu'à la coupe générale du troisième quatuor de Mozart qui ne corresponde exactement à celle du troisième quatuor de l'op. XVII de Haydn, en *mi bémol*. De part et d'autre, le quatuor débute par un *andante*, où un thème de huit mesures, suivi d'un second couplet, donne lieu à quatre variations, toutes dans le même mouvement et le même ton. Puis vient, de part et d'autre, le menuet, avec son trio ; et si le trio, chez Haydn, est dans le même ton que le menuet, nous voyons par exemple que le trio du quatuor en *ut mineur*, dans l'op. XVII, est en *ut majeur*, tout à fait comme, chez Mozart, le trio du quatuor en *ut majeur* est en *ut mineur*. A ce menuet succède, dans le quatuor de Mozart comme dans celui de Haydn, un grand *adagio*, de longueur à peu près égale chez les deux maîtres, avec désormais, chez Mozart, un unique sujet chanté au premier violon, selon l'exemple des *adagios* de l'op. XVII de Haydn. Seul, le finale du quatuor de Mozart se trouve être encore un *rondo*, et sensiblement pareil à celui du quatuor précédent, tandis que tous les finales des op. XVII et XX de Haydn, sauf les trois grandes fugues de l'op. XX, conservent la coupe de morceaux de sonate.

Et la même imitation de Haydn se révélerait à nous, si nous avions le loisir d'en rechercher les traces dans la conception et le style de ce troisième quatuor de Mozart. Dès l'*andante* varié du début, nous voyons chez Mozart un rôle prépondérant attribué au premier violon. La première variation n'est, d'un bout à l'autre, qu'un grand trait pour cet instrument, et c'est ce qu'elle est aussi dans l'*andante* varié du susdit quatuor de Haydn. Dans les deux œuvres, ensuite, la seconde variation nous présente un chant du premier violon, mais plus simple et plus mélodique chez Mozart, rappelant beaucoup l'*adagio* du quatuor précédent. De même encore tout l'avantage revient à Mozart dans la troisième variation, qui n'est de nouveau, chez Haydn, qu'un trait de violon, tandis que le jeune élève lui prête un rythme très caractéristique, d'ailleurs tout inspiré du style de son maître, et rappelant, à son tour, la troisième idée de l'*allegro* initial du quatuor précédent. Enfin Haydn et Mozart, dans la quatrième variation, se rapprochent à nouveau de la ligne mélodique et du rythme du thème : mais au lieu de finir sur cette variation, comme le faisait Haydn, Mozart y ajoute encore, en *da capo*, la reprise textuelle du thème. Et si, comme nous l'avons dit, la supériorité de Mozart est incontestable lorsque nous comparons son *andante* varié à celui de l'op. XVII de Haydn, qui lui a servi de modèle, nous ne devons pas oublier que le jeune homme a connu également, dès lors, l'admirable *andante* varié du cinquième quatuor (en *ré*) de l'op. XX de Haydn, où le travail des voix, dans les quatre variations, était déjà infiniment plus libre et plus individuel. Ce qui n'empêche pas les variations de Mozart, pour improvisées qu'elles soient, d'avoir quelque chose de léger et de poétique qui les met au-dessus de celles même de l'op. XX de Haydn, avec une manière plus hardie de renforcer ou parfois de transformer les données du thème, tout à fait comme nous verrons que Mozart le fera dans des variations pour piano (n° 190) datant de la même période de son séjour à Vienne.

Rien à dire du menuet suivant, si ce n'est que, dans le menuet propre, Mozart, pour varier sa rentrée, s'avise d'y intervertir l'ordre des phrases de la première partie, et que le petit trio mineur de seize mesures rappelle exactement, comme nous l'avons dit, par ses dimensions et sa coupe, le trio du menuet en *ré* du cinquième quatuor de l'op. XX de Haydn, avec cette seule différence que Mozart, au lieu de finir son trio sur une cadence pleine, l'enchaîne avec la reprise du menuet, procédé que nous retrouverons dans d'autres menuets de la même série. Aussi bien n'y a-t-il pas jusqu'aux rythmes et à tout le style de ce menuet qui ne dérivent expressément de ceux de l'op. XX de Haydn, avec la même liberté individuelle des quatre voix, entre lesquelles prédomine toujours celle du premier violon.

L'un poco adagio suivant n'est plus, d'un bout à l'autre, qu'un chant du premier violon ou plutôt qu'un chant presque constamment réservé au premier violon, mais qui, sous une forme variée, se trouve réparti, dans le développement, entre l'alto et le second violon. Mozart, désormais, se résigne pleinement à suivre son modèle jusque dans l'emploi d'un sujet unique pour le morceau entier, sauf pour ce sujet à comporter deux ou trois petites idées différentes. Les quatuors de l'op. XVII de Haydn, notamment, nous fourniraient maints exemples d'une coupe d'adagio toute pareille, avec le même accompagnement discret, et par-fois un peu sec, des trois voix inférieures, comme aussi avec la même cadence figurée du premier violon avant la ritournelle finale. A noter, après la reprise de cette ritournelle, dans la seconde partie de l'adagio de Mozart, l'introduction imprévue, en coda, d'un écho qui répète pianissimo les deux dernières notes de la première partie.

Quant au rondo, appelé maintenant à l'italienne, comme il l'avait été auparavant depuis que Mozart, à Milan vers février 1773, avait commencé à se servir expressément de cette désignation pour les finales de ses quatuors et sonates, c'est un morceau d'une coupe et d'un esprit tout à fait pareils à ceux du finale du quatuor précédent, avec plusieurs petits intermèdes et une longue strette où Mozart s'amuse librement à jouer avec le rythme du thème. Le premier violon, ici comme dans tout le reste du quatuor, se détache constamment des trois autres voix, et nous le voyons même chargé, en plus de nombreux traits accompagnés, d'exécuter à découvert une longue figure de transition. Toutes choses qui achèvent de nous montrer Mozart se soumettant, cette fois, à l'influence des quatuors de l'op. XVII de Haydn; et bien que ce dernier, dans ses quatuors antérieurs à 1780, ne se soit jamais servi de rondos pour ses finales, c'est encore de son invention et de sa langue musicale que dérivent aussi bien le thème du rondo de Mozart que tous ses intermèdes.

184. — Vienne, août 1773.

Quatuor en mi bémol, pour deux violons, alto et violoncelle.

K. 171.
Ms. à Berlin.

Adagio et allegro assai. — Menuetto et trio (en la bémol). — Andante (en ut mineur). — Allegro assai.

Pour invraisemblable que puisse nous paraître une fécondité aussi hâtive, l'autographe de ce quatuor, comme ceux des trois précédents, porte, de la main même de Mozart, l'inscription : *del sgr. Caval. A. W. Mozart, a Vienne, nel agosto 1773.* Et la chose est d'autant plus faite pour nous surprendre que, cette fois, l'œuvre nouvelle de Mozart non seulement surpasse les trois quatuors précédents en originalité d'invention et en beauté poétique, mais atteste même, par endroits, un travail plus poussé. Ce qui n'empêche pas ce beau quatuor, comme tous les autres à l'exception du sixième et dernier, de subir fâcheusement la peine d'une composition trop précipitée. Nous trouvons là des éléments musicaux d'une valeur considérable, annonçant déjà pleinement quelques-unes des plus hautes inspirations de la période suivante de Mozart, où même de sa pleine maturité ultérieure : mais nous sentons aussi que, faute d'avoir été dûment médités et élaborés, ces éléments s'offrent à nous sous une forme imparfaite, tantôt trop rapide et tantôt d'une longueur inutile, parvenant déjà à nous intéresser, mais non pas à nous procurer la profonde et délicieuse émotion dont ils seraient capables.

Autre singularité que révèle à nous ce quatrième quatuor : seul de toute la série, il ne nous apparaît point directement dérivé de Joseph Haydn, ou plutôt nous y découvrons comme une transfiguration toute « mozartienne » de l'art de ce maître, qui ne se laissera plus constater au même degré dans les deux quatuors suivants. Nous reconnaissons bien qu'une foule de procédés employés par Mozart peuvent avoir eu leur point de départ dans l'étude des quatuors ou des symphonies de Haydn : mais le jeune homme, avant de les employer à son tour, les soumet à une appropriation dont nous avons peine à croire qu'elle ne lui ait pas été tout au moins suggérée ou facilitée par l'exemple d'autres œuvres viennoises contemporaines. Mais de quelles œuvres ? Impossible de le déterminer exactement. Parmi les nombreux compositeurs cités par Burney, les Starzer et les Vanhall, les Costa et les Gassmann, quel est celui qui, tout en s'inspirant de Haydn, a produit vers 1773 des quatuors d'une coupe à la fois plus libre et d'un style plus archaïque, avec moins de profondeur expressive, mais avec une grâce chantante plus purement « italienne » ? Toutes ces différences que nous venons d'indiquer sont, en vérité, celles qui caractérisent l'art de l'un des maîtres viennois susdits, cet attirant et bizarre Florian Gassmann dont nous avons vu déjà que Mozart, à Milan, n'a pu manquer de connaître la nombreuse série de ses quatuors italiens. Lui seul, entre ceux que nous avons eu l'occasion d'étudier, s'était formé à ce moment un style curieusement mêlé de contrepoint scolastique et de fantaisie déjà très « moderne » sous ses allures foncièrement allemandes ; et nous pouvons être certains que Mozart, en 1773, a également connu la série récente de ces quatuors dont chacun se composait invariablement d'un *adagio* initial et de deux grandes fugues, séparées l'une de l'autre par un menuet avec trio. Et cependant, sauf peut-être dans l'*andante* en *ut mineur*, ni l'inspiration ni le style du quatrième quatuor de Mozart ne se laissent rattacher à ceux de ces savants, mais austères et froids, derniers quatuors de Gasmann. Une différence les en sépare bien plus grande encore que celle que nous avons signalée entre ce quatuor de Mozart et les op. XVII et XX de Haydn. Resterait l'hypothèse, d'ailleurs parfaitement probable, suivant laquelle Mozart aurait eu sous les yeux d'autres quatuors manuscrits de Gassmann, antérieurs à ceux dont nous possédons la partition gravée, et où le maître viennois se serait essayé dans une manière intermédiaire entre celle de ses gracieux quatuors italiens et celle des six quatuors de 1772.

En tout cas, une chose est pour nous certaine : que Mozart, dans ce quatuor en *mi bémol*, a tâché à concilier l'impression que lui avaient causée les quatuors de Haydn avec les plus nobles et plus exquis souvenirs de l'art italien, tel qu'il s'était surtout révélé à lui pendant son dernier séjour à Milan. Beaucoup moins pur de forme que les beaux quatuors milanais de la série précédente, avec une langue musicale plus prétentieuse et moins homogène, ce quatuor en *mi bémol* ne s'en rattache pas moins, par sa signification foncière, à ces œuvres antérieures ; et il n'y a pas jusqu'à son caractère volontiers romantique qui n'évoque plutôt l'idée du romantisme de ces quatuors milanais que celle de la passion tout allemande exhalée par le jeune Mozart dans le sixième et dernier quatuor de la même série : un romantisme plus jeune, plus chantant, et comme plus éthéré, transfigurant les émotions les plus pathétiques au lieu de tâcher à les traduire dans leur réalité douloureuse.

Déjà le premier morceau nous manifeste clairement la modification survenue dans l'idéal artistique de Mozart. Tandis que tous les autres quatuors de la série, suivant l'exemple de ceux de Haydn, débutaient régulièrement par un *allegro* (ou encore un *andante* varié qui en tenait lieu), voici que Mozart, cette fois, nous offre d'abord un grand prélude lent, et qu'il va ramener tout à l'heure après l'achèvement de l'*allegro* ainsi précédé ! Cette manière de débuter par un prélude lent, on sait que Joseph Haydn l'adoptera bientôt pour ses symphonies : mais non seulement le maître d'Esterhaz, en 1773, ne s'est encore presque jamais servi de ce procédé, du moins dans ses quatuors (et une ou deux fois à peine dans ses symphonies) ; jamais les préludes de Haydn, même plus tard, ne seront ramenés à la fin des premiers morceaux, encadrant ceux-ci comme dans le quatuor de Mozart. Tel qu'il est, avec son allure dramatique et l'opposition de ses deux sujets, avec le lien étroit qui le rattache à l'*allegro* suivant, ce prélude ne vient pas même à Mozart des quatuors de Gassmann : il lui vient de ses anciens maîtres et modèles italiens, qui naguère lui ont inspiré ses quatuors et ses sonates de Milan ; et pareillement l'*allegro* qui suit, avec son *intrada* solennelle, son absence de barres de reprise, et la brièveté de sa coupe, nous rappelle d'autres morceaux de cette dernière période italienne. Le jeune Mozart est momentanément revenu, par le cœur, aux sentiments qui l'avaient exalté et ravi durant les premiers mois de 1773 ; et seul son langage, plus élaboré et plus prosaïque, nous le montre accoutumé désormais à employer d'autres modes d'expression que ceux qu'il s'amusait alors à manier avec une aisance, une souplesse, une grâce infinies. Le prélude initial commence par un vigoureux unisson modulé que suit, en réponse, un chant du premier violon aussitôt interrompu par un brusque retour de l'unisson susdit. Puis, après une plaintive figure de transition, le premier violon expose un chant nouveau, en *si bémol*, sous lequel le second violon déroule doucement une figure continue d'accompagnement toute sensuelle et limpide, annonçant déjà quelques-uns des plus charmants effets poétiques des œuvres suivantes de Mozart. Et puis, comme nous l'avons dit, une sorte d'*intrada* d'un rythme solennel amène le premier sujet de l'*allegro*, bientôt remplacé par un second sujet plus étendu, et d'ailleurs intimement rattaché au premier. Puis, après une brève ritournelle, Mozart substitue au *développement* traditionnel une simple transition de douze mesures, où l'alto et la basse nous rappellent ingénieusement le rythme grave de l'*intrada* du morceau. Après quoi toute la première partie est reprise, mais, suivant l'exemple de Haydn, avec un allongement et renforcement du premier sujet, traité en contrepoint aux deux violons. Et lorsque s'est achevée la *rentrée* du second sujet avec sa ritournelle, Mozart reprend une troisième fois l'*intrada* du morceau ainsi que toute la première phrase du premier sujet, mais pour aboutir maintenant à une brusque et saisissante reprise du prélude lent, sensiblement variée, elle aussi, et terminant ce premier morceau par un adorable murmure poétique, d'une émotion pénétrante. Pourquoi faut-il que, dans un morceau d'une invention aussi « mozartienne », le peu d'extension des phrases et la banalité de l'accompagnement dénoncent tout ensemble l'embarras de Mozart à se servir d'une langue nouvelle et, plus encore, la hâte déplorable de son improvisation ?

Dans le menuet et le trio, également composés trop vite, l'influence de Haydn ne nous apparaît pas non plus, à beaucoup près, aussi sensible que dans tous les autres menuets de la même série. Le menuet est fait de deux couplets sur un même rythme, et dont le second, presque de moitié plus long que le premier, semblerait devoir comporter une reprise de celui-ci : mais cette reprise n'a point lieu, et se trouve remplacée par une sorte de troisième couplet ou de *coda*, utilisant librement les rythmes des deux phrases précédentes. Dans la seconde de celles-ci, les deux violons se répondent en imitations, tandis que la troisième phrase débute par un solo du premier violon : mais l'ensemble de l'instrumentation est d'une pauvreté lamentable, et tout l'intérêt du menuet réside pour nous dans le trio, où Mozart, à présent, s'est émancipé de l'exemple des trios de l'op. XX de Haydn, et reprend, en la variant, toute la première partie après la seconde. D'une réalisation instrumentale assez maigre, lui aussi, malgré d'incessantes petites imitations en écho d'une voix à l'autre, tout ce trio n'est qu'un léger et charmant badinage sur un même rythme dansant, très viennois d'allures, mais aussi très pénétré du plus pur génie de Mozart.

Quant à l'*andante* en *ut mineur*, nous avons dit déjà que son style sévère et un peu archaïque pourrait bien porter la trace de l'influence des derniers quatuors de Gassmann. Ici encore, un seul grand sujet, chanté ou plutôt exposé par le premier violon, et se poursuivant jusque dans un long *développement*, mais sans cesse accompagné en contrepoint par les trois autres voix. Il y a là, une fois de plus, un effort artistique d'une élévation et d'une beauté singulières, rehaussé encore par l'admirable expression désolée, et comme maladive, de l'idée principale. Sans doute le jeune Mozart aura voulu, à sa façon, créer un *adagio* qui pût égaler en intensité pathétique les sublimes inventions des mouvements lents de l'op. XX de Joseph Haydn : mais le temps lui a manqué, et peut-être aussi l'expérience, pour tirer de cette forme nouvelle tout le fruit musical qu'elle pouvait lui offrir. L'ensemble du morceau, ici comme dans l'*adagio* du quatuor en fa n° 181, nous déconcerte par une atmosphère pesante et presque sans air, sans compter que les plus belles phrases tournent court, ou bien s'entremêlent de figures banales.

Seul dans tout le quatuor, le finale nous révèle de nouveau l'influence de Haydn; et cette influence nous apparaît aussi bien dans le retour à la coupe du morceau de sonate que dans la manière dont Mozart, avant les deux barres, reprend en ritournelle le rythme de son premier sujet, procédé que nous a fait voir déjà la *Sérénade pour Andretter*, et qui va devenir une habitude a peu près constante chez le jeune Mozart. Notons cependant que celui-ci, au lieu de chercher à élaborer ses sujets, préfère les multiplier, à la façon italienne, et ne tâche pas non plus, dans ce finale, à varier sa *rentrée*: mais sur ce point le jeune homme pouvait s'autoriser de l'exemple de Haydn, qui lui-même, dans le finale de son quatuor en *mi bemol* de l'op. XX, avait semblablement reproduit la première partie sans aucun changement. Il est vrai que Joseph Haydn, d'autre part, avait introduit dans son finale un *développement* bien plus long et moins insignifiant que les deux courtes lignes où Mozart, très agréablement d'ailleurs, s'est amusé à varier le rythme de son premier sujet.

185. — *Vienne, septembre* 1773.

Quatuor en si bémol, pour deux violons, alto et violoncelle.

K. 172.

Ms. au British Museum de Londres.

Allegro spiritoso

Allegro spiritoso. — *Adagio (en mi bémol).* — *Menuetto et trio (en sol mineur).* —
Allegro assai.

Ce cinquième quatuor de la série viennoise ne porte point de date, à la différence des précédents : mais puisque le quatuor suivant de même que tous les précédents, nous est désigné par Mozart comme ayant été composé « à Vienne », nous pouvons être assurés que ce quatuor en *si bémol*, lui aussi, date de la même période et a dû être écrit tout de suite après le quatuor en *mi bémol*, c'est-à-dire dans les premiers jours de septembre 1773.

Au point de vue historique, ce quatuor, d'une valeur musicale très médiocre, a pour nous l'intérêt de nous montrer Mozart se remettant peu à peu à subir l'influence de Joseph Haydn, telle que nous la verrons dominant de nouveau le cœur et l'esprit du jeune homme dans son sixième quatuor en *ré mineur*. A quoi il convient d'ajouter, hélas! que ce retour à l'étude des quatuors de Haydn n'empêche toujours pas Mozart de composer ses morceaux avec une hâte fiévreuse qui ne lui permet point de tirer tout leur fruit des idées et procédés musicaux trop sommairement déployés devant nous.

Le premier morceau, au contraire des trois autres, relève encore tout à fait de l'influence italienne qui s'est manifestée à nous dans le quatuor précédent. Le fait est que tout ce morceau, avec son *intrada* d'ouverture italienne, son *développement* tout nouveau, et la longueur et banalité de ses ritournelles, nous ferait songer plutôt aux œuvres des premières périodes milanaises qu'à ce séjour à Vienne en 1773, si un petit essai d'allongement et d'élaboration du premier sujet dans la *rentrée* ne nous rappelait le style et les goûts présents du jeune Mozart. Après les quatre accords du début, suivis de huit mesures de prélude où s'affirme à deux reprises un vigoureux unisson, le premier sujet proprement dit, très court, aboutit bientôt à une ritournelle avec de rudimentaires imitations entre les deux violons, puis, très nettement séparé, toujours à la façon italienne, arrive un second sujet plus étendu, exposé à l'unisson par les deux violons, et suivi à son tour d'une grande ritournelle finale. Vient ensuite un *développement* sans le moindre rapport avec les sujets précédents, et d'une invention à peine moins misérable que la nudité de sa mise en œuvre instrumentale; et nous avons dit déjà comment, dans la *rentrée*, un allongement modulé du premier sujet, comme aussi un petit changement caractéristique au début de la ritournelle de ce sujet, sont absolument seuls à nous prouver que Mozart ne s'est point borné à transcrire ici le premier morceau d'une œuvre plus ancienne.

L'*adagio*, lui, appartient déjà tout entier au style nouveau de Mozart, tel que le jeune homme l'avait emprunté surtout aux quatuors de l'op. XVII de Haydn. Tout à fait comme dans presque tous les mouvements lents de cet op. XVII, nous avons là un chant du premier violon ne comportant qu'un seul sujet en deux phrases équivalentes, toutes deux accompagnées d'une figure continue par le second violon uni à l'alto, — avec cette particularité que, chez Mozart, cette figure nous est constamment présentée en imitations, mais qui n'ont plus rien de l'allure savante et archaïque de l'accompagnement en contrepoint que nous avons signalé dans l'*andante* du quatuor précédent. Le *développement*, ici, continue en le variant le même chant du premier violon, sur un prolongement modulé de la même figure d'accompagnement; et puis toute la première partie est reprise, presque invariée, jusqu'à deux mesures de *coda*, introduites après les nouvelles barres de reprise. Le chant est d'ailleurs très pur et gracieux. dans sa simplicité; et le léger frémissement continu des imitations qui l'accompagnent en accentue encore le charme poétique.

Le menuet, également inspiré de Haydn, est peut-être le morceau le plus intéressant du quatuor tout entier. Il est traité, d'un bout à l'autre, en libre contrepoint aux trois voix supérieures, et même aux quatre voix dans l'amusante *coda* qui le termine, après que Mozart, dans sa seconde partie, s'est borné à reprendre la seconde moitié de la partie précédente Il est vrai que le trio en *sol* mineur, plus court et sans aucune reprise

atteste de nouveau une improvisation déplorable. Les deux voix supérieures s'y opposent aux deux autres, mais plutôt en simples réponses
qu'en de véritables imitations.

Quant au finale, d'apparence tout italienne, avec ses deux sujets
séparés et les répétitions constantes de son interminable ritournelle,
nous devons reconnaître que, cette fois encore, Mozart n'a fait que suivre l'exemple de Joseph Haydn, qui, dans plusieurs de ses quatuors de
l'op. XVII (et notamment dans le n° 2, en *fa*), avait conçu et traité son
finale tout à fait de la même façon. Comme chez Haydn encore, un *développement* trop court combine des souvenirs du premier sujet et des
ritournelles précédentes, après quoi la *rentrée* se borne à reproduire
exactement la première partie. Encore Mozart rachète-t-il la pauvreté
musicale de cette reprise en introduisant, à la fin du morceau, une
légère et piquante *coda* où il répète le début de son finale. Rien à dire
de l'instrumentation, toujours trop sommaire, et dont tout le travail
pourrait parfaitement être exécuté par un simple trio à la vieille manière italienne.

186. — *Vienne, septembre* 1773.

Quatuor en ré mineur, pour deux violons, alto et violoncelle.

K. 173.
Ms. à Berlin.

*Allegro moderato. — Andantino grazioso (en ré majeur). —
Menuetto et trio (en fa). — Fugue : moderato.*

L'autographe de ce quatuor porte simplement la mention : *quartetto
del Sig Cav. A. W. Mozart, à Vienne 1773* ; mais comme les quatre premiers
quatuors sont datés du mois d'août, nous pouvons être certains que ce
dernier quatuor de la série, ainsi que déjà le cinquième et avant-dernier
en *si bémol*, auront été composés tout de suite après les quatre premiers,
c'est-à-dire en septembre 1773.

Les cinq quatuors précédents nous ont fait voir, dans l'inspiration et le
style de Mozart, une évolution artistique des plus curieuses, sinon des
plus fructueuses au point de vue des résultats obtenus. Stimulé sans
aucun doute et peut-être même uniquement excité à composer une série
de quatuors par l'enthousiasme que lui avait causé la brusque révélation des nouveaux quatuors de Haydn (op. XX), mais aussi avec l'esprit et

le cœur tout imprégnés des autres manifestations contemporaines de l'art viennois, Mozart, dans son premier quatuor en *fa*, s'était mis résolument à essayer d'imiter les admirables quatuors de Haydn, tout en joignant à cette imitation, à la fois, des échos de l'œuvre dramatique de Gluck, un emploi du contrepoint inspiré peut-être de maîtres plus anciens, et puis des conséquences involontaires de sa propre gaucherie, ainsi que de toutes ses habitudes italiennes de naguère. Plus tard, au fur et à mesure d'un travail beaucoup trop hâtif, Mozart, plus ou moins consciemment, s'était aperçu de la difficulté d'imiter des œuvres encore trop hautes pour lui, et s'était rabattu sur la série antérieure des quatuors de Haydn, op. XVII, dont l'imitation nous était notamment apparue prédominante dans le troisième quatuor de la série. Après quoi ce génie infiniment mobile s'était engoué tout à coup d'un autre modèle inconnu pour nous, mais touchant de plus près que Joseph Haydn à l'art italien ; et Mozart était même allé, sous cette influence nouvelle, jusqu'à composer le premier morceau de son cinquième quatuor simplement à la façon de ses anciennes symphonies italiennes, presque sans la moindre trace de l'art de Joseph Haydn : mais dès les morceaux suivants de ce cinquième quatuor, nous l'avons vu reprendre contact avec cet art momentanément délaissé, et toujours encore en s'inspirant surtout des quatuors de l'op. XVII. N'importe, la velléité du retour au style italien de naguère était décidément oubliée, cette fois pour toujours, et le jeune homme avait recommencé à étudier le maître qui allait désormais présider à son développement artistique jusqu'à sa grande crise « galante » de 1775. Et, en effet, voici que le dernier quatuor de la série nous ramène à peu près exactement au même point d'où était parti le premier quatuor, un mois auparavant ! De la même façon, Mozart s'y montre à nous s'efforçant de rivaliser avec le Joseph Haydn des quatuors de l'op. XX, et empruntant à ce maître non seulement ses procédés mais jusqu'à son esprit, sauf à s'inspirer également, dans ce noble effort d'émulation, d'autres maîtres viennois tels que Gluck ou Vanhall. La seule différence est que, maintenant, le jeune Mozart, a eu l'occasion de laisser mûrir en soi des leçons qu'il avait essayé d'appliquer trop présomptueusement dans les premiers quatuors de sa série. Ecrit moins vite, peut-être, que les quatuors précedents, mais en tout cas beaucoup plus médité et élaboré, ce quatuor en *ré mineur* s'élève infiniment au-dessus du reste des quatuors viennois de Mozart. Il nous offre en quelque sorte, l'unique fruit d'une longue suite d'ébauches et de tâtonnements : mais un fruit déjà tout « mozartien » et à peine inférieur en beauté expressive, du moins par instants, à la merveilleuse série des quatuors de Haydn d'où il est sorti.

Encore sa filiation évidente et incontestable à l'égard de ces quatuors de l'op. XX de Haydn ne l'empêche-t-elle pas de différer sensiblement de ceux-ci sur bien des points que nous aurons à signaler. L'*andante*, d'abord, un petit *rondo* assez faible, se rattache entièrement à l'inspiration de l'opéra bouffe viennois, où commençait déjà à se faire sentir l'influence des ariettes et *rondos* chantés du nouvel opéra-comique français. Mais il n'y a pas jusqu'aux trois seuls morceaux vraiment intéressants du quatuor, le premier *allegro*, le menuet, et la fugue finale, qui, tout en dérivant des quatuors de Haydn, ne nous révèlent clairement chez Mozart comme un désir secret de pousser plus loin que son maître les intentions et les procédés « romantiques » de celui-ci, en s'aidant peut-être, dans cet effort, d'autres modèles moins « musicaux », mais d'une « sauvagerie » pathétique plus marquée, — pour nous servir de l'expression appliquée par Burney aux premières œuvres instrumentales de Vanhall. Avec une élaboration thématique beaucoup moins profonde, et naturellement une maîtrise technique beaucoup moindre, le jeune Mozart essaie de renforcer l'expression douloureuse traduite par Joseph Haydn dans ses deux quatuors en *fa mineur* et en *sol mineur*; et parfois, pour y réussir, il recourt à des moyens que le génie tout « musical » de Haydn n'aurait point voulu employer, à des moyens d'un effet dramatique un peu gros, et où l'intention, il faut bien l'avouer, nous apparaît beaucoup plus saisissante que la réalisation. Et cependant, d'autres fois, nous apercevons chez Mozart une très louable tendance à dépasser Joseph Haydn sur son propre terrain, par exemple dans le premier morceau en reprenant, après le second sujet, l'élaboration savante du premier, ou encore, dans la fugue, en tâchant à faire mieux ressortir la conception nouvelle d'un contrepoint tout consacré au service de l'émotion intime.

Dans le premier morceau, un grand et tragique premier sujet, à l'exposition duquel concourent librement les quatre voix, est suivi de l'un de ces effets singuliers dont nous parlions tout à l'heure. Brusquement, à l'unisson, les quatre instruments font entendre comme un gémissement désespéré, auquel répond une plainte, non moins angoissée, du premier violon ; et puis le gémissement à l'unisson et la plainte du violon s'entrecoupent, avec une puissance d'expression, pour ainsi dire, moins musicale que poétique, jusqu'au moment où reparaît, traité en contrepoint et parmi d'incessantes modulations, le rythme du premier sujet, nous offrant ici l'équivalent de cette seconde exposition du premier sujet qui était l'un des procédés favoris de Haydn. Mais de nouveau l'unisson précédent intervient, et puis le *développement* qui suit ramène de nouveau l'étrange plainte, comme effrayée, du premier violon presque à découvert ; et c'est seulement ensuite que, à la manière de Haydn, Mozart commence un véritable *développement*, tout employé a l'élaboration du premier sujet précédent. La *rentrée*, à son tour, est un peu variée au début, et aboutit, après d'autres barres de reprise, à une courte, mais dramatique, *coda* où Mozart rappelle, en les opposant, les rythmes du premier et du second sujet, une *coda* où le jeune homme aura voulu égaler la netteté vigoureuse des conclusions de quelques-uns des morceaux de Joseph Haydn.

L'*andante* (dont le mouvement, non plus que ceux des autres morceaux, ne nous est indiqué sur le manuscrit), a évidemment été conçu par Mozart comme devant former un contraste de simple et naïve douceur après la sombre émotion pathétique du premier morceau. Mais, ici encore, l'exécution n'a point répondu à l'idée esthétique du jeune homme : car le contraste de cet *andante* avec le reste du quatuor ne porte pas seulement sur son expression, mais aussi sur la nouveauté et la richesse musicales de la mise en œuvre. Le fait est qu'on aurait peine à concevoir un morceau plus pauvre que ce long *rondo* où, comme dans l'*andante* de la symphonie en *si bémol* n° 175, un thème mélodique d'une banalité regrettable n'est coupé, dans ses incessantes répétitions, que de courts petits intermèdes insignifiants.

Le menuet, lui aussi, contraste par son énergique puissance avec le médiocre trio majeur qui le suit. Mozart, à la manière des grands menuets de Haydn, reprend toute la première partie après la seconde, aussi bien dans le menuet que dans le trio : mais tandis qu'il se borne à la reproduire dans le trio, c'est encore suivant l'exemple de Haydn que, dans le menuet propre, il en rehausse à la fois le contour mélodique et la portée expressive, en y ajoutant même une sorte de *coda*, sur le rythme de la cadence finale de la partie précédente.

Quant à la fugue qui termine ce quatuor, il suffit de jeter un coup d'œil sur sa partition pour constater l'énorme progrès accompli par Mozart depuis que, un mois auparavant, le jeune homme avait formé pour la première fois le projet d'imiter l'exemple nouveau de Joseph Haydn en donnant une fugue pour conclusion à un quatuor. Aucune trace n'apparaît plus ici de l'élève de naguère, tout assidu à appliquer les règles traditionnelles de la fugue, sans le moindre effort pour approprier celles-ci à leur destination instrumentale particulière, ni non plus pour les revêtir d'une signification expressive. Tout le morceau, au contraire, nous apparaît évidemment conçu avant tout en vue de l'effet expressif, de la même manière que la fugue finale de Joseph Haydn en *fa mineur ;* et nous sentons que le progrès musical du jeune garçon, depuis la composition de son premier quatuor viennois, a porté beaucoup moins sur la science technique du contrepoint que sur son utilisation à la fois instrumentale et poétique. Examinée sous le rapport du métier proprement dit, cette assez longue fugue à sujet unique aurait même de quoi nous révéler, à un plus haut degré que celle du quatuor en *fa*, une inexpérience professionnelle d'autant plus sensible, ici, qu'elle est employée au service d'une ambition artistique plus haute. A côté de telles modulations ingénieuses, nous découvrons çà et là des vides, des maladresses, parfois même de véritables petites fautes, d'ailleurs assez insignifiantes. Mais rien de tout cela ne suffit à nous empêcher, un seul instant, de subir le contre-coup de l'émotion qui anime et inspire le jeune Mozart d'un bout à l'autre de sa fugue. Depuis l'invention du sujet, avec ses chromatismes éminemment aptes à renforcer l'intensité pathétique de la modulation au cours du développement fugué, jusqu'aux très simples et très originales figures qui remplissent toute la longue *strette*, après le point d'orgue classique, nous avons l'impression que la fantaisie même de Joseph Haydn, dans son admirable fugue en *fa mineur*, ne suffit pas à satisfaire les aspirations romantiques du jeune poète. Toute cette *strette*, notamment, dérivée en droite ligne de celle qui terminait la fugue de Haydn, en diffère cependant par quelque chose de plus intime et de plus chantant, quelque chose de foncièrement « mozartien » ; et c'est comme si le jeune homme, emporté par l'élan de sa création, ne pouvait pas se résigner à abandonner l'élaboration poétique d'un thème à qui chacun de ses retours semble donner plus de relief vivant et d'intensité dramatique.

187. — *Salzbourg ou Vienne, entre avril et août 1773.*

Symphonie en sol, pour deux violons, deux alto, deux flûtes, deux cors, violoncelle et basse.

K. 199.

Ms. dans une collection viennoise.

Allegro. — Andantino grazioso (en ré). — Presto.

On a cru déchiffrer, sur l'autographe de cette symphonie, la date d' « avril 1774 ». Mais, tout d'abord il est absolument impossible d'admettre le millésime 1774 : car un simple coup d'œil jeté sur la partition de cette petite symphonie en trois morceaux, suffit à montrer que ni par sa forme générale, ni moins encore par son style, elle ne peut se rattacher aux grandes œuvres symphoniques du printemps de 1774. L'absence de *codas* dans les deux premiers morceaux, la séparation absolue des sujets, l'emploi d'idées toutes nouvelles pour les *développements*, le rôle capital tenu par les deux violons, s'imitant sans cesse à l'italienne, le peu d'importance des basses, qui vont prédominer dans les symphonies de 1774, et les répétitions continuelles, et les contrastes de *forte* et *piano*, et vingt autres traits caractéristiques, distinguent aussi formellement ce n° 187 des compositions de 1774 qu'ils les rapprochent de toutes les œuvres écrites par Mozart à Salzbourg entre mars et juillet 1773. Resterait à examiner l'hypothèse ou la date véritable serait : « avril 1773 », c'est-à-dire au lendemain du retour de Mozart en Allemagne, et avant la composition de ces ouvertures italiennes que sont les quatre numéros 169, 170, 174 et 175. Cette hypothèse-là, en vérité, n'est pas tout à fait impossible, comme la précédente, malgré le caractère déjà beaucoup plus allemand de notre symphonie en comparaison des susdites ouvertures : et nous pourrions concevoir, à la rigueur, que le jeune Mozart, revenu d'Italie, se fût aussitôt pénétré de l'esprit allemand, pour laisser revivre en soi, quelques semaines plus tard, les souvenirs qu'il rapportait de son séjour à Milan. Mais on voit sans peine ce qu'une telle supposition a d'invraisemblable ; et son invraisemblance s'accentue encore lorsque l'on découvre, en examinant la partition, combien le style de celle-ci est déjà plus mûr que celui des ouvertures en question, et combien déjà il offre de particularités qui se retrouveront, développées et approfondies, dans les œuvres de l'été et de l'automne de 1773. La réduction des nuances, par exemple, aux seuls *f* et *p*, l'addition d'une longue *coda* au finale, l'atténuation très sensible du rôle des instruments à vent, et l'allure toute viennoise de tels rythmes de l'*andante* et du finale, ce sont là autant de points qui rendent bien difficile d'ad-

mettre que le n° 187 ait été séparé de la *Sérénade pour Andretter* par la
longue série des ouvertures que nous venons de citer. L'hypothèse la
plus probable, de beaucoup, est que l'on aura lu *aprile* pour *agosto*, ou
plutôt qu'il ne faut tenir aucun compte d'une date illisible, et que la
date véritable de la symphonie se place dans les derniers temps du séjour
à Salzbourg ou dans les premiers temps de l'arrivée à Vienne. Ce qui
est sûr, c'est que ce petit ouvrage, rapidement improvisé et sans grande
importance, nous présente un mélange singulier des procédés italiens
que nous ont fait voir toutes les compositions du printemps de 1773 avec
une influence déjà très marquée du style des maîtres viennois, et de
Joseph Haydn en particulier. Et comme cette dernière influence n'apparaît pour ainsi dire pas dans le premier *allegro*, devient un peu plus sensible dans l'*andantino grazioso*, et se déploie d'un bout à l'autre du *presto*
final, il y a encore une hypothèse qui nous apparaît, tout compte fait,
la plus acceptable de toutes : elle consiste à penser que Mozart aura
commencé sa symphonie à Salzbourg (peut-être dès avril 1773), et l'aura
terminée à Vienne vers le mois d'août de la même année. Par là s'expliquerait la grande différence du premier morceau, qui ressemble encore
entièrement aux symphonies italiennes de Mozart, et du finale, qui
annonce déjà un esprit et des procédés tout nouveaux. On pourrait même
aller plus loin encore et supposer que, étant donnée l'extrême différence
des deux premiers morceaux et du finale, Mozart, après avoir laissé
son « ouverture » inachevée en partant pour Vienne, n'en a écrit le
finale qu'un an plus tard, en avril 1774, et aura inscrit alors cette dernière date sur l'autographe de la symphonie entière. Mais nous serions
plutôt portés à penser que le finale du n° 187 date du séjour à Vienne
en 1773.

Aussi bien ce finale est-il le seul morceau qui mérite de nous arrêter
un peu longuement. Le premier *allegro* est fait de deux sujets séparés,
dont le second, suivant l'habitude de Mozart, se trouve réservé surtout
au quatuor des cordes. Le second sujet est suivi d'une longue ritournelle, tout italienne, qui aboutit à une cadence complète en *ré ;* après
quoi vient, séparé de la première partie par des barres de reprise, un
petit *développement* tout nouveau contenant, lui aussi, deux idées distinctes, et la *rentrée*, ensuite, se produit sans le moindre changement,
et sans que Mozart ajoute une seule note, à la fin du morceau, en guise
de *coda*. Le style, avec ses répétitions incessantes, ses fréquentes imitations entre les violons, son caractère très rythmé d'ouverture, est
exactement celui des deux symphonies précédentes, en *ut* et en *si bémol*,
à cela près que les vents y tiennent une place beaucoup moins en vue,
les flûtes se bornant à doubler les violons.

Plus intéressant déjà est l'*andantino grazioso*, dont il faut noter l'intitulé, bien caractéristique de cette période du milieu de 1773. Il contient
deux sujets également très distincts, et dont le second est encore plus
étendu et plus important que le premier, ce qui indiquerait aussi la
persistance des traditions italiennes. Ici, le premier sujet est un aimable
petit chant des violons en tierces, doublés par les flûtes, tandis que le
second sujet nous offre un curieux travail de contrepoint où les flûtes
joignent leurs imitations à celles des deux violons. Dans le *développement,* ce travail se poursuit, entre les deux violons, sur un sujet nou-

veau, pour aboutir à un rappel du second sujet qui se termine, d'une
façon assez originale, par la reprise aux basses, en *solo*, d'une cadence
exposée par les violons avant les deux barres. Quant à la *rentrée*,
Mozart, maintenant, allonge de plusieurs mesures nouvelles le travail
d'imitation du second sujet, et un autre allongement, plus considérable
encore, a lieu avant la fin du morceau, pour aboutir d'ailleurs à la susdite cadence, qui terminait déjà la première partie et le *développement*.
Tout cela si manifestement inspiré de modèles italiens, et si différent
de la manière qui va être désormais adoptée par Mozart, que très probablement cet *andante*, lui aussi, aura été composé avant l'arrivée à
Vienne : car nous verrons désormais, pour ainsi dire toujours, les
changements de la *rentrée* s'adresser surtout au premier sujet, et,
d'autre part, les morceaux se terminer par des *codas* ajoutées aux
reprises des premières parties, au lieu d'être ainsi intercalées avant
la cadence qui terminait celles-ci.

Le finale, au contraire, comme nous l'avons dit déjà, n'a plus rien
d'italien : l'imitation des maîtres viennois, et notamment de Joseph
Haydn, y apparaît en plein relief, accompagnée de traces manifestes
d'une influence de l'esprit et du style populaires de Vienne. Tout
d'abord, ce finale, que l'on s'attendrait à voir très court et assez insignifiant, comme ceux des symphonies analogues en *ut* et en *si bémol*,
se trouve dépasser le premier morceau en étendue ainsi qu'en déploiement d'élaboration musicale : et c'est là un trait essentiellement
viennois, qui toujours nous est apparu et nous apparaîtra chez Mozart
sous l'action immédiate de séjours a Vienne. Mais en outre, il n'y a pas
un des éléments de la conception ni de la mise au point de ce finale
qui ne nous révèle Mozart s'inspirant tout entier d'un goût artistique
nouveau, semblable à celui qui animait le jeune Joseph Haydn dans
toutes ses symphonies entre 1764 et 1770.

La façon même dont le finale débute par une sorte d'entrée fuguée,
accouplant deux idées distinctes, et d'ailleurs aussitôt interrompue,
rappelle plusieurs finales du maître d'Esterhaz, par exemple celui
d'une symphonie en *la* n° 14. Et à peine ce rapide contrepoint s'est-il
arrêté que, après une réapparition de l'une de ces idées, exposée
maintenant à découvert sur un rythme de valse, un second sujet se
dessine, dont le caractère également tout dansant porte au plus haut
degré la marque du style viennois, qui se retrouve encore dans la
longue ritournelle suivante, toute populaire, avec de grosses réponses
des vents pour en accentuer l'allure bruyante et facile.

Encore cette ritournelle, maintenant, ne termine-t-elle plus la première partie. Par un procédé que nous allons retrouver dans toutes les
œuvres instrumentales de cette période viennoise et de celle qui viendra ensuite, Mozart, avant les deux barres, entame une figure nouvelle
qui s'enchaîne, par-dessus ces barres, avec le *développement*, et sert de
thème principal à celui-ci. De même encore la rentrée, ici, est variée
et allongée dans l'exposition du premier sujet, où Mozart s'amuse a
poursuivre pendant huit mesures supplémentaires l'élaboration des
deux idées du *fugato* initial : après quoi le reste de la rentrée ne comporte plus aucun changement, et se reproduit jusqu'à la figure nouvelle qui terminait la première partie. Et c'est d'abord une répétition

du *développement* qui constitue la *coda* du finale, séparée de la seconde
partie par des barres de reprise, suivant un système qui va être désormais à peu près constant chez Mozart jusqu'à la fin de 1774. Ajoutons
que, d'autre part, les répétitions continuent à abonder, dans ce morceau pourtant déjà très nouveau sous d'autres rapports, et que, ici
comme dans le reste de la symphonie, les instruments à vent sont
volontiers employés en compagnie des altos.

188. — *Vienne, entre août et octobre 1773.*

**Divertimento en ré, pour violon, alto, deux cors, basson et
basse**

K. 205.

Ms. à Berlin.

Largo et allegro. — *Mennetto et trio (en sol).* — *Adagio (en) la pour trio des
cordes.* — *Mennetto et trio.* — *Finale : presto.*

L'autographe de ce *divertimento*, sans aucune indication de date, est
formé de plusieurs feuillets, dont les deux premiers sur un papier carré
à dix lignes, et les autres sur un grand papier à douze lignes. Or,
toutes les œuvres instrumentales composées par Mozart à Salzbourg,
en 1773 et 1774, sont écrites sur petit papier oblong à dix lignes, le
papier carré à dix lignes n'étant plus employé que pour quelques
grandes œuvre de musique vocale ; et l'on se demande quel motif a pu
conduire le jeune homme à choisir, pour ce petit *divertimento* sans
importance aucune, non seulement le format carré à dix lignes, mais
aussi un format à douze lignes dont il ne s'est servi que très rarement:
invinciblement, nous sommes tentés de supposer que le jeune homme
aura écrit ce morceau ailleurs que chez lui, employant un papier
étranger qui lui sera tombé sous la main ; et comme, entre toutes ses
œuvres instrumentales durant sa jeunesse, pas une ne porte à un aussi
haut degré que celle-là l'empreinte du style et de l'esprit de Joseph
Haydn, si ce n'est peut-être la sérénade composée à Vienne en août 1773,
nous en concluons que Mozart peut bien avoir écrit ce *divertimento*
vers le même temps, à Vienne, dans la maison de l'une ou de l'autre
des nombreuses personnes chez qui l'on sait qu'il a fréquenté.

Encore cette conclusion nous est-elle moins suggérée par l'examen
du papier que par le style du petit *divertimento*, où l'influence directe
de Joseph Haydn s'accompagne d'une empreinte viennoise des plus
caractéristiques. Déjà la forme même de l'ouvrage fait penser à ce que

nous apprend Burney des sérénades et *cassations* jouées dans les rues ou à la terrasse des cafés de Vienne ; et lorsque nous considérons ensuite les idées mélodiques des divers morceaux, et notamment des deux menuets avec leurs trios ; lorsque nous découvrons sans cesse, dans l'ordonnance des sujets ou dans l'instrumentation, des détails dont l'équivalent ne se retrouve que dans la sérénade viennoise pour Andretter ; et lorsqu'enfin nous voyons Mozart, dans cet ouvrage, s'abstenir entièrement de ces *codas* qui vont terminer presque tous les morceaux dans les œuvres instrumentales des deux périodes suivantes, ce qui n'était pour nous qu'une hypothèse se change en une certitude à peu près absolue. Oui, c'est bien à Vienne que Mozart a composé ce *divertimento*, peut-être pour une troupe de musiciens ambulants, et en s'efforçant à imiter d'aussi près que possible le style ordinaire des maîtres locaux. Sans doute, ces œuvres de la seconde moitié de 1774 nous le montreront, de nouveau, appliqué à l'imitation du style de Joseph Haydn, et cette imitation ramènera chez lui bien des particularités d'écriture musicale qui se rencontrent déjà dans le présent *divertimento* : mais elles s'accompagneront alors, pour ainsi dire, d'une inspiration tout autre, à la fois plus ample et plus courante, tandis qu'il y a toujours, ici, une certaine raideur un peu sèche qui atteste l'inexpérience du jeune garçon à manier la langue qu'il vient d'apprendre des maîtres viennois.

La coupe extérieure de ce *divertimento* est celle des sérénades viennoises : les quatre morceaux habituels de la symphonie, renforcés encore d'un second menuet. Quand aux instruments employés, la réunion des deux parties du basson et de la basse réduit l'écriture du *divertimento* à celle d'un quintette, où d'ailleurs le violon tient une place prépondérante, mais où les deux cors, eux aussi, jouent un rôle beaucoup plus considérable que dans l'orchestration d'une symphonie.

Le premier morceau débute, suivant un procédé familier à Vienne, par un court prélude lent, sans aucun rapport avec l'*allegro* qu'il précède ; et déjà ce *largo* initial, avec sa double exposition d'une même phrase, révèle clairement l'imitation du style de Joseph Haydn. Quant à l'*allegro*, il est formé de deux sujets dont le premier, toujours comme chez Haydn, se trouve exposé deux fois, pour aboutir à une figure caractéristique que Mozart, comme dans la *Sérénade pour Andretter*, va reprendre encore avant les deux barres, après la ritournelle du second sujet. Vient ensuite un petit *développement* où un rythme nouveau, très « haydnien », s'entremêle, toujours comme chez Haydn, avec une élaboration modulée du premier sujet ; et puis la *rentrée* reproduit, d'un bout à l'autre, toute la première partie sans aucun changement, suivant une méthode qui doit avoir été de tradition pour le genre tout entier des sérénades ou *divertissements*, — car il est curieux d'observer que, chez Mozart, même aux périodes les plus appliquées, et lorsque les *rentrées* des symphonies ou sonates sont très travaillées, celles des *allegros* de *divertissements* répètent les premières parties sans y rien changer. Ajoutons que, dans ce morceau comme dans les suivants, la double reprise ne s'accompagne encore d'aucune *coda ;* et notons aussi que le style haché et un peu contourné de la plupart des phrases, dans cet *allegro*, rappelle si fort la manière de Joseph Haydn que nous croirions parfois entendre une œuvre authentique de ce maître,

Pareillement l'influence de Haydn domine dans les deux menuets et les deux trios, d'un caractère tout rythmique, avec toujours, à la façon viennoise, répétition complète des premières parties après les secondes. Dans le premier trio, où les cors n'interviennent pas, cette répétition de la première partie se fait en écho, entre le violon et l'alto ; dans le trio du second menuet, les cors chantent à découvert, accompagnés seulement par le basson.

L'*adagio*, écrit pour trio à cordes, n'est, d'un bout à l'autre (sauf les quelques mesures du *développement*), qu'un *solo* de violon, et directement imité de ceux qui remplissent les mouvements lents des quatuors de Joseph Haydn, dans la série de 1771. Cependant, les deux sujets, ici, sont plus nettement séparés que chez Haydn, mais toujours avec cette sécheresse et cette allure contournée qui évoquent le souvenir de Joseph Haydn autant qu'elles étonnent de la part de Mozart. Un petit *développement* sur le premier sujet, — offrant cette particularité que le chant y est transmis à l'alto, — conduit à une *rentrée* où, cette fois, Mozart ne se fait pas faute de varier, par des ornements nouveaux, les lignes mélodiques de la première partie.

Quant au finale, non seulement Mozart s'est souvenu étrangement, pour l'écrire, des idées et des rythmes ordinaires de Joseph Haydn : il y a poussé l'imitation de ce maître jusqu'à employer, à sa suite, un procédé des plus exceptionnels chez lui, ce procédé de variation du thème que nous avons rencontré déjà dans le *rondo* qui terminait le petit concerto de la *Sérénade pour Andretter*. A côté d'intermèdes nouveaux, succédant aux diverses reprises du thème, d'autres intermèdes se trouvent n'être que des variations sur ce thème, et notamment le dernier, écrit surtout à l'usage des cors. Car tandis que l'*adagio* du divertissement rappelait le style des concertos de violon, ce *rondo* final est écrit à la manière de ces concertos italiens où chaque instrument occupe, tour à tour, la place principale. Rien de plus curieux, d'ailleurs, que le manière dont Mozart, sous l'influence de Haydn, commence ici à transformer sa conception du *rondo*. En plus de l'intermède par variation déjà signalé, un long intermède en *sol* majeur nous présente, entre les deux couplets dont il est formé, une reprise abrégée du thème dans ce ton de *sol* ; et d'autre part, voici que le premier intermède revient, à l'improviste, dans la dernière page du morceau, annonçant déjà une velléité de retour au type ancien du *rondeau* de Paris et de Londres. En un mot, nous voyons là, comme dans le *rondo* susdit de la même période, un effort de Mozart à modifier cette coupe du *rondo* italien en *pot pourri* que le jeune homme a merveilleusement relevée et enrichie dans ses finales de symphonies et de sonates des deux périodes précédentes. Et maintenant, pendant plus d'une année, il va renoncer tout à fait à la coupe du *rondo*, pour ses finales ; jusqu'au jour où, à Munich, sous l'influence des maîtres français, il va reprendre pour toujours, en la variant et enrichissant de mille façons, la coupe du *rondo* telle que la lui a jadis enseignée Chrétien Bach, c'est-à-dire celle qui faisait reparaître des intermèdes antérieurs après un intermède mineur, tenant un peu la place d'un *trio*.

129. — *Vienne, entre août et octobre* 1773.

Marche en ré, pour violon, alto, deux cors et basse, destinée à accompagner le *Divertimento* précédent.

K. 290.

Ms. chez M. Malherbe, à Paris.

L'autographe de cette marche ne porte aucune date : mais comme ce morceau, ainsi que toutes les marches de Mozart, a sûrement été écrit pour être joué au début et à la fin d'une *cassation* et comme le n° 189 est, dans l'œuvre de Mozart, la seule *cassation* écrite pour les mêmes instruments que ladite marche, nous avons le droit d'en conclure que celle-ci a bien été composée en vue du *divertimento*, hypothèse que confirment encore l'identité du papier (format carré à dix lignes), et la ressemblance du rythme initial de la marche avec celui du prélude lent du *divertimento*. Cependant, il se pourrait que Mozart n'eût écrit sa marche que plus tard, pour une exécution ultérieure du n° 188 : car tandis que la marche de la *sérénade d'Andretter* et celle d'une *sérénade* de 1774 nous font voir une *rentrée* du premier sujet dans le ton principal, la marche en question ne reprend que la seconde moitié de ce premier sujet, et nous verrons que le même procédé se retrouvera, dès 1775, dans toutes les marches de Mozart, après nous être apparu déjà dans toutes celles que le jeune homme a écrites jusqu'en 1773. Mais l'hypothèse contraire est, en vérité, beaucoup plus probable, si nous en jugeons par la ressemblance des idées et du style dans le *divertimento* lui-même et dans sa marche. Le basson, il est vrai, n'intervient pas dans l'instrumentation de la marche, tandis qu'il figurait dans celle du *divertimento* : mais nous avons dit déjà que, dans cette dernière, sa partie se confondait avec celle de la basse. Et quant au contenu musical de ce petit morceau, nous dirons seulement que celui-ci a la coupe régulière d'un morceau de sonate, avec une barre de reprise suivie d'un petit travail en contrepoint sur le premier sujet.

190. — *Vienne, entre août et octobre* 1773.

Six variations en sol, pour piano seul, sur l'air *Mio caro Adone*, tiré de l'opera de Salieri : *La fiera di Venezia*.

K. 180.
Ms. perdu.

Menuetto. — *Tema.* — *Andante.* — *Sur la cinquième variation : adagio ; et sur la dernière : allegretto.*

L'autographe de ces variations nous est inconnu ; et tout ce que nous savons d'elles est que Mozart les a publiées d'abord à Paris, en 1778, avec deux autres séries de variations, ce qui permet de supposer que le texte que nous en avons a été revu, et peut-être modifié, par lui pour cette publication. Mais, d'autre part, plusieurs motifs des plus sérieux nous portent à admettre que c'est à Vienne, en 1773, que ces variations ont été composées, comme aussi qu'elles sont un peu antérieures aux *Variations sur le menuet de Fischer*, (n° 210) généralement classées avant elles. Leur ancienneté, d'abord, nous est prouvée par l'absence d'une variation mineure : car nous verrons que, dès l'année 1775, Mozart ne manquera plus jamais à introduire dans ses séries une variation de ce genre. Et quant à leur antériorité sur celles du *menuet de Fischer*, nous en trouvons la preuve non seulement dans la maîtrise beaucoup plus grande de ces dernières, mais dans ce fait certain que, dès les *Variations sur le menuet de Fischer*, Mozart se conformera déjà à la nouvelle conception, éminemment italienne, du genre, tandis que les variations sur *Mio caro Adone* nous le montrent, sous l'influence de Joseph Haydn et du goût viennois de 1773, se conformant encore à l'ancienne manière allemande d'entendre l'objet et la nature de la variation. C'est ce que nous allons expliquer plus au long tout à l'heure, après avoir ajouté, ici, que le thème choisi par Mozart était extrait d'un opéra bouffe de Salieri, la *Fiera di Venezia*, représenté à Vienne en 1772 : de telle sorte que, sûrement, dès son arrivée à Vienne en 1773, Mozart aura entendu tout au moins des morceaux de l'œuvre de Salieri, et, probablement, aura composé ses variations pour les exécuter dans un salon viennois.

Nous avons dit déjà, à propos des variations composées jadis à La Haye, combien ce genre aimable et facile commençait alors à devenir, avec le *rondo*, le passe-temps favori du public, surtout en France et dans les pays soumis à l'influence française. Depuis lors, la vogue des variations n'avait point cessé de se répandre en Europe ; et les plus grands maîtres du temps, Emmanuel Bach, Joseph et Michel Haydn, Vanhall, se croyaient tenus de complaire à ce goût dominant. Mais en même temps

que le genre de la variation allait ainsi envahissant l'Europe, il apportait avec lui son idéal et ses règles, bien éloignées de ceux de l'ancienne
variation allemande, telle que nous la voyons pratiquée, par exemple,
par Sébastien Bach dans la fameuse série de ses trente variations
parues en 1742. Pour Bach et les vieux allemands, la variation était un
genre très libre, où le compositeur se trouvait tenu de créer, dans un
rythme et une tonalité donnés, toute sorte d'inventions nouvelles n'ayant
avec le thème que des rapports très lointains. Un coup d'œil sur les
variations de Bach suffira à montrer combien, dès les premières, elles
diffèrent de l'*aria* qu'elles prétendent « varier ». Au contraire, dans le
genre de la variation tel que l'adoraient les Français et les Italiens, tel
qu'il nous apparaît déjà chez les Zipoli et Hændel lui-même, en attendant les Eckart, les Chrétien Bach, et les Sacchini, la variation consistait à maintenir indéfiniment la ligne mélodique et l'expression d'un
thème favori, sauf à lui revêtir du plus grand nombre possible d'ornements divers. Le public exigeait que, tout en lui « variant » sa romance
ou son menuet, le pianiste lui permît toujours de les retrouver, absolument comme il retrouvait le même air sous les différentes « colora-
tions » qu'y ajoutait chaque chanteur. Et nous n'avons pas besoin de
dire que c'est cette conception « galante » de la variation qui, vers le
moment de l'histoire où nous sommes arrivés, était en train de se substituer, en Allemagne même, à l'idéal austère et savant des maîtres
anciens de ce pays.

Mais cette invasion de la mode nouvelle ne s'était pas accomplie,
d'abord, sans résistance : et il est très curieux de voir comment les
grands musiciens allemands d'alors, dans leurs premières séries de variations, sont encore restés fidèles à la conception de leurs devanciers, sauf
d'ailleurs à y renoncer bientôt pour accepter la mode nouvelle. C'est
ainsi que, à Salzbourg, vers 1770, Michel Haydn, dans une série de variations en *ut* sur un air de ballet de sa « Pastorale dramatique » : *Die
Hochzeit auf der Alm*, s'est donné une liberté remarquable dans sa façon
de modifier le thème. A Vienne, vers le même temps, le pianiste Steffan, —
celui-là même dont nous parle Burney, et que les Mozart ont connu très
intimement, — composait une série de variations plus libres encore sur
une *Canzonetta* en *ut*, avec une alternance presque continuelle de variations majeures et mineures. Mais surtout il faut voir avec quelle hardiesse Joseph Haydn, dans la plus ancienne série connue de ses variations, — sur une *arietta* en *la*, avec dix-huit variations, publiées en 1771, —
s'amuse à transformer, dès le début, la ligne mélodique de son thème,
nous offrant, sous prétexte de « varier » celui-ci, une série de petits morceaux du caractère et de l'expression les plus opposés, depuis une valse
viennoise jusqu'à un beau *lento* pathétique. en passant par d'étranges
fantaisies modulées qui font penser déjà aux dernières variations de
Beethoven. Évidemment le maître d'Esterhaz, se considérant comme
obligé de produire des variations, ne s'est encore souvenu que des
nobles leçons et exemples de ses prédécesseurs. Deux ou trois ans après,
hélas ! cette résistance courageuse allait cesser ; et une nouvelle série
de variations sur un menuet en *mi bémol*, parue en 1774, allait nous
montrer Haydn se contentant d'orner et d'agrémenter son thème, ce
qu'il ne devait plus cesser de faire pendant près de vingt ans.

Or, tandis que les variations de Mozart sur le *menuet de Fischer* nous apparaîtront, elles aussi, comme une longue série de répétitions d'un thème unique, sous de légers travestissements tout extérieurs, on ne peut jeter les yeux sur la petite série des variations de *Mio caro Adone* sans être aussitôt frappé de l'indépendance singulière avec laquelle la ligne mélodique du thème se trouve changée, et sa signification complètement altérée. Pas une des six variations, en fait, n'est proprement une répétition du thème, pouvant rappeler celui-ci sous les figures d'ornementation qui l'habillent ; partout nous apercevons la même nouveauté d'inspiration qui anime la première série des variations de Joseph Haydn. D'où l'on ne doit, certes, pas conclure que nous prétendions voir, dans ces petites variations, autre chose que ce qu'elles sont. c'est-à-dire une œuvre aimable et légère, faite très rapidement, peut-être sur une commande, ou bien afin d'être jouée par Mozart lui-même dans une de ses « séances ». Le nombre restreint des variations, et celui, également assez restreint, des artifices de virtuosité désormais traditionnels, tout cela ne dénote point le manque d'expérience de Mozart, — à qui ses sonates de Milan ont rendu toute sa maîtrise de naguère dans l'art du clavecin, — mais prouve seulement qu'il s'agit ici d'un morceau écrit à la hâte et sans prétention. En soi. ces variations ne constituent que fort peu de chose, dans l'œuvre de Mozart ; et l'unique intérêt qu'elles aient pour nous est de nous montrer le jeune homme, sous l'action de Joseph Haydn et du goût viennois de 1773, se formant un idéal de la variation qui dérive encore des traditions anciennes de sa race.

Après l'exposé du thème. une première variation nous offre un charmant petit épisode d'inspiration toute « mozartienne », fort éloigné du menuet de Salieri, et dépourvu de tout caractère de difficulté [1]. La seconde variation, toute en triolets, est déjà plus « concertante », en même temps qu'elle se rapproche davantage du thème par un |curieux rappel de la basse de celui-ci. Vient ensuite, suivant un usage que nous retrouverons toujours chez Mozart, une variation qu'on pourrait appeler « chantante » : un chant très simple et très pur à la main droite, accompagné d'un rythme continu de doubles croches en *basse d'Alberti*. Et Mozart, pour la première fois dans son œuvre de clavecin, introduit ici, durant une seule mesure, ce procédé désormais courant du *tempo rubato* qui consiste à opposer un rythme régulier de croches ou de doubles croches, dans l'une des parties, à des triolets dans la partie de l'autre main. La variation suivante contient des syncopes, quelques passages en octaves aux deux mains, et une série de trilles exigeant, eux aussi, une certaine habitude du clavecin. La cinquième variation, *adagio*, est de nouveau un chant de la main droite, avec un accompagnement en triples croches qui est, peut-être, le passage le plus difficile et le plus « concertant » de l'œuvre tout entière. Mais plus intéressante encore pour nous est la variation finale, où Mozart, non content d'accélérer le mouvement du thème et des premières variations, change encore le

---

1. Notons aussi que le thème, cette fois, a exactement reproduit le menuet chanté de Salieri, tandis que l'on verra plus tard le jeune homme introduisant volontiers de petits changements jusque dans les thèmes de ses variations, lorsqu'il empruntera ceux-ci à des œuvres étrangères.

rythme de menuet du thème en un rythme à deux temps. Cette transformation complète du thème dans la variation finale, et la présence
d'une variation lente, et bientôt celle d'une variation mineure, seront,
chez Mozart, d'un usage constant jusqu'à la fin de sa vie; témoignant
de l'embarras qu'éprouvera toujours son génie à s'accommoder de cet
idéal « galant » de la variation que Joseph Haydn, lui, accueillera beaucoup plus volontiers, avec son génie plus fait d'ingéniosité que de
flamme créatrice. Et, en fait, — nous pouvons bien le dire dès maintenant, — s'il est vrai que Mozart, dès l'année suivante, recommencera à
pratiquer la variation tout « ornementale », telle qu'il l'a pratiquée
naguère à La Haye, jamais cependant il ne pourra se résigner à en faire
l'emploi quelque peu dégradant qu'exigera la conception parfaite du
genre. Toujours son génie tendra à s'exhaler librement en des chants
nouveaux, quelque soin qu'il apporte à s'imposer la contrainte du
thème. Et tandis que le goût de la variation, plus tard, chez Beethoven,
viendra évidemment de Haydn, c'est de Mozart que l'auteur des 33 *variations sur la valse de Diabelli* apprendra à ne considérer la variation que
comme un prétexte à de libres fantaisies toutes personnelles.

Ajoutons enfin que, selon l'habitude nouvelle que désormais il adoptera pendant près d'un an, Mozart, après sa dernière variation, termine
sa série par quelques mesures de *coda*. Quant aux nuances, dont il était
infiniment prodigue dans ses sonates de Milan, elles ont dorénavant
presque tout à fait disparu, à l'exception du mot *legato*, qui, chose
curieuse, se retrouve dans toute son œuvre de piano, depuis les premières sonates et variations de son enfance jusqu'à ses merveilleuses
variations de 1791.

DIX-NEUVIÈME PÉRIODE

LE GRAND EFFORT CRÉATEUR

(SALZBOURG, OCTOBRE 1773-MAI 1774)

Depuis le jour où Mozart est rentré à Salzbourg, au début d'octobre 1773, jusqu'au jour où, en décembre 1774, il a été mandé à Munich pour y écrire un opéra bouffe, nous nous retrouvons, une fois de plus, sans l'ombre d'un document authentique qui nous renseigne sur les événements de sa vie. Sa sœur, Nissen, ses biographes ultérieurs, sont muets sur cette longue et fructueuse année, dont l'histoire nous est racontée seulement par les œuvres musicales qui en sont résultées. Mais celles-ci n'ont pas seulement pour nous l'intérêt d'être nombreuses, et de nous révéler ainsi, dans les genres les plus divers, la croissante richesse du génie de Mozart : beaucoup d'entre elles, en outre, se trouvent datées, ou bien nous laissent voir avec une évidence absolue le moment précis de leur composition. De telle sorte qu'il nous est possible de suivre de très près, et quasi de semaine en semaine, les détails de l'évolution qui s'est produite, durant cette période, dans le goût et la manière du jeune homme.

Encore cette période, allant depuis le retour de Vienne, en octobre 1773, jusqu'au départ pour Munich en décembre 1774, se partage-t-elle très nettement, pour nous, en deux autres, dont l'une nous fait voir Mozart méditant et développant les leçons qu'il a reçues à Vienne, tandis que l'autre, — environ depuis le mois de mai 1774, — nous le montre commençant déjà à subir l'influence de ce nouvel esprit *galant* qui, désormais, ne cessera plus de régner dans son œuvre jusqu'à la date de son départ pour Mannheim et Paris.

Comme nous venons de le dire, la première de ces deux périodes nous apparaît presque entièrement consacrée, par le jeune Mozart, à pousser plus avant dans les chemins où l'ont fait entrer, pendant la période précédente, la fréquentation personnelle des maîtres viennois et l'étude de leurs œuvres. Tel nous avons trouvé Mozart à Vienne, lorsqu'il y composait sa *Sérénade pour Andretter*, et tel nous allons le retrouver dans la plupart des ouvrages qu'il écrira avant le printemps de 1774. On pourrait même dire que la période que nous avons maintenant à examiner a été simplement une suite directe de la période viennoise précédente, si, dès ce moment, une influence nouvelle, celle de Michel Haydn, ne venait s'adjoindre à celles de Joseph Haydn et des maîtres viennois, sans d'ailleurs apporter aucun changement essentiel au style naguère adopté par le jeune homme sous l'action de ces maîtres.

Tout de même que naguère à Vienne, la production de Mozart, pendant cette période nouvelle, restera surtout instrumentale ; et cette production nous révélera, tout ensemble, les mêmes caractères généraux et l'emploi des mêmes procédés que nous avons eu l'occasion de définir à propos de la susdite sérénade et des quatuors viennois.

Par opposition aux périodes de *galanterie* qui vont suivre, le trait le plus frappant des œuvres de Mozart pendant la présente période, autant et peut-être plus encore que pendant celle de Vienne, sera une tendance à concevoir la musique comme un art très grand, très noble, très sérieux, et capable d'être adapté aux fins poétiques les plus hautes. A l'exemple de Joseph Haydn, de Gassmann, et du jeune Vanhall, leur élève salzbourgeois ne craindra pas de créer des œuvres étendues et développées, ni d'approprier leur portée expressive aux vastes dimensions qu'il leur donnera. Ses symphonies, son remaniement du quintette composé avant son départ pour Vienne, son concerto de piano, ses chœurs et entr'actes pour la tragédie de *Thamos*, tout cela aura une ampleur de formes et une intensité de signification que jamais encore nous n'aurons constatées au même point dans son œuvre, et qui, surtout, contrasteront de la façon la plus complète avec l'élégance légère et un peu superficielle de la plupart des compositions de Mozart au cours des périodes suivantes. Et nous verrons que, pour adapter son art à ce grand idéal esthétique, Mozart continuera de recourir aux mêmes moyens que déjà, à Vienne, il s'est constitué suivant l'exemple de Joseph Haydn et des maîtres locaux. L'usage fréquent du contrepoint, le traitement des finales en « morceaux de sonate », — au lieu des finales en *rondo* des périodes précédentes comme des suivantes, — la réintroduction du premier sujet après le second, dans chaque morceau, et l'addition, à chaque morceau, d'une longue *coda* avec double reprise, ce ne sont là qu'un petit nombre des procédés de toute sorte qui, pour les œuvres que nous allons analyser comme pour celles du chapitre précédent, contribueront à revêtir l'art du jeune homme d'un caractère tout particulier d'élévation, de dignité, et d'imposante beauté musicale. Toujours nous y sentirons un poète qui, enthousiasmé tour à tour par les vieux maîtres italiens et par ce qu'on pourrait appeler le « romantisme » viennois de ces courtes années comprises entre l'*Alceste* de Gluck et l'invasion de la *galanterie*, s'est proposé

de faire servir la musique à traduire les émotions les plus profondes
de son cœur, et vraiment à créer, sous la forme d'une symphonie ou
d'un quintette à cordes, quelque chose d'équivalent aux grands
drames romantiques des écrivains allemands de la même période.

Parmi ces procédés que nous avons suffisamment définis à propos
des œuvres de la période viennoise pour qu'il ne soit plus besoin de
les analyser de nouveau ici, il y en a deux qui, cependant, méritent
de nous arrêter un instant au passage, en raison de leur emploi à peu
près constant dans toutes les œuvres qui vont nous occuper : à tel
point que la présence de ces procédés dans une œuvre non datée
pourrait être considérée comme un signe distinctif, permettant de
rapporter l'œuvre à cette période. Le premier est ce que nous avons
nommé, tout à l'heure, la réintroduction du premier sujet après le
second. Parfois Mozart, comme il l'a fait dans sa *Sérénade pour
Andretter*, ramène expressément le début même du premier sujet
après l'exposé du second : mais, le plus souvent, c'est la ritournelle
du premier sujet, le passage qui suit l'exposition mélodique de l'idée
initiale, c'est ce passage qui reparaît, plus ou moins transformé,
après que Mozart nous a présenté son second sujet, d'ailleurs très
nettement séparé du premier. Méthode empruntée, ainsi que bien
d'autres, aux grandes symphonies romantiques de Joseph Haydn
(et, par exemple, à celle qui a reçu le surnom de *Mercure*) : mais
tandis que Joseph Haydn ne l'emploie que de temps à autre, Mozart,
lui, va en faire usage avec l'insistance passionnée qu'il apporte tou-
toujours à se servir de tel ou tel moyen dont il s'est engoué.

Quant à l'autre procédé, c'est celui de la double reprise, et suivie
d'une longue *coda*. Ici, en vérité, Mozart n'imite plus autant Joseph
Haydn et les Viennois que son maître salzbourgeois Michel Haydn ;
et cette apparition presque constante d'une *coda* séparée, à la fin
de chaque morceau d'une symphonie ou d'une sonate, tout en ayant
pour objet de réaliser l'idéal viennois d'une musique plus étendue et
plus travaillée que dans l'art italien ou français du temps, n'en est
pas moins toujours, chez Mozart, comme l'empreinte spéciale de la
soumission du jeune homme à l'influence du plus jeune des deux
Haydn. Car tandis que Joseph, avec la merveilleuse diversité de son
génie durant la première période de sa carrière, ne faisait emploi
de *codas* séparées qu'une fois par hasard, et préférait même introduire ces *codas* dans la seconde partie des morceaux, après un point
d'orgue, pour être reprises avec la seconde partie tout entière,
nous rencontrons de tout temps, dans les œuvres un peu soignées
de Michel Haydn, cette pratique d'une *coda* séparée du reste du
morceau par des barres de reprise ; et c'est certainement à l'imita-
tation du maître de Salzbourg que plusieurs fois déjà, en 1772
comme en 1773, nous avons vu Mozart procéder, çà et là, de la même
façon. Maintenant, dans ses œuvres de la période où nous allon_s

entrer, il appliquera ce procédé avec une constance extraordinaire, ajoutant des *codas* à chacun des morceaux de ses symphonies, ainsi qu'à d'autres compositions instrumentales qu'il aura à produire, en attendant que, au début de la période suivante, nous voyions chez lui les *codas* s'espacer, et bientôt disparaître tout à fait sous l'avènement d'un goût et d'un style nouveaux.

L'influence de Michel Haydn sur le jeune Mozart, d'ailleurs, se manifeste à nous de bien d'autres façons encore que par cet emploi du système des *codas;* et l'on peut dire, en vérité, que c'est durant cette période que Mozart, à travers toutes les préventions professionnelles dont nous savons qu'il a été nourri par son brave homme de père, s'est pleinement rendu compte, pour la première fois, de la valeur artistique du maître et confrère qu'un heureux hasard avait fait demeurer dans son voisinage. Autant l'imitation de Michel Haydn, jusqu'ici, nous est apparue timide et passagère, autant elle va désormais devenir immédiate, au point que nous découvrirons entre l'œuvre des deux maîtres un parallélisme à peu près continu, et que sans cesse nous apercevrons Mozart marchant de pas en pas sur les traces de Michel Haydn. Mais au reste, cette imitation a commencé déjà dès avant le départ pour Vienne; et nous avons vu comment le jeune homme, revenant d'Italie, s'est empressé de composer un quintette à cordes sur le modèle de celui qu'avait composé Michel Haydn, quelques mois auparavant. Durant la période qui nous occupe à présent, nous aurons à signaler trois ouvrages de Mozart directement inspirés de travaux contemporains de Michel Haydn : la remise au point du quintette du printemps passé, et la composition de deux symphonies en *ut* et en *la*. Plus tard, ce sera presque à tout instant que, étudiant une œuvre nouvelle de Mozart, nous la verrons précédée par une œuvre équivalente de son grand confrère salzbourgeois.

Il convient donc que nous essayions de définir brièvement ici le talent et le style de ce nouveau maître qui, après Schobert et Chrétien Bach, va exercer à son tour une action profonde et ineffaçable sur le génie du jeune Mozart : contribuant, en quelque sorte, lui aussi, à former son âme pour toujours, tandis que des maîtres plus hauts, tels que Joseph Haydn, n'ont jamais laissé sur lui qu'une empreinte superficielle. ne lui fournissant que des principes esthétiques ou surtout des procédés d'expression. Et cette différence dans l'action sur lui de ces divers maîtres tient peut-être, en partie, à l'occasion qu'a eue Mozart d'entrer personnellement en contact avec Michel Haydn, comme jadis avec Schobert et Chrétien Bach : mais la véritable explication du pouvoir que ces trois hommes ont eu sur lui, il faut évidemment la chercher à une source plus profonde, dans la ressemblance intime du tempérament de ces maîtres avec le sien propre.

Le frère cadet de Joseph Haydn était né en 1737. Tout enfant, il était venu rejoindre son frère dans l'école de chant et de musique qui dépendait de la maîtrise de la cathédrale de Vienne ; et lui aussi avait subi la rigoureuse discipline du vieux contrapuntiste Reutter, qui lui avait donné, pour la vie, une pratique approfondie de la langue musicale. A vingt ans, en 1757, il était devenu maître de chapelle à Grosswardein, en Hongrie, où ses compositions religieuses et profanes avaient commencé à lui valoir une célébrité presque égale à celle de son frère aîné. Et depuis 1762 il n'avait plus cessé d'habiter Salzbourg, où il exerçait les fonctions de « compositeur et maître de concert de la Cour », comme aussi celle de premier organiste de la cathédrale. Sa renommée, en vérité, s'était désormais sensiblement effacée, devant les progrès de celle de son frère Joseph : mais sa production musicale, depuis les dix années de son installation à Salzbourg, s'était poursuivie sans interruption, et la présence de dates sur un grand nombre de ses manuscrits nous permet aujourd'hui, assez exactement, de nous rendre compte des changements accomplis dans ses idées comme dans son style.

Ces changements, d'ailleurs, sont beaucoup moins considérables que ceux que nous rencontrons, durant la même période, dans les œuvres de son frère aîné et du jeune Mozart. Le plus important est, aux environs de 1772, une velléité de romantisme rappelant celles qui se révèlent à nous, dans ce temps, chez presque tous les maîtres de l'école autrichienne : mais encore cette velléité même est bien loin de se traduire, chez lui, d'une façon aussi pathétique et vigoureuse que, par exemple, chez son frère Joseph. Un choix plus fréquent de tonalités mineures, quelques plaintes fugitives comme celle qui ouvre le premier morceau d'un quatuor en *sol mineur* de la Bibliothèque de Vienne : à cela se borne, pour le moment du moins, la crise romantique de Michel Haydn. Et pour tout le reste, pour l'invention des idées, comme pour leur mise en œuvre, on peut dire que le maître salzbourgeois n'a presque pas varié, depuis sa grande symphonie en *la* de 1763 jusqu'au jour où, en décembre 1774, il a écrit son admirable quintette en *sol*. Ou plutôt, il n'a pu manquer, lui aussi, de subir l'influence du goût nouveau, qui entraînait de plus en plus toute la musique allemande vers la « galanterie », et il est bien certain, notamment, que ses œuvres de 1773 diffèrent de celles de 1763 au point de vue de la séparation des sujets et des effets d'instruments à vent : mais, sous tout cela, le génie naturel de Michel Haydn a toujours été si porté vers ce que l'on appelait alors la « galanterie » que ces menues transformations se sont effectuées en lui à peu près insensiblement, réalisant de plus en plus, pour ainsi dire, un idéal artistique qui déjà se trouvait indiqué dès les premières œuvres du jeune musicien.

Disons-le tout d'abord, et d'une manière générale : le malheur de

MICHEL HAYDN
D'après une gravure de Schroeter

Michel Haydn a été d'unir à son génie propre une sorte d'indolence, ou même de paresse, qui l'a toujours empêché d'exercer et de développer ce génie autant qu'il aurait dû. Condamné à une production abondante, le maître salzbourgeois ne s'est pas suffisamment défié de sa facilité ; et bien rares sont chez lui, durant cette période qui nous occupe, des œuvres qui, comme le susdit quintette en *sol* de décembre 1773, nous donnent pleinement l'impression d'une beauté à la fois très riche et tout à fait parfaite. D'ordinaire, l'élaboration des idées ne répond pas, dans son art, au charme délicieux de leur invention ; non pas que chacun de ses morceaux n'abonde en recherches et trouvailles infiniment précieuses, chromatismes d'une sensualité exquise, savantes et audacieuses figures de contrepoint, altérations imprévues d'un contour mélodique : mais tout cela ne survient, trop souvent, qu'au hasard de l'inspiration, sans que nous sentions, chez Michel Haydn, cette conscience et cette énergie créatrices qui, merveilleusement déployées dans l'œuvre de Joseph Haydn se retrouvent toujours aussi, quoique à un degré plus variable, chez le jeune Mozart.

De telle sorte que ce dernier, avec son amour passionné de son art, n'a pas eu de peine à dépasser tout de suite son éminent confrère et maître, sous le rapport de la mise au point de ses idées musicales. Lorsque nous comparerons, dans ce chapitre et dans les suivants, une œuvre instrumentale ou vocale de Mozart avec l'œuvre contemporaine de Michel Haydn dont elle aura été directement inspirée, toujours nous constaterons que le produit de l'élève contient, pour ainsi dire, plus de musique, une portée expressive plus haute et une réalisation plus parfaite, que n'en contenait son modèle immédiat : sans compter un certain don mystérieux de vie artistique, qui, toujours, nous fera apparaître l'œuvre de Mozart comme un seul et même ensemble, tandis que les plus belles compositions de Michel Haydn ne seront encore qu'une suite de morceaux séparés, et, à l'intérieur de chaque morceau, une suite d'exquises ou savantes idées également dépourvues d'unité profonde. Mais, cela bien établi, il n'est pas douteux que jamais, durant toute sa vie, Mozart n'a rencontré un homme dont le génie fût si singulièrement proche du sien, ni dont l'œuvre dût exercer sur lui une influence à la fois aussi vive et aussi durable. Jusqu'au terme de sa carrière, l'auteur de la *Flûte enchantée* et de l'*Ave verum* est resté l'élève et l'imitateur du vieux Michel Haydn.

C'est que d'abord celui-ci, tout de même que Mozart, était par nature, essentiellement, un poète. Lui aussi, toujours il concevait les choses sous le seul aspect de la pure beauté. Jusque dans ses compositions les plus négligées, la ligne mélodique nous fait voir chez lui une grâce et une douceur délicieuses, qui se retrouvent aussi dans ses procédés, et prêtent, par exemple, à ses quatuors et quintettes, l'apparence singulière comme d'œuvres de Mozart d'où serait absente, seulement, l'âme de Mozart. Autant le souci de l'expression, chez le frère aîné de Michel Haydn, a toujours été supérieur à l'invention de mélodies, de rythmes, et de modulations d'une véritable beauté, autant, chez le frère cadet, il semble que la beauté poétique ait, de tout temps, jailli sans effort, une beauté souvent un peu monotone, enfermée dans des limites assez étroites, mais la plus adorablement fraîche, limpide, et « galante » qui se pût rêver.

Cette beauté, Mozart l'a-t-il expressément empruntée à Michel Haydn, ou bien les deux maîtres l'ont-ils puisée ensemble à une même source, l'un et l'autre adaptant leur génie poétique intime à l'atmosphère musicale où ils avaient à vivre ? C'est une question à laquelle nous serions en peine de répondre bien exactement. Certes, les œuvres de la première enfance de Mozart, avant que celui-ci connût Michel Haydn, nous offrent déjà maints traits que nous aurions été tentés d'attribuer à l'influence du maître salzbourgeois si nous n'avions point su la date et les circonstances de leur production. Mais comment ne pas supposer, d'autre part, que le jeune garçon, depuis le jour où il a pu connaître la musique de Michel Haydn, ne s'en soit pas nourri et imprégné à son insu presque malgré lui, tirant ainsi de cette œuvre, en quelque sorte, le complément de ce langage musical qu'avaient commencé à former, chez lui, les œuvres et le commerce familier de Schobert et de Chrétien Bach ? Ces deux maîtres lui avaient donné quelque chose comme son vocabulaire, pour l'usage courant de toute sa vie musicale : mais nous pouvons être assurés que l'habitation à Salzbourg auprès de Michel Haydn a eu pour effet, ensuite, d'enrichir sensiblement ce vocabulaire, comme aussi de donner au jeune garçon ce qu'on pourrait nommer l' « accent » de son expression artistique, c'est-à-dire le ton général où sont venus prendre place les mots appris naguère à Paris et à Londres. La ressemblance de ce ton est si grande, dans l'œuvre de Mozart et dans celle de Michel Haydn, qu'il n'est vraiment pas possible d'admettre une coïncidence fortuite. Seule, la pensée traduite sous cette forme commune par les deux hommes, seule cette pensée a toujours différé entre eux : ou plutôt ce n'est pas qu'elle ait proprement « différé », mais toujours la pensée de Mozart a été infiniment plus étendue et plus variée que celle de son modèle, unissant à un ordre d'idées qu'elle avait en commun avec celle-là un monde infini d'autres idées dont jamais le simple et charmant Michel Haydn n'a pu s'aviser.

Et cependant, nous pouvons aller plus loin, dans l'affirmation de la dette contractée par Mozart envers Michel Haydn. Si la pensée du plus jeune des deux maîtres a toujours incalculablement dépassé en portée comme en amplitude celle du plus âgé, c'est cependant à ce dernier que Mozart a dû l'un des modes les plus parfaitement

beaux de sa création artistique : ces pures et idéales rêveries qui
flottent doucement dans un bon nombre de ses *andantes* et *adagios*
instrumentaux, comme aussi dans telles scènes de ses opéras, rêveries tout angéliques et célestes en vérité, parfumées d'une grâce
surnaturelle. Ces morceaux, — il faut le noter, — ne nous sont point
apparus, dans son œuvre, jusqu'au moment de sa vie où nous
sommes arrivés. Au plus fort de sa crise romantique, dans ses quatuors et ses sonates de Milan, jamais nous ne l'avons vu revêtant
son émotion d'une forme analogue, par exemple, à celle des *adagios* de ses célèbres symphonie et quintette en *sol mineur ;* et aucune
scène de ses opéras italiens ne nous a rien montré, non plus, d'équivalent au quintette du premier acte de *Cosi fan tutte,* ou aux trios
des dames et des pages de la *Flûte enchantée.* Or, ce genre de morceaux va maintenant commencer à prendre place dans sa musique.
Déjà une sérénade du milieu de 1774, mais surtout un grand nombre
de compositions des deux années suivantes, nous présenteront des
types très caractéristiques de ces rêveries, qui deviendront ensuite
comme la fleur enchantée de son inspiration musicale jusqu'au dernier jour. Ce n'est donc pas sous l'effet d'une rencontre de hasard
que le jeune homme, ici, aura employé le même mode d'expression
que son aîné Michel Haydn : car celui-ci s'est servi depuis longtemps,
— on pourrait même dire depuis ses débuts, — d'une forme tout à
fait pareille à celle de ces rêveries de Mozart, réalisation suprême de
tout ce que son génie de poète renfermait de plus pur et de plus
profond. Sur ce point, il a bien été le maître de Mozart ; sa leçon
n'a pas consisté seulement à approvisionner son élève de simples
formules de langage. Et il y aurait encore bien d'autres éléments
artistiques, notamment sur le terrain de la musique religieuse, que
nous pourrions assigner directement à Michel Haydn, dans l'œuvre
de Mozart : mais l'analyse détaillée des compositions de celui-ci
nous en fournira, plus d'une fois, l'occasion : sans compter que souvent, dans les chapitres ultérieurs, nous aurons à considérer de plus
près les rapports des deux maîtres sur ce terrain de l'art religieux
où Michel Haydn a excellé bien plus encore que dans la musique
instrumentale, mais où Mozart ne s'est mis à l'imiter qu'après la fin
de la période qui nous occupe maintenant.

Durant cette période, comme nous l'avons dit, l'influence de
Michel n'a fait encore que s'ajouter, dans l'esprit du jeune homme,
aux leçons rapportées de son séjour à Vienne. Nous le verrons sans
doute, à tout instant, prendre occasion d'une œuvre de Michel Haydn
pour composer un ouvrage semblable, ou bien emprunter à son
grand confrère le système des *codas,* ou même l'imiter plus directement encore dans tel ou tel passage : mais l'idéal qui continuera
à dominer sa création artistique restera toujours, jusqu'au bout de
la période, ce noble et grand idéal de musique à la fois savante et

pathétique dont le goût s'est trouvé stimulé en lui par l'étude, à Vienne, de l'œuvre des Gluck et des Joseph Haydn, voire des Gassmann et des Vanhall. Et cette préoccupation d'un objet très haut donnera à l'ensemble de sa production, durant cette période, un caractère d'autant plus saisissant qu'il contrastera davantage avec l'objet nouveau poursuivi pas Mozart au cours des périodes suivantes. Non seulement les trois symphonies en *ut*, en *sol mineur*, et en *la*, le premier concerto de piano, les entr'actes et chœurs de *Thamos* auront de quoi nous émouvoir par leur importance et leur signification propres, avec une portée supérieure à celle de la plupart des ouvrages que nous avons analysés jusqu'ici : mais le lecteur devra se souvenir, en les examinant, qu'ils constituent, en quelque sorte, pour de longues années, l'adieu de Mozart à une conception de son art dont va le détourner bientôt l'invasion de la nouvelle mode « galante », renforcée encore, peut-être, par un contact plus étroit avec le génie et la manière de Michel Haydn. Les symphonies, notamment, disparaîtront bientôt tout à fait de l'œuvre de Mozart, et surtout en disparaîtra, durant plus de deux ans, ce magnifique et touchant désir d'expression passionnée que nous avons vu s'allumer dans le cœur du jeune homme sous la révélation du vieux génie italien, et puis se raviver, et revêtir une forme plus « moderne », au spectacle du mémorable effort romantique de l'école viennoise.

191. — *Salzbourg, novembre* 1773.

Symphonie en ut, pour deux violons, deux altos, deux hautbois, **deux cors, trompettes et timbales** [1], violoncelle et basse.

K. 200.
Ms. dans une collection viennoise.

Allegro spiritoso. — *Andante* (en *fa*). — *Menuetto allegretto et trio* (en *fa*). — *Presto.*

La date de cette symphonie, comme celle de toutes les œuvres d'orchestre écrites par Mozart entre son dernier retour d'Italie et son

[1]. La partition publiée de la symphonie ne contient pas les parties de timbales : mais une feuille autographe de ces parties se trouvait jadis parmi les manuscrits achetés par André.

départ pour Paris en 1777, a été effacée sur le manuscrit. On a prétendu lire, sous le grattage : « novembre 1774 » ; mais la différence absolue de cette symphonie avec les œuvres authentiques de la fin de 1774 suffirait à rendre impossible une date aussi tardive, tandis que, d'autre part, tous les éléments du n° 191 le rattachent de la façon la plus expresse aux œuvres composées par Mozart durant son séjour à Vienne ou au lendemain de son retour. Si donc la symphonie a été composée en « novembre », ce ne peut être qu'en novembre 1773 ; et le fait est qu'elle se place tout naturellement à cette date, étant comme un intermédiaire entre la sérénade viennoise pour Andretter et les grandes symphonies en *sol mineur* et en *la* écrites dans les premiers mois de 1774. Conçue exactement de la même façon que ces deux symphonies, elle nous fait voir cependant un procédé que les symphonies susdites ne nous montrent plus, et qui nous est apparu déjà dans la sérénade viennoise : ce procédé de la *fausse rentrée* que Mozart a emprunté à Joseph Haydn, mais pour cesser bientôt, à jamais, d'en faire usage. Aussi croirions-nous volontiers que cette symphonie en *ut* a été, tout au moins, commencée à Vienne, et que la date de « novembre » 1773, si vraiment elle se lisait sur le manuscrit, ne désignait que l'achèvement de l'ouvrage, ou peut-être même son exécution. Cette hypothèse nous est encore confirmée par l'emploi, en tête du premier morceau, des mots *allegro spiritoso*, employés par Mozart, à trois reprises, pendant la période du printemps de 1773 et qui vont désormais disparaître pour toujours, sauf à être bientôt remplacés (dans la symphonie en *la* n° 197) par ceux d'*allegro con spirito*.

Quoi qu'il en soit, cette symphonie nous offre déjà tous les traits distinctifs de l'œuvre de Mozart pendant l'importante période que nous étudions. Tout d'abord, elle nous frappe, en comparaison des précédentes, par son étendue, l'ampleur de ses formes, et la vaste portée expressive que nous y découvrons. Non seulement Mozart recommence à élargir le cadre de sa symphonie en y introduisant un grand menuet : chacun des morceaux est, en outre, sensiblement plus long que dans les symphonies antérieures, et allongé encore par une reprise complète de la seconde partie, à laquelle succède une *coda* également assez étendue. Ce système des doubles reprises suivies de *codas*, emprunté par Mozart à Michel Haydn, et employé déjà dans la sérénade d'Andretter, va se retrouver désormais dans presque tous les morceaux que produira Mozart durant cette période.

Au reste, ce n'est pas seulement dans les dimensions de la symphonie que se manifeste à nous la grandeur de l'idéal artistique poursuivi maintenant par le jeune Mozart. Dans le choix des idées comme dans leur traitement, nous sentons une tendance très marquée à élargir les limites de la simple *ouverture*, pour donner à la symphonie un caractère plus élevé de valeur et de signification artistiques. C'est ainsi que le finale, au lieu de n'être qu'un *tempo di menuetto* ou un *rondo*, à la manière italienne, non seulement nous offre, de nouveau, la forme plus relevée d'un grand morceau de sonate, mais commence déjà à revêtir une importance expressive pour le moins égale à celle du premier *allegro*. Et, pareillement, il n'est pas douteux que Mozart ait eu en vue, à la fois, l'extension et le rehaussement du genre de la symphonie en empruntant, — comme il l'a fait dans tous les morceaux du n° 191 ainsi que des deux symphonies suivantes, — le procédé qui consiste à rappeler le premier sujet, ou tout au moins la ritournelle de celui-ci, après l'exposition du second sujet. Ce procédé, nous l'avons dit déjà, était alors familier aux maîtres viennois : et tandis que Joseph Haydn, fidèle encore à l'esprit ancien, ramenait volontiers son premier sujet lui-même après la courte idée nouvelle qui lui servait de second sujet, d'autres musiciens viennois, tels que Vanhall, tout en séparant beaucoup plus nettement les deux sujets, avaient coutume d'établir entre eux le lien d'une ritournelle commune, ou bien contenant des parties communes. Chose curieuse : c'est désormais à cette seconde méthode que va s'arrêter le jeune Mozart, après avoir employé la première dans sa sérénade viennoise d'août 1773. Ici, comme dans les deux symphonies qui vont suivre, la liaison des sujets se fera par le retour des mêmes figures dans les longues ritournelles accompagnant chacun d'eux.

Mais il est certain, d'autre part, que cette tendance du jeune homme à « faire grand » ne lui a pas aussi pleinement réussi, dans la première de ses trois symphonies de la présente période, que dans les deux autres. Malgré tout ce que le ton d'*ut majeur* comportait déjà pour lui de puissant et de majestueux, — ainsi que nous le prouve, par exemple, l'admirable symphonie italienne n° 157, aucun des quatre morceaux du n° 191, si ce n'est peut-être le merveileux menuet, ne s'élève encore sensiblement au-dessus du niveau expressif des aimables symphonies des périodes précédentes ; et peut-être cette disproportion entre l'appareil extérieur de l'œuvre et son contenu tient elle à ce que le jeune homme, en concevant sa symphonie, aura subi l'influence d'une symphonie dans le même ton d'*ut* composée, quelques mois auparavant, par son nouveau maître Michel Haydn. Le fait est que, chez Mozart comme chez Michel Haydn, le caractère dominant est une élégance brillante et un peu vide, rappelant encore beaucoup le style de l'ouverture italienne, sous les nombreux souvenirs de rythmes viennois qui apparaissent, çà et là, dans la trame musicale.

Quant à la réalisation technique de la symphonie, nous y découvrons, à chaque instant, une alternance de procédés tout italiens, vestiges des manières précédentes du jeune homme, et d'autres procédés tout allemands, empruntés par lui aux maîtres viennois. Ainsi les fréquentes répétitions, le rôle prépondérant assigné par endroits au premier violon, le style théâtral de maintes ritournelles, tout cela relie encore la symphonie aux ouvertures écrites par Mozart pendant et après son séjour à Milan. Mais, d'autre part, la liaison susdite entre les sujets, l'élaboration très poussée des *développements*, les écarts des violons, la grande liberté des altos et de la basse, ce sont autant de traits distinctifs de la symphonie viennoise d'alors, pour ne rien dire de procédés secondaires tels qu'un usage constant de notes redoublées, dont nous rencontrons chez Vanhall des échantillons tout semblables à ce que nous allons trouver dans l'œuvre entière de Mozart durant cette période. Le contrepoint, également, sans être porté aussi loin que dans les quatuors viennois, continue à tenir sa place dans le langage orchestral : soit que les deux violons s'imitent entre eux, ou que, à la façon

de Joseph Haydn, ils s'unissent pour dialoguer, en imitation, avec le groupe des altos et de la basse. Enfin les instruments à vent conservent, dans chacun des morceaux, de petits *soli* caractéristiques qui font songer encore à l'importance des parties des vents dans les œuvres orchestrales de la période antérieure au voyage de Vienne : mais déjà ces *soli* sont plus rares et plus exceptionnels, en attendant que, dans les symphonies suivantes, Mozart se borne à employer les vents pour enrichir et colorer l'ensemble symphonique, sauf à tirer un parti toujours plus heureux des ressources propres de ces instruments.

Dans le premier morceau, les deux sujets sont séparés de la façon la plus nette, mais la ritournelle du second est manifestement comme une variation de celle du premier. Le *développement*, rattaché à la première partie par une transition nouvelle à l'unisson, suivant le procédé que nous ont montré déjà la *Sérénade pour Andretter* et le finale de la symphonie viennoise n° 187, débute par une reprise, à la basse, du premier sujet, suivie d'un assez long travail sur le rythme de ce sujet ; et Mozart, avant la *rentrée*, se croit encore tenu de rappeler aussi son second sujet, comme il l'a vu faire, presque toujours, à Joseph Haydn. Ce *développement* est d'ailleurs, tout entier, comme pénétré du génie de Joseph Haydn ; ou plutôt son intention est manifestement inspirée de ce maître, toujours préoccupé d'employer ses *développements* à une élaboration thématique des idées précédentes : mais Mozart est déjà bien lui-même par la façon incomparable dont il anime, rehausse, et agrandit ses idées précédentes, dans l'élaboration de son *développement*. La *rentrée*, ensuite, reproduit complètement toute la première partie, en y ajoutant même deux mesures nouvelles. Mozart a décidément renoncé au procédé de Joseph Haydn imité par lui dans sa sérénade viennoise, et consistant à ne reprendre, dans la *rentrée*, que la seconde exposition du premier sujet. Et quant à ce qui est des changements apportés dans la rentrée, on peut dire que désormais, pendant cette période et la suivante, le procédé de Mozart demeurera constant : rentrée toute pareille du premier sujet, mais altération expressive et parfois extension du passage qui suit immédiatement la première idée; puis, reprise textuelle du reste du morceau. Mais après la rentrée de la ritournelle complète du second sujet, reparaît le premier sujet, dans le ton principal, une fois de plus, de façon à amener la *coda*, séparée de la seconde partie du morceau par des barres de reprise, et d'ailleurs relativement assez courte, toute composée d'une petite cadence finale. A noter, dans le second sujet, un charmant dialogue des hautbois avec le quatuor, qui est, du reste, le seul passage du morceau où les vents ne se bornent pas à doubler ou à soutenir les cordes.

L'*andante*, lui aussi, est fait de deux sujets distincts, mais dont le premier, ayant le caractère d'un petit *lied* populaire allemand, se trouve exposé sous une double forme, à la manière de Joseph Haydn. Le second sujet, lui, est d'un rythme très original, encore accentué par les réponses en imitation du second violon au premier. Après quoi Mozart, dans ce morceau, comme dans le précédent et dans l'*allegro* final, unit ses deux sujets en donnant au second une ritournelle semblable à celle du premier. Vient ensuite un court *développement* qui s'ouvre, de la façon la plus imprévue, par une tenue des hautbois et des cors, imposant comme un arrêt brusque au rythme précipité de la ritournelle précédente ; et puis ce rythme recommence à se dérouler, dans le *développement*, parmi des modulations mineures d'un effet non moins singulier. Inutile d'ajouter que, dans la *rentrée* qui suit, l'unique changement porte sur la seconde partie du premier sujet, et que le morceau s'achève, à son tour, par quelques mesures de *coda*, qui d'ailleurs continuent pour ainsi dire à se jouer légèrement avec la figure de la ritournelle, et aboutissent à une intervention inattendue des vents, venant tout à coup se joindre au quatuor pour soupirer les dernières notes. Tout le morceau, en somme, est semé d'inventions piquantes, parmi des modulations chromatiques déjà profondément « mozartiennes », et jamais encore aucun mouvement lent, dans les symphonies précédentes, ne nous a fait voir un ensemble de procédés aussi proches de ce que nous offriront, plus tard, les œuvres de la pleine maturité du maître.

Mais ce pressentiment de l'œuvre future de Mozart, que nous trouvons dans l'*andante* de la symphonie, n'est rien en comparaison de celui qui apparaît dans le menuet suivant. Ou plutôt, ce n'est plus une promesse du plein génie de Mozart que nous rencontrons devant nous : le maître des symphonies de 1788 se révèle déjà tout entier à nous dans la conception, sinon tout à fait dans la réalisation, de cet admirable menuet, bien digne d'être regardé comme une première esquisse du menuet de la symphonie de *Jupiter*, de même que, bientôt, le menuet d'une symphonie en *sol mineur* contiendra en germe tous les éléments du fameux menuet écrit, quatorze ans plus tard, pour une autre symphonie dans le même ton. Ampleur du rythme et beauté chantante de la ligne mélodique, unité profonde des idées, richesse et variété des modulations, tout cela assigne à ce menuet le rang le plus haut entre tous ceux de l'œuvre instrumentale du jeune homme jusqu'à son départ définitif de Salzbourg. Après une longue phrase qui occupe toute la première partie (dans le menuet propre), la seconde partie débute par un passage qui n'est encore qu'une suite de cette phrase précédente, un véritable *développement* sur le premier sujet du morceau ; et lorsque ce premier sujet reparaît, dans la *rentrée*, amenant une reprise complète de la première partie, — suivant l'habitude viennoise, — il faut voir avec quel art le jeune maître le varie, pour en approfondir la signification expressive. Et ce n'est pas tout : s'étant mis décidément à concevoir son menuet comme un morceau symphonique, Mozart, à cette *rentrée* variée, ajoute encore une longue *coda*. Sans compter tout ce qu'il y aurait à dire de l'entente, déjà très « moderne », de l'instrumentation, où le groupe des deux violons trouve en face de soi les altos, les basses, et les cors eux-mêmes, comme autant de voix distinctes et indépendantes, chacune procédant à son rôle avec une maîtrise à la fois très discrète et très sûre. Le trio, en vérité, est beaucoup plus court, et d'allure plus modeste. S'inspirant de la méthode de Joseph Haydn et des maîtres viennois, Mozart n'y fait intervenir que le quatuor des cordes, et tous les trios des symphonies suivantes seront également écrits pour un orchestre restreint. A noter seulement, dans ce trio (en *fa*, et non pas dans le ton principal, comme chez l'ordinaire des maîtres viennois), un procédé qui, lui aussi, nous montre Mozart commençant à s'émanciper des traditions de l'école de Vienne : au lieu de reprendre toute la première partie, après la seconde, il ne reprend plus, de nouveau, que la seconde moitié de cette première partie.

Quant au finale, très long et certainement égal en importance au premier morceau, nous n'aurions qu'à en redire tout ce que nous avons dit à propos de celui-ci. Deux sujets très séparés, mais ayant une même ritournelle, *développement* rattaché à la première partie et tout consacré à une élaboration thématique des sujets précédents, *rentrée* d'abord modulée et allongée dans la seconde partie du premier sujet, puis absolument pareille jusqu'au bout; enfin, aboutissement du morceau à une *coda* séparée, qui, ici, est très longue et s'achève par un magnifique *crescendo* à l'unisson, annonçant déjà les *codas* les plus enflammées des futurs ensembles comiques des opéras de Mozart. Les vents n'ont de véritable rôle que dans les quelques mesures qui amènent la *rentrée* : mais leurs tenues, dans le reste du morceau, colorent très heureusement l'ensemble harmonique. Enfin la particularité la plus curieuse pour nous de ce finale, tout plein d'une verve extraordinaire, et attestant l'influence de l'opéra-comique des maîtres viennois, est, tout de suite au début du *développement*, l'emploi de ce procédé de la « fausse rentrée » que nous avons vu employé à deux reprises dans la sérénade d'août 1773, et qui, directement emprunté à Joseph Haydn, ne nous apparaîtra plus désormais que deux fois, dans l'œuvre du jeune Mozart. Comme nous l'avons dit, la présence de cet artifice suffirait pour nous faire classer le n° 191 à une date très voisine du voyage de Vienne, si d'ailleurs la symphonie tout entière ne nous révélait pas, de la façon la plus évidente, un cœur et un cerveau encore tout pénétrés de souvenirs viennois.

192. — *Salzbourg, décembre* 1773.

Concerto en ré, pour le clavecin, avec l'accompagnement de deux violons, alto, deux hautbois, deux cors, trompettes, timbales, violoncelle et basse.

K. 175.

Ms. perdu.

Allegro. — *Andante ma un poco adagio* (en sol). — *Allegro.*

La date de ce concerto nous est donnée par Mozart lui-même, en tête du manuscrit : *Concerto per il Clavicembalo del Sgr. Cavaliere Wolfgango Mozart, nel décembre* 1773. La même inscription se lit sur l'autographe du quintette à cordes n° 177 ; mais tout porte à croire que ce dernier, ou plutôt son remaniement, n'a été fait que dans les derniers jours de décembre, car nous verrons que Mozart, très probablement, a dû s'inspirer, pour procéder à cette remise au point, d'un nouveau quintette en *sol* de Michel Haydn, datant lui-même du mois de décembre 1773.

Ce concerto, produit par Mozart durant l'une des périodes les plus belles de toute sa carrière, nous offre, en soi, un intérêt capital ; et Mozart lui-même, par la suite, s'est toujours rendu compte de la valeur exceptionnelle de cet admirable ouvrage, puisque nous savons par ses lettres que c'est son concerto de décembre 1773 qu'il a joué de préférence pendant son grand voyage de Mannheim et de Paris, et puis aussi qu'il l'a joué en 1782, après son installation à Vienne, avec un nouveau finale composé par lui à ce moment. Mais indépendamment de son intérêt propre, le n° 192 a encore pour nous l'importance d'être, en réalité, le premier des concertos de piano de Mozart, — puisque les quatre concertos de 1767, que l'on croyait être des œuvres originales du jeune garçon, ne sont que des adaptations de sonates françaises, — et même le premier que le jeune homme ait écrit pour aucun instrument, car son *Concertone* de mai 1773 n'était guère, comme nous l'avons vu, qu'un de ces *divertimenti* tout parsemés de *soli* qui se jouaient jadis en Italie sous le nom de *concertos*. C'est ici que, pour la première fois, le jeune homme s'est essayé dans ce genre qui, depuis lors, n'allait plus cesser de lui fournir l'un des modes d'expression favoris de son inspiration créatrice ; et sans que nous puissions songer, naturellement, à raconter, à ce propos, l'histoire des origines du genre, ni de la série des changements qui s'y sont accomplis avant l'intervention du jeune Mozart, il faut cependant que nous indiquions, tout au moins, la forme revêtue par le concerto à la date où a eu lieu cette intervention.

Cette forme, Mozart avait eu le privilège de la connaître de très bonne heure, presque dès le temps où elle s'était manifestée pour la première fois : car l'Europe entière, aux environs de 1773, était en train d'adopter le type du concerto tel que l'avait créé, une douzaine d'années auparavant, le jeune Jean-Chrétien Bach, dans un concerto de clavecin écrit à Milan, mais surtout dans ses premiers concertos de Londres.

Le problème historique du concerto a consisté, de tout temps, dans le rôle et les relations réciproques de ce que l'on peut appeler les *tutti* et les *soli*. Un rédacteur anonyme du *Magasin Musical* de Cramer exprimait le rêve d'un concerto où les *tutti* et les *soli* auraient leurs idées propres, chacun énonçant les siennes et les opposant à celles de l'autre partie, de manière à former une façon de grand dialogue entre l'orchestre et le piano ou l'instrument concertant. Malheureusement, ce n'était là qu'un rêve, et qui jamais n'a même commencé à se réaliser. Tout au plus, le puissant et tragique génie de Philippe-Emmanuel Bach a-t-il essayé de se rapprocher de cet idéal en répartissant à peu près également, entre l'orchestre et le piano, l'élaboration de l'unique grande idée qu'il donnait pour fondement à chacun de ses morceaux.

Il y aurait d'ailleurs à signaler bien des innovations d'une hardiesse et d'un effet merveilleux dans toute la série des cinquante-deux concertos de clavecin d'Emmanuel Bach, et notamment dans le recueil de ses

Six Concertos faciles publiés à Hambourgen 1772. Le créateur méconnu de
la sonate moderne s'y montre à nous sous un autre des aspects de son
puissant génie, et comme le véritable initiateur de ce genre de la *fantaisie* où Mozart lui-même, tout en l'imitant expressément, ne parviendra jamais à le surpasser. Il est bien sûr que ces sortes de grands
poèmes pathétiques, faits de morceaux qui se reliaient entre eux et
souvent même n'étaient que des variations d'une seule idée, auraient
eu de quoi offrir au jeune Mozart un type de concerto bien plus libre
encore, et plus conforme au génie propre du jeune homme, que les
œuvres les plus originales de Schobert ou de Joseph Haydn : mais tout
porte à croire que Mozart, jusqu'à la date de son installation à Vienne
et de sa liaison avec van Swieten, n'a point connu ces concertos du
maître hambourgeois, ou tout au moins n'a pas eu l'occasion d'en
découvrir et apprécier l'éminente valeur. On sait, en effet, que le malheureux Emmanuel Bach commençait dès lors à subir l'inexplicable
mauvaise fortune qui pèse sur lui de nos jours encore.

Pareillement, on trouverait dans les concertos de Schobert, — entre
bien d'autres inventions que la mort de ce merveilleux jeune homme
l'a empêché de mettre au point, — quelques essais de dialogue entre
les *tutti* et les *soli*. Mais tout cela n'a point tardé à disparaître de la
conception « galante » du concerto, devant la tendance de plus en plus
accentuée des solistes à prédominer sur l'orchestre, de plus en plus
réduit à un simple rôle de préparation et d'accompagnement.

Encore l'ancien concerto avait-il maintenu une sorte d'équivalence
entre l'orchestre et le soliste, sous la forme de sujets distincts confiés à
l'un et à l'autre. C'est ainsi que, pour ne point parler des concertos de
Tartini et de Nardini, un grand concerto de violon en *sol* du Milanais
J.-B. Sammartini nous fait voir, d'abord, un prélude orchestral très
long, où déjà le soliste intervient par moments, puis le *solo* proprement
dit, de longueur à peu près égale, et sur un sujet tout différent de celui
du *tutti* ; après quoi ce dernier est encore repris, *da capo*, de telle sorte
que le *solo* constitue une manière d'intermède, ou de *développement* libre,
entre les deux expositions d'un morceau symphonique. Mozart lui-
même, dans son *Concertone* de mai 1773, a procédé d'une façon analogue : chez lui, l'orchestre et les solistes ont, chacun, un premier sujet
distinct, tandis que le second sujet du *tutti* initial se trouve, ensuite,
repris par les solistes. Mais il y avait là, de la part du jeune Mozart, un
désir manifeste d'archaïsme, inspiré peut-être de l'obligation d'écrire
ledit *Concertone* pour un amateur italien : car les adaptations en concertos de sonates françaises nous prouvent assez que, dès 1767, Mozart
connaissait et pratiquait la coupe nouvelle du concerto, telle que nous
allons la retrouver dans le présent n° 192.

Très vite, en effet, l'usage s'était établi d'attribuer le même sujet aux
tutti et aux *soli*, sauf à charger l'orchestre d'exécuter, seul, les ritournelles séparant les diverses parties, tandis que le soliste, de son côté,
était seul admis à varier, orner, et étendre le sujet commun en y joignant de nombreux passages de virtuosité. Un concerto pour clavecin
de Wagenseil, pris au hasard dans la foule de ceux qu'il nous a laissés,
— et qui doivent avoir été parmi les premiers ouvrages étudiés et exécutés par le petit Mozart, — nous présente, dans ses deux premiers mor-

ceaux (le finale étant presque toujours, chez Wagenseil, un *tempo di menuetto* ou double menuet), la disposition que voici : l'orchestre expose un sujet suivi d'une ritournelle ; le clavecin expose le même sujet, accompagné d'ornements nouveaux, après quoi le *tutti* reprend le sujet à la dominante, et le clavecin le reprend à son tour, mais toujours en modifiant son ornementation ; puis, lorsque s'est achevée cette manière de *développement*, la première ritournelle de l'orchestre ramène une *rentrée* du sujet, au clavecin, dans le ton principal, avec encore d'autres fioritures, pour aboutir enfin à la cadence traditionnelle, suivie d'une répétition *da capo* de tout le *tutti* du début. Même coupe dans les concertos de Hasse dont la partition nous montre un sujet fastidieusement répété, d'un bout à l'autre, par l'orchestre et le clavecin, sauf pour le soliste à égayer cette navrante monotonie du texte écrit en improvisant, pour chaque reprise du thème, des figures nouvelles d'ornementation. Un peu plus complexes déjà sont les deux concertos de violon de Joseph Haydn, récemment découverts, et datant des environs de 1770[1].

Ici, le *tutti*, assez étendu, contient plusieurs idées distinctes, dont les unes servent ensuite aux *soli*, tandis que d'autres n'appartiennent qu'à l'orchestre ; et le violon, lui aussi, a souvent de petites idées que l'orchestre n'a pas exposées avant lui. Cependant tout cela relève encore d'un même type, dont le propre est de ne donner aux morceaux qu'un seul véritable *sujet*, élaboré tour à tour, avec plus ou moins d'additions libres, par l'orchestre et par le soliste.

C'est à Chrétien Bach que revient le mérite historique d'avoir, nettement et définitivement, adjoint un second sujet à ce sujet principal de l'ancien concerto de Wagenseil et d'Emmanuel Bach. Comme nous l'avons dit, il y a déjà deux sujets dans le concerto milanais de Chrétien Bach ; et la séparation de ces deux sujets s'affirme, avec une évidence parfaite, dans les trois séries anglaises des concertos du même maître (op. I, VII, XIII). Ouvrant au hasard la partition d'un de ces concertos, nous trouvons ceci : 1° un long prélude orchestral formé de : A, un premier sujet dûment accompagné de sa ritournelle ; B, un second sujet tout distinct, dans le même ton, et qui a, lui aussi, sa ritournelle finale ; puis 2°, le piano reprend le premier sujet A, qu'il enjolive aussitôt, et auquel il ajoute deux petites idées nouvelles, après quoi l'orchestre reprend la ritournelle de son premier sujet, mais en modulant à la dominante, pour amener son second sujet B, qui maintenant est exposé par le soliste avec des ornements nouveaux, et n'est pas non plus sans comporter de petites idées tout à fait indépendantes de de la forme du sujet B dans le *tutti* initial. La ritournelle du second sujet amène, maintenant, un long *développement*, où le soliste s'amuse à rappeler quelques-unes des idées précédentes, ou bien à exposer encore des idées nouvelles. Ce *développement* fini, l'orchestre entame le début de son premier sujet A, aussitôt repris par le clavecin ; et c'est alors une rentrée presque régulière de morceau de sonate, à cela près

---

1. Quant aux *concertos* et *concertinos* de clavecin de Joseph Haydn, écrits entre 1760 et 1767, le peu que nous avons pu en connaître se rattache absolument au type des concertos de Wagenseil, tout en portant à un très haut point l'empreinte des premiers concertos d'Emmanuel Bach.

que le clavecin supprime l'une ou l'autre des idées nouvelles qu'il avait jointes au premier sujet A, dans son premier *solo*. Le second sujet, lui, est repris sans changement, pour aboutir au point d'orgue de la cadence ; après quoi le *tutti* final, au lieu du *da capo* complet des anciens, ne répète plus que le second sujet B de son prélude, ou parfois même seulement la ritournelle de celui-ci. En résumé, deux sujets distincts dans le grand *tutti* préliminaire, une reprise variée et étendue de ces deux sujets dans le premier *solo* ; un *développement* tout pareil à celui d'une sonate, tantôt absolument libre et avec des idées toutes nouvelles, ou bien contenant des allusions aux idées précédentes ; et enfin une *rentrée* des deux sujets, mais toujours un peu abrégée par l'élimination de quelques-unes des petites idées accessoires que le clavecin a exposées dans son premier *solo*. Parfois aussi, chez Chrétien Bach, la *rentrée* supprime le premier sujet, comme cela se produit dans une moitié environ des morceaux de sonates du même maître : mais nous avons vu déjà que, à la date où nous sommes arrivés dans notre étude, ce procédé ancien de la « demi-rentrée » a définitivement cédé la place au procédé « moderne » de la *rentrée* complète, plus ou moins variée pour le premier sujet.

Tel était donc le type de concerto que Mozart avait connu à Londres, dès son enfance, et qu'il avait déjà essayé, à son tour, de réaliser, dans ses adaptations en concertos de sonates de Chrétien Bach (n° 40), puis de sonates françaises de Schobert et autres (n⁰ˢ 48 et 51-53). Et ce type, depuis lors, s'était répandu dans l'Europe entière, partout se substituant à la coupe ancienne des contemporains de Hasse et de Wagenseil. L'année même du séjour de Mozart à Vienne, un compositeur de cette ville, Ditters (qui allait bientôt devenir le chevalier de Dittersdorf), avait écrit un grand concerto en *si bémol* dont l'analyse, au point de vue de la coupe intérieure des morceaux, nous donnerait exactement le même *schéma* que celui que nous avons trouvé dans les concertos de Chrétien Bach. Ou plutôt nous découvrons déjà, dans ce concerto de Dittersdorf, une modification qui peut être considérée comme la dernière qu'ait subie le genre du concerto avant d'arriver aux mains de Mozart. Tandis que, chez Chrétien Bach, les idées adjointes au premier sujet A, dans le premier *solo*, n'étaient encore que de petits passages sans forme bien définie, — depuis des ébauches de sujets nouveaux jusqu'à de simples traits de virtuosité, — Ditters, sous l'influence de Joseph Haydn et des maîtres anciens, ajoutait expressément au premier sujet A, appartenant en commun à l'orchestre et au clavecin, un autre sujet C, non moins étendu et distinct, ou plutôt même deux autres sujets, C et D, séparés par la ritournelle de l'orchestre, et constituant, en somme, le passage le plus considérable du morceau tout entier.

Comme nous l'avons dit, cette extension du type de concerto institué par Chrétien Bach marquait la dernière étape de l'évolution du genre avant le jour où celui-ci a été définitivement abordé par le jeune Mozart ; et l'on peut affirmer que tous les concertos de Mozart, depuis ce concerto de clavecin en *ré* de décembre 1773 jusqu'au grand concerto pour clarinette de 1791, se conformeront, dans leur disposition générale, au *schéma* qui vient de nous apparaître dans le concerto de Ditters. Tout au plus devrons-nous signaler, chez Mozart, et dès ce premier concerto de 1773, un élément nouveau, d'ordre tout esthétique, issu de l'essence même du génie du maître, et consistant dans une sorte d'unification des divers sujets, rattachés maintenant l'un à l'autre par un lien secret au lieu d'être simplement juxtaposés, comme chez la plupart des autres musiciens. Et de la même source dérive aussi le caractère nouveau que vont revêtir, dès le présent concerto, ces sujets propres du soliste, C et D, que nous avons vus se constituer déjà en véritables « sujets » distincts chez Ditters, mais qui, chez lui, ne diffèrent des autres sujets que par une allure plus spécialement « concertante », tandis qu'ils vont devenir, chez Mozart, les parties les plus profondément musicales des morceaux, avec une intensité d'expression et une beauté mélodique incomparables.

Ceci nous amènerait à parler du style, ou, si l'on veut, de l' « écriture » musicale du concerto, telle que l'ont enseignée à Mozart ses prédécesseurs allemands ou étrangers : mais il faut d'abord que nous disions quelques mots de ce qu'on pourrait appeler la coupe *extérieure*, après la rapide analyse que nous venons de faire de sa coupe *intérieure*.

Si le nombre et l'ordre des morceaux, pour la sonate comme pour la symphonie, ont longtemps varié, avant de se fixer dans des traditions qui, d'ailleurs, n'allaient jamais devenir très rigoureuses, le concerto, depuis le moment où il s'est « modernisé » avec la génération des successeurs des Sébastien Bach et des Corelli, a toujours conservé une forme invariable, — exception faite pour quelques clavecinistes de l'école anglaise issue de Chrétien Bach. Sauf les derniers concertos de ce maître lui-même et ceux de quelques-uns de ses élèves, qui volontiers se sont réduits à deux morceaux, un *allegro* et un *rondo*, on peut dire que tous les concertos « modernes », écrits pour le piano ou le violon, le basson ou la flûte, ont toujours été faits de *trois* morceaux disposés suivant le même ordre : 1° un grand *allegro* initial, 2° un mouvement lent dans le mineur du ton ou dans le ton de la dominante, et 3° un second mouvement vif, servant de finale. Mais, sous cette ordonnance générale, maintes petites modifications se sont produites, d'un temps ou d'un pays à l'autre : c'est ainsi que, par exemple, l'emploi de tons mineurs pour les seconds morceaux a de plus en plus cessé d'être en vogue ; et quant au finale, l'usage est devenu à peu près constant, même chez les maîtres viennois, de considérer ce morceau comme un objet de pur amusement, sans aucune prétention à rivaliser avec le premier *allegro* en élaboration thématique ni en portée expressive. Plus encore que dans les autres genre, cette conception italienne du finale s'est établie et répandue dans le genre du concerto, et déjà des maîtres viennois aussi graves et savants que Wagenseil ont toujours choisi pour leurs finales de concertos la forme, toute légère et superficielle, du *tempo di menuetto*, c'est-à-dire d'un double menuet plus ou moins étendu. Mais, à la date de l'histoire où nous sommes arrivés, l'emploi du *tempo di menuetto* s'est trouvé presque universellement abandonné au profit du *rondo*, ce genre aimable et varié qui était alors en train de s'imposer triomphalement à l'Europe entière, comme un parfait symbole du nouveau goût « galant ». C'est par des *rondos* que se terminaient, trois fois sur quatre, les concertos de Chrétien Bach et de son école ; et le concerto viennois de Ditters, composé quelques mois avant celui de Mozart, avait également pour finale un *rondo*. Joseph Haydn lui-même, qui dans ses autres œuvres ne devait accueillir le *rondo* qu'assez longtemps après, s'était cru tenu d'achever par un *rondo* les deux concertos de violon que l'on a publiés dans ces derniers temps. Et il faut ajouter que Mozart, lui aussi, dès la période qui a succédé à celle que nous étudions, ne s'est pas fait faute d'adopter de nouveau, pour nombre de **ses** finales, une forme où nous l'avons vu s'essayer déjà à maintes reprises. Mais son séjour à Vienne pendant l'été de 1773, continuant l'action opérée sur lui par son dernier séjour en Italie, avait allumé dans son cœur un tel désir de beauté à la fois grande, sérieuse, et savante, que l'obligation même d'écrire un concerto n'a point suffi à ébranler en lui cette disposition d'âme, dont toutes ses œuvres de la présente période nous ont fourni ou vont nous fournir encore d'admirables témoignages. S'enhardissant à braver sur ce point toutes les idées de son temps, il n'a pas voulu que son premier concerto se dépouillât, après l'*andante*, du caractère de simple et forte dignité artistique dont il avait empreint les deux premiers morceaux ; et tandis que ses confrères et ses maîtres s'accordaient à terminer leurs concertos par de légers badinages, il a, lui, osé le superbe paradoxe de terminer le sien par un *allegro* de symphonie d'une ampleur et d'une puissance singulières, utilisant toutes les ressources du contrepoint pour la production d'un effet pathétique qui dépasse en importance ceux des deux morceaux précédents. Aussi bien le sérieux et la grandeur des finales sont-ils, peut-être, l'un des traits les plus originaux de toutes ses créations de cette période, répondant à un appel inné de son génie, qui, plus tard, recommencera à lui inspirer les plus beaux finales que le monde ait connus. Et ce finale de son premier concerto traduisait avec tant de hardiesse paradoxale ce besoin foncier de son génie que lui-même, un jour, allait s'étonner de tout ce qu'un morceau comme celui-là avait d'audacieux et de contraire à la mode ambiante : pour de nouvelles exécutions de son concerto, à Vienne, en 1782, il allait substituer à ce « monstre » de 1773 un finale nouveau, ayant naturellement la forme d'un *rondo*. Qu'il se soit décidé à cette substitution parce qu'il trouvait son ancien finale trop faible, et d'une valeur trop au-dessous de celle des deux autres morceaux, c'est ce que nous ne saurions admettre un seul instant étant donné la haute qualité artistique de ces pages : au contraire nous pouvons être sûrs que Mozart les a jugées sinon trop belles, du moins dépassant les limites que le goût d'alors imposait à la portée expressive d'un finale de concerto. Et cette substitution nous confirme aussi, d'autre part, ce que nous avons dit déjà de l'estime particulière où Mozart, toute sa vie, a tenu son premier concerto de clavecin, l'une des rares compositions de sa jeunesse dont il n'a, jusqu'au bout, jamais cessé de s'enorgueillir.

Mais c'est que, au point de vue de son style comme à celui de son intention générale, ce concerto diffère singulièrement de l'ordinaire des œuvres de ce genre que produisaient les contemporains du jeune maître. Si nous envisageons d'abord le rôle particulier du clavecin, nous sommes aussitôt frappés, tout ensemble, de l'admirable maîtrise des *soli* et de leur non moins admirable simplicité, dépouillée de toute apparence de bravoure « concertante ». Nous avons dit déjà que, dans les trois morceaux, les **sujets C et D**, réservés au clavecin, cessaient d'être des passages de virtuosité, comme chez Ditters et chez tous les autres auteurs de concertos, pour devenir des idées mélodiques toutes pleines de charme intime et de sentiment. De plus, nous trouvons bien çà et là quelques-unes de ces figures de transition qui, modulant en divers tons avec leur rythme continu de doubles croches, ont été apprises à Mozart par Chrétien Bach, et constitueront toujours, dans ses concertos, le principal élément de virtuosité ; mais ces traits eux-mêmes sont ici beaucoup moins fréquents que dans les concertos qui suivront : et, sauf un petit croisement de mains, d'ailleurs très simple et riche d'effet, dans le finale, en vain l'on chercherait d'un bout à l'autre de l'ouvrage la moindre trace de ces autres artifices « pianistiques », successions d'octaves, *tempo rubato*, chants de la main gauche, etc., qui commençaient alors à se multiplier dans les concertos, avec les progrès de la fabrication nouvelle des pianos, et qui se retrouvaient, par exemple, jusque dans le concerto de clavecin du violoniste Ditters.

Mais plus saisissantes encore sont l'originalité de Mozart et sa supériorité sur tous les auteurs de concertos contemporains, dans la manière dont le jeune homme associe l'orchestre à la partie du clavecin. Non seulement les *tutti*, au début des trois morceaux, nous font voir une étendue, une richesse musicale, et une puissance d'instrumentation qui déjà, — comme dans les concertos de la période viennoise de Mozart, — leur donnent tout l'attrait de véritables morceaux symphoniques, mais il n'y a pas jusqu'à l'accompagnement des *soli* qui ne reste toujours beaucoup plus actif et plus indépendant que dans tous les autres concertos que l'on ait écrits jusque-là. Parfois même l'orchestre s'élève au-dessus de son rôle habituel d'accompagnement, et tantôt échange de petites phrases en dialogue avec le clavecin, tantôt se charge du chant sous des tenues ou de petites figures du soliste. Les instruments à vent interviennent sans cesse, colorant de la façon la plus heureuse l'harmonie du quatuor, ou bien, par endroits, dessinant la mélodie, comme dans les symphonies de la même période. Le finale, surtout, avec ses nombreux contrepoints et l'entremêlement continu des *tutti* et des *soli*, nous offre un type d'écriture instrumentale dont nous ne rencontrerons plus d'exemples avant les grands concertos de la pleine maturité du maître : morceau vraiment merveilleux et incomparable, qui suffirait à nous indiquer les hauteurs où se serait élevé dès lors le génie de Mozart, si bientôt la mode triomphante de la « galanterie » n'était venue réveiller le jeune homme du rêve magnifique où il vivait depuis ses découvertes d'Italie et de Vienne. Peut-être le vieux Philippe-Emmanuel Bach lui-même, dans ses extraordinaires concertos de 1772, — que Mozart, d'ailleurs, ne paraît pas avoir connus, — n'a-t-il pas poussé plus loin l'audace novatrice ni la grandeur pathétique.

Le premier morceau débute par un long *tutti* où deux sujets distincts sont exposés tour à tour dans le même ton, chacun escorté de sa ritournelle. Le premier violon continue à prédominer, mais déjà les altos ont un rôle très libre, souvent doublés par les hautbois, tandis que les basses commencent à prendre de plus en plus l'importance décisive qui nous apparaîtra dans les deux grandes symphonies du printemps suivant. Le *solo*, ensuite, répète d'abord tout au long le premier sujet du *tutti* et sa ritournelle : après quoi, l'orchestre ayant rappelé le début du même premier sujet, le clavecin entame une idée nouvelle, très étendue et mélodique, qui est le premier des sujets réservés au clavecin. Suit, toujours après quelques mesures de *tutti*, la reprise au clavecin du second sujet du prélude : mais celui-là s'enchaîne directement avec une autre idée nouvelle, le second des sujets réservés au soliste : une phrase d'une envolée et d'une fraîcheur délicieuses, que Mozart se rappellera, au soir de sa vie, lorsqu'il composera son *Cosi fan tutte*. Et ce n'est pas tout : dans cette trame mélodique prodigieusement homogène malgré l'alternance constante des *tutti* et des *soli*, voici qu'apparaît encore une autre idée nouvelle, un chant de clavecin tout léger et moqueur, qui, lui, sera repris par Mozart dans son *Enlèvement au Sérail*. Et maintenant un rappel du premier sujet à l'orchestre, suivi de la ritournelle du second sujet, amène ce qui tient lieu de *développement*. Sous une tenue du clavecin, les vents, à découvert, exposent une figure d'accompagnement qui se poursuit sous un grand travail libre du soliste, tout rempli de modulations expressives sur des rythmes nouveaux, et toujours entrecoupé de petites phrases de l'orchestre évoquant le souvenir de ses *tutti* précédents. L'une de celles-ci répète même le début du premier sujet dans le ton principal, et nous présente ainsi l'amusant artifice d'une *fausse rentrée*, après laquelle Mozart s'amuse à recommencer toute la partie de son *développement* que nous venons d'entendre, y compris le *solo* des vents sous la tenue du clavecin. Enfin une répétition décisive du premier sujet à l'orchestre prépare la véritable *rentrée*, qui se fait ici complète et presque sans changement, Mozart ayant résolu de reprendre, en plus des sujets de l'orchestre, toutes les idées nouvelles réservées aux *soli* dans la première partie, au lieu d'en supprimer au moins une comme faisaient Chrétien Bach et les maîtres viennois. Cette *rentrée* aboutit à une cadence, après laquelle le clavecin se tait, laissant de nouveau la parole à l'orchestre. L'usage était, chez les maîtres anciens, de faire répéter après la cadence tout le prélude orchestral en *da capo* : puis, lorsque l'introduction d'un second sujet était venue allonger ce prélude, on s'était habitué à pratiquer un *demi da capo*, ne reprenant que la seconde moitié du *tutti* initial. Mais Mozart, avec son génie d'unité artistique, a employé, dès ce premier morceau de son premier concerto, une méthode nouvelle, qui, détail curieux, correspond à la manière dont il avait transformé le *demi da capo* dans ses airs d'opéra à partir de *Lucio Silla*. L'orchestre, après la cadence, reprend une partie de son premier sujet, et puis, au lieu de la ritournelle de celui-ci, il enchaîne ce premier sujet avec la ritournelle complète du second.

Nous ne nous étendrons pas sur l'*andante* qui suit, et qui, dans ses dimensions plus restreintes, est conçu exactement de la même façon. Ici encore, l'orchestre expose deux sujets distincts, le premier sans ritournelle bien définie, tandis que le second s'accompagne d'une longue ritournelle rappelant celles des airs d'opéra. Puis le *solo* reprend le premier sujet, en dialogue avec l'orchestre, après quoi un rappel de la ritournelle du second sujet amène une idée nouvelle, réservée au clavecin. A son tour, le second sujet est repris en *solo*, varié et un peu étendu, avec des passages nouveaux : mais la partie la plus intéressante pour nous de ce bel *andante*, dont le rythme et l'esprit évoquent déjà ceux des plus poétiques *andantes* des grandes sonates de piano de Mozart, est le *développement* qui sépare ce second sujet de la *rentrée* du premier. Après que l'orchestre a de nouveau rappelé la ritournelle, ou plutôt le refrain, de son premier *tutti*, le clavecin entame soudain une idée mélodique toute nouvelle, que l'orchestre, ensuite, répète tout au long, introduisant ainsi dans la partition du morceau un élément imprévu, sans rapport avec ceux que contenait le prélude de l'*andante*. Cette répartition d'un *développement* nouveau entre le soliste et l'orchestre constitue, elle aussi, une innovation dont on chercherait vainement des exemples chez les prédécesseurs de Mozart, à l'exception du seul Schobert. Et la *rentrée* elle-même, qui succède à ce curieux passage, est toute pleine de petits changements expressifs, qui nous montrent avec quel soin Mozart a tâché à revêtir son concerto d'une variété et d'une richesse correspondant à celles qu'il rêvait d'introduire dans tous les autres genres, durant cette brève, mais admirable période de sa vie. Ajoutons que, dans tout le morceau, l'orchestre est employé avec une activité singulière, entremêlant sans cesse ses *tutti* aux *soli* du clavecin, et continuant à travailler pendant ces derniers ; les hautbois, notamment, doublent les chants du clavecin sous l'accompagnement du quatuor. Le rôle des hautbois est d'ailleurs toujours très important, et non moins important celui des cors, qui interviennent même à découvert pour répondre à une phrase du clavecin. Les deux violons, à la manière « moderne » marchent ensemble, s'opposant à l'alto et au violoncelle qui, eux, se partagent volontiers une même ligne d'accompagement. Enfin Mozart a noté, à deux reprises, de grands *decrescendo* d'un effet très hardi.

Mais le morceau capital du concerto est, comme nous l'avons dit, le dernier *allegro*. Suivant un procédé que nous avons vu déjà plusieurs fois emprunté par Mozart à son maître Michel Haydn, ce long finale, tout en ayant la forme d'un morceau de sonate, comporte une grande variété de sujets distincts, à la façon d'un *rondo* où les divers intermèdes ne seraient point séparés par des retours du thème. C'est ainsi que le prélude orchestral expose déjà quatre idées successives, les deux premières toutes rythmiques et présentées en contrepoint, la troisième beaucoup plus mélodique, avec un accompagnement continu en croches, et la quatrième de nouveau rythmique, un peu dans le genre d'une grande ritournelle, avec cette particularité que le rôle dominant y est confié aux basses. Puis commence le *solo* : il expose, en contrepoint, une espèce de variation mélodique du premier sujet, pendant que l'orchestre reprend celui-ci en *fugato*, sous la forme du début ; et bientôt orchestre et clavecin se mettent à dialoguer sur ce premier sujet, avec une force expressive et une maîtrise technique qui font songer au style d'un concerto de Hændel. Vient ensuite un petit sujet nouveau pour le clavecin, mais toujours accompagné par l'orchestre sur le rythme vigoureux de son premier sujet. Le second sujet du *tutti*, lui, n'est point repris par le soliste, qui se borne à lui répondre par un autre passage nouveau ; et c'est alors une reprise, au clavecin, du sujet mélodique du prélude, mais étrangement étendu et développé, pour aboutir à une grande cadence légèrement accompagnée par l'orchestre. Le quatrième sujet du prélude, de même que le second, n'est répété qu'en *tutti*; et il faut que nous notions à ce propos, chez Mozart, le mélange extraordinaire de style ancien et d'esprit moderne qui règne à travers tout ce superbe finale. Comme dans son *Concertone* du printemps précédent, voici que Mozart assigne à l'orchestre des sujets que le soliste ne reprendra point; et, d'autre part, le soliste se trouve sans cesse chargé d'exposer des sujets rappelant ces sujets des *tutti*, ou bien s'opposant à eux, ou bien encore expressément accompagnés par eux ! Tout cela si léger et si sûr que nous avons l'impression de n'entendre qu'un seul grand chant, sous la variété infinie des éléments qui le constituent.

La reprise susdite, à l'orchestre, du quatrième sujet clot la première partie du finale. Après un silence, le clavecin attaque brusquement un sujet nouveau, avec ces faciles croisements de mains dont nous avons parlé tout à l'heure, et l'accompagnement de tout ce long passage n'est confié qu'aux hautbois et aux cors, dont les timbres rehaussent admirablement la couleur romantique du chant. Et puis c'est la *rentrée*, et encore étendue, renforcée de modulations expressives, de variations ingénieuses, de puissants contrepoints, voire de nouveaux passages mélodiques. La cadence accompagnée qui finissait le *solo* de la première partie reparaît, elle aussi, étendue et avec un élan plus passionné. Mais brusquement elle s'arrête, tandis que l'orchestre reprend son premier sujet, cette fois non plus seulement en imitations, mais en fugue réelle ; et ce n'est qu'après ce travail imprévu de l'orchestre que le clavecin, qui semblait avoir terminé son rôle, rentre en scène pour entamer sa cadence finale.

Tel est, en résumé, cet étonnant morceau, relevant de la symphonie beaucoup plus que du concerto, et annonçant déjà les plus magnifiques finales de la grande période viennoise de Mozart : quelque chose comme une première ébauche du finale de *Jupiter*, avec cette addition de réponses en *solo* qui lui prête elle-même un supplément de charme, à la fois, et de nouveauté. Encore faudrait-il analyser l'instrumentation, plus savante ici et plus « mozartienne » qu'elle n'est même dans les symphonies de la présente période. Les deux violons, presque toujours réunis, s'opposent aux basses, parallèlement à la manière dont les hautbois le font aux cors et aux trompettes. Et toujours nous entendons, sous les *soli* du clavecin, des rappels à l'orchestre du rythme contrepointé du premier sujet, formant comme la base puissante du morceau, pendant que celui-ci s'épanche et se varie en une infinité de figures différentes, toutes unies entre elles par un lien évident.

193. — *Salzbourg, décembre* 1773.

Remaniement du quintette à cordes n° 177 : composition nouvelle du trio du menuet en *fa* et allongement du finale.

Ms. à Berlin.

Nous avons expliqué déjà, en analysant le quintette n° 177, pourquoi la date de « décembre 1773 », qui se lit aujourd'hui sur la partition de cet ouvrage, doit désigner le moment où Mozart a remanié une partition plus ancienne, dont nous possédons également le texte. En effet, tandis que cette première rédaction, manifestement inspirée du quintette que Michel Haydn avait composé au début de 1773, se rattachait encore pourtant, par son style, aux quatuors de la dernière période italienne, la rédaction nouvelle du finale relève absolument des mêmes principes que nous avons vu et verrons appliqués dans toutes les œuvres instrumentales de Mozart après son voyage de Vienne. A quoi nous pouvons ajouter que, très probablement, c'est encore l'exemple de Michel Haydn qui aura suggéré à Mozart l'idée de ce remaniement : car si le maître salzbourgeois, dans son charmant quintette en *ut* de février 1773, était resté fidèle à l'ancienne conception, toute superficielle et « galante », du *divertimento*, un second quintette, en *sol*, composé par lui en décembre 1773, attestait, au contraire, un désir de donner au genre du quintette l'étendue, la valeur musicale, et la portée expressive, que Joseph Haydn et les maîtres viennois, vers le même temps, essayaient de donner à leurs quatuors. Et tout porte à croire que Mozart, en entendant cet admirable second quintette de son collègue et maître, aura voulu tout au moins élever son propre quintette du printemps passé à un niveau supérieur d'importance esthétique et de perfection. Laissant à peu près intacts le premier morceau et l'*andante*, il a récrit entièrement le trio du menuet, et beaucoup allongé le finale, pour l'adapter aux conceptions nouvelles qu'il rapportait de Vienne.

Le *trio* de décembre 1773, dans le même ton que le trio primitif, n'a cependant aucun rapport avec lui. Tout d'abord, suivant la manière viennoise, il répète entièrement la première partie après la seconde, ce qui n'avait pas lieu dans l'ancien trio. Mais surtout nous voyons que le jeune homme, de plus en plus pénétré du style de Michel Haydn, s'amuse à suivre celui-ci dans son procédé favori de l'*écho*. De même que Michel Haydn avait introduit des *échos* dans ses deux quintettes, Mozart, ici, réduit vraiment tout le morceau à n'être qu'une suite d'*échos*, chaque phrase du premier violon et du premier alto étant répétée, *pp*, par le groupe opposé du second violon et du second alto, cependant que la basse, déjà vigoureuse et libre comme dans toutes les œuvres de Mozart durant cette période, déroule, sous cette suite d'*échos*, un accompagnement indépendant de l'effet le plus heureux.

Mais si la comparaison des deux trios nous donne un aperçu de l'immense progrès technique et intellectuel réalisé par Mozart au contact des maîtres viennois, bien plus instructive encore est, à ce point de vue, la comparaison des deux rédactions du finale. Conservant la plupart des éléments primitifs de son finale, Mozart réussit à revêtir celui-ci d'une signification infiniment supérieure, soit par l'addition de sujets nouveaux, ou bien par des transformations des anciens sujets selon la méthode qui nous apparaît invariablement dans chacun de ses ouvrages de la fin de 1773 et des premiers mois de l'année suivante. Au lieu de nous offrir une simple juxtaposition de petites idées distinctes, comme le faisait le finale primitif, le nouveau finale ne forme plus qu'un seul ensemble, merveilleusement fondu malgré l'extension de son cadre. Et sous cette application d'un nouveau principe esthétique nous retrouvons, dans l'écriture musicale, tous les procédés nouveaux que le jeune Mozart a rapportés de Vienne, depuis un emploi fréquent et déjà très habile du contrepoint, jusqu'à l'emploi de cet artifice de la *fausse rentrée* qui, — détail à la fois bien curieux et bien caractéristique de Mozart, — se rencontre coup sur coup dans quatre grands ouvrages successifs du maître, la sérénade pour Andretter, la symphonie en *ut*, le concerto de piano de décembre 1773, et ce finale datant du même mois, pour disparaître ensuite à jamais de son œuvre.

Au début même du finale, Mozart introduit un premier sujet nouveau, d'un rythme léger et chantant qui modifie aussitôt le caractère général du morceau. Le second sujet, dans ce remaniement, est l'ancien premier sujet, mais allongé et traité en imitations, avec une répartition aux divers instruments qui, elle aussi, change sensiblement l'allure primitive du finale. La seconde idée du finale ancien, maintenant devenue la troisième, reste intacte, et l'idée suivante n'est altérée que par l'addition de petits échos : mais, avant les deux barres, de nouveau Mozart éprouve le besoin de renforcer la signification, toute passionnée et comme précipitée, du morceau. Il introduit d'abord une idée supplémentaire qui, répétée en écho par le second violon après le premier, et constamment tenue dans les notes du haut, apparaît et fuit légèrement comme un chant d'oiseau, après quoi la basse, tout à coup, en un *solo* des plus imprévus, rappelle le premier sujet placé par Mozart au début de cette rédaction nouvelle du finale : tant il est vrai que le jeune maître, à ce moment de sa vie, éprouve le besoin d'appliquer à tous ses morceaux cette méthode de rappel du premier sujet après le second, empruntée par lui aux maîtres viennois.

Vient ensuite le *développement* que Mozart, au début, laisse à peu près tel qu'il était dans la rédaction primitive : un brillant et gracieux travail sur l'ancien premier sujet. Mais voici que, à l'instant où semble s'achever ce *développement* de naguère, déjà relativement assez long, nous voyons reparaître, dans le ton principal, le premier sujet ajouté par Mozart à cette forme nouvelle du morceau ; et pendant plusieurs mesures nous pouvons croire à une rentrée régulière de la première partie, jusqu'à ce que, tout à coup, une modulation mineure, bientôt suivie de maintes autres, nous révèle que l'auteur nous a mystifiés, en pratiquant ici une *fausse rentrée !* Et maintenant c'est sur le nouveau premier sujet que Mozart entame un long passage nouveau, constituant la seconde moitié de l'un des *développements* les plus étendus que nous rencontrons dans toute son œuvre. La *rentrée*, quand enfin elle se produit véritablement, répète la première partie entière sans presque rien changer : mais le progrès accompli dans le style de Mozart se manifeste à nous, une dernière fois, dans la *coda* du morceau, où le travail primitif sur ce qui était, à l'origine, le premier sujet, se trouve singulièrement élargi et renforcé par une série d'interpolations ou de juxtapositions en contrepoint, unissant à ce premier sujet de jadis le rythme du nouveau premier sujet de la rédaction remaniée. De telle sorte qu'à présent, pour nous, ce grand et délicieux finale ne laisse pas de sembler un peu disproportionné, en comparaison des morceaux qui le précèdent dans la partition du quintette : mais nulle part, peut-être, nous n'apercevons plus à découvert l'influence, à la fois très profonde et très bienfaisante, qu'a exercée sur le jeune Mozart son contact avec les maîtres de l'école viennoise.

194. — *Vienne et Salzbourg, de septembre à décembre* 1773.

Deux chœurs à quatre voix avec accompagnement d'orchestre, pour un drame héroïque allemand de Gebler, *Thamos, Konig in Aegypten*, et cinq entr'actes destinés à la même pièce pour deux violons, alto, deux flûtes, deux hautbois, deux cors, trompettes, timbales et basse.

K. 345.

Ms. à Berlin.

I.   Chœur en *ut mineur* : *Schon weichet dir* : *maestoso.*
II. Premier entr'acte en *ut mineur* : *maestoso et allegro.*
III. Deuxième entr'acte en *mi bémol* : *andante.*
IV. Troisième entr'acte en *sol mineur* : *allegro.*
V.   Quatrième entr'acte en *ré mineur* : *allegro vivace assai.*
VI. Chœur en *ré* : *Gottheit uber alle.*
VII. Musique de scène finale en *ré mineur* : *allegro.*

Le 13 décembre 1773, le baron de Gebler envoie de Vienne à son ami Nicolaï, à Berlin, la musique « qu'un certain M. Mozart vient d'écrire » pour son drame de *Thamos*. Ce Gebler était à la fois un haut fonctionnaire autrichien et un poète fécond, auteur de toutes sortes d'écrits tendancieux dans le goût des encyclopédistes français. Mozart lui aura probablement été recommandé à Vienne, pendant son séjour de 1773 ; et Gebler lui aura fait l'honneur de lui confier la composition des chœurs et de la musique de scène d'un drame philosophique, ou plutôt franc-maçonnique, qu'il venait de faire paraître et qu'il espérait voir jouer à Berlin. C'est peut-être aux chœurs de *Thamos* que Léopold Mozart fait allusion lorsque, de Vienne, le 18 septembre 1773, il écrit que « Wolfgang est en train de composer quelque chose qui l'occupe beaucoup ». Mais les entr'actes, suivant toute vraisemblance, n'auront été composés qu'après le retour à Salzbourg.

Les chœurs composés alors par Mozart ouvraient le premier et le cinquième acte du drame : quant à la musique de scène, elle consistait en quatre entr'actes et un petit *orage* pour accompagner, dans la dernière scène, la mort du traître Phéron. L'usage était, dans les théâtres allemands, de remplir les intervalles des actes par de la musique (morceaux de symphonie, menuets, etc). Mais volontiers l'auteur d'une pièce demandait à un musicien d'écrire, pour les entr'actes de sa pièce, des morceaux spéciaux ; et Lessing recommandait, pour ce genre de composition, que le musicien fît en sorte d'exprimer d'abord les sentiments traduits par le poète dans la fin de l'acte précédent, et de passer ensuite, peu à peu, à l'expression des sentiments qui allaient faire le sujet du début de l'acte suivant. Mais le jeune Mozart, comme nous le verrons tout à l'heure, ne s'est pas conformé à ce programme artistique, et s'est borné à exprimer, de son mieux, des sentiments dont l'indication terminait les différents actes.

Malheureusement il ne nous est pas possible d'analyser avec certitude cette première rédaction des chœurs et entr'actes de *Thamos* : car le manuscrit que nous avons de ces morceaux ne nous est point parvenu sous sa forme originale de 1773. En 1779, Mozart, dans son désir passionné de travailler pour le théâtre, a repris sa partition de *Thamos*, composée six ans auparavant, et l'a en partie refaite, en partie modifiée. Il a entièrement refait le second chœur, et, très probablement, l'entr'acte n° 4, qu'il a remplacé par un *mélodrame*, dans le genre de ceux qu'il allait écrire bientôt pour *Zaïde*. De cet entr'acte de 1773 nous ne possédons plus aujourd'hui la musique, et celle du chœur, qui existe encore, n'a jamais été publiée. Pour le petit *orage* final, n° 7, Mozart l'a pareillement remplacé par un grand chœur : mais la partition du finale d'orchestre de 1773 nous a été conservée. Enfin pour le premier chœur et les autres entr'actes, nous savons qu'il a fait une foule de menus changements dans l'orchestration, mais que le caractère général de ces morceaux, tels qu'ils nous sont connus, reste sensiblement le même qu'il était dans la version de 1773. C'est donc un chœur et quatre petits morceaux d'orchestre que nous aurons à étudier ici, en réservant le reste de la partition de *Thamos* pour la période de 1779.

Pour le chœur n° 1, la conformité de sa musique présente avec celle de la première version nous est attestée par le manuscrit de celle-ci, tel qu'il est conservé à Berlin. Quant aux entr'actes, nous n'avons aucune preuve matérielle que leur musique, telle qu'elle nous est parvenue, appartienne à la version de 1773 : mais il suffit de jeter un coup d'œil sur leur contenu musical pour comprendre que c'est bien en 1773, et non pas au retour de Paris en 1779, que Mozart a pu écrire ces petits morceaux, d'une conception encore très enfantine et d'une coupe exactement pareille à celle de toutes les compositions instrumentales de la période que nous étudions.

Ces entr'actes ne sont en effet, malgré les inscriptions scéniques que porte leur manuscrit et qui leur donnent une apparence de pièces à programme, que de simples morceaux de symphonies avec deux sujets exposés tour à tour, un *développement* régulier après les barres de reprise, et ensuite une *rentrée*, à peine un peu variée, de toute la première partie : mais une particularité qu'ils présentent presque tous, et qui équivaut à la mention expresse de leur date, c'est que, suivant l'usage invariable de la fin de 1773, la seconde exposition des deux sujets est suivie, après une seconde barre de reprise, d'une *coda* où se trouvent rappelés, variés encore, et comme résumés, les sujets du morceau. C'est la coupe que nous offrent, notamment, les n°ˢ 2, 3 et 5. Dans le n° 2, la forme du morceau de sonate est absolument observée ; dans le n° 3, Mozart, pour sa *rentrée*, coupe les premières mesures de la première partie, et ne les fait reparaître que dans la *coda* : mais peut-être n'a-t-il fait cette coupure qu'après coup, dans sa révision de

1779 ? Dans le n° 5, la *coda* n'est pas précédée d'une barre de reprise ; et, plutôt qu'une vraie *coda*, nous apparaît comme une *strette*, toute rythmique, sur un sujet nouveau. Mais ce ne sont là que de petites nuances ; et l'allure générale de ces trois morceaux n'en est pas moins celle de petits morceaux de symphonie. Quant à leur portée expressive, personne assurément, si nous n'avions pas les inscriptions de Léopold Mozart, n'aurait l'idée que le n° 2 représente « le caractère passionné de Mirza », le n° 3 « la fausseté de Phéron et la loyauté de Thamos », le n° 5, une « confusion générale ». Les sujets ont évidemment une expression très marquée : mais ce sont les sujets ordinaires de la musique instrumentale de Mozart, et traités d'une façon tout instrumentale. Notons, entre autres détails, que la *coda* du n° 2, toujours suivant l'habitude de Mozart en 1773, commence par une petite imitation en contrepoint, et que, dans le n° 5, la reprise expose le second sujet en majeur, suivant une tendance qui va bientôt devenir presque constante dans la musique instrumentale de l'école viennoise, à finir en majeur les morceaux mineurs. Peu de contrepoint, d'ailleurs, dans ces petits morceaux, qui semblent avoir été écrits à la hâte, et sans grand plaisir. L'orchestration, autant qu'on peut la deviner sous les retouches de 1779, est également assez banale, sauf peut-être dans l'*orage* du n° 7, encore très sommaire, mais tout plein d'intentions originales. Ajoutons que, pour l'entr'acte n° 4, il est très probable que Mozart l'aura composé d'abord avec l'*allegro* en *sol mineur* qui ouvre la partition actuelle de ce numéro et, comme second sujet, un *andantino* en *si bémol* dont le manuscrit de Berlin nous laisse voir les premières mesures, effacées ensuite par Mozart pour être remplacées par le *mélodrame* qu'il a substitué à l'ancien entr'acte. Ce début en *sol mineur*, d'une musique encore très simple, a déjà les modulations chromatiques et les rythmes syncopés qui s'associent toujours, chez Mozart, au ton de *sol mineur*.

Reste le grand chœur n° 1, dont le texte a été expressément écrit par Gebler avec l'espoir que Gluck consentirait à le composer. C'est une scène religieuse, dans le genre de celles de maints opéras de Gluck. Un chœur de prêtres et un chœur de vierges, ensemble ou séparément, invoquent le soleil, symbole de la libre pensée, et maudissent la nuit, « son ennemie », image de la superstition. Sur ces paroles, Mozart a écrit un chœur presque toujours homophone, et d'un style plus simple que celui de ses chœurs d'église, mais non dépourvu d'une certaine grandeur solennelle, grâce surtout au rythme majestueux de l'accompagnement. Au point de vue de sa coupe, ce chœur est d'ailleurs traité, lui aussi, en morceau de sonate, avec un *développement* constitué d'une série de duos, entremêlés de rappels du chœur, et aboutissant à une reprise intégrale de celui-ci. C'est pour ces duos que Mozart, en 1779, a récrit l'accompagnement : ils sont d'une ligne mélodique très gracieuse, avec de petites imitations rudimentaires, mais fort bien adaptées à l'effet de l'ensemble.

Telle est cette première version de la musique de *Thamos*: musique, au demeurant, assez médiocre, et qui, dans la partition présente, contraste singulièrement avec la richesse expressive et symphonique des trois morceaux refaits par Mozart en 1779.

195. — *Salzbourg, décembre* 1773.

Seize menuets à danser avec trios, pour deux violons, deux hautbois
(ou deux flûtes), deux cors (ou deux trompettes) et basse.

K. 176.

Ms. chez M. Malherbe, à Paris.

Comme nous l'avons dit à propos des menuets nº 137, c'est à partir de
la Noël que commençait, à Salzbourg, la série des fêtes du Carnaval,
pour ne s'achever qu'au début du carême. Aussi n'est-il pas étonnant
que Mozart, ainsi que nous l'apprend l'autographe de ces menuets-ci,
ait eu à composer, dès le mois de décembre 1773, une suite de danses
pour les bals salzbourgeois du Carnaval de 1774. Et nous avons eu déjà
l'occasion de dire combien tous les menuets de cette suite nouvelle
étaient infiniment supérieurs à ceux des séries précédentes. Le grand
art du jeune homme à ce moment particulier de sa vie se retrouve pour
nous, en vérité, jusque dans ces simples et rapides morceaux, tout
animés d'un souffle merveilleux, et traités avec une maîtrise symphonique des plus remarquables. Impossible d'imaginer plus de variété
dans les rythmes, ni plus de lumière et de chant dans les mélodies, ni
dans l'instrumentation un mélange plus heureux d'élégance discrète et
de savante richesse. Les deux violons, maintenant, chantent volontiers
à l'unisson, sauf parfois à échanger de simples et piquantes imitations ;
mais, à côté d'eux, tous les autres instruments ont désormais une action
et une vie propres, tantôt chargés de petits *soli* mélodiques, tantôt travaillant à accompagner ou à colorer, chacun selon ses ressources, le
chant des violons. Le jeune homme, durant cette bienheureuse période,
est évidemment si imprégné de son grand rêve symphonique, naguère
rapporté de Vienne, que la composition même d'une suite de danses
l'excite à vouloir réaliser un peu de cet idéal de forte beauté qui bouillonne en lui.

Ajoutons que, sans doute, l'exemplaire qualité artistique de ces menuets leur a valu d'être joués de nouveau quelque temps après le
moment de leur composition : car on peut voir, sur le manuscrit autographe, que Mozart a, ultérieurement, interverti l'ordre de quelques-
uns des menuets, ou peut être en a choisi quelques-uns pour former
une nouvelle série plus restreinte.

196. — *Salzbourg, entre décembre* 1773 *et mars* 1774.

Symphonie en sol mineur, pour deux violons, alto, deux hautbois, deux bassons (dans l'*andante*), quatre cors, violoncelle et basse.

K. 183.

Ms. dans une collection viennoise.

Allegro con brio

Allegro con brio. — Andante (en *mi bémol*)*. — Menuetto et trio* (en *sol majeur, pour deux hautbois, deux bassons et deux cors*)*. — Allegro.*

On a cru lire sous le grattage dont nous avons parlé déjà, en tête de l'autographe de cette symphonie, la date « 1773 » : mais nous avons dit aussi combien il est malaisé de déchiffrer des inscriptions dont il ne reste que des traces extrèmement vagues. Si la symphonie était vraiment de 1773, elle appartiendrait, en tout cas, aux derniers mois de cette année, étant évidemment de la mème période et de la mème série que ses deux sœurs, les symphonies en *ut* (n° 191) et symphonie en *la* (n° 197) : encore que nous soyons tentés de la placer plutôt dans les premiers mois de l'année suivante, car nous verrons que, tout en formant une transition évidente entre la symphonie en *ut* et celle en *la*, elle se rapproche cependant beaucoup plus de cette dernière que de la symphonie en *ut*.

Quoi qu'il en soit, d'ailleurs, nous retrouvons dans cette symphonie tous les caractères que nous avons signalés dans les autres œuvres de la mème période, depuis l'intention générale, qui est ici comme dans ces autres œuvres d'une grandeur et d'une intensité singulières, jusqu'aux plus menus détails de l'exécution, tels que l'addition de longues *codas* aux divers morceaux, l'alternance d'unissons et de passages en contrepoint, la réintroduction d'éléments du premier sujet après le second, etc. La question la plus curieuse que soulève pour nous cette symphonie est de savoir quelles œuvres contemporaines lui ont servi de modèles : et c'est une question à laquelle nous nous croyons en état de répondre avec une certitude absolue.

Tout d'abord, il suffit de jeter un coup d'œil sur cette symphonie pour reconnaître son allure profondément romantique, qui en fait le véritable prototype de la grande symphonie en *sol mineur* de 1788. Par là, elle dérive encore de l'inspiration que Mozart a commencé de subir pendant son dernier séjour en Italie ; et le fait est que la passion romantique du jeune homme ne s'est calmée qu'à la surface et en apparence, lors de sa brusque reprise de contact avec le milieu salzbourgeois, au printemps de 1773. L'influence des maîtres viennois, qui traversaient alors, presque tous, une crise analogue, issue de **Werther** et du mouvement littéraire du *Sturm und Drang*, à commencer par Gluck pour finir par Joseph Haydn, a tout de suite rallumé chez Mozart la passion dont il avait brûlé en écrivant son *Lucio Silla ;* et déjà maint passage de ses quatuors de Vienne, et le finale de son concerto de clavecin, et plus encore les entr'actes de *Thamos* nous l'ont montré s'efforçant à traduire, en un langage simplifié et concentré à dessein, des sentiments d'une exaltation bien éloignée de l'état d'âme, toujours très équilibré et contenu, qu'il nous avait révélé jusqu'à son dernier voyage d'Italie. Tout au plus devons-nous ajouter que son romantisme, dans cette seconde phase datant du séjour à Vienne, a quelque peu modifié ses moyens d'expression, et cela d'une façon que l'on pourrait définir en disant qu'elle a substitué à un romantisme tout italien, dérivé des Tartini et des Veracini, un romantisme plus robuste et plus rude, plus conforme aux tendances de l'esprit allemand. C'est donc chez les maîtres allemands d'alors qu'il convient de chercher les sources nouvelles de son inspiration. Et, en effet, deux œuvres nous sont parvenues qui, l'une et l'autre, n'ont pu manquer d'exercer une action directe sur le jeune Mozart, lui dictant, pour ainsi dire, l'intention comme le style de sa symphonie en *sol mineur.*

La première de ces œuvres est l'admirable symphonie de Joseph Haydn en *mi mineur*, connue (hélas ! inconnue) sous le nom de *symphonie funèbre* (n° 44), et composée aux environs de cette année 1772 dont nous avons signalé déjà l'étonnant caractère romantique dans la carrière du maître d'Esterhaz. Non pas que Mozart n'ait connu aussi, et parfois mis à profit, les autres symphonies romantiques écrites par Joseph Haydn vers le même temps, les *Adieux*, la *Passione*, la symphonie en *ut* mineur (n° 52), les deux étranges symphonies en *sol* et en *si majeur* (n°ˢ 45 et 47) : mais tandis qu'il ne leur a emprunté que telle idée passagère ou tel procédé, ici, c'est le fonds même du chef-d'œuvre de Haydn qui l'a animé, évoquant en lui les sentiments que nous trouvons traduits dans sa symphonie n° 196. D'instinct, son génie a découvert, entre les élans romantiques de son illustre aîné, celui qui, tout ensemble, exprimait la passion la plus haute et répondait le mieux à sa propre nature. De part et d'autre, c'est la même douleur tragique et cependant pleine de noblesse, le même feu dévorant qui précipite les rythmes, et puis aussi la même tendance à ne faire de la symphonie tout entière qu'un seul grand chant d'angoisse fiévreuse, interrompu par le doux repos momentané de l'*andante* pour reprendre aussitôt dans le finale, avec un mouvement et une signification tout pareils à ceux du premier *allegro*. De part et d'autre, aussi, nous apercevons la même manière de renforcer, par une double exposition, le relief dramatique du premier sujet, la même façon de faire alterner des unissons avec des contrepoints très hardis, la même conception des *codas*, bien que, chez Joseph Haydn, celles-ci ne soient pas séparées par deux barres du reste du morceau.

Mais s'il n'est pas douteux que Mozart, consciemment ou non, s'est inspiré de la *symphonie funèbre* de Joseph Haydn, nous pouvons également affirmer qu'il s'est souvenu d'une symphonie en *ré mineur* de Vanhall, publiée à Amsterdam dans la série des *Symphonies périodiques*, et qui doit avoir été composée, elle aussi, aux environs de 1772, vers le temps où le jeune Vanhall émerveillait Burney par l'ardeur romantique de ses productions. Au reste, cette symphonie de Vanhall se rattache trop directement aux symphonies romantiques de Haydn pour que leur ressemblance ne comporte pas un élément d'imitation direct, probablement de la part de Vanhall : mais Mozart a sûrement connu l'une comme les autres, et toutes ont laissé leur trace dans sa symphonie en *sol mineur*. Car autant celle-ci ressemble à la *symphonie funèbre* de Haydn par son esprit et sa ligne générale, autant elle fait songer à celle de Vanhall par ce qu'on pourrait appeler son langage, l'allure frémissante de son chant, ses rythmes syncopés, et tout l'ensemble de sa réalisation instrumentale. Parfois même nous aurons à signaler, dans l'œuvre de Mozart, de véritables petits emprunts à celle de Vanhall, dont il est évident que le jeune homme a dû être vivement frappé pendant son séjour à Vienne.

Mais le plus curieux est que, pour nous apparaître ainsi expressément dérivée d'ouvrages étrangers, cette symphonie en *sol mineur* n'en reste pas moins une des créations les plus personnelles de Mozart, une de celles où il a mis au plus haut point l'empreinte de son cœur et de son génie propres. C'est ce que suffirait déjà à nous prouver l'extraordinaire analogie du n° 196 avec la grande symphonie en *sol mineur* de 1788 : car, nous le répétons, non seulement la signification essentielle des deux œuvres est presque identique, avec une même façon, d'ailleurs constante chez Mozart, de concevoir la portée et l'emploi du ton de *sol mineur*, mais il y a telles parties de la symphonie de 1774, par exemple le menuet et le finale se continuant l'un par l'autre, qui nous offrent tant de points communs dans leur réalisation que nous serions tentés de prendre ces parties de l'œuvre de jeunesse pour de vraies ébauches en vue du glorieux chef-d'œuvre de la pleine maturité du maître. Et, aussi bien, l'un des caractères les plus saisissants de ce n° 196 est-il précisément l'étonnante maturité qui s'y révèle à nous, à la fois dans la pensée et dans sa mise en œuvre. D'un bout à l'autre, nous sentons que Mozart est en pleine possession de tous ses moyens, les utilisant tous pour traduire un plan prémédité, avec un mélange de simplicité et de mâle vigueur qui diffère déjà profondément de la fièvre juvénile des symphonies, sonates, et quatuors italiens. Bien plus : le jeune Mozart est si maître de soi qu'il ne permet plus à son romantisme, comme le faisait son aîné Joseph Haydn, d'entraver la libre expansion de sa science et de son talent de musicien. Car il faut noter que la crise romantique du maître d'Esterhaz s'est produite chez lui avec une violence si extrême qu'elle l'a, en quelque sorte, momentanément détourné de son goût naturel pour l'élaboration thématique, les recherches d'harmonies et de timbres piquants, et toutes ces combinaisons ingénieuses où il excellait : à force de sentir intensément les émotions nouvelles qui l'ont envahi, et de vouloir se donner tout entier à les exprimer, Joseph Haydn a comme éliminé de son art, pendant cette brève période, tout ce qui n'importait pas directement à cette seule fin d'expression pathétique, et l'on est étonné de voir, par exemple, combien l'instrumentation de sa *symphonie funèbre* ou de sa *Passione* est pauvre en comparaison de celle de maintes symphonies précédemment composées. Et cette espèce de simplification, ou même de réduction musicale, sous l'influence d'un très vif désir de traduction des sentiments passionnés, nous la retrouvons chez Gluck autant et plus que chez Haydn, tout de même que les historiens de la littérature allemande la découvrent chez les romanciers et poètes du *Sturm und Drang*, en comparaison des froids mais savants techniciens de la génération antérieure. Mozart lui-même, à Milan, n'a point laissé de subir cette action simplifiante de l'inspiration romantique ; et nous avons dit combien, par exemple, dans sa superbe symphonie en *ut* n^c 159 ou dans tels de ses quatuors milanais, la richesse proprement musicale des œuvres précédentes s'est brusquement concentrée, voire dénudée et appauvrie, au profit de la profondeur des sentiments exprimés et de la puissance poétique de leur traduction. Ici, au contraire, le musicien collabore activement avec le poète. Mozart a beau se sentir pénétré d'une émotion à la fois très douloureuse et très nuancée, pas un instant il ne cesse de recourir, pour la rendre vivante, à toutes les ressources de son invention mélodique comme aussi de toute sa science de contrepoint et d'instrumentation. Ce rôle capital des instrumeuts à vent et des basses, cette indépendance marquée des altos, cette subtile élaboration thématique des idées et des rythmes, toutes ces qualités que nous avons vues se développer chez lui depuis son arrivée à Vienne, sa symphonie romantique n° 196 nous les montre non seulement aussi au complet que dans les œuvres instrumentales précédentes, mais poussées encore à un degré supérieur d'habileté technique et de libre maîtrise. A ce point de vue comme à celui de sa signification foncière, le n° 196 ne dérive d'aucun des maîtres dont Mozart recueillait alors les leçons. Avec la symphonie en *la* qui la suivra, avec le dernier des quatuors viennois et le concerto n° 192, cette symphonie en *sol mineur* représente à nos yeux l'aboutissement suprême du long et divers chemin que nous avons suivi jusqu'ici : témoignage magnifique et navrant, tout ensemble, de ce que va bientôt faire perdre au génie de Mozart, et à l'héritage immortel de la musique, l'obligation où va se trouver le jeune homme de sortir de son grand rêve de savante et puissante beauté musicale pour subir, à son tour, la contagion de plus en plus universelle de la « galanterie. »

Le premier morceau, — dont il faut signaler la désignation, *allegro con brio*, remplaçant l'*allegro spiritoso* des symphonies précédentes, — est formé de deux sujets très distincts, mais toujours avec une parenté très marquée entre les ritournelles de l'un et de l'autre. Le premier sujet, très étendu, et s'ouvrant par un rythme qui servira plus tard pour l'*adagio* de l'*ouverture* de *Don Juan*, nous est exposé deux fois, suivant le procédé familier de Joseph Haydn. Le chant est confié aux hautbois, pendant que les cordes l'accompagnent en un rythme très serré, avec de nombreux passages syncopés, et maintes imitations qui, désormais, ne se produisent plus entre les deux violons, à l'italienne, mais entre le groupe des violons et celui des basses. Encore ces imitations ont-elles lieu surtout dans un contre-sujet qui sert de réponse au sujet initial, pour aboutir à une longue ritournelle toujours imprégnée du même rythme pathétique, avec les mêmes syncopes entrecoupées de vigoureux unissons. Le second sujet, tout mélodique, et réservé principalement au quatuor, était évidemment destiné, dans l'esprit de Mozart, à produire

un contraste de douceur tranquille avec la sauvage passion des rythmes
précédents : mais l'éxécution, ici, apparaît encore trop au-dessous de
l'intention première, et la reprise même de ce second sujet en mineur,
dans la *rentrée*, ne suffira pas à l'empêcher de conserver une allure
assez banale, bien différente de celle que revêtira, dans des circonstances toutes pareilles, l'adorable chant du second sujet de la grande
symphonie de 1788. Heureusement ce second sujet est très court, et ne
tarde pas à se fondre dans une nouvelle ritournelle qui, reprenant le
rythme du début, s'enchaîne bientôt avec le *développement*, comme c'est
le cas dans toutes les symphonies de cette période. Quant à ce *développement*, très court, lui aussi, mais d'une intensité romantique admirable, il débute par une continuation expressive de la ritournelle finale
de la première partie, pour exposer ensuite une, idée nouvelle, toute
pathétique et annonçant déjà le rythme du finale. Le premier violon
et la basse, sous l'accompagnement continu du reste du quatuor,
chantent en imitation une plainte fiévreuse où s'entremêlent des souvenirs du premier sujet ; et peu à peu la plainte s'apaise, se réduit à un
murmure douloureux répété en écho d'une voix à l'autre, après quoi les
vents, à découvert pendant deux mesures, ramènent les halètements
saccadés du premier sujet. Tel est ce magnifique *développement*, dont la
pensée générale, et même certains passages, se retrouveront dans la
grande symphonie en *sol mineur* de la dernière période de Mozart. La
rentrée, ensuite, reproduit toute la première partie, sans autre changement que la réduction de toutes les idées en mineur et un petit allongement de la ritournelle du premier sujet. A son tour, et par le même procédé que la première partie, elle s'enchaîne avec une longue *coda*, qui
reprend de nouveau le premier sujet, mais avec un contrepoint différent,
et sous une montée rapide du rythme, aboutissant à une très curieuse
cadence finale, où une dernière plainte s'exhale des altos et des basses,
accompagnée d'un léger frémissement plaintif des violons.

De l'*andante*, en *mi bémol majeur*, suivant une habitude désormais établie pour les compositions en *sol mineur*, nous redirons ce que nous
avons dit du second sujet du premier morceau : l'intention de Mozart,
consistant à produire une sorte de repos entre les cris angoissés des
morceaux mineurs, ne semble pas avoir encore été réalisée aussi pleinement que, par exemple, dans le quintette en *sol mineur* de 1787. Nous
avons ici un chant fort agréable, d'une douceur exquise dans sa mélancolie, et rendu plus expressif encore par ses réponses en contrepoint :
mais la séparation de ce chant en deux courts sujets, dont le second a
vraiment une allure trop banale et sans rapport avec le premier, et
peut-être même, dans l'ensemble du morceau, un certain caractère
superficiel d'émotion poétique, sont cause que cet aimable *andante* ne
remplit point pour nous le rôle essentiel que l'auteur lui a destiné. Il
n'est qu'un intermède, vite oublié dès le menuet suivant ; et nous nous
bornerons à y signaler, avec l'importance singulière des bassons dans
le premier sujet et des hautbois dans le second, le très intéressant passage qui termine le *développement*, et où les quatre voix du quatuor se
répondent de la façon la plus libre et la plus piquante, pour aboutir à
un *solo* des vents que suit une cadence des violons déjà tout à fait
« moderne ». La *rentrée* elle-même, après l'exposé du premier sujet, est

renforcée d'un grand passage nouveau, très expressif avec ses modulations mineures. Et il va sans dire que, ici encore, malgré la différence absolue des deux sujets, Mozart ne manque pas à leur donner des ritournelles sensiblement pareilles.

Avec le menuet, nous rentrons dans l'inspiration du premier morceau, et pour assister à une concentration dramatique de celle-ci, qui comme nous l'avons dit, fait déjà de ce menuet le prototype de l'admirable menuet de la symphonie de 1788. La seconde partie du premier menuet constitue une véritable réponse majeure à la partie précédente : après quoi celle-ci est reprise tout entière, suivant l'usage viennois, mais variée, renforcée, et accompagnée d'une véritable *coda* nouvelle. Les instruments à vent, dans ce premier menuet, ne font que doubler les cordes : mais le trio leur appartient tout entier, un trio majeur assez court et sans grande signification, malgré d'amusants contrepoints où les cors, un moment divisés, prennent une part des plus actives. De nouveau, la première partie est reprise après la seconde et de nouveau très variée, conduisant cette fois à la *rentrée* du premier menuet.

Et lorsque ce premier menuet s'est achevé, voici que la même coupe mélodique reparaît au début du finale, sous un rythme plus rapide et plus précipité, et voici que recommence le halètement passionné du premier morceau, avec les mêmes syncopes entrecoupées d'unissons, les mêmes chants de basse, la même expression fiévreuse et angoissée. Un moment, nous entendons une réponse majeure à la plainte mineure du premier sujet : mais aussitôt celui-ci reparaît, remplaçant la ritournelle d'usage, et c'est lui encore qui sert de transition pour amener le petit second sujet. Aussi bien, celui-ci vient à peine de nous être exposé que déjà les basses reprennent, en contrepoint, le rythme du premier sujet, préparant, cette fois, une véritable ritournelle, mais toute pénétrée de ce même rythme, à travers des modulations d'une hardiesse et d'une intensité merveilleuses. Une fois de plus, le *développement* s'enchaîne avec la première partie, un *développement* très long, et d'abord consacré à des idées nouvelles : mais ces idées sont si étroitement parentes de l'unique vrai sujet du morceau que nous attendons naturellement le retour de celui-ci, et avons l'impression de le retrouver, comme étendu et renforcé lorsque, après quelques mesures de syncopes gémissantes, la *rentrée* se produit, presque sans changement, pour aboutir à une brève *coda*, qui reprend la première idée du *développement*, et la mêle avec le rythme du premier sujet. Les vents, dans ce morceau, n'ont plus le rôle original qu'ils avaient dans l'*andante* et le premier *allegro* : mais eux aussi emploient très habilement leurs timbres à accentuer la couleur tragique de ce finale, dont on peut dire que tout le chant est confié aux basses, déjà promues ici, par Mozart, à l'action décisive qu'elles exerceront désormais dans toutes les œuvres mineures du maître.

197. — *Salzbourg, entre février et avril* 1774.

Symphonie en *la*, pour deux violons, alto, deux hautbois, deux cors, violoncelle et basse.

K. 201.

Ms. dans une collection viennoise.

Allegro moderato. — Andante (en ré). — Menuetto et trio (en mi). — Allegro con spirito.

Sur le manuscrit de cette symphonie, comme sur ceux des précédentes, l'indication de la date a été grattée : mais on a cru pouvoir y déchiffrer l'année « 1774 », et, en effet, aucun doute n'est possible sur la parfaite justesse de cette lecture, puisque nous verrons tout à l'heure que la présente symphonie n'est pas seulement une continuation immédiate des deux précédentes, en *ut majeur* et en *sol mineur*, mais annonce déjà, sur bien des points, la révolution qui va s'accomplir dans le style de Mozart durant le printemps et l'été de 1774. En fait, cette symphonie clôt la grande et magnifique période qui a commencé, pour Mozart, dès son arrivée à Vienne l'été précédent, ou plutôt même dès son départ pour Milan en octobre 1772.

Et que si nous avions besoin de preuves, pour nous révéler l'influence exercée par Michel Haydn sur ce changement du goût de Mozart, nous en trouverions une, aussitôt, dans la composition de cette symphonie en *la*. Car celle-ci, tout de même que le quintette n° 177 et la symphonie en *ut* n° 191, doit évidemment avoir été écrite sous l'inspiration directe d'une œuvre analogue du vieux maître salzbourgeois, composée dans le même ton, et dont le manuscrit, à la Bibliothèque de Munich, porte la date du 4 mars 1774. Cette date, en vérité, ne désigne pas la rédaction primitive de la symphonie, qui remonte à l'année 1763 : mais peut-être Michel Haydn, en mars 1774, aura-t-il revu son ancienne partition, pour la faire exécuter à Salzbourg, fournissant ainsi au jeune Mozart l'occasion de l'entendre? Toujours est-il que la ressemblance est frappante, entre les deux symphonies, mais avec une supériorité de traitement si grande et si évidente, chez Mozart, que c'est assurément ce dernier qui doit avoir pris pour modèle l'œuvre de son aîné. Le rythme initial du premier morceau est pareil, de part et d'autre ; le second sujet de ce morceau, en *mi* chez Mozart comme chez Haydn, s'oppose de la même façon au premier, et a le même caractère. Moins marquée dans l'*andante*, la parenté se retrouve encore dans maints passages du finale. Et c'est sûrement sous l'action expresse de Michel Haydn que Mozart, ici comme dans sa symphonie en *la* de

décembre 1771, attribue à ce ton de *la* une signification ardente et
vigoureuse que ce ton échangera bientôt, chez lui, contre une adorable
expression de grâce et de douceur. Mais il n'est pas douteux, avec cela, que le jeune homme, en écrivant
le n° 197, se soit encore souvenu des fortes leçons apprises naguère à
Vienne, et activement appliquées dans toutes les œuvres précédentes
de la même période. Non seulement nous retrouvons, une fois de plus,
les principaux procédés qui nous ont frappés dans ces belles œuvres,
double exposition du premier sujet, soudure du *développement* à la première partie du morceau, longue *coda* expressive dans chaque morceau,
rappel d'éléments du premier sujet après le second, importance du
rôle des basses dialoguant en contrepoint avec les violons, emploi
fréquent de notes redoublées, etc. : mais il est impossible d'entendre
l'ensemble de la symphonie sans être émerveillé de la manière dont
elle résume et couronne, en quelque sorte, tous les progrès accomplis
par Mozart depuis une année. Les idées mélodiques y ont tant d'ampleur
et d'intensité expressive, le travail orchestral y est si fort et d'une
maturité si saisissante, que jamais peut-être, jusqu'ici, Mozart n'a composé une œuvre plus voisine de la maîtrise qui nous apparaîtra chez
lui durant les grandes périodes créatrices de sa vie. Certainement du
moins cette symphonie, au point de vue de l'invention comme à celui
du « métier » est l'œuvre la plus parfaite que nous rencontrions dans
toute cette première partie de la carrière du maître qui s'étend jusqu'au
départ pour Mannheim et Paris.

Mais, avec tout cela, cette symphonie commence déjà à nous faire
pressentir le prochain ralliement du jeune homme à un goût et à un
idéal nouveau, qui ne tarderont pas à lui faire oublier les nobles ambitions esthétiques rapportées, naguère, de son voyage de Vienne. Non
pas que le style « galant » nous apparaisse encore jamais bien nettement, dans cette symphonie, tel que nous allons le voir bientôt se
manifester dans les symphonies et *divertissements* de la période suivante : mais déjà nous avons l'impression que Mozart se fatigue d'une
conception d'art trop austère et trop grande, dont il est sans doute le
seul désormais à comprendre la beauté dans ce milieu salzbourgeois,
de plus en plus imprégné de l'esprit nouveau. Maints signes caractéristiques, au cours de l'ouvrage, nous révèlent que cet esprit commence
à le gagner lui-même ; et ainsi, par exemple, l'introduction d'un troisième sujet dans le premier morceau marque, pour nous, un changement qui se révèle peut-être plus clairement encore dans la désinvol-
ture avec laquelle Mozart, dans ce morceau et dans le finale, reproduit
la première partie sans presque la varier.

Multiplicité des thèmes, remplaçant l'ancienne élaboration d'un ou
deux sujets, et, d'autre part, fréquentes répétitions textuelles des mêmes
passages : ce sont là, en effet, deux des caractères qui nous apparaîtront au premier plan, dans cette musique « galante » qui est alors en
train d'envahir l'Europe tout entière. Et il n'y a pas jusqu'à l'instrumentation de la présente symphonie qui ne recommence à nous rappeler
les procédés employés jadis par Mozart, sous l'influence de ce nouveau
style italien que l'on peut considérer comme la première incarnation
de la « galanterie » : au lieu d'être mêlés au travail de l'orchestre,

comme dans les œuvres précédentes, les instruments, une fois de plus,
tendent à se réserver pour des petits *soli* très en vue, — en quoi, d'ailleurs, tous les instruments tendront bientôt à procéder de la même
manière, le *solo* concertant se trouvant être, lui aussi, l'un des éléments
distinctifs de la musique « galante ».

De telle sorte que cette symphonie se montre à nous, tout ensemble,
comme le couronnement de l'admirable période dont elle est le dernier
produit, et comme l'annonce, déjà, de la période suivante : encore que,
— nous l'avons dit, — elle annonce cette période à venir sans y appartenir, et en conservant, au contraire, une ampleur, une gravité, et une
puissance expressive dont le spectacle nous fera d'autant plus regretter
que le jeune homme ait cru devoir renoncer à la superbe tradition
artistique qui avait fini par lui inspirer des œuvres d'une beauté aussi
singulière.

Dans le premier morceau, nous avons dit déjà que Mozart a juxtaposé
trois sujets distincts : ce qui ne l'empêche pas de traiter encore ce
premier sujet avec la même étendue et le même soin que dans les
œuvres précédentes, où ce sujet constituait presque tout le fond des
morceaux. Il continue même à pratiquer la méthode de double exposition de ce premier sujet, avec, dans la seconde exposition, un vigoureux dialogue en contrepoint entre les violons et les basses qui achève,
d'accentuer le caractère énergique et passionné de l'un des plus
remarquables débuts de symphonie que nous connaissions. Suit une
ritournelle, également très vigoureuse et très travaillée, après laquelle
le quatuor des cordes expose un second sujet, en *mi*, mais dont la
ritournelle, toute pleine de simples et fortes figures de contrepoint,
semble une continuation de la précédente. Elle s'achève sur une cadence
de *mi*, et la première partie du morceau paraît terminée : mais voici
que les deux violons, en imitation, exposent encore un troisième sujet,
d'une allure douce et légère, au-dessous duquel les basses reprennent
l'accompagnement de la ritournelle du second sujet ! Et cette troisième idée, à son tour, est suivie d'une longue ritournelle chromatique
où reparaissent le rythme et l'accent du premier sujet.

Le petit *développement* qui suit, rattaché à la première partie par une
curieuse figure chromatique à l'unisson, commence par un travail
orchestral des plus intéressants, où les altos dialoguent en imitation
avec les basses, sous un trémolo continu des violons : mais bientôt
survient encore un sujet nouveau, modulant en mineur avec une expression pathétique, pour aboutir à des syncopes suivies de petits soupirs
des violons, qui précèdent et amènent la *rentrée*. Et ceci encore, cette
façon de composer le *développement* avec des matériaux tout nouveaux,
au lieu d'y élaborer les éléments de la première partie, ceci encore
nous annonce le prochain style « galant », en même temps que ce procédé nous rappelle le style italien des périodes précédentes : mais on
dirait vraiment que Mozart, dans cette œuvre de transition entre les
deux styles, se soit repenti de n'avoir pas employé son *développement* à
l'élaboration des idées musicales de la première partie, car cette élaboration, que nous avons espérée en vain dans le *développement*, la
voici qui se produit, — tout à fait de la même manière que dans le *déve-*

loppement des symphonies précédentes, — dans la longue *coda* du premier morceau ! Après une rentrée qui, comme nous l'avons dit, se fait d'un bout à l'autre sans le moindre changement, y comprise la transition qui terminait la première partie, voici que l'auteur reprend son premier sujet et la ritournelle de celui-ci, pour se livrer sur eux à un savant et puissant travail de transfiguration thématique, avec un contrepoint où les cors eux-mêmes jouent un rôle actif, le tout s'achevant par une admirable montée de l'orchestre à l'unisson ! Et bien que les instruments à vent, sauf dans cette *coda*, se bornent déjà à colorer l'harmonie du quatuor, celui-ci, d'autre part, est encore traité avec un art si profond et si libre que l'on peut dire que les quatre instruments y ont une importance à peu près égale, s'alliant parfois en vigoureux unissons pour reprendre aussitôt leur allure indépendante.

L'*andante*, peut-être plus travaillé encore et d'un art plus raffiné, ne laisse pas toutefois de nous offrir, dans son expression, une certaine mièvrerie un peu maniérée qui nous apparaît bien, elle aussi, un effet de l'influence du style « galant ». Il est formé de deux sujets distincts, dont le premier, exposé d'abord au premier violon, est bientôt repris au second violon, tandis que le premier violon s'amuse maintenant à dessiner, au-dessus de lui, de brillantes arabesques ornementales : procédé que nous retrouverons, employé d'une façon toute pareille, dans l'*andante* d'une belle sonate de piano en *la mineur* de l'année 1778. Le second sujet, en *la majeur*, débute également par un chant du premier violon, mais pour être ensuite partagé entre les deux violons. Après quoi s'ouvre une longue ritournelle d'opéra italien, continuant le rythme du second sujet avec des modulations chromatiques déjà toutes « mozartiennes ». Aussi bien ne saurions-nous assez dire à quel point tout cet *andante*, par ses procédés de modulation et par maintes de ses figures mélodiques, révèle déjà le style de la grande manière ultérieure du maître, ou plutôt, surtout, du style de Mozart pendant son voyage de 1778. Le *développement*, plus long qu'à l'ordinaire, et d'un chromatisme presque continu, amène, au premier violon, une idée nouvelle, sans dessin bien arrêté et d'ailleurs accompagnée, au second violon, par la figure d'accompagnement de la ritournelle précédente. La *rentrée*, qu'annonce un petit *solo* des vents à découvert, est encore, ici, sensiblement allongée et très remaniée, soit que Mozart ajoute des séries de modulations nouvelles à la ritournelle du premier sujet, ou que, dans le second, il rehausse l'effet de l'accompagnement en y introduisant des figures nouvelles attribuées aux cors. Enfin ce remarquable morceau se termine par une longue *coda*, où nous voyons les vents, à découvert, ramener tout à coup le premier sujet, pour le transmettre ensuite au premier violon ; et c'est, à présent, le second violon qui ajoute à ce sujet les ornements confiés, tout à l'heure, au premier violon.

Quant au menuet, où nous retrouvons aussitôt la même conception énergique et mouvementée du ton de *la* qui nous a frappés déjà dans le premier morceau, il convient de noter d'abord que Mozart, pour la dernière fois, y pratique la méthode viennoise de reprise complète de la première partie après la seconde, aussi bien dans le menuet propre que dans le trio. Et, cette fois encore, comme dans les symphonies

précédentes, il s'amuse à varier librement cette reprise, surtout pour
ce qui est du premier menuet, où, par une combinaison des plus ingénieuses, il mêle tout d'abord le début de sa première partie avec une
figure d'accompagnement tirée de la seconde. Tout ce menuet constitue d'ailleurs, avec ceux des symphonies en *ut* et en *sol mineur*, un
groupe merveilleux de grands menuets symphoniques, comparable à
ce que Mozart produira jamais de plus parfait dans ce genre. Ici, le
premier menuet débute par un rythme saccadé qui donne au morceau
une certaine allure archaïque ; mais bientôt d'ingénieuses réponses
d'une voix à l'autre, comme aussi l'importance extrême du rôle des
instruments à vent, nous rappellent le style « moderne » de la symphonie entière, et poussé même à un plus haut degré que dans les
autres morceaux. Ce sont les vents, par exemple, qui terminent à
découvert les deux parties du menuet. Le trio, lui, est toujours encore
principalement confié aux quatre voix des cordes. Les hautbois et les
cors se bornent à faire une longue tenue, d'un effet charmant. Écrit
dans le ton de *mi majeur*, ce trio, au contraire des morceaux en *la*,
nous offre déjà un échantillon très typique de la manière dont Mozart
entendra toujours ce ton de *mi*, considéré par lui comme le plus « sensuel » de tous. D'un bout à l'autre du morceau, un petit chant se
déroule, exposé par le premier violon, parmi d'incessants chromatismes, et avec une expression étrangement capricieuse et prenante.

Le finale, très long et toujours encore traité en morceau de sonate,
achève de mettre en relief l'extraordinaire maturité où est parvenu le
génie de Mozart, au moment où, tout à coup, le jeune homme va abandonner son grand rêve de musique purement émouvante et belle pour
s'adonner à un art de simple amusement. L'unité de sentiment et d'allure de tout ce morceau, la vigueur expressive des rythmes, la richesse
merveilleuse de l'orchestration, où les vents et les basses interviennent
avec une liberté extrême, tout cela concourt à faire pour nous, de ce
finale, un digne prélude des plus glorieux finales de la grande manière
du maître. Nous y trouvons deux sujets distincts, mais avec des ritournelles semblables, et, du reste, deux sujets s'opposant l'un à l'autre
comme un appel et une réponse, de manière à produire un même grand
ensemble. Le premier sujet non seulement nous est encore exposé deux
fois, mais son rythme se prolonge dans sa ritournelle, avec un étonnant dialogue en imitation des premiers violons et des basses, sous
l'accompagnement des autres voix de l'orchestre. Le second sujet, en
mi majeur, réservé aux cordes, présente de nouveau la signification
capricieuse et sensuelle que nous avons signalée, tout à l'heure, dans
le trio du menuet ; et puis nous voyons reparaître le rythme du premier sujet, pour aboutir à une petite cadence que suit, brusquement,
une longue gamme des violons à découvert, servant à amener le *développement*. Ce *développement*, très long et l'un des plus beaux de toute
l'œuvre de Mozart, n'est d'ailleurs, tout entier, qu'une sorte de variation fantaisiste du premier sujet, avec un contrepoint continu, — et toujours dominé par la partie des basses, — avec un imprévu et une diversité de modulations, avec un traitement tout « moderne » des hautbois
et des cors, qui vaudraient à ce passage d'être analysé note par note.
Après quoi la même cadence, suivie de la même gamme montante des

violons, amène la rentrée, qui, ici encore, se fait presque sans aucun changement, mais pour aboutir à une grande *coda* où, une dernière fois, les éléments rythmiques du premier sujet se trouvent repris et variés, avec une concentration expressive pleine de grandeur dans sa simplicité. Encore la petite cadence, et la gamme montante des violons, deux accords de conclusion : et ainsi s'achève ce morceau, terminant aussi, hélas ! la magnifique période « romantique » de la jeunesse de Mozart.

198. — *Vienne ou Salzbourg entre août* 1773 *et mars* 1774.

Rondo final en sol ajouté au quatuor n° 86.

Nous avons dit déjà que Mozart, assez longtemps après avoir composé, à Lodi, son premier quatuor n° 86, a cru devoir y ajouter un *rondo* final. L'écriture de ce *rondo* atteste une main déjà beaucoup plus sûre, et semble bien indiquer une date voisine des périodes que nous étudions. Mais, en outre, nous pouvons affirmer avec certitude que ce petit finale n'a été composé qu'après l'arrivée de Mozart à Vienne en août 1773, puisque c'est seulement à Vienne que Mozart, pour la première fois, suivant l'exemple de Joseph Haydn et des maîtres locaux, a pris l'habitude de donner *quatre* morceaux à ses quatuors. Son quatuor de Lodi, tel qu'il était auparavant, formait un ensemble complet, selon le goût italien : et le jeune homme avait continué jusqu'en février et mars 1773 à composer ainsi des quatuors en trois morceaux, avec un menuet (ou un *tempo di minuetto*) en guise de finale. La seule question est de savoir si ce n° 198 date du séjour à Vienne, ou s'il n'a été composé qu'après le retour à Salzbourg. Les deux hypothèses sont également possibles : mais, malgré l'extrême simplicité du morceau, — exigée par la simplicité plus grande encore des trois morceaux du quatuor de Lodi, — nous tendrions plutôt à supposer que ce délicieux *rondo* est d'une date légèrement postérieure à ceux qui terminaient les deux quatuors viennois n°s 182 et 183. Non seulement le thème, avec sa grâce piquante évoquant le souvenir de certain *Badinage* de Schobert, s'éloigne encore plus du goût italien que ceux des deux *rondos* susdits, mais nous sentons aussi une aisance et une maturité supérieures dans la manière dont les deux intermèdes se trouvent apparentés à ce thème, au point d'en sembler, presque, des variations. En outre, la présence, à la fin du morceau, d'une longue *coda*, expressément appelée de ce nom, aurait de quoi nous faire songer aux longues et belles *codas* de la période du retour à Salzbourg. Ajoutons que, d'ailleurs, Mozart a évidemment voulu faire en sorte que ce finale de 1773 ou 1774 ne jurât pas avec son petit quatuor de 1770 : par où s'explique la réserve, toute rudimentaire en apparence, de l'instrumentation, où cependant le nouveau Mozart de la présente période se reconnaît sans cesse à telle figure de contre- point, à telles modulations imprévues, à la parfaite indépendance de la partie de l'alto.

VINGTIÈME PÉRIODE

LA TRANSITION DU GRAND STYLE A LA « GALANTERIE »

(SALZBOURG, AVRIL A SEPTEMBRE 1774) [1]

Les documents biographiques n'ont rien à nous apprendre sur la vie de Mozart à Salzbourg, jusqu'au moment du départ du jeune maître pour Munich, le 5 ou 6 décembre 1774 ; et d'ailleurs tout porte à croire que nul événement grave ne s'est produit, durant cette période, au milieu d'une existence très régulière et très uniforme, telle que l'était désormais celle de Mozart à la Cour salzbourgeoise. Suivant toute vraisemblance, le jeune homme, depuis le commencement jusqu'à la fin de l'année 1774, a continué de se livrer aux mêmes occupations professionnelles, partageant son temps entre la composition et les devoirs publics de sa charge : car il ne semble plus, cette année-là, avoir joint à ces travaux les études personnelles qui lui ont pris une grande part de son temps pendant les anné s précédentes. Chaque jour, désormais, doit avoir amené pour lui les mêmes soucis et les mêmes plaisirs, sans que nous puissions soupçonner, sous ce train de vie, aucune de ces violentes passions intérieures dont nous avons signalé la trace dans l'œuvre de Mozart en 1771 comme à la fin de 1772, et dont nous reconnaîtrons également des échos très nets dans sa production de l'année 1776 [2]. Et pourtant on ne saurait imaginer différence plus complète, ni plus profonde, que celle qui va nous apparaître entre les trois grandes symphonies de la période précédente, par exemple, et les séré-

---

1. Nous arrêtons cette période en septembre 1774, parce que la correspondance des Mozart nous apprend que les derniers mois de cette année ont dû être employés à la composition de la *Finta Giardiniera*, et, par suite, constituent déjà une période nouvelle.

2. Deux lettres de Mozart à sa sœur, après l'arrivée du jeune homme à Munich en décembre 1774, contiennent cependant quelques allusions à une demoiselle salzbourgeoise qui doit avoir, à ce moment, été l'objet de ses attentions galantes mais les termes dans lesquels il parle de cette personne ne semblent pas attester une passion bien sérieuse.

nades, divertissements, voire symphonies de l'été de la même année. Ici, ce n'est plus seulement le style qui va changer ; ou plutôt le style commencera par rester encore assez semblable à ce qu'il était, et simplement comme rapetissé de toutes parts : mais le changement sera dans l'esprit inspirateur, dans la conception de l'objet, de la portée, et des ressources de l'art musical. Parmi le cours d'une existence qui se poursuivra immuablement, le jeune homme va se mettre de plus en plus à modifier son idéal esthétique, en attendant qu'au service de l'idéal nouveau ainsi adopté il s'efforce bientôt d'employer des procédés nouveaux. De telle sorte que nous ne pourrons nous empêcher de considérer la période où nous allons entrer comme très distincte et très différente aussi bien de celle qui vient d'être étudiée que des trois périodes qui ont précédé et directement préparé celle-là. En fait, c'est au moment où nous sommes arrivés que va s'accomplir vraiment, chez Mozart, une révolution d'une importance considérable, transformant le savant et vigoureux artiste qui nous est apparu jusqu'ici en un délicieux poète, plus préoccupé d'amuser et de ravir ses auditeurs que de les émouvoir en exposant devant eux les passions de son propre cœur.

Et que si cette révolution, survenant tout à coup parmi cette uniformité de l'existence extérieure, a de quoi nous paraître imprévue et surprenante, nous pouvons du moins lui trouver une explication dans les rapports du jeune Mozart avec les deux hommes dont nous avons dit déjà qu'ils ont été, depuis lors, ses seuls maîtres et modèles, les deux frères Joseph et Michel Haydn. Tout d'abord, nous comprenons sans peine que, vivant à Salzbourg auprès de Michel Haydn, le jeune homme ait été de plus en plus enclin à suivre l'exemple de celui-ci, qui, comme on l'a vu, n'avait pas attendu ce moment pour s'adonner tout entier au nouveau goût « galant », surtout dans le domaine de la musique instrumentale. Et, en effet, ce sera de plus en plus l'influence de Michel Haydn qui nous apparaîtra dominante dans l'œuvre de Mozart, jusqu'au jour de ce voyage de Mannheim et de Paris qui, seul, amènera un changement sérieux dans la voie suivie par le jeune homme à partir du printemps de 1774. Mais tandis que, à Vienne et durant les mois qui ont suivi son retour de cette ville, Mozart a eu dans le cœur, pour le retenir de s'abandonner tout entier à l'imitation de Michel Haydn, le souvenir des leçons qu'il avait reçues de l'œuvre des grands musiciens viennois, et notamment de Joseph Haydn, voici que ce dernier lui-même, aux environs de l'année 1773, s'est rallié, tout comme son frère, à l'idéal « galant », adoptant dès lors des principes et un style nouveaux extrêmement éloignés de ceux qui, naguère, avaient contribué à entretenir et à stimuler les nobles ambitions esthétiques de son jeune admirateur salzbourgeois ! Si bien que celui-ci, au lieu d'être désormais encouragé par l'exemple de Joseph Haydn à se maintenir au-

dessus du genre facile et superficiel pratiqué, sous ses yeux, par
Michel Haydn et tous les autres musiciens de Salzbourg, a dû se
trouver transporté presque inconsciemment, dans ce genre que le
grand Joseph Haydn, à son tour, venait d'honorer de son adhésion.
   Ce n'est pas ici le lieu d'étudier en détail cette conversion décisive
de Joseph Haydn au style « galant ». Mais il suffit de jeter un coup
d'œil sur les œuvres de ce maître à partir de 1773, et en particulier
sur ses symphonies et ses sonates de clavecin (car ses six grands
quatuors publiés en 1774 remontaient, comme nous l'avons vu, à
une date antérieure) pour être frappé de l'immense changement que
ces œuvres attestent, en comparaison des admirables symphonies
« romantiques » de 1772 et de la série des puissants et savants
ouvrages qui les ont précédées. A l'ancien style serré et précis,
poursuivant l'expression dans ses moindres nuances, succède désormais un style beaucoup plus large et plus brillant, où l'expression,
au lieu d'être poussée dans le détail, s'étend sur tout l'ensemble des
divers morceaux, — leur donnant, par exemple, une signification
générale de gaieté, d'ardeur vigoureuse, ou de mélancolie, mais sans
que ces sentiments soient analysés, approfondis, et interprétés
avec la justesse pénétrante du langage des symphonies et sonates
de naguère. Nous sentons que l'intention dirigeante de l'auteur, son
objet esthétique, est dorénavant tout autre. Ce que Joseph Haydn a
maintenant en vue, c'est de produire sur nous, avant tout, une impression agréable ou bien encore de nous divertir par d'ingénieux
effets d'adresse savante ; et tous les moyens mis en œuvre sont
manifestement combinés pour parvenir à ce résultat. C'est ainsi que,
dans cette manière nouvelle, les premiers morceaux débutent volontiers par des préludes lents, d'ailleurs très courts, et sans aucun
rapport avec les mouvements rapides qu'ils précèdent, mais destinés
seulement à frapper l'oreille par leur contraste avec l'allure joyeuse
de ces mouvements. Dans les *andantes*, la coupe régulière du morceau de sonate est souvent remplacée par un petit air varié, où des
alternances de tons majeurs et mineurs amusent l'auditeur, et permettent à l'auteur de maintenir presque immuable la ligne générale
du chant. Pareillement, les finales cessent d'avoir la forme de morceaux de sonate, pour devenir de gentils *rondos*, où le maître se
plaît encore à appliquer son système de variations, entremêlant
son thème tantôt d'intermèdes nouveaux et tantôt de transpositions,
plus ou moins altérées, du contenu ou du rythme du thème principal. Mêmes innovations dans les procédés d'écriture. Le contrepoint, naguère maintenu à la base du langage instrumental, tend de
plus en plus à se relâcher, ou bien n'apparaît que d'une manière
épisodique, et avec une destination évidente de plaisanterie ou de
tour de force. Les sujets des morceaux sont définitivement séparés,
sans aucun rappel du premier après le second ; et parfois, — encore

que le fait soit toujours beaucoup plus rare chez Joseph Haydn que
chez son frère ou chez Mozart, — nous voyons un troisième sujet
s'ajouter aux deux premiers. Les *développements*, en vérité, continuent à tenir compte des sujets précédents : mais eux aussi, de plus
en plus, se pénètrent d'idées mélodiques nouvelles, et perdent leur
ancienne rigueur d'élaboration thématique.

Enfin l'instrumentation proprement dite vise, de plus en plus, à
l'éclat ou à l'agrément superficiel : multipliant les *soli* à toutes les
voix de l'orchestre, avec une allure concertante qui, d'ailleurs, peut
être regardée comme l'un des traits les plus foncièrement caractéristiques du genre tout entier de la musique « galante ».

Tels sont les principaux éléments que nous rencontrons, par
exemple, dans les quatre ou cinq symphonies composées par Joseph
Haydn en 1774 (nous pouvons citer, parmi elles, celles qui portent
les noms de l'*Impériale* et du *Maître d'Ecole*, nos 53 et 55) ; et un
regard jeté sur la liste chronologique des symphonies du maître nous
révèle que ce même style et ce même esprit vont, désormais, dominer
dans l'œuvre de Haydn jusqu'au moment où, vers 1783, il subira à
son tour l'influence ennoblissante de son jeune élève Mozart. De
même aussi ses sonates de clavecin, durant cette même période,
nous le montrent décidément affranchi de sa longue soumission à
l'exemple de Philippe-Emmanuel Bach, pour inaugurer une manière
tout originale, bien plus sévère et profonde, à coup sûr, que celle
qu'il adopte pour ses symphonies, mais, avec cela, toute « moderne », et se rattachant par sa forme extérieure au type de la sonate
« galante ». Nous aurons bientôt, du reste, à étudier de plus près ces
belles sonates, qui doivent avoir eu une action des plus vives sur
l'évolution du langage instrumental du jeune Mozart. Mais nous en
avons assez dit pour faire comprendre à quel point était grand, vers
la date où nous sommes arrivés, l'empire de ce goût « galant », qui
réussissait ainsi à conquérir jusqu'au plus personnel et au plus
savant de tous les maîtres de l'école allemande. Et il faut que l'on se
représente encore, d'autre part, combien la résistance à l'envahissement de ce goût était rendue difficile à Mozart par son obligation de
vivre dans ce milieu musical de Salzbourg, où l'avènement du nouvel
archevêque avait achevé d'effacer toute trace du vieil esprit artistique allemand. Nous savons en effet que ce fâcheux prélat, en
même temps qu'il s'appliquait à proscrire de son diocèse les touchantes et pieuses croyances catholiques qu'il qualifiait de « super-
stitions », ne cessait point non plus de vouloir imposer autour de lui
les goûts esthétiques rapportés de ses longs séjours en Italie et à
Vienne. De plus en plus, les Italiens remplaçaient les Allemands
dans la chapelle archiépiscopale : les représentations dramatiques
et « académies » ne faisaient plus entendre que des œuvres des nouveaux *maestri* italiens ; et force était bien au jeune musicien de

cour de vivre en contact incessant avec une forme dégénérée de
l'art italien qui correspondait à tout ce que le goût « galant » avait
de plus voyant et de plus grossier. Aussi bien l'archevêque, dans
son engouement pour la musique « galante », avait-il ouvertement
installé cette musique jusque dans l'église : et le jour approchait
où, à la cathédrale de Salzbourg, les grandes messes seraient remplacées par des motets d'une allure plus ou moins religieuse, entrecoupés de brillants concertos d'instruments. La symphonie, de son
côté, allait bientôt se trouver proscrite : et plusieurs années devaient
s'écouler sans que ni Mozart ni Michel Haydn eussent l'occasion de
s'exercer à ce noble genre, délaissé maintenant au profit de concertos de toute espèce, ou bien de petits *divertissements* où les vents
tiendraient une place prépondérante. Dans une atmosphère ainsi
constituée, littéralement saturée de l'esprit nouveau, comment le
jeune homme aurait-il eu la force et le courage de persister à poursuivre un idéal dont personne, autour de lui, ne voulait plus entendre
parler, et que le grand Joseph Haydn lui-même venait d'abandonner ?
   Il avait cependant lutté et résisté, comme nous l'avons vu, pendant
tout l'hiver qui avait suivi son retour de Vienne : mais, peu à peu,
son énergie avait faibli, et à sa belle confiance dans le grand idéal
d'art inspiré des maîtres viennois avait succédé, par degrés insensibles, un désir de s'essayer, lui aussi, à la gracieuse et piquante
musique dont tous les cœurs raffolaient autour de lui. Il y a, dans
sa correspondance avec son père durant son voyage de 1777, un passage très curieux et assez énigmatique où Léopold Mozart lui parle
du mépris que lui inspirent, désormais, ses symphonies d'autrefois.
Les symphonies que Mozart va ainsi dédaigner, quelques années
plus tard, ce sont sans doute ces magnifiques œuvres de l'hiver de
1773 dont l'intention, tout austère et pathétique, ne répondra plus à
son goût nouveau. Déjà la dernière de ces symphonies le n° 197, (en
la majeur), nous a fait apercevoir des traces d'un esprit plus mondain, qui se révélera à nous bien plus nettement encore dans la symphonie en *ré* de la période que nous avons à étudier maintenant. Et
tout porte à croire que, précisément, c'est sous l'influence immédiate
de Joseph Haydn que s'est enfin accomplie, chez Mozart, la grande
révolution qui constitue l'événement capital de cette période. Vers
le mois d'avril ou de mai 1774, le jeune homme aura appris à connaître, chez Michel Haydn, cette série récente des symphonies et
sonates du glorieux frère aîné où se révèlent tout à coup les nombreux changements de pensée et de style que nous avons signalés
tout à l'heure : et aussitôt Mozart, sans même se rendre compte de la
signification esthétique de sa conduite, se sera mis à vouloir suivre
Joseph Haydn dans cette voie « galante », sauf à y marcher ensuite
d'un pas tout différent. Car le fait est que nous allons retrouver, à
tout moment, des échos de l'œuvre contemporaine de Joseph Haydn

aussi bien dans la musique instrumentale de Mozart que dans ses compositions religieuses.

Une chose, en tout cas, nous apparaîtra absolument certaine : c'est que le jeune homme, — comme nous l'avons donné à entendre déjà, — changera beaucoup plus dans sa conception théorique de son art, tout d'abord, que dans le détail de ses procédés. Ceux-ci nous présenteront encore une foule de souvenirs de la période précédente, mêlés à quelques-unes des pratiques nouvelles que nous avons brièvement notées dans le style « galant » de Joseph Haydn. Par exemple, nous trouverons des préludes lents au début de morceaux qui se passeraient fort bien de ces introductions ; nous verrons les sujets, dans les morceaux, se séparer et se multiplier : mais, à côté de cela, nous aurons constamment l'occasion d'observer de superbes déploiements de contrepoint, et des efforts admirables pour unir les sujets des morceaux. D'une façon générale, le style vigoureux et savant de la période précédente se maintiendra, chez Mozart, jusqu'au bout de cette période-ci : mais il ne sera plus seul en scène, et, concurremment avec lui, un autre style apparaîtra, beaucoup plus rapproché de celui que les séjours en Italie avaient, autrefois, enseigné au jeune garçon. Celui-ci, pour ainsi dire, nous produira l'impression de n'être plus bien sûr de soi-même : hésitant entre deux langages dont l'un le séduit par sa noble beauté, tandis que l'autre a pour lui l'avantage d'être le seul que son milieu apprécie et goûte. Dans une même œuvre, côte à côte, nous rencontrerons des passages du métier le plus fort et le plus hardi, et puis d'autres tout légers et faciles, que l'on croirait inspirés immédiatement de l'état d'esprit de Mozart en 1771. A quelques semaines d'intervalle, deux messes seront traitées dans des langues aussi diverses que si des années s'étaient écoulées entre l'une et l'autre ; et il y aura des symphonies et des sonates de cette période où une diversité analogue se trahira jusqu'à l'intérieur d'un seul et même morceau. Mais le véritable changement que nous constaterons résidera dans l'esprit qui dominera ces procédés, dans l'intention artistique réalisée par leur moyen. Là, l'hésitation de Mozart commencera déjà à s'apaiser au profit d'une tendance exactement contraire de celle qui avait dicté les grandes œuvres des périodes précédentes. Sans cesse nous aurons l'impression que le jeune homme désire, avant tout, briller et nous plaire ; ou bien, que s'il se laisse aller, par instants, à son ancien goût de musique sérieuse et forte, tout de suite il nous apparaîtra rachetant, pour ainsi dire, cet accès de gravité par un élan plus abandonné de légère et facile gaîté. Son ambition, maintenant, sera de reproduire très vite un très grand nombre d'ouvrages, — et, en effet, nous verrons désormais l'abondance de sa production s'accroître de plus en plus, de période en période, — ce sera d'égaler et de dépasser Michel Haydn et tous les autres musiciens de la Cour salzbourgeoise aussi bien en déploiement de son talent personnel qu'en variété d'invention et d'exécution instrumentales. Sous un langage encore pareil à celui de la période précédente, les sentiments qu'il exprimera seront tout différents, plus généraux et plus superficiels, remplaçant l'ancienne profondeur pathétique par une élégance beaucoup plus extérieure.

Rien de plus typique, à ce point de vue, que la comparaison des finales, dans les œuvres instrumentales de la présente période, avec ceux des symphonies, du concerto, et du quintette de la période précédente. La forme demeure identique, Mozart restant fidèle encore à la coupe du « morceau de sonate », au lieu de traiter ses finales en *rondos*, comme il va le faire constamment dès le début de l'année suivante : mais tandis que, dans les grandes œuvres susdites, les finales continuent, en quelque sorte, les premiers *allegros*, reprenant la même portée avec une intensité d'émotion et une puissance musicale parfois supérieures, ici, ces finales ne sont plus que de rapides improvisations toutes rythmiques, sans l'ombre d'une signification approfondie, des morceaux simplement joyeux et pleins d'entrain, n'ajoutant aucun élément précieux à l'ensemble qu'ils terminent. Mais une différence analogue se retrouve, en vérité, dans les morceaux même les plus travaillés : déjà l'introduction d'idées nouvelles dans les *développements*, la répétition totale et invariée des premières parties dans les *rentrées*, la banalité des *codas*, — lorsque Mozart, de temps à autre, continue d'en écrire encore, tout cela atteste un relâchement considérable, et certes déplorable, dans la rigueur merveilleuse de l'idéal artistique rêvé et poursuivi par le jeune homme avant cette période. A coup sûr, quels que soient les progrès techniques qu'il ne cesse toujours pas de réaliser, il y a désormais pour nous, dans son œuvre, quelque chose comme une déchéance, une diminution de grandeur et de pénétration expressive, sinon de beauté proprement dite. Et cette diminution, il faut bien l'avouer, se fera sentir dans toutes les compositions de Mozart pendant les trois années qu'il passera à Salzbourg avant son salutaire voyage de 1777. Nous verrons bien, il est vrai, son génie s'efforcer de plus en plus à se faire jour, dans les limites de cet idéal plus restreint qu'il aura adopté ; nous le verrons regagnant en poésie, en variété et en richesse d'exécution, une partie de ce qu'il aura perdu en traduction vivante de sentiments passionnés : mais si le poète des *divertissements* de 1776, notamment, aura de quoi nous révéler un aspect nouveau de ce génie créateur, nous n'en regretterons pas moins que cette influence toute-puissante de la « galanterie » ait empêché le jeune homme d'unir, à cet éveil prodigieux de sa fantaisie poétique, les fortes et généreuses intentions expressives que nous révélaient toutes ses œuvres des périodes précédentes, et qui, mûries et renforcées avec l'expérience, nous auraient peut-être donné, dès la vingtième

année du maître, des chefs-d'œuvre équivalents à ceux de sa glorieuse maturité.

Il faut cependant que nous signalions encore, dans le cours de
cette période, un épisode assez important, et bien significatif, lui
aussi, de la rapidité avec laquelle évoluait le génie du jeune maître.
Vers le même temps où ses compositions instrumentales nous le
montrent s'éloignant des fortes traditions classiques de la période
précédente pour se livrer désormais, de plus en plus, à la « galanterie », ses compositions de musique religieuse, une litanie, deux
messes, et un fragment de vêpres, nous présentent un spectacle tout
à fait différent. Sous l'influence, peut-être, du goût nouveau introduit
à la Cour salzbourgeoise, Mozart s'éprend tout à coup du style de
ces maîtres napolitains, les Leo, les Durante, et les Jommelli, dont
l'imitation, jusque-là, s'était toujours trouvée chez lui contre-balancée
par celle du P. Martini et des compositeurs religieux de l'école viennoise. Brusquement, nous le voyons s'attachant à réduire l'importance de l'accompagnement instrumental, pour concentrer tout
l'intérêt expressif dans le chant des voix ; et celles-ci, maintenant,
sont traitées presque sans cesse en contrepoint, dans ce style particulier des maîtres napolitains où la polyphonie ne s'astreint jamais
aux formes rigoureuses de la fugue, se bornant à de simples imitations plus ou moins prolongées. Et puis, bientôt, cet engouement
imprévu se fatigue, sous des influences nouvelles, au premier rang
desquelles semble avoir figuré, là encore, celle de Joseph Haydn ;
et déjà la dernière des compositions religieuses de cette période, une
messe en *ré* d'août 1774, nous ramène au style religieux des périodes
précédentes, tel que nous allons le voir se poursuivre, désormais,
dans les messes et autres morceaux religieux des années qui viendront.

Enfin nous avons dit déjà, au début de ce chapitre, que l'obligation où s'est trouvé Mozart, vers septembre ou octobre 1774, de composer la musique d'un opéra bouffe, la *Finta Giardiniera*, commandé
au jeune homme par l'Électeur de Bavière, a inauguré, dans sa carrière, une période nouvelle, dont il ne nous est point possible de
joindre l'étude à celle de la période de transition qui va nous occuper. Ce grand travail imposé à Mozart dans le genre, tout « galant »,
de l'opéra bouffe, et, après lui, un séjour de trois mois dans un
milieu musical aussi « moderne » que l'était alors celui de Munich,
ce sont là les deux principaux facteurs de la transformation décisive
qui s'est accomplie, dans l'œuvre de Mozart, au début de l'année
1775, — effaçant désormais les derniers scrupules qui, jusqu'à ce moment, ont empêché le jeune maître de se livrer tout entier à l'irrésistible courant de la « galanterie ».

199. — *Salzbourg,* **5** *mai* **1774.**

Symphonie en ré, pour deux violons, alto, **deux hautbois, deux cors, violoncelle et basse, deux trompettes.**

K. 202.

Ms. dans une collection viennoise.

Molto allegro. — *Andantino con moto* (en *la, pour quatuor à cordes*). — *Menuette et trio* (en *sol, pour quatuor à cordes*). — *Presto.*

Cette symphonie (dont on a pu déchiffrer la date en tête de l'autographe) n'a pas seulement été composée dans les même conditions extérieures et sans doute pour le même objet que les précédentes : elle se rattache encore directement à celles-ci par sa forme, la coupe de ses morceaux, et jusque par son style, tout rempli des procédés que nous ont fait voir, par exemple, les symphonies en *sol mineur* et en *la* : et cependant il est impossible de confronter l'œuvre nouvelle avec ses devancières sans être aussitôt frappé de leur différence, ou plutôt sans avoir l'impression de pénétrer, avec cette symphonie en *ré*, dans une atmosphère artistique absolument autre. Sous la ressemblance des moyens d'expression, la pensée et les sentiments de Mozart ont désormais changé. A la conception d'ensemble qui dominait précédemment, unissant d'un lien très étroit aussi bien les diverses idées d'un morceau que les divers morceaux d'une même symphonie, voici que succède, maintenant, une conception toute fragmentaire, avec de nombreux sujets juxtaposés sans liaison intime, et des *développements* nouveaux, que l'on pourrait isoler du reste des morceaux, et un manque d'unité entre ces morceaux eux-mêmes qui n'apparaît nulle part aussi nettement que dans l'opposition du premier *allegro* et du *presto* final. Tandis que, jusqu'ici, les finales faisaient suite aux morceaux précédents, concentrant et renforçant l'expression pathétique qui s'en dégageait, ce finale du n° 199 n'est plus rien qu'un morceau de pur amusement, rapide et bruyant, avec même une certaine vulgarité populaire qui se retrouvera dans la plupart des autres finales de la même période, également traités en morceaux de sonate, en attendant que Mozart se décide à reprendre de nouveau, pour ses finales, la coupe favorite du *rondo*. Le contrepoint, dont on n'a pas oublié le rôle capital dans tous les ouvrages des périodes antérieures, persiste encore, dans certaines parties de la symphonie, et peut-être même y est-il plus travaillé qu'auparavant, avec une préoccupation plus évidente de richesse harmonique et d'ingéniosité : mais au lieu de servir à rehausser l'expression sentimentale, il prend dorénavan un caractère tout épisodique et simplement technique, comme si Mozart, là encore, ne songeait plus qu'à nous divertir par la hardiesse imprévue de ses imitations. Enfin les idées n'ont plus l'allure vigoureuse et un peu brutale que nous avons observée dans les symphonies en *sol mineur* et en *la* : elles sont plus courtes et plus gracieuses, volontiers contournées, avec l'élégance particulière qu'implique l'idéal de la « galanterie ». Tels sont les traits qui se révèlent aussitôt, à la lecture de cette symphonie, et il faut y joindre encore une tendance marquée à faire ressortir la partie des premiers violons, ou même, d'une façon générale, à traiter toutes les parties d'une façon plus « concertante » que par le passé. Or, il n'y a pas un de ces traits qui ne dérive en droite ligne du style nouveau adopté par Joseph Haydn aux environs de la même année 1774. Sans cesse, en analysant le détail des morceaux de la symphonie, nous aurons à signaler des ressemblances immédiates avec les procédés, ou même l'allure mélodique de ces symphonies nouvelles de Joseph Haydn, le *Maître d'école*, l'*Impériale*, le *Feu*, qui, de leur côté, inaugurent l'adhésion du maître d'Esterhaz à l'esprit et au style de la « galanterie ». Incontestablement, le jeune Mozart aura eu sous les yeux quelques-unes de ces productions récentes de son glorieux aîné ; et c'est sous leur influence qu'il aura, lui aussi, plus ou moins consciemment, renoncé à sa grande manière toute classique de la fin de 1773, sans pouvoir se défaire encore de maintes particularités du langage musical employé par lui au service de cet idéal de naguère. De telle sorte que cette symphonie, avec le contraste de son intention et de sa forme, prend naturellement sa place sur la limite des deux périodes entre lesquelles se partage l'année 1774 ; et il faut bien avouer que, malgré la maturité d'exécution qui s'y révèle à nous, cette symphonie marque déjà comme une déchéance dans ce qu'on pourrait appeler le niveau esthétique de l'art du jeune maître. Mais, aussi bien, le goût nouveau qui s'y fait sentir ne comportait il guère la forte et sévère tenue du genre même de la symphonie ; et en effet le n° 199 représente pour nous la dernière manifestation du génie de Mozart dans ce genre, jusqu'au jour lointain où, à Paris, il s'éveillera de nouveau à la conscience d'un idéal plus vaste et plus haut que celui de la musique «galante» de son temps. Jamais plus, dans le cours de ce premier volume, nous n'aurons l'occasion d'étudier une symphonie ; et tout le développement orchestral du génie de Mozart aura désormais à s'accomplir dans les limites beaucoup plus étroites de genres plus proprement « galants », tels que le *divertimento* ou la *sérénade*.

Le premier morceau, tout de suite, nous révèle le grand changement survenu dans la conception artistique de Mozart. Déjà le premier morceau de la symphonie en *la* nous avait fait voir l'addition d'un troisième sujet aux deux sujets traditionnels des symphonies précédentes : mais encore ces trois sujets étaient-ils reliés l'un à l'autre par une parenté intime qui les réduisait à n'être que des membres successifs d'une même grande phrase musicale. Ici, les trois sujets n'ont plus entre eux aucun lien profond, malgré l'emploi, dans chacun d'eux, d'une même figure caractéristique : on pourrait les intervertir, ou supprimer l'un d'eux, sans que la signification du morceau en fût altérée. Cependant, le premier sujet (désormais privé de la double exposition qu'il avait toujours jus-

qu'ici) garde encore une longue ritournelle expressive dont l'allure,
avec ses imitations échangées entre le premier violon et la basse, rappelle de très près un passage équivalent de la symphonie en *la*. C'est à
la fin de ce premier sujet qu'apparaît d'abord, à l'unisson, la figure susdite, qui va reparaître entre les deux strophes du second sujet, et formera ensuite l'élément principal du troisième. Le second sujet, réservé
aux cordes, est en effet, lui, répété deux fois, mais sans changement ;
c'est un petit chant de violon dont le rythme contourné dérive directement du style de Joseph Haydn. Vient ensuite une curieuse transition
de deux mesures, exposée, à découvert, par le premier violon ; et c'est
après elle que commence le troisième sujet, qui n'est rien qu'une savante
et assez étrange élaboration, en contrepoint, de la petite figure déjà
introduite dans les sujets précédents, — élaboration où cette figure, commençant par un trille prolongé, passe tour à tour d'une voix à l'autre,
avec un emploi très fourni des hautbois et du quatuor. Encore ce troisième sujet est-il suivi, à son tour, d'une quatrième idée toute différente,
servant de ritournelle, et répétée en imitations par les deux violons.
La première partie, désormais, se termine par une cadence complète
à la dominante, sans aucune trace de l'enchaînement qui, naguère,
intervenait toujours avant les deux barres. Ainsi la révolution accomplie dans le goût de Mozart se trahit à nous presque à chaque mesure
du morceau, malgré la ressemblance du langage employé avec celui de
la période précédente. Et nous la retrouvons encore, non moins évidente, dans le *développement*, qui est désormais tout nouveau, sans
aucune parenté directe avec les éléments mélodiques de la première
partie : *développement*, d'ailleurs, assez insignifiant, composé d'abord de
plusieurs répétitions modulées d'une même figure rythmique (avec
réponse des vents à découvert), et puis d'une autre idée nouvelle, aboutissant à une reprise de la susdite transition pour le premier violon
seul, qui, cette fois, amène la *rentrée*. Celle-ci est d'abord un peu allongée et modifiée, dans l'exposé du premier sujet, mais se déroule ensuite
sans changement jusqu'à la cadence qui terminait la première partie :
après quoi Mozart, au lieu de commencer une longue et importante *coda*,
comme il faisait jusqu'ici, se borne à rappeler les premières mesures de
son *développement* pour aboutir à une nouvelle cadence finale. De telle
sorte qu'il n'y a pas jusqu'à l'usage constant des *codas* séparées qui,
lui aussi, ne tende à disparaître du style de Mozart.

L'*andantino*, réduit au quatuor des cordes, suivant une habitude familière à Joseph Haydn, — et qui se retrouvera pendant quelque temps,
chez Mozart, — est formé de deux petits sujets dont l'un débute en canon
aux deux violons et à l'alto, tandis que le second se partage, en contrepoint, entre les deux violons, sur un accompagnement de l'alto et des
basses, pour aboutir à une longue ritournelle d'opéra, rappelant celle
de l'*andante* de la symphonie en *la*. Quelques mesures d'un *développement* tout nouveau, en simple transition, après les deux barres, et
la première partie revient, absolument pareille, mais complétée,
cette fois, par une véritable petite *coda* séparée, où reparaît la ligne
mélodique qui servait de ritournelle au premier sujet. A noter, dans
cet aimable morceau, un emploi déjà presque incessant de modulations
chromatiques, s'ajoutant à des idées musicales qui, sans lui, semble-

raient directement imitées d'un *andante* symphonique de Joseph Haydn.
Et pareillement c'est de Joseph Haydn que dérive le menuet, tout
rythmique, avec son expression plus rude et plus sèche que celle de
l'ordinaire des menuets de Mozart : tandis que, au contraire, le trio
(toujours encore réservé au quatuor des cordes) appartient en propre à
Mozart aussi bien par son expression mélodique que par le caractère
imprécis de sa tonalité. Dans le menuet, la première partie est encore
reprise tout entière, d'ailleurs variée et allongée, comme dans tous les
menuets précédents de Mozart depuis son arrivée à Vienne : dans le
trio, — nouveau changement, — la seconde partie n'est plus suivie que
de la reprise d'un fragment de la première.

Quant au finale, nous avons dit déjà combien il différait des finales
précédents par ce qu'on pourrait appeler sa portée ou sa tenue artistiques. Ne pouvant encore se décider à abandonner, pour ses finales, la
coupe classique du « morceau de sonate », Mozart inaugure ici un type de
morceaux où cette coupe est employée à exposer des sujets tout rythmiques, avec l'allure rapide et vulgaire d'une sorte de « pas redoublé », et
c'est ce type que nous allons rencontrer maintenant chez lui, jusqu'au
jour où il reprendra son ancien usage des finales en *rondo*. Comme dans
toute cette série de finales, le premier sujet est fait d'un appel en *tutti*
et d'une réponse *piano* pour le quatuor. Le second sujet, très séparé, et
exposé d'abord par les cordes seules, nous présente une allure balancée
qui, elle aussi, atteste l'imitation du style nouveau de Joseph Haydn ;
et après ces deux sujets vient une longue ritournelle, où un même
rythme se trouve répété indéfiniment. Le *développement*, ici, a du moins
le mérite d'être fait sur les éléments du premier sujet ; et si les points
d'orgue qui y surviennent à deux reprises nous apparaissent encore
comme un vestige de l'influence de Joseph Haydn, ce petit *développement*
n'en a pas moins un mélange d'énergie et d'élégance ingénieuse qui en
fait, pour nous, le seul passage intéressant du morceau entier. La *rentrée*,
une fois de plus, reproduit textuellement la première partie, tandis que
la *coda*, encore séparée, se borne à nous rappeler de nouveau le début
du *développement*, pour aboutir à une figure *piano* des violons, assez originale. Ajoutons que les vents, sans avoir proprement des *soli*, tiennent
une place considérable dans l'instrumentation d'un morceau qui, d'ailleurs, semblerait plutôt conçu tout entier pour une fanfare d'instruments
à vent que pour le grand orchestre à qui Mozart, naguère encore, confiait
les admirables expansions musicales des finales de la symphonie en *sol
mineur* ou de la symphonie en *la*.

200. — *Salzbourg, avril ou mai 1774.*

Sonate en ;i bémol, pour le clavecin à quatre mains.

K. 358.

Ms. au British Museum.

Allegro. — Adagio (en mi bémol). — Molto presto.

Deux particularités nous permettent de classer, avec une certitude entière, dans les premiers mois de 1774, cette petite sonate, que l'on a voulu attribuer à une époque très postérieure malgré sa brièveté et l'inexpérience qui s'y révèle encore trop manifestement. D'abord, chacun des trois morceaux comporte une double reprise suivie d'une *coda* séparée ; et cette dernière est encore conçue exactement sur le même type que les *codas* des grandes symphonies de 1774, du quintette de décembre 1773, des entr'actes de *Thamos*, etc. En second lieu, les trois morceaux nous offrent des imitations en contrepoint, et d'un caractère un peu scolastique, toujours comme les œuvres susdites du début de 1774 (ou encore comme le concerto de clavecin de décembre 1773), tandis que les imitations deviennent beaucoup plus rares dans l'œuvre de piano de Mozart après cette période, et, lorsqu'elles reparaissent aux environs de 1782, présentent une allure et un caractère tout différents. Sans aucun doute, cette petite sonate aura donc été composée en 1774 ; et nous serions même tentés de la placer parmi les œuvres de la période précédente, à côté des symphonies en *sol mineur* et en *la*, si la disproportion du finale en regard des deux autres morceaux, et sa fâcheuse allure de « pas redoublé », ne nous révélaient que Mozart a déjà commencé de sacrifier à la « galanterie ». Aussi bien toute la sonate est-elle remplie de détails qui font songer expressément à la symphonie en *ré* du 5 mai 1774, sauf peut-être, pour la sonate, à avoir été écrite un peu antérieurement à cette symphonie, car on y retrouve encore, dans l'*andante,* une double exposition du premier sujet comme celles que Mozart pratiquait couramment au début de l'année, et qui ne se rencontrent plus dans ladite symphonie.

Voici donc de nouveau Mozart, au printemps de 1774, s'essayant à ce genre du clavecin à quatre mains dont on peut presque dire qu'il l'a créé jadis, en 1765, pendant son séjour à Londres, et qui lui a inspiré en 1772 la petite sonate en *ré* n° 130 ! Disons-le tout de suite : la présente sonate atteste, par rapport à cette sonate en *ré*, un progrès considérable, non seulement au point de vue de la technique du clavecin, —

où Mozart a eu, depuis 1772, l'occasion de se perfectionner à un très
haut point, — mais encore au point de vue de la manière de comprendre la définition artistique du *duo* à quatre mains. En 1772, comme
nous l'avons vu, l'emploi de quatre mains n'était pour ainsi dire nullement justifié : car tantôt l'une des mains dessinait un chant que les
trois autres accompagnaient en *basse d'Alberti*, et tantôt l'un des deux
exécutants répétait, en écho, le passage à deux mains que son compagnon venait d'exposer. Ici, ce dernier procédé est déjà beaucoup plus
rare ; et quant au premier, Mozart a trouvé maintenant le moyen de
l'adapter aux ressources du genre en étoffant et développant son
accompagnement, de manière à ce que chacune des trois mains accom-
pagnantes ajoute un élément propre à l'effet d'ensemble. Le chant,
désormais, nous arrive entouré de plusieurs figures d'accompagnement
simultanées, qui font ressembler le jeu du piano à celui d'un orchestre,
et parmi lesquelles, — suivant l'usage de Mozart en 1774, — les figures
de la basse tiennent un rôle prépondérant. Mais ce n'est pas tout ; et à
cette transformation quasi symphonique de l'accompagnement Mozart
commence déjà à joindre les ressources merveilleuses d'un autre procédé, qui est l'imitation en contrepoint. Dans le premier morceau,
surtout, cet emploi du contrepoint permet aux deux exécutants de se
livrer à un véritable dialogue, ce qui est, assurément, la manière la
plus intelligente et la plus heureuse de mettre à profit la collaboration
de quatre mains sur un seul clavier, comme aussi ce genre de la
musique pour deux pianos qui allait un jour inspirer à Mozart une des
fugues les plus expressives et belles qu'on ait jamais écrites. Ici, dans
la petite sonate de 1774, en vérité, le rôle du contrepoint se réduit
encore à de simples imitations, telles que les pratiquaient, vers le même
temps, Chrétien Bach dans les sonates à quatre mains de son op. xviii ;
et il n'est pas impossible que Mozart, au moment où il écrivait sa
sonate, ait connu ces œuvres charmantes de son ancien maître. Mais si
la façon de recourir au contrepoint nous apparaît sensiblement pareille,
chez Mozart et chez Bach, l'esprit général de leurs sonates est si différent que nous croirions plus volontiers à une coïncidence fortuite, et
d'ailleurs assez naturelle, chez deux musiciens d'un tempérament aussi
semblable, sans compter l'influence directe et profonde que Bach, dès
le premier jour, a constamment exercée sur l'œuvre de clavecin de
son ancien petit élève de Londres. Car nous pouvons être sûrs que, si
Mozart avait eu sous les yeux l'op. xviii de Chrétien Bach, nous reconnaî-
trions aussi, dans sa sonate, des traces du léger et gracieux abandon
poétique qui anime, par exemple, le premier morceau de la sonate de
Bach en *la* ou le délicieux *rondeau* final de la sonate en *fa* : tandis que
nous devons bien avouer que, chez Mozart, la plupart des sujets ont
quelque chose de sec et d'étriqué que fait mieux ressortir encore la
façon dont ils se trouvent comme juxtaposés de force, sans aucun lien
intime entre l'un et les autres. Cette apparence disjointe est même,
peut-être, plus sensible encore dans la sonate que dans la symphonie en *ré*,
malgré l'effort de Mozart à l'atténuer, ici comme dans la symphonie,
en introduisant une figure commune dans les divers sujets. De telle
sorte que cette petite sonate nous révèle clairement, elle aussi, l'état
d'indécision et comme de contrainte où le jeune Mozart est resté plongé

pendant presque toute la période que nous étudions : converti désormais à un idéal qui, la veille encore, lui était étranger, et tâchant à le réaliser au moyen d'un langage musical dont il s'était servi, jusque-là, pour atteindre une fin artistique absolument différente. Nous avons un peu l'impression, aussi bien dans la sonate que dans la symphonie, d'entendre un savant professeur qui, péniblement, s'ingénie à imiter le badinage mondain ; et il ne faudra pas moins que le séjour de Munich, en décembre 1774, et la composition d'un opéra bouffe, pour tirer le jeune homme de cet embarras en le pourvoyant d'un langage pleinement approprié à son nouvel idéal « galant ».

Le premier morceau de la sonate contient trois sujets très séparés, dont le dernier, comme dans la symphonie en *ré*, fait fonction d'une ritournelle finale. Le premier sujet débute à l'unisson, pour amener ensuite un passage où les deux mains de gauche dessinent une figure d'accompagnement déjà très bien adaptée au genre du *duo* à quatre mains. Après une ritournelle où se retrouve la figure trillée qui nous est apparue déjà dans la symphonie en *ré*, et que nous aurons de nouveau à signaler dans les *Litanies* du même mois de mai 1774, l'exécutant de droite expose le second sujet, qui est ensuite repris, en imitation, par les deux autres mains. Et lorsque s'est achevée la longue ritournelle de ce second sujet, voici qu'un troisième sujet lui succède, débutant par le même rythme que celui du premier sujet, et traité, lui aussi, en imitation, avec un rôle capital assigné aux basses, qui décidément, durant toute cette période de 1774, tiennent en quelque sorte la place la plus en vue, dans toute l'œuvre instrumentale de Mozart. Le *développement*, après les deux barres, est encore précédé d'une figure à l'unisson qui sert d'enchaînement, comme dans les symphonies antérieures : mais déjà ce *développement* est tout nouveau, comme dans la symphonie en *ré*, et conçu plutôt comme une simple transition rythmique pour amener la *rentrée*, qui, elle-même, reproduit d'un bout à l'autre la première partie, sans aucun changement, à cela près que, après le troisième sujet, la figure d'enchaînement de tout à l'heure est remplacée par un passage nouveau aboutissant à sept mesures de *coda*, où la phrase initiale du premier sujet est reprise une dernière fois, en imitation entre les deux exécutants.

L'*adagio* en *mi bémol* contraste heureusement, par son exquise beauté mélodique, avec la sécheresse morcelée du premier *allegro* et la désolante vulgarité du finale. Il est fait de deux sujets dont le premier, qui nous offre encore l'ancien type d'une double exposition, se trouve être une phrase mélodique introduite déjà par Mozart, sur un mouvement plus rapide, dans le premier morceau de son quatuor de 1773, n° 171 ; et nous avons dit, à l'occasion de ce quatuor, que la même phrase avait servi jadis à Joseph Haydn, avec le même mouvement lent, pour l'*andante* de son premier quatuor à cordes. Mais il faut voir avec quel art délicat Mozart, ici, met en relief l'expression poétique de ce chant, au moyen d'un admirable accompagnement continu où chacune des voix est chargée d'un rôle propre, et où la basse, notamment, ne cesse pas de joindre à la mélodie principale le précieux appoint d'une ample figure caractéristique. Le second sujet, d'une allure plus rythmique, aurait gagné, lui aussi, à être traité en contrepoint : mais Mozart s'est

borné à le faire reprendre en écho, suivant l'ancien procédé que nous
l'avons vu employer dans sa sonate de 1772; et puis, après une jolie
ritournelle chromatique, de nouveau une figure sert à enchaîner la première partie avec le *développement.* Celui-ci, comme dans le morceau
précédent, est tout nouveau, et d'ailleurs très court, simplement destiné à préparer la *rentrée :* mais tandis que la *rentrée* du premier morceau s'était faite sans aucun changement, celle-ci, au contraire, nous
apporte un long passage nouveau, dans la seconde exposition du premier sujet, qui nous rappelle une fois encore le rythme poétique de ce
sujet, comme si Mozart avait peine à s'en séparer. Enfin, ici comme
dans les deux autres morceaux, une reprise de la seconde partie est
suivie d'une petite *coda*, assez insignifiante du reste, et ayant plutôt
la portée d'une *strette* finale que de ces renforcements expressifs que
nous ont présentés les merveilleuses *codas* de la période précédente.

Quant au finale, nous avons dit déjà combien il était inférieur aux deux
autres morceaux, avec son allure rapide et bruyante de pas redoublé.
L'unique particularité notable qu'il nous offre est son extrême ressemblance avec le finale de la symphonie en *ré* et celui d'une *sérénade* dont
nous allons avoir à parler bientôt. Deux sujets, tout rythmiques, suivis
d'une très longue ritournelle ; un *développement* qui se borne à varier un
peu les sujets précédents, et une *rentrée* où la première partie se reproduit sans le moindre changement. La *coda*, elle-même, ne fait que prolonger encore l'interminable ritournelle. Et nous serions fort en peine
de rien dire, non plus, de l'écriture instrumentale de ce morceau, où
les deux mains du haut travaillent presque toujours ensemble, pendant
que celles du bas se partagent des figures d'accompagnement d'une
banalité inexcusable. Certes, il était temps que Mozart renonçât à employer pour ses finales la coupe du morceau de sonate, et le fait est que
nous allons le voir, très prochainement, se décider à reprendre pour eux
la coupe du *rondo*, mais, hélas ! d'un *rondo* qui, lui-même, n'aura plus
la libre et charmante richesse de celui que le jeune garçon avait autrefois rapporté d'Italie.

291. — *Salzbourg, mai 1774.*

Litaniæ Lauretanæ en ré, pour quatre voix, deux violons, alto, deux
hautbois, basse et orgue.

K. 195.
Ms. à Berlin.

KYRIE

*Kyrie : adagio et allegro. — Sancta Maria : andante en sol. —
Salus infirmorum : adagio en si mineur. — Regina angelorum :
allegro con spirito. — Agnus Dei : adagio.*

L'autographe de cet ouvrage porte seulement : « Salzbourg, 1774 » ;
mais ces litanies en l'honneur de la Vierge se chantaient toujours au mois
de mai, ce qui nous donne la date exacte de la composition du n° 201.
La coupe de celui-ci est absolument la même que celles des litanies
composées trois ans auparavant (n° 108) : mais, au point de vue de la
conception et du style, aucune comparaison n'est possible entre les
deux œuvres. Celle de 1771 était une composition d'un caractère tout
vocal et d'une inspiration encore à demi-religieuse, avec des traces manifestes de l'influence du P. Martini : les litanies de 1774, elles, nous font
voir, presque d'un bout à l'autre, un caractère à la fois instrumental et
profane relevant, par leur style, de l'école napolitaine alors en vogue à
Salzbourg, mais surtout du style pratiqué par Mozart dans ses symphonies et *divertissements* de la même période.

Les tendances que nous avons signalées dans la messe de 1773 persistent ici et s'accusent plus nettement encore. Des cinq morceaux des
litanies, quatre sont traités comme des morceaux de sonate, avec *développement* et reprise variée ; le rôle de l'orchestre est presque toujours
plus important que celui du chant ; et celui-ci, même dans les *soli* et
les airs, est tout rempli de modulations et d'effets qui dérivent directement de la musique instrumentale. Les deux grandes différences qui
distinguent ces litanies de la messe de 1773 sont, en premier lieu, que
le contrepoint y est plus abondant encore et plus riche, et, en second
lieu, que le souci de l'expression des paroles y est infiniment moindre, —
ce qui était peut-être une conséquence forcée de la folle entreprise
consistant à mettre en musique travaillée les paroles purement symbo-
liques d'une litanie. D'une façon générale, ces litanies ont l'intérêt de
nous montrer Mozart si profondément plongé dans l'étude de la musique instrumentale qu'il risque d'oublier tout à fait les exigences et
les ressources particulières du chant.

Dans le *Kyrie*, après un prélude lent d'un beau travail de contrepoint,
le morceau, très long, a la coupe régulière d'un premier *allegro* de
symphonie, avec un *développement* sur le premier sujet en *la majeur* et
une *rentrée* où l'ordre des sujets de la première partie est simplement
un peu modifié, pour aboutir à une *coda*, suivant l'usage de Mozart à
cette période.

Pareillement le *Sancta Maria* pourrait être comparé à un *andante* de
symphonie. C'est une cantilène exposée d'abord par le soprano, et
poursuivie en solo par deux autres voix, avec des réponses du chœur.
Il convient de noter, dans l'accompagnement du *Speculum justitiæ*, l'emploi en imitation d'une figure trillée tout à fait pareille à celle que nous
avons signalée dans le premier morceau de la symphonie en *ré* du
même mois (n° 199). Le *Vas spirituale*, ensuite, forme une sorte de *développement ;* et puis la cantilène est reprise avec une petite *coda* finale. Le *Salus
infirmorum*, où les *soli* et les *tutti* alternent, est d'une coupe plus libre :
avec les modulations pathétiques de l'accompagnement dans sa première partie et l'originale figure des violons dans la seconde, il fait songer à certains *Incarnatus* et *Crucifixus* des messes de Mozart : mais tel
est le besoin d'unité symphonique chez le jeune homme que, à la fin, il
ramène en *coda* le rythme de la première partie, pour s'arrêter sur un
accord de sixte de *la majeur*.

Le *Regina angelorum*, lui, a presque l'allure d'un finale de symphonie.
Le chant y est fait d'un air de ténor avec réponses du chœur ; et le
rôle de l'orchestre, ici, est plus subordonné à celui du chant que dans
les autres morceaux. Enfin l'*Agnus Dei*, un peu écourté, est un solo de
soprano avec réponses du chœur : celui-ci, dans la seconde partie,
reprend en contrepoint le sujet principal. Nous devons ajouter que,
dans ce morceau comme dans tout l'ouvrage, le contrepoint ne se soumet pas aux coupes régulières du canon et du *fugato :* il est fait d'imitations et de réponses libres, comme chez les maitres de l'école napolitaine, que Mozart doit avoir eu l'occasion d'étudier à ce moment de sa
vie. D'autre part, les accompagnements et les passages homophones
des chœurs se rapprochent beaucoup de ce que nous avons vu dans les
chœurs de *Thamos*, écrits par Mozart l'hiver précédent. Enfin Chrysander a très justement observé que les *soli* des litanies sont de véritables
soli de violon ou de hautbois, avec, jusque dans leurs « coloratures »,
un emploi continu de modulations tout à fait contraire aux bonnes habitudes du chant « vocal ».

202. — *Salzbourg, 4 juin* **1774.**

Concerto en si bémol, pour le basson, avec accompagnement de
deux violons, alto, deux hautbois, deux cors, violoncelle et contrebasse.

K. 191.

Ms. perdu.

Allegro

Allegro. — Andante ma adagio (en fa). — Rondo : Tempo di menuetto.

Sur l'autographe de ce concerto, aujourd'hui perdu, André affirmait
avoir lu ces mots, de la main même de Mozart : *a Salisburgo, li 4 di Giugno 1774*, et le caractère de l'œuvre confirme pleinement cette date de
sa composition. Une fois de plus, nous voyons ici Mozart tâchant à produire une œuvre toute « galante », toute d'agrément et d'éclat superficiels, mais, avec cela, ne pouvant encore se défaire du grand style
sérieux des périodes précédentes. Nous ne connaissons plus, malheureusement, les deux concertos de basson que le jeune homme a composés quelque mois plus tard, au printemps de 1775, pour un riche amateur, le baron Dürnitz, rencontré à Munich : mais, à leur défaut, la série
des concertos de violon de 1775 nous permet de constater combien, à
cette date, le style « galant » et l'esprit même de Mozart diffèrent de ce
que nous fait voir ce concerto de basson de 1774, où une virtuosité
encore bien scolastique marche de pair avec un emploi fréquent d'imitations en contrepoint, et où la gravité de l'expression continue à nous
rappeler l'auteur de l'admirable concerto de clavecin de décembre 1773.

Le premier morceau s'ouvre par un grand prélude où sont exposés tour à tour les deux sujets du morceau, suivis d'une longue ritournelle ; et tout de suite, dans ce prélude, la fermeté des lignes, l'emploi du contrepoint (sous la forme d'imitations entre l'alto et les basses), la vigueur de l'instrumentation, où les vents dessinent seuls la transition entre les deux sujets, tout cela nous montre bien l'impossibilité pour Mozart d'échapper encore à la noble atmosphère de pensée musicale où il a vécu depuis plus d'un an. Vient ensuite le *solo*, tout semé de traits d'ailleurs assez simples, et avec une foule de ces grands écarts qui, dans les parties d'instruments à cordes, nous sont toujours apparus comme distinctifs de l'école viennoise. Quant à la coupe mélodique de ce solo, nous devons noter que Mozart, sans doute sous l'influence de Joseph Haydn, s'est montré ici singulièrement préoccupé d'élaboration thématique, et que, au lieu d'introduire des idées nouvelles aussi bien dans le sujet réservé au soliste que dans la partie équivalente au *développement*, il s'est borné à y mettre des passages manifestement inspirés de son premier sujet. Le *développement*, en particulier, avec ses nombreuses imitations, constitue un véritable petit travail sur le rythme de ce sujet ; et il est curieux de noter que le point d'orgue qui le termine se retrouvera, tout à l'heure, dans le petit concerto de violon ajouté par Mozart à une sérénade de cette même période (n° 207). Pareillement, l'admirable tenue artistique de ce court morceau se traduit dans la manière dont Mozart a renouvelé et varié toute sa *rentrée*, soit en allongeant les traits du soliste, ou bien, pour le second sujet, en renversant l'ordre du contrepoint employé pour ce sujet dans la première partie. La cadence libre du soliste intervient au milieu d'une reprise allongée de la ritournelle qui terminait le prélude du morceau.

L'*andante ma adagio*, lui, n'a tout entier qu'un seul sujet, varié et travaillé avec une entente singulière de l'effet expressif. Tout ce morceau n'est d'ailleurs qu'une de ces rêveries poétiques dont Mozart, jusqu'ici, ne paraissait pas avoir encore connu le secret ; et par là, déjà, son concerto annonce les merveilleux *andantes* qui vont racheter l'insuffisance musicale trop certaine de maintes œuvres de ses années « galantes ». Mais il faut observer qu'ici Mozart trouve encore le moyen d'unir, à la pure douceur de l'émotion poétique, un style très ferme et nettement découpé, où continuent à se produire de nombreux passages en imitation. Après un petit prélude d'orchestre, exposant le sujet, celui-ci est repris par le soliste, qui l'étend, l'orne d'une longue et charmante ritournelle, et puis le reprend encore, tout revêtu de signification pathétique, dans un admirable passage de quatre mesures qui fait fonction de *développement*, et amène une *rentrée*, toujours allongée et changée, de la première partie.

Quant au finale, Mozart, avec ses nouvelles intentions « galantes », y adopte déjà cette coupe du *rondo* qu'il a refusé de choisir pour son concerto de clavecin précédent, mais qui va désormais, presque invariablement, suivant l'usage du temps, lui servir pour tous les concertos qu'il aura à produire. Et ce n'est pas tout : non seulement le voici revenu à l'emploi du *rondo* ; déjà il commence à concevoir le *rondo* tout autrement qu'il le faisait naguère en Italie, c'est-à-dire comme une suite de motifs nouveaux se succédant sans arrêt, jusqu'à la fin du morceau,

autour des reprises d'un petit thème invariable. Ici, comme dans le
rondo d'une sonate de clavecin qu'il écrira quelques mois plus tard
(n° 212), le *rondo* n'a pas encore tout à fait la forme française et « galante » des *rondeaux* suivants, où le *minore* se détachera du reste du
morceau un peu comme le *trio* s'oppose au *menuet*. Mais, à cette différence près, nous avons déjà ici un morceau où, après l'intermède mineur, sont repris et le thème et le premier intermède qui l'a suivi au
début du morceau. Ainsi Mozart, peu à peu, revient à la coupe que lui
a jadis enseignée Chrétien Bach. Le thème, plus long que dans les *rondos* de la période italienne, est un véritable menuet en deux parties,
exposé tout entier par l'orchestre. Puis le soliste, sur un rythme d'a-
bord semblable, expose un premier intermède, suivi d'une reprise de
la première partie du thème ; après quoi vient l'intermède mineur,
chanté par le basson sous un accompagnement de l'orchestre, et la
première partie du morceau est ensuite reprise tout entière, avec des
variations brodées par le soliste sur le premier intermède de tout à
l'heure. Ajoutons que, dans ce morceau comme dans les deux autres,
les parties de l'orchestre sont très soignées, avec de fréquentes imitations entre les instruments, et un rôle actif attribué, parfois, aux instruments à vent.

203. — *Salzbourg,* 2*4 juin* 1774.

Missa brevis en fa, pour quatre voix, deux violons, basse et orgue.

K. 192.

Ms. à Vienne.

KYRIE

*Kyrie : allegro. — Gloria : allegro. — Credo : allegro. — Sanc-
tus : andante, et Hosanna : allegro. — Benedictus : andante en si
bemol. — Agnus Dei : adagio en ré mineur et allegro en fa.*

Avec le sûr jugement critique qui accompagnait chez lui l'inspiration
créatrice, Mozart, après ses litanies de 1774, se rendit-il compte du
caractère trop instrumental de sa musique religieuse ? Ou bien achevat-
t-il simplement de subir l'influence de l'école napolitaine, dont déjà ses
litanies nous l'ont montré évidemment préoccupé ? Toujours est-il que,
dans cette messe en *fa*, dont la date nous est donnée sur l'autographe,
il a fait un effort évident pour concentrer sur le chant tout l'intérêt
musical. Non seulement l'orchestration de la messe se réduit à deux
violons et à l'orgue : ces instruments eux-mêmes se bornent souvent à
doubler le chant ou, comme dans le *Gloria* et l'*Agnus*, à exécuter une
véritable figure d'accompagnement, d'ailleurs nuancée et modulée avec

un art remarquable. Ce sont les voix seules qui chantent, comme dans les messes de Léo ou de Jommelli ; et, tout à fait de la même façon, de petits *soli* alternent avec des chœurs et, de la même façon encore, ainsi que nous l'avons vu déjà dans les litanies, le contrepoint ne se résout que rarement aux formes régulières et suivies du canon ou de la fugue. Mais, d'abord, ce contrepoint est ici beaucoup plus fréquent et d'un travail beaucoup plus poussé que dans les messes napolitaines de la même époque. Non qu'il soit redevenu, comme dans la première messe et la messe italienne de Mozart, la langue même du chant : les passages homophones persistent, et reviennent à chaque page; mais à chaque page aussi ils alternent avec des passages en contrepoint. Et ce contrepoint, en vérité, n'a rien non plus de proprement vocal : réduit pour quatre instruments, il conserverait la même force et le même attrait. En outre, Mozart a beau étudier les Italiens, il ne parvient pas à se défaire de ce besoin profond d'unité artistique qui, de plus en plus, se développe en lui ; et il ne parvient pas non plus, malgré l'effort qu'il y fait, à concevoir l'unité d'un morceau sur un autre type que celui qu'il applique à ses compositions instrumentales. Parmi les parties de sa messe, quelques-unes ont la coupe régulière de morceaux de sonate : d'autres, comme le *Gloria* et le *Credo*, ont une coupe plus libre ; mais, à les voir de près, on constate qu'ils sont entièrement formés de l'élaboration de deux ou trois thèmes, et qu'ainsi ils ont une unité du même genre que des *toccatas* de Bach ou du P. Martini, l'unité d'œuvres instrumentales, et non point celle qui conviendrait à un chant dont les paroles changent sans cesse d'expression et de caractère. De telle sorte que la messe en *fa*, inspirée de modèles tout vocaux et religieux, reste une œuvre essentiellement instrumentale et profane : comme une remarquable série d'études de développement thématique et de contrepoint, et nous devons ajouter que déjà le contrepoint y a pleinement ce mélange de netteté et de grâce poétique qu'il va prendre de plus en plus dans l'œuvre de Mozart.

Le *Kyrie*, comme nous l'avons dit, a la coupe d'un morceau de sonate : il est fait sur deux thèmes exposés d'abord par les violons, et dont le second est ensuite repris en contrepoint par le chœur, tandis que le premier n'est chanté qu'en manière de *développement*, à la dominante, pour le *Christe :* après quoi le *Kyrie* ramène toute la première partie du chœur, sans aucun changement, jusqu'à une petite *coda* de quatre mesures. Notons que, dans l'accompagnement, Mozart fait reparaître le premier sujet du prélude sous une variation chantée du second.

Le beau *Gloria* atteste un désir de suivre de plus près l'expression des paroles. Il est cependant construit surtout, lui aussi, sur deux thèmes d'une signification très nettement opposée, et qui alternent longtemps, dans le chant, parmi de libres variations. Mais déjà le *Domine fili* substitue une idée nouvelle au premier de ces thèmes, dont l'accompagnement seul persiste dans l'orchestre ; et pareillement c'est le second sujet qui, au *Qui tollis*, est remplacé par un rythme tout nouveau, s'entremêlant avec le chant et l'accompagnement du premier sujet. Tout ce *Qui tollis*, d'une allure presque entièrement homophone, constitue un épisode mineur d'une simplicité et d'une émotion admirables. Le *Quoniam tu solus*, où un solo de soprano est sans cesse coupé

de réponses du chœur, apporte, lui aussi, des éléments mélodiques
nouveaux, s'ajoutant à des souvenirs des rythmes précédents. Et puis
c'est, au *Cum Sancto Spiritu*, un court et vigoureux *fugato* que suit, sur
le mot *Amen*, une dernière reprise des deux sujets du début, mais exposés, cette fois, dans un ordre inverse, de façon que le *Gloria* s'achève
par le grand chant solennel qui l'avait commencé. L'accompagnement
du morceau est d'ailleurs, à beaucoup près, sa partie la plus travaillée
et la plus originale : il faut voir avec quel art merveilleux Mozart réussit à y ramener constamment, parmi des figures nouvelles, des échos
d'un même rythme savamment varié. Ajoutons que dans ce *Gloria*
comme dans tous les morceaux de sa messe, à l'exception du *Kyrie* initial et de l'*Agnus* final, Mozart, conformément à la vieille habitude des
maîtres napolitains, fait commencer le chant dès les premières mesures, sans le moindre prélude instrumental.

Semblablement le *Credo*, — où les premières notes du chant se produisent même *a capella*, sans aucun accompagnement, — est écrit tout
entier sur trois thèmes dont l'un est la célèbre série de quatre notes
qui, reprise ensuite par Mozart dans maintes de ses œuvres, finira
par servir de premier sujet à la grande fugue de la symphonie en *ut*
de 1788.

Ce thème avait d'ailleurs, dès 1763, été employé par Joseph Haydn
comme premier sujet du finale d'une symphonie en *ré* (n° 13) ; et Mozart
doit sûrement avoir connu ce finale, car il y a, dans son *Credo*, certains
passages où la phrase susdite est traitée tout à fait de la même manière
que, par exemple, dans le *développement* du morceau de Joseph Haydn[1].

Le plus souvent, cependant, Mozart fait usage ici de ce thème comme
d'un *cantus firmus*, et destiné à traduire le mot *Credo*, qu'il ramène sans
cesse dans la suite du chant ; mais parfois aussi nous voyons la même
phrase utilisée pour d'autres paroles du texte, *Crucifixus* ou *Confiteor ;*
et c'est elle encore qui ouvre le long sujet du *fugato* final sur les mots *Et
vitam venturi sæculi ;* après quoi vient un *Amen* homophone, toujours
commencé par ladite phrase, et aboutissant à une dernière reprise de
celle-ci sur le mot *Credo*. Il n'y a pas d'ailleurs jusqu'à l'*Incarnatus* et au
Crucifixus que Mozart dans son besoin passionné d'unité, n'ait traités à
l'aide des mêmes motifs, et soumis aux mêmes rythme et mouvement
que le reste du *Credo*, pour la seule fois dans aucune de ses messes.
Quand au style de ce curieux morceau, les passages en contrepoint
alternent presque régulièrement avec un chant homophone, et ces passages eux-mêmes ont déjà, par instants, une allure chantante que ne
nous montraient point les morceaux précédents : nous sentons que
Mozart tend à se relâcher de la rigueur du vieux langage choral
emprunté par lui à ses modèles napolitains. L'accompagnement,

1. Nous avons d'ailleurs signalé déjà, dans le *Tantum ergo* n° 148, une première apparition chez Mozart de l'ébauche de ce thème, destiné à recevoir évidemment une mystérieuse signification tout intime dans l'esprit du maître.

d'autre part, continue à préoccuper le jeune homme à un degré que ne soupçonnaient point les maîtres anciens : il est toujours d'une liberté et d'un éclat remarquables, avec une élaboration thématique aussi savante qu'ingénieuse. Dans le *fugato* final, malheureusement trop court, les violons dessinent au-dessus du chant une rapide figure en doubles croches dont l'éclat n'est pas sans étouffer un peu le murmure plus discret des voix.

La tendance « galante » que nous avaient révélée certains passages du *Credo* s'affirme plus encore dans le *Sanctus* et le *Benedictus*. L'*Hosanna* du *Sanctus*, repris *da capo* après le *Benedictus*, nous offre bien encore un petit travail de contrepoint à la manière italienne, d'ailleurs très simple et sans grande valeur : mais le délicieux *Sanctus*, lui, n'est plus qu'un libre chant poétique, d'un recueillement et d'une douceur qui font songer à l'*Ave verum* de 1791 ; et quand au *Benedictus*, celui-là est un véritable petit *andante* de symphonie, avec deux sujets distincts, une transition en manière de *développement*, et une reprise un peu variée de la première partie.

L'*Agnus* en *ré mineur* est fait d'une alternance de *soli* et de réponses du chœur, les uns et les autres assez insignifiants, surtout en comparaison de l'admirable figure d'accompagnement continu que dessinent les deux violons sous ce chant presque homophone, et ne conservant plus rien de la savante élaboration musicale des premiers morceaux de la messe. Au fur et à mesure qu'il avance dans celle-ci, le jeune Mozart se fatigue d'un style qu'il s'était d'abord strictement proposé d'employer, à l'imitation des vieux maîtres italiens ; et déjà cet *Agnus*, comme le *Sanctus* précédent, se rattache au moins autant à la prochaine messe, toute galante, d'août 1774 qu'au vigoureux effort contrapontique qui nous est apparu surtout dans le *Gloria* de tout à l'heure.

Encore cet *Agnus* et le très beau *Sanctus* ont-ils de quoi nous révéler une inspiration beaucoup plus religieuse, et un travail musical beaucoup plus soigné que le *Dona nobis pacem* qui termine la messe, et dont Mozart, très hâtivement sans doute, a fait un simple petit finale de sonate, tout homophone et « instrumental », avec *développement, rentrée* régulière, et quelques mesures de *coda*.

204. — *Salzbourg, juillet* 1774.

Dixit et Magnificat en ut, pour quatre voix avec accompagnement de deux violons, deux trompettes, timbales, basse et orgue.

K. 193.
Ms. à Vienne.

L'autographe de ce n° 204 porte l'inscription que voici : *Dixit di Wolf gango Mozart a Salisburgo nel mese di Luglio 1774*. C'est donc dans l'intervalle, entre la composition de ses deux messes du 24 Juin et du 8 août 1774 que Mozart a écrit la musique de ces ..eux psaumes ; et en vérité cette musique nous apparaît comme une transition caractéristique entre le style tout savant, mais quasi abstrait, de la messe en *fa* et la belle langue chantante de l'autre messe.

Le *Dixit* et le *Magnificat* forment, comme l'on sait, le commencement et la fin de l'office liturgique des vêpres, que l'on commençait alors à traiter, elles aussi, d'après le nouveau système musical en vogue. Bientôt, Mozart ira même jusqu'à mettre en musique des vêpres entières, comme il faisait déjà précédemment pour les litanies. Cette fois, il s'est borné à ces deux psaumes, et le reste des vêpres a dû être probablement composé par un autre des maîtres de chapelle salzbourgeois, Michel Haydn, peut-être, ou Léopold Mozart.

En tout cas, l'essai du jeune homme dans ce genre nouveau a eu pour lui une conséquence des plus heureuses : car c'est évidemment le caractère particulier de son texte qui lui aura imposé l'obligation de donner à son chant une allure grave et recueillie, manifestement destinée à rappeler celle de l'ancienne musique d'église. Sous le rapport du style, cependant, ces deux psaumes se rattachent directement à la messe en *fa* du mois de juin précédent : même emploi constant de brèves figures de contrepoint, même liberté de l'accompagnement, même tendance à rehausser l'unité musicale des morceaux, aussi bien dans l'accompagnement que dans le chant, par des reprises plus ou moins variées des rythmes exposés au début des morceaux. Mais sous cette ressemblance extérieure, le n° 204 est déjà animé d'un esprit tout autre que celui qui inspirait la messe n° 203. Au lieu de se préoccuper avant tout de la richesse harmonique ou de l'ingéniosité de son contrepoint, Mozart, en écrivant ces deux psaumes, a manifestement voulu que ses chœurs fussent de véritables chants d'église, suivant l'idéal que lui avait jadis révélé le P. Martini. Aussi bien n'y a-t-il pas jusqu'à la langue musicale des deux psaumes qui ne ressemble quelque peu au style des morceaux religieux composés naguère par le petit Mozart sous l'influence du maître bolonais. Les imitations des voix y ont un caractère noble et fort, avec une discrétion qui en fait mieux ressortir l'élégante beauté. Seul, l'accompagnement instrumental appartient tout entier au nouveau style religieux de Mozart : brillant et rapide, avec de nombreuses figures d'imitation entre les violons sous de sonores appels des trompettes et timbales, cet accompagnement ne laisse pas de contraster trop souvent, en particulier dans le *Dixit*, avec la grandeur recueillie du chant qui se déroule au-dessous de lui.

Aussi bien le *Dixit* est-il, dans son ensemble, sensiblement inférieur au *Magnificat*. Le chœur y fait entendre une alternance continuelle de petits passages homophones et d'autres en contrepoint, avec même, parfois, de courts *soli* d'un caractère presque récitatif ; et puis, tout à coup, aux mots *Judicabit in nationibus*, Mozart introduit dans son chant une véritable *rentrée* variée de tout le commencement du *Dixit*. A la doxologie du *Gloria Patri*, ensuite, le mouvement et la mesure changent; et, après un court prélude sur les premiers mots, l'*et in sæcula*, suivi de l'*Amen*, donne lieu à une fugue régulière, très simple, mais parfaitement adaptée aux ressources des voix.

Le *Magnificat*, lui, est d'une élaboration beaucoup plus poussée. Il est construit tout entier, jusqu'au *Gloria Patri*, sur des variations et combinaisons de deux thèmes, dont le premier est emprunté au plain-chant où il sert précisément pour le *Magnificat*. Après quoi, de nouveau, le *Gloria Patri* amène un changement de mesure, et un long prélude homophone aboutit à une nouvelle fugue, plus étendue que la première, mais non pas moins éminemment « vocale », et terminée par une grande *strette* du plus bel effet. Ajoutons que l'orchestre, dans les deux fugues, se borne encore le plus souvent à doubler ou à remplacer les voix.

205. — *Salzbourg, 8 août* 1774.

Missa brevis en ré, pour quatre voix, deux violons, basse et orgue.

K. 194.

Ms. à Vienne.

Kyrie : allegro. — Gloria : allegro. — Credo : allegro ; andante moderato (Et incarnatus), et allegro. — Sanctus : andante en si mineur. — Pleni sunt cæli : allegro. — Benedictus : andante en sol. — Agnus Dei : andante en si mineur, et Dona nobis : allegro.

La préoccupation de l'effet vocal et de l'expression religieuse, dont nous avons signalé un léger retour dans le *Dixit* et *Magnificat* du mois précédent, se manifeste aussi à nous dans cette messe, et suffirait pour la distinguer de la messe en *fa*, écrite trois mois auparavant avec le même accompagnement et d'après la même coupe extérieure. D'un contrepoint encore très fréquent, mais moins strict et moins poussé que dans la messe en *fa*, cette messe en *ré* a un caractère très particulier de recueillement simple et gracieux : un caractère que nous retrouverons, avec un style plus homophone, dans la musique religieuse de Mozart en 1776. De plus, les chœurs, dans cette messe, ont un rôle sensiblement mieux approprié à leurs ressources propres que dans la messe précédente, et qui prouve que Mozart a continué à se pénétrer de modèles italiens. Mais il y a un autre modèle qu'il doit avoir connu et étudié de près au moment de la composition de cette messe : c'est une messe de Joseph Haydn en *sol*, de 1772, dont la physionomie d'ensemble et nombre de détails rappellent vivement cette messe de Mozart. La grande différence entre les deux messes est que Mozart continue à se soucier avant tout de l'unité artistique de sa composition, et que, pour y parvenir, il emploie toute sorte de reprises, rappels, etc., que l'on retrouve à un moindre degré dans la messe de Haydn. Ici, cependant, nous ne le voyons plus employer aussi couramment que dans ses messes précédentes la coupe régulière du morceau de sonate : mais, très souvent, il s'arrange de façon à faire revenir á la fin des morceaux, en *coda*, la musique du commencement ; et comme les paroles sont tout autres dans les deux cas, ce procédé, excellent au point de vue esthétique, ne laisse pas d'être fâcheux pour l'expression religieuse. Enfin nous devons ajouter que l'accompagnement des deux violons et de l'orgue redevient, suivant le penchant naturel de Mozart, plus important et plus libre que dans la messe en *fa*, où le jeune homme s'était visiblement contraint à le retenir.

Le *Kyrie* est fait de deux motifs qui s'opposent ou s'entremêlent en de légères figures de contrepoint, jusqu'à ce que, aux dernières mesures, le commencement du morceau revienne tout entier.

Le *Gloria*, maintenu jusqu'au bout dans le même mouvement *allegro* (au contraire de Haydn, qui divise son *Gloria* en deux parties de mouvements différents), n'en est pas moins fait d'une suite de petites phrases distinctes, les unes chantées par le chœur, d'autres réservées aux solistes. Le *Qui tollis*, en particulier, donne lieu à un beau chœur tout homophone, mais d'une expression très pénétrante, et semé d'éloquentes modulations mineures. Puis, après un dernier *solo* de basse au *Quoniam tu solus*, le début du *Gloria* reparaît, un peu varié, sur les mots *Cum sancto spiritu* ; et l'*Amen* suivant est construit sur la réponse de ce début, mais étendue et traitée en *fugato*, tout à fait à la manière de la fin du *Gloria* de la messe de Joseph Haydn ; en outre, dans les deux messes, le *fugato* s'arrête, quelques mesures avant la fin, pour donner lieu à une *coda* homophone d'un très bel effet choral.

Dans le *Credo*, Mozart recommence à distinguer plusieurs mouvements. Après une première partie toute employée à d'expressives variations d'un unique sujet, — et, détail curieux, s'achevant dans le ton principal, — l'*Et Incarnatus* est chez lui, comme chez Joseph Haydn, un *andante* mineur ; après quoi l'*Et resurrexit* amène un motif tout nouveau, traité en contrepoint ; et c'est seulement ensuite qu'à des variations de ce motif revient s'unir le thème initial du *Credo*. Ici encore, le traitement de l'*Amen*, avec sa conclusion homophone, rappelle la messe de Joseph Haydn.

Mais la ressemblance des deux messes se fait voir mieux encore dans le *Sanctus*, où Mozart, contrairement à ses habitudes, et de même que Haydn, coupe le morceau dès le *Pleni sunt cæli*, et rattache l'*Hosanna* à l'*allegro* de ce *Pleni sunt*. Mais, à l'opposé de Haydn, Mozart traite ce morceau en imitations, et merveilleusement émouvantes et chantantes dans leur simplicité.

Le *Benedictus* qui suit, chez Mozart comme chez Haydn, est chanté en quatuor par les solistes, avec des imitations analogues dans les deux messes.

L'*Agnus l'ei* commence par un beau chant mineur exposé tour à tour par les solistes et repris par le chœur en contrepoint. Le *Dona* final est le seul morceau de la messe qui ait la coupe d'un morceau de sonate avec reprise réguliere un peu variée et suivie d'une troisième reprise du thème en *coda*. Mais ce *Dona* lui-même n'a pas ici le caractère instrumental d'un finale de symphonie que nous lui avons vu trop souvent dans les messes de Mozart.

206. — *Salzbourg, été de* 1774.

Sérénade en ré, pour deux violons, alto, deux hautbois ou deux flûtes, deux bassons, deux cors, deux trompettes et basse.

K. 203.

Ms. dans une collection viennoise.

Andante maestoso et allegro assai. — *Menuetto et trio (en la).* — *Andante cantabile (en sol).* — *Menuetto et trio (en ré mineur).* — *Prestissimo.*

On a cru lire, sous le grattage de la date de cette sérénade, l'année 1774; et cette date nous est, en effet, pleinement confirmée par le caractère de l'œuvre. Mais tandis que Nottebohm a cru pouvoir déchiffrer aussi l'indication du mois, où il lui a semblé lire quelque chose comme *febbrajo* ou *marzo*, nous estimons qu'il n'y a aucun compte à tenir d'une inscription capable de deux interprétations aussi différentes; en réalité, la sérénade doit avoir été écrite, comme toutes les sérénades de Mozart, durant les mois d'été, et certainement, du moins, elle date déjà de la période que nous étudions, c'est-à-dire d'un temps où le jeune Mozart subit directement l'influence du style nouveau de Joseph Haydn.

Le fait est que l'imitation de ce style nous apparaît, ici, plus marquée encore que dans la symphonie en *ré* n° 199. C'est expressément suivant l'exemple des nouvelles symphonies de Joseph Haydn que Mozart, pour la première fois, ouvre sa sérénade par un court prélude *adagio* dont le sentiment ni l'idée mélodique n'ont aucun rapport avec ceux de l'*allegro* qui vient tout de suite après [1] : mais il est curieux d'observer comment le jeune Mozart, avec son besoin profond d'unité artistique, ne peut d'abord se décider à adopter cet usage d'un petit prélude lent sans essayer de justifier sa présence; de telle sorte que, faute d'en utiliser le contenu dans l'*allegro* qui suit, il imagine de reprendre

[1]. Nous avons vu, cependant, que Mozart a déjà introduit un petit *adagio* du même genre en tête du premier *allegro* de son *Divertimento* viennois de l'année précédente n° 188 : mais ces quelques mesures d'introduction n'avaient pas encore, comme l'*adagio* initial du n° 206, le caractère et la forme d'un véritable prélude, entièrement distinct de l'*allegro* qui suit.

le rythme de ce prélude au début de l'*andante* en *sol* de sa sérénade. Et
cet *andante* a encore de quoi nous intéresser à un autre point de vue : il
nous fait voir, très nettement, la répugnance intime du génie de Mozart
à se soumettre tout entier à une influence étrangère dont il est, pourtant, tout pénétré. Car tandis que l'une des habitudes les plus constantes de Haydn, dans son nouveau style « galant », est de donner à
ses *andantes* la forme d'aimables et faciles variations, Mozart, lui, dans
cette sérénade comme dans la plupart des œuvres de sa période de
« galanterie », préfère conserver, pour ses *andantes*, la coupe classique
du morceau de sonate, et, bien loin de réduire la portée artistique de
cette partie de ses compositions instrumentales, tâche visiblement à y
concentrer toute la force d'émotion et de poésie qu'il ne peut plus désormais introduire librement dans les autres morceaux. En fait, l'*andante*
va être désormais, presque invariablement, la plus pure fleur musicale
des ouvrages que nous aurons à considérer ; et si l'*andante* de ce n° 206
n'a pas encore la merveilleuse aisance poétique, ni le caractère de
douce rêverie, que nous offriront bientôt d'autres morceaux analogues,
du moins est-il déjà, ici même, le seul morceau où nous apparaisse
pleinement le génie du jeune maître, avec une étendue mélodique et
une profonde beauté d'expression qui nous le font paraître aussi supérieur aux *andantes*, un peu courts et morcelés, des grandes symphonies
du début de 1774, que le reste des morceaux, au contraire, nous apparaît inférieur en toute façon aux magnifiques élans passionnés des *allegros* et menuets de ces symphonies.

Le finale, notamment, dans la présente sérénade, est peut-être l'un
des plus pauvres que Mozart ait jamais écrits : digne pendant des *pas
redoublés* de la symphonie en *ré* et de la sonate à quatre mains n° 200.
Les menuets, brillants et très habilement variés, ont une allure toute
rythmique qui, pour être également dérivée de Joseph Haydn, ne
nous en fait pas moins regretter les superbes trouvailles des menuets
précédents. Et quant au premier morceau, avec l'abondance de ses
sujets et l'opposition de ses rythmes, c'est là un morceau évidemment
improvisé, où nous avons l'impression que l'influence de Haydn se traduit par une certaine sécheresse qui n'est point naturelle au génie de
Mozart.

D'une façon générale, d'ailleurs, le style de la sérénade nous révèle
une adaptation déjà presque achevée à l'esprit nouveau de la « galanterie ». Les sujets sont, dorénavant, très nettement séparés, malgré parfois encore un faible effort pour les unir par de petits rappels ; le contrepoint se borne à quelques imitations rudimentaires ; les belles *codas*
de la période précédente tendent à disparaître, ou bien à devenir de
petites *strettes* sans aucune portée, — sauf pourtant dans l'*andante*, où
Mozart inaugure un type nouveau de *coda* poétique, que nous allons
retrouver dans les œuvres à venir. Les *rentrées*, dans tous les morceaux,
reproduisent intégralement les premières parties. Et il n'y a pas jusqu'à l'instrumentation qui, avec sa prépondérance du premier violon
et ses nombreux *soli* concertants d'instruments à vent, n'atteste la
substitution, au savant et vigoureux travail symphonique des œuvres
de la période précédente, d'une conception tout autre, se rapprochant
du style naguère pratiqué par Mozart dans ses symphonies italiennes.

De plus en plus maintenant, jusqu'au voyage de Mannheim et de Paris, nous verrons cette conception « concertante » de l'orchestre reprendre son empire snr le jeune Mozart.

Le premier morceau s'ouvre, comme nous l'avons dit, par sept mesures de prélude, *andante maestoso*, où Mozart, suivant l'exemple de Haydn, se borne à exposer une simple phrase, présentée ici par les premiers violons et portant jusque dans son rythme la marque très visible de l'influence de Haydn. Vient ensuite un *allegro assai* formé de trois sujets distincts, dont le premier, d'un rythme très accentué, est répété deux fois; et la ritournelle propre du troisième sujet est encore suivie d'une longue *strette* finale, où les violons et les basses esquissent de rapides imitations. Le *développement*, comme toujours à présent, est tout nouveau, sans même désormais s'enchaîner avec la première partie; et ce petit *développement*, à son tour, nous offre successivement plusieurs idées différentes, avec des modulations chromatiques d'un effet piquant. Après quoi la *rentrée* reproduit la première partie sans le moindre changement, pour aboutir à une double reprise, mais déjà sans *coda* après les nouvelles barres de reprise.

Dans le premier menuet et son trio, la première partie est reprise tout entière, après la seconde; et Mozart ajoute même à cette reprise une petite *coda*, dans le menuet proprement dit. Dans le trio, les flûtes se partagent le chant avec les violons, et toute l'instrumentation de ce trio, comme aussi celle de l'*andante* qui suit, est traitée dans ce style concertant dont nous venons de parler, avec de nombreux *soli* des divers instruments.

Nous avons dit déjà l'importance particulière de cet *andante*, un de ceux où commenee à nous apparaître l'admirable inspiration poétique qui compensera désormais, dans l'œuvre de Mozart, l'abandon du beau style travaillé et savant des périodes précédentes. Et nous avons dit aussi comment Mozart, dans ce morceau, a imaginé de reprendre le rythme du prélude initial, dont il a fait la ritournelle du premier sujet. L'*andante* tout entier n'est d'ailleurs qu'un chant de violon, entrecoupé de petits soli de hautbois. Deux sujets d'égale longueur, et se répondant l'un à l'autre avec une signification expressive toute pareille, se prolongent par une grande ritournelle trillée d'un rythme ingénieux et original : le premier sujet accompagné d'une figure continue des seconds violons qui, elle aussi, annonce déjà les merveilleux accompagnements continus des rêveries des périodes suivantes. Un petit *développement*, après les barres de reprise, se borne à exposer deux fois une variation du rythme initial du premier sujet; et la *rentrée*, ici encore, reproduit la première partie sans y rien changer : mais pour aboutir, cette fois, à une longue *coda* où le hautbois, à son tour, nous fait entendre un chant nouveau, d'une pureté et d'une grâce mélodique incomparables. Rien de plus intéressant pour nous que cette *coda*, déjà toute différente de celles des morceaux que nous avons étudiés jusqu'ici. Désormais Mozart, tout en supprimant les *codas* dans les *allegros*, les conservera volontiers dans les *andantes*, mais en leur donnant une portée nouvelle, qui s'accordera tout ensemble avec l'idéal de la « galanterie » et avec l'inspiration de son génie de poète. Au lieu de reprendre et d'élaborer, de concentrer expressivement tels ou tels éléments

musicaux du morceau précédent, il fera servir ses *codas* à traduire
sous une autre forme l'émotion générale du morceau, au moyen d'une
idée mélodique inventée à dessein pour cet objet, sans autre rapport
avec les idées précédentes que l'intime parenté de l'expression foncière. Ainsi la *coda* introduira dans les morceaux un élément mélodique nouveau, tout comme l'aura fait déjà le *développement* : mais on
sait avec quel art Mozart a toujours réussi à mettre cet élément en
accord avec le reste du morceau, et à quelle prodigieuse beauté de
sentiment et de poésie il s'est élevé dans ces conclusions des *andantes*
de ses quatuors ou quintettes, comme aussi dans telles scènes de ses
opéras.

Rien à dire du menuet qui succède à l'*andante*, si ce n'est que, dans
le menuet proprement dit, Mozart ne reprend plus qu'un morceau de la
première partie après la seconde. Tout ce menuet est d'ailleurs très
uni dans l'allure vigoureuse de son rythme, et son expression énergique s'accentue par le contraste du trio mineur, avec son chant de
hautbois d'une douceur tendre et mélancolique. Ici encore, la valeur
musicale est infiniment moindre que dans les puissants et savants menuets de la période précédente : mais nous sentons que Mozart parvient tout de suite à compenser cette infériorité du fond en déployant
dans ses nouveaux menuets, sous une forme plus simple et plus homophone, une inspiration poétique parfaitement appropriée au genre nouveau qu'il vient d'adopter. Autant, par exemple, l'inspiration du menuet
de la symphonie en *sol mineur* répondait au grand style orchestral de
cette symphonie, autant il est clair que ce chant mélancolique du trio
en *ré* mineur de la sérénade utilise toutes les ressources du langage
plus homophone que nous y rencontrons.

Il n'en va pas de même pour le finale, où le jeune homme, évidemment, n'a pas trouvé encore l'inspiration nouvelle qui convenait à son
nouvel idéal artistique. Comme nous l'avons dit, ce finale appartient à
cette fâcheuse série de morceaux bruyants et vides dont faisaient
partie également les finales de la symphonie n° 199 et de la sonate n° 200.
Ici, quatre petits sujets se succèdent, nettement séparés; et Mozart a
beau essayer de les unir, en rappelant, après le dernier d'entre eux, un
rythme qui lui a servi au début du morceau : ces sujets n'en paraissent pas moins étrangers l'un à l'autre, avec une allure vulgaire que
ne rachète aucun travail sérieux d'accompagnement ni d'instrumentation. Le *développement*, après quelques mesures sur le rythme du premier sujet, nous expose encore une idée nouvelle, à peine moins insignifiante que celles de la première partie; et celle-ci, ensuite, est
reprise sans aucun changement, pour s'achever par une petite *coda* qui,
d'un bout à l'autre, n'est plus rien qu'une *strette* banale, prolongeant
le rythme des sujets précédents.

Observons encore, avant de quitter cette sérénade, que, dans aucun
des trois morceaux, Mozart n'a pris la peine de changer une seule note
de ses *rentrées*. Il y a là, sans doute, la marque d'une composition très
hâtive; et en effet toute la sérénade, sauf peut-être l'*andante*, semble
avoir été conçue et écrite très rapidement : mais il n'en reste pas moins
qu'une telle négligence aurait sûrement paru inadmissible au Mozart
des périodes précédentes. Si pressé qu'il fût, il aurait trouvé le temps

de varier au moins les modulations ou de changer la ritournelle de l'un
de ses sujets : et ainsi cette sérénade nous révèle manifestement l'état
d'esprit nouveau du jeune homme au moment de sa vie que nous considérons. Bientôt, dans les premiers mois de 1775, ce qui n'est encore
pour lui qu'un accident deviendra une habitude régulière : jusque dans
les morceaux les plus soignés, nous le verrons se bornant à recopier
textuellement la première partie dans la *rentree;* et il ne faudra pas
moins que toute la richesse de son génie poétique pour faire excuser un
si fâcheux relâchement de son idéal professionnel.

207. — *Salzbourg, été de 1774.*

Petit concerto de violon en si bémol, intercalé dans la sérénade
précédente, avec accompagnement de deux violons, alto, deux
hautbois, deux cors et basse.

K. 203.

Ms. dans une collection viennoise.

Andante

Andante. — *Menuetto (en fa) et trio (en si bémol).* — *Allegro.*

Ce petit concerto, intercalé dans la sérénade suivant l'usage constant de Mozart, est d'une coupe si régulière, et se rapproche tellement
par son style du concerto de la *Sérénade pour Andretter,* n° 179, que
nous nous bornerons à en analyser brièvement le contenu, après avoir,
toutefois, signalé un détail des plus curieux au point de vue de l'évolution des idées et du goût de Mozart. C'est, à savoir, que déjà le
jeune homme paraît avoir apporté beaucoup plus de soin à ce concerto
qu'au reste de la sérénade, tandis que, au contraire, dans la sérénade
viennoise d'août 1773, tout son effort s'était concentré sur la partie symphonique de l'ouvrage, mettant celle-ci infiniment au-dessus du concerto qui s'y trouve joint. Non seulement les *rentrées,* dans ce concerto
de 1774, sont sensiblement variées, au lieu de reproduire simplement
la première partie des morceaux : mais la qualité des idées et leur
traitement nous font voir une aisance d'allures et une pureté d'inspiration très supérieures à celles qui se montrent à nous dans la sérénade, exception faite de l'*andante* de celle-ci qui, lui-même, était déjà
conçu dans un style concertant.

L'*andante* du concerto, qui déjà ne comporte plus de barres de
reprise, débute par un grand *tutti* où sont exposés, tour à tour, en *si*
bémol, les deux principaux sujets du morceau ; et il faut noter ici
l'effort de Mozart à unir ces deux sujets au moyen de figures d'accompagnement pareilles, ce qui constitue également la première annonce

d'un procédé que nous verrons s'affirmer de plus en plus dans les *andantes* de Mozart, jusqu'au jour où ceux-ci ne seront plus, d'un bout à l'autre, qu'un seul chant, avec diverses idées intimement apparentées et toutes accompagnées de la même façon. Le *solo*, précédé d'une figure de transition que dessinent les hautbois unis aux altos, s'ouvre par une reprise, à l'orchestre, du premier sujet du *tutti*, pendant que le soliste prélude à son jeu par une de ces tenues que nous avons vu apparaître déjà dans le concerto de la sérénade d'Andretter, et dont nous avons dit alors qu'elles étaient un artifice favori de Vanhall et de l'école viennoise. Puis le violon *solo* expose, comme d'habitude, un sujet nouveau qui lui appartient en propre et qui d'ailleurs ne tarde pas à s'enchaîner avec une reprise, en *solo*, du second sujet du *tutti*. Vient ensuite un petit *développement* tout nouveau, qui commence par une ritournelle de l'orchestre amenant un chant du soliste, pour aboutir à une cadence mineure d'un très bel effet pathétique ; et tout ce chant, du reste, avec l'accompagnement modulé des violons se poursuivant au-dessous de lui, a déjà une ampleur de lignes et une profondeur d'émotion poétique qui font pressentir les admirables phrases lyriques des concertos de violon de la période suivante. Encore la cadence susdite est-elle suivie, avant la *rentrée*, d'un charmant passage nouveau, en dialogue entre le soliste et l'orchestre ; et nous avons dit déjà que la *rentrée*, ici, se trouve être fort heureusement étendue et variée, du moins dans la reprise du premier sujet. Après elle, un rappel du *développement* amène la grande cadence facultative du soliste, que suit, en manière de *coda*, un ingénieux allongement de la ritournelle du second sujet.

Pareillement, le menuet du concerto nous révèle l'intention, chez Mozart, de renouveler librement la coupe extérieure de ses morceaux, ce qui sera l'un des traits distinctifs de son œuvre durant l'année 1775. Ici, le jeune homme imagine de concevoir le menuet proprement dit comme un prélude de l'orchestre, et de faire ensuite du trio un grand *solo* de violon. Le menuet, très court et tout rythmique, manifestement inspiré de Joseph Haydn, reproduit toute sa première partie après la seconde, en la variant quelque peu ; et puis, sur un accord de septième, le soliste commence une longue figure continue en doubles croches, ne rappelant que de très loin la coupe d'un menuet, et se terminant, après la reprise variée de la première partie, par une longue ritournelle en forme de *coda*.

Quant au finale, traité en morceau de sonate, sa coupe est absolument la même que celle de l'*andante*, à cela près que les deux sujets du *tutti*, au lieu de se ressembler en soi-même, ne sont reliés que par le rappel du premier sujet dans la ritournelle du second. Le *solo*, ici, débute par une reprise très hardiment variée du premier sujet du *tutti* : et c'est encore ce premier sujet qui sert de thème principal à un grand et beau *développement*, tout rempli de modulations expressives, d'ingénieuses imitations, de cadences chromatiques de l'orchestre, de passages dialogués entre les *tutti* et le soliste. Dans la *rentrée*, de nouveau, Mozart prend soin de varier les sujets de la première partie, et notamment le sujet réservé au violon *solo* ; et cette *rentrée*, de nouveau, aboutit à une longue *coda*, au milieu de laquelle se produit la cadence *ad libitum* du soliste. Tout cela visiblement très travaillé, avec de nombreux petit *soli* des cordes et des vents pendant les *tutti* et, dans les *soli*, une façon déjà beaucoup plus libre et plus « moderne » de faire chanter le violon.

208. — *Salzbourg, été de* 1774.

Marche en ré, accompagnant la sérénade précédente, pour deux violons, alto, deux hautbois, deux bassons, deux cors et basse.

K. 237.

Ms. dans une collection de Londres.

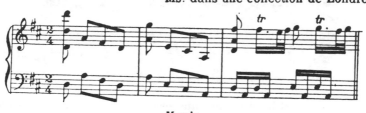

Marcia.

    Cette marche, dont l'autographe ne porte pas de date, est écrite sur le même papier, dans le même ton et pour les mêmes instruments que la sérénade n° 206. Et comme elle est sûrement de la même période, tout porte à croire qu'elle a été écrite pour précéder cette sérénade, suivant l'usage constant de Salzbourg. Aussi bien, son rythme rappelle-t-il beaucoup celui de l'*allegro* initial de la sérénade. Il est vrai que la marche réserve une ligne spéciale aux deux bassons, qui, d'ailleurs, ne font jamais que doubler le violon ou l'alto, tandis que, dans la partition de la sérénade (sauf pour l'un des trios des deux menuets), la partie des bassons se confond avec celles des basses; mais cela prouverait simplement que Mozart a écrit sa marche avant sa sérénade, et s'est décidé ensuite, par économie de temps, à ne plus écrire séparément une partie qui déjà, dans sa marche, se bornait à doubler d'autres instruments. Car la présence des bassons dans l'orchestre de la sérénade nous est attestée, à la fois, par l'intitulé de celle-ci et par ce petit solo de basson qui a lieu dans le trio susdit[1].

    Ecrite encore dans le style serré, et volontiers contrepointé, des œuvres symphoniques des périodes précédentes, cette marche nous offre la particularité d'être seule, avec celle de la marche viennoise

---

1. Nous devons ajouter que, en tête de l'autographe de cette marche, une main étrangère a inscrit la date « 1775 » : mais cette inscription n'a rien d'autorisé, et doit s'expliquer simplement par la présence dudit autographe dans un recueil factice où toutes les autres marches portent les dates authentiques de 1775 et 1776. Le possesseur du recueil, sans doute, aura supposé que le n° 208 était contemporain de plusieurs autres marches de 1775. Si l'inscription était venue de Mozart ou de son entourage, la mention du mois aurait accompagné celle de l'année.

738 VINGTIÈME PÉRIODE

pour Andretter, à reprendre toute la première partie dans sa *rentrée*, après quelques mesures de *développement*. La *rentrée* est, du reste, plus variée que dans les divers morceaux de la sérénade.

209. — *Salzbourg, entre octobre* 1773 *et octobre* 1774.

Sonate en ut, pour le clavecin.

K. 279.
Ms. à Berlin.

Allegro. — Andante (en fa). — Allegro.

Cette **sonate est** la première d'une série de six sonates **pour clavecin seul** que Mozart, probablement, aura rêvé d'écrire avant son départ pour Munich, de façon à pouvoir les y jouer pendant son séjour. Dans une lettre à sa sœur, écrite de Vienne en 1784, Mozart parlera de la sonate sixième et dernière de cette série **en la désignant comme** « écrite jadis à Munich pour Dürnitz » ; et nous verrons que les quatre sonates précédant celle-là doivent avoir été composées antérieurement à cette sonate munichoise, mais fort peu de temps avant elle. On pourrait donc, tout d'abord, penser que la première sonate de la série ne date, pareillement, que de l'automne ou de l'hiver de 1774 : mais elle diffère si entièrement des autres par son style et ses procédés qu'il n'est guère possible qu'elle ait été produite en même temps ; et il se trouve, en outre, que, dans le cahier manuscrit des six sonates, celle-ci, — ou tout au moins sa première partie, — est écrite sur un autre papier que le reste de la série. Tandis que les cinq autres sonates sont sur le grand papier que Mozart a été forcé d'employer pour sa partition de la *Finta Giardiniera*, le premier morceau de cette première sonate est encore sur le petit format oblong dont Mozart s'est constamment servi pour ses compositions instrumentales depuis son retour d'Italie en mars 1773. Évidemment le jeune homme, au début de 1775, ayant à fournir un recueil de six sonates, aura utilisé, — peut-être en modifiant un peu l'*andante* et le finale, — une œuvre qu'il avait composée déjà durant la période précédente ; et le fait est que le rythme et l'allure du premier *allegro* ressemblent beaucoup à ceux de trois sonates, aujourd'hui perdues, que possédait la sœur de Mozart, et qui, à en juger par le caractère un peu scolastique de leur début, appartiennent sûrement aux années 1773 ou 1774. (K. Anh., 199, 200 et 201).

Ces trois sonates perdues et la présente sonate en *ut* nous offrent, en réalité, les premiers essais de Mozart dans le genre de la sonate pour clavecin non accompagné : car, pour facultatif que fût le rôle du violon, dans toutes les sonates précédentes, nous sentons cependant que Mozart a toujours conçu ces sonates comme accompagnées d'une partie de violon. Ici, pour la première fois, nous le voyons renoncer à cet accompagnement, qui désormais commençait à disparaître de l'usage musical, ou plutôt à y prendre un caractère nouveau, — pour nous donner la véritable sonate de piano et violon, telle que Mozart la pratiquera à Mannheim, en 1778. Et non seulement cette sonate nouvelle diffère des précédentes à ce point de vue de sa forme extérieure : mais l'esprit qui l'anime est absolument sans aucun rapport avec celui que nous ont fait voir les sonates à la fois très italiennes et très romantiques du fructueux début de 1773. Au lieu de cette inspiration toute libre, et pour ainsi dire plus poétique encore que musicale, qui nous est apparue dans les sonates italiennes, nous trouvons ici de vraies sonates de clavecin, expressément écrites en vue d'un instrument défini, et où l'on dirait que Mozart s'occupe moins des sentiments à exprimer que des effets à produire sur le clavecin. Les idées sont plus courtes, plus sèches, et d'une allure plus banale; tandis que, d'autre part, les figures arpégées, les trilles, les mordants, tous les artifices de l'ornementation du clavecin interviennent avec une abondance beaucoup plus marquée. De telle sorte qu'il y a sûrement à reconnaître, dans cette sonate, l'action d'une influence toute nouvelle, modifiant très profondément, dans l'esprit du jeune homme, le type idéal de la sonate de clavecin. Et nous aurions intérêt à savoir, cette fois encore, d'où est venue à Mozart cette impulsion qui lui a fait oublier aussi entièrement les belles traditions italiennes dont il était nourri jusque-là.

La pensée qui se présente aussitôt, devant cette question, est le souvenir d'une série de six sonates que Joseph Haydn, le maître favori de Mozart, a publiées précisément durant l'année 1774; et le fait est que l'influence de ces sonates de Haydn, très sensible dans les numéros suivants de la série des sonates de Mozart, n'est peut-être pas non plus sans se faire sentir dans la présente sonate en ut, où le finale, en particulier, est tout rempli d'échos de l'art du maître d'Esterhaz. Mais ni le caractère général de la sonate, ni le détail de sa composition, ne dérivent directement de ces sonates nouvelles de Joseph Haydn ; et au contraire il est impossible de parcourir la série des sonates précédentes de Haydn, écrites avant la conversion de ce maître au style « galant », ou encore n'importe quel recueil de sonates d'autres maîtres viennois, tels que Vanhall, Mlle Martinez, ou Steffan, sans être frappé de l'analogie de leurs idées et de toute leur allure musicale avec celles que nous découvrons dans cette première sonate de Mozart. Que l'on voie par exemple, à la bibliothèque du Conservatoire, un recueil de six sonates choisies de Steffan et Rutini, publié en 1772 à Paris chez la veuve Le Menu ! Sur les trois sonates de Steffan que contient ce recueil, il n'y en a pas une qui n'offre quelque point de contact avec la sonate susdite de Mozart, ni dont les thèmes ne rappellent ceux des trois sonates perdues que nous mentionnions tout à l'heure. Même emploi fréquent de la basse d'Alberti, même abondance d'arpèges, de trilles, et de petites notes piquées, même enchaînement entre les sujets, même façon de terminer la première partie des morceaux sur

une cadence pleine à la dominante, et puis, à la fin de la seconde
partie, d'ajouter encore à cette cadence une ou deux mesures nouvelles
en guise de conclusion. Même apparence générale d'exercices de clavecin, infiniment éloignée de l'allure toute libre et chantante des
sonates italiennes. Bien plus, l'une de ces sonates de Steffan, en *sol*, — la
dernière du recueil, — débute absolument par le même rythme que la
sonate de Mozart. Et comme celui-ci, de Vienne, en août 1773, envoyait
à sa sœur les compliments de son ami Steffan (dont nous avons parlé
déjà à propos des variations n° 190), tout porte à croire que le jeune
homme, durant ce séjour, aura vécu dans la familiarité du maître viennois, dont l'influence sera restée encore des plus vives sur lui durant
les périodes suivantes.

La ressemblance de la sonate de Mozart avec celles de Steffan, pourtant, ne va pas jusqu'à l'imitation par Mozart de tous les procédés
d'écriture du claveciniste de Vienne. Comme Steffan, Mozart multiplie
volontiers les idées, dans ses morceaux, et, toujours comme lui, consacre ses petits *développements* à une élaboration modulée des idées précédentes : mais ensuite, dans les *rentrées*, tandis que Steffan avait coutume
d'abréger la reprise de la première partie, Mozart, lui, allonge cette
reprise, et y pratique une méthode dont un autre que Steffan a dû certainement lui fournir l'exemple. Que nous considérions, en effet, le premier
morceau de sa sonate ou l'*andante*, nous voyons que Mozart, ici, pour
varier sa *rentrée*, s'avise de transposer l'ordre des idées de la première
partie, soit qu'il intervertisse les ritournelles des deux sujets principaux, ou qu'il ne reproduise qu'après le second sujet une phrase supplémentaire qu'il a placée d'abord à la suite du premier. C'est là un
procédé des plus rares chez lui, et dont on pourrait penser qu'il l'a
emprunté à ses anciens maîtres italiens, les Sammartini et les Jommelli,
si l'on n'en retrouvait de nombreux échantillons dans l'œuvre du salzbourgeois Michel Haydn, et notamment dans ses admirables quintettes
de 1773. Là aussi, le fécond génie de Michel Haydn s'amuse souvent à
intervertir l'ordre de ces nombreuses idées mélodiques qui jaillissent
spontanément sous ses doigts, trop courtes et trop enchaînées l'une à
l'autre pour pouvoir être considérées comme de véritables « sujets »
De telle sorte que l'influence de Michel Haydn n'est pas non plus sans
avoir agi sur l'esprit de Mozart, lorsqu'il a composé sa sonate ; et comme,
avec cela, nous verrons que le rythme initial du premier morceau se
trouve rappelé dans la ritournelle qui précède les deux barres, suivant
un procédé que nous avons signalé dans maintes œuvres du début
de 1774, il y a décidément bien des motifs de penser que c'est vers
cette même date que Mozart aura écrit sa sonate en *ut*, et sans doute
aussi les trois sonates perdues.

Le premier morceau, comme nous l'avons dit, est fait, à l'exemple de
Steffan, de nombreux petits sujets apparentés que suit une longue
ritournelle rappelant le rythme de la phrase initiale. Le *développement*,
assez long, élabore ensuite le rythme et les idées du début du morceau, pour aboutir à une *rentrée* allongée où, comme on l'a vu, les
thèmes de la première partie se trouvent transposés, avec de nombreux
petits changements expressifs. Le morceau, contrairement à l'habitude
de Mozart en 1773-1774, ne se termine point par une *coda* séparée,

Mozart se bornant à allonger de deux mesures la cadence finale de la première partie : mais sans doute, ici comme dans ses quatuors viennois de 1773, Mozart aura suivi l'exemple de modèles qu'il avait sous les yeux. Au point de vue de la technique instrumentale, le morceau, ainsi que nous l'avons dit, offre une apparence scolastique d'exercice pour le clavecin : on n'y trouve, en vérité, ni octaves ou tierces en série, ni croisements de mains : mais toutes les anciennes figures de virtuosité du clavecin se rencontrent à chaque ligne, trilles, arpèges, mordants de toute nature ; et déjà la basse d'Alberti est constamment modulée, avec une aisance et une sûreté remarquables.

L'*andante* qui suit a bien, lui aussi, une apparence un peu sèche et pédante, qui le distingue des beaux chants des autres sonates de la même série : mais l'inspiration y est infiniment plus profonde et plus personnelle. Impossible, d'ailleurs, de distinguer de vrais « sujets » dans ce morceau où sans cesse des idées nouvelles se succèdent, sur un même rythme de triolets. Le *développement*, à son tour, poursuit l'exposition de ce rythme avec d'autres idées, et la *rentrée* nous offre un second exemple du procédé susdit de transposition des thèmes de la première partie. Ici encore, les traits de virtuosité sont fréquents, comprenant même, cette fois, des suites d'octaves et de tierces : mais déjà leur emploi nous apparaît beaucoup plus justifié par l'expression du morceau, où d'incessants changements de nuances et de fréquents chromatismes nous attestent la pleine maturité du génie de Mozart. La basse, elle aussi, dont nous avons signalé l'extrême importance dans toute l'œuvre instrumentale de Mozart en 1774, commence à reprendre, dans cet *andante*, la liberté et la portée expressive dont autrefois Schobert avait fourni l'exemple à son petit élève.

Quant au finale, traité « en morceau de sonate », nous avons dit plus haut la ressemblance de son allure générale avec celle de maints finales des sonates de Joseph Haydn : mais tandis que celui-ci, avec son goût d'élaboration thématique, s'en tenait toujours à deux sujets tout au plus, Mozart, ici, emploie déjà librement le procédé que nous l'avons vu emprunter, dès l'année précédente, pour ses œuvres symphoniques, à son maître salzbourgeois Michel Haydn. Au lieu de se borner à jouer avec deux thèmes, plus ou moins étendus, il juxtapose quatre ou cinq petites idées mélodiques qui semblent naître les unes des autres, et dont l'une, traitée en dialogue entre les deux mains, rappelle beaucoup l'un des rythmes du petit concerto de violon adjoint à la sérénade de la même année. Le contrepoint, du reste, à peu près nul dans les deux morceaux précédents, intervient à chaque instant dans ce léger et spirituel finale ; et un contrepoint si expressément imité de celui des sonates de Joseph Haydn que nous croirions volontiers que ce finale, écrit sur un autre papier que le premier morceau, a été entièrement recomposé par Mozart au moment où celui-ci a eu à produire ses sonates suivantes. Le fait est que son traitement n'a rien de commun, lui non plus, avec celui des deux morceaux précédents : après un *développement* d'un caractère tout autre, où le rythme du premier sujet n'est repris qu'à la suite d'un long travail de contrepoint sur l'une des autres idées de la première partie, la *rentrée* reproduit cette première partie avec, d'abord, buelques petits changements, mais sans aucune trace du procédé d'interversion qui nous est apparu tout à l'heure. Seulement, lorsque cette *rentrée* est sur le point de s'achever, voici que Mozart, dans une façon de *coda* également inspirée de Joseph Haydn, reprend de nouveau, en imitations, l'idée qui lui a servi déjà pour son *développement*; et c'est après avoir, une fois de plus, soumis cette idée à un vigoureux travail de contrepoint qu'il termine son morceau par la répétition de la cadence finale de la première partie.

210. — *Salzbourg, entre janvier et octobre 1774.*

Douze variations en ut, pour le clavecin sur un menuet de Fischer.

K. 179.

Ms. perdu.

Les documents écrits nous apprennent seulement, sur ces variations, qu'elles ont dû être composées avant la fin de 1774 : car, dans une lettre de Munich, le 30 décembre de cette année, Mozart demande à sa sœur de lui apporter « ses variations sur le menuet de Fischer ». D'autre part, l'autographe des variations, qui aurait pu nous renseigner sur leur date, est perdu ; et comme la première forme sous laquelle l'œuvre nous est parvenue est une édition « pour le piano-forte », publiée à Paris par Mozart lui-même en 1778, il n'est pas impossible que le texte que nous possédons diffère, plus ou moins sensiblement, de la rédaction primitive. Mais, avec tout cela, le style des variations est si caractéristique de la manière de Mozart durant l'année 1774, que nous pouvons affirmer en toute certitude que le jeune homme les a écrites vers le même temps que sa sonate de clavecin n° 209, c'est-à-dire durant l'intervalle entre ses deux voyages de Vienne et de Munich. Peut-être les aura-t-ils composées pour les produire dans une « académie » où il aura eu à montrer son talent de claveciniste, puisque, aussi bien, son concerto n° 192 nous prouve que, même dans sa ville natale, les occasions ne lui ont pas manqué de s'exhiber en public à la fois comme compositeur et comme virtuose. En tout cas, le caractère « difficile » du morceau indique bien que ce n'est point là une œuvre destinée à ses élèves, mais bien un morceau de concert, — que Mozart d'ailleurs a continué d'exécuter jusque pendant sa grande période viennoise. Et quant au thème dont il a fait choix, ce médiocre menuet du hautboïste Fischer a été longtemps, en Allemagne, aussi populaire que l'était chez nous le non moins médiocre menuet d'Exaudet.

Nous avons dit, dans l'introduction de ce chapitre, que Mozart a traversé, vers le milieu de 1774, une étrange période de transition où il a voulu réaliser un idéal tout « moderne » de « galanterie », à l'aide du langage savant et un peu archaïque qui, naguère rapporté d'Italie et de Vienne, lui avait servi jusque-là à exprimer des émotions de l'ordre le plus pur et le plus élevé. Cette contradiction entre ses idées et son style, dont nous avons vu déjà maints exemples curieux, ne s'affirme nulle part aussi pleinement que dans ces variations, dont l'objet a été, sûrement, de faire briller l'habileté technique de l'auteur, et qui, cependant, sont encore tout remplies de formules savantes, souvenir des nobles ambitions de la période antérieure. Au contraire des variations sur le menuet de Salieri, en effet, où le jeune homme s'était librement amusé à improviser une série de petites fantaisies, sous prétexte de varier un thème donné, ces variations de 1774 ne visent plus qu'à répéter douze fois le thème sous des ornements toujours nouveaux, mais toujours assez discrets pour que l'auditeur reconnaisse la ligne mélodique de son air favori. Renonçant momentanément à la conception ancienne de la variation, telle que son génie de poète créateur devait la comprendre et l'aimer, Mozart, ici, s'est résigné à admettre cette conception nouvelle, italienne et française, que souvent encore plus tard l'influence de la mode ambiante l'obligera à reprendre dans son œuvre, mais toujours à contre-cœur, avec un désir manifeste de substituer, à ces répétitions machinales, de libres élans de sa fantaisie. A la date où nous sommes, un témoignage des plus curieux nous fait voir avec quelle force cette mode de la variation ornementale, humblement subordonnée au thème, était en train de s'imposer à tous les musiciens allemands. Nous possédons, en effet, deux séries de variations pour piano de Joseph Haydn, dont l'une, sur un menuet en *la*, a été composée en 1771, tandis que l'autre, sur un thème original en *mi bémol*, date précisément de l'année 1774; et autant les variations de 1771 sont libres et hardies, renouvelant presque à chaque reprise la signification expressive et le caractère mélodique du thème, autant la série de 1774 nous offre déjà l'allure toute « galante » des variations nouvelles, avec un retour constant du thème sous des ornements plus ou moins divers.

Mais au contraire de Haydn, qui tout de suite a su adapter à ce genre nouveau le langage nouveau qui lui convenait, rien n'est frappant comme le mélange qui se révèle à nous, dans les variations de Mozart, d'une intention purement « ornementale » et mondaine avec des procédés savants, — nous dirions volontiers scolastiques, — rappelant les études du jeune homme pendant les périodes précédentes. Sans cesse le contrepoint apparaît, parmi les répétitions brillantes et « pianistiques » du menuet populaire ; ou bien ce sont des recherches harmoniques, de petits passages où nous avons l'impression que l'auteur oublie l'objet « galant » de son œuvre pour donner satisfaction à sa curiosité personnelle. Et de tout cela, joint à l'évident souci général de virtuosité, résulte un morceau d'une nature assez étrange, plus original que vraiment agréable, avec une multiplicité d'aspects musicaux et une inégalité dans la valeur expressive ou mélodique des diverses variations qui, tout en nous donnant une très haute idée du progrès où s'était élevé le jeune homme sous le rapport de la technique du piano, ne nous procure pas une jouissance artistique équivalente.

A quoi nous devons ajouter que, naturellement, suivant une habitude constante chez Mozart, l'avant-dernière variation a un mouvement ralenti, et la dernière tend à reprendre le thème dans un rythme plus

vif : mais le jeune homme n'a pas commencé encore à introduire dans
sa série cette variation mineure qui, depuis le début de l'année suivante,
deviendra chez lui d'un emploi pour le moins aussi continuel que la
variation *adagio*.

Dès la première variation, nous reconnaissons le style et les procédés
qui nous sont apparus dans la sonate en *ut* nº 209; entre lesquels il
nous suffira de citer la tendance manifeste à traiter encore les deux
mains presque également, ou du moins à leur assigner un rôle presque
égal. Le contrepoint, qui d'ailleurs va de pair avec cette égalité des
deux mains, intervient, lui aussi, dès la première variation, et pour
s'accentuer encore dans la seconde. La troisième, plus homophone,
varie le thème en une suite continue de triolets, tandis que la quatrième le reprend, mais ici beaucoup plus altéré, sur un rythme continu
de doubles croches : ce qui n'empêche pas Mozart, dans ces deux variations, de maintenir l'égalité des deux mains en attribuant parfois à la
main gauche la continuation de la ligne du chant.

La cinquième variation, où le contour du thème reparaît nettement,
a pour principal caractère un usage déjà assez considérable de ce
tempo rubato que nous avons vu s'introduire timidement dans les variations nº 190 : pendant que la main gauche dessine un rythme continu
de triolets, la main droite reprend le thème en une série de croches ;
et nous devons signaler encore, dans cette variation, toute remplie
d'ornements suivant le goût ancien, un curieux passage modulé que
Mozart retrouvera souvent par la suite, notamment dans l'*andante* d'un
concerto en *si bémol* de 1776.

Poursuivant sa recherche de tous les moyens possibles d'ornementation thématique, Mozart, dans la sixième variation, recourt au procédé
de ce qu'on pourrait appeler la variation « chantante » : un chant de
la main droite (mais toujours très proche du thème) accompagné par
la main gauche en basse d'Alberti. Mais à ce morceau « galant » en
succède un autre où, de nouveau, les deux mains s'unissent pour dialoguer en contrepoint, avec des alternances de phrases manifestement
inspirées de Joseph Haydn, et qui pourraient même sortir directement
de la dixième de ces variations susdites de 1774, dont l'influence sur
l'œuvre de Mozart nous paraît, en tout cas, incontestable. Toujours
comme chez Haydn, la variation suivante (nº 8) nous présente des
séries d'octaves aux deux mains, avec un rythme syncopé qui, lui
aussi, est tout proche du style haydnien.

La variation nº 9 est toute en croisements de mains ; et l'emploi qu'y
fait Mozart de ce procédé n'a plus le caractère convenu et comme
machinal des croisements de mains rencontrés jusqu'ici. Une fois de
plus, nous découvrons tout à coup chez Mozart un pianiste déjà très
« moderne », au courant des dernières inventions des maîtres étrangers. Mais, décidément, c'est comme si le jeune homme s'était juré de
nous exhiber, tour à tour, ce virtuose mondain et le savant théoricien
des grandes œuvres des périodes précédentes : car après cette variation en croisements de mains, voici de nouveau une série de réponses
en contrepoint que l'usage brillant d'octaves aux deux mains ne suffit
pas à préserver d'une certaine allure pédante et archaïque, rappelant
le style du clavecin plus que du piano.

Vient ensuite la variation *adagio*, où Mozart, comme il fera toujours depuis lors, cesse à la fois de nous montrer le savant et le·virtuose pour n'être plus qu'un charmant poète : et nous verrons en effet que, d'une façon générale, tout son art durant les deux années suivantes se concentrera dans les *adagios*, chefs-d'œuvre de pure et profonde beauté originale parmi la fâcheuse « galanterie » de la plupart des *allegros* qui les entoureront. Ici, — un peu comme dans sa sonate n° 209, — le jeune homme est si imprégné de l'expression de son chant qu'il se donne la peine d'en varier toutes les reprises, d'où vient presque, à ce morceau, l'allure d'une fantaisie librement renouvelée d'un bout à l'autre. Avec cela, beaucoup moins de virtuosité que dans l'ordinaire de ces *adagios* de variations : pas de longues cadences, ni de difficultés dans les quelques traits.

Enfin la dernière variation, très rapide, et terminant la série sans aucune *coda*, a surtout pour nous l'intérêt de reprendre, une fois de plus, le rythme du thème, sur un accompagnement continu en doubles croches qui passe, tour à tour, à l'une et à l'autre main.

Telles sont ces variations qui vont devenir, pendant de longues années, le morceau choisi le plus volontiers par Mozart pour attester, devant des auditoires étrangers, son double talent de compositeur et d'exécutant. Et, en effet, elles peuvent fort bien servir à nous révéler tout ensemble l'extrême richesse et sûreté de ses moyens instrumentaux, et cette possession merveilleuse du langage musical qu'ont à jamais confirmée chez lui ses recherches assidues des années 1773 et 1774. Mais il n'en reste pas moins que, à les considérer sous le rapport de leur valeur esthétique, ces variations demeurent une œuvre inégale, un peu sèche, et d'un contenu très inférieur à l'habileté de leur forme : portant la trace d'une crise que traversait le génie du jeune homme durant la période où il les a écrites, et dont elles constituent, pour nous, le témoignage peut-être le plus significatif.

VINGT ET UNIÈME PÉRIODE

LE TRIOMPHE DE LA « GALANTERIE »

(SALZBOURG, SEPTEMBRE-DÉCEMBRE 1774 ; MUNICH, DÉCEMBRE 1774-MARS 1775 ET SALZBOURG, MARS-DÉCEMBRE 1775.)

Comme nous l'avons dit déjà, c'est vers le mois de septembre 1774 que Mozart a reçu commande d'écrire un opéra bouffe italien pour le théâtre de Cour de Munich ; et tout porte à croire que le reste du temps qu'il a encore passé à Salzbourg, jusqu'à son départ pour Munich au début de décembre 1774, a été presque entièrement consacré à la composition de cette *Finta Giardiniera* dont le livret devait être familier au jeune homme, ayant été déjà mis en musique par maints autres compositeurs, italiens ou allemands. Cette composition, en le contraignant à se plonger dans l'atmosphère musicale, peu habituelle pour lui jusqu'alors, de l'opéra bouffe, a dû commencer très sensiblement à résoudre chez lui, au profit de la nouvelle musique « galante » et mondaine, la crise dont nous avons été témoins pendant la période précédente : crise d'hésitation tâtonnante entre ce style nouveau et les grandes impressions allemandes rapportées, naguère, de son séjour à Vienne.

Mais bien plus profonde encore et plus décisive a été sur lui, à ce point de vue, l'influence du long séjour qu'il a fait à Munich (décembre 1774-7 mars 1775), pour diriger l'exécution de son opéra bouffe. C'est là, par l'effet d'un concours de circonstances dont nous aurons à nous occuper tout à l'heure, que le jeune Mozart s'est définitivement voué, tout entier, à la « galanterie », et conçue sous une forme très particulière, plus française qu'italienne, selon le goût du temps. Après quoi, durant toute l'année 1775, revenu dans sa ville natale, il n'a point cessé de poursuivre passionnément cet idéal « galant » rapporté de Munich : à tel point qu'il n'y a pas une de ses compositions de cette année qui ne nous le montre infiniment éloigné de ses nobles rêves esthétiques des années précédentes, et tout occupé seulement de produire une musique la plus légère, brillante, et amusante possible, à l'imitation de ces jeunes maîtres italiens ou français qui étaient alors en train de répandre et d'imposer le goût nouveau dans l'Europe entière.

Aussi les trois mois du séjour à Munich ont-ils été, pour le développement historique du génie de Mozart, plus importants encore peut-être, — sinon hélas ! plus précieux, — que les quelques mois passés à Vienne durant l'été de 1773. Malheureusement, la correspondance des Mozart ne nous offre, sur ce séjour, qu'un bien petit nombre de renseignements intéressants : mais encore convient-il que nous l'interrogions tout d'abord, sauf à y joindre ensuite quelques autres faits qui nous viennent d'autres sources d'information contemporaines.

Voici donc, parmi les lettres des Mozart que Nissen, Jahn, ou Nohl ont bien voulu publier, les passages pouvant avoir de quoi nous intéresser, — Mozart étant d'abord allé à Munich avec son père, et y ayant été rejoint, un peu plus tard, par sa sœur :

Le 9 décembre 1774, Léopold écrit à sa femme : « C'est aujourd'hui que nous avons fait connaissance avec les acteurs qui vont figurer dans la pièce de Wolfgang, et qui tous nous ont accueillis très amicalement. » Le 14 décembre, il écrit : « Retrouve-moi, parmi ma musique, les deux litanies de *Venerabili* et du Très-Saint-Sacrement, qui sont récitées pendant les heures. L'une est en *ré* ; l'autre, plus récente, commence par le violon et la basse *staccato*. Tu la connais bien : le second violon, dans l'*Agnus Dei*, ne cesse pas de faire des triolets. Et il faut aussi que notre fille nous apporte la litanie de Wolfgang où se trouve la fugue du *Pignus*. Ces deux litanies seront chantées ici, aux heures, le jour du nouvel an ».

Le 16 décembre, il annonce qu'il a enfin retenu un logement pour sa fille ; et il ajoute : « Nannerl y trouvera un clavecin pour son usage propre ; il faudra qu'elle y joue assidûment les sonates de Paradisi et de Bach (Jean-Chrétien), ainsi que le concerto de Lucchesi. » Puis, le 21 décembre : « Nannerl devra également nous apporter les sonates et variations manuscrites de Wolfgang. Quant à son concerto, nous l'avons déjà ici. »

Les lettres suivantes s'occupent plus activement de l'opéra bouffe. Du 28 décembre : « La première répétition d'ensemble de l'opéra de Wolfgang a eu lieu. La pièce a plu si fort qu'on en a ajourné la représentation au 5 janvier, afin que les chanteurs pussent mieux l'apprendre et ainsi, ayant bien la musique dans la tête, jouer leurs rôles avec plus de sûreté, faute de quoi l'opéra serait compromis. La musique ayant été jugée étonnamment agréable, tout ne dépend plus désormais que de la production au théâtre, qui d'ailleurs ira bien, je l'espère, puisque les acteurs ne sont pas mal disposés pour nous. » C'est dans un post-scriptum à cette lettre que Wolfgang, pour la première fois, fait allusion à une certaine demoiselle salzbourgeoise qui paraît avoir touché son cœur à la veille de son départ. « Je t'en prie, écrit-il à sa sœur, n'oublie pas de faire la visite que tu sais, et d'offrir là-bas mes compliments, mais de la manière la plus expressive et la plus tendre ! » Le 30 décembre, il écrit encore : « Bien des choses à Mᵁᵉ Mizerl ! Il ne faut pas qu'elle doute de mon amour : elle est toujours présente devant mes yeux, dans son ravissant négligé. J'ai vu ici beaucoup de jolies jeunes filles, mais je n'ai rencontré personne d'aussi beau. » Après quoi, aucune mention n'apparaît plus de « Mᵁᵉ Mizerl », probablement sacrifiée à quelque « jolie jeune fille » de Munich.

Dans le même post-scriptum du 30 décembre, Wolfgang ajoute : « Que ma sœur n'oublie pas d'emporter avec elle les variations d'Eckard sur le *Menuet d'Exaudet*, et mes propres variations sur le *Menuet de Fischer* ! Hier, je suis allé entendre la comédie appelée le *Ménage à la mode* : on l'a très bien jouée. »

Le même jour encore, Léopold écrivait à sa femme : « C'est jeudi que l'opéra sera représenté. Or, je te dirai que le *maestro* Tozi, qui est en train d'écrire ici l'*opera seria*, a écrit l'année dernière, vers ce même temps, un *opera buffa*, et s'est tellement efforcé de le bien écrire, afin de faire tomber l'*opera seria*, — qui était commandé au *maestro* Sales, — que l'opéra de Sales a échoué. Or, il se trouve par hasard que, cette fois, l'opéra de Wolfgang va passer, tout pareillement, avant un opéra de Tosi ; et tout le monde a dit, en entendant la première répétition, qu'à présent Tosi allait être payé de sa propre monnaie, en ce sens que l'opéra de Wolfgang va écraser le sien. Les choses de ce genre ne sont pas du tout à mon goût, et je tâche toujours à empêcher de tels bruits, et je proteste sans fin : mais l'orchestre entier et tous ceux qui ont assisté à la répétition disent que jamais encore ils n'ont entendu une musique aussi belle, où il n'y a pas un air qui ne soit beau. »

« L'opéra ne sera donné que le 13 ! » lisons-nous dans une lettre de Léopold, du 5 janvier 1775. Le 11 janvier, Wolfgang écrit à sa mère : « Demain, répétition générale, et après-demain, le vendredi 13, première représentation de mon opéra... Hier, nous sommes allés au bal masqué. M. de Moelk a entendu avec nous l'*opera seria*. » Le même jour, Léopold écrit que « Wolfgang a tout espoir d'être choisi pour composer ici le grand opéra de l'année prochaine ».

Enfin voici la lettre de Wolfgang, rendant compte de la première représentation. « Dieu soit loué ! écrit-il le 14 janvier. C'est hier que mon opéra a été donné pour la première fois, et il a si bien réussi qu'il m'est impossible de vous décrire le bruit qu'il a soulevé. D'abord toute la salle était tellement pleine que beaucoup de personnes n'ont pas pu entrer. Après chaque air, il y avait une effrayante explosion de bravos et de *viva maestro* ! La princesse Electrice et la princesse douairière, qui étaient assises vis-à-vis de moi, me disaient aussi *bravo* ! Quand l'opéra fut joué, pendant l'entr'acte qui a lieu jusqu'au commencement du ballet, ce ne furent qu'acclamations... Et puis, après le théâtre, je suis allé avec papa baiser la main du prince Electeur, de la princesse, et des autres altesses, qui ont tous été très aimables... Quant à notre retour, il ne peut avoir lieu de si tôt; sans compter qu'il fait bon de souffler un peu! Nous reviendrons toujours assez tôt à... Et puis il y a une raison sérieuse et urgente : c'est que mon opéra sera donné de nouveau vendredi prochain, et que je suis indispensable pour la bonne exécution, faute de quoi on ne reconnaîtrait plus ma musique, car les choses se passent ici d'une façon bien curieuse. » Le dernier billet que nous possédions de Wolfgang est daté du 18 janvier. Nous y apprenons seulement que le jeune homme est très préoccupé des « redoutes » qui se préparent à Munich pour le carnaval. Le même jour, Léopold écrit : « Que l'opéra de Wolfgang a obtenu un succès général, c'est ce que tu dois savoir déjà par de nombreux rapports. Figure-toi combien gêné a du être notre vénérable Archevêque et Seigneur, lorsque, en arrivant ici, il a entendu tous les princes et seigneurs lui vanter l'opéra de notre fils, et lorsque force lui a été de recevoir les félicitations solennelles que tous n'ont pu manquer de lui faire! Quant à l'opéra, il ne pourra point l'entendre, car il repart dans quelques jours, et l'opéra ne sera donné que dans une semaine. » Enfin voici les courts extraits que nous connaissons des deux dernières lettres de Léopold à sa femme :

Le 15 février, il écrit : « Dimanche dernier, une petite messe de Wolfgang a été chantée dans la chapelle de la Cour : c'est moi qui ai battu la mesure. Dimanche prochain, on en chantera une de nouveau. Aujourd'hui, nous n'allons pas à la redoute, car il faut que nous nous reposions un peu. C'est la première redoute que nous manquons! » Puis, le mercredi des Cendres : « Dieu merci, le carnaval est fini : mais notre bourse a reçu un gros trou. Je te permets de raconter à tout le monde l'histoire de Tosi, — qui a composé l'opéra d'*Orfeo*, où sa femme tient à présent le rôle d'Eurydice, — et de la comtesse Seefeld, née comtesse Sedlitzky. Le 7 mars, nous serons rentrés. »

D'autre part, on a publié récemment une lettre écrite par Wolfgang à un ami, pendant ce séjour à Munich (le 14 janvier 1775) : mais le jeune homme y répète, presque mot pour mot, ce qu'il vient d'écrire à sa mère touchant le succès de son opéra. Plus intéressante pour nous est une lettre que Mozart adressera, le 4 septembre 1776, de Salzbourg, à son vénéré maître et ami le P. Martini. Nous y lisons, en effet, le passage suivant : « J'ai composé, l'année dernière, pour le carnaval, un *opera buffa* à Munich en Bavière. Peu de jours avant mon départ de cette ville, S. A. le prince Electeur a désiré entendre quelque chose de ma musique de contrepoint. J'ai donc été obligé d'écrire hâtivement le motet ci-joint, afin qu'on eût le temps d'en copier la partition pour S. A., et d'en transcrire les parties, qui ont

été exécutées le dimanche suivant, à l'*offertoire* de la grand'messe. »
Enfin les lettres ultérieures de Mozart, les traditions de sa famille,
et les recherches biographiques de Jahn nous permettent, comme
nous l'avons dit, de joindre encore quelques autres renseignements
à ceux que nous venons de citer, concernant ce séjour de trois mois
à Munich. Nous savons ainsi que, malgré les hautes espérances des
Mozart, l'opéra bouffe de Munich ne doit avoir réussi que médiocrement, puisque le jeune homme n'a pas même obtenu la commande
d'un autre travail pour les années suivantes. D'autre part, Mozart
lui-même nous apprend qu'il a rencontré, à Munich, un certain baron
de Dürnitz, qui était à la fois grand amateur de piano et de basson,
et qui lui a commandé ou acheté divers morceaux pour l'un et l'autre
de ces deux instruments. Quant à l'ensemble des ouvrages que Mozart
a composés pendant son voyage, voici ce que nous pouvons affirmer
sur ce point sans crainte d'erreur :

Nous verrons tout à l'heure que, sûrement, avant de quitter Salzbourg, il devait avoir composé déjà une bonne partie de son opéra
bouffe, comme aussi quatre ou cinq sonates pour le clavecin. En
arrivant à Munich, il a terminé l'opéra, en a composé l'ouverture,
puis a écrit, pour le baron de Dürnitz, une sonate de piano, et puis
encore, pour l'Electeur, le « motet » dont il enverra plus tard une
copie au P. Martini. Quant à une sonate de basson et à un concerto
pour le même instrument, également destinés au baron Dürnitz,
tout porte à croire que le jeune homme ne les aura produits qu'après
sa rentrée à Salzbourg. D'autre part, Nissen, répétant ici les asser-
tions de la veuve de Mozart, mentionne encore, comme ayant été
écrites à Munich, « deux grandes messes et une musique de vêpres
de Dominica pour la chapelle du prince Électeur ». Mais de tout
cela, dont l'existence est d'ailleurs très douteuse, nous pouvons retenir seulement la possibilité que Mozart ait, en effet, composé sur
place, à Munich, les deux « petites messes » dont son père, le 15
février 1775, écrit qu'on les a chantées dans la chapelle de la Cour.
Encore ne connaîtrions nous qu'une seule de ces deux messes, assez
faible, en vérité, pour pouvoir être née dans ces conditions.

Mais avant de suivre Mozart à Salzbourg, où il est rentré après son
séjour de trois mois à Munich, il faut que nous demandions encore à
l'Anglais Burney, qui nous a déjà beaucoup servi pour l'histoire des
voyages précédents du jeune homme, quelques renseignements complémentaires sur la vie musicale de l'aimable résidence bavaroise,
— en ajoutant, toutefois, que ces renseignements n'ont plus pour
nous le même intérêt immédiat que ceux qui se rapportaient à l'Italie
ou à Vienne, puisque deux années se sont écoulées entre la visite
de Burney à Munich et celle de Mozart.

Dès son arrivée à Munich, le 16 août 1772, Burney a été accueilli
par un gentilhomme français qui remplissait alors les fonctions du

représentant de l'Angleterre à la Cour bavaroise, M. de Vismes, et qui se trouvait être un amateur et connaisseur passionné de musique. En compagnie de ce gentilhomme, notre voyageur est allé d'abord examiner la bibliothèque de l'Electeur, où il a trouvé, ainsi que dans la chapelle électorale, une quantité immense de manuscrits musicaux, « depuis les anciens temps du contrepoint jusqu'à notre temps ». A Nymphenbourg, résidence d'été de l'Electeur, où celui-ci se fait donner un concert tous les soirs, Burney a rencontré le premier violon de l'orchestre, un certain Krœner, dont nous savons que les Mozart l'ont également fréquenté pendant leur séjour. Suit le récit d'une audience de l'Electrice douairière de Saxe, très éprise de musique, qui parle à Burney du grand talent de son frère l'Electeur sur la viole de gambe. A huit heures, un concert privé a lieu à Nymphenbourg, qui commence par deux symphonies de Schwindl. Après quoi viennent des airs, dont quelques-uns extraits d'un opéra composé par l'Electrice douairière elle-même. Puis c'est l'Electeur qui joue un trio de Schwindl, et le castrat Rauzzini chante un de ses airs, et puis encore Burney entend un air de Traetta chanté par Guadagni. Enfin le concert s'achève par une sonate de viole de gambe, où l'Electeur se montre, en effet, presque l'égal du fameux Abel. Pendant le souper qui suit ce concert, le prince s'entretient longuement avec Burney de la grande *Histoire de la Musique* projetée par ce dernier ; il est surtout amateur de musique religieuse. et a même composé un *Stabat Mater* et une litanie, dans un style savant qui nous fait comprendre qu'il ait, plus tard, désiré connaître le talent du jeune Mozart dans ce style.

De retour à Munich, Burney visite le théâtre de la Cour, où se jouent les opéras pendant l'hiver. Ce théâtre est petit, mais admirablement approprié pour la musique. Le soir, notre voyageur entend une *farza per musica* de Matteo Rauzzini, où chante la signora Manservisi, qui tiendra le rôle de Sandrina dans la *Finta Giardiniera*. « Sa voix, sans être forte, est très juste, et d'un goût parfait. » En revenant du théâtre, Burney entend « un excellent concert dans la rue », et les mêmes musiciens viennent encore jouer en son honneur devant la porte de son hôtel. Il les entend de nouveau le lendemain, dans les rues, où ils exécutent plusieurs morceaux complets, et le mieux du monde. Ce petit orchestre ambulant se compose de violons, hautbois, cors, un violoncelle et un basson.

Enfin, la veille du départ de Burney, celui-ci assiste à un concert improvisé en son honneur. Il y entend le violoniste Krœner, un très bon hautboïste appelé Secchi, et le bassoniste Rheiner, « virtuose très habile et très agréable ». Le concert commence par une sonate de clavecin, exécutée par une dame du monde. Puis vient un quintette d'un jeune compositeur local appelé Michel, et écrit pour un violon, un hautbois, un alto, un basson, et un violoncelle : morceau tout formé de *soli* alternant avec des *tutti*, mais à qui Burney reproche d'être « trop savant, et trop recherché dans les modulations ». Viennent ensuite des airs, dont un de l'*Eroe Cinese* de Sacchini. Pour finir, un duo de hautbois et basson. Le soir, nouvelle *burletta*, suivie d'un ballet.

Le lendemain, avant son départ, Burney entend encore deux violonistes, élèves de Tartini : Holzbogen et Lobst ; après quoi, bien à contre-cœur, il se remet en route, désolé d'avoir à quitter une ville où il a éprouvé des jouissances musicales plus parfaites que nulle autre part durant ses voyages.

Et maintenant, nous voici, de la même façon, obligés de nous éloigner de Munich, pour accompagner Mozart à Salzbourg, où va recommencer pour lui une existence très active, mais sur laquelle, malheureusement, ni lui-même ni ses biographes n'ont rien à nous apprendre. Nous savons seulement que, en avril 1775, une visite à Salzbourg du jeune archiduc Maximilien a donné lieu à de grandes fêtes, et que Mozart, en particulier, a reçu la commande d'écrire, pour cette occasion, un petit « opéra de fête », sur le célèbre poème de Métastase *Il Re Pastore*. Le 22 avril, a été représentée une *Sérénade dramatique* du maître de chapelle Fischietti ; et, le lendemain 23, le *Re Pastore*, pour lesquels on avait fait venir de Munich le soprano Consoli et le flûtiste Becke, grand ami des Mozart. Le journal d'un gentilhomme de la suite de l'archiduc note également que, à la fin de la soirée du 24, « le célèbre jeune Mozart s'est fait entendre sur le clavecin, et a improvisé diverses choses, avec autant d'art que d'agrément ».

Les cinq concertos de violon que le jeune homme a écrits pendant cette période ont conduit ses biographes à supposer qu'il a eu, aussi, l'occasion de se produire tout particulièrement comme violoniste : mais c'est ce qu'il n'est point possible d'affirmer à coup sûr. La seule de ses compositions qui nous le montre certainement travaillant pour la Cour du prince archevêque, est, au mois de juillet 1775, la première d'une série de « musiques de table » ou petites *cassations* pour deux hautbois, deux bassons, et deux cors, destinées à être exécutées pendant les repas de la résidence, et dont les cinq suivantes seront composées en 1776 et 1777. D'autre part, une sérénade du courant de l'été, faisant pendant à celle de l'été de 1774, doit avoir été commandée par des amateurs privés ; et nous avons dit déjà comment, à Munich, Mozart a été chargé par le baron Dürnitz d'écrire divers autres morceaux, qui l'ont pareillement occupé après son retour.

Tels sont, autant que nous pouvons les connaître, les principaux *faits* de cette longue période de près d'un an et demi : mais nous devons à présent considérer les caractères généraux de l'œuvre que

nous savons avoir été produite pendant cette période, et le changement qu'elles nous révèlent dans l'état d'esprit du jeune musicien.

La période précédente nous a montré le jeune homme déjà très
profondément touché de l'esprit nouveau, et bien résolu à rejeter
désormais toute ambition de musique savante et sérieuse pour suivre
son maître et collègue, Michel Haydn, dans les voies plus aimables
de la « galanterie ». Mais, au service de cet idéal nouveau, il ne mettait encore qu'un ensemble de moyens disparate et complexe, où la
plus grosse part provenait directement du style et des procédés des
périodes de grand art qui avaient précédé. Un premier changement
fut apporté à cet état de choses, durant l'automne de l'année 1774,
par la nécessité où s'est trouvé Mozart de consacrer presque tout son
temps à la composition d'un opéra bouffe. Comme nous l'avons dit
au début de ce chapitre, l'atmosphère même de l'opéra bouffe avait
en soi quelque chose de plus léger et de plus superficiel que cette
atmosphère de l'*opera seria* où le jeune homme avait été surtout élevé
jusqu'alors. Nul doute que, avec une nature aussi souple et mobile,
tout de suite il ait pris l'habitude de donner à sa pensée musicale un
tour à la fois plus gracieux et moins « appuyé », — et cela non seulement pour ce qui concernait les airs et ensembles de son opéra,
mais encore pour le reste des œuvres, d'ailleurs bien peu nombreuses,
qu'il avait à produire pendant le même temps. Sans compter que,
sûrement, il aura dû étudier alors, suivant son habitude, des modèles
nombreux du genre spécial où, pour la première fois depuis son
enfance, il allait s'engager : à côté de la musique écrite naguère par
Anfossi sur le même livret de la *Finta Giardiniera*, — musique que
nous verrons qu'il a bien connue, — nous pouvons être sûrs qu'il
aura étudié maints opéras bouffes italiens et allemands (ou du moins
composés par des maîtres allemands), qui auront contribué, eux
aussi, à alléger son style, achevant de l'affranchir de traditions trop
savantes et graves, désormais déplacées.

Mais tout cela n'était encore que l'ébauche de la révolution qui
allait s'accomplir chez lui dès le début de l'année suivante. Le
moment précis où cette révolution s'est définitivement accomplie
nous est, heureusement, révélé par un témoignage d'une très haute
portée historique. Il y a, dans son œuvre de cette période, une sonate
de piano seul, en *ré*, dont il nous apprend lui-même qu'il l'a composée à Munich, pour le baron Dürnitz, et qui est devenue la sixième
et dernière sonate d'une série évidemment commencée avant son
départ de Salzbourg. Or, un coup d'œil jeté sur cette sonate, en
comparaison des cinq précédentes, suffit à nous montrer que, tout
juste à partir d'elle, l'idéal « galant » de Mozart s'est trouvé transporté sur une voie nouvelle, où il se maintiendra dorénavant jusqu'au
bout de la présente période. Impossible d'imaginer un contraste
plus complet que celui de cette sixième sonate avec les cinq autres

de la série ; et nous n'aurons en vérité qu'à essayer de le définir pour expliquer, du même coup, en quoi vont consister, depuis lors, l'idéal et les procédés « galants » de Mozart.

Prenons d'abord la coupe extérieure de la sonate : la différence du genre nouveau avec celui de toutes les périodes précédentes nous y apparaîtra dans toute sa portée. La sonate conserve encore, il est vrai, l'ancienne division en trois morceaux, — un premier *allegro*, un *andante*, et un finale : mais déjà l'*andante* nous offre une forme imprévue et inaccoutumée que traduit le titre inscrit en tête du morceau, par Mozart lui-même : « Rondeau en Polonaise. » Ces mots, écrits en français avec cette orthographe toute française du mot : « rondeau », ne suffisent-ils pas à nous prouver que l'horizon musical du jeune homme n'est plus le même qu'il était jusque là ? Non seulement cet emploi d'un titre, cette substitution de la langue française à l'italien de naguère, indiquent l'avènement d'une influence française : celle-ci se trahit encore dans l'usage du « rondeau » pour le mouvement lent de la sonate, et d'un « rondeau » suivant la manière française, c'est-à-dire où la première partie du morceau se reproduit toute entière après un passage intermédiaire équivalant un peu au trio d'un menuet. Et, pareillement, le finale, ici, pour la première fois, au lieu d'être un « morceau de sonate », comme jadis dans les œuvres d'inspiration allemande, n'est plus même un *rondo* ni un *tempo di menuetto*, à la manière italienne. Mozart pousse plus loin encore cette liberté et variété de coupe qui est un des traits distinctifs de la musique française de son temps. Il donne pour finale à sa sonate un petit *andante* suivi de douze variations, tout comme faisaient, à Paris, les Eckard et les Honnauer, et même en empruntant à ces maîtres français un procédé qui, pour la première fois, nous apparaît ici dans son œuvre : le procédé d'une transposition du thème en mineur, pour l'une des variations de la série.

Que si nous considérons à présent la disposition intérieure des morceaux, — ou plutôt de l'*allegro* initial, qui est le seul morceau de la sonate conservant la coupe traditionnelle, — nous sommes frappés d'une particularité qui, elle, commençait déjà à se manifester dans les sonates précédentes, mais qui jamais encore ne s'était offerte à nous aussi pleinement : à savoir, la reproduction complète et intégrale de la première partie du morceau après le *développement*, sans le moindre effort pour varier un peu cette reprise, comme nous avons vu que Mozart, jusque-là, avait toujours essayé de le faire. Non seulement la reprise comporte un nombre de mesures égal à celui de la première partie du morceau : nous ne rencontrons plus même ces petites déformations d'une phrase du premier sujet, ces modulations ou ornementations nouvelles qui se trouvaient dans les reprises des quelques sonates composées à la veille du départ pour Munich.

Or, tout cela, cette coupe extérieure des sonates et cette conformation intérieure des morceaux, tout cela se produisait alors, exactement de la même façon, dans les sonates de l'école française. Il suffit, par exemple, de jeter un coup d'œil sur les deux premiers cahiers de sonates d'Edelmann, — qui doivent précisément dater des environs de 1774, — pour reconnaître une conception de la sonate absolument pareille à celle que nous voyons adoptée par Mozart. Et comme cette conception va nous apparaître, désormais, presque constamment présente à l'esprit du jeune homme pendant toute l'année 1775, nous ne pouvons douter qu'il s'agit bien là d'une influence française subie à Munich, et puis rapportée par Mozart dans sa vie salzbourgeoise. Aussi bien l'école française était-elle en train, vers ce même temps, d'envahir l'Allemagne, se substituant déjà, un peu partout, à l'école italienne, en attendant que, par exemple, dès l'année 1776, nous assistions au remplacement presque complet, sur les scènes viennoises, de l'œuvre des Piccinni et des Anfossi par celle des Philidor, Grétry, Monsigny et Gossec. Et si nous ignorons, en vérité, dans quelles circonstances Mozart, durant son séjour à Munich, est entré en rapport avec cette école, du moins nous est-il permis de supposer que le baron Dürnitz, ce riche mélomane qui lui a commandé sa sonate, lui aura communiqué maintes sonates françaises de sa collection. Ou bien, peut-être, Mozart aura-t-il encore rencontré à Munich ce M. de Vismes dont parle Burney, et qui deviendra plus tard, comme l'on sait, un des principaux commanditaires et librettistes de notre Opéra de Paris ?

En tout cas, le fait de l'influence française demeure incontestable. Et nous avons dit déjà que cette influence va se faire sentir chez Mozart à travers toute l'année, sauf à se mêler, peu à peu, de tendances nouvelles. Jusqu'à la fin de 1775, toutes les œuvres de Mozart, sérénades, concertos, sonates, divertissements, continueront à nous montrer l'esprit et le style que nous a fait voir la sonate pour Dürnitz, et ce sera seulement dans l'inspiration intime de ces ouvrages que nous sentirons, de plus en plus, le double effort inconscient du jeune homme à introduire, sous cette forme étrangère, l'émotion allemande et son propre génie.

Telle est donc la direction que va recevoir, chez Mozart, le goût nouveau du jeune maître pour le style « galant ». Toujours, suivant l'exemple des musiciens français, nous le verrons donner à ses compositions une coupe plus libre que celle de naguère, avec un rôle prépondérant accordé au *rondeau*, appelé ainsi en français et traité désormais à la manière française. Et toujours, aussi, à cette liberté de la disposition extérieure correspondra un appauvrissement marqué de la coupe intérieure, avec ce fâcheux procédé de répétition non variée de la première partie des morceaux dans la reprise de ceux-ci. Indépendance et variété au dehors, pauvreté au dedans :

c'est là une réalisation parfaite de l'idéal esthétique qui se résume dans le mot de « galanterie ». Et cette formule suffirait, à elle seule, pour faire comprendre en quoi les œuvres de la période en 1775 sont à la fois différentes de celles qui les ont précédées, et ce qu'elles ont, pour nous, de beaucoup moins précieux, tout en conservant peut-être un certain avantage pour la suite du développement du génie de Mozart : car il en a été un peu de cette période comme de celle du premier voyage d'Italie, et peut-être le jeune homme, de nouveau, a-t-il profité pour son avenir de la nécessité où il s'est trouvé d'exercer son talent dans des limites plus restreintes ? Il y avait en effet, dans les hautes ambitions que reflètent les œuvres de Mozart en 1773 et 1774, quelque chose de disproportionné à son âge, au peu d'expérience qu'il avait encore de la vie : en se plongeant tout entier pendant une année, (ou même pendant tout le temps qui a précédé son grand voyage de 1777), dans une « galanterie » toute d'agrément léger et superficiel, il a pu se rendre plus absolument maître de ses moyens, et constituer en lui ce sens incomparable de pure perfection qu'il allait transporter ensuite sur des terrains plus vastes, et plus dignes de lui.

Sans compter que cette année 1775, si elle ne lui a certainement rien appris en fait de musique véritable, a eu du moins le mérite de l'initier à la plus élégante et brillante virtuosité de son temps. Comme nous l'avons dit déjà, toute son œuvre de cette année n'est proprement qu'une série diverse de concertos, succédant à une série de sonates et symphonies d'ordre plus sévère. Jusque dans ses sonates, ses sérénades, ses ouvertures, et même sa musique vocale de 1775, nous allons retrouver l'esprit du *concerto*, c'est-à-dire une expression toute facile, tout extérieure, une élaboration musicale très peu approfondie : mais, en échange, une invention mélodique de plus en plus agréable, au service de laquelle seront mises toutes les ressources de l'instrumentation la plus éclatante. Et cela encore ne laissera point de porter de bons fruits, chez un maître que son instinct naturel préservera toujours des dangers qui trop souvent résultent d'une habitude familière de la virtuosité. Par une grâce unique et providentielle, Mozart, après avoir composé ses concertos de 1775 et 1776, n'en restera pas moins capable d'élever son esprit et son cœur à des horizons plus hauts ; et en emportant désormais, de sa crise de « galanterie », une maîtrise et sûreté de moyens qui lui permettra d'atteindre sans effort tout objet artistique qu'il aura en vue.

Il y aurait encore à noter d'autres progrès, dans l'art du jeune homme pendant cette période : et, en particulier, nous pourrions signaler dès maintenant cette transformation et cet élargissement de l'*andante* qui, sensible déjà en 1775, se manifesteront merveilleusement dans chacune des œuvres de l'année suivante. C'est là, sans aucun doute, une autre conséquence de la soumission de Mozart à

l'idéal « galant », comme si son génie poétique, enfermé et muré
dans des limites trop étroites, s'était du moins échappé tout entier
par cette voie du beau chant inspiré et de la rêverie. Par ce côté,
Mozart a tout de suite dégagé de la « galanterie » une partie au
moins de l'art plus élevé qu'allait en dégager le romantisme des
Beethoven et des Schubert, pour ne point parler de celui de Mozart
lui-même, dans les grandes œuvres de sa maturité. Plongés encore,
à leur base, dans les frontières du style « galant », les *andantes* et
adagios de certains concertos de violon, de la sérénade n° 230, etc.,
commencent déjà à avoir leur tête dans une région infiniment supérieure. Mais tout cela n'empêche pas que l'impression dominante,
lorsqu'on a considéré toute cette période de la vie de Mozart, soit
une impression de profonde tristesse et de regret invincible. Tout
compte fait, la somme de beauté, dans l'œuvre de cette période, et
la somme d'émotion et celle de poésie, sont si cruellement au-dessous de ce que nous aurions pu attendre, après l'admirable élan
romantique de 1773 et l'effort prodigieux de l'hiver suivant ! Avoir
composé les grandes symphonies que nous avons vues, et se trouver réduit à créer des morceaux de simple amusement, où la première place revient à la virtuosité de l'exécutant ! Hâtons-nous de
passer en revue ces aimables morceaux, avec la perspective conso-
lante de nous préparer ainsi à la charmante transfiguration poétique
qui marquera et consacrera la vingtième année de notre cher Mozart !

211. — *Salzbourg, automne de 1774.*

Sonate en fa, pour clavecin.

K. 280.
Ms. à Berlin.

Allegro assai. — *Adagio (en fa mineur).* — *Presto.*

Cette sonate est la seconde d'une série de six dont on croit généralement que Mozart les a composées pour un certain baron Dürnitz, rencontré par lui à Munich dans les premiers mois de 1775. Mais en réalité
Mozart, dans ses lettres, et à deux reprises, ne nomme qu'une seule
sonate de la série, la sixième en *ré*, comme ayant été composée « à
Munich pour Dürnitz » ; et puisque cette sonate en ré diffère absolument du reste de la série par tous les détails de son style, nous pouvons être certains que le jeune homme n'aura composé, à Munich,

qu'une seule sonate, dont il aura fait la sixième et dernière d'une série commencée déjà avant son départ.

Aussi bien avons-nous vu que l'une de ces sonates, la première du recueil, (n° 209), se rattachait aux premières périodes de 1774 ; et nous verrons bientôt qu'une autre, la quatrième (n° 215), est sûrement constituée, au moins en partie, de morceaux ayant une date beaucoup plus ancienne. Quant à la date précise où Mozart aura écrit les autres sonates de la série, et notamment la présente sonate en *fa*, nous sommes portés à croire que ces morceaux doivent avoir été produits durant les mois qui ont précédé le départ pour Munich : car on y trouve déjà maintes particularités du style « galant » qui régnera dans les œuvres de 1775, et il n'est point douteux, d'autre part, que ces sonates attestent l'influence directe d'un recueil de sonates de clavecin publié par Joseph Haydn en 1774.

C'est ainsi que la présente sonate eu *fa*, d'nn bout à l'autre, dérive en droite ligne d'une sonate en *fa* de Joseph Haydn dans le recueil susdit. Invention mélodique, coupe des morceaux, et jusqu'à de menus procédés d'instrumentation : tout cela est venu à Mozart de la sonate de Haydn, sauf pour le jeune homme à ne retenir, dans son imitation du maître d'Esterhaz, que ce qui répondait à son génie personnel. Et encore sentons-nous, dans toute la sonate, une certaine sécheresse d'accent qui n'est point naturelle à Mozart, et dont celui-ci ne tardera pas à s'affranchir dans les sonates suivantes. Pareillement, il semble que Mozart, dans quelques-uns des morceaux de ses sonates, se soit laissé entraîner, pour un moment, par l'exemple de Haydn jusqu'à adopter la conception que se faisait ce maître de la nature et de l'importance du *développement* : car nous verrons que, plus d'une fois, les *développements* des morceaux auront une étendue moins grande, à coup sûr, que chez Haydn, mais sensiblement supérieure à celle qu'ils ont presque toujours chez Mozart, et avec un rappel, sinon une élaboration thématique, des principales idées de la première partie du morceau.

Le premier morceau de la sonate n° 211 contient deux sujets nettement séparés, et de longueur à peu près égale : en quoi ce morceau diffère du début de la sonate en *fa* de Haydn, où les deux sujets ne sont pas encore aussi distincts l'un de l'autre. Mais si Joseph Haydn, dans sa sonate en *fa*, reste fidèle à son ancien système du sujet unique, déjà d'autres sonates du même recueil nous le montrent se ralliant au style nouveau, que Mozart, d'ailleurs, pratiquait depuis trop longtemps pour qu'il pût songer à l'abandonner. Et ce n'est pas tout : conformément à ses anciennes habitudes italiennes, Mozart, dans ce morceau, adjoint encore à chacun de ses sujets une longue ritournelle, qui, du reste, conserve un caractère sensiblement pareil dans les deux cas. Celle du premier sujet nous offre, en plus, une série de chromatismes d'un effet assez singulier ; et celle du second sujet se termine par une longue suite de traits que les deux mains dessinent tour à tour, la main droite continuant et achevant le dessin commencé par la gauche, — ce qui est un procédé familier à Joseph Haydn, et reparaissant chez lui presque dans toute son œuvre de clavecin. Enfin c'est aussi à Joseph Haydn que Mozart emprunte sa manière de terminer la première partie du morceau : à la ritournelle du second sujet succède une petite figure mélodique nouvelle, formant cadence, et qui va se reproduire, toute pareille, à la fin du morceau, tenant lieu des longues *codas* employées par Mozart presque dans tous ses morceaux des périodes précédentes.

Vient ensuite le *développement*, assez court et insignifiant, mais où Mozart, comme nous l'avons dit, utilise déjà les deux sujets précédents : après un petit passage nouveau, nous voyons reparaître le second sujet, en mineur, et aboutissant à une ritournelle tirée de celle du premier sujet.

Quant à la *rentrée*, nous y sentons que Mozart, sous l'influence de Haydn, a été d'abord tenté de varier assez sensiblement ses reprises, sauf à se laisser détourner bientôt de cette tendance par les habitudes nouvelles du style « galant ». Non seulement, en effet, la ritournelle du premier sujet se trouve un peu changée, avec des croisements de mains qui n'avaient point lieu dans la première partie : mais la rentrée du second sujet nous offre un passage de six mesures, constitué d'un travail sur le rythme de ce sujet, qui n'existait point dans la première partie, et cet allongement du second sujet, qui nous reporte au style de Mozart pendant ses années italiennes, résulte ici, sans doute, de l'imitation de Haydn, toujours prêt à varier, d'un bout à l'autre, l'unique sujet qu'il introduisait dans ses morceaux.

Mais plus évidente encore est l'imitation de Haydn dans l'*adagio*, en *fa mineur*, de la sonate. Ici le modèle imité est le *larghetto* de la susdite sonate en *fa*, écrit dans le même ton de *fa mineur* et traité d'une manière absolument pareille. De part et d'autre, les morceaux commencent par quelques mesures de prélude, tout à fait séparées du chant qui va suivre ; et ce chant, de part et d'autre, se prolonge ensuite jusqu'à la fin de la première partie, sans que l'on puisse y distinguer un premier et un second sujet. Dans les deux morceaux, en outre, ce chant est réservé à la main droite, pendant que la main gauche dessine un accompagnement continu en doubles croches. Mais tandis que, chez Haydn, la seconde partie s'ouvre aussitôt par une reprise variée du prélude, précédant la *rentrée* du chant, Mozart nous fait voir d'abord un petit *développement* libre sur le rythme de son prélude ; après quoi celui-ci reparaît, à peine un peu abrégé, et suivi d'une reprise également à peu près intégrale du chant. Au reste, telle est l'impression produite sur Mozart par les sonates de Haydn qu'il n'y a pas jusqu'à l'esprit de ce morceau, jusqu'à son inspiration un peu sèche, ou tout au moins plus expressive que poétique, qui ne rappelle la manière du maître plus âgé, en attendant que, là encore, les sonates suivantes de Mozart nous le montrent reconquérant très vite son individualité propre.

Et c'est encore l'esprit de Haydn qui nous apparaît sans mélange dans le *presto* final, dont l'intitulé même se retrouve en tête du finale de la sonate en *fa* du vieux maître, et a été, de tout temps, une des expressions favorites de celui-ci. Deux sujets, dans ce finale, séparés par un point d'orgue à la manière de Haydn ; deux sujets d'un caractère tout rythmique, rapide et marqué, sans que nous découvrions entre l'un et l'autre ce contraste que Mozart introduit volontiers entre ses deux sujets. Il est vrai que, dans la sonate de Haydn, les deux sujets se ressemblent encore plus que dans celle de Mozart, n'étant que des variations d'une même idée : mais par leur allure, par leur caractère à la fois spirituel et prosaïque, les deux finales sont apparentés

très étroitement. Dans celui de Mozart, le *développement*, toujours plus
court que chez Haydn, n'est fait que d'une série de répétitions modulées du second sujet ; et la *rentrée*, ensuite, serait entièrement pareille
à la première partie, si Mozart n'y allongeait de quatre mesures la
ritournelle du premier sujet.

Telle est, dans son ensemble, cette intéressante sonate, intéressante
surtout au point de vue historique, et par les renseignements qu'elle
nous offre sur la manière dont Mozart a tout d'abord subi l'influence
du nouveau style « galant » de Haydn, avant que son voyage de
Munich lui révélât une forme plus brillante et plus mondaine de « galanterie ». Mais à nous placer au point de vue purement musical, il est
certain que cette sonate, en raison même de la contrainte imposée à
Mozart par son désir d'imiter Joseph Haydn, a toujours quelque chose
d'étriqué et de prosaïque qui l'empêche de nous apporter une satisfaction entière. Aussi bien, la même apparence de contrainte se fera-t-elle
sentir, plus ou moins, dans les sonates suivantes de la série ; et l'on
ne peut s'empêcher de regretter que le jeune homme ne soit point resté
fidèle, plutôt, aux tendances qui lui avaient inspiré naguère, dans les
premiers mois de 1773, des sonates d'un métier assurément moins
raffiné, mais infiniment plus riches en expression vivante comme en
beauté poétique.

212. — *Salzbourg, automne de 1774.*

Sonate en si bémol, pour le clavecin.

K. 281.
Ms. à Berlin.

Allegro. — Andante amoroso (en mi bémol). — Rondo : allegro.

Cette sonate, qui suit la précédente (avec le n° 3) dans la série des
six sonates dont nous avons parlé tout à l'heure, doit avoir été écrite,
évidemment, fort peu de temps après. On y retrouve la même influence
de Joseph Haydn, à la fois dans l'esprit et dans les procédés, mais
déjà avec deux particularités qu'il convient de signaler. D'abord, nous
avons l'impression que Mozart, pour varier sa manière, imite ici de
préférence certaines sonates du recueil de Haydn qui, tout en ayant été
publiées à la même date, doivent pourtant avoir été écrites plus
anciennement ; mais surtout, en second lieu, il n'est pas douteux
que déjà l'individualité de Mozart recommence à s'affirmer, sous l'influence de Haydn, réussissant déjà à rompre les limites un peu rigides
où la sonate précédente nous la montrait enfermée. La ligne mélodique

est plus étendue et plus libre, l'expression moins précise et plus poétique. L'*andante*, surtout, et plus encore le *rondo* final, attestent cette
émancipation d'un génie que son admiration pour l'œuvre du maître
aîné semblait avoir d'abord comme fasciné : sans compter que déjà
l'emploi d'un *rondo* pour le dernier morceau signifie, lui aussi, que
Mozart ne s'en tient plus à l'imitation directe de Haydn, car ce dernier,
à l'époque où nous sommes arrivés, n'employait jamais pour ses finales
que les formes du morceau de sonate ou de l'air varié.

Et cependant, d'autre part, l'influence de Haydn, très sensible aussi
pour tout le côté « pianistique » de la sonate, a eu ici sur Mozart un
effet à la fois très curieux et tout à fait exceptionnel : elle a inspiré
momentanément au jeune homme l'idée de suivre le maître d'Esterhaz
dans sa conception du *développement*. Comparé à l'ordinaire des *développements* de Mozart, celui du premier morceau de la présente sonate surprend par son étendue et sa portée musicale : c'est vraiment, comme
chez Haydn, une grande fantaisie où reparaissent, sous des aspects
nouveaux, les divers éléments qui constituaient la première partie. A
quoi il convient d'ajouter que les *rentrées*, au contraire, tendent de plus
en plus à se dispenser de tout changement, ce qui, chez Mozart, est
toujours un trait de l'influence du nouveau goût « galant ».

Quant à la langue instrumentale, nous avons dit déjà qu'elle était
très inspirée de Haydn : mais en même temps Mozart nous apparaît se
convertissant de plus en plus à un idéal tout « moderne » de l'art du
clavecin, ou plutôt du piano, où les deux mains cessent d'avoir un rôle
équivalent, comme elles le faisaient encore dans la sonate en *ut* n° 269
et dans les variations sur le *Menuet de Fischer*, pour être employées
désormais, la main droite à exposer le chant, la gauche à l'accompagner avec plus ou moins de richesse. Déjà cette distinction du travail
des deux mains est ici plus marquée qu'elle ne l'a été jusqu'à présent,
et presque telle que nous allons bientôt la voir devenir dans les œuvres
de la pleine période « galante » de Mozart.

Le premier *allegro* comporte deux sujets, très nettement séparés,
et suivis d'une petite cadence finale que l'on dirait extraite des sonates
de Haydn : sans compter que cette cadence débute par un petit trait
qui, lui, se retrouve presque textuellement dans la sonate en *fa* de ce
maître. Quant au *développement* de ce morceau, nous avons dit déjà que
Mozart lui a donné une longueur inaccoutumée, en y rappelant tour à
tour, à la manière de Haydn, le premier sujet et l'une des idées mélodiques du second. Après quoi la *rentrée* reproduit exactement toute la
première partie, sans l'ombre d'une idée ni d'un ornement nouveaux.
Tout le morceau est d'ailleurs d'un caractère très brillant, avec de
nombreuses figures d'accompagnement en triples croches, des trilles,
et même un curieux effet de *ritardando* avant la ritournelle finale.

L'*andante*, sur l'autographe de Mozart, porte le qualificatif d'*andante
amoroso*, qui se retrouvait également en tête d'un autre andante, en *fa*,
commençant une sonate aujourd'hui perdue, mais signalée dans un
vieux catalogue de la maison Breitkopf : ce qui porterait à supposer
que cette sonate perdue (K. Anh., n° 202) doit avoir été écrite vers le
même temps. En tout cas ce qualificatif est bien, lui aussi, un effet
de l'influence « galante » sur Mozart, car nous verrons bientôt que

l'un des traits de la « galanterie » sera de nuancer ainsi les appella-
tions des morceaux. Mais peut-être Mozart n'a-t-il ajouté l'épithète
qu'en 1775, lorsqu'il a revu la série de ses sonates, désormais achevée.
Cet *andante*, en somme, nous offre une disposition analogue à celle
du second morceau de la sonate précédente. Ici encore, le petit chant
est précédé d'une sorte de prélude tout à fait distinct, et ayant bien
un caractère d'introduction. Mais déjà le chant lui-même, au lieu de
n'avoir qu'un seul sujet comme chez Haydn, en a deux, d'ailleurs assez
courts et d'une grâce toute superficielle. Le *développement*, très court
aussi, et traité à l'aide du rythme du second sujet, amène une *rentrée*
complète et intégrale du prélude, à cela près que le contour de celui-ci
se trouve ici chargé d'ornements nouveaux. Puis, lorsque ce prélude a
été repris tout entier, le premier sujet du chant, au lieu de rentrer en
mi bémol, comme dans la première partie, débute assez inopinément
dans le ton de *la bémol* : mais cette modulation s'explique par le désir
de varier un morceau qui, avec son prélude, comporte trois sujets, de
manière à ce que tous les trois ne commencent pas dans le même ton.
Et, sauf ces deux petits changements, la *rentrée*, ici encore, est toute
pareille à la première partie.

Le finale de la sonate est intitulé *rondo*, ce qui prouve que Mozart l'a
composé avant son voyage de Munich, où il va apprendre à écrire ce
mot à la française : *rondeau*. Et nous ajouterons que, au point de vue historique, ce morceau est d'une importance considérable. D'abord, comme
nous l'avons dit, l'idée n'en est point venue à Mozart de Haydn, qui
n'avait point de *rondos* dans ses sonates de 1774, et qui d'ailleurs, les
rares fois où il écrivait des *rondos*, traitait le genre d'une façon toute
différente. Nous avons vu comment, durant son dernier séjour en Italie,
Mozart s'était mis à terminer ses compositions par des *rondos*, conçus
dans un style italien où de nombreux petits sujets se renouvelaient
sans cesse autour des reprises d'un thème, un peu à la manière d'un
« pot pourri » français. Puis, le séjour à Vienne et l'influence des
maîtres allemands avaient, de nouveau, détourné le jeune homme
de cette pratique italienne ; et l'on peut dire que, depuis son retour à
Salzbourg jusqu'à la fin de 1774, plus une seule de ses œuvres ne
s'était terminée par un *rondo*. Maintenant, le voici qui choisit la forme
du *rondo* pour l'un au moins des finales de ses six sonates, en attendant que, bientôt, cette forme s'installe à demeure dans toutes ses
œuvres. Et non seulement cette réapparition du *rondo* constitue déjà,
en soi, comme une annonce de la réforme que nous allons voir s'accomplir dès les mois suivants : la coupe même adoptée par Mozart peut
être considérée comme intermédiaire entre sa façon précédente de concevoir le *rondo* et celle qu'il reprendra tout à l'heure, sous l'influence
directe du style français.

La coupe adoptée ici par Mozart se retrouvait déjà, il est vrai, dans
un ou deux *rondos* écrits par lui à Vienne en 1773. Elle consiste, d'abord,
à se choisir un thème déjà plus long que ceux des *rondos* italiens, avec
une sorte de ritournelle formant comme une seconde phrase, et qui
n'est reprise qu'à la fin du morceau. En outre, Mozart, après l'intermède mineur, amène bien encore un nouvel intermède : mais, ensuite,
il reprend à la fois son thème complet et le premier intermède qui

l'avait suivi : de sorte que nous avons déjà là une véritable coupe de *rondeau*, à la manière de Chrétien Bach et des Français, avec la différence que l'intermède mineur est plus court, et ne constitue pas une espèce de pendant à la première partie du morceau, — l'équivalent d'un trio par rapport au menuet précédent.

Ajoutons que ce *rondo* final de la sonate est d'un style très brillant et presque concertant, avec même une petite « cadence *ad libitum* » précédant l'une des reprises du thème. Sûrement, Mozart doit avoir eu sous les yeux, comme modèle, un *rondo* d'un maître plus « galant » que Joseph Haydn : encore que l'influence de ce dernier se reconnaisse dans l'emploi d'un procédé qui lui est familier, et qui consiste à faire dessiner tour à tour un même chant par les deux mains, sous l'accompagnement continu d'un trille passant également d'une main à l'autre.

213. — *Salzbourg, automne de* 1774.

Sonate en sol, pour le clavecin.

K. 283.

Ms. à Berlin.

Allegro. — Andante (en ut). — Presto.

Cette sonate, classée la cinquième dans la série où figuraient les deux précédentes, a sûrement été composée dans le même temps, et sous la même influence directe des sonates de Joseph Haydn. Mais nous croirions volontiers que Mozart l'a écrite avant les deux autres, car on y reconnaît encore des traits que l'influence de Haydn a fait disparaître entièrement des nᵒˢ 211 et 212 : en particulier, l'affectation des *développements*, — ou du moins de l'un d'eux, — à des idées toutes nouvelles ; comme aussi l'addition, à l'*andante* ainsi qu'au finale, de petites *codas*, bien petites et insignifiantes à coup sûr, mais dont la seule présence suffit à distinguer ces morceaux de ceux qui sont nés immédiatement sous l'action de Joseph Haydn. D'autre part, la sonate est d'une allure moins « pianistique » que la précédente ; et l'on dirait que le jeune Mozart y a été excité, par l'exemple de Haydn, à des essais d'élaboration thématique dont aucune trace ne surviendra plus dans les œuvres suivantes, — ce qui ne l'empêche pas, d'ailleurs, de donner ici libre cours, et bien plus complaisamment que Joseph Haydn, à son goût natif de modulations chromatiques.

Le premier morceau est fait de deux sujets très distincts, chacun accompagné de sa ritournelle, et aboutissant à une petite cadence finale qui, cette fois encore, sort en droite ligne des sonates de Haydn. Vient ensuite un petit *développement* tout nouveau, conçu en forme de

transition pour amener la *rentrée*. Celle-ci, dès la quatrième mesure, se trouve variée par une répétition du premier sujet en mineur ; et il est curieux de voir que, suivant l'habitude de Haydn, Mozart, après cette reprise en mineur, supprime un assez long passage qui, dans la première partie, formait comme la réponse du premier sujet.

L'*andante*, tout de même que ceux des nᵒˢ 211 et 212, nous offre d'abord un petit prélude, suivi d'un chant en deux parties ; et ici encore, tout comme dans l'*andante* du nᵒ 212, Mozart, après la *rentrée* du prélude, tâche à varier l'harmonie du morceau en reprenant dans un autre ton le début du chant qui, tout à l'heure, commençait dans le même ton que le prélude qui le précédait. La *rentrée* est d'ailleurs absolument pareille à la première partie, sauf ce petit changement dans la modulation : mais il faut noter que Mozart, avant cette *rentrée*, nous a donné un *développement* d'une longueur inaccoutumée chez lui, un vrai *développement* à la manière de Haydn, avec un court travail thématique sur le rythme du prélude, une imitation en contrepoint partagée entre les deux mains, et même ce petit procédé caractéristique de Haydn qui porte le nom de « fausse rentrée ». Enfin, nous avons noté déjà la présence, après la *rentrée*, de nouvelles barres de reprise, et suivies d'une *coda* nouvelle de deux mesures, où se trouve très ingénieusement rappelé le rythme initial du prélude.

Quant au *presto* final, traité en morceau de sonate, il porte, à un plus haut degré encore que celui de la sonate en *fa* (nᵒ 211), l'empreinte du style et de l'esprit de Joseph Haydn. Il est fait de deux longs sujets, tout rythmiques, dont le second nous fait voir un curieux travail d'élaboration, tout semé de chromatismes et de passages en dialogue entre les deux mains. Le *développement*, lui aussi, est très long et manifestement inspiré de Haydn. Mozart y entremêle à des rythmes nouveaux d'incessants rappels des idées précédentes ; et non seulement nous avons ici l'impression qu'il conçoit son *développement*, de même que Haydn, à la façon d'une véritable seconde partie du morceau, mais ce caractère indépendant nous est encore affirmé par le long silence de près de deux mesures qui sépare du *développement* la *rentrée* de la première partie. Il est vrai que cette rentrée, ensuite, s'accomplit sans l'ombre d'un changement, jusqu'à deux accords finals au-dessus desquels Mozart a pris la peine d'inscrire le mot *coda*.

214. — *Salzbourg, automne de* 1774.

Allegro, premier morceau d'une sonate en sol mineur, pour le clavecin.

K. 312.

Ms. dans une collection allemande.

La date de la composition de ce morceau ne nous est point connue documentairement : mais la ressemblance de son esprit et de son style avec ceux des sonates précédentes nous autorise à affirmer en toute certitude que le morceau doit avoir été écrit dans le même temps, et sous la même influence de Joseph Haydn. D'une expression très pathétique, et entièrement conforme à la signification ordinaire du ton de *sol mineur* chez Mozart, le présent *allegro* nous offre, notamment, cette particularité que la rentrée n'y est, pour ainsi dire, pas du tout variée, et se borne à reproduire la première partie avec le seul changement de la transposition de toutes les idées en mineur : particularité qui, comme nous l'avons vu déjà, ne se rencontre chez Mozart que durant la période comprise entre l'automne de 1774 et la fin de l'année suivante. D'autre part, le manuscrit du morceau, qui nous est connu, atteste que c'est bien Mozart qui l'a achevé de cette façon. C'est donc, sans aucun doute, pendant la présente période que le morceau a été écrit ; et tout porte à croire que le jeune homme l'aura destiné à former le début de l'une des sonates dont il rêvait, peut-être, de produire une série afin de pouvoir la jouer à Munich. Aussi bien l'usage était-il d'introduire toujours, dans les séries, au moins une œuvre en mineur ; et Mozart lui-même n'y a manqué que très rarement. Nous croirions volontiers que, vers octobre ou novembre 1774, il aura ainsi commencé une sonate en mineur qu'il n'aura pas eu le temps d'achever avant son départ pour Munich ; et qu'ensuite, son goût ayant changé, il aura préféré varier sa série en composant une autre sonate d'un caractère plus « galant ».

En tout cas, le style de ce morceau nous ramène tout à fait aux procédés que nous a fait voir la sonate en *fa* n° 211. Nous y retrouvons jusqu'à ces longs passages dont nous avons dit qu'on les croirait écrits pour accompagner un chant de violon. Même emploi de triolets à la main droite pendant que la main gauche dessine des croches en *tempo rubato* ; même addition, aux deux sujets principaux, d'un troisième petit sujet formant cadence finale. D'autre part, il est curieux d'observer que Mozart, ici comme dans sa symphonie en *sol mineur* et dans tous ses morceaux du même ton, enchaîne le *développement* avec la première partie, au moyen de modulations expressives. Quant au *développement* lui-même, il est relativement très long, comme souvent dans cette série produite sous l'influence de Haydn, et Mozart y fait reparaître plusieurs des éléments mélodiques de la première partie. Enfin nous avons dit déjà que la *rentrée* se bornait à transporter en mineur tout le contenu de cette première partie : à peine pourrait-on y signaler comme nouvelle une modulation amenant la ritournelle du premier sujet.

215. — *Salzbourg, en 1773 et dans les derniers mois de 1774.*

Sonate en mi bémol, pour clavecin.

K. 282.
Ms. à Berlin.

Adagio. — Menuetto I (en si bémol) et menuetto II. — Allegro.

Cette sonate est la quatrième de la série à laquelle appartiennent les sonates précédentes, et dont nous avons dit que Mozart doit l'avoir composée afin de pouvoir jouer bientôt, à Munich, des sonates déjà conçues dans le nouveau style « galant ». Mais il suffit de considérer la disposition des morceaux, dans cette sonate en *mi bémol*, pour découvrir que c'est là une coupe de sonate qui n'a rien de commun avec celle des numéros précédents, et qui rappelle tout à fait, au contraire, les sonates « romantiques » composées au début de 1773. Cet *adagio* qui ouvre la sonate, nous l'avons vu commencer, presque invariablement, les sonates de la série de 1773 ; et plus encore, peut-être, retrouvons-nous la forme de ces anciennes sonates dans la manière de placer le double menuet au milieu de la sonate, le substituant à l'*andante* habituel, et choisissant pour lui, comme d'ordinaire pour l'*andante*, un autre ton que pour le premier morceau. Et ce n'est pas tout : non seulement la vieille désignation de *menuetto II* rattache notre sonate au passé de Mozart, mais nous retrouvons un souvenir du style des sonates italiennes jusque dans la longueur anormale de ce second menuet, tout de même que dans la façon d'opérer, aussitôt après les deux barres, et dans un autre ton, la *rentrée* du premier sujet de l'*adagio* initial. Il est bien vrai que Joseph Haydn, dans l'*adagio* de sa sonate en *fa* de 1774, que nous avons vu imitée par Mozart, s'est permis de recourir, par exception, à la même coupe archaïque, supprimant tout à fait le *développement*, pour lui substituer, aussitôt après les deux barres, une sorte de paraphrase du prélude qui précédait son chant dans la première partie : mais nous connaissons désormais suffisamment le caractère de Mozart pour savoir à quel point les « exceptions » de ce genre lui répugnaient ; et, d'ailleurs, il nous l'a prouvé dans l'*adagio* de sa propre sonate en *fa*, où, tout en s'inspirant pour le reste de l'*adagio* de Haydn, il a eu soin d'introduire après les deux barres un *développement* régulier, suivi d'une *rentrée* du prélude de son chant. Si donc notre *adagio* en *mi bémol* est traité comme l'étaient parfois ceux des sonates italiennes de 1773, nous avons le droit d'en conclure que cet *adagio* est un morceau contemporain de ces sonates, ou, en tout cas, écrit bien avant les autres sonates de la série de 1774.

Oui, il est pour nous à peu près certain que l'*adagio* et le double menuet de la présente sonate sont des morceaux de date plus ancienne, composés naguère en Italie ou dès le retour du dernier voyage de Milan, et que Mozart, à la fin de 1774, aura transcrits en les remaniant plus ou moins, afin de compléter au plus vite la série qu'il désirait emporter à Munich. Et quant au finale qui s'ajoute à ces deux morceaux, pour celui-là il n'est point douteux que Mozart l'aura écrit vers la fin de 1774, peut-être en remplacement d'un autre finale qu'il jugeait vieilli, et certainement sous l'influence immédiate du style des sonates nouvelles de Joseph Haydn.

Le premier morceau, tout en ayant la même coupe que les *adagios* qui ouvraient la plupart des sonates italiennes, est cependant d'un esprit et d'un style beaucoup plus allemands, — ce qui nous porterait à croire plutôt que Mozart l'a composé après son retour à Salzbourg, durant la curieuse réaction de bonhomie salzbourgeoise que nous a fait voir chez lui ce printemps de 1773. Le morceau est fait de deux sujets distincts, mais non pas opposés, et ayant tous deux une expression mêlée de douceur et d'insignifiance. Tout au plus la manière dont Mozart varie et étend son premier sujet, après les deux barres, nous rappelle-t-elle un peu les élans romantiques de la période italienne. Le second sujet, lui, est repris sans aucun changement jusqu'à une belle *coda* (ainsi appelée) de trois mesures qui, d'ailleurs, pourrait bien n'appartenir qu'à la révision de 1774. Car nous devons ajouter que Mozart, en recopiant son *adagio* de l'année précédente, aura fort bien pu y apporter maints changements d' « écriture »; et nous croirions volontiers, notamment, que la manière dont l'accompagnement se trouve modulé de proche en proche, dans le premier sujet, a bien des chances de ne dater que de la fin de 1774.

Les deux menuets, pareillement, auront été composés en 1773, et sans doute un peu remaniés en 1774. A la rédaction primitive appartiennent leur allure toute chantante, semblable à celle des menuets italiens de naguère, la longueur singulière du second menuet, et cette notation très abondante de petits *p* et de petits *f* qui nous apporte ici un souvenir inattendu du style romantique de Mozart en 1773. D'autre part, les deux menuets reprennent, tout entière, la première partie après la seconde : ce qui, une fois de plus, semble dénoter l'origine allemande de ce vieux fragment de sonate. Et pour ce qui est du remaniement de 1774, nous serions tentés de croire que c'est seulement alors que Mozart se sera avisé, dans le premier menuet, de transporter à la main gauche la reprise du chant du premier sujet. Les deux menuets sont d'ailleurs charmants, le premier avec des modulations encore très expressives, le second, en *mi bémol*, avec une grâce limpide bien différente du caractère habituel des *trios* de menuets dans l'œuvre de Mozart à l'époque de sa vie où nous sommes arrivés.

L'*allegro* final, lui, comme nous l'avons dit, ne peut dater que de la fin de 1774. L'imitation de Joseph Haydn y est même, peut-être, poussée plus loin encore que dans les deux finales de sonates en *fa* et en *sol* (nos 211 et 213). Allure rythmée et légère des deux sujets, traitement éga des deux mains, affectation du *développement* à élaborer (ou du moins là varier) les sujets précédents : tout cela porte à tel point la marque du style de Haydn que nous aurions l'impression d'entendre un finale de ce maître, si le jeune Mozart, malheureusement, ne venait nous rappeler ses dispositions personnelles de la fin de 1774 en s'abstenant de changer une seule note à la *rentrée* de sa première partie, — exception faite, pourtant, de trois mesures nouvelles ajoutées à la fin.

216. — *Salzbourg et Munich, entre octobre 1774 et le 13 janvier 1775.*

La finta Giardiniera, opera buffa en trois actes, pour trois soprani, un contralto (castrat), deux ténors et une basse, avec accompagnement d'orchestre, sur un livret qui avait été écrit à Rome en 1774 pour un opéra bouffe de Pasquale Anfossi.

K. 196.

Ms. des actes II et III à Berlin.

Ouverture (voir le n° 216).
Acte I. — I. Introduction : quintette en *ré : Che lieto giorno : allegro moderato.* Serpetta et Sandrina (soprano), Ramiro (contralto), le Podestat (ténor) et Nardo (basse). — II. Air de Ramiro en *fa : Se l'augellin sen fugge : allegro.* — III. Air du Podesta : *Dentro il suo petto* (perdu). — IV. Air de Sandrina en *si bémol : Noi donne poverine : grazioso et allegro.* — V. Air de Nardo **en** *sol : A forza di martelli : allegro.* — VI. Air du Contino Belfiore (ténor) en *mi bémol : Che belta, che leggiadria : andante maestoso.* — VII. Air d'Arminda (soprano) en *la : Si promette facilmente : allegro.* — VIII. Air du Contino en *ut : Da Scirocco a Tramontana : andante maestoso.* — IX. Ariette en duo de Serpetta et Nardo en *fa : Un marito, oh Dio : grazioso.* — X. Air de Serpetta en *la : Appena mi vedon : allegro et andante.* — XI. Air de Sandrina en *ut : Geme la tortorella : andantino.* — XII. Finale pour les sept personnages en *ut, che incanto : allegro.*
Acte II. — XIII. Air d'Arminda en *sol mineur : Vorrei punirti : allegro agitato.* — XIV. Air de Nardo en *la : Con un vezzo : andantino grazioso.* — XV. Air du Contino en *fa : Care pupille : andante et allegro.* — XVI. Air de Sandrina en *la : Una voce sento al core : grazioso et allegro.* — XVII. Air du Podestat en *sol : Una Damina, una Nipote? Allegro.* — XVIII. Air de Ramiro en *si bémol : Dolce d'amore campagna : larghetto.* — XIX. Air du Contino en *mi bémol : Gia divento freddo : tempo di menuetto.* — XX. Air de Serpetta en *sol : Chi vuol godere il mondo : andantino grazioso et allegro.* — XXI. Air de Sandrina en *ut mineur : Crudeli, oh ! Dio : allegro agitato.* — XXII. Cavatine de Sandrina en *la mineur : Ah dal pianto : allegro agitato.* XXIII. — Finale pour tous les personnages en *mi bémol : Fra quest'ombra : andante sostenuto, allegretto, andantino et allegro.*
Acte III. — XXIV. Air de Nardo et duo du Contino et Sandrina en *mi bémol : Mirate che contrasto : allegro.* — XXV. Air du Podestat en *ut : Mio Padrone, io dir voleva : allegro.* — XXVI. Air de Ramiro en *ut mineur : Va pure ad altri in bracci : allegro agitato.* — XXVII. Récitatif et duo de Sandrina et le Contino. Récitatif : *Dove mai son?* (perdu). Duo en *si bémol : Tu mi lasci : adagio, andantino et allegro.* — XXVIII. Finale pour tous les personnages, en *ré : Viva pur la Giardiniera! molto allegro.*

Avant de commencer l'étude de cet opéra bouffe, nous devons faire une observation très importante. En réalité, la partition de la *Finta*

Giardiniera, telle que nous la connaissons, diffère sensiblement de la partition originale écrite par Mozart. Celui-ci, en 1779 ou 1780, a eu l'idée de transformer son opéra bouffe italien en une opérette allemande, qu'il s'en est fait traduire le livret (et non point par Schachtner, comme on l'a pensé, mais par quelqu'un de beaucoup plus intelligent et expérimenté, car la traduction est à la fois très fidèle et très agréable), et qu'il a inscrit les nouvelles paroles allemandes sur sa partition de 1774. Mais cette révision n'a pas porté seulement sur le texte ; et nous savons encore, de façon certaine, que Mozart a substitué un air nouveau à l'air primitif du Podesta, n° 3, et qu'il a refait les deux grands récitatifs accompagnés des n°ˢ 19 et 27. Or il est impossible que, à cette occasion, le jeune homme n'ait pas aussi introduit toute sorte de corrections de détail dans le reste de sa partition. Il a dû, notamment, renforcer et varier beaucoup l'orchestre ; il a dû pratiquer, dans l'ancienne partition, de nombreuses coupures ; son troisième acte, notamment, tel que nous le connaissons, doit avoir subi un travail considérable d'abréviation et de remise au point. Et ce n'est pas tout : en 1789, une représentation de l'opérette allemande de Mozart a eu lieu à Francfort : il n'est pas possible, non plus, qu'elle ait eu lieu sans une nouvelle révision de Mozart, dont les idées et le style avaient alors bien changé de ce qu'ils étaient non seulement en 1774, mais aussi en 1780. De telle sorte que la partition qui nous est parvenue, suivant toute vraisemblance, porte les traces de deux révisions successives : et par là s'explique l'étrange inégalité de style que nous offre cette partition, où des airs très simples, encore directement inspirés du vieil opéra bouffe italien, voisinent avec d'autres airs que l'on dirait contemporains des *Noces de Figaro* ou de *Cosi fan tutte.* C'est dire que notre analyse de la musique originale de la *Finta Giardiniera* ne pourra être faite que sous d'expresses réserves, et que nous aurons le devoir de nous attacher surtout à celles des parties de l'opéra bouffe qui appartiennent manifestement à la rédaction primitive.

Aussi bien avons-nous un moyen de reconnaître et de distinguer ces parties, en comparant la partition de Mozart avec celle d'Anfossi, qui lui a servi de point de départ et, forcément, de modèle. Plus un air de Mozart nous paraîtra voisin d'un air d'Anfossi, plus nous serons autorisés à affirmer que nous sommes là en présence de la version de 1774.

C'est en effet pendant le carnaval de cette même année 1774 que Pasquale Anfossi a fait représenter à Rome, au théâtre des Dames, où il avait été chargé de l'*opera buffa* annuel, une *Finta Giardiniera* qui avait eu aussitôt un succès énorme, et dont la renommée s'était répandue dans l'Europe entière. Dès 1775, l'œuvre d'Anfossi était jouée à Vienne ; à Paris, en 1778, pendant le séjour de Mozart, elle allait devenir l'opéra italien à la mode. Et ainsi, lorsque la direction du théâtre de Munich, durant l'été de 1774, résolut de confier a Mozart la composition de l'opéra bouffe pour le carnaval de 1775, c'est le livret de l'opéra nouveau d'Anfossi qu'elle lui donna à mettre en musique, tel qu'il se trouvait écrit dans la partition, manuscrite ou déjà imprimée, de l'œuvre italienne. Comme pour tous ceux de ses poèmes d'opéra qui n'ont pas été faits expressément pour lui, pour la *Betulia liberata,* le *Sogno di Scipione,* le *Re Pastore,* Mozart, en transcrivant les paroles, a eu sous les

yeux la musique adaptée à ces paroles par ses devanciers ; et tandis
que, pour ces autres poèmes, la musique qu'il avait sous les yeux,
écrite par des maîtres de la génération précédente, était déjà d'un
style un peu démodé, celle d'Anfossi était toute fraîche, répondant à la
plus récente évolution du goût italien, ce qui ne pouvait manquer de
rendre encore plus fatale, chez Mozart, la suggestion de cette musique,
la nécessité de la connaître, d'en tenir compte, de partir d'elle au moins
autant que du livret lui-même. Et en effet, si nous mettons en regard
les deux partitions, nous verrons que celle de Mozart est comme une
contre-partie de celle d'Anfossi. Non seulement la division des airs et
des scènes est toute pareille dans les deux opéras, non seulement la plupart des airs et des scènes ont le même mouvement, les mêmes figures
imitatives dans le chant et l'orchestre, des cadences aux mêmes endroits,
et maintes autres similitudes dans la forme ; non seulement, comme nous
allons le voir, c'est à Anfossi que Mozart a emprunté la coupe de ses airs :
mais, deux fois au moins sur trois, nous avons l'impression que la musique
de Mozart est, en quelque sorte, une adaptation ou une transfiguration
de celle d'Anfossi. Il serait absolument impossible de la comprendre,
d'en saisir à la fois la signification et l'originalité, si, de page en page,
on ne faisait point la démarcation de ce qui y vient du modèle italien
et de ce qui appartient en propre au génie de Mozart.

Considérons d'abord la coupe des airs, et voyons quelle a été sur
Mozart, à ce point de vue, l'influence d'Anfossi. Celui-ci, élève de Piccinni, se donnait volontiers les allures d'un novateur. Dans sa *Finta
Giardiniera*, notamment, il avait visé à traiter l'opéra bouffe d'une façon
plus libre et plus populaire que ne l'avait fait son maître dans sa
fameuse *Buona Figliuola*. Il avait tâché à varier la coupe des airs, en
même temps qu'à rendre ceux-ci plus parlants et plus comiques. A
côté des types d'airs traditionnels de l'opéra bouffe italien, l'air à couplets et l'air à reprise variée, il avait introduit dans sa partition un type
nouveau, ou plutôt qui, pratiqué depuis longtemps, ne l'avait été jusque-là que d'une façon épisodique et accidentelle : c'était un air divisé
en deux parties distinctes, dans le même ton, mais d'un rythme, d'un
mouvement, et d'un caractère différents. Les deux parties étaient juxtaposées, sans aucune reprise de la première, même à l'orchestre, après
la seconde, formant ainsi comme un groupe de deux airs : encore que
le second fût généralement plus court, plus déclamé, et évidemment
issu de ce que nous avons vu qu'était la seconde partie dans le grand
air d'opéra. Il y a, dans la partition d'Anfossi, trois airs de ce genre :
les nos 8, 15 et 16 ; et ils sont parmi les plus importants de la partition
italienne. Cependant c'est encore l'air à reprise variée qui domine, de
beaucoup, et souvent aussi Anfossi, pour ses airs particulièrement
tendres, ou encore comiques, emploie la coupe de la *cavatine* ou de
l'air à couplets. Mais Mozart, dès qu'il a connu cette coupe de l'air en
deux parties que nous venons de décrire, s'est empressé d'en faire
usage, et bien plus abondamment que son modèle italien. Aussi bien
était-ce une coupe qui ne pouvait manquer de lui plaire, car cet emploi
d'une seconde partie répondait à son goût de variété musicale, en même
temps qu'il lui permettait de terminer ses airs par une sorte de finale,
comme il les pratiquait dans sa musique d'instruments, un morceau

plus **vif**, plus brillant, laissant à l'auditeur une impression plus marquée. Et, du reste, cette forme d'air avait encore un autre titre à la
sympathie de Mozart : car c'était, comme nous l'avons vu à propos de
Bastien et Bastienne, une forme essentiellement allemande, employée
depuis longtemps par Hiller et les compositeurs viennois. Ainsi s'explique que, sur les 23 airs et petits ensembles de sa *Finta Giardiniera*, la
catégorie la plus nombreuse contienne des airs de ce type nouveau,
en deux parties tout à fait distinctes, la seconde constituant comme un
finale après l'élaboration musicale des strophes ou couplets de la première. C'est la coupe que nous présentent, dans l'opéra bouffe de
Mozart, les deux airs de Sandrina nᵒˢ 4 et 16, les deux airs de Serpetta
nᵒˢ 10 et 20, l'air de Nardo nᵒ 5, l'air de Belfiore nᵒ 15, l'air du Podestat
nᵒ 25, et l'ariette en duo, pour Serpetta et Nardo, nᵒ 9. A ces huit airs en
deux parties s'opposent sept airs à couplets : les airs de Belfiore nᵒˢ 6
et 8, les airs de Sandrina nᵒˢ 11, 21, et 22, l'air du Podesta nᵒ 17, et le
duo de Sandrina et Belfiore qui fait suite à l'air de Nardo nᵒ 24. Le
reste des airs, sauf les nᵒˢ 19 et 24, est dans la coupe du petit air
d'opéra, avec partie intermédiaire non répétée, et reprise variée. Ce
sont les trois airs de Ramiro nᵒˢ 2, 18 et 26, les deux airs d'Arminda
nᵒˢ 7 et 13, et l'air de Nardo nᵒ 14 ; et il faut remarquer, à ce propos,
que les deux rôles de Ramiro et d'Arminda, fort peu importants pour
l'action de la pièce, étaient destinés à des chanteurs d'opéra professionnels, ce qui explique que Mozart, dans les airs qu'il leur a attribués,
ait employé une coupe qui leur était familière, de même qu'il l'a fait
jadis, dans son opéra bouffe de 1768, pour le chanteur chargé du rôle
de Fracasso. Quant aux deux airs de Belfiore nᵒ 19 et de Nardo nᵒ 24,
ils sont d'une coupe libre, qui résulte peut-être, simplement, de sup-
pressions faites par Mozart, en 1780, dans sa partition originale
de 1774.

Un des traits les plus frappants, dans les airs d'Anfossi, est que les
reprises, en général, y sont assez peu variées. Elles le sont aussi assez
peu, en général, chez Mozart ; et c'est là une particularité d'autant plus
intéressante que, comme nous allons le voir, Mozart a rapporté de son
voyage de Munich, au début de 1775, l'habitude de ne plus varier, ou
presque plus, ses reprises dans les œuvres de musique instrumentale
qu'il allait composer. Par contre, Anfossi, dans ses airs à reprise
variée, séparait très nettement de la partie principale des airs la partie
intermédiaire non répétée, dont il faisait comme un air nouveau, encadré dans un autre : par où il se rattachait encore à la tradition italienne de ses prédécesseurs; et Mozart, en vérité, a suivi son exemple
dans quelques-uns de ses airs, notamment dans les trois airs de Ramiro
nᵒ 2, 18, et 26; mais, les autres fois, entraîné par sa passion de
musique instrumentale, il a traité la seconde partie de ses airs en
développement, sur l'un ou l'autre des sujets de la première partie,
comme s'il avait à écrire un morceau de sonate, au lieu d'un air. Ses
six airs à reprise variée sont, d'ailleurs, ceux où il se rapproche le
plus d'Anfossi et du style italien de l'opéra bouffe. Les plus intéressants sont l'air d'Arminda nᵒ 13, *allegro agitato* en *sol mineur*, où se
retrouvent les rythmes et les modulations qui caractérisent toujours ce
ton chez Mozart, et le dernier air de Ramiro, en *ut mineur*, dont la

partie intermédiaire est toute pleine de modulations expressives, et souvent très hardies.

Parmi les airs à couplets, la première place revient incontestablement aux trois airs de Sandrina nᵒˢ 11, 21, et 22. Le nᵒ 11 est une ariette en deux couplets, où Sandrina se compare à une tourterelle plaintive, et où l'orchestre, comme chez Anfossi, tâche à imiter le roucoulement de la tourterelle. Mais le chant, chez Mozart, est d'une douceur et d'une grâce exquises, jusqu'à la longue *strette* finale, toute en cadences doublées par l'orchestre. Les deux airs 21 et 22 s'enchaînent l'un à l'autre, toujours comme chez Anfossi. L'air nᵒ 21, *allegro agitato* en *ut mineur*, est un *arioso* en deux strophes, avec un dessin continu d'accompagnement qui se retrouve jusque sous le récitatif reliant cet air à la *cavatine* suivante; et celle-ci, en *la mineur*, reprend le même mouvement d'*allegro agitato*, mais avec un chant d'une expression toute différente, traduisant l'accablement de la douleur après son agitation, et tout coupé de soupirs, conformément aux exigences des paroles. Inutile d'ajouter que les mêmes soupirs se trouvent dans l'*arioso* mis en cet endroit par Anfossi.

Quant aux airs de la coupe nouvelle que nous avons décrite, en deux parties juxtaposées, sans reprise de la première, Mozart, le plus souvent, donne à cette première partie la forme de l'air à couplets. Ainsi dans l'air de Sandrina nᵒ 4, la première partie de l'air est une *cavatine* en trois couplets; l'air charmant de Serpetta nᵒ 20 consiste d'abord en une ariette de deux couplets; puis vient un *allegro* nouveau, en manière de strette. L'air de Sandrina nᵒ 16 a pour première partie un *rondeau*, où un thème est repris trois fois, sans aucun changement, et avec deux intermèdes entre ses trois reprises; après quoi la seconde partie de l'air est une *strette* à cadences. Très curieux est le dernier air du Podestat nᵒ 25, à supposer toutefois que nous le possédions sous sa forme originale de 1774. Sur un accompagnement très libre et très travaillé, il nous offre d'abord deux couplets, dont le second est varié et étendu avec un art merveilleux, et prépare excellemment la seconde partie de l'air, un long *presto* d'un rythme très expressif, qui achève de donner à cet air une ressemblance saisissante avec un des airs les plus célèbres de Figaro, dans les *Noces de Figaro*.

L'accompagnement, dans ceux des airs qui nous sont parvenus sans trop de modifications, est en général assez simple, et se borne à doubler le chant ou à le guider discrètement, ainsi que nous avons vu que c'était l'usage dans les opéras bouffes, où les interprètes des rôles étaient des acteurs plutôt que d'habiles chanteurs, et tenaient en outre à ce que l'on entendît bien les paroles de leurs airs. Seuls les airs du castrat chargé du rôle de Ramiro, ceux d'Arminda, et parfois ceux de Sandrina ont un accompagnement plus fourni, indépendant du chant. Quant à celui-ci, on y sent que Mozart a voulu se conformer de son mieux aux habitudes de l'opéra bouffe italien; les cadences y sont nombreuses et souvent même assez brillantes, presque toujours placées aux mêmes endroits que chez Anfossi; la déclamation italienne est, en somme, très suffisamment respectée, et les airs perdent beaucoup de leur signification à être transportés sur des paroles allemandes. Mais, avec tout cela, le chant des airs de Mozart a toujours quelque chose de

purement musical qui le distingue du chant italien : la manière dont
les cadences y sont doublées par l'orchestre, la fréquence et la difficulté des modulations, tout cela nous donne toujours l'impression que
Mozart n'écrit pas expressément pour la voix, mais pour un instrument
pareil aux autres, qu'il traite ses airs comme des concertos. Sous ce
rapport, son opéra bouffe est incontestablement inférieur à celui d'Anfossi.

Il lui est inférieur, également, au point de vue de sa conformité aux
exigences traditionnelles et naturelles du genre de l'opéra bouffe. Les
airs d'Anfossi ont toujours quelque chose de simple, de facile, de coulant, une réserve dans l'expression et dans la musique, qui s'adaptent
au caractère tout superficiel de l'action et des sentiments. La musique
d'Anfossi est le fait d'un homme qui ne songe qu'à s'amuser et à amuser
ses auditeurs. Rien de tel chez Mozart. Jusque dans ses airs proprement
comiques, — et leur nombre est assez restreint, — le jeune homme ne
se résigne pas à suivre simplement les paroles, à se faire l'assistant de
l'amuseur qu'est le poète de la pièce. Il entend rester musicien toujours
et partout, et que notre amusement ne soit dû qu'à lui, à l'invention
imprévue et comique de ses rythmes ou de sa mélodie. A cela il réussit
quelquefois, notamment dans certains couplets de Nardo ou de Serpetta
qui joignent à leur éminente valeur musicale un entrain admirable,
mais peut-être plus puissant et plus passionné que ne le demandent les
situations. D'autres fois, il échoue, à force de génie musical : et ses airs
bouffes de Belfiore ou du Podestat sont d'un art si savant, d'une élaboration si ingénieuse et si subtile, que la drôlerie de leurs paroles,
sous cette enveloppe poétique, échoue forcément à nous égayer. Mais
c'est bien pis encore dès que les situations ou les paroles permettent
au musicien de traduire des sentiments tendres ou mélancoliques. Là,
Mozart s'écarte entièrement de son modèle Anfossi, et des convenances
de l'opéra bouffe. La moindre nuance de tristesse ou d'amour exalte son
imagination de jeune poète amoureux au point qu'il traite ses airs en
ariosos ou en *cavatines* d'*opera seria*, avec un emploi continu de tons
mineurs, et, dans l'expression, une intensité lyrique ou pathétique qui
nous toucherait plus profondément si nous pouvions oublier qu'il s'agit
de fantoches de carnaval, bien incapables de ressentir les profondes
émotions que leur prête un musicien de génie. Ainsi, pour nous en tenir
à ce seul exemple, l'ensemble que forment, avec leurs récitatifs, les deux
airs de Sandrina n°ˢ 21 et 22, aura sa contre-partie, tout à fait pareille,
dans une des scènes les plus tragiques que nous ayons de Mozart, une
scène de l'opéra d'*Andromède*, composé en 1777 pour Mᵐᵉ Duschek : et
peut-être même cette scène ne sera-t-elle pas d'une douleur aussi profonde ni aussi pathétique que les deux airs chantés, dans la *Finta Giardiniera*, par une jeune fille que nous venons de voir et que nous allons
voir tout à l'heure fredonnant des ariettes, — sans compter que cet accès
de douleur résulte, chez elle, d'un imbroglio que le livret n'a inventé
que pour nous faire rire, et qui d'ailleurs est si stupide que c'est à grand
peine que nous pouvons le comprendre.

Au point de vue purement musical, Mozart reprend sur Anfossi une
supériorité indiscutable. Non pas que la langue musicale de ses airs
soit d'une qualité beaucoup plus haute : en fait, c'est une langue assez

facile, visant surtout à l'agrément extérieur, et bien différente de celle
que le jeune homme nous a fait voir dans toute sa musique instrumentale et vocale depuis 1772. Le contrepoint, l'élaboration thématique des
sujets, même sous sa forme élémentaire de la variation, tout cela est
absent des airs de la *Finta Giardiniera :* et non seulement parce que le
genre de l'opéra bouffe ne s'y prête point, mais parce que le jeune
homme vient de subir une nouvelle crise, et de se laisser gagner entièrement, au moins pour quelque temps, par le goût de la musique à la
mode, toute concertante, brillante, et la plus opposée possible aussi bien
à l'esprit allemand qu'au vieux style classique.

La *Finta Giardiniera* marque, dans l'histoire de l'œuvre de Mozart,
le début d'une période qui va durer, à travers toutes sortes de transformations de détail, jusque vers l'année 1780, et qui pourrait être appelée sa
période de *galanterie,* de concession plus ou moins complète à la mode
du temps. Mais cette concession n'empêche point Mozart de rester à la
fois le musicien et le poète qu'il a toujours été ; et si la musique de ses
airs, dans la *Finta Giardiniera,* n'est ni aussi originale ni aussi travaillée
que, par exemple, dans ses deux messes de 1774, elle n'en est pas moins
une musique de poète, qui revêt tout ce qu'elle touche de charme et de
beauté. Rien de plus instructif, sous ce rapport, que de comparer certains airs de l'opéra bouffe de Mozart avec les airs correspondants d'Anfossi : par exemple l'air de Ramiro n° 2, ou celui de Serpetta n° 20. Le
rythme, dans les deux partitions, est tout pareil, le *schéma* du dessin
musical est évidemment le même : mais sans cesse Mozart, par toutes
sortes de menues altérations inconscientes, et à peine sensibles, relève,
embellit, transfigure la mélodie d'Anfossi, au point que celle-ci,
en comparaison de la sienne, nous apparaît comme un squelette sans
vie, une première esquisse attendant de recevoir l'ornementation qui
la fera entrer dans le domaine propre de la musique. Voix et orchestre,
on a l'impression que tout parle, et souvent très agréablement ou très
spirituellement, chez Anfossi, mais que, chez Mozart, tout chante. Et
c'est là l'unique intérêt que puisse avoir aujourd'hui pour nous cette
partition, qui d'ailleurs, dans son ensemble, est assez médiocre, et qui,
tout en attestant un progrès sensible sur la musique du premier opéra
bouffe de Mozart, la *Finta Semplice* de 1768, est bien loin encore de nous
révéler, ou même de nous annoncer, le Mozart de l'*Enlèvement au Sérail*
et des *Noces de Figaro.* Dans son métier de musicien, le jeune homme est
déjà en possession de tout son génie : mais il a encore beaucoup à apprendre de la vie, et des choses qu'il connaîtra bientôt merveilleusement.
Ainsi c'est de la façon la plus gratuite que l'on a voulu, dans la *Finta
Giardiniera,* découvrir un effort de Mozart à « caractériser » ses personnages, comme il a su le faire dans ses opéras ultérieurs. Ni les deux
amoureux Belfiore et Sandrina, pour charmants et expressifs que soient
quelques-uns de leurs airs, ni même les rôles plus simples et plus comiques du Podestat, de Nardo, et de Serpetta, n'ont, dans la partition, une
personnalité distincte et continue, comme celle que vont avoir les rôles
de Figaro ou de Don Juan, et qui inspirera leurs airs, apparentera ces
airs l'un à l'autre, leur permettra de nous faire pénétrer jusqu'au fond
d'une âme, par delà les nuances actuelles des sentiments exprimés. Sandrina, qui est pathétique et toute lyrique dans certains airs, a d'autres

airs où elle n'est qu'une jeune fille insouciante et gaie ; Belfiore nous
manifeste autant de caractères différents qu'il a à chanter de paroles
diverses; et les personnages bouffes, eux aussi, ne vivent qu'en raison
des paroles qu'ils ont à nous chanter.

Parmi les ensembles de la *Finta Giardiniera* de Mozart, les seuls qui aient
une importance réelle sont l'introduction n° 1 et les deux finales du premier et du deuxième acte. Tous trois ont évidemment eu pour point de
départ la partition d'Anfossi : mais, dans tous trois, Mozart se distingue
très nettement de son modèle italien autant par la qualité de sa musique
que par son soin à séparer les moments divers de l'action et à exprimer
la nuance de sentiment qui convient à chacun d'eux. L'introduction
débute et se termine par un petit chœur vif, agréable, et insignifiant :
mais, pendant l'intervalle des deux expositions, un peu variées, de ce
chœur, les divers personnages se présentent à nous avec, dans le livret,
une phrase qui définit leur rôle ; et le chant de ces petites phrases successives est à la fois d'une mélodie charmante et d'une signification expressive très heureuse. Mais c'est surtout sur les deux finales qu'a
porté l'effort du jeune musicien. Et s'il n'a pas encore réussi à imprégner
cet enchaînement de scènes d'une vie continue, comme il devait le faire
plus tard dans ses grands opéras bouffes, du moins y a-t-il déjà quelques-
unes de ces scènes où il a très suffisamment réalisé son rêve d'union
profonde entre l'émotion dramatique et la pure beauté artistique.

Le finale du premier acte est, à ce point de vue, particulièrement
remarquable. Il commence, comme chez Anfossi, par une série de phrases récitatives, pour aboutir à une seconde scène, également en phrases
séparées, et encadrée dans un petit chœur homophone. Mais déjà, dans
cette scène, Mozart imagine un procédé où son génie d'ordonnance
esthétique nous apparaît tout entier : les chants monologués des quatre personnages ont un même accompagnement et débutent, tous les
quatre, par une même phrase en des tons différents : après quoi chacun des personnages nous fait voir la nature spéciale de ses sentiments
en variant, avec une liberté parfaite et toujours une admirable justesse
de traduction, le rythme et le dessin de sa mélodie. Et puis, dès ce
moment, le finale de Mozart n'a plus aucun rapport avec celui d'Anfossi : au lieu de deux scènes, il nous en offre quatre, au lieu des *presto*
et des *parlando* d'Anfossi, il devient de plus en plus lyrique et chantant,
jusqu'à l'ensemble homophone, mais délicieusement rythmé, de la *strette*
finale. C'est d'abord un *adagio* en *mi bémol*, chanté par le Podestat, continué par les autres personnages, et aboutissant à un petit chœur ; puis
vient une scène d'un mouvement plus vif, où les personnages se répondent en notes précipitées, et de telle façon que la suite de leurs interrup-
tions forme une même ligne de chant, poursuivies d'un bout à l'autre
sous la diversité de ses nuances. Vient alors un *maestoso* en *sol*, en
forme de chœur, et qui sert de prélude à une longue scène *allegro*, la
plus belle certainement de ce finale et de tout l'ouvrage. Elle est faite
d'un chant très doux et très expressif, que viennent sans cesse couper
d'autres figures mélodiques, mais qui reparaît sans cesse, avec des
modulations appropriées au sens des paroles, et qui, à nous être ainsi
rappelé par chacun des personnages, finit par résumer pour nous
l'émotion de la scène, en même temps qu'il nous ravit de son rythme

léger ; et voici que celle phrase est maintenant chantée pâr tous les personnages, en un contrepoint très simple mais d'autant plus touchant ! Scène déjà presque pareille à l'un des plus beaux passages du premier finale des *Noces de Figaro*, et qui serait peut-être, ici, encore plus charmante et d'une grâce plus pure si Mozart avait su, comme il allait le faire dans les *Noces de Figaro*, rattacher cette scène au reste du finale et lui donner ainsi vraiment la portée dramatique d'un moment de l'action.

Le second finale n'a rien qui puisse être comparé à cet adorable passage du premier. Il est, dans son ensemble, d'un caractère moins mélodique, plus dépendant du mouvement des paroles et des situations. Mais les ensembles vocaux y sont d'un art plus savant que dans le premier finale, et abondent en contrepoints d'un travail plus poussé. En outre, on a le sentiment que Mozart, sans y avoir encore réussi, a tâché, dans ce second finale, a relier entre elles les scènes successives. Celles-ci, moins nombreuses que dans le finale précédent, et de rythmes moins divers, ont un air de parenté déjà incontestable ; et nous y trouvons, pendant de longues pages, une même figure d'accompagnement, très singulière et caractéristique, qui revient parmi toute sorte d'autres figures comme un véritable *leitmotiv*, de l'effet le plus saisissant : au point que nous nous demandons, une fois de plus, si la partition que nous avons sous les yeux n'a pas été profondément remaniée par Mozart en 1780, et si ce trait d'accompagnement, en particulier, n'est pas déjà contemporain des figures analogues que nous rencontrerons dans *Idoménée*.

Tels sont ces finales de la *Finta Giardiniera*. Ils dominent, et de beaucoup, l'opéra bouffe de Mozart, avec l'ensemble d'airs de Sandrina que nous avons signalés. Mais nous devons ajouter que, pour riches qu'ils soient en musique et en poésie, ils ont, plus encore que les airs, un défaut malheureusement trop fréquent dans les œuvres vocales de Mozart. Le chant, presque toujours, n'y est pas expressément conçu pour la voix, mais pour un instrument idéal et impersonnel, ou plutôt au seul point de vue de la pure musique. Le dessin des phrases chantées n'est jamais approprié aux ressources particulières de telle ou telle voix : il se poursuit, comme nous l'avons dit, en passant d'une bouche dans l'autre, à la façon dont il se poursuivrait dans un quatuor instrumental. Pour ses airs, Mozart a encore été préoccupé des habitudes vocales de ses interprètes : ici, il les oublie complètement, pour ne plus songer qu'à cette unité et beauté symphonique qui a toujours été son rève favori. Sous ce rapport, les finales et même tous les airs d'Anfossi ont une qualité de bon métier, d'ouvrage bien assorti à sa destination, qui explique que, autant en Allemagne qu'en Italie, la *Finta Giardiniera* du maître napolitain ait toujours et partout triomphé de l'œuvre infiniment plus haute, et plus musicale, et, jusqu'à un certain point, plus remplie de vie dramatique, du jeune musicien salzbourgeois.

217. — *Munich, décembre 1774 ou début de janvier 1775.*

Ouverture en ré, de l'opéra bouffe : La finta Giardiniera, pour deux violons, alto, deux hautbois, deux cors et basse.

K. 196.
Ms. perdu.

Allegro molto. — *Andantino grazioso (en la).*

Les lettres de Mozart ne nous parlent point, cette fois, de la date où le jeune homme a composé l'ouverture de son opéra : mais nous pouvons être certains que, suivant son habitude, il l'a écrite au dernier moment, après avoir achevé toute la partie vocale de l'œuvre. Et sans doute il l'aura même composée très vite, car on ne saurait imaginer morceau plus insignifiant, et surtout plus manifestement improvisé.

Anfossi, pour sa *Finta Giardiniera*, avait écrit une ouverture ayant encore la forme d'une symphonie, avec les trois morceaux traditionnels : mais déjà d'autres maîtres italiens avaient commencé à employer, pour l'opéra bouffe, la coupe de l'ouverture française, avec un seul morceau d'un mouvement rapide, parfois précédé de quelques mesures de prélude. Ainsi faisait, par exemple, le Viennois Gassmann, dans les charmants opéras bouffes que Mozart a dû connaître à Vienne en 1773. Cependant Mozart, lui, a préféré adopter ici une coupe intermédiaire, qui lui avait servi déjà pour ses sérénades dramatiques d'*Ascanio in Alba* et du *Sogno di Scipione*. Son ouverture est constituée des deux premiers morceaux d'une symphonie : un *allegro* et un *andante ;* après quoi le début de l'introduction, un *allegro moderato* dans le ton du premier *allegro* de l'ouverture, fait à celle-ci une sorte de finale chanté, — en attendant que Mozart, de retour à Salzbourg, substitue à cette *intro-duction* un véritable finale symphonique (n° 233), qui lui permettra de transformer son ouverture en une symphonie régulière.

Quant à la disposition intérieure des morceaux, elle porte témoignage, à la fois, de la hâte d'improvisation déjà signalée tout à l'heure et de l'influence exercée sur Mozart par le style habituel des ouvertures italiennes. Jamais encore, peut-être, dans aucune de ses ouvertures écrites en Italie, Mozart ne s'est si complètement résigné à adopter la coupe traditionnelle que lui offraient les ouvertures des Jommelli et des Sacchini, avec leur répétition incessante des mêmes sujets. L'*allegro molto*, d'abord, contient deux sujets d'un caractère très opposé, l'un tout rythmique, l'autre plus chantant ; et à peine ce second sujet, de quel-

ques mesures, s'est-il fait entendre, qu'une façon de *développement* nous
ramène le premier sujet à la dominante; et puis, après encore une dizaine
de mesures de transition, nous voyons reparaître le même premier
sujet dans le ton principal, entraînant à sa suite une reprise complète,
et presque absolument pareille, de toute la première partie, y compris
le retour du premier sujet qui, tout à l'heure, avait tenu lieu de *développement*. Si bien que le rythme de ce sujet, d'ailleurs assez vigoureux
et caractéristique dans sa précision, nous produit l'effet de remplir, à
lui seul, toute l'ouverture, donnant à celle-ci une fâcheuse apparence
de monotonie et de pauvreté. C'était bien, déjà, la coupe que nous
avaient montrée les petites symphonies écrites en 1773, au retour de
Milan : mais du moins celles-ci avaient-elles, tout ensemble, une beauté
expressive dans les idées et un contraste dramatique entre les deux
sujets, dont aucune trace ne se retrouve dans cette espèce de « pas
redoublé ». Et la même indigence se reproduit dans l'*andantino
grazioso* (terme italien qui, lui aussi, nous ramène de deux ans en
arrière). Dans ce petit morceau, deux sujets de quelques mesures alternent constamment, sans aucun effort d'élaboration, ni même de variation ; et la monotonie de leurs retours incessants se fait sentir d'autant
plus que l'un d'eux reparaît, chaque fois, dans le même ton, à la
manière d'un thème de *rondo*.

Inutile d'ajouter que ni l'un ni l'autre des deux morceaux ne nous présente l'ombre de contrepoint, et que leur instrumentation n'est guère
plus intéressante que leur invention mélodique. L'*andantino* est réservé
aux seuls instruments à cordes, et les vents n'interviennent, dans
l'*allegro*, que pour renforcer encore la sonorité du premier sujet, l'opposant avec un contraste brutal aux réponses des violons dans le
second sujet.

218 — *Salzbourg ou Munich, entre septembre 1774 et février 1775.*

Sonate en si bémol, pour basson avec accompagnement d'un violoncelle.

K. 292.
Ms. perdu.

Allegro. — Andante (en fa). — Rondo : allegro.

L'autographe de cette sonate, publiée après la mort de Mozart, ne
nous est point connu, et aucun document ne nous renseigne sur la
date de sa composition. Mais, d'une part, la ressemblance extrême de
son style avec celui des sonates de clavecin n°s 211-215 nous permet

d'affirmer à coup sûr qu'elle a été composée vers le même temps, et, d'autre part, nous savons que Mozart a rencontré à Munich un certain baron Dürnitz qui était grand amateur de basson en même temps que de clavecin, et pour qui le jeune homme a même écrit plus tard deux concertos de basson, aujourd'hui perdus. Aussi est-il très possible que la présente sonate ait été écrite a Munich, afin d'offrir à Dürnitz un échantillon du style de Mozart pour le basson ; mais il n'est pas impossible non plus que Mozart l'ait écrite à Salzbourg, avant son départ, à l'intention du même exécutant en vue duquel il avait composé son concerto n° 202, le 4 juin 1774.

En tout cas, il est sûr que cette sonate relève absolument de la même inspiration que les sonates de clavecin citées tout à l'heure. Nous y retrouvons le même style un peu sec, dans sa précision expressive, et manifestement imité de Joseph Haydn. Le *rondo* final, de son côté, présente une analogie complète avec le *rondo* qui terminait la sonate en *si bémol* n° 212 ; et la manière italienne d'écrire le mot *rondo* prouve que la sonate est antérieure au moment où, pendant son séjour à Munich, et dans une sonate de clavecin commandée par le susdit baron Dürnitz (n° 221), Mozart a commencé à écrire le mot en français : « rondeau ». Une langue généralement homophone, avec quelques imitations rudimentaires, des sujets nettement séparés, et suivis d'une petite cadence finale qui se produit avant les deux barres aussi bien qu'à la fin du morceau : tout cela est à peu près tel, dans la sonate de basson, que nous l'avons vu dans les sonates de clavecin. Pareillement encore, les *rentrées* sont très peu variées, avec à peine un petit allongement d'une mesure dans la ritournelle du premier sujet de l'*allegro*. Notons cependant une légère différence, qui contribue encore à nous faire supposer que la présente sonate a été écrite apres les sonates de clavecin : aussi bien dans l'*allegro* que dans l'*andante*, le petit *développement*, au lieu d'être fait sur les sujets antérieurs, se trouve entièrement employé à reprendre et élaborer la cadence qui précédait les deux barres.

Quant au style propre du basson solo, — car il va sans dire que la partie du violoncelle n'est rien qu'un simple accompagnement de basse, — nous retrouvons ici, avec moins de virtuosité, un langage tout semblable à celui du concerto de basson n° 202 : mêmes traits, même fréquence d'écarts à la manière viennoise, même grâce chantante et expressive.

Du premier morceau, plein de grandeur et d'allure dans sa simplicité, nous dirons seulement que la *rentrée*, — après un petit *développement* mineur sur le rythme de la cadence finale, — reproduit exactement la première partie à l'exception d'une mesure qui se trouve ajoutée à l'une des ritournelles ; et comme un allongement d'une mesure dans une ritournelle est aussi l'unique variation que nous fera voir la rentrée de l'*allegro* initial de la sonate pour clavecin n° 221, composée sûrement à Munich pour le baron Dürnitz, nous trouvons encore là un motif de plus pour considérer le susdit baron comme le destinataire de notre sonate, également composée à Munich, quelque temps avant le n° 221.

L'*andante*, très court, se rattache encore à ceux des sonates de clavecin précédentes en ce qu'il n'a, proprement, qu'un seul sujet, suivi ici d'une longue ritournelle ; et c'est, comme nous l'avons dit, sur la fin de cette ritournelle, ou plutôt sur une sorte de cadence survenant après elle, tout juste avant les deux barres, que se trouve conçu le petit *développement*, d'ailleurs aussi insignifiant que rapide, et remarquable seulement par les deux points d'orgue qui le terminent. Après quoi la *rentrée* reproduit la première partie avec, à peine, quelques légères modifications dans deux mesures de la ritournelle.

Enfin nous avons dit déjà que le *rondo* présentait exactement la même disposition que celui de la sonate de clavecin en *si bémol* (n° 212). Un thème très rythmé est suivi, d'abord, d'un premier intermède, puis, après sa reprise, d'un second intermède en mineur ; et puis la rentrée du thème ramene le premier intermède un peu varié ; après quoi toute la fin du morceau est employée à des variations sur le thème du *rondo*. C'est la coupe que nous ont fait voir, depuis quelque temps déjà, les *rondos* de Mozart, en attendant que le jeune homme, dès les semaines suivantes, achève de se convertir à la forme nouvelle du *rondeau* français.

219. — *Munich, janvier* 1775.

Missa brevis en ut, pour quatre voix, deux violons, deux trompettes et timbales, basse et orgue.

K. 220.

Ms. perdu.

KYRIE
Allegro

Kyrie : allegro. — *Gloria : allegro.* — *Credo : allegro, adagio (Et incarnatus), allegro.* — *Sanctus : andante.* — *Pleni sunt cæli : allegro.* — *Benedictus : andante (en sol).* — *Agnus Dei : adagio.* — *Dona nobis : allegro.*

La date précise de cette messe ne nous est point connue : mais elle était reliée, dès 1777, en tête d'un recueil où les messes suivantes portaient la date de 1776 ; et, d'autre part, son style est trop différent de celui de toutes les messes de 1776 pour que nous puissions la classer à côté d'elles, tandis que, par son inspiration et son traitement, elle s'adapte le mieux du monde à ce que nous savons de l'état d'esprit de Mozart en 1775. Or, Nissen et Léopold Mozart lui-même nous apprennent que Mozart, pendant son séjour à Munich, a composé au moins une messe pour la chapelle de l'Electeur ; et tout porte à croire que, précisément, le n° 219 a été écrit pendant ce séjour à Munich, dans des conditions de hâte improvisée qui nous expliquent la faiblesse relative de l'œuvre.

Car il n'est pas douteux que, au point de vue du métier, cette messe soit la plus pauvre de toutes les messes de Mozart. Le contrepoint n'y a, pour ainsi dire, plus de place ; l'accompagnement y est facile et banal ; le souci de l'expression religieuse y fait entièrement défaut ; et non seulement la plupart des morceaux ont la coupe de morceaux de sonate ou de concerto, mais, comme dans les œuvres instrumentales de 1775, les rentrées ont une tendance à répéter exactement la première partie des morceaux. On voit ici que Mozart, depuis son arrivée à Munich, a été si absolument conquis par le goût du temps que toutes ses anciennes préoccupations de musique religieuse lui sont momentanément devenues étrangères. Évidemment improvisée, cette messe ne vaut que par la grâce facile de sa mélodie, qui a d'ailleurs un caractère vocal plus marqué que dans les grandes œuvres religieuses des années précédentes. L'influence de Michel Haydn opère d'autant plus librement sur Mozart que celui-ci apporte moins de passion à son travail musical. Et ce n'est qu'en 1776 que, avec le même style et sous la même influence, Mozart introduira dans sa musique religieuse un charme de pureté et de douceur poétiques qui la relèvera au point de lui donner presque le cachet d'une véritable piété.

Le *Kyrie*, précédé d'un court prélude instrumental, a la coupe d'un morceau de sonate ; ou plutôt, quand les deux petits sujets nous ont été exposés, le premier doublé par l'orchestre, le second revêtu d'un accompagnement un peu plus libre, Mozart se borne à les reprendre avec de légères variations et en y joignant encore une reprise en *doca* du premier sujet, tout cela dans un langage homophone à peine traversé, par endroits, de très simples imitations.

Dans le *Gloria*, après des alternances continuelles de petits chœurs et de *soli* non moins brefs, le tout constamment homophone, mais parfois relevé de belles modulations expressives, le *Cum sancto Spiritu* reprend le rythme du début, pour aboutir bientôt à une courte figure nouvelle, également homophone, sur l'*Amen*. En fait, le seul intérêt de ce *Gloria*, avec les quelques modulations susdites dans le chant, est une figure d'accompagnement qui revient d'un bout à l'autre du morceau, dans des tons divers, et coupée çà et là de rapides intermèdes où les deux violons se répondent volontiers en imitations. Le rôle des trompettes et timbales, assez important dans le *Kyrie*, est ici tout à fait insignifiant.

Pareillement, le *Credo* doit pour nous son principal attrait à la manière dont Mozart y a ajouté au chant, d'un bout à l'autre, sauf dans l'épisode de l'*Et incarnatus*, une figure continue d'accompagnement des deux violons, sous laquelle la basse et l'orgue affirment un beau rythme grave et décidé. Cet accompagnement, que coupent ici encore de courts intermèdes nouveaux traités en imitation entre les deux violons, se prolonge même pendant l'*Et vitam* et l'*Amen*, dont le chant est d'ailleurs tout homophone. D'une façon générale, ce chant est fait d'un rythme unique pour les chœurs, sans cesse interrompu par de petits *soli* où, cette fois, apparaissent de rudimentaires velléités de contrepoint. Quant à l'*Et incarnatus*, dont nous avons dit déjà qu'il forme un épisode distinct, *adagio*, au milieu du morceau, ce court passage est, lui aussi, très simple et homophone, mais avec des modulations mineures d'un effet très touchant.

L'*andante* du *Sanctus* et l'*allegro* du *Pleni sunt*, ce dernier directement relié à l'*Hosanna* sous une même figure d'accompagnement, sont de petits chœurs homophones d'une insignifiance complète : le *Benedictus* en *sol*, beaucoup plus soigné, nous offre un chant assez étendu, d'un caractère tout profane avec ses *soli* figurés du soprano, mais d'une invention mélodique charmante, et très brillamment accompagné par les deux violons, volontiers en imitation. Après quoi Mozart, ayant à redire l'*Hosanna*, s'avise de reproduire exactement tout l'accompagnement du *Pleni sunt* qui, tout à l'heure, précédait cet *Hosanna* dans le *Sanctus* : seul, le chant est d'abord un peu modifié, jusqu'au moment où, dans le *Sanctus*, intervenait le mot *Hosanna*.

Enfin dans l'*Agnus Dei*, après un court *adagio* où, comme dans le *Kyrie*, les deux sujets se reproduisent, plus ou moins variés, aussitôt qu'ils nous ont été exposés une première fois, — mais ici pour aboutir à un charman, petit passage nouveau en forme de *coda*, — Mozart, commence un *Dona nobis* également nouveau, sous une figure d'accompagnement continu rappelant déjà un passage de l'accompagnement du *Kyrie* ; et puis, tout d'un coup, pressé de finir, le voici qui ramène dans le chant les deux sujets de son *Kyrie*, étrangement affectés désormais à poursuivre l'expression des mots : *Dona nobis pacem!* Ce retour de la musique du *Kyrie* initial pour le dernier morceau de la messe n'était pas, d'ailleurs, une innovation de Mozart : car plus d'une fois Joseph et Michel Haydn avaient employé déjà ce procédé, plus expéditif que louable : mais Mozart, jusqu'alors, s'était toujours refusé à en faire usage, et nous ne pouvons nous empêcher de découvrir, dans cette manière dont il s'en est servi pour terminer sa messe n° 219, un signe nouveau de l'improvisation qui, du reste, se révèle à nous plus clairement encore dans l'allure éminemment facile et sommaire de la plupart des morceaux de cette messe.

220. — *Munich, février ou mars* 1775.

Offertorium de tempore Misericordias Domini (en *ré mineur*) pour quatre voix, deux violons, alto, deux hautbois, deux cors, basse et orgue.

K. 222.

Ms. perdu.

L'origine de ce *Misericordias*, — dont l'autographe doit sûrement s'être conservé à Bologne, parmi les papiers du P. Martini, — nous est connue aujourd'hui de la façon la plus certaine. Dans une lettre au P. Martini, écrite de Salzbourg le 7 septembre 1776, et que nous aurons bientôt l'occasion de citer tout entière, le jeune homme annonce à son cher vieux maître qu'il prend la liberté de « lui envoyer ci-joint un faible échantillon de sa musique, en le soumettant à son jugement ». A quoi il ajoute : « J'ai écrit, l'an passé, un opéra bouffe à Munich, en Bavière. Peu de jours avant mon départ de cette ville. Son Altesse le Prince Électeur a désiré entendre aussi quelque chose de ma musique de contrepoint. J'ai donc été obligé d'écrire ce motet en grande hâte, afin qu'on eût le temps d'en copier la partition pour son Altesse et d'en transcrire les parties, de manière à pouvoir exécuter le morceau dès le dimanche suivant, à l'offertoire de la grand'messe. » Or, nous savons par deux autres lettres de Mozart, écrites de Mannheim à son père, que le « motet » qu'il a ainsi envoyé à Bologne est bien un *Misericordias* en *ré mineur*, et que même il regrette infiniment de « n'avoir pas fait une copie du morceau », avant de l'envoyer. C'est donc à la façon d'un véritable exercice de contrepoint, pour montrer à l'Électeur de Bavière son habileté présente à ce genre de musique, que le jeune Mozart a composé le *Misericordias* ; et sans doute il aura été, ensuite, tout particulièrement satisfait de cet exercice, puisqu'il l'a encore choisi parmi toutes ses œuvres de musique d'église, plus d'un an et demi après l'avoir composé, afin d'offrir semblablement au P. Martini un « échantillon » de son savoir-faire. Ajoutons d'ailleurs que les instruments employés ici pour accompagner les voix sont tout à fait les mêmes qui, vers le même temps, constituaient l'orchestre de la *Finta Giardinera*, et qui, sans doute, devaient servir aux cérémonies de la chapelle électorale de Munich.

Nous connnaissons aussi la réponse adressée à Mozart par le P. Martini, après avoir pris lecture du *Misericordias*. « En même temps que votre bonne lettre, — écrivait le savant bolonais, — j'ai reçu vos motets. Je les ai examinés avec plaisir, d'un bout à l'autre, et je dois vous dire en toute franchise qu'ils m'ont beaucoup plu, car j'y ai trouvé tout ce qui distingue la musique moderne, c'est-à-dire une bonne harmonie, des modulations bien mûries, un mouvement des violons excellemment approprié, une coulée naturelle des voix, et une élaboration remarquable. » Cependant, l'ancien professeur du petit Mozart estime que celui-ci « doit continuer infatigablement à s'exercer », ce qui semble indiquer, tout au moins, que la lecture du *Misericordias* ne l'a pas ravi au point de lui faire considérer son ancien élève comme parvenu au plus haut degré possible de la science musicale.

En effet, le *Misericordias* de Mozart est simplement un excellent exercice, très habile et déjà suffisamment original, mais où il s'en faut bien que nous découvrions pleinement tout le futur génie de Mozart. Celui-ci ne semble s'être préoccupé, en écrivant son morceau, que d'étaler sous les yeux de l'Électeur de Bavière une science technique dont la signification profonde lui était, pour l'instant, devenue indifférente; et peu s'en faut que ses compositions polyphoniques de 1770 et de 1771, elles-mêmes, produites sous l'influence immédiate du P. Martini, malgré leur infériorité musicale, ne nous révèlent à un plus haut degré ce don merveilleux de transfigurer le contrepoint, en l'animant d'expression poétique, qui restera toujours l'un des traits les plus distinctifs de son génie créateur. Dans le présent *Misericordias*, les qualités qui nous frappent surtout sont précisément celles que louait le P. Martini : une « bonne harmonie », des « modulations bien mûries », un « mouvement des violons excellemment approprié », une « élaboration remarquable », et même, si l'on veut, une « coulée naturelle des voix », encore que, sous ce rapport, le chant des voix garde toujours un caractère abstrait et « instrumental », bien différent de l'admirable « vocalité » des chants italiens. Ou plutôt, tous les mérites du morceau se résument dans la singulière richesse de son « élaboration ». S'étant proposé, dès le début, deux sujets, dont l'un lui venait en droite ligne d'un offertoire du vieil Eberlin, *Benedixisti Domine*, et dont l'autre devait aussi, sans doute, provenir d'une source étrangère, Mozart s'ingénie, d'un bout à l'autre, à les « élaborer » en toute matière, soit qu'il les varie, ou en dérive d'autres sujets plus ou moins différents, ou en intervertisse la ligne mélodique et le contrepoint, ou parfois encore associe à l'un de ces sujets telle ou telle des figures qu'il en a tirées. Tout cela avec une aisance et un art vraiment « remarquables », mais sans que ce savant travail nous apporte jamais une émotion religieuse comparable à celle que nous procurent maintes autres compositions du maître, traitées dans le même style « rigoureux ».

Des deux sujets que nous avons dits, et qui nous apparaissent, exposés par les voix, dès le début du morceau, sans l'ombre d'un prélude instrumental, le premier, d'une allure grave et d'un chant homophone, est toujours consacré à traduire les mots *Misericordias Domini ;* le second, d'un rythme beaucoup plus précipité, est chanté sur les mots : *cantabo in æternum*, et, durant tout le motet, ne cesse pas d'alterner avec le précédent. C'est ce second sujet que Mozart a emprunté, presque intégralement, à l'offertoire susdit d'Eberlin : mais tandis que le vieux maître salzbourgeois en avait fait le thème d'une fugue régulière, Mozart s'est borné à le traiter toujours en contrepoint, tantôt librement, tantôt sous la forme de petits *fugatos* vite interrompus, — reprenant là, une fois de plus, le langage musical qui lui avait servi, quelques mois auparavant, pour sa messe en *fa* n° 203. Tout au plus le style du *Misericordias* diffère-t-il de celui de la messe en ce que, étant destiné à un pur exercice ou « morceau de concours », il nous apparaît à la fois plus savant et moins chargé d'expression poétique. Cependant quelques-unes des figures que le jeune homme a dérivées de son second sujet ont déjà un mélange tout « mozartien » de vigueur et d'élégance, en même temps que la hardiesse imprévue des modulations nous y révèle, sous l'imitation des maîtres anciens, cet esprit tout « moderne » dont parlait également le P. Martini. Mais peut-être la véritable individualité artistique de Mozart se manifeste-t-elle mieux encore à nous dans la manière dont il a varié, à chacun de ses retours, le sujet homophone employé pour les mots : *Misericordias Domini ;* et nous devons citer notamment un passage des plus curieux où le chant ne conserve plus, de ce sujet initial, que son rythme dépouillé de toute mélodie, tandis que ce sont les violons qui, au-dessus de cette psalmodie, dessinent une charmante figure mélodique dont Mozart se ressouviendra en 1791 dans son *Requiem.* D'une façon générale, d'ailleurs, ces variations du sujet homophone, avec la beauté expressive de leurs harmonies et l'effort évident de Mozart à leur conserver un caractère quasi liturgique, offrent pour nous une signification plus personnelle que les savantes élaborations du sujet fugué : elles seules avaient vraiment de quoi surprendre et ravir le P. Martini, blasé comme il devait l'être sur tous les jeux les plus habiles du contrepoint scolastique.

Quant à l'instrumentation, où l'éloge adressé par le maître bolonais aux « violons » aurait pu s'appliquer non moins justement aux hautbois, nous nous contenterons d'ajouter que Mozart, cette fois, en a réduit le rôle à doubler le chant, suivant l'habitude des vieux compositeurs italiens qu'il imitait, sauf pour les passages homophones, et en particulier la variation rythmique du sujet initial que nous avons déjà signalée.

221. — *Munich, février ou mars* 1775.

Sonate en ré, pour piano.

K. 284.

Ms. à Berlin

Allegro. — Rondeau en polonaise : andante en la. — Tema : andante.

Cette sonate, sixième et dernière de la série commencée avec le n° 209 a été composée à la demande du baron Dürnitz, rencontré par le jeune Mozart pendant son séjour a Munich : nous avons dit déjà combien profondément elle différait des cinq sonates précédentes, et nous avons ajouté que, au contraire des précédentes, la date exacte de sa composition nous était connue. En effet Mozart dans une lettre écrite de Vienne beaucoup plus tard, le 12 juin 1784, annonce à sa sœur qu'il vient de faire graver « une sonate en *ré*, faite jadis à Munich, pour Dürnitz ». C'est donc à Munich même, aussitôt après avoir reçu la commande du baron mélomane, que Mozart a composé pour celui-ci la sonate qu'il a placée ensuite à la fin d'une série constituée, sauf cette seule exception, de morceaux composés antérieurement. Et comme c'est aussi à Munich, selon toute probabilité, qu'a été écrite la sonate de basson n° 218, encore beaucoup plus pareille aux sonates précédentes qu'à cette sonate en *ré*, nous pouvons en déduire que cette dernière aura été produite tout à fait à la fin du séjour de Munich, en février ou au début de mars 1775.

Ce qui est sûr, en tout cas, c'est que cette sonate, dont la date nous est ainsi heureusement connue, offre une importance capitale au point de vue de l'évolution du style de Mozart. Tandis que, d'abord, toutes les œuvres précédentes nous montraient le jeune homme bien résolu déjà à servir l'idéal nouveau de la musique « galante », mais encore indécis sur les moyens qu'il y consacrerait, la présente sonate ne laisse plus apercevoir la moindre trace d'hésitation, et marque vraiment le triomphe de la « galanterie » dans l'œuvre de Mozart. Mais surtout, comme nous l'avons indiqué dans l'introduction de ce chapitre, la présente sonate nous révèle la source où le jeune homme a puisé le goût et le langage nouveaux qui vont être désormais les siens pendant plus d'un an. Nous savons grâce à elle, sans aucun doute possible, que Mozart, à Munich, a vivement subi l'influence du style des musiciens français d'alors, et que c'est sous cette influence française que s'est accomplie sa conversion définitive à la « galanterie ».

Force nous est de répéter ici ce que l'on a lu déjà dans l'introduction susdite, touchant la forme extérieure de la sonate, et les traits les plus caractéristiques de son « écriture » musicale. Le premier morceau, à la rigueur, pourrait encore être comparé aux premiers *allegros* des sonates précédentes : mais ni l'*andante* ni le finale n'ont plus rien de commun avec tout ce que nous avons rencontré jusqu'ici. L'*andante* est intitulé « rondeau en polonaise », inaugurant ainsi une série de titres français que nous allons retrouver tout au long de l'année 1775 ; et, pour le finale, Mozart a substitué un thème varié à cette coupe du *rondo* ou du *tempo di menuetto* qui, elle-même, révélait toujours chez lui l'influence italienne, tandis que l'influence allemande se traduisait plutôt sous la forme du finale en « morceau de sonate ». Or, il est absolument incontestable qu'une telle disposition de la sonate doit avoir été révélée à Mozart par des maîtres français. Ceux-ci, en effet, dans l'Europe entière, étaient désormais les seuls à conserver, pour leurs sonates, cette diversité d'aspect qui jadis avait été le souci constant des compositeurs italiens. Les Italiens, à présent, les Boccherini et les Clementi, avaient adopté généralement la coupe classique de la sonate, un mouvement lent entre deux *allegros*, qui continuait également à se maintenir dans l'école allemande. En Angleterre, il est vrai, le style éminemment « galant » de Chrétien Bach avait établi un type différent, qui s'étendait jusqu'au concerto : un type d'œuvres en deux morceaux rapides, et dont le second, le plus souvent un *rondo*, comportait un long *minore* tenant un peu lieu de l'*andante* supprimé. Mais pour ne pas se confondre avec l'autre coupe, celle-là n'en était pas moins régulière et constante dans la petite école qui l'avait adoptée. En France, au contraire, les continuateurs et imitateurs de Schobert s'efforçaient toujours encore de donner aux diverses sonates d'un recueil la plus grande variété possible d'apparence extérieure. Leurs sonates avaient tantôt trois morceaux, tantôt deux seulement ; le mouvement lent parfois y venait au début, d'autres fois au milieu ; mais surtout c'était la coupe intérieure des morceaux, ou plutôt leur caractère, qui différait d'une sonate à l'autre ; et les jeunes musiciens étaient restés fidèles à cette habitude des titres qui avait caractérisé les œuvres des Rameau et des Couperin. Volontiers les morceaux s'appelaient : *rondeau*, ou *polonaise*, ou *galop*, voire même *Tendres Soupirs* ou la *Gémissante*. La *polonaise*, notamment, était devenue un genre presque national, par hommage à la reine

Marie Leczinska. Et quant au thème varié terminant une sonate, c'est là un procédé que nous avons rencontré déjà chez les premiers auteurs de sonates françaises tels qu'un Eckard ou un Honnauer[1].

C'est donc à des modèles français que Mozart a emprunté l'aspect nouveau de sa sonate : nous pourrions en être certains si même la chose ne nous était pas expressément confirmée par la rédaction française de l'intitulé : « rondeau en polonaise », qui, d'ailleurs, comme nous le verrons, est une faute du jeune homme, et devrait être remplacée par les mots : « polonaise en rondeau ». Et pareillement nous retrouvons, sans aucun doute possible, le style français du temps dans le langage musical des trois morceaux de la sonate : non plus, il est vrai, le style de Schobert, — qui, d'ailleurs, recommencera à agir sur Mozart en 1778, — mais celui des successeurs de ce maître, poursuivant plus à fond la voie où Schobert s'était engagé. La propriété la plus frappante de ce style, en comparaison de celui des maîtres allemands et de Mozart lui-même jusqu'à cette date, est de convenir beaucoup plus pleinement à l'instrument nouveau, le *piano-forte*, tandis que les sonates précédentes de Mozart, par exemple, étaient encore avant tout des œuvres de clavecin. Emploi constant, mais déjà très varié et très modulé, de la *basse d'Alberti*, succession fréquente d'octaves et de tierces, opposition du rôle des deux mains, sauf à revêtir parfois la main gauche d'une importance considérable : tout cela, qui nous apparaît au premier coup d'œil dans la présente sonate, se retrouve aussi dans n'importe quel recueil d'un Edelmann ou d'un Hüllmandel. De

1. On serait naturellement tenté de supposer que Mozart, pendant son séjour à Munich, a dû se remettre en contact avec le style musical de l'école de Mannheim, et que même, peut-être, c'est précisément d'un ou de plusieurs maîtres de cette école que lui sont venus les modèles de la nouvelle manière « galante » inaugurée dans sa sonate n° 221. Mais, d'abord, nous ne voyons pas qu'un seul des maîtres de Mannheim ait rien produit, surtout dans le genre du clavecin, qui se rapprochât quelque peu du style de ladite sonate. Le plus considérable des auteurs pour clavecin de l'école de Mannheim était alors Ernest Eichner, « maître de concert du duc des Deux-Ponts », et de qui nous possédons plusieurs recueils de sonates ou quatuors assez intéressants : mais il suffit de jeter les yeux, par exemple, sur les trois *sonates en trio*, op. II d'Eichner, écrites probablement aux environs de 1772, pour découvrir à quel point cette musique, tout allemande au fond sous une coupe extérieure qui rappelle les sonates d'un Chrétien Bach ou d'un Schrœter, est profondément différente de l'inspiration et du langage de la nouvelle sonate de Mozart. La virtuosité y est encore tout à fait celle des anciens clavecinistes, plus voisine de Joseph Haydn que des jeunes maîtres français. Sans compter que, à notre avis, et en tout cas pour ce qui concerne la musique de piano, l'école de Mannheim doit avoir emprunté à l'école française plus encore que ce qu'elle lui a donné, surtout au moment de l'histoire où nous nous trouvons arrivés. Les susdites sonates d'Eichner, par exemple, sont dédiées à M. de Fontenet, « conseiller de régence et surintendant de la musique de S. A. S. Mgr le duc régnant des Deux-Ponts ». D'où nous voyons que l'esprit et le goût français étaient dès lors en train de dominer à la Cour de Mannheim. Et en effet l'étude du milieu musical de cette ville, à l'occasion du mémorable séjour qu'y fera le jeune Mozart en 1778, nous permettra de constater combien, à côté des anciennes traditions instrumentales de l'école de Stamitz, les idées aussi bien que le langage musical des maîtres français avaient dorénavant pris de place dans l'art des Holzbauer et des Cannabich.

part et d'autre, lé style est déjà si purement « pianistique » que nous avons l'impression d'entendre un concerto sans accompagnement autant et plus qu'une véritable sonate. Les sujets sont plus étendus, d'une allure plus brillante et plus extérieure, les *développements*, au lieu d'élaborer des idées précédentes, constituent des sortes de libres fantaisies, où domine surtout la virtuosité; après quoi les *rentrées*, souvent abrégées dans les sonates françaises, ne font plus que répéter les passages correspondants de la première partie. Nulle trace de contrepoint : mais, en échange, les croisements de mains sont nombreux, s'ajoutant aux autres artifices de bravoure que nous avons signalés tout à l'heure. C'est un style beaucoup plus vide et plus pauvre, au fond, que celui d'un Joseph Haydn ; mais avec cela très élégant, et beaucoup plus conforme à notre conception moderne du langage du piano.

Il serait certes bien précieux pour nous de découvrir à quel maître français appartient l'honneur d'être ainsi devenu, à Munich, l'initiateur du jeune Mozart dans ce style nouveau qui allait désormais laisser en lui des racines permanentes, après s'être directement imposé à son imitation pendant de longs mois. Malheureusement, comme nous l'avons dit déjà, toutes nos recherches sur ce point sont demeurées vaines[1]. Des lettres de Mozart en 1778 nous apprennent que c'est alors seulement qu'il a connu Edelmann et Hüllmandel, les deux jeunes musiciens français dont le style ressemble le plus à celui de sa sonate. Évidemment, c'est un autre musicien de leur espèce que Mozart aura découvert, dans telle ou telle bibliothèque musicale de Munich, — peut-être dans celle du baron Dürnitz, qui, en lui commandant sa sonate, lui aura indiqué des modèles selon son goût. Aussi bien, avec un génie aussi souple que celui de Mozart, aura-t-il suffi d'un seul exemple pour révéler au jeune homme tout le style nouveau de l'école française ; et nous verrons d'ailleurs qu'il a dû également rapporter de Munich des œuvres françaises d'autres genres, des concertos de violon et des recueils d'ariettes, dont nous reconnaîtrons la trace manifeste dans ses propres compositions de toute l'année 1775. Il y a eu là, — dans cette ville naguère habitée par le baron de Visme, et dont la Bibliothèque Royale, aujourd'hui encore abonde en manuscrits de l'école française, — une véritable imprégnation, par Mozart, de l'esprit et du style musicaux de notre pays, achevant de constituer pour lui cet idéal « galant » dont nous l'avons vu s'éprendre vaguement depuis l'été de l'année précédente. Et l'on comprend sans peine de quelle singulière portée historique nous est l'analyse de cette sonate en *ré*, où, pour la première fois, à une date et dans des circonstances bien connues de nous, le jeune homme a définitivement rejeté tout vestige de ses hautes ambitions artistiques de naguère, afin de se mettre au service d'un goût plus « moderne », qui dorénavant, jusqu'au bout, laissera sa trace dans toute son œuvre.

Considérons maintenant, plus en détail, la composition de chacun des

---

1. Nous lisons bien dans les lettres de Mozart en 1777 que le jeune homme, dès ses voyages antérieurs à Munich, y a connu un claveciniste local du nom de Sigl, dont un recueil de sonates existe à la Bibliothèque de Dresde : mais ce n'est sûrement pas de ces sonates que le jeune homme s'est inspiré dans le cas présent.

morceaux! Voici, d'abord, le premier *allegro*, dont nous avons dit qu'il avait encore la forme régulière d'un morceau de sonate. Et cependant quelle différence déjà, dès le premier coup d'œil, avec les *allegros* des sonates précédentes! A l'allure précise et un peu courte de ceux-ci succèdent désormais une aisance toute nouvelle, une extension et une liaison des idées, un éclat extérieur et une richesse d'ornementation qui, tout de suite, nous avertissent que Mozart non seulement n'est plus sous la même influence, mais encore n'écrit plus pour le même instrument. Deux sujets de longueur à peu près égale, et tous deux plus étendus que ceux des sonates précédentes; un emploi fréquent de la *basse d'Alberti*, mais traitée avec un art tout « pianistique », parfois transmise à la main droite pendant que la main gauche dessine de vigoureuses marches d'octaves; des chromatismes incessants, entremêlés de modulations parfois très hardies : tout cela se déroule sans trace d'effort, avec un singulier caractère d'unité artistique. Déjà Mozart, au moins provisoirement, renonce à l'introduction d'un petit sujet nouveau formant cadence, avant les deux barres; et déjà nous le voyons employer, dans ses accompagnements, un procédé de modulations continues et graduelles que nous retrouverons, plus tard, dans ses grandes sonates parisiennes, également inspirées de l'influence française. Mais plus frappante encore est la nouveauté du *développement*, où Mozart, au lieu d'élaborer les idées précédentes, nous offre tout à coup une espèce de fantaisie imprévue et brillante, toute remplie de traits de bravoure et de croisements de mains, un long passage que l'on croirait appartenir à un concerto bien plus qu'à une sonate, si l'on n'en découvrait maints équivalents dans les sonates françaises de la même période; après quoi la première partie est reprise sans autres changements que la prolongation d'un trait du second sujet et l'addition d'un petit passage nouveau pour relever la cadence finale. En résumé, un style infiniment plus « moderne » que celui des œuvres de clavecin antérieures, substituant à l'ancien travail musical une remarquable science et habileté technique, un souci inattendu de l'élégance formelle et de la virtuosité. L'expression, elle aussi, a notablement baissé, ou plutôt est devenue toute superficielle : mais jamais encore Mozart ne s'était si pleinement livré à son goût natif de modulations et de chromatismes.

L'*andante* qui suit est d'un style tout semblable. Comme nous l'avons dit, son titre véritable devrait être non pas « rondeau en polonaise », mais « polonaise en rondeau » : car il s'agit ici d'un simple *rondeau* dont le thème a le rythme d'une *polonaise*, et qui, d'ailleurs, a exactement la forme de ces *rondeaux* chantés dont nous avons rencontré déjà un exemple dans l'un des airs de la *Finta Giardiniera*, — avec pourtant cette différence que chacune des reprises du thème est plus ou moins variée. Le premier intermède, en *la* comme le thème, débute par un rythme rappelant celui-ci; le second est en mineur, mais très court, et terminé par une reprise variée de l'intermède précédent; et désormais Mozart, jusqu'à la fin du morceau, ne se soucie plus de nous offrir d'autres intermèdes, mais se borne à étendre le thème, avec des allongements de pure virtuosité. Aussi bien, tout le morceau a-t-il une allure brillante et ornée qui diffère étrangement des chansons ou des rêveries que nous ont fait voir les sonates précédentes. L'émotion y est remplacée par un agrément extérieur renouvelé sans cesse, avec une foule de suites d'octaves aux deux mains, de basses d'Alberti constamment modulées, et de trilles, et d'échanges du chant entre les deux mains, pour ne rien dire d'un curieux passage pathétique amenant la dernière reprise du thème.

Quant au finale, nous avons dit déjà que c'est chez des maîtres français, Eckart et Honnauer, que Mozart, dès son premier voyage de Paris, a trouvé des modèles de sonates se terminant par des thèmes variés : mais les variations qu'il nous donne ici n'ont plus rien de commun avec le style timide et un peu vieillot de ces deux compositeurs. Le seul trait de ressemblance que l'on puisse découvrir entre l'un d'eux, Honnauer, et lui, consiste en ce que, peut-être, il aura pris chez Honnauer l'idée d'une variation mineure formant l'un des numéros de sa série de douze variations. Car nous avons eu précédemment l'occasion de signaler la manière dont Honnauer, dans une des six sonates de son op. I, ayant à terminer sa sonate par des variations, a imaginé d'introduire deux variations mineures parmi plusieurs autres en majeur. Mozart, lui, jusqu'à présent, n'avait encore jamais pris cette liberté : depuis longtemps, il introduisait dans ses séries une variation lente, mais jamais encore nous n'avions rencontré chez lui, comme nous le ferons toujours désormais, une variation mineure. L'idée lui sera-t-elle venue d'Honnauer, ou peut-être d'un autre compositeur français plus « moderne », connu par lui à Munich ? Le fait est que c'est à Munich, dans la présente sonate, qu'il a pour la première fois employé ce moyen de donner à ses variations à la fois plus de diversité et une plus haute valeur expressive.

Mais avant d'arriver à la variation mineure, nous devons examiner rapidement les morceaux précédents de la série, ainsi que le thème qui leur sert de point de départ. Ce thème est, lui aussi, de l'invention de Mozart, suivant la coutume des maîtres français qui, dans les sonates, composaient eux-mêmes les petites ariettes destinées à être les sujets de leurs variations. Au reste, le thème inventé ici par Mozart, avec son insignifiance gentille, n'est pas non plus sans faire songer à une ariette française. Et pour ce qui est des douze variations, nous sentons bien que Mozart, ici comme dans sa série sur le *Menuet de Fischer*, s'efforce encore à laisser visibles les contours du thème : mais à tout moment, déjà, sa fantaisie créatrice lui fait oublier ce principe nouveau de la variation « galante », jusqu'à ce que, vers la fin de la série, toute trace du thème menace de s'effacer, sous la hardiesse et la beauté des improvisations affluant à l'esprit du jeune homme. Pourtant, d'une façon générale, le finale de la sonate atteste le même souci de virtuosité qui nous est apparu dans les deux morceaux précédents ; et nous avons l'impression que c'est presque malgré lui que Mozart, par instants, s'abandonne à ces caprices de son génie poétique.

La première variation est toute en triolets à la main droite ; et des triolets à la main gauche commencent aussi la seconde variation : mais, ici déjà, Mozart semble se lasser d'une ornementation trop servile du thème, et celui-ci risque parfois de disparaître sous le curieux dialogue poursuivi, jusqu'au bout, entre les deux mains.

De la pure virtuosité relèvent les quatre variations suivantes. L'une (n° 3) est toute en un dessin continu de doubles croches à la main droite pendant que la main gauche, comme dans le premier morceau de la sonate, dessine vigoureusement des suites d'octaves. Le n° 4 est, en quelque sorte, un renversement de la variation précédente : la main droite expose un chant qu'accompagne, à la main gauche, un dessin continu de doubles croches. Dans le n° 5, les deux mains recommencent à dialoguer entre elles, mais le principal objet de Mozart paraît être, sous les imitations rudimentaires que nous offre ce morceau, de prêter à la main gauche de rapides et difficiles successions de tierces. Et le n° 6, de son côté, n'a été écrit, évidemment, que pour exercer l'adresse du pianiste aux croisements de mains.

Mais voici que, tout à coup, la variation mineure, en obligeant Mozart à tirer du thème un effet pathétique, — car l'identité des mots « pathétique » et « mineur » était dès lors à peu près complète, — réveille en lui le génie du poète, et le décide, pour quelque temps, à oublier son souci de pur étalage de virtuosité! Après la variation mineure elle-même, très simple et d'une signification tout intime, c'est encore le poète qui nous apparaît surtout dans les trois variations suivantes, — toutes trois ne se rattachant au caractère brillant des autres variations que par un emploi constant d'octaves. Dans l'une, le n° 8, un dialogue très sobre et puissant se poursuit entre les deux mains, qui recommence aussitôt dans la variation d'après, mais, cette fois, en contrepoint, avec une voix personnelle prêtée à chacune des deux parties, — variation également très simple au point de vue « pianistique », mais assurément la plus originale et la plus belle de toutes avec le sombre élan dramatique, tout « beethovenien », de son rythme. A quoi nous serions tentés d'ajouter que c'est encore un avant-goût du génie de Beethoven qui nous parvient dans la dixième variation, quatrième et dernière de cette admirable série de « bagatelles » poétiques. Ici, tandis que la main droite répète infatigablement une suite d'octaves en *basse d'Alberti*, la main gauche nous fait entendre un chant où le thème initial des variations se trouve comme condensé, et promu à une singulière grandeur expressive ; après quoi un long travail commence entre les deux mains, avec une foule de modulations à la fois très hardies et très saisissantes.

Et de même que la nécessité d'écrire une variation mineure avait stimulé chez Mozart la libre fantaisie, de même, maintenant, l'obligation de produire une variation lente semble avoir rappelé au jeune homme l'objet tout différent, et purement formel, qu'il s'était proposé en commençant la série de ses variations. Le fait est qu'on ne peut rien imaginer de plus froid que cette variation *adagio* où Mozart, de même qu'il avait fait naguère à propos du *Menuet de Fischer*, prend la peine d'écrire toutes ses reprises, afin de pouvoir les revêtir sans cesse d'ornements nouveaux. Mais au contraire de la belle rêverie poétique qu'est devenue la variation lente du *Menuet de Fischer*, nous n'avons ici devant nous qu'un devoir d'élève (ou de professeur), un effort assez misérable à renouveler, par toute sorte de traits et d'artifices divers, l'agrément d'un petit chant sans la moindre portée. Tout au plus ce morceau, avec ses mordants, ses trilles, ses nombreuses cadences,

peut-il nous donner une idée de la manière dont les contemporains de
Mozart, — ou plutôt ses prédécesseurs, car la mode de ces enjolivements
commençait à s'user, — avaient l'habitude de varier, à l'exécution, les
reprises des morceaux.

Enfin la douzième et dernière variation, toujours suivant une habitude désormais constante chez Mozart, accélère le mouvement du
thème et en modifie le rythme : ici *allegro* 3/4 au lieu d'*andante* C. Avec cela
un morceau tout de facture, assez difficile à jouer en raison des modulations constantes imposées à ses suites d'octaves, mais d'ailleurs complètement dépourvu de toute signification musicale un peu attachante.
Notons seulement que Mozart y a également varié ses reprises, mais
suivant un ordre tout autre que dans l'*adagio* précédent : après avoir
varié le thème tout entier, il a repris le même rythme pour nous offrir,
en quelque sorte, une nouvelle variation supplémentaire, pouvant
servir de conclusion.

222. — *Salzbourg, 14 avril* 1775

Concerto de violon en si bémol, avec accompagnement de deux
violons, alto, deux hautbois, deux cors et basse.

K. 207.

Ms. à Berlin.

Allegro moderato. — Adagio (en mi bémol). — Presto.

La date de ce concerto nous est donnée par Mozart lui-même, en
tête de l'autographe où nous lisons : *Concerto a Violino solo di
A. W. Mozart à Salisburgo, li 14 di Aprile 1775.* C'est donc à Salzbourg, un mois environ après son retour de Munich, que Mozart a
composé ce concerto, le premier d'une série qui allait se continuer
durant toute l'année 1775. Le jeune homme a-t-il eu, dès lors, l'intention de composer une série, ou bien cette idée ne lui sera-t-elle venue
que plus tard ? A-t-il écrit ce premier concerto pour son usage personnel, comme on l'a supposé, ou bien l'a-t-il destiné à être exécuté par
un violoniste de profession ? Impossible, pour nous, de répondre à ces
questions, d'ailleurs peu importantes. Mais ce qui a bien autrement de
quoi nous intéresser, c'est, en premier lieu, de voir le jeune homme
s'employer désormais, presque exclusivement, au genre « galant » du
concerto, et puis aussi de voir avec quelle ardeur merveilleuse, dès le
début, il a mis tout son art au service de son idéal nouveau de « galanterie ».

Non pas, en vérité, que ce concerto continue à nous montrer Mozart subissant l'influence française qui s'est révélée à nous dans la sonate précédente, et que nous allons retrouver bientôt dans les autres concertos de la série. Par un phénomène curieux, mais nullement inexplicable, il est arrivé que Mozart, en rentrant à Salzbourg, est d'abord retombé en partie sous l'empire des sentiments qu'il avait éprouvés avant son départ, sauf pour lui à se laisser ressaisir ensuite, peu à peu, par les impressions nouvelles rapportées de son voyage. Sans compter que, cette fois comme presque toujours, l'idée d'écrire son concerto a dû lui être suggérée par un modèle qui lui est tombé sous les yeux ; et ce modèle, nous serions prêts à le jurer, doit avoir eu pour auteur un maître allemand. Car il suffit de comparer le présent concerto, d'une part, avec la sonate munichoise, et d'autre part avec les concertos suivants de la série pour être frappé de tout ce qu'il a de foncièrement « autrichien », en regard du caractère « français » de ces autres ouvrages. S'agissait-il d'un concerto de Vanhall, — de cet introuvable concerto en *si bémol* que Mozart allait jouer par cœur à Augsbourg en 1777 ? La chose, infiniment probable, ne peut pas être affirmée avec certitude. En tout cas il y a d'un bout à l'autre, dans le concerto, un mélange d'intimité et de douceur chantante, une sorte d'abandon poétique accompagné, dans le finale, d'une verve un peu grosse, à la manière de Haydn, qui rattachent directement cette admirable composition aux œuvres éminemment « viennoises » des années précédentes. Et cependant, d'autre part, quelle différence entre ces œuvres savantes et profondes, — par exemple le concerto de clavecin de décembre 1773, — et la forme toute brillante du présent concerto! Aucune trace, désormais, d'élaboration des idées, ni de contrepoint, ni d'ingénieuses recherches d'instrumentation. Nous n'avons plus devant nous qu'une sorte de longue et délicieuse *rapsodie*, une improvisation où vingt idées se succèdent et aussitôt disparaissent, jusqu'au moment où l'auteur, fatigué d'en inventer de nouvelles, reproduit sans y rien changer le tout ou une partie du début du morceau.

Cette abondance, toujours renouvelée, des idées mélodiques est même poussée, dans le n° 222, à un degré dont aucun autre des concertos de Mozart ne nous offre l'équivalent. Comme on le verra tout à l'heure par notre analyse détaillée des morceaux, Mozart se montre ici tellement prodigue de « sujets » qu'il manque parfois à toutes les habitudes du genre en substituant des thèmes nouveaux à une simple reprise d'idées précédentes, telle que la lui commandaient les habitudes susdites. Cela encore, cette manière de traiter tous ses morceaux comme des espèces de *rondos* ou de *pots pourris*, Mozart en a-t-il trouvé l'exemple dans le modèle dont il s'inspirait? Peut-être : mais peut-être aussi n'a-t-il écouté là que son caprice du moment ; et, en tout cas, il est certain qu'une telle conception « rapsodique » des morceaux répondait le mieux du monde à la manière dont un génie comme celui de Mozart devait se représenter l'idéal de la musique « galante ».

Aussi ne chercherons-nous pas à approfondir la question des rapports entre la forme de ce concerto et la coupe ordinaire des concertos de violon, allemands, italiens, ou français, du temps. L'étude de ces derniers viendra plus à propos lorsque nous aborderons les concertos suivants de la série, où Mozart nous apparaîtra se soumettant de nou-

veau à l'influence du goût français. Ici, son unique préoccupation
semble bien avoir été de montrer tout ensemble sa fécondité inventive
et sa maîtrise à utiliser les ressources du violon. Encore ne pouvons-
nous pas dire, même à ce point de vue, que le présent concerto offre
rien d'exceptionnel, ni pour l'éclat et la difficulté de la partie du soliste,
ni non plus pour sa beauté « instrumentale » et l'intelligence de ses
ressources propres. Il en est du violon, dans ce concerto, comme des
voix dans la *Finta Giardiniera* ou le *Re pastore* : l'agrément de leurs
parties est simplement d'ordre « musical », sans que Mozart se soit
beaucoup soucié de leur langage individuel, ainsi que le faisaient, par
exemple, les auteurs d'opéras ou les violonistes italiens. Un autre instrument pourrait, au besoin, remplacer le violon sans que la beauté
de l'œuvre en fût très compromise. Et quant à la « virtuosité » des trois
morceaux, elle ne consiste qu'en des traits relativement élémentaires,
ou encore en de grands écarts, qui achèvent de nous révéler la provenance viennoise des modèles imités par Mozart. En réalité, le violon
solo se trouve bien moins employé, dans les trois morceaux, à faire
étalage de son habileté qu'à traduire les beaux chants dont sa partie
est toute parsemée. Et bien que, déjà, l'influence « galante » ait fort
éloigné Mozart de son état d'esprit de 1773, où nous l'avons vu concevoir un peu son concerto de clavecin comme un dialogue entre le
soliste et l'orchestre, le rôle de l'orchestre n'en reste pas moins, dès ce
premier concerto de violon, beaucoup plus important que dans l'ordinaire des concertos d'alors. Les préludes, il est vrai, sont courts, et
l'accompagnement des *soli* toujours assez discret : mais du moins ne
s'arrête-t-il pas un instant, et parfois se trouve-t-il revêtir une portée
supérieure à celle du *solo* qu'il escorte, étant chargé du chant véritable,
tandis que le violon principal ne fait que l'enjoliver de ses fioritures.
En un mot, une musique très simple, et ne souffrant point d'être comparée aux grands concertos des virtuoses italiens ou français : mais,
malgré tout, une musique infiniment plus « musicale » que ne le comportait à ce moment l'habitude du genre, et toute chantante et rayonnante de gentille lumière mélodique, pleine de grâce naïve jusque dans
les ritournelles, que Mozart s'amuse à renouveler de proche en proche,
dans l'élan délicieux de sa verve créatrice.

Le premier morceau, tout de suite, nous fait voir l'étonnante richesse
mélodique qui est l'un des traits distinctifs de ce concerto. Il s'ouvre
par un prélude orchestral assez court, mais contenant deux sujets
séparés, et qui tous deux sont suivis d'une même ritournelle, singulièrement vive et gracieuse, utilisée plus tard dans les grands opéras
bouffes de Mozart : mais il se trouve, ici, que cette délicieuse ritournelle ne reparaîtra plus jamais dans le morceau, charmante idée saisie
au passage, et puis oubliée dès l'instant d'après. Le *solo*, lui, commence par reprendre, en l'abrégeant, le premier sujet du prélude,
auquel succède un premier chant nouveau, formant, en quelque sorte,
le premier sujet propre au soliste. Puis, après un grand trait de violon,
l'orchestre reprend son second sujet du prélude, sur lequel le violon
principal brode une espèce de variation en légères arabesques. Ainsi
s'achève la première partie : mais entre elle et le *développement*, Mozart,
au lieu de reprendre la ritournelle du prélude, nous offre une ritournelle

toute neuve qui, par des modulations imprévues et piquantes, amène
un nouveau chant du soliste, très expressif et original avec sa tonalité
mineure, et sans cesse entremêlé de rappels des arabesques dessinées,
tout à l'heure, sur le second sujet du *tutti* initial. Encore une ritournelle nouvelle pour terminer ce beau *développement* : mais ensuite, jusqu'à la cadence finale, on peut dire que la *rentrée* de la première partie
reproduit celle-ci sans aucun changement. Tout au plus un des traits
du violon est-il un peu allongé, et l'orchestre, de son côté, reprend-il
un morceau du premier sujet du début qu'il avait omis dans la première partie du concerto propre. Encore une ritournelle nouvelle, pour
préparer la cadence; et le morceau finit par une reprise, à l'orchestre,
de la longue ritournelle qui précédait le *développement*. Quant à l'instrumentation, la partie du violon principal, comme nous l'avons dit, est
infiniment plus riche en beauté mélodique qu'en abondance ou difficulté de figures de virtuosité; nous y noterons seulement de fréquents
écarts, ainsi qu'une de ces longues tenues qu'aimait également l'école
viennoise. L'orchestre, lui, continue à être traité beaucoup plus simplement qu'il ne l'était, par exemple, dans le concerto de clavecin de 1773.
Les violons marchent ensemble, accompagnés par l'alto et la basse;
et les vents ne font guère que colorer légèrement les autres parties.

L'*adagio*, à son tour, s'ouvre par un *tutti* formé de deux sujets et
d'une ritournelle. Mais le soliste, ici, attaque d'abord un sujet nouveau,
auquel vient s'opposer le premier sujet du *tutti*, sous une longue tenue
du violon principal; et puis, de nouveau, celui-ci recommence à chanter librement, à peine interrompu, çà et là, par des rappels du prélude
à l'orchestre. Et c'est encore le même chant, varié et étendu, qui remplit
le passage tenant lieu de *développement*, jusqu'à une *rentrée* où se trouve
supprimé le premier sujet du premier *solo*. Mais, par contre, voici que
le second sujet du prélude, absolument négligé de Mozart dans la première partie du *solo*, reparaît tout à coup, d'abord à l'orchestre, et puis
est repris au violon principal, remplaçant le chant nouveau de celui-ci
dans la première partie. Après quoi c'est encore une ritournelle nouvelle qui amène la cadence facultative, avant que le morceau s'achève
par une reprise des deux ritournelles du *tutti* juxtaposées. A quoi nous
devons ajouter que, dans cet *adagio*, la virtuosité disparaît complètement, pour laisser la place à des chants à la fois très simples et très
purs, imprégnés d'une poésie toute intime, et déjà aussi « mozartienne »
que possible. L'orchestration, pareillement, est toute mélodique, sans
autre mérite que sa grâce chantante : mais il faut remarquer que
Mozart, sans attribuer un rôle bien actif aux instruments à vent, ne se
résigne pas à les réduire au silence durant son *adagio*, ainsi qu'on le
faisait volontiers alors. Parfois même des tenues de cors, très discrètes
mais parfaitement ménagées, viennent joindre à l'ensemble mélodique
un charme particulier de grâce un peu voilée.

Pour ce qui est du finale, la désignation de *presto*, familière à Joseph
Haydn, suffirait déjà à faire supposer que Mozart subit ici l'influence de
ce maître; et cette influence apparaît bien mieux encore dans le caractère et le rythme du long *tutti* initial, avec ses deux sujets d'une allure
très vive et presque populaire, auxquels s'ajoute même, suivant l'habitude de Haydn, un troisième petit sujet en manière de cadence finale.

Sans compter que si Haydn, dans les deux concertos de violon dont nous avons parlé, sacrifie déjà à la mode nouvelle en donnant à ses finales la forme de *rondos*, ce n'en est pas moins à son esprit que Mozart nous fait penser en traitant, cette fois encore, son finale de concerto comme « un morceau de sonate ». Il avait fait ainsi, nous l'avons vu, dans son grand concerto de clavecin de 1773 ; et nous avons vu aussi que plus tard, à Vienne, il a cru devoir substituer à ce « morceau de sonate » un autre finale en forme de *rondo*. Ici, pour ce concerto de violon, la même aventure lui est arrivée, et cela dès l'année suivante : car nous aurons à étudier, en 1776, un petit *rondo concertant* qui aura sûrement été écrit pour que ce premier concerto, comme tous les autres, pût désormais finir par le *rondo* traditionnel.

Après le prélude que nous avons dit, et où les deux sujets, à la façon de Haydn, s'apparentent l'un à l'autre au lieu de s'opposer, le solo débute par une variation du premier sujet du *tutti*, dont le rythme est ensuite maintenu sous des reprises et extensions tout à fait « haydniennes », jusqu'à ce que survienne enfin un sujet nouveau, équivalent au sujet ordinairement réservé pour le soliste : mais avec cette différence que, maintenant, ce sujet tout rythmique se trouve réparti entre le violon principal et l'orchestre, de telle sorte qu'il y a même des passages où le soliste, accompagné seulement par les basses, dialogue avec les violons du *tutti*. Une reprise du second sujet du prélude, mais de nouveau à l'orchestre seulement, amène un *développement* très étendu et, en somme, assez travaillé, cette fois de nouveau sur le rythme du premier sujet : aussi bien tout ce finale de concerto donne-t-il l'impression d'être fait sur le modèle d'un grand finale de symphonie ou de sonate de Joseph Haydn, et la préoccupation symphonique de Mozart est poussée si loin que nous voyons même, dans ce *développement*, un grand passage du *tutti* où l'orchestre, en tonalités mineures, élabore, à son tour le rythme du premier sujet varié précédemment par le soliste. Il est vrai que la *rentrée*, ensuite, dans ce finale comme dans le premier morceau, apporte très peu de changements à la reprise de la première partie, sauf pourtant à répartir entre le *solo* et le *tutti*, le second sujet du prélude, qui tout à l'heure n'était repris qu'à l'orchestre ; et la reprise de ce second sujet au violon se continue par un grand passage nouveau du soliste, aboutissant à un trille, première cadence que suivra bientôt le point d'orgue laissant place à la grande cadence facultative. Une reprise du troisième sujet du prélude, à l'orchestre, sert de conclusion au morceau. Tout cela d'un mouvement rapide et suivi, sans aucun des contrastes qui, plus tard, rempliront les finales de tous les concertos. Mozart, sous l'influence d'un maître allemand, s'est livré là à un léger et charmant badinage, qui lui a permis de tirer d'un rythme très simple toute sorte d'effets ingénieux ou piquants. La partie du soliste, toujours relativement plus chantante que difficile, requiert cependant une main très sûre ; et l'orchestration des *tutti* paraît avoir intéressé Mozart, dans ce finale, plus que dans aucun des deux morceaux précédents.

223. — *Salzbourg, avril* 1775.

Il Re Pastore, Dramma per musica en deux actes, pour trois soprani et deux ténors, avec accompagnement d'un violon principal, deux violons, alto, deux flûtes, deux hautbois, deux bassons, deux cors anglais, quatre cors et basse.

K. 208.

Ms. à Berlín.

Poème de Métastase.
Ouverture (voir le n° 224).

Acte I. — I. Air d'Aminta (soprano) en *ut : Intendo, amico, rio : andantino.* — II. Air d'Elisa (soprano) en *sol : Alla selva : allegro.* — III. Récitatif et air d'Aminta. Récitatif : *D.telo, voi pastori.* Air en *si* bémol : *Aer tranquillo : allegro aperto.* — IV. Air d'Alessandro (ténor) en *ré : Si sponde al soli : allegro.* — V. Air d'Agenore (ténor) en *sol : Per me rispondete : grazioso.* — VI. Air de Tamiri (soprano) en *mi* bémol : *Di toute sue procelle : allegro aperto.* — VII. Récitatif et duo d'Elisa et Aminta. Récitatif : *Che! m'affreti.* Duo en *la : Vanne a regnar : andante et allegro.*

Acte II. — VIII. Air d'Elisa en *si* bémol : *Barbaro oh! Dio : andante.* — IX. Air d'Alessandro en *fa : Se vincendo : allegro moderato.* — X. Air d'Aminta en *mi* bémol : *L'amero, saro costante : rondo : andantino.* — XI. Air de Tamiri en *ré : Se tu di me fai dono : andantino grazioso.* — XII. Air d'Agenore en *ut* mineur : *Sol puo dir : allegro.* — XIII. Air d'Alessandro en *ut : Voi che fausti : allegretto.* — XIV. Finale. Chœur des cinq personnages en *ré : Viva l'invitto duce : molto allegro.*

Comme le *Songe de Scipion*, le *Roi pasteur* a été composé pour la Cour de Salzbourg ; mais les deux titres suffisent à montrer que les genres des deux pièces n'ont rien de commun entre eux. Au lieu d'une cantate ou d'un oratorio profane, le *Re Pastore* est proprement une *sérénade pastorale*, comme était naguère *Ascanio in Alba*, avec cette seule différence que la suite des airs n'y est plus entremèlée de danses et de chœurs. Aussi est-il tout naturel que Mozart, pour les airs de sa nouvelle *sérénade*, ait employé les mêmes coupes et le même style que pour *Ascanio*. Comme dans ce dernier, la plus grande partie des airs sont de petits airs avec reprise variée, c'est-à-dire où la seconde partie est intercalée entre les deux strophes de la première. Ainsi sont faits les airs d'Aminta n°ˢ 1 et 3, l'air d'Elisa n° 2, les deux airs d'Agenore n°ˢ 5 et 12, l'air de Tamiri n° 6 et deux des trois airs d'Alessandro, n°ˢ 4 et 13. Mais l'esprit que nous révèlent ces airs est déjà tout autre que celui qui nous est apparu dans les airs d'*Ascanio ;* et c'est exactement l'esprit que nous font voir toutes les compositions instrumentales de l'année 1775. D'abord, nous y sentons que Mozart, préoccupé d'écrire des concertos et autres morceaux de *galanterie*, conçoit ses airs eux-mêmes comme des premiers morceaux, des *andantes* ou des finales de concertos. Après un prélude d'orchestre très étendu, et tout pareil à celui des concertos de violon de la même année, le chant, toujours très activement soutenu par l'orchestre, expose sés deux sujets avec un éclat

aussi varié que possible, en attendant qu'il les reprenne, plus variés
encore, après la petite partie intermédiaire. Mais ce qui est surtout
caractéristique, dans la plupart des airs du *Re Pastore*, c'est que cette
seconde partie est traitée tout à fait comme un *développement* de concerto ou de sonate. Elle sort directement de la première partie, dont
elle se borne souvent à varier l'un des sujets ; et parfois elle est très
courte (de cinq mesures, par exemple, dans l'air n° 13), évidemment
sans autre objet que de servir de transition à la rentrée qui la suit.
Elle cesse désormais d'être une partie distincte, pour devenir un épisode au courant de l'air. D'autres fois, cependant, elle est au contraire
assez étendue, et significative, et même plus originale et plus travaillée que la première partie (dans les trois airs nᵒˢ 3, 6, et 12) : mais, là
encore, elle reste traitée en *développement*, expressément dérivée de
la première partie, et nous rappelle le goût qu'a toujours eu Mozart
pour mettre, dans les *développements* de ses morceaux instrumentaux,
un effort particulier d'expression et de travail musical. En outre, les
habitudes du jeune homme pendant l'année 1775 se traduisent à nous,
dans ces airs du *Re Pastore,* par une tendance, très exceptionnelle chez
Mozart, à varier assez peu ses reprises. Nous avons vu que, dans ses
sonates, et autres compositions analogues de cette année, il en était
arrivé à répéter intégralement la première partie de ses morceaux, à
cela près qu'il transposait dans le ton principal tout ce qui, au cours
de la première partie, était dans un autre ton. Dans son *Re Pastore,*
il y a plusieurs airs où la reprise n'est guère plus variée ; ou bien,
quand elle l'est un peu plus, c'est toujours avec des variations banales
et superficielles, exigée sans doute par la vanité des chanteurs. L'air
n° 5 a la forme d'un petit menuet, avec trio intermédiaire ; l'air n° 1
est un petit *andante* de symphonie, que Mozart, d'ailleurs, va tout de
suite arranger comme tel, pour une symphonie n° 234, composée afin
d'utiliser son ouverture du *Re Pastore*. Détail curieux : dans cet *andante,*
la rentrée ne reprend d'abord que la seconde phrase du premier sujet,
et la première phrase ne reparaît qu'à la fin, en manière de *coda :* procédé que nous allons voir se développer chez Mozart, et reparaître
presque constamment dans son œuvre instrumentale de l'année suivante. L'air n° 3 a pour premier sujet le thème principal du début du
concerto de violon en *sol,* écrit par Mozart en septembre de la même
année.

Deux airs, l'un d'Elisa (n° 8) et l'autre d'Alessandro (n° 9), ont la
forme de *cavatines* en deux couplets. Enfin deux autres airs, l'un
d'Aminta n° 10), l'autre de Tamiri (n° 11), — et il faut noter cette succession de formes pareilles, pour les airs de cette catégorie comme
pour ceux de la précédente, — sont, pour la première fois chez Mozart,
des *rondos*, ou plutôt, comme il écrivait ce mot en 1775, des *rondeaux ;*
et ils ont bien la coupe des *rondeaux* à la française, c'est-à-dire de
morceaux où alternent deux sujets de longueur et de portée à peu
près égales. Là encore, dans cette conception nouvelle du *rondo*, nous
retrouvons le Mozart de 1775. Dans les deux airs, le premier sujet est
répété trois fois, sans aucune variation, et deux fois le second sujet,
sensiblement varié la seconde fois. Le *rondo* n° 10, pour achever de
nous révéler son caractère concertant, est chanté, en outre du soprano,

par un violon principal, qui, le plus souvent, répète en écho le chant de la voix.

Et ce caractère concertant, de même qu'il se montre à nous dans la forme des airs du *Re Pastore*, se manifeste aussi dans leur esprit, et en définit parfaitement à la fois les défauts et les qualités. Il n'y a pas un seul des airs de toute la pièce où nous ayons l'impression que Mozart a pris au sérieux la situation ou les sentiments de ses personnages. Tout ce qu'ils chantent est naturellement approprié à l'émotion qu'indiquent les paroles : mais cette émotion a simplement fourni à Mozart la donnée générale de ses morceaux, tout à fait à la manière de sa musique instrumentale, et même, plus expressément, de ses concertos. Dans quelques airs, d'autre part, notamment dans l'air d'Alessandro n° 4, les paroles du texte ont donné lieu à de petites harmonies imitatives : mais celles-ci ne sont encore que des épisodes ou des ornements d'ordre tout musical, comme on en trouve souvent dans les concertos. A considérer le *Re Pastore* comme une pièce, on serait très en peine d'en faire l'éloge ; et il faut bien ajouter que, même à ne tenir ses airs que pour des concertos, aucun d'eux ne paraît avoir été produit avec assez d'âme pour mériter d'être rangé parmi les œuvres originales et vraiment importantes de Mozart. Mais, avec tout cela, il n'y a pas un de ces airs qui ne soit très agréable, et même où la voix n'ait un charme propre, car la composition de la *Finta Giardiniera* avait, une fois de plus, remis Mozart en contact avec cette musique vocale dont ses goûts naturels et son milieu ordinaire tendaient sans cesse à le détourner. Les airs du *Re Pastore* sont très bien écrits pour les voix, à la condition seulement d'admettre l'idéal esthétique moderne, où la voix, tout en ayant son timbre et son domaine propres, n'est cependant conçue que comme l'instrument principal d'un ensemble symphonique. Quant à l'instrumentation des airs, elle est claire, facile, évidemment improvisée, mais toujours d'une richesse et d'une grâce exquises. Peu de contrepoint, nulle de ces grandes trouvailles dramatiques que nous avons signalées dans *Lucio Silla* : mais une extrême pureté de la ligne mélodique, un emploi très libre et très heureux des instruments à vent, et sans cesse une couleur poétique la plus ravissante du monde dans sa simplicité.

Le récitatif *secco*, de plus en plus, se dépouille de toute signification musicale ; les très rares récitatifs accompagnés sont insignifiants. Des deux ensembles, le chœur final du deuxième acte est assez long, mais un peu vide et, avec ses petits duos à la tierce entrecoupant les strophes homophones du chœur, rappelle fort certains morceaux de la messe que Mozart avait écrite quelques mois auparavant. Au contraire, le duo final du premier acte est charmant, sans avoir probablement coûté à Mozart beaucoup plus d'effort. Il est fait en deux morceaux : un *arioso*, *andante*, exposé alternativement par les deux voix, et un ensemble, *allegro*, où les voix chantent à la tierce, sauf à se répondre parfois en petites imitations : mais Mozart s'est amusé à rappeler, dans ce second morceau, la mélodie et les figures d'accompagnement du premier ; et il a mis à tout ce travail une légèreté et une sûreté de main qui font de ce duo l'une des parties les plus réussies du *Re Pastore*.

224. — *Salzbourg, avril* 1775.

Ouverture du Re Pastore en ut.

Ms. à Berlin.

Ce morceau est proprement la première *ouverture* qu'ait écrite Mozart. Les ouvertures de la *Schuldigkeit* et d'*Apollo et Hyacinthus* n'étaient que des morceaux de sonate arrangés pour orchestre : et toutes les ouvertures suivantes, qu'elles eussent trois ou deux morceaux, restaient toujours des *symphonies*, à la manière des ouvertures italiennes. Ici, pour la première fois, Mozart conçoit l'ouverture à la manière française, c'est-à-dire comme un morceau unique, traité librement, et expressément destiné à préparer la pièce qui va suivre. Cette ouverture du *Re Pastore* va d'ailleurs servir de prototype, en 1790, pour celle de *Cosi fan tutte*. Elle est faite d'une alternance de rythmes vifs, entrecoupés çà et là d'un chant mélodique ; et puis, à la fin, en manière de *coda*, un autre chant intervient, d'un caractère à la fois héroïque et tendre, et chanté en imitation par les hautbois et les flûtes. Notons encore que cette ouverture, pour mieux affirmer sa différence avec toutes les précédentes, est en *ut*, au lieu du ton habituel de *ré*. Tout cela annonce déjà un effort, que nous allons maintenant découvrir sans cesse chez Mozart, à innover dans tous les genres, au moins pour ce qui est de la forme extérieure. Au reste, comme nous le verrons, ce caractère libre de l'ouverture du *Re Pastore* n'a pas empêché Mozart, suivant une habitude qui lui était commune avec Joseph Haydn, de transformer son ouverture en symphonie (ou *divertissement*) par l'addition de deux autres morceaux.

Que si, maintenant, nous entrons dans le détail de la composition du morceau, nous verrons que la coupe adoptée ici par Mozart ressemble beaucoup à celle qui lui a servi naguère pour le premier morceau de l'ouverture de la *Finta Giardiniera*. C'est la vieille coupe italienne dont nous avons parlé déjà à propos des petites symphonies de 1773, et où la première partie, se terminant par une reprise un peu variée du premier sujet en guise de *développement*, se répète tout entière aussitôt après ce petit passage, et en reproduisant ce passage lui-même : de telle sorte qu'un même sujet se trouve redit au moins quatre fois, avec deux expositions du petit intermède constitué par le second sujet. Encore, ici, le premier sujet est-il répété cinq fois, car Mozart nous le présente, au début, sous une double exposition, à la manière de Haydn.

Voici, d'ailleurs, comment sont agencées les diverses phrases du morceau :

Après les trois accords d'entrée traditionnels, les deux violons dessinent un rythme vif et montant, qui annonce déjà celui de l'ouverture de *Cosi fan tutte*, pour aboutir bientôt à une grande ritournelle italienne, en unisson. Puis apparaît la nouvelle exposition susdite du premier sujet où, maintenant, l'accompagnement est confié au second violon ; et une nouvelle ritournelle, très longue et contrastée, termine cette première partie du morceau. Vient ensuite, toujours chanté par les violons réunis, un second sujet très distinct, mais d'un rythme également très vif et léger ; et nous nous apprêtons à en entendre la ritournelle lorsque tout à coup, à l'alto et à la basse, reparait le rythme du premier sujet, donnant lieu au petit passage en *développement* dont nous parlions tout à l'heure. Et puis voici la ritournelle qui terminait la première exposition du premier sujet, et qui, maintenant, commence véritablement la *rentrée*, Mozart ayant cru devoir supprimer ici la reprise de cette première exposition elle-même. La seconde exposition de tout à l'heure est ensuite reprise, à son tour, avec un allongement de cinq mesures qui permet à Mozart de jouer librement de ce rythme du début ; après quoi la longue ritournelle qui finissait le premier sujet, et le second sujet lui-même, et le passage en *développement* qui le suivait, se trouvent repris sans aucun changement. Encore n'est-ce pas tout : au lieu de finir ici, Mozart imagine de nous faire entendre maintenant cette première exposition du premier sujet qu'il a supprimée au commencement de sa *rentrée* suivant un procédé d'interversion que nous avons signalé déjà dans le premier air du *Re Pastore*, en ajoutant qu'il deviendrait surtout familier à Mozart durant toute l'année 1776.

Enfin, nous avons dit plus haut de quelle façon imprévue et exquise cette ouverture, après ce retour du premier sujet, se termine par huit mesures d'un chant tout nouveau, récité en imitation par les flûtes répondant au groupe uni des premiers violons et des hautbois, sous un léger accompagnement continu des seconds violons.

L'instrumentation, d'un bout à l'autre de l'ouverture, offre les qualités et les défauts que nous avons signalés dans notre analyse du *Re Pastore* lui-même. Elle est très simple, sans aucun effort de nouveauté : mais d'une adresse, d'une grâce, et d'un éclat remarquables. Les violons, désormais, marchent presque toujours ensemble, en opposition avec le groupe des altos et des basses. Quant aux vents, le dialogue en imitation des flûtes avec les hautbois, dans la phrase finale, est proprement le seul endroit où ils jouent un rôle important : ce qui ne les empêche pas, dans le reste du morceau, d'intervenir toujours avec une sûreté singulière, pour ajouter plus de couleur et de vie à la trame orchestrale.

225. — *Salzbourg, mai* 1775.

Air bouffe pour ténor en ut : « **Con ossequio, con rispetto** », avec
accompagnement de deux violons, alto, deux hautbois, deux cors
et basse.

K. 210.
Ms. à Berlin.

La date de cet air nous est donnée par le manuscrit (*nel maggio* 1775).
Un autre air, également pour ténor, est daté du 19 mai de la même
année (n° 226) : mais nous le croyons postérieur au n° 225, car ce dernier se trouve placé avant l'autre, dans le cahier ancien où l'on a
recueilli les autographes de ces deux airs et de plusieurs autres.
Cependant, il se peut aussi que les deux airs aient été composés pour
une même représentation, du 19 mai 1775.

Car il arrivait souvent que des chanteurs, surtout dans l'opéra
bouffe, n'étant pas satisfaits de quelques-uns des airs que leur réservait la partition, demandaient à un autre musicien d'écrire pour eux,
sur les mêmes paroles, une autre musique ; et c'est évidemment dans
ces conditions que Mozart, pour un opéra bouffe joué à Salzbourg le
19 mai 1775. a fait à un ténor l'amitié de lui récrire deux airs. Le premier, n° 225, est expressément, comme l'indique le texte même de
Mozart, un « air bouffe ». Le personnage du ténor, s'adressant à quelque
seigneur grotesque, lui dit, tout haut, « qu'il n'a pas son pareil au
monde », mais en ajoutant aussitôt, à part soi, que c'est « pour l'orgueil,
l'ignorance, et la grande bestialité » que le seigneur en question n'a
pas son pareil. Il y a là un effet comique qui, répété trois fois, constitue proprement tout l'air, formé de trois couplets un peu variés. Le
contraste du respect des paroles hautes et de la réserve des apartés est
marqué, ici, par une opposition d'un chant et d'un simple *parlando* un
peu accompagné. L'orchestre varie agréablement ses effets : mais ni
lui ni le chant ne s'élèvent au-dessus d'une improvisation facile et
brillante.

226. — *Salzbourg*, 19 *mai* 1775.

Air en ré : « Si mostra la sorte », pour ténor avec accompagnement de deux violons, alto, deux flûtes, deux cors et basse.

K. 209.
Ms. à Berlin.

mos . tra la sor . te pro. pi . zia aN' a. mante

Andante et allegro assaï.

Cet air, écrit dans les mêmes conditions que le précédent, est d'un
caractère tout autre. C'est un petit air d'amour, mais toujours destiné à
un opéra bouffe. Mozart lui a donné la forme d'un de ces airs à reprise
variée que nous venons de voir dans le *Re Pastore*. La reprise, ici encore,
est assez peu variée : mais la seconde partie de l'air se distingue nettement de la première, et est charmante, avec des modulations mineures
légèrement indiquées. L'orchestre, dans tout l'air, est beaucoup plus
important que le chant qui, sauf quelques petites cadences dans la
strette, se borne à doubler la partie de l'alto (suivant l'usage de Mozart
pour les ténors), ou encore la partie des flûtes, qui ont ici un rôle
capital.

227. — *Salzbourg*, 14 *juin* 1775.

Concerto en ré, pour violon avec accompagnement de deux violons, alto, deux flûtes, deux cors et basse.

K. 211.
Ms. à Berlin.

Allegro moderato. — Andante (en sol). — Rondeau : allegro.

La date de ce concerto, comme de tous les autres de la série, nous est révélée par Mozart lui-même. Le manuscrit, à la Bibliothèque de Berlin, porte l'inscription : *Concerto di violino di W. A. Mozart m. p. à Salsburg li 14 di Giugno* 1775. Quant à la destination du concerto nous avons dit déjà, à propos du n° 222, combien il est impossible de rien affirmer de certain à ce sujet. Tout au plus, le ton de *ré*, employé ici et qui se retrouvera dans un autre concerto de l'automne suivant, permet-il de supposer que, à la date où il écrivait ce concerto de juin 1775, Mozart ne pensait pas encore à entreprendre une série régulière de six concertos.

Nous avons vu de quelle façon le jeune homme, dans son concerto précédent, avait momentanément un peu écarté les impressions nouvelles qu'il rapportait de Munich, pour se laisser reprendre d'abord à l'esprit de Salzbourg, probablement sous l'influence d'un modèle allemand qui lui était tombé sons les yeux. Mais bientôt la composition de son *Re Pastore* avait ravivé en lui ses souvenirs de la nouvelle initiation française subie pendant son séjour à Munich ; et le fait est que nous aurions pu signaler, dans l'esprit comme dans le style de cette petite cantate pastorale, maintes traces manifestes de la même inspiration française qui s'était révélée à nous dans la sonate de piano en *ré* n° 221. Ici, dans ce concerto de juin 1775, cette même inspiration se fait sentir à nous librement et pleinement, comme d'ailleurs elle se fera sentir dans la plupart des œuvres suivantes. Désormais, ce qui n'avait été encore, à Munich, qu'une fantaisie passagère, devient une habitude à peu près constante. La « galanterie » de Mozart ne cesse plus d'avancer dans la voie particulière où nous l'avons vue s'engager pendant le séjour de Munich, sous l'action immédiate d'œuvres de maîtres français. Aussi bien, si le concerto précédent pouvait donner parfois l'illusion d'être composé par Joseph Haydn, celui-ci, au génie près dont il est imprégné, s'accommoderait assez de porter la signature d'un Guénin ou d'un Gaviniès.

Déjà la manière française d'écrire le mot *rondeau* nous indique le pouvoir que continue d'exercer sur Mozart cette influence française ; et la coupe de ce *rondeau* final nous montrera, elle aussi, comment le jeune homme est dorénavant revenu à une conception du genre qu'il avait jadis connu à Paris et à Londres. Mais c'est à une profondeur beaucoup plus grande que nous pouvons rechercher, dans l'œuvre nouvelle de Mozart, les vestiges de cette pénétration du goût et de l'esprit musicaux français. Tout de même que les maîtres parisiens d'alors, en effet, Mozart commence dès maintenant à remplacer, pour ainsi dire, le contenu intime de sa musique par un agrément extérieur plus varié et plus élégant. Au lieu d'élaborer des sujets donnés, il se borne à juxtaposer une série d'idées différentes, mais avec un souci évident d'expression juste et de simple et légère beauté mélodique. La virtuosité elle-même revêt une allure tout aimable et gracieuse, qui exige de l'exécutant moins d'habileté manuelle que de goût artistique. Pensées et langage, tout cela se simplifie, en attendant que bientôt Mozart, toujours sous la même influence française, fasse regagner à son œuvre en diversité imprévue de coupe et d'allure ce qu'il lui fait perdre à présent en élaboration musicale. Et non seulement toute apparence de

contrepoint disparaît de cette musique « allégée », — pour ne pas dire « appauvrie » : — le rôle de l'orchestre se réduit de plus en plus à un accompagnement du chant du soliste, et avec une telle simplification de ses procédés qu'un rapide coup d'œil suffit pour nous faire reconnaître, dans les partitions, l'infériorité surprenante, à ce point de vue, des œuvres de 1775 en comparaison de celles de l'année précédente. C'est comme si Mozart, provisoirement et par une singulière contrainte imposée à son naturel, en était venu à n'attacher à l'orchestre de son concerto qu'une importance accessoire, réservant aux *soli* toute son attention et tout son amour. Après quoi il convient d'avouer que, du moins, ses *soli* acquièrent dès lors une grâce à la fois limpide et délicate, une signification sentimentale merveilleusement vivante et précise, dans sa simplicité un peu superficielle, et, en un mot, des qualités toutes françaises de distinction élégante, qui rachètent jusqu'à un certain point ce que la « galanterie » ainsi comprise a fait perdre sous le rapport de la véritable valeur musicale.

Ce que nous venons de dire ne s'applique pas seulement au présent concerto, mais à toute la série des œuvres qui vont suivre, avec pourtant cette différence que nous allons voir de plus en plus Mozart s'ingénier ensuite à compenser en originalité extérieure la réduction de l'effort proprement musical, telle que nous la constatons dans ce concerto. C'est comme si, d'abord, le jeune homme avait voulu préparer le terrain, faire place nette au style nouveau en se débarrassant de tout ce qu'il conservait encore de ses grandes ambitions musicales de naguère, désormais inutiles ; et le fait est que pas un seul de ses concertos ne nous apparaîtra aussi court que celui-ci, ni aussi simple et dépouillé de toute prétention supérieure. Mozart n'y cherche vraiment qu'à nous plaire par les moyens les plus faciles, évitant la subtilité de l'idée comme la complication ou l'approfondissement de la forme.

L'invention, à coup sûr, reste toujours encore d'une abondance merveilleuse : mais sans que Mozart, désormais, l'emploie à renouveler de proche en proche toute sa trame mélodique, ainsi qu'il avait fait dans le concerto précédent. Les sujets des *tutti*, maintenant, se trouvent régulièrement utilisés dans les *soli*, et la coupe du concerto, comme nous l'avons dit déjà, revient absolument au type établi du genre, tel que nous l'avons défini à propos du concerto de clavecin de 1773. Et Mozart, à la date où nous sommes, a subi si profondément l'influence de la « galanterie » qu'il transporte même jusque dans le concerto l'habitude que nous avons vu qu'il s'est donnée pour ses autres œuvres instrumentales d'alors : l'habitude de ne plus varier, ou presque plus, ses *rentrées*.

Le premier morceau débute par un prélude orchestral relativement assez court, où nous apparaissent deux sujets distincts, suivis d'une grande ritournelle. Le *solo*, tout de suite, reprend le premier sujet, tantôt doublé par l'orchestre, tantôt lui répondant en un petit dialogue. Vient ensuite un sujet nouveau, quelques mesures de chant, aboutissant à une sorte de ritournelle brillante en triolets. Après quoi c'est le second sujet du *tutti* qui revient à l'orchestre, sous de légers ornements du soliste, qui bientôt, à son tour, en reprend la ligne mélodique, l'allonge quelque peu, et entame de nouveau un grand trait en triolets, avec d'énormes écarts, pour arriver ainsi à sa première cadence. A ce moment, l'orchestre dessine trois mesures nouvelles, mais pour reprendre, aussitôt après, la seconde moitié de la ritournelle qui terminait son prélude ; et c'est alors, au violon solo, un petit *développement* tout nouveau, qui commence par des traits assez insignifiants, mais se change bientôt en un chant mineur très modulé et d'une expression très originale, sur un accompagnement non moins expressif de l'orchestre. Encore cinq mesures nouvelles à l'orchestre, pour amener la *rentrée* : et celle-ci reproduit exactement toute la première partie, sans même changer les traits du violon, à cela près que Mozart, vers la fin, intercale dans son *solo*, une ritournelle qui, d'abord, n'avait été exposée qu'à l'orchestre. Après quoi le *tutti* final se borne à répéter exactement toute la ritournelle qui terminait le prélude. Ajoutons que l'ensemble de l'orchestration est également simplifié, avec une tendance de plus en plus grande à n'attribuer à l'orchestre, dans les *soli*, qu'un rôle modeste d'accompagnement. Les vents, il est vrai, travaillent sans cesse pendant les *tutti*, et font quelques tenues pendant les *soli* : mais tout cela essentiellement *ad libitum* et d'une insignifiance parfaite.

L'*andante*, lui, nous fait voir plus clairement encore l'influence des concertos français, où ce morceau est le plus souvent très court, et avec un caractère particulier de chant continu du violon, sur un accompagnement d'air d'opéra-comique, subordonné au chant et sans individualité propre. Le prélude, ici, comme dans un air véritable, ne consiste plus qu'à exposer la première phrase du chant, qui est ensuite reprise, toute pareille, au violon principal ; et celui-ci y ajoute, aussitôt après, une seconde phrase, suivie d'une petite ritournelle de l'orchestre, sur laquelle le violon dessine une espèce de petit refrain. Un point d'orgue semble terminer cette première partie : mais le soliste enchaîne immédiatement à cette cadence une continuation du refrain susdit, qui se prolonge jusqu'à un trille formant une nouvelle cadence à la dominante. Le *développement*, très court, — et précédé d'une ritournelle déjà entendue dans le prélude, — reprend à son tour le rythme du premier sujet, légèrement varié, et qui s'achève sur un nouveau point d'orgue où Mozart a pris soin d'indiquer qu'il laissait au soliste faculté d'improviser une *cadence a piacere*. Et puis c'est la *rentrée* du premier *solo*, succédant à ce *développement* sans aucun *tutti* préliminaire : une *rentrée* qui serait, elle aussi, exactement pareille à la première partie, si Mozart n'y avait pas allongé de trois mesures la ligne mélodique de la réponse propre du violon au chant initial. La ritournelle de la fin, elle-même, ne fait que répéter celle qui préparait le *développement*. Et, certes, les deux phrases du chant qui remplit tout ce petit morceau ont une douceur et une grâce exquises, dans leur simplicité : mais jamais encore Mozart n'avait réduit à ce point le contenu musical d'un morceau, ni surtout rabaissé aussi constamment l'orchestre à un rôle tout accessoire, le rôle que lui prêtaient, dans leurs ariettes, les auteurs d'opéras-comiques français ou italiens.

Quant au *rondeau*, celui-là est pour nous, malgré sa pauvreté musicale, d'une singulière importance historique : car, comme nous l'avons dit, il nous montre Mozart décidément revenu, après une année d'hésitations et de tâtonnements, à cette forme française du *rondeau* (ou des *rondeaux*), que lui ont enseigné autrefois les Honnauer et les Chrétien Bach, à la forme adoptée en 1766 par la petite sœur du futur Philippe-Égalité pour le morceau ingénu dont cette princesse avait fait hommage à l'enfant prodige salzbourgeois. Désormais le *rondeau*, pour Mozart, cessera entièrement d'être le genre délicieux qu'il pratiquait naguère en Italie, et où des sujets toujours nouveaux se déroulaient, jusqu'au bout, autour de reprises d'un même petit air. Suivant la coupe française, son *rondeau* va devenir l'équivalent d'un grand air d'opéra ou d'un grand menuet, avec une partie intermédiaire assez longue, et le plus souvent mineure, après laquelle n'interviendra plus aucun élément nouveau, mais bien une reprise presque complète de tout ce qui aura précédé cette sorte de *trio*. Nous allons voir seulement que, pour varier cette reprise de sa première partie, Mozart intervertira l'ordre des épisodes qui y auront figuré : procédé éminemment facile, et qui, lui-même, annonce déjà les innovations de coupe extérieure que nous aurons à signaler dans les œuvres suivantes.

Autre innovation, également empruntée au style français : le soliste, dans ce finale, débute aussitôt, dès la première mesure, sans se faire précéder du moindre *tutti*. C'est lui qui expose le thème du *rondeau* ; après quoi ce thème est repris, tout pareil, à l'orchestre, — simple interversion du procédé qui avait servi pour l'*andante*. Puis vient, toujours chanté par le soliste sur un simple accompagnement de l'orchestre, un premier intermède, aboutissant de nouveau à une *cadenza a piacere*. Reprise du thème au *solo*, reprise de sa ritournelle en *tutti*, et c'est un second intermède, en *sol*, qui bientôt s'enchaîne avec un autre intermède tout nouveau, mineur, et aboutissant encore à une *cadenza a piacere*. Troisième reprise du thème, au *solo*, avec sa ritournelle à l'orchestre : maintenant, voici le dernier intermède, le *minore* du *rondeau*, mais se continuant tout à coup, de la manière la plus imprévue, par une répétition pure et simple du début du second intermède, si bien que, après un intermède majeur finissant en mineur, nous avons ici l'intermède mineur finissant en majeur. Et ce n'est pas tout : Mozart, supprimant à cet endroit la reprise du thème, reproduit aussitôt son premier intermède toujours concluant à une *cadenza a piacere*, la troisième du morceau. Cette fois, le thème est repris, toujours partagé entre le soliste et l'orchestre. Et comme, désormais, toute la première partie du morceau a été reprise à l'exception de la seconde phrase, mineure, du second intermède, voici qu'un dernier *solo* nous ramène cette phrase, mais en majeur, pour que toute la première partie, ainsi renversée, repasse devant nous ! Une dernière reprise du thème à l'orchestre, allongée de quelques mesures nouvelles en *strette* finale, succède à ce *solo* et termine le *rondeau*. Ici encore, rien à dire de l'orchestration, si ce n'est que, dans la plupart des intermèdes, Mozart condamne son orchestre à dessiner des rythmes d'accompagnement tout rudimentaires, ne se réveillant de cette fâcheuse apathie que dans le *minore*, où l'accompagnement ne laisse point d'avoir une allure assez originale, avec les contrastes incessants de ses *pp* et de ses *ff*.

228. — *Salzbourg, juillet* 1775.

Sonate d'église en si bémol, pour deux violons, basse et orgue.

K. 212.

Ms. à Berlin.

L'autographe de cette sonate porte l'inscription *Sonata di W. A. Mozart. nel Luglio* 1775.

Nous ne répéterons pas ici ce que nous avons dit déjà du genre représenté par cette sonate, et que l'on a inexactement appelé *sonate d'orgue*. Notons seulement ce qu'a d'imprévu la soudaine apparition d'un morceau de ce genre, parmi le véritable débordement de « galanterie » qu'attestent toutes les autres œuvres de l'année 1775. Aussi bien la présente sonate, sans être ni plus ni moins « religieuse » que les précédentes, ne paraît-elle pas avoir longtemps occupé le jeune homme, ni, non plus, beaucoup éveillé son inspiration. Elle est tout à fait banale, de fond comme de forme; et Mozart y a transporté pleinement sa fâcheuse habitude de 1775, qui consistait à répéter les premières parties des morceaux, dans ses *rentrées*, sans rien y changer. Et cependant il ne serait pas impossible que cette pauvre sonate eût exercé une influence imprévue sur l'humeur infiniment mobile et impressionnable du jeune homme.

Car le fait est que, avec toute sa pauvreté, cette sonate contient plusieurs passages traités en contrepoint, si l'on peut donner ce beau nom à une série d'imitations à la fois très simples et de l'effet le plus gros. Mozart, évidemment, se sera cru obligé, par la destination religieuse de son morceau, à y introduire quelques traces de la vénérable langue polyphonique qui déjà, en 1772, nous avait valu la vigoureuse ampleur de la sonate n° 131. Or il se trouve que trois autres œuvres datant du même été, une sérénade, un concerto intercalé dans cette sérénade, et une « musique de table » pour instruments à vent vont nous offrir, avec d'autres rappels curieux du style de la présente sonate, un emploi du contrepoint bien inattendu, et absolument pareil à celui que nous rencontrons ici. C'est comme si cette sonate avait brusquement fait surgir, au cœur du jeune homme, un remords de l'indigence musicale de son style nouveau, et un désir de le relever tant soit peu au moyen de ses faciles, mais solides et voyantes imitations.

La sonate, où la partie d'orgue est toujours encore chiffrée, et ne se

distingue des basses que par l'inscription *tasto solo* placée au-dessus
de certains passages (comme déjà dans la sonate n° 132), se compose
de deux sujets, dont le premier est formé, lui-même, de deux phrases
distinctes dans le même ton, tandis que l'autre, en *fa*, donne lieu à la
série d'imitations que nous avons dite, un petit rythme très simple
étant exposé tour à tour par le premier violon, l'orgue, et le second violon. Puis vient une longue ritournelle aboutissant, en *coda*, à une nouvelle
figure rythmique à l'unisson. Après quoi le *développement* reprend
cette figure, toujours à l'unisson, mais bientôt s'amuse à en combiner
les éléments avec la seconde phrase du premier sujet : ce qui produit,
de nouveau, une série d'imitations, et même plus libres et originales
que celles du second sujet. Encore ce *développement* est-il très court,
et nous avons dit déjà que la *rentrée* qui le suit reproduit exactement,
note pour note, toute la première partie du morceau.

L'instrumentation n'a rien d'intéressant. Les deux violons marchent
ensemble, accompagnés par les basses et l'orgue, sauf dans les passages
en contrepoint, où les trois voix sont traitées, pour ainsi dire, abstrai-
tement, sans aucun égard pour leur timbre propre.

229. — *Salzbourg, juillet* 1775.

Divertimento (ou musique de table) en fa, pour deux hautbois,
deux cors et deux bassons.

K. 213.
Ms. à Berlin.

Allegro spiritoso. — *Andante* (*en ut*). — *Menuetto et trio* (*en si bémol*). —
Contredanse en rondeau : molto allegro.

La date de ce sextuor nous est donnée sur l'autographe, où nous
lisons : *Divertimento 1 à 6, del Sgr. Caval. A. W. Mozart, nel Luglio 1775.*

C'est ici le premier numéro d'une série de six *divertissements en cassation*, ou « musiques de table », que Mozart a composée, entre 1775 et son
départ de Salzbourg en 1777, pour les petits repas du prince archevêque, dans son château de Mirabell. Michel Haydn, vers le même temps,
a eu également à composer de ces « musiques de table » ; et le fait est
que le style et l'inspiration des six *divertissements* de Mozart (mais surtout de ceux de l'année 1776) portent très vivement l'empreinte du
génie de Michel Haydn. Ce sont des morceaux courts, légers, mais
d'une grâce et d'un charme incomparables.

Ces « musiques de table » étaient, avant tout, des *cassations*, c'est-à-
dire des suites de morceaux que l'on jouait séparément, avec des inter-

valles entre eux : si bien que, dès l'année suivante, Mozart allait donner à chacune d'elles une coupe libre, et librement variée de l'une à
l'autre. Mais ici, pour son début dans le genre, le jeune homme s'en
est encore tenu à la coupe classique des compositions de musique de
chambre : *allegro, andante*, menuet avec trio, et finale. Aussi bien tout
ce premier sextuor est-il encore un peu gauche, en regard de ceux de
l'année suivante : nous y sentons que l'auteur n'est pas sûr de la
manière dont il doit procéder dans ce genre nouveau, et n'a pas appris
notamment, comme il le fera en 1776, à mettre ses idées en accord non
seulement avec les ressources spéciales des instruments à vent, mais
surtout avec les limites restreintes de chacun des petits morceaux.
Les idées, dans ce n° 229, sont absolument de même espèce que celles
des concertos et sérénades de 1775 ; et Mozart, dans sa façon de les traiter, emploie volontiers le même procédé d'imitations très nettes et très
simples que nous avons vu survenir dans la sonate d'église n° 228. Au
contraire de cette sonate, cependant, le premier sextuor de Mozart est
très travaillé, avec une apparence soignée qui se retrouve jusque dans
les *rentrées*, toujours très variées relativement aux autres œuvres de la
période : mais ce travail même achève de donner aux petits morceaux
une allure contrainte, avec une sorte de tassement bien différent de
l'abandon merveilleux des sextuors qui suivront. Quant à l'instrumentation, également très soignée, nous devons noter avant tout que
Mozart conçoit vraiment sa partition comme un *sextuor*, avec six parties
sur des lignes distinctes (ou plus exactement sur cinq lignes au lieu
de six, car les cors, tout en ayant leurs parties différentes, ne donnent
lieu qu'à une seule ligne), et beaucoup plus indépendantes les unes des
autres que dans l'orchestre d'une symphonie. En réalité, les deux hautbois, surtout, dont le rôle équivaut à celui des deux violons d'un quatuor à cordes, sont pour le moins aussi libres, l'un vis-à-vis de l'autre,
que ces deux violons. Souvent le premier hautbois est seul à exposer
le chant, sur un accompagnement du second, uni aux bassons ; ou bien
les deux hautbois dialoguent alternativement ou en contrepoint, chacun ayant avec lui un groupe pris dans les autres parties. De celles-ci,
les bassons, naturellement, se trouvent surtout chargés de tenir le
rôle de la basse ; moins séparés que les deux hautbois, ils ont cependant, eux aussi, des moments où chacun d'eux s'affirme de son côté ;
et nous retrouvons, dans la manière de les employer, cette remarquable entente de leurs ressources propres que nous a montrée déjà le
concerto de basson de juin 1774, n° 202. Enfin les cors, le plus souvent
affectés à renforcer l'harmonie tout en la colorant, ne laissent pas,
eux-mêmes, d'avoir d'importants *soli*, ou d'intervenir activement dans
les nombreux passages en imitations. Tout cela manifestement très
étudié, et peut-être même au delà de ce que comportaient la destination
et le caractère des petits morceaux : mais cette manière de concevoir
le rôle des instruments se retrouvera, à peu près pareille, dans les
musiques de table de l'année suivante, qu'elle revêtira d'une merveilleuse
beauté instrumentale, déjà sensible par endroits dès le présent *divertimento*.

La grande différence de ces « musiques de table » de 1776 avec celle-ci,
en réalité, tiendra à ce que Mozart, l'année suivante, saura beaucoup

mieux adapter à la nature spéciale des six instruments aussi bien les idées que le style qu'il leur prêtera. Ici, nous le sentons encore trop accoutumé au langage des instruments à cordes, sauf toutefois dans le finale, d'ailleurs très faible, mais déjà parfaitement approprié à une réunion de hautbois, cors, et bassons.

Le premier morceau, assez long, est fait de deux sujets dont le premier, comme dans la sonate d'église précédente, contient lui-même deux phrases distinctes, tandis que le second, toujours comme dans la sonate, comporte une série d'imitations entre les divers instruments. En outre, un troisième petit sujet forme *coda*, avant les deux barres. Notons encore que, sans doute sous l'inspiration de Michel Haydn, Mozart revient ici à un procédé que nous avions souvent rencontré chez lui après son dernier voyage de Vienne, et que nous allons retrouver dans sa sérénade du mois d'août 1775 : un procédé consistant à rappeler des figures du premier sujet dans le second, de manière à accentuer l'unité du morceau.

Le *développement*, ici, est tout nouveau, et contient déjà de ces effets tout « mozartiens », toujours provoqués chez Mozart par les timbres spéciaux des instruments à vent, et qui s'épanouiront dans les sextuors de 1776. Mais l'intérêt principal de ce morceau est, pour nous, dans la *rentrée*, succédant à un unisson qui terminait le *développement* et qui est encore, lui aussi, un des traits distinctifs de la période de « galanterie » à demi française, que nous étudions. Car au lieu de reprendre simplement la première partie, cette *rentrée* se ¡trouve être singulièrement variée et enrichie, avec deux mesures supplémentaires dans le premier sujet et, dans le second, une ornementation nouvelle des plus savoureuses. Au point de vue de l'instrumentation, nous nous bornerons à signaler le rôle prépondérant du premier hautbois, et, dans les passages en contrepoint, la manière dont les deux hautbois se répondent en imitation, chacun assisté d'un groupe d'instruments distinct.

L'*andante* est très court, ainsi qu'il convient au genre des « musiques de table ». C'est une véritable petite « ariette », avec une phrase unique. Elle est chantée par le premier hautbois et le premier basson sur un accompagnement du second basson ; répétée deux fois avec des variations dans la première partie, et suivie d'une seconde phrase en guise de *développement* : après quoi la *rentrée* reprend le rythme initial, mais de nouveau en le variant deux fois, et même en commençant par le répartir entre les voix, avec de petites imitations entre le premier hautbois et le second hautbois, uni aux bassons. La phrase principale, à dire vrai, est pourtant assez insignifiante : mais la seconde phrase, qui remplit le *développement*, nous offre déjà un avant-goût des exquises inventions de Mozart dans la suite de la série, voire même dans les grandes œuvres de sa maturité.

Le menuet propre nous montre, une fois de plus, le soin apporté par le jeune homme à cette œuvre de début qui devait probablement, dans sa pensée, lui valoir la faveur du prince archevêque. C'est un menuet très travaillé, avec une seconde partie qui reprend le rythme de la première , et en forme ainsi la suite directe. Pareillement, le trio, dans sa seconde partie, nous fait voir une reprise variée du rythme initial de la première.

Il y a longtemps que nous n'avons plus rencontré de menuet, dans l'œuvre de Mozart ; et ce menuet du n° 229 nous permet de constater le changement accompli dans le style du jeune homme depuis les périodes « viennoises » de 1773 et 1774. Déjà cette reprise du rythme initial, après les deux barres, constitue pour nous une nouveauté : mais plus décisive encore est l'innovation relative à ce qu'on pourrait appeler la *rentrée* du menuet. Nous avons vu, en effet, que Mozart, après son voyage de Vienne, et sous l'influence du style autrichien, s'était fait un principe de reprendre toujours, plus ou moins variée, toute la première partie des menuets après la seconde. Ici, cette manière de procéder a disparu, mais sans que Mozart revienne, non plus, à son ancien procédé italien, et s'abstienne tout à fait de rappeler la première partie de son menuet, dans l'autre partie. Désormais, nous allons constamment observer chez lui un procédé intermédiaire entre ces deux extrêmes : après un sujet plus ou moins nouveau, dans la seconde partie du menuet, Mozart reprendra la dernière moitié de la première partie. C'est ce qu'il fait, précisément, et dans le menuet propre et dans le trio du n° 229, à cela près que, dans le menuet, il varie sa reprise de la fin de la première partie, tandis qu'il reprend textuellement celle-ci dans le trio.

Au point de vue instrumental, ce menuet et son trio mériteraient également d'être étudiés de près, comme deux exemples typiques de la manière dont Mozart concevait les ressources et le rôle des instruments à vent. Le trio, en particulier, a un caractère concertant, avec des *soli* des trois groupes d'instruments, tandis que le menuet propre est plutôt traité en *tutti*. Les bassons y apparaissent séparés, se répondant en imitations, et les cors, sans intervenir à découvert comme dans le trio, contribuent très activement à l'ensemble harmonique.

Le finale est intitulé : *Contredanse en rondeau*, désignation française qui rappelle, — mais, cette fois, avec une correction parfaite, — l'intitulé : *Rondeau en polonaise* donné par Mozart à l'*andante* de sa sonate de piano munichoise n° 221. Encore ce titre lui-même n'atteste-t-il pas aussi clairement l'inspiration française du morceau que le caractère et l'allure de celui-ci. Non seulement le thème du *rondeau* est une « contredanse » manifestement empruntée à un recueil de morceaux populaires français : nous pouvons affirmer que les deux intermèdes ont également la même origine, comme aussi l'espèce de petite « chasse » qui sert de refrain au premier d'entre eux. Ce sont là de ces rythmes de « rondes » que l'on apprenait aux enfants, et dont Mozart, peut-être, aura possédé un recueil depuis son séjour à Paris en 1764 : car nous l'avons vu introduisant déjà des rythmes analogues dans certains finales de symphonies en 1771. Mais maintenant, après son voyage de Munich, le jeune homme ne se borne plus à rouvrir ses recueils français, longtemps oubliés : il emprunte au style français la coupe même de son *rondeau*, sans essayer de la varier, comme il l'a fait dans le finale de son concerto de violon n° 227. Dans l'exiguïté de ses dimensions, ce finale de la première « musique de table » nous offre, pour ainsi dire, un *schéma* complet de cette coupe française du *rondeau*, à laquelle Mozart est enfin revenu après une série de tâtonnements. A l'exposé du thème succède un sujet nouveau suivi, en refrain, du susdit rythme de « chasse » ; après quoi un retour du thème clôt cette première partie du *rondeau*, équivalente au menuet propre, dans un menuet avec trio. Puis vient l'équivalent du trio : un nouvel intermède, plus étendu que le précédent, et généralement en mineur ; mais, ici, Mozart reste fidèle au majeur, et n'allonge sa partie intermédiaire qu'en reprenant, avec des variations, la petite « contredanse » qui lui sert de sujet. Enfin, à cette partie intermédiaire, s'ajoute une reprise de la première partie, et de cette partie tout entière, absolument comme la reprise du menuet après le trio. Ailleurs, avant comme après ce *divertimento*, nous avons vu et verrons Mozart intervertissant, tout au moins, l'ordre des épisodes : ici, rien de tel, mais une reprise pure et simple, comme dans les *rondeaux* d'Honnauer ou de Chrétien Bach, avec seulement quelques mesures de *strette*, pour finir le morceau. Aussi pourrons-nous adopter, désormais, ce petit *rondeau* comme type de comparaison, lorsque nous aurons à étudier le rôle, sans cesse plus important, du *rondeau* dans l'œuvre « galante » de Mozart.

Quelques mots encore sur l'instrumentation de ce morceau, dont nous avons dit déjà et combien il est insignifiant, en regard des morceaux qui précèdent, et combien, cependant, son allure se rapproche déjà de celle des merveilleux morceaux des *musiques de table* de l'année suivante. Désormais toute trace de contrepoint a disparu : mais c'est, en échange, un dialogue continuel entre les groupes d'instruments. Dès le début, et pendant tout le morceau, nous entendons les bassons répondre aux hautbois, soutenus par les cors, sauf lorsque ces derniers, à leur tour, viennent occuper le premier plan, dans le refrain en « chasse » dont nous avons parlé. Ainsi chacun des trois groupes s'impose, alternativement, à notre attention ; et puis, par instants, les trois groupes se rassemblent, en de vigoureux unissons tels que celui de la *strette* finale.

230. — *Salzbourg, 5 août* 1775.

Sérénade en ré, pour deux violons, alto, deux flûtes, deux haut-bois, un basson, deux cors, basse et deux trompettes.

K. 204.
Ms. dans une collection viennoise.

Allegro assai. — *Menuetto et trio* (en *la*). — *Andante* (en *sol*). — *Menuetto et trio* (en *sol*). — *Andantino grazioso et allegro.*

Le manuscrit de cette sérénade est encore de ceux sur lesquels on a jadis, eu la fâcheuse idée de gratter la date de la composition. Plus tard, le nouveau possesseur du manuscrit a cru pouvoir déchiffrer, sous

le grattage, la date du « 5 août 1772 ». Le « 5 août », cela est parfait,
puisque c'est pareillement au mois d'août que des sérénades du même
genre ont été composées déjà en 1773 et 1774, sans compter que nous
en verrons une autre encore se produire dans les derniers jours
de juillet 1776. Et cette composition régulière de sérénades à ce
moment de l'année serait déjà un motif considérable pour nous faire
supposer qu'il y a eu, également, une sérénade de Mozart en août 1775,
hypothèse que confirme encore l'existence d'une marche n° 232 datée
« d'août 1775 », et comportant la même instrumentation que notre n° 230.
Mais surtout, autant il serait impossible, en raison de l'esprit et du style
qui nous apparaissent dans cette sérénade, d'admettre qu'elle eût été
écrite en « 1772 », — la date de « 1762 » serait à peine plus insensée, —
autant tous les caractères des différents morceaux de la sérénade elle-
même, et du concerto de violon qui y est intercalé, nous offrent à un
degré éminent tous les traits distinctifs de l'art « galant » de Mozart en
1775. Il suffirait, par exemple, de jeter un coup d'œil sur la coupe singulière du finale du n° 230, avec ses deux mouvements alternés, pour
être frappé de la similitude de cette coupe avec celle du finale d'un
concerto de violon en *ré*, (n° 237) daté d'octobre 1775. Et cette ressemblance même, encore une fois, n'est rien en comparaison de l'allure totale
de la sérénade, où nous pourrions retrouver, une par une, toutes les
particularités que nous avons signalées comme réservées à cette période
de la vie de Mozart.

C'était une période où, tout enivré du goût nouveau, tout épris d'élégance et de virtuosité, Mozart avait complètement oublié ses hautes
visées « professionnelles » des années précédentes, et ne songeait qu'à
écrire une musique assez frivole d'inspiration, mais copieuse, brillante,
pleine de feu et de mouvement. Par un contraste dont nous avons déjà
noté maints exemples, tandis qu'il dédaignait l'effort intime jusqu'à ne
pas prendre la peine de varier ses rentrées ni d'élaborer aucun de ses
sujets, sans cesse il se préoccupait de renouveler et de rendre plus
libre la forme extérieure de ses morceaux ; et un contraste analogue se
révèle à nous dans la valeur expressive de ses œuvres de ce temps, où
ne se rencontre plus aucune des fortes émotions pathétiques de naguère,
— il n'y a plus même un seul petit morceau en mineur dans la présente
sérénade avec son concerto, non plus que dans la *musique de table* du
mois précédent, — mais où déjà Mozart commence à racheter l'aimable
indigence de ses *allegros* en y entremêlant des *andantes* d'un sentiment à
la fois un peu superficiel et le plus tendre et gracieux qui se puisse
rêver. Multiplication des idées, — chaque sujet étant fait désormais de
deux ou trois phrases distinctes, — indifférence manifeste du jeune
homme pour ses *développements*, tantôt remplis encore de motifs nouveaux, et tantôt consacrés à nous rappeler, comme au hasard, telle ou
telle des idées antérieures, répétition à peu près textuelle des premières
parties dans les rentrées : voilà ce que nous découvrons, une fois de
plus, dans les divers morceaux de la sérénade ; et nous serions tentés
d'ajouter que le style, le langage musical, y demeure au même niveau
relativement bien médiocre, si Mozart, ici encore comme dans sa
musique de table et sa sonate d'église du mois précédent, n'avait visiblement tâché à rehausser la valeur technique de ce style en y introduisant,

çà et là, d'élémentaires imitations, très nettes et frappantes dans leur simplicité.

L'instrumentation, elle aussi, a complètement changé depuis la sérénade de 1774. Tout de suite, la comparaison des deux sérénades nous fait voir combien le langage orchestral de Mozart s'est simplifié, ou, pour mieux dire, appauvri, sauf à acquérir dès maintenant des qualités d'ensemble symphonique qui, l'année suivante, permettront à Mozart de compenser tout ce que son orchestration aura perdu en solidité et en variété intérieure, par une aisance, un éclat, une vie admirables. Sans compter que, jusque dans les morceaux de la sérénade proprement dite, — et surtout dans l'*andante* et les menuets, — nous apercevons une tendance à ce style concertant qui est encore l'une des formes favorites de la « galanterie » : la trame orchestrale s'interrompant, de temps à autre, pour laisser voix prépondérante à tel ou tel instrument particulier. Et la conclusion de tout cela nous apparaît toujours encore celle que nous ont suggérée la plupart des autres œuvres de cette période : avec tout ce qu'elle contient de nouveau, dans son fond comme dans sa langue, cette sérénade, prise en soi, marque incontestablement un recul dans la formation du génie de Mozart. Sous l'influence de la musique française arrive au jeune homme ce qui lui est arrivé déjà, en 1770, sous l'action directe du goût italien : son idéal et ses moyens se trouvent comme rabaissés et rétrécis, avec un dommage trop certain pour sa production du moment, en attendant que, durant l'année 1776 comme naguère après son retour d'Italie, Mozart réussisse à tirer profit de cette crise d'arrêt et de rétrogression, pour se constituer, dans les limites nouvelles, un art qui en utilisera toutes les ressources, et, sur bien des points, dépassera ces limites suivant l'irrésistible élan de son inspiration créatrice

¹Le premier morceau débute simplement, — au lieu du prélude lent qui ouvrait la sérénade de 1774, — par trois accords d'*intrada*, qui ne reparaîtront plus dans la rentrée. Le morceau est constitué de trois sujets distincts, dont le premier, lui-même, contient deux phrases différentes, séparées l'une de l'autre par une ritournelle d'un rythme très marqué, et qui se reproduit encore après l'exposé du second sujet, selon un procédé de l'année 1773 que nous avons vu déjà repris par Mozart dans le premier *allegro* de sa *musique de table* n° 229. Le troisième sujet, lui, apparaît comme un allongement de ces petites idées nouvelles que Mozart, à l'exemple de Joseph Haydn, faisait volontiers surgir avant les deux barres dans toutes les œuvres de cette période. Le style de ces trois sujets est extrêmement simple et homophone, avec de fréquents unissons, qui semblent bien être encore un écho de l'influence française¹ : mais Mozart, par instants, relève ce style par de petites imitations, notamment, dans sa reprise de la susdite ritournelle, après le second sujet. Le *développement*, à son tour, reprend le rythme de cette ritournelle sous des modulations parfois imprévues, et toujours avec une nouvelle série de petites réponses en contrepoint. Après quoi la rentrée reproduit

1. Cet emploi des unissons est, en effet, tout particulièrement familier aux symphonistes français de la fin du xviiiᵉ siècle ; les œuvres instrumentales de Gossec, notamment, nous en offrent des exemples très nombreux, et du plus be effet.

toute la première partie (sauf les trois accords initiaux), sans autre changement que l'addition de deux mesures dans une ritournelle du premier sujet.

Rien à dire de l'instrumentation, si ce n'est pour en signaler encore la pauvreté relative. Tous les instruments, en vérité, sont occupés presque sans arrêt : mais bien peu de leur travail offre une utilité réelle. Les deux violons marchent ensemble, accompagnés par les altos et les basses, pendant que les hautbois se bornent à les doubler, ou bien, en compagnie des cors, font des tenues assez insignifiantes.

Les deux menuets avec leurs trios sont peut-être les morceaux les plus travaillés de toute la sérénade. Au point de vue de leur coupe, ils nous montrent le désir qu'avait Mozart de varier la disposition extérieure de ses morceaux : car, deux fois sur quatre (ici dans le menuet propre, là dans le trio), la première partie est reprise tout entière, tandis que, les deux autres fois, comme dans le menuet de sa *musique de table*, Mozart n'en reprend qu'un fragment (ici la seconde moitié, et là le commencement et la fin). A noter aussi le caractère « concertant » de ces menuets de sérénade, tout remplis d'épisodes où les divers instruments jouent, tour à tour, le rôle principal : ainsi le trio du premier menuet n'est qu'un solo de violon, et le second un solo de flûte. Mais surtout ces menuets nous intéressent, comme nous l'avons dit, par la curieuse élaboration que nous y rencontrons. Mozart, après les deux barres, y procède à de véritables *développements* sur les rythmes ou les idées de la première partie ; et il y a tels passages de ces menuets, — ainsi la ritournelle finale du premier, — qui font penser déjà à d'exquises trouvailles des derniers opéras bouffes de Mozart.

Tout de même que les trios des deux menuets, l'aimable *andante* de la sérénade est une suite d'épisodes concertants, pour les divers instruments de l'orchestre. Après un premier sujet qui est une sorte d'ariette chantée par le premier violon, et aboutissant à une ritournelle d'opéra-comique français, ce sont les hautbois qui exposent le chant du second sujet, avec une réponse des violons ; et la première partie se termine, après un rappel de la ritournelle du premier sujet (comme dans l'*allegro* précédent), par un grand trait des flûtes, en forme de cadence. Le *développement*, très court, se borne à varier un peu, en la modulant, la seconde phrase du premier sujet : mais la rentrée, ensuite, est beaucoup plus variée qu'à l'ordinaire chez Mozart durant cette période, le jeune homme ayant sans doute cru devoir allonger son second sujet pour permettre aux flûtes d'entrer en concurrence avec les hautbois. Pour la première fois, aussi, nous trouvons dans cette rentrée un retour du vieux procédé de l'*écho*, mais employé maintenant en vue de l'effet pittoresque, et manifestement suggéré à Mozart par le souvenir de l'opéra-comique français. Ajoutons que le basson, lui aussi, est chargé de maints petits *soli* caractéristiques, et que les deux cors ne cessent point d'entremêler leurs appels aux chants alternés des autres instruments. Mais le plus curieux est que Mozart, après plusieurs mois d'oubli, revient ici à sa chère habitude des *codas* mélodiques et expressives. Après la reprise complète de la première partie dans la seconde, celle-ci s'achève, à son tour, par des barres de reprise ; et puis, dans une *coda* de huit mesures, nous voyons reparaître le chant du premier sujet, mais

simplifié et comme concentré, avec un renversement de ses phrases ini-
tiales qui, lui aussi, nous prépare déjà à l'un des effets favoris de l'art
de Mozart en 1776.

Quant au finale, dont nous avons dit déjà la ressemblance saisissante
avec le finale d'un prochain concerto de violon, c'est là un morceau des
plus intéressants à tous points de vue, et où Mozart nous apparaît sous
l'un des aspects les plus typiques de sa période de « galanterie », avec
une préoccupation évidente de renouveler la coupe extérieure de ses
morceaux. Tout ce long finale est, en quelque sorte, un mélange de la
forme du « morceau de sonate » avec celle du *rondo*. Que l'on imagine
un finale traité régulièrement en morceau de sonate, avec *développement*,
et rentrée complète : mais qu'on imagine, avant ce finale et entre ses
diverses parties, l'addition d'un petit *andantino grazioso* toujours repris
sans aucun changement, à la manière d'un thème de *rondo*, sauf pour
Mozart à n'en reprendre parfois que l'une des phrases ! Rien de plus
simple, en vérité, que cette disposition nouvelle : mais celle-ci n'en constitue pas moins une innovation dont nul équivalent ne se retrouverait
dans toute l'œuvre précédente du jeune homme. L'a-t-il empruntée, elle
aussi, à quelque concerto français, avec le goût des maîtres français
pour les libres fantaisies de ce genre, ou bien l'a-t-il inventée lui-même,
sous l'influence de ce goût dont il était alors pénétré ? Cette dernière
supposition sera pour nous la plus vraisemblable, si nous songeons que
Mozart avait volontiers l'habitude de commencer les finales de ses sérénades par des préludes lents : ici, l'idée lui sera venue de faire reparaître ce prélude entre les diverses parties de son finale, afin d'en varier
un peu la régularité.

En tout cas, il n'est point douteux que cet *andantino* intercalé dans
l'*allegro* final offre tous les caractères d'une ariette française, avec un
refrain mineur qui évoque aussitôt le souvenir d'un Grétry ou d'un
Philidor. Dans le prélude, ce refrain est suivi d'un rappel du début de
l'ariette, que Mozart supprimera dans l'une des reprises suivantes tout
de même que, dans la dernière reprise, il supprimera tout le début de
l'ariette, ne reprenant que le refrain suivi de ce rappel de ladite phrase.
L'*allegro*, lui, comme on l'a vu, est un véritable morceau de sonate
avec trois sujets distincts, tous trois exclusivement rythmiques, et le troisième faisant fonction d'une longue ritournelle. Le *développement*, après
la répétition complète de l'*andantino grazioso*, est un petit travail sur le
rythme du premier sujet, avec des effets de « chasse », des modulations
mineures d'une expression très directe, des arrêts imprévus et pathétiques, qui, une fois de plus, attestent l'influence expresse de l'opéra-
comique français. Et puis c'est une nouvelle reprise de l'*andantino*,
amputé de sa conclusion, pour amener la rentrée complète et invariée
de la première partie, — invariée à cela près que la rentrée du troisième
sujet formant ritournelle se trouve coupée, vers son milieu, par une
dernière reprise de l'*andantino*.

231. — *Salzbourg*, 5 août 1775.

Petit concerto de violon en la, intercalé dans la sérénade précé-

dente avec accompagnement de deux violons, alto, deux flûtes, deux
cors et basse.

K. 204.
Ms. dans une collection viennoise.

Andante moderato. — Allegro.

Ce concerto, évidemment écrit à la même date que la sérénade où il
se trouve intercalé, nous offre, en vérité, un exemple singulièrement
caractéristique de la disposition d'esprit du jeune Mozart durant la période
que nous étudions. Des deux morceaux qui le composent, l'un, l'*andante
moderato*, est peut-être l'un des chants les plus poétiques que le jeune
homme ait encore produits, plein d'une élégance pure et délicate, et
puis, avec cela, manifestement très soigné dans les moindres détails de
sa mise au point. Mais au contraire, l'*allegro* qui le suit n'est rien qu'un
amas de formules brillantes et vides, un morceau de facile bravoure
conçu et réalisé avec une hâte visible d'improvisation. Et ce soin exquis
apporté aux chants, parmi le « lâchage » expéditif des autres morceaux,
c'est bien là le spectacle que nous offrent toutes les autres œuvres de
Mozart en 1775, sauf pour lui, dans ses mouvements rapides, à affirmer
cependant son originalité, presque toujours, beaucoup plus qu'il ne l'a
fait dans ce bruyant finale de son concerto.

L'*andante moderato*, comme nous l'avons dit, est un chant d'une élaboration très poussée, et, sans aucun doute, Mozart aura mis tout son
cœur à en ordonner les moindres détails. Non seulement la partie du
violon principal n'est, d'un bout à l'autre, que mélodie et beauté, évitant
tout appareil d'ornementation superflue : mais l'orchestre qui l'assiste
est toujours traité avec un souci merveilleux d'expression poétique, aussi
bien pendant ses *tutti* que pendant ses passages d'accompagnement,
où nous le voyons, parfois, dialoguer avec le violon principal en de
fines et gracieuses imitations. Les divers instruments, parmi lesquels
un rôle considérable est assigné aux flûtes, nous présentent sans cesse
des combinaisons différentes, et ont également, dans les *tutti*, de nombreux passages en imitation.

Le morceau débute par un prélude orchestral où sont exposés deux
sujets, séparés l'un de l'autre par un appel des cors : le premier sujet
très pur et mélodique, le second, plus indécis de rythme, réparti en imitations entre les violons et les flûtes. Puis commence le solo : après une
tenue, le violon principal dessine un chant nouveau qu'il poursuit, bientôt,
sur un accompagnement où l'orchestre reprend des rythmes du premier sujet du *tutti* ; et lorsque reparaît, à l'orchestre, le second sujet
de ce *tutti* initial, c'est désormais entre le violon principal et les premiers

violons qu'a lieu le dialogue en contrepoint déjà signalé tout à l'heure.
Le *développement*, lui aussi, accorde un rôle considérable à l'orchestre,
et notamment aux flûtes : très court, mais d'une poésie charmante, il
est fait sur le thème du début du solo. Enfin la rentrée, au lieu de se
produire sans aucun changement, est relativement très variée, avec des
modulations mineures du plus bel effet.

Quant à l'*allegro* final, son prélude ne contient proprement qu'un seul
sujet, tout rythmique, exposé en imitation entre les violons et les basses,
et suivi d'une longue ritournelle non moins vulgaire, avec ses contrastes
faciles de *forte* et de *piano*. Seule, une petite cadence finale, en imitation
entre les violons et les flûtes, relève un peu la banalité de ce prélude.
Après quoi le violon *solo* reprend, un peu varié, le sujet du *tutti*, mais
pour passer bientôt à un sujet nouveau, très chantant et très étendu,
mais d'un caractère tout superficiel et accompagné par l'orchestre de
la façon la plus insignifiante. Le *développement*, ensuite, se borne à
reprendre dans d'autres tons le sujet du *tutti* et celui du *solo*, pour aboutir
à une cadence rappelant l'opéra-comique. Enfin la rentrée reproduit
complètement la première partie, mais avec quelques mesures ajoutées
dans le chant du soliste et, parfois, de légères interversions des éléments
de cette première partie. Impossible de rien imaginer de moins original,
ni qui nous montre mieux à quel point Mozart, dès le milieu de 1775,
s'était assimilé tous les artifices d'un style qu'il ignorait encore tout à
fait quelques mois auparavant.

232. — *Salzbourg, début d'août* 1775.

Marche en ré, pour deux violons, alto, deux hautbois, deux cors,
basse et deux trompettes.

K. 215.

Ms. dans une collection à Londres.

L'autographe de cette marche porte simplement : *Marcia di W. A. Mozart
nel Augusto 1775* : mais il n'est point douteux que nous ayons ici la
marche destinée à précéder et à suivre la sérénade nº 230, dont nous
avons vu qu'elle portait la date du 5 août.

D'une orchestration très simple, mais très agréable, avec un rôle important réservé aux vents, cette marche nous intéresse surtout par le retour
qu'elle nous fait voir à la coupe ancienne des marches de Mozart. Nous
avons dit, en effet, que, dans une marche composée à Vienne en août 1773
pour la *Sérénade d'Andretter* (nº 178) et dans celle qui précédait la sérénade salzbourgeoise de 1774 (nº 206), Mozart avait employé une coupe nou-

velle chez lui, qui consistait à reprendre le premier sujet de la marche après le petit passage nouveau tenant lieu de *développement*. Il se conformait là, sans doute, à un usage viennois, de même que c'était sous l'influence du style viennois qu'il s'était mis, vers le même temps, à reprendre aussi toute la première partie de ses menuets. Cette fois, en 1775, il renonce décidément à cette habitude, pour revenir à l'ancienne coupe de ses marches de 1767 et des années suivantes. Après un *développement* plus étendu, et, naturellement, tout nouveau, il ne reprend que le second sujet de la première partie, laissant de côté le début de celle-ci où un grand unisson de tout l'orchestre, dans le genre de ceux qui se retrouvent sans cesse parmi les œuvres de l'année 1775, est suivi d'un chant des hautbois accompagné par les cordes.

233. — *Salzbourg, août* 1775.

Finale en ré, pour deux violons, alto, deux hautbois, deux cors et basse.

K. 121.
Ms. à Berlin.

L'autographe de ce morceau ne porte aucune indication de date : mais aucun doute n'est possible sur sa destination, qui était de servir de finale à une petite symphonie ; et comme le style du morceau le rattache manifestement à l'année 1775, et que, d'autre part, nous allons avoir à étudier un *allegro* analogue composé pour être ajouté à l'ouverture du *Re Pastore*, tout porte à croire que le présent *allegro* aura été écrit, pareillement, pour transformer en symphonie l'ouverture de la *Finta Giardiniera*, formée d'un *allegro* en *ré* et d'un *andante* en *la*.

En symphonie, ou plutôt en *divertimento*, peut-être pour les repas du palais archiépiscopal : car nous avons vu que Mozart, en 1775, avait cessé de produire des symphonies, et, d'autre part, la brièveté du n° 233, l'absence de barres de reprise, le caractère léger et rapide du morceau, tout cela rappelle moins le style de la symphonie que celui des « musiques de table » dont nous avons eu déjà et aurons encore à parler. Quoi qu'il en soit, d'ailleurs, ce petit *allegro*, avec l'élégance un peu superficielle de sa mélodie, avec ses *soli* d'instruments à vent, et ses faciles imitations entre les parties, surtout avec ses unissons caractéristiques, nous révèle une manière dont toute l'œuvre de Mozart en 1775 nous a présenté de nombreux exemples. Nous aurons notamment à étudier bientôt un concerto de violon en *sol*, n° 236, où nous retrouverons maintes des particularités du présent n° 233.

Celui-ci comporte, dans sa première partie, deux petits sujets reliés entre eux par une ritournelle, et qui se continuent à leur tour, apres un arrêt imprévu et piquant, par une ritournelle très longue et très brillante, véritable *strette* d'opéra, aboutissant à une conclusion complète dans le ton de la dominante. Vient ensuite un petit *développement* dont les idées sont nouvelles, mais sans cesse entremêlées de rappels du rythme de la ritournelle précédente. Et puis la rentrée reproduit exactement la première partie, à cela près que, vers le milieu de la *strette* finale, Mozart a intercalé, en manière de *coda*, un troisième retour du premier sujet, légèrement varié.

Le style est très simple, et généralement homophone, sauf quelques imitations dans la ritournelle du *développement*. Mais tout l'effort de Mozart, comme toujours en 1775, a eu pour objet de varier agréablement l'instrumentation. C'est ainsi que, dans le *développement*, il arrive aux hautbois d'être, seuls, chargés du chant, pendant que les deux violons les accompagnent en imitations ; dans la rentrée, la seconde exposition du premier sujet, tout à l'heure confiée aux cordes, se trouve transportée aux vents, tout à fait à découvert ; dans la reprise du début en *coda*, ce sont les hautbois et les seconds violons qui exposent ce premier sujet, sur un accompagnement des premiers violons, après quoi les altos et les basses se chargent du chant, pendant que les violons les accompagnent en un rythme continu de doubles croches : tout cela coupé sans cesse de grands unissons, à la française. En résumé, un petit morceau sans aucune trace des nobles ambitions esthétiques des périodes précédentes, mais nous manifestant, avec une aisance et une sûreté merveilleuses, la tendance générale de Mozart en 1775 à racheter, par la diversité de la forme extérieure, ce que l'élaboration et l'expression avaient perdu, sous l'influence toute puissante de la « galanterie ».

234. — *Salzbourg, du 1ᵉʳ au 20 août 1775.*

Finale en ut, pour deux violons, alto, deux hautbois, deux cors, deux trompettes et basse.

K. 102.

Ms. à Berlin

La destination de ce finale nous est donnée, de la façon la plus certaine, par quelques mesures d'*andante* qui le précèdent sur le manuscrit. Ces quelques mesures, en effet, modulant pour amener le ton d'*ut*, sont incontestablement un petit travail sur le thème de l'air qui, dans

le *Re Pastore* s'enchaîne directement avec l'ouverture. D'où il résulte
que Mozart, après avoir écrit son *Re Pastore* a voulu en transformer
l'ouverture en symphonie, ou plutôt, comme nous l'avons déjà dit à propos du n° 233, en *divertissement* : à cette fin, il a transcrit, après l'ouverture proprement dite, le premier air de son petit opéra, en se bornant à charger un « hautbois solo » de la partie confiée à Aminta dans
l'air original, — car le passage susdit de l'autographe du n° 235 comporte une ligne intitulée *oboe solo* ; et puis, à cet *andantino*, Mozart a
joint le présent finale.

Quant à la date de ce travail, elle nous est révélée par l'existence
d'une marche pour orchestre, en *ut* (n° 235) dont le manuscrit porte la
date du « 20 août 1775 ». On sait, en effet, que Mozart écrivait toujours
ses marches pour servir d'entrée à des *sérénades* ou *divertissements* ; et
comme toutes ses *sérénades* et tous ses *divertissements* de cette période
sont en *ré*, il est infiniment propable que la marche en question aura
été écrite pour étoffer le petit ensemble symphonique formé de l'ouverture et du premier air du *Re Pastore* avec addition du finale n° 234.

Ce finale est, d'ailleurs, un des plus charmants et des plus originaux
que Mozart ait écrits ; et il faut vraiment ne pas l'avoir vu pour soutenir, comme l'a fait Kœchel, que c'est une œuvre « insignifiante », et qui
« ne saurait être postérieure à 1770 ». Le morceau, assez étendu et
développé, est exactement une « contredanse en rondeau », comme
celle qui terminait la *musique de table* n° 229 : mais tandis que, dans celle-
ci, les petits intermèdes égalaient en insignifiance le thème initial,
nous trouvons ici un effort constant à varier l'intérêt du morceau par
toute espèce de trouvailles imprévues, tout en lui conservant, d'un
bout à l'autre, l'allure de la contredanse française qui lui sert de thème,
et dont tous les épisodes ne sont proprement que des variations. Pour
ce qui est de la coupe du *rondeau*, Mozart continue à suivre le système
nouveau dont nous avons eu plusieurs fois déjà l'occasion de parler :
après un certain nombre d'intermèdes, — le plus souvent trois, — toute
la première partie du *rondeau*, exception faite du dernier intermède, se
trouve reprise, sauf pour Mozart à intervertir l'ordre précédent des
divers passages. Et une particularité bien caractéristique de la disposition d'esprit de Mozart en 1775 est que, même pour cet intermède central, que nombre de musiciens avaient coutume d'intituler expressément : *minore*, le jeune homme, ici encore, a préféré employer une tonalité majeure, — tant les tons mineurs, avec la signification pathétique
dont ils s'accompagnaient, étaient alors contraires à son idéal de « galanterie » !

Ce n'est donc que jusqu'au troisième intermède, d'ailleurs extrêmement court, et aussitôt suivi de la reprise du premier, que Mozart
donne libre jeu à son invention mélodique : mais il faut voir avec quel
entrain, et quelle sûreté élégante et légère, il réussit à tirer sans cesse,
de son rythme initial, des effets nouveaux sans une ombre d'effort,
comme si la même « contredanse » continuait à se dérouler indéfiniment devant nous. L'instrumentation, très simple, est aussi déjà d'une
maîtrise parfaite : et toujours traitée suivant cet esprit « galant » de
1775 où l'ancienne préoccupation de renforcer l'intensité du quatuor des
cordes est remplacée par une recherche incessante d'ingénieux arti-

fices tout superficiels. Les hautbois et les cors, en particulier, ont de nombreux passages caractéristiques. tandis que le rôle des seconds violons et des altos tend de plus en plus à se dépouiller de toute individualité. Ajoutons que le contrepoint lui-même, sous cette forme de faciles imitations que nous avons vues s'introduire dans l'œuvre de Mozart vers le mois de juillet 1775, commence à disparaître, une fois de plus.

235. — *Salzbourg, 20 août 1775.*

Marche (en ut) pour deux violons, alto, deux hautbois, deux cors, deux trompettes et basse (destinée à précéder le petit ensemble symphonique dont le finale était constitué par le n° 234).

K. 214.

Ms. dans une collection de Londres.

Le ton inaccoutumé d'*ut majeur*, donné par Mozart à cette marche, comme aussi l'instrumentation de celle-ci et maints détails de son style, nous prouvent, de la façon la plus certaine, que le jeune homme a destiné la marche à compléter l'ensemble symphonique formé par l'ouverture du *Re Pastore*, un petit *andante* tiré de cette pièce, et le beau finale n° 234. D'où résulte pour nous la confirmation de l'hypothèse suivant laquelle l'ensemble susdit, tout de même que celui qui avait pour finale le n° 234, étaient en réalité non pas des *symphonies*, — genre désormais abandonné par Mozart jusqu'à son retour de Paris en 1779, — mais bien des *cassations* ou *divertissements*, peut-être écrits pour être joués aux repas du prince archevêque.

La marche n° 235 est d'ailleurs très belle, et digne d'être mise en regard du finale composé vers le même temps qu'elle. Elle débute par un grand unisson à la française, comme ceux que nous avons rencontrés sans cesse dans l'œuvre de Mozart en 1775, et le second sujet, au contraire, donne lieu à de simples, mais vigoureuses imitations entre les deux violons, toujours suivant le procédé familier de Mozart vers le milieu de 1775. Vient ensuite, après les deux barres, un véritable *développement* sur le premier sujet, débutant une reprise de celui-ci en *sol mineur ;* après quoi la *rentrée*, — selon le principe à peu près constant de Mozart dans ses *marches*, — ne reprend plus que le second sujet, et le reproduit sans y apporter aucun changement. L'instrumentation est très simple, malgré le rôle important qui y revient aux instruments à vent, toujours occupés, mais ne faisant guère que doubler les cordes. Là encore,

cependant, nous sentons que le jeune homme s'est employé à sa tâche
avec un soin et un goût tout particuliers, bien différents de la négligence manifeste avec laquelle il improvisait la plupart de ses marches
pendant les périodes précédentes.

236. — *Salzbourg, 12 septembre 1775.*

Concerto de violon en sol, avec accompagnement de deux violons, alto, deux hautbois, deux flûtes dans l'*adagio*, deux cors et
basse.

K. 216.

Ms. à Berlin.

Allegro

Allegro. — *Adagio (en ré)* — *Rondeau : allegro coupé d'un andante en sol mineur
et d'un allegretto.*

Ce concerto de violon, l'un des plus importants que nous ayons de
Mozart, atteste les progrès rapides du jeune homme dans un genre qui,
d'ailleurs, répondait admirablement à ses dispositions de cette période.
Traité absolument de la même façon que le ⸢précédent (n° 227), — à l'exception du *rondeau* final, — il est déjà beaucoup plus sûr, plus ample,
plus riche d'expression comme de beauté musicale, et dépasse même
en portée artistique les concertos de piano de l'année suivante.
Une fois de plus, Mozart nous apparaît ici entièrement sous l'influence
de la musique de violon française d'alors. Non seulement le finale,
avec cette abondance d'intermèdes divers qui en fait un véritable *pot
pourri* français, mais aussi l'admirable chant qui constitue, d'un bout
à l'autre, le second morceau, dérivent manifestement en droite ligne
des concertos d'un Gaviniès ou d'un Guénin ; et il n'y a pas jusqu'à l'allure mélodique des traits du premier morceau, avec leur mélange de
simplicité et d'expression précise, qui ne fasse songer à la même source
d'inspiration. Et cependant le génie musical de Mozart commence déjà
à vouloir s'élever bien au-dessus de ses modèles français dans le traitement des *tutti* et de toute l'orchestration du concerto pendant les *soli*.
Comme nous le verrons, ces derniers tendent ici de plus en plus à dialoguer avec l'orchestre, ainsi que faisaient jadis le clavecin dans le concerto n° 192 de décembre 1773 ; et rien n'est plus curieux que la manière
dont Mozart s'efforce de nouveau à rendre à chacune des voix de l'orchestre un rôle et une individualité propres, après s'être laissé aller,
dans ses œuvres précédentes, à une simplification parfois excessive de

son langage symphonique. Les hautbois et les cors, plus que jamais, interviennent activement au cours de ce langage : mais voici que, au lieu de leur sacrifier la complexité vivante du quatuor, Mozart se reprend à charger les seconds violons et les basses, — sinon encore les altos, — de nombreux passages caractéristiques, soit en rehaussant leurs figures d'accompagnement, ou même en leur prêtant des réponses au chant des premiers violons ou du violon *solo*. Ajoutons que la ligne mélodique, de son côté, s'unifie et s'étend, jusqu'à revêtir la grandeur merveilleuse du chant qui remplit l'*andante*.

Le premier *allegro* s'ouvre par un prélude d'orchestre dont les dimensions et le caractère laissent déjà prévoir l'importance du morceau tout entier. Deux grands sujets y sont exposés tour à tour, le premier par tout l'orchestre, le second par les vents accompagnés des violons : après quoi les violons et les basses poursuivent, en imitations, la ligne mélodique de ce second sujet, aboutissant à une ritournelle des plus originales, dont le rythme est marqué par les premiers violons, sur un nerveux accompagnement continu des seconds. Enfin une transition, exécutée à découvert par les hautbois et les cors, amène le début du *solo*.

Celui-ci reprend d'abord, exactement, le premier sujet ; puis l'orchestre, par une transition nouvelle de l'effet le plus heureux, conduit au sujet propre du soliste, qui se trouve être ici formé de deux parties : un grand chant nouveau, terminé par un long trait que suit une cadence, et puis encore une autre petite figure, légère et piquante. Après quoi les hautbois reprennent le second sujet du prélude, que le soliste reprend à son tour deux mesures après ; et un retour de la ritournelle du second sujet du prélude amène la première grande cadence, très étendue et élaborée. Vient ensuite la partie du morceau équivalent au *développement* ; et il va sans dire que Mozart, ici encore, a introduit des idées toutes nouvelles, au lieu d'utiliser les éléments précédents. Mais déjà nous sentons que cette partie intermédiaire lui est apparue comme une occasion de déployer le plus pur de son cœur ; si bien que les petits chants trop rapides que contenaient, à cet endroit, les concertos précédents, sont ici remplacés par un long et magnifique intermède, de la forme la plus libre et la plus personnelle, avec des chants mineurs pleins d'émotion pathétique, et sans cesse entrecoupés de libres réponses de l'orchestre, où les hautbois, notamment, jouent un rôle presque égal à celui du violon. Et c'est encore un long passage d'une expression très intense qui, terminant ce *développement*, sert de transition pour amener la rentrée. Celle-ci, suivant l'usage de Mozart en 1775, n'offre pour ainsi dire aucun changement : à peine y trouvons-nous une légère modification dans le rythme de la figure qui achevait le premier chant propre du soliste. Quant au *tutti* final, également plus long qu'à l'ordinaire, Mozart y a juxtaposé non seulement les deux ritournelles du prélude, mais aussi la troisième ritournelle dont nous avons dit qu'elle précédait ce chant nouveau réservé au soliste.

L'*adagio*, nous ne saurions trop le répéter, est une des plus merveilleuses créations de tout le génie de Mozart. Il n'est fait, d'un bout à l'autre, que d'un même chant, exposé d'abord par l'orchestre où deux flûtes, remplaçant les hautbois, sont accompagnées par les violons, toujours en sourdine. Puis, après ce petit prélude qui nous a donné simplement la ligne directrice et comme l'atmosphère du chant, celui-ci est repris par le soliste, étendu et approfondi, en une longue phrase qui constitue la première partie du morceau. Vient ensuite une ritournelle nouvelle, où les basses jouent un rôle prépondérant, et qui, dès la fin de sa seconde mesure s'interrompt pour laisser place à un nouveau *solo*, faisant fonction de *développement*. C'est encore le chant du début qui reparaît, maintenant varié et concentré. avec de saisissantes modulations mineures dont l'angoisse pathétique est accentuée par le rythme sanglotant de l'accompagnement. La rentrée, une fois de plus, reproduit presque absolument la première partie : mais sans que nous songions ici à le regretter, tant nous avons l'impression d'entendre vraiment un *arioso* dramatique, où le retour de la première partie revêt une signification nouvelle après l'élan passionné de la partie intermédiaire. Et ce n'est pas tout : à la fin du morceau, lorsque déjà l'orchestre a répété la ritournelle qui terminait le premier sujet, voici que le soliste reprend tout à coup, en *coda*, les premières notes du même chant, comme un suprême et merveilleux écho de la plainte tragique que nous venons d'entendre !

Nous avons dit tout à l'heure que le *rondeau* final, toujours orthographié à la française, offrait entièrement le caractère d'un *pot pourri* français. Ce n'est pas que Mozart y soit revenu à son ancienne conception italienne du *rondò*, qui faisait de celui-ci un véritable *pot pourri*, avec des intermèdes nouveaux se succédant jusqu'à la fin du morceau. Désormais, c'est là une conception qui ne nous apparaîtra plus ; et, cette fois comme les précédentes et les suivantes, nous verrons que le jeune homme, parvenu jusqu'à un long passage central de son *rondeau*, équivalent au *trio* d'un menuet, reprendra ensuite tous les intermèdes introduits dans sa première partie avant celui-là. Sous ce rapport, le présent *rondeau* est pareil à ceux que nous avons eu déjà l'occasion d'étudier durant la même période : mais ce qui en fait la nouveauté, c'est que Mozart, dans toute la première partie, comme aussi dans cette partie centrale non reprise, multiplie les intermèdes, à tel point que la susdite partie centrale, notamment, est formée de la juxtaposition d'un *andante* en *sol mineur*, sur un rythme de *pavane*, et d'un *allegretto* en majeur qui n'est qu'une longue et amusante variation d'une *ronde* française. Ainsi nous apercevons, toujours plus marquée chez Mozart, la tendance déjà souvent signalée à compenser par la liberté de la coupe extérieure tout ce que la musique de cette période avait perdu en élaboration intime [1].

Et que si cette élaboration proprement dite continue à faire défaut dans notre présent finale, du moins y trouvons-nous une aisance et une variété de rythme, une originalité légère de modulation, et surtout une richesse instrumentale dont les œuvres précédentes étaient bien dépourvues. Le contrepoint même y intervient par instants de la façon la plus simple, mais la plus charmante, ainsi dans l'accompagnement de la pavane en *sol mineur* ; et il faut voir, d'autre part, avec quelle

---

1. Il est d'ailleurs très possible, ou même probable, que Mozart aura emprunté cette coupe de son *rondeau* au finale d'un trio en *ut* de Michel Haydn, pour

grâce exquise les hautbois, dans la ronde française qui suit, reprennent au soliste le dessin de celle-ci, pendant qu'il se plaît à broder sur elle un rythme continu de fines arabesques [1]. Sans compter qu'un autre phénomène encore se révèle à nous dans ce finale, attestant, lui aussi, ce que nous serions tentés d'appeler le réveil du génie de Mozart : au contraire des œuvres précédentes, où l'esprit « galant » faisait complètement éviter au jeune homme les tonalités mineures, nous découvrons ici que les deux intermèdes, — et les principaux, — sont des chants mineurs, tout imprégnés de ce mélange d'ardente passion et de sensualité qui animera toujours les morceaux mineurs de Mozart. Evidemment celui-ci commence à reconnaître la nécessité, pour son art, de sortir des étroites barrières de la « galanterie », ou du moins d'élargir ces barrières sans cesse plus librement, jusqu'au jour où la révélation des milieux artistiques de Mannheim et de Paris lui permettra enfin de concevoir un nouvel idéal, plus digne de lui.

237. — *Salzbourg, octobre* 1775.

Concerto de violon en ré, avec accompagnement de deux violons, alto, deux hautbois, deux cors et basse.

K. 218.
Ms. à Berlin.

Allegro. — *Andante cantabile* (*en la*). — *Rondeau : andante grazioso* entremêlé d'*allegro ma non troppo*, et avec un intermède : *allegretto*.

Si le concerto en *sol* nous révèle merveilleusement les progrès de Mozart dans la conception musicale du concerto, ce concerto en *ré*, écrit le mois suivant, nous montre le revers de ces progrès sous la forme d'un développement excessif de la virtuosité. Le premier morceau, notamment, abonde en traits imprévus et brillants, mais obtenus au détriment de la contexture musicale, qui est ici, d'ailleurs, encore

piano, violon, et violoncelle, qui doit dater environ de la même période. Dans ce finale, également traité en *rondeau*, les retours d'un thème *andante* sont coupés d'intermèdes dont l'un a pour mouvement : *adagio ma non troppo*, et un autre encore ; *allegro*. Mais nous aurons bientôt à revenir plus longuement sur ce trio de Michel Haydn, communément publié sous le nom du frère aîné Joseph.

1. A noter encore une amusante ritournelle qui, chaque fois qu'elle reparaît, est dessinée à découvert par les hautbois et les cors. C'est elle qui, précisément, termine le morceau, et l'on peut imaginer tout ce qu'a d'original cette fin, uniquement confiée aux instruments à vent.

plus homophone que dans les autres œuvres de la même période. L'instrumentation de l'orchestre, elle aussi, apparaît beaucoup plus simple et moins travaillée ; sans compter que, au lieu de dialoguer avec le soliste, comme dans le concerto précédent, l'orchestre, désormais, se borne le plus souvent à l'accompagner ou à le doubler.

L'unique trait intéressant de ce concerto est, pour nous, la manière dont Mozart s'efforce à varier et renouveler la coupe extérieure de ses morceaux. Chacun des trois morceaux nous offre, à ce point de vue, sa particularité originale. Dans le premier *allegro*, le premier sujet du *tutti* ne reparaît pas après le *développement*, et se trouve entièrement omis dans toute la rentrée. Dans l'*andante*, le violon principal ne s'interrompt pas de jouer jusqu'à la cadence finale, sans qu'un seul *tutti* s'entremêle à ses *soli* qui, du reste, se contentent de répéter toute la première partie du morceau après la seconde, sans l'ombre d'un *développement* intermédiaire. Enfin le *rondeau* final nous fait voir de nouveau, et employée ici avec plus de liberté encore, la coupe singulière que nous avait présentée déjà le finale de la sérénade nᵛ 230 : le mélange imprévu d'un *rondeau* et d'un morceau de sonate. Ainsi toujours le jeune homme tâche à racheter l'indigence musicale de son style « galant », en donnant du moins à ses morceaux un peu de l'allure fantaisiste qui l'a séduit dans les sonates et les concertos français.

Le premier morceau débute par un très long prélude, où deux sujets très distincts sont exposés tour à tour, chacun escorté de sa ritournelle, et suivis encore d'une troisième petite figure en *coda*, qui, tout à l'heure, servira de thème au *développement*. Le soliste, après avoir repris le premier sujet, tout de suite aboutissant à un premier grand trait, attaque le sujet qui lui appartient en propre, et qui, lui aussi, consiste en deux petits chants aussitôt suivis de longs traits de virtuosité. Puis, sans aucun *tutti* intermédiaire, le soliste reprend le second sujet du prélude, cette fois en *la*, et arrive ainsi à sa première cadence. Le *développement*, très court, qui vient ensuite, offre la nouveauté que nous avons dite : le soliste, au lieu d'y exposer un sujet nouveau, s'amuse à reprendre, en le variant parmi des modulations mineures, le petit sujet qui servait de *coda* au prélude ; après quoi, toujours sans *tutti* préalable, il reprend, non pas le premier sujet du morceau, mais seulement le chant qui lui appartenait en propre dans la première partie ; et, depuis lors, toute cette première partie se reproduit jusqu'à la cadence finale, sans autre changement que l'addition, à l'orchestre, d'un morceau de la ritournelle du premier sujet, et, au *solo*, un allongement du trait qui terminait la partie susdite. Une reprise complète des deux ritournelles du premier et du second sujet sert de conclusion au morceau, avec insertion de la cadence facultative entre l'une et l'autre de ces ritournelles.

L'*andante*, comme nous l'avons dit, n'est, d'un bout à l'autre, qu'un *solo* du violon principal, ou plutôt la partie de celui-ci ne s'arrête pas une seule fois entre ses premières notes et le point d'orgue de sa cadence libre. Ici encore, de même que dans le concerto en *sol*, le prélude d'orchestre se borne à exposer un chant unique, qui est ensuite repris par le soliste : mais ce dernier, au lieu d'étendre et de varier ce chant, comme dans le concerto en *sol*, y ajoute deux autres phrases toutes

différentes, constituant la première partie de l'*andante ;* après quoi,
sans aucun *développement,* il reprend cette première partie tout entière,
avec à peine un petit changement dans le dessin mélodique de l'un des
sujets. Une reprise de la ritournelle du prélude, à l'orchestre, succède
à ce long *solo,* et semble devoir terminer le morceau, comme elle le
terminait en effet dans la première pensée de Mozart : mais celui-ci,
se souvenant de l'admirable *coda* qui finissait l'*adagio* du concerto précédent, a imaginé après coup d'introduire de nouveau ici un petit chant
du soliste, où reparaît le rythme du premier sujet ; et cette conclusion
imprévue relève étrangement la portée poétique du morceau, qui, dans
son ensemble, est bien loin de valoir le bel *adagio* du concerto en *sol.*

Quant au *rondeau,* nous avons dit que Mozart y a repris, mais plus
librement encore, la coupe imaginée par lui pour le finale de sa sérénade n° 230. Dans les deux cas, le finale a la forme d'un morceau de
sonate, *allegro ma non troppo,* précédé et entrecoupé d'un *andante grazioso* toujours invarié, qui fait ainsi fonction d'un thème de *rondeau.*
Mais au lieu de la coupe régulière qu'avait le morceau de sonate terminant la sérénade, l'*allegro ma non troppo* est ici, lui-même, traité
librement de la façon suivante :

Après l'exposé de l'*andante grazioso* avec ses deux couplets, l'*allegro
ma non troppo* nous présente d'abord deux sujets distincts, accompagnés d'une longue ritournelle. Puis reparaît l'*andante grazioso,* tenant
lieu de *développement ;* et le premier sujet de l'*allegro ma non troppo*
est repris, en manière de rentrée, avec une extension de sa propre
ritournelle et une reprise variée de la longue ritournelle qui achevait
la première partie : mais alors Mozart, se rappelant qu'il écrit un *rondeau,* amène tout à coup un long intermède nouveau, que son manuscrit appelle, par erreur, *andante grazioso,* car il s'agit évidemment d'un
allegretto. A cet intermède s'ajoute une reprise de l'*andante grazioso* du
début, mais dont Mozart ne reprend ici que le second couplet. Puis, de
nouveau, l'*allegro ma non troppo* nous fait entendre la longue ritournelle de la première partie, cette fois reprise intégralement, et aboutissant à un dernier retour du premier couplet de l'*andante grazioso.* Enfin
une grande *coda,* sur le rythme du premier sujet de l'*allegro,* forme la
conclusion de ce curieux morceau. En résumé, un morceau de sonate
coupé de reprises d'un thème de *rondeau,* comme dans le finale de la
sérénade : mais ici c'est le thème du *rondeau* qui remplace le *développement ;* et la rentrée, au lieu d'être pareille, se trouve à la fois variée et
renforcée d'un long intermède nouveau.

Quelques mots, maintenant, sur le contenu musical de ce cadre singulier. L'*andante grazioso,* attaqué aussitôt par le soliste, comme le
thème du *rondeau* servant de finale au premier concerto en *ré* de la
même année (n° 227), est une sorte d'ariette manifestement inspirée à
Mozart par le fameux *andante* varié de la symphonie de Joseph Haydn
dite l'*Impériale,* et datant de l'année 1774. Le soliste, après avoir exposé
le chant, s'arrête un moment, et recommence à chanter, de la façon
la plus imprévue. Quant à l'*allegro ma non troppo,* d'un rythme délicieusement léger et moqueur, nous nous contenterons d'y signaler une
ritournelle chromatique de l'orchestre qui reparaît plusieurs fois, au
cours du morceau, et semble conçue pour en relier les diverses parties.

Enfin l'*allegretto* placé en intermède dans la rentrée de l'*allegro* est une série de variations sur un rythme de *musette* qui doit, lui aussi, avoir été emprunté par Mozart à un recueil français.

Tel qu'il est, ce long finale se distingue des deux autres morceaux par un charme mélodique tout particulier : c'est évidemment le morceau que Mozart a composé avec le plus de joie; et le fait est qu'il a rarement écrit un finale d'une gaieté à la fois plus légère et plus débordante. Mais il faut bien dire que, ici encore, tout le charme vient de l'invention mélodique, sans que l'élaboration du morceau réponde à l'adorable beauté des phrases qui s'y déroulent infatigablement. L'orchestre, d'un bout à l'autre, est réduit à un rôle tout accessoire, et les *soli* eux-mêmes ont toujours une allure extrêmement simple, sans ombre d'élaboration thématique ni de contrepoint.

238. — *Salzbourg, 26 octobre* 1775.

Air pour soprano en sol : Voi avete un cor fedele, avec accompa. gnement de deux violons, alto, deux hautbois, deux cors et basse-

K. 217.

Ms. à Berlin.

Andantino grazioso

Voici encore, évidemment, comme les n°° 225 et 226, un air écrit par Mozart pour en remplacer un autre dans un opéra bouffe. Mais le personnage est, cette fois, une soubrette appelée Dorina ; et les paroles de son air, s'adressant à un amoureux que la soubrette soupçonne d'être prêt à la tromper après leur mariage, auraient exigé, dans la musique, une expression comique que Mozart n'a pas su ou n'a pas voulu y mettre. Il a profité des paroles tendres du début de l'air : « Vous qui avez un cœur fidèle pendant que vous n'êtes que mon amoureux », pour composer un petit chant très simple, mais plein de douceur poétique, avec un second sujet d'une allure plus familière. Ainsi son air a la coupe d'une *cavatine* en trois couplets formés, chacun, de deux sujets se faisant contraste. Le second couplet répète le premier avec de légères variantes ; le troisième sert de *strette*, et consiste en une reprise des premières mesures du premier sujet suivie d'une reprise allongée des dernières mesures du second. La voix, sauf dans les cadences, se borne à doubler le chant des violons, et tout l'accompagnement, d'ailleurs fort agréable, est plus discret qu'il ne l'est d'ordinaire chez Mozart.

239. — *Salzbourg, 20 décembre 1775.*

Concerto de violon en la, avec accompagnement de deux violons, alto, deux hautbois, deux cors et basse.

K. 219.
Ms. perdu.

*Allegro aperto avec un prélude du solo adagio. — Adagio (en mi). — Tempo di
menuetto entrecoupé d'un allegro (en la mineur).*

Ce concerto, écrit dans les derniers jours de 1775 (sa date nous est
donnée sur l'autographe), pourrait déjà nous offrir un exemple de ce
que va être la musique de Mozart en 1776. Le style nouveau que le
jeune homme n'avait pas cessé de chercher depuis son séjour à Munich,
en janvier et février 1775, il l'a désormais trouvé ; et tout de suite il
l'emploie avec une aisance, une sûreté, une perfection merveilleuses.
Au point de vue de la réalisation, l'œuvre est peut-être moins travaillée que les concertos précédents : mais le résultat obtenu est, sans
aucun doute, d'une beauté supérieure. On n'y rencontre plus de ces
alternatives d'audace et de timidité, d'innovations imprévues et de
routines machinalement suivies, qui empêchent la plupart des ouvrages
antérieurs de produire sur nous une impression pleinement satisfai-
sante. Tout y est dorénavant à la fois simple et pur, mêlé de grâce
chantante et de douceur juvénile, avec un fond d'unité intime que
jamais encore Mozart n'avait su donner aussi profondément à aucune
de ses œuvres. L'influence française, toujours sensible dans l'allure
générale comme dans le choix de certains rythmes, tend de plus en
plus à se tempérer d'une expression et d'une ampleur mélodique tout
allemandes ; et de plus en plus le mouvement lent, surtout, revêt le
caractère d'une grande rêverie essentiellement lyrique, où s'affirme au
plus haut point le génie personnel de Mozart.
L'esprit d'innovation, cependant, n'a pas encore aussi complètement
disparu qu'il le fera dans les œuvres de l'année suivante : mais déjà
les innovations ne portent plus simplement sur des détails d'ordonnance extérieure, et apparaissent nécessitées par le sentiment qui
domine le cœur du poète. C'est ainsi que, dans le premier morceau,
Mozart n'a dû s'inspirer que de son émotion poétique pour introduire,
avant la première reprise au *solo* du sujet initial du prélude, un long
adagio chanté par le violon, en manière d'introduction, et ayant un peu
l'apparence d'un récitatif accompagné. Pareillement, dans ce même
premier morceau et dans le finale, Mozart a imaginé de n'attribuer

d'abord aux *tutti* que l'exposition de simples figures d'accompagnement qui prennent ensuite leur signification véritable lorsque le soliste dessine, sur elles, le chant qu'elles servaient à préparer. D'autre part, le retour du jeune homme à ses anciennes habitudes viennoises se traduit par de nombreux petits essais d'élaboration thématique, en même temps que le contrepoint, à peu près absent du concerto en *ré* n° 237, s'insinue de nouveau dans la trame musicale, sous la forme d'imitations toujours très simples, mais n'ayant plus cet aspect un peu trop voyant et « en dehors » qu'elles avaient dans maintes œuvres du milieu de 1775. L'orchestration, en vérité, semble avoir été moins soignée que dans les concertos précédents : mais, là aussi, nous verrons qu'elle gagne en unité expressive ce qu'elle a perdu en originalité apparente, et que la réduction manifeste du nombre des *soli* des vents, en particulier, se trouve compensée par la manière dont ces instruments colorent, de leurs timbres, l'ensemble harmonique du quatuor. Et, par-dessous tout cela, comment définir le charme souverain de jeunesse, de frais et délicat enthousiasme amoureux qui s'exhale de chacun des morceaux de ce cinquième et dernier concerto de 1775 ?

Le premier morceau s'ouvre par un long prélude où deux sujets très distincts nous sont exposés tour à tour, tous deux suivis de leur ritournelle, et avec une troisième petite figure, à l'unisson, survenant en *coda* : mais tandis que le second sujet est un véritable chant, que le soliste reprendra tout à l'heure en y ajoutant des ornements nouveaux, le premier sujet de ce grand prélude n'est qu'un de ces rythmes d'accompagnement dont nous avons parlé, destinés à ne recevoir leur entière signification qu'au moment où le violon *solo* y juxtaposera le vrai premier sujet du concerto.

Encore ce premier sujet est-il précédé, comme nous l'avons dit, de sept mesures d'introduction *adagio*, où, sur un accompagnement continu de l'orchestre, et parmi de délicieuses réponses des hautbois et des cors, le violon principal dessine un chant de forme libre, tout pénétré de grandeur passionnée, sans l'ombre de virtuosité superflue. Ce chant aboutit à un point d'orgue, après lequel commence le concerto proprement dit.

Celui-ci commence par un nouveau chant du soliste, très étendu et développé, que l'orchestre accompagne par la reprise intégrale du premier sujet de son grand *tutti*. Puis, après un retour de la petite figure qui terminait ce *tutti*, le soliste entame son sujet propre : mais avant de se lancer dans un chant nouveau, il s'amuse à reprendre le rythme de cette figure de l'orchestre, qui vient de servir de transition, et à jouer gaiement avec lui, en dialogue avec les basses, ou bien à le varier pendant que les violons le répètent sous sa forme première. Ainsi le soliste arrive, par degrés, et sans *tutti* intermédiaire, au second sujet du prélude, dont il s'approprie le chant, sur un accompagnement continu de l'orchestre, et qu'il poursuit, avec toutes sortes de figures nouvelles, jusqu'à la grande cadence qui va fermer la première partie du morceau. Un retour de la ritournelle du second sujet et de la petite *coda* susdite amène ensuite le *développement*, qui est un chant mineur tout nouveau, mais coupé, au milieu, d'une réapparition imprévue de cette même figure de *coda*, qui se trouve ainsi contribuer au *dévelop-*

pement après avoir déjà constitué le point de départ du sujet propre
du soliste : et ce sont là autant de signes caractéristiques de la tendance qui porte Mozart à sortir de la facilité rapsodique de son style
« galant » de 1775 pour revenir, au moins en partie, aux précieux
procédés d'élaboration musicale jadis appris dans la fréquentation de
l'œuvre des deux Haydn et des maîtres viennois. Quant à la rentrée,
qui succède à une curieuse reprise par le soliste de la ritournelle du
premier sujet du prélude, elle est malheureusement encore presque
tout à fait pareille à la première partie, Mozart s'étant borné à l'allonger de quelques mesures, en y faisant reprendre au soliste un passage
du premier sujet du prélude qu'il avait omis d'utiliser au début du
solo précédent. Enfin, une répétition complète de la ritournelle du
second sujet termine cet admirable premier morceau, où nous devons
noter encore l'extrême rareté des ornements de bravoure, et l'allure
mélodique des moindres cadences.

L'*adagio* de ce concerto est en *mi majeur*, et l'on a vu déjà quelle
signification particulièrement « sensuelle » Mozart a toujours attachée
à ce ton. Ici, cette signification nous apparaît en un relief merveilleux :
mais à la couleur sensuelle de ses harmonies Mozart a ajouté un chant
d'une mélancolie rêveuse et pleine de douceur qui fait de cet *adagio*,
avec celui de la sérénade n° 230, les deux plus parfaits prototypes des
admirables poèmes instrumentaux de l'année suivante.

Le prélude de l'orchestre, de nouveau assez étendu, — au contraire
de ceux des *adagios* précédents, — ne nous offre cependant qu'un seul
sujet, à la manière de Joseph Haydn ; et le morceau tout entier ne contiendra proprement que cet unique sujet véritable, sans cesse entremêlé de petites idées nouvelles. Un chant d'une douceur infinie s'exhale
des violons, répété deux fois avec des conclusions différentes, et suivi
d'une longue ritournelle toute sinueuse et « sensuelle », qui, elle-même,
aboutit à une autre figure mélodique ayant aussi sa cadence finale ; et
nous allons voir que, ici comme dans l'*allegro* qui précède, cette cadence
finale sera souvent reprise et élaborée, au cours du morceau, dont elle
constituera comme un *leitmotiv*. Le *solo*, à son tour, commence par une
répétition à découvert du chant du prélude, mais aussitôt aggravée de
pathétiques modulations mineures, où s'insinuent, à l'orchestre, de
fréquents rappels de la petite cadence susdite ; et lorsque, bientôt, le
soliste oppose au chant principal un autre chant qui en est comme la
contre-partie, c'est encore le rythme de cette cadence qui l'accompagne
sans arrêt. Puis le soliste continue à reprendre, sous des ornements
plus appropriés à son jeu concertant, les divers éléments musicaux du
prélude, de telle sorte que son *solo* tout entier, jusqu'à la grande
cadence qui termine la première partie, n'est qu'une sorte d'amplifica-
tion lyrique de ce prélude ; et il y a là une innovation des plus importantes, dont il est bien fâcheux que Mozart ne se soit pas souvenu plus
fréquemment dans ses œuvres suivantes. Le *développement*, qui vient
ensuite, est très long, et ne consiste, une fois de plus, qu'en une variation pathétique du chant initial, précédée, à l'orchestre, d'un court
passage nouveau s'enchaînant avec la ritournelle de l'introduction.
Enfin la rentrée, si elle reste encore beaucoup trop pareille à la première partie, n'en comporte pas moins déjà une petite part de variation,

et la plus originale du monde dans sa simplicité : le chant, lorsqu'il reparaît, est repris par l'orchestre et le soliste en imitation, pour être, aussitôt après, entièrement changé du moins quant à la partie du soliste ; et c'est seulement depuis la ritournelle de ce chant que la suite du morceau reproduit, note pour note, tout ce qui a eu lieu jusqu'à la première cadence. Sans compter que cette seconde partie du *solo* est suivie, en conclusion, d'une reprise singulièrement pénétrante du passage nouveau qui, tout à l'heure, précédait le début du *développement* ; et ce n'est qu'à la fin de ce passage, après cinq mesures de ritournelle du *tutti*, que le soliste se rappelle à nous en exécutant sa cadence facultative.

Le final, au lieu de la forme habituelle du *rondeau*, est un *tempo di menuetto* : ce qui ne laisse pas non plus d'indiquer, chez Mozart, un certain retour aux coupes anciennes, une tendance à se fatiguer d'un renouvellement incessant de la coupe extérieure. Aussi bien ce *tempo di menuetto*, malgré sa longueur, n'offre-t-il plus, dans sa disposition, aucune trace de singularité : nous avons là, simplement, et comme autrefois, un grand menuet coupé d'un trio non moins étendu, et puis repris tout entier avec quelques petits changements. Tout au plus le rythme et l'allure de ce trio (*allegro* et à *quatre temps* ce qui est bien hardi pour un trio de menuet) nous rappelle-t-il encore les audaces des concertos précédents : et avec cette différence, très importante pour nous, que Mozart, au lieu d'emprunter ici des airs français, s'inspire manifestement de cette musique « hongroise » dont Joseph Haydn, vers le même temps, commençait à faire usage dans nombre de finales. Ce trio en *la mineur* est du reste, sans contredit, la partie la plus intéressante de notre finale. Mozart y oppose l'un à l'autre deux sujets, dont l'un sert au soliste, le second à l'orchestre, jusqu'à un endroit où, par une interversion amusante, le soliste reprend à son tour, en la variant, toute la longue figure réservée d'abord au *tutti*. L'orchestration, elle-même, est ici plus en dehors que dans le reste du concerto, avec un rôle important aux vents, et surtout aux cors qui accompagnent seuls une longue ritournelle du soliste.

Dans la première partie, attaquée tout de suite par le soliste, nous noterons seulement la singulière abondance des idées musicales, qui fait ressembler ce long menuet à un *rondo*, et d'autant plus que le thème initial se trouve repris deux fois au cours du fragment. Quant à la *rentrée*, nous avons dit qu'elle reproduisait presque entièrement la première partie : mais Mozart y a cependant introduit déjà une variation très marquée et très originale à partir de la dernière reprise du thème, où les basses de l'orchestre acquièrent soudain une autorité imprévue, et où le soliste, de la façon la plus charmante, alterne avec le *tutti* l'exposé de la nouvelle version du sujet principal.

(1739-1781)
D'après une gravure de A. Niederhoffer

240. — *Salzbourg ou Milan ou Munich, entre 1772 et 1775.*

Canzonetta ou petit air italien en fa, pour soprano, avec accompagnement de clavecin.

K. 152.

L'authenticité de ce petit air, dont l'autographe a depuis longtemps disparu n'est pas absolument certaine ; et il va sans dire qu'aucun document positif ne nous renseigne sur la date de sa composition. A quoi nous devons ajouter encore que rien, dans l'invention mélodique de l'air ni dans sa mise en œuvre, ne s'élève au-dessus d'une aimable et banale insignifiance. Mais, avec tout cela, il nous semble bien retrouver, dans l'inspiration de la *Canzonetta*, un écho de l'âme poétique du jeune Mozart, telle que nous la révèlent encore maints passages un peu enfantins de sa *Finta Giardiniera*. Il y a là, parmi une improvisation manifeste, un mélange particulier d'élégance et de douceur presque féminine qui justifie pleinement à nos yeux l'attribution traditionnelle du morceau, sans que nous puissions, naturellement, assigner à celui-ci une date bien précise.

La *Canzonetta* a la coupe d'un petit air d'opéra bouffe italien : une première strophe assez longue, aboutissant à une cadence, puis une strophe plus courte, constituant la partie intermédiaire, et enfin une reprise, *da Capo*, de la première strophe. Rien à signaler, d'ailleurs, dans la contexture du chant, si ce n'est la manière dont Mozart répète plusieurs fois, en la variant, la petite cadence finale de sa seconde strophe. Plus curieux est pour nous l'accompagnement de clavecin, écrit déjà sur deux lignes distinctes et conçu tout à fait comme le seront plus tard les accompagnements des *lieds* allemands de Mozart. C'est, en effet, la première fois que nous rencontrons proprement, dans l'œuvre du jeune homme, un morceau de chant qu'accompagne une partie de clavecin entièrement réalisée ; et, là encore, il est permis de se demander si la forme présente de cet accompagnement nous vient en vérité de Mozart lui-même, ou si elle n'est pas simplement l'œuvre du premier éditeur de la *Canzonetta*. L'une et l'autre des deux hypothèses nous apparaît également possible : car, pour être fort agréable, cet accompagnement n'a rien de très original, et d'autre part nous pouvons très bien imaginer que le jeune Mozart, à Milan ou à Munich, a trouvé déjà des modèles d'ariettes italiennes ainsi accompagnées, sauf pour lui à n'employer que plus tard ce procédé de « réalisation » pour ses *lieds* allemands.

241. *Salzbourg, entre mars* 1773 *et décembre* 1775.

Divertimento (ou série d'*entrées*) en *ut* pour deux flûtes, cinq trompettes, et quatre timbales.

K. 187.
Ms. à Berlin.

I. *Allegro moderato.* — II. *Menuetto.* — III. *Adagio* (en *sol*). — IV. *Menuetto.* — V. *Allegro.* — VII. *Allegro moderato* (en *sol*). — IX. *Allegro molto.* — X. *Allegro non troppo.* — (Les nᵒˢ VI et VIII ont été enlevés du manuscrit, et se sont perdus.)

L'autographe de cette série de petits morceaux nous permet seulement d'affirmer qu'ils ont été composés entre 1773 et 1777 : mais l'existence d'une autre série analogue (nº 285), qui doit sûrement dater des années 1776 ou 1777, et dont la facture s'élève infiniment au-dessus de celle du présent nᵒ 241, nous oblige absolument à admettre qu'un assez long intervalle s'est écoulé entre la composition des deux séries. En fait, l'insignifiance relative de ce nº 241 nous inclinerait même volontiers à supposer que le jeune homme l'a écrit vers 1773, très longtemps avant d'avoir acquis les remarquables qualités techniques que nous aurons à signaler dans le nº 285.

Quant à la destination de ces deux séries, nous ne croyons pas qu'un doute soit possible sur ce point. En premier lieu, l'adjonction au nom de Mozart des mots : *Sgr. Cav.* (ou *Signor Cavaliere*), telle que nous la trouvons encore sur l'autographe du nº 285, ne se rencontre plus guère jamais, après 1774, que sur les morceaux composés pour la cour du prince archevêque de Salzbourg ; et, en effet, nous pouvons être assurés que, tout de même que les « musiques de table », dont la série a été inaugurée en juillet 1775 par le nº 229, les nᵒˢ 241 et 285 ont été composés à l'usage de cette cour, et probablement aussi, comme les « musiques de table », pour y être exécutés aux repas solennels. Le fait est que déjà, à la fin de 1768, dans son catalogue des œuvres écrites alors par son fils, Léopold Mozart mentionnait de nombreuses « Entrées pour trompettes et timbales » : ce sont des « entrées » de même espèce, simplement rehaussées de deux parties de flûte, que le jeune homme aura eu à produire, à deux reprises tout au moins, entre 1773 et 1777, — des « entrées » qui accueilliaient l'arrivée des hôtes, et puis, sans doute, annonçaient pompeusement la succession des plats. Aussi ne s'agissait-il point, pour Mozart, de se mettre en frais d'invention, ni moins encore d'élaboration musicale : une dizaine de morceaux très courts, marches, menuets, contredanses, intermèdes plus lents et tou-

jours conçus aussi simplement que possible, avec un petit chant des
flûtes accompagné par des batteries, des trompettes et timbales. Tout
au plus, le jeune homme pouvait-il s'amuser à varier de son mieux cet
accompagnement, en répartissant ses figures entre les timbres des
trois groupes de trompettes et de celui des timbales. Et il a fallu en
vérité tout le génie de Mozart pour lui permettre, quelques années après
la date où il a composé ce n° 241, de tirer d'un genre aussi ingrat l'admirable parti artistique qui nous apparaîtra dans le n° 285.

Ici, dans la première série des « entrées » de table, nous entendons
d'abord une petite marche dont le sujet initial est exposé par les trompettes, tandis que les flûtes n'interviennent que pour chanter une façon
de réponse ou de second sujet ; et les deux barres sont encore suivies
d'un passage nouveau, en *développement*, chanté tour à tour par les
flûtes et le groupe supérieur des trompettes; après quoi Mozart, suivant
son habitude dans ses marches, ne reprend que le second sujet de la
partie précédente, mais sensiblement varié, et pourvu d'une belle *coda*
où intervient l'un de ces *crescendo* que nous avons souvent rencontrés
dans les symphonies de 1773.

Rien à dire du très simple menuet n° II, uniquement chanté par les
flûtes, ni non plus du menuet n° IV, où cependant les trompettes ont
déjà un rôle beaucoup plus actif. L'*adagio* en *sol* n° III a pour sujet une
gracieuse mélodie, chantée à la fois par les flûtes et le premier groupe
des trompettes. A noter que, dans la seconde partie, Mozart ne reprend
que la fin de la première, sans doute pour abréger la longueur du morceau.

Dans l'*allegro* n° V, cependant, la première partie est déjà reprise,
toujours un peu variée, après un embryon de *développement*. C'est d'ailleurs un morceau tout rythmique, une véritable « entrée de trompettes »,
avec de petites imitations entre celles-ci.

Le n° VII est encore une façon de menuet, avec une seconde partie
où l'une des deux flûtes dessine le chant, tandis que l'autre l'accompagne. A signaler, dans ce morceau, la présence de deux *codas*, l'une
destinée à enchaîner la reprise, l'autre à terminer celle-ci.

Enfin les n°ˢ IX et X, très courts et de nouveau tout rythmiques, peuvent être considérés comme formant le finale de la série. Le rôle des
trompettes continue à y apparaître pour le moins aussi important que
celui des flûtes.

VINGT-DEUXIÈME PÉRIODE

LA VINGTIÈME ANNÉE

(SALZBOURG, JANVIER-SEPTEMBRE 1776.)

Les renseignements biographiques nous manquent tout à fait pour cette importante période de la vie de Mozart. Nous savons seulement que le jeune homme l'a passée tout entière à Salzbourg, continuant la série de ses occupations et de ses amusements de l'année précédente. A la Cour, à la cathédrale, nous le retrouvons s'employant aux mêmes travaux et d'une façon toute pareille : pour la Cour, il compose, de temps à autre, une petite *musique de table*, et peut-être aussi un *divertimento* en forme de trio avec piano, violon, et violoncelle ; à la cathédrale, ce sont une grande messe, des litanies, un offertoire, deux ou trois sonates d'église avec orgue ; et si la situation de Mozart, à ce point de vue officiel, ne paraît guère s'être modifiée, nous ne voyons pas non plus que son goût pour ces besognes commandées soit différent de ce qu'il était en 1775. Ni sa grande messe de mai 1776, en tout cas, ni ses litanies, ne font prévoir la véritable crise qui se produira chez lui, sous ce rapport de la musique religieuse, durant les derniers mois de cette même année. D'autre part, l'étude de son œuvre nous révèle que, dès le début de l'année 1776, un élément nouveau entre dans sa vie, qui doit certainement avoir exercé une influence considérable sur une nature à la fois aussi impressionnable et si bien faite, d'avance, pour s'adapter à ces conditions éminemment propices. Parmi les ouvrages qu'il va avoir à produire, un grand nombre seront écrits pour les salons les plus élégants de l'aristocratie salzbourgeoise, et en particulier pour celui de la comtesse Lodron, qui paraît avoir été elle-même une personne très intelligente et distinguée, tandis que, à côté d'elle, ses deux jeunes filles, toutes deux élèves et amies de Mozart, n'ont pu manquer d'éveiller au cœur de celui-ci, tout au moins, des sentiments de respectueuse et cordiale affection. Au lieu de fréquenter seulement, comme il l'avait fait jusqu'alors, la société bourgeoise des Hagenauer, des Haffner, et des Robinig, voici maintenant que le jeune maître a le privilège d'être reçu familièrement, et sans doute admiré et choyé, dans un monde plus haut, et infiniment plus apte à satisfaire les aspirations intellectuelles et artistiques d'une âme qui, par essence, a toujours éprouvé un besoin passionné de noble, fière, et discrète beauté ! Aussi est-ce avant tout dans les œuvres dédiées à ces grandes dames qu'il va déployer librement toutes les ressources de son art ; et nous pouvons être assurés que l'immense progrès qui va s'accomplir en lui, presque de semaine en semaine, durant cette période, — un progrès consistant en une continuelle simplification, épuration, et transfiguration poétique de ses idées comme de son style, — aura pour cause, en partie, cette initiation à une nouvelle atmosphère mondaine, où le jeune homme sentira de plus en plus profondément la vanité des gros effets contrastés qui remplissaient son œuvre de l'année précédente, et de plus en plus s'accoutumera à rêver d'un idéal toujours simplement « galant », mais plein d'une délicate réserve aristocratique.

Cependant, la véritable et foncière explication des qualités aussi bien que des lacunes de l'œuvre du jeune homme durant cette période ne doit être cherchée qu'en partie dans cette fréquentation des salons princiers. La source première du changement qui s'accomplit dans l'œuvre de Mozart, au moment où nous sommes arrivés, c'est que le jeune homme a vingt ans. La nature parle en lui plus haut que toutes les circonstances extérieures : consciemment ou non, Mozart s'abandonne tout entier à cette influence irrésistible de la vingtième année, et le délicieux printemps qui, depuis longtemps déjà, s'annonçait et se préparait dans son cœur de poète, voici qu'il s'épanouit librement, pleinement, avec un mélange incomparable de fraîcheur et de flamme juvéniles !

Quand on considère du dehors son œuvre de 1776, en vérité, cette œuvre n'apparaît guère que comme une continuation, un peu tempérée et assagie, de celle de l'année précédente. On y retrouve le même goût de nouveauté, quoique déjà plus intermittent ; on y retrouve aussi la même façon d'accepter passivement les règles anciennes, sans essayer de les faire fructifier. Et surtout, en 1776 comme en 1775, la musique de Mozart reste toujours du genre « galant ». Non seulement les symphonies et sonates continuent à être remplacées par des *divertissements* et des *concertos* : nous sentons en outre que, sauf dans les mouvements lents, le jeune homme persiste à éviter les expressions approfondies et ne vise qu'à être élégant, léger, amusant, ou brillant. Pour le rappeler à une conception plus sérieuse de la musique, il faudra ce que nous serions tentés d'appeler sa crise religieuse de la fin de cette année, et encore la transformation complète ne se produira-t-elle que plus tard, sous l'influence du séjour à Mannheim et à Paris en 1778.

Mais le fait est, d'abord, que cette conception « galante » de la musique se trouve correspondre excellemment chez Mozart, en 1776, à l'état de son âme de vingt ans. Il est jeune, bien portant, amoureux, avide de plaire : il a tout à fait les sentiments qu'une musique comme celle qu'il est en train d'écrire convient le mieux à exprimer. Si les circonstances avaient fait que, sous un autre prince et dans un autre milieu, le jeune homme fût chargé de produire des morceaux d'un genre plus grave, peut-être y aurait-on constaté quelque chose d'inégal et d'incomplet, d'insuffisamment mûr, ainsi que le prouve déjà, pour nous, l'extrême infériorité des quelques pièces d'ordre plus relevé que nous allons rencontrer parmi les œuvres de cette première période de 1776 : tandis que, pour la musique telle qu'il va l'écrire le plus souvent, il est absolument mûr, préparé pleinement par ses recherches de l'année précédente, en possession complète de toutes les ressources d'inspiration et de métier dont il a besoin. Aussi bien la plupart de ses œuvres de cette période vont-elles nous faire voir, dans leur genre, une perfection qui ne se rencontrera plus chez Mozart qu'aux dernières années de sa carrière : elles seront pleines, à la fois, de vie et de poésie, à la fois tendres et belles, et peut-être les plus amoureuses que le maître ait jamais composées. Lorsque Mozart, en 1791, aura l'occasion de réaliser le rêve le plus profond de son cœur en écrivant la *Flûte enchantée*, c'est à ces légères et délicieuses chansons de son œuvre instrumentale de 1776 qu'il demandera une foule de motifs, ou même de passages entiers, les mieux faits du monde pour traduire, tout ensemble, la délicate passion d'un Tamino ou d'une Pamina et la grosse joie exubérante, l'ivresse junévile et sensuelle d'un Papageno.

Sans compter que, sous la ressemblance extérieure que nous avons dite, ces œuvres de 1776 sont déjà, au fond, très différentes de celles de 1775. En premier lieu, par exemple, comme nous l'avons dit tout à l'heure, le souci de la virtuosité en a presque entièrement disparu. Comparés aux concertos de violon de 1775, les concertos de piano de 1776 sont d'une simplicité exemplaire, plus courts, plus concentrés ; et la bravoure même, quand elle s'y montre, revêt aussitôt un caractère mélodique et expressif bien éloigné des traits, ornements, et brillants tours de force de naguère. Dans la forme, ensuite, un progrès continu se dessine qui va, pour ainsi dire de jour en jour, élever les aimables compositions prochaines au-dessus de celles de la période antérieure. Les *rentrées*, il est vrai, ne seront pas encore aussi variées qu'on le souhaiterait, et qu'elles l'étaient dans les œuvres produites sous l'influence de l'école viennoise, — le principal changement n'y consistant encore que dans une facile et sommaire interversion du rôle des divers instruments : mais, en revanche, les *développements* tendront de plus en plus à se rattacher au reste des morceaux, en utilisant les sujets ou les rythmes de la partie précédente ; et parfois même nous aurons à y signaler des traces d'un véritable essai d'élaboration thématique. De toutes parts, au reste, nous sentirons comme des velléités, plus ou moins conscientes, d'un retour du jeune homme aux fortes et nobles traditions musicales que l'influence de la « galanterie» lui a fait oublier depuis plus d'un an. Ainsi nous verrons peu à peu reparaître ces belles *codas* qui, en 1773, condensaient et rehaussaient la significatiou poétique des morceaux. Les *développements*, comme durant cette période mémorable, recommenceront à s'enchaîner avec les premières parties ; et il n'y aura pas jusqu'aux *rondos* où, parfois, le jeune homme ne retourne à la riche et aimable coupe de ses *rondos* italiens, ou du moins ne s'en rapproche en introduisant un nouvel intermède après le *minore*, ou grand intermède central. Mais plus sensible encore, peut-être, nous sera ce mouvement de restauration des précieuses habitudes anciennes dans la manière d'entendre le rôle des divers instruments. Sans cesse nous trouverons Mozart s'efforçant à varier et à enrichir son ensemble symphonique, réduit naguère à une vie par trop simple et banale, toujours sous l'action de la « galanterie ». Les basses, notamment, et déjà même un peu les altos, se réveilleront de l'état de somnolence où ils étaient demeurés dans presque toutes les œuvres de 1775, tandis que les instruments à vent cesseront d'être maintenus, pour ainsi dire, à côté du quatuor des cordes. pour se fondre avec celui-ci dans un même tout musical, où leur rôle ne sera plus, comme naguère, tantôt trop en vue et tantôt trop effacé.

Tous ces progrès, d'ailleurs, et maints autres changements caractéristiques, se révéleront à nous avec assez de relief lorsque nous étudierons le détail des œuvres de 1776. Ici, nous nous bornerons seulement à noter encore deux traits d'ordre plus général qui, tous deux, nous semblent achever de définir la portée historique de la production du jeune homme à ce grand et capital moment de sa vie. D'abord, comme nous l'avons déjà laissé entendre, cette période va nous montrer, bien plus encore que la précédente, un contraste énorme entre les *allegros*, menuets, et finales, d'une part, et d'autre part les mouvements lents, parmi lesquels l'*adagio* tendra volontiers à remplacer l'*andante* de jadis. Alors qu'il mettra simplement, dans ses *allegros*, tout l'élan passionné de sa jeunesse et de sa joie de vivre, c'est véritablement son cœur et son âme tout entière qui s'exprimera à nous dans ces chants de violon ou de piano où, à défaut d'une élaboration musicale correspondant à des complications sentimentales qu'il ne soupçonne point, le jeune homme emploie l'invention mélodique et jusqu'aux moindres détails de l'accompagnement à essayer de fixer de douces, tendres, et pures rêveries amoureuses, telles que, désormais, son génie de poète ne cessera plus d'en évoquer devant nous. Précisément en raison de leur simplicité, reflets d'une âme ingénue et transparente, dont ancune

souffrance n'a encore troublé la limpidité, ces *adagios* de 1776 ont
pour nous un charme merveilleux qui nous les rend préférables à
maints poèmes plus approfondis des années suivantes : un monde
nouveau de beauté lyrique s'y découvre à nous, dont l'accès ne nous
sera plus ouvert aussi librement que dans les dernières années de la
grande période viennoise, quand le choc des passions douloureuses
se sera apaisé et transfiguré dans le cœur du poète.

Et puis, aussi bien dans les *adagios* que dans les mouvements
vifs, c'est durant cette année 1776 que Mozart va nous apparaître le
plus puissamment travaillé de ce besoin impérieux d'harmonie et
d'unité intime qui est peut-être l'une des particularités les plus constantes de son tempérament d'artiste créateur. Sans cesse, dans les
divers ouvrages qu'il aura à produire, nous le verrons tâcher de nouveau, de la même façon mais plus activement encore qu'en 1772 et
1773, à établir un lien secret et profond aussi bien entre les divers
morceaux de ses compositions qu'entre les diverses parties de
chacun des morceaux. Déjà l'utilisation des sujets antérieurs dans
les *développements*, l'habitude d'enchaîner ceux-ci aux premières
parties, constituent autant de traces de cet effort à unifier les morceaux : mais Mozart ne va point s'arrêter là, et nous serons en
peine d'énumérer, bien souvent, toute la série des procédés où il
va recourir afin de réaliser l'unité rêvée. Parfois ce sont des rappels
de thèmes ou des retours de certaines figures d'accompagnement ;
ou bien, dans les *rondos*, la liaison de toutes les parties entre
elles au moyen d'un court passage répété vingt fois sous des formes
diverses. Et, par-dessus ces procédés de détail, il y en aura un qui,
à force de se rencontrer dans presque toutes les œuvres de la période,
finira par devenir pour nous comme une signature de celle-ci : un
procédé que Mozart, d'ailleurs, a timidement essayé déjà en 1772,
sous l'influence immédiate de Michel Haydn, et qui consiste à faire
précéder et suivre ses morceaux d'une sorte de sujet supplémentaire,
servant aussi d'entrée, puis de *coda*, et n'apparaissant pas dans tout
le cours du morceau. C'est là un procédé d'unification dont Mozart,
en vérité, ne se désaccoutumera tout à fait qu'à Paris, deux années
plus tard : mais jamais à coup sûr, avant ni après, il ne l'a employé
aussi fréquemment que dans ses compositions de 1776.

Quant aux maîtres dont s'est inspiré le jeune homme, durant cette
période, un seul mérite d'être nommé : Michel Haydn, à qui nous
verrons que Mozart a emprunté le plan et même plusieurs idées de
son grand *sextuor* n° 255. D'un bout à l'autre des œuvres de 1776, la
manière du jeune homme ressemble, plus vivement que jamais, à celle
de son illustre confrère et maître salzbourgeois. Mais sauf pour le
sextuor susdit, il ne semble pas que Mozart, cette année-là, ait directement imité aucune œuvre contemporaine de Michel Haydn ; et si
sa manière ressemble à celle de son aîné, elle le fait avec, désormais,

une supériorité si manifeste, à la fois dans le choix des idées et leur traitement, que sans doute l'élève a cessé maintenant de venir s'approvisionner auprès de son ancien maître, et se borne à faire fructifier librement ce qu'il lui a pris autrefois. En fait, les œuvres de la période que nous allons étudier sont peut-être, dans tout l'ensemble des ouvrages de Mozart, celles où apparaît le moins la trace directe d'une influence étrangère. Moins hautes et profondes, à coup sûr, que les œuvres des périodes suivantes, certainement elles ne leur sont pas inférieures en originalité « mozartienne »; et de quelques-unes d'entre elles, composées avec amour et sans doute sous la dictée expresse de l'amour, un charme immortel se dégage qui parfume pour nous d'une douceur et tendresse incomparable le souvenir de cette vingtième année de la vie de Mozart.

242. — *Salzbourg, janvier* 1776.

Serenata notturna en ré, pour deux petits orchestres, dont l'un est formé de deux violons principaux, un alto et une contrebasse, l'autre de deux violons, un second alto, un violoncelle et des timbales.

K. 239.

Ms. dans une collection à Londres.

Marcia : maestoso.— *Menuetto et trio (en sol, pour quatuor à cordes).* —*Rondo allegretto, adagio, allegro.*

Ce petit ouvrage, dont la date nous est donnée sur l'autographe, se rattache encore, par bien des points, au style de Mozart en 1775. Le *rondo*, notamment, bien qu'il ait déjà cessé d'être orthographié à la française, rappelle encore les *rondeaux* fantaisistes des concertos de violon, avec, au milieu, un *adagio* suivi d'un intermède *allegro*. Et c'est aussi l'humeur inventive de 1775 qui semble reparaître, une fois de plus, dans la conception de cette petite sérénade pour deux orchestres, dont on ignore tout à fait la destination. Peut-être Mozart aura-t-il voulu offrir une surprise, pour la nuit du nouvel an, à sa sœur, qu'il honorera d'une sérénade le jour prochain de son anniversaire de naissance n° 261 ; ou bien encore aux jeunes filles de cette famille des Lodron à qui nous verrons qu'il ne cessera pas de vouloir plaire durant toute l'année 1776? En tout cas, nous devons noter dès l'abord qu'il ne s'agit là que d'une œuvre infiniment simple, sous sa complication apparente. Les deux orchestres réunis se composent, chacun, d'un petit quatuor à

cordes, sans cors ni hautbois, à cela près que le second est renforcé
d'une partie de timbales ; et tout le rôle de ce second orchestre se réduit,
le plus souvent, à doubler les parties du premier, sauf parfois, pour lui,
à répondre en écho, ou à remplir par une batterie les intervalles des
diverses phrases. Évidemment tout l'effet de la sérénade ne résultait
que du placement de ces deux orchestres assez loin l'un de l'autre, et
de l'atmosphère un peu étrange que créait ce dialogue échangé, par
exemple, aux deux extrémités d'un salon. Inutile d'ajouter que ni l'écriture des morceaux, ni leur instrumentation, n'ont rien qui contredise
l'hypothèse d'une œuvre improvisée sans le moindre effort.

Telle paraît avoir été, d'ailleurs, la hâte de Mozart que, au lieu de
faire précéder d'une *marche* son premier morceau, il a destiné sa *marche*
à tenir lieu du premier morceau, si bien que la sérénade, après cette
introduction traditionnelle, débute aussitôt par le menuet. La marche,
maestoso, offre pour nous cette particularité curieuse que Mozart, une
fois encore, y reprend son premier sujet au moment de la rentrée, tandis que, dans ses marches de 1775, il ne reprenait que le second sujet,
ou parfois la ritournelle du premier : mais ici, par compensation, c'est
la ritournelle du premier sujet qui se trouve coupée dans la rentrée,
laquelle est, du reste, absolument pareille à la première partie. Dans
les deux sujets de celle-ci, le second orchestre double constamment le
premier, avec deux batteries de timbales survenant tout à coup pendant
la ritournelle du second sujet. Mais dans le *développement*, ou *trio*, le
premier orchestre s'interrompt à deux reprises pour laisser la parole
au second, qui reprend en écho l'accompagnement de la phrase précédente, sous une batterie de timbales, et avec des *pizzicati* d'un effet singulier.

Dans le menuet, où la première partie se reproduit sans changement
après la seconde, les deux orchestres ont des parties beaucoup plus
distinctes, et le chant se trouve confié alternativement à l'un et à l'autre.
La très courte partie intermédiaire, en vérité, appartient toute au
premier orchestre : mais sa dernière phrase est répétée par le second
à découvert, en forme d'écho. Quant au trio, réservé aux quatre voix
du premier orchestre, et qui reprend. lui aussi, toute la première partie
après la seconde, c'est un morceau chantant et gracieux, où le second
violon accompagne en triolets le dessin mélodique du premier.

Le *rondo*, malgré ce retour à l'orthographe italienne, relève encore
tout à fait du style de 1775 ; et il n'y a pas jusqu'à son thème qui ne
garde l'allure et le rythme d'un refrain français, ce qui n'empêche pas
Mozart de lui avoir donné, à lui-même, un petit refrain, qui va relier
entre eux les divers épisodes. Ajoutons que ce thème et le premier
intermède, comme aussi le bizarre *adagio* qui vient ensuite, servant de
prélude au second intermède, sont presque entièrement réservés au
premier orchestre. Le second intermède (équivalent au *minore*) est en
sol majeur (de même que son prélude *adagio*), et voilà encore un souvenir du style de 1775, assez imprévu parmi les nombreux intermèdes
mineurs de la fin de cette année et de l'année suivante !

Le rôle du second orchestre ne commence, proprement, qu'après
l'intermède central, où c'est une batterie de cet orchestre qui sert de
transition pour amener la rentrée du thème ; et lorsque Mozart, après

avoir repris son premier intermède, imagine d'allonger son finale en reprenant aussi le second, c'est encore le second orchestre qui, ici, est chargé de reprendre la ligne mélodique de cet intermède (ramené dans le ton principal), sous un simple accompagnement du premier. Ajoutons que, au point de vue de l'instrumentation, les deux violons jouent un rôle prépondérant, et que l'alto continue à doubler, presque toujours, l'une des autres voix.

243. — *Salzbourg, janvier* 1776.

Divertimento à six (Musique de table) en si bémol, pour deux hautbois, deux cors et deux bassons.

K. 240.

Ms. à Berlin.

Allegro. — *Andante grazioso* (*en mi bémol*). — *Menuetto* (*et trio en sol mineur*).— *Allegro.*

Ce divertissement (dont la date nous est donnée sur l'autographe), est la seconde des *musiques de table* écrites par Mozart, entre 1775 et 1777, pour les dîners de l'archevêque de Salzbourg. La première (n° 229) nous a déjà fourni l'occasion de définir le style de ces petites œuvres, où Mozart a mis toujours une grâce légère et tendre qui fait d'elles comme des prototypes de la partie profane de la musique de la *Flûte enchantée*; et il faut noter que, ici encore, le jeune homme a conservé la coupe traditionnelle du quatuor à cordes, qui va bientôt être remplacée, dans les *musiques de table* suivantes, par une coupe tout à fait libre, telle que l'autorisait l'exécution morcelée de ces *cassations*. Mais tandis que, dans le n° 229, on sentait l'embarras d'un débutant, incapable de contenir sa pensée dans les limites étroites d'un ouvrage comme ces petits sextuors d'instruments à vent, ici la maîtrise de Mozart s'affirme déjà pleinement, et c'est merveille de voir à quel point chacune des idées est à la fois appropriée aux ressources des six instruments et empreinte d'une signification profondément « mozartienne ». En fait, ce très simple sextuor nous offre, dès le début de l'année 1776, un type parfait de ce que sera toute l'œuvre du jeune homme durant cette année. L'invention mélodique y est d'une pureté et d'une douceur sans pareilles, ou du moins supérieures à tout ce que nous avons rencontré jusqu'ici; et, à l'exquise lumière rayonnante qui s'en dégage, s'ajoute toujours une gaieté junévile traduite, notamment, dans l'allure dansante de la plupart des rythmes. Les modulations, de leur côté, tendent de plus en plus à se charger d'une grâce sensuelle qui, désormais, semble couler de source, sans trace des efforts audacieux de l'année précédente. Le contrepoint,

toujours épisodique et rudimentaire, cesse, lui aussi, de s'imposer vio-
lemment à notre attention, pour se fondre maintenant dans l'unité de
l'ensemble. Les deux sujets réguliers, avec des ritournelles plus courtes
et plus chantantes, se renforcent souvent d'un troisième sujet en forme de
coda, beaucoup plus étendu et développé qu'il ne l'était antérieurement.
Et l'impression merveilleuse d'unité qui résulte de chacun des morceaux, — pour ne point parler de celle qui nous apparaît aussi dans le
caractère des différents morceaux d'un même ouvrage, — va être, à peu
près invariablement tout au long de l'année, accentuée par un procédé
caractéristique dont nous trouvons un premier exemple dans l'*allegro*
initial de ce sextuor : avant d'exposer son premier sujet proprement
dit, Mozart le fera précéder d'un autre petit sujet très rythmé, en forme
d'introduction, qu'il ramènera, plus ou moins varié, à la fin du morceau,
sans l'avoir repris au début de la rentrée.

Telles sont les principales particularités du style nouveau que vont
nous présenter toutes les œuvres de l'année de 1776, et qui se manifestent à nous, avec une évidence encore accrue par l'extrême simplicité
du fond musical des morceaux, dans cette seconde *musique de table*, datée
de janvier 1776. Quant à l'instrumentation de celle-ci, plus sommaire
et moins travaillée què celle du n° 229, elle repose néanmoins sur les
mêmes principes. Chacun des six instruments a son individualité propre ;
et si les hautbois constituent l'équivalent des violons d'un orchestre,
il n'en arrive pas moins très souvent que les bassons leur enlèvent l'exposition du chant, ou bien la partagent avec eux, tandis que les cors,
toujours très actifs, contribuent à colorer la masse harmonique, avec
parfois de petites figures de chant à découvert.

Le premier morceau s'ouvre, comme nous l'avons dit, par six mesures
d'une *intrada* qui servira à conclure le morceau. Puis apparaît le premier sujet, dessiné par les hautbois et les bassons en mouvements contraires, et se poursuivant sans arrêt jusqu'à l'arrivée du second sujet.
Celui-ci, non moins caractéristique de l'année 1776, avec son allure
dansante et le piquant de ses modulations, est d'abord accompagné,
dans la partie du second basson, par le célèbre rythme de quatre notes
tenues qui, déjà plusieurs fois employé, formera enfin le thème de la
grande fugue finale de la symphonie de *Jupiter*. Après quoi, un troisième
sujet fait fonction de *coda*, d'abord présenté par les deux hautbois, et
repris ensuite par le second hautbois et le second basson sous une nouvelle figure d'accompagnement du premier hautbois.

Le *développement*, après un double exposé d'une figure nouvelle,
reprend, sous une forme très variée et avec d'expressives modulations
mineures, la figure qui terminait le second sujet, mais en intervertissant l'ordre de ses parties. Tout ce petit *développement* est d'ailleurs
rempli d'une sorte de passion juvénile qui est, elle aussi, l'un des traits
distinctifs de toute l'œuvre du jeune Mozart dans sa vingtième année.

Quant à la rentrée, nous avons dit déjà qu'elle supprimait l'introduction du premier sujet, et attaquait directement celui-ci. Mais ce qu'il
importe également de signaler, c'est que Mozart, désormais, recommencera de plus en plus à varier ses rentrées, au lieu de répéter exactement la première partie, comme il faisait trop souvent en 1775. Ici, le
rythme des sujets reste encore le même, sauf deux petits changements

dans la ritournelle du second des sujets : mais leur instrumentation est déjà tout autre ; et l'apparition du second sujet, par exemple, doit un caractère sensiblement renouvelé à la manière dont le sujet se trouve maintenant accompagné par le premier basson, en remplacement du second hautbois. Et puis, lorsque s'est achevée la petite figure de *coda* qui fermait la première partie, voici que reparaît tout à coup l'introduction du morceau, terminant celui-ci après l'avoir commencé, un peu à la façon de ces *marches* que Mozart avait coutume d'écrire pour ses sérénades.

L'*andante grazioso* a la forme d'un morceau de sonate, mais n'est pas sans rappeler aussi la coupe du *rondo* : car le petit chant qui en fait le premier sujet reparaît après une sorte de réponse, et le *développement*, de même longueur que la première partie, diffère si complètement de celle-ci qu'on le prendrait volontiers pour l'intermède central d'un *rondo*. Le premier sujet est chanté par le premier hautbois accompagné par le second, mais avec un petit contre-chant du premier basson qui prête à ce chant très simple un charme et une couleur tout particuliers. Le *développement* (ou intermède), lui, est surtout réparti entre les deux hautbois, avec des modulations et des chromatismes d'une douceur exquise. Et puis, lorsque revient le premier sujet, Mozart s'amuse à le répéter quatre fois, jusqu'à la fin du morceau, toujours avec des accompagnements nouveaux, utilisant tour à tour les ressources des divers instruments.

Dans le menuet, où le chant reste exclusivement confié au premier hautbois, Mozart reprend toute la première partie après la seconde, mais en variant sa reprise, et avec d'amusantes imitations entre les bassons et les cors. Encore ce menuet nous apparaît-il banal en comparaison du *trio*, où Mozart, qui est décidément revenu à l'emploi des tonalités mineures, tire de son ton favori de *sol mineur* un parti à la fois très simple et d'une expression merveilleuse. C'est vraiment une plainte, un sanglot contenu et profond, qui s'exhale devant nous, avec une conclusion pathétique qui, seule reprise dans la seconde partie, nous laisse un souvenir tout à fait poignant. L'instrumentation, ici, n'est pas moins simple que le chant : à peine quelques soupirs entrecoupés du second hautbois et des deux bassons.

Le finale est traité en morceau de sonate, avec deux sujets distincts suivis d'un troisième sujet en *coda*. Mais Mozart, avec ce besoin d'unité dont nous le verrons plus possédé que jamais durant toute l'année 1776, imagine de relier ensemble ses deux sujets en donnant pour ritournelle, au premier, un rythme qui devient ensuite l'accompagnement du second. Et tandis que le premier sujet est d'une allure toute rythmique, avec de simples réponses des cors aux hautbois, le second sujet tout entier est traité en contrepoint, soit que les deux hautbois l'exposent en imitation, ou que le premier hautbois se borne à l'accompagner, réparti maintenant entre le premier basson et le second hautbois. Le *développement* est tout nouveau, assez court, mais traversé de vigoureuses modulations mineures ; et quant à la rentrée, Mozart non seulement y allonge de plusieurs mesures la ritournelle du premier sujet, mais encore, comme dans la rentrée du premier *allegro*, renouvelle la couleur du second sujet en intervertissant le rôle des six instruments.

244. — *Salzbourg, janvier* 1776.

Concerto de piano en si bémol avec accompagnement de deux violons, alto, deux hautbois, deux flûtes dans l'*andante*, deux cors et basse.

K. 238.

Ms. dans une collection anglaise.

Allegro aperto. — *Andante un poco adagio* (en *mi bémol*). — *Rondo : allegro.*

Ce concerto, dont la date nous est donnée sur l'autographe, est le seul des concertos de piano de cette période qui ait peut-être été composé par Mozart pour son usage personnel, tous les autres ayant été écrits pour des élèves ou des rivaux du jeune maître. Encore ne serait-il pas impossible que ce concerto eût été destiné à être joué par la comtesse Lodron ou l'une de ses filles, dont nous verrons que Mozart, en 1776, a souvent et volontiers travaillé pour elles : mais la difficulté relative des *soli* de l'ouvrage ferait croire plutôt qu'il était réservé pour Mozart lui-même, ou peut-être encore pour sa jeune sœur.

Quoi qu'il en soit, nous y découvrons déjà, non moins clairement que dans la *musique de table* n° 243, toutes les particularités du style de Mozart en 1776. Les trois morceaux sont courts, chacun tout d'une venue, sans aucune virtuosité inutile, et avec un effort sensible pour créer entre eux une unité intérieure. Plus encore que dans la *musique de table*, nous y sentons que l'inspiration du jeune homme, d'élégante et brillante qu'elle était en 1775, tend à devenir essentiellement pure et poétique. L'élaboration des idées, en vérité, continue à faire défaut presque entièrement ; et la langue musicale n'offre pas même les petits essais de contrepoint que nous avons signalés dans d'autres œuvres de la même période : mais l'invention mélodique et l'exécution attestent désormais ce mélange d'élégance discrète et de sûre maitrise qui ne cessera plus de nous apparaître chez Mozart, sous la diversité des influences que nous découvrirons.

L'influence qui domine, dans ce concerto, est toujours celle du style que nous avons vu se constituer, dans l'œuvre du jeune homme, pendant les derniers mois de 1775 : un style où le goût français, le goût salzbourgeois représenté par l'art de Michel Haydn, et la jeunesse amoureuse du maître lui-même se combinent en un ensemble plein d'éclat et de fraîcheur juvéniles. Mais nous pouvons affirmer sans crainte d'erreur que, pour la composition de ce concerto et des deux suivants, Mozart s'est aussi inspiré de l'un des chefs-d'œuvre les plus récents de son ancien maître Chrétien Bach, les six concertos de clavecin, op. XIII, publiés aux environs de 1775. Non pas que, dorénavant, le jeune homme revienne à l'imitation directe du style, maintenant bien dépassé, du charmant Chrétien Bach : d'autres hommes lui ont appris à revêtir ses idées d'une forme plus ample, à la fois, et plus modulée, avec une intensité d'expression que le maître de Londres semblait, depuis longtemps, s'être décidément interdite. Mais nous verrons tout à l'heure que quelques-unes des phrases employées ici par Mozart doivent lui avoir été suggérées par des concertos de Bach, notamment par le concerto n° 4, dans le même ton de *si bémol*, et qu'il n'y a pas jusqu'à la coupe de son œuvre qui ne rappelle singulièrement celle de divers morceaux de ce concerto de Bach ou du reste de la série.

Quant à l'instrumentation, nous avons dit déjà que Mozart, dans ses *soli*, s'abstient de tout excès de virtuosité, et que, cependant, la partie du pianiste ne laisse pas d'être assez difficile, avec de fréquents passages en octaves, quelques croisements de mains, et surtout un emploi prolongé du *tempo rubato*, à un degré dont aucune de ses œuvres, jusqu'ici, n'avait approché. Au point de vue spécialement « pianistique », le progrès est considérable en comparaison du concerto de décembre 1773. Mais non seulement ce dernier rachetait cette infériorité extérieure par la richesse et la profondeur de son contenu musical : force nous est de reconnaître que la conception générale du concerto qui s'y traduisait était, elle aussi, beaucoup plus relevée et plus intéressante. Le rôle de l'orchestre, en particulier, est peut-être encore plus réduit, dans le présent concerto de piano, que dans les concertos de violon de 1775. Certes, l'accompagnement de l'orchestre est parfois d'une saveur exquise, avec d'aimables réponses où les instruments à vent interviennent de la façon la plus ingénieuse : mais, sauf de très rares exceptions, ce n'est là qu'un accompagnement dont on pourrait fort bien imaginer la suppression, et nombreux sont même les passages où le piano joue seul, ou bien n'a, pour l'assister, que quelques petits accents, à peine indiqués, du quatuor. En général, d'ailleurs, le concerto n° 244 ne produit pas l'impression d'une œuvre longuement méditée. Son attrait, qui est réel et irrésistible, n'y vient que de ce que Mozart, comme malgré lui, y a mis de son cœur de jeune poète amoureux. Et il est certain que l'adorable *andante*, par exemple, avec son unique couplet répété sans aucun changement, nous apparaîtrait bien faible et bien pauvre si Mozart ne l'avait transfiguré en l'imprégnant d'une brûlante et sensuelle beauté dont on tâcherait vainement à saisir le secret.

Le premier morceau, *allegro aperto* (qualificatif employé déjà dans le concerto de violon en *la* n° 239), s'ouvre par un grand prélude de l'orchestre où sont exposés tour à tour deux sujets, l'un très rythmé et « ouvert », l'autre tout onduleux et sensuel, qui fait penser déjà aux rythmes caressants des *Noces de Figaro* et de *Cosi fan tutte*. Chacun de ces deux sujets est accompagné de sa ritournelle ; et Mozart, suivant son habitude, leur ajoute encore en *coda* une troisième figure qui servira de lien aux diverses parties du morceau. Puis le piano reprend le premier sujet du prélude, et c'est un fragment de la figure susdite, à l'orchestre, qui relie ce premier sujet au sujet propre du soliste, petit chant léger et gracieux, dont la ritournelle est accompagnée par les deux violons en imitation. Le second sujet du prélude, ensuite, est exposé

tour à tour par l'orchestre et le piano, comme aussi sa ritournelle du
tutti, mais celle-là pour être aussitôt étendue et variée par le soliste,
avec des suites d'octaves d'un effet brillant, de façon à amener la première grande cadence. Une reprise de la ritournelle du premier sujet
et de la *coda* susdite, à l'orchestre, prépare le *développement* qui est
tout nouveau, mais entremêlé de rappels, au solo comme à l'orchestre,
de la même figure de *coda*. Ce *développement*, assez étendu, est la partie la plus difficile du morceau : octaves et croisements de main s'y
rencontrent parmi de longues suites de traits modulés, sans que Mozart
se donne la peine d'élaborer aucunement le beau chant mineur, — accompagné par les hautbois et les cordes, — par où débute ce passage. Et quant
à la rentrée, la seule particularité curieuse qu'elle nous offre est la
manière dont Mozart, ici comme dans son concerto de violon en *la*, abrège
le début en partageant simplement le premier sujet entre le soliste et
l'orchestre. Le reste de la rentrée, jusqu'à la grande cadence finale,
reproduit presque exactement la première partie ; et le morceau se
termine, tout à fait comme cette première partie, par une reprise complète de la ritournelle du premier sujet suivie de la *coda* du prélude.

L'*andante un poco adagio* est constitué tout entier, comme nous l'avons
dit, de deux strophes juxtaposées, sans aucune partie intermédiaire, ou
plutôt d'une seule et même strophe répétée deux fois presque sans
aucun changement. C'est là une coupe éminemment simplifiée, dont il
se peut bien que Mozart ait trouvé le modèle dans l'*andante* en *mi bémol*
du *concerto* en *si bémol* de Chrétien Bach (op. XIII), tout de même que
ce concerto lui aura probablement fourni l'exemple de cette abréviation
que nous avons signalée dans la rentrée du premier morceau, obtenue
en partageant le premier sujet entre le piano et l'orchestre. Encore
devons-nous ajouter que Chrétien Bach, dans son *andante*, a eu soin de
varier la reprise de son couplet précédent, tandis que Mozart s'est
borné à reproduire sa première strophe en transportant toutes les
phrases dans le ton principal. Mais, avec cela, un abîme nous apparaît déjà entre ce chant de Mozart, imprégné d'une tendresse sensuelle
et brûlante, avec des caresses de modulation presque wagnériennes,
et la douce et transparente mélodie de Chrétien Bach : ici comme dans
la plupart des œuvres de 1776, nous constatons combien, à cette date,
les mouvements lents du jeune homme diffèrent en portée musicale et
poétique de ses *allegros*, encore sensiblement pareils au type ordinaire
de l'*allegro* « galant » de provenance italienne. Le morceau débute par
un exposé très court de la ligne initiale du chant à l'orchestre, où les
violons jouant « en sourdine » sont accompagnés par le groupe des
basses *pizzicato*, et doublées par deux flûtes remplaçant les hautbois.
Puis le piano reprend le même chant, qu'il étend jusqu'à une délicieuse
ritournelle, toute exposée par l'orchestre. Après quoi le soliste commence une phrase nouvelle, qui est comme la réponse de ce chant précédent, et aboutit elle-même à une courte ritournelle, partagée, cette
fois, entre le piano et l'orchestre. Enfin la strophe s'achève par une
longue cadence du piano, à peine accompagnée de quelques soupirs des
cordes, mais toute pleine de rythmes balancés, de chromatismes insinuants, de subtiles et rapides modulations où se reconnaît merveilleusement le plus pur génie de Mozart. Un petit passage caractéristique de

l'orchestre, non moins riche en harmonies expressives, relie cette première strophe à sa reprise, et se reproduit de nouveau apres celle-ci. Ajoutons que les traits de virtuosité sont absents de cet admirable morceau, où les moindres notes chantent doucement : mais un usage très fréquent du *tempo rubato* n'en fait pas moins, de cet *andante*, l'un des plus difficiles que Mozart ait encore écrits pour le piano.

Quant au *rondo* final, nous devons signaler d'abord le caractère tout allemand, ou plutôt tout salzbourgeois, du rythme balancé qui lui sert de thème, et qui, suivant l'usage désormais adopté par Mozart, est exposé d'abord par le soliste, avant d'être répété, en *tutti*, par l'orchestre. A ce long thème se rattache encore une longue figure en guise de refrain, celle-là n'appartenant qu'à l'orchestre seul. Puis commencent les intermèdes, multipliés maintenant par Mozart entre les diverses reprises du thème, à tel point que nous pouvons en distinguer au moins trois, nettement séparés, qui se succèdent sans transition à la suite de ce premier exposé du thème, sans autre transition qu'un curieux appel, à découvert, des cors. De ces trois intermèdes, le premier se termine par une figure de cadence, d'ailleurs très banale, que Mozart avait employée déjà en 1774 dans le premier morceau de sa sonate à quatre mains en *si bémol* n° 200 ; et voici que le jeune homme, se rappelant tout à coup cette sonate d'il y a deux ans, imagine d'emprunter encore le rythme du finale de celle-ci pour en faire l'intermède suivant de son *rondo !* Cet intermède, d'abord présenté par le piano, est ensuite repris par l'orchestre, sous un trille prolongé du soliste ; après quoi, de la façon la plus imprévue, ce dernier, mis en humeur d'accompagner, dessine la basse d'un chant exécuté par les cors et les hautbois à découvert. Le troisième intermède est, de nouveau, réservé au piano, et s'achève par une longue série de traits qui, peu à peu, tendent à reprendre le rythme du thème du *rondo*. Cette préparation des retours du thème est encore un procédé que Mozart, désormais, ne manquera plus d'employer, souvent avec les effets les plus imprévus.

La reprise du thème est suivie de ce grand intermède central que Mozart, dans ses concertos de violon, aimait à revêtir d'un mouvement nouveau. Ici, ces modifications de la coupe extérieure ne se retrouvent plus, et Mozart se contente de donner à son *minore* le ton de *sol mineur*. Mais tout ce passage, avec son opposition de rythmes continus et de brusques heurts, a quelque chose de « hongrois », ou tout au moins d'exotique, qui rappelle le singulier *minore* du *rondo* du concerto de violon en *la*.

Ce grand intermède lui-même est encore suivi, avant la reprise du thème, d'un autre passage mélodique, rempli de chromatismes, et rendu difficile par un emploi combiné des marches d'octaves et du *tempo rubato*. Mais à partir du moment où le thème du *rondo* est repris à l'orchestre, on peut dire que toute la fin du morceau ne contient plus aucun élément nouveau : nous y voyons reparaître, suivant un ordre plus ou moins interverti, les trois intermèdes déjà signalés tout à l'heure, avec cette seule différence que Mozart, — selon un autre de ses procédés favoris en 1776, — s'amuse parfois à en changer l'instrumentation transportant au piano ce que jouait d'abord l'orchestre, ou inversement. Le rôle de l'orchestre est d'ailleurs assez restreint, dans tout ce finale, sauf pour les quelques passages que nous avons indiqués. Comme dans le premier morceau, le piano y est souvent seul, ou bien accompagné de quelques accords insignifiants ; et la même pauvreté de l'accompagnement orchestral se retrouvera dans tous les concertos de l'année 1776.

245. — *Salzbourg, février* 1776.

Concerto en fa, pour trois pianos avec accompagnement de deux violons, alto, deux hautbois, deux cors et basse.

K. 242.

à Ms. Berlin.

Allegro. — *Adagio (en si bémol).* — *Rondo : tempo di menuetto.*

Ce concerto, dont la date nous est donnée sur l'autographe, a été composé par Mozart pour une dame de l'aristocratie de Salzbourg, la comtesse Lodron, et pour ses deux filles : et nous avons dit déjà que, durant les années 1776 et 1777, plusieurs autres œuvres du jeune homme, les plus soignées et les plus belles qu'il ait produites durant ces deux années, ont été écrites pour la même maison seigneuriale des Lodron. Pareillement, en avril 1776, nous le verrons composant un concerto pour une autre grande dame, la comtesse Lützow. Et non seulement ce petit détail biographique nous aide à comprendre le caractère élégant, gracieux, vraiment distingué des œuvres ainsi destinées aux plus brillants salons de Salzbourg, il nous prouve aussi que Mozart, dans sa vingtième année, s'est trouvé admis à fréquenter tout ce beau monde, très différent du milieu bourgeois des Hagenauer et des Robinig qui ont été jusque-là sa principale compagnie ; et c'est encore là un fait à considérer, si l'on veut apprécier pleinement le progrès qui s'est accompli, en 1776, dans le goût aussi bien que dans le style du jeune maître. Car comment ne pas supposer que c'est cette fréquentation aristocratique qui a contribué, pour une bonne partie tout au moins, à refréner l'ardeur exubérante du Mozart de 1775, à ouvrir les yeux de son cœur sur des horizons nouveaux, et à lui donner désormais, — ou, plus exactement, à lui rendre, — le désir d'une beauté plus sobre, plus polie, et plus harmonieuse ?

Le concerto pour trois pianos est d'ailleurs, lui aussi, un spécimen parfait de cette nouvelle manière de Mozart. Tout y est infiniment clair, simple, et élégant, sans excès de passion ni de virtuosité. Les trois morceaux ont le même caractère général, — à cela près que l'*adagio*, ici encore, atteste une maturité poétique très supérieure à celle que dénotent les deux *allegros;* et il y a en outre, entre ces deux-ci, une ressemblance plus intime obtenue par des rythmes pareils, de mêmes figures d'accompagnement. Le style est généralement homophone, malgré les facilités de contrepoint qu'offrait l'emploi simultané des trois pianos : mais les modulations y abondent, et de plus en plus revêtues de signification expressive. Quant à l'instrumentation, nous devons noter d'abord que le rôle des trois pianos est loin d'être égal : en réalité, les deux premiers seuls se répartissent le chant et les principaux traits de l'accompagnement ; le troisième n'a que fort peu de chose à faire, sa partie ayant sans doute à être tenue par une élève encore très jeune et toute novice. Aussi bien Mozart a-t-il lui-même, et probablement dès 1776, écrit un arrangement de son concerto pour deux pianos. Inutile d'ajouter que les deux premiers pianos de la rédaction primitive, jusque dans leurs passages les plus difficiles, s'abstiennent toujours des artifices de bravoure qui remplissaient le concerto pour piano seul de janvier 1776 : Mozart, écrivant pour ses élèves, a eu soin de leur épargner les croisements de main, les marches d'octaves, surtout les terribles effets prolongés de *tempo rubato*. Mais ce qui nous frappe le plus vivement, dans l'instrumentation de ce concerto, est l'insignifiance absolue du rôle assigné à l'orchestre. Sauf pour les préludes et les conclusions des morceaux, rien n'empêcherait d'exécuter ceux-ci comme une simple sonate pour trois pianos ; et c'est à peine si nous regretterions toutes les parties d'orchestre ainsi sacrifiées, à l'exception d'un petit passage du premier morceau où des traits des pianos s'accompagnent de discrètes imitations entre les hautbois et le quatuor.

Par contre, la partition de ce concerto nous offre une révélation historique des plus précieuses sur la manière dont Mozart, à ce moment de sa vie, concevait les cadences facultatives de ses concertos. Car le jeune homme a soigneusement noté jusqu'aux moindres des cadences que devaient exécuter ses trois élèves ; et voici, en résumé, ce que nous apprenant ces curieux passages :

Les premières cadences des morceaux, celles qui précédaient le *développement*, n'étaient que des petits traits infiniment simples et courts, sans la moindre portée originale : mais au contraire les grandes cadences finales, invariablement, étaient consacrées à une élaboration de quelques-uns des éléments antérieurs des morceaux. Abstraction faite de l'entrée en imitation de ces cadences, justifiée par la présence insolite des trois pianos, nous pouvons être sûrs que les cadences exécutées par Mozart lui-même devaient être construites sur un modèle semblable : le jeune homme s'amusait à y reprendre tour à tour, en les variant et parmi des combinaisons nouvelles, telles phrases qui lui avaient servi pour les sujets ou le *développement* du morceau. Et c'est encore la même conception, essentiellement musicale et « classique », que nous montreront toutes les cadences ultérieures de Mozart : au contraire de l'habitude ultérieure, la virtuosité y tiendra moins de place que la libre fantaisie poétique.

Dans le premier morceau, après une prélude d'orchestre où sont exposés les deux sujets principaux, chacun accompagné de sa ritournelle, — le premier composé, à l'italienne, d'un *tutti forte* et d'une réponse *piano* des deux violons, le second réservé aux deux violons

que renforcent les cors, — les trois pianistes attaquent, à l'unisson, le
premier sujet, et aussitôt l'orchestre se tait entièrement. Les réponses *p*
du premier sujet sont faites par le premier piano, puis par les deux
premiers, et enfin le troisième attaque la ritournelle, qui est ensuite
reprise par l'orchestre. Le sujet réservé aux solistes, pareillement, se
trouve presque tout partagé entre les deux premiers pianos, le troisième se bornant à quelques mesures de réponse, et le rôle de l'orchestre étant des plus restreints. Une reprise de la susdite ritournelle
du premier sujet par les trois pianos à l'unisson aboutit à un arrêt sur
un accord de septième, après lequel le premier piano reprend en *ut* le
second sujet du *tutti*, et puis le transmet aux deux autres pianos,
dont l'un le dessine avec la main gauche, sous un trille de la droite.
Une petite extension de ce second sujet, toujours réparti surtout entre
les deux premiers pianos, conduit à la première grande cadence, qui,
elle, se trouve partagée entre les trois solistes en imitation ou en
réponses alternées. Vient alors, pour séparer cette première partie du
développement une longue ritournelle de l'orchestre où le chant est
donné principalement au second violon, sous un rythme syncopé des
premiers et avec de petits mouvements contraires aux hautbois et
aux cordes. Le *développement* qui suit n'a d'intéressant qu'un court passage dramatique où les trois pianos se répondent sur un rythme heurté,
comme pour exprimer une lutte bientôt résolue en un petit chant
délicat du premier piano. Enfin le *développement* s'achève par un long
trait des deux premiers pianos que les hautbois et les violons accompagnent d'une charmante figure en imitation. Une ritournelle partagée
entre le second et le troisième piano, puis continuée à l'unisson par
les deux premiers, amène la rentrée, où, suivant un procédé désormais invariable, Mozart répartit l'exposé du premier sujet entre l'orchestre et les solistes. Encore ne se borne-t-il pas, ici, à ce seul changement : car la seconde réponse du premier sujet est complètement
variée, comme aussi le sujet réservé aux solistes ; et si le reste du morceau reproduit intégralement la première partie, du moins devons-nous
y signaler une intervention nouvelle, et très ingénieuse, des cors, qui,
seuls de tout l'orchestre, s'ajoutent aux pianos pour dessiner le rythme
initial du second sujet. Quant à la cadence finale, Mozart y a repris, surtout, quelques-unes des figures caractéristiques du *développement :* les
trois pianos font leur entrée en imitation, mais pour retrouver aussitôt
le langage le plus homophone. Enfin, une reprise à l'orchestre de toute
la ritournelle qui terminait la première partie sert de conclusion au
morceau.

L'*adagio*, comme tous ceux de Mozart à cette période, est le morceau
dominant du concerto, et dépasse singulièrement, en beauté comme en
« modernité », les deux mouvements vifs. Nous avons ici une sorte de
nocturne ou de rêverie, se poursuivant d'un bout à l'autre sous la
diversité de ses phrases, avec un même dessin continu d'accompagnement en triples croches qui donne au chant une douceur et une intimité
merveilleuses, évoquant déjà le souvenir des plus exquises créations
poétiques de la maturité du maître. Aussi bien celui-ci reprendra-t-il,
dans sa délicieuse sérénade de *Cosi fan tutte,* le rythme du premier sujet
de cet *adagio,* tel qu'il est exposé d'abord dans un admirable prélude

de l'orchestre, où ce sujet lui-même et sa longue ritournelle se déroulent avec une limpidité et une continuité sans pareilles, parmi de charmantes petites figures libres des vents, et une collaboration très active et très individuelle de chacun des instruments du quatuor à cordes. Il faut voir avec quelle maîtrise Mozart, dans ce prélude, parvient déjà à créer une sorte d'atmosphère générale qui, depuis lors, enveloppera tous les éléments musicaux de la rêverie.

Le *solo* débute par une reprise variée, au premier piano, du sujet initial du prélude ; puis, insensiblement, une ritournelle nouvelle amène le sujet réservé aux solistes, qui se trouve être, ici, un autre chant exposé par le second piano sous un accompagnement continu du premier ; et longtemps ce chant se poursuit, capricieusement distribué entre les deux premiers pianos, pour arriver enfin, toujours par des transitions insensibles, à un allongement poétique de la ritournelle qui terminait le prélude : de telle manière que toute cette première partie ne forme vraiment qu'une strophe unique, dont le prélude nous a été comme le *schéma* ou l'amorce. Et bien que l'orchestre ne tienne qu'une place accessoire, à tout moment il rentre en scène, de la façon la plus exquise, avec de légères figures en mouvements contraires qui, elles-mêmes, contribuent à maintenir autour de nous une ambiance harmonique à la fois très discrète et très captivante.

Un court passage nouveau de l'orchestre prépare le *développement*, qui est nouveau, lui aussi, mais profondément apparenté, par son rythme et son expression, aux thèmes précédents. C'est encore un petit chant rêveur et tendre, que les deux premiers pianos se transmettent sans arrêt, sous un accompagnement arpégé du troisième renforcé par de nobles tenues des hautbois. Et puis, par un simple trait du premier piano, nous abordons la rentrée, où d'ailleurs la première partie reparaît sans aucun changement. La grande cadence, dans cet *adagio* comme dans l'*allegro* précédent, utilise surtout des passages du *développement* : mais Mozart y entremêle, cette fois, des rappels du premier sujet, et varie beaucoup plus sa cadence, avec d'aimables petits échos au troisième piano, tandis que le second s'amuse à répéter infatigablement ce rythme de triples croches qui a, pour ainsi dire, entouré et baigné tout l'*adagio*. Et il y a plus : lorsque, après cette belle cadence, l'orchestre a repris la ritournelle qui précédait le *développement*, voici que Mozart, se souvenant de l'un des plus heureux effets de son concerto de violon en *sol* n° 236, imagine de finir son *adagio* par une réapparition imprévue et exquise des solistes, exhalant tout à coup un léger soupir d'adieu, à peine quatre notes, mais d'une grâce et d'une pureté ravissantes.

Le très court *rondo* final est beaucoup moins intéressant à tous points de vue : mais nous devons y signaler tout de suite deux particularités des plus curieuses pour notre examen historique de la formation et de l'évolution du génie de Mozart. C'est, d'abord, comme nous l'avons dit déjà, une tendance manifeste à rattacher ce finale au premier morceau en y ramenant certaines figures rythmiques déjà entendues précédemment : tendance dont l'expression, encore très indécise et tâtonnante en 1776, s'accentuera plus nettement dès l'année suivante. Et quant à la seconde des particularités susdites, celle-là consiste en ce que Mozart, dans son *rondo*, après le grand intermède mineur équivalent au *minore* des *rondeaux* français, introduit dans sa rentrée un intermède nouveau, assez insignifiant en soi, mais qui nous montre bien l'impatience du jeune homme à subir la contrainte de ce type banal et étriqué du *rondeau* que nous l'avons vu s'approprier l'année précédente, après la délicieuse liberté et richesse musicale de ses *rondos* de naguère, incessamment animés d'inventions nouvelles. A quoi nous pouvons encore ajouter que, dans ce finale, Mozart emploie plus volontiers le contrepoint que dans les deux autres morceaux, et, par comparaison avec le premier *allegro*, déploie une aisance et une maîtrise très supérieures dans le traitement de ses trois pianos. Ce progrès accompli, pour ainsi parler, en cours de route, d'un morceau à l'autre, dans un même ouvrage d'un genre inaccoutumé, nous l'avons signalé déjà et aurons souvent à en fournir d'autres témoignages.

Le thème du *rondo* est un véritable menuet, exposé d'abord, — suivant l'habitude de Mozart pour ses finales, — par les solistes, et repris ensuite par l'orchestre, mais, cette fois, pour aboutir à une variation partagée entre les deux premiers pianos, et qui, seule, termine proprement cette présentation du thème. Vient ensuite un premier intermède où les deux pianos principaux commencent par dialoguer, se répondant l'un à l'autre : après quoi le premier piano entame une phrase nouvelle que les deux autres reprennent, tour à tour, en un contrepoint plus poussé que ceux des morceaux précédents. La ritournelle qui suit est tout homophone, mais chacun des trois solistes y joue son rôle individuel, avec une variété et un ensemble des plus remarquables : tout cela aboutissant à un unisson final qui rappelle l'un des rythmes caractéristiques du premier morceau. Un point d'orgue agrémenté d'une petite cadence du premier piano amène la reprise du thème, toujours partagée entre les pianos et l'orchestre.

C'est maintenant l'intermède mineur, d'un rythme énergique et passionné, avec de fréquentes imitations entre les deux premiers pianos, et un accompagnement réparti entre les hautbois et les cordes qui, à son tour, nous rappelle celui du *développement* du premier *allegro*. Encore une petite cadence, tout ornementale, du premier piano. Mais lorsqu'ensuite le thème du *rondo* reparaît, exposé à présent par le second piano, voici que Mozart s'amuse à le varier, et puis à lui faire succéder un intermède nouveau, en *si bémol*, suivi d'une gentille ritournelle dont les trois pianos semblent se lancer les légers triolets ! Après quoi, suivant le modèle ordinaire du *rondeau* français, le premier intermède se reproduit tout entier, mais lui-même enrichi, vers la fin, d'un long passage nouveau, aboutissant à la cadence finale qui est très courte, comme les deux autres, et nous montre de quelle façon rapide et fugitive Mozart avait coutume de traiter les cadences *ad libitum*, dans ces finales où il en multipliait les amorces. Enfin le *rondo* se termine par une dernière reprise du thème où celui-ci est de plus en plus varié, avec un accompagnement du quatuor en *pizzicato*.

246. — *Salzbourg, mars* 1776.

Litanies de Venerabili Altaris Sacramento. en mi bémol, pour

quatre voix, deux violons, alto, deux hautbois, deux flûtes, deux bassons, deux cors, trois trombones, basse et orgue.

K. 243.

Ms. à Berlin.

Kyrie : *andante moderato*. — *Panis vivus* : *allegro aperto en si bémol* : *solo de ténor*. — *Verbum caro factum* : *largo en ut mineur et Hostia sancta* : *allegro comodo en ut majeur*. — *Tremendum* : *adagio en ut mineur*. — *Dulcissimum convivium* : *andantino en fa* (*solo de soprano*). — *Viaticum* : *andante en sol mineur* (*tutti de soprani*). — *Pignus futuræ gloriæ* : *allegro*. — *Agnus Dei* : *andantino en si bémol* (*solo de soprano*) *et andante moderato en mi bémol*.

Infiniment plus travaillée et d'une valeur musicale plus haute que la messe en *ut* de 1775, cette litanie (dont la date nous est donnée sur l'autographe) est encore imprégnée du même esprit tout mondain : de telle sorte que, avec toute sa science et toute sa beauté, elle a un caractère moins religieux que la litanie, déjà bien profane, de 1772, dont elle reproduit d'ailleurs la disposition générale sauf les deux petites différences que voici, nous montrant déjà Mozart tout prêt à s'émanciper de la dépendance où nous l'avons vu autrefois à l'égard des habitudes et traditions musicales de son père :

En premier lieu, l'un des *soli* ou airs de la *Litanie*, qui dans l'œuvre de 1772 se produisait sur les mots *Panis omnipotentia Verbi*, a maintenant pour occasion les mots *Dulcissimum convivium*. Mais surtout une nouveauté bien caractéristique nous apparaît dans ce fait que le jeune Mozart, malgré l'exemple de son père, a désormais renoncé à séparer les deux mots *Tremendum* et *ac vivificum*, nous faisant voir par là son peu de goût pour ces petits effets de traduction littérale qui, comme nous l'avons vu, avaient toujours vivement séduit l'âme ingénue de son excellent père.

Le contrepoint, en vérité, reparaît dans deux des morceaux de la litanie : le *Kyrie* et le *Pignus* : mais, dans le *Kyrie*, il est très simple et tout superficiel; et le *Pignus*, avec toute sa science, conviendrait mieux pour un quatuor à cordes que pour un chœur d'église. D'autre part, l'accompagnement recommence à prendre la place dominante dans les chœurs homophones : mais il est traité avec un art si délicat, et le chant lui-même est d'une grâce si simple et si pure que cette litanie se rattache directement aux œuvres instrumentales de Mozart en 1776, et que, faute d'être de véritable musique religieuse, elle a déjà quelque chose du merveilleux recueillement poétique des messes que Mozart va écrire dans les derniers mois de la même année.

Le *Kyrie* est tout fait d'alternances de *soli* et de *tutti*, comme aussi de passages homophones et de faciles imitations. Ce *Kyrie* n'a point la coupe régulière d'un morceau de symphonie : mais ses premières mesures sont reprises en *coda* à la fin du morceau. Le *Panis vivus* et le *Dulcissimum convivium* sont deux airs à roulades, traités dans le style habituel de l'école napolitaine. Le chœur du *Verbum caro factum* et les *soli* mêlés de chœurs de l'*Hostia sancta* rappellent tout à fait, par leur chant et leur accompagnement, les compositions instrumentales de la même période ; et il n'y a pas jusqu'au *Tremendum*, avec ses effets pathétiques, accompagnés d'une figure modulante des violons, qui n'ait le caractère des beaux *andantes* pathétiques des *divertissements* de cette même année. Au contraire, le *Viaticum*, chanté par les *soprani* seuls, est visiblement un effort pour revenir aux traditions de la musique religieuse. L'orchestre s'y borne à accompagner le chant, d'ailleurs avec une variété de timbres remarquable et des modulations d'une simplicité très expressive ; et le chant, sans aucun ornement mondain, expose et développe noblement la mélodie liturgique du *Pange lingua*. Le *Pignus* est un *fugato* libre à deux sujets, d'un travail très savant mais tout instrumental, et qui, avec la grâce abandonnée de sa mélodie aussi bien que de ses imitations, fait songer à quelques-uns des plus beaux morceaux en contrepoint des dernières œuvres de musique de chambre de Mozart. L'*Agnus Dei* commence par un grand et bel air de soprano, tout rempli de traits de virtuosité : après quoi Mozart, comme il l'a fait dans sa Messe de 1775, reprend, pour finir sa litanie, le *Kyrie* initial, un peu abrégé, et suivi de quelques mesures de *coda*.

Quant à l'instrumentation, toujours très soignée et très élégante, nous nous bornerons à signaler, parmi ses effets les plus remarquables, l'emploi libre de deux bassons et de trois trombones dans le *Tremendum*, celui de deux flûtes et de deux bassons dans le *Dulcissimum*, et l'extrême importance des vents dans le *Viaticum*, où les trois trombones susdits dessinent le chant, accompagnés par les hautbois, les bassons, les cors, et le quatuor des cordes en *pizziccato*. Enfin l'*Agnus* s'ouvre par un beau chant du *hautbois solo* et du *violoncelle solo*, accompagnés par le reste des cordes.

247. — *Salzbourg, mars 1776.*

Offertorium de Venerabili Sacramento, **Venite populi (en ré),** pour deux chœurs à quatre voix, basse et orgue, avec deux violons *ad libitum*.

K. 260.

Ms. à Berlin.

Allegro. — Adagio (O sors) et allegro.

Le manuscrit de cet offertoire porte seulement la date : « 1776 »; mais le style du morceau est si voisin de celui des litanies précédentes, également intitulées de *Venerabili Sacramento*, qu'il est fort probable que Mozart l'aura composé pour la même circonstance : peut-être, cependant, ne l'a-t-il composé qu'en juin suivant pour la Fête-Dieu. En tout cas, c'est une œuvre où nous retrouvons cette ivresse juvénile de musique que nous font voir les compositions instrumentales de Mozart durant la même période. Ici encore, comme dans le *nocturne* à deux orchestres de janvier 1776, dans le concerto à trois pianos de février, dans l'écho à quatre orchestres de l'année suivante, le jeune homme s'amuse à employer une forme nouvelle et inusitée, une forme qui lui permet de donner plus libre cours à ce goût pour l'*écho* qu'il a pris au contact de Michel Haydn, et dont il ne va point tarder à se fatiguer. En fait, la première apparence de l'offertoire, comme celle des litanies précédentes, et un peu comme celle de la grande messe suivante n° 254, donne l'impression d'une œuvre très savante et très riche, où le contre-point joue un rôle considérable : mais, à y regarder de plus près, cette impression se trouve sensiblement réduite, et l'on découvre que, très souvent, la qualité du contrepoint est assez mince, toute superficielle, et comportant une grosse part d'artifice, pour ne pas dire de trompe-l'œil : soit que Mozart, comme dans plusieurs de ses fugues du temps, allonge ses morceaux par des reprises variées, ou que, comme dans cet offertoire, il se serve surtout du contrepoint pour produire des effets d'écho sans grande portée.

La disposition de l'offertoire est, en résumé, celle-ci : Après un premier passage où les deux chœurs se répondent en imitation d'un petit appel homophone, la basse du second chœur expose un thème qui semble devoir appeler un développement canonique : mais ce thème, répété ensuite par le soprano du premier chœur, est simplement accompagné, en manière d'*écho*, par de légères imitations des autres voix. Puis vient un second thème : *Quæ habet deos*, qui d'abord semble devoir promettre un traitement plus serré : mais les voix se bornent à l'exposer en entrée de canon, et aussitôt reprennent, toujours en écho, l'appel homophone du commencement. Ce passage est suivi d'un court *adagio*, plein de modulations expressives, mais d'un caractère encore plus homophone; et nous voyons ensuite reparaître, successivement, les deux motifs dont nous avons parlé tout à l'heure, traités, cette fois, un peu plus en contrepoint : car le premier est exposé en canon par les huit voix, et le second légèrement fugué; mais tout cela s'arrête très vite, et les deux dernières pages sont simplement une reprise des deux premières. Nulle part on ne saisit mieux que dans ce morceau le carac-tère facile, artificiel, et de « galanterie » qu'a chez Mozart, durant cette période, le contrepoint lui-même : les plus simples passages con-trepointés de la petite messe que le jeune homme composera à la fin de cette même année ont une polyphonie plus réelle, plus conforme à la destination véritable du contrepoint, que ces chœurs polyphoniques du commencement de 1776 qui, à première vue, paraissent beaucoup plus étendus et plus étoffés.

248. — *Salzbourg, carême de* 1775 *ou de* 1776.

Chœur final en *ut*, pour quatre voix, deux violons, alto, deux hautbois, et basse.

K. 42.
Ms. perdu.

I. Récitatif : *O lobenswerther Sinn !*
II. Coro : *Jesu ! Jesu ! Jesu !*

Ce chœur a été composé par Mozart pour servir de finale à sa cantate de Carême, ou *Grabmusik* de 1767 (n° 46). Son autographe est désormais perdu : mais André et Kœchel, qui ont eu l'occasion de l'étudier, s'accordent à dire que l'écriture y attestait une date sensiblement postérieure à celle de la composition des morceaux précédents de la cantate. D'autre part, une inscription de Léopold Mozart, sur le manuscrit, affirmait que le chœur, comme le reste de la cantate, avait bien été composé par son fils.

Obligés ainsi de ne juger de la date de ce chœur que par l'examen de son contenu musical, nous serions d'abord tentés de supposer que les anciens commentateurs de l'autographe perdu se sont exagéré l'intervalle écoulé entre la composition de la cantate elle-même et celle du chœur destiné à la compléter : car on ne saurait imaginer musique plus simple, au moins en apparence, plus dépouillée de tous ces artifices de contrepoint ou de modulation qui se rencontrent à chaque pas dans les œuvres religieuses de Mozart durant les périodes que nous étudions. Mais lorsqu'ensuite nous apercevons l'étonnante sûreté et maitrise de ce chant, comme simplifié à dessein, la profonde beauté recueillie de son expression, la richesse discrète de la partie instrumentale qui l'accompagne, force nous est de reconnaitre qu'il s'agit là d'une œuvre déjà très mûre, et où Mozart, avec son merveilleux instinct de convenance esthétique, s'est seulement efforcé d'éviter un contraste trop choquant avec la naïve gaucherie des morceaux précédents de sa cantate enfantine. Impossible, cependant, de classer la composition de ce chœur après le retour du grand voyage de 1778 : l'instrumentation depuis lors, a toujours revêtu chez Mozart un caractère tout « moderne » dont aucune trace ne se découvre encore dans le bel accompagnement du n° 248. En fait, c'est bien à la période « galante » de 1776 que nous pouvons le mieux rattacher ce chœur final, tout imprégné de l'irrésistible « euphonie » qui caractérise la plupart des œuvres du jeune homme durant cette période, et offrant même une ressemblance manifeste avec telles compositions religieuses d'alors, comme certains chœurs de la messe n° 254 ou des litanies n° 246.

La langue, comme nous l'avons dit, est constamment très simple, et d'une homophonie parfaite. Le chœur commence par chanter, avec d'incessantes répétitions de mots, les paroles suivantes : « Jésus, vrai fils de Dieu, dont un juge inique a, en ce même jour, brisé la vie terrestre, ne nous juge point d'après ta rigueur ! » Puis commmence, dans le chœur, une longue partie intermédiaire, en *ut mineur*, sur ce second membre de phrase : « Lorsque l'éclat des trompettes nous appellera vers ton trône de nuées, et que l'armée des constellations s'apprêtera à tomber... » Après quoi le chœur reprend, en *da capo*, tout l'exposé de la phrase initiale. Et l'on ne saurait imaginer opposition plus frappante que celle de ces deux parties, toutes deux traduites dans le même style sous un même accompagnement très simple et relativement très discret, où les deux violons marchent presque toujours ensemble, — sauf quelques belles imitations au début de la partie mineure, — tandis que les altos et la basse collaborent librement à soutenir le chant des voix.

249. — *Salzbourg, avril 1776.*

Concerto en ut, pour piano avec accompagnement de deux violons, alto, deux hautbois, deux cors, violoncelle et basse.

K. 246.

Ms. à Berlin.

Allegro aperto. — Andante (en fa). — Tempo di menuetto.

L'autographe de ce concerto porte l'inscription : *nel aprile 1776 a Salisburgo ;* mais une lettre de Mozart à son père, le 20 avril 1782, où le jeune homme demande « qu'on veuille bien lui envoyer son concerto en *ut* pour la comtesse Lützow », nous apprend que, de même que le concerto pour trois pianos, cette nouvelle œuvre de l'année 1776, a été destinée à être jouée dans l'un des salons aristocratiques de Salzbourg. La comtesse Lützow, femme du commandant de la citadelle de Salzbourg, passe pour avoir été l'élève de Léopold Mozart : en tout cas, les *soli* du concerto composé pour elle, sans être, à beaucoup près, aussi difficiles que ceux du concerto en *si bémol* n° 244, laissent cependant deviner un jeu très habile et brillant, supérieur en virtuosité à celui que semblent avoir possédé les comtesses Lodron. Nous ne rencontrons presque plus, dans ces *soli*, les suites d'octaves, croisements de mains, et *tempo rubato* qui abondaient dans les trois morceaux du concerto en *si bémol :* mais les traits y sont peut-être encore plus nombreux, commandés probablement à Mozart par le goût « galant » de la comtesse Lützow. En tout cas, il n'est point douteux que ce concerto, à un plus haut degré encore que les précédents, nous offre un chef-d'œuvre d'élégance noble et pure, vraiment aristocratique. A coup sûr, les concertos que Mozart produira dans la suite seront infiniment plus riches de contenu musical ou émotionnel : mais jamais il n'en écrira, — du moins jusqu'aux dernières années de sa vie, — qui soit plus « parfait »

au point de vue des proportions, de la continuité du langage musical,
de l'entente des ressources et des limites du genre. Aussi bien serait-il
à souhaiter que nos pianistes modernes, lorsqu'ils veulent nous révéler
le génie de Mozart, choisissent de préférence ces petits concertos de la
vingtième année du maître (ou encore l'admirable concerto de 1777), où
nous ne risquons point d'être choqués, dans nos conceptions esthétiques
d'à présent, par le contraste de la grandeur expressive des idées et de
l'intervention incessante de simples passages de bravoure, tels que
tous les musiciens des environs de 1790 se croyaient tenus d'en remplir les *soli* de leurs concertos. Ici, et en particulier dans ce concerto
n° 249, les quelques traits dont nous avons parlé ont à peine la durée
de deux ou trois mesures, et sans cesse l'invention mélodique de
Mozart nous prodigue des figures chantantes d'une grâce exquise,
tantôt accompagnées par l'orchestre avec une réserve déjà très savante,
et tantôt partagées entre le piano et l'orchestre, avec une liberté, une
aisance, un agrément merveilleux. Car la nouveauté la plus frappante
de ce concerto est précisément dans la manière dont Mozart, à présent,
essaie d'étendre et de développer le procédé, à peine ébauché dans les
concertos précédents, qui consiste à établir un dialogue, une collaboration intime et suivie, entre les *soli* et l'orchestre. Sans cesse, comme
nous le verrons tout à l'heure dans notre analyse, l'exposé des phrases
musicales se trouve ainsi attribué tour à tour aux deux grandes voix
en présence, qui maintenant ne se bornent plus à se répéter l'une
l'autre, mais poursuivent alternativement la ligne continue d'un même
chant, comme Mozart a imaginé de la leur faire poursuivre d'abord,
dès la fin de l'année 1775, dans les *rentrées* des premiers sujets. Sans
compter que, dans les trois morceaux du concerto, nous aurons à
signaler d'autres procédés, non moins simples et effectifs, qui évidemment sont destinés à relier entre elles les diverses parties d'un morceau : retours de petites figures caractéristiques, insertion des *développements* entre deux passages d'un même rythme, etc. L'orchestration,
enfin, très simple et presque entièrement appuyée sur le quatuor des
cordes, nous fait voir, dans ses *tutti*, une homogénéité symphonique
de plus en plus parfaite : et déjà nous y voyons, par instants, l'alto
recommencer à se détacher des voix qui l'entourent, pour s'essayer à
reprendre son indépendance personnelle de naguère.

C'est ainsi que, dans le long prélude du premier morceau, l'exposition
du second sujet est partagée entre le premier violon et l'alto, qui se
répondent de la même façon que feront, tout à l'heure, le piano concertant et le premier violon. Rien à dire, au reste, de ce beau prélude, où
les deux grands sujets et une troisième figure en forme de *coda* se
déroulent devant nous avec une clarté et une précision admirables, — le
premier sujet ample et vigoureux, le second tout imprégné de sensuelle
douceur un peu moqueuse. Le piano, après avoir répété le premier
sujet du *tutti*, en répète aussi la ritournelle, mais, comme nous l'avons
dit, par fragments, et sous forme de dialogue avec l'orchestre. Puis
vient le sujet réservé au piano, un petit chant léger et sans cesse traversé de modulations caressantes, pour aboutir enfin à une figure de
cadence qui terminait déjà la ritournelle du premier sujet, et que l'orchestre, ici, répète encore en écho : de telle manière que ce sujet libre

nous apparaît comme une seconde strophe du sujet précédent, intimement apparentée à ce sujet par le style comme par l'expression. Le second sujet, lui, comme on l'a vu, est repris en dialogue entre le piano et le premier violon. Il conduit à une grande cadence, après laquelle l'orchestre reprend la ritournelle du second sujet, continuant ainsi de faire du *solo* une sorte d'extension poétique du prélude initial. Mais le plus curieux est que, après cette conclusion de la première partie, c'est encore l'orchestre qui amorce le *développement* : un sujet nouveau dont il expose les premières notes, et que le piano vient ensuite continuer, de la façon la plus naturelle, jusqu'à ce que l'orchestre, une fois de plus, intervienne dans ce dialogue pour reprendre le début d'une espèce de second couplet du *développement*. Celui-ci est d'ailleurs très rapide et brillant, avec un remarquable passage mineur où des notes entrecoupées de l'orchestre accompagnent une série de traits pathétiquement modulés. Il s'achève par un dernier trait qu'accompagnent seulement les hautbois et les cors, et qui ramène brusquement, de la manière la plus imprévue, la rentrée régulière du premier sujet. Inutile d'ajouter que, suivant son habitude, Mozart répartit le début de cette rentrée entre le piano et l'orchestre. Quant à la suite, elle reproduit exactement la première partie jusqu'à la fin du second sujet, où le piano reprend tout à coup une figure du prélude non utilisée jusque-là : ce petit troisième sujet que nous avons signalé comme servant de *coda*. Et lorsque, après ce dernier *solo*, l'orchestre reprend à son tour deux ritournelles déjà exposées précédemment, il faut voir avec quel art cette reprise se trouve renforcée par toutes sortes de changements caractéristiques dans l'orchestration, surtout en ce qui concerne les parties des vents.

Dans l'*andante*, un prélude assez long expose deux sujets distincts, tous deux partagés entre le quatuor et les vents, avec encore une troisième figure tenant lieu de *coda* : mais tout cela énoncé sans ritournelles intermédiaires, de façon à ne constituer qu'une seule strophe totale, tout de même que le premier *solo* entier se déroulera avec un enchaînement et une unité remarquables, —le sujet libre du piano n'étant qu'une réponse du premier sujet, et la première partie s'achevant par une grande ritournelle nouvelle de l'orchestre, que suit encore la petite figure ayant servi de *coda* au prélude. Le *développement*, en vérité, ne se rattache pas directement au reste du morceau : c'est une manière d'intermède pathétique se déroulant au piano parmi de poignantes modulations mineures, tandis que l'orchestre l'accompagne d'un rythme continu où le groupe des deux violons alterne sans arrêt avec celui des altos et des basses. Quant à la rentrée, presque entièrement pareille à la première partie, nous y retrouvons de nouveau, au début, le procédé consistant à faire dire en dialogue, par le piano et l'orchestre poursuivant le même chant, ce que précédemment l'orchestre, puis le piano, avaient dit seuls d'un bout à l'autre.

Le finale est simplement intitulé : *Tempo di menuetto;* mais c'est que Mozart, désormais, va s'abstenir d'inscrire le mot *rondo* au titre de ses finales. En réalité, ce *tempo di menuetto* offre exactement la même coupe que le *rondo* qui terminait le concerto pour trois pianos n° 245 ; nous y retrouvons jusqu'à la particularité originale d'un petit sujet **nouveau**

intercalé, dans la rentrée, après le grand intermède ou *trio* mineur. Le
morceau débute par une exposition du thème, réservée au soliste, —
cette fois sans aucun accompagnement, — après quoi ce thème est repris
par l'orchestre et pourvu d'une sorte de refrain. Cette apparition du
solo dès l'entrée du finale nous est depuis longtemps familière dans
l'œuvre de Mozart, inaugurée dès le milieu de 1775. Mais ce qui appartient en propre, comme nous l'avons dit, au présent concerto, c'est le
procédé imaginé maintenant par Mozart pour mieux unir les *tutti* et
les *soli*, procédé dont les deux premiers morceaux nous ont offert
maints exemples, et qui consiste à répartir une même figure mélodique
entre le piano et l'orchestre, celui-ci continuant aussitôt la phrase commencée par celui-là, comme si les diverses parties d'un chant passaient,
tour à tour, d'une voix à l'autre. C'est ainsi que, dans ce finale, après
le refrain du thème, l'orchestre entame un premier intermède qui,
tout d'un coup, se trouve repris et poursuivi par le piano. Et à chaque
instant, dans toute la première partie du finale, ce dialogue reparaît
entre l'orchestre et le soliste, contribuant encore à animer d'une vie
merveilleuse les charmantes et légères mélodies qui se succèdent précipitamment, sur des rythmes dansants dont la simple gaieté débordante n'a plus rien désormais que de tout allemand. Tantôt nous entendons quelques mesures d'une valse viennoise, ou bien une contredanse
toute imprégnée d'ardeur juvénile, tout cela profondément apparenté
et fondu en un même ensemble, au moyen de petits rappels significatifs :
sauf même pour Mozart à rattacher entre eux ses divers intermèdes en
faisant reparaître le rythme de l'un dans l'accompagnement orchestral
d'un autre. Une longue cadence précède la première reprise du thème
avec son refrain ; et c'est ensuite le grand *trio* ou *minore* susdit, en *la
mineur*, d'une expression étrangement inquiète et angoissée, et dont le
rythme fiévreux se trouve merveilleusement accentué par une cadence
que les deux mains du pianiste dessinent tour à tour en imitation.
Toute l'étrange et douloureuse beauté du finale d'une grande sonate
romantique en *la mineur*, que Mozart écrira à Paris en 1778 sous l'impression tragique de la mort de sa mère, se trouve déjà pressentie
dans ce curieux intermède et même traduite par instants en des effets
analogues. Sans compter que Mozart, toujours préoccupé maintenant
de donner à ses morceaux une étroite et profonde unité intime, imagine
ici de ramener tout à coup, entre les deux strophes mineures de son
intermède, la figure d'orchestre qui, précédemment, lui a servi pour
relier entre eux les divers passages de la première partie du finale.
Quant à la rentrée, précédée encore d'une nouvelle reprise de cette
figure, cette fois au piano, nous avons dit déjà de quelle façon Mozart,
comme dans le finale de son concerto pour trois pianos, l'a variée et
rehaussée en y introduisant un petit intermède supplémentaire, qui
est ici en *fa majeur*, sur un rythme continu de triolets. Mais ce n'est
pas tout : si Mozart, dans le reste de sa rentrée, se borne à reproduire
avec le même ordre la suite des différents intermèdes de la première
partie, du moins s'amuse-t-il sans cesse à en varier l'instrumentation,
et c'est ainsi que chacune des reprises du thème, notamment, se trouve
pourvue d'un accompagnement nouveau. Enfin nous devons noter que,
dans ce finale, Mozart a pris lui-même la peine d'écrire la cadence

qui devait être jouée par la comtesse Lützow, tout de même qu'il avait
fait naguère pour le concerto destiné aux comtesses Lodron ; et nous
voyons que cette cadence, une fois de plus, n'est qu'un simple point
d'orgue orné de légères et faciles arabesques.

250. — *Salzbourg, entre juillet* 1775 *et avril* 1776.

Sonate d'église en la, pour deux violons, basse et orgue.

K. 225.

Ms. à Berlin.

L'autographe de cette sonate ne porte aucune date ; et nous devons
avouer que l'ampleur de ses rythmes, la puissance expressive de ses
nombreux passages en contrepoint, la hardiesse singulière de quelques-
unes de ses modulations nous inclinerait à tenir ce remarquable morceau pour postérieur à la manière toute « galante » des deux années 1775
et 1776, si divers arguments tirés de la nature du papier et de l'écriture
ne nous forçaient à le supposer antérieur en date non seulement à
l'année 1777, mais même au mois d'avril 1776, où nous verrons que Mozart
a composé deux autres sonates d'église, nᵒˢ 252 et 253, qui sont écrites
sur un papier déjà tout différent de l'ancien papier ordinaire à dix lignes
(sur lequel sont encore écrits les nᵒˢ 250 et 251), et qui surtout, offrent
déjà cette particularité que la partie de l'orgue s'y trouve réalisée, tandis qu'elle n'est encore que chiffrée dans les nᵒˢ 250 et 251, comme aussi
dans toutes les sonates précédentes. Nous savons d'ailleurs que Mozart,
en janvier 1776, a composé deux autres sonates aujourd'hui perdues. Et
comme ses sonates d'église vont généralement par séries de deux, sans
doute composées toutes les deux simultanément, et comme le présent
numéro 250 paraît bien appartenir à la même série que le nᵒ 251, dont
nous verrons qu'il a sûrement été écrit en 1776, c'est donc, selon toute
probabilité, dans les premiers mois de cette année qu'aura été produite également cette sonate en *la* : hypothèse que confirme encore
la présence, dans cette sonate, de trois sujets distincts suivis d'une
quatrième idée nouvelle en manière de *coda*, car cette multiplicité
des sujets nous apparaîtra plus d'une fois dans d'autres morceaux de
la même année.

En tout cas, il est sûr que cette sonate atteste, tout ensemble, un
sérieux dans l'inspiration et un souci de style dont les autres œuvres de
la même période ne nous montrent que bien peu d'exemples. Des trois
sujets de la première partie, le premier est tout homophone, mais d'un
caractère vigoureux et enflammé, avec une instrumentation très four-

nie aux troi**ᴣ** voix ; et un double exposé du rythme initial contribue encore
à accentuer l'impression de grandeur qui s'en dégage dès les premières
notes. Le second sujet, en *mi*, est très court, mais d'une expression très
serrée, et librement traité en contrepoint, tandis que le troisième sujet,
lui aussi exposé deux fois, rappelle le rythme et le langage musical du
premier, tout en commençant par la même figure qui ouvrait le second.
Vient ensuite un *développement* assez étendu où Mozart reprend le
rythme du second sujet, et ne s'arrête pas de faire marcher ses trois
parties en contrepoint, avec des modulations d'une audace et parfois
d'une dureté harmonique assez extraordinaires. Après quoi la rentrée
elle-même ne laisse pas d'être plus variée que dans la plupart des compositions contemporaines de Mozart, n'ajoutant point d'idées nouvelles
aux trois sujets de la première partie, mais parfois en modifiant l'expression par des effets imprévus.

Quant à l'instrumentation, c'est encore ici une simple sonate d'église
à l'ancienne façon, c'est-à-dire, en somme, un trio à cordes où, sauf pour
les passages en contrepoint, le premier violon est chargé du chant, mais
où déjà les basses, renforcées par l'orgue, laissent plus nettement deviner la présence de ce dernier instrument, et tiennent à beaucoup près
le rôle principal dans l'accompagnement du premier violon.

251. — *Salzbourg, entre janvier et avril* 1776.

Sonate d'église **en fa,** pour deux violons, basse et orgue.

K. 224.

Ms. à Berlin.

Ici encore, l'emploi de la basse chiffrée pour l'orgue, et aussi l'ancien
format du papier à dix lignes, nous permettent d'affirmer que la sonate
est antérieure à avril 1776 : mais, cette fois, nous pouvons être absolument sûrs que l'œuvre a été écrite durant l'année 1776, car on y retrouve
à un très haut degré tous les caractères distinctifs de l'œuvre de Mozart
durant cette période. Non seulement l'élégance juvénile de sa mélodie,
l'ampleur de ses idées, son allure brillante et légère, la rattachent aux
autres œuvres instrumentales que nous avons étudiées ou aurons bientôt à examiner ; et non seulement son style, lui aussi, est bien celui de
Mozart en 1776, avec l'intervention d'un troisième petit sujet en *coda* et
un enchaînement de la première partie à la seconde qui, de plus en plus,
se rencontrera désormais dans les œuvres où Mozart introduira des barres de reprise : mais nous observons ici un procédé encore plus typique
qui, presque toujours, équivaut à une mention authentique de la date
de 1776, et qui, déjà signalé dans la musique de table n° 243, se révélera
à nous presque dans chacune des œuvres suivantes. C'est le procédé

qui consiste à placer au début des morceaux, avant le premier sujet
véritable, quelques mesures d'entrée, qui, ensuite, ne reviennent pas
au début de la reprise, mais sont ramenées tout à coup, en conclusion, à
la fin du morceau. Il est vrai que Mozart, dans certaines symphonies
de 1772, a recouru déjà à ce procédé, qui sans doute, comme nous le
verrons, lui était venu, avec maints autres, de son grand confrère et
maître Michel Haydn : mais son style de 1772 différait trop de sa manière
« galante » d'après 1775 pour que la confusion fût possible entre les
œuvres de ces deux périodes ; et c'est seulement en 1776 que, dans ses
œuvres de style « galant », le jeune homme s'est fait vraiment une habitude de commencer et de finir ses morceaux de cette façon caractéristique.

Quant au contenu de la sonate n° 251, nous nous bornerons à
noter que cette agréable sonate, très claire et chantante, avec une
extrême richesse d'invention qui ne l'empêche pas d'offrir, d'un bout à
l'autre, une remarquable unité d'inspiration et d'allure, est cependant
d'un travail beaucoup moins poussé que la précédente. La langue, sauf
quelques imitations dans les premières mesures du second sujet, est
tout homophone ; et si le rôle des basses continue à rester très accusé,
avec même, dans le développement, certains effets de chant libre annonçant déjà l'émancipation des basses que vont nous montrer bientôt
d'autres œuvres de la même période, la partie du second violon, au
contraire, est loin d'avoir l'importance qu'elle avait dans le n° 250. Le
second sujet, dont nous avons dit déjà qu'il commençait en imitation,
aboutit bientôt, avant sa ritournelle, à des modulations d'un effet singulier ; et le développement, au lieu d'être tout consacré à des idées
nouvelles, comme dans la plupart des œuvres considérées jusqu'ici, a
déjà le mérite de se relier au reste de la sonate en reprenant l'une des
idées précédentes. Détail curieux, c'est à une élaboration thématique
du rythme de l'intrada qu'est employé tout ce développement, et Mozart
le fait même commencer par une « fausse rentrée », en reprenant la
première mesure de son introduction. Puis, la rentrée véritable ne
reprend ni cette introduction, ni même le début du premier sujet, qui,
lui, n'étant point repris à la fin, ne nous apparaît absolument que dans
la première partie.

252. — *Salzbourg, avril* 1776.

Sonate d'église en fa, pour deux violons, basse et orgue.

K. 244.
Ms. à Berlin.

Dans cette sonate, dont la date nous est donnée sur le manuscrit, **la
partie d'orgue se trouve déjà réalisée,** au lieu d'être écrite simplement

en basse chiffrée comme dans toutes les sonates précédentes ; et à ce
changement dans la notation du morceau correspond déjà, au moins
en germe, une modification dans la manière de concevoir la sonate
d'église. Car, tandis que l'orgue, jusqu'ici, se bornait à un simple rôle
d'accompagnement, nous le voyons, à présent, partager l'exposé du
chant avec le premier violon ; tout ou moins cela se produit-il dans le
premier sujet, dont la mélodie, d'abord exposée par le premier violon,
est ensuite reprise par l'orgue, sur un accompagnement des deux violons ; et si le second sujet n'appartient guère qu'aux violons, c'est encore
l'orgue qui dessine le chant dans un passage servant de réponse à ce
second sujet. Dans le *développement*, enchaîné avec la première partie
comme dans le n° 251 et dans la plupart des œuvres qui suivront, le
rôle de l'orgue ne laisse pas, non plus, d'être parfois assez important :
mais l'intérêt principal de ce beau *développement* est dans la manière
toute classique dont Mozart, au lieu de jouer sur des idées nouvelles, ou
d'effleurer à peine tel ou tel des rythmes précédents, se met déjà à une
véritable élaboration thématique des deux grands sujets qui ont rempli la première partie. La rentrée, elle, est encore une reproduction
pure et simple de cette première partie, à cela près que Mozart, au lieu
de l'enchaînement qui terminait celle-ci, finit son morceau par une
cadence nouvelle de trois mesures où l'orgue, une fois de plus, intervient librement à côté des violons.

253. — *Salzbourg, avril* 1776.

Sonate d'église en ré, pour deux violons, basse et orgue.

K. 245.

Ms. à Berlin.

Cette sonate, dont la date nous est également donnée sur le manuscrit,
doit avoir été composée immédiatement après la précédente, et appartenir avec elle à une même série. Mozart, une fois de plus, y réalise entièrement la partie de l'orgue, mais sans que le rôle de ce dernier y soit, à
beaucoup près, aussi important. Tout au plus l'orgue affirme-t-il nettement sa présence dans le *développement*, où sa basse dialogue en imitation avec le premier violon : et encore n'est-ce là qu'un effet de basse
pareil à ceux que Mozart s'est contenté de noter en basse chiffrée dans
sa sonate n° 251. D'autre part, le contenu comme la coupe de ce n° 253 se
rapprochent étrangement de ceux de la sonate en *la* n° 250, ce qui paraît
bien prouver que celle-ci, de même que les trois suivantes, a été écrite
déjà dans les premiers mois de 1776. Tout à fait comme dans le n° 250,

nous trouvons ici trois sujets dis'incts, et dont le premier et le troisième sont exposés deux fois : sans compter que le traitement du second
violon, par exemple, et aussi l'allure générale des sujets se ressemblent
fort, d'une sonate à l'autre. Pourtant, le n° 253 paraît moins travaillé,
n'ayant à nous offrir ni le contrepoint ni les singularités harmoniques de
la sonate en *la*. Son second et son troisième sujet d'une élégance toute
mondaine, ne sont pas non plus sans faire songer au concerto de piano
du même mois d'avril. La première partie, comme toujours en 1776, se
termine par une petite figure nouvelle, en forme de *coda* ; et c'est sur
cette figure que Mozart fonde ensuite tout son *développement*, avec les
imitations susdites entre le premier violon et la basse de l'orgue, à travers une longue et belle série de modulations mineures. Quant à la
rentrée, Mozart, ici encore, se borne à reproduire exactement sa première partie, à cela près que, transcrivant l'accompagnement de l'orgue dans son second sujet, il s'avise tout à coup, à présent, d'écrire les
mots *Organo solo*, qui ne figuraient point au-dessus du passage correspondant de la première partie.

254. — *Salzbourg, avril ou mai* 1776.

Grande messe en ut, pour quatre voix, deux violons, deux hautbois,
deux cors, deux trompettes, basse et orgue.

K. 262.

Ms. à Berlin.

I. *Kyrie : allegro.* — II. *Gloria : allegro spiritoso. Andante (Qui tollis) et allegro (Quoniam tu solus).* — III. *Credo : allegro ; adagio ma
non troppo en fa (Et incarnatus); allegro molto (Et resurrexit); allegro en sol (Et in spiritum); allegro en ut (Et unam sanctam).* — IV.
Sanctus : andantino. — *Benedictus : andantino en fa.* — V. *Agnus
Dei : andante et allegro (Dona nobis).*

De la date de cette grande messe solennelle, nous savons seulement,
par une copie ancienne, qu'elle a été composée en 1776 : mais elle ne
peut pas dater des derniers mois de cette année, puisque nous possédons déjà trois messes qui appartiennent sûrement à cette brève période ;
et comme, d'ailleurs, son style la rapproche manifestement des *Litanies*
de mars 1776, et comme il se trouve que, durant cette année 1776 qui
fut active et féconde entre toutes, tous les mois sont chargés d'œuvres
importantes à l'exception du mois de mai, qui, lui, nous apparaît absolument vide d'ouvrages datés, nous sommes en droit d'affirmer presque

sûrement que c'est bien en mai 1776 que Mozart a consacré tout son temps à la composition de cette messe, deux mois après ces grandes litanies dont elle est pour nous comme la suite directe.

En effet, l'auteur de cette messe se montre à nous absolument tel que nous l'avons vu dans les litanies : c'est toujours un musicien tout profane, qui s'occupe beaucoup plus de l'agrément extérieur de sa musique que de son expression religieuse, et qui, tout en se complaisant à étaler sa science du contrepoint, n'emploie jamais celui-ci que d'une façon épisodique, tandis que le fond de son langage musical reste un chant homophone constamment nuancé et modulé, sous un accompagnement instrumental aussi varié que possible. Mais la différence entre les deux compositions est que, dans cette messe évidemment écrite pour une fête solennelle, Mozart s'est appliqué, bien plus encore que dans les litanies, à faire montre de tout ce qu'il savait : de telle sorte qu'il y a peu de ses messes qui, pour la richesse du travail comme pour l'ampleur des lignes, soient comparables à celle-ci. Tous ses morceaux témoignent d'une application extraordinaire; chacun nous offre un intérêt d'un ordre différent : on pourrait tenir l'ensemble de la messe pour un résumé complet des procédés et des ambitions de la musique religieuse du temps. Les épisodes en contrepoint y sont fréquents, tout en continuant à se distinguer nettement des passages homophones ; et nous les y voyons sous les formes les plus diverses, imitations, canons, *fugatos*, fugues, etc. De même les procédés de l'orchestration sont d'une variété extrême, depuis le simple accompagnement jusqu'à des passages où l'orchestre domine le chant, depuis des traits continus de violons jusqu'à des passages fournis comme des morceaux de symphonie, et remplis d'imitations savantes et imprévues. Ajoutons que, cependant, Mozart semble désormais se rendre bien compte du danger d'une orchestration plus importante que le chant qu'elle accompagne : toutes proportions gardées, sa musique religieuse, depuis la messe en *fa* de 1774, n'accorde plus à l'accompagnement le rôle prépondérant que nous avons signalé dans les œuvres précédentes. Et le chant lui-même, dans cette messe comme dans les suivantes, atteste une préoccupation constante de l'effet vocal, tout au moins dans les passages homophones. Mais, avec tout cela, cette messe n'a pas, d'un bout à l'autre, le charme léger des litanies, ni le recueillement poétique des messes suivantes : on y sent trop l'effort, et un effort étranger aux préoccupations habituelles de Mozart durant cette période.

Le *Kyrie*, après un long prélude instrumental, débute par un chœur en imitations ; et le motif de ce chœur se développe à travers tout le morceau, jusqu'au moment où une reprise ramène le début du *Kyrie*. Détail à signaler : suivant le procédé ordinaire de Mozart en 1776, ce n'est qu'à la fin du morceau que reviennent, sous leur forme primitive, les deux premières mesures du *Kyrie*.

Le *Gloria* a un caractère plus homophone, et les *soli* y alternent avec le chœur; le *Qui tollis* est un *andante* chanté par le chœur avec une série de modulations expressives ; puis le *Quoniam tu solus* reprend le thème du *Gloria*, mais en abrégeant les premières mesures de celui-ci ; et bientôt le *Cum Sancto Spiritu* amène un grand *fugato*, quelque peu aride, mais où déjà l'orchestre ajoute son contrepoint à celui des voix.

Dans le *Credo*, dont la première partie est homophone et assez insignifiante, l'*Et incarnatus* donne lieu à un quatuor vocal en imitation accompagné d'un chant expressif de l'orchestre; l'*Et resurrexit* ramène le mouvement, sinon les rythmes du *Credo* jusqu'à l'*Et in Spiritum*, où un long *solo* de l'orchestre est suivi d'une alternance de *soli* et de chœurs; et le thème initial du *Credo* reparaît, entièrement repris, aux mots *Et unam sanctam*, pour aboutir à la grande fugue de l'*Et vitam venturi sæculi*. Celle-ci, très étendue, très savante, et d'un caractère tout classique, a pour contre-sujet un thème que Mozart a appris à connaître, dans son enfance, lorsqu'il a étudié le premier recueil des sonates de clavecin de Chrétien Bach. Ce thème est en effet, celui d'un *fugato* en *ut mineur* qui forme l'*allegro moderato* de la sixième sonate du recueil; et maints des développements qu'en a tirés Mozart rappellent des passages du morceau de Chrétien Bach.

Le *Sanctus*, très simple en comparaison des morceaux précédents, forme un même tout avec le *Pleni sunt* et l'*Hosanna*, celui-ci traité en contrepoint. Le *Benedictus* a un *Hosanna* distinct du précédent, et dont le thème s'oppose, sans cesse répété, à la cantilène qui sert de thème propre au *Benedictus*.

L'*Agnus Dei*, très original et touchant malgré sa brièveté, est fait, lui aussi, d'une série alternée de passages homophones et d'imitations, avec une reprise des premières mesures en *coda*. Enfin le *Dona nobis*, traité en morceau de sonate, est très simple, évidemment improvisé, comme semblent l'être d'ailleurs tous les derniers morceaux de la messe.

255. — *Salzbourg, avant le* 13 *juin* 1776.

Divertimento ou notturno en fa, pour deux violons, alto, basse et deux cors.

K. 247.

Ms. à Berlin.

Allegro. — Andante grazioso (en ut). — Menuetto et trio (en ré mineur). — Adagio (en si bémol). — Menuetto et trio (en si bémol). — Finale : andante et allegro assai.

Le manuscrit de ce remarquable ouvrage, l'un des plus importants que Mozart ait écrits en 1776, porte l'inscription : *Divertimento a 6 Stromenti di A. W Mozart nel Giugno 1776*; et nous savons en outre, par une lettre ultérieure de Mozart, que le *divertimento* en *fa*, ainsi qu'un autre tout semblable en *si bémol*, de l'année suivante, ont été composés pour « la comtesse », c'est-à-dire pour cette comtesse Lodron à qui Mozart a éga-

lement destiné plusieurs autres de ses œuvres les plus soignées et les
plus belles de cette période. C'est pour la fête de la comtesse, le 13 juin,
que le jeune homme a composé ce n° 255, sans que nous sachions au
juste les circonstances de son exécution : mais le titre de *notturno* inscrit sur d'anciennes copies de l'ouvrage, et choisi également par Michel
Haydn, en décembre 1772, pour un *divertissement* où interviennent, de
la même façon, un quatuor à cordes et deux cors, nous porte à supposer qu'il s'agissait là d'une sorte de sérénade exécutée durant la nuit,
probablement en plein air, devant les fenêtres d'une personne qu'on
voulait fêter. En tout cas, nous pouvons être sûrs que, avec l'abondance
de leurs morceaux, ces sérénades avaient le caractère de *cassations*, ou
œuvres dont les diverses parties étaient séparées par des pauses : et
cela se trouve toujours offrir une signification importante chez Mozart,
dont on sait combien, toute sa vie, il s'est occupé des circonstances extérieures de l'exécution de ses divers ouvrages, concevant ceux-ci de
façon toute différente suivant qu'ils devaient être joués d'une traite ou
avec des intervalles. Ici, l'exécution morcelée le dispensait de tâcher
à créer, d'un bout à l'autre de son *divertimento*, la profonde unité intime
que nous découvrons, par exemple, dans ses sonates ou symphonies
précédentes ; et nous verrons, en effet, que les six grandes divisions du
n° 255 attestent une variété singulière d'inspiration et de style, n'ayant
de commun entre elles que cette impression générale de pure lumière
et de flamme juvénile qui s'exhale pour nous de presque toutes les compositions de la vingtième année de Mozart. Enfin nous devons ajouter,
pour achever de définir le genre auquel appartient le *divertimento*, que,
chez Mozart comme dans le *notturno* de Michel Haydn qui lui a incontestablement servi de modèle, le rôle des instruments à cordes dépasse
de beaucoup celui des cors, qui ne se joignent à eux, le plus souvent,
que pour rehausser, du coloris de leurs timbres, l'expression poétique
des morceaux. En réalité, le *divertimento* de Mozart tout de même que le
notturno de Michel Haydn, est un simple quatuor à cordes où, sauf un
ou deux passages dans les menuets, la partie des cors pourrait être supprimée sans trop de dommage.

Que si, maintenant, nous considérons le contenu musical du *divertimento*, celui-ci nous apparaît, d'un bout à l'autre, le spécimen le plus
parfait et le plus typique du style du jeune homme en 1776 : chef-d'œuvre d'un art à la fois solide et léger, très expressif dans les limites, un
peu restreintes. de sa portée sentimentale, merveilleusement élégant
et brillant sans l'ombre de virtuosité inutile, et tout enflammé de tendresse poétique. L'effort continu de libération et de relèvement auquel
nous avons assisté depuis le début de l'année a désormais abouti, une
fois de plus, à un véritable triomphe du génie de Mozart ; tout en demeurant emprisonné dans l'atmosphère médiocre de la « galanterie », le
jeune maître est parvenu à y respirer avec une liberté et une aisance
complètes, assidu à utiliser tous les éléments de sa nature qui peuvent
s'accommoder de cette atmosphère. Certes, ce n'est point Mozart tout
entier qui se montre à nous dans ces aimables morceaux, tel que nous
l'apercevrons dans sa pleine maturité, ni même tel que nous l'avons
entrevu déjà durant les bienheureuses périodes de sa fièvre romantique
de 1773 et de son enthousiasme savant et vigoureux des premiers mois

(Cliché Vizzavona)

Fragment de l'autographe d'un « Notturno » de Michel Haydn (1774)
contenant un thème repris par Mozart en 1776 (n° 225)

de l'année suivante : mais jamais encore, à coup sûr, le musicien gracieux et délicat, pénétré des plus « galantes » traditions de l'école française du temps, ne nous a rien donné d'aussi parfaitement « mozartien »,
traduisant d'une manière aussi personnelle la tendance commune de
l'époque. Et il convient de signaler ici un phénomène curieux, dont
l'œuvre de Mozart, nous a présenté et nous offrira encore maints exemples : ce *divertimento*, qui est peut-être l'œuvre la plus « originale »
entre toutes celles que le jeune homme a produites, depuis près de deux
ans, est en même temps celle où le désir d'imitation qui lui a toujours
été naturel se manifeste pour nous au plus haut degré. Non seulement
Mozart a directement emprunté à Michel Haydn l'idée foncière, la disposition instrumentale, et toute l'apparence extérieure de son *notturno* :
nous verrons en outre que la coupe des différents morceaux et leur
caractère dérivent en droite ligne du susdit *Notturno*, composé par Michel
Haydn le 21 décembre 1772. Même façon dans le premier morceau, de
commencer par une sorte d'*entrée* qui ne sera plus reprise qu'à la fin
du morceau, en *coda*. Même conception de l'*adagio*, traité d'un bout à l'autre comme un grand chant du premier violon que les autres instruments
accompagnent sur un rythme continu de triolets. Même allure générale
des sujets dans le premier morceau, — où certaines figures de Michel
Haydn ont leur équivalent absolu chez Mozart, — et dans les menuets (à
cela près que Michel Haydn n'a écrit qu'un seul menuet avec trio). Quant
aux finales, celui de Mozart diffère de celui de Michel Haydn en ce qu'il
a la forme d'un *rondo* : mais nous verrons que, suivant toute probabilité, c'est aux finales de Michel Haydn que Mozart, ici comme déjà dans
son quintette n° 177 de 1773, a emprunté un type de morceau de sonate
dont il a résolu, lui, de faire usage pour son premier *allegro* : un type
ayant la particularité de contenir quatre ou cinq petits sujets distincts,
au lieu des deux sujets traditionnels. Enfin le jeune Mozart, au moment
où il écrit son *divertimento*, se trouve tout à coup si profondément
imprégné de l'esprit du vieux maître dont il a entrepris d'imiter un
notturno que, en plus des emprunts faits à ce *notturno* lui-même, il se
rappelle encore d'autres inventions mélodiques de Michel Haydn, et
notamment l'un des sujets du finale d'un grand *divertimento* en *si bémol*
de 1774, sujet qui, à peine un peu modifié, va nous apparaître dès le
début de l'*allegro* initial du *divertimento*. Le procédé de l'*écho*, à peu
près constant chez Michel Haydn et tout à fait exceptionnel chez Mozart,
nous allons le rencontrer, lui aussi, dans plusieurs des morceaux du
n° 255. D'un bout à l'autre, le *divertimento* du jeune homme se révélera
à nous comme tout saturé de l'influence du grand confrère et rival plus
âgé ; et, avec tout cela, par-dessous cette imitation évidente et continuelle, nous aurons à reconnaître que jamais Mozart n'a été plus librement lui-même. Non seulement l'âme qui s'exprimera à nous dans le
divertimento sera tout autre que celle de Michel Haydn, avec un élan,
une ferveur de jeunesse, et un besoin profond de vie et d'unité artistiques qui relèveront étrangement, chez Mozart, une inspiration poétique
très proche parente de celle de Haydn : mais, jusque dans l'exécution
matérielle, dans l'ordonnance des sujets et leur enchaînement, nous
aurons comme l'impression d'un jeune musicien pour ainsi dire plus
sérieux et plus mùr que son aîné, plus capable d'un vigoureux effort

professionnel, plus assidu à tirer tout le parti possible des éléments qu'il
a sous la main.

Resterait à dire quelques mots, en général, du style et de l'instrumentation du *divertimento*. Le style est, presque toujours, homophone, à peine
entremêlé par endroits de quelques petites imitations tout épisodiques.
L'harmonie elle-même ne nous montre qu'assez rarement les savantes
recherches de modulation qui nous étaient apparues jusque dans les
concertos des mois précédents. Tout l'intérêt des morceaux est dans la
mélodie : mais aussi cette dernière ne tarit-elle pas un instant, d'un
bout à l'autre de l'ouvrage, avec une richesse et une variété, un mélange
de tendre douceur et de verve légère qui suffiraient à évoquer en nous le
souvenir vivant de la *Flûte enchantée*, si même, à deux ou trois reprises, des
réminiscences directes de ces morceaux de 1776 dans l'opéra-comique
allemand de 1791 ne nous prouvaient que Mozart, en composant celui-ci,
s'est expressément souvenu de l'une des plus « magiques » entre ses
créations d'autrefois.

Quant à l'instrumentation, le rôle du premier violon est presque toujours prépondérant, ainsi qu'on pouvait l'attendre d'une œuvre exclusivement mélodique. L'alto, sauf de rares exceptions, continue à ne
pas avoir l'autonomie individuelle que lui attribuait toujours Michel
Haydn. Et nous avons dit déjà que les cors, le plus souvent, se réduisent à colorer la trame harmonique du quatuor, sans y rien ajouter de
bien important.

Le premier morceau débute, comme nous l'avons dit, par quatre
mesures d'une *intrada* qui, suivant l'habitude de 1776, ne reparaîtra
plus qu'à la fin du morceau, et dont le rythme, nous l'avons dit aussi,
est directement emprunté au premier sujet du finale d'un *divertimento*
en *si bémol* pour hautbois, basson, et trio à cordes, composé en 1774
par Michel Haydn. Puis vient le corps véritable du morceau, où nous
voyons apparaître au moins quatre sujets distincts, suivis encore d'une
cinquième idée nouvelle en *coda*, sans compter toutes sortes de réponses
ou de ritournelles mélodiques qui achèvent de donner à la première
partie du morceau l'apparence singulière d'une rapsodie, avec un jaillis-
sement ininterrompu de phrases chantantes. Or, comme on l'a vu, c'est
là une conception familière à Michel Haydn, mais employée par lui seulement pour ses finales, — car ce maître paraît s'être longtemps refusé à
adopter la mode du *rondo*. Mozart, lui, va traiter en *rondo* le finale de
son sextuor : mais le voici appliquant à son premier *allegro* une coupe
dont il trouvait le modèle, par exemple, dans le *presto* final du *notturno*
en *fa* écrit par Michel Haydn en décembre 1772. A Michel Haydn, aussi,
il emprunte le procédé de l'*écho*, et jusqu'à certains rythmes très carac-
térisés, tels que celui de la ritournelle de son premier sujet, rappelant
beaucoup la ritournelle du premier sujet dans le *notturno* susdit. Mais
tandis que Michel Haydn, dans ses finales, se bornait à laisser couler
librement le flot continu de sa mélodie, le jeune Mozart, avec son besoin
naturel de liaison et de vie artistiques, ne se résigne pas à juxtaposer
un tel nombre de sujets sans tâcher à les réunir entre eux ; et c'est
ainsi que son quatrième sujet reprend tout à coup le rythme essentiel
et jusqu'aux échos de la ritournelle du premier sujet. Le *développement*,
qui s'enchaîne à la fin de la première partie suivant un autre des pro-

cédés désormais coutumiers chez Mozart, commence par une sorte de
récitatif d'où surgit bientôt un travail thématique, — encore bien court
et bien simple, il est vrai, — sur les deux notes de l'*écho* de la ritournelle susdite, avec des imitations entre les quatre voix du quatuor, et
une série de modulations mineures des plus intéressantes. Après quoi
la rentrée, malheureusement, ne prend plus la peine de changer une seule
note à aucun des quatre sujets de la première partie, jusqu'au moment
où une nouvelle barre de reprise amène une grande *coda*, — comme celles
que nous avions l'habitude de rencontrer dans les œuvres de 1774,
mais avec la différence que, ici, Mozart reproduit simplement l'*intrada*
du début en y joignant, à l'unisson, le rythme principal de la ritournelle
qui a, pour ainsi dire, servi de lien à toutes les parties du morceau précédent. Et non seulement ces *codas*, nous l'avons dit bien souvent, attestent toujours chez Mozart l'influence de Michel Haydn : mais c'est
encore ce maître qui, dans le premier morceau de son *notturno* de 1772,
a enseigné à son jeune confrère la méthode d'une *intrada* supprimée au
début de la rentrée du morceau et reprise soudain pour terminer celui-ci.
Cette méthode, employée maintenant par Mozart d'une façon presque
invariable, peut être est-ce même, précisément, dans le premier morceau
de ce *notturno* de décembre 1772 qu'il en a pris l'idée?

Le second morceau, *andante grazioso*, est un petit *rondo* qui rappelle,
par sa coupe, le « rondeau en polonaise » de la sonate n° 221. Le thème
a l'allure d'une *romance*, mais ici plus allemande que française ; et
non seulement les deux petits intermèdes tendent à continuer le rythme
et l'expression de ce thème, — au lieu de s'opposer à lui comme dans
les *rondos*, rapides et plus étendus, que Mozart faisait servir de finales à
la plupart de ses compositions : mais les reprises du thème, suivant une
habitude que nous avons vue déjà se manifester chez lui depuis quelque
temps, sont toujours très variées, et avec des accompagnements sans
cesse différents. Enfin le petit morceau, — un des plus doux et vraiment
« gracieux » que Mozart ait encore produits dans ce genre, — s'achève
par six mesures entièrement nouvelles, qui nous offrent déjà une première lueur des merveilleuses *codas* poétiques introduites plus tard à la
fin des mouvements lents. Ajoutons que le style de ce charmant *rondo*
comporte, çà et là, des mouvements contraires, et surtout des suites de
chromatismes qui achèvent de le revêtir d'une couleur éminemment
« mozartienne ». Le rôle des cors y est, d'ailleurs, presque insignifiant.

Dans le premier menuet et son *trio*, en *ré mineur*, nous ne trouvons à
signaler que le retour de Mozart au système viennois d'une reprise
complète des premières parties des menuets après les secondes ; et déjà,
même, le premier menuet nous fait voir ce que deviendra bientôt ce
procédé chez Mozart, c'est-à-dire la façon dont le jeune homme variera
ses rentrées complètes des premières parties. Ici, à dire vrai, la variation ne consiste encore qu'en deux *échos* ajoutés à la version originale
du début du menuet. Les cors, dans le menuet et dans le *trio*, ont beaucoup à faire, et parfois collaborent très utilement à l'ensemble mélodique.
C'est ainsi que, dans le *trio*, ils exposent d'abord, à découvert, le rythme
du morceau, et sont encore seuls à dessiner une sorte de « fausse rentrée » qui précède et prépare la rentrée véritable.

L'*adagio*, ici comme dans maintes autres compositions de 1776, s'élève
infiniment au-dessus des autres morceaux : non pas, peut-être, par sa
forme, qui est même d'une simplicité singulière, mais par son inspiration, et par la qualité de l'émotion poétique qu'il exprime. Nous y avons
l'impression, pour ainsi dire, d'être soudain transportés dans une atmosphère toute différente du monde élégant et un peu superficiel d'où nous
arrivent les *allegros* et menuets voisins : dans une atmosphère infiniment pure et haute, telle qu'il a été donné à très peu d'âmes de la respirer aussi pleinement.

Cet *adagio*, écrit seulement pour le quatuor à cordes, est d'ailleurs,
lui aussi, sorti en droite ligne du *notturno* de Michel Haydn. De part et
d'autre nous trouvons la même coupe, deux sujets et une troisième idée
en *coda*, unis entre eux par un rythme continu d'accompagnement. Et non
seulement la *coda* susdite, avant les deux barres, nous offre une allure
sensiblement pareille dans les deux *adagios* ; il n'y a pas jusqu'au caractère général des deux morceaux qui ne se ressemble de l'un à l'autre, tous
deux nous faisant voir un chant du premier violon que les trois autres
voix accompagnent en triolets. La filiation de l'*adagio* de Mozart est
absolument manifeste ; et c'est ici que l'occasion serait bonne pour
signaler l'art mystérieux avec lequel le jeune homme réussit à transfigurer, à revêtir d'une signification et d'une beauté incomparablement
supérieures, tous les éléments qu'il emprunte à son grand modèle.

Quant au style de son *adagio*, nous avons dit déjà qu'il était d'une simplicité extrême : les deux sujets, nettement distincts, sont tous deux réservés
au premier violon, et l'accompagnement de triolets en batterie aurait,
sans doute, gagné encore à se trouver réparti avec plus de variété entre
les trois instruments qui en sont chargés : seule, l'émotion du chant nous
imprègne le cœur, ne nous permettant point d'être choqués de cette forme
trop sommaire ; et voici que, après la cadence du second sujet, nous entendons jaillir, en manière de *coda*, un de ces soupirs ingénus et pathétiques
dont personne autre que Mozart n'aura jamais le secret ! Après quoi,
s'enchaînant directement avec la première partie, commence un *developpement* de douze mesures où Mozart, à l'aide d'éléments nouveaux
qu'il entremêle avec des figures et des rythmes de la partie précédente,
parvient à concentrer et à rehausser encore l'expression du morceau,
donnant à ces quelques mesures une profondeur pathétique qui semble
les étendre et les prolonger en nous à l'infini. La rentrée, ensuite, reproduit presque intégralement la première partie, n'y variant que la cadence
du second sujet : mais à la répétition de l'admirable *coda* de la première
partie Mozart, pour terminer son morceau, ajoute maintenant une *coda*
nouvelle, où, suivant une autre de ses habitudes de 1776, il ramène la
figure mélodique qui ouvrait le morceau. Pour la seconde fois dans son
sextuor, il fait ici une double reprise, en y joignant une *coda* séparée ; procédé que nous allons voir se maintenir désormais chez lui jusqu'à son
départ de Salzbourg.

Le second menuet est remarquable surtout par le rôle, relativement
plus important, qu'y jouent les cors, tandis que ceux-ci, au contraire,
se taisent tout à fait dans le *trio*. Menuet et trio, d'ailleurs, comme précédemment, reprennent la première partie tout entière, et sans y rien
changer.

Le finale, comme cela se produit très souvent dans les *cassations* de Mozart, est précédé d'un prélude lent. Ici, ce prélude a le rythme d'une marche ; et telle est sa grandeur solennelle, avec la beauté presque religieuse de son expression, que Mozart, en 1791, en reprendra des passages complets pour le célèbre chœur des prêtres de la *Flûte enchantée*. Après quoi nous devons bien reconnaître que, avec toute la magnificence de ses harmonies, cette marche est beaucoup mieux en situation dans la *Flûte enchantée* qu'au début de ce léger et brillant finale du *divertimento*. Celui-ci a la coupe d'un *rondo*, et telle que Mozart la conçoit à présent, c'est-à-dire intermédiaire entre son ancienne coupe italienne de 1773 et sa coupe française des années suivantes. Le premier intermède est repris à la fin, comme dans les *rondos* de Chrétien Bach et des concertos de violon de Mozart : mais le grand *minore* central est remplacé par un intermède mineur beaucoup plus court, et auquel succède encore un autre intermède nouveau. L'intermède mineur du présent finale a pour nous l'intérêt de nous transporter, de nouveau, dans l'atmosphère française que Mozart, depuis quelque temps, semblait avoir oubliée : c'est une véritable petite complainte d'opéra-comique, toute pénétrée d'une grâce sentimentale qui fait songer aux romances d'un Dalayrac ou d'un Nicolo. Quant au thème du *rondo*, assez insignifiant en soi, son principal intérêt est dans la manière dont il est ramené après les divers intermèdes, tantôt brusquement et à l'improviste, tantôt au moyen d'une longue et amusante préparation. C'est comme un refrain qui passe vivement, entraînant à sa suite un tourbillon d'idées mélodiques. A la fin du morceau, comme nous l'avons dit, le premier intermède est repris : mais lui-même est bientôt très varié et étendu, pour aboutir à une longue *strette* (ou *coda* non séparée) où se combinent les rythmes de cet intermède et du thème, jusqu'à ce qu'enfin ce dernier se répète triomphalement, renforcé par une vigoureuse imitation entre le premier violon, doublé des cors et la basse.

256. — *Salzbourg, avant le 13 juin* 1776.

Marche en fa, pour deux violons, alto, deux cors et basse, destinée à précéder le *Divertimento* n° 255.

K. 248.

Ms. dans une collection à Londres.

La date de : *giugno 1776,* inscrite par Mozart sur l'autographe de cette marche, l'emploi du ton de *fa,* le choix d'un même nombre de six instruments pareils, tout cela suffirait à prouver que la présente marche a été composée pour précéder et pour conclure le *divertimento* que nous venons d'étudier, si la grande ressemblance du style des deux œuvres, et le soin extrême apporté par Mozart à l'élaboration de sa marche comme de son sextuor ne venaient encore transformer cette hypothèse en une certitude absolue. Et le manuscrit de la marche, du même coup, nous offre un renseignement des plus précieux sur le *divertimento* lui-même, ainsi que toute la petite série d'œuvres du même genre que Mozart composera durant les années suivantes. On lit, en effet, sur le titre de ce manuscrit, et de la main de Mozart : *Marcia a due violini soli, di W. A. Mozart* ; après quoi vient la date susdite. Or, la signification des mots : « pour deux violons seuls, » n'est évidemment pas que l'on doive négliger les parties de l'alto, de la basse, et des cors, qui accompagnent celles des deux violons. Ce que Mozart a voulu dire, et qui tranche un problème soulevé plus d'une fois au sujet de ces *divertimenti*, c'est que ce sont là de véritables sextuors, où chacune des parties n'est tenue que par *un seul* exécutant, et non pas une symphonie suivant l'ancien modèle, où chacune des parties du quatuor et des cors devait être jouée par plusieurs instrumentistes.

Quant à la marche elle-même, nous avons dit qu'elle attestait un soin tout particulier. Elle est faite de deux sujets très nettement séparés, avec une troisième petite figure en *coda;* puis vient un *développement* tout nouveau, après lequel Mozart, revenant à sa manière habituelle de traiter les marches, s'abstient de reprendre le premier sujet, et ne commence sa rentrée que par la ritournelle de celui-ci. La rentrée est d'ailleurs exactement pareille à la première partie.

Le premier sujet est d'une allure merveilleusement brillante et légère, conforme à l'esprit des morceaux qui vont suivre. Dans le second sujet, les basses accompagnent les violons par une roulade caractéristique en triples croches, que nous allons voir reparaître bientôt dans le premier *allegro* de la grande *Sérénade* de juillet 1776 n° 258. L'instrumentation, d'une façon générale est même plus variée et plus riche que dans le *divertimento*, avec des réponses en imitation, et un rôle très actif assigné aux cors et à la basse.

257. — *Salzbourg, entre janvier et juillet* 1776.

Divertimento à six (Musique de table) en mi bémol, pour deux hautbois, deux cors et deux bassons.

K. 252.

Ms. à Berlin.

*Andante. — Menuetto et trio (en la bémol). — Polonaise : andante (en si bémol).
Presto assai.*

Le manuscrit de cette « musique de table » porte simplement l'inscription : *Divertimento III a 6 :* mais comme le n° II de la même série est de janvier 1776, le n° IV d'août, nous pouvons être sûrs que ce troisième petit sextuor aura été composé entre ces deux dates. En outre, la liberté de sa coupe, son invention mélodique, et un usage fréquent de *codas* séparées nous prouvent que le n° 257 a été écrit assez longtemps déjà après le *divertimento* de janvier, tandis que, d'autre part, la simplicité de son style, en comparaison de celui du *divertimento* d'août, ne permet guère de supposer que les deux œuvres soient nées à très peu de temps l'une de l'autre : d'où résulte que la date du n° 257 se place naturellement à une période intermédiaire entre janvier et août, c'est-à-dire vers les mois de mai ou de juin, hypothèse que confirme encore la ressemblance de l'inspiration, sinon du style, entre cette petite *musique de table* et le grand *notturno* pour la comtesse Lodron (n° 255) écrit avant le 13 juin.

Aussi bien la différence du style, dans ces deux œuvres, consiste-t-elle surtout en ce que la *musique de table* a été, manifestement, écrite avec beaucoup moins de zèle que le grand sextuor pour la comtesse Lodron : indépendamment même de l'exiguité de ses dimensions, nous y sentons une hâte d'exécution suffisamment justifiée, d'ailleurs, par le peu d'importance que l'archevêque de Salzbourg aura attaché aux efforts précédents du jeune homme pour divertir ses repas de Cour. Mais le génie de Mozart est alors tout imprégné d'une flamme si ardente de poésie amoureuse, que l'adorable fraîcheur et tendresse chantante du sextuor n° 255 se retrouve jusque dans ces petits morceaux improvisés, avec un charme et une expression un peu superficiels qui s'accommodent le mieux du monde de la couleur donnée au sextuor par l'emploi exclusif d'instruments à vent. C'est ici, en vérité, dans ces « musiques de table » ou dans des suites rapides de menuets et de contredanses comme celle qui va former le n° 265 que nous découvrons, pour ainsi dire, à nu l'âme musicale du jeune Mozart durant cette bienheureuse période de sa vie. Aucun travail pour tirer parti des idées évoquées, ni pour en varier et renforcer l'instrumentation : mais une telle unité d'émotion vivante entre ces idées que l'œuvre entière nous apparaît comme une seule et même chanson, traduisant un monde délicieux de jeunesse et de joie.

Comme nous l'avons dit, Mozart s'aperçoit ici, pour la première fois, de l'inutilité d'astreindre au modèle classique de la symphonie des œuvres destinées à être exécutées avec des intervalles entre les morceaux : au lieu de commencer par l'*allegro* traditionnel, voici qu'il ouvre son *divertimento* par une sorte de prélude d'un mouvement ralenti, tandis que l'*andante* des sextuors précédents est maintenant remplacé par une *polonaise.* Tout cela, d'ailleurs, plus bref encore que dans les autres « musiques de table », et avec une longueur à peu près égale pour les quatre morceaux. Au point de vue du style, une homophonie presque continue, et, comme dans le grand sextuor n° 253, presque entièrement subordonnée à une seule voix chantante, — ici le premier hautbois. Les cinq autres instruments se partagent un accompagnement qui, le plus souvent, aurait pu n'occuper qu'un seul ou deux d'entre eux. Parfois, cependant, l'un des deux bassons rappelle sa présence en dessinant une petite figure de transition, ou bien les cors se chargent de l'élément principal de l'accompagnement. Jamais encore, peut-être, écriture ni instrumentation n'ont eu autant de quoi nous paraître indigentes : et cependant il y a, dans cette adorable musique, un pouvoir mystérieux de grâce sensuelle et de pure beauté poétique qui non seulement nous empêche d'être choqués de cette pauvreté de la forme, mais qui nous parait même intimement lié à cette forme telle que Mozart l'a créée, au point que la suppression d'une seule des voix risquerait de nous gâter l'impression de l'ensemble.

Le premier morceau est, comme nous l'avons dit, un *andante*, et qui, avec ses deux phrases séparées par un point d'orgue, fait songer aux mouvements lents que Mozart, durant sa période romantique de 1773, employait en manière de préludes dans ses sonates et ses quatuors. A ces deux sujets, distincts mais étroitement liés par leur signification intérieure, s'ajoute encore, naturellement, une troisième figure en *coda :* une exquise cadence toute parfumée de la douceur spéciale des instruments à vent, et que Mozart reprendra, longtemps après, dans son célèbre *trio de clarinette* de 1786. Aux deux barres succède un *développement* nouveau de sept mesures, précédant la rentrée : et celle-ci est d'abord très variée, avec un beau renforcement d'expression, mais pour ne plus contenir aucun changement important à partir du point d'orgue. D'un bout à l'autre du morceau, le premier hautbois expose le chant, et les cinq autres instruments l'accompagnent de la façon la plus simple, ou plutôt se bornent à le soutenir par quelques accords espacés.

Plus important est le rôle des cors dans le menuet, où c'est à eux que Mozart confie la figure principale de l'accompagnement. Notons que, ici, dans le menuet comme dans le trio, la seconde partie ne reprend que la dernière moitié de la partie précédente. Menuet et trio sont d'ailleurs des spécimens caractéristiques de cette façon dont Mozart, en 1776, réussissait à transfigurer les rythmes les plus ordinaires en les animant de sa fièvre poétique. Impossible d'imaginer impression plus charmante suggérée par des moyens plus élémentaires, dans une langue d'une homophonie extrême, avec tout au plus, çà et là, quelques petits mouvements contraires pour légitimer la présence des six voix.

Le titre de *polonaise,* donné par Mozart au morceau suivant, évoque le souvenir des maîtres français ; et peut-être même le rythme employé ici se rapproche-t-il de celui des polonaises d'un Schobert ou d'un Edelmann plus encore que le rythme de cette *polonaise en rondeau* que nous avons vue tenir lieu de *l'andante* dans la sonate de piano n° 221. Quant à la coupe du morceau, les modèles français offraient au jeune homme une liberté parfaite : car tantôt Schobert, par exemple, reprenait le sujet initial dans son ton, après un *développement* nouveau, ou parfois il s'abstenait de le reprendre ainsi, sauf à en faire le thème de son *développement,* après les deux barres. Mozart, cette fois, a choisi le premier de ces deux partis. Après un double exposé du sujet initial, toujours confié au premier hautbois, les deux barres sont suivies d'un passage nouveau, où reparait çà et là, dans l'accompagnement, la figure en doubles croches qui donnait son rythme à la *polonaise.* Puis, un petit travail des hautbois et des bassons sur cette figure prépare la rentrée du thème initial, et la première partie se reproduit tout entière, mais pour aboutir cette fois, après de nouvelles barres de reprise, à une *coda* de quatre mesures où les instruments, à l'unisson, énoncent deux fois une cadence nouvelle, sur un rythme qui rappelle celui du début de la *polonaise.*

Quant au finale, *presto assai,* il a la forme d'un tout petit morceau de sonate, avec un unique sujet répété deux fois, un *développement* sur ce sujet (où les deux hautbois et le premier basson font même de petites imitations), et une rentrée, où le double exposé de l'unique sujet se reproduit sans aucun changement. Mais à ce morceau de dimensions très réduites, Mozart, avec son regain de passion pour les *codas,* a imaginé d'ajouter une *coda* d'une longueur presque égale, où nous le voyons se jouer, avec une aisance et une gaieté merveilleuses, du rythme précédent, pour finir son morceau par une *strette* de l'effet le plus amusant ; et peut-être l'idée de cette *coda* lui aura-t-elle été suggérée par son désir d'attribuer un rôle bien en vue aux deux **cors,** qui, pour la première fois ici, ont des passages caractéristiques.

Enfin cette troisième *musique de table* nous fournit l'occasion de noter que Mozart, pour ces petites compositions, a imaginé d'employer, tour à tour, les tons de *fa,* de *si bémol,* et de *mi bémol,* particulièrement propres à faire valoir les effets des instruments à vent. La seconde série de trois autres *musiques de table* reprendra, comme nous le verrons, les mêmes trois tonalités dans le même ordre naturel.

258. — *Salzbourg, juin et juillet* 1776 (*avant le* 22 *juillet*).

Sérénade en ré, pour deux violons, alto, basse, deux hautbois, deux flûtes dans le second menuet, deux bassons, deux cors et deux trompettes.

K. 250.

Ms. dans une collection viennoise.

Allegro maestoso et allegro molto. — *Menuetto galante et trio* (en ré mineur). — *Andante* (en la) *avec un hautbois principal.* — *Menuetto et deux trios* (en sol et en ré) *avec deux flûtes.* — *Finale : adagio et allegro assai.*

Bien que l'indication de la date de cette sérénade ait été grattée sur le manuscrit, la date susdite nous est, cependant, connue de la façon la plus authentique. C'est, en effet, le 22 juillet 1776 qu'a eu lieu le « mariage de M. Spath avec Mᴵˡᵉ Elisabeth Haffner », — en l'honneur duquel Mozart nous apprend lui-même, au titre de son manuscrit, qu'il a composé sa sérénade, ainsi que le petit concerto de violon n° 595 et la marche n° 260. Les Haffner étaient une famille de riches commerçants

salzbourgeois, qui toujours s'étaient intéressés au talent du jeune
Mozart, et dont le chef se trouvait être, à ce moment, bourgmestre de
la ville. Aussi comprend-on que Mozart, dans ces conditions, ait apporté
à son œuvre un soin extrême, et un désir évident de profiter de l'occasion pour se montrer à ses concitoyens dans tout l'éclat de son génie
créateur. Mais cette considération intéressée ne suffirait pas à nous
expliquer l'importance exceptionnelle qu'il a manifestement attachée à
son œuvre, si nous ne savions déjà dans quel état de véritable ivresse
musicale le jeune homme vivait durant cette merveilleuse année 1776,
où l'expansion juvénile de son âme éprouvait un besoin irrésistible de
se traduire par le moyen de son art. Le fait est que, d'un bout à l'autre,
cette grande sérénade atteste un effort prodigieux, aussi bien pour ce
qui est de l'invention et de la distribution des idées que pour ce qui
est de leur réalisation symphonique. Jamais encore, peut-être, aucun
autre des ouvrages de Mozart n'a été conçu par lui à la fois dans des dimensions plus vastes, et avec un caractère plus marqué de grandeur poétique. Comme nous le verrons par l'analyse des divers morceaux, chacun de ceux-ci est traité dans un style très noble et de la plus haute
portée expressive, avec une intention certaine d'originalité aussi bien
dans sa coupe que dans tous les détails de sa mise au point ; et si la
plupart des qualités que nous y constaterons nous auront été expliquées
et préparées par l'étude des œuvres précédentes de la même période,
nous découvrirons aussi que l'immense travail dépensé à la production
de la sérénade amènera désormais, dans les œuvres suivantes du
jeune maître, un progrès non moins considérable, et qui s'affirmera
tout ensemble dans la richesse de la pensée comme du style musicaux
et, — peut-être plus encore, — dans l'aisance et la sûreté de leur emploi.
Mais, avec tout cela, nous n'en sommes pas moins forcés de reconnaître que Mozart, sans doute, dans cette période de sa vie, était
moins bien fait pour la grande composition symphonique que pour les
genres plus « galants » du *divertissement* et du concerto : à moins
d'admettre que le défaut qui se révèle à nous dans cette sérénade ait
tenu uniquement au genre lui-même et à la disproportion obligée
entre les hautes visées symphoniques du jeune homme et la portée,
toujours plus superficielle que profonde, d'un ouvrage de circonstance
tel que celui-là, destiné à orner la fête joyeuse d'une noce bourgeoise.
Quoi qu'il en soit, c'est chose malheureusement incontestable que, si les
menuets et l'*andante* du n° 258 sont d'une invention et d'un charme délicieux, les deux *allegros* ont une longueur excessive, et surtout nous offrent
un contenu trop pauvre pour l'amplitude démesurée aussi bien de leurs
proportions que de l'appareil instrumental qui s'y trouve déployé.
    Du moins la sérénade nous permet-elle d'apprécier exactement toute
l'étendue et toute la richesse de l'art instrumental de Mozart en 1776.
Les idées, comme nous l'avons dit, restent toujours de l'ordre « galant »,
c'est-à-dire aimables et brillantes, sans trace de la profondeur pathétique
de bon nombre des compositions de 1773 et 1774 ; le style, pareillement,
demeure presque toujours homophone, et ne tâche guère à élaborer les
idées que sous la forme très simple de la variation. Mais, d'autre part,
l'intense besoin d'unité artistique que nous avons toujours senti au
cœur de Mozart, et qui s'y est particulièrement accentué, de nouveau,

depuis les premiers mois de 1776, est arrivé, ici, à un degré d'acuité extraordinaire. Dans chacun des trois grands morceaux, les divers sujets sont reliés entre eux avec un soin infini, soit au moyen de retours de l'un d'eux après l'autre, suivant l'ancien procédé de Joseph Haydn, ou même déjà d'une façon beaucoup plus intime, par des juxtapositions fréquentes d'éléments pris à l un et à l'autre, sans compter la manière d'enchaîner les premières parties aux *développemnts*, et la manière de consacrer ceux-ci à une nouvelle fusion des sujets précédents, et l'usage, désormais aussi constant qu'en 1774, de grandes *codas*, qui achèvent de donner au morceau un caractère saisissant d'unité intérieure. Quant à l'instrumentation, ici encore nous ne pouvons nous empêcher de regretter maintes pratiques de 1773, sacrifiées au profit de l'idéal nouveau. Il est sûr, par exemple, que le rôle des deux violons est redevenu presque aussi prépondérant qu'il l'était avant le voyage à Vienne de 1773, et que les œuvres de la période qui a suivi ce voyage révélaient une tendance à créer une vie instrumentale plus forte et plus variée que celle à laquelle Mozart est revenu maintenant, avec une collaboration plus active des quatre voix du quatuor à l'ensemble de tout le langage musical . Ici, les instruments autres que les deux violons n'interviennent plus que d'une manière épisodique et toujours un peu en dehors, avec des passages qui leur sont réservés, mais qui aboutissent bientôt, une fois de plus, à la concentration de tout l'intérêt essentiel dans les deux parties des violons. Après avoir voulu, en 1773, s'émanciper de l'ancien langage italien de la symphonie, tel qu'il s'était répandu à travers l'Europe pour traduire l'idéal « galant », Mozart a été repris, depuis 1775, par ce style tout extérieur, dont il ne se délivrera plus, maintenant, qu'au contact de la grande école instrumentale de Mannheim, en 1778. Mais tout en continuant de pratiquer, jusque-là, ce style réduit et superficiel que nous avons dit, il faut voir avec quelle richesse Mozart, dans sa sérénade, s'ingénie à en exploiter toutes les ressources, et comment il multiplie les épisodes réservés aux instruments à vent, et comment il y ajoute encore d'autres passages, non moins caractéristiques, où c'est aux basses qu'il attribue le rôle principal, revêtant celles-ci d'une puissance de chant et d'expression déjà toute « moderne ».

Le premier morceau s'ouvre par un *allegro maestoso* qui sert de prélude, et correspond aux introductions lentes des symphonies de Haydn : mais Mozart, avec son sens naturel d'harmonie et d'unité esthétiques, tout en opposant la signification « majestueuse » de ce prélude à la gaieté plus familière du morceau qu'il prépare, non seulement leur a donné à tous deux le même mouvement *allegro* : il a encore tâché à les unir plus étroitement en ramenant, dans le second, des rythmes du premier. Tout ce morceau est d'ailleurs, comme nous l'avons dit, d'une coupe extrêmement originale et nouvelle, sous son apparence extérieure de « morceau de sonate » régulier, avec double sujet, *développement* après les barres de reprise, rentrée à peine un peu variée, et *coda* finale.

L'*allegro maestoso*, assez long, est formé de deux sujets, que sépare un point d'orgue. Le premier sujet, à son tour, nous offre une opposition de deux idées, la première, toute rythmique, exposée par l'orchestre entier à l'unisson, et où Mozart a repris une figure caractéristique en triples croches utilisée déjà dans sa marche pour le sextuor de la comtesse Lodron, tandis que la seconde idée, plus mélodique et également suggérée à Mozart par l'une de ses œuvres antérieures, le concerto en *si bémol* n° 244, où elle intervenait dans le finale, n'est exposée que par les hautbois et les cors, sur un rythme continu d'accompagnement des seconds violons. Vient ensuite une longue ritournelle, que termine un passage très animé et brillant, sur un rythme employé déjà dans le premier morceau de la sérénade de 1775. Puis, au moment où ce passage, appartenant surtout aux deux violons, mais accompagné ou doublé par le reste de l'orchestre, prend une allure de plus en plus passionnée et active, voici que Mozart l'arrête soudain, sur un accord de septième ; et, après un point d'orgue, les deux violons à l'unisson dessinent le début du second sujet. Mais bientôt les vents, doublés maintenant par les basses, abordent une figure mélodique nouvelle, pleine de douceur chantante avec le charme léger de ses mouvements contraires ; et l'accompagnement de cette seconde partie du second sujet est encore le même rythme continu des seconds violons qui, tout à l'heure, accompagnait la réponse du premier sujet. Ainsi, déjà dès ce prélude, nous apparaît dans toute sa force la tendance du jeune homme à relier entre elles toutes les parties d'un morceau. Mais cette tendance se révèle à nous plus clairement encore lorsque nous considérons la manière dont les divers éléments de ce prélude vont se trouver repris et utilisés dans l'*allegro molto*, après un nouveau point d'orgue précédé d'une petite cadence des deux violons en mouvements contraires qui, elle aussi, est un emprunt de Mozart à une œuvre antérieure, le concerto à trois pianos n° 245.

L'*allegro molto*, comme nous l'avons dit, offre la coupe régulière d'un morceau de sonate. Il débute par un premier sujet à l'unisson, sur un rythme à la fois agité et brillant dont Mozart se ressouviendra dans le second finale de *Don Juan* ; mais lorsque ce rythme, interrompu çà et là par des sortes de cris de passion tout à fait « don juanesques », recommence à se dérouler dans toute sa vigueur, voici qu'il est, à son tour, interrompu par une douce mélodie des instruments à vent ; et cette mélodie est la même qui, tout à l'heure, dans le prélude, formait la réponse du premier sujet ! Vient ensuite une longue ritournelle, où tous les instruments à vent jouent un rôle des plus considérables, et où commence déjà à s'affirmer l'importance des basses, répondant au chant des premiers violons. Longtemps cette ritournelle se poursuit, avec son rythme saccadé et nerveux, pour aboutir enfin à un unisson des cordes qui semble reprendre l'allure et l'expression du premier sujet, encadrant celui-ci avec une simplicité et un relief admirables. Puis, succédant à ce sujet tout rythmique, se dessine doucement le second sujet, d'abord délicat et sensuel sous ses chromatismes, mais peu à peu s'animant, lui aussi, et finissant par reprendre, en imitation aux deux violons, la nerveuse figure expressive qui terminait la ritournelle du premier sujet dans l'*allegro maestoso* ; après quoi commence la longue ritournelle de ce second sujet, toute pleine de souvenirs de celle du premier sujet précédent, comme aussi du rythme initial de ce sujet lui-même. Une double montée des cordes aboutissant au ton de *la* sert de conclusion à la première partie, ou plutôt devrait normalement la clore : mais tel est, chez Mozart, le désir fiévreux d'unir et d'enchaîner tous les éléments de son morceau que, ici encore, avant les deux barres, et se reliant tout droit avec le *développement* qui va suivre, nous entendons revenir aux hautbois et aux cors, toujours accompagnée par les seconds violons, la même figure mélodique qui déjà nous est apparue dans le premier sujet du prélude et dans celui de l'*allegro assai*.

Quant au *développement*, très long et d'une importance extrême, c'est peut-être, dans toute l'œuvre de Mozart jusqu'ici, le passage le plus audacieux, avec l'originalité magnifique de sa conception. Dans le mouvement de l'*allegro assai*, Mozart y reprend les éléments principaux de son prélude *maestoso*, dont il renforce encore et approfondit la signification pathétique par une série de modulations expressives, en même temps que la répétition fréquente et modulée, aux basses, d'une saisissante figure de réponse achève d'imprimer à l'ensemble un merveilleux caractère de grandeur éminemment dramatique. Ainsi, durant toute la première partie du *développement*, les premiers violons et les basses ne cessent point de dialoguer sur le rythme initial du prélude, pendant que, sous d'émouvantes tenues des vents, les seconds violons et les altos colorent ce dialogue tragique en un rythme continu d'accompagnement sans cesse modulé ; et voici que, ensuite, Mozart, afin de mieux justifier la présence de ce *développement* dans l'*allegro assai*, imagine encore de mêler à cette élaboration du *maestoso* le rythme de l'une des figures caractéristiques de cet *allegro assai*, reprenant ainsi un fragment de la ritournelle des deux sujets précédents pour le faire alterner avec l'opposition susdite des premiers violons et des basses sur la figure initiale du *maestoso*. Sans compter que, après cet admirable travail thématique du *développement*, la rentrée se trouve encore préparée par un long et curieux unisson des cordes, remarquablement rehaussé de solennels accords des vents. Seule, la reproduction complète et presque intégrale de la première partie, dans la rentrée, nous montre encore combien le jeune homme avait de peine à s'émanciper de cette fâcheuse habitude « galante » des rentrées non variées. Et, après cette reprise de la première partie, avec le passage d'enchaînement qui la terminait, c'est le Mozart de 1776 que nous retrouvons dans la grande *coda* finale, où, suivant l'habitude de cette année, reparaît brusquement, une fois de plus, tout le début complet de l'*allegro assai*. Encore Mozart y ajoute-t-il une *strette* nouvelle ; et puis, de la façon la plus imprévue et la plus amusante, après une mesure de silence, tous les instruments, à l'unisson, dessinent brusquement la figure descendante en triples croches qui nous était apparue au début du *maestoso*, de telle sorte que ce vaste et monumental premier morceau, avec toute la fusion intime de ses éléments, trouve encore le moyen de s'achever exactement de la même façon qu'il a commencé !

Le premier menuet de la sérénade a été intitulé par Mozart *menuetto galante*, sans que nous puissions savoir si le jeune homme a entendu par là un genre particulier de menuet, ou si, plus probablement, le mot *galante* lui a simplement servi à désigner l'allure et l'expression du morceau, à la manière des mots *grazioso* ou *cantabile*. Toujours est-il que ce menuet ne diffère des précédents que par l'ampleur de ses dimensions, et le soin infini dont il témoigne. Déjà la première partie est formée de deux sujets séparés et opposés, l'un tout rythmique, à l'unisson, l'autre plus chantant, exposé par le premier violon sous l'accompagnement du reste de l'orchestre. Et cette première partie, de la façon la plus imprévue, s'enchaîne avec la seconde, où un petit passage nouveau est suivi d'une double reprise du second sujet précédent, entremêlée du retour d'un fragment du premier sujet, pour aboutir enfin à quatre mesures nouvelles en forme de *coda*. Cette rentrée du second sujet est d'ailleurs, tout entière, très variée, avec une intéressante imitation entre les violons et les basses. Les vents, à dire vrai, ne jouent point dans le menuet le rôle concertant qu'ils jouaient dans le premier morceau : mais ils collaborent très activement avec les cordes.

Le trio, en *ré mineur*, est peut-être, dans toute la sérénade, le morceau le plus original et celui où le jeune Mozart a mis le plus de son âme, tout en s'y montrant à jamais pénétré, comme il l'était, du souvenir de l'esprit de son ancien maître Schobert. Seul, en effet, Schobert avait imaginé, jusqu'alors, de donner à des *trios* de menuet ce caractère de caprice ou de rêverie, avec un unique petit sujet sans cesse répété sous des modulations diverses ; et quant au choix de cette idée elle-même, toute légère, mélancolique, et comme mystérieuse, sur ce point le génie de Mozart n'a point connu de modèle. Les deux parties du trio s'enchaînent comme celles du menuet; et, d'un bout à l'autre, les seconds violons ne cessent pas de dessiner un rythme continu d'accompagnement en triolets, sur lequel apparaissent comme piquées çà et là, avec un art merveilleux, les transformations successives de la susdite figure chantante, toujours réservée au premier violon. Il faut noter en outre que, suivant l'habitude volontiers concertante des sérénades, où chacun des instrumentistes aimait à avoir un passage qui le mît en relief, Mozart, dans ce trio, a très nettement séparé les parties des deux altos, et leur a donné un rôle d'accompagnement à la fois plus important et plus libre que dans le reste de l'œuvre. Les instruments à vent, eux, se taisent ici, à l'exception du basson, qui se borne d'ailleurs à doubler la basse. Enfin nous devons ajouter que Mozart, à ce moment de sa vie, est si préoccupé d'enchaîner et d'unir toutes les parties de ses œuvres que, après la seconde reprise de son trio, il ramène, pour relier le trio au menuet, la figure caractéristique dont il s'était servi, précédemment, pour relier entre elles les deux parties du menuet, achevant de donner ainsi à l'ensemble de ce menuet et trio une harmonie qui en accentue encore la singulière beauté.

L'*andante* qui suit ne laisse point de déconcerter, au premier abord, toutes nos idées sur la coupe habituelle des morceaux de Mozart. C'est un long morceau sans barres de reprise, et que l'on serait tenté de croire composé librement, en *fantaisie*, à la manière dont certains thèmes s'y répètent souvent les uns après les autres, sans que l'on distingue nettement la loi qui régit leur réapparition. Mais, à examiner l'*andante* de plus près, on s'aperçoit que ces redites n'ont rien que de normal, et que Mozart a simplement procédé ici comme dans ces *andantes* de ses variations de piano, — notamment dans les variations du *menuet de Fischer* et dans celles de la sonate de Munich n° 221, où il a substitué aux reprises textuelles, après les deux barres, des reprises variées, et, donc, entièrement écrites par lui à nouveau au lieu des susdites barres. Voici, en effet, comment sont disposés les différents sujets du morceau : L'*andante* s'ouvre par un premier sujet très simple et très rythmé, une sorte de petite ariette chantée par les deux violons ; puis, ce sujet ainsi exposé, Mozart le reprend aussitôt, avec une première variation, qui d'ailleurs consiste surtout en ce que le second violon accompagne le premier, tandis que ce sont les hautbois qui doublent le chant. Vient ensuite une espèce de refrain formé de deux parties, l'une toute rythmique, avec une figure en triples croches qui rappelle le début du premier morceau de la sérénade, l'autre plus chantante, reprenant un peu l'allure du premier sujet précédent. Et puis, après ce long refrain, le premier violon expose un second sujet, d'ailleurs très apparenté au premier, et qui, lui aussi, est tout de suite répété sous une forme variée. Sa répétition aboutit, comme il convient, à une nouvelle ritournelle, mais suivie d'une autre variation de ce second sujet, chantée en *solo* par le premier hautbois sur un accompagnement continu des deux violons, et qui apparaît comme intercalée dans la susdite ritournelle, aboutissant, en fin de compte, à une reprise complète du refrain qui terminait le premier sujet, — reprise entièrement conforme à la coutume de Mozart en 1776. Ainsi s'achève la première partie du morceau : deux sujets, chacun varié, et puis un retour de la ritournelle du premier en manière de conclusion. Vient maintenant le *développement*, séparé de la partie précédente, et, en outre, tout nouveau : un assez long passage en *fa dièze mineur* chanté par le premier violon, et accompagné par le second d'une curieuse figure saccadée qui se répète indéfiniment dans des tons divers. Ce *développement*, sans aucune ressemblance extérieure avec la première partie, se termine cependant par la même figure qui finissait celle-ci ; et voici maintenant la rentrée régulière. Mais au lieu de répéter exactement les deux sujets précédents et leurs variations, Mozart, dès le début de sa rentrée, les varie de nouveau. Le premier sujet est d'abord revêtu d'un rythme syncopé que les deux violons exposent à l'octave : puis une autre variation nous le montre orné de triolets, avec un amusant échange de ceux-ci entre les violons et les basses. Après quoi nous retrouvons le refrain précédent, suivi d'une rentrée également variée du second sujet ; et, comme tout à l'heure, une nouvelle reprise du refrain met fin à cette seconde partie, avec cette différence que Mozart, cette fois, imagine de joindre encore à ce refrain une nouvelle reprise du second sujet, maintenant restituée sous sa forme première, et dûment suivie de sa ritournelle. Enfin, toute cette longue série de reprises variées se trouve encore renforcée, toujours selon l'habitude de Mozart en 1776, d'une grande *coda*, où, de nouveau, le jeune homme s'amuse à varier, deux fois encore, son premier sujet, après quoi il reproduit intégralement le refrain du premier sujet et le thème original du second. Tout cela, à le jouer d'après la partition, risque de sembler étrangement prolongé, et peut-être même, malgré l'emploi du procédé de la variation, ne laisse point de nous produire un effet de monotonie. Mais il faut songer que la patience musicale des contemporains de Mozart ne connaissait point les limites de la nôtre, et que c'est précisément pour rendre moins monotones les nombreuses reprises obligées de son morceau que Mozart nous paraît ainsi en avoir

étendu les dimensions. Aussi bien cette longueur de l'*andante* de la
sérénade ne l'empêche-t-elle pas d'être un morceau des plus agréables,
très inférieur, en vérité, à d'autres *andantes* ou *adagios* plus purement
poétiques de la même période, comme ceux des concertos de piano ou
du *sextuor*, mais tout parfumé de douceur et de grâce légère. Les
deux sujets et leurs ritournelles se trouvent unis par un lien merveilleux d'unité intime ; et si les variations des sujets restent toujours très
simples, chacun n'en ajoute pas moins une petite touche nouvelle à
l'expression première. Le style, pareillement, malgré son homophonie,
est assez riche pour occuper les divers instruments. Toutefois, comme
nous l'avons dit à propos de la sérénade entière, le rôle des deux violons
est ici beaucoup plus prépondérant que dans les œuvres des périodes antérieures. Parmi les vents, une place d'exception revient au premier hautbois, qui, comme on l'a vu, est chargé de chanter seul une des variations,
et dont l'indépendance s'affirme tout au long du morceau.

Le menuet qui suit est destiné à l'orchestre entier travaillant
ensemble, c'est-à-dire que tous les instruments, cordes et vents, y sont
occupés, sans avoir jamais de passages concertants. La seconde partie,
d'une coupe peut-être plus étrange encore que celle de l'*andante*, consiste en une double rentrée de la première, dont les divers éléments
sont, tour à tour, repris dans le même ton, allongés et variés. A ce
morceau de grand orchestre succède un premier trio, en *sol*, qui est
une espèce de petit concerto pour une flûte et un hautbois, doublés
par le quatuor, avec une cadence de flûte à découvert. Les flûtes,
d'ailleurs, remplaçaient déjà les hautbois dans le premier menuet ; et
c'est elles encore qui vont tenir l'un des rôles principaux dans le second
trio, en *ré*, où d'ailleurs tous les instruments à vent, et notamment les
cors, interviendront de la façon la plus active et la plus variée, au point
que tout ce trio sera même proprement un dialogue constant entre le
groupe des cordes et celui des vents . Ici encore, le rythme nous rappelle expressément un passage du futur *Don Juan ;* et il est sûr que ce
second trio, sans égaler en beauté ni en originalite poétique l'admirable trio mineur du premier menuet, constitue l'un des morceaux les
plus heureux de l'ouvrage entier. Ajoutons que, dans les deux trios,
Mozart reprend toute la première partie après la seconde, sans autre
changement que, pour le premier trio, une curieuse interversion des
rôles assignés, dans la première partie, à la flûte et au basson.

Le finale, suivant l'habitude de Mozart dans ses sérénades, commence
par un grand prélude *adagio*, mais qui, cette fois, à la manière de
Joseph Haydn, n'a plus aucun rapport avec l'*allegro* qu'il précède. C'est
une sorte de long *arioso* chanté par les deux violons, avec un seul sujet
suivi d'une réponse, d'un caractère dramatique, qui se répète deux fois,
et qui, la seconde fois, aboutit à une cadence s'enchaînant directement
avec le finale. Les vents, très occupés, ne font que doubler le quatuor ;
et leur rôle n'est guère plus libre, sauf un ou deux petits épisodes,
dans l'*allegro assai*. Celui-ci, très étendu et un peu vide, à la forme d'un
morceau de sonate avec un rythme de chasse. Il s'ouvre par une longue
entrée très originale où un premier murmure des deux violons donne
lieu, tout d'un coup, à un éclat bruyant de l'orchestre entier Puis
vient un premier sujet répété deux fois, et terminé par une longue

ritournelle dont la montée finale se trouve brusquement arrêtée, pour céder la place au second sujet ; et Mozart, ici encore comme dans le premier morceau, ramène le début du morceau à la dominante, après la ritournelle de ce second sujet. Toujours comme dans le premier morceau, cette conclusion de la première partie s'accompagne encore de quelques mesures destinées, avant les deux barres, à enchaîner la première partie au *développement*. Ce dernier commence, de la façon la plus imprévue, par une « fausse rentrée » de l'appel des deux violons qui commençait la première partie, mais qui, maintenant, est suivi d'une variation, en *développement* véritable, sur la figure de *tutti* de cette même entrée ; après quoi une reprise variée du premier sujet amène soudain un sujet nouveau, d'allure dansante et populaire, se terminant par une longue ritournelle destinée à préparer la rentrée. Celle-ci, au début, est à la fois abrégée, suivant le procédé de Joseph Haydn, par omission de l'une des deux présentations du premier sujet, et variée par une transposition de ce sujet en mineur : mais la suite de la rentrée reproduit exactement la première partie, jusqu'à un endroit, déjà tout proche de la fin, où Mozart imagine de reprendre le fragment du premier sujet qu'il a omis tout à l'heure ; et le long morceau se termine par une *coda*, succédant à de nouvelles barres de reprise, et où nous voyons reparaître, à la suite du premier sujet, le petit passage qui tout à l'heure avait servi à enchaîner le *développement*. Mais au moment où le retour de ce passage nous menace d'une autre reprise de l'une des figures précédentes, Mozart s'amuse à l'arrêter brusquement, pour conclure enfin sa sérénade par quatre accords saccadés. Tout cela très rapide, et d'un mouvement continu, avec une parenté entre tous les rythmes qui contribue encore à condenser notre impression d'ensemble : mais les fréquentes répétitions des mêmes passages, la facilité un peu grosse des effets de chasse, l'absence de tout contrepoint dans la langue et de tout accent personnel dans l'instrumentation, ne nous permettent point de prendre, à ce long finale, le même plaisir qu'à l'*andante* et aux menuets entendus avant lui ; et peut-être même avons-nous l'idée que Mozart, fatigué du grand effort des morceaux précédents, ne s'est point donné ici une peine équivalente.

259. — *Salzbourg, juillet* 1776 (*avant le* 22 *juillet*).

Petit concerto de violon en sol, intercalé dans la sérénade précédente, avec accompagnement de deux violons, alto, deux flûtes, **deux bassons, deux cors et basse.**

K. 250.

Ms. dans une collection viennoise.

Andante. — *Menuetto* (*en sol mineur*) *et trio.* — *Rondo : allegro.*

Dans **sa** *Sérénade* pour Haffner, comme dans toutes les sérénades précédentes, Mozart a intercalé un concerto de violon : mais jamais encore, assurément, il n'avait donné à cet intermède des dimensions aussi vastes, ni surtout n'y avait dépensé autant de soin et d'effort. Peut-être même le *rondo*, malgré la délicieuse fraîcheur de ses rythmes, risque-t-il de nous paraître un peu long, comme le finale (et les autres morceaux) de la sérénade proprement dite ; tandis que le premier morceau **et le menuet** sont de véritables chefs-d'œuvre, comparables en portée expressive aux plus parfaits concertos de violon de 1775, et les dépassant peut-être en élaboration musicale aussi bien qu'en richesse et beauté de réalisation. Le rôle de l'orchestre y est pour le moins aussi considérable que celui du soliste, ou, en tout cas, traité avec un égal souci de puissance et de variété. Et quant à cette préoccupation, profondément noble et haute, qui poussait le jeune homme en 1776 à vouloir fondre ensemble tous les divers éléments mélodiques de ses œuvres, nulle part encore nous n'avons eu l'occasion de la voir s'affirmer au point où elle va nous apparaître dans le premier morceau de cet admirable travail.

Ce premier morceau, un *andante* en *sol*, s'ouvre par un petit prélude d'orchestre où, — comme nous le verrons tout à l'heure, — l'apparent premier sujet n'est que la continuation du premier sujet véritable du morceau, tel que Mozart l'a conçu ; après quoi vient une sorte de réponse mélodique d'une douceur et d'une intensité d'émotion singulières, que nous allons entendre soupirée, çà et là, tout au travers du morceau, en attendant que Mozart la reprenne, à la veille de sa mort, dans son *quintette en ré* de 1790. Une ritournelle en refrain termine ce court prélude, et c'est sur elle que se détache, tout à coup, un chant nouveau du soliste, qui est le véritable premier sujet, et qui, après deux mesures, **se** continue par la reprise du passage exposé tout à l'heure au début du prélude. Pareillement la réponse mélodique de tout à l'heure est reprise maintenant par le soliste, pour être suivie d'une ritournelle de l'orchestre amenant, tout à coup, le sujet nouveau réservé au soliste. Encore ce sujet, avec le rythme syncopé de sa réponse, est-il très étroitement apparenté au précédent ; et à peine le violon solo l'a-t-il exposé, que l'orchestre lui répond en une longue et exquise figure mélodique répétée deux fois par les premiers violons et les flûtes, sur un accompagnement continu des seconds violons. Vient ensuite, toujours infiniment chantante et maintenue dans le rythme et l'expression des sujets antérieurs, une légère broderie du soliste destinée à amener la première cadence, après laquelle une reprise du premier *tutti* par l'orchestre, à la dominante, sert à enchaîner le *développement*. Celui-ci, assez long, et l'un des plus beaux, de toute l'œuvre de Mozart, ne contient plus, pour ainsi dire, aucun élément nouveau. Il n'est tout entier qu'une savante élaboration, — partagée entre le soliste et l'orchestre, avec même des imitations entre l'un et l'autre, — des figures mélodiques précédentes, et notamment du sujet qui était réservé au soliste, en combinaison, maintenant, avec la susdite réponse chantante du premier sujet. Tout cela terminé par un léger et charmant souvenir du refrain d'orchestre qui finissait le prélude. Et ce n'est pas tout : pour la première fois dans un concerto, depuis 1773, Mozart, dans cet incomparable *andante*, a pris la peine de varier vraiment sa rentrée, substituant maints passages nouveaux à d'autres, supprimés, de la première partie, et allongeant ensuite cette rentrée par la reprise, également variée, de tout le passage qui a tenu lieu de *développement*. Enfin un retour, à l'orchestre, des premières mesures du premier *tutti* conduit à la cadence libre du soliste; et le morceau s'achève par le refrain qui concluait le prélude. Mais aucune analyse, en vérité, ne saurait donner la moindre idée du charme poétique de cette rêverie, non plus que de l'éminente diversité de sa mise en œuvre. L'orchestre, comme nous l'avons dit, y garde une personnalité toujours distincte, et à peine moins importante que celle du soliste : un orchestre où les vents ne cessent point d'affirmer librement leur présence, répandant sur la trame symphonique une couleur à la fois infiniment riche et nuancée.

Le menuet qui suit est en *sol mineur* ; et à ce propos nous devons noter, comme l'un des symptômes les plus caractéristiques et les plus heureux de ce que nous avons appelé déjà le réveil du génie de Mozart, — son réveil au monde de la passion, de la vie, et de la pure beauté musicales, — ce retour à l'emploi de tonalités mineures. Déjà le trio du premier menuet, dans la sérénade elle-même, était en *ré mineur* ; ici, de la façon la plus imprévue, voici que le menuet du concerto nous transporte dans ce ton de *sol mineur* qui a toujours été, à la fois, le ton préféré de Mozart entre les mineurs, et celui qu'il a toujours le plus profondément empreint d'une physionomie harmonique et d'une signification particulière. Ici encore, c'est toute l'essence des rythmes en *sol mineur* de Mozart qui nous apparaît à tel point qu'il y a maints passages du menuet où nous entendons déjà un premier écho très distinct de la ligne mélodique et des modulations de l'admirable menuet composé en 1788 dans la grande symphonie en *sol mineur*. Quant à la coupe de ce menuet du concerto, un des plus beaux parmi ceux de Mozart, celui-ci y applique ce procédé de renversement des sujets que nous avons déjà rencontré bien souvent chez lui en 1776 : après un petit passage nouveau, dans la seconde partie, Mozart reprend le second sujet de la partie précédente, et c'est seulement ensuite, à la fin du menuet, qu'il reprend le premier sujet, ou plus exactement l'entrée, qui ouvrait le menuet. Enfin nous devons noter que tout ce menuet est proprement un *tutti* d'orchestre opposé au *solo* que va être le trio. Le violon principal se borne à y doubler le premier violon, et pareillement les vents, toujours très actifs, ne font guère que doubler le quatuor à cordes. Mozart a ainsi sacrifié la mise en valeur de son soliste afin d'accentuer encore le contraste du menuet et de son trio : contraste non moins absolu sous le rapport de l'expression, maintenant toute légère et joyeuse, que sous celui de la disposition instrumentale ; car tout ce trio n'est, d'un bout à l'autre, qu'un *solo* du violon principal, et accompagné seulement par les vents, au milieu d'un silence absolu du quatuor des cordes.

Quant au *rondo* final, c'est assurément l'un des plus longs que Mozart ait écrits : et il faut bien avouer que son intérêt, musical ou poétique, est bien loin de justifier son étendue démesurée. Peut-être même ce finale du concerto, plus encore que celui de la sérénade, atteste-t-il la hâte d'une improvisation trop précipitée : car le fait est que l'instrumentation de l'orchestre y est d'une pauvreté extrême, non seulement pour les parties des vents, — qui n'interviennent pour ainsi dire activement que dans un petit passage où ils sont seuls à accompagner le soliste, — mais aussi pour le quatuor des cordes. Aussi nous contenterons-nous de dire que ce finale a la forme d'un *rondo* tel que Mozart est maintenant habitué à les écrire, c'est-à-dire contenant un bon nombre de petits intermèdes divers, comme le *rondo* italien de 1773, mais reprenant ensuite, à la manière française, un ou plusieurs des intermèdes précédents. Ici, cette reprise porte sur tout ce qui précède l'intermède mineur ; et Mozart l'allonge encore en y introduisant maintes variations ou figures nouvelles. Le seul trait curieux de ce long morceau est la manière dont Mozart lui donne pour thème une figure toute rythmique, dont il se sert, à chaque instant, dans la suite du *rondo*, pour unir entre eux tous les éléments mélodiques qui défilent devant nous. C'est ainsi que ce rythme caressant et moqueur du thème se glisse jusqu'au milieu de l'intermède mineur, où son apparition produit un effet aussi imprévu que charmant.

D'une façon générale, les *soli* de ce concerto sont étrangement dépourvus de tout l'appareil de virtuosité extérieure que nous ont montré, par exemple, les *soli* des grands concertos de 1775. Le soliste y travaille beaucoup, mais sans avoir, désormais, aucun de ces traits de bravoure qu'aimaient tous les virtuoses d'alors ; et sans doute l'absence de ces traits doit tenir, en partie, à ce que les *soli* du concerto auront été confiés, simplement, au premier violon du petit orchestre chargé d'exécuter la sérénade : mais il n'en reste pas moins sûr que, là encore, comme dans le concerto de piano pour la comtesse Lützow, nous sentons une tendance consciente du maître à éviter les vains artifices de la bravoure de son temps, afin de conserver à ses morceaux cette merveilleuse unité et tenue artistique qui est peut-être la qualité la plus frappante de toute son œuvre durant la période que nous étudions.

260. — *Salzbourg, le 20 juillet* 1776.

Marche en ré, pour deux violons, alto, deux hautbois, deux bassons, deux trompettes, deux cors et basse.

K. 249.

Ms. dans une collection à Londres.

Maestoso

L'autographe de cette marche porte, de la main de Mozart, l'inscription : *Marcia per le nozze del Sgr. Spath colla Sqra. Elisabeta Haffner di, A. W. Mozart 20 Luglio 1776, prodotta 21 Luglio;* et cette inscription

nous apprend, ou plutôt achève de nous apprendre, que Mozart avait l'habitude de composer ses marches après les sérénades ou *cassations* qui devaient en être précédées et suivies. Cette fois, c'est la veille même de l'exécution qu'il a écrit cette marche ; ce qui ne l'empêche pas d'avoir évidemment apporté beaucoup de soin à l'écrire, ou, tout au moins, à la concevoir, — car peut-être sa réalisation se ressent-elle un peu de la hâte du jeune maître, en comparaison de la noble et « majestueuse » beauté de ses rythmes. Il faut noter, d'ailleurs, que la même épithète de *maestoso* va se retrouver inscrite sur le prélude du premier morceau de la sérénade ; et il n'est pas douteux que Mozart ait voulu préparer ses auditeurs à l'impression de ce morceau en composant la présente marche. Celle-ci est faite de deux sujets distincts et opposés, avec un troisième sujet tenant lieu de *développement* : après quoi Mozart, comme il fait le plus souvent, ne reprend que la seconde moitié du premier sujet, et ne reproduit entièrement que le second sujet. L'instrumentation est très fournie, comme dans la sérénade elle-même, avec une intention manifeste de « grand orchestre » : mais le rôle des vents et des basses n'est pas aussi indépendant qu'il le serait devenu, sans doute, si Mozart avait eu plus de temps devant soi. Les bassons et les cors se contentent, presque toujours, de doubler les basses, et les hautbois ne font librement qu'une petite figure dans le second sujet. A noter aussi l'absence de toute *coda*.

261. — *Salzbourg, juillet* 1776 (*avant le* 30).

Divertimento en ré, pour deux violons, alto, basse, un hautbois et deux cors.

K. 251.

Ms. à Berlin.

Allegro molto. — *Menuetto et trio en sol.* — *Andantino en la.* — *Menuetto con variazioni.* — *Rondo : allegro assai.*

L'autographe de ce *divertissement* porte l'inscription suivante : *Divertimenti a 7 Stromenti, di A. W. Mozart Luglio 1776* : inscription qui nous apprend, d'une part, que les divers morceaux doivent être exécutés seulement par sept instrumentistes, en *septuor*, sans redoublement d'aucune des parties, et d'autre part, que ces morceaux doivent être exécutés avec des intervalles, puisque Mozart les intitule, au pluriel, *divertimenti.* Enfin nous savons, par une communication verbale autorisée que ces morceaux ont été composés par Mozart pour fêter l'anniversaire de naissance de sa sœur Marie-Anne, née le 30 juillet 1751, ce qui nous permet de supposer que le jeune homme aura employé à ce

travail les derniers jours du mois de juillet 1776, après l'exécution de
sa sérénade pour les noces de Mlle Haffner.

Le *divertimento* était précédé et suivi d'une marche (n° 262) que
Mozart avait intitulée *marcia alla francese* : mais, en fait, c'est le *divertissement* tout entier qui aurait mérité d'être appelé *alla francese*, car,
d'un bout à l'autre, cette vive et légère composition est semée de
rythmes français, ce qui lui donne un caractère tout à fait unique dans
l'œuvre de Mozart. Sans doute le jeune homme aura voulu, par là,
répondre au goût mondain et « galant » de sa sœur, dont nous savons
déjà, en effet, par une lettre de Léopold Mozart, qu'elle s'était fait une
spécialité de jouer des morceaux d'Eckard et d'autres musiciens français. Mais ce qui fait pour nous l'intérêt principal de ce *divertimento*,
probablement improvisé, c'est que nous y trouvons une aisance et une
sûreté de main vraiment incomparables, qui nous prouvent aussitôt
de quelle immense profit a été, pour le jeune homme, le grand
travail de sa sérénade des semaines précédentes. Jamais encore, à
coup sûr, aucune des œuvres que nous avons étudiées ne nous a présenté une allure aussi spontanée et suivie, avec un art aussi merveilleux à lier ensemble, ou plutôt à faire jaillir l'un de l'autre, tous les éléments d'un morceau, comme aussi à animer chacun des intruments
d'un caractère et d'une vie propres. Le style, malgré sa légèreté spirituelle, est beaucoup plus solide et savant que, par exemple, dans le
sextuor de juin 1776, avec un emploi fréquent du contrepoint, et parfois même un admirable procédé de double imitation, les deux violons
se répondant entre eux et l'alto à la basse. Aussi bien le rôle de l'alto
recommence-t-il, tout au long de la sérénade, à se distinguer nettement de celui de la basse ; et quant au hautbois, celui-là acquiert
désormais une voix tout individuelle, ne se bornant plus à affirmer
sa présence par de petites figures à découvert, mais prenant une part
incessante au langage musical, soit qu'il se charge du chant en réponse
au premier violon ou qu'il dessine, sous le chant, de gracieuses figures
d'accompagnement qui n'appartiennent qu'à lui. Et, par-dessus ce
style vigoureux et cette instrumentation pleine, il y a le doux et mystérieux génie de Mozart qui s'exhale sans effort en des modulations
d'une grâce à la fois très sensuelle et adorablement pure, transfigurant
du rayonnement d'une lumière souveraine ces aimables ariettes et
rondes françaises qu'il laisse couler devant nous.

Le premier morceau est le seul qui soit en forme de « morceau de
sonate » : car nous verrons que, sans doute pour flatter le goût « galant »
de sa sœur, Mozart a traité en *rondo* aussi bien l'*andante* que le finale
de son *divertimento*. Mais rien n'égale la profonde et merveilleuse unité
qu'il est parvenu à donner à ce premier morceau, grâce à l'emploi
constant d'un rythme caractéristique qui sans cesse reparaît, parmi
des idées nouvelles, sous les aspects les plus divers et les plus imprévus. C'est ce rythme, tout français et populaire, qui ouvre le morceau,
en manière d'entrée, exposé à l'unisson, et suivi d'une petite réponse
mélodique. Puis vient un second sujet, en *la*, qui tout de suite et jusqu'au bout est traité en imitations au quatuor, sous l'accompagnement
du hautbois, et qui aboutit à une longue ritournelle pleine d'entrain et
de feu : mais au lieu d'achever ainsi sa première partie, Mozart,

comme dans la *Sérénade de Haffner*, — et beaucoup plus longuement, — ramène encore son premier sujet, chanté maintenant par le hautbois, en mineur, tandis que le quatuor l'accompagne d'une figure en imitations, en attendant que la basse et l'alto, tout d'un coup, reprennent au hautbois un renversement de ce rythme, le transmettent au premier violon, et puis, pour finir la première partie, que le hautbois et le premier violon se partagent une dernière exposition de ce rythme caractéristique. Le *développement* qui suit, très étendu, est entièrement nouveau, et entre les diverses idées qu'il déroule rapidement devant nous s'en trouve une que Mozart, ainsi que nous l'avons dit, s'amuse à traiter en double imitation, le contrepoint des deux violons étant accompagné de celui de la basse avec l'alto ; et bien que chacune de ces petites figures soit nouvelle, nous n'en sentons pas moins, toujours, leur étroite parenté avec le rythme initial du morceau, dont la reprise est encore préparée par une dernière figure de transition. La rentrée, elle, se borne à reproduire exactement la première partie, avec la seule différence d'une mesure ajoutée aux piquantes imitations du second sujet. Enfin une répétition supplémentaire du thème initial, à l'unisson, sert de *coda* à ce délicieux morceau. où chacun des instruments, y compris l'alto et les cors, contribue de la façon la plus libre à l'effet d'ensemble.

A ce morceau succède un vif et gracieux menuet où les vents, très occupés, ne font guère que doubler le quatuor, et où Mozart reprend toute la première partie après la seconde, mais déjà en y introduisant des ornements nouveaux. Le *trio* qui suit, écrit pour le quatuor seul, a le rythme d'une *polonaise*, et, tout en réservant le chant au premier violon, laisse un rôle individuel à chacune des trois autres voix. Mais le plus curieux est que, ici, après avoir repris toute la première partie dans la seconde, Mozart imagine de lui adjoindre quatre mesures de *coda* entièrement nouvelles, où l'alto et la basse rappellent, une fois de plus, le rythme initial de la *polonaise*.

L'*andantino* en *la* est, comme nous l'avons dit, un *rondo* : mais, suivant l'habitude de Mozart dans ses *andantes* en *rondo*, — qui bientôt, chez lui, se transformeront dans le genre, tout « mozartien », de la *romance*, — le thème y a plus d'importance que les intermèdes, étant à la fois plus étendu et répété plus souvent que dans les grands *rondos* qui servent de finales. Impossible de rien imaginer de plus doux et tendre que ce thème en *la* du présent *rondo*, chanté par le premier violon sur un accompagnement que se partagent le second violon et la basse, jusqu'au moment où les hautbois et les cors viennent, à leur tour, accentuer d'une figure nouvelle d'accompagnement l'expression poétique de la suite du chant. Après quoi commence un premier intermède, en *mi*, réservé d'abord aux deux violons, et soutenu plus tard par un petit chant libre du hautbois ; et puis, de nouveau, insensiblement, le thème reparaît, et se déploie devant nous avec sa réponse. Le second intermède, également en majeur, est encore moins étendu que le premier; les deux violons en dessinent le chant avec des mouvements contraires, lorsque, soudain, le hautbois les interrompt pour reprendre le thème du *rondo*, qui, cette fois, est varié, et suivi d'un passage nouveau en transition, aboutissant à une cadence récitative, *adagio*, du hautbois.

Puis, après un point d'orgue, Mozart reprend une fois encore le thème complet du *rondo*, mais, à présent, *allegretto* au lieu d'*andantino;* et, comme toujours, le jeune homme va être si heureux de cette idée qui lui est venue, par hasard, qu'il renouvellera la même accélération du rythme dans le premier morceau d'une « musique de table » qui sera composée par lui en août 1776, immédiatement après ce *divertimento.*

Le morceau suivant, dans celui-ci, est un menuet, mais traité en thème varié avec trois variations, c'est-à-dire, une fois de plus, un morceau d'un genre éminemment français. Et le rythme même de ce beau menuet est, lui aussi, tout français, avec un caractère de marche qui fait songer irrésistiblement à tel opéra de Rameau ou de Gluck : mais Mozart, avec son génie d'unité, imagine d'accentuer ce rythme suivant son procédé favori de 1776, en reprenant le début du menuet à la fin de ce dernier, après avoir repris d'abord le passage qui continuait ce début dans la première partie. Après quoi commencent des variations très simples, et qui, à la française, restent toujours très voisines de la ligne mélodique du thème. La première est écrite pour un quatuor où le hautbois dessine le chant, remplaçant le premier violon, tandis que l'accompagnent le second violon, l'alto, et la basse. Dans la seconde, le chant est réservé au premier violon, qui le varie en triolets, accompagné seulement du trio des cordes. Enfin la troisième et dernière variation, également écrite pour le quatuor des cordes, et la plus originale de toutes à beaucoup près, est évidemment destinée à mettre en valeur le second violon. Le premier violon expose le thème sans aucun changement, à la manière d'un *cantus firmus,* pendant que, au-dessous de lui, le second violon ne cesse point d'orner ce thème et de le varier, avec un mouvement continu d'une grâce exquise. Et il faut noter encore que Mozart, entre chacune de ces variations, exige expressément une reprise complète du thème, faisant de ces variations comme autant de *trios* d'un grand menuet de sérénade.

Quant au finale, c'est, de nouveau, un *rondo,* et où le thème aussi bien que les intermèdes sont manifestement empruntés à un recueil de rythmes français. Suivant le goût français, Mozart y reprend, dans la seconde partie, tout ce qui a précédé l'intermède mineur : mais, avec la véritable folie de musique dont il est possédé, il s'avise d'introduire encore, après cet intermède mineur, un troisième intermède, sur un rythme de chasse français ; et il reprend aussi ce nouvel intermède, à la suite du premier, avant qu'une dernière reprise du thème achève le *rondo.* Le premier intermède est, lui-même, précédé d'une sorte de variation sur le rythme du thème ; et puis, après avoir été chanté (en *la*) par le premier violon, il est répété au hautbois, doublé du second violon, tandis que le premier violon reprend l'accompagnement confié d'abord au second. L'intermède mineur (en *ré*), lui, est presque entièrement chanté par le hautbois, dont la partie est d'ailleurs, dans tout le morceau, au moins égale en importance à celle du premier violon

262. — *Salzbourg, fin de juillet* 1776 *(avant le* 30).

Marcia alla francese, en ré, pour deux violons, alto, un hautbois.

deux cors et basse, destinée à précéder et à suivre le *Divertimento* n° 261.

K. 251.
Ms. à Berlin.

Marcia alla francese

Comme nous l'avons dit déjà, c'est Mozart lui-même qui a intitulé *alla francese* cette marche, écrite pour accompagner le *divertissement* qu'il destinait à célébrer l'anniversaire de sa sœur ; et il n'est pas impossible qu'il ait voulu signifier par ces mots la coupe de sa marche, qui, au contraire de ses marches habituelles, ne comporte qu'un seul sujet avant le *développement* ou *trio* intermédiaire. Mais bien plus probable encore est l'hypothèse qu'il aura simplement, pour sa marche comme pour tous les morceaux du *divertissement*, emprunté le rythme principal à un recueil d'airs français. En tout cas, le caractère français de ce rythme, très marqué, et moins chantant que la plupart des thèmes de marche antérieurs, ne saurait être mis en doute. L'unique sujet est d'ailleurs, dans la première partie, exposé deux fois, avec des réponses très différentes ; et c'est seulement la seconde exposition qui, à la façon des seconds sujets des marches précédentes, se trouve reprise après la partie intermédiaire. Celle-ci, également toute rythmique, aboutit bientôt à une transition où commence déjà à reparaître le rythme du sujet initial. Tous les instruments sont très occupés, mais sans avoir l'occasion de se détacher de l'ensemble harmonique. Les deux violons marchent presque toujours à l'octave ou à la tierce, doublés ou accompagnés par le hautbois, pendant que la basse et les cors s'emploient vigoureusement à marquer la mesure.

263. — *Salzbourg, août* 1776.

Divertimento à six (musique de table) **en fa**, pour deux hautbois, deux cors et deux bassons.

K. 253.
Ms. à Berlin.

Andante

Tema con variazioni : andante. — *Menuetto et trio* (*en si bémol*). — *Allegro assai.*

L'autographe de cette « musique de table », la quatrième de la série,
porte l'inscription : *Divertimento IV del Sgr. Caval. A. W. Mozart nel Agosto
1776*. Mozart, après avoir employé précédemment les trois tons de *fa*,
si bémol, et *mi bémol* commence ici une nouvelle série dans les mêmes
tons, dont les deux numéros suivants ne seront d'ailleurs composés
qu'en 1777. Au point de vue de sa coupe extérieure, cette « musique de
table » nous montre la même liberté que la précédente : mais elle ne
contient plus que trois morceaux, sans doute en raison de la longueur
du premier. Et quant à son style et à l'esprit qui l'anime, nous avons
dit déjà qu'une différence assez marquée la sépare du n° 257 pour nous
faire supposer un intervalle de plusieurs mois entre les dates de leur
composition. Les idées, ici, ont ce mélange délicieux de simplicité et
de beauté poétique que nous a offert, par exemple, l'*andante* du concerto de la sérénade de Haffner ou celui du *divertissement* écrit pour la
sœur ; et si les divers instruments n'ont pas encore des rôles bien
actifs, du moins leur travail est-il sensiblement plus important que
dans le n° 257, où un seul basson aurait suffi pour accompagner le
chant du premier hautbois.

Le premier morceau est un *andante* varié dont la forme rappelle
beaucoup celle du menuet varié du *divertissement* n° 261. De part et
d'autre, le thème transparaît toujours assez nettement sous les variations, toutes en majeur, et se bornant surtout à un gracieux effort
d'ornementation : de part et d'autre, aussi, Mozart fait consister sa
dernière variation en une reprise textuelle du thème, mais avec un
mouvement plus rapide. La seule différence est que, ici, nous découvrons plus manifestement l'intention de mettre en valeur, tour à tour,
chacun des six instruments.

Le thème est un petit chant rythmé, d'une douceur exquise, avec un
second couplet terminé par une reprise variée de la dernière moitié
du couplet précédent. Ce chant est confié surtout au premier hautbois,
et tous les autres instruments prennent une part différente à l'accompagner. Dans la première variation, le rôle concertant du premier
hautbois est encore plus accentué ; dans la seconde, le premier hautbois dessine le chant, presque d'après la ligne mélodique du thème,
mais le rôle principal appartient ici à une charmante figure d'accompagnement en triolets, que le second hautbois et les deux bassons se
partagent, d'un bout à l'autre de la variation, avec une liberté pleine
d'imprévu. Dans la variation suivante, — où le rythme du thème est
un peu plus modifié, et revêtu d'une allure coulante que Mozart
reprendra dans le dernier finale de sa *Flûte enchantée*, — le premier
basson se charge du chant, doublé par le premier hautbois, et accompagné par le second basson et le second hautbois. Les cors, dans cette
variation, se taisent, mais ce sont eux qui dominent, au contraire ,dans
la suivante, où ils ne cessent point de chanter avec les deux hautbois,
tandis que les deux bassons, en une sorte de dialogue continu, semblent se rejeter l'un à l'autre une même figure d'accompagnement.
Enfin la cinquième variation reçoit un mouvement *adagio,* et le rythme
de 2/4 y est changé en celui de 3/4. Le chant, très proche du thème,
mais avec une expression nouvelle de noblesse généreuse et de solennité, est exposé par le premier hautbois en collaboration avec le pre-

mier basson, qui dessine au-dessous de lui une espèce de contre-chant en mouvement contraire. Après quoi le manuscrit porte, comme nous l'avons dit, l'indication : *Var. VI, Il tema, ma allegretto*.

Le menuet qui suit est d'un caractère tout rythmique, avec un accompagnement presque toujours confié au second basson. Mozart y reprend toute la première partie après la seconde ; et de même il fait aussi dans le *trio* en *si bémol*, dont l'allure dansante et légère s'oppose à la gravité mesurée du menuet précédent. Ce charmant *trio* est déjà le prototype de ces valses que seront souvent, dans la suite, les trios de Mozart. Au contraire du menuet, le premier hautbois y est seul à dessiner le chant, tandis que les cinq autres instruments l'accompagnent.

Quant au finale, c'est un de ces petits « morceaux de sonate » que Mozart employait volontiers pour terminer ses « musiques de table », et que l'on serait tenté de prendre pour des *rondos* interrompus en chemin. Un seul sujet, exposé à l'unisson et répété deux fois ; puis, après les deux barres, un autre sujet tout nouveau, en *développement*, suivi d'une transition où recommence à se pressentir le rythme du premier sujet ; et celui-ci revient, sans aucun changement, pour aboutir à de nouvelles barres de reprise après lesquelles s'ouvre une longue *coda* sur le rythme du premier sujet, — moins longue ici que dans le n° 257, mais non moins amusante et rapidement emportée, avec une alternance multipliée de *forte* et de *piano*.

264. — *Salzbourg*, août 1776.

Divertimento à trois en si bémol, pour piano, violon et violoncelle.

K. 254.
Ms. à Berlin.

Allegro assai

Allegro assai. — Adagio en mi bémol. —Rondo : tempo di menuetto.

L'autographe de ce trio porte l'inscription : *Divertimento a 3 per cembalo, violino e violoncello, del Caval. A. W. Mozart, nel Agosto 1776 in Salisburgo ;* et c'est encore sous le titre de *Divertimento pour le clavecin ou forte-piano avec accompagnement de violon et de violoncelle* que Mozart, en 1778, a publié à Paris la première édition de cet ouvrage[1]. Un tel

---

1. Le titre véritable de cette publication *parisienne* est assez original pour mériter d'être transcrit en entier : *Divertimento pour le Clavecin ou forte-piano a Compagnemment Violino è Violoncello*, par Wolfgang Amadè Mozart, *mises au jour par Mme Heina; gravés par Mlle Fleury*, à Paris.

titre semble prouver que le jeune homme, en composant son trio,
ne s'est point souvenu expressément des admirables trios de Schobert, intitulés *Sonates en trio*, mais plutôt s'est inspiré de compositions
de maîtres allemands qui, eux, depuis Wagenseil jusqu'à Joseph
Haydn, avaient coutume de donner à leurs trios ce nom de *divertimenti*.
En réalité, cependant, c'est bien au genre classique du *trio de piano*
que s'essayait ici le jeune homme, genre connu de Mozart avant même
ses premiers séjours à Paris et à Londres, où nous savons qu'il avait
joué des trios de Schobert et de Chrétien Bach : car Léopold Mozart
lui-même avait écrit déjà quelques trios pour violon, violoncelle et
clavecin obligé, dont l'un, en *la*, semble pourtant dater d'une époque
postérieure. Joseph Haydn, à la date où nous sommes arrivés, n'avait
encore composé que très peu d'ouvrages dans ce genre. Vers 1766,
l'éditeur Hummel, d'Amsterdam, avait publié de lui *Six sonates pour le
clavecin, avec accompagnement d'un violon et violoncelle :* mais les parties
de ces deux derniers instruments y étaient encore toutes facultatives,
et si peu importantes que plusieurs de ces sonates avaient pu paraître,
plus tard, simplement avec la partie du clavecin. De ces *Six trios* de
1766, le seul qui eût une importance réelle allait être réédité par le
vieux maître en 1785, avec une série de cinq autres, dont deux, en *fa*
et en *sol*, étaient également, d'après lui, des œuvres déjà anciennes,
tandis qu'un troisième, en *ut*, avait pour auteur véritable son frère
Michel Haydn. Mais de ces deux sonates anciennes publiées en 1785,
l'une, en *sol*, devait être sûrement postérieure à 1776, tandis que l'autre,
en *fa*, ressemblait si étrangement au trio de Michel Haydn par son
esprit et son style, — au moins dans le premier morceau, — que nous
serions tentés d'y voir aussi une œuvre du frère cadet, revue et complétée par l'aîné quelque temps après sa production. Quant au trio
en *ut* de Michel Haydn, celui-là doit très probablement avoir été écrit
vers 1775 ; et nous avons dit déjà que Mozart lui aura sans doute
emprunté, en cette même année, la coupe du *rondo* final, où, de même
que dans ses propres concertos de violon de la fin de cette année 1775,
les intermèdes se trouvent revêtus de mouvements tout différents de
celui du thème.

En résumé, c'est donc seulement ce *trio en ut* de Michel Haydn que
Mozart a eu chance de connaître, lorsque, en 1776, il a écrit son premier *trio :* ou plutôt il connaissait sûrement aussi les anciens *trios* de
Joseph Haydn, et notamment le pathétique *trio en sol mineur* de 1766 :
mais ceux-ci, comme nous l'avons dit, n'étaient encore que des sonates
de clavecin avec un accompagnement facultatif du violon et du violoncelle, tandis que le trio de Michel Haydn et celui de Mozart commençaient déjà à être de vrais ensembles, où le rôle du violon égalait
celui du piano et était indispensable pour l'effet total.

C'est que, entre la date des premiers trios de Joseph Haydn et la
période que nous étudions, un maître de génie, ainsi que nous l'avons
dit déjà plusieurs fois, avait fait une révolution dans le style de la
musique de chambre avec piano. Les *Sonates en trio* de Schobert,
publiées en 1764 et 1767, avaient substitué à l'ancienne conception du
violon *ad libitum* une conception nouvelle, où le piano et le violon apparaissaient comme deux éléments rivaux d'un même tout symphonique,

et où il n'y avait pas jusqu'au violoncelle qui n'intervînt avec un rôle
et une physionomie propres, par où Schobert se montrait d'avance
plus audacieux et plus « moderne » que ne devaient l'être longtemps
ses imitateurs. Mais pour ce qui est du rôle du violon, la réforme
introduite par lui n'avait pas tardé à se répandre dans toute l'Europe,
amenant Chrétien Bach aussi bien que les deux Haydn à partager
désormais le chant entre le clavecin et le violon. Pourtant, l'imitation
de Schobert, même sur ce point, n'avait pas été sans comporter des différences sensibles ; et c'est ainsi que, dans le trio de Michel Haydn
comme dans le trio contemporain de Joseph Haydn en *fa*, le rôle du
violon n'était pas entendu de la même façon qu'il l'était chez Schobert.
Ce dernier, sauf dans certains menuets où il laissait tout le chant au
violon, établissait entre le violon et le clavecin une collaboration continue, soit que l'un des deux instruments répondît à l'autre en imitation, ou bien que la ligne mélodique d'une phrase, commencée par
l'un d'eux, fût continuée et terminée par l'autre. Procédé que Schobert,
naturellement, n'avait pu encore qu'ébaucher, mais qui n'en constituait pas moins, au fond, une innovation plus riche et plus durable
que celle qu'avaient imaginée Joseph et Michel Haydn. Chez ceux-ci,
en effet, la collaboration du piano et du violon consistait, presque toujours, en une alternance régulière pareille à celle que nous avons
signalée dans les premières sonates à quatre mains de Mozart et de
Chrétien Bach : à tour de rôle, les divers sujets étaient exposés par le
piano et répétés ensuite par le violon, ou inversement ; et c'est encore
tout à fait de cette façon qu'ils procèdent, dans le premier trio de
Mozart. Comme nous le verrons, l'*allegro* initial de ce *trio* atteste même,
à ce point de vue, une sorte de timidité qui empêche le jeune homme
d'accentuer librement le rôle du violon : mais ensuite, dans l'*adagio* et
le finale, les deux instruments se livrent à un échange à peu près
continu, à la façon du trio de Michel Haydn. Quant au violoncelle, force
nous est de reconnaître que Mozart, en ce qui concerne cet élément de
son trio, aurait gagné à se souvenir de l'exemple de son ancien maître
Schobert, au lieu de suivre entièrement, comme il l'a fait, celui de
Michel et de Joseph Haydn. Sauf un court passage du finale, où il est
seul à faire l'accompagnement, le violoncelle, dans les trois morceaux,
se borne à suivre timidement la basse du piano. On se demande même,
en lisant les partitions des premiers trios de ces maîtres allemands,
à la fois comment l'idée ne leur est pas venue, à eux-mêmes, d'attribuer au violoncelle un rôle plus libre, et comment les violoncellistes
de leur temps ont pu se résigner à ne pas exiger des musiciens un
travail qui justifiât du moins quelque peu leur présence dans le trio.

Enfin, pour achever notre analyse de l'instrumentation du trio de
Mozart, comme de ceux des deux Haydn, nous ajouterons que, avec
les séparations rigoureuses que les hommes d'alors avaient coutume
d'établir entre les divers genres, le genre du trio se rattachait pour
eux entièrement à celui de la sonate, et que le piano aussi bien que le
violon n'y avait à aucun degré le caractère « concertant ». Nous ignorons à quel objet était d'abord destiné le trio n° 264 : son titre de *diver-*
timento et l'emploi des mots *Signor Cavaliere* dans la signature de l'auteur
nous porteraient à supposer qu'il s'agit encore là d'une œuvre écrite

pour les séances musicales de la Cour salzbourgeoise : mais, en tout
cas, et l'œuvre fût elle-même composée pour des exécutants aussi
habiles que Mozart et sa sœur, ou que les dédicataires des précédents
concertos de piano, c'est pour se conformer aux règles du genre et à
l'exemple de tous ses devanciers que le jeune homme a traité les deux
parties du piano et du violon exactement comme s'il s'agissait d'une
sonate, avec une absence totale de ces traits et cadences, ou autres
ornements de virtuosité, qu'il se croyait tenu d'introduire dans ses
concertos. Les deux parties exigent, comme toujours chez Mozart, une
justesse et un goût extrèmes : mais, d'ailleurs, ni l'une ni l'autre ne
dépassent en difficulté ce que nous ont fait voir les précédentes sonates
pour piano et violon.

Que si, maintenant, nous considérons la valeur musicale du *trio*, il
nous sera impossible de ne pas sentir, une fois de plus, combien
Mozart, à cette époque de sa vie, était peu fait pour les compositions
du genre sérieux. En regard des sonates pour piano et violon que le
jeune homme produira à Mannheim et à Paris, en 1778, son trio de 1776
nous paraît étrangement vide et banal. Ou plutôt tel il nous paraît
seulement dans le premier morceau et dans le finale : car l'*adagio*, une
fois de plus, s'élève infiniment au-dessus des deux mouvements vifs, et
nous offre un nouveau reflet de la tendre et charmante inspiration
poétique qui s'est révélée à nous dans presque tous les *andantes* des
concertos et *divertissements* de la même année. Mais il n'en reste pas
moins certain que c'est dans ces genres « galants » qu'il convient de
chercher l'âme et le cœur du jeune homme durant cette période de sa
vingtième année. Ici, dans son *trio*, les idées n'ont ni l'allure franche et
abandonnée qu'elles avaient dans maintes œuvres des mois passés, ni
l'ampleur de contours ou d'expression que requerrait une œuvre,
durable de musique de chambre ; et le langage employé à la traduction
de ces idées ne s'élève guère, non plus, au-dessus d'une médiocrité
agréable et facile. Les *développements*, au lieu d'élaborer les sujets
précédents, se contentent de les varier avec quelques modulations
nouvelles ; et c'est à peine si, de temps à autre, Mozart profite de la
collaboration du piano et du violon pour se risquer à de passagères
imitations en dialogue ou en écho. Sans compter, sous cette forme infiniment simplifiée, une impression très particulière, — et très exceptionnelle chez Mozart, — de négligence et de manque d'entrain, comme
si le jeune homme n'avait pas apporté à son œuvre le même enivrement juvénile que nous attestait encore, par exemple, le *divertissement* écrit pour sa sœur quelques semaines auparavant.

Le premier morceau est fait régulièrement de deux sujets, suivis
d'une longue ritournelle mélodique, avec une troisième petite figure
en *coda*, et, suivant le procédé habituel de Mozart à cette date, un
enchaînement de la première partie du morceau avec la seconde. Détail
curieux : Michel Haydn, dans son trio en *ut* et son frère Joseph dans le
susdit trio en *fa*, — à moins que le premier morceau de ce trio fût
également l'œuvre de Michel, ainsi que nous serions très portés à le
croire, — ont adopté, pour leur premier morceau, une coupe de rapsodie, avec quatre ou cinq sujets juxtaposés, une coupe de *rondo* d'où

seraient exclues les reprises du thème ; et nous avons vu déjà que Mozart, dans plusieurs de ses *divertissements*, — et surtout dans son *sextuor* pour la comtesse Lodron de juin 1776, — avait emprunté à son confrère et maître salzbourgeois cette conception d'un morceau à sujets multiples : mais cette fois, dans son trio, il a évidemment voulu maintenir à son œuvre un caractère et une portée plus hauts, en restant fidèle à la coupe classique du morceau de sonate, qui naturellement permettait une extension plus grande des deux sujets traditionnels. Par malheur, la manière dont il a étendu ses sujets a consisté principalement à les répéter, suivant l'ancien procédé italien, ou encore à leur adjoindre de longues ritournelles sans la moindre signification expressive. C'est ainsi que, tout de suite dans le premier morceau, le premier sujet est exposé deux fois, et non pas même de manière à être présenté tour à tour par le piano et le violon, car nous avons dit déjà que celui-ci, dans tout ce premier morceau, se borne presque entièrement à doubler ou à accompagner son partenaire. A ces deux expositions du premier sujet succède une première ritournelle où la main droite du pianiste et le violoniste échangent rapidement quelques imitations, tout ornementales. Puis, après un silence, le piano expose le second sujet, aussitôt suivi, comme nous l'avons dit, d'une longue ritournelle où le violon dessine une petite figure mélodique sur un passage modulé de la main droite du piano. Quant au *développement*, Mozart y reprend le premier sujet en « fausse rentrée » pour procéder aussitôt à une série de modulations mineures sur le rythme initial de ce sujet, avec des réponses continuelles du violon à la main droite du pianiste. Ce *développement* aboutit à un nouveau silence, et Mozart, ensuite, suivant une autre de ses habitudes en 1776, s'occupe assez longuement à préparer sa rentrée, au moyen d'une sorte de prélude ou de transition annonçant déjà le rythme du sujet qu'il va ramener devant nous. Encore convient-il d'ajouter que ce passage, très original et charmant dans maintes œuvres précédentes, se trouve être ici d'une insignifiance extrême, sans autre intérêt que de confier tout à coup au violoncelle une modulation imprévue, un *sol bémol* que ne fait point la basse du piano, et qui est à peu près la seule note libre que contienne toute sa partie. La rentrée, elle, reproduit presque intégralement la première partie : tout au plus y trouve-t-on un renversement d'une petite figure arpégée. Enfin Mozart, à son habitude, tient à terminer le morceau par une *coda*, après la reprise de la seconde partie : mais sans doute son morceau ne l'aura pas intéressé suffisamment pour qu'il se mît en frais d'inventer une *coda* originale, extraite des éléments mélodiques du morceau, car il se borne à compléter celui-ci par six mesures d'une cadence toute rythmique, entièrement dépourvue du moindre caractère individuel.

L'*adagio*, comme nous l'avons dit, s'élève incomparablement au-dessus des deux autres morceaux : mais il le fait beaucoup plus par son émotion poétique, et l'intraduisible douceur sensuelle de sa mélodie, que par l'originalité ou la hardiesse de sa forme. Celle-ci n'a pas même l'admirable unité mélodique de plusieurs des mouvements lents des mois précédents : régulièrement, elle nous offre deux petits sujets très distincts, et suivis encore d'une troisième idée en conclusion. Tout cela

est court, et un peu tassé : mais un charme mystérieux s'en dégage
qui nous empêche de sentir cette brièveté des sujets, ainsi que l'extrême simplicité de leur mise en œuvre. Le premier sujet, notamment,
est un chant d'une suavité merveilleuse, exposé d'abord par le violon,
tandis qu'au-dessous de lui le piano déroule un accompagnement continu en triples croches dont l'allure caressante, les rythmes insinuants,
les modulations chromatiques, semblent envelopper ce chant d'une
atmosphère toute imprégnée de sensualité amoureuse. Puis le même
chant est repris au piano, et c'est le violon qui enlace autour de lui
cette même figure d'accompagnement. Le second sujet, séparé du premier, évoque l'idée d'une plainte, avec l'échange de son rythme de cinq
notes entre les deux mains : le violon n'y intervient que d'une façon
tout accessoire, malgré un double exposé de ce thème : mais il reprend
bientôt la première place dans la figure mélodique qui sert de ritournelle à la première partie, et aboutit à une petite cadence terminant
complètement cette partie, au lieu de l'enchaînement que nous avait
fait voir, en cet endroit, le premier morceau. Le *développement* de
l'*adagio*, assez étendu, est un des plus beaux que Mozart ait encore
composés jusqu'ici. Les deux sujets précédents nous y sont rappelés,
tous deux tranformés et revêtus d'une signification nouvelle. C'est
d'abord, après les barres de reprise, le rythme du second sujet repris
en mineur, sous des figures mélodiques nouvelles de violon ; et puis,
tandis que le piano reprend le rythme sensuel de l'accompagnement du
premier sujet, voici que, sur lui, le violon nous fait entendre un chant
nouveau, qui est comme une condensation expressive de la tendresse
passionnée du sujet primitif! Une gracieuse transition, ensuite, prépare la rentrée, un peu abrégée au début, et, suivant l'usage de Mozart
en 1776, variée par interversion du rôle tenu, précédemment, par les
deux voix principales.

Quant au *rondo* final, nous pourrions nous borner à en dire que
Mozart lui a donné la coupe française du *rondeau*, avec reprise complète de la première partie après l'intermède mineur, et que, dans son
instrumentation comme dans celle de l'*adagio*, le piano et le violon ne
s'arrêtent pour ainsi dire pas d'alterner leurs rôles. Le thème est un
rythme de menuet exposé d'abord au violon, sur un accompagnement
continu du piano, où des harmonies d'une liberté imprévue viennent
encore accentuer l'allure moqueuse et spirituelle du rythme. A cette
première idée succède une longue réponse suivie d'une nouvelle reprise
du thème ; et en réalité, suivant l'habitude de Mozart à la date où
nous sommes, c'est cet ensemble des deux reprises du thème rejointes
par la réponse qui va former, proprement, le thème véritable du rondo,
au lieu des petits sujets très rapides qui, naguère, reliaient entre eux
les divers intermèdes des *rondos* italiens du jeune maître. Les intermèdes, ici, n'ont rien de particulièrement intéressant pour nous, si ce
n'est, peut-être, l'emploi d'une certaine figure, extraite du thème, qui
sert à les rattacher à ce thème ou les uns aux autres. Le premier, en
sol mineur, est exposé tour à tour par le violon 'et le piano, comme
aussi le second en *fa* ; puis une transition prépare la rentrée du thème,
mais aboutit tout d'un coup à trois arrêts successifs, sur des points
d'orgue ; après quoi le thème complet reparaît, chanté maintenant par

le piano, au lieu du violon. L'intermède central, équivalant au *minore*, est en *mi bémol*, et offre la particularité d'être traité en variations, avec une variation dernière où le violon et la main gauche du piano se rejettent une légère figure de doubles croches en imitation sous un trille continu de la main droite, et tandis que le violoncelle est seul chargé de l'accompagnement. Toute la dernière partie du *rondo*, ensuite, ne fait que reproduire la première, avec de légers changements dans l'ordre ou l'instrumentation des divers intermèdes, pour aboutir enfin à une nouvelle et dernière reprise complète du thème.

265. — *Salzbourg, printemps ou été de* 1776.

Sérénade en fa, pour deux violons, deux hautbois (ou flûte et basson), deux cors et basse.

K. 101.

Ms. dans une collection à Londres.

Contredanse. — *Andantino et allegro* (*en sol*). — *Allegro* (*en ré*). — *Final* (*en fa*).

Il s'agit ici d'un ouvrage en tête duquel Mozart non seulement n'a mis aucune indication de date, mais, non plus, aucun titre : car le mot de *Contredanse*, écrit par lui au début de la partition, ne s'applique, évidemment, qu'au premier des quatre petits morceaux. Et quant à la date, Jahn et Kœchel avaient cru pouvoir classer ce petit ouvrage en 1770 : mais André, et après lui Nottebohm, ont déjà rectifié cette erreur évidente en faisant observer que le n° 265 était écrit sur le même papier et se trouvait relié dans un même cahier qu'une série de marches et autres compositions des années 1775-1776. A quoi nous pouvons ajouter que, d'ailleurs, l'extrême simplicité de ces quatre morceaux ne les empêche pas d'être conçus et mis au point avec une aisance singulière, attestant une date bien postérieure à 1770, tandis que, d'autre part, le style et l'inspiration de quelques-uns des morceaux, tels que le prélude *andantino* du n° 2 et le n° 4 tout entier, rattachent indubitablement l'œuvre aux *musiques de table* et autres compositions analogues du milieu de 1776.

Resterait à connaître la destination de l'ouvrage ; et, tout d'abord, on serait tenté d'y voir une simple série de danses, malgré l'allure assez peu dansante de certains passages : mais cette hypothèse se trouve définitivement renversée par une inscription de la main de Léopold Mozart, qui, en tête du manuscrit, a mis le mot : *Ständchen*, c'est-à-dire « sérénade » au sens propre de ce terme, œuvre destinée à être jouée en plein air, devant le balcon d'une dame, ou plutôt encore à la terrasse d'un café, suivant la manière que nous a décrite Burney. Et, en effet,

il n'est point douteux que Mozart, en 1776, a écrit cette suite de quatre
petits morceaux à l'intention de l'une de ces troupes de musiciens
ambulants dont nous savons également que le répertoire consistait
surtout en des rythmes de danses. Cela nous est prouvé par l'allure
populaire des thèmes aussi bien que par l'extrème facilité de leur exécution : mais le jeune homme, à ce moment de sa vie, se trouvait être
particulièrement apte à s'occuper d'ouvrages de cette espèce, et le
fait est, comme nous l'avons dit déjà, que la vive, légère, et exquise
manière de ses *musiques de table* de 1776 se montre à nous, une fois de
plus, dans des morceaux tels que la *gavotte* finale de ce n° 265.

Les morceaux, donc, ont tous des rythmes de danses, avec une coupe
à peu près uniforme : une danse proprement dite, généralement en
deux parties, puis une sorte de *trio*, plus court et d'un caractère plus
chantant ; et enfin, — bien que la chose ne soit pas indiquée dans la
partition, — une reprise complète de la danse qui précédait ce *trio*. Sans
compter que, dans trois des quatre morceaux, ce trio est encore suivi
d'un passage nouveau, évidemment destiné à servir de *coda*. Les idées
sont volontiers un peu trop simples, pour ne pas dire banales, mais
avec, sans cesse, des épisodes où se révèle le génie poétique de Mozart.
Dans le style, naturellement, une homophonie constante, mais, là aussi,
un accompagnement beaucoup plus riche et varié que ne l'aurait
exigé une intention de morceaux à danser. Enfin il va sans dire que le
rôle principal, dans l'instrumentation, est presque toujours réservé
aux deux violons et à la basse, doublés ou discrètement colorés par les
instruments à vent : ce qui n'empêche pas ces derniers d'être toujours
employés avec une intelligence remarquable de leurs ressources symphoniques.

Le premier morceau est, comme nous l'apprend Mozart lui-même,
une « contredanse », chantée le plus souvent en tierces par les deux
violons ; un trio s'y joint, confié surtout aux deux violons, dont le
second accompagne le chant du premier ; et le morceau se termine
(après la reprise de la « contredanse ») par une charmante *coda* où
Mozart s'amuse à rappeler, en le variant, le rythme initial du morceau.

Le n° 2, où une flûte et un basson remplacent les deux hautbois, n'a
point de *coda*, mais se trouve précédé d'un délicieux petit prélude *andantino*, chanté par le basson et le premier violon sur un accompagnement
continu du second violon *pizzicato*. Quant au morceau lui-même, c'est
encore une sorte de contredanse, suivie d'un trio assez insignifiant.

Dans le n° 3, d'allure plus chantante, et où les vents ont déjà un rôle
plus libre, la danse proprement dite s'enchaîne avec le *trio*, ou passage
intermédiaire, et, de nouveau, le morceau s'achève par une *coda* rappelant, avec d'ingénieuses variations, le rythme du premier sujet.

Le quatrième et dernier morceau est une *gavotte*, d'une élégance et
d'une limpidité admirables, suivie d'un joli trio où le chant, par exception, appartient aux deux hautbois. Une longue *coda* sert à clore ce
morceau et la sérénade entière, toujours consacrée à une reprise
variée, et comme concentrée, du rythme par lequel débutait le morceau.

266. — *Salzbourg, été de* 1776.

Adagio de concerto en mi, pour violon avec accompagnement de
deux violons, alto, deux flûtes, deux cors et basse.

K. 261.
Ms. à Berlin.

L'autographe de cet *adagio* porte simplement l'inscription : *Adagio di*
A. W. Mozart, 1776; mais le style et l'expression du morceau nous permettent d'affirmer qu'il a dû être composé dans le plein épanouissement de la manière poétique de Mozart, c'est-à-dire plutôt vers le
milieu qu'au début de 1776. Et quant à la destination du morceau,
elle nous est révélée par une lettre de Léopold Mozart, qui, en
octobre 1777, rappelle à son fils « un *adagio* et un *rondeaux* écrits pour
Brunetti ». Ce Brunetti était le violoniste de la Cour de Salzbourg; et,
jugeant trop difficiles pour lui certains morceaux des concertos de
Mozart, il avait prié le jeune homme de les lui remplacer par d'autres,
plus faciles. C'est ainsi que le présent *adagio* avait pour objet de se
substituer au grand et magnifique *adagio* du concerto en *la* de décem
bre 1775 (n° 239) ; et, en effet, il suffit de jeter les yeux sur la ligne mélo
dique du morceau pour reconnaître une intention expressive toute
pareille à celle que nous avons signalée dans le grand *adagio* susdit._
Mais nous sentons que, maintenant, le travail de simplification du jeune
maître s'est étendu aussi bien au sentiment qu'à la forme du morceau,
et cela non point pour répondre au désir de Brunetti, mais par un effet
du changement qui s'était produit dans le style et dans le cœur même
de Mozart. Tel qu'il est, et peut-être précisément en raison de cette
simplicité, le nouvel *adagio* est assurément une des œuvres les plus
caractéristiques du génie de Mozart durant cette merveilleuse période
de sa vingtième année. Non seulement les chants nous offrent une
pureté, une douceur tendre, une sensuelle et naïve beauté sans
pareilles, incomparablement rehaussés et mis en valeur par l'accompagnement, à la fois très discret et très modulé, de l'orchestre : nous
découvrons en outre, entre ces petits chants ou plutôt entre ces phrases
d'un même chant unique, une étroite et profonde parenté qui nous les
fait apparaître comme découlant forcément les uns des autres, avec ce
caractère de nécessité que nulle œuvre musicale ne nous fait voir entre
ses parties d'une façon aussi absolue et mystérieuse que celle de Mozart.

Le morceau débute par quatre mesures de prélude, où l'orchestre
dessine une première ébauche du chant que va nous faire entendre
le violon. Puis celui-ci reprend ce même chant, le varie et l'étend, y
ajoute une sorte de réponse nouvelle qui équivaut à ce que nous avons
appelé le sujet libre du soliste. Après quoi Mozart imagine de préparer,
une fois encore, à l'orchestre, la suite du chant du violon. Au lieu de

nous exposer ses deux sujets dans le prélude, c'est maintenant que, après l'achèvement du premier sujet au violon, le *tutti* dessine une autre figure, d'ailleurs toute semblable à la première par son expression, et qui, elle, ne va plus être reprise, mais seulement continuée par le soliste, pour aboutir à la première grande cadence traditionnelle. Aussitôt après, l'orchestre entame une figure de transition nouvelle, mais toute remplie d'éléments empruntés à son prélude initial, et s'enchaînant, comme lui, avec le chant du violon. Ce chant, qui fait ici fonction de *développement*, et est même plus étendu que l'ordinaire des *développements* de Mozart, nous présente, en quelque sorte, l'exaltation et la concentration pathétiques du sentiment exprimé dans les mélodies précédentes. Toujours maintenu dans des tonalités mineures, sans ombre d'ornements superflus, il est accompagné par l'orchestre en une série incessante de modulations qui, peu à peu, se trouvent encore rendues plus poignantes par l'allure syncopée que revêt le rythme des violons et des flûtes. Et ce n'est pas tout : lorsque Mozart ensuite, dans la rentrée, ramène devant nous la première partie, il ne s'arrête point de la varier librement, abrégeant certains passages mélodiques pour en allonger d'autres, avec un souci manifeste d'insister sur la signification pathétique de l'émotion à la fois ardente et inquiète dont il est animé. Ainsi cette reprise se poursuit, jusqu'au retour de la cadence qui terminait la première partie ; et, de nouveau, l'orchestre continue encore à chanter, lorsque le soliste s'est tu, nous préparant cette fois à la cadence facultative du virtuose. Et enfin, en manière de *coda*, ce sont encore les premières mesures du prélude qui s'exhalent doucement de l'orchestre, autre témoignage de cet intense besoin d'unité artistique qui, en 1776, portait le jeune homme à vouloir encadrer ses morceaux entre deux expositions pareilles d'une même figure mélodique.

Au point de vue de l'orchestration des *tutti*, nous nous bornerons à noter que, très simple et discrète comme l'invention même du morceau, elle n'en atteste pas moins une sûreté et une homogénéité supérieures à ce que nous ont montré les concertos de 1775. L'alto, notamment, recommence à se détacher tout à fait de la basse ; et si les flûtes n'ont pas ici de *soli* caractéristiques, du moins donnent-elles à l'ensemble harmonique une couleur qui suffit à légitimer leur présence dans l'orchestre.

267. — *Salzbourg, été de* 1776.

Rondeaux de concerto en si bémol, pour violon avec accompagnement de deux violons, alto, deux hautbois, deux cors et basse.

K. 269.
Ms. à Berlin.

Ce *rondo* ne porte point de date, sur l'autographe : nous savons seulement, par une lettre de Léopold Mozart, écrite le 25 septembre 1777, qu'il s'agit là de « rondeaux faits pour Brunetti », tout de même que l'*adagio* n° 266 ; et bien que l'orthographe française du mot *rondeaux*, tel qu'il figure en effet sur le manuscrit, puisse d'abord nous faire penser à l'année 1775, le style du morceau nous prouve indubitablement que celui-ci a dû être composé dans l'été de 1776, en même temps que les *rondos* du *divertissement* pour la sœur n° 261 et du trio avec piano n° 264. Quant à la destination du *rondo*, sur ce point encore aucun doute n'est possible : Mozart l'a écrit pour remplacer le finale de son premier concerto de violon n° 222, et cela non point, comme l'*adagio* n° 266, parce que le violoniste Brunetti trouvait le morceau primitif trop long ou trop difficile, mais parce que ce finale du concerto en *s bémol*, seul de toute la série, n'avait point la coupe du *rondo*, désormais considérée comme indispensable pour tous les finales de concertos. Aussi bien Mozart allait-il, plus tard, substituer pareillement un *rondo* à l'un des plus magnifiques de tous ses finales de concertos celui de son premier concerto de clavecin en *ré*, n° 192.

Comme nous l'avons dit, ce délicieux *rondo* en *si bémol* nous offre toutes les particularités du style de Mozart au plus beau moment de sa grande période « galante » de 1776. Au lieu de la forme disparate et rapsodique des *rondos* de 1775, il est écrit avec une préoccupation manifeste d'unité intime, et le jeune homme, afin de rendre plus profonde cette impression d'unité, a imaginé ici, comme dans plusieurs autres *rondos* de la même période, un procédé à la fois très simple et très ingénieux, consistant à relier entre elles toutes les parties du morceau au moyen de retours incessants d'une même petite figure mélodique, — cette fois, d'une ritournelle achevant l'exposé du thème. Cette ritournelle reparaît après le premier intermède, préparant la rentrée complète du thème ; elle reparaît en mineur après le grand intermède central, et c'est elle encore qui, après le troisième intermède, sert à amener un curieux passage modulé précédant la dernière reprise du thème du violon solo.

Le thème, exposé d'abord par le soliste, suivant l'habitude constante de Mozart pour les finales, est suivi d'une ritournelle d'orchestre dont le rythme vif et passionné rappelle beaucoup certains passages du premier petit chœur de *Don Juan*. Le premier intermède, en *si bémol*, n'est tout entier qu'un chant de violon, discrètement accompagné par l'orchestre ; le second, entamé par le soliste sans accompagnement, débute en *mi bémol*, mais module bientôt en mineur, pour aboutir, comme nous l'avons dit, à une reprise en mineur de la gracieuse figure finale du thème ; et à ce grand intermède central, Mozart, suivant son habitude de 1776, en ajoute encore un troisième, plus petit, où le violon dessine, au-dessus de l'orchestre, une légère broderie en un rythme continu de doubles croches. Puis, avant une reprise variée du thème par le soliste, qui maintenant le reprend en partage avec les hautbois, un nouveau retour de la figure susdite est suivi, comme nous l'avons dit, d'un intéressant passage très modulé, et d'un caractère pathétique destiné à faire mieux ressortir l'enjouement de la reprise qui vient ensuite. A cette reprise succède la cadence facultative, après laquelle Mozart reproduit complètement le thème du *rondo* avec sa ritournelle, et toujours encore exposé, au début, par le soliste. Comme l'on voit, ce *rondo* a la forme des anciens *rondos* italiens de Mozart, sans reprise d'aucun des intermèdes dans sa dernière partie : mais cette forme abrégée aura sans doute été conseillée à Mozart par le désir de conserver pour le finale de son concerto une longueur proportionnée à celle des deux morceaux précédents.

Ajoutons que, ici comme dans l'*adagio*, la partie du violon solo est sensiblement plus facile que dans les autres morceaux des concertos de Mozart : tout au plus y trouve-t-on, çà et là, de ces grands écarts que le jeune homme imposait volontiers aux violonistes, naguère, dans ses morceaux produits sous l'influence viennoise, et qui, sans doute, devaient être l'un des artifices préférés du médiocre virtuose de la cour de Salzbourg.

Nous avons dit déjà que les hautbois, se substituant aux violons, partageaient avec le violon solo une des reprises du thème. Dans le reste du morceau, leur rôle est assez insignifiant, de même que celui des cors ; et toute l'orchestration, d'une façon générale, est très simple, avec un caractère évident de hâte improvisée.

268. — *Salzbourg, septembre* 1776.

Air bouffe en ré, pour ténor avec accompagnement de deux violons, alto, deux hautbois, deux cors et basse.

K. 256.
Ms. à Berlin.

In tempo comodo d'un gran ciarlone.

Encore un air (comme les nᵒˢ 225, 226 et 238) écrit par Mozart pour en remplacer un autre dans un opéra bouffe ; et le manuscrit, cette fois, nous apprend que le chanteur pour qui l'air a été composé s'appelait Palmini. Au reste, on peut à peine dire qu'il s'agisse là d'un air : un vantard grotesque débite, avec une volubilité continue, une série de sottises plus ou moins drôles, malgré les efforts que fait pour l'interrompre un autre personnage nommé Don Timoteo. Et le fait est que, dans l'air de Mozart, l'accompagnement seul a une certaine portée musicale : pendant que le personnage déroule son *parlando*, où se trouve à peine l'embryon d'une ligne mélodique, l'orchestre, avec des intervalles de soupirs ou de silences, reprend dans divers tons, en le variant un peu chaque fois, un rythme très léger et très gai, qui risquait peut-être de sembler trop ambitieux dans un air de ce genre, mais qui évoque déjà les charmantes figures d'accompagnement des airs de Leporello dans *Don Juan*.

269. — *Salzbourg, septembre* 1776.

Récitatif et air en rondeau, pour alto avec accompagnement de deux violons, alto, deux hautbois, deux cors et basse.

K. 255.

Ms. chez le duc de Saxe-Cobourg à Gotha.

Récitatif : andante : Ombra felice en fa. — *Rondeau : andante moderato : Io ti lascio (en fa) et allegro assai : Il più barbaro.* — *Paroles d'une Didone abbandonata.*

Ce morceau n'était nullement destiné à être chanté seul dans un concert, comme le pensait Jahn. Le texte en est emprunté à une *Didone abbandonata* composé par l'italien Michel Mortellari, élève de Piccinni ; et c'est évidemment pour remplacer un air de Mortellari, pendant une représentation de l'opéra à Salzbourg, que Mozart a écrit cet air, à la demande d'un castrat nommé Fortini, qui faisait alors partie de la chapelle archiépiscopale. Les paroles du récitatif, exprimant la douleur d'un adieu, sont traduites avec beaucoup de justesse, et leur accompagnement, relativement très discret, achève de marquer l'émotion du personnage. Quant à l'air, il est traité en *rondeau* à la française, comme deux airs que nous avons vus dans le *Re Pastore* ; c'est-à-dire qu'il se compose de deux sujets alternés, dont l'un reste non varié, tandis que l'autre est exposé dans des tons différents, et avec des variations assez importantes. Le premier sujet, *andante moderato*, sert à dire : « Je te laisse, et Dieu sait si je te reverrai ! » Le second sujet, *allegro assai*, est sur des paroles qui disent : « Justes dieux ! a-t-on jamais souffert un tourment plus barbare ? » mais Mozart, par un véritable trait de génie, a imaginé de donner à chacun de ses deux sujets une sorte de refrain tragique, toujours varié, sur les mêmes paroles : « Je pars, je te laisse, ô supplice ! [1] » Ce refrain s'emploie excellemment à relier entre

---

1. Nous avons vu déjà, dans les nᵒˢ 259, 264 et 267, que Mozart, dans ses

elles les reprises des deux sujets, dont chacun est d'abord répété deux fois. Le premier est d'un rythme chantant, et assez insignifiant, un vrai thème de *rondeau* ; le second est d'une expression très passionnée, avec des modulations d'une grande beauté. Puis, quand les deux sujets ont été répétés deux fois, Mozart les ramène deux fois encore, mais abrégés, et en intervertissant l'ordre de leurs thèmes : cela pour former une *strette*, et peut-être aussi pour traduire les hésitations d'Énée, qui ne peut se résigner à quitter sa maîtresse. L'accompagnement, dans l'air comme dans le récitatif, est plus réservé qu'il ne l'est d'ordinaire chez Mozart ; mais le chant, par contre, est d'un caractère vocal très particulier, — tout en étant très simple, sans aucune cadence, ce qui suffirait à prouver qu'il ne s'agit point là d'un morceau de concert, — et très bien adapté aux ressources propres d'une voix d'alto. Nous sentons là que Mozart, vers la fin de 1776, et probablement sous l'effet de son retour à la musique religieuse, recommence à se préoccuper du rôle et des exigences de la voix humaine.

Notons encore que la partie de la basse est chiffrée, ce qui indique que, suivant l'usage ancien, le maître de chapelle du théâtre de Salzbourg tenait le clavecin tout en dirigeant son orchestre.

270. — *Salzbourg, entre janvier et septembre* 1776.

Air en sol (Licenza), pour soprano avec accompagnement de deux violons, alto, deux hautbois, deux cors et basse.

K. 126.

Ms. à Berlin.

Ah! perche cercar. — *Adagio et allegro.*

Cet air était destiné à remplacer, pour une nouvelle représentation du *Sogno di Scipione*, la *licenza* écrite par Mozart en 1772 pour être chantée à la fin de cette pièce. On ignore la date exacte de sa composition : mais l'écriture de l'autographe atteste qu'il a été composé assez long-temps après la partition du *Sogno di Scipione*, à laquelle Mozart l'a joint, en appendice ; et comme il ne peut pas être de 1775, où la pièce de fête de Salzbourg a été le *Re Pastore*, et comme, étant donnée son orchestra-tion, il ne peut pas être postérieur au grand voyage de Mozart en 1778, tout porte à croire qu'il aura été composé en 1776 ou en 1777, mais

rondos instrumentaux du milieu de 1776, avait pareillement l'habitude de relier entre eux les divers épisodes au moyen de retours variés d'une même figure caractéristique.

plutôt dans la première de ces deux années : car sa musique est d'un caractère brillant et un peu facile qui rappelle maintes œuvres instrumentales de 1776. Composé sur les mêmes paroles que l'air de la *licenza* de 1772, l'air nouveau a, pareillement, la forme d'une *cavatine* en deux strophes, chacune faite de deux sujets distincts. Mais la différence est énorme entre les deux airs : les sujets, dans le second, sont à la fois beaucoup plus amples, plus mélodiques, et plus musicaux ; et Mozart, dans la seconde strophe, au lieu de se borner à de petites variantes superficielles, les a, tous deux, étendus et variés considérablement. Au reste, ni les paroles de l'air, ni le personnage qu'elles étaient destinées à célébrer, ne prêtaient à un traitement expressif ; et le fait est que l'air de Mozart est d'une invention toute musicale, sans aucun souci de s'adapter au sens des paroles. Avec le contraste de ses deux sujets, de la grâce chantante du premier et du rythme plus accentué du second, avec ses nombreuses cadences, d'un dessin très élégant, avec le charme léger de son accompagnement, relevé de quelques imitations très simples et très mélodiques, c'est là un agréable morceau de concert, où se retrouvent bien les qualités qui caractérisent toute l'œuvre de Mozart pendant cette première période de 1776.

VINGT-TROISIÈME PÉRIODE

UN ÉPISODE DE MUSIQUE RÉLIGIEUSE

(SALZBOURG, SEPTEMBRE-DÉCEMBRE 1776.)

Des quatre derniers mois de l'année 1776 nous ne possédons absolument, en fait d'œuvres authentiques de Mozart, que trois messes ; en vérité il ne semble pas même que le jeune homme, après son abondante production instrumentale et mondaine des mois précédents, ait produit un seul ouvrage quelconque en dehors de ces trois œuvres purement religieuses. Simple hasard, ou changement délibéré et volontaire ? Aucun document n'a de quoi nous renseigner sur ce point. Mais il n'en est pas moins curieux que l'unique pièce d'archives qui se soit conservée de cette période se trouve être, précisément, une lettre du jeune homme à son ancien maître et ami de Bologne, le P. Martini, où Mozart entretient surtout son correspondant de l'état de la musique religieuse à Salzbourg. Voici cette lettre, d'un intérêt extrême au double point de vue historique et individuel :

De Salzbourg, ce 7 septembre 1776.

Très Révérend Père et Maître,
Mon très estimé maître,

La vénération, l'estime, et le respect que je porte à votre révérée personne me stimulent à venir vous importuner par la présente lettre, et à vous envoyer ci-joint un faible échantillon de ma musique, en la soumettant à votre souverain jugement. J'ai écrit, l'an passé, un opéra bouffe (la *Finta Giardiniera*) à Munich, en Bavière. Peu de jours avant mon départ de cette ville, Son Altesse le prince Électeur a désiré entendre aussi quelque chose de ma musique de contrepoint. J'ai donc été obligé d'écrire ce motet en grande hâte, afin qu'on eût le temps d'en copier la partition pour Son Altesse, et d'en transcrire les parties de manière à pouvoir exécuter le morceau le dimanche suivant, à l'offertoire de la grand'messe.

CAV. AMADEO WOLFGANG MOZART

Accad. filarmon. di Bologna e di Verona

Mon très cher et estimé Père et Maître, je vous prie bien instamment de m'en dire votre opinion, toute franche et sans réserve. Nous sommes en ce monde pour nous efforcer d'apprendre toujours, pour nous éclairer les uns les autres au moyen d'échange d'idées, et pour nous appliquer à faire avancer de plus en plus les sciences et les arts. Que de fois, oh ! que de fois j'ai éprouvé le désir de vivre plus près de vous, afin de pouvoir m'entretenir avec vous, mon révéré père ! Je vis ici dans un pays où la musique fait très peu fortune, bien que, sans parler même des maîtres qui nous ont quittés, nous possédions encore des artistes de valeur, et notamment des compositeurs ayant beaucoup de fond, de savoir, et de goût.

Pour ce qui est du théâtre, nous sommes très mal partagés en fait de chanteurs. Nous n'avons point de castrats, et n'en trouverons pas facilement : car ces gens-là veulent être bien payés, et la libéralité n'est point notre défaut. Pour ma part, cependant, je m'occupe à écrire de la musique de chambre et de la musique d'église. Il y a encore ici deux autres contrapuntistes, à savoir les sieurs Michel Haydn et Gaëtan Adlgasser. Mon père est maître de chapelle à la cathédrale, ce qui m'offre l'occasion d'écrire pour celle-ci autant que je veux. Mon père, d'ailleurs, étant déjà depuis trente-six ans au service de cette Cour, et sachant bien que l'archevêque n'aime guère les figures anciennes, ne se soucie plus que très peu d'exécutions musicales, et s'est désormais adonné à la littérature de son art, comme à son étude favorite.

Notre musique d'église est très différente de celle qui se pratique en Italie, et d'autant plus qu'une messe, avec *Kyrie, Gloria, Credo,* la *Sonate* après l'épître, l'*Offertoire* ou *Motet,* le *Sanctus* et l'*Agnus Dei,* même dans les plus grandes fêtes, quand c'est le prince en personne qui officie, ne doit pas durer plus longtemps que trois quarts d'heure au plus. Aussi un tel genre de composition exige-t-il une étude spéciale, sans compter que, malgré cette brièveté, la messe susdite doit être avec tous les instruments, y compris des trompettes militaires ! Oui, mon bien cher père, cela est ainsi !

Oh ! combien cela me serait bon de pouvoir encore vous raconter toute sorte de choses ! Je me recommande humblement à tous les membres de la Société Philharmonique, les prie toujours plus cordialement de m'accorder leur faveur, et ne cesse point de déplorer qu'il me faille vivre si loin de l'homme que j'aime, apprécie, et vénère le plus au monde, et à l'égard duquel je reste immuablement son très humble et très dévoué serviteur,

Wolfgang-Amade Mozart.

De la réponse du vénérable P. Martini, datée du 18 décembre sui-

vant, un passage seulement nous a été conservé. Le vieux maître y
écrivait à son jeune élève et ami :

« En même temps que votre bonne lettre, j'ai reçu les motets. Je
les ai examinés avec plaisir, d'un bout à l'autre, et je dois vous dire
en toute franchise qu'ils m'ont beaucoup plu, car j'y ai trouvé tout
ce qui distingue la musique moderne, c'est-à-dire une bonne harmonie, des modulations bien mûries, un mouvement des violons
excellemment approprié, une coulée naturelle des voix, et une élaboration remarquable. Je me réjouis tout particulièrement de constater que, depuis le jour où j'ai eu l'agrément, à Bologne, de vous
entendre sur le clavecin, vous avez fait d'aussi grands progrès dans
la composition. Mais il faut que vous continuiez infatigablement à
vous exercer : car la nature de la musique exige un exercice et une
étude approfondis, aussi longtemps que l'on vit », etc.

La lettre des Mozart, telle qu'on vient de la lire, trouve son explication dans des lettres ultérieures du jeune homme et de son père,
qui nous font comprendre ce désir soudain, chez l'ancien élève du
P. Martini, de se rappeler au souvenir de son vieux maître bolonais.
En réalité, il paraît bien que c'est Léopold Mozart qui a eu l'idée de
cette démarche, en vue du grand voyage de Wolfgang, décidé déjà,
évidemment, depuis le milieu de l'année 1776. Le père de Mozart,
sentant que son fils ne pouvait plus rien attendre de la faveur du
nouvel archevêque, avait rêvé, pour Wolfgang, un emploi plus
honorable et lucratif auprès d'une autre Cour ; et il avait pensé, un
peu naïvement, que la meilleure recommandation pour le jeune
Wolfgang ne pourrait lui venir que du P. Martini, qu'il continuait à
regarder comme le plus savant et plus autorisé des juges, en
matière de musique. Ainsi la lettre qu'on vient de lire avait, à son
point de départ, une idée intéressée : mais son contenu suffit à nous
montrer que Mozart, en l'écrivant, n'a vraiment pensé qu'à rentrer
en rapports avec le vénéré maître de son enfance. Et sa lettre n'a
pas seulement pour nous l'avantage de nous révéler sa charmante
tendresse et simplicité de cœur : c'est chose bien significative, aussi,
que le jeune homme, dans cette lettre, ne parle au P. Martini que de
musique religieuse. Sans doute, il se souvient que le vieillard s'occupe surtout de cette musique-là : mais lui-même, avec son abandon
naturel, n'en parlerait pas aussi exclusivement si, au moment
où il écrivait sa lettre, il ne s'y était trouvé entièrement plongé.
Et, en effet, comme nous l'avons dit, il est curieux de noter que,
depuis ce mois de septembre 1776 jusqu'au début de l'année suivante, tout son travail artistique se soit borné à la composition de
trois messes. « La situation de mon père, écrit-il au P. Martini, me
fournit l'occasion de composer de la musique d'église autant qu'il
me plaît. » Mais encore pouvons-nous être surpris que, durant ces
quatre mois, cette composition de musique d'église lui ait plu, brus-

quement, au point de lui faire négliger tous les autres domaines de son art. Il y a là, incontestablement, un problème d'ordre psychologique beaucoup plus qu'historique, c'est-à-dire ressortant plutôt des sentiments intimes du jeune maître que des circonstances extérieures. Et la solution de ce problème nous apparaît clairement lorsque, après avoir considéré la production de Mozart pendant la première période de 1776, nous étudions les trois messes qu'il va composer entre septembre et décembre de la même année.

Évidemment, dès le milieu de l'année, le jeune homme aura commencé à sentir tout ce qu'avait d'artificiel et d'insuffisant cette « galanterie » où il s'était adonné sans arrêt depuis les premiers mois de l'année précédente : l'inquiétude profonde que vont nous révéler ses œuvres instrumentales de 1777, il en aura senti déjà de vagues atteintes au moment où il aura composé la *Sérénade pour Haffner* et son *trio de piano* nº 264. Là-dessus, le hasard lui aura offert l'occasion de composer une messe ; et c'est alors, pendant ce travail, qu'il aura achevé de découvrir à quel point l'idéal « galant » laissait inutilisée, en lui, la plus belle part de son génie de poète et des hautes aspirations de son cœur. Si bien que, profitant de sa liberté « d'écrire pour l'église autant qu'il voulait », il aura aussitôt rêvé de refaire une autre messe, et puis une autre encore, où il pourrait satisfaire plus pleinement l'instinct de vie et de beauté musicales dont il était dominé. Et ainsi, de proche en proche, presque à son insu, une révolution totale se sera accomplie dans son art, le laissant décidément libéré de son ancien idéal « galant », sauf pour lui à ne pas savoir encore quel autre idéal il aurait à lui substituer, en dehors du genre de la musique religieuse. Par là s'expliquent la longue série des recherches et tâtonnements qui vont remplir toute son œuvre de l'année 1777, jusqu'au jour de son départ pour Mannheim et Paris. Mais la crise qui va se traduire à nous durant cette période, nous savons à présent qu'elle s'est annoncée déjà dès les derniers mois de 1776, sous l'influence de cette production exclusive de musique religieuse, et que même déjà, dès cette date, elle se sera trouvée tranchée en ce qui concerne ladite musique religieuse, puisque, comme nous le verrons, la troisième des messes de cette période nous le montre déjà réussissant à se constituer un style religieux absolument distinct de son style instrumental, et à peu près tel, en somme, qu'il restera désormais jusqu'au terme de sa carrière.

Le fait est que l'étude des trois messes de la fin de 1776 atteste pour nous, une fois de plus, l'étonnante rapidité et sûreté avec laquelle Mozart s'est toujours laissé conduire, dans l'évolution de sa manière, par la poussée secrète de son génie créateur. La première messe, chantée en novembre, mais sans doute commencée dès septembre ou octobre, se sert toujours encore, à l'église, du style homophone,

mélodique et beaucoup plus instrumental que proprement vocal, qui,
après nous être apparu dans la *Messe* de 1775, n'a point cessé de
constituer le fond du langage de Mozart jusque dans ses *Litanies* et
sa grande *Messe* de la première période de 1776. Mais déjà nous
sentons que le jeune homme s'efforce, tout en continuant à pratiquer
ce style, de lui donner un caractère sinon religieux, du moins grave,
recueilli, aussi pénétré que possible de l'expression d'une simple et
douce piété. Et c'est ce même effort qui, dans la troisième messe,
par une pente à peine sensible, va amener Mozart à réintroduire
dans son style religieux non plus le contrepoint savant et riche, mais
encore tout épisodique et toujours beaucoup plus « galant » que
religieux, des litanies et de la messe n° 254, mais, pour ainsi dire, un
langage polyphone, un langage où chaque voix, sans affectation de
science, ni d'adresse, tend à avoir son chant propre, son allure distincte. Ainsi, peu à peu, en travaillant à ces messes, le jeune homme
va se détacher de l'appareil d'idées et de procédés qu'il s'est plu à
s'assimiler depuis un an et demi ; et quand, ensuite, il se remettra à
la composition d'œuvres instrumentales et profanes, ce sera presque
à son insu, insensiblement, qu'il se trouvera conduit à vouloir réaliser, là encore, une révolution et un progrès de la même espèce que
ceux qu'il a vus s'accomplir en lui dans le genre particulier de la
musique religieuse, — sans compter, peut-être, toute sorte de curiosités et d'ambitions, longtemps assoupies, qu'aura réveillées dans
son cœur cette fréquentation plus assidue de l'église, aussi bien au
contact d'œuvres d'une portée plus haute que, directement, sous
l'influence ennoblissante de l'émotion catholique.

271. — *Salzbourg, octobre et novembre* 1776.

Messe en ut, pour quatre voix, deux violons, deux hautbois, deux
trompettes, deux trombes, timbales, basse et orgue.

K. 257.
Ms. à Berlin.

*Kyrie : andante maestoso et allegro. — Gloria : allegro assai. —
Credo : allegro molto ; andante en la mineur (Et incarnatus) ;
molto allegro (Et resurrexit). — Sanctus : allegretto et allegro molto*

\(Hosanna). — *Benedictus : allegro (en fa). — Agnus Dei : andante maestoso et allegro vivace (Dona nobis).*

Comme nous l'avons dit, cette messe, encore écrite dans le même style que la messe de 1775 et que les litanies et la messe de la première période de 1776, est cependant déjà d'un esprit différent. Mozart, évidemment, tâche à s'y servir de sa belle langue mélodique d'alors pour exprimer des sentiments d'une piété recueillie. Dans l'ensemble comme dans le détail, nous découvrons le même essai de simplification, de concentration, la même tendance à relever l'émotion traduite, à lui donner plus d'ampleur et de gravité. Le contrepoint, comme dans la messe précédente, n'apparaît encore que d'une façon épisodique : mais toujours le chant, homophone ou polyphone, garde une allure très sobre et très condensée ; et le même progrès se fait sentir dans l'accompagnement, où le rôle principal est donné à l'orgue, dont Mozart, pour la première fois, sépare les parties de celle de la basse.

Le *Kyrie* commence par de beaux appels, à la manière de la messe en *ut mineur* n° 128 ; puis vient un *allegro* légèrement contrepointé, mais très court et très resserré, se répétant tout entier dans la seconde partie du morceau.

Dans le *Gloria*, d'un caractère homophone, nous retrouvons la même aspiration à un mélange de grandeur et de simplicité. *Soli* et *tutti* alternent sans aucune recherche d'effets extérieurs, poursuivant la même expression d'invocation pieuse, jusqu'au moment où le *Quoniam tu solus* ramène, en l'abrégeant, l'entrée du morceau. Il n'y a pas jusqu'à l'*Amen* qui, dans sa brièveté, ne continue et ne rehausse l'émotion de l'ensemble : c'est un petit chœur homophone traité, en *coda* sur le motif du *Gloria*.

Le *Credo* qui suit est certainement, de tous les *credos* de Mozart, celui où se montre le plus le désir de donner à cette partie de la messe une expression religieuse appropriée. Pour y parvenir, Mozart, recourt de nouveau à un procédé qu'il a employé déjà dans sa messe en *fa* de 1774 ; constamment, au cours du *Credo*, il fait répéter à son chœur le mot *credo*, sur un thème distinct du reste de la contexture musicale. Mais tandis que, dans la messe en *fa*, la répétition de ce thème jouait surtout un rôle musical, et servait à relier entre elles les autres phrases du morceau, ici, ce petit thème très simple, invariable, toujours chanté à l'unisson, a manifestement un caractère liturgique, et ne se répète que pour nous rappeler que nous sommes en présence d'un grand acte de foi. Tout le *Credo*, d'ailleurs, en comparaison de ceux des messes précédentes, garde une énergie simple et concentrée qui répond évidemment à la même préoccupation générale : à peine l'*Et incarnatus* et le *Crucifixus* suivants se détachent-ils du reste du *Credo*, avec un caractère d'abord plus gracieux et mélodique, puis plus vigoureusement pathétique ; après quoi l'*Et resurrexit* reprend librement le rythme, mais non point le thème, du *credo ;* et ce rythme se poursuit, avec un souci constant d'accommodation aux paroles, jusqu'aux imitations brèves et rapides de l'*Amen*. Les solistes, ici comme dans presque toute la messe, chantent ensemble, sans rompre l'unité du rythme ni du sentiment du morceau entier. Et déjà les passages en contrepoint, quand ils interviennent, sont amenés plus directement que dans les messes précédentes ; déjà Mozart s'efforce de les fondre dans la grande masse de son langage musical.

Les mêmes caractères se retrouvent dans le *Sanctus* qui, après s'être ouvert par le thème de quatre notes qui a déjà servi pour le *Credo* de la messe en *fa*, ne forme en vérité qu'une seule grande phrase jusqu'aux dernières mesures de l'*Hosanna*, malgré l'accélération du mouvement après le *Pleni sunt cæli*. Seul le *Benedictus*, chanté en quatuor par les solistes, relève encore, par son inspiration, du style des messes précédentes : avec son léger accompagnement des violons, et les agréables imitations de ses quatre voix, c'est une sorte d'*andante* de symphonie transporté dans la musique d'église. Il en a, d'ailleurs, la coupe à peu près régulière.

La première partie de l'*Agnus*, d'un très beau travail d'écriture, a bien, elle aussi, une allure plus en dehors que la plupart des morceaux précédents : elle est accompagnée d'un grand chant de violon, et les instruments à vent y tiennent aussi une place importante. Par contre, le *Dona pacem*, avec la phrase mélodique qui l'ouvre et qui le ferme, est sensiblement plus sobre, plus simple, et plus choral que l'ordinaire des *Dona nobis*, qui sont presque toujours, il faut bien l'avouer, la partie la plus fâcheuse des messes de Mozart.

272. — *Salzbourg, décembre* 1776.

Messe en ut, pour quatre voix, deux violons, deux trompettes, timbales, basse et orgue.

K. 259.

Ms. à Berlin.

Kyrie : andante. — *Gloria : allegro*. — *Credo : allegro ; andante* (*Et incarnatus*) ; *allegro* (*Et resurrexit*). — *Sanctus : adagio maestoso et allegro* (*Pleni sunt*). — *Benedictus : allegro vivace* (**en sol**). — *Agnus Dei : adagio et allegro* (**Dona nobis**).

Sans être aussi insignifiante que la messe en **ut** de 1775, cette petite messe doit également avoir été composée très vite. Malgré la présence, çà et là, de quelques imitations, et bien que le *Benedictus*, notamment, avec son importante partie d'orgue, soit d'un travail intéressant, l'ensemble de la messe, chant et accompagnement, atteste l'improvisation d'un jeune homme qui, après le grand effort de la messe n° 271, se détend l'esprit avant de s'essayer à un style tout nouveau. Le style de cette messe-ci est exactement celui de la précédente, mais traité rapidement, et tout rempli de procédés qu'on vient déjà de voir dans l'autre messe. Avec cela, des morceaux très courts, d'un métier et d'une expression très nets, mais simples et faciles. On dirait vraiment une imitation, simplifiée et réduite, de la messe précédente.

Le *Kyrie*, après un petit prélude d'orchestre, est chanté en imitations ; mais, dès la 15e mesure, tout est fini, et la première partie se répète presque sans changement.

Dans le *Gloria*, très court, tout homophone, et entremêlé de petits soli, Mozart ne poursuit sa composition que jusqu'au *Qui tollis* : après quoi, suivant son procédé de 1776, il ne reprend que le second sujet du *Gloria*, en le variant un peu ; et le *Cum Sancto Spiritu* reproduit l'entrée du morceau, exactement répétée jusqu'aux dernières mesures de l'*Amen*.

Pareillement le *Credo*, après le petit *andante* de l'*Et incarnatus* et du *Crucifixus*, reprend la première partie jusqu'à la fin de l'*Amen*, avec de légères variantes et additions. L'accompagnement de ce *Credo* est une figure continue des deux violons, à l'unisson, très simple, mais d'un bel effet, se dessinant au dessus d'une autre figure continue des basses, d'une énergie très originale.

Le *Sanctus*, avec ses deux mouvements, est, lui aussi, d'une simplicité extrême : encore l'est-il moins qu'un autre *Sanctus* que Mozart avait d'abord improvisé, et qui, lui, ne changeait de mouvement qu'à l'*Hosanna*. Au contraire le *Benedictus*, comme nous l'avons dit, paraît avoir particulièrement intéressé Mozart. Traité en morceau de sonate, avec *développement* et *rentrée variée*, il s'ouvre par un petit *solo* d'orgue, et s'accompagne d'une partie d'orgue entièrement réalisée, distincte de la basse, et relevée d'un chant de violon qui parfois imite en contrepoint le chant des solistes.

La première partie de l'*Agnus Dei* a un accompagnement de violons très travaillé, écrit en contrepoint, et qui rappelle de très près celui de l'*Agnus Dei* de la messe précédente ; le *Dona nobis* final est très court, et assez insignifiant, mais, lui aussi, garde la tenue sérieuse et toute vocale que nous avons signalée dans le dernier morceau de la messe précédente.

273. — *Salzbourg, décembre 1776*.

Messe en ut, pour quatre voix, deux violons, deux trompettes, timbales, basse et orgue.

K. 258.

Ms. à Berlin.

*Kyrie : allegro. — Gloria : allegro. — Credo : allegro ; adagio
en la mineur (Et incarnatus) ; allegro (Et resurrexit). — Sanctus :
andante maestoso et allegro (Pleni sunt cæli). — Benedictus :
andante. — Agnus Dei : andante.*

Comme nous l'avons dit déjà, cette messe, une des plus simples et des
plus religieuses qu'ait écrites Mozart, est déjà d'un style tout autre que
les précédentes. Non seulement Mozart y pousse plus loin encore que
dans les précédentes la préoccupation de débarrasser sa musique religieuse de tous ornements trop mondains : nous y trouvons encore réalisés, dans le style même, deux progrès considérables, et que nous allons
retrouver dans les compositions religieuses de l'année suivante. D'abord
Mozart, ici, se décide complètement à ne plus réduire ses chants religieux à la coupe régulière et tout instrumentale de morceaux de sonate :
sauf quand reviennent les mêmes paroles, il renonce à ces reprises qui,
jusque dans les plus belles de ses messes précédentes, ramenaient, par
exemple, sur l'*Et vitam venturi sæculi* le développement musical qui avait
servi à exprimer le *Patrem omnipotentem*. Chacun de ses morceaux est,
comme disent les Allemands, *durchcomponirt*, c'est-à-dire composé d'un
bout à l'autre, appropriant, d'un bout à l'autre du morceau, aux paroles
nouvelles une nouvelle musique, ce qui n'empêche pas Mozart de
donner à ses morceaux cette unité qui lui reste toujours chère : soit
en maintenant sous des chants différents la même figure d'accompagnement, ou bien en construisant ses morceaux sur deux ou trois
thèmes, variés au fur et à mesure de l'expression des paroles. En second
lieu, Mozart, dans cette messe, montre déjà une tendance très marquée
à faire, du contrepoint, non plus un épisode plus ou moins développé,
mais le fond même de la langue musicale. Les passages homophones
n'ont pas entièrement disparu : on les retrouve encore, surtout, dans le
Gloria et dans le *Credo* ; mais sans cesse ils s'entremêlent d'imitations,
d'entrées en canon, et sans cesse les quatre voix procèdent, vis-à-vis
l'une de l'autre, plus librement que dans les passages homophones des
messes précédentes. C'est là un retour, au moins en partie, au style
appris jadis par Mozart à Rome et à Bologne ; et la signification de ce
retour au vieux style d'église s'accentue encore par l'effort manifeste à
simplifier l'accompagnement de l'orchestre, tandis que la partie d'orgue
continue à être traitée avec un grand soin.

Le *Kyrie*, déjà, aurait de quoi nous faire voir ces deux traits distinctifs
du nouveau style de Mozart, si la répétition des mêmes paroles dans le
texte n'exigeait forcément, dans la musique, le retour des rythmes équivalents. Après une sorte d'invocation initiale, très noble et pieuse, servant de prélude, le chœur, alternant avec de courts *soli*, chante les deux
versets *Kyrie* et *Christe* en un contrepoint tantôt libre et tantôt strictement fugué. Puis vient un petit passage intermédiaire, en transition,
suivi d'une reprise abrégée et un peu variée de la première partie. Les
mots *Kyrie* et *Christe*, du moins, sont toujours revêtus d'une mélodie
propre, au lieu d'être confondus dans un même chant. L'orchestre, après
une figure d'accompagnement libre, double les voix dans le passage
fugué, avec des imitations correspondantes aux deux violons et à

l'orgue, — imitations qui reparaissent, aux deux violons seuls, sous un chant tout autre des voix, pendant la susdite transition précédant la reprise.

Dans le *Gloria*, c'est déjà tout à fait le style nouveau dont nous parlions tout à l'heure. L'accompagnement, seul, se poursuit d'un rythme continu, presque à travers tout le morceau, sauf pendant le petit *fugato* du *Cum Sancto Spiritu*, où les instruments doublent les voix ; et encore, tout de suite après ce passage, les deux violons se hâtent-ils de reprendre le sujet initial de leur accompagnement, tandis que la basse et l'orgue, au-dessous d'eux, maintient le sujet du *fugato* précédent. Quant au chant, celui-là est constamment renouvelé, sans l'ombre de reprise ; de petits *soli* en imitations y alternent avec des *tutti* parfois homophones, parfois légèrement contrepointés. Un peu avant la fin, le *fugato* susdit du *Cum Sancto Spiritu*, achevé aussitôt que les quatre voix ont fait leur entrée, nous offre un modèle parfait de la fugue d'église telle que la pratiquaient les vieux Napolitains. L'*In gloria* et l'*Amen* forment un passage tout différent, avec quelques imitations élémentaires. Notons que, ici, les premiers mots du texte liturgique *Gloria in excelsis*, de même que les premiers mots du *Credo*, sont chantés dans la partition.

Pareillement le *Credo* peut être considéré comme élaboré d'un bout à l'autre, malgré deux retours, au *Tertia die* et à l'*Et unam sanctam*, de la figure initiale employée pour les mots *Credo in unum Deum, Patrem omnipotentem factorem cæli et terræ*, comme si Mozart, dans ce rythme, avait voulu traduire le simple sentiment de la foi, après son effort, dans sa messe n° 271, à produire le même effet par une répétition du mot *Credo*. Car, chaque fois, ce retour tout à fait libre de ce qu'on pourrait appeler son premier sujet, et qui d'ailleurs est toujours très varié, se trouve aussitôt suivi de chants tout nouveaux, correspondant à la nouveauté des paroles. Le *Descendit de cælis* est chanté à l'unisson, sur un rythme descendant qui se transforme en un rythme montant, toujours à l'unisson, sur les mots *Et resurrexit*. Entre ces deux figures se place l'épisode mineur et *adagio* de l'*Et incarnatus*, un petit solo de ténor auquel les quatre solistes, unis en chœur des basses, répondent en contrepoint sur le *Crucifixus*. L'*Et vitam* et l'*Amen*, traités ici en contrepoint libre, passent très vite, après un beau ralentissement du rythme sur le *Resurrectionem mortuorum*. L'orchestre, cependant, sous ce chant toujours renouvelé, continue de répéter, parmi des modulations, deux figures opposées : sauf à s'en interrompre un moment, dans l'épisode de l'*Et incarnatus*, pour accompagner le chant d'une figure toute nouvelle. Ajoutons que, sauf dans cet épisode, les deux violons vont toujours à l'unisson, et que la basse elle-même se borne à les doubler dans l'une des deux figures qu'ils exécutent.

Dans le *Sanctus*, après une sorte d'entrée homophone, le *Pleni sunt* est chanté en contrepoint libre, pour aboutir très vite à un véritable *fugato* sur l'*Hosanna*. Mais plus original encore que ce *Sanctus*, et d'ailleurs que tous les autres morceaux de la messe, est le long *Benedictus*, construit tout entier non pas sur un thème, mais autour d'un thème de quatre notes, *Benedictus*, qui revient sans cesse, chanté par le chœur dans des tons et à des intervalles divers, et sans cesse donne lieu à de nouvelles figures en contrepoint des solistes ; après quoi le chœur reprend, comme en *strette*, le rythme du *fugato* précédent sur le mot *Hosanna*.

Quant à l'orchestration, le *Sanctus*, après une figure d'accompagnement continue pendant le prélude, réduit les violons et l'orgue à doubler le contrepoint des voix. Mais, au contraire, l'admirable *Benedictus* comporte, d'un bout à l'autre, un accompagnement libre des deux violons en triolets, qui s'interrompt aux retours du thème susdit du chœur sur le *Benedictus*, pour laisser aux trompettes le soin de renforcer l'élan recueilli des voix.

Enfin l'*Agnus Dei*, d'une coupe moins originale que ce *Benedictus*, ne lui est certes pas inférieur en pure et exquise beauté religieuse. Au contraire de l'usage, Mozart y a réuni en un seul morceau l'*Agnus* et le *Dona nobis*, sauf à introduire, dans la dernière partie du morceau, sur les dernières reprises de ces mots : *Dona nobis pacem*, une petite *coda* nouvelle en *fugato*, où les quatre voix s'enroulent autour d'un thème d'une suavité ravissante. Dans tout le morceau précédent, *soli* et chœur alternent des chants en contrepoint libre, avec, çà et là, des retours momentanés des mêmes rythmes, mais sans aucune apparence de reprise régulière. L'orchestre, sous les voix, ne cesse pas de dessiner un accompagnement tout à fait indépendant, où, comme dans le *Credo*, les deux violons à l'unisson répètent constamment une même figure, en la modulant et variant à loisir, mais, cette fois, avec une collaboration très active et importante des trompettes et timbales, dont le rôle avait été beaucoup plus restreint dans les trois premiers morceaux de la messe.

VINGT-QUATRIÈME PÉRIODE

LES APPRÊTS DU VOYAGE DE PARIS

(JANVIER-OCTOBRE 1777.)

Le 23 septembre 1777, Mozart a quitté Salzbourg, en compagnie de sa mère, pour commencer un grand voyage dont l'objet principal était Paris et Versailles, mais qui allait offrir également au jeune homme l'occasion de séjours prolongés à Munich, à Augsbourg, et surtout à Mannheim. Ce voyage avait dû être décidé depuis longtemps déjà, car nous avons dit que la lettre au P. Martini du 7 septembre 1776 cachait probablement l'intention d'obtenir, du savant professeur bolonais, un certificat qui pût aider Mozart dans ses efforts pour trouver quelque part, en France, en Italie, ou en Allemagne, un emploi plus digne de lui que ses misérables fonctions de Salzbourg. Mais, avec cela, la lettre susdite est le seul témoignage que nous connaissions des démarches tentées, par le père et le fils, durant les mois qui ont précédé le départ du jeune homme; et les documents sont aussi absolument muets sur la période qui nous occupe que sur toutes les périodes précédentes du séjour de Mozart dans sa ville natale. Du moins sommes-nous, cette fois encore, renseignés sur l'activité musicale de Mozart par la série de ses œuvres datées de cette période, ou pouvant lui être attribuées à coup sûr. Cette série, — chose curieuse, — nous fait voir le jeune homme continuant à travailler pour sa clientèle ordinaire de Salzbourg, sans qu'une seule œuvre puisse nous apparaître incontestablement comme composée en vue du prochain voyage. En janvier 1777, cependant, le jeune maître, après avoir écrit une nouvelle « musique de table » pour les repas de l'archevêque, et peut-être aussi après avoir commencé, en manière de pendant à sa *Sérénade nocturne* de janvier 1776, un nouvel *Écho* devant être joué par quatre petits orchestres, s'est mis à composer une œuvre qui pourrait bien avoir eu un peu pour objet de lui servir de morceau de concert, dans les villes où il comptait se produire. C'est un grand concerto de piano dont nous savons qu'il a été fait pour être joué d'abord par une pianiste française, Mlle Jeunehomme, qui, évidemment, devait avoir passé par Salzbourg vers ce même temps, en attendant que Mozart la retrouvât à Paris, l'année suivante. L'ampleur et la nouveauté merveilleuse de ce concerto, en effet, prouvent bien que Mozart a voulu y déployer à la fois toute sa science et tout son génie poétique. Sans compter que, comme nous le verrons, cette rencontre d'une pianiste française n'a pu manquer de lui ouvrir déjà des horizons nouveaux. Le mois suivant, en février, le jeune homme a composé pour sa noble protectrice, la comtesse Lodron, un second sextuor pareil, du moins sous le rapport de la coupe extérieure, à celui qu'il avait composé en juin précédent. Depuis lors, jusqu'au mois de juillet 1777, nous ne possédons aucune œuvre datée : et les quelques morceaux qni semblent bien avoir été faits dans cet intervalle, deux sonates d'orgue, une dernière « musique de table », le début d'une sonate pour trio à cordes, enfin un ensemble de quatre contredanses, non seulement ne doivent pas lui avoir demandé un temps considérable, mais ne peuvent certainement pas être regardés comme destinés à servir d'échantillons de son talent pendant son voyage. Et comme, d'autre part, ces petits ouvrages, créés presque simultanément, à en juger par le format exceptionnel du papier de leurs autographes, attestent une évolution et un changement très profonds dans la manière du jeune homme, nous pouvons être sûrs que ce sont là, en quelque sorte, des échos de l'important travail de rééducation auquel s'est livré Mozart durant ces quelques mois. Au lieu de composer des œuvres nouvelles, il a entrepris d'étudier des œuvres anciennes, de se plonger tout entier dans l'art des vieux maîtres, afin de se trouver ensuite à même de satisfaire le goût des connaisseurs étrangers qu'il allait rencontrer. Ces mois en apparence improductifs ont été, au fond, parmi les plus occupés de sa vie, sans parler même du temps qu'il a dû employer aussi à parfaire son éducation de virtuose sur le piano, le violon, et l'orgue, et puis aussi à reprendre contact avec la langue française. De telle façon que nous ne serons pas trop surpris en découvrant, au sortir de cette période d'apprentissage, combien l'esprit et la manière de Mozart se trouveront à la fois transformés et mûris, soit que, dans un nouveau concerto de violon de juillet 1777, nous le voyions apporter à ses *soli*, — autant du moins que nous pouvons reconnaître le style primitif de l'œuvre sous des remaniements ultérieurs, — un mélange de grandeur expressive et de « bravoure » concertante qui égalera les œuvres les plus difficiles de ses dernières années, ou que, dans une scène dramatique du mois suivant, l'auteur des aimables petits airs un peu enfantins de la *Finta Giardiniera* nous révèle tout à coup une puissance d'inspiration pathétique, et servie par des moyens d'une richesse et variété musicale, qui feront peut-être, de cette scène, la plus parfaitement originale et belle de tout l'ensemble des airs de concert qu'il produira jamais. Pareillement, une maturité imprévue se manifestera à nous dans les trois compositions religieuses que Mozart écrira sans doute en septembre 1777, tout à fait à la veille de son départ de Salzbourg : une messe et deux petits motets, dont nous savons qu'ils n'ont été exécutés, — ou, en tout cas, la messe et l'un des motets, — qu'après que le jeune homme eût quitté Salzbourg. Cette messe, et peut-être l'un des motets, étaient destinés à être chantés dans une église de Salzbourg ; le second motet, —un *Sancta Maria* qui pourrait bien être le chef-d'œuvre de la musique religieuse de Mozart avec l'*Ave verum* de 1791, — doit avoir été composé pour une consécration solennelle du jeune homme à la Vierge, au moment où son départ lui apparaissait gros de dangers et d'épreuves décisives. Quant au concerto de violon, pour celui-là il n'est pas impossible que le jeune homme l'ait écrit expressément à son propre usage, encore qu'il ne semble pas, une fois parti, avoir beaucoup cherché les occasions de le faire entendre. Parmi toutes ces œuvres des dernières semaines, la plus intéressante pour nous, au point de vue de sa destination, est la scène dramatique du mois d'août. Elle a été faite pour une jeune femme d'une beauté et, dit-on, d'un talent admirables, Mᵐᵉ Duschek, venue à Salzbourg de Prague, où Mozart allait la retrouver dix années plus tard, et dont il est sûr que la première rencontre, à ce moment de la vie du maître, n'a pu manquer d'exercer sur lui une double action artistique et sentimentale. De même que Mˡˡᵉ Jeunehomme, naguère, l'avait initié aux fruits les plus récents de la virtuosité concertante, de même nous imaginons sans peine quel accueil ont dû trouver dans son cœur, à les entendre chantés par cette femme exquise, une foule d'airs, anciens et nouveaux, qu'il n'avait guère l'occasion de connaître dans le répertoire médiocre et borné de la chapelle salzbourgeoise. Ainsi, avant que Mozart s'en allât découvrir la musique du dehors, déjà cette musique arrivait jusqu'à lui, dans sa solitude provinciale, et peut-être les conditions où elle lui parvenait lui auraient-elles permis d'en tirer plus de profit encore qu'il le fera, bientôt, sous l'affluence hétéroclite des impressions nouvelles qui s'offriront à lui.

Telle est, en quelque sorte, l'histoire extérieure de la vie artistique de Mozart pendant cette période : mais aucun des événements que nous venons de signaler ne suffirait à nous rendre compte du changement nouveau que nous voyons se produire, à ce moment, dans l'inspiration et le style du jeune homme. Dès la première œuvre instrumentale que nous ayons de lui en 1777, après le long espace tout consacré à des compositions religieuses, il nous semble qu'un autre homme se manifeste à nous, avec une pensée brusquement mûrie, une langue à la fois moins parfaite, — ou, en tout cas, moins égale, — et infiniment plus poussée. Et ce contraste s'accentue encore étrangement dans les œuvres suivantes : le concerto pour Mˡˡᵉ Jeunehomme, sans doute de la fin de janvier, le sextuor pour la comtesse **Lodron**, de février, les deux sonates d'orgue, probablement du printemps. Il y a là une soudaine extension de l'horizon artistique, une recherche si passionnée et si imprévue de l'élaboration musicale, — attestée surtout dans les *développements* des morceaux et l'habitude, désormais constante, de varier profondément leurs *rentrées*, — il y a un emploi répété de procédés si insolites, comme l'introduction de récitatifs dans des compositions instrumentales, que sûrement quelque chose de très important a dû se produire, au fond de l'âme de Mozart, dont ni les faits matériels de sa vie, ni la nature de ses travaux ne sauraient suffire à nous rendre compte. En vérité, la seule explication que nous puissions trouver, dans notre ignorance, est celle que nous avons présentée déjà dans notre résumé de la période précédente : c'est-à-dire une sorte de crise de réveil artistique amenée, chez Mozart, par l'évolution naturelle de son génie, mais hâtée et stimulée par la nécessité où s'est trouvé le jeune homme de modifier, d'abord, son idéal de musique religieuse. Evidemment Mozart, dès le milieu de 1776, éprouvait inconsciemment une lassitude dégoûtée de cet idéal « galant », trop borné et trop mondain, dont il s'était imprégné naguère pendant son séjour à Munich. Mais la première occasion qu'il a eue de constater ouvertement cette lassitude lui est venue lorsque, en octobre de cette année, il a reconnu l'impossibilité d'appliquer indéfiniment, au style religieux, les méthodes toutes profanes de ses messes antérieures. Si bien qu'avant de renouveler son langage instrumental il a tout de suite demandé, aux vieux maîtres de la musique d'église, des moyens d'apporter à cette musique plus de sérieux et de dignité. Nous avons vu comment, dans sa dernière messe de décembre 1776, il a complètement renoncé à tous les artifices « galants » pour reprendre avec plus de science et de liberté les chemins suivis naguère dans ses messes enfantines de Vienne et de Bologne. Et puis, insensiblement, il aura transporté dans sa musique instrumentale les mêmes sentiments, ou plutôt les mêmes tendances et velléités d'émancipation, sauf à ne pas savoir très nettement de quelle manière il réussirait à les y traduire. Son inspiration, sa pensée créatrice, se trouvaient, dès lors, parfaitement prêtes ; et peut-être ses plus belles œuvres des années suivantes n'allaient-elles pas dépasser, à ce point de vue, l'émotion ni l'invention mélodique de morceaux tels que les deux premiers du concerto pour Mlle Jeunehomme, ou que l'ensemble tout entier de son sextuor en *si bémol*. Restait seulement la forme, depuis la mise en œuvre harmonique de ses idées jusqu'aux détails de l'instrumentation. Sur ce point, toute la bonne volonté de Mozart ne pouvait pas lui tenir lieu de modèles extérieurs ; et vainement il aurait cherché ces modèles dans son milieu musical de Salzbourg. Tout au plus des hasards comme celui de la rencontre de Mlle Jeunehomme pouvaient lui offrir des aperçus fugitifs sur le monde du dehors ; et c'est ainsi que, sans doute, maintes particularités de la facture de son concerto doivent lui avoir été suggérées par des œuvres françaises ou allemandes que le hasard lui aura jetées sous la main Son sextuor nous prouve que, dans son désarroi, il s'est de nouveau adressé à son vieux maître Michel Haydn, qui maintes fois déjà l'avait heureusement inspiré. Mais il était parvenu à un degré de développement où tout le charmant génie de Michel Haydn ne pouvait plus lui fournir une nourriture durable ; et toujours son cœur avait faim d'un art plus fort et plus haut, et toujours il tâchait vainement à en découvrir le secret dans l'atmosphère étouffée qu'il avait autour de soi. Par là s'explique le phénomène bizarre qui se manifeste à nous dans son œuvre du printemps de 1777, et que nous avons indiqué déjà au début de ce chapitre. Aussi bien pour parfaire son éducation en vue de son voyage que pour apaiser son besoin d'un nouvel idéal, il a dû certainement, pendant trois ou quatre mois de ce printemps, se plonger corps et âme dans l'étude des vieux maîtres de l'art instrumental, comme il l'avait fait naguère pour ceux de la musique religieuse. Et quand, parmi cette étude, il a eu à composer lui-même de petits ouvrages de circonstance, nous apercevons qu'il y a mis des procédés empruntés immédiatement à ces maîtres anciens. Par exemple, sa dernière « musique de table » revêt, très inopinément, l'allure d'une *suite*, avec tous les morceaux écrits dans le même ton et commençant de la même manière. Ou bien le voilà qui entreprend d'écrire une « sonate en trio » à la façon des vieux italiens ; et il compose un premier morceau, où, à l'imitation des plus vénérables débuts de ce genre suranné, la seconde partie ne reprend pas un seul des sujets de la première. Tout cela n'était évidemment que des contre-coups passagers de ses études ; et le fait est que, bientôt, à Mannheim, dans l'élan de son enthousiasme pour l'atmosphère musicale nouvelle dont il devait y être imprégné et comme enivré, il allait pousser bravement son mépris des vieux maîtres jusqu'à se moquer des auteurs de fugues, et à refuser d'entendre une exécution du *Messie*. Le moment n'était pas encore venu, pour lui, de subir profondément l'influence d'un art trop éloigné des goûts mondains de son temps. Et aussi, dès le mois de juillet 1777, le verrons-nous sorti de cette période de velléités archaïques et de tâtonnements, pour redevenir un maître tout « moderne » dans son concerto de violon, sa scène dramatique pour Mme Duschek, et ses deux motets. Mais il n'en reste pas moins que, si déjà ses premières œuvres de 1777 nous le montraient profondément différent de ce qu'il avait été l'année précédente, cette différence nous devient encore beaucoup plus sensible lorsque nous comparons les œuvres produites par lui avant et après ce long intervalle d'inaction féconde. C'est au point que son concerto de violon, par exemple, constitue pour nous un problème insoluble, nous révélant une supériorité de forme si immense, par rapport à tous les concertos antérieurs, que nous sommes tentés de voir là le résultat d'une remise au point accomplie durant la grande maturité de Mozart ; et cependant tout porte à croire que nous nous trompons, du moins, pour ce qui concerne les lignes générales des *soli* et de l'accompagnement, car un progrès analogue nous apparaît dans la scène dramatique d'août 1777, dans l'instrumentation de la messe et des motets du mois suivant. En réalité, ces quelques mois tout consacrés à une sorte d'examen intérieur, comme aussi à une exploration des ressources de son art, doivent avoir exercé sur le jeune homme une action énorme, qui non seulement lui aura enseigné la plupart des choses que nous le verrons connaître ou créer pendant ses séjours de Mannheim et de Paris : il se peut bien, en outre, que Mozart ait appris là d'autres choses encore, dont il aurait tiré plus de fruit sans ces mêmes séjours dans des milieux nouveaux, qui, peut-être, l'ont un peu troublé et momentanément déprimé, sous la multiplicité hétérolite des impressions qu'ils lui apportaient. Oui, nous croirions volontiers que Mozart, lorsqu'il a quitté Salzbourg vers la fin de septembre 1777, était devenu un véritable maître, entièrement mûri, et prêt pour des œuvres différentes de celles que son voyage allait lui faire produire, mais non pas moins savantes de forme, et, par l'émotion, plus hautes. Son concerto de violon, si vraiment ce que nous en possédons date de cette période, égale en puissance d'intention et de métier les œuvres les plus grandes de ses années viennoises ; et tout le génie d'*Idoménée* se découvre déjà dans sa scène d'*Andromède*, de même que son *Sancta Maria* fait pressentir immédiatement son *Ave verum*.

Cependant, il y avait deux modes d'expression musicale que son milieu de Salzbourg, malgré toute l'assiduité des efforts qu'il aurait pu tenter, serait toujours resté hors d'état de lui enseigner : il y avait, en premier lieu, cet art nouveau de l'instrumentation vivante, que l'orchestre de Mannheim était seul en Europe à pratiquer sous son aspect éminemment « moderne » ; et puis il y avait ce qu'on pourrait appeler le drame musical, l'adaptation des procédés de la musique « moderne » à traduire expressément le mouvement et la vie d'une action théâtrale. Celle-là, à cette date, ne pouvait s'apprendre qu'à Paris, où Gluck et Grétry étaient en train de constituer vraiment un style dramatique nouveau, combinant avec les anciennes traditions expressives de Rameau tout ce que gardait encore de viable l'opéra italien. Sans l'heureux hasard de son séjour à Mannheim, Mozart ne serait point parvenu à revêtir ses inventions mélodiques de cette richesse et variété instrumentale qui devait se manifester dans son œuvre ultérieure ; et plus précieux encore allait-être pour lui son long séjour à Paris, où, pour la première fois, il était destiné à comprendre, en quelque sorte, l'appropriation musicale de la parole humaine, le moyen de rendre ses inventions plus précises et plus pathétiques, en les rattachant à un fond défini d'action et de passion humaines. A ce double point de vue, son voyage a de quoi nous apparaître comme nécessaire et providentiel, sauf pour nous à ne pas oublier que le jeune musicien qui va s'éloigner de Salzbourg emporte d'avance avec soi un bagage de génie et de science dont il risquera de perdre une certaine part, tout au moins provisoirement, en échange du supplément d'instruction professionnelle qu'il y ajoutera.

274. — *Salzbourg, janvier* 1777.

Divertimento (musique de table) en si bémol, pour deux hautbois, deux cors et deux bassons.

K. 270.

Ms. à Berlin.

Allegro molto. — Andantino (en fa). — Menuetto : moderato et trio (en mi bémol — Presto.

L'autographe de cette cinquième « musique de table » porte l'inscription : 5° *Divertimento a 6 di A. W. Mozart nel Gianajo* 1777. Inutile d'ajouter que, comme les œuvres précédentes de la même série, celle-ci doit avoir été destinée aux repas de la Cour salzbourgeoise. Et nous retrouvons ici le jeune homme fidèle à son principe d'employer tour à tour, pour ces petites sérénades d'instruments à vent, les trois tons appropriés de *fa, si bémol*, et *mi bémol*.

Quant au contenu musical du n° 274, un seul trait suffirait déjà à nous montrer le changement, aussi profond qu'imprévu qui s'est produit chez Mozart depuis ses dernières œuvres instrumentales, écrites l'été précédent : tandis que, dans celles-ci, et jusque dans les plus travaillées, le jeune homme négligeait de varier ses rentrées, désormais il se met à les varier jusque dans ses morceaux les moins considérables, tels que tous ceux de cette « musique de table », à l'exception du *rondo* final. Dans le premier *allegro* et l'*andante*, les modifications portent sur le second sujet, dont la reprise est d'ailleurs suivie, dans l'*andante*, d'une de ces *codas* mélodiques, utilisant les grandes lignes du premier sujet, qui, plus tard, fourniront à Mozart de merveilleuses occasions de déployer son génie de poète. Dans le menuet et le trio, la première partie est reprise en entier après la seconde, mais très profondément modifiée, suivant un procédé que Mozart, depuis lors, ne cessera plus d'employer. Rien de plus curieux que l'évolution de la coupe du menuet, chez Mozart,

jusqu'à cette adoption de la reprise variée : successivement nous avons
vu le jeune homme reprendre toute la première partie, sous l'influence
viennoise, ne plus faire aucune reprise sous l'influence italienne, revenir
au procédé viennois, ne reprendre que la seconde moitié des premières
parties, et puis, en 1776, recommencer à reprendre celles-ci toute
entières, en attendant de découvrir enfin ce moyen de la reprise variée
qui dorénavant satisfera chez lui, tout ensemble, son goût naturel de la
tradition allemande et sa crainte d'une monotonie un peu fatigante.

Mais ce n'est pas seulement à cette variation des rentrées que nous
reconnaissons ici un esprit et un style nouveaux. Il nous suffit, par
exemple, de jeter un coup d'œil sur le début du premier morceau pour
découvrir un autre changement : au lieu du petit sujet initial suivi
aussitôt de sa ritournelle, nous avons ici une seconde version du premier sujet, qui est déjà comme un essai d'élaboration thématique ; et
c'est encore sur ce même premier sujet, cette fois vraiment élaboré, que
sera construit le *développement*. De même aussi, dans l'instrumentation,
quelle différence avec les « musiques de table » du milieu de 1776 ! Sans
doute, le premier hautbois continue toujours à remplir un peu le rôle
du premier violon dans un orchestre : mais à chaque instant les autres
instruments viennent désormais le doubler ou le remplacer dans le dessin du chant ; et surtout il faut voir de quelle façon, lorsqu'ils accompagnent, chacun d'eux a son rôle propre, depuis le second hautbois jusqu'aux cors, très actifs ici et souvent indispensables. En un mot nous
nous sentons transportés dans une atmosphère musicale qui reste bien
de même ordre que celle des harmonieuses « musiques de table » de
l'année précédente, mais dorénavant avec une richesse, une complexité,
une qualité d'art supérieures. Et il n'y a pas jusqu'à la disposition des
morceaux qui ne nous révèle que quelque chose s'est modifié, dans
l'esprit du jeune maître : car voici qu'après avoir naguère adopté, pour
ces petites *cassations*, une coupe libre et toute fantaisiste, il revient à
la coupe traditionnelle de la symphonie ou du quatuor, pour ne plus la
quitter depuis ce temps !

Le premier morceau est fait de deux sujets dont l'un, comme nous
l'avons dit, se trouve exposé deux fois sous des formes différentes. La
première fois, il est chanté par les deux hautbois avec des réponses des
cors ; la seconde fois, le premier basson tend à doubler le chant, ou
même, parfois, à l'exposer seul. Le second sujet, précédé d'une sorte de
petit prélude, est chanté par le premier hautbois, sur un accompagnement continu du second, que reprend ensuite le premier basson. Pour
terminer la première partie, au lieu des figures nouvelles de 1776, un
passage tout rythmique à l'unisson des hautbois et bassons. Du *développement* on a vu tout à l'heure qu'il consistait tout entier, en une
reprise élaborée du rythme du premier sujet ; et nous avons dit également que la rentrée, ensuite, était sensiblement variée. Mozart en supprime d'abord l'annonce du prélude ; puis il intervertit complètement
le rôle des instruments, et allonge la terminaison du sujet en y ajoutant
deux mesures nouvelles, d'un effet charmant.

L'*andante* a la forme d'un petit morceau de sonate, avec deux sujets,
un court *développement* en transition, et une rentrée où, comme nous

l'avons dit, le second sujet est sensiblement étendu, et suivi, en outre, d'une délicieuse *coda* mélodique sur le rythme du premier sujet, où l'accompagnement est fait par les cors. Aussi bien le morceau tout entier est-il d'une douceur et d'un charme exquis, avec cela très agréablement instrumenté ; et de petites imitations en écho entre les hautbois et les bassons, des mouvements contraires aux diverses voix, une foule de nuances accentuant l'expression, nous montrent ici les progrès accomplis chez Mozart, qui d'ailleurs, dès le mois suivant, reprendra en le rehaussant le rythme initial de son *andantino* pour en faire le thème des admirables variations de son second *sextuor*.

Non moins remarquables sont le menuet et son léger trio, en rythme de valse allemande. Comme nous l'avons dit, dans le menuet et son trio, toute la première partie est reprise, mais déjà très variée ; et il conviendrait de noter, entre autres détails significatifs, l'importance mélodique des cors dans le menuet, ainsi que, dans le trio, la manière imprévue et savoureuse dont Mozart ne s'arrête point de transmettre le chant d'une voix à l'autre, tout en conservant à l'allure de sa valse une unité et un coulant parfaits.

Enfin le dernier morceau est un gracieux *rondo* dont les intermèdes, suivant une conception dont nous avons déjà rencontré la trace dans des morceaux courts et rapides de ce genre, dérivent du thème et semblent le continuer, au lieu de s'opposer à lui. Ce thème est, du reste, une mélodie si sensuelle et d'une expression fuyante si marquée que Mozart le reprendra, plus tard, dans le *duo de la lettre* des *Noces de Figaro*, pour traduire la hâte fiévreuse de ses personnages. Quant à la coupe du *rondo*, c'est ici la coupe française ordinaire, avec un intermède central non repris, et suivi d'une répétition complète de la première partie : mais à cette répétition Mozart a joint une *coda* où son génie apparaît tout entier, et où, de la façon la plus naturelle, presque insensiblement, il s'est amusé à superposer et à combiner les deux rythmes du thème et du premier intermède. L'instrumentation est, comme le chant, très légère et discrète, mais avec une entente admirable de l'effet des divers instruments.

275. — *Salzbourg, janvier* 1777.

Concerto en mi bémol, pour piano avec accompagnement de deux violons, alto, deux hautbois, deux cors, violoncelle et basse.

K. 271.
Ms. à Berlin.

Allegro. — Andantino (*en ut mineur*). *— Rondo: presto avec un menuetto cantabile* (*en la bémol*).

Le manuscrit de ce concerto porte l'inscription : *Concerto per il clavicembalo del sgr. Caval. A. W. Mozart nel Gennaio 1777* ; et nous savons en outre que l'ouvrage, pour la première fois dans la vie de Mozart, a été destiné à être exécuté d'abord par l'une des plus célèbres virtuoses du temps : Mlle Jeunehomme, que Mozart et son père, dans leurs lettres, appellent tantôt Jénomé, et tantôt, à l'italienne, Jenomi. En effet, c'est toujours sous le nom de « concerto pour la Jénomé » que Mozart, de Mannheim et de Paris, désignera ce concerto en *mi bémol* ; et il écrira aussi à son père, de Paris, le 5 avril 1778, que « Mme Jénomé » se trouve dans cette ville, ce qui signifie clairement que les Mozart l'ont, auparavant, rencontrée ailleurs, évidemment à Salzbourg. Voici donc que, en janvier 1777, le jeune maître, sans sortir de chez lui, a l'occasion de connaître une pianiste française des plus renommées d'alors, et même d'écrire pour elle un concerto de piano! La chose, en soi, est déjà très intéressante, nous révélant que Mozart, dès cette date, devait s'être acquis une certaine réputation comme compositeur, en l'absence de laquelle Mlle Jeunehomme n'aurait pas songé à lui demander un concerto. Mais ce que nous aimerions à savoir, et qui nous est malheureusement tout à fait inconnaissable, c'est l'influence qu'a pu exercer sur le jeune Salzbourgeois cette rencontre de la pianiste en tournée, à la fois au point de vue de la technique du piano et des œuvres françaises du répertoire de Mlle Jeunehomme, que celle-ci n'a pu manquer de mettre sous les yeux de l'auteur du nouveau concerto écrit à son intention. Pour ce qui est du présent concerto en *mi bémol*, notamment, la visite à Salzbourg de l'éminente pianiste a-t-elle contribué à accentuer l'extrême différence de cet ouvrage avec les concertos précédents, ainsi que la nouveauté et la hardiesse de forme qui vont s'y montrer à nous ? Mozart a-t-il entendu là un concerto français inédit qui, par exemple, lui ait fourni le modèle ou le point de départ de son *andantino* en *ut mineur*, si étrange et si français tout ensemble, avec son allure d'*arioso* d'opéra entremêlé de récitatifs ? Nous l'ignorons, et, sans doute, ne parviendrons jamais à le découvrir[1].

Mais, en tout cas, cet accident de la vie de Mozart ne peut avoir apporté au jeune maître que des indications d'ordre tout formel, tandis que la véritable originalité du concerto ne saurait lui être venue de là. Cette originalité, singulière et considérable, nous donnant aujourd'hui comme l'impression d'un abîme entre le concerto pour Mlle Jeunehomme et tous les concertos de 1776, et même nous faisant voir une conception du genre plus nouvelle et plus audacieuse que tout ce que nous trouvons, plus tard, dans les grands concertos de la maturité du maître, elle est, avant tout, la conséquence directe de la crise subie durant les derniers mois de l'année précédente. Mozart est fatigué et déçu de son ancien idéal « galant ». Il sent qu'il y a en lui quelque chose de plus haut qui demande à s'exprimer, sans qu'il sache encore par quels moyens il

---

1. Cependant, il serait très possible que l'idée de cet emploi du récitatif, aussi bien dans ce concerto de janvier 1777 que dans le grand *divertimento en sextuor* de février suivant, soit encore venue à Mozart de Michel Haydn, dont nous verrons qu'un *divertimento* en *si bémol* probablement composé vers ce même temps, aura son contre-coup direct sur le susdit *sextuor*.

exprimera définitivement. Et ainsi il cherche, et tâtonne, et profite des moindres indications du hasard pour se lancer aussitôt dans des voies qu'il abandonnera dès l'œuvre suivante. Ici, manifestement, il conçoit le concerto d'une façon volontiers « française », au moins quant à la portée expressive, c'est-à-dire comme un genre ou le sentiment pathétique doit l'emporter sur la musique pure, traduit dans tout le détail de ses nuances avec le plus de force possible et de précision. Telle est, en tout cas, la pensée qui paraît bien avoir présidé à la composition des deux premiers morceaux du concerto, car le *rondo* final, ainsi qu'on verra, est tout différent des deux autres morceaux quant à sa signification poétique, et se rattacherait plutôt à la même influence française qui avait inspiré les finales des concertos de violon de 1775. Mais le premier *allegro* et l'*andantino* sont vraiment comme l'essai d'un pianiste qui voudrait continuer, dans son genre, l'œuvre expressive de Rameau et de Gluck. Oubliant presque l'obligation où il est de travailler pour une virtuose, oubliant aussi sa science d'harmoniste et de contrapuntiste, comme aussi la richesse instrumentale de ses grandes œuvres de 1776, il ne tâche qu'à saisir, approfondir, et rendre pleinement une émotion très passionnée dont il est envahi. Non pas que la virtuosité, ni la science, et le contrepoint même, soient absents de ces deux morceaux : mais toujours ils y sont sacrifiés, avec tout le reste, au souci dominant de l'expression vivante.

Dès le début du premier morceau, des moyens presque trop simples et d'une intention trop visible nous révèlent ce désir de promouvoir le genre du concerto à une dignité nouvelle. A peine l'orchestre a-t-il exposé, en une mesure, le rythme initial du morceau, — un rythme à la fois énergique et passionné, qui dominera désormais le morceau tout entier, — que déjà le piano lui enlève la réponse et l'expose à sa place, comme pour affirmer sa présence, et qu'il n'entend pas intervenir seulement pour jouer son rôle habituel de redites plus ou moins ornées. Et pareillement, après que le prélude d'orchestre, au sortir de cette interruption du début, a déroulé devant nous les deux sujets du morceau, suivis encore d'une troisième figure en *coda*, le piano, avant d'entamer à son tour le premier sujet, commence son *solo* en collaborant de nouveau, par un trille prolongé, au travail de l'orchestre qui achève son prélude. Puis, dans le *solo* régulier qui suit, à chaque instant l'orchestre et le piano instituent entre eux un véritable dialogue, chacun des deux se taisant pendant la réponse de l'autre. Les deux sujets s'opposent avec une intensité d'expression remarquable, le second tout enlacé et sensuel, comme une caresse après l'impérieux appel du premier ; et Mozart est si préoccupé de la portée sentimentale de son morceau, toute fondée sur le contraste de ces deux sujets, que, par une anomalie peut-être unique dans le concerto « galant », il s'abstient tout à fait de donner à son soliste ce troisième sujet « libre » que l'usage était d'intercaler, dans le *solo*, entre les deux autres. Il ne veut pas d'autres éléments que ceux qu'il s'est donnés dès l'entrée ; et il faut voir avec quel art et quelle passion, dans son *développement*, toujours sans introduire l'ombre d'une idée nouvelle, il se met à étendre, à renverser, à rehausser par des modulations ou des transformations toujours très simples et très vigoureuses, cet appel frémissant qui constitue son premier sujet. Mais ce n'est pas tout, et la rentrée a peut-être plus encore que cet admirable *développement* de quoi nous montrer le progrès accompli dans le style du jeune maître. Car, cette fois, au lieu de reprendre exactement sa première partie, sauf à l'agrémenter de menus changements dans les traits ou l'ornementation, voici que déjà il fait subir au premier sujet, dans cette rentrée, une véritable transfiguration expressive, comme celles que nous rencontrerons, plus tard, dans les rentrées de ses symphonies ou sonates. Et si, en vérité, la rentrée du second sujet ne comporte pas le même travail de renforcement, une dernière surprise nous attend dans la grande et magnifique *coda* du morceau. Après avoir repris, une fois de plus, ce premier sujet qui n'a, pour ainsi dire, point cessé de se proclamer énergiquement à travers le morceau, Mozart confie maintenant à l'orchestre une nouvelle montée héroïque du rythme de ce sujet, aboutissant à la grande cadence finale, qui, elle-même devait continuer encore cette montée suprème, et puis lui opposer, délicieusement, la caresse sensuelle du second sujet. Tel est, en tout cas, le contenu de la cadence que nous trouvons dans la série des cadences classées toutes ensembles par Mozart vers la fin de sa vie ; et tout porte à croire qu'il s'agit bien là, du moins quant à l'allure générale, de l'authentique cadence composée par le jeune homme, pour la pianiste française ou pour soi-même, durant notre année 1777. Encore cette cadence ne met-elle pas fin à l'intervention du piano, qui, jusqu'à la dernière mesure du morceau, ne se relâche pas de dialoguer avec l'orchestre.

Mais quelle la puissance pathétique de ce premier morceau pouvait à peine nous faire prévoir le très haut degré d'émotion douloureuse que Mozart se réservait de traduire dans l'*andantino* de son concerto. Là, nous ne découvrons plus même la petite part d'ornementation « pianistique » qui, dans l'*allegro*, continuait à nous rappeler le genre de l'œuvre. L'expression y règne en maîtresse absolue, une expression d'angoisse très pure et noble dans sa profondeur tragique, faisant songer, comme nous l'avons dit, à un *arioso* de Rameau ou de Gluck, et servie aussi bien par le style que par l'instrumentation du morceau. Celui-ci s'ouvre par un prélude d'orchestre où les deux violons, en une imitation continue sous forme d'écho, murmurent le rythme d'une plainte étouffée, se poursuivant sans contours mélodiques bien définis, et aboutissant à une cadence traditionnelle de récitatif d'opéra. Puis, pendant que l'orchestre reprend cette plainte en façon d'accompagnement, le piano commence au-dessus d'elle un chant d'une simplicité et d'une désolation infinies en *ut mineur* qui se prolonge de phrase en phrase, sans cesse interrompu, à l'orchestre, par des rappels ou des continuations du récitatif du prélude, pour s'achever par une figure nouvelle, plus doucement résignée, mais bientôt coupée, à son tour, par une reprise au piano du rythme initial de la plainte avec la cadence récitative qui terminait celle-ci. Vient alors le *développement*, ou plutôt une seconde strophe de l'*arioso*, précédée, comme la première, d'un petit prélude d'orchestre qui en expose l'allure initiale ; et cette seconde strophe s'enchaîne directement, au piano, avec une reprise variée de la première, au moyen d'un rappel, toujours au piano, de la plainte qui ouvrait le morceau. Enfin, ici comme dans l'*allegro* précédent, cette rentrée variée est suivie d'une *coda*, où, d'abord, reparaît la plainte du début, cette fois murmurée en imitations par le piano et le premier violon ; après quoi Mozart reprend librement quelques-uns des passages les plus significatifs du morceau, en leur joignant une figure nouvelle, toute légère et comme sanglotante, que le piano nous fait entendre après sa grande cadence : car il se trouve ici qne cette cadence, autre innovation très hardie, est à la fois précédée et suivie d'un travail du soliste collaborant avec l'orchestre. Comme dans l'*allegro* précédent, le soliste ne s'arrête pas de chanter jusqu'aux dernières mesures du morceau, où, une fois encore, il murmure la plainte du prélude, avec sa conclusion récitative.

Ainsi ces deux morceaux constituent vraiment une façon de scène dramatique, sans rapport aucun avec les trois concertos « galants » de l'année 1776. Que si, maintenant, après avoir défini simplement leur contenu expressif, nous examinons le détail de leur style, nous reconnaîtrons, comme nous l'avons dit déjà, un effort incessant pour subordonner tous ces détails à la portée expressive que Mozart a en vue. L'écriture est généralement toute simple, et presque toujours homophone, sauf lorsque, dans l'*andantino*, l'imitation en écho doit servir à rendre plus intense l'émotion traduite. Les modulations elles-mêmes, nombreuses et souvent très belles, n'offrent pas le caractère de hardiesse harmonique que nous leur avons vu dans d'autres œuvres de Mozart : comme tout le reste, elles n'interviennent qu'au profit du sentiment à exprimer. L'instrumentation de l'orchestre, pareillement, merveilleuse d'aisance et de sûreté, laisse voir une certaine réserve qui résulte tout entière du désir de tout sacrifier à l'expression poétique. Dans le quatuor, où le rôle de l'alto commence de plus en plus à redevenir indépendant, l'activité ne renaît que quand l'orchestre répond au piano : les passages d'accompagnement étant très peu fournis. Les hautbois et les cors, eux, restent toujours très actifs, et souvent même se trouvent seuls chargés d'accompagner le piano. Enfin celui-ci, nous l'avons dit, n'a que très peu d'occasions d'étaler sa virtuosité : très peu de suites d'octaves ou de tierces, à peine quelques croisements de mains dans le *développement*, et, tout au plus, un fréquent travail d'ornementation autour des rythmes dessinés par l'orchestre. Mais jamais jusqu'ici, dans un concerto, le soliste n'avait été plus occupé, ni plus efficacement, et il va sans dire que toute sa partie est d'une élégance pure et naturelle, d'une justesse d'expression, et d'une incessante beauté mélodique qui, aujourd'hui encore, devraient faire de ce concerto l'une des œuvres préférées de tout pianiste aimant l'art ancien.

Quant au *rondo* final, très long et d'ailleurs tout débordant de gaîté spirituelle, nous avons dit déjà qu'il constraste avec les deux autres morceaux par son allure simplement « galante ». Il est construit tout à fait comme les *rondos* de l'été de 1776, à cela près que Mozart l'a allongé en y intercalant, — à la manière du trio de piano de Michel Haydn et de ses propres *rondos* dans les concertos de violon de 1775, — un intermède tout épisodique, sous la forme d'un menuet en *la bémol* accompagné de quatre variations. Ce menuet, d'un caractère beaucoup plus concertant que le reste de l'ouvrage, doit avoir été écrit pour permettre à Mᵉˡˡᵉ Jeunehomme de déployer sa virtuosité dans le genre gracieux

et chantant. L'accompagnement de l'orchestre y est assez peu important, sauf pour la dernière variation, où le quatuor dessine un chant
très simple et régulier sous une broderie ininterrompue d'arpèges du
piano. Deux petites cadences sur des points d'orgue encadrent ce délicieux épisode, et Mozart a encore introduit dans son manuscrit une
autre cadence, non moins brillante et purement ornementale, avant
l'une des reprises du thème de son *rondo.* Ce *rondo* tout entier est d'ailleurs d'une exécution assez délicate et difficile, moins par ses traits,
croisements de mains, et autres artifices que par le mouvement continu,
et toujours modulé, qu'il impose à l'exécutant. L'un de ses intermèdes, maintenu dans des tons mineurs, est d'une belle expression
pathétique, et sera utilisé plus tard par Mozart dans le premier finale
de *Don Juan.* La rentrée, suivant la coupe française, ramène les deux
intermèdes qui ont précédé le menuet, mais intervertis et librement
variés. Enfin, la particularité la plus intéressante de ce long finale concertant est l'emploi qu'y fait Mozart, comme dans ses *rondos* de 1776,
d'une figure caractéristique souvent répétée dans des tons divers, et
servant à unir entre elles toutes les parties du *rondo.* L'instrumentation, dans le *rondo* tout entier, est du reste assez peu fournie, et le rôle
du piano y dépasse infiniment celui de l'orchestre. C'est le piano seul,
notamment, qui expose tout le thème au début du *rondo,* jusqu'à ce
que l'orchestre lui réponde, comme en refrain, par la susdite figure
destinée à reparaître entre les intermèdes. Cependant, dans l'intermède mineur dont nous avons parlé, le piano et l'orchestre ont une
sorte de dialogue dramatique, qui accentue la ressemblance de cet
intermède avec une scène d'opéra.

276. — *Salzbourg, février 1777.*

Divertimento à six en si bémol, pour deux violons, alto, deux
cors et basse.

K. 287.
Ms. à Berlin.

Allegro. — *Tema con variazioni (en fa) : andante grazioso.* — *Menuetto et trio*
(*en sol mineur*). — *Adagio (en mi bémol).* — *Menuetto et trio (en mi bémol).* — *An-*
dante et allegro molto.

Le manuscrit de ce sextuor porte seulement : *Divertimento a 6 Stro-*
menti, — la date qui suivait cette inscription ayant été coupée : mais
l'éditeur André, qui avait possédé ce manuscrit, y avait lu la date de
« février 1777 ». D'autre part, nous savons par des lettres de Mozart
lui-même et de son père que le présent sextuor a été écrit, comme le

précédent, n° 255, pour la comtesse Lodron ; et l'on serait d'abord tenté
d'en conclure que, le n° 255 ayant été composé en juin 1776 pour un anniversaire de naissance, c'est pareillement en juin 1777, pour la même
occasion, que Mozart a dû composer le second. Mais bien que les affirmations d'André soient souvent peu sûres, celle qui concerne le n° 276
est d'autant plus probable que le style de ce sextuor le rattache immédiatement aux deux œuvres authentiques de janvier 1777. Le thème
varié du premier *andante*, en effet, semble n'être qu'une extension de
l'*andante* du n° 274, et le finale se trouve précédé et coupé d'un récitatif
qui sort évidemment de la même inspiration que l'*andante* du concerto
pour Mᴵˡᵉ Jeunehomme ; sans compter que, d'une façon générale,
comme nous le verrons, ce *divertimento*, par son caractère et les tendances qu'il révèle, est exactement la contrepartie du concerto précédent. Avec une coupe extérieure toute pareille à celle du *sextuor* de
1776, il diffère de celui-ci tout à fait comme ce concerto différait de
ceux pour la comtesse Lodron et pour la comtesse Lützow. Tout y
est, à la fois, plus poussé dans l'expression, et plus étendu, plus varié,
dans la forme. Mais, d'ailleurs, nous savons que Mozart a encore composé, — sur le même papier et avec une écriture toute semblable, un
autre sextuor en *fa* (K. 288), dont le premier feuillet nous est seul parvenu : rien n'empêche de supposer que celui-là ait été écrit en juin 1777,
pour le même anniversaire que celui de 1776, tandis que le n° 276 a été
fait en février, pour une autre fête dans la même maison.

Quoi qu'il en soit, nous pouvons être certains que ce sextuor est né
aussitôt après le concerto pour Mᴵˡᵉ Jeunehomme ; et si, dans ce dernier, les deux premiers morceaux nous ont offert un ensemble musical
d'une originalité et d'une beauté merveilleuses, ici c'est l'ouvrage tout
entier qui nous apparaît comme l'un des chefs d'œuvre les plus exquis
de Mozart, avec un mélange incomparable de la vie et passion juvénile
de 1776 et déjà d'une élaboration musicale infiniment supérieure. D'où
l'on ne doit pas conclure que nous considérions le jeune homme, depuis
lors, comme parvenu à sa pleine maturité, et produisant désormais
les chefs-d'œuvre sans interruption. Car la vérité est que son grand
voyage de 1778, tout en complétant sa formation artistique sous plus
d'un rapport, aura encore pour effet d'accentuer chez lui le trouble et
l'indécision que trahissent déjà maintes de ses œuvres de la suite
de 1777. Plusieurs fois déjà nous avons rencontré dans sa carrière des
périodes d'une richesse admirable où l'on pouvait supposer qu'il avait
acquis l'entière maîtrise d'un certain style donné ; après quoi surve-
naient, à nouveau, des crises de tâtonnements, ou parfois même de recul
apparent. De même il en sera encore cette fois, ou plutôt de même il
en sera jusqu'au bout de sa vie. Et il est bien sûr, par exemple, que le
grand sextuor en *ré* qu'il produira après son retour de Paris, en 1779,
ne supportera point la comparaison avec ce magnifique sextuor de
de février 1777. Le jeune maître, à ce moment, rêvera d'introduire dans
son œuvre toutes sortes d'aspirations nouvelles, qui déborderont du cadre
un peu étroit du « divertissement » et empêcheront son sextuor de
nous offrir l'élégante et pure perfection du présent n° 276. Celui-ci, en
effet, se trouve avoir le précieux avantage de correspondre absolument à l'état d'esprit de Mozart durant ce début de 1777 : avec des ten-

dances vers une musique plus savante et plus haute que la simple
« galanterie » de 1776, mais sans que le jeune homme, au fond, se soit
encore affranchi de ses dispositions mondaines et un peu superficielles
de l'année précédente. Si bien que ces éléments plus relevés, que nous
avons rencontrés déjà dans le concerto et la « musique de table » de janvier 1777, ne font que s'ajouter harmonieusement à l'ensemble des sentiments et du style de 1776, nous procurant ainsi un *divertimento* qui,
comme nous l'avons dit, n'est qu'une façon de pendant, plus travaillé
et plus nourri, mais avec cela d'inspiration pareille, au charmant sextuor de l'année précédente.

Nous avons dit, au sujet du concerto pour Mlle Jeunehomme, qu'il nous
était impossible de découvrir sous quelle influence spéciale Mozart avait
fait l'énorme progrès séparant ce concerto de ceux de l'année précédente.
Dans le cas du sextuor, au contraire, aucun doute n'est possible sur la
source où le jeune homme a puisé l'idée première et toute l'allure générale de son œuvre. Une fois de plus, Mozart a été stimulé et soutenu
par l'exemple de son grand maître et confrère salzbourgeois Michel
Haydn ; et jamais encore, peut-être, son génie n'a aussi abondamment
profité des leçons qu'il en retirait. Non seulement c'est à Michel Haydn
qu'il devait, dès 1776, la pensée de ce genre du *divertimento* en sextuor :
de même qu'il avait, à ce moment, pris expressément pour modèle le
notturno en sextuor composé par Michel Haydn le 21 décembre 1772,
tout en empruntant aussi bien des choses à un *divertimento* en *si bémol*
de septembre 1774, de même son sextuor de février 1777 dérive en
droite ligne d'un *divertimento* en *si bémol* pour quintette à cordes que
Michel Haydn aura certainement composé aux environs de 1776[1].

Impossible de jeter les yeux sur le *divertimento* de Michel Haydn sans
être tout de suite frappé de son extrême ressemblance avec le *sextuor*
de Mozart. Mêmes idées, présentées et développées de la même façon ;
même atmosphère générale de grâce légère et chantante, où le solo
de violon de l'*adagio* vient tout à coup introduire une ombre fugitive de
rêverie poétique. Identité complète dans le rôle des instruments à
cordes, à cela près que l'alto, chez Michel Haydn, apparaît plus libre
et plus hardi que chez Mozart, encore un peu gêné par le souvenir de
ses procédés « galants » des années précédentes. Et que si, maintenant,
nous examinons la distribution des morceaux, voici d'abord que les
deux mouvements lents, de part et d'autre, se trouvent tout
semblablement : l'un étant un petit thème varié, avec six variations
chez Mozart comme chez Michel Haydn, et entendues de la même manière ; et puis un *adagio* en *mi bémol* qui, dans les deux œuvres, nous

---

1. Indépendamment des considérations tirées du style de ce *divertimento*, tout
à fait pareil à celui des œuvres datées de Michel Haydn vers 1775 ou 1776, la
manière française d'orthographier le mot « rondeau », — comme on se rappelle que Mozart l'orthographiait en 1775, — prouverait bien qu'il s'agit là
d'une œuvre composée aux environs de ces années, s'il n'était pas arrivé à Michel
Haydn, plus tard encore, d'écrire le mot « rondeau » de cette façon, une ou
deux fois. Mais un autre argument plus décisif est, dans l'*allegretto* varié, l'absence de toute variation mineure, tandis que, plus tard, à l'exemple de son frère,
Michel Haydn ne manquera jamais à introduire une variation mineure dans ses
thèmes variés.

offre la même apparence d'un grand chant lyrique du premier violon, avec un accompagnement continu du reste des voix. Les deux menuets avec leurs trios pourraient, presque, être transportés du quintette de Michel Haydn dans le sextuor de Mozart. Et enfin, à côté de maintes autres analogies que nous signalerons tout à l'heure, c'est incontestablement dans le quintette de Michel Haydn que Mozart aura pris l'idée de ce récitatif qui servira de prélude au finale de son sextuor. Chez Michel Haydn, il est vrai, le récitatif figure parmi les variations de l'*allegretto* ; et c'est dans une *cassation* en *ré* de la même période, qui ne nous est connue que par fragments (à la Bibliothèque de Munich) que nous voyons le récitatif employé comme prélude d'un autre morceau, ainsi que l'a employé Mozart. Mais les deux récitatifs du quintette et du sextuor sont si étroitement apparentés par leur allure et leur style qu'aucun doute n'est possible sur l'emprunt fait par Mozart à son illustre confrère : et le concerto pour Mlle Jeunehomme nous a montré déjà comment le jeune maître, tout heureux d'avoir découvert chez Michel Haydn cette utilisation instrumentale du récitatif, s'est aussitôt ingénié à en tirer parti sous un autre aspect.

Voilà donc où Mozart a cherché l'inspiration et le point de départ de son sextuor ; et force nous est même de reconnaître, après cela, qu'il y a dans l'œuvre de Michel Haydn telles qualités de « métier » musical, par exemple le rôle indépendant de l'alto ou l'usage très hardi du contrepoint dans le premier *allegro*, qui, au point de vue technique, marquent la supériorité du modèle imité sur l'œuvre, moins savante et habile, qui en est sortie. Mais par ailleurs la qualité profonde de génie de Mozart nous est infiniment sensible dans la comparaison de son sextuor avec le *divertimento* qu'il a eu sous les yeux. Avec son pouvoir mystérieux de transfiguration, il est bien sûr que Mozart, tout en imitant Michel Haydn, ajoute inconsciemment à ce qui lui vient de ce maître un surcroît singulier, à la fois, de vie passionnée et de pure beauté artistique. Son œuvre nous semble se mouvoir, en quelque sorte, dans un monde plus haut, avec plus d'humanité traduite devant nous par le musicien, et traduite dans une musique qui réalise plus pleinement toutes les aspirations esthétiques d'ailleurs communes à Mozart et à Michel Haydn. Aussi bien, comme nous l'avons dit, ce sextuor est-il un des chefs-d'œuvre de Mozart, qui jamais plus désormais, jusqu'à son *trio* pour cordes de 1788, ne produira un « divertissement » d'une perfection plus entière.

Du style du sextuor, nous nous bornerons à dire qu'il est tout juste aussi travaillé que l'exige l'idéal du genre, avec une élaboration qui serait insuffisante pour un quatuor de chambre, mais qui, plus poussée, risquerait de gâter le charme léger et rapide d'un *divertimento*. Les *développements*, dans le premier morceau et le finale, ne sont pas encore, comme les *développements* ultérieurs de Mozart, une façon de concentration et rehaussement expressifs des sujets des morceaux, mais déjà ils contiennent des allusions à ces sujets, ou même de véritables variations sur eux. Le contrepoint est très rare, et d'une simplicité extrême : mais les modulations imprévues abondent, l'accompagnement est assez fourni pour avoir de quoi occuper librement toutes les voix employées ; et parfois même le second violon, la basse, ou même les cors, se substituent un moment au premier violon pour dessiner la ligne du chant. La présence des cors est d'ailleurs, ici, bien autrement justifiée que dans le sextuor de 1776 : peu s'en faut qu'ils ne tiennent le rôle le plus important dans l'ensemble harmonique après les violons. Et quant au premier violon, dont peut-être Mozart se réservait d'exécuter lui-même la partie, chez la comtesse Lodron, celui-là est traité d'une manière presque concertante, avec une richesse admirable d'expansion mélodique, et qui n'exclut pas maintes difficultés techniques, depuis d'énormes écarts soudains jusqu'à de fréquents passages en *tempo rubato.*

Le premier morceau, à la différence de celui du sextuor de 1776, revient à la coupe classique du morceau de sonate, avec deux grands sujets seulement, suivis d'une troisième idée en manière de *coda.* Mais il est curieux de voir que Mozart, qui semble maintenant avoir abandonné son procédé familier de 1776 consistant à faire commencer ses morceaux par une entrée et à ne reprendre celle-ci qu'à la fin, s'est tout à coup rappelé ici cette habitude de naguère, peut-être avec l'intention charmante, — et très conforme á son caractère, — de relier ainsi son œuvre nouvelle à la précédente. Il ouvre donc son morceau par huit mesures de prélude qui ne reviendront plus que dans la *coda ;* après quoi son premier sujet est exposé par les deux violons, avec des réponses des cors, et poursuivi longuement jusqu'à une cadence complète en *fa ;* et puis c'est le second sujet, sur un rythme de valse, aboutissant à une très longue ritournelle où l'alto et le second violon s'amusent à reprendre en imitations un trait dessiné d'abord par le premier violon. Enfin, avant les deux barres, la troisième figure susdite cède la place, brusquement, à un rappel du rythme du premier sujet, qui va enchaîner la première partie avec le *développement.* Celui-ci est très étendu, comme dans le quintette de Michel Haydn, et toujours comme chez Michel Haydn, nous y voyons reparaître les deux sujets précédents revêtus d'une signification nouvelle. Mais Mozart ajoute encore, aux échos de ces deux sujets, une sorte de récitatif ou de passage pathétique chanté par le premier violon, avec d'audacieux chromatismes qui se retrouvent également, ensuite, dans le retour amplifié et transformé du rythme dansant du second sujet. Hélas ! la rentrée qui succède à ce merveilleux *développement* n'a point la nouveauté magnifique des rentrées variées du concerto pour Mlle Jeunehomme. Mozart, peut-être encore en souvenir de son sextuor de 1776, y reproduit simplement toute la première partie, sauf à modifier un peu les traits concertants du premier violon et la cadence finale, qui, en outre, se trouve ramenée une dernière fois dans la *coda* du morceau, après la reprise de l'entrée du début.

Quant au petit mouvement lent qui vient en second lieu, et à qui Mozart, en 1776, avait donné la forme d'un *rondo,* nous avons dit déjà que, cette fois, suivant l'exemple de Michel Haydn, il en a fait un thème varié, où d'ailleurs il a cherché surtout, tout comme Michel Haydn, à mettre successivement en valeur chacun des instruments. Le thème, *andante grazioso,* nous l'avons dit aussi, ressemble beauconp au premier sujet de l'*andante* de la « musique de table » de jau-

vier 1777. Mozart, pour imiter Michel Haydn, s'est abstenu d'introduire
la variation mineure qu'il avait déjà, depuis 1775, appris à faire figurer
dans la plupart de ses thèmes variés; et sans doute c'est sous l'influence du même modèle qu'il s'est gardé, ici, d'altérer jamais trop
profondément la ligne mélodique de son thème, tâchant avant tout à
orner et agrémenter son accompagnement. La première variation n'est
guère qu'un *solo* du premier violon; dans la seconde, suivant un procédé
employé déjà en 1776 dans les variations du *divertimento* écrit par
Mozart pour sa sœur, le premier violon reproduit exactement le thème
pendant que le second violon et l'alto se partagent le soin de le varier
en légères arabesques. La troisième variation est réservée aux cors,
pour lesquels Mozart dégage et renforce les premières notes du thème,
faisant d'elles comme une sorte d'appel distinct, où répond aussitôt le
quatuor des cordes. Dans la variation suivante, les deux violons réunis
varient le thème en imitations avec l'alto; dans la cinquième, Mozart
s'amuse à renverser la ligne du thème, lui donnant ainsi, cette fois, un
caractère tout différent, qui rappelle sa façon favorite d'entendre la
variation. Et puis, dans la sixième et dernière variation, le premier
violon recommence à dominer à la façon d'un concerto, remplissant
toute la variation d'une longue broderie continue en triples croches,
où se reconnaît d'ailleurs constamment le contour mélodique du
thème. Tout cela est très simple, et d'une invention très facile : mais
un tour de main d'une aisance et d'une grâce incomparables rachète
la médiocrité d'une inspiration qui, sans doute. s'est sentie un peu
restreinte par le souci d'imiter les variations du quintette de Michel
Haydn. Et le morceau s'achève par une charmante petite *coda* où Mozart
ramène brusquement le rythme de sa troisième variation, mais
abrégé et comme condensé, instituant un véritable petit dialogue
comique entre les cors et le groupe des cordes.

Le premier menuet, avec son trio en *sol mineur*, est peut-être le morceau le plus parfait de toute cette œuvre parfaite. L'enchantement
léger et subtil du rythme de danse allemande, dans le menuet, l'introduction, dans le trio, des modulations caractéristiques du ton de *sol
mineur* chez Mozart avec leur étrange expression d'inquiétude nerveuse et passionnée, tout cela suffirait à nous faire ranger ces deux
morceaux bien par delà tous les menuets précédents, et au niveau des
admirables menuets des symphonies du début de 1774, si même à cette
beauté originale de l'invention ne s'ajoutait pas, ici, une intensité
d'élaboration musicale qui fait de ce menuet avec son trio la partie
la plus travaillée du sextuor aussi bien que la plus charmante. Dans
le menuet comme dans le trio, Mozart varie à tel point la reprise de la
première partie après la seconde, intervertissant ses divers éléments
et les étendant, et puis y joignant encore d'aimables *codas* nouvelles,
que l'ensemble des morceaux nous offre ce même caractère de renouvellement continu (*durchkomponirt*), qui nous est apparu déjà dans
la dernière messe de 1776. Sans compter que, dans le menuet comme
dans le trio, tels rythmes apparaissent qui attestent une intention évidente de continuer l'inspiration mélodique et émotionnelle du premier *allegro*, tandis que, d'autre part, la liberté et variété de l'instrumentation, où l'alto lui-même ne cesse plus d'avoir sa physionomie

propre, nous montre à quel point Mozart s'est de nouveau pénétré des précieuses leçons professionnelles de son maître Michel Haydn.

Mais surtout l'influence de ce dernier nous apparaît, comme nous l'avons dit, dans l'*adagio* suivant, en *mi bémol*, où l'émotion et le style ne sont vraiment qu'une extension directe du style et de l'émotion de l'*adagio* en *mi bémol* du *divertimento* du maître plus âgé. Peut-être même est-ce afin de pouvoir suivre plus pleinement son modèle que Mozart, dans cet *adagio*, a supprimé les cors, réduisant tout son morceau, lui aussi, à n'être qu'un grand chant du premier violon, avec des figures diverses dans ce chant, mais toutes accompagnées d'une façon continue par le reste des instruments à cordes. En tout cas nous avons ici, chez Mozart, le premier essai d'un type nouveau d'*adagio* poétique dont la réalisation la plus parfaite se produira, en 1787, dans l'*adagio* en *mi bémol* du quintette à cordes en *sol mineur* : non plus une simple rêverie, comme dans tels mouvements lents des concertos de 1775 et 1776, mais un chant proprement dit, très défini et arrêté dans ses contours, et cependant sans cesse enveloppé d'une atmosphère indéfinissable de rêve. Après quoi nous devons ajouter que, beaucoup plus approfondi et développé que le très simple *adagio* du sextuor de 1776, celui-ci n'a plus les mêmes douceur et pureté merveilleuses, qui nous ont fait voir dans le susdit *adagio* de 1776 l'une des manifestations les plus complètes du génie poétique du jeune Mozart. Ici, la netteté du chant, d'ailleurs délicieuse, nuit un peu à l'impression de « clair de lune » que nous offrait irrésistiblement l'*adagio* de l'année précédente ; peut-être encore sous l'influence inconsciente de Michel Haydn, qui était, lui aussi, un poète, mais tout de lumière et de plein midi. Le morceau se découpe distinctement en deux sujets, le premier très ample, avec une réponse mélodique, le second plus court, mais suivi d'une très longue ritournelle concertante où vient s'ajouter encore un rappel de la petite ritournelle qui terminait le premier sujet. Puis, s'enchaînant avec la première partie, c'est un beau *développement* où Mozart s'amuse à varier deux fois la ligne mélodique du premier sujet, mais pour, ensuite, supprimer la reprise de ce sujet dans la rentrée, et n'en reprendre que la réponse, conduisant à une reprise très allongée et variée du second sujet. Enfin le morceau s'achève par une *coda*, où un point d'orgue donne lieu à une véritable cadence de concerto ; après quoi les deux dernières mesures nous font entendre une sorte de soupir étouffé, tout à fait équivalent à celui que Mozart avait introduit, après la cadence, dans la conclusion de son pathétique *andantino* du concerto pour Mlle Jeunehomme. Tout cela, nous l'avons dit, constamment chanté par le premier violon, avec des traits prolongés pendant plusieurs mesures, d'énormes écarts, et tout un ensemble de virtuosité qui rend l'exécution de ce morceau plus difficile, peut-être, que celle même des concertos de violon des années antérieures. Dans l'accompagnement, le second violon et l'alto vont presque toujours ensemble, parmi des effets très délicats de sourdine semés, çà et là, de courts passages *pizzicato*. La basse se borne le plus souvent à compléter l'harmonie en notes détachées ; et sous tous ces rapports l'*adagio* de Mozart nous apparaît comme expressément sorti du *largo* de Michel Haydn, qui d'ailleurs, avec l'unité de son idée dominante, et l'exquise clarté de sa mélodie, présentait à Mozart un modèle le mieux fait du monde pour stimuler et enflammer son émulation.

Mais, aussi bien, c'est le sextuor tout entier qui, à chaque instant, nous rappelle de très près l'œuvre de Michel Haydn. Et c'est ainsi que le second menuet, avec son trio en *mi bémol*, nous montre le jeune homme s'imprégnant du style de son maître au point de lui emprunter ce procédé de l'*écho* qui, comme nous l'avons vu maintes fois, est en quelque sorte la signature constante de l'art du vénérable musicien salzbourgeois. Plus simple et plus dansant que le premier, — suivant l'usage, — ce second menuet se contente de varier et de rehausser, dans la seconde partie, la reprise complète de la première, avec une instrumentation où les deux violons gardent le rôle principal, sous d'importantes tenues des cors. Le trio, sur un rythme de valse, ne fait même plus que reproduire simplement la première partie, après l'avoir un peu élaborée, en écho, dans le passage qui succède aux deux barres.

Et puis c'est le finale, un des plus charmants que Mozart nous ait laissés, et étrangement précédé, comme nous l'avons dit, d'un grand prélude en récitatif dont une reprise abrégée reviendra encore avant la *coda* du finale. Ce récitatif, assez différent de celui que Mozart a intercalé dans l'*andantino* de son concerto pour Mᵉ Jeunehomme, se rattache bien plus étroitement encore à celui qui forme la cinquième variation de l'*allegretto* du quintette de Michel Haydn. De part et d'autre, nous avons devant nous un véritable récitatif d'opéra, exposé par le premier violon, avec, de temps à autre, des réponses du reste des cordes équivalentes à celles du *cembalo* dans les récitatifs chantés. Et il faut bien reconnaître que, si l'emploi du récitatif intervenant parmi les phrases de l'admirable *arioso* du concerto de piano se trouvait amplement justifié au point de vue esthétique, il n'en va pas de même ici, où l'on s'étonne un peu de voir une préparation aussi solennelle aux rythmes joyeux et rapides du finale qui suit. Mais il n'en demeure pas moins que, à le considérer indépendamment de ce délicieux finale, le récitatif composé ici par Mozart est tout rempli de l'émotion tragique la plus profonde et la plus angoissée, avec une terminaison en *sol mineur* qui fait pressentir déjà l'un des plus beaux récitatifs dramatiques de Mozart : la plainte déchirante de la Reine de la Nuit, précédant son premier air dans la *Flûte enchantée*.

Quant à l'*allegro molto* traité en forme de morceau de sonate, c'est ici que l'on peut constater à quel degré l'incomparable souplesse du génie de Mozart lui permettait de mener de front l'imitation d'un modèle étranger avec le plus libre et parfait déploiement de son originalité personnelle. Rythmes et procédés, tout y sort immédiatement d'œuvres antérieures de Michel Haydn, — et notamment du délicieux quintette en *ut* de février 1773, — mais toujours nous *sentons*, chez Mozart, non seulement une pénétration plus à fond dans les voies où nous conduisait Michel Haydn, nous y sentons aussi que Mozart nous conduit en même temps d'un pas et parmi une atmosphère qui ne sont qu'à lui, d'un pas plus léger et plus gracieux, dans un air plus parfumé de douce joie poétique.

Deux sujets, avec une troisième figure en *coda*, constituent la première partie du morceau. Le premier sujet rappellerait plutôt le début

du quintette en *ut* de Michel Haydn, tandis que le second, avec son
allure de danse allemande, ferait penser au finale de ce même quintette. Chacun des deux sujets est accompagné d'une longue ritournelle,
et la troisième figure susdite est suivie encore d'un petit passage nouveau, servant à enchaîner le *développement*. Celui-ci, non précédé de
barres de reprise, dépasse en étendue celui même du premier *allegro* ;
et jamais peut-être Mozart ne s'est plus absolument astreint à imiter
sous tous les rapports les remarquables *développements* de son maître
Michel Haydn. Cette partie intermédiaire du finale s'ouvre par une
fausse rentrée du premier sujet, qui donne lieu aussitôt à un long et
curieux travail sur le rythme de ce sujet, aboutissant à un point d'orgue après lequel d'autres rappels du premier sujet se mèlent à des éléments mélodiques nouveaux. Une transition nouvelle intervient aussi
pour amener la rentrée, qui est d'abord très variée, en ce qui concerne
le premier sujet, avec des interversions d'instruments, de charmantes
imitations en écho, et même des passages tout nouveaux dans la ritournelle, tandis que le second sujet est repris sans aucun changement
jusqu'à l'endroit où la transition qui préparait le *développement* dans
la première partie, est remplacée, comme nous l'avons dit, par une
réapparition abrégée et un peu modifiée du récitatif initial. Et le morceau s'achève par une longue *coda* toute débordante de gaieté lumineuse,
où Mozart se livre à un jeu continu sur la petite figure d'entrée de son
premier sujet, qui, après toutes sortes de transformations imprévues,
nous est rappelée sous sa forme originale dans les trois dernières
mesures du morceau. Tel est, en résumé, ce charmant finale, charmant
et même revêtu d'une certaine grandeur presque « beethovenienne »
à force d'extension de tous ses contours. Mozart atteint là à une ampleur
de proportions dont aucune de ses œuvres d'auparavant ne nous
offrait l'exemple, et qui, elle aussi, il faut le reconnaitre, ne se retrouvera plus dans ses finales que durant sa grande période viennoise.
Resterait à parler de l'instrumentation du morceau, dont la langue est
naturellement presque toujours homophone, mais avec une contexture
si forte et solide que chaque voix y apparaît indispensable pour l'effet
total. Aussi nous bornerons-nous, pour ce qui est de l'instrumentation,
à noter que Mozart est vraiment revenu, dans ce finale, au plus beau
style du quatuor à cordes, selon que le lui avaient naguère enseigné
les deux Haydn. Le premier violon continue bien encore à conduire le
chant : mais son chant se lie de façon si intime à l'accompagnement
que, privé d'une seule des voix de celui-ci, il perdrait aussitôt toute sa
portée. Et cet accompagnement lui-même est si habilement réparti
entre le second violon, l'alto, le violoncelle, et les cors, que pas un de
ces instruments ne pourrait se passer des autres, ni jamais ne les sup-
plante dans notre attention. En vérité, des morceaux comme celui-là,
ou plutôt comme tous ceux du présent sextuor, nous amènent à nous
demander si, avec tous les avantages certains que va avoir pour Mozart
son grand voyage de Mannheim et de Paris, les résultats de ce voyage
ont bien été aussi nécessaires qu'on est d'abord tenté de le croire, ou
même si, en échange de ses avantages, le séjour du jeune homme à
l'étranger n'a pas retardé le mûrissement naturel et spontané de son
génie créateur, et ne l'a pas empêché de s'évader tout à fait de la

« galanterie » par des voies plus originales et plus sûres que celles où il va s'engager, par des voies comme celle où, sous la direction paternelle de Michel Haydn, il a déjà, dans son sextuor de 1777, inconsciemment franchi les limites du « divertissement » pour revenir au noble et fécond domaine de la musique de chambre classique.

277. — Salzbourg, le 16 juillet 1777.

Concerto en ré, pour le violon, avec accompagnement de deux violons, alto, deux hautbois, deux cors, violoncelle et basse.

K. 271ª.
Ms. perdu.

Allegro maestoso

Allegro maestoso. — Andante (en sol). — Allegro.

L'autographe de ce concerto est aujourd'hui perdu. Il appartenait, en 1837, au chef d'orchestre parisien Habeneck, qui affirmait y avoir trouvé cette inscription, de la main de Mozart : *Concerto per il violino di W. A. Mozart, Salisburgo, li 16 di Luglio 1777.* La partition du concerto nous est connue par deux copies anciennes, dont l'une, faite par le violoniste français Baillot, porte la même date, — mais en français, et qui, cependant, semble nous être donnée comme reproduite ainsi en *fac simile* d'après l'autographe, — tandis que l'autre copie a été retrouvée à Berlin parmi les papiers de l'infatigable collectionneur allemand Aloys Fuchs. A quoi nous devons ajouter que l'authenticité de cette partition, en tant que produite par Mozart lui-même, est absolument incontestable, et que l'on y trouve maintes particularités qui, rappelant le concerto de piano pour Mᶫᶫᵉ Jeunehomme, légitiment la date de « juillet 1777 ». Mais, d'autre part, diverses autres particularités de ce concerto montrent tant de différence avec les procédés de Mozart en 1777, et, au contraire, rappellent si fort la manière du maître pendant et après son grand voyage de Mannheim et de Paris qu'il ne nous est vraiment pas possible, sur la foi d'une inscription aujourd'hui perdue, d'étudier l'ouvrage à l'endroit de notre travail où nous sommes parvenus. C'est ainsi que, d'abord, l'instrumentation de l'orchestre, telle que nous la trouvons dans les deux copies, ne nous paraît pas pouvoir être considérée comme écrite par Mozart avant son contact avec le milieu musical de Mannheim. Il y a là, d'un bout à l'autre, des *soli* ou passages importants des instruments à vent, mais surtout une indépendance absolue et une intensité symphonique du rôle des altos, dont aucune trace ne se rencontre ni dans le concerto pour Mᶫᶫᵉ Jeunehomme, ni dans le sextuor en *si bémol*, ni dans aucune des œuvres de 1777 que nous aurons à examiner. Et ce n'est pas tout : jusque dans la coupe des morceaux, nous apercevons toutes sortes d'innovations qui nous deviendront, en effet, familières dans les concertos d'après 1778, mais qui, avant cette date, ne laissent pas de nous paraître bien invraisemblables. Par exemple, dans le premier morceau, le sujet libre du soliste n'est point repris au moment de la rentrée, et le premier sujet lui-même y est fort abrégé. L'*andante* a une allure de *lied*, très simple et très claire, qui contraste avec le caractère plus romantique de presque tous les mouvements lents des périodes que nous étudions, tandis que ce caractère nous apparaîtra souvent dans les œuvres composées sous l'influence française. Enfin, pour nous en tenir à ces quelques points, le *rondo* final commence par un long prélude d'orchestre qui en expose le thème et, qui plus est, un premier intermède, alors que, d'une façon tout à fait constante, depuis le milieu de 1775 jusqu'aux concertos de flûte écrits par Mozart à Mannheim en 1778, le soliste intervient toujours dès le début du finale.

De tout cela résulte cette conclusion certaine que la partition qui nous est connue n'est pas exactement celle que Mozart a composée en juillet 1777. Il se peut que le jeune homme, à cette date, ait écrit un concerto de violon où se trouvaient déjà les principaux éléments mélodiques de la partition susdite : mais l'état présent de celle-ci, en ce cas, doit avoir résulté d'une refonte ultérieure, et sans que nous puissions déterminer avec précision la part qui y revient au concerto primitif ainsi que celle qui a été, plus tard, modifiée ou renforcée par le jeune élève des instrumentistes de Mannheim. Si bien que, à vouloir analyser ici cette partition, nous risquerions de fausser notre idée des progrès du jeune homme durant l'année 1777. Mieux vaut noter simplement que, à la veille de son départ, et sans doute en vue des concerts qu'il espérait pouvoir donner à Paris, Mozart a très probablement composé un grand concerto, plus étendu et beaucoup plus « brillant » que tous ceux qu'il avait produits jusqu'alors, avec déjà ce caractère de « bravoure » dans les *soli* qui, bientôt, allait s'imposer à lui sous l'influence du goût de son temps, et créer un contraste de plus en plus fâcheux entre la merveilleuse beauté des préludes ou *tutti* de l'orchestre et la longueur, le vain éclat, la difficulté de ces interminables *soli*, tout semés de traits et de cadences sans aucune signification expressive. Et puis, pendant son voyage ou plutôt même après son retour, Mozart a revu sa partition, et lui a fait subir une modification si profonde qu'il en a fait déjà un de ses concertos les plus difficiles, équivalent à ses grands concertos de piano de la période viennoise. Aussi n'est-ce que beaucoup plus tard, vers 1779 ou 1780, que nous aurons le droit d'aborder l'étude de cette partition, tout en ayant soin de la considérer comme un simple remaniement d'un ouvrage antérieur.

278. — *Salzbourg, printemps ou été de* 1777.

Sonate d'église en sol, pour deux violons, basse et orgue.

K. 274.

Ms. à Berlin.

La date de cette sonate d'église nous est révélée par Mozart lui-même qui, en tête du manuscrit, a écrit : *Sonata di A. W. Mozart, m. pr. 1777.* Et il convient tout de suite de noter que c'est ici la première fois que le jeune homme s'est servi d'un grand format de papier à 16 lignes, qui nous aidera bientôt à fixer la date de deux autres compositions écrites sur le même papier. Quant au moment précis de l'année 1777 où a été composée cette sonate, ainsi qu'une autre n°279, qui doit provenir de la même période, nons ne pouvons émettre, sur ce point, que des conjectures assez vagues, faute de posséder aucune autre œuvre ins-trumentale du milieu de 1777 dont la date nous soit connue avec certi-tude. A coup sûr il est bien étonnant que, après sa fécondité des années précédentes, l'existence de Mozart nous offre là un intervalle de près de cinq mois, — entre le *sextuor* de février et le *concerto* de violon de juillet, — où ne se rencontre aucune trace positive d'activité créa-trice; et d'autant plus nous serions tentés de placer au moins dans cet intervalle de petites compositions telles que ces deux sonates d'église, la dernière des six « musiques de table », un fragment de trio à cordes, et une série de contredanses. Mais, en somme, il se peut fort bien que Mozart, dès le jour où il a décidément formé le projet de son grand voyage, ait passé quatre ou cinq mois sans produire absolument rien de nouveau, tout absorbé dans les préparatifs divers de ce voyage. Seuls, certains détails de notre sonate rappelant à la fois le *sextuor* de février et le concerto de violon de juillet nous permettent de conjectu-rer que cette sonate et la suivante ont été produites dans l'espace compris entre ces deux œuvres. Ajoutons que, sur le manuscrit de la sonate suivante, se lisent les mots *pro festis Palii* : mais, ici encore, impossible de rien conclure de cette indication, car on appelait *festa Palii*, à la cathédrale de Salzbourg, toutes les grandes fêtes solennelles de l'année, si bien que nos sonates peuvent avoir été composées soit pour la nouvelle année ou pour Pâques ou la Pentecôte.

En tout cas, la présente sonate a pour nous l'intérêt historique de nous montrer, à la fois, l'énorme changement survenu dans le style de Mozart depuis le milieu de l'année précédente et l'inquiétude fiévreuse avec laquelle le jeune homme, durant toute cette période qui a précédé son départ, s'est ingénié à essayer tour à tour les procédés les plus différents, en artiste qui sent bien la nécessité de servir désormais un idéal plus haut, mais ne sait pas encore où s'adresser pour le découvrir. Le fait est qu'on ne saurait imaginer, une fois de plus, contraste plus complet que celui de ces deux sonates de 1777 et des sonates de l'année précédente. Tout d'abord, Mozart renonce de nouveau à réaliser la partie de l'orgue, comme il avait fait en 1776, et ne spécifie même plus que très rarement les passages réservés, dans sa troisième ligne, au *tasto solo* et au « violoncelle ». Les sujets, qui jusqu'ici étaient nettement séparés, voici maintenant qu'il les relie l'un à l'autre, comme il fait aussi dans son concerto de violon et son trio à cordes : des sujets qui, au lieu de s'opposer, semblent se continuer l'un par l'autre. Le *développement*, qui naguère était volontiers nouveau, est maintenant tout consacré à une reprise des rythmes des sujets précédents. Et enfin la rentrée, presque toujours invariée en 1776, ou du moins reproduisant la première partie avec de simples petits changements extérieurs, dorénavant nous apparaît de plus en plus modifiée, surtout pour ce qui est du premier sujet, avec un rehaussement très caractérisé aussi bien de la ligne mélodique de celui-ci que de son expression. Sans compter que nous retrouvons, dans cette très belle et très vigoureuse sonate n° 278, un curieux procédé entrevu déjà dans l'admirable *andantino* en *ut mineur* du concerto de piano pour Mlle Jeunehomme : le morceau débute par une sorte d'entrée toute rythmique qui, ensuite, se trouve former l'accompagnement du premier sujet proprement dit.

Ce premier sujet, se dégageant peu à peu de l'entrée susdite, qui d'abord est exposée à l'unisson par toutes les voix, nous est présenté, sous sa double version, par le premier violon ; et c'est de la façon la plus imprévue qu'une ritournelle amène, tout à coup, un second sujet en *ré*, suivi d'une sorte de réponse, pour aboutir, de la même façon insensible, à une petite figure de conclusion avant les deux barres.

Le style, jusqu'à celles-ci, a été le plus souvent homophone, malgré une liberté et personnalité singulières du rôle de la basse : mais au contraire le *développement*, toujours assez étendu et de plus en plus travaillé, nous fait assister à une élaboration savante du rythme des deux sujets antérieurs, avec d'élégantes imitations entre les trois voix ; après quoi, par une transition habilement ménagée, nous arrivons à la rentrée, où, comme nous l'avons dit, le premier sujet et sa ritournelle sont très variés, avec des modulations expressives de l'effet le plus heureux. Le second sujet, lui, est repris sans changement ainsi que la figure qui le suivait : mais, pour conclure sa sonate, Mozart ajoute encore à cette figure une brève *coda* nouvelle qui, à l'unisson des trois voix, nous rappelle le rythme de l'entrée du morceau, — de telle façon que celui-ci, une fois de plus, s'achève comme il avait commencé, encadré entre deux expositions d'une même figure.

279. — *Salzbourg, printemps ou été de* 1777.

Sonate d'église en ut, pour deux violons, deux hautbois, deux trombones, deux timbales, violoncelle, basse et orgue.

K. 278.

Ms. à Berlin.

Le manuscrit de ce morceau ne fait pas mention de sa date : mais le morceau se trouve écrit sur la même feuille que la sonate précédente, ce qui suffirait à nous prouver que les deux œuvres ont été composées immédiatement l'une après l'autre. Cependant, il se pourrait que toutes deux n'eussent pas été destinées à être exécutées le même jour : car l'autographe du n° 279 porte la mention *pro festis Palii,* d'où nous voyons que cette sonate a dû être produite en vue de l'une des grandes fêtes de la cathédrale de Salzbourg, et son style aussi bien que son instrumentation indiquent également une destination plus solennelle. Car non seulement Mozart y a joint à ses quatre instruments ordinaires les deux violons, le violoncelle et l'orgue, des parties très importantes de hautbois, trombones et timbales, ainsi que la mention expresse de « basses » unies au violoncelle : mais il a, en outre, donné à son morceau une coupe d'ouverture, sans barres de reprise, et avec une très longue *entrée* précédant les deux sujets réglementaires.

Après quoi il est sûr que, par son esprit et ses procédés, cette sonate se rattache directement à la précédente, comme aussi à tout ce que nous savons de la manière de Mozart en 1777. Les sujets sont volontiers enchaînés l'un à l'autre, l'orgue, toujours non réalisé et confondu avec les basses, se borne au même rôle d'accompagnement ; et il n'y a pas jusqu'à certaines modulations du n° 278 qui ne reparaissent dans la présente sonate. Toutefois, nous devons noter que, ici, contrairement à l'habitude désormais presque constante de Mozart, la rentrée se réduit à reproduire, sans aucun changement, la première partie, ou du moins la portion de celle-ci qui y est reprise, car nous allons voir que Mozart, se rappelant son procédé favori de 1776, supprime de sa rentrée l'*intrada* qui ouvrait le morceau, pour ne la reprendre qu'en *coda,* à la fin de celui-ci.

Cette *intrada,* comme nous l'avons dit, est très étendue, avec un caractère de grandeur simple et forte qui nous offre un type parfait de la signification accordée souvent par Mozart au ton d'*ut majeur.* Tous les instruments y sont employés de la façon la plus active et la plus personnelle, avec nn accompagnement continu du second violon opposé à celui des basses et sous des figures libres des hautbois. Puis, insensiblement, la ritournelle modulée de ce prélude donne naissance au premier sujet, chanté par les deux violons et les hautbois, et suivi d'une très belle ritournelle mineure où les hautbois se détachent entièrement du reste de l'orchestre. Le second sujet, en *sol*, est au contraire nettement séparé du premier, et pourvu d'une expression douce et tendre qu'accentue encore l'attribution du chant aux hautbois, doublés par les violons. Puis, de nouveau, une longue transition modulée conduit à un petit troisième sujet, faisant fonction de *coda*, et s'achevant par une cadence pleine en *sol*. Ici commence le *développement*, qui est assez étendu, et, par exception, tout nouveau, mais toujours avec une intention manifeste de grandeur solennelle, et d'ailleurs beaucoup plus théâtrale que proprement religieuse. Après une grande figure mélodique, chantée par le premier violon, voici que ce violon et la basse s'engagent dans un grand dialogue en imitation continue, d'un mouvement passionné sous la marche précipitée de ses modulations chromatiques, pendant que le second violon et les hautbois les accompagnent en des figures de plus en plus contrastées, le mieux assorties du monde à leurs ressources propres ! Et puis, au moment où l'on attend la rentrée du début, nous avons dit déjà que Mozart se contente de faire revenir la transition qui, après son *intrada*, amenait insensiblement le premier sujet. Et la première partie, depuis lors, se répète intégralement jusqu'à la cadence pleine qui la terminait tout à l'heure. Mais alors, comme nous l'avons dit aussi, au lieu de finir là son morceau, Mozart ramène tout à coup son *intrada*, supprimée au début de la rentrée, et grâce à laquelle la sonate, en s'achevant, nous laisse sous la même impression de solennité majestueuse que nous avait donnée son commencement. Tout cela avec un mélange de simplicité sans effort et de vigoureuse maîtrise qui nous fait apparaître cette sonate exactement aussi haut par dessus les précédentes que le concerto pour Mlle Jeunehomme ou le sextuor de février 1777 nous ont semblé dépasser toutes les compositions analogues de 1776. L'instrumentation, surtout, est d'une richesse et d'une sûreté remarquables ; et si la partie de l'orgue est encore un peu sacrifiée, celle du violoncelle se distingue souvent de la partie des basses, avec même un passage où le violoncelle, l'orgue, et les basses alternent la tâche de l'accompagnement de la façon la plus ingénieuse.

280. — *Salzbourg, printemps ou été de* 1777.

Divertimento à six (musique de table) en mi bémol, pour deux hautbois, deux cors et deux bassons.

K. 289.
Ms. perdu.

Adagio et allegro. — *Menuetto et trio.* — *Adagio.* — *Finale : presto.*

L'autographe de cette « musique de table » est perdu, et aucun document positif ne nous renseigne sur la date de sa composition. Mais nous devons ajouter qu'aucun doute n'est possible sur la fixation, au moins approximative, de cette date dans la période comprise entre le printemps et l'automne de 1777. Car, d'abord, l'œuvre continue et complète une série, commencée en 1775, et dont nous avons vu que le « n° 5 » en *si bémol*, datait de janvier 1777. Or Mozart n'a pu produire ce dernier numéro de la série ni pendant son grand voyage, ni après son retour, où son style instrumental se trouvera complètement modifié. Force nous est donc de classer cette sixième « musique de table » en 1777, et à une distance de quatre ou cinq mois de la précédente, distance que nous avons vue déjà entre les diverses compositions analogues de 1775 et 1776. Sans compter que, par maintes particularités typiques, ce numéro 280 se rattache aux autres œuvres que nous connaissons datées de cette période du milieu de 1777.

Au point de vue de son contenu musical, cette dernière « musique de table », — achevant une nouvelle série de trois œuvres dans les tons successifs de *fa, si bémol*, et *mi bémol*, est peut-être la plus pauvre de toutes et la moins agréable, sauf cependant une maîtrise d'instrumentation de beaucoup supérieure. On sent que le jeune homme se fatigue de ce genre de compositions, qui l'avait ravi en 1776, ou peut-être, surtout, qu'il se fatigue de toute corvée pour une Cour dont il a hâte d'abandonner l'odieux service. Mais au point de vue de sa signification historique et, en quelque sorte, psychologique, peu d'œuvres ont de quoi nous offrir un document plus précieux, et projeter une lumière plus vive sur l'état d'esprit de Mozart durant toute cette période écoulée entre la crise mémorable de la fin de 1776 et le départ pour Mannheim et Paris. Plus encore que de ses besognes pour un maître détesté, le jeune homme est las de ce misérable idéal « galant » que lui a révélé son séjour à Munich au début de 1775. A tout prix il veut renouveler son art, y introduire à la fois plus de vie profonde et de véritable beauté poétique ; et puis, avec ce désir passionné de renouvellement, il ne sait pas où s'adresser pour trouver la direction et l'exemple dont aura toujours besoin son souple génie féminin. Si bien qu'il essaie, tour à tour, de tout ce que le hasard lui jette sous la main, tantôt imitant un modèle ancien, tantôt s'éprenant d'innovations toutes récentes. Cette fois, évidemment, ayant à produire une œuvre qui, en soi, l'ennuie, il ne trouve de plaisir qu'à y introduire certaines particularités dont l'exemple lui est fourni par les vieux maîtres de la *suite*, ceux-là même dont il avait déjà subi l'influence pendant son dernier séjour d'Italie. C'est ainsi que, à la manière des Zipoli ou des Hændel, il va s'amuser à maintenir tous les morceaux de son *divertimento* dans le même ton de *mi bémol,* — y compris jusqu'au trio du menuet, — et, en outre, à commencer tous ces morceaux par une même figure, en les reliant entre eux au moyen d'autres rappels de thèmes ou de cadences. Tout cela, d'ailleurs, sans emprunter à ces vieux maîtres le langage qui accompagnait, chez eux, ces procédés extérieurs : car le style de ses morceaux restera presque invariablement homophone, sous la forme classique du morceau de sonate. Encore est-il curieux de noter que, pour la première fois depuis des années, Mozart conserve cette coupe du morceau de sonate jusque dans son finale, ce qui n'est pas non plus sans attester l'influence de quelque modèle ancien. Le jeune homme a rouvert, par hasard, l'une ou l'autre des vieilles partitions étudiées autrefois ; et le voilà qui, un moment, se demande si ce n'est point dans un retour à cette musique de jadis qu'il pourra trouver la délivrance et la voie dont il a besoin. Aussi bien, allons-nous voir que cette velléité passagère d'imitation des maîtres anciens ne s'est pas traduite chez lui par ce seul *divertimento*, et que, probablement tout à fait dans le même temps, il a commencé aussi une véritable *suite* pour *trio* à cordes, comme celles qui avaient été le mode d'expression favori des maîtres italiens de la première moitié du xviiie siècle.

Ici, dans cette « musique de table », comme nous l'avons dit, l'imitation de ces maîtres se borne à l'emploi de procédés tout extérieurs, tandis que le style de l'œuvre reste encore sensiblement pareil à celui des autres œuvres précédentes de la même série. Tout au plus découvrons-nous, cette fois, une infériorité et un progrès également sensibles, par rapport aux *divertimenti* antérieurs. Le progrès consiste en ce que, de plus en plus, l'expérience musicale du jeune homme lui permet de choisir, pour ce genre de morceaux, des idées et un langage expressément appropriés aux ressources particulières des instruments à vent. Jamais encore, à ce point de vue, aucun de ces petits morceaux n'avait « sonné » aussi heureusement, avec un tel mélange de douceur cristalline et comme d'éloignement poétique ; sans compter que l'instrumentation, très simple, est toujours d'une sûreté et propriété remarquables. Mais, d'autre part, il est trop certain que l'invention des idées et leur traitement n'ont plus, ici, la fraîcheur ni la liberté vigoureuse que nous ont fait voir les autres *musiques de table*. Ou plutôt les idées seraient charmantes, si Mozart avait pris la peine d'en tirer parti : mais nous sentons que son nouveau travail ne l'intéresse plus, et qu'il est trop fatigué de ses vains efforts de plaire à son maître salzbourgeois pour apporter notamment à ses *développements* et à ses rentrées une élaboration dont il prévoit que personne ne lui saurait gré. De telle sorte que les divers morceaux du n° 280 nous donnent l'impression d'une œuvre à la fois écrite par un maître de plus en plus habile et puis, cependant, composée sans goût et négligemment.

Le premier morceau débute par un petit prélude *adagio*, de même qu'un grand nombre de compositions de Joseph Haydn : mais en vérité le prélude de Mozart est d'une inspiration tout autre que ceux de Haydn, avec une absence de tout sujet mélodique, et une véritable allure de simple introduction, qui, elles aussi, font penser aux petits *largo* initiaux de certaines suites des vieux maîtres italiens. Après quoi commence l'*allegro*, formé de deux sujets distincts avec une troisième figure en *coda*, qui elle-même est encore suivie d'une petite cadence finale pour le premier hautbois. Dans le premier sujet, le chant est partagé entre les deux hautbois, avec un accompagnement d'abord entièrement réservé aux cors, — qui, du reste, vont avoir dans tout l'ouvrage une importance extrême, rappelant leur rôle dans le sextuor en *si bémol* de février 1777. Le second sujet, en *si bémol*, est chanté à l'unisson par le premier hautbois et le premier basson ; une petite

ritournelle le termine, qui se trouve encore complétée par une figure
de transition avant d'aboutir à la troisième idée susdite, très chantante
et légère, avec un gracieux accompagnement en contre-chant du
second hautbois. Le *développement*, ensuite, s'ouvre par un rappel,
répété deux fois, du rythme du premier sujet, mais sans aucune trace
d'élaboration thématique, et cédant aussitôt la place à une nouvelle
figure de transition, d'un caractère tout spécialement approprié aux
timbres des instruments à vent. Après quoi la rentrée reproduit la première partie en se bornant à supprimer quelques mesures d'une ritournelle, ou du moins en restreignant à cela les changements du rythme :
car, pour ce qui est de l'instrumentation, Mozart l'a intervertie et
modifiée presque d'un bout à l'autre de cette rentrée, comme il fera
aussi dans les morceaux suivants. Point de *coda*, après la double reprise, aucun contrepoint dans tout le morceau ; rien d'autre que cette
charmante « euphonie » des vents qui, malgré l'évidente improvisation
de l'ouvrage, lui donne pour nous aujourd'hui une saveur poétique des
plus agréables.

A ce premier morceau succède le menuet, qui, comme nous l'avons
dit, débute par la même figure que l'*allegro* précédent, et semble n'être
qu'une variation de son premier sujet. Menuet et trio, tous deux en *mi
bémol*, reprennent complètement la première partie après la seconde :
un peu variée dans le menuet, tout à fait sans changement dans le *trio*.
Le chant continue à être confié au premier hautbois, que doublent tantôt le second hautbois et tantôt le premier basson.

Dans l'*adagio*, toujours en *mi bémol*, le premier sujet comporte, après
le chant des hautbois, une réponse imprévue des deux bassons, toujours avec un accompagnement très fourni des cors. Le second sujet,
lui, est chanté par le premier hautbois seul, comme aussi la cadence
finale, qui, d'ailleurs, reproduit le rythme de celle du premier morceau.
Le *développement* est tout nouveau, très court, et traité en simple transition ; après quoi la rentrée répète la première partie sans autre changement que de petites interversions dans le rôle des instruments.

Quant au finale, traité en morceau de sonate, non seulement son
premier sujet s'ouvre par la même figure que ceux du premier *allegro*
et du menuet : tout ce sujet nous apparaît encore comme une reprise
variée de la troisième figure en *coda* du premier morceau. Le chant est
confié aux hautbois, accompagnés d'abord par les bassons, puis par
les cors. Le second sujet, réparti entre les deux hautbois, offre un
contraste curieux entre son idée initiale, comme hésitante sous son
rythme syncopé, et la vive réponse qui succède à ce petit passage.
Enfin une troisième figure en *coda*, très légère et gaie, vient à son tour
nous rappeler le dernier sujet mélodique du premier morceau. Le
développement est nouveau, tout fait du double exposé d'une phrase
que le premier hautbois et le premier basson semblent se rejeter en
imitation. La rentrée, ensuite, légèrement variée dans l'exposé mélodique du second sujet, nous montre, une fois de plus, l'aisance merveilleuse avec laquelle Mozart, même sans se donner la peine de
retravailler ses rentrées, sait désormais en renouveler l'impression,
simplement au moyen d'interversions incessantes dans le rôle des
divers instruments. Et ainsi le morceau s'achève, sans ombre de *coda*,

à la différence de tous les cinq finales des *divertimenti* précédents. Décidément, Mozart en a assez de ce genre de besognes ; et le fait est que jamais plus son œuvre ne nous offrira l'équivalent de cette délicieuse série de « musiques de table », où survit peut-être pour nous la plus parfaite incarnation de son génie « galant », aux alentours de sa vingtième année.

281. — *Salzbourg, printemps ou été de 1777.*

Sonate en si bémol, pour deux violons et basse.

K. 266.

Ms. à Berlin.

Adagio et allegretto. — *Menuetto : allegretto et trio (en mi bémol).*

Voici encore une œuvre assez mystérieuse, et sur l'origine et la date de laquelle force nous est de nous en tenir à de libres conjectures ! Le manuscrit porte seulement le titre de « sonate », sans aucune indication de lieu ni d'année ; et comme nous savons, par le catalogue du père, que Mozart a écrit une série de trios à cordes avant la fin de 1768, nous pourrions être d'abord tentés de reconnaître ici l'unique fragment de cette série qui se soit conservé. Mais une telle hypothese est aussitôt rendue impossible aussi bien par l'écriture matérielle de l'ouvrage qui par son contenu musical. L'écriture se rattache directement à celle des œuvres de 1776 ou 1777 ; et, en outre, ce trio, avec la série de danses n° 282, est la seule œuvre instrumentale de Mozart qui soit écrite sur ce même grand format à 16 lignes qui a servi déjà pour les deux sonates d'orgue nos 278 et 279, expressément datées de 1777. D'autre part, le premier morceau débute par cinq mesures d'un singulier petit prélude *adagio* dont la forme toute rythmique, sans l'ombre de mélodie, correspond absolument à celle du prélude de la « musique de table » n° 280, datant certainement, elle aussi, du milieu de 1777. Enfin nous allons voir que le premier morceau qui suit ce prélude, et dont Mozart a négligé d'indiquer le mouvement, offre une particularité absolument unique dans toute l'œuvre du maître : divisé en deux parties de longueur égale, ce morceau, dans sa seconde partie, ne reprend absolument aucun des sujets de la première. Avec un rythme de *polonaise*, il nous rappellerait, par cette forme bizarre, certaines des « sonates » en un morceau de Dom. Scarlatti, ou bien les premiers morceaux des *suites* des plus anciens clavecinistes italiens. Sans compter que, tout en nous trouvant hors d'état de savoir si cette « sonate » de Mozart ne devait être que le commencement d'une véritable « suite » inachevée, ou si le jeune homme a simplement voulu en faire une de ces compositions en deux morceaux, également appelées « sonates », qu'écrivaient volontiers les vieux Italiens, nous pouvons être certains que, dans l'un ou l'autre cas, l'intention expresse de l'auteur a été, ici, un essai d'archaïsme, du même genre que ceux que tentera plus tard le jeune homme, vers 1782, quand son ami Van Swieten l'aura littéralement enivré de la langue ancienne de Bach et de Hændel.

Et ainsi une partie au moins du mystère se trouve définitivement éclaircie. Ce trio, écrit sur le même papier que les sonates d'église de 1777, est, sans aucun doute possible, de la même année. Précédé d'un prélude tout semblable à celui du *divertimento* n° 280, et, tout comme lui, attestant un désir imprévu d'imiter des formes anciennes, il dérive de la même inspiration, à tel point qu'il doit avoir été composé tout de suite avant ou après cette « musique de table ». Reste seulement, ainsi qu'on l'a vu, la question de savoir ce que Mozart a entendu faire de ces deux morceaux, une « sonate » complète, ou le début inachevé d'une « suite ». Encore une fois, les exemples sont innombrables, chez les vieux Italiens, de trios à cordes intitulés « sonates » et constitués d'un premier morceau, le plus souvent *andante*, avec un finale en *tempo di menuetto*. Mais l'adjonction d'un prélude au premier morceau, et surtout la coupe du menuet avec *trio* séparé, rendent beaucoup plus vraisemblable la conjecture d'une œuvre inachevée, — en quoi cette première « suite » de Mozart aurait eu déjà le même sort que tous ses essais ultérieurs pour imiter ces vieux genres classiques.

ᵓQuant au style de la sonate, — qui constitue en somme, pour nous, le premier essai connu de Mozart dans cette langue du trio à cordes, autrefois la langue préférée des maitres italiens, — nous y découvrons un mélange singulier du style ordinaire de Mozart en 1776 et 1777 et d'une tendance manifeste à imiter quelque modèle archaïque. Les trois voix sont toujours très distinctes, et souvent traitées en contrepoint, sans jamais s'astreindre à un système défini d'imitations. Encore le rôle de la basse est-il, le plus souvent, d'accompagner simplement les deux violons en complétant l'harmonie : mais les parties des deux violons s'équivalent constamment l'une à l'autre, et c'est même surtout celle du second violon qui se trouve chargée de dessiner le chant. Les sujets, très nombreux, sont enchaînés dans un même mouvement continu, et leur abondance et cette difficulté de les distinguer achèvent de produire sur nous une impression bizarre. Tout cela, d'ailleurs, ne se rapporte guère qu'au premier morceau, car le menuet est d'une coupe et d'un style beaucoup plus réguliers. Mais au contraire ce premier morceau nous apparaît d'autant plus étrange que, après avoir présenté constamment l'aspect archaïque susdit, il se termine tout à coup par un passage d'un romantisme imprévu que suit une de ces *codas* poétiques comme Mozart en introduira dans ses grands *andantes* des dernières années de sa vie.

Comme nous l'avons dit, ce morceau s'ouvre par cinq mesures d'un prélude *adagio*, tout rythmique, et manifestement apparenté à celui de la « musique de table » n° 280. Puis, après un point d'orgue et deux barres isolant ce prélude du reste du morceau, celui-ci nous présente un premier sujet en *si bémol*, chanté par le premier violon, et dont le rythme rappelle un peu celui d'une *polonaise*. Mozart, comme on l'a vu, n'a pas indiqué le mouvement nouveau qui doit succéder à l'*adagio* du

VINGT-QUATRIÈME PÉRIODE

prélude : mais nous pouvons être absolument sûrs que la désignation *adagio* était réservée à ce seul prélude, tandis que le morceau lui-même devait être d'un mouvement sensiblement plus vif, — le mouvement classique de l'*andante* ou *andantino* italien. Aussi bien verrons-nous que, dans le même temps, Mozart négligera pareillement d'indiquer une modification évidente du mouvement de l'*Et incarnatus*, survenant au milieu de l'*allegro* du *Credo* de sa messe n° 288. Quant à ce premier morceau lui-même, sa première partie nous offre absolument la coupe d'un morceau de sonate, avec un sujet initial chanté par le premier violon et accompagné de sa ritournelle, un second sujet réservé au second violon, et puis, après la ritournelle de celui-ci, une troisième petite figure en *coda*. Viennent ensuite les barres de reprise, et le passage qui les suit, pendant une douzaine de mesures, semble encore former une sorte de *développement*, ou du moins de transition préparant une rentrée. Le sujet, dans ce passage, est en vérité nouveau, mais la manière dont le second violon l'expose sous un accompagnement en croches du premier le rattache suffisamment à celui-ci, pour que l'on continue à se croire en présence d'un morceau régulier. Sans compter que ce passage aboutit même à un semblant de conclusion tout à fait pareille à celles qui, d'ordinaire, précèdent les rentrées. Mais voici que, au lieu de cette rentrée attendue, nous voyons arriver un autre sujet, tout nouveau, en *si bémol*, dont le chant ni l'accompagnement ne peuvent vraiment être assimilés à ce que nous a fait voir la première partie. Et nous avons dit déjà comment ce sujet nouveau se transforme bientôt en une autre figure d'un caractère très expressif, pour aboutir enfin à une grande et merveilleuse *coda* absolument différente du passage qui terminait la première partie, et où, pendant huit mesures, le second violon fait entendre, sous de nobles tenues du premier, un léger murmure de plus en plus affaibli, avec une pureté et une douceur poétiques qui nous transportent bien loin des souvenirs archaïques évoqués par la coupe singulière de cet étrange morceau.

Quant au menuet, celui-là tout « moderne », et dont le rythme initial n'est pas sans rappeler la réponse du premier sujet dans le concerto de violon de la même période, il nous présente toutes les particularités de la plupart des menuets de Mozart en 1777. Après une première partie où le chant a été constamment réservé au second violon, la seconde partie s'ouvre par un passage qui est déjà, vraiment, une sorte de *développement* sur le sujet principal de la partie précédente ; après quoi celle-ci, suivant un procédé que nous avons rencontré plus d'une fois dans les œuvres de l'été de 1776, se trouve reprise tout entière, textuellement, quant au chant, mais avec un accompagnement tout à fait nouveau ; et Mozart, ici, pousse beaucoup plus loin encore ce procédé de variation, qui deviendra plus tard l'une des méthodes favorites des *andantes* et *rondos* variés de Joseph Haydn. Semblablement le trio, en *mi bémol*, ne nous offre qu'une même suite d'un bout à l'autre, avec une seconde partie continuant le rythme qui terminait la première. Après quoi, de nouveau, cette première partie est reprise en entier, mais maintenant variée dans les deux voix des violons. Tout cela à la fois très jeune, très vigoureux, et d'une invention mélodique ou rythmique très originale, qui nous fait vivement regretter que Mozart, sans doute, ait laissé inachevée une œuvre aussi supérieure à sa production « galante » ordinaire, et, en tout cas, n'ait point pu s'engager plus avant dans une voie aussi bien faite pour offrir à son génie l'issue esthétique où il aspirait.

282. — *Salzbourg, printemps ou été de 1777.*

Quatre contredanses, pour deux violons, deux hautbois (ou une flûte et un basson), deux cors et basse.

K. 267.

Ms. perdu.

I. *En sol.* — II. *En mi bémol, avec flûte et basson remplaçant le hautbois.* — III. *En la.* — IV. *En ré.*

L'autographe de ces contredanses, autrefois chez André, ne portait aucune date: mais l'écriture correspondait entièrement à celle des années 1776 ou 1777, et surtout le format du papier était ce grand format à 16 lignes dont Mozart ne s'est servi que pour ses sonates d'orgue de 1777 et sa sonate en trio de la même période n° 281. C'est donc, très probablement, en 1777, et sans doute à l'occasion du carnaval, que le jeune homme aura composé ces quatre petits morceaux, d'ailleurs si expressément destinés à la danse que l'on ne saurait y chercher une valeur musicale bien considérable. Tout au plus pouvons-nous louer l'agrément mélodique des rythmes et l'habileté singulière avec laquelle sont traités les divers instruments. Le chant est toujours confié au premier violon, que doublent sans cesse les hautbois ou la flûte. Le second violon tantôt suit le chant du premier, et tantôt l'accompagne, d'une figure continue. Les cors sont très occupés, sans intervenir jamais dans la ligne mélodique, et la basse, de son côté, marque et accentue le rythme avec une vigueur méritoire. Aucun contrepoint, sauf par instants de petits mouvements contraires des hautbois. Les passages intermédiaires ou *trios* sont volontiers plus soignés que les premières, parties notamment dans les n°s 3 et 4. Enfin, dans ce dernier, le trio en *la* est encore suivi d'un nouveau passage en *ré mineur*, servant à ramener la reprise de la première partie.

283. — *Salzbourg, entre janvier et juillet* 1777.

Notturno en ré, pour quatre orchestres, chacun formé de deux violons, alto, deux cors et basse.

K. 286.

Ms. à Berlin.

Andante. — *Allegretto grazioso.* — *Menuetto et trio (en sol) pour un seul quatuor à cordes.*

L'autographe de ce curieux ouvrage porte simplement le titre *Notturno*, sans aucune indication de date. Mais le style, comme nous le verrons, est absolument celui des œuvres authentiques du début de 1777; et comme, en outre, cette sérénade à quatre orchestres n'est pas encore écrite sur le grand papier à 16 lignes du carnaval de 1777, mais toujours sur le papier à 10 lignes des années précédentes (avec deux pages superposées) ; et comme, d'autre part, il est certain que Mozart a voulu recommencer ici, à la fois avec plus d'extension et un art bien supérieur, sa *Sérénade nocturne* de janvier 1776 (n° 242), nous aurions presque le droit d'affirmer que c'est en janvier 1777, et sans doute autour du premier janvier, que Mozart a eu l'idée de recommencer son petit tour de force de l'année précédente, peut-être également pour le salon de la comtesse Lodron. On verra d'ailleurs, à propos du menuet final, que l'œuvre de Mozart n'est sans doute qu'un fragment inachevé, et n'a point dû être exécutée avant une date bien postérieure.

En tout cas, comme nous l'avons dit, l'œuvre porte tous les caractères de style nouveau de Mozart en 1777, avec des rentrées très variées, un emploi très fourni et libre des cors, et puis avec une sûreté musicale beaucoup plus marquée que dans le nocturne pour deux orchestres de janvier 1776. Et tandis que, dans ce dernier, les deux orchestres se trouvaient à peu près équivalents, cette fois le jeune homme s'en est tenu exclusivement au procédé de l'*écho*, avec une gradation invariable, toujours conçue comme suit : après une phrase exposée par le premier orchestre, le second répète une partie, le plus souvent encore assez longue, de la même phrase; puis le troisième orchestre, à son tour, ne répète que la dernière partie du fragment, et enfin le quatrième orchestre, abrégeant de nouveau sa répétition, ne fait plus entendre que les dernières notes. Aussi bien Mozart lui-même, sur sa partition, a-t-il appelé « échos » les trois orchestres qui répètent, de plus en plus abrégées, les phrases du premier.

C'est là un genre de plaisanterie musicale dont nous savons qu'il a été pratiqué très souvent, et sans doute depuis une date très ancienne,

dans l'histoire de la musique instrumentale. Mozart a-t-il trouvé autour de lui, et notamment parmi les œuvres de ce maître par excellence de l'*écho* qu'était Michel Haydn, des modèles déjà très développés de ces *échos* pour plusieurs orchestres ? Nous l'ignorons : mais, en tout cas, sa partition de 1777 doit sûrement se rattacher, d'une façon plus ou moins directe, à un *écho* en *mi bémol* pour deux trios à cordes que Joseph Haydn avait composé en 1767, et dont maintes rééditions attestent la popularité. Cet ouvrage de Joseph Haydn était intitulé *Écho pour quatre violons et deux violoncelles, composé pour être exécuté en deux appartements différents*. Plus étendu que l'*écho* de Mozart, avec un long *adagio*, un *allegro*, un menuet et *trio*, un second *adagio* (en *si bémol*) et un *presto* final, l'*écho* de Haydn présentait encore une forme infiniment simple et presque rudimentaire, équivalant à celle de l'unique morceau pour piano à quatre mains que nous ayons conservé du même maître, et où « l'élève » — suivant la désignation naïve de l'auteur — répète invariablement toute phrase qui vient d'être exposée par le « professeur ». Parfois, en vérité, dans l'*écho*, les deux groupes jouent quelques notes ensemble, en se doublant, mais presque toujours le premier commence, et le second aussitôt répète sa phrase, ou plutôt même sa note ou son membre de phrase, car il arrive que telle mesure donne lieu jusqu'à deux de ces réponses en écho. Et ce morcellement continu du langage, cette répétition toujours complète et pareille, et puis aussi la pauvreté musicale des idées capables de se prêter à un tel traitement, tout cela nous fait apparaître le vieil *écho* de Haydn comme une œuvre vraiment un peu puérile, dénuée de tout intérêt artistique aussi bien que de toute valeur professionnelle. Combien autrement intéressant et original est, en comparaison, l'*écho* de Mozart ! Ici, d'abord, le procédé même de l'*écho* est employé avec une variété qui nous le rend amusant et imprévu d'un bout à l'autre des morceaux. Car si, comme nous l'avons dit, la gradation des trois « échos » reste forcément toujours la même, en revanche Mozart s'amuse constamment à nous surprendre, soit sur le moment où vont se produire ces répétitions de plus en plus abrégées, ou, plus encore, sur la dimension des passages repris. Parfois le premier orchestre expose une longue phrase d'une quinzaine de mesures **sans** qu'interviennent les réponses, tandis que, d'autres fois, celles-ci se produisent après des phrases beaucoup plus courtes ; et puis, surtout, tantôt la reprise du premier *écho* porte sur la phrase entière, tantôt sur la dernière moitié de la phrase, ou bien, par instants, Mozart s'émancipe de la règle que nous avons dite tout à l'heure, et ne fait répéter à ses trois échos qu'une même petite figure de cadence. Sans compter que toujours, au contraire de Haydn, il s'arrange admirablement pour que ces exposés fragmentaires ne nuisent pas à l'intérêt musical et expressif de ses phrases, coupant celles-ci en autant de membres distincts qu'il y introduira d'arrêts pour l'*écho*. Et tout cela n'est rien auprès de l'élégante et personnelle beauté des rythmes de ces phrases, et de la manière à la fois très simple et très sûre dont elles sont instrumentées, et, comme nous l'avons dit, de l'effort d'élaboration que nous révèlent les *développements*, ainsi que la variation expressive des rentrées. Séparée même des échos qui s'y ajoutent, et jouée seule sans arrêts, la partition du premier orchestre aurait encore de quoi nous émouvoir très agréable-

ment, dans la brièveté inévitable de ses contours. Tout au plus l'asser-
vissement trop fréquent de l'alto à la basse prouve-t-il que Mozart, en
composant cet *écho*, restait fidèle, sous ce rapport, à ses habitudes de
1776 : mais déjà, comme nous l'avons dit, la grande importance et liberté
des cors nous rappelle le progrès singulier du sextuor de février 1777
en regard de celui de juin précédent.

Le premier morceau est un grand *andante* régulièrement traité en
morceau de sonate, et après lequel vient l'*allegro* : coupe anormale que
nous venons de voir employée dans l'*Echo* de Haydn, et qui pourrait bien
signifier que c'est en effet ce vieux modèle qui a directement inspiré
Mozart. Le premier sujet, de quatre mesures, est repris tout entier par
le premier écho ; après quoi les deux autres en reprennent des fragments de plus en plus courts. Puis vient un second sujet, de huit mesures,
dont le premier écho ne reprend plus qu'une moitié. A sa dernière
reprise en écho succède, cette fois, une ritournelle, de nouveau reprise
tout entière par le premier écho ; et enfin, avant les deux barres, les
cors du premier orchestre, renforcés par le quatuor, font entendre une
façon de *coda* de deux mesures, qui, elle, est répétée tout entière par
les trois échos. Le premier écho la répète à une mesure de distance, le
second à un temps du premier, le troisième à deux temps du second :
car il convient encore de noter que Mozart, pour mieux varier ses échos,
change sans cesse les intervalles de ses reprises, depuis la forme du
canon jusqu'à l'écho lointain, se produisant après un long intervalle de
silence. Vient ensuite, après les deux barres, un petit *développement*
régulier qui, ici, est encore nouveau, mais traité en imitations entre
les voix. Quand il s'achève, le premier écho en reprend la dernière
moitié, et ainsi de suite. Maintenant, voici la rentrée du premier sujet,
d'abord toute pareille, et répétée aux échos de la même façon : mais au
moment où, après le dernier écho, nous attendons une rentrée régulière
du second sujet, voici que Mozart s'amuse à continuer son premier sujet,
au premier orchestre, par un beau passage nouveau de quatre mesures,
tout rempli de touchantes modulations mineures, et qui, ensuite, amène
une rentrée toute variée et renforcée du second sujet ! Après quoi la
fin du morceau reproduit, naturellement, la ritournelle et la *coda* finale
de la première partie.

Le second morceau, *allegretto grazioso*, est traité de la même façon.
Après un premier sujet d'un rythme tout léger et piquant, exposé d'abord
par le premier violon seul avec accompagnement de l'alto, l'ensemble
du premier orchestre reprend ce sujet en *tutti*, et, déjà, en prolonge
les dernières notes, en écho : après quoi le second orchestre reprend
ce *tutti*, amputé de son commencement, et le transmet ensuite aux deux
autres, toujours de plus en plus écourté. Mais ici, comme tout à l'heure
dans la rentrée de son *andante*, Mozart fait ensuite précéder son second
sujet, au premier orchestre, de quelques mesures d'entrée, de façon
que le second sujet, en *la*, se trouve enchaîné avec le premier. Il est
d'ailleurs assez long, et très mélodique, chanté par le premier violon sur
un accompagnement continu du second ; et bientôt le premier écho
reprend toute sa ritournelle, puis le second écho en répète la moitié, et
puis le troisième la fin. A ce second sujet succède, sans barres de reprise,

un petit *développement* en transition qui rappelle l'entrée du même sujet, et qui, lui, n'étant pas repris en écho, ramène directement une rentrée pareille du premier sujet. Toujours d'après son nouveau procédé de rentrées variées, Mozart change entièrement, ensuite, la susdite rentrée, et ne laisse pas de modifier aussi le second sujet. Et enfin, pour compenser la brièveté de son *développement*, il ajoute aux répétitions en écho de son second sujet une délicieuse petite *coda* sur le rythme du premier sujet, reprise complètement au premier écho, puis un peu abrégée aux deux autres ; et puis, après ce rappel imprévu du premier sujet, voici que le premier orchestre nous fait entendre encore une longue *strette* toute nouvelle, en dialogue entre le groupe des violons et celui des basses, et dont l'allure à la fois moqueuse et sensuelle se retrouvera plus tard dans un passage célèbre du rôle de la Zerline de *Don Juan*. Comme le premier sujet, cette *strette* se termine, dès le premier orchestre, par une petite cadence en écho, qui, seule, mais tout entière les trois fois, se trouve répétée par les trois autres orchestres.

Le *menuetto* en *ré* qui vient ensuite sert de finale à la partition ; et son *trio* même, écrit pour un seul quatuor à cordes, doit sûrement avoir été composé à une date ultérieure, sans doute déjà pendant la grande période viennoise. Or, il est tout à fait improbable que Mozart, en 1777, ait eu l'intention de fermer une œuvre comme celle-là par un menuet, et, de plus, sans trio. Évidemment, ce menuet n'était d'abord, dans sa pensée, qu'un troisième morceau du *nocturne*, suivi de son trio, et plus encore d'un grand *rondo* final, — qui même, peut-être, aurait été précédé d'un prélude *adagio*, pour continuer à suivre l'exemple de l'*Echo* de Joseph Haydn. D'où nous pouvons conclure, presque sans erreur possible, que ce second *nocturne* de Mozart, tel que nous le possédons, n'est qu'un fragment d'une œuvre que le jeune homme, au début de 1777, aura laissée inachevée, s'étant trouvé empêché de la faire exécuter ; après quoi, à Vienne, il se sera hâté de lui adjoindre un petit trio, afin de pouvoir la produire chez Van Swieten ou ailleurs. Aussi bien était-ce là un travail relativement assez long ; et sans doute d'autres ouvrages plus importants en auront interrompu l'achèvement.

Quant au menuet que nous possédons, son rythme et sa coupe rappellent beaucoup ceux des menuets du sextuor de février 1777. Au début, Mozart imagine un emploi nouveau de son premier écho. A peine le premier orchestre a-t-il commencé d'exposer le rythme initial du menuet, que, soudain, le second se substitue à lui pour redire, en écho, deux mesures qu'il vient de jouer ; et, aussitôt après, le premier orchestre poursuit l'exposition du même sujet, comme si cette interruption faisait partie, en réalité, de la ligne mélodique du sujet. Puis, ce sujet achevé, le premier écho reprend tout ce que l'on peut appeler sa « réponse », et la passe, de plus en plus écourtée, aux deux autres échos. A ce moment, le premier orchestre attaque une sorte de *strette*, que les trois autres reprennent tout entière, et, de nouveau, en canon : d'abord à une mesure d'intervalle, puis à un temps, et puis à deux temps. Les barres de reprise sont suivies d'un long passage nouveau, en transition, que termine une amusante figure des cors à découvert ; et cette figure, seule, est ensuite répétée en canon par les cors des trois autres orchestres. La rentrée complète de la première partie, ensuite, se trouve très variée, comme dans tous les menuets de 1777. Bornons-nous à signaler la façon imprévue dont Mozart, maintenant, arrête trois fois l'exposé du premier sujet, pour le faire reprend.'e, en petits échos, aux trois autres orchestres.

Du *trio*, dont nous avons dit déjà qu'il a été improvisé par Mozart ultérieurement, pour un seul quatuor à cordes, nous signalerons seulement l'allure suivie et tout d'une traite, par-dessus les barres de reprise, — selon le procédé ordinaire de Mozart dans sa période viennoise. Le trio est d'ailleurs d'une simplicité extrême, avec reprise complète et presque pareille de la première partie après la seconde. Le groupe des violons, le plus souvent, marchent ensemble, opposés au groupe de l'alto et de la basse : sauf pourtant un endroit où Mozart, se souvenant de la destination du morceau, fait répondre les trois dernières voix, en écho, à la première.

284. — *Salzbourg, août 1777*.

Scène dramatique, pour soprano, avec accompagnement de deux violons, deux hautbois, deux cors et basse.

K. 272.
Ms. à Berlin.

Allegro

Scène extraite d'un poème d'*Andromède*. — I. Récitatif : Andromède : *Ah ! lo previdi : allegro risoluto*. — II. Arioso en *ut* mineur : *Ah! t'invola : allegro*. — III. Récitatif : *Misera! in van m'adiro : allegro, andante et adagio*. — IV. Cavatine en *si bémol* : *Deh! non varcar quell'onda!*

Mozart a composé cette scène pour une jeune femme de Prague, Mme Duschek, qui était venue passer quelque temps à Salzbourg. Elle était très jolie et très séduisante ; et Mozart, qui devait la retrouver encore dans la suite, en fut certainement amoureux dès cette première rencontre. Le fait est qu'il mit toute son âme à cette scène que, par amitié, il écrivit pour elle, et qui est peut-être son chef-d'œuvre dans ce genre des scènes et grands airs de concert. Après un court récitatif assez simple, mais très expressif, Andromède chante un grand *arioso* en deux strophes, adressé à Persée, qui vient de tuer son ami. « Envole toi loin de moi, méchant, cause de ma douleur ! » Cet *arioso*, qui a la forme très régulière d'une *cavatine*, avec une seconde strophe librement variée, traduit de la façon la plus pathétique et en même temps la plus musicale le mélange de colère et de désespoir que signifient les paroles. L'allure rapide et saccadée du chant, les contretemps de

l'accompagnement, le rythme pathétique, sans cesse modulé, sous les
paroles : « Va cruelle ! », tout cela concourt à produire un effet d'ensemble d'une intensité d'autant plus grande que les moyens employés
sont plus simples, et que cette expansion mélodique passe plus vite :
car, dès la fin de la seconde strophe, le récitatif reprend. Et ce récitatif
est, cette fois, de tout autre nature qu'au début de la scène. Le rythme
de la voix y est beaucoup plus chantant ; et l'accompagnement, tout
en n'étant fait que par le quatuor, à la manière classique, est très
fourni de figures expressives, avec une foule d'enharmonies et de chromatismes, qui donnent à ce passage une importance musicale au moins
pareille à celle de l'air précédent. Puis, lorsque cette fièvre de passion
s'est calmée, la scène s'achève par une seconde *cavatine*, en majeur,
d'une allure et d'un sentiment tout différents de ceux de la précédente.
Andromède, à bout de forces, supplie son ami mort de l'attendre pour
traverser avec elle le fleuve du Léthé. C'est ici une cantilène sans
expression dramatique bien définie, mais d'un sentiment très doux et
féminin, et d'une ligne mélodique délicieusement pure, accompagnée
par l'orchestre avec une discrétion qui met d'autant plus en relief la
beauté du chant. La seconde strophe de la *cavatine*, ici encore, est très
variée ; et Mozart, suivant son habitude d'alors, y intervertit les phrases
de la première strophe, pour aboutir enfin à une courte *strette, allegro,*
sur le rythme de la dernière phrase de la cavatine. Peu de virtuosité,
dans les deux airs, où l'on ne trouve aucune cadence, et où les ornements du chant sont toujours traités au point de vue de l'effet expressif : mais le chant lui-même, d'une interprétation très difficile, est parfaitement adapté aux ressources de la voix ; et l'ensemble de la scène,
avec la pureté du chant et la savante réserve de l'accompagnement,
nous montre à quel point Mozart, depuis qu'il s'était remis à la musique
vocale en 1776, avait de nouveau progressé dans ce domaine de son
art.

285. — *Salzbourg, entre le début de 1776 et l'été de 1777.*
Divertimento (ou série de six *entrées*) en ut, pour deux flûtes, cinq
trompettes, et quatre timbales.

K. 188.

Ms. dans une collection de Londres.

I. *Andante.* — II. *Allegro.* — III. *Menuetto.* — IV. *Andante* (en *sol*).
V. *Menuetto.* — VI. *Presto.*

Nous avons dit déjà, à propos du n° 241, ce qu'étaient ces séries de
petits morceaux, destinées probablement à servir d'« entrées » pour
les repas solennels de la cour de Salzbourg ; et nous avons dit aussi

qu'un assez long intervalle n'a pu manquer de s'écouler entre la composition des dix morceaux du n° 241, encore très simples et assez
insignifiants, et celle des six morceaux de ce n° 285, où se retrouvent
tous les éléments caractéristiques de la dernière période de Mozart avant
son grand voyage de 1777. Le fait est qu'on ne saurait imaginer ressemblance plus parfaite dans l'intention générale et les procédés, accompagnée d'une plus profonde différence dans l'esprit, l'agrément, la portée musicale et poétique. Au lieu du musicien banal que nous montrait
le n° 241, c'est déjà Mozart tout entier que nous trouvons ici, avec
ce merveilleux talent de transfiguration artistique qui, désormais, lui
permettra toujours de revêtir d'une beauté indéfinissable jusqu'aux
genres les moins faits en apparence pour donner libre cours à son génie
de poète.

Encore ce que nous avons dit de la similitude des procédés, dans les
deux séries, comporte-t-il une exception que nous laisse voir aussitôt
la musique du n° 285. Les flûtes, maintenant, ne sont plus simplement équivalentes aux groupes des trompettes et timbales ; d'un bout
à l'autre de la série, on pourrait soutenir qu'elles seules jouent un rôle
essentiel, et peut-être même le traitement des autres groupes aurait-il
de quoi sembler plus sommaire et moins original que dans les « entrées »
de naguère. Mais combien ces parties des deux flûtes, toujours nettement séparées, combien elles nous font voir d'aisance, de variété, de
pure et charmante beauté mélodique ! Quelle richesse d'invention dans
le choix des sujets, quelle science discrète et sûre dans la variation des
reprises, et quelle parfaite accommodation du chant au timbre comme
aux ressources instrumentales de la flûte ! Sans compter que si les
autres instruments ne font plus guère qu'accompagner, l'extrême simplicité de leurs parties ne les empêche pas de produire un effet délicieux, avec même, çà et là, de petites imitations en écho où se reconnaît tout le talent de Mozart.

L'*Andante* n° I est un grand et beau menuet, tout chanté par les flûtes,
avec, après les deux barres, un long *développement* qui continue et
complète la partie précédente, pour aboutir à une rentrée très variée,
et suivie elle-même d'une légère *coda*.

Pareillement la rentrée se trouve variée, allongée, et rehaussée dans
l'*allegro* n° II, ayant un rythme de contredanse populaire, et, lui aussi,
poursuivant ce rythme jusque dans la partie intermédiaire qui fait fonction de *développement*.

Dans le menuet n° III, très court, mais possédant également une rentrée complète et variée de la première partie, le *développement* est chanté
d'abord, à découvert, par le groupe supérieur des trompettes, mais qui
se bornent à étendre la mélodie chantée précédemment par les flûtes.

Cette parfaite et délicieuse unité mélodique de chacun des morceaux
du n° 285 est même, peut-être, l'un des traits les plus distinctifs de
la série entière. Obligé d'écrire, pour les repas de la cour, des morceaux d'une brièveté et d'une concision extrêmes, Mozart a du moins
voulu que chacun d'eux ne fût, du début à la fin, que l'exposition d'une
idée unique, tâchant par là à en relever la portée expressive.

Et puis aussi, d'autre part, il a voulu que chacun des morceaux
répondît pleinement, par tous ses caractères, à la destination de l'en-

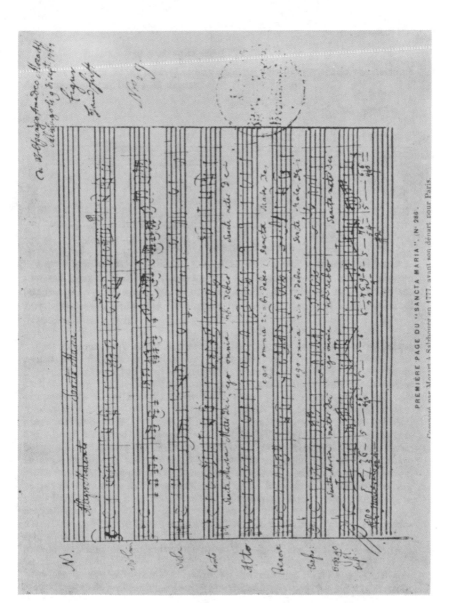

PREMIÈRE PAGE DU "SANCTA MARIA", N° 288.

Composé par Mozart à Salzbourg en 1777, avant son départ pour Paris.

semble ; et c'est pourquoi il a toujours pris soin de leur conserver un
caractère joyeux et brillant, avec une allure toute populaire aussi bien
dans les sujets que dans leur mise en œuvre. L'*andante* en *sol* nº IV lui-
même n'échappe pas à cette règle : il a pour thème, de nouveau, un
rythme de contredanse, mais sans cesse enrichi de modulations ingénieuses, et parfois même accompagné en imitations aux groupes des
trompettes, pendant que la seconde flûte dessine une gracieuse figure
continue sous le chant de la première. Le *développement*, une fois de
plus, reprend et resserre le rythme de la première partie, pour aboutir
à une rentrée complète de celle-ci.

Quant aux deux derniers morceaux, nᵒˢ V et VI, l'un est un petit menuet, avec rentrée complète, l'autre une contredanse toute rapide et
légère, évidemment destinée à servir de *coda*. Tous les deux doivent
avoir été composés très vite, et n'ont à nous révéler aucune particularité intéressante ; mais nous y sentons toujours un maître éminemment
sûr de son invention comme de son métier, avec ce délicieux instinct
de grâce mélodique qui se retrouve décidément jusque dans les productions les plus improvisées de Mozart durant la période que nous étudions.

286. — *Salzbourg, 9 septembre* 1777.

**Graduale ad festum B. Mariæ Virginis, Sancta Maria, Mater Dei
en fa, pour quatre voix, deux violons, alto, basse et orgue.**

K. 273.

Ms. à Berlin.

Ce *Sancta Maria* porte, sur l'autographe, la date du 9 septembre 1777.
Il a donc été composé quinze jours à peine avant le départ de Mozart,
et pourrait bien être la dernière œuvre du jeune homme à Salzbourg,
écrite après la messe nº 288 et le petit offertoire nº 287, que nous croyons
destiné à compléter cette messe. Le nº 286, lui, ne peut pas avoir eu
la même destination, puisque son accompagnement comporte une partie
d'alto dont Mozart, en ce cas, n'aurait point manqué de se servir aussi
pour sa messe. D'autre part, le 9 septembre est le lendemain de la Nativité de la Vierge : il se peut que Mozart ait composé son graduel pour
cette fête, et n'en ait achevé la mise au net que le lendemain. Enfin les
paroles du *Sancta Maria* peuvent être traduites ainsi : « Sainte Marie,

mère de Dieu, je vous dois tout : mais, à partir de ce moment, je me
voue expressément à votre service, et vous choisis pour ma patronne
et gardienne ! Votre honneur et votre culte ne s'effaceront plus de mon
cœur : jamais je ne les abandonnerai, ni ne les laisserai violer par d'autres personne dépendant de moi, en paroles ni en fait. Sainte Marie,
accueillez-moi miséricordieusement, prosterné à vos pieds ! Protégez-
moi dans la vie, et me défendez à l'heure de la mort ! Amen. » Une telle
prière, d'un caractère tout individuel, pourrait bien signifier un acte
formel de consécration du jeune Mozart à la Vierge, avant son départ,
— puisqu'en effet nous savons, par des lettres ultérieures, qu'il a fait
partie désormais d'une confrérie *mariale* de Salzbourg. En tout cas,
il est sûr que ce *Sancta Maria* tient une place à part dans toute la
musique religieuse de Mozart, comme si ce dernier y avait mis beaucoup plus de son cœur que dans l'ordinaire de ses messes, litanies, et
offertoires.

Très simple d'intention et d'exécution, accompagné par l'orchestre
avec une discrétion extrême, et, dans le chant, dépourvu aussi bien de tout
ornement extérieur que de toute figure régulière de contrepoint, ce
petit morceau n'en est pas moins, à la fois, plus religieux et plus savant
que toutes les compositions d'église de Mozart depuis maintes années.
Comme dans la dernière messe de décembre 1776 et dans celle de 1777
que nous allons étudier tout à l'heure, le contrepoint, sans nul effort
pour se montrer, forme la base de la langue du chant : chaque voix a
son allure propre, soit qu'elle réponde en imitation au chant des autres
voix, ou qu'elle les accompagne d'un petit contre-chant, ou simplement
que, marchant avec elles, elle affirme son indépendance par un rythme
distinct ou une modulation originale. Il est vrai que, ici, contrairement
aux deux messes susdites, le jeune homme n'a pas cru pouvoir s'affranchir du procédé « galant » qui consistait à traiter les morceaux d'église
comme des airs ou des morceaux de sonate, en reprenant les sujets de
la première partie après la seconde : malgré le renouvellement continu
des paroles, il s'est malheureusement avisé de reprendre son premier
sujet après une espèce de véritable *développement*, et cela non pas au
moment où revient de nouveau une invocation commençant par *Sancta
Maria*, mais bien deux mesures après cette invocation, de telle sorte que
les voix chantent maintenant : « Accueillez-moi miséricordieusement »
sur le même rythme qui, au début, servait à dire : « Sainte Marie, mère
de Dieu », tandis que ces mêmes mots, avant la rentrée susdite, se trouvent répétés sur un rythme tout différent. Mais cette rentrée est, du
moins, très librement variée, et suivie d'un passage tout nouveau pour
les dernières répétitions du mot *Amen*. Et puis, tout en regrettant cette
concession profane qui enlève sûrement au morceau un peu de la portée
pieuse que lui aurait donnée une « composition continue » des paroles,
nous sentons s'exhaler du morceau entier une expression si tendre et
si pure, d'un recueillement si profond dans sa simplicité, que nulle part
autant que dans ce *Sancta Maria*, — jusqu'à l'*Ave verum* de 1791, qui
d'ailleurs n'est pas sans le rappeler singulièrement, —Mozart n'est parvenu à réaliser, à l'aide des procédés tout mondains de la musique de
son temps, un idéal nouveau de chant religieux, traduisant l'émotion
d'un cœur chrétien en présence de la Vierge, comme d'autres œuvres.

instrumentales ou vocales, traduisent les émotions de l'amour ou de la souffrance profanes.

Notons encore que, dans ce *Sancta Maria*, — étrangement composé pour quatre voix malgré la signification individuelle des paroles, — ces quatre voix chantent toujours ensemble, sans aucun intermède de *soli*. Dans l'accompagnement, l'alto recommence à jouer un rôle très libre et très important, concurremment aux deux violons : mais surtout l'orgue, ainsi qu'il convient dans la musique d'église, tend à reprendre la tâche principale de l'accompagnement, tandis que les deux violons et l'alto se bornent à dessiner, au-dessus des voix, de libres arabesques, d'ailleurs traitées, elles aussi, en morceau de sonate, avec même un retour du premier sujet à la dominante, au début du *développement*.

Car, comme nous l'avons dit, le graduel garde encore la coupe d'un morceau de sonate, à cela près que, dans la première partie, les sujets sont très nombreux, mais aboutissant à une conclusion régulière sur le *Te sospitatricem eligo*. Vient ensuite, après deux mesures de ritournelle à l'orchestre, ce que nous avons appelé le *développement*. Sur les mots *Tuus honor*, les voix elles-mêmes reprennent d'abord à la dominante le rythme initial du *Sancta Maria* : mais aussitôt des rythmes nouveaux succèdent à ce rappel de la première partie, et c'est seulement aux mots *Tu pia* que reparaît, dans les voix, le rythme du début, bientôt transfiguré sous des modulations mineures aux mots *In mortis discrimine*, mais pour revenir encore au commencement de l'*Amen*, avec cette particularité que, maintenant, le soprano fait entendre une figure en doubles croches qui, dans la conclusion de la première partie, n'était chantée que par les violons.

287. — *Salzbourg, été ou automne de* 1777.

Offertorium de B. V. Maria. Alma Dei creatoris (en fa), pour quatre voix avec accompagnement de deux violons, basse et orgue.

K. 277.
Ms. perdu.

L'autographe de cet offertoire nous est inconnu, comme aussi la date exacte de sa composition. Nous savons seulement que Léopold Mozart, dans une lettre du 29 novembre 1777, annonce à son fils qu'il a « mis en répétition son *Alma redemptoris en fa* » dans la chapelle archiépiscopale. De cela il paraît bien résulter que l'offertoire, composé peu de temps avant le départ du jeune homme, n'aura pas été exécuté sur-le-

champ ; et quand nous apprenons ensuite, par une autre lettre du 22
décembre, que la messe en *si bémol* n° 288 vient d'être chantée pour la
première fois quelques jours auparavant, nous avons grande envie d'en
conclure que la messe et l'offertoire, composés pour les mêmes voix et
le même orchestre, étaient destinés à se compléter l'un par l'autre, —
hypothèse que confirmerait encore le ton de *fa*, convenant le mieux du
monde pour un morceau intercalé dans une messe en *si bémol.*

En tout cas l'*Alma redemptoris* ressemble si fort, à la fois, au *Sancta
Maria* n° 286 et à la messe n° 288 que nous pouvons être certains d'avoir
là une des dernières œuvres produites par le jeune homme avant son
départ de Salzbourg. Et si, peut-être, cet offertoire composé pour compléter une messe n'a pas le recueillement intime et profond du *Sancta
Maria* créé par Mozart pour sa propre consécration à la Vierge, et sans
doute en vue des dangers de son prochain voyage, ce morceau n'en est
pas moins, lui aussi, un modèle de pureté mélodique et d'affectation très
heureuse des procédés de la musique profane à l'expression d'un sentiment religieux. Les deux différences principales entre le *Sancta Maria*
et l'*Alma Dei* sont que d'abord, dans ce dernier, le soprano chante souvent seul, avec des réponses du chœur, gardant un rôle prépondérant
jusque dans ces chœurs même, et puis, en second lieu, que la coupe
de l'offertoire ressemble plus strictement encore à celle d'un morceau
de sonate. Mais, à cela près, nous voyons dans les deux œuvres le même
style polyphonique sans aucune figure propre de contrepoint, comme
aussi le même procédé d'accompagnement, où les violons ne font guere
que doubler ou renforcer le chant, tandis que l'orgue se réserve la tâche
véritable de l'accompagner.

Les paroles, ici, sont beaucoup moins nombreuses que dans le *Sancta
Maria.* D'un bout à l'autre du morceau, la prière chantée se réduit à
ces seuls mots : « Auguste Mère du Créateur, mais aussi du coupable
pécheur, fais miséricordieusement ce que nous te demandons, rends-
nous braves pour les combats ! »

Sur ces paroles, Mozart a composé, comme nous le disions, un morceau ayant tout à fait la coupe d'un *allegro* de sonate, avec, en quelque
sorte, trois répétitions du texte ci-dessus, la première assez étendue,
reprenant plusieurs fois les mêmes mots, la seconde beaucoup plus
courte et tout à fait différente, formant un vrai *développement,* la
troisième reproduisant la première avec de petits changements sans
importance. On pourrait même distinguer, dans la première partie de
l'offertoire, deux sujets distincts, avec une troisième petite figure en
coda; et nous verrions alors que Mozart, dans sa rentrée, comme toujours en 1777, a fait porter ses changements sur la reprise du premier
sujet. Mais tous ces sujets relèvent d'une inspiration tellement pareille,
et sont encore si étroitement reliés entre eux par l'unité d'allure de
leur accompagnement que l'oreille ni le cœur ne sont jamais gênés par
cette coupe un peu trop régulière, effacée sous la charmante douceur
de l'émotion qui s'exhale devant nous. L'orchestre, de même que dans
le *Sancta Maria,* apporte une réserve parfaite dans les figures nouvelles qu'il ajoute au chant : il a cependant, ici, une façon de *solo* à
découvert, avant la *coda* qui précède le *développement,* et rien n'est
aussi imprévu et gracieux que l'arrivée de cette *coda,* où le chœur se met

à redire : « Mère très clémente! » lorsque déjà l'on croyait le morceau fini en entendant la ritournelle de l'orchestre.

288. — *Salzbourg, automne de 1777.*

Missa brevis en si bémol, pour quatre voix, avec accompagnement de deux violons, basse et orgue.

K. 275.
Ms. perdu.

KYRIE

Kyrie : allegro. — Gloria : allegro. — Credo : allegro, avec mouvement plus lent à l'Et incarnatus. — Sanctus : andante et allegro (Osanna). — Benedictus : andante (en mi bémol) et reprise de l'Osanna. — Agnus Dei : andante (en sol mineur) et allegro en si bémol (Dona nobis).

Cette messe doit avoir été la dernière œuvre composée par Mozart avant son départ de Salzbourg, car les registres de l'église Saint-Pierre, à Salzbourg, nous apprennent qu'elle n'a été exécutée que le 22 décembre 1777, après le départ de l'auteur. Composée pour la petite chapelle de Saint-Pierre, et probablement en grande hâte, c'est une messe très courte, et dont le style rappelle beaucoup celui de la dernière messe de 1776. Comme dans celle-ci, les morceaux sont « composés » d'un bout à l'autre, sans reprises de parties antérieures ; et le contrepoint y est toujours étroitement mêlé aux passages homophones. Avec cela, et malgré la tendance manifeste à la simplicité, le style de cette messe est tout rempli de modulations originales, souvent charmantes, et qui montrent le même grand progrès de hardiesse et de liberté que nous font voir les compositions instrumentales de l'année 1777. Mais le recueillement pieux des deux messes de 1776 nᵒˢ 271 et 273, le souci d'écarter de l'église tous les ornements trop profanes, l'effort à concentrer l'émotion, toutes ces qualités ont de nouveau faibli, parmi l'occupation mondaine et instrumentale des derniers mois du séjour à Salzbourg.

Le *Kyrie* est entièrement traité en un contrepoint libre, d'ailleurs très simple, et se compose tout entier d'alternatives de *tutti* et de *soli*. L'invocation *Kyrie*, d'abord, comporte un sujet distinct de celui qui sert pour le *Christe* ; mais ensuite *Kyrie* et *Christe* sont confondus en une série de reprises un peu variées du premier sujet, avec une dernière reprise plus accentuée en *coda*, pour terminer ce très court mor-

ceau. Les deux violons et l'orgue se bornent à soutenir le chant ou à
le doubler.

Le *Gloria*, d'un style également tout contrepointé, est très rapide et
riche en modulations chromatiques : mais la part de l'émotion religieuse
y est assez restreinte, et le contrepoint, lui non plus, n'y est jamais
très poussé. Tout le morceau est composé sans aucune reprise, avec des
figures nouvelles pour chacune des phrases : mais au moment du *Deus
pater*, l'auteur, pour aller plus vite, et comme il le fera aussi dans le *Credo*,
superpose des voix chantant des mots différents. Le passage du *Qui tollis*,
avec la hardiesse et la beauté de ses harmonies, est à beaucoup près
le plus intéressant de tous, sauf peut-être l'*Amen*, où Mozart, contre
l'habitude générale, ramène ses voix à une homophonie complète, mais
pleine de douceur et de recueillement. L'orchestre, assez peu important, ne se réduit cependant jamais à doubler les voix ; et parfois
même, comme dans le *Gratias* et le *Domine Deus*, les deux violons se
livrent à un petit dialogue, en contrepoint ou en écho.

Quant au *Credo*, le chant y est renouvelé sans cesse, comme dans le
Gloria, avec de petites figures d'imitation aussitôt fondues dans un langage homophone. L'*Et incarnatus* et le *Crucifixus*, pourtant, forment un
épisode tout à fait distinct, et probablement destiné à recevoir un mouvement plus lent, bien que Mozart ne l'ait pas indiqué. Là, les deux
phrases susdites commencent par un même rythme, d'ailleurs avec
des continuations différentes ; et de belles modulations mineures, ainsi
qu'un pieux recueillement traduit par une suite de blanches pour
exprimer les mots *passus* et *sepultus*, prêtent à ce passage un caractère
plus religieux que celui de l'ensemble du morceau. L'*Amen*, une fois de
plus, est absolument homophone, et nous avons dit déjà comment
Mozart, avant cet *Amen*, abrège son morceau en superposant quatre versets différents : *Et ir Spiritum. Qui ex Patre, Qui cum Patre* et *Et conglorifi-
catur*. Mais l'intérêt véritable de ce *Credo* est dans son accompagnement,
où il semble que Mozart, avec la préoccupation des maîtres anciens
que nous a révélée son œuvre instrumentale de 1777, ait voulu imiter
le style de l'un de ces compositeurs italiens d'autrefois qui se sont con-
tinués et glorifiés dans l'œuvre de Hændel. Tandis que le chant, comme
on l'a vu, se renouvelle de phrase en phrase, sans l'ombre de reprise,
les deux violons et l'orgue. sous lui, font entendre un véritable morceau symphonique, avec d'incessantes reprises d'un même sujet qui
leur fournit l'occasion de très simples et vigoureuses imitations cano-
niques[1]. Il n'y a pas jusqu'à l'épisode du *Crucifixus* où l'accompagnement
ne se souvienne de ce sujet, transfiguré, ici, sous d'admirables modulations mineures. Et rien n'est plus curieux que le contraste de ce chant
tout moderne, ayant une allure presque récitative, avec cet accompagnement continu d'une couleur archaïque très marquée, déployant
devant nous son unité savante et la noble grandeur de son contrepoint.

Le *Sanctus* débute par une véritable entrée de fugue, mais qui s'interrompt aussitôt ; et l'*Osanna*, lui aussi, finit très vite, après quelques
mesures d'un chant tout homophone aboutissant à une conclusion un

---

1. D'après le musicographe Lorenz, ce sujet, d'un rythme très marqué, serait
emprunté à un *lied* populaire allemand.

peu contrepointée. L'accompagnement du *Sanctus* est tout fait de la répétition modulée d'une même figure, que les deux violons dessinent à l'unisson ; et quand ensuite l'orchestre, pour l'*Osanna*, se réduit à doubler les voix, avec un mouvement contraire qui reproduit celui des soprani et des altos, Mozart n'en ramène pas moins, une fois encore, à la fin de cet *Osanna*, cette figure obstinément employée à accompagner le *Sanctus*. Le *Benedictus*, lui, n'est qu'un solo de soprano en *mi bémol*, très simplement accompagné par l'orchestre ; après quoi une transition nouvelle, *allegro*, prépare la reprise du mouvement contraire de l'*Osanna*, qui se fait ici tout entière et sans aucun changement.

Enfin l'*Agnus Dei*, où Mozart reprend la coupe traditionnelle en deux parties, s'ouvre par un très bel *andante* en *sol mineur*, d'un contrepoint libre et toujours extrêmement simple, mais semé de modulations expressives que renforce encore l'accompagnement de l'orchestre, ici très étroitement rattaché au chant. Quant au *Dona nobis* final, c'est encore l'un des morceaux de la messe qui nous prouvent le mieux combien Mozart, en 1777, était préoccupé de rechercher des sources d'inspiration nouvelles dans les œuvres des maîtres anciens. D'un bout à l'autre, ce *Dona nobis* n'est qu'une série de variations, ou plutôt de reprises plus ou moins ornées et élaborées, d'une même figure mélodique, que *soli* et *tutti*, doublés ou secondés par l'orchestre, nous répètent indéfiniment, dans un style tantôt homophone et tantôt librement contrepointé qui, malgré le caractère tout « galant » de cette figure elle-même, rappelle exactement la musique religieuse des Durante, Leo, et autres vieux maîtres de l'école napolitaine.

APPENDICES

I

TABLEAU CHRONOLOGIQUE DE L'ŒUVRE DE MOZART

Depuis son départ pour Mannheim et Paris, le 23 septembre 1777 jusqu'à sa mort (5 décembre 1791).

VINGT-CINQUIÈME PÉRIODE

MUNICH ET MANNHEIM

23 SEPTEMBRE 1777 — 11 MARS 1778

Pendant cette période, Mozart subit très profondément l'influence de l'école de Mannheim, toute symphonique et concentrant son principal effort à mettre en valeur les ressources propres des divers instruments. Encore cette influencé se fera-t-elle sentir surtout dans les œuvres composées par Mozart à Paris, durant la période suivante, tandis que, d'autre part, ses œuvres de la présente période nous le montrent préoccupé déjà, à Mannheim, de l'esprit et du style des nouveaux maîtres français.

289 [1]. — *Munich et Mannheim,* octobre et novembre 1777.
Sonate de piano en *ré* (K. 311).

290. — *Mannheim,* entre le 30 octobre et le 8 novembre 1777.
Sonate de piano en *ut* (K. 309).

291. — *Ibid.,* 8 novembre 1777.
Ariette française en *ut : Oiseaux si tous les ans* (K. 307).

292. — *Ibid.,* 25 décembre 1777.
Quatuor en *ré* pour flûte, violon, alto et violoncelle (K. 285).

---

1. Ces chiffres continuent la numérotation des œuvres de Mozart étudiées précédemment. On aura ainsi une liste à peu près complète des compositions du maître, classées suivant leur odre chronologique certain ou probable.

293. — *Ibid.*, entre le 25 décembre 1777 et le 14 février 1778.

Quatuor en *sol* pour flûte, violon, alto et violoncelle (ce quatuor, d'une authenticité indiscutable, n'est point cité dans l'ouvrage de Kœchel. Les deux morceaux dont il est formé ont été publiés, dans l'édition Peters, où on les trouvera mêlés avec le quatuor précédent).

294. — *Mannheim*, entre le 25 décembre 1777 et le 14 février 1778.

Concerto de flûte en *sol* (K. 313).

295. — *Ibid.*, id.

Concerto de flûte en *ré* (K. 314).

296. — *Ibid.*, id.

Sonate en *sol* pour piano et violon (K. 301).

297. — *Ibid.*, id.

Sonate en *ut* pour piano et violon (K. 303).

298. — *Ibid.*, id.

Sonate en *la* pour piano et violon (K. 305).

299. — *Ibid.*, id.

Sonate en *mi bémol* pour piano et violon (K. 302).

300. — *Ibid.*, vers le 24 février 1778.

Récitatif et air en *mi bémol* pour soprano : *Alcandro lo confesso* et *Non so d'onde viene.* (K. 294).

301. — *Ibid.*, vers le 25 février 1778.

Air en *si bémol* pour ténor : *Se al labbro* (K. 295).

302. — *Ibid.*, 27 février 1778.

Récitatif et air en *mi bémol* pour soprano : *Basta vincesti* et *Ah ! non lasciarmi* (K. 486a).

303. — *Ibid.*, entre le 28 février et le 2 mars 1778.

Ariette française pour soprano en *la bémol* : *Dans un bois solitaire* (K. 308).

304. — *Ibid.*, 11 mars 1778.

Sonate en *ut* pour piano et violon (K. 296).

305. — *Ibid.*, entre novembre 1777 et février 1778.

Kyrie en *mi bémol* pour quatre voix et orchestre (K. 322).

VINGT-SIXIÈME PÉRIODE

L'ARRIVÉE A PARIS

MARS A JUILLET 1778

A Paris, durant ces premiers mois de son séjour, l'œuvre de Mozart apparaît toute imprégnée, à la fois, des souvenirs « instrumentaux » rapportés de Mannheim et de l'esprit nouveau des maîtres français.

L'expression devient plus précise, plus « parlante », et volontiers aussi plus pathétique. La phrase musicale se resserre et revêt une allure plus « moderne ». En un mot le jeune homme acquiert une foule de connaissances et d'aspirations nouvelles, dont quelques-unes, désormais, ne cesseront plus de se retrouver chez lui ; mais, avec tout cela, ses compositions de cette première période parisienne ont toujours quelque chose d'un peu étriqué et contraint, comme si Mozart se sentait mal à l'aise dans une atmosphère musicale trop différente de celle qui lui avait été familière jusque-là.

306. — *Paris*, entre le 5 et le 20 avril 1778.
> **Quatuor concertant** en *mi bémol* pour hautbois, clarinette, cor et basson, avec accompagnement d'orchestre (K. *Anh.* n° 9).

307. — *Ibid.*, entre avril et juin 1778.
> **Variations**, pour piano en *mi bémol* sur *Je suis Lindor* (K. 354).

308. — *Ibid.*, avril ou mai 1778.
> **Concerto** en *ut* pour flûte et harpe, avec accompagnement d'orchestre (K. 299).

309. — *Ibid.*, entre le 1er mai et le 12 juin 1778.
> **Symphonie** en *ré* (K. 297).

310. — *Ibid.*, entre le 14 mars et le 12 juin 1778.
> **Sonate** en *mi mineur* pour piano et violon (K. 304).

311. — *Ibid.*, id.
> **Sonate de piano** en *la mineur* (K. 310).

312. — *Ibid.*, id.
> **Ouverture et 14 morceaux** pour un ballet de Noverre : les *Petits Riens* (K. Anh. 10).

313. — *Ibid.*, avant le 18 juillet 1778.
> **Quatuor** en *la*, pour flûte, violon, alto et violoncelle (K. 298).

314. — *Mannheim* ou *Paris*, avant juillet 1778.
> **Andante concertant** pour flûte, en *ut*, avec accompagnement d'orchestre (K. 315).

315. — *Paris*, entre mai et juillet 1778.
> **Sonate de piano** en *la* (K. 331).

316. — *Ibid.*, id.
> **Variations** pour piano en *ut* sur : *Ah ! vous dirai-je, maman* (K. 265).

317. — *Ibid.*, id.
> **Variations** pour piano en *mi bémol* sur : *La Belle Française* (K. 353).

318. — *Ibid.*, id.
> **Nouvel andante** en *sol* (à 6/8) de la *Symphonie* 309 (K. 297).

319. — *Ibid.*, entre le 15 et le 20 juillet 1778.
> **Preambulum** (ou **Prélude** en *ut* pour piano (K. 395).

VINGT-SEPTIÈME PÉRIODE

PARIS, MANNHEIM, ET MUNICH

JUILLET 1778 — JANVIER 1779

Les dernières œuvres écrites par Mozart à Paris nous font voir un progrès énorme sur celles des mois précédents. Tout en continuant à s'inspirer du goût français, le jeune homme s'abandonne de nouveau librement à son inspiration naturelle. Ses morceaux redeviennent à la fois plus longs et plus savants, avec une sérieuse élaboration thématique se substituant au goût de virtuosité rapporté naguère de Mannheim.

320. — *Paris*, juillet 1778.
     Sonate en *ré* pour piano et violon (K. 306).
321. — *Ibid.*, avant le 8 septembre 1778.
     Ouverture en *si bémol* pour orchestre (K. *Anh.* n° 8).
322. — *Ibid.*, entre juillet et septembre 1778.
     Sonate de piano en *ut* (K. 330).
323. — *Ibid.*, id.
     Sonate de piano en *fa* (K. 332).
324. — *Ibid.*, id.
     Sonate de piano en *si bémol* (K. 333).
325. — *Ibid.*, entre le 20 août et le 15 septembre 1778.
     Variations pour piano en *ut* sur *Lison dormait* (K. 264).
326. — *Paris* et *Munich*, entre mars 1778 et le 8 janvier 1779.
     Récitatif et air en *ut majeur* pour soprano : *Popoli di Tessaglia* (K. 316).

VINGT-HUITIÈME PÉRIODE

LE DERNIER SÉJOUR A SALZBOURG

JANVIER 1779 — MARS 1781

De Mannheim, où il a séjourné de nouveau pendant son voyage de retour, Mozart rapporte dans sa ville natale un goût de plus en plus passionné pour les recherches d'instrumentation et la virtuosité, en même temps que l'influence musicale de Salzbourg recommence à agir sur lui, rendant de nouveau ses morceaux plus longs, moins serrés, parfois même un peu vides, mais toujours avec une maîtrise

technique infiniment plus « moderne » que dans les œuvres antérieures à 1778. Mais le trait dominant de cette période est la passion
plus vive encore que Mozart a rapportée, de Paris, pour un idéal dramatique à la formation duquel ont évidemment concouru les tragédies de Gluck et toute notre école d'opéra-comique français. Cette
passion se révèle à nous jusque dans maintes œuvres religieuses,
ou purement instrumentales, de la présente période ; et sans cesse
nous la voyons essayant de s'épancher dans des œuvres théâtrales
de genres divers, jusqu'au jour où la commande d'un grand opéra
pour le théâtre de Munich lui fournit enfin une occasion de se satisfaire en toute liberté.

327. — *Salzbourg*, entre le 15 janvier et le 23 mars 1779.
  Sonate en *si bémol* pour piano et violon (K. 378).

328. — *Ibid.*, id.
  Concerto en *mi bémol* pour deux pianos avec accompagnement d'orchestre (K. 365).

329. — *Ibid.*, id.
  Sonate d'église en *ut* (K. 329).

330. — *Ibid.*, 23 mars 1779·
  Messe en *ut* pour quatre voix et orchestre (K. 317).

331. — *Ibid.*, 26 avril 1779.
  Symphonie (ou ouverture) en *sol* (K. 318).

332. — *Ibid.*, 9 juillet 1779.
  Symphonie en *si bémol* (K. 319).

333. — *Ibid.*. entre janvier et juillet 1779.
  Sonate d'église en *ut* (K. 328).

334. — *Ibid.*, 3 août 1779.
  Sérénade en *ré* pour orchestre, avec une *Sinfonia concertante*
  en *sol* (K. 320).

335 et 335 bis. — *Ibid.*, avant le 3 août 1779.
  Deux marches en *ré* pour orchestre (dont une destinée à compléter la Sérénade précédente) (K. 335).

336. — *Ibid.*, printemps ou été de 1779.
  Divertimento (sextuor) en *ré* pour quatuor à cordes et 2 cors
  (K. 334).

337. — *Ibid.*, id.
  Marche en *ré* pour le sextuor précédent (K. 445).

338. — *Ibid*, été ou automne de 1779.
  Symphonie concertante en *mi bémol* pour violon et alto, avec
  accompagnement d'orchestre (K. 364).

339. — *Ibid.*, entre avril et décembre 1779.
  Vêpres en *ut* pour quatre voix, deux violons, trompettes,
  basse et orgue (K. 321).

340. — *Ibid.*, id.
Deux chœurs et un mélodrame pour le drame héroïque : *Thamos. König in Aegypten* (K. 345).

341. — *Ibid.*, id.,
Zaïde, opéra allemand en deux actes (K. 344).

342, 343. — *Ibid.*, entre janvier et décembre 1779.
Deux chants d'église allemands pour voix seule et basse (K. 343,.

344. — *Ibid.*, mars 1780.
Sonate d'église en *ut* (K. 336).

345. — *Ibid.*, id.
Messe solennelle en *ut* pour quatre voix et orchestre (K. 337).

346. — *Ibid.* 29 août 1780.
Symphonie en *ut* (K. 338).

347. — *Ibid.*, entre janvier et août 1780.
Vêpres solennelles en *ut* pour quatre voix et orchestre (K. 339).

348. — *Ibid.*, id.
Air d'église allemand en *si bémol* pour soprano, avec accompagnement d'orchestre : *Kommet hier, ihr frechen Sünder* (K. 146).

349-351. — *Ibid.*, entre janvier et août 1780.
Trois lieds allemands d'après des poèmes de J. T. Hermes (K. 390, 391, 392).

ξ52. — *Ibid.*, entre avril 1779 et octobre 1780.
Regina Cœli en *ut* pour quatre voix et orchestre (K. 276).

353. — *Salzbourg* et *Munich*, octobre 1780 à janvier 1781.
Idoménée, roi de Crète, opera seria en 3 actes (K. 366).

354. — *Munich*, janvier 1781.
Cinq pièces de ballet pour l'opéra d'*Idoménée* (K. 367).

355. — *Ibid.*, id.
Récitatif et air en *fa* pour soprano : *Ma che vi fece* (K. 368).

356. — *Ibid.*, entre janvier et mars 1781.
Quatuor pour hautbois, violon, alto et violoncelle (K. 370).

357. — *Ibid.*, id.
Kyrie en *ré mineur* pour quatre voix et grand orchestre (K. 341).

358, 359. — *Ibid.*, entre novembre 1780 et mars 1781.
Deux lieds allemands avec accompagnement de mandoline : *Die Zufriedenheit* (en *sol*) et *Komm, liebe Zither* (en *ut*) (K. 349 et 351).

360. — *Ibid.*, 8 mars 1781.
Scène et air en *mi bémol* pour soprano : *Misera dove son ?* (K. 369).

VINGT-NEUVIÈME PÉRIODE

L'INSTALLATION A VIENNE

Mars 1781 — Juillet 1782

Durant cette première année de son séjour à Vienne, Mozart continue à écrire une musique assez proche de celle qu'il composait dans les derniers mois de la période précédente, à cela près que ses aspirations dramatiques de 1780 semblent s'être, désormais, fort atténuées, comme si la création d'*Idoménée* avait apaisé, dans le cœur du jeune maître, un besoin qui le possédait depuis son voyage de Paris. Maintenant, le trait caractéristique de son œuvre est une claire et charmante gaîté juvénile, résultant à la fois, chez Mozart, de la conscience qu'il a d'avoir reconquis sa liberté, et de l'influence qu'exerce sur lui l'atmosphère nouvelle de sa vie viennoise. Après quoi, une fois de plus, c'est comme si la composition de l'*Enlèvement au Sérail* avait pour effet de rassasier le jeune homme de cette gaîté insouciante, — qui déborde de chacune des scènes de cet opéra-comique, — de manière à lui permettre ensuite de s'abandonner librement à une impulsion toute différente, issue de son contact avec les maîtres anciens et quelques-uns de ses contemporains des écoles du Nord.

361. — *Vienne*, 21 mars 1781.
   Rondo concertant (finale de concerto) en *mi bémol* pour cor, avec accompagnement d'orchestre (K. 371).

362. — *Ibid.*, 2 avril 1781.
   Rondo concertant en *ut* pour violon, avec accompagnement d'orchestre (K. 373).

363. — *Ibid.*, avril 1781.
   Récitatif et air pour soprano en *mi bémol : A questo seno* (K. 374).

364-367. — *Ibid.*, entre avril et octobre 1781.
   Quatre sonates pour piano et violon, dont deux en *fa*, une en *sol* et une en *mi bémol* (K. 376, 377, 379 et 380).

368, 369. — *Ibid.*, id.
   Deux thèmes variés pour piano et violon en *sol* et en *sol mineur* (K. 359, 360).

370. — *Munich* ou *Vienne*, entre novembre 1780 et octobre 1781.
   Sérénade pour instruments à vent en *si bémol* (sauf la *Romance* et le thème varié) (K. 361).

371. — *Vienne*, octobre 1781.
   Sérénade pour instruments à vent en *mi bémol* (K. 375).

372. — *Ibid.*, novembre 1781.
   Sonate en *ré* pour deux pianos (K. 448).

373. — *Ibid.*, mars 1782.
Rondo final pour le concerto de piano en *ré* de décembre 1773 (K. 382).

374. — *Ibid.*, 10 avril 1782.
Air pour soprano en *sol* : *Nehmt meinen Danck* (K. 383).

375. — *Ibid.*, mars ou avril 1782.
Prélude et fugue pour piano en *ut* (K. 394).

376. — *Ibid.*, entre mars 1781 et juillet 1782.
Six variations en *fa* pour piano sur un thème de Paesiello (K. 398).

377. — *Ibid.*, entre janvier et juillet 1782.
Sérénade pour instruments à vent en *ut mineur* (K. 388).

378. — *Ibid.*, id.
Huit variations en *fa* pour piano sur un thème de Grétry (K. 352).

379. — *Ibid.*, id.
L'Enlèvement au Sérail, opéra-comique allemand en trois actes (K. 384).

380. — *Ibid.*, id.
Air pour soprano en *la* : *Der Liebe himmlisches Gefühl* (K. 119).

381. — *Ibid.*, fin de juillet 1782.
Sérénade en *ré* pour orchestre, avec une *Marche* (K. 385 et 408) (N° 2).

TRENTIÈME PÉRIODE

VIENNE. — SOUS L'INFLUENCE DES MAITRES ANCIENS ET D'EMMANUEL BACH

Aout 1782 — Décembre 1783

C'est au printemps de 1782 que Mozart est entré en relations suivies avec un riche amateur viennois, le baron Van Svieten, qui lui a fait connaître les œuvres principales de Hændel et de Sébastien Bach, comme aussi de certains maîtres contemporains de l'Allemagne du Nord, au premier rang desquels figurait Philippe-Emmanuel Bach. Le contact de cette musique plus savante, et poursuivant un objet plus haut, a été pour Mozart une véritable révélation, dont la trace se montre à nous aussi bien dans ses lettres que dans presque toutes ses œuvres musicales de la fin de 1782 et de l'année suivante. Aux maîtres anciens, Mozart emprunte non seulement l'usage fréquent du contrepoint, mais encore jusqu'à des genres ou des coupes d'autrefois. La fugue devient son mode d'expression favori, et une fugue toute classique, ne différant de celles de Hændel et de

Sébastien Bach que par une inspiration parfois plus « moderne ». Et, dans le même temps, l'étude des compositions plus récentes des maîtres du nord, en particulier d'Emmanuel Bach, conduit Mozart à renouveler, d'après l'exemple de ces maîtres, sa conception antérieure des deux genres du *rondo* et de la *fantaisie*. En résumé, c'est là une période tout à fait différente des autres, dans sa carrière artistique, une période que l'on serait tenté d'appeler « archaïque », et où il n'y a pas jusqu'à ses œuvres les plus extérieures, *concertos*, morceaux pour instruments à vent, etc., qui ne nous trahissent l'enthousiasme momentané du jeune homme en face de ce grand art « classique » qu'il vient de découvrir.

382-384. — **Vienne, entre juillet et décembre 1782.**
> **Trois Concertos** pour piano avec orchestre, en *fa*, en *la*, et en *ut* (K. 413, 414, 415).

385. — *Ibid.*, id.
> **Concerto de Cor** en *ré* avec orchestre. (Le finale achevé en 1787) (K. 412).

386, 387. — *Ibid.*, entre janvier et décembre 1782.
> **Deux Sonates** (inachevées) pour piano et violon, en *ut* et en *la*. (K. 403 et 402).

388. — *Ibid.*, id.
> **Fantaisie** pour piano en *ré mineur* (K. 397).

389. — *Ibid.*, id.
> **Suite** (inachevée) pour le piano en *ut* (K. 399).

390. — *Ibid.*, id.
> **Fugue** pour piano en *sol mineur* (K. 401).

391. — *Ibid.*, 31 décembre 1782.
> **Quatuor** à cordes en *sol* (K. 387).

392. — *Ibid.*, 8 janvier 1783.
> **Scène et air** pour soprano en *si bémol*, avec accompagnement d'orchestre : *Mia Speranza adorata* (K. 416).

393. — *Ibid.*, 27 mai 1783.
> **Concerto de Cor** en *mi bémol*, avec accompagnement d'orchestre (K. 417).

394. — *Ibid.*, entre juillet 1782 et mai 1783.
> **Grande Messe** en *ut mineur* (inachevée) (K. 427).

395. — *Ibid.*, juin 1783.
> **Quatuor** à cordes en *ré mineur* (K. 421).

396. — *Ibid.*, 20 juin 1783.
> **Air** en *la* pour soprano, avec accompagnement d'orchestre : *Vorrei spiegarvi* (K. 418).

397. — *Ibid.*, 21 juin 1783.
> **Air** en *mi bémol* pour ténor, avec accompagnement d'orchestre *Per pietà* (K. 420).

398. — *Ibid.*, juin 1783.
>   Air pour soprano en *ut*, avec accompagnement d'orchestre.
>   *Nò, no, che non sei* (K. 419).

399. — *Ibid.*, entre juillet 1782 et juillet 1784.
>   Fantaisie en *ut mineur* pour piano (K. 396).

400-403. — *Ibid.*, id.
>   Quatre adagios pour trio à cordes, en *fa mineur*, en *sol mineur*, en *ré mineur*, et en *fa majeur*, devant servir de préludes à des adaptations de fugues de Sébastien Bach et de Friedmann Bach [1].

404. — *Ibid.*, id.
>   Adaptation en quatuor de cinq fugues de Sébastien Bach (K. 405).

405. — *Ibid.*, id.
>   Quintette pour cor et quatuor à cordes en *mi bémol* (K. 407).

406. — *Ibid.*, id.
>   Récitatif et air en *fa mineur* pour basse, avec accompagnement d'orchestre : *Cosi dunque* (K. 432).

407. — *Ibid.*, id.
>   Air en *ré* pour ténor avec orchestre : *Müsst'ich* (K. 435).

408. — *Ibid.*, id.
>   Trio burlesque pour soprano, ténor. et basse en *sol*, avec piano. *Das Bandel* (K. 441).

409. — *Ibid.*, id.
>   Concerto de Cor en *mi bémol*, avec accompagnement d'orchestre. (K. 447).

410. — *Ibid.*, juin ou juillet 1783.
>   Quatuor à cordes en *mi bémol* (K. 428).

411. — *Salzbourg*, été de 1783.
>   Deux Duos pour violon et alto, en *sol* et en *si bémol* (K. 423 et 424).

412 et 413. — *Ibid.*, entre juillet et octobre 1783.
>   Deux partitions inachevées d'opéras-bouffes : *l'Oca del Cairo* et *Lo Sposo deluso* (K. 422 et 430),

414. — *Linz*, 3 novembre 1783.
>   Symphonie en *ut* (K. 425).

415. — *Vienne*, 29 décembre 1783.
>   Fugue en *ut mineur* pour deux pianos (K. 426).

416. — *Ibid.*, décembre 1783.
>   Récitatif et air pour ténor : *Misero ! o sogno*, avec accompagnement d'orchestre (K. 431).

---

1. Ces *adagios*, recemment découverts par M. Ernest Lewicki. ne portent pas, en vérité, le nom de Mozart : mais divers motifs nous ont amenés à les tenir sûrement pour une œuvre du maître, et contemporaine du moment où celui-ci s'occupait des transcriptions n° 404.

417. — *Ibid.*, entre janvier et décembre 17 3.

    Cantate franc-maçonnique en *mi bémol*, pour chœur d'hommes avec accompagnement d'orchestre : *Dir Seele des Weltalls* (K. 429).

418. — *Ibid.*, novembre ou décembre 1783.

    Adagio en *sol* pour orchestre, servant de prélude à une symphonie de Michel Haydn (faussement attribuée à Mozart) **(K. 444).**

TRENTE ET UNIÈME PÉRIODE

LA GRANDE PÉRIODE DE VIRTUOSITÉ

Aout 1784 — Janvier 1786

Pendant les deux années 1784 et 1785 Mozart, à Vienne, devient le musicien à la mode. L'empereur, l'aristocratie viennoise, ses confrères eux-mêmes lui font fête ; et sans cesse le jeune maître a l'occasion de produire des œuvres nouvelles dans des « académies » publiques ou privées. Aussi les *concertos* tiennent-ils une place prépondérante dans sa production de cette période ; et il n'y a pas jusqu'à ses essais dans les autres genres, depuis ses sonates jusqu'à ses opéras, qui ne relèvent encore plus ou moins de l'esprit du *concerto*, avec tout ce que mot implique à la fois d'élégance extérieure, de science et d'éclat techniques, et aussi d'expression et d'élaboration volontiers un peu sommaires. Ce sont des œuvres charmantes, et où le génie de Mozart a excellé plus que jamais durant cette période : mais aucune autre période de sa vie, peut-être, ne nous révèle ce génie sous une forme plus restreinte et plus incomplète, avec une absence d'approfondissement artistique dont Mozart lui-même ne va point tarder à se rendre compte.

419. — *Vienne*, 9 février 1784.

    Concerto de piano en *mi bémol* (K. 449).

420. — *Ibid.*, 15 mars 1784.

    Concerto de piano en *si bémol* (K. 450).

421. — *Ibid.*, 22 mars 1784.

    Concerto de piano en *ré* (K. 451).

422. — *Ibid.*, 30 mars 1784.

    Quintette en *mi bémol* pour piano et instruments à vent (K. 452).

423. — *Ibid.*, 12 avril 1784.

    Concerto de piano en *sol* (K. 453).

424. — *Ibid.*, 21 avril 1784.

    Sonate en *si bémol* pour piano et violon (K. 454).

425. — *Ibid.*, juin 1784.
Huit variations pour piano en *la* sur un thème de Sarti (K. 460).

426. — *Ibid.*, 25 août 1784.
Dix variations pour piano en *fa* sur un thème de Gluck (K. 455).

427. — *Ibid.*, 30 septembre 1784.
Concerto de piano en *si bémol* (K. 456).

428. — *Ibid.*, 4 octobre 1784.
Sonate en *ut mineur* pour piano (K. 457).

429. — *Ibid.*, 9 novembre 1784.
Quatuor en *si bémol* (K. 458).

430. — *Ibid.*, 11 décembre 1784.
Concerto de piano en *fa* (K. 459).

431, 432, 433. — *Ibid;* entre janvier et décembre 1784.
Deux séries de menuets à danser et une série de **Contredanses** pour orchestre (K. 461, 462 et 463).

434. — *Ibid.*, 10 janvier 1785.
Quatuor à cordes en *la* (K. 464).

435. — *Ibid.*, 14 janvier 1785.
Quatuor à cordes en *ut* (K. 465).

436. — *Ibid.*, 10 février 1785.
Concerto de piano en *ré mineur* (K. 466).

437. — *Ibid.*, 9 mars 1785.
Concerto de piano en *ut* (K. 467).

438. — *Ibid.*, 26 mars 1785.
Air *franc-maçonnique* en *si bémol* : *Gesellenreise* (K. 468).

439. — *Ibid.*, carême de 1785.
Adaptation en oratorio (*Davidde penitente*) de la Messe inachevée en *ut mineur* nº 394 (K. 469).

440. — *Ibid.*, 20 avril 1785.
Cantate franc-maçonnique en *mi bémol* **pour ténor, chœur, et** orchestre. *Die Maurerfreude* (K. 471).

441, 442, 443. — *Ibid.*, 7 mai 1785.
Trois lieds pour chant et piano : *Der Zauberer ; Die Zufriedenheit,* et *Die betrogene Welt* (K. 472, 473, 474).

444. — *Ibid.*, 20 mai 1785.
Fantaisie en *ut mineur* pour piano (K. 475).

445. — *Ibid.*, 8 juin 1785.
Lied pour chant et piano : *Das Veilchen* (K. 476).

446. — *Ibid.*, juillet 1785.
Symphonie funèbre franc maçonnique en *ut mineur* pour orchestre (K. 477).

447. — *Ibid.*, juillet ou octobre 1785.
Quatuor en *sol mineur* pour piano et cordes (K. 478).

448. — *Ibid.*, 5 et 21 novembre 1785.
Quatuor et trio chantés, à intercaler dans un opéra de Bianchi :
la *Villanella rapita* (K. 479-480).

449. — *Ibid.*, 12 décembre 1785.
Sonate en *mi bémol* pour piano et violon (K. 481).

450. — *Ibid.*, 16 décembre 1785.
Concerto en *mi bémol* pour piano (K. 482).

451. — *Ibid*, entre janvier et décembre 1785.
Deux chœurs franc-maçonniques en *si bémol* et en *sol* (K. 483, 484).

452. — *Ibid.*, 10 janvier 1786.
Rondo pour piano en *ré* (K. 485).

453. — *Ibid.*, 3 février 1786.
Le Directeur de théâtre, comédie musicale en un acte (K. 486).

454. — *Ibid.*, 2 mars 1786.
Concerto en *la* pour piano (K. 488).

455. — *Ibid.*, 10 mars 1786
Scène dramatique pour soprano et *Duo*, pour soprano et ténor, à intercaler dans l'opéra d'*Idoménée* (K. 490 et 489).

456. — *Ibid.*, 24 mars 1786.
Concerto pour piano en *ut mineur* (K. 491).

457. — *Ibid.*, Hiver et printemps de 1786 (avant le 29 avril).
Les Noces de Figaro, opéra bouffe en deux actes (K. 492).

458. — *Ibid.*, 3 juin 1786.
Quatuor en *mi bémol* pour piano et cordes (K. 493).

459. — *Ibid.*, 10 juin 1786.
Rondo en *fa* pour piano (K. 494).

460. — *Ibid.*, 26 juin 1786.
Concerto de Cor en *mi bémol* (K. 495).

461. — *Ibid.*, 8 juillet 1786.
Trio en *sol* pour piano, violon, et violoncelle (K. 496).

462. — *Ibid.*, 27 juillet 1786
Douze Duos pour 2 cors de basset (K. 487).

463. —
Deux lieds avec accompagnement de piano, ou de basse :
Wie unglücklich et *O heiliges Band*; et un Air italien pour chant et piano : *Ah ! Spiegarti* (K. 147, 148 et 178. Voir *Appendice* II).

TRENTE-DEUXIÉME PÉRIODE

DON JUAN ET LES GRANDES SYMPHONIES

AOUT 1786 — MARS 1789

Comme nous l'avons dit, Mozart n'a point tardé à se rendre compte de tout ce qu'avait de superficiel et d'indigne de lui sa brillante production mondaine de la période précédente. A partir du début de la présente période, en effet, nous le voyons tâcher de plus en plus à se ressaisir tout entier, aidé encore dans ce travail de relèvement artistique par le très rapide déclin de sa popularité parmi le monde musical viennois. De plus en plus le virtuose de 1785 cède la place, chez lui, à un puissant et profond créateur de beauté, ne se fatiguant pas de donner à son expression une portée plus haute, et plus de force, et de relief, et d'originalité poétique à la forme de son œuvre. Aussi bien son opéra de *Don Juan* et ses trois grandes symphonies de 1788 suffisent-ils pour montrer à quel niveau tout « beethovenien » Mozart s'est élévé durant cette période, la plus « romantique » de toute sa carrière avec celle de son dernier voyage d'Italie en 1773. Mais il convient encore d'ajouter que cette admirable montée esthétique a été précédée pendant quelques mois, entre août et décembre 1786, d'une période de transition où Mozart, incontestablement, a subi l'influence d'un maître contemporain trop injustement dédaigné par lui quelques années auparavant, Muzio Clementi, — dont l'exemple lui a appris, entre autres choses, à composer des morceaux avec un seul sujet indéfiniment varié et modulé, pour ne point parler des progrès purement « pianistiques » que nous laissent voir, depuis lors. les trios, concertos, et sonates de Mozart.

464. — *Vienne,* 1er août 1786.
> Sonate en *fa* pour piano à quatre mains (K. **497**).

465. — *Ibid.,* 5 août 1786.
> Trio en *mi bémol* pour piano, clarinette et alto (K. **498**).

466. — *Ibid.,* août 1786.
> Allegro de Sonate pour piano en *si bémol.* (K. *Anh.* 136) [1].

467. — *Ibid.,* 19 août 1786.
> Quatuor à cordes en *ré* (K. **499**).

---

[1]. Cet admirable *allegro*, d'une authenticité « mozartienne » absolument hors de doute, a été publié comme premier morceau d'une *Sonate* pour l'*Andante* et le finale de laquelle ont été utilisés des adaptations du concerto n° 420. Les éditeurs y ont joint encore un magnifique *Menuet*, qui, lui aussi. est sûrement de Mozart, mais qui n'a peut être pas été écrit pour le piano, et dont le style rappellerait plutôt celui des dernières années de la vie du maître.

468. — *Ibid.*, 12 septembre 1786.
Douze variations en *si bémol* pour piano sur un thème original. *allegretto* (K. 500).

469. — *Ibid.*, 4 novembre 1786.
Cinq variations en *sol* pour piano, à quatre mains sur un thème original (K. 501).

470. — *Ibid.*, 18 novembre 1786.
Trio en *si bémol* pour piano, violon et violoncelle (K. 502).

471. — *Ibid.*, entre août et novembre 1786.
Sonate en *sol* pour piano, à quatre mains (inachevée) (K. 357).

472. — *Ibid.*, 4 décembre 1786.
Concerto de piano en *ut* (K. 503).

473. — *Ibid.*, 6 décembre 1786.
Symphonie en *ré* (K. 504).

474. — *Ibid.*, 27 décembre 1786.
Scène dramatique et *rondo* pour soprano en *mi bémol* : *Non temer amato bene*, avec accompagnement d'un piano et de l'orchestre (K. 505).

475. — *Ibid.*, entre janvier et décembre 1786.
Lied en *fa* : *Die Freiheit* (K. 506).

476. — *Prague*, 6 février 1787.
Six allemandes pour orchestre (K. 509).

477. — *Vienne*, 11 mars 1787.
Rondo de piano en *la mineur* (K. 511).

478. — *Ibid.*, 18 mars 1787.
Récitatif et air en *fa* pour basse, avec accompagnement d'orchestre : *Non so d'onde viene* (K. 512).

479. — *Ibid.*, 23 mars 1787.
Air en *mi* bémol pour basse, avec accompagnement d'orchestre : *Mentre ti lascio* (K. 513).

480. — *Ibid.*, 19 avril 1787.
Quintette à cordes en *ut* (K. 515).

481. — *Ibid.*, 16 mai 1787.
Quintette à cordes en *sol mineur* (K. 516).

482. — *Ibid.*, 18 mai 1787.
Lied en *mi mineur* : *Die Alte* (K. 517).

483. — *Ibid.*, 20 mai 1787.
Lied en *fa* : *Die Verschweigung* (K. 518).

484. — *Ibid.*, 23 mai 1787.
Lied en *fa mineur* : *Die Trennung* (K. 519).

485. — *Ibid.*, 26 mai 1787.
Lied en *ut mineur* : *Erzeugt von heisser Phantasie* (K 520).

486. — *Ibid.*, 29 mai 1787.
Sonate en *ut* pour piano à quatre mains (K. 521).

487. — *Ibid.*, 14 juin 1787.
Plaisanterie musicale en *fa* pour quatuor à cordes et deux cors (K. 522).

488. — *Ibid.*, 24 juin 1787.
Lied en *fa* : *Abendempfindung* (K. 523).

489. — *Ibid.*, id.
Lied en *mi bémol* : *An Chloé* (K. 524).

490. — *Ibid.*, 10 août 1787.
Petite sérénade nocturne en *sol*, pour deux violons, alto, violoncelle et contrebasse (K. 525).

491. — *Ibid.*, 24 août 1787.
Sonate en *la* pour piano et violon (K. 526).

491 bis. — *Ibid.*, 24 août 1787.
Double canon pour quatre voix (K. 228) (*Appendice II*).

492. — *Prague*, 29 octobre 1787.
Première représentation de Don Juan, opéra bouffe en deux actes (K. 527).

493. — *Ibid.*, 3 novembre 1787.
Scène dramatique et air en *ut* pour soprano. avec accompagnement d'orchestre : *Bell i mia fiamma* (K. 528).

494 et 495. — *Ibid.*, 6 novembre 1787.
Deux lieds, en *fa* et en *mi bémol* : *Der Kleine Friedrich* et *Das Traumbild* (K. 529 et 530).

496. — *Ibid.*, octobre ou novembre 1787.
Rondo pour soprano en *ut*, avec accompagnement d'orchestre : *Donne vaghe* (non classé dans Kœchel)[1].

497. — *Vienne*, 11 décembre 1787.
Lied en *ut* : *Die Kleine Spinnerin* (K. 531).

498. — *Ibid.*, 3 janvier 1788.
Allegro en fa et andante en *si bémol* pour piano (K. 533).

499. — *Ibid.*, 27 janvier 1788.
Six danses allemandes pour orchestre (K. 536).

500. — *Ibid.*, 24 février 1788.
Concerto de piano en *ré* (K. 537).

501. — *Ibid.*, 4 mars 1788.
Air pour soprano en *fa*, avec accompagnement d'orchestre : *Ah se in Ciel* (K. 538).

502. — *Ibid.*, 5 mars 1788.
Petit lied militaire en *la* : *Ich möchte wohl* (K. 539).

503. — *Ibid.*. 19 mars 1788.
Adagio en *si mineur* pour piano (K. 540).

504. — *Ibid.*, du 24 au 30 avril 1788.
Deux airs et un duo nouveaux pour l'opéra : *Don Juan* (K. 527).

1. Cet air, encore inédit, vient d'être retrouvé à Prague, avec le n° 103.

505. — *Ibid.*, mai 1788.
Ariette en *fa* pour basse : *Un bacio di mano*, avec orchestre (K. 541).

506. — *Ibid.*, 22 juin 1788.
Trio en *mi majeur* pour piano, violon, et violoncelle (**K. 542**).

507. — *Ibid.*, id.
Sonatine en *ut* pour piano (K. 545).

508. — *Ibid.*, id.
Adagio en *ut mineur*, et transcription pour quatuor à cordes de la fugue pour deux pianos n° 415 (K. 546).

509. — *Ibid.*, id.
Sonatine pour piano et violon en *fa* (K. 547).

510. — *Ibid.*, 26 juin 1788.
Symphonie en *mi bémol* (K. 543).

511. — *Ibid.*, 14 juillet 1788.
Trio en *ut* pour piano, violon, et violoncelle (K. 548).

512. — *Ibid.*, 16 juillet 1788.
Canzonnetta en *si bémol: Più non si trovano*, pour 2 soprani et basse, avec accompagnement de 3 cors de basset (K. 549).

513. — *Ibid.*, 25 juillet 1788.
Symphonie en *sol mineur* (K. 550).

514. — *Ibid.*, 10 août, 1788.
Symphonie en *ut : Jupiter* (K. 551).

515. — *Ibid.*, 11 août 1788.
Lied en *la : Beim Auszug* (K. 552).

516-525. — *Ibid.*, 2 septembre 1788.
Sous cette date Mozart a inscrit 10 canons à 4 voix (K. 553-562), mais qui doivent évidemment avoir été composés a diverses époques de sa vie.

526. — *Ibid.*, 27 septembre 1788.
Divertimento, en *mi bémol*, pour trio a cordes (K. 563).

527. — *Ibid.*, 27 octobre 1788.
Trio en *sol* pour piano, violon, et violoncelle (K. 564).

528. — *Ibid,*, novembre 1788.
Réinstrumentation de l'*Acis et Galathée* de Hændel (K. 566).

529, 530. — *Ibid.*, 6 et 24 décembre 1788.
Six danses allemandes et douze Menuets pour orchestre (K. 567 et 568).

531. — *Ibid.*, février 1789.
Sonate en *si bémol* pour piano (K. 570).

532. — *Ibid.*, 21 février 1789.
Six danses allemandes pour orchestre (K. 571).

533. — *Ibid.*, mars 1789.
Réinstrumentation du Messie de Hændel (K. 572).

TRENTE-TROISIÈME PÉRIODE

LE RETOUR AU STYLE CLASSIQUE

Mars 1789 — Janvier 1791

Trois causes ont surtout contribué à arrêter l'élan romantique de la période précédente. En premier lieu, un petit voyage de Mozart à Berlin et à Leipzig l'a remis en contact avec ces vieux maîtres de l'Allemagne du Nord dont l'influence l'avait déjà très profondément remué aux environs de 1782. De plus, la mission que lui a confiée Van Swieten de réinstrumenter certaines œuvres de Hændel ne peut manquer, elle aussi, d'avoir contribué à réveiller en lui son goût naturel d'un art à la fois plus savant et plus tempéré. Et enfin il y a eu, pour agir sur lui et le replier sur soi-même, l'influence décisive de l'obscurité et de la misère ; le public viennois, décidément, ne voulait plus entendre sa musique, et Mozart comprenait désormais l'inutilité de rien sacrifier de son génie en vue d'un succès impossible à obtenir. Si bien que nous le voyons, en quelque sorte, restreindre soudain la portée expressive de son art, le dépouiller de la grandeur passionnée dont il l'avait revêtu durant la période précédente, mais pour tâcher dorénavant à lui donner, tout ensemble, une forme plus élaborée et une beauté poétique plus pure. Le contrepoint, depuis lors, s'installe à demeure dans son œuvre, et non plus sous la coupe classique des périodes précédentes, mais un contrepoint libre et chantant, qui achèvera de s'épanouir dans les œuvres de l'année 1791. En même temps les modulations acquièrent plus de hardiesse et de grâce sensuelle, la ligne mélodique se dépouille de toute rudesse, et, d'une façon générale, au grand style romantique de *Don Juan* succède un style nouveau, qui, pleinement réalisé déjà dans *Cosi fan tutte*, trouvera bientôt son aboutissement parfait dans les airs et ensembles de la *Flûte enchantée*.

534. — *Potsdam*, 29 avril 1789.
 Neuf variations en *ré* pour piano sur un *Menuet* de Duport
 (K. 573).
535. — *Leipzig* 17 mai 1789.
 Petite gigue en *sol* pour piano (K. 574).
536. — *Vienne*, juin 1789.
 Quatuor à cordes en *ré* (K. 575).
537. — *Ibid.*, juillet 1789.
 Sonate en *ré* pour piano (K. 576).
538, 539. — *Ibid.*, juillet et août 1789.
 Un Rondo en *fa* et un air en *sol* pour soprano, devant être
 intercalés dans les *Noces de Figaro* (K. 577 et 579).

540. — *Ibid.*, août 1789.
Air pour soprano en *si bémol* : *Alma grande*, intercalé dans les *Deux Barons* de Cimarosa (K. 578).

541. — *Ibid.*, 17 septembre 1789.
Air en *si bémol* pour soprano : *Schon lacht der holde Frühling*, intercalé dans le *Barbier de Séville* de Paësiello (K. 580).

542. — *Ibid.*, 29 septembre 1789.
Quintette en *la* pour clarinette et quatuor à cordes (K. 581).

543. — *Ibid.*, octobre 1789.
Deux airs pour soprano en *ut* et en *mi bémol* : *Chi sa*, et *Vado ma dove ?* intercalés dans le *Bourru bienfaisant* de Martin (K. 582 et 583).

544, 545. — *Ibid.*, décembre 1789.
Douze Menuets et douze allemandes pour orchestre (K. 585 et 586).

546. — *Ibid.*, entre octobre 1789 et janvier 1790.
Cosi fan tutte, opéra bouffe en deux actes (K. 588).

547. — *Ibid.*, mai 1790.
Quatuor à cordes en *si bémol* (K. 589).

548. — *Ibid.*, juin 1790.
Quatuor à cordes en *fa* (K. 590).

549, 550. — *Ibid.*, juillet 1790.
Réinstrumentation des *Fêtes d'Alexandre* et de l'*Ode à Sainte Cécile* de Hœndel (K. 591 et 592).

551. — *Ibid.*, décembre 1790.
Quintette à cordes en *ré* (K. 593).

552. — *Ibid.*, id.
Fantaisie en *fa mineur* pour orgue mécanique (K. 594).

553. — *Ibid.*, entre janvier 1789 et décembre 1790.
Menuet en *ré* pour piano (K. 355).

554. — *Ibid.*, id.
Adagio canonique en *fa* pour deux cors de basset et basson (K. 410).

555. — *Ibid.*, id.
Adagio en *si bémol* pour deux clarinettes et trois cors de basset (K. 411).

556. —

A la même période appartient également une série d'autres compositions pour instruments à vent, omises par Mozart dans son catalogue, et dont plusieurs ont été publiées autre-fois, en parties, chez les éditeurs Breitkopf et Simrock, entremêlées de transcriptions des opéras de Mozart. C'est aussi durant cette période que doivent avoir été composées la *Romanze* et les *Variations* qui se trouvent intercalées aujour-d'hui dans la sérénade pour instruments à vents (nᵛ 370).

557. — *Vienne,* entre janvier et décembre 1790.
Petit andantino en *mi bémol* pour piano, destiné à un album
de J. B. Cramer (K. 236).

557 bis. — *Ibid.,* id.
Ouverture en ré et trois contredanses pour orchestre (K. 106)
(*Appendice II*).

TRENTE-QUATRIÈME PÉRIODE

LA DERNIÈRE ANNÉE

JANVIER — DÉCEMBRE 1791

Au début de 1791, la situation matérielle de Mozart est si misérable
que l'auteur de *Don Juan* se trouve trop heureux de pouvoir employer la plus grande partie de son temps à écrire une foule de
petites danses pour les bals populaires viennois. Plus tard, il est
vrai, le succès inespéré de la *Flûte enchantée* recommence à lui
attirer d'autres travaux lucratifs : mais déjà la mort le guette, pour
l'emporter enfin le 5 décembre de cette année. Et cependant celle-
ci n'est pas seulement l'une des plus importantes de toute sa vie
par le nombre et la qualité des œuvres qui l'ont remplie : il est en
outre certain que le style et la pensée musicale de Mozart, durant
cette dernière année de sa vie, subissent un changement nouveau.
ou plutôt une transfiguration merveilleuse, sans rien d'équivalent
dans sa carrière passée. Tout au plus pourrions-nous dire que l'extraordinaire jeunesse de l'art du maître en 1791 rappelle quelque peu
celle qui caractérisait autrefois les créations de 1776, sa vingtième
année. Mais, cette fois, la jeunesse de l'inspiration de Mozart s'accompagne d'une intensité singulière d'émotion poétique, en même temps
qu'elle s'appuie sur toutes les ressources du métier le plus savant
et le plus hardi. La comparaison de la *Flûte enchantée* avec des
œuvres comme l'*Enlèvement au Sérail* ou les *Noces de Figaro*, suffira pour donner l'idée de cette différence profonde et essentielle,
qui va presque à nous donner l'impression d'avoir devant nous deux
musiciens distincts. Non seulement l'instrumentation de la *Flûte
enchantée* et de son *Ouverture*, par exemple, est déjà toute « moderne »
et quasi « wagnérienne » : c'est encore l'esprit de cette musique qui
a, pour nous, une beauté plus pure, plus parfaite, revêtue d'une
signification qui, par delà le « romantisme », annonce l'art des
maîtres de nos écoles contemporaines.

558. — *Vienne,* 5 janvier 1791.
Concerto de piano en *si bémol* (K. 595).

559. — *Ibid.*, 14 janvier 1791.
Trois petits lieds, en *fa*, en *mi bémol*, et en *la*, pour un journal à l'usage des enfants (K. 596-598).

560. — *Ibid.*, 23 janvier 1791.
Six Menuets à danser pour orchestre (K. 599).

561. — *Ibid.*, 29 janvier 1791.
Six danses allemandes pour orchestre (K. 600).

562. — *Ibid.*, 5 février 1791.
Quatre Menuets, quatre allemandes, et deux contredanses pour orchestre (K. 601-603).

563. — *Ibid.*, 12 février 1791.
Deux Menuets et deux allemandes pour orchestre (K. 604 et 605).

564. — *Ibid.*, 28 février 1791.
Six Laendler et une contredanse pour orchestre (K. 606 et 607).

565. — *Ibid.*, 3 mars 1791.
Fantaisie en *fa mineur* pour orgue mécanique (K. 608).

566. — *Ibid.*, 6 mars 1791.
Six contredanses et une allemande pour orchestre (K. 609, 610 et 611).

567. — *Ibid.*, 8 mars 1791.
Air en *ré* pour voix de basse, avec contrebasse obligée, et accompagnement d'orchestre (K. 612).

568. — *Ibid.*, du 1ᵉʳ au 31 mars 1791.
Huit variations en *fa* pour piano sur un *lied* de Schikaneder (K. 613).

569. — *Ibid.*, 12 avril 1791.
Quintette à cordes en *mi bémol* (K. 614).

570. — *Ibid.*, 20 avril 1791.
Chœur final pour l'opéra bouffe de Sarti : Le *Gelosie villane* (K. 615).

571. — *Ibid.*, 4 mai 1791.
Rondo en *fa* pour orgue mécanique (K. 616).

572. — *Ibid*, 23 mai 1791.
Adagio et rondo en *ut* pour harmonica, flûte, hautbois, alto et violoncelle (K. 617).

573. — *Ibid.*, entre janvier et mai 1791.
Petit Adagio en *ut* pour harmonica (K. 356).

574. — *Baden*, 18 juin 1791.
Motet en *ré* pour quatre voix : *Ave Verum* (K. 618).

575. — *Vienne*, juillet 1791.
Petite Cantate allemande en *ut* pour une voix d'homme, avec accompagnement de piano (K. 619).

576. — *Ibid.*, entre avril et juillet 1791.
    La Flûte enchantée, opéra-comique allemand en deux actes (K. 620).

577. — *Vienne et Prague* entre juillet et le 5 septembre 1791.
    La Clemence de Titus, opera seria en deux actes (K. 621).

578. — *Vienne,* 28 septembre 1791.
    Ouverture et **Marche** de la *Flûte enchantée* (K. 620).

579. — *Ibid.*, du 28 septembre au 7 octobre 1791.
    Concerto en *la* pour clarinette (K. 622).

580. — *Ibid.*, 15 novembre 1791.
    Cantate franc-maçonnique en *ut* pour deux ténors et basse, avec accompagnement d'orchestre (K. 623).

581. — *Ibid.*, entre janvier et novembre 1791.
    Hymne en *ut mineur : Adoramus te* pour quatre voix, avec accompagnement de basse et orgue (K. 327).

582. — *Ibid.*, entre juillet et décembre 1791.
    Requiem et **Kyrie,** en *ré mineur* d'une Messe de *Requiem,* pour quatre voix et orchestre. — Ces deux premiers morceaux du fameux *Requiem* sont les seuls que Mozart ait sûrement terminés. Quant au reste de l'ouvrage, achevé par Süssmayer après la mort de son maître, tout porte à croire que Mozart en a seulement écrit le *Recordare,* le *Confutatis,* et les premières notes du *Lacrymosa,* qui eux-mêmes auront été revus et orchestrés par son élève (K. 626).

II

NOTES SUR LES NUMÉROS DU CATALOGUE DE KOECHEL

NON ÉTUDIÉS DANS CE VOLUME

18. — **Symphonie en mi bémol**, avec deux clarinettes et un basson. — C'est simplement la transcription, par le petit Mozart, de la 6ᵉ symphonie de l'op. VII de Ch. Frédéric Abel (voir p. 97).

25 *a*. — **Menuet en ut et trio** pour orchestre (Ms. au British Museum de Londres). — Le manuscrit de ce menuet ne semble pas être de la main de Mozart, et aucun motif sérieux ne justifie une attribution toujours admise sans l'ombre de contrôle.

46. — **Quintette à cordes en si bémol.** — C'est un arrangement de la partie primitive du grand *Divertimento* pour instruments à vent composé par Mozart à Munich ou à Vienne en 1780 ou l'année suivante. Le manuscrit de cet arrangement (à la Société des Amis de la Musique de Vienne) ne provient nullement de la main de Mozart, comme on l'avait cru ; et la date du « 25 janvier 1768 », inscrite sur ce manuscrit, suffirait à prouver qu'il s'agit là d'un faux : car Mozart en janvier 1768, ne se trouvait pas à Salzbourg, et surtout aurait été absolument incapable de composer, ni même de rêver, des morceaux comme tous ceux de son *Divertimento* de 1780 ou 1781. Après quoi il n'est nullement défendu de considérer cette réduction en quintette à cordes comme réalisée vraiment par Mozart ou du moins sous ses yeux, — à un moment quelconque de sa grande période viennoise, — puisque nous savons qu'il a, pareillement, réduit en quintette à cordes un autre de ses *Divertimenti* pour instruments à vent (*Appendice* I. nº 370).

54. — **Six variations en fa pour piano.** — C'est une transcription pour piano seul des variations qui forment le finale d'une sonate de Mozart pour piano et violon en *fa*, composée à Vienne le 26 juin 1788 (*Appendice* I, nº 509).

61. — **Sonate en la pour clavecin et violon.** — C'est, probablement transcrite de la main du petit Mozart, la copie textuelle de la 3ᵉ sonate de ce même recueil de Raupach où l'enfant a puisé quatre morceaux pour ses arrangements en concertos de sonates françaises (Nᵒˢ 48, 51-53).

62. — **Cassation en ré** « pour quatre instruments ». Les premières notes de ce morceau, aujourd'hui perdu, se trouvent citées dans un catalogue de l'œuvre de Mozart par Aloys Fuchs.

71. — **Air italien** inachevé : *Ah ! più tremar.* — Cet air est certainement contemporain de l'époque de la composition de *Lucio Silla*.

90. — **Kyrie pour quatre voix et orgue en ré mineur.** — Nous ne connaissons également que les premières notes de ce *Kyrie* : mais Aloys Fuchs, qui a eu l'occasion de l'étudier, le rattache à la série des morceaux religieux composés par le petit Mozart à Bologne en 1770.

91. — **Kyrie (inachevé) en ré** pour quatre voix, violon, basse et orgue. — Classé par Kœchel en 1770, ce beau *Kyrie*, avec l'élégance légère de son chant et la richesse de son accompagnement, doit dater d'une période bien postérieure, peut être de 1779 ou de 1780. Aussi bien Sussmayer, l'élève et collaborateur de Mozart en 1791, l'a-t-il jugé digne d'être terminé, ce qui semble prouver que Mozart lui-même le considérait comme ayant déjà une réelle valeur musicale.

92. — **Salve Regina en fa** pour quatre voix seules et chœur, deux violons, alto, deux cors, basse et orgue. — Ce morceau connu seulement par des copies manuscrites, n'a jamais été publié. Peut-être s'agit-il là d'un *Salve Regina* que Mozart, en 1768 (ou 1769) a eu à composer pour l'église de Maria Plain, aux environs de Salzbourg.

103. — **19 menuets** pour orchestre. — Cette série n'a pas été publiée.

104. — **6 menuets** pour orchestre, id.

105. — **6 menuets** pour orchestre, id.

106. — **Trois contredanses** pour deux violons, deux hautbois, deux bassons et deux cors. — Classées par Kœchel en 1770, ces trois contredanses, dont l'autographe est perdu, datent en réalité de 1790.

119. — **Air en la** pour soprano : *Der Liebe himmlisches Gefühl*, avec accompagnement d'orchestre. — Ce bel air, dont l'accompagnement ne nous est connu que dans une transcription pour le piano, rappelle beaucoup les airs de l'*Enlèvement au Sérail*, et doit avoir été composé aux environs de 1782 (*Appendice I*, n° 380).

140. — **Messe en sol** pour quatre voix, deux violons, deux trombones et orgue. — Cette messe, d'ailleurs charmante, a été récemment reconnue l'œuvre de Süssmayer, l'élève et assistant de Mozart.

142. — **Tantum ergo en si bémol** pour quatre voix, deux violons, alto, deux trompettes, basse et orgue. — Ce *Tantum ergo*, assez médiocre, ne paraît pas pouvoir être attribué à Mozart.

146. — **Air d'oratorio en si bémol** pour soprano, *Kommet her, ihr frechen Sünder*, avec accompagnement des deux violons, alto, basse et orgue. — La mélodie aussi bien que l'accompagnement de cet air, dont l'autographe s'est perdu, se rattachent expressément au style du jeune maître après son retour de Paris en 1779 ou 1780 (*Appendice I*, n° 348).

147. — **Lied en fa**, *Wie unglücklich bin ich nicht*, avec accompagnement de piano. — Ce délicieux petit *lied*, encore bien qu'il ne figure pas dans le Catalogue autographe des œuvres de Mozart après 1784, a sûrement été composé après cette date. Mozart l'aura sans doute écrit pour sa femme ou pour des amis (*Appendice I*, n° 463).

148. — **Lied en ré**, *O heiliges Band*, avec accompagnemement de piano, — C'est encore une œuvre de la pleine maturité de Mozart, et ayant peut-être une origine franc-maçonnique (*Appendice I*, n° 463).

153. — **Fugue inachevée en mi bémol** pour clavecin. — Sous ce numéro et sous le suivant, Kœchel a placé deux petits commencements de fugues d'une exécution encore assez faible, qui doivent être des

« devoirs » entrepris par l'enfant vers 1771, ou peut-être même avant son séjour à Bologne. Ces embryons de fugues ont été, après la mort de Mozart, revus et complétés par Simon Sechter : mais il va sans dire qu'on ne saurait aujourd'hui les tenir pour des œuvres originales du maître, non plus que le reste des innombrables ébauches ou esquisses conservées dans les tiroirs du Mozarteum.

154. — **Fugue inachevée en sol mineur pour le clavecin.** — Voir le n° précédent.

154ᵃ. — **Deux petits préludes pour orgue en sol et en ré.** — Ces deux petits morceaux, écrits sur une même feuille, et ne comptant chacun qu'une douzaine de mesures, n'ont jamais été publiés jusqu'ici : mais tout porte à croire qu'il s'agit encore là de simples « devoirs » de l'enfant, exécutés aux environs de 1771.

161. — Kœchel a rangé sous ce numéro la *Symphonie en ré* que Mozart a constituée durant l'hiver de 1772-1773, — probablement à Milan, — en ajoutant un finale nouveau (n° 155) aux deux morceaux qui avaient formé l'ouverture de son *Sogno di Scipione* (n° 139).

177. — **Offertoire en ré** pour quatre voix, deux violons, alto, deux cors, basse et orgue. — *Convertentur sedentes.* — Des parties anciennes de cet offertoire, formé d'un duo et d'un chœur, portent le nom de Léopold Mozart, et la profonde médiocrité de l'œuvre confirme pleinement cette attribution. C'est encore un ouvrage à effacer désormais de la liste des compositions de Mozart.

178. — **Air pour soprano en la :** *Ah ! Spiegarti.* — Cet air italien, dont l'autographe ne comporte qu'un accompagnement de clavecin, est écrit sur un papier de même espèce que les deux *lieds* classés par Kœchel sous les n° 147 et 148, et doit dater, comme eux, de la grande période viennoise de Mozart (*Appendice I*, n° 463).

198. — **Offertoire en fa** pour soprano et ténor : *Sub tuum præsidium*, avec accompagnement de deux violons, alto, basse et orgue. — On a contesté l'attribution à Mozart de ce *Sub tuum*, dont l'autographe est inconnu, et qui nous fait voir en effet, dans son ensemble, une allure et un caractère éminemment profanes, ou plutôt éminemment dérivés du style de l'opéra-comique italien, tandis que les morceaux religieux de Mozart ont toujours quelque chose qui les distingue de ses compositions théâtrales. Mais, d'autre part, l'inspiration aussi bien que la coupe de cet aimable *duetto* sont toutes « mozartiennes », sans que nous puissions cependant leur assigner une date précise dans l'œuvre du maître. Peut-être est-ce-là un fragment de *duo* écrit par Mozart sur d'autres paroles, et arrangé en offertoire après sa mort ? En tout cas, il nous a paru impossible d'admettre dans notre tableau chronologique de l'œuvre du maître un morceau que nous soupçonnons de ne pas se présenter à nous sous sa forme originale.

206. — Kœchel a placé sous ce numéro une *Marche* qui s'est trouvée faire partie de l'opéra d'*Idoménée.*

223. — **Hosanna en ut** pour quatre voix, deux violons, alto, basse et orgue. — Cet *Hosanna* de 21 mesures, traité en contrepoint, ne figure point parmi les œuvres publiées de Mozart, et nous n'en connaissons que les premières mesures. Mais Jahn et Kœchel, qui ont étudié l'auto-

graphe, seraient disposés à y voir encore un de ces nombreux morceaux religieux de Michel Haydn ou d'autres maîtres que le jeune
Mozart a simplement copiés par manière de leçon.

226. — **Canon pour trois voix en ré mineur.** *O Schwestern.* — Ce Canon,
qui, peut-être, a été copié par Mozart, appartient à la *Musurgia* de
Kircher.

227. — **Canon à trois voix en ut,** sans paroles. — C'est encore un
vieux Canon copié par Mozart. Attribué à William Byrd, il figurait déjà
dans un recueil anglais de 1658.

228. — **Double Canon pour quatre voix.** — Il a été composé par Mozart
à Vienne, le 24 avril 1787.

229-234. — **Canon en ut mineur** pour trois voix. — *Sie ist dahin.* — Ce
Canonet les cinq suivants, dont les autographes sont presque tous perdus,
ne sauraient être classés sous une date définie. Ce sont des morceaux très
simples, et auxquels Mozart lui-même semble n'avoir attaché aucune
importance. Il se pourrait que la plupart n'eussent été écrits qu'à
Vienne, après 1782.

235. — **Canon pour clavecin en sol.** — Ce Canon, probablement copié
par Mozart, est d'Emmanuel Bach et a été publié dans le recueil de
Kirnberger.

236. — **Andantino en mi bémol** pour le clavecin. — Ce charmant petit
morceau a été composé par Mozart en 1790, probablement pour l'album
de son confrère J.-B. Cramer (*Appendice I*, n° 557).

241. — **Sonate d'église en sol,** composée à Salzbourg en janvier 1776. —
L'autographe de cette sonate a malheureusement disparu avant la
publication de la série complète des morceaux de ce genre.

263. — **Sonate d'église en ut,** composée à Salzbourg en 1776. — L'autographe de cette sonate est perdu, et sa partition n'a jamais été
publiée.

264. — **Neuf variations en ut pour le clavecin,** sur *Lison dormait.* —
Ces variations, et les suivantes ont dû être composées à Paris en 1778
(*Appendice I*, n° 325).

265. — **Douze variations en ut pour le clavecin sur :** *Ah ! Vous dirai-je
Maman.* — Voir le numéro précédent (*Appendice I*, n° 316).

268. — **Concerto de violon en mi bémol** avec accompagnement de deux
violons, alto, flûte, deux hautbois, deux bassons, deux cors et basse. —
Ce fameux concerto, l'un de ceux que l'on joue le plus souvent, a été
publié longtemps après la mort de Mozart, par l'éditeur André. Il suffit
de jeter un coup d'œil sur la partition du concerto pour constater que
l'accompagnement orchestral, après avoir été très riche et d'une puissance admirable jusqu'à l'entrée du premier *solo,* dans le premier
morceau, devient désormais à peu près nul dans la suite de ce morceau,
aussi bien que dans tout l'*andante* et tout le finale : pas une note de cet
accompagnement, à partir de ce début du premier *solo,* ne provient de
la main de Mozart lui-même : c'est André ou quelqu'un de ses assistants
qui, non sans une certaine réserve assez louable, aura composé cette
partie orchestrale du concerto : à moins encore d'imaginer là une des
nombreuses fraudes de la veuve de Mozart, entreprises avec la com-
plicité de l'industrieux Süssmayer.

Restent donc à considérer le grand *tutti* initial du premier morceau, — auquel il convient peut-être d'ajouter également les quelques mesures du *tutti* qui précède le *développement*, dans ce même morceau, — et tous les *soli* du concerto. Il y a là, pour la critique, deux problèmes distincts, mais qui peuvent aisément, l'un et l'autre, trouver leur solution, pour peu que l'on soit accoutumé à l'esprit et aux procédés habituels de Mozart. Le prélude du premier morceau, tout d'abord, les quelques mesures susdites de *développement* de ce morceau, et probablement toute la ligne mélodique de ses *soli*, sont incontestablement l'œuvre de Mozart, et ne datent pas de sa jeunesse, comme l'ont cru Jahn et Kœchel, mais bien de sa plus belle maturité. C'est à Vienne, aux environs de 1783 ou 1784, que Mozart ayant projeté de composer un grand concerto de violon, a écrit ces admirables *tutti*, tout à fait pareils à ceux qui ouvrent ses concertos de piano de la même période ; après quoi, suivant un usage qui lui était cher, il s'est borné à noter les *soli* du violon, sauf quelques indications d'orchestre çà et là, en se promettant de compléter à loisir, une autre fois, l'accompagnement orchestral des *soli* ainsi composés. La manière dont il a varié la *rentrée* de ce premier morceau nous prouve assez, en effet, qu'il a pris la peine d'en noter jusqu'au bout toute la partie de violon *solo*. Mais il n'en va pas de même pour l'*Andante* et le finale, où certaines idées éminemment « mozartiennes », dans les *soli*, nous sont exposées, pour ainsi dire, à l'état rudimentaire. Pour ces deux morceaux, André (ou Süssmayer) aura simplement utilisé deux des multiples ébauches laissées par Mozart, et, ayant résolu de constituer un concerto complet, aura développé de son mieux ces fragments originaux de Mozart. Impossible de déterminer, dans ces conditions, à quelle date appartiennent ces embryons mélodiques utilisés pour l'*Andante* et le finale du concerto : peut-être n'ont-ils rien à voir avec le magnifique projet de concerto à qui nous devons l'introduction et tous les *soli* du premier *allegro ?* Celui-là seul, et malgré toute l'indigence de son accompagnement, peut être regardé comme une inspiration authentique du maître : le reste ne mérite pas de nous intéresser, du moins jusqu'au jour où la découverte du brouillon manuscrit exploité par l'éditeur nous renseignera sur la part qui revient à Mozart dans des morceaux qui, sous leur forme présente, sont absolument indignes de lui.

276. — **Regina Cœli en ut** pour quatre voix, avec accompagnement de deux violons, deux hautbois, deux trompettes, timbales, basse et orgue. — Ce magnifique *Regina Cœli*, dont le manuscrit est perdu, doit sûrement dater de la période qui a suivi le retour de Mozart à Salzbourg, après son grand voyage de Mannheim et de Paris. Il a été composé, suivant toute probabilité, en 1779 ou 1780 (*Appendice I*, n° 352).

285. — **Quatuor avec flute en ré**, composé à Mannheim le **25 décembre** 1777 (*Appendice I*, n° 292).

288. — **Divertimento en fa** pour deux violons, alto, deux cors, et basse — Ce sextuor, d'une date inconnue, pourrait bien avoir été composé tout entier, encore que ses premières pages, seules, se soient jadis trouvées entre les mains d'André. Aujourd'hui, ce début lui-même s'est perdu.

291. — **Fragment de fugue en ré** pour deux violons, alto et basse. —
C'est simplement la transcription par Mozart du finale d'une Symphonie
de son maître Michel Haydn.

293¹ — **Début d'un concerto de hautbois** (en *fa*). — Ce fragment d'un
concerto, dans l'accompagnement duquel figurent deux clarinettes et
deux bassons, a été écrit par Mozart à Vienne, au printemps de 1783.

1. Il va sans dire que nous avons dû nous arrêter à l'endroit où le Catalogue
de Kœchel abordait les périodes de la vie de Mozart ultérieures à celles que nous
avons, nous-mêmes, étudiées.

APPENDICE DE LA PREMIÈRE PARTIE

Page 92. — Dans la *Zeitschrift für Musikwissenschaft* (janvier 1934), M. K. A. Fischer déclare que la lettre de Mozart, datée d'Augsbourg les 17 et 18 octobre 1777, ne fait pas allusion au claveciniste Jean Schobert, mais à l'esthéticien C. F. D. Schubert qui vécut à Augsbourg. V. Schubart's *Leben und Gesinnungen*, Stuttgart 1793. Dans cette antobiographie, l'esthéticien affirme, nous dit-on, que le claveciniste figurait parmi sa parenté nurembergeoise. V. aussi la *Musikalische Realzeitung* de Bossler (1789) p. 150 et s. d'après laquelle Schobert, avant de s'établir à Paris, aurait enseigné la musique à Strasbourg. Il est à remarquer, d'autre part, que l'une des plus célèbres Sonates de J. Schobert (op. III en *ré*) figure sous le nom « del Signor Mann » dans le catalogue des œuvres du claveciniste viennois Jean-Chrétien Mann (1726-1782), le frère du symphoniste Mathias George Monn. V. D. T. O. 19ᵉ année *(Monuments de la musique en Autriche)*. Cette copie se trouve à la bibliothèque de la *Gesellschaft der Musikfreunde* (n° 890) et nous est une curieuse preuve de l'influence exercée par Schobert sur les clavicinistes de l'école spécifiquement viennoise.

P. 119 et s. — V. *Zeitschrift für Musikwissenchaft* (août-septembre 1930 p. 640 et s.). Grâce à une fort intéressante étude de Mme Bertha Antonia Wallner, de Munich, nous avons acquis la certitude que Mozart, à Londres, en 1765, a écrit au moins quatre symphonies, lesquelles figuraient comme étant mises en vente dans les anciens catalogues de la maison Breitkopf.

La Bibliothèque d'État de Bavière à Munich conserve les parties séparées manuscrites de la symphonie en *ré* (Köchel 19), copiées de la main de Léopold Mozart (Cim. 379 i) et, sur le titre de la couverture de cette symphonie, se trouve, toujours de la main du père, le commencement d'une partie de violon appartenant à une autre symphonie. L'auteur de l'étude ne semble pas avoir vu qu'il s'agit d'une symphonie en *fa*, figurant déjà dans les suppléments de Köchel (n° 223) et dont elle cite 15 mesures ; de plus, cette intéressante étude signale les traces d'une autre symphonie en *ut* qui, elle aussi, aurait été achevée. Peut-être s'agit-il du n° 222 des suppléments de Köchel.

Pour faciliter l'exécution de la symphonie en *ré* (K. 19) on constate que la basse et l'alto avaient été écrits sur deux portées, comme s'il s'agissait d'un accompagnement destiné au *piano-forte* : Marianne Mozart exécutait la basse au piano, le père et le fils complétant au violon les parties manquantes.

Le remarquable thème en *fa* de l'*allegro assai* (K. suppl. 223) est très étendu, et suivi d'un second sujet, dans ce même ton. L'auteur de l'étude, non sans raison, y voit l'influence, alors prédominante, de Jean-Chrétien Bach, se combinant avec des tendances italiennes.

D'après le vieux catalogue Breitkopf, les symphonies s'inscrivent dans l'ordre suivant :

Cat. 10 (n° 62) (symphonie suppl. K. 220) en *la mineur*.

Cat. 10 (n° 67) (symphonie suppl. K. 221) en *sol* (1768).

Cat. 10 (n° 68) (symphonie suppl. K. 222) en *ut* — prob. Londres 1765.

Cat. 10 (n° 69) (Köchel n° 19) en *ré* Londres 1765.

Cat. 10 (n° 70) (Köchel suppl. 223) en *fa* Londres 1765.

Il paraît donc certain que les débuts de Mozart dans l'art de la symphonie sont plus riches que nous le supposions jusqu'ici. Sous l'influence directe de Jean-Chrétien Bach, il n'est pas exagéré de prétendre que Mozart, à Londres, a dû écrire une première série de six symphonies! Mais, nous devons le répéter ici, la symphonie K. 17 ne nous apparaît nullement comme étant une œuvre originale de l'enfant; c'est tout au plus si celui-ci aura dû la copier, par manière d'exercice. Peut-être s'agit-il là d'une œuvre émanant du père, ou de quelqu'autre maître de chapelle allemand, œuvre qui n'a d'ailleurs aucune parenté avec celle d'un Chrétien Bach ou même d'un Abel, sous l'autorité desquels l'enfant avait entièrement évolué à Londres.

P. 153. — Une des copies de l'air « Va dal furor portata », de la main de Léopold Mozart, existe à la Bibliothèque Nationale à Paris, sous la cote Vm7 7453.

P. 169. — Une des copies de l'air « Conservati fedele » de la main de Léopold Mozart, existe aussi à la Bibliothèque Nationale sous la cote Vm7 7452.

P. 170. — N° 31. Le vieux catalogue de la maison Breitkopf signale l'existence de *deux* séries de variations pour clavecin (ou *piano-forte*), l'une, en *la*, composée à Londres, et une autre en *ut*. V. supplément de Köchel n°s 206 et 207.

P. 184. — N° 40. L'examen du manuscrit de cet arrangement en concertos de trois sonates op. 5 de Jean-Chrétien Bach, tendrait à faire croire que la date de la transcription réalisée par Mozart est postérieure à celle indiquée ici. Une édition de ces transcriptions a paru récemment : l'accompagnement comporte deux parties de violons et une basse chiffrée, groupement adopté par le maître italo-anglais pour l'accompagnement de ses premières séries de Concertos.

P. 268. — Il y a lieu d'ajouter, après le n° 65, deux petites sonates pour violon et basse, dont la première porte la date du 1er septembre 1768. Récemment découvertes, elles comportent l'une et l'autre un *allegro* suivi d'un menuet muni d'un trio, qualifié lui-même *minuetto* 2do; elles figurent dans le *Mozart* du Dr Robert Haas, publié à Potsdam, où l'une est reproduite en fac-similé. (p. 48 et 49.)

P. 274. — Il y a lieu d'ajouter ici une symphonie en *sol*, découverte par un savant, M. Fischer, au monastère de Laybach et dont seules les premières mesures étaient connues. (V. Köchel supplément n° 221.) Elle a été offerte par Léopold Mozart au dit monastère, le 4 janvier 1769. V. notre travail sur les symphonies de Mozart et l'étude parue dans le *Mozart Jahrbuch* 1923 p. 35-69. La symphonie, d'ailleurs fort intéressante, date des derniers mois de 1768.

P. 306. — Le 26 janvier 1770, de Milan, Mozart écrit à sa sœur qu'il vient d'achever un air sur les paroles suivantes du *Demetrio* de Métastase : *Misero tu non sci : tu spieghi il tuo dolore*, etc. Cet air est aujourd'hui perdu.

P. 315. — Dans le motet *Benedictus sit Deus* (K. 117), écrit par Mozart à Milan, en février 1770, il y a lieu de remarquer l'emploi du 8ᵉ ton liturgique des psaumes. (V. le chœur final : *Jubilate.*)

P. 319. — Le manuscrit du n° 85 appartient aujourd'hui à la Bibliothèque du Conservatoire, légataire de la belle et riche collection de M. Malherbe.

P. 332. — Lire (treizième ligne avant la fin de la page) : « des qualités » et non « des quatuors ».

P. 335. — Le manuscrit du n° 88 appartient à la Bibliothèque du Conservatoire.

P. 363. —Nous donnons ci-après le début de l'antiphone, composée par Mozart pour être admis dans la savante Académie bolonaise : l'*incipit* du K. n° 100 concerne la réalisation faite par le P. Martini.

P. 374. — Lire : Don Quirino Gasparini,

P. 377. — Les fragments autographes de *Mitridate* appartiennent à la Bibliothèque du Conservatoire de Paris.

P. 419, 4 et 5. — Les manuscrits autographes des trois premières sonates d'orgue (K. 67, 68, 69) figurent dans la Collection André (vente 1932). V. catalogue Liepmannsohn. Vente 62. Berlin : deuxième et dernière partie : n° 2.

P. 442. — Le ballet esquissé par Mozart à Milan : *Le Gelosie del Seraglio*, l'un des plus connus de Noverre, était destiné à accompagner non pas, comme il a été dit, la sérénade *Ascanio in Alba*, mais la tragédie musicale *Luccio Silla*. Il date donc de la fin de 1772. (Communication de M. le Dr Einstein.)

P. 446. — Le n⁰ 125 (Köchel 98) a donné lieu à des doutes relatifs à son authenticité : pour nous, tant qu'une paternité étrangère ne nous aura pas été démontrée, nous continuerons de ranger délibérément la symphonie en *fa* parmi celles que Mozart a écrites en 1771, vers la fin de l'année, car elle réunit toutes les particularités du style du jeune homme à cette époque, avec la marque indubitable de son art.

P. 455. — A la troisième ligne, avant la fin de cette page, lire : 1772.

P. 461. — Le manuscrit de cette Messe, une des plus importantes de la jeunesse de Mozart, figurait dans la Collection André.

P. 468. — Il ne serait pas impossible que le premier *duo* exécuté en Angleterre, sur le *piano-forte*, par les deux enfants prodiges, nous ait été conservé. Il existe, en effet, à la Bibliothèque Nationale, une sonate à quatre mains, sous la cote Vm 7 5726, qui a paru dans une vieille édition parisienne, d'ailleurs criblée de fautes, sous le nom de « A. Mozart ». Peut-être s'agit-il là d'une œuvre datant de 1765, écrite à Londres, et qui n'a ⟨ publiée à Paris par l'éditeur de Roullède que quelque trente ans plus tard.

P. 471, 2. — Comme pour les précédentes sonates d'église, les manuscrits des numéros 131-2 figuraient dans la Collection André. (V. *Catalogue* de la vente du 9 décembre 1932 : n⁰ 2.)

P. 481. — Nous avons publié jadis dans le bulletin hollandais de la société *Union musicologique* (3ᵉ année, fascicule n⁰ 2), une étude sur les quatuors provenant d'Aloys Fuchs, auxquels il est fait allusion ici et qui servent de transition entre la première série de quatuors italiens de Mozart, et celle que le jeune homme écrira à Vienne, pendant l'été de 1773. Trois d'entre eux datant certainement du printemps de 1773, font pendant aux trois *divertimenti* (K. 136-8) de 1772 : ce sont exactement les n⁰ˢ 210, 211 et 213 des suppléments du *Catalogue* ce Köchel, le n⁰ 212 appartient manifestement à une toute autre période. Ces quatuors, d'une authenticité indiscutable, ont donné lieu à une publication récente.

APPENDICES DE LA DEUXIÈME PARTIE

P. 568. — Le manuscrit du Divertimento K. 166 se trouvait en la possession de J. André, à Francfort.

P. 572. — La Symphonie nº 169 a été utilisée — avec l'assentiment de Mozart — pour servir d'ouverture au drame de *Lanassa* (d'après la *Veuve de Malabar*, de Lemierre). Vers 1783, en effet, cette pièce a été représentée avec la musique du *Thamos* de Mozart.

P. 594. — A la sixième ligne, lisez : « Et à ce second morceau de l'*Agnus* s'ajoute encore, etc.

P. 625. — Le manuscrit du Quatuor nº 181 figurait à la vente André à Offenbach (nº 5).

P. 634. — La dernière note de la partie supérieure de l'exemple musical nº 182 est un *do dièze* et non un *si*.

P. 637. — Le quatuor en *ut* nº 183 figure parmi les manuscrits de la vente André en 1932 : nº 3. Il en est de même de celui du premier quatuor de cette série (K. 168).

P. 645. — Une première version de la fugue finale du quatuor nº 186 en *ré mineur*, figure à la vente André en 1932 (nº 4). Cette version, demeurée inconnue jusqu'ici, offre quelques différences avec celle qui est devenue définitive (K. 173).

P. 688. — Lire pour le premier chœur de *Thamos, roi d'Égypte*, nº 1. Chœur en *ut majeur*.

P. 691. — Le manuscrit se trouve à la Bibliothèque du Conservatoire de Paris (K. 176).

P. 718. — Lire (23e ligne) : « Comme aussi d'utiliser ce genre de la musique pour deux pianos », etc.

P. 720. — Nous avons constaté que le *Tantum ergo* (K. 197) étudié au Tome I p. 464 doit, en réalité, appartenir aux Litanies de la Sainte Vierge (K. 195) dont l'analyse se trouve à la p. 148 et suivantes du Tome II.
A notre avis, le thème initial de ce Tantum ergo se rapproche d'une manière si frappante du début de l'*Allegro* du Kyrie qui ouvre ces Litanies qu'il n'est guère possible de douter aujourd'hui qu'il fait partie intégrante de celles-ci. V. aussi Tome II appendice II, p. 435.

P. 723. — A l'avant-dernière ligne, au lieu de : « c'est-à-dire comme », lisez : « où le rondo était pour lui », etc.

P. 760. — A la troisième mesure de l'exemple musical, lire à la basse, *si bémol* (seconde croche) au lieu de *la*.

P. 766. — Lire 1° en titre de l'exemple musical : *Adagio;* et 2° à la première note de la main droite, *si bémol* au lieu de *la bémol*.

P. 768. — Au mot *Ouverture* (v. le n° 217).

P. 779. — L'un des deux Concertos de basson écrits pour le baron Dürnitz et mentionnés comme étant perdus, a été retrouvé et publié avec une introduction dar M. Seiffert dans l'édition Litolff. Nous présumons qu'il doit dater des environs de 1780 ou 1781.

P. 784. — A la dernière ligne, à propos de la figure mélodique dont il est question, remarquer sa parenté avec le début de l'ode à la joie de Beethoven.

P. 785. — A cette page devrait figurer une œuvre aujourd'hui malheureusement perdue, le Concerto pour violoncelle (en *fa*), écrite par Mozart en mars 1775, et dont le thème initial a été publié.

Id. — Le manuscrit d'une première version du développement (1er *Allegro* de la Sonate K. 284) a été retrouvé.

P. 792. — N° 222, lire Salzbourg.

P. 797. — Une cadence pour l'air d'Aminta dans le *Re Pastore* (n° 10) a été retrouvée, et figurait à la vente André en 1932 (n° 19).

P. 802. — Les paroles de cet air proviennent du livret suivant de G. Pietrosellini : L'*Astratto, ovvero il Giocatore fortunato*, mis en musique par Niccolo Piccinni. (Note de M. le Prof. Einstein.)

P. 830. — Les paroles de cet air proviennent du livret suivant : *Le Nozze, dramma giocoso*, mis en musique par Baldassare Galuppi (1764). (Note de M. le Prof. Einstein.)

P. 837. — Nous avons pu établir que le n° 240 est une version, à peine un peu modifiée par Mozart, d'un air de Joseph Mysliweczek : *Il mio caro bene attendo sospiro (Tempo di Minuetto)* écrit pour soprano et orchestre, et de même tonalité que la *Canzonetta* de Mozart. Il ne porte pas de date, mais les autres airs de Mysliweczek, contenus dans un même recueil, appartiennent *tous* aux années 1773-1774, date probable de la *Canzonetta*. V. vol. d'airs ms n° 1, Bibl. du Conservatoire. Paris.

P. 838. — Il a été établi que l'*Allegro moderato* en *sol* (n° 7) appartenant à ce *Divertimento* (ou séries d'entrées) est une transcription d'un air de *Paris et Hélène*, de Gluck (K. 188).

P. 856. — Lisez (ligne n° 20) aux *cors* et non aux cordes.

P. 862. — Le manuscrit de ce chœur final (n° 248) se trouve chez André à Offenbach.

P. 871. — N° 254. Cette grand'messe, exécutée en 1935 par la *Société des Études mozartiennes*, s'est révélée à nous comme l'un des importants chefs-d'œuvre de l'art religieux du maître.

P. 882. — Les premières notes de l'exemple musical n° 257 sont *liées*.

P. 885. — N° 258. La partition de cette grande Sérénade comporte, outre les instruments indiqués, une partie autographe pour les timbales, laquelle est conservée à Berlin.

P. 916. — N° 270. Lire : Salzbourg entre janvier et septembre 1776.

P. 937. — N° 274. Lire : Salzbourg, janvier 1777.

P. 940. — On peut se demander si le véritable nom de « Mlle Jeune-homme » ne serait pas Jenomy. Un Claudius Jenomy était « maître d'église » à Saint-Étienne de Vienne. Voyez *Denkmäler der Tonkunst in Œsterreich*, 19ᵉ année, p. x.
A cette page 362, lire six lignes avant le bas de la page : « trouverons ».

P. 945. — Le n° 288 de Köchel dont il est question est un *Quintette* (un violon, un alto, une basse et deux cors) et non pas un sextuor. V. appendice II. P. 375. — V. Note.

P. 953. — Nous n'avons plus la même impression qu'en 1912, à l'égard du Concerto de violon n° 271ᵉ. Nous pensons que les innovations qu'il nous offre, soit à l'orchestre, soit à la partie du soliste, résultent, beaucoup plus probablement, des étrangetés qui nous frappent dans la plupart des œuvres composées par Mozart en 1777, que dans une refonte hypothétique dudit Concerto, après son retour en Allemagne. Non seulement nous considérons l'œuvre comme d'une authenticité indiscutable, mais nous serions même portés à croire que les cadences libres figurant dans la version d'Aloys Fuchs, pourraient fort bien être de Mozart! Voir, pour l'analogie de la forme du rondo final, le final du quatuor de flûte en *ré majeur*, K. 285, daté du 25 décembre 1777 et l'étude du Dr Lewicki dans les *Mitteilüngen für d. Mozart Gemeinde*.

P. 965. — Le manuscrit de ces contredances (K. 267) figure dans le Catalogue de la vente André (n° 6), précédemment signalé.

P. 977. — Exemple musical : lire : *Sed et rei peccatoris*.

P. 991. — N° 385. Ajouter (K. 412 *et 514*).

P. 993. — Sous les mots : *La grande période de virtuosité* lire : *Janvier 1784-Août 1786*.

P. 994. — N° 426 : lire : Dix variations en *sol*.

Id. — N° 439 : lire à propos de la grand'messe en *ut mineur*, n° 394.

P. 995. — N° 463. Les deux *lieder* ont été reportés par nous à l'année 1784 et, comme nous l'avons dit, l'air K. 178 appartient à l'année 1783.

P. 998. — N° 496. Le rondo pour soprano *Donne vaghe* est en *mi bémol* et non en *ut*. Il appartiendrait, selon M. le Dr Einstein, à la partition de *Cosi fan tutte* (1789).

P. 1001. — N° 556. Il y a lieu de placer ici la série des petites sérénades pour deux cors de basset et basson (Köchel Supp. 229) : Ces merveilles du genre s'achèvent par des réductions pour ces mêmes instruments d'airs des

Noces de Figaro et de *Don Juan :* il y a donc lieu de supposer, si elles ont paru du temps de Mozart, qu'elles sont nées entre la partition de *Don Juan* et celle de *Cosi fan tutte.*

P. 1003. — Nᵒ 570. — Ce chœur final est aujourd'hui perdu.

P. 1004. — Nᵒ 581. Il y a lieu de rayer de la liste l'Hymne en *ut mineur* (K. 327) qui n'est qu'une copie, de la main de Mozart, d'un motet de D. Quirino Gasparini, le maître de chapelle de Turin († 1778), rencontré par les Mozart en Italie, et avec lequel ils semblent avoir entretenu des relations amicales : ce fait a été établi par notre collègue, M. Félix Raugel, à la suite de recherches effectuées par lui dans les archives à Salzbourg et a donné lieu à une communication à la *Société française de Musicologie.*

NOTES SUR LES NUMÉROS DU CATALOGUE DE KÖCHEL NON ÉTUDIÉS
DANS CE VOLUME

P. 1005. — Nous avons constaté que le menuet et trio en *ut* (K. nᵒ 25ᵃ) pour orchestre appartenait à une suite de danses composée par Beethoven en 1795, pour les Redoutes de Vienne.

Id. — A la dernière ligne du nᵒ 46, lire : Appendice I, nᵒ 377.

P. 1006. — Nous ne voyons pas de raison sérieuse pour douter de l'authenticité du *Tantum ergo* (K. 142); nous sommes même porté à croire qu'il est contemporain des *Litanies* et du *Regina Cœli* (K. 125 et 127) composés par Mozart en 1772, d'ailleurs dans la même tonalité. Il est probable que l'autre *Tantum ergo* (K. 197) en *ré* peut accompagner les *Litanies* (aussi en *ré*) de 1774.

Id. — Quant à l'air d'oratorio K. 146, il nous paraît probable qu'il a été destiné par Mozart, en 1775, à figurer dans sa *Grabmusik*, qu'il a revue et augmentée cette année-là.

Id. — Nous avons classé, en 1784, le petit lied K. 147 dont l'inspiration timide et tendre, n'a cependant rien d'enfantin et dont l'écriture témoigne qu'il s'agit d'une période déjà avancée dans la carrière artistique du maître.

P. 1007. — A propos du K. nᵒ 177 qui se rattache au chœur précédé du récitatif *Convertentur sedentes* (K. 342), nous avons constaté nous-même, à Munich, qu'il s'intitule : « *Offertorium sub exposito Venerabili a canto, alto, tenore, basso, violino primo, violino secondo, corno primo, corno secondo, Alto-viola con organo, Del Signore Wolfgango Amadeo Mozart.* » C'est une vieille copie, peut-être de la main de Léopold Mozart, ce qui pourrait expliquer que l'œuvre figure au monastère d'Ottobeuren sous le seul nom de ce dernier. Il existe 11 parties séparées. Le chœur *Benedicite Angeli* suit aussitôt le précédent motet (K. 177) et est de la même main et du même temps. Deux courts récitatifs précèdent le motet et le chœur; le thème vocal de ce dernier appartient au 5e ton liturgique (mode lydien), et nous sommes très porté à croire que l'intervention de Wolfgang s'est bornée à orner le thème liturgique de ce dernier chœur d'un accompagnement orchestral, qui l'enrichit et le renouvelle d'une manière telle qu'elle n'appartient qu'à lui. Par contre, le caractère archaïque et sec du Duo K. 177 nous semble, aussi sûrement, déceler la main de Léopold Mozart, bien qu'il ne figure point dans le recueil publié par M. Seiffert, et consacré à l'œuvre du vieux maître.

P. 1007. — Nous avons établi que le no 178 (air pour soprano en *la*) *Ah! Spiegarti* avait été destiné par Mozart, en juin 1783, à s'intercaler dans la partition du *Curioso indiscreto*, de Pasquale Anfossi, représenté alors à Vienne et dans laquelle, d'ailleurs, figure le texte de l'air. V. no 417 (3e vol.).

Id. — Il existe à Salzbourg un Offertoire de Michel Haydn qui pourrait bien avoir servi de modèle à Mozart pour ce qui est du no 198.

P. 1008. — Au no 228 lire : le 24 août 1787.

Id. — No 268. Nous avons exposé, dans deux études consacrées au plus fameux des concertos de violon de Mozart, les raisons sur lesquelles notre opinion est basée. De la source la plus sûre, nous savons aujourd'hui (*Allgemeine Musik Zeitung*, année 1800, p. 316) que ce concerto a été remis, en 1785, par Mozart à son jeune ami le célèbre violoniste J.-Fr. Eck. Il est incontestable que Mozart a eu à s'occuper, en avril 1785, d'un concerto de violon puisqu'il a composé, à cette date, un *Andante* de concerto, aujourd'hui perdu (K. 470); il est non moins incontestable qu'il n'a pas achevé l'orchestration du concerto en *mi bémol*, faute de temps, plus que probablement, et, par suite, ne l'a pas inscrit sur son catalogue : car l'on sait de quelle besogne quasi surhumaine il se trouvait, pendant cette année 1785, surchargé! Mais, à notre avis, tous les *soli* et les principales indications d'orchestre sont, selon la méthode constante du maître, tracés de sa main, pour les trois morceaux. Les lacunes ne sont dues qu'à la gaucherie, malgré certaine réserve assez louable, de la mise au point. Nous n'hésiterons donc point, ainsi que nous l'avons dit, à placer au supplément de l'année 1785, l'étude du Concerto en *mi bémol* de Mozart.

P. 1009. — Ainsi que nous l'avons fait remarquer au sujet du no 288, il s'agit non pas d'un sextuor mais d'un *Quintette* pour un violon, alto, deux cors et basse. Il semble, très probable qu'il a été écrit tout entier par Mozart et que les pages complémentaires du manuscrit d'André (no 8) se sont perdues. Ajoutons encore qu'un manuscrit fragmentaire d'un sextuor inconnu en *ré* (quatuor et deux cors) figurait dans la vente André (no 5). Il se pourrait, d'ailleurs, que ce projet fît partie, primitivement, du sextuor en *ré* (K. 334) composé par Mozart à Salzbourg, au printemps ou pendant l'été de 1779.

CONCORDANCE
DU NOUVEAU CLASSEMENT
DES ŒUVRES DE MOZART
AVEC LEUR CLASSEMENT
DANS LE CATALOGUE DE KŒCHEL [1]

K.	N. C.	K.	N. C.	K.	N. C.
1.	6	25.	32	50.	62 et 63
2.	1	25 a.	— (Voy. app. II)	51.	60 et 61
3.	2	26.	33	52.	65
4.	3	27.	34	53.	64
5.	4	28.	35	54.	— (Voy. app. II).
6.	5 et 7	29.	36	55.	160
7.	10 et 11	30.	37	56.	172
8.	9 et 14	31.	38	57.	162
9.	12	32.	39	58.	165
9 a.	13	33.	41	59.	161
9 b.	8	34.	44	60.	164
10.	18	35.	42 et 45	61.	— (Voy. app. II).
11.	19	36.	47	62.	— (Voy. app. II).
12.	20	37.	48	63.	72
13.	17	38.	49 et 50	64.	69
14.	21	39.	51	65.	70
15.	22	40.	52	65ª.	71
16.	24	41.	53	66.	75
17.	16	42.	46	67.	115
18.	— (Voy. app. II).	43.	57	68.	116
19.	25	44.	99	69.	117
20.	27	45.	59	70.	73
21.	26	46.	— (Voy. app. II).	71.	(Voy. app. II).
22.	29	47.	66	72.	110
23.	30	48.	68	73.	113
24.	31	49.	67	74.	104

1. Nous avons, naturellement, admis dans cette liste aussi bien les œuvres de la pleine maturité de Mozart énumérées et classées par nous dans notre *appendice 1*, que les œuvres, étudiées par nous dans nos deux volumes. — La lettre K. désigne les numéros du Catalogue de Kœchel; les lettres N. C désignent les numéros du *Nouveau Classement*.

K.	N. C.	K.	N. C.	K.	N. C.
75.	112	122.	98	169.	182
76.	43	123.	87	170.	183
77.	84	124.	129	171.	184
78.	82	125.	133	172.	185
79.	83	126.	138 et 139	173.	186
80.	86	127.	142	174.	177 et 179
81.	89	128.	140	175.	192
82.	88	129.	141	176.	195
83.	90	130.	143	177.	— (Voy. app. II).
84.	91	131.	144	178.	— (Voy. app. II).
85.	95	132.	145	179.	210
86.	100	133.	146	180.	190
87.	101	134.	147	181.	170
88.	81	135.	153 et 154.	182.	174
89.	92	136.	134	183.	196
89a.	93 et 94.	137.	135	184.	169
90.	— (Voy. app. II).	138.	136	185.	178 et 179
91.	— (Voy. app. II).	139.	128	186.	167
92.	— (Voy. app. II).	140.	— (Voy. app. II).	187.	241
93.	118	141.	76	188.	285
94.	97	142.	— (Voy. app. II).	189.	180
95.	78	143.	79	190.	173
96.	157	144.	131	191.	202
97.	77	145.	132	192.	203
98.	125	146.	— (Voy. app. II).	193.	204
99.	54	147.	— (Voy. app. II).	194.	205
100.	55	148.	— (Voy. app. II).	195.	201
101.	265	149.	149	196.	216
102.	234	150.	149	197.	148
103.	— (Voy. app. II).	151.	150	198.	— (Voy. app. II).
104.	— (Voy. app. II).	152.	240	199.	187
105.	— (Voy. app. II).	153.	— (Voy. app. II).	200.	191
106.	— (Voy. app. II).	154.	— (Voy. app. II).	201.	197
107.	40	154a.	— (Voy. app. II).	202.	199
108.	109	155.	151	203.	206 et 207
109.	108	156.	152	204.	230 et 231
110.	114	157.	158	205.	188
111.	121 et 122	158.	159	206.	— (Voy. app. II).
112.	124	159.	163	207.	222
113.	126	160.	171	208.	223
114.	127	161.	— (Voy. app. II).	209.	226
115.	96	162.	174	210.	225
116.	107	163.	155	211.	227
117.	80	164.	137	212.	228
118.	105 et 106	165.	156	213.	229
119.	— (Voy. app. II).	166.	168	214.	235
120.	123	167.	176	215.	232
121.	233	168.	181	216.	236

K.	N. C.
217.	238
218.	237
219.	239
220.	219
221.	119
222.	220
223.	— (Voy. app. II).
224.	251
225.	250
226.	— (Voy. app. II).
227.	— (Voy. app. II).
228.	— (Voy. app. II).
229.	— (Voy. app. II).
230.	— (App. II, voy. le numéro précédent.
231.	— Ibid.
232.	— Ibid.
233.	— Ibid.
234.	— Ibid.
235.	— (Voy. app. II).
236.	— (Voy. app. II).
237.	208
238.	244
239.	242
240.	243
241.	— (Voy. app. II).
242.	245
243.	246
244.	252
245.	253
246.	249
247.	255
248.	256
249.	260
250.	258 et 259
251.	261 et 262
252.	257
253.	263
254.	264
255.	269
256.	268
257.	271
258.	273
259.	272
260.	247
261.	266
262.	254
263.	— (Voy. app. II).

K.	N. C.
264.	— (Voy. app. II).
265.	— (Voy. app. II).
266.	281
267.	282
268.	— (Voy. app. II).
269.	267
270.	274
271.	275
271ª.	277
272.	284
273.	286
274.	278
275.	288
276.	— (Voy. app. II).
277.	287
278.	279
279.	209
280.	211
281.	212
282.	215
283.	213
284.	221
285.	— (Voy. app. II).
286.	283
287.	276
288.	— (Voy. app. II).
289.	280
290.	189
291.	— (Voy. app. II).
292.	218
293.	— (Voy. app. II).
294.	300
295.	301
296.	304
297.	309
298.	313
299.	308
300.	— Perdu.
301.	296
302.	299
303.	297
304.	310
305.	298
306.	320
307.	291
308.	303
309.	290
310.	311

K.	N. C.
311.	289
312.	214
313.	294
314.	295
315.	314
315. a.	— Menuets à danser, non publiés.
316.	326
317.	330
318.	331
319.	332
320.	334
321.	359
322.	305
323.	— Kyrie inachevé.
324.	— Hymne perdu.
325.	— Hymne perdu.
326.	120
327.	581
328.	333
329.	329
330.	322
331.	315
332.	323
333.	324
334.	336
335.	335 et bis.
336.	344
337.	345
338.	346
339.	347
340.	— Kyrie perdu.
341.	357
342.	— (Voy. app. II, 177).
343.	342, 343
344.	341
345.	194 et 340.
346.	— Trio retrouvé.
347.	— Canon (Voy. app. II, 229).
348.	— Canon (Voy. app. II, 229).
349.	358
350.	— Lied. N'est pas de Mozart.
351.	359
352.	378

K.	N. C.
353.	317
354.	307
355.	553
356.	573
357.	471
358.	200
359.	368
360.	369
361.	370 et 556.
362.	353
363. — Trois menuets à danser.	
364.	338
365.	328
366.	353
367.	353
368.	355
369.	360
370.	356
371.	361
372. — *Allegro* de sonate inachevé.	
373.	362
374.	363
375.	371
376.	364
377.	365
378.	327
379.	366
380.	367
381.	130
382.	373
383.	374
384.	379
385.	381
386. — *Rondo* concertant perdu.	
387.	391
388.	377
389.	379
390.	349
391.	350
392.	351
393. — Exercice de solfège.	
394.	375

K.	N. C.
395.	319
396.	399
397.	388
398.	376
399.	389
400. — *Allegro* de sonate inachevé	
401.	390
402.	387
403.	386
404. — Ébauche de sonate.	
405.	404
406.	377
407.	405
408.	381
409. — Menuet pour orchestre.	
410.	554
411.	555
412.	385
413.	382
414.	383
415.	384
416.	392
417.	393
418.	396
419.	398
420.	397
421.	395
422.	412
423.	411
424.	411
425.	414
426.	415
427.	394
428.	410
429.	417
430.	413
431.	416
432.	406
433. — Air allemand inachevé.	
434. — Trio inachevé.	
435.	407

K.	N. C.
436-439. — Petits trios chantés.	
440. — Air inachevé.	
441.	408
442. — Ébauches de trios.	
443. — Fugue inachevée.	
444.	418
445.	337
446. — Ébauche de pantomime.	
447.	409
448.	372
449ʳ.	419
450.	420
451.	421
452.	422
453.	423
454.	424
455.	426
456.	427
457.	428
458.	429
459.	430
460.	425
461.	431
462.	432
463.	433
464.	434
465.	435
466.	436
467.	437
468.	438
469.	439
470. — *Andante* de concerto perdu.	
471.	440
472.	441
473.	442
474.	443
475.	444
476.	445
477.	446
478.	447
479.	448

1. C'est ici que commence le Catalogue autographe de Mozart.

K.	N. C.
480.	448
481.	449
482.	450
483.	451
484.	451
485.	452
486.	453
487.	462
488.	454
489.	455
490.	455
491.	456
492.	457
493.	458
494.	459
495.	460
496.	461
497.	464
498.	465
499.	467
500.	468
501.	469
502.	470
503.	472
504.	473
505.	474
506.	475
507 et **508.** — Canons sans date.	
509.	476
510. — Contredanses, douteuses.	
511.	477
511 *a*. — *Rondo* pour piano : n'est pas de Mozart.	
512.	478
513.	479
514.	385
515.	480
516.	481
517.	482
518.	483
519.	484
520.	485
521.	486
522.	487

K.	N. C.
523.	488
524.	489
525.	490
526.	491
527.	492
528.	493
529.	494
530.	495
531.	497
532. — Trio chanté, douteux.	
533.	498
534, 535, 535 *a*. — Contredanses.	
536.	499
537.	500
538.	501
539.	502
540.	503
541.	505
542.	506
543.	510
544. — Marche perdue.	
545.	507
546.	508
547.	509
548.	511
549.	512
550.	513
551.	514
552.	515
553-562.	516-525
563.	526
564.	527
565. — Contredanses perdues.	
566.	528
567.	529
568.	530
569. — Air perdu.	
570.	531
571.	532
572.	533
573.	534
574.	535
575.	536
576.	537

K.	N. C.
577.	538
578.	540
579.	539
580.	541
581.	542
582.	543
583.	543
584.	546
585.	544
586.	545
587. — Contredanse.	
588.	546
589.	547
590.	548
591.	549
592.	550
593.	551
594.	552
595.	558
596.	559
597.	559
598.	559
599.	560
600.	561
601-603.	562
604-605.	563
606-607.	564
608.	565
609-611.	566
612.	567
613.	568
614.	569
615.	570
616.	571
617.	572
618.	574
619.	575
620.	576
621.	577
622.	579
623.	580
624. — Cadences de piano.	
625. — Duo chanté, douteux.	
626.	582

INDEX ALPHABÉTIQUE[1]

DES PRINCIPAUX NOMS PROPRES CITÉS DANS CE TOME

1. On comprendra sans peine qu'il nous ait été impossible de faire entrer, dans cet index, le nom de Mozart lui-même : force nous aurait été de lui consacrer un trop grand nombre de pages, et qui n'auraient pas empêché nos indications de rester encore bien incomplètes et insuffisantes. Nous nous sommes bornés à énumérer, dans une autre table, les diverses œuvres de Mozart étudiées dans ces volumes, en les classant d'après leurs genres et suivant l'ordre de leurs tonalités. — Pareillement, nous avons dû renoncer à noter les pages, trop nombreuses, où figurait le nom de Salzbourg.

LISTE DES ŒUVRES DE MOZART[1]

1. Les numéros cités entre parenthèses sont ceux de notre nouveau classement.

II. OPÉRAS ET ORATORIOS

III. AIRS AVEC ORCHESTRE

IV. PETITS AIRS AVEC CLAVECIN OU SANS ACCOMPAGNEMENT

DEUXIÈME PARTIE

MUSIQUE D'ORCHESTRE

I. SYMPHONIES

II. SÉRÉNADES ET DIVERTISSEMENTS

III. OUVERTURES

IV. CONCERTOS

V. FINALES, MARCHES, ETC.

VI. SONATES D'ÉGLISE

VII. DANSES

TROISIÈME PARTIE

MUSIQUE DE CHAMBRE

I. QUATUORS, QUINTETTES, ETC.

II. CLAVECIN ET VIOLON

III. CLAVECIN SEUL

IV. CLAVECIN A QUATRE MAINS ET ŒUVRES DIVERSES

TABLE DES MATIÈRES

DEUXIÈME PARTIE

LE JEUNE MAITRE